Inhaltsverzeichnis

B. EU-Richtlinien, Entscheidungen und Verordnungen

Gentechnikgesetz (GenTG)[*)] [1)]

Inhaltsübersicht

---

*) Dieses Gesetz dient der Umsetzung der Richtlinie 98/81/EG des Rates vom 26. Oktober 1998 zur Änderung der Richtlinie 90/219/EWG über die Anwendung genetisch veränderter Mikroorganismen in geschlossenen Systemen (ABl. EG Nr. L 330 S.13).

1) In der Fassung vom 16. Dezember 1993, BGBl. I S. 2066, zuletzt geändert durch Art. 1 des 2. GenTG-ÄndG vom 16.08.2002, BGBl. I S. 3220.

Erster Teil: Allgemeine Vorschriften

§ 1 Zweck des Gesetzes

Zweck dieses Gesetzes ist,

1. Leben und Gesundheit von Menschen, Tiere, Pflanzen sowie die sonstige Umwelt in ihrem Wirkungsgefüge und Sachgüter vor möglichen Gefahren gentechnischer Verfahren und Produkte zu schützen und dem Entstehen solcher Gefahren vorzubeugen und
2. den rechtlichen Rahmen für die Erforschung, Entwicklung, Nutzung und Förderung der wissenschaftlichen, technischen und wirtschaftlichen Möglichkeiten der Gentechnik zu schaffen.

§ 2 Anwendungsbereich

(1) Dieses Gesetz gilt für

1. gentechnische Anlagen,
2. gentechnische Arbeiten,
3. Freisetzungen von gentechnisch veränderten Organismen und
4. das Inverkehrbringen von Produkten, die gentechnisch veränderte Organismen enthalten oder aus solchen bestehen; soweit das Inverkehrbringen durch andere den Vorschriften dieses Gesetzes entsprechende Rechtsvorschriften geregelt ist, die die Zulässigkeit des Inverkehrbringens von einer entsprechenden Risikoabschätzung abhängig machen, gelten nur die §§ 32 bis 37 dieses Gesetzes.

(2) Dieses Gesetz gilt nicht für die Anwendung von gentechnisch veränderten Organismen am Menschen.

§ 3 Begriffsbestimmungen

Im Sinne dieses Gesetzes sind

1. Organismus

jede biologische Einheit, die fähig ist, sich zu vermehren oder genetisches Material zu übertragen,

2. gentechnische Arbeiten
a) die Erzeugung gentechnisch veränderter Organismen,
b) die Verwendung, Vermehrung, Lagerung, Zerstörung oder Entsorgung sowie der innerbetriebliche Transport gentechnisch veränderter Organismen, soweit noch keine Genehmigung für die Freisetzung oder das Inverkehrbringen zum Zweck des späteren Ausbringens in die Umwelt erteilt wurde,

3. gentechnisch veränderter Organismus
ein Organismus, dessen genetisches Material in einer Weise verändert worden ist, wie sie unter natürlichen Bedingungen durch Kreuzen oder natürliche Rekombination nicht vorkommt. Verfahren der Veränderung genetischen Materials in diesem Sinne sind insbesondere

- DNS-Rekombinationstechniken, bei denen Vektorsysteme eingesetzt werden,
- Verfahren, bei denen in einen Organismus direkt Erbgut eingeführt wird, welches außerhalb des Organismus zubereitet wurde, einschließlich Mikroinjektion, Makroinjektion und Mikroverkapselung,
- Zellfusionen oder Hybridisierungsverfahren, bei denen lebende Zellen mit einer neuen Kombination von genetischem Material anhand von Methoden gebildet werden, die unter natürlichen Bedingungen nicht auftreten.

Nicht als Verfahren der Veränderung genetischen Materials gelten

- In-vitro-Befruchtung,
- Konjugation, Transduktion, Transformation oder jeder andere natürliche Prozeß,
- Polyploidie-Induktion,

es sei denn, es werden gentechnisch veränderte Organismen als Spender oder Empfänger verwendet oder rekombinante DNS-Moleküle eingesetzt. Weiterhin gelten nicht als Verfahren der Veränderung genetischen Materials

- Mutagenese,
- Zell- und Protoplastenfusion von pflanzlichen Zellen, die zu solchen Pflanzen regeneriert werden können, die auch mit herkömmlichen Züchtungstechniken erzeugbar sind,

es sei denn, es werden gentechnisch veränderte Organismen als Spender oder Empfänger verwendet. Sofern es sich nicht um ein Vorhaben der Freisetzung oder des Inverkehrbringens handelt, gelten darüber hinaus nicht als Verfahren der Veränderung genetischen Materials

- Erzeugung somatischer menschlicher oder tierischer Hybridoma-Zellen,
- Selbstklonierung nichtpathogener, natürlich vorkommender Organismen, wenn sie keine Adventiv-Agenzien enthalten und entweder nachgewiesenerweise lange und sicher verwendet wurden oder eingebaute biologische Schranken enthalten, die die Lebens- und Replikationsfähigkeit ohne nachteilige Folgen in der Umwelt begrenzen,

es sei denn, es werden gentechnisch veränderte Organismen als Spender oder Empfänger verwendet,

4. gentechnische Anlage
Einrichtung, in der gentechnische Arbeiten im Sinne der Nummer 2 im geschlossenen System durchgeführt werden und für die physikalische Schranken verwendet werden, gegebenenfalls in Verbindung mit biologischen oder chemischen Schranken oder einer Kombination von biologischen und chemischen Schranken, um den Kontakt der verwendeten Organismen mit Menschen und der Umwelt zu begrenzen,

5. gentechnische Arbeit zu Forschungszwecken
eine Arbeit für Lehr-, Forschungs- oder Entwicklungszwecke oder eine Arbeit für nichtindustrielle beziehungsweise nichtkommerzielle Zwecke in kleinem Maßstab,

6. gentechnische Arbeit zu gewerblichen Zwecken
jede andere Arbeit als die in Nummer 5 beschriebene,

7. Freisetzung
das gezielte Ausbringen von gentechnisch veränderten Organismen in die Umwelt, soweit noch keine Genehmigung für das Inverkehrbringen zum Zweck des späteren Ausbringens in die Umwelt erteilt wurde,

8. Inverkehrbringen
die Abgabe von Produkten, die gentechnisch veränderte Organismen enthalten oder aus solchen bestehen, an Dritte und das Verbringen in den Geltungsbereich des Gesetzes, soweit die Produkte nicht zu gentechnischen Arbeiten in gentechnischen Anlagen bestimmt oder Gegenstand einer genehmigten Freisetzung sind. Unter zollamt-

licher Überwachung durchgeführter Transitverkehr und die Abgabe sowie das Verbringen in den Geltungsbereich des Gesetzes zum Zwecke der klinischen Prüfung gelten nicht als Inverkehrbringen,

9. Betreiber

eine juristische oder natürliche Person oder eine nichtrechtsfähige Personenvereinigung, die unter ihrem Namen eine gentechnische Anlage errichtet oder betreibt, gentechnische Arbeiten oder Freisetzungen durchführt oder Produkte, die gentechnisch veränderte Organismen enthalten oder aus solchen bestehen, erstmalig in Verkehr bringt, soweit noch keine Genehmigung nach § 16 Abs. 2 erteilt worden ist, die nach § 14 Abs. 1 Satz 2 das Inverkehrbringen der Nachkommen oder des Vermehrungsmaterials gestattet,

10. Projektleiter

eine Person, die im Rahmen ihrer beruflichen Obliegenheiten die unmittelbare Planung, Leitung oder Beaufsichtigung einer gentechnischen Arbeit oder einer Freisetzung durchführt,

11. Beauftragter für die Biologische Sicherheit

eine Person oder eine Mehrheit von Personen (Ausschuß für Biologische Sicherheit), die die Erfüllung der Aufgaben des Projektleiters überprüft und den Betreiber berät,

12. Sicherheitsstufen

Gruppen gentechnischer Arbeiten nach ihrem Gefährdungspotential,

13. Laborsicherheitsmaßnahmen oder Produktionssicherheitsmaßnahmen

festgelegte Arbeitstechniken und eine festgelegte Ausstattung von gentechnischen Anlagen,

14. biologische Sicherheitsmaßnahme

die Verwendung von Empfängerorganismen und Vektoren mit bestimmten gefahrenmindernden Eigenschaften,

15. Vektor

ein biologischer Träger, der Nukleinsäure-Segmente in eine neue Zelle einführt.

§ 4 Kommission

(1) Unter der Bezeichnung »Zentrale Kommission für die Biologische Sicherheit« (Kommission) wird beim Bundesgesundheitsamt eine Sachverständigenkommission eingerichtet. Die Kommission setzt sich zusammen aus:

1. zehn Sachverständigen, die über besondere und möglichst auch internationale Erfahrungen in den Bereichen der Mikrobiologie, Zellbiologie, Virologie, Genetik, Hygiene, Ökologie und Sicherheitstechnik verfügen; von diesen müssen mindestens sechs auf dem Gebiet der Neukombination von Nukleinsäuren arbeiten; jeder der genannten Bereiche muß durch mindestens einen Sachverständigen, der Bereich der Ökologie muß durch mindestens zwei Sachverständige vertreten sein;
2. je einer sachkundigen Person aus den Bereichen der Gewerkschaften, des Arbeitsschutzes, der Wirtschaft, des Umweltschutzes und der forschungsfördernden Organisationen.

Für jedes Mitglied der Kommission ist aus demselben Bereich ein stellvertretendes Mitglied zu bestellen. Soweit es zur sachgerechten Erledigung der Aufgaben erforderlich ist, können nach Anhörung der Kommission in einzelnen Bereichen bis zu zwei Sachverständige als zusätzliche stellvertretende Mitglieder berufen werden.

(2) Die Mitglieder der Kommission werden vom Bundesministerium für Gesundheit im Einvernehmen mit den Bundesministerien für Forschung und Technologie, für Arbeit und Sozialordnung, für Ernährung, Landwirtschaft und Forsten, für Umwelt, Naturschutz und Reaktorsicherheit sowie für Wirtschaft für die Dauer von drei Jahren berufen. Wiederberufung ist zulässig.

(3) Die Mitglieder und die stellvertretenden Mitglieder sind unabhängig und nicht an Weisungen gebunden. Sie sind zur Vertraulichkeit verpflichtet.

(4) Die Bundesregierung wird ermächtigt, durch Rechtsverordnung mit Zustimmung des Bundesrates das Nähere über die Berufung und das Verfahren der Kommission, die Heranziehung externer Sachverständiger sowie die Zusammenarbeit der Kommission mit den für den Vollzug des Gesetzes zuständigen Behörden zu regeln. Durch Rechtsverordnung mit Zustimmung des Bundesrates kann auch bestimmt werden, daß die Berufungsentscheidung gemäß Absatz 2 im Benehmen mit den Landesregierungen zu treffen ist.

§ 5 Aufgaben der Kommission

Die Kommission prüft und bewertet sicherheitsrelevante Fragen nach den Vorschriften dieses Gesetzes, gibt hierzu Empfehlungen und berät die Bundesregierung und die Länder in sicherheitsrelevanten Fragen der Gentechnik. Bei ihren Empfehlungen soll die Kommission auch den Stand der internationalen Entwicklung auf dem Gebiet der gentechnischen Sicherheit angemessen berücksichtigen. Die Kommission berichtet jährlich der Öffentlichkeit über ihre Arbeit.

§ 6 Allgemeine Sorgfalts- und Aufzeichnungspflichten, Gefahrenvorsorge

(1) Wer gentechnische Anlagen errichtet oder betreibt, gentechnische Arbeiten durchführt, gentechnisch veränderte Organismen freisetzt oder Produkte, die gentechnisch veränderte Organismen enthalten oder aus solchen bestehen, als Betreiber in Verkehr bringt, hat die damit verbundenen Risiken vorher umfassend zu bewerten und diese Bewertung dem Stand der Wissenschaft anzupassen. Bei dieser Risikobewertung hat er insbesondere die Eigenschaften der Spender- und Empfängerorganismen, der Vektoren sowie der gentechnisch veränderten Organismen, ferner die Auswirkungen der vorgenannten Organismen auf die menschliche Gesundheit und die Umwelt zu berücksichtigen.

(2) Der Betreiber hat die nach dem Stand von Wissenschaft und Technik notwendigen Vorkehrungen zu treffen, um die in § 1 Nr. 1 genannten Rechtsgüter vor möglichen Gefahren zu schützen und dem Entstehen solcher Gefahren vorzubeugen. Der Betreiber hat sicherzustellen, daß auch nach einer Betriebseinstellung von der Anlage keine Gefahren für die in § 1 Nr. 1 genannten Rechtsgüter ausgehen können.

(3) Über die Durchführung gentechnischer Arbeiten und von Freisetzungen hat der Betreiber Aufzeichnungen zu führen und der zuständigen Behörde auf ihr Ersuchen vorzulegen. Die Bundesregierung regelt durch Rechtsverordnung mit Zustimmung des Bundesrates nach Anhörung der Kommission die Einzelheiten über Form und Inhalt der Aufzeichnungen und die Aufbewahrungs- und Vorlagepflichten.

(4) Wer gentechnische Arbeiten oder Freisetzungen durchführt, ist verpflichtet, Projektleiter sowie Beauftragte oder Ausschüsse für Biologische Sicherheit zu bestellen.

Zweiter Teil: Gentechnische Arbeiten in gentechnischen Anlagen

§ 7 Sicherheitsstufen, Sicherheitsmaßnahmen

(1) Gentechnische Arbeiten werden in vier Sicherheitsstufen eingeteilt:

1. Der Sicherheitsstufe 1 sind gentechnische Arbeiten zuzuordnen, bei denen nach dem Stand der Wissenschaft nicht von einem Risiko für die menschliche Gesundheit und die Umwelt auszugehen ist.
2. Der Sicherheitsstufe 2 sind gentechnische Arbeiten zuzuordnen, bei denen nach dem Stand der Wissenschaft von einem geringen Risiko für die menschliche Gesundheit oder die Umwelt auszugehen ist.
3. Der Sicherheitsstufe 3 sind gentechnische Arbeiten zuzuordnen, bei denen nach dem Stand der Wissenschaft von einem mäßigen Risiko für die menschliche Gesundheit oder die Umwelt auszugehen ist.
4. Der Sicherheitsstufe 4 sind gentechnische Arbeiten zuzuordnen, bei denen nach dem Stand der Wissenschaft von einem hohen Risiko oder dem begründeten Verdacht eines solchen Risikos für die menschliche Gesundheit oder die Umwelt auszugehen ist.

Die Bundesregierung wird ermächtigt, nach Anhörung der Kommission durch Rechtsverordnung mit Zustimmung des Bundesrates zur Erreichung der in § 1 Nr. 1 genannten Zwecke die Zuordnung bestimmter Arten gentechnischer Arbeiten zu den Sicherheitsstufen zu regeln. Die Zuordnung erfolgt anhand des Risikopotentials der gentechnischen Arbeit, welches bestimmt wird durch die Eigenschaften der Empfänger- und Spenderorganismen, der Vektoren sowie des gentechnisch veränderten Organismus. Dabei sind mögliche Auswirkungen auf die Beschäftigten, die Bevölkerung, Nutztiere, Kulturpflanzen und die sonstige Umwelt einschließlich der Verfügbarkeit geeigneter Gegenmaßnahmen zu berücksichtigen.

(2) Bei der Durchführung gentechnischer Arbeiten sind bestimmte Labor- und Produktionssicherheitsmaßnahmen zu beachten. Die Bundesregierung regelt nach Anhörung der Kommission durch Rechtsverordnung mit Zustimmung des Bundesrates die für die unterschiedlichen Sicherheitsstufen nach dem Stand der Wissenschaft und Technik erforderlichen Labor- und Produktionssicherheitsmaßnahmen sowie die Anforderungen an die Auswahl und die Sicherheitsbewertung der bei gentechnischen Arbeiten verwendeten Empfängerorganismen und Vektoren.

§ 8 Genehmigung und Anmeldung von gentechnischen Anlagen

(1) Gentechnische Arbeiten dürfen nur in gentechnischen Anlagen im Sinne des § 3 Nr. 4 durchgeführt werden. Die Errichtung und der Betrieb gentechnischer Anlagen bedürfen der Genehmigung (Anlagengenehmigung), soweit sich nicht aus den Vorschriften dieses Gesetzes etwas anderes ergibt. Die Genehmigung berechtigt zur Durchführung der im Genehmigungsbescheid genannten gentechnischen Arbeiten zu gewerblichen oder zu Forschungszwecken.

(2) Die Errichtung und der Betrieb gentechnischer Anlagen, in denen gentechnische Arbeiten der Sicherheitsstufe 1 durchgeführt werden sollen, und die vorgesehenen gentechnischen Arbeiten sind der zuständigen Behörde vor dem beabsichtigten Beginn der Errichtung oder, falls die Anlage bereits errichtet ist, vor dem beabsichtigten Beginn des Betriebs anzumelden.

(3) Auf Antrag kann eine Genehmigung für

1. die Errichtung einer gentechnischen Anlage oder eines Teils einer solchen Anlage oder
2. die Errichtung und den Betrieb eines Teils einer gentechnischen Anlage (Teilgenehmigung)

erteilt werden.

(4) Die wesentliche Änderung der Lage, der Beschaffenheit oder des Betriebs einer gentechnischen Anlage bedarf der Anlagengenehmigung. Absatz 2 bleibt unberührt.

§ 9 Weitere gentechnische Arbeiten zu Forschungszwecken

(1) Die Durchführung weiterer gentechnischer Arbeiten der Sicherheitsstufen 2, 3 oder 4 zu Forschungszwecken ist bei der zuständigen Behörde vor dem beabsichtigten Beginn der Arbeiten anzumelden. Weitere gentechnische Arbeiten, die

1. von einer internationalen Hinterlegungsstelle zum Zwecke der Erfüllung der Erfordernisse nach dem Budapester Vertrag vom 28. April 1977 über die internationale Anerkennung der Hinterlegung von Mikroorganismen für die Zwecke von Patentverfahren (BGBl. 1980 II S. 1104, 1984 II S. 679) oder
2. auf Veranlassung der zuständigen Behörde zur Untersuchung einer Probe im Rahmen der Überwachung nach § 25

durchgeführt werden, bedürfen keiner Anmeldung.

(2) Weitere gentechnische Arbeiten zu Forschungszwecken, die einer höheren Sicherheitsstufe zuzuordnen sind als die von der Genehmigung nach § 8 Abs. 1 oder von der Anmeldung nach § 8 Abs. 2 umfaßten Arbeiten, dürfen nur auf Grund einer neuen Anlagengenehmigung durchgeführt werden.

(3) Soll eine bereits angemeldete oder genehmigte gentechnische Arbeit der Sicherheitsstufe 2 zu Forschungszwecken in einer anderen genehmigten gentechnischen Anlage desselben Betreibers, in der entsprechende gentechnische Arbeiten durchgeführt werden dürfen, durchgeführt werden, ist dies der zuständigen Behörde vor Aufnahme der Arbeit anzuzeigen.

§ 10 Weitere gentechnische Arbeiten zu gewerblichen Zwecken

(1) Die Durchführung weiterer gentechnischer Arbeiten der Sicherheitsstufe 1 zu gewerblichen Zwecken ist bei der zuständigen Behörde vor dem beabsichtigten Beginn der Arbeiten anzumelden.

(2) Die Durchführung weiterer gentechnischer Arbeiten der Sicherheitsstufen 2, 3 oder 4 zu gewerblichen Zwecken bedarf jeweils einer gesonderten Genehmigung.

(3) Weitere gentechnische Arbeiten zu gewerblichen Zwecken, die einer höheren Sicherheitsstufe zuzuordnen sind als die von der Genehmigung nach § 8 Abs. 1 oder von der Anmeldung nach § 8 Abs. 2 umfaßten Arbeiten, dürfen nur auf Grund einer neuen Anlagengenehmigung durchgeführt werden.

§ 11 Genehmigungsverfahren

(1) Das Genehmigungsverfahren setzt einen schriftlichen Antrag voraus.

(2) Einem Antrag auf Genehmigung einer gentechnischen Anlage nach § 8 Abs. 1 Satz 2, Abs. 3 oder 4 sind die Unterlagen beizufügen, die zur Prüfung der Voraussetzungen der Genehmigung einschließlich der nach § 22 Abs. 1 mitumfaßten behördlichen Entscheidungen erforderlich sind. Die Unterlagen müssen insbesondere folgende Angaben enthalten:

1. die Lage der gentechnischen Anlage sowie den Namen und die Anschrift des Betreibers,
2. den Namen des Projektleiters und den Nachweis der erforderlichen Sachkunde,
3. den Namen des oder der Beauftragten für die Biologische Sicherheit und den Nachweis der erforderlichen Sachkunde,
4. eine Beschreibung der bestehenden oder der geplanten gentechnischen Anlage und ihres Betriebs, insbesondere der für die Sicherheit bedeutsamen Einrichtungen,
5. die Risikobewertung nach § 6 Abs. 1 und eine Beschreibung der vorgesehenen gentechnischen Arbeiten, aus der sich die Eigenschaften der verwendeten Spender- und Empfängerorganismen, der Vektoren und des gentechnisch veränderten Organismus im Hinblick auf die erforderliche Sicherheitsstufe sowie ihre möglichen sicherheitsrelevanten Auswirkungen auf die in § 1 Nr. 1 bezeichneten Rechtsgüter und die vorgesehenen Vorkehrungen ergeben,
6. eine Beschreibung der verfügbaren Techniken zur Erfassung, Identifizierung und Überwachung des gentechnisch veränderten Organismus,
7. im Bereich gentechnischer Arbeiten zu gewerblichen Zwecken zusätzlich Angaben über Zahl und Ausbildung des Personals, Angaben über Reststoffverwertung, Notfallpläne und Angaben über Unfallverhütungsmaßnahmen.

(3) (weggefallen)

(4) Einem Antrag auf Erteilung der Genehmigung zur Durchführung weiterer gentechnischer Arbeiten der Sicherheitsstufen 2, 3 oder 4 zu gewerblichen Zwecken nach § 10 Abs. 2 sind die Unterlagen beizufügen, die zur Prüfung der Voraussetzungen der Genehmigung erforderlich sind. Die Unterlagen müssen insbesondere folgende Angaben enthalten:

1. eine Beschreibung der vorgesehenen gentechnischen Arbeiten nach Maßgabe des Absatzes 2 Satz 2 Nr. 5,
2. eine Erklärung des Projektleiters, ob und gegebenenfalls wie sich die Angaben nach Absatz 2 Satz 2 Nr. 1 bis 3 geändert haben,
3. Datum und Aktenzeichen des Genehmigungsbescheides zur Errichtung und zum Betrieb der gentechnischen Anlage,
4. eine Beschreibung erforderlicher Änderungen der sicherheitsrelevanten Einrichtungen und Vorkehrungen.

(5) Die zuständige Behörde hat dem Antragsteller den Eingang des Antrags und der beigefügten Unterlagen unverzüglich schriftlich zu bestätigen und zu prüfen, ob der Antrag und die Unterlagen für die Prüfung der

Genehmigungsvoraussetzungen ausreichen. Sind der Antrag oder die Unterlagen nicht vollständig, so fordert die zuständige Behörde den Antragsteller unverzüglich auf, den Antrag oder die Unterlagen innerhalb einer angemessenen Frist zu ergänzen.

(6) Über einen Genehmigungsantrag nach § 8 Abs. 1 Satz 2, Abs. 3 oder 4 ist innerhalb einer Frist von drei Monaten schriftlich zu entscheiden. Die zuständige Behörde hat im Falle der Genehmigung einer gentechnischen Anlage, in der gentechnische Arbeiten der Sicherheitsstufe 2 zu Forschungszwecken durchgeführt werden sollen, über den Antrag unverzüglich, spätestens nach einem Monat zu entscheiden, wenn die gentechnische Arbeit einer bereits von der Kommission eingestuften gentechnischen Arbeit vergleichbar ist; Absatz 8 Satz 1 bis 3 findet keine Anwendung. Falls die Errichtung oder der Betrieb der gentechnischen Anlage, in der gentechnische Arbeiten der Sicherheitsstufe 2 zu Forschungszwecken durchgeführt werden sollen, weiterer behördlicher Entscheidungen nach § 22 Abs. 1 bedarf, verlängert sich die in Satz 2 genannte Frist auf drei Monate. Die Fristen ruhen, solange ein Anhörungsverfahren nach § 18 Abs. 1 durchgeführt wird oder die Behörde die Ergänzung des Antrags oder der Unterlagen abwartet.

(6a) Die Kommission veröffentlicht allgemeine Stellungnahmen zu häufig durchgeführten gentechnischen Arbeiten mit den jeweils zugrunde liegenden Kriterien der Vergleichbarkeit im Bundesgesundheitsblatt.

(7) Über einen Genehmigungsantrag nach § 10 Abs. 2 ist innerhalb einer Frist von drei Monaten schriftlich zu entscheiden. Die zuständige Behörde hat im Falle der Genehmigung weiterer gentechnischer Arbeiten der Sicherheitsstufe 2 zu gewerblichen Zwecken über den Antrag unverzüglich, spätestens nach zwei Monaten zu entscheiden, wenn die gentechnische Arbeit einer bereits von der Kommission eingestuften gentechnischen Arbeit vergleichbar ist; Absatz 8 Satz 1 bis 3 findet keine Anwendung. Die Frist ruht, solange die Behörde die Ergänzung des Antrags oder der Unterlagen abwartet.

(8) Vor der Entscheidung über eine Genehmigung holt die zuständige Behörde über das Bundesgesundheitsamt eine Stellungnahme der Kommission zur sicherheitstechnischen Einstufung der vorgesehenen gentechnischen Arbeiten und zu den erforderlichen sicherheitstechnischen Maßnahmen ein. Die Stellungnahme ist bei der Entscheidung zu berücksichtigen. Weicht die zuständige Behörde bei ihrer Entscheidung von der Stellungnahme der Kommission ab, so hat sie die Gründe hierfür schriftlich darzulegen. Die zuständige Behörde holt außerdem Stellungnahmen der Behörden ein, deren Aufgabenbereich durch das Vorhaben berührt wird.

(9) Vor Erhebung einer verwaltungsgerichtlichen Klage findet bei einer Entscheidung über den Antrag auf Genehmigung der Errichtung und des Betriebs einer gentechnischen Anlage ein Vorverfahren nicht statt, sofern ein Anhörungsverfahren nach § 18 durchgeführt wurde.

§ 12 Anmeldeverfahren

(1) Eine Anmeldung bedarf der Schriftform.

(2) Einer Anmeldung nach § 8 Abs. 2 sind die Unterlagen nach § 11 Abs. 2 Nr. 1 bis 5 beizufügen.

(3) Einer Anmeldung nach § 9 Abs. 1 oder § 10 Abs. 1 sind die Unterlagen beizufügen, die zur Beurteilung der gentechnischen Arbeiten erforderlich sind. Die Unterlagen müssen insbesondere folgende Angaben enthalten:

1. die Lage der gentechnischen Anlage sowie den Namen und die Anschrift des Betreibers,
2. den Namen des Projektleiters und den Nachweis der erforderlichen Sachkunde,
3. die Namen des oder der Beauftragten für die Biologische Sicherheit und den Nachweis der erforderlichen Sachkunde,
4. Datum u. Aktenzeichen des Genehmigungsbescheides zur Errichtung und zum Betrieb der gentechnischen Anlage,
5. eine Beschreibung der vorgesehenen gentechnischen Arbeiten nach Maßgabe des § 11 Abs. 2 Satz 2 Nr. 5,
6. eine Beschreibung erforderlicher Änderungen der sicherheitsrelevanten Einrichtungen und Vorkehrungen.

(4) Lassen die Anmeldeunterlagen eine Beurteilung der angemeldeten gentechnischen Arbeiten nicht zu, so fordert die zuständige Behörde den Anmelder unverzüglich auf, die Unterlagen innerhalb einer angemessenen Frist zu ergänzen.

(5) Die zuständige Behörde holt über das Bundesgesundheitsamt eine Stellungnahme der Kommission zur sicherheitstechnischen Einstufung der vorgesehenen gentechnischen Arbeiten und zu den erforderlichen sicherheitstechnischen Maßnahmen ein. Die Stellungnahme ist bei der Entscheidung zu berücksichtigen. Weicht die zuständige Behörde bei einer Entscheidung von der Stellungnahme ab, so hat sie die Gründe hierfür schriftlich darzulegen.

(6) Die zuständige Behörde hat dem Betreiber unverzüglich den Eingang der Anmeldung und der beigefügten Unterlagen schriftlich zu bestätigen.

(7) Die zuständige Behörde hat über die Anmeldung nach § 8 Abs. 2 unverzüglich, spätestens nach Ablauf einer Frist von einem Monat zu entscheiden. Absatz 5 findet keine Anwendung. Der Ablauf einer Frist von drei Monaten gilt als Zustimmung zur Errichtung und Betrieb der gentechnischen Anlage und zur Durchführung der gentechnischen Arbeit. Falls die Errichtung oder der Betrieb der Anlage weiterer behördlicher Entscheidungen bedarf, sind diese von der dafür zuständigen Behörde in einer Frist von drei Monaten zu treffen. Die Fristen ruhen, solange die Behörde die Ergänzung der Unterlagen abwartet.

(8) Bei der Anmeldung nach § 9 Abs. 1 gilt der Ablauf einer Frist von zwei Monaten als Zustimmung zur Durchführung der gentechnischen Arbeit. Mit Zustimmung der zuständigen Behörde können die gentechnischen Arbeiten vor Ablauf der Frist begonnen werden. Die Kommission veröffentlicht allgemeine Stellungnahmen zu häufig durchgeführten gentechnischen Arbeiten mit den jeweils zugrunde liegenden Kriterien der Vergleichbarkeit im Bundesgesundheitsblatt. Die zuständige Behörde hat im Falle der Anmeldung weiterer gentechnischer Arbeiten der Sicherheitsstufe 2 zu Forschungszwecken über die Anmeldung unverzüglich, spätestens nach Ablauf einer Frist von einem Monat zu entscheiden, wenn die gentechnische Arbeit einer bereits von der Kommission eingestuften gentechnischen Arbeit vergleichbar ist; Absatz 5 findet in diesem Fall keine Anwendung. Die Frist ruht, solange die Behörde die Ergänzung der Unterlagen abwartet.

(9) Die zuständige Behörde hat über die Anmeldung nach § 10 Abs. 1 unverzüglich, spätestens nach Ablauf einer Frist von einem Monat zu entscheiden. Absatz 5 findet keine Anwendung. Der Ablauf einer Frist von zwei Monaten gilt als Zustimmung zur Durchführung der gentechnischen Arbeit. Die Frist ruht, solange die Behörde die Ergänzung der Unterlagen abwartet.

(10) Die zuständige Behörde kann die Durchführung der angemeldeten gentechnischen Arbeiten von Bedingungen abhängig machen, zeitlich befristen oder dafür Auflagen vorsehen, soweit dies erforderlich ist, um die in § 1 Nr. 1 bezeichneten Zwecke sicherzustellen; § 19 Satz 3 gilt entsprechend.

(11) Die zuständige Behörde kann die Durchführung der angemeldeten gentechnischen Arbeiten untersagen, wenn die Voraussetzungen des § 13 Abs. 1 Nr. 1 bis 5 nicht oder nicht mehr gegeben sind. Die Entscheidung bedarf der Schriftform.

§ 13 Genehmigungsvoraussetzungen

(1) Die Genehmigung zur Errichtung und zum Betrieb einer gentechnischen Anlage nach § 8 Abs. 1 Satz 2 oder Abs. 4 ist zu erteilen, wenn

1. keine Tatsachen vorliegen, aus denen sich Bedenken gegen die Zuverlässigkeit des Betreibers und der für die Errichtung sowie für die Leitung und die Beaufsichtigung des Betriebs der Anlage verantwortlichen Personen ergeben,
2. gewährleistet ist, daß der Projektleiter sowie der oder die Beauftragten für die Biologische Sicherheit die für ihre Aufgaben erforderliche Sachkunde besitzen und die ihnen obliegenden Verpflichtungen ständig erfüllen können,

3. sichergestellt ist, daß vom Antragsteller die sich aus § 6 Abs. 1 und 2 und den Rechtsverordnungen nach § 30 Abs. 2 Nr. 2, 4, 5, 6 und 9 ergebenden Pflichten für die Durchführung der vorgesehenen gentechnischen Arbeiten erfüllt werden,
4. gewährleistet ist, daß für die erforderliche Sicherheitsstufe die nach dem Stand der Wissenschaft und Technik notwendigen Vorkehrungen getroffen sind und deshalb schädliche Einwirkungen auf die in § 1 Nr. 1 bezeichneten Rechtsgüter nicht zu erwarten sind,
5. keine Tatsachen vorliegen, denen die Verbote des Artikels 2 des Gesetzes vom 21. Februar 1983 zu dem Übereinkommen vom 10. April 1972 über das Verbot der Entwicklung, Herstellung und Lagerung bakteriologischer (biologischer) Waffen und von Toxinwaffen sowie über die Vernichtung solcher Waffen (BGBl. 1983 II S. 132) und die Bestimmungen zum Verbot von biologischen und chemischen Waffen im Ausführungsgesetz zu Artikel 26 Abs. 2 des Grundgesetzes (Gesetz über die Kontrolle von Kriegswaffen in der Fassung der Bekanntmachung vom 22. November 1990 (BGBl. I S. 2506), zuletzt geändert durch Artikel 17 des Gesetzes vom 21. Dezember 1992 (BGBl. I S. 2150)) entgegenstehen, und
6. andere öffentlich-rechtliche Vorschriften der Errichtung und dem Betrieb der gentechnischen Anlage nicht entgegenstehen.

(2) Die Teilgenehmigung nach § 8 Abs. 3 ist zu erteilen, wenn eine vorläufige Prüfung ergibt, daß die Voraussetzungen des Absatzes 1 im Hinblick auf die Errichtung und den Betrieb der gesamten gentechnischen Anlage vorliegen werden und ein berechtigtes Interesse an der Erteilung einer Teilgenehmigung besteht.

(3) Die Genehmigung nach § 10 Abs. 2 ist zu erteilen, wenn die Voraussetzungen nach Absatz 1 Nr. 1 bis 5 für die Durchführung der vorgesehenen weiteren gentechnischen Arbeiten vorliegen.

Dritter Teil: Freisetzung und Inverkehrbringen

§ 14 Freisetzung und Inverkehrbringen

(1) Einer Genehmigung des Bundesgesundheitsamtes bedarf, wer
1. gentechnisch veränderte Organismen freisetzt,
2. Produkte in den Verkehr bringt, die gentechnisch veränderte Organismen enthalten oder aus solchen bestehen,
3. Produkte, die gentechnisch veränderte Organismen enthalten oder aus solchen bestehen, zu einem anderen Zweck als der bisherigen bestimmungsgemäßen Verwendung in den Verkehr bringt.

Die Genehmigung für eine Freisetzung oder ein Inverkehrbringen kann auch die Nachkommen und das Vermehrungsmaterial des gentechnisch veränderten Organismus umfassen. Die Genehmigung für ein Inverkehrbringen kann auf bestimmte Verwendungen beschränkt werden.

(2) (weggefallen)

(3) Eine Genehmigung kann sich auf die Freisetzung unterschiedlicher gentechnisch veränderter Organismen am gleichen Standort sowie eines bestimmten gentechnisch veränderten Organismus an verschiedenen Standorten erstrecken, wenn die Freisetzung zum gleichen Zweck innerhalb eines begrenzten Zeitraums erfolgt.

(4) Die Bundesregierung kann zur Umsetzung der Entscheidungen der Kommission oder des Rates der Europäischen Gemeinschaften nach Artikel 6 Abs. 5 und Artikel 21 der Richtlinie 90/220/EWG des Rates vom 23. April 1990 über die absichtliche Freisetzung genetisch veränderter Organismen in die Umwelt (ABl. EG Nr. L 117 S. 15) nach Anhörung der Kommission durch Rechtsverordnung mit Zustimmung des Bundesrates bestimmen, daß für die Freisetzung ein von dem Verfahren des Dritten Teils dieses Gesetzes abweichendes vereinfachtes Verfahren gilt, soweit mit der Freisetzung von Organismen im Hinblick auf die in § 1 Nr. 1 genannten Schutzzwecke genügend Erfahrungen gesammelt sind.

(5) Der Genehmigung des Inverkehrbringens durch das Bundesgesundheitsamt stehen Genehmigungen gleich, die von Behörden anderer Mitgliedstaaten der Europäischen Gemeinschaften nach gleichwertigen Vorschriften erteilt worden sind.

§ 15 Antragsunterlagen bei Freisetzung und Inverkehrbringen

(1) Dem Antrag auf Genehmigung einer Freisetzung sind die zur Prüfung erforderlichen Unterlagen beizufügen. Die Unterlagen müssen außer den in § 11 Abs. 2 Satz 2 Nr. 2 und 3 beschriebenen insbesondere folgende Angaben enthalten:

1. den Namen und die Anschrift des Betreibers,
2. die Beschreibung des Freisetzungsvorhabens hinsichtlich seines Zweckes und Standortes, des Zeitpunktes und des Zeitraums,
3. die dem Stand der Wissenschaft entsprechende Beschreibung der sicherheitsrelevanten Eigenschaften des freizusetzenden Organismus und der Umstände, die für das Überleben, die Fortpflanzung und die Verbreitung des Organismus von Bedeutung sind; Unterlagen über vorangegangene Arbeiten in einer gentechnischen Anlage und über Freisetzungen sind beizufügen,
4. eine Darlegung der durch die Freisetzung möglichen sicherheitsrelevanten Auswirkungen auf die in § 1 Nr. 1 genannten Rechtsgüter und der vorgesehenen Vorkehrungen,
5. eine Beschreibung der geplanten Überwachungsmaßnahmen sowie Angaben über entstehende Reststoffe und ihre Behandlung sowie über Notfallpläne.

(2) (weggefallen)

(3) Dem Antrag auf Genehmigung des Inverkehrbringens sind die zur Prüfung der Genehmigungsvoraussetzungen erforderlichen Unterlagen beizufügen. Die Unterlagen müssen insbesondere folgende Angaben enthalten:

1. den Namen und die Anschrift des Betreibers,
2. die Bezeichnung und eine dem Stand der Wissenschaft entsprechende Beschreibung des in Verkehr zu bringenden Produkts im Hinblick auf die gentechnisch veränderten spezifischen Eigenschaften; Unterlagen über vorangegangene Arbeiten in einer gentechnischen Anlage und über Freisetzungen sind beizufügen,
3. eine Beschreibung der zu erwartenden Verwendungsarten und der geplanten räumlichen Verbreitung,
4. eine Darlegung der durch das Inverkehrbringen möglichen sicherheitsrelevanten Auswirkungen auf die in § 1 Nr. 1 genannten Rechtsgüter,
5. eine Beschreibung der geplanten Maßnahmen zur Kontrolle des weiteren Verhaltens oder der Qualität des in Verkehr zu bringenden Produkts, der entstehenden Reststoffe und ihrer Behandlung sowie der Notfallpläne,
6. eine Beschreibung von besonderen Bedingungen für die Anwendung und den Gebrauch des in Verkehr zu bringenden Produkts und einen Vorschlag für seine Kennzeichnung und Verpackung.

§ 16 Genehmigung bei Freisetzung und Inverkehrbringen

(1) Die Genehmigung für eine Freisetzung ist zu erteilen, wenn

1. die Voraussetzungen entsprechend § 13 Abs. 1 Nr. 1 und 2 vorliegen,
2. gewährleistet ist, daß alle nach dem Stand von Wissenschaft und Technik erforderlichen Sicherheitsvorkehrungen getroffen werden,
3. nach dem Stand der Wissenschaft im Verhältnis zum Zweck der Freisetzung unvertretbare schädliche Einwirkungen auf die in § 1 Nr. 1 bezeichneten Rechtsgüter nicht zu erwarten sind.

(2) Die Genehmigung für ein Inverkehrbringen ist zu erteilen, wenn nach dem Stand der Wissenschaft im Verhältnis zum Zweck des Inverkehrbringens unvertretbare schädliche Einwirkungen auf die in § 1 Nr. 1 bezeichneten Rechtsgüter nicht zu erwarten sind.

(3) Über einen Antrag auf Genehmigung einer Freisetzung oder eines Inverkehrbringens ist innerhalb einer Frist von drei Monaten schriftlich zu entscheiden; will das Bundesgesundheitsamt einen Antrag auf Inverkehrbringen genehmigen, leitet es innerhalb dieser Frist das Verfahren nach den Artikeln 12 und 13 der Richtlinie 90/220/EWG des Rates vom 23. April 1990 über die absichtliche Freisetzung genetisch veränderter Organismen in die Umwelt (ABl. EG Nr. L 117 S. 15) (EG-Beteiligungsverfahren) ein. Nach Abschluß des EG-Beteiligungsverfahrens ist unverzüglich zu entscheiden. Bei der Berechnung der Frist bleiben die Zeitspannen unberücksichtigt, während deren das Bundesgesundheitsamt vom Betreiber gegebenenfalls angeforderte weitere Unterlagen abwartet oder eine Öffentlichkeitsbeteiligung nach § 18 durchgeführt wird.

(4) Die Entscheidung über eine Freisetzung ergeht im Einvernehmen mit der Biologischen Bundesanstalt für Land- und Forstwirtschaft, dem Umweltbundesamt und, soweit gentechnisch veränderte Wirbeltiere oder gentechnisch veränderte Mikroorganismen, die an Wirbeltieren angewendet werden, betroffen sind, der Bundesforschungsanstalt für Viruskrankheiten der Tiere. Vor der Erteilung einer Genehmigung für eine Freisetzung ist eine Stellungnahme der zuständigen Landesbehörde einzuholen. Vor der Erteilung einer Genehmigung für ein Inverkehrbringen sind Stellungnahmen des Umweltbundesamtes, der Biologischen Bundesanstalt für Land- und Forstwirtschaft und, soweit gentechnisch veränderte Wirbeltiere oder gentechnisch veränderte Mikroorganismen, die an Wirbeltieren angewendet werden, betroffen sind, der Bundesforschungsanstalt für Viruskrankheiten der Tiere und des Paul-Ehrlich-Instituts einzuholen.

(5) Vor Erteilung der Genehmigung prüft und bewertet die Kommission den Antrag im Hinblick auf mögliche Gefahren für die in § 1 Nr. 1 genannten Rechtsgüter, in den Fällen des Absatzes 1 unter Berücksichtigung der geplanten Sicherheitsmaßnahmen, und gibt hierzu Empfehlungen. § 11 Abs. 8 Satz 2 und 3 gilt entsprechend.

(6) Das Bundesministerium für Gesundheit wird ermächtigt, durch Rechtsverordnung mit Zustimmung des Bundesrates das Verfahren der Beteiligung der Kommission der Europäischen Gemeinschaften und der Mitgliedstaaten im Zusammenhang mit der Freisetzung gentechnisch veränderter Organismen und dem Inverkehrbringen von Produkten, die gentechnisch veränderte Organismen enthalten oder aus solchen bestehen, und die Verpflichtung der zuständigen Behörde, Bemerkungen der Mitgliedstaaten zu berücksichtigen oder Entscheidungen der Kommission der Europäischen Gemeinschaften umzusetzen, zu regeln, soweit dies zur Durchführung der Richtlinie des Rates über die absichtliche Freisetzung genetisch veränderter Organismen in die Umwelt in ihrer jeweils geltenden Fassung erforderlich ist.

(7) Vor Erhebung einer verwaltungsgerichtlichen Klage findet bei einer Entscheidung über den Antrag auf Genehmigung einer Freisetzung ein Vorverfahren nicht statt, sofern ein Anhörungsverfahren nach § 18 durchgeführt wurde.

Vierter Teil: Gemeinsame Vorschriften

§ 17 Verwendung von Unterlagen

(1) Unterlagen nach § 11 Abs. 2 Satz 2 Nr. 5, Abs. 4 Satz 2 Nr. 4, auch in Verbindung mit § 12 Abs. 2, nach § 12 Abs. 3 Satz 2 Nr. 5 und 6, § 15 Abs. 1 Satz 2 Nr. 2 und 4, Abs. 3 Satz 2 Nr. 2, 4 und 5 sind nicht erforderlich, soweit der zuständigen Behörde ausreichende Kenntnisse vorliegen. Der Betreiber kann insoweit auf Unterlagen Bezug nehmen, die er in einem vorangegangenen Verfahren vorgelegt hat. Stammen Erkenntnisse, die Tierversuche voraussetzen, aus Unterlagen eines Dritten, so teilt die zuständige Behörde diesem und dem Anmelder oder Antragsteller mit, welche Unterlagen des Dritten sie zugunsten des Anmelders oder Antragstellers zu verwenden beabsichtigt, sowie jeweils Namen und Anschrift des anderen. Sind Tierversuche nicht Voraussetzung, so bedarf es zur Verwendung von Unterlagen eines Dritten dessen schriftlicher Zustimmung. Die Sätze 3 und 4 gelten nicht, wenn die Anmeldung oder Genehmigung länger als zehn Jahre zurückliegt.

(2) Der Dritte kann der Verwendung seiner Unterlagen im Falle des Absatzes 1 Satz 3 innerhalb einer Frist von drei Monaten nach Zugang der Mitteilung nach Absatz 1 Satz 3 widersprechen. Im Falle des Widerspruchs ist das Anmelde- oder Genehmigungsverfahren für einen Zeitraum von fünf Jahren nach Anmeldung oder Stellung des Genehmigungsantrages auszusetzen, längstens jedoch bis zum Ablauf von zehn Jahren nach der Anmeldung oder der Genehmigung des Dritten. Würde der Anmelder oder Antragsteller für die Beibringung eigener Unterlagen einen kürzeren Zeitraum benötigen, so ist das Anmelde- oder Genehmigungsverfahren nur für diesen Zeitraum auszusetzen. Vor Aussetzung des Anmelde- oder Genehmigungsverfahrens sind der Anmelder oder Antragsteller und der Dritte zu hören.

(3) Erfolgt eine Anmeldung oder wird eine Genehmigung im Falle des Absatzes 2 vor Ablauf von zehn Jahren nach der Anmeldung oder Erteilung der Genehmigung des Dritten unter Verwendung seiner Unterlagen erteilt, so hat er gegen den Anmelder oder Antragsteller Anspruch auf eine Vergütung in Höhe von 50 v. H. der vom Anmelder oder Antragsteller durch die Verwendung ersparten Aufwendungen. Der Dritte kann dem Anmelder oder Antragsteller das Inverkehrbringen untersagen, solange dieser nicht die Vergütung gezahlt oder für sie in angemessener Höhe Sicherheit geleistet hat.

(4) Sind von mehreren Anmeldern oder Antragstellern gleichzeitig inhaltlich gleiche Unterlagen bei einer zuständigen Behörde vorzulegen, die Tierversuche voraussetzen, so teilt die zuständige Behörde den Anmeldern oder Antragstellern, die ihr bekannt sind, mit, welche Unterlagen von ihnen gemeinsam vorzulegen sind, sowie jeweils Namen und Anschrift der anderen Beteiligten. Die zuständige Behörde gibt den beteiligten Anmeldern oder Antragstellern Gelegenheit, sich innerhalb einer von ihr zu bestimmenden Frist zu einigen, wer die Unterlagen vorlegt. Kommt eine Einigung nicht zustande, so entscheidet die zuständige Behörde und unterrichtet hiervon unverzüglich alle Beteiligten. Diese sind, sofern sie ihre Anmeldung oder ihren Antrag nicht zurücknehmen oder sonst die Voraussetzungen ihrer Anmeldepflicht oder ihres Antrags entfallen, verpflichtet, demjenigen, der die Unterlagen vorgelegt hat, die anteiligen Aufwendungen für die Erstellung zu erstatten; sie haften als Gesamtschuldner.

§ 17a Vertraulichkeit von Angaben

(1) Angaben, die ein Betriebs- oder Geschäftsgeheimnis darstellen, sind vom Betreiber als vertraulich zu kennzeichnen. Er hat begründet darzulegen, daß eine Verbreitung der Betriebs- und Geschäftsgeheimnisse ihm betrieblich oder geschäftlich schaden könnte. Hält die zuständige Behörde die Kennzeichnung für unberechtigt, so hat sie vor der Entscheidung, welche Informationen vertraulich zu behandeln sind, den Antragsteller zu hören und diesen über ihre Entscheidung zu unterrichten. Personenbezogene Daten stehen Betriebs- und Geschäftsgeheimnissen gleich und müssen vertraulich behandelt werden.

(2) Nicht unter das Betriebs- oder Geschäftsgeheimnis im Sinne des Absatzes 1 fallen

1. Beschreibung der gentechnisch veränderten Organismen,
2. Name und Anschrift des Betreibers,
3. Zweck der Anmeldung oder Genehmigung,
4. Ort der gentechnischen Anlage oder Freisetzung,
5. Methoden und Pläne zur Überwachung der gentechnisch veränderten Organismen und für Notfallmaßnahmen,
6. Beurteilung der vorhersehbaren Wirkungen, insbesondere pathogene und ökologisch störende Wirkungen.

(3) Sofern ein Anhörungsverfahren nach § 18 durchzuführen ist, ist der Inhalt der Unterlagen, soweit die Angaben Betriebs- oder Geschäftsgeheimnisse oder personenbezogene Daten enthalten und soweit es ohne Preisgabe dieser geschützten Daten geschehen kann, so ausführlich dazustellen, daß es Dritten möglich ist zu beurteilen, ob und in welchem Umfang sie von den Auswirkungen des Vorhabens betroffen sind.

(4) Zieht der Anmelder oder Antragsteller die Anmeldung oder den Antrag auf Genehmigung zurück, so haben die zuständigen Behörden die Vertraulichkeit zu wahren.

§ 18 Anhörungsverfahren

(1) Vor der Entscheidung über die Errichtung und den Betrieb einer gentechnischen Anlage, in der gentechnische Arbeiten der Sicherheitsstufen 3 oder 4 zu gewerblichen Zwecken durchgeführt werden sollen, hat die zuständige Behörde ein Anhörungsverfahren durchzuführen. Für die Genehmigung gentechnischer Anlagen, in denen gentechnische Arbeiten der Sicherheitsstufe 2 zu gewerblichen Zwecken durchgeführt werden sollen, ist ein Anhörungsverfahren durchzuführen, wenn ein Genehmigungsverfahren nach § 10 des Bundes-Immissionsschutzgesetzes erforderlich wäre. Im Falle des § 8 Abs. 4 entfällt ein Anhörungsverfahren, wenn nicht zu besorgen ist, daß durch die Änderung zusätzliche oder andere Gefahren für die in § 1 Nr. 1 bezeichneten Rechtsgüter zu erwarten sind.

(2) Vor der Entscheidung über die Genehmigung einer Freisetzung ist ein Anhörungsverfahren durchzuführen, soweit es sich nicht um Organismen handelt, deren Ausbreitung begrenzbar ist oder soweit nicht ein vereinfachtes Verfahren nach § 14 Abs. 4 durchgeführt wird. Die Bundesregierung bezeichnet nach Anhörung der Kommission durch Rechtsverordnung mit Zustimmung des Bundesrates die Kriterien für die Organismen, deren Ausbreitung bei einer Freisetzung begrenzbar ist.

(3) Das Anhörungsverfahren regelt die Bundesregierung durch Rechtsverordnung mit Zustimmung des Bundesrates. Das Verfahren muß den Anforderungen des § 10 Abs. 3 bis 8 des Bundes-Immissionsschutzgesetzes entsprechen. Bei Verfahren nach Absatz 2 gilt § 10 Abs. 4 Nr. 3 und Abs. 6 des Bundes-Immissionsschutzgesetzes nicht; Einwendungen gegen das Vorhaben können schriftlich oder zur Niederschrift innerhalb eines Monats nach Ablauf der Auslegungsfrist bei der Genehmigungsbehörde oder bei der Stelle erhoben und begründet werden, bei der Antrag und Unterlagen zur Einsicht ausgelegt sind.

§ 19 Nebenbestimmungen, nachträgliche Auflagen

Die zuständige Behörde kann ihre Entscheidung mit Nebenbestimmungen versehen, soweit dies erforderlich ist, um die Genehmigungsvoraussetzungen sicherzustellen. Durch Auflagen können insbesondere bestimmte Verfahrensabläufe oder Sicherheitsvorkehrungen oder eine bestimmte Beschaffenheit oder Ausstattung der gentechnischen Anlage sowie Vorschriften für die bestimmungsgemäße und sachgerechte Anwendung des in Verkehr zu bringenden Produktes angeordnet werden. Die nachträgliche Anordnung von Auflagen ist zulässig.

§ 20 Einstweilige Einstellung

(1) Sind die Voraussetzungen für die Fortführung des Betriebs der gentechnischen Anlage, der gentechnischen Arbeit oder der Freisetzung nachträglich entfallen, so kann anstelle einer Rücknahme oder eines Widerrufs der Genehmigung nach den Vorschriften der Verwaltungsverfahrensgesetze die einstweilige Einstellung der Tätigkeit angeordnet werden, bis der Betreiber nachweist, daß die Voraussetzungen wieder vorliegen.

(2) Besteht der begründete Verdacht, daß die Voraussetzungen für das Inverkehrbringen nicht vorliegen, so kann das Bundesgesundheitsamt bis zur Entscheidung der Kommission oder des Rates der Europäischen Gemeinschaften nach Artikel 16 in Verbindung mit Artikel 21 der Richtlinie 90/220/EWG des Rates vom 23. April 1990 über die absichtliche Freisetzung genetisch veränderter Organismen in die Umwelt (ABl. EG Nr. L 117 S. 15) das Ruhen der Genehmigung ganz oder teilweise anordnen.

§ 21 Anzeigepflichten

(1) Der Betreiber hat jede Änderung in der Beauftragung des Projektleiters, des Beauftragten für die Biologische Sicherheit oder eines Mitgliedes des Ausschusses für die Biologische Sicherheit der für eine Anmeldung, die Erteilung der Genehmigung und der für die Überwachung zuständigen Behörde vorher anzuzeigen. Bei einer unvorhergesehenen Änderung hat die Anzeige unverzüglich zu erfolgen. Mit der Anzeige ist die erforderliche Sachkunde nachzuweisen.

(1a) Der Betreiber hat weitere gentechnische Arbeiten, die nach § 9 Abs. 1 Satz 2 Nr. 1 keiner Anmeldung bedürfen, der zuständigen Behörde unverzüglich anzuzeigen.

(1b) Beabsichtigt der Betreiber, den Betrieb einer Anlage einzustellen, so hat er dies unter Angabe des Zeitpunkts der Einstellung der für die Überwachung zuständigen Behörde unverzüglich anzuzeigen. Der Anzeige sind Unterlagen über die vom Betreiber vorgesehenen Maßnahmen zur Erfüllung der sich aus § 6 Abs. 2 Satz 2 ergebenden Pflichten beizufügen.

(2) Anzuzeigen ist ferner jede beabsichtigte Änderung der sicherheitsrelevanten Einrichtungsgegenstände einer gentechnischen Anlage, auch wenn die gentechnische Anlage durch die Änderung weiterhin die Anforderungen der für die Durchführung der angemeldeten oder genehmigten Arbeiten erforderlichen Sicherheitsstufe erfüllt.

(3) Der Betreiber hat der für die Anmeldung, die Genehmigungserteilung und der für die Überwachung zuständigen Behörde unverzüglich jedes Vorkommnis anzuzeigen, das nicht dem erwarteten Verlauf der gentechnischen Arbeit oder der Freisetzung oder des Inverkehrbringens entspricht und bei dem der Verdacht einer Gefährdung der in § 1 Nr. 1 bezeichneten Rechtsgüter besteht. Dabei sind alle für die Sicherheitsbewertung notwendigen Informationen sowie geplante oder getroffene Notfallmaßnahmen mitzuteilen.

(4) Der Betreiber hat nach Abschluß einer Freisetzung dem Bundesgesundheitsamt die Ergebnisse der Freisetzung im Zusammenhang mit der Gefährdung der menschlichen Gesundheit und der Umwelt anzuzeigen. Dabei ist ein geplantes Inverkehrbringen besonders zu berücksichtigen.

(5) Erhält der Betreiber neue Informationen über Risiken für die menschliche Gesundheit oder die Umwelt, hat er diese der zuständigen Behörde unverzüglich anzuzeigen.

§ 22 Andere behördliche Entscheidungen

(1) Die Anlagengenehmigung schließt andere die gentechnische Anlage betreffende behördliche Entscheidungen ein, insbesondere öffentlich-rechtliche Genehmigungen, Zulassungen, Verleihungen, Erlaubnisse und Bewilligungen, mit Ausnahme von behördlichen Entscheidungen auf Grund atomrechtlicher Vorschriften.

(2) Vorschriften, nach denen öffentlich-rechtliche Genehmigungen, Zulassungen, Verleihungen, Erlaubnisse und Bewilligungen erteilt werden, finden auf gentechnische Arbeiten, Freisetzungen oder das Inverkehrbringen, die nach diesem Gesetz anmelde- oder genehmigungspflichtig sind, insoweit keine Anwendung, als es sich um den Schutz vor den spezifischen Gefahren der Gentechnik handelt; Vorschriften über das Inverkehrbringen nach § 2 Nr. 4 zweiter Halbsatz bleiben unberührt.

§ 23 Ausschluß von privatrechtlichen Abwehransprüchen

Auf Grund privatrechtlicher, nicht auf besonderen Titeln beruhender Ansprüche zur Abwehr benachteiligender Einwirkungen von einem Grundstück auf ein benachbartes Grundstück kann nicht die Einstellung des Betriebs der gentechnischen Anlage, der gentechnischen Arbeiten oder die Beendigung einer Freisetzung verlangt werden, deren Genehmigung unanfechtbar ist und für die ein Anhörungsverfahren nach § 18 durchgeführt wurde; es können nur Vorkehrungen verlangt werden, die die benachteiligenden Wirkungen ausschließen. Soweit solche Vorkehrungen nach dem Stand der Technik nicht durchführbar oder wirtschaftlich nicht vertretbar sind, kann lediglich Schadensersatz verlangt werden.

§ 24 Kosten

(1) Für Amtshandlungen nach diesem Gesetz und den zur Durchführung dieses Gesetzes erlassenen Rechtsvorschriften sind Kosten (Gebühren und Auslagen) zu erheben. Von der Zahlung von Gebühren sind außer den in § 8 Abs. 1 des Verwaltungskostengesetzes bezeichneten Rechtsträgern die als gemeinnützig anerkannten Forschungseinrichtungen befreit.

(2) Das Bundesministerium für Gesundheit wird ermächtigt, im Einvernehmen mit dem Bundesministerium für Umwelt, Naturschutz und Reaktorsicherheit und dem Bundesministerium für Ernährung, Landwirtschaft und

Forsten durch Rechtsverordnung ohne Zustimmung des Bundesrates die gebührenpflichtigen Tatbestände und die Gebühren durch feste Sätze, Rahmensätze oder nach dem Wert des Gegenstandes näher zu bestimmen.

(3) Für die durch die Länder zu erhebenden Kosten gilt Landesrecht; Absatz 1 Satz 2 gilt entsprechend. Die Länder haben die bei der Kommission im Rahmen des Anmelde- und Genehmigungsverfahrens entstehenden Aufwendungen zu erstatten. Die Aufwendungen werden im Einzelfall festgesetzt; dabei können nach dem durchschnittlichen Personal- und Sachaufwand ermittelte feste Sätze oder Rahmensätze zugrunde gelegt werden.

(4) Die bei der Erfüllung von Auskunfts- und Duldungspflichten im Rahmen von Anmelde- und Genehmigungsverfahren und Überwachung entstehenden eigenen Aufwendungen des Betreibers sind nicht zu erstatten.

§ 25 Überwachung, Auskunfts-, Duldungspflichten

(1) Die zuständigen Landesbehörden haben die Durchführung dieses Gesetzes, der auf Grund dieses Gesetzes erlassenen Rechtsverordnungen und der darauf beruhenden behördlichen Anordnungen und Verfügungen zu überwachen.

(2) Der Betreiber und die verantwortlichen Personen im Sinne des § 3 Nr. 10 und 11 haben der zuständigen Behörde auf Verlangen unverzüglich die zur Überwachung erforderlichen Auskünfte zu erteilen.

(3) Die mit der Überwachung beauftragten Personen sind befugt,

1. zu den Betriebs- und Geschäftszeiten Grundstücke, Geschäftsräume und Betriebsräume zu betreten und zu besichtigen,
2. alle zur Erfüllung ihrer Aufgaben erforderlichen Prüfungen einschließlich der Entnahme von Proben durchzuführen,
3. die zur Erfüllung ihrer Aufgaben erforderlichen Unterlagen einzusehen und hieraus Ablichtungen oder Abschriften anzufertigen.

Zur Verhütung dringender Gefahren für die öffentliche Sicherheit und Ordnung können Maßnahmen nach Satz 1 auch in Wohnräumen und zu jeder Tages- und Nachtzeit getroffen werden. Der Betreiber ist verpflichtet, Maßnahmen nach Satz 1 Nr. 1 und 2 und Satz 2 zu dulden, die mit der Überwachung beauftragten Personen zu unterstützen, soweit dies zur Erfüllung ihrer Aufgaben erforderlich ist, sowie die erforderlichen geschäftlichen Unterlagen vorzulegen. Das Grundrecht der Unverletzlichkeit der Wohnung (Artikel 13 des Grundgesetzes) wird insoweit eingeschränkt.

(4) Auskunftspflichtige Personen können die Auskunft auf solche Fragen verweigern, deren Beantwortung sie selbst oder einen ihrer in § 383 Abs. 1 Nr. 1 bis 3 der Zivilprozeßordnung bezeichneten Angehörigen der Gefahr der Verfolgung wegen einer Straftat oder Ordnungswidrigkeit aussetzen würde.

(5) Die in Erfüllung einer Auskunfts- oder Duldungspflicht nach diesem Gesetz oder einer auf Grund dieses Gesetzes erlassenen Rechtsverordnung erhobenen personenbezogenen Informationen dürfen nur verwendet werden, soweit dies zur Durchführung dieses Gesetzes oder zur Verfolgung einer Straftat oder zur Abwehr einer Gefahr für die öffentliche Sicherheit erforderlich ist.

§ 26 Behördliche Anordnungen

(1) Die zuständige Landesbehörde kann im Einzelfall die Anordnungen treffen, die zur Beseitigung festgestellter oder zur Verhütung künftiger Verstöße gegen dieses Gesetz oder gegen die auf Grund dieses Gesetzes erlassenen Rechtsverordnungen notwendig sind. Sie kann insbesondere den Betrieb einer gentechnischen Anlage, gentechnische Arbeiten oder eine Freisetzung ganz oder teilweise untersagen, wenn

1. die erforderliche Anmeldung unterblieben ist, eine erforderliche Genehmigung oder eine Zustimmung nicht vorliegt,

2. ein Grund zur Rücknahme oder zum Widerruf einer Genehmigung nach den Verwaltungsverfahrensgesetzen gegeben ist,
3. gegen Nebenbestimmungen oder nachträgliche Auflagen nach § 19 verstoßen wird,
4. die vorhandenen sicherheitsrelevanten Einrichtungen und Vorkehrungen nicht oder nicht mehr ausreichen.

Die zuständige Behörde kann ein Inverkehrbringen untersagen, wenn die erforderliche Genehmigung nicht vorliegt. Sie kann ein Inverkehrbringen bis zur Entscheidung der Kommission oder des Rates der Europäischen Gemeinschaften nach Artikel 16 in Verbindung mit Artikel 21 der Richtlinie 90/220/EWG ganz oder teilweise untersagen, wenn das Ruhen der Genehmigung angeordnet ist oder der begründete Verdacht besteht, daß die Voraussetzungen für das Inverkehrbringen nicht vorliegen.

(2) Kommt der Betreiber einer gentechnischen Anlage einer Auflage, einer vollziehbaren nachträglichen Anordnung oder einer Pflicht auf Grund einer Rechtsverordnung nach § 30 nicht nach und betreffen die Auflage, die Anordnung oder die Pflicht die Beschaffenheit oder den Betrieb der gentechnischen Anlage, so kann die zuständige Behörde den Betrieb ganz oder teilweise bis zur Erfüllung der Auflage, der Anordnung oder der Pflicht aus einer Rechtsverordnung nach § 30 untersagen.

(3) Die zuständige Behörde kann anordnen, daß eine gentechnische Anlage, die ohne die erforderliche Genehmigung errichtet, betrieben oder wesentlich geändert wird, ganz oder teilweise stillzulegen oder zu beseitigen ist. Sie hat die vollständige oder teilweise Beseitigung anzuordnen, wenn die in § 1 Nr. 1 genannten Rechtsgüter auf andere Weise nicht ausreichend geschützt werden können.

(4) (weggefallen)

§ 27 Erlöschen der Genehmigung

(1) Die Genehmigung erlischt, wenn
1. innerhalb einer von der Genehmigungsbehörde gesetzten Frist, die höchstens drei Jahre betragen darf, nicht mit der Errichtung oder dem Betrieb der gentechnischen Anlage oder der Freisetzung begonnen oder
2. eine gentechnische Anlage während eines Zeitraums von mehr als drei Jahren nicht mehr betrieben worden ist.

(2) Die Genehmigung erlischt ferner, soweit das Genehmigungserfordernis aufgehoben wird.

(3) Die Genehmigungsbehörde kann auf Antrag die Fristen nach Absatz 1 aus wichtigem Grunde um höchstens ein Jahr verlängern, wenn hierdurch der Zweck des Gesetzes nicht gefährdet wird.

§ 28 Unterrichtungspflicht

(1) Die zuständigen Behörden unterrichten das Bundesgesundheitsamt unverzüglich über die im Vollzug des Gesetzes getroffenen Entscheidungen, über sicherheitsrelevante Erkenntnisse, über die ihnen nach § 21 Abs. 3, 4 oder 5 angezeigten oder im Rahmen der Überwachung bekanntgewordenen sicherheitsrelevanten Vorkommnisse, über Zuwiderhandlungen oder den Verdacht auf Zuwiderhandlungen gegen Vorschriften dieses Gesetzes, der auf Grund dieses Gesetzes erlassenen Rechtsverordnungen sowie gegen Auflagen oder nach § 26 angeordnete Maßnahmen, soweit gentechnische Arbeiten, Freisetzungen oder ein Inverkehrbringen berührt sind.

(2) Das Bundesgesundheitsamt gibt seine Erkenntnisse, soweit sie für den Gesetzesvollzug von Bedeutung sein können, den zuständigen Behörden bekannt.

§ 29 Auswertung und Bereitstellung von Daten

(1) Das Bundesgesundheitsamt hat Daten gemäß § 28, die im Zusammenhang mit der Errichtung und dem Betrieb gentechnischer Anlagen, der Durchführung gentechnischer Arbeiten, mit Freisetzungen oder mit einem Inverkehrbringen von ihm erhoben oder ihm übermittelt worden sind, zum Zweck der Beobachtung, Sammlung

und Auswertung sicherheitsrelevanter Sachverhalte zu verarbeiten und zu nutzen. Das Bundesgesundheitsamt kann Daten über Stellungnahmen der Kommission zur Sicherheitseinstufung und zu Sicherheitsmaßnahmen gentechnischer Arbeiten sowie über die von den zuständigen Behörden getroffenen Entscheidungen an die zuständigen Behörden zur Verwendung im Rahmen von Anmelde- und Genehmigungsverfahren übermitteln. Die Empfänger dürfen die übermittelten Daten nur zu dem Zweck verwenden, zu dem sie übermittelt worden sind.

(1a) Die Einrichtung eines automatisierten Abrufverfahrens ist zulässig. Das Bundesgesundheitsamt und die zuständigen Behörden legen bei der Einrichtung des automatisierten Abrufverfahrens die Art der zu übermittelnden Daten und die nach § 9 des Bundesdatenschutzgesetzes erforderlichen technischen und organisatorischen Maßnahmen schriftlich fest. Die Einrichtung des automatisierten Abrufverfahrens bedarf der Genehmigung des Bundesministeriums für Gesundheit im Einvernehmen mit dem Bundesministerium für Wirtschaft. Über die Einrichtung des Abrufverfahrens ist der Bundesbeauftragte für den Datenschutz unter Mitteilung der Festlegungen nach Satz 2 zu unterrichten. Die Verantwortung für die Zulässigkeit des einzelnen Abrufs trägt der Empfänger. Das Bundesgesundheitsamt prüft die Zulässigkeit der Abrufe nur, wenn dazu Anlaß besteht. Es hat zu gewährleisten, daß die Übermittlung der Daten festgestellt und überprüft werden kann.

(2) Die Rechtsvorschriften über die Geheimhaltung bleiben unberührt. Die Übermittlung von sachbezogenen Erkenntnissen im Sinne des § 17a an Dienststellen der Europäischen Gemeinschaften und Behörden anderer Staaten darf nur erfolgen, wenn die anfordernde Stelle darlegt, daß sie Vorkehrungen zum Schutz von Betriebs- und Geschäftsgeheimnissen sowie zum Schutz von personenbezogenen Daten getroffen hat, die den entsprechenden Vorschriften im Geltungsbereich dieses Gesetzes gleichwertig sind.

(3) Personenbezogene Daten dürfen beim Bundesgesundheitsamt nur verarbeitet und genutzt werden, soweit dies für die Beurteilung der Zuverlässigkeit des Betreibers, des Projektleiters sowie des oder der Beauftragten für die Biologische Sicherheit oder für die Beurteilung der Sachkunde des Projektleiters oder des oder der Beauftragten für die Biologische Sicherheit erforderlich ist.

(4) Art und Umfang der Daten regelt das Bundesministerium für Gesundheit im Einvernehmen mit dem Bundesministerium für Wirtschaft durch Rechtsverordnung mit Zustimmung des Bundesrates.

§ 30 Erlaß von Rechtsverordnungen und Verwaltungsvorschriften

(1) Die Bundesregierung bestimmt nach Anhörung der Kommission durch Rechtsverordnung mit Zustimmung des Bundesrates zur Erreichung der in § 1 Nr. 1 genannten Zwecke die Verantwortlichkeit sowie die erforderliche Sachkunde des Projektleiters, insbesondere im Hinblick auf die Notwendigkeit und den Umfang von nachzuweisenden Kenntnissen in klassischer und molekularer Genetik, von praktischen Erfahrungen im Umgang mit Mikroorganismen und die erforderlichen Kenntnisse einschließlich der arbeitsschutzrechtlichen Bestimmungen über das Arbeiten in einer gentechnischen Anlage.

(2) Die Bundesregierung wird ermächtigt, nach Anhörung der Kommission durch Rechtsverordnung mit Zustimmung des Bundesrates zur Erreichung der in § 1 Nr. 1 genannten Zwecke zu bestimmen,

1. wie die Arbeitsstätte, die Betriebsanlagen und die technischen Arbeitsmittel bei den einzelnen Sicherheitsstufen beschaffen, eingerichtet und betrieben werden müssen, damit sie den gesicherten sicherheitstechnischen, arbeitsmedizinischen, hygienischen und sonstigen arbeitswissenschaftlichen Erkenntnissen entsprechen, die zum Schutz der Beschäftigten zu beachten und zur menschengerechten Gestaltung der Arbeit erforderlich sind;
2. die erforderlichen betrieblichen Maßnahmen, insbesondere
   a) wie das Arbeitsverfahren gestaltet sein muß, damit die Beschäftigten durch gentechnische Arbeiten oder eine Freisetzung nicht gefährdet werden,
   b) wie die Arbeitsbereiche überwacht werden müssen, um eine Kontamination durch gentechnisch veränderte Organismen festzustellen,

c) wie gentechnisch veränderte Organismen innerbetrieblich aufbewahrt werden müssen und auf welche Gefahren hingewiesen werden muß, damit die Beschäftigten durch eine ungeeignete Aufbewahrung nicht gefährdet und durch Gefahrenhinweise über die von diesen Organismen ausgehenden Gefahren unterrichtet werden,

d) welche Vorkehrungen getroffen werden müssen, damit gentechnisch veränderte Organismen nicht in die Hände Unbefugter gelangen oder sonst abhanden kommen,

e) welche persönlichen Schutzausrüstungen zur Verfügung gestellt und von den Beschäftigten bestimmungsgemäß benutzt werden müssen,

f) dass die Zahl der Beschäftigten, die mit gentechnisch veränderten Organismen umgehen, beschränkt und daß die Dauer einer solchen Beschäftigung begrenzt werden kann,

g) wie sich die Beschäftigten verhalten müssen, damit sie sich selbst und andere nicht gefährden, und welche Maßnahmen zu treffen sind,

h) unter welchen Umständen Zugangsbeschränkungen zum Schutz der Beschäftigten vorgesehen werden müssen;

3. dass und wie viele Beauftragte für die Biologische Sicherheit der Betreiber zu bestellen hat, die die Erfüllung der Aufgaben des Projektleiters überprüfen und die den Betreiber und die verantwortlichen Personen in allen Fragen der biologischen Sicherheit zu beraten haben, wie diese Aufgaben im einzelnen wahrzunehmen sind, welche Sachkunde für die biologische Sicherheit nachzuweisen ist und auf welche Weise der Beauftragte oder die Beauftragten für die Biologische Sicherheit unter Beteiligung des Betriebs- oder Personalrates zu bestellen sind;

4. welche Kenntnisse und Fähigkeiten die mit gentechnischen Arbeiten oder einer Freisetzung Beschäftigten haben müssen und welche Nachweise hierüber zu erbringen sind;

5. wie und in welchen Zeitabständen die Beschäftigten über die Gefahren und Maßnahmen zu ihrer Abwendung zu unterweisen sind und wie den Beschäftigten der Inhalt der im Betrieb anzuwendenden Vorschriften in einer tätigkeitsbezogenen Betriebsanweisung unter Berücksichtigung von Sicherheitsratschlägen zur Kenntnis zu bringen ist;

6. welche Vorkehrungen zur Verhinderung von Betriebsunfällen und Betriebsstörungen sowie zur Begrenzung ihrer Auswirkungen für die Beschäftigten und welche Maßnahmen zur Organisation der Ersten Hilfe zu treffen sind;

7. dass und welche verantwortlichen Aufsichtspersonen zur Aufsicht über gentechnische Arbeiten und Freisetzungen sowie über andere Arbeiten im Gefahrenbereich bestellt und welche Befugnisse ihnen übertragen werden müssen, damit die Arbeitsschutzaufgaben erfüllt werden können;

8. dass im Hinblick auf den Schutz der Beschäftigten vom Betreiber eine Gefahrenbeurteilung vorzunehmen und ein Plan zur Gefahrenabwehr aufzustellen sind, welche Unterlagen hierfür zu erstellen sind, und daß diese Unterlagen zur Überprüfung der Gefahrenbeurteilung sowie des Gefahrenabwehrplanes zur Einsichtnahme durch die zuständige Behörde bereitgehalten werden müssen;

9. dass die Beschäftigten gesundheitlich zu überwachen und hierüber Aufzeichnungen zu führen sind sowie zu diesem Zweck

a) der Betreiber verpflichtet werden kann, die mit gentechnischen Arbeiten oder einer Freisetzung Beschäftigten ärztlich untersuchen zu lassen,

b) der Arzt, der mit einer Vorsorgeuntersuchung beauftragt ist, im Zusammenhang mit dem Untersuchungsbefund bestimmte Pflichten zu erfüllen hat, insbesondere hinsichtlich des Inhalts einer von ihm auszustellenden Bescheinigung und der Unterrichtung und Beratung über das Ergebnis der Untersuchung,

c) die zuständige Behörde entscheidet, wenn Feststellungen des Arztes für unzutreffend gehalten werden,

d) die in die Aufzeichnung aufzunehmenden Daten den Trägern der gesetzlichen Unfallversicherung oder einer von ihnen beauftragten Stelle zum Zweck der Ermittlung arbeitsbedingter Gesundheitsgefahren oder Berufskrankheiten übermittelt werden;

9a. bei welchen Tätigkeiten Beschäftigten nachgehende Untersuchungen ermöglicht werden müssen;

10. dass der Arbeitgeber dem Betriebs- oder Personalrat Vorgänge mitzuteilen hat, die dieser erfahren muß, um seine Aufgaben erfüllen zu können;
11. dass die zuständigen Landesbehörden ermächtigt werden, zur Durchführung von Rechtsverordnungen bestimmte Anordnungen im Einzelfall auch gegen Aufsichtspersonen und sonstige Beschäftigte insbesondere bei Gefahr im Verzug zu erlassen;
12. dass bei der Beendigung einer gentechnischen Arbeit oder einer Freisetzung bestimmte Vorkehrungen zu treffen sind;
13. dass die Beförderung von gentechnisch veränderten Organismen von der Einhaltung bestimmter Vorsichtsmaßregeln abhängig zu machen ist;
14. dass und wie zur Ordnung des Verkehrs und des Umgangs mit Produkten, die gentechnisch veränderte Organismen enthalten oder aus solchen bestehen, die Produkte zu verpacken und zu kennzeichnen sind, insbesondere daß Angaben über die gentechnischen Veränderungen und über die vertretbaren schädlichen Einwirkungen im Sinne des § 16 Abs. 2 zu machen sind, soweit dies zum Schutz des Anwenders erforderlich ist;
15. welchen Inhalt und welche Form die Anmelde- und Antragsunterlagen nach § 11 Abs. 2 bis 4, § 12 Abs. 3 und § 15 haben müssen, insbesondere an welchen Kriterien die Bewertung auszurichten ist, sowie die Einzelheiten des Anmelde- und Genehmigungsverfahrens;
16. dass für den Fall eines Unfalls in einer gentechnischen Anlage
    a) die zuständige Behörde auf der Grundlage von vom Betreiber zu liefernden Unterlagen außerbetriebliche Notfallpläne zu erstellen, ihre Erstellung und Durchführung mit den zuständigen Behörden der Mitgliedstaaten der Europäischen Gemeinschaften oder den anderen Vertragsstaaten des Abkommens über den Europäischen Wirtschaftsraum, die von einem Unfall betroffen werden können, abzustimmen sowie die Öffentlichkeit über Sicherheitsmaßnahmen zu unterrichten,
    b) der Betreiber die Umstände des Unfalls sowie die von ihm getroffenen Maßnahmen der zuständigen Behörde zu melden,
    c) die zuständige Behörde diese Angaben dem Bundesgesundheitsamt zur Weiterleitung an die Kommission der Europäischen Gemeinschaften zu melden, die von den Mitgliedstaaten der Europäischen Gemeinschaften und den anderen Vertragsstaaten des Abkommens über den Europäischen Wirtschaftsraum benannten Behörden zu unterrichten, soweit diese Staaten von dem Unfall möglicherweise betroffen sind, und alle Notfallmaßnahmen und sonstigen erforderlichen Maßnahmen zu treffen hat.

(3) Die Bundesregierung wird ermächtigt, soweit es zum Schutz von Leben und Gesundheit von Beschäftigten erforderlich ist, durch Rechtsverordnung mit Zustimmung des Bundesrates zu bestimmen, daß die Regelungen, die nach Absatz 2 erlassen werden, auch auf den Umgang mit anderen biologischen Arbeitsstoffen Anwendung finden. Durch Rechtsverordnung nach Satz 1 kann auch bestimmt werden,

1. wie die mit dem Umgang mit biologischen Arbeitsstoffen verbundenen Risiken zu ermitteln und zu bewerten sind und wie eine Zuordnung zu Sicherheitsstufen entsprechend § 7 Abs. 2 vorzunehmen ist,
2. dass Arbeiten, bei denen Beschäftigte besonderen Gefahren durch biologische Arbeitsstoffe ausgesetzt sind oder bei denen solche Gefahren zu besorgen sind, der zuständigen Behörde angezeigt oder von ihr genehmigt werden müssen.

(4) Wegen der Anforderungen nach den Absätzen 1 und 2 kann auf jedermann zugängliche Bekanntmachungen sachverständiger Stellen verwiesen werden; hierbei ist

1. in der Rechtsverordnung das Datum der Bekanntmachung anzugeben und die Bezugsquelle genau zu bezeichnen,
2. die Bekanntmachung beim Bundesgesundheitsamt archivmässig gesichert niederzulegen und in der Rechtsverordnung darauf hinzuweisen.

(5) Die Bundesregierung kann nach Anhörung der Kommission mit Zustimmung des Bundesrates zur Durchführung dieses Gesetzes und der auf Grund dieses Gesetzes erlassenen Rechtsverordnungen allgemeine Verwaltungsvorschriften erlassen.

§ 31 Zuständige Behörden

Die zur Ausführung dieses Gesetzes zuständigen Behörden bestimmt die nach Landesrecht zuständige Stelle, mangels einer solchen Bestimmung die Landesregierung; diese kann die Ermächtigung weiter übertragen.

Fünfter Teil: Haftungsvorschriften

§ 32 Haftung

(1) Wird infolge von Eigenschaften eines Organismus, die auf gentechnischen Arbeiten beruhen, jemand getötet, sein Körper oder seine Gesundheit verletzt oder eine Sache beschädigt, so ist der Betreiber verpflichtet, den daraus entstehenden Schaden zu ersetzen.

(2) Sind für denselben Schaden mehrere Betreiber zum Schadensersatz verpflichtet, so haften sie als Gesamtschuldner. Im Verhältnis der Ersatzpflichtigen zueinander hängt, soweit nichts anderes bestimmt ist, die Verpflichtung zum Ersatz sowie der Umfang des zu leistenden Ersatzes davon ab, inwieweit der Schaden vorwiegend von dem einen oder anderen Teil verursacht worden ist; im übrigen gelten die §§ 421 bis 425 sowie § 426 Abs. 1 Satz 2 und Abs. 2 des Bürgerlichen Gesetzbuchs.

(3) Hat bei der Entstehung des Schadens ein Verschulden des Geschädigten mitgewirkt, so gilt § 254 des Bürgerlichen Gesetzbuchs; im Falle der Sachbeschädigung steht das Verschulden desjenigen, der die tatsächliche Gewalt über die Sache ausübt, dem Verschulden des Geschädigten gleich. Die Haftung des Betreibers wird nicht gemindert, wenn der Schaden zugleich durch die Handlung eines Dritten verursacht worden ist; Absatz 2 Satz 2 gilt entsprechend.

(4) Im Falle der Tötung ist Ersatz der Kosten der versuchten Heilung sowie des Vermögensnachteils zu leisten, den der Getötete dadurch erlitten hat, daß während der Krankheit seine Erwerbsfähigkeit aufgehoben oder gemindert war oder seine Bedürfnisse vermehrt waren. Der Ersatzpflichtige hat außerdem die Kosten der Beerdigung demjenigen zu ersetzen, der diese Kosten zu tragen hat. Stand der Getötete zur Zeit der Verletzung zu einem Dritten in einem Verhältnis, aus dem er diesem gegenüber kraft Gesetzes unterhaltspflichtig war oder unterhaltspflichtig werden konnte und ist dem Dritten infolge der Tötung das Recht auf Unterhalt entzogen, so hat der Ersatzpflichtige dem Dritten insoweit Schadensersatz zu leisten, als der Getötete während der mutmaßlichen Dauer seines Lebens zur Gewährung des Unterhalts verpflichtet gewesen wäre. Die Ersatzpflicht tritt auch ein, wenn der Dritte zur Zeit der Verletzung gezeugt, aber noch nicht geboren war.

(5) Im Falle der Verletzung des Körpers oder der Gesundheit ist Ersatz der Kosten der Heilung sowie des Vermögensnachteils zu leisten, den der Verletzte dadurch erleidet, daß infolge der Verletzung seine Erwerbsfähigkeit zeitweise oder dauernd aufgehoben oder gemindert oder eine Vermehrung seiner Bedürfnisse eingetreten ist.

(6) Der Schadensersatz wegen Aufhebung oder Minderung der Erwerbsfähigkeit und wegen vermehrter Bedürfnisse des Verletzten sowie der nach Absatz 4 Satz 3 und 4 einem Dritten zu gewährende Schadensersatz ist für die Zukunft durch eine Geldrente zu leisten. § 843 Abs. 2 bis 4 des Bürgerlichen Gesetzbuchs ist entsprechend anzuwenden.

(7) Stellt die Beschädigung einer Sache auch eine Beeinträchtigung der Natur oder der Landschaft dar, so ist, soweit der Geschädigte den Zustand herstellt, der bestehen würde, wenn die Beeinträchtigung nicht eingetreten wäre, § 251 Abs. 2 des Bürgerlichen Gesetzbuchs mit der Maßgabe anzuwenden, daß Aufwendungen für die Wiederherstellung des vorherigen Zustandes nicht allein deshalb unverhältnismäßig sind, weil sie den Wert der Sache erheblich übersteigen. Für die erforderlichen Aufwendungen hat der Schädiger auf Verlangen des Ersatzberechtigten Vorschuß zu leisten.

(8) Auf die Verjährung finden die für unerlaubte Handlungen geltenden Vorschriften des Bürgerlichen Gesetzbuchs entsprechende Anwendung.

§ 33 Haftungshöchstbetrag

Sind infolge von Eigenschaften eines Organismus, die auf gentechnischen Arbeiten beruhen, Schäden verursacht worden, so haftet der Betreiber im Falle des § 32 den Geschädigten bis zu einem Höchstbetrag von einhundertsechzig Millionen Deutsche Mark. Übersteigen die mehreren auf Grund desselben Schadensereignisses zu leistenden Entschädigungen den in Satz 1 bezeichneten Höchstbetrag, so verringern sich die einzelnen Entschädigungen in dem Verhältnis, in dem ihr Gesamtbetrag zu dem Höchstbetrag steht.

§ 34 Ursachenvermutung

(1) Ist der Schaden durch gentechnisch veränderte Organismen verursacht worden, so wird vermutet, daß er durch Eigenschaften dieser Organismen verursacht wurde, die auf gentechnischen Arbeiten beruhen.

(2) Die Vermutung ist entkräftet, wenn es wahrscheinlich ist, daß der Schaden auf anderen Eigenschaften dieser Organismen beruht.

§ 35 Auskunftsansprüche des Geschädigten

(1) Liegen Tatsachen vor, die die Annahme begründen, daß ein Personen- oder Sachschaden auf gentechnischen Arbeiten eines Betreibers beruht, so ist dieser verpflichtet, auf Verlangen des Geschädigten über die Art und den Ablauf der in der gentechnischen Anlage durchgeführten oder einer Freisetzung zugrundeliegenden gentechnischen Arbeiten Auskunft zu erteilen, soweit dies zur Feststellung, ob ein Anspruch nach § 32 besteht, erforderlich ist. Die §§ 259 bis 261 des Bürgerlichen Gesetzbuchs sind entsprechend anzuwenden.

(2) Ein Auskunftsanspruch besteht unter den Voraussetzungen des Absatzes 1 Satz 1 auch gegenüber den Behörden, die für die Anmeldung, die Erteilung einer Genehmigung oder die Überwachung zuständig sind.

(3) Die Ansprüche nach den Absätzen 1 und 2 bestehen insoweit nicht, als die Vorgänge auf Grund gesetzlicher Vorschriften geheimzuhalten sind oder die Geheimhaltung einem überwiegenden Interesse des Betreibers oder eines Dritten entspricht.

§ 36 Deckungsvorsorge

(1) Die Bundesregierung wird in einer Rechtsverordnung mit Zustimmung des Bundesrates bestimmen, daß derjenige, der eine gentechnische Anlage betreibt, in der gentechnische Arbeiten der Sicherheitsstufe 2 bis 4 durchgeführt werden sollen, oder der Freisetzungen vornimmt, verpflichtet ist, zur Deckung der Schäden Vorsorge zu treffen, die durch Eigenschaften eines Organismus, die auf gentechnischen Arbeiten beruhen, verursacht werden (Deckungsvorsorge). Die Rechtsverordnung muß nähere Vorschriften enthalten über den Umfang und die Höhe der Deckungsvorsorge sowie über die für die Überwachung der Deckungsvorsorge zuständigen Stellen und deren Verfahren und Befugnisse bei der Überwachung der Deckungsvorsorge.

(2) Die Deckungsvorsorge kann insbesondere erbracht werden

1. durch eine Haftpflichtversicherung bei einem im Geltungsbereich dieses Gesetzes zum Geschäftsbetrieb befugten Versicherungsunternehmen oder
2. durch eine Freistellungs- oder Gewährleistungsverpflichtung des Bundes oder eines Landes.

In der Rechtsverordnung nach Absatz 1 können auch andere Arten der Deckungsvorsorge zugelassen werden, insbesondere Freistellungs- oder Gewährleistungsverpflichtungen von Kreditinstituten, sofern sie vergleichbare Sicherheiten wie eine Deckungsvorsorge nach Satz 1 bieten.

(3) Von der Pflicht zur Deckungsvorsorge sind befreit
1. die Bundesrepublik Deutschland,
2. die Länder und
3 juristische Personen des öffentlichen Rechts.

§ 37 Haftung nach anderen Rechtsvorschriften

(1) Wird infolge der Anwendung eines zum Gebrauch bei Menschen bestimmten Arzneimittels, das im Geltungsbereich des Arzneimittelgesetzes an den Verbraucher abgegeben wurde und der Pflicht zur Zulassung unterliegt oder durch Rechtsverordnung von der Zulassung befreit worden ist, jemand getötet oder an Körper oder Gesundheit verletzt, so sind die §§ 32 bis 36 nicht anzuwenden.

(2) Das gleiche gilt, wenn Produkte, die gentechnisch veränderte Organismen enthalten oder aus solchen bestehen, auf Grund einer Genehmigung nach § 16 Abs. 2 oder einer Zulassung oder Genehmigung nach anderen Rechtsvorschriften im Sinne des § 2 Nr. 4 zweiter Halbsatz in den Verkehr gebracht werden. In diesem Fall finden für die Haftung desjenigen Herstellers, dem die Zulassung oder Genehmigung für das Inverkehrbringen erteilt worden ist, § 1 Abs. 2 Nr. 5 und § 2 Satz 2 des Produkthaftungsgesetzes keine Anwendung, wenn der Produktfehler auf gentechnischen Arbeiten beruht.

(3) Eine Haftung auf Grund anderer Vorschriften bleibt unberührt.

Sechster Teil: Straf- und Bußgeldvorschriften

§ 38 Bußgeldvorschriften

(1) Ordnungswidrig handelt, wer vorsätzlich oder fahrlässig
1. entgegen § 6 Abs. 3 Satz 1 Aufzeichnungen nicht führt,
2. entgegen § 8 Abs. 1 Satz 1 gentechnische Arbeiten durchführt,
3. ohne Genehmigung nach § 8 Abs. 1 Satz 2 eine gentechnische Anlage errichtet,
4. ohne Genehmigung nach § 8 Abs. 4 die Lage, die Beschaffenheit oder den Betrieb einer gentechnischen Anlage wesentlich ändert,
5. entgegen § 8 Abs. 2, § 9 Abs. 1 Satz 1 oder § 10 Abs. 1 gentechnische Arbeiten nicht anmeldet,
6. ohne Genehmigung nach § 9 Abs. 2 oder § 10 Abs. 2 oder 3 gentechnische Arbeiten durchführt,
7. ohne Genehmigung nach § 14 Abs. 1 Satz 1 Nr. 2 oder 3 Produkte, die gentechnisch veränderte Organismen enthalten oder aus solchen bestehen, in den Verkehr bringt,
8. einer vollziehbaren Auflage nach § 19 Satz 2 oder einer vollziehbaren Anordnung nach § 26 zuwiderhandelt,
9. entgegen § 9 Abs. 3, § 21 Abs. 1 Satz 1 oder 2 in Verbindung mit Satz 1, Abs. 1a, 1b Satz 1, Abs. 2 in Verbindung mit Abs. 1 Satz 1, Abs. 3, 4 oder 5 eine Anzeige nicht, nicht rechtzeitig oder nicht richtig erstattet,
10. entgegen § 25 Abs. 2 eine Auskunft nicht, nicht rechtzeitig, nicht vollständig oder nicht richtig erteilt,
11. einer in § 25 Abs. 3 Satz 3 genannten Verpflichtung zuwiderhandelt oder
12. einer Rechtsverordnung nach § 6 Abs. 3 Satz 2, § 7 Abs. 2 Satz 2 oder § 30 Abs. 2 Nr. 1 bis 14 oder Abs. 3 zuwiderhandelt, soweit sie für einen bestimmten Tatbestand auf diese Bußgeldvorschrift verweist.

(2) Die Ordnungswidrigkeit kann mit einer Geldbuße bis zu einhunderttausend Deutsche Mark geahndet werden.

(3) Soweit dieses Gesetz von Bundesbehörden ausgeführt wird, ist Verwaltungsbehörde im Sinne des § 36 Abs. 1 Nr. 1 des Gesetzes über Ordnungswidrigkeiten die nach Landesrecht zuständige Behörde.

§ 39 Strafvorschriften

(1) Mit Freiheitsstrafe bis zu einem Jahr oder mit Geldstrafe wird bestraft, wer einer Rechtsverordnung nach § 36 Abs. 1 Satz 1 zuwiderhandelt, soweit sie für einen bestimmten Tatbestand auf diese Strafvorschrift verweist.

(2) Mit Freiheitsstrafe bis zu drei Jahren oder mit Geldstrafe wird bestraft, wer
1. ohne Genehmigung nach § 14 Abs. 1 Satz 1 Nr. 1 gentechnisch veränderte Organismen freisetzt oder
2. ohne Genehmigung nach § 8 Abs. 1 Satz 2 eine gentechnische Anlage betreibt.

(3) Mit Freiheitsstrafe bis zu fünf Jahren wird bestraft, wer durch eine in Absatz 2 oder eine in § 38 Abs. 1 Nr. 2, 8, 9 oder 12 bezeichnete Handlung Leib oder Leben eines anderen, fremde Sachen von bedeutendem Wert oder Bestandteile des Naturhaushalts von erheblicher ökologischer Bedeutung gefährdet.

(4) In den Fällen der Absätze 2 und 3 ist der Versuch strafbar.

(5) Wer in den Fällen des Absatzes 2 fahrlässig handelt, wird mit Freiheitsstrafe bis zu einem Jahr oder mit Geldstrafe bestraft.

(6) Wer in den Fällen des Absatzes 3 die Gefahr fahrlässig verursacht, wird mit Freiheitsstrafe bis zu fünf Jahren oder mit Geldstrafe bestraft.

(7) Wer in den Fällen des Absatzes 3 fahrlässig handelt und die Gefahr fahrlässig verursacht, wird mit Freiheitsstrafe bis zu drei Jahren oder mit Geldstrafe bestraft.

Siebter Teil: Übergangs- und Schlußvorschriften

§ 40
(weggefallen)

§ 41 Übergangsregelung

(1) Für gentechnische Arbeiten, die bei Inkrafttreten der Vorschriften dieses Gesetzes über Anmeldungen und Genehmigungspflichten in einem nach den »Richtlinien zum Schutz vor Gefahren durch in-vitro neukombinierte Nukleinsäuren« (Gen-Richtlinien) registrierten Genlabor durchgeführt werden durften und die nach den Vorschriften dieses Gesetzes nur in genehmigten oder angemeldeten gentechnischen Anlagen durchgeführt werden dürfen, angemeldet werden müssen oder einer Genehmigung bedürfen, gilt die Anmeldung als erfolgt oder die Genehmigung als erteilt; für gentechnische Arbeiten in solchen Anlagen ist § 9 oder § 10 anwendbar. Die durch Satz 1 erfaßten Betreiber haben der zuständigen Überwachungsbehörde innerhalb einer Frist von drei Monaten nach Inkrafttreten der Vorschriften dieses Gesetzes über Anmeldungen und Genehmigungspflichten das Vorliegen eines Registrierungsbescheides des Bundesgesundheitsamtes sowie eine nach den Gen-Richtlinien erforderliche Zustimmung der Kommission oder des Bundesgesundheitsamtes zu gentechnischen Arbeiten oder Freisetzungen nachzuweisen.

(2) Eine Genehmigung, die vor dem Inkrafttreten der Vorschriften dieses Gesetzes über Anmeldungen sowie Genehmigungspflichten nach dem Bundes-Immissionsschutzgesetz erteilt worden ist, gilt im bisherigen Umfang als Anmeldung oder Genehmigung im Sinne dieses Gesetzes fort.

(3) Auf bereits begonnene Verfahren finden die Vorschriften des Bundes-Immissionsschutzgesetzes in Verbindung mit Nummer 4.11 des Anhangs zur Verordnung über genehmigungsbedürftige Anlagen vom 24. Juli 1985 (BGBl. I S. 1586), zuletzt geändert durch Artikel 2 der Verordnung vom 15. Juli 1988 (BGBl. I S. 1059), weiterhin Anwendung. Nach Wahl des Antragstellers können bereits begonnene Verfahren auch nach den Vorschriften dieses Gesetzes und der auf diesem Gesetz beruhenden Rechtsverordnungen und Verwaltungsvorschriften zu Ende geführt werden.

(4) § 19 findet entsprechende Anwendung.

(5) Die Kommission in der Zusammensetzung nach § 4 Abs. 1 ist bis zum 30. Juni 1991 zu berufen. Bis zu dieser Berufung werden die sich aus diesem Gesetz ergebenden Aufgaben der Kommission, insbesondere die Anhörung beim Erlaß von Rechtsverordnungen, von der gegenwärtigen Kommission nach Nummer 24 der Gen-Richtlinien wahrgenommen. Die bei Inkrafttreten dieses Gesetzes vollzogenen Berufungen gelten fort.

(6) Auf die bis zum 21. Dezember 1993 begonnenen Verfahren finden die Vorschriften des Ersten Gesetzes zur Änderung des Gentechnikgesetzes vom 16. Dezember 1993 (BGBl. I S. 2059) keine Anwendung. Dies gilt nicht für § 9 Abs. 1 Satz 2 und § 24 Abs. 1; Anmeldungen nach § 9 Abs. 1 Satz 2 gelten als Anzeigen nach § 21 Abs. 1a.

§ 41a

(weggefallen)

§ 42 Anwendbarkeit der Vorschriften für die anderen Vertragsstaaten des Abkommens über den Europäischen Wirtschaftsraum

Bei Inkrafttreten des Abkommens über den Europäischen Wirtschaftsraum gelten die Vorschriften, die eine Beteiligung der Mitgliedstaaten der Europäischen Gemeinschaften vorsehen, auch für die Beteiligung der anderen Vertragsstaaten des Abkommens über den Europäischen Wirtschaftsraum ab dem 1. Januar 1995.

Verordnung über die Sicherheitsstufen und Sicherheitsmaßnahmen bei gentechnischen Arbeiten in gentechnischen Anlagen (GenTSV)[1)]

Inhaltsübersicht

[1] In der Fassung vom 14. März 1995, BGBl. I S. 297, zuletzt geändert durch Art. 3 des Gesetzes vom 16.08.2002, BGBl. I S. 3220.

Erster Abschnitt: Allgemeine Vorschriften

§ 1 Anwendungsbereich

Diese Verordnung regelt Sicherheitsanforderungen an gentechnische Arbeiten in gentechnischen Anlagen einschließlich der Tätigkeiten im Gefahrenbereich. Die Regelungen des Vierten, des Fünften und des Sechsten Abschnitts gelten auch für Freisetzungen. Nach anderen Vorschriften erforderliche Sicherheitsmaßnahmen bleiben unberührt.

§ 2 Sicherheitsstufen und Sicherheitsmaßnahmen

(1) Gentechnische Arbeiten in gentechnischen Anlagen sind nach Maßgabe der §§ 4 bis 7 den in § 7 Abs. 1 Gentechnikgesetz genannten Sicherheitsstufen zuzuordnen.

(2) Für jede Sicherheitsstufe sind in den §§ 8 bis 13 und ihren Anhängen Sicherheitsmaßnahmen bestimmt. Diese Maßnahmen stellen die Anforderungen für den Regelfall dar; sie enthalten keine abschließende Aufzählung. Im Einzelfall kann im Hinblick auf die besonderen sicherheitsrelevanten Umstände einer gentechnischen Arbeit

1. es erforderlich sein, zum Schutz der Rechtsgüter nach § 1 Nr. 1 Gentechnikgesetz bestimmte zusätzliche Sicherheitsmaßnahmen festzulegen,
2. von bestimmten Sicherheitsmaßnahmen abgesehen werden, wenn der Schutz der Rechtsgüter nach § 1 Nr. 1 Gentechnikgesetz auch ohne diese Maßnahmen auf andere Weise gewährleistet ist.

§ 3 Begriffsbestimmungen

Im Sinne dieser Verordnung bedeutet:

1. Mikroorganismen

Viren, Viroide, Bakterien, Pilze, mikroskopisch-kleine ein- oder mehrzellige Algen, Flechten, andere eukaryotische Einzeller oder mikroskopisch-kleine tierische Mehrzeller sowie tierische und pflanzliche Zellkulturen,

1a. Zellkultur
in-vitro-vermehrte Zellen, die aus vielzelligen Organismen isoliert worden sind,

2. Pflanzen
makroskopische Algen, Moose, Farn- und Samenpflanzen,

3. Tiere
alle makroskopischen tierischen Mehrzeller,

4. Hochwirksame Toxine
sehr giftige Stoffwechselprodukte, die infolge von Einatmen, Verschlucken oder einer Aufnahme durch die Haut äußerst schwere akute oder chronische Gesundheitsschäden oder den Tod bewirken können; dies ist insbesondere der Fall, wenn mit ihnen

a) nach Verbringen in den Magen der Ratte eine LD (tief) 50 bis zu 25 mg/kg Körpergewicht,
b) nach Verbringen auf die Haut der Ratte oder des Kaninchens eine LD (tief) 50 bis zu 50 mg/kg Körpergewicht,
c) nach Aufnahme über die Atemwege an der Ratte eine LC (tief) 50 bis zu 0,5 mg/l Luft pro 4 Stunden ermittelt wurde,

5. Inaktivierung
Zerstörung der Vermehrungs- und Infektionsfähigkeit sowie der Toxizität von Mikroorganismen, Pflanzen und Tieren sowie Zellkulturen und Zerstörung der Toxizität ihrer Zellinhaltsstoffe,

6. Sterilisierung
Abtötung von Zellkulturen sowie von Mikroorganismen und Pflanzen einschließlich deren Ruhestadien durch physikalische und/oder chemische Verfahren,

7. Laborbereich
Der Laborbereich ist dadurch gekennzeichnet, dass in ihm in der Regel gentechnisch veränderte Organismen hergestellt werden und mit ihnen weitgehend in labortypischen Geräten umgegangen wird.

8. Produktionsbereich
Der Produktionsbereich ist dadurch gekennzeichnet, dass in ihm gentechnisch veränderte Organismen vermehrt oder mit ihrer Hilfe Substanzen gewonnen werden, wobei der Umgang mit diesen Organismen in weitgehend geschlossenen Apparaturen stattfindet.

Zweiter Abschnitt: Grundlagen und Durchführung der Sicherheitseinstufung

§ 4 Grundlagen der Risikobewertung und der Sicherheitseinstufung

Die Risikobewertung und Zuordnung gentechnischer Arbeiten zu den Sicherheitsstufen nach § 7 Abs. 1 des Gentechnikgesetzes erfolgt unter Berücksichtigung der Risikobewertung der Organismen nach § 5 und der vorgesehenen biologischen Sicherheitsmaßnahmen nach § 6 auf der Grundlage einer Gesamtbewertung folgender Punkte:

1. Feststellung aller für die Sicherheit bedeutsamen Eigenschaften
   a) des Empfänger- oder Ausgangsorganismus,
   b) des inserierten genetischen Materials (vom Spenderorganismus herrührend),
   c) des Vektors (soweit verwendet),
   d) des Spenderorganismus (solange der Spenderorganismus während des Vorganges verwendet wird),
   e) des aus der Tätigkeit hervorgehenden gentechnisch veränderten Organismus;
2. Merkmale der Tätigkeit;
3. Schwere und Wahrscheinlichkeit einer Gefährdung für die in § 1 Nr. 1 des Gentechnikgesetzes genannten Rechtsgüter.

§ 5 Risikobewertung von Organismen

(1) Bei gentechnischen Arbeiten ergibt sich das bei der Gesamtbewertung nach § 4 zu beachtende Gefährdungspotential von Spender- und Empfängerorganismus aus der Zuordnung der Organismen zu den Risikogruppen 1 bis 4 anhand der Kriterien in Anhang I Nr. 1, soweit diese Kriterien nach dem Stand der Wissenschaft im Einzelfall von Bedeutung sind. Die Bestimmung des Gefährdungspotentials des gentechnisch veränderten Organismus und seine Zuordnung zu den Risikogruppen erfolgt durch die Bewertung der allgemeinen Kriterien nach Anhang I Nr. 2 bis 4, soweit diese Kriterien im Einzelfall von Bedeutung sind.

(2) (weggefallen)

(3) Sollen das Genom eines Spenderorganismus der Risikogruppen 2 bis 4 oder subgenomische Nukleinsäureabschnitte, die das Gefährdungspotential dieses Organismus bestimmen, in den Empfängerorganismus überführt werden oder können derartige Überführungen nicht ausgeschlossen werden, ist das Gefährdungspotential des Spenderorganismus vollständig in die Risikobewertung einzubeziehen. Sollen andere subgenomische Nukleinsäureabschnitte überführt werden, kann deren Gefährdungspotential niedriger als das des Spenderorganismus bewertet werden; dabei sind insbesondere zu berücksichtigen:

1. der Informationsgehalt des zu übertragenden Nukleinsäureabschnitts, insbesondere die Art der kodierten Information oder Regulationssequenz,
2. der Reinheits- und Charakterisierungsgrad der Nukleinsäure aus dem Spenderorganismus,
3. die Gefährdung insbesondere der Beschäftigten durch Genprodukte des Spenderorganismus, wie zum Beispiel Toxine.

Werden subgenomische Nukleinsäureabschnitte übertragen, die für hochwirksame Toxine kodieren, kann sich das Gefährdungspotential des gentechnisch veränderten Organismus gegenüber dem Spenderorganismus erhöhen.

(3a) Werden das Genom oder subgenomische Nukleinsäurefragmente eines Spenders bei der Überführung in einen Empfänger in der Weise verändert, dass rekombinante Proteine mit neuen Eigenschaften entstehen, durch die eine Gefährdung der in § 1 des Gentechnikgesetzes bezeichneten Rechtsgüter zu erwarten ist, kann sich das Gefährdungspotenzial des gentechnisch veränderten Organismus gegenüber dem des Spenders erhöhen.

(4) Das Gefährdungspotential des Empfängerorganismus ist vollständig in die Risikobewertung einzubeziehen. Gelangen Vektoren zur Anwendung, ist eine Gesamtbewertung des Vektor-Empfänger-Systems vorzunehmen.

(5) Bei Anwendung biologischer Sicherheitsmaßnahmen nach § 6 kann das nach den Absätzen 1 bis 4 ermittelte Gefährdungspotential des gentechnisch veränderten Organismus niedriger bewertet werden.

(6) Das Bundesministerium für Gesundheit veröffentlicht regelmäßig nach Anhörung der Zentralen Kommission für die Biologische Sicherheit im Bundesgesundheitsblatt eine Liste mit Legaleinstufungen von Mikroorganismen nach dem geltenden EG-Arbeitsschutzrecht sowie von Organismen, die den Risikogruppen nach den allgemeinen Kriterien gemäß Absatz 1 Satz 1 zugeordnet wurden.

§ 6 Biologische Sicherheitsmaßnahmen

(1) Biologische Sicherheitsmaßnahmen bestehen, ausgenommen die Fälle des Absatzes 2, in der Verwendung von anerkannten Vektoren und Empfängerorganismen. In Anhang II Teil A sind anerkannte Vektoren und Empfängerorganismen aufgeführt; sie sind bei der Gesamtbewertung nach § 4 zu berücksichtigen.

(2) Zur Verhinderung der Ausbreitung von Pflanzen, und mit ihnen assoziierten Organismen, die bei gentechnischen Arbeiten verwendet werden, sind die in Anhang II Teil B beispielhaft aufgeführten Maßnahmen als biologische Sicherheitsmaßnahmen anerkannt. Zur Verhinderung der Ausbreitung von Tieren sind ebenfalls biologische Sicherheitsmaßnahmen, wie Sterilisation, möglich.

(3) Die Zentrale Kommission für die Biologische Sicherheit kann neue Vektor-Empfänger-Systeme nach den Absätzen 1, 4 und 5 oder neue Maßnahmen nach Absatz 2 bei ihrer Stellungnahme im Rahmen des Anmelde- oder Genehmigungsverfahrens als biologische Sicherheitsmaßnahme anerkennen. Neu anerkannte biologische Sicherheitsmaßnahmen werden von der Zentralen Kommission für die Biologische Sicherheit regelmäßig im Bundesgesundheitsblatt bekanntgemacht, sofern der Betreiber, auf Grund dessen Anmeldung oder Genehmigungsantrag einer gentechnischen Anlage oder Arbeit die Anerkennung erfolgt, der Veröffentlichung nicht widerspricht. Ein Widerspruch nach Satz 2 hindert die Bekanntmachung nur für einen Zeitraum von drei Jahren.

(4) Die Verwendung eines Empfängerorganismus kann unter folgenden Voraussetzungen als Teil einer biologischen Sicherheitsmaßnahme anerkannt werden:

1. Vorliegen einer wissenschaftlichen Beschreibung und taxonomische Einordnung,
2. Vermehrung nur unter Bedingungen, die außerhalb gentechnischer Anlagen selten oder nicht angetroffen werden, oder Möglichkeit, die Ausbreitung außerhalb gentechnischer Anlagen durch geeignete Maßnahmen unter Kontrolle zu halten,
3. keine bei Menschen, Tieren oder Pflanzen Krankheiten hervorrufenden und keine umweltgefährdenden Eigenschaften,
4. geringer horizontaler Genaustausch mit anderen Spezies.

(5) Die Verwendung eines Vektors kann unter folgenden Voraussetzungen als Teil einer biologischen Sicherheitsmaßnahme anerkannt werden:

1. ausreichende Charakterisierung des Genoms des Vektors,
2. Vorliegen einer begrenzten Wirtsspezifität und
3. speziell bei Bakterien oder Pilzen kein eigenes Transfersystem, geringe Cotransfer-Rate und geringe Mobilisierbarkeit oder
4. bei einem Vektor für eukaryote Zellen auf viraler Basis keine eigenständige Infektiosität und geringer Transfer durch endogene Helferviren.

(6) Das Robert Koch-Institut veröffentlicht im Bundesgesundheitsblatt die jeweils im letzten Jahr neu anerkannten und von der Zentralen Kommission für die Biologische Sicherheit der Öffentlichkeit bekanntgemachten biologischen Sicherheitsmaßnahmen.

§ 7 Sicherheitseinstufung

(1) Entsprechend ihrem Gefährdungspotential werden gentechnische Arbeiten, unter Beachtung des Standes der Wissenschaft, nach den §§ 4 und 5 sowie nach Maßgabe der Absätze 2 bis 5 in die vier Sicherheitsstufen des § 7 Abs. 1 Gentechnikgesetz eingeordnet.

(2) Gentechnische Arbeiten mit Mikroorganismen und Zellkulturen im Produktionsbereich sind

1. der Sicherheitsstufe 1 zuzuordnen, wenn sie folgende Voraussetzungen erfüllen:
   a) die Empfängerorganismen sind
   aa) Organismen der Risikogruppe 1 nach § 5 Abs. 1 Satz 1 mit experimentell erwiesener oder langer sicherer Verwendung oder mit eingebauten biologischen Sicherheitsmaßnahmen, die die Überlebens- und Replikationsfähigkeit in der Umwelt begrenzen,
   bb) eukaryote Zellen, die nicht spontan zu Organismen regenerieren, und geben keine Organismen der Risikogruppen 2 bis 4 ab,
   b) Vektoren und aus dem Spenderorganismus überführte sowie synthetische Nukleinsäuren
   aa) sind gut beschrieben und frei von Nukleinsäuresequenzen mit bekanntem Gefährdungspotential,
   bb) sind in der Größe so weit wie möglich auf die genetischen Sequenzen begrenzt, die zur Erreichung des beabsichtigten Zweckes notwendig sind,

cc) erhöhen die Stabilität des Organismus in der Umwelt nicht, soweit dies nicht für die beabsichtigte Funktion erforderlich ist,

dd) sind wenig mobilisierbar,

ee) übertragen keine Resistenzgene auf andere Mikroorganismen, die diese nicht von Natur aus aufnehmen, wenn eine solche Aufnahme die Anwendung von Heilmitteln zur Kontrolle von Infektionskrankheiten des Menschen oder von Nutztieren in Frage stellen könnte,

c) der gentechnisch veränderte Organismus

aa) ist unter den gewählten Verwendungsbedingungen (z. B. im Reaktor oder Fermenter) genauso sicher wie der Empfängerorganismus, aber mit begrenzter Überlebens- oder Replikationsfähigkeit und ohne nachteilige Folgewirkungen für die Umwelt,

bb) überschreitet nicht das Gefährdungspotential von Organismen der Risikogruppe 1 und

cc) gibt keine gentechnisch veränderten Organismen höherer Risikogruppen ab; nach dem Stand der Wissenschaft ist nicht zu erwarten, daß der gentechnisch veränderte Organismus Krankheiten bei Menschen, Tieren oder Pflanzen hervorruft;

2. der Sicherheitsstufe 2, 3 oder 4 zuzuordnen, wenn der gentechnisch veränderte Organismus nach § 5 Abs. 1 Satz 2 mit Anhang I Nr. 2 bis 4, für die Rechtsgüter nach § 1 Nr. 1 Gentechnikgesetz insgesamt bei

   a) der Sicherheitsstufe 2 ein geringes,

   b) der Sicherheitsstufe 3 ein mäßiges,

   c) der Sicherheitsstufe 4 ein hohes

   Risiko darstellt. Die Zuordnung zu den Sicherheitsstufen 2, 3 und 4 erfolgt entsprechend § 7 Abs. 3 Nr. 2 bis 4, wobei hinsichtlich der verwendeten Organismen eine nicht nur vorläufige Bewertung gemäß § 5 Abs. 1 erforderlich ist.

(3) Gentechnische Arbeiten mit Mikroorganismen und Zellkulturen zu Forschungszwecken sind

1. der Sicherheitsstufe 1 zuzuordnen, wenn sie die folgenden Voraussetzungen erfüllen:

   a) Die Empfängerorganismen sind

   aa) Organismen der Risikogruppe 1 nach § 5 Abs. 1 Satz 1,

   bb) Stämme von Organismenarten der Risikogruppen 2 bis 4, die experimentell erwiesen oder auf Grund langer Erfahrung genauso sicher wie Organismen der Risikogruppe 1 sind und daher entsprechend verwendet werden können,

   cc) eukaryote Zellen, die nicht spontan zu Organismen regenerieren, und geben keine Organismen der Risikogruppen 2 bis 4 ab,

   b) Vektoren und aus dem Spenderorganismus überführte sowie synthetische Nukleinsäuren sind soweit charakterisiert, daß der gentechnisch veränderte Organismus nach einer vorläufigen Risikobewertung nach § 5 Abs. 1 Satz 2 das Gefährdungspotential von Organismen der Risikogruppe 1 nicht überschreitet und keine gentechnisch veränderten Organismen höherer Risikogruppen abgibt,

   c) der gentechnisch veränderte Organismus ist bei Verwendung im Reaktor oder Fermenter genauso sicher wie der Empfängerorganismus, aber mit begrenzter Überlebens- oder Replikationsfähigkeit und ohne nachteilige Folgewirkung für die Umwelt;

2. der Sicherheitsstufe 2 zuzuordnen, wenn sie folgende Voraussetzungen erfüllen:

   a) die Empfängerorganismen sind Organismen der Risikogruppe 2 und geben keine Organismen der Risikogruppe 3 oder 4 ab,

   b) Vektoren und aus dem Spenderorganismus überführte sowie synthetische Nukleinsäuren sind soweit charakterisiert, daß der gentechnisch veränderte Organismus nach einer vorläufigen Risikobewertung nach § 5 Abs. 1 Satz 2 das Gefährdungspotential von Organismen der Risikogruppe 2 nicht überschreitet und keine gentechnisch veränderten Organismen höherer Risikogruppen abgibt;

3. der Sicherheitsstufe 3 zuzuordnen, wenn sie die folgenden Voraussetzungen erfüllen:

a) die Empfängerorganismen sind Organismen bis Risikogruppe 3 und geben keine Organismen der Risikogruppe 4 ab,

b) Vektoren und aus dem Spenderorganismus überführte sowie synthetische Nukleinsäuren sind soweit charakterisiert, daß der gentechnisch veränderte Organismus nach einer vorläufigen Risikobewertung nach § 5 Abs. 1 Satz 2 das Gefährdungspotential von Organismen der Risikogruppe 3 nicht überschreitet und keine gentechnisch veränderten Organismen der Risikogruppe 4 abgibt.

Ebenfalls der Sicherheitsstufe 3 zuzuordnen sind gentechnische Arbeiten, die darauf gerichtet sind, hochwirksame Toxine herzustellen, wobei biologische Sicherheitsmaßnahmen zur Anwendung kommen. Die Zentrale Kommission für die Biologische Sicherheit kann unter Berücksichtigung der Wirkungsweise des hochwirksamen Toxins Empfehlungen aussprechen, welche biologischen Sicherheitsmaßnahmen hierfür im Einzelfall geeignet sind.

4. der Sicherheitsstufe 4 zuzuordnen, wenn sie mit einem hohen Risiko oder dem begründeten Verdacht eines solchen Risikos für die menschliche Gesundheit oder die Umwelt verbunden sind. Hierfür kommen insbesondere Arbeiten mit Viren der Risikogruppe 4 oder defekten Vieren dieser Risikogruppe in Gegenwart von Helfervieren in Betracht. Die Zentrale Kommission für die Biologische Sicherheit gibt unter Berücksichtigung der in den §§ 9 bis 13 und ihren Anhängen für diese Sicherheitsstufe aufgeführten Beispiele Empfehlungen ab, welche Sicherheitsmaßnahmen im Einzelfall für eine gentechnische Arbeit dieser Stufe erforderlich sind.

(4) Gentechnische Arbeiten mit Tieren und Pflanzen sind

1. der Sicherheitsstufe 1 zuzuordnen, wenn sie die folgenden Voraussetzungen erfüllen:
   a) die Empfängerorganismen sind Tiere oder Pflanzen, von denen keine schädlichen Auswirkungen auf die Rechtsgüter nach § 1 Nr. 1 Gentechnikgesetz zu erwarten sind,
   b) virale Vektoren sollen nicht horizontal übertragbar sein,
   c) Vektoren und aus dem Spenderorganismus überführte sowie synthetische Nukleinsäuren sind soweit charakterisiert, daß der gentechnisch veränderte Organismus bei gentechnischen Arbeiten nach einer vorläufigen Risikobewertung nach § 5 Abs. 1 Satz 2 das Gefährdungspotential von Organismen der Risikogruppe 1 nicht überschreitet und keine gentechnisch veränderten Organismen höherer Risikogruppen abgibt;
2. der Sicherheitsstufe 2 zuzuordnen, wenn sie die folgenden Voraussetzungen erfüllen:
   a) die Empfängerorganismen sind Tiere oder Pflanzen, von denen höchstens ein geringes Risiko für die Rechtsgüter nach § 1 Nr. 1 Gentechnikgesetz zu erwarten ist,
   b) Vektoren und aus dem Spenderorganismus überführte sowie synthetische Nukleinsäuren sind soweit charakterisiert, daß der gentechnisch veränderte Organismus bei gentechnischen Arbeiten nach einer vorläufigen Risikobewertung nach § 5 Abs. 1 Satz 2 das Gefährdungspotential von Organismen der Risikogruppe 2 nicht überschreitet und keine gentechnisch veränderten Organismen höherer Risikogruppen abgibt;
3. der Sicherheitsstufe 3 zuzuordnen, wenn sie die folgenden Voraussetzungen erfüllen:
   a) die Empfängerorganismen sind Tiere oder Pflanzen, von denen höchstens ein mäßiges Risiko für die Rechtsgüter nach § 1 Nr. 1 Gentechnikgesetz zu erwarten ist,
   b) Vektoren und aus dem Spenderorganismus überführte sowie synthetische Nukleinsäuren sind soweit charakterisiert, daß der gentechnisch veränderte Organismus bei gentechnischen Arbeiten nach einer vorläufigen Risikobewertung nach § 5 Abs. 1 Satz 2 das Gefährdungspotential von Organismen der Risikogruppe 3 nicht überschreitet und keine gentechnisch veränderten Organismen der Risikogruppe 4 abgibt;
4. der Sicherheitsstufe 4 zuzuordnen, wenn für gentechnische Arbeiten im Laborbereich die Voraussetzungen des Absatzes 3 Nr. 4 oder für gentechnische Arbeiten im Produktionsbereich die Voraussetzungen des Absatzes 2 Nr. 2 Buchstabe c erfüllt sind.

(5) Bei der Sicherheitseinstufung nach Maßgabe der Absätze 2 bis 4 ist die Anwendung biologischer Sicherheitsmaßnahmen im Sinne des § 5 Abs. 5 zu berücksichtigen.

Dritter Abschnitt: Sicherheitsmaßnahmen

§ 8 Allgemeine Schutzpflicht, Arbeitsschutz

(1) Wer gentechnische Arbeiten durchführen läßt, hat im Hinblick auf den Schutz der Beschäftigten zur Feststellung der erforderlichen Maßnahmen mögliche Gefahren zu ermitteln und zu beurteilen. Die Beurteilung muß Angaben nach § 10 Abs. 2 Satz 2 Nr. 4 und 5 Gentechnikgesetz enthalten.

(2) Der Betreiber einer gentechnischen Anlage hat zum Schutz der in § 1 Nr. 1 des Gentechnikgesetzes genannten Rechtsgüter die erforderlichen Maßnahmen nach den Vorschriften dieser Verordnung einschließlich ihrer Anhänge sowie die nach dem Stand von Wissenschaft und Technik erforderlichen Vorsorgemaßnahmen zu treffen, um eine Exposition der Beschäftigten und der Umwelt gegenüber dem gentechnisch veränderten Organismus so gering wie möglich zu halten. Insbesondere sind die allgemeinen Empfehlungen der Zentralen Kommission für die Biologische Sicherheit sowie zum Schutz der Beschäftigten darüber hinaus die vom Ausschuss für Biologische Arbeitsstoffe ermittelten und vom Bundesministerium für Arbeit und Sozialordnung im Bundesarbeitsblatt bekannt gegebenen Regeln und Erkenntnisse zu berücksichtigen. Diese Regeln und Erkenntnisse müssen nicht berücksichtigt werden, wenn gleichwertige Schutzmaßnahmen getroffen werden; dies ist auf Verlangen der zuständigen Behörde im Einzelfall nachzuweisen.

(3) Maßnahmen zur Abwehr unmittelbarer Gefahren sind unverzüglich zu treffen.

(4) Bei Gefahr im Verzug können Anordnungen der zuständigen Behörde nach § 26 Gentechnikgesetz auch gegen Aufsichtspersonen und sonstige Beschäftigte erlassen werden.

(5) Bei gentechnischen Arbeiten der Sicherheitsstufen 2 bis 4 nach § 7 Abs. 1 Gentechnikgesetz im Produktionsbereich soll der Betreiber prüfen, ob gentechnische Arbeiten mit einem für die Beschäftigten geringeren gesundheitlichen Risiko als die von ihm in Aussicht genommenen durchgeführt werden können. Ist dem Betreiber die Durchführung dieser anderen gentechnischen Arbeit zumutbar, soll er nur diese durchführen.

(6) Welche Maßnahmen zur Abwehr von Gefahren zu treffen sind, hat der Betreiber zu regeln, bevor er die gentechnischen Arbeiten aufnimmt.

§ 9 Technische und organisatorische Sicherheitsmaßnahmen für Labor- und Produktionsbereich

(1) Gentechnische Arbeiten der Sicherheitsstufen 1 bis 4 nach § 7 Abs. 1 Gentechnikgesetz im Labor- und Produktionsbereich dürfen nur unter Beachtung der in Anhang III genannten Anforderungen an Anlagen und Sicherheitsmaßnahmen durchgeführt werden. Die Anforderungen der niedrigeren Stufen werden von den höheren Stufen eingeschlossen.

(2) Die in Absatz 1 mit Anhang III beschriebenen Sicherheitsmaßnahmen für den Laborbereich können auch bei labortypischen Arbeiten im Produktionsbereich, die entsprechenden Sicherheitsmaßnahmen für den Produktionsbereich auch bei produktionstypischen Arbeiten im Laborbereich angewendet werden.

(3) Die technischen und organisatorischen Maßnahmen nach Anhang III sind in der Regel so zu gestalten, daß die persönlichen Schutzausrüstungen der Beschäftigten nur als Ergänzung zu diesen Maßnahmen erforderlich sind.

§ 10 Haltung von Pflanzen in Gewächshäusern

(1) Werden in Gewächshäusern Pflanzen gehalten, die durch gentechnische Arbeiten entstanden sind oder bei gentechnischen Arbeiten verwendet werden, sind bei den Sicherheitsstufen nach § 7 Abs. 1 Gentechnikgesetz die in Anhang IV genannten Anforderungen an Anlagen und Sicherheitsmaßnahmen zu beachten. Sie gelten sinngemäß auch für Klimakammern. Die Anforderungen der niedrigeren Stufen werden von den höheren Stufen eingeschlossen.

(2) Sofern in Gewächshäusern mit gentechnisch veränderten Mikroorganismen gearbeitet wird, gelten sinngemäß zusätzlich die Anforderungen des Anhangs III für Laboratorien der entsprechenden Sicherheitsstufe.

§ 11 Haltung von Versuchstieren in Tierhaltungsräumen

(1) Werden in Tierhaltungsräumen Tiere gehalten, die durch gentechnische Arbeiten entstanden sind oder bei gentechnischen Arbeiten verwendet werden, sind bei den Sicherheitsstufen nach § 7 Abs. 1 Gentechnikgesetz die in Anhang V genannten Anforderungen an Anlagen und Sicherheitsmaßnahmen zu beachten. Die Anforderungen der niedrigeren Stufen werden von den höheren eingeschlossen.

(2) Sofern in Tierhaltungsräumen mit gentechnisch veränderten Mikroorganismen gearbeitet wird, gelten sinngemäß zusätzlich die Anforderungen des Anhangs III für Laboratorien der entsprechenden Sicherheitsstufe.

§ 12 Arbeitssicherheitsmaßnahmen

(1) Beschäftigte dürfen mit gentechnischen Arbeiten nur beauftragt werden, wenn sie ausreichend qualifiziert und eingewiesen sind.

(2) Der Betreiber hat für die Beschäftigten auf der Grundlage der Risikobewertung eine Betriebsanweisung zu erstellen, in der die möglichen Gefahren gentechnischer Arbeiten für die menschliche Gesundheit und die Umwelt festgestellt sowie die erforderlichen Sicherheitsmaßnahmen und Verhaltensregeln festgelegt werden. Die Betriebsanweisung ist in verständlicher Form und einer den Beschäftigten verständlichen Sprache abzufassen und an geeigneter Stelle in der Arbeitsstätte bekanntzumachen. In der Betriebsanweisung sind auch Anweisungen für das Verhalten im Gefahrfall und für die Erste Hilfe zu geben. Die Betriebsanweisung muß bei Unfällen mit humanpathogenen Organismen sofort greifbar sein; sie muß auch Informationen über in Frage kommende Maßnahmen zur Immunisierung enthalten.

(3) Beschäftigte, die mit gentechnischen Arbeiten befaßt werden, müssen anhand der Betriebsanweisung über die auftretenden Gefahren insbesondere im Umgang mit Organismen der Risikogruppen 2 bis 4 nach § 5 in Verbindung mit Anhang I sowie über die Sicherheitsmaßnahmen unterwiesen werden. Frauen sind zusätzlich über mögliche Gefahren für werdende Mütter zu unterrichten. Die Unterweisungen müssen vor der Beschäftigung erfolgen und danach mindestens einmal jährlich mündlich und arbeitsplatzbezogen wiederholt werden. Inhalt und Zeitpunkt der Unterweisungen sind schriftlich festzuhalten und von den Unterwiesenen durch Unterschrift zu bestätigen. Die Unterweisung ist bei gentechnischen Arbeiten der Sicherheitsstufe 2, 3 oder 4 vor jeder sicherheitsrelevanten Änderung dieser Arbeiten vorzunehmen. Inhalt und Zeitpunkt dieser Unterweisung sind schriftlich festzuhalten und vom Unterwiesenen durch Unterschrift zu bestätigen.

(4) Für Arbeitsverfahren, bei denen erfahrungsgemäß mit einer erhöhten Unfallgefahr oder besonders schweren Unfallfolgen zu rechnen ist, müssen zur Vermeidung von Betriebsunfällen Arbeitsanweisungen mit sicherheitsrelevanten Hinweisen am Arbeitsplatz vorliegen.

(5) Instandhaltungs-, Reinigungs-, Änderungs- oder Abbrucharbeiten in oder an Anlagen, Apparaturen oder Einrichtungen, in denen gentechnische Arbeiten der Sicherheitsstufe 2, 3 oder 4 durchgeführt wurden, dürfen nur mit einer schriftlichen Erlaubnis des Betreibers oder des für den Betrieb der Anlage, Apparatur oder Einrichtung unmittelbar Verantwortlichen oder dessen Vorgesetzten vorgenommen werden, wenn die notwendigen Sicherheitsmaßnahmen getroffen und die Beschäftigten arbeitsplatzbezogen unterwiesen worden sind. Entsprechendes gilt für die Wartung und Instandsetzung kontaminierter Geräte. Für regelmäßige Arbeiten kann eine entsprechende Dauererlaubnis erteilt werden; bei erteilter Dauererlaubnis sind die Beschäftigten mindestens einmal jährlich zu unterweisen. Die vor der Durchführung der genannten Arbeiten notwendigen Desinfektionsmaßnahmen sind festzulegen. Ist dies nicht ausreichend möglich, dürfen die Arbeiten nur unter Anwendung technischer Schutzmaßnahmen oder Verwendung geeigneter persönlicher Schutzausrüstung durchgeführt werden. Dabei sind individuelle Schutzmaßnahmen nachrangig zu technischen Schutzmaßnahmen. Liegen die Voraussetzungen des Satzes 5 vor, hat der Betreiber den Beschäftigten Vorsorgeuntersuchungen nach Anhang VI anzubieten.

(6) Hat sich der Stand der Sicherheitstechnik eines Arbeitsverfahrens fortentwickelt, hat sich diese bewährt und erhöht sich die Arbeitssicherheit hierdurch erheblich, hat der Betreiber das nicht entsprechende Arbeitsverfahren innerhalb einer angemessenen Frist dieser Fortentwicklung anzupassen.

(7) Ist das Auftreten von humanpathogenen gentechnisch veränderten Organismen in einer Konzentration, die ein Risiko für die menschliche Gesundheit darstellt oder darstellen könnte, nach dem Stand von Wissenschaft und Technik nicht auszuschließen, ist der Arbeitsbereich durch geeignete Maßnahmen zu überwachen.

(8) Bei gentechnischen Arbeiten sind zum Schutz der Beschäftigten ferner die in Anhang VI enthaltenen Maßnahmen zu beachten.

§ 12a Unterrichtung der Beschäftigten

(1) Der Betreiber hat den betroffenen Beschäftigten und, wenn ein Betriebs- oder Personalrat vorhanden ist, diesem sowie dem Betriebsarzt mitzuteilen

1. die mit den gentechnischen Arbeiten verbundenen Risiken und die zu treffenden Sicherheitsmaßnahmen und
2. wenn er Schutzausrüstungen zur Verfügung zu stellen hat, die Gründe für die Auswahl der Schutzausrüstungen und die Bedingungen, unter denen sie zu benutzen sind.

Im Fall von Betriebsstörungen sind die betroffenen Beschäftigten und der Betriebs- oder der Personalrat zu unterrichten. In dringenden Fällen hat der Betreiber sie über die getroffenen Maßnahmen unverzüglich zu unterrichten. Satz 2 gilt auch, wenn Maßnahmen nach der Überprüfung des Arbeitsplatzes auf Grund des Ergebnisses einer Vorsorgeuntersuchung getroffen werden.

(2) Die Betriebs- oder Personalräte sowie der Betriebsarzt haben das Recht, über die in dieser Verordnung vorgesehenen Maßnahmen hinaus zur Abwendung gesundheitlicher Schäden dem Betreiber im Einzelfall zusätzliche Schutzmaßnahmen vorzuschlagen.

(3) Unterrichtungs- und Beteiligungspflichten nach anderen Rechtsvorschriften bleiben unberührt.

(4) Unterrichtungs- und Beteiligungspflichten gegenüber dem Betriebs- oder Personalrat sowie den Beschäftigten bestehen nur insoweit, als die Betroffenen Beschäftigte im Sinne des Betriebsverfassungsgesetzes oder der Personalvertretungsgesetze sind.

§ 13 Anforderungen an die Abwasser- und Abfallbehandlung

(1) Abwasser sowie flüssiger und fester Abfall aus Anlagen, in denen gentechnische Arbeiten durchgeführt werden, sind im Hinblick auf die von gentechnisch veränderten Organismen ausgehenden Gefahren nach dem Stand der Wissenschaft und Technik unschädlich zu entsorgen. Nach anderen Vorschriften zu stellende Anforderungen an die Abwasser- und Abfallentsorgung bleiben unberührt.

(2) Dusch- und Handwaschwasser sowie vergleichbare Abwässer aus Anlagen, in denen gentechnische Arbeiten der Sicherheitsstufe 1 oder 2 nach § 7 Abs. 1 Satz 2 Nr. 1 oder 2 Gentechnikgesetz durchgeführt werden, können ohne besondere Vorbehandlung entsorgt werden. Flüssiger und fester Abfall aus Anlagen dieser Sicherheitsstufen, der nicht in unmittelbarem Zusammenhang mit gentechnischen Arbeiten angefallen ist, kann ohne besondere Vorbehandlung entsorgt werden. Sonstiges Abwasser und Abfall aus Anlagen, in denen gentechnische Arbeiten der Sicherheitsstufe 1 nach § 7 Abs. 1 Satz 2 Nr. 1 Gentechnikgesetz durchgeführt werden, kann ohne besondere Vorbehandlung entsorgt werden, wenn

a) zur Herstellung der gentechnisch veränderten Organismen als Empfängerorganismen

aa) solche Stämme von Mikroorganismen verwendet werden, die nach folgenden Kriterien bereits der Risikogruppe 1 zugeordnet worden sind:

aaa) sie stellen nach dem Stand der Wissenschaft kein Risiko für die menschliche Gesundheit und die Umwelt dar, bbb) sie sind nicht human-, tier- oder pflanzenpathogen,

ccc) sie geben keine Organismen höherer Risikogruppen ab,

ddd) sie zeichnen sich aus durch experimentell erwiesene oder langfristig sichere Anwendung oder eingebaute biologische Schranken, die ohne Beeinträchtigung eines optimalen Wachstums im Fermenter die Überlebensfähigkeit und Replikationsfähigkeit in der Umwelt begrenzen und die Vektoren die Bedingungen des § 6 Abs. 5 erfüllen oder

bb) Tiere oder Pflanzen verwendet werden, von denen schädliche Einwirkungen auf die in § 1 Nr. 1 Gentechnikgesetz bezeichneten Rechtsgüter nicht zu erwarten sind, oder

b) das sonstige Abwasser oder der Abfall so gering kontaminiert ist, daß schädliche Einwirkungen auf die in § 1 Nr. 1 Gentechnikgesetz bezeichneten Rechtsgüter nicht zu erwarten sind.

(3) Abwasser sowie flüssiger und fester Abfall aus Anlagen, in denen gentechnische Arbeiten der Sicherheitsstufe 1 oder 2 nach § 7 Abs. 1 Satz 2 Nr. 1 oder 2 Gentechnikgesetz durchgeführt werden, und auf die Absatz 2 keine Anwendung findet, sind so vorzubehandeln, daß die darin enthaltenen gentechnisch veränderten Organismen soweit inaktiviert werden, daß Gefahren für die in § 1 Nr. 1 Gentechnikgesetz bezeichneten Rechtsgüter nicht zu erwarten sind. Die Anforderungen nach Satz 1 gelten als erfüllt, wenn mittels einer Inaktivierungskinetik nachgewiesen wird, daß die Inaktivierungsdauer mindestens dem Wert entspricht, bei dem keine Vermehrungsfähigkeit und gegebenenfalls keine Infektionsfähigkeit des gentechnisch veränderten Organismus mehr beobachtet wird. Als Methoden der Abwasser- und Abfallbehandlung kommen insbesondere in Betracht:

1. Inaktivierung durch physikalische Verfahren, wie durch Einwirkung von bestimmten Temperatur- und Druckbedingungen auf gentechnisch veränderte Organismen während bestimmter Verweilzeiten oder - soweit die Beschaffenheit des Abfalls oder des Abwassers ein physikalisches Inaktivierungsverfahren nicht zulässt -
2. Inaktivierung mit chemischen Verfahren durch Einwirkung von geeigneten Chemikalien unter bestimmten Temperatur-, Verweilzeit- und Konzentrationsbedingungen.

(4) Die Anforderungen aus Absatz 3 Satz 2 in Verbindung mit Satz 3 Nr. 1 werden in der Regel dadurch erfüllt, dass das Abwasser und der Abfall bei einer Temperatur von 121 Grad C für die Dauer von 20 Minuten autoklaviert werden. In Anwesenheit von extrem thermostabilen Organismen oder Sporen soll eine Erhöhung der Temperatur auf 134 Grad C erfolgen. Die Anforderungen des Absatzes 3 Satz 2 in Verbindung mit Satz 3 Nr. 1 gelten auch als erfüllt, wenn zur Inaktivierung von Abfall oder Abwasser ein thermisches Verfahren aus der Liste nach § 18 des Infektionsschutzgesetzes angewandt wird. Auf Antrag kann die Genehmigungsbehörde auch andere physikalische Verfahren zulassen. Die Genehmigungsbehörde kann auf Antrag Verfahren zur chemischen Inaktivierung zulassen, wenn sichergestellt ist, dass sie umweltverträglich sind und die Anforderungen aus Absatz 3 im Übrigen eingehalten werden. Insbesondere dürfen keine Hinweise dafür vorliegen, dass von den eingesetzten Inaktivierungsstoffen schädliche Auswirkungen auf eine nachgeschaltete Abwasserbehandlungsanlage, auf Gewässer oder die nachfolgende Entsorgung als Abfall ausgehen.

(5) Flüssiger und fester Abfall und erforderlichenfalls Abwasser aus Anlagen, in denen gentechnische Arbeiten der Sicherheitsstufe 3 nach § 7 Abs. 1 Satz 2 Nr. 3 des Gentechnikgesetzes sowie flüssiger und fester Abfall und Abwasser aus Anlagen, in denen gentechnische Arbeiten der Sicherheitsstufe 4 nach § 7 Abs. 1 Satz 2 Nr. 4 des Gentechnikgesetzes durchgeführt werden, sind in der Anlage durch Autoklavieren bei einer Temperatur von 121 Grad C für die Dauer von 20 Minuten zu sterilisieren. In Anwesenheit von extrem thermostabilen Organismen oder Sporen soll eine Erhöhung der Temperatur auf 134 Grad C erfolgen. Auf Antrag kann die Genehmigungsbehörde auch andere thermische Verfahren zur Sterilisierung zulassen. Die Zentrale Kommission für die Biologische Sicherheit gibt bei ihrer Stellungnahme zur Sicherheitseinstufung einer gentechnischen Arbeit der Sicherheitsstufe 3 und zu den erforderlichen Sicherheitsmaßnahmen auch einen Hinweis zur Erforderlichkeit der Abwasserbehandlung. Die Einhaltung der Temperatur und Dauer der Sterilisierung ist durch selbstschreibende Geräte zu protokollieren. Die Geräte zur Überprüfung der Temperatur und Dauer der Sterilisierung sind so auszulegen, dass bei Nichteinhaltung der Anforderungen eine Freisetzung von Organismen ausgeschlossen ist. Während der Sterilisierung ist eine homogene Temperaturverteilung sicherzustellen. Der Sterilisierungserfolg ist

durch geeignete Verfahren vom Betreiber zu überprüfen. Kühlsysteme sind so auszubilden, dass eine Kühlwasserbelastung mit gentechnisch veränderten Organismen ausgeschlossen ist. Soweit eine Sterilisierung durch thermische Verfahren nicht möglich ist, kann die Genehmigungsbehörde auf Antrag auch chemische Sterilisierungsverfahren zulassen. Diese müssen umweltverträglich sein. Insbesondere dürfen keine Hinweise darauf vorliegen, dass von den eingesetzten Stoffen schädliche Auswirkungen auf eine nachgeschaltete Abwasserbehandlungsanlage, auf Gewässer oder die nachfolgende Entsorgung als Abfall ausgehen. Die homogene Chemikalienverteilung ist sicherzustellen und die Betriebsdaten, wie z. B. die Chemikaliendosis, sind aufzuzeichnen.

(6) Geräte, Teile von Geräten oder Abfall aus Anlagen, in denen gentechnische Arbeiten der Sicherheitsstufen 3 und 4 nach § 7 Abs. 1 Satz 2 Nr. 3 und 4 Gentechnikgesetz durchgeführt werden, sind zur Sterilisierung in sicheren, dicht verschlossenen, entsprechend gekennzeichneten und außen desinfizierten Behältern in eine andere gentechnische Anlage zu überführen, wenn sie wegen ihrer Art oder Größe nicht in der Anlage sterilisiert werden können.

Vierter Abschnitt: Projektleiter

§ 14 Verantwortlichkeiten des Projektleiters

(1) Der Projektleiter führt die unmittelbare Planung, Leitung oder Beaufsichtigung der gentechnischen Arbeit oder der Freisetzung durch. Er ist verantwortlich

1. für die Beachtung der Schutzvorschriften der §§ 8 bis 13 sowie der seuchen-, tierseuchen-, tierschutz-, artenschutz- und pflanzenschutzrechtlichen Vorschriften,

2a. dafür, dass die gentechnische Arbeit erst begonnen wird, wenn die Frist gemäß § 8 Abs. 2 in Verbindung mit § 12 Abs. 5, § 9 Abs. 2 in Verbindung mit § 12 Abs. 5 des Gentechnikgesetzes abgelaufen ist oder die Zustimmung nach § 12 Abs. 5 des Gentechnikgesetzes oder die Genehmigung nach § 8 Abs. 1 Satz 2, Abs. 2 Satz 2 oder Abs. 3 oder 4, § 9 Abs. 2 Satz 2 oder Abs. 3 oder 4 des Gentechnikgesetzes vollziehbar ist,

2b. dafür, daß die Freisetzung erst begonnen wird, wenn die Genehmigung nach § 14 Abs. 1 Nr. 1 Gentechnikgesetz vollziehbar ist,

3. für die Umsetzung von behördlichen Auflagen und Anordnungen,
4. für die ausreichende Qualifikation und Einweisung der Beschäftigten,
5. für die Durchführung der Unterweisungen für die Beschäftigten gemäß § 12 Abs. 3 sowie die Veranlassung der arbeitsmedizinischen Vorsorgeuntersuchungen und jeweils deren Protokollierung sowie die Protokollierung der eventuell auftretenden Unfälle,
6. für die ausführliche Unterrichtung des Beauftragten oder des Ausschusses für die Biologische Sicherheit über die gentechnischen Arbeiten und die nach den §§ 8 bis 13 notwendigen Vorkehrungen oder über die Freisetzung,
7. dafür, daß bei Gefahr für die in § 1 Nr. 1 Gentechnikgesetz genannten Rechtsgüter geeignete Maßnahmen zur Abwehr dieser Gefahr unverzüglich getroffen werden,
8. dafür, dem Betreiber unverzüglich jedes Vorkommnis anzuzeigen, das nicht dem erwarteten Verlauf der gentechnischen Arbeit oder der Freisetzung entspricht und bei dem der Verdacht einer Gefährdung der in § 1 Nr. 1 Gentechnikgesetz bezeichneten Rechtsgüter besteht,
9. dafür, daß bei Freisetzungen eine sachkundige Person regelmäßig anwesend und grundsätzlich verfügbar ist.

(2) Wird eine gentechnische Arbeit oder eine Freisetzung mehreren Projektleitern gemeinsam zugeordnet, sind die Verantwortlichkeiten der einzelnen Projektleiter eindeutig festzulegen.

§ 15 Sachkunde des Projektleiters

(1) Der Projektleiter muß nachweisbare Kenntnisse insbesondere in klassischer und molekularer Genetik und praktische Erfahrungen im Umgang mit Mikroorganismen, Pflanzen oder Tieren und die erforderlichen Kenntnisse über Sicherheitsmaßnahmen und Arbeitsschutz bei gentechnischen Arbeiten besitzen. Die seuchen- und pflanzenschutzrechtlichen Vorschriften bleiben unberührt.

(2) Die nach Absatz 1 erforderliche Sachkunde wird nachgewiesen durch
1. den Abschluß eines naturwissenschaftlichen oder medizinischen oder tiermedizinischen Hochschulstudiums,
2. eine mindestens 3jährige Tätigkeit auf dem Gebiete der Gentechnik, insbesondere der Mikrobiologie, der Zellbiologie, Virologie oder der Molekularbiologie, und
3. die Bescheinigung über den Besuch einer von der zuständigen Landesbehörde anerkannten Fortbildungsveranstaltung, auf der die Kenntnisse nach Absatz 4 vermittelt werden.

Sollen gentechnische Arbeiten im Produktionsbereich (§ 9 Abs. 1 Nr. 2) durchgeführt werden, kann die erforderliche Sachkunde anstatt durch die in den Nummern 1 und 2 genannten Anforderungen nachgewiesen werden durch
1. den Abschluß eines ingenieurwissenschaftlichen Hoch- oder Fachhochschulstudiums und
2. eine mindestens 3jährige Tätigkeit auf dem Gebiete der Bioverfahrenstechnik.

Sollen Freisetzungen von Pflanzen durchgeführt werden, kann in der Regel die erforderliche Sachkunde anstatt durch die in Satz 1 Nr. 1 und 2 genannten Anforderungen durch den Abschluß eines biologischen oder landwirtschaftlichen Hochschulstudiums und eine mindestens 3jährige Tätigkeit in einem Pflanzenzuchtbetrieb oder einer wissenschaftlichen Einrichtung im Pflanzenschutz, im Pflanzenbau oder in der Pflanzenzüchtung nachgewiesen werden. Die Behörde kann auf die Vorlage der Bescheinigung nach Satz 1 Nr. 3 verzichten, wenn der Projektleiter in dieser Eigenschaft mindestens 2 Jahre in einem nach den „Richtlinien zum Schutz vor Gefahren durch in-vitro neukombinierte Nukleinsäuren" registrierten Genlabor tätig war.

(3) Die Behörde kann auch den Abschluß einer anderen Aus-, Fort- oder Weiterbildung als Nachweis der erforderlichen Sachkunde nach Absatz 2 Satz 1 Nr. 1 und 2 anerkennen, wenn die Vermittlung der nach Absatz 1 erforderlichen Kenntnisse und Fertigkeiten Gegenstand der Aus-, Fort- oder Weiterbildung gewesen ist und diese unter Berücksichtigung der durchzuführenden gentechnischen Arbeiten mit den in Absatz 2 Satz 1 Nr. 1 und 2 genannten Anforderungen als gleichwertig anzusehen ist. Die Behörde kann abweichend von Absatz 2 Satz 1 Nr. 1 und 2 für festgelegte gentechnische Arbeiten den Nachweis der erforderlichen Sachkunde beschränken.

(4) Die Fortbildungsveranstaltung nach Absatz 2 Satz 1 Nr. 3 muß die wesentlichen Grundzüge folgender Themenbereiche umfassen:
1. Gefährdungspotentiale von Organismen bei gentechnischen Arbeiten in gentechnischen Anlagen unter besonderer Berücksichtigung der Mikrobiologie und bei Freisetzungen,
2. Sicherheitsmaßnahmen für gentechnische Laboratorien, gentechnische Produktionsbereiche und Freisetzungen und
3. Rechtsvorschriften zu Sicherheitsmaßnahmen für gentechnische Laboratorien, Produktionsbereiche und Freisetzungen und zum Arbeitsschutz.

Die Behörde kann geeignete Veranstaltungen als Fortbildungsveranstaltungen im Sinne des Satzes 1 anerkennen.

Fünfter Abschnitt: Beauftragter für die Biologische Sicherheit

§ 16 Bestellung eines Beauftragten

(1) Der Betreiber hat nach Anhörung des Betriebs- oder Personalrats einen oder, wenn dies im Hinblick auf die Art oder den Umfang der gentechnischen Arbeiten oder der Freisetzungen zum Schutz für die in § 1 Nr. 1 Gentechnikgesetz genannten Rechtsgüter erforderlich ist, mehrere Beauftragte für die Biologische Sicherheit (Ausschuß für Biologische Sicherheit) schriftlich zu bestellen. Werden mehrere Beauftragte für die Biologische Sicherheit bestellt, sind die dem einzelnen Beauftragten für die Biologische Sicherheit obliegenden Aufgaben genau zu bezeichnen.

(2) Die Behörde kann dem Betreiber auf Antrag die Bestellung eines oder mehrerer nicht betriebsangehöriger Beauftragter für die Biologische Sicherheit gestatten, wenn hierdurch die sachgerechte Erfüllung der in § 18 bezeichneten Aufgaben in gleicher Weise sichergestellt ist.

§ 17 Sachkunde des Beauftragten

(1) Zum Beauftragten für die Biologische Sicherheit darf nur eine Person bestellt werden, die die erforderliche Sachkunde besitzt. Die erforderliche Sachkunde und deren Nachweis richten sich nach den für den Projektleiter geltende Vorschrift des § 15.

§ 18 Aufgaben des Beauftragten

(1) Der Beauftragte für die Biologische Sicherheit ist berechtigt und verpflichtet,

1. die Erfüllung der auf die Sicherheit gentechnischer Arbeiten oder der Freisetzungen bezogenen Aufgaben des Projektleiters zu überwachen, insbesondere durch Kontrolle der gentechnischen Anlage oder der Freisetzungsorte in regelmäßigen Abständen, durch Mitteilung festgestellter Mängel und durch Überprüfung der Beseitigung dieser Mängel,
2. den Betreiber, den Betriebs- oder Personalrat auf dessen Verlangen und die verantwortlichen Personen zu beraten
   a) bei der Risikobewertung gemäß § 6 Abs. 1 Gentechnikgesetz,
   b) bei der Planung, Ausführung und Unterhaltung von Einrichtungen, in denen ein Umgang mit gentechnisch veränderten Organismen erfolgt,
   c) bei der Beschaffung von Einrichtungen und Betriebsmitteln und der Einführung von Verfahren zur Nutzung von gentechnisch veränderten Organismen,
   d) bei der Auswahl und Erprobung von persönlichen Schutzausrüstungen und
   e) vor der Inbetriebnahme von Einrichtungen und Betriebsmitteln und vor der Einführung von Verfahren zur Nutzung von gentechnisch veränderten Organismen.

(2) Der Beauftragte für die Biologische Sicherheit erstattet dem Betreiber jährlich einen schriftlichen Bericht über die nach Absatz 1 getroffenen und beabsichtigten Maßnahmen.

§ 19 Pflichten des Betreibers

(1) Der Betreiber hat den Beauftragten für die Biologische Sicherheit bei der Erfüllung seiner Aufgaben zu unterstützen und ihm insbesondere, soweit dies zur Erfüllung seiner Aufgaben erforderlich ist, Hilfspersonal sowie Räume, Einrichtungen, Geräte und Arbeitsmittel zur Verfügung zu stellen. Der Betreiber hat dem Beauftragten für die Biologische Sicherheit die zur Erfüllung seiner Aufgaben erforderliche Fortbildung unter Berücksichtigung der betrieblichen Belange auf seine Kosten zu ermöglichen.

(2) Der Beauftragte für die Biologische Sicherheit darf wegen der Erfüllung der ihm übertragenen Aufgaben nicht benachteiligt werden.

(3) Der Betreiber hat vor der Beschaffung von Einrichtungen und Betriebsmitteln, die für die Sicherheit gentechnischer Arbeiten in gentechnischen Anlagen bedeutsam sein können, eine Stellungnahme des Beauftragten für die Biologische Sicherheit einzuholen. Die Stellungnahme ist so rechtzeitig einzuholen, daß sie bei der Entscheidung über die Beschaffung angemessen berücksichtigt werden kann. Sie ist derjenigen Stelle vorzulegen, die über die Beschaffung entscheidet.

(4) Der Betreiber hat dafür zu sorgen, daß der Beauftragte für die Biologische Sicherheit seine Vorschläge oder Bedenken unmittelbar der entscheidenden Stelle vortragen kann, wenn er sich mit dem Projektleiter nicht einigen konnte und der Beauftragte für die Biologische Sicherheit wegen der besonderen Bedeutung der Sache eine Entscheidung dieser Stelle für erforderlich hält.

Sechster Abschnitt: Bußgeldvorschriften

§ 20 Ordnungswidrigkeiten

Ordnungswidrig im Sinne des § 38 Abs. 1 Nr. 12 des Gentechnikgesetzes handelt, wer als Betreiber vorsätzlich oder fahrlässig

1. entgegen
   a) § 9 Abs. 1 Satz 1 in Verbindung mit Anhang III Teil A Abschnitt III Nr. 3 Satz 2, Nr. 9 Satz 2, Nr.11 oder 13, Abschnitt IV Nr. 2, 3, 5, 6 oder 8 oder Teil B Abschnitt II Nr. 12, Abschnitt III Nr. 4 Satz 2 oder 3, 8, 10, 11 Satz 1, 2 oder 3 oder Abschnitt IV Nr. 1, 3, 4 bis 7,
   b) § 10 Abs. 1 Satz 1 in Verbindung mit Anhang IV Abschnitt II Nr. 7, Abschnitt III Nr. 1 Satz 1, Nr. 2, 3 Satz 1 oder 2, Nr. 7 bis 9 oder 13, Abschnitt IV Nr. 2 bis 7, 12 oder 13 oder
   c) § 11 Abs. 1 Satz 1 in Verbindung mit Anhang V Abschnitt II Nr. 1 oder 7, Abschnitt III Nr. 1 Buchstabe a Satz 2, Buchstabe b oder f, Nr. 4, Abschnitt IV Nr. 2 Satz 1, Nr. 3, 5 Satz 1, Nr. 7 oder 8

   eine dort genannte Anforderung an Anlagen oder eine dort genannte Sicherheitsmaßnahme nicht beachtet,
2. entgegen § 12 Abs. 2 Satz 1 oder 2 eine Betriebsanweisung nicht oder nicht in einer den Beschäftigten verständlichen Sprache erstellt,
3. entgegen § 12 Abs. 3 Satz 1 bis 4 Beschäftigte nicht, nicht in der vorgeschriebenen Weise oder nicht rechtzeitig unterweist,
4. entgegen § 12 Abs. 8 in Verbindung mit Anhang VI Kapitel F oder G eine dort genannte Maßnahme nicht beachtet,
5. entgegen § 13 Abs. 3 Satz 1 Abwasser oder Abfall aus Anlagen, in denen gentechnische Arbeiten der Sicherheitsstufe 2 durchgeführt werden, nicht oder nicht in der vorgeschriebenen Weise vorbehandelt,
6. entgegen § 13 Abs. 5 Satz 1 flüssigen oder festen Abfall nicht oder nicht in der vorgeschriebenen Weise sterilisiert oder entgegen § 13 Abs. 5 Satz 6 Geräte nicht so auslegt, daß eine Freisetzung von Organismen ausgeschlossen ist,
7. entgegen § 13 Abs. 6 Geräte, Teile von Geräten oder Abfall nicht in den vorgeschriebenen Behältern überführt oder
8. entgegen § 16 Abs. 1 Satz 1 einen Beauftragten für die Biologische Sicherheit nicht bestellt.

Siebter Abschnitt: Schlußvorschriften

§ 21 Übergangsvorschrift

Die vor dem 22. März 1995 erworbenen Bescheinigungen nach § 15 Abs. 2 Nr. 3 gelten auch als Nachweis der erforderlichen Sachkunde für Freisetzungen.

§ 22

(Inkrafttreten)

Anhang I

Risikogruppen der Spender- und Empfängerorganismen/
Allgemeine Kriterien für die Sicherheitsbewertung

Bewertungskriterien bei gentechnischen Arbeiten, sofern relevant

1. Informationen über den (die) Spender- oder Empfängerorganismus(en) bzw. Ausgangsorganismus(en)
   a) Name und Bezeichnung
   b) Grad der Verwandtschaft
   c) Herkunft des (der) Organismus(en)
   d) Information über reproduktive Zyklen (sexuell/asexuell) des Ausgangsorganismus oder ggf. des Empfängerorganismus
   e) Angaben über frühere gentechnische Veränderungen
   f) Stabilität des Empfängerorganismus in Bezug auf die einschlägigen genetischen Merkmale
   g) Pathogenität des Organismus für abwehrgesunde Menschen oder Tiere
   h) kleinste infektiöse Dosis
   i) Toxizität für die Umwelt sowie Toxizität und Allergenität für Menschen
   j) Widerstandsfähigkeit des Organismus: Überleben des Organismus bzw. Erhalten der Vermehrungs- und Infektionsfähigkeit von Mikroorganismen unter relevanten Bedingungen
   k) Kolonisierungskapazität
   l) Wirtsbereich
   m) Art der Übertragung, z. B. durch
      – direkten und indirekten Kontakt mit der verletzten oder unverletzten Haut oder Schleimhaut,
      – Aerosole und Staub über den Atemtrakt,
      – Wasser oder Lebensmittel über den Verdauungstrakt,
      – Biss, Stich oder Injektion sowie über die Keimbahn bei tierischen Überträgern,
      – diaplazentare Übertragung
   n) Möglichkeit der Übertragung von Krankheitserregern durch den Organismus
   o) Verfügbarkeit von Therapeutika und/oder Impfstoffen und/oder anderen wirksamen Methoden zur Verhütung und Behandlung
   p) Art und Eigenschaften der enthaltenen Vektoren:
      – Sequenz
      – Mobilisierbarkeit
      – Wirtsspezifität
      – Vorhandensein von relevanten Genen, z. B. Resistenzgenen
   q) Adventiv-Agenzien, die eingefügtes genetisches Material mobilisieren könnten
   r) andere potentiell signifikante physiologische Merkmale
   s) Stabilität dieser Merkmale
   t) Epidemiologische Situation
      – Vorkommen und Verbreitung des Organismus
      – Rolle von lebenden Überträgern und Organismenreservoirs
      – Ausmaß der natürlichen Resistenz bei Mensch und Tier gegen den Organismus
      – Grad der erworbenen Immunität (z. B. durch stille Feiung und Impfung)
      – Vorkommen eines geeigneten Tierwirts
      – Resistenz bei Pflanzen (natürliche oder durch Züchtung bedingte) Vorkommen (Nichtvorkommen) und Verbreitung einer geeigneten Wirtspflanze für den Organismus

u) bedeutende Beteiligung an Umweltprozessen (wie Stickstofffixierung oder pH-Regelung)
v) Vorliegen von geeigneten Bedingungen zur Besiedelung der sonstigen Umwelt durch den Organismus
w) Wechselwirkung zu anderen und Auswirkungen auf andere Organismen in der Umwelt (einschließlich voraussichtlicher konkurrierender oder symbiotischer Eigenschaften)
x) Fähigkeit, Überlebensstrukturen zu bilden (wie Samen, Sporen oder Sklerotien) und deren Ausbreitungsmöglichkeiten.

2. Informationen über den gentechnisch veränderten Organismus

2.1 Beschreibung der gentechnischen Veränderung

a) Beschreibung der Veränderung einschließlich des Verfahrens zur Einführung des Vektors/Inserts in den Empfängerorganismus oder des Verfahrens, das zur Erzielung der betreffenden gentechnischen Veränderung angewandt wird
b) Herkunft des genetischen Materials, ggf. Identität des Spenderorganismus/der Spenderorganismen und der Merkmale
c) vorangegangene gentechnische Veränderungen des Inserts
d) Funktion der betreffenden gentechnischen Veränderung und/oder der neuen Nukleinsäure
e) Art und Herkunft des Vektors
f) Struktur und Menge eines Vektors und/oder einer Nukleinsäure des Spenderorganismus, die noch in der Endstruktur des veränderten Organismus verblieben ist
g) Stabilität des Organismus in Bezug auf die gentechnisch veränderten Merkmale
h) Häufigkeit der Mobilisierung des eingefügten Vektors und/oder Fähigkeit zur Übertragung genetischer Information
i) Höhe der Expression des gentechnisch eingeführten Materials; Messverfahren und Empfindlichkeitsgrad
j) Ort des eingefügten genetischen Materials (Möglichkeit einer Aktivierung/Deaktivierung von Wirtsgenen durch die Einfügung)
k) Aktivität des zur Expression gebrachten Proteins.

2.2 Gesundheitliche Erwägungen

a) toxische oder allergene Auswirkungen der gentechnisch veränderten Organismen und/oder ihrer Stoffwechselprodukte
b) Produktrisiken
c) Vergleich der Pathogenität des gentechnisch veränderten Organismus mit der des Spender- oder Empfängerorganismus oder ggf. Ausgangsorganismus
d) Kolonisierungskapazität
e) bei Pathogenität des Organismus für Menschen, die abwehrgesund sind:
   - verursachte Krankheiten und Mechanismus der Krankheiten hervorrufenden Eigenschaften einschließlich Invasivität und Virulenz
   - Übertragbarkeit
   - Infektionsdosis
   - Wirtsbereich, Möglichkeit der Änderung
   - mögliche Änderung des Infektionsweges oder der Gewebsspezifität
   - Möglichkeit des Überlebens außerhalb des menschlichen Wirtes
   - Anwesenheit von Überträgern oder Mitteln der Verbreitung
   - biologische Stabilität
   - Muster der Antibiotikaresistenz
   - Allergenität
   - Toxizität
   - Verfügbarkeit geeigneter Therapien und prophylaktischer Maßnahmen.

2.3 Umwelterwägungen

a) Faktoren, die das Überleben, die Vermehrung und die Verbreitung der gentechnisch veränderten Organismen in der Umwelt beeinflussen

b) verfügbare Techniken zur Erfassung, Identifizierung und Überwachung der gentechnisch veränderten Organismen

c) verfügbare Techniken zur Erfassung der Übertragung des gentechnisch eingeführten Materials auf andere Organismen

d) bekannte und vorhergesagte Habitate des gentechnisch veränderten Organismus

e) Beschreibung der Ökosysteme, auf die der Organismus unbeabsichtigt verbreitet werden könnte

f) erwarteter Mechanismus und Ergebnis der Wechselwirkung zwischen dem gentechnisch veränderten Organismus und den Organismen oder Mikroorganismen, die im Falle einer Freisetzung in die Umwelt belastet werden könnten

g) bekannte oder vorhergesagte Auswirkungen auf Pflanzen und Tiere, wie Krankheiten hervorrufende Eigenschaften, Infektion, Toxigenität, Virulenz, Überträger der Krankheiten hervorrufenden Eigenschaften, Allergenität, veränderte Muster der Antibiotikaresistenz, veränderter Tropismus Kolonisierung

h) bekannte oder vorhergesagte Beteiligung an biogeochemischen Prozessen

i) Verfügbarkeit von Methoden zur Dekontamination des Gebiets im Falle eines Austretens von Organismen in die Umwelt.

Anhang II

Biologische Sicherheitsmaßnahmen

A. Maßnahmen nach Absatz 1

Als Empfänger für biologische Sicherheitsmaßnahmen sind nur Organismen und Vektoren geeignet, die die Anforderungen von § 6 Abs. 4 bzw. § 6 Abs. 5 erfüllen. Im folgenden sind Vektor-Empfänger-Systeme aufgeführt, die als biologische Sicherheitsmaßnahmen anerkannt sind.

Biologische Sicherheitsmaßnahmen:

- Escherichia coli chi-1776 und Escherichia coli MRC1 und geeignete Bakteriophagen und Plasmide dieser Stämme wie pSC 101, pMB 9, pBR 313, pBR 322, pDH 24, pBR 325, pBR 327, pGL 101
- Escherichia coli K 12, asporogene, thyminabhängige Mutanten des Bacillus subtilis Stamm 168 und haploide Laboratoriumsstämme von Saccharomyces cerevisiae als Empfängerorganismen, sowie die Bakteriophagen und Plasmide und andere Vektoren dieser Organismen, wenn sie die Anforderungen nach § 6 Abs. 5 erfüllen
- Pseudomonas putida Stamm mt-2 KT 2440 und die Vektoren pKT 262, pKT 263 und pKT 264
- eukaryote Zellen, die nicht spontan und nicht bei dem vorgesehenen Experiment zu einem Organismus regenerieren und die keine Kontamination von Mikroorganismen und exogenen Viren enthalten, unter Beachtung der in der Zellkultur üblichen Sicherheitsvorkehrungen und Vektoren, wie defektes SV40 Virus, defektes Adenovirus, defektes bovines Papillomavirus sowie nicht-virale Replikons, die die Anforderungen von § 6 Abs. 5 erfüllen.

B. Maßnahmen nach Absatz 2

1. Eine wirksame Ausbreitung von Pollen und von Pflanzen mittels Samen kann durch eine oder mehrere der im folgenden beispielhaft aufgeführten Vorsichtsmaßnahmen verhindert werden:

   a) Entfernung der Fortpflanzungsorgane, Verwendung männlich steriler Sorten oder Beendigung des Experiments und Ernte des Pflanzenmaterials vor Eintritt des fortpflanzungsfähigen Stadiums,

b) Sicherstellung, daß die Versuchspflanzen zu einer Jahreszeit blühen, in der keine andere Pflanze, mit der eine Kreuzbefruchtung erfolgen könnte, innerhalb des normalen Pollenflugbereichs der Versuchspflanze blüht,

c) Sicherstellung, daß innerhalb des bekannten Pollenflugbereichs der Versuchspflanze keine andere Pflanze wächst, mit der eine Kreuzbefruchtung möglich wäre.

2. Eine wirksame Ausbreitung von Mikroorganismen über den Bereich des Gewächshauses hinaus kann durch eine oder mehrere der im folgenden beispielhaft aufgeführten Vorsichtsmaßnahmen verhindert werden:
   a) Sicherstellung, daß sich innerhalb des äußersten Radius, in dem eine wirksame Verbreitung eines Mikroorganismus durch die Luft möglich ist, kein Organismus befindet, der als Wirt dienen und so zur Übertragung des Mikroorganismus beitragen könnte,
   b) Durchführung des Experiments zu einer Jahreszeit, in der die als Wirte in Frage kommenden Pflanzen entweder nicht wachsen oder für eine erfolgreiche Infektion nicht anfällig sind,
   c) Verwendung von Mikroorganismen, die genetische Defekte enthalten, die ihre Überlebenschancen außerhalb der Forschungsanlage auf ein Minimum herabsetzen oder bei welchen auf andere Weise gewährleistet ist, daß eine unbeabsichtigte Freisetzung nur mit sehr geringer Wahrscheinlichkeit eine erfolgreiche Infektion von Organismen außerhalb der Versuchsanstalt auslösen könnte.
3. Eine wirksame Ausbreitung von Gliederfüßern und sonstigen Kleintieren kann insbesondere mit folgenden Maßnahmen verhindert werden:
   a) Gliederfüßer: Verwendung flugunfähiger, kaum flugfähiger oder steriler Gliederfüßer,
   b) Sonstige Kleintiere: Verwendung unbeweglicher oder steriler Stämme,
   c) Durchführung des Experiments zu einer Jahreszeit, in der ein Überleben ausgetretener Organismen ausgeschlossen ist,
   d) Verwendung von Tieren, die obligate Verbindungen nur mit Pflanzen besitzen, die außerhalb des Verbreitungsbereichs der Organismen vorkommen.

Anhang III

Sicherheitsmaßnahmen für Labor- und Produktionsbereich

A. Sicherheitsmaßnahmen für den Laborbereich

Die Anforderungen der niedrigen Stufen sind von den höheren eingeschlossen.

I. Stufe 1

1. Der Gentechnik-Arbeitsbereich ist als solcher und entsprechend der Sicherheitsstufe der gentechnischen Arbeiten, für die er zugelassen ist, zu kennzeichnen.
2. Die Arbeiten sollen in abgegrenzten und in ausreichend großen Räumen bzw. Bereichen durchgeführt werden. In Abhängigkeit von der Tätigkeit ist eine ausreichende Arbeitsfläche für jeden Mitarbeiter zu gewährleisten.
3. Oberflächen (Arbeitsflächen sowie die an die Arbeitsflächen angrenzenden Wandflächen und Fußböden) sollen leicht zu reinigen und müssen dicht und beständig gegen die verwendeten Stoffe und Reinigungsmittel sein.
4. Ein Waschbecken soll im Arbeitsbereich vorhanden sein.
5. Türen der Arbeitsräume sollen während der Arbeiten geschlossen sein. Labortüren sollen nach außen aufschlagen und sollen aus Gründen des Personenschutzes Sichtfenster aufweisen.
6. Mundpipettieren ist untersagt, Pipettierhilfen sind zu benutzen.
7. Spritzen und Kanülen sollen nur wenn unbedingt nötig benutzt werden.

8. Bei allen Arbeiten muß darauf geachtet werden, dass Aerosolbildung so weit wie möglich vermieden wird. Bei Arbeiten mit gentechnisch veränderten Organismen der Risikogruppe 1 mit sensibilisierenden oder toxischen Wirkungen sind entsprechende Maßnahmen zu treffen, die eine Exposition der Beschäftigten minimieren. Hier kann es sich z. B. um die Verwendung einer Sicherheitswerkbank, den Einsatz von Atemschutz oder die Vermeidung sporenbildender Entwicklungsphasen bei Pilzen handeln.
9. Nach Beendigung der Tätigkeit und vor Verlassen des Arbeitsbereiches müssen die Hände ggf. desinfiziert, sorgfältig gewaschen, und rückgefettet (Hautschutzplan) werden.
10. Laborräume sollen aufgeräumt und saubergehalten werden. Auf den Arbeitstischen sollen nur die tatsächlich benötigten Geräte und Materialien stehen. Vorräte sollen nur in dafür bereitgestellten Räumen oder Schränken gelagert werden.
11. Die Identität und Reinheit der benutzten Organismen ist regelmäßig zu überprüfen, wenn dies für die Beurteilung des Gefährdungspotentials notwendig ist. Die zeitlichen Abstände richten sich nach dem möglichen Gefährdungspotential.
12. Die Aufbewahrung der gentechnisch veränderten Organismen hat sachgerecht zu erfolgen.
13. Ungeziefer und Überträger von GVO (z. B. Nagetiere und Arthropoden) sind in geeigneter Weise zu bekämpfen, sofern erforderlich.
14. Verletzungen sind dem Projektleiter unverzüglich zu melden.
15. Nahrungs- und Genußmittel sowie Kosmetika dürfen im Arbeitsbereich nicht aufbewahrt werden.
16. In Arbeitsräumen darf nicht gegessen, getrunken, geraucht, geschnupft oder geschminkt werden. Für die Beschäftigten sind Bereiche einzurichten, in denen sie ohne Beeinträchtigung ihrer Gesundheit durch gentechnisch veränderte Organismen essen, trinken, rauchen oder schnupfen können.
17. In Arbeitsräumen sind Laborkittel oder andere Schutzkleidung zu tragen.
18. Ein Autoklav muss innerhalb des Betriebsgeländes vorhanden sein.
19. Erforderlichenfalls ist außerhalb der primären physikalischen Einschließung auf das Vorhandensein lebensfähiger, in der Anwendung eingesetzter Organismen zu prüfen.
20. Für den Fall des Austretens von GVO müssen wirksame Desinfektionsmittel und spezifische Desinfektionsverfahren zur Verfügung stehen.
21. Gegebenenfalls ist für eine sichere Aufbewahrung von kontaminierten Laborausrüstungen und -materialien zu sorgen.

II. Stufe 2

1. Der Arbeitsbereich ist zusätzlich mit dem Warnzeichen „Biogefährdung“ zu kennzeichnen.
2. Arbeiten mit gentechnisch veränderten Mikroorganismen der Risikogruppe 2 sollen so erfolgen, dass eine Exposition der Beschäftigten so weit wie möglich vermieden wird.
3. Zutritt zum Labor haben außer den an den Experimenten Beteiligten nur Personen, die vom Projektleiter oder durch von ihm autorisierte Dritte hierzu ermächtigt wurden. Hierauf ist durch geeignete Kennzeichnung an den Zugängen hinzuweisen.
4. Fenster und Türen der Arbeitsbereiche müssen während der Arbeiten geschlossen sein. Labortüren müssen nach außen aufschlagen und aus Gründen des Personenschutzes ein Sichtfenster aufweisen.

4a. Oberflächen müssen leicht zu reinigen und beständig gegenüber den eingesetzten Desinfektionsmitteln sein.

5. Für das Arbeiten mit gentechnisch veränderten Organismen ist ein Hygieneplan zu erstellen.
6. In Abhängigkeit von der durchzuführenden Tätigkeit ist vom Betreiber geeignete persönliche Schutzausrüstung zur Verfügung zu stellen und vom Beschäftigten zu tragen. Getrennte Aufbewahrungsmöglichkeiten für die Schutz- und Straßenkleidung sind vorzusehen. Die Benutzung persönlicher Schutzausrüstung schließt das Tragen von Schutzkleidung mit ein. Die Reinigung der Schutzkleidung ist vom Betreiber durchzuführen. Die Schutzausrüstung darf nicht außerhalb der Arbeitsräume getragen werden.
7. Für die Desinfektion und Reinigung er Hände müssen ein Waschbecken, dessen Armatur ohne Handberührung bedienbar sein sollte, und Desinfektionsmittel-, Handwaschmittel- und Einmalhandtuchspender

vorhanden sein. Diese sind vorzugsweise in der Nähe der Labortür anzubringen. Einrichtungen zum Spülen der Augen müssen vorhanden sein.

8. Bei Arbeiten, bei denen Aerosole entstehen können, muß sichergestellt werden, daß diese nicht in den Arbeitsbereich gelangen. Dazu sind insbesondere folgende Maßnahmen geeignet:
   a) Durchführung der Arbeit in einer Sicherheitswerkbank oder unter einem Abzug, bei denen ein Luftstrom vom Experimentator zur Arbeitsöffnung hin gerichtet ist, oder
   b) Benutzung von Geräten, bei denen keine Aerosole freigesetzt werden,
   c) das Tragen geeigneter Schutzausrüstung, wenn technische und organisatorische Maßnahmen nicht ausreichen oder nicht anwendbar sind.

   Die Abluft aus den unter Buchstabe a genannten Geräten muß durch einen Hochleistungsschwebstoff-Filter geführt oder durch ein anderes geprüftes Verfahren keimfrei gemacht werden. Die Funktionsfähigkeit der Geräte ist durch regelmäßige Wartung sicherzustellen.
9. Ein Autoklav oder ein gleichwertiges Gerät zur Inaktivierung oder Sterilisierung muß im Labor vorhanden oder innerhalb desselben Gebäudes verfügbar sein.
10. Abfälle, die gentechnisch veränderte Organismen enthalten, dürfen nur in geeigneten Behältern innerbetrieblich transportiert werden.
11. Gentechnisch veränderte Organismen dürfen nur in verschlossenen und gegen Bruch geschützten und bei Kontamination von außen desinfizierten, gekennzeichneten Behältern innerbetrieblich transportiert werden.
12. Vor Reinigungs-, Instandsetzungs- und Änderungsarbeiten an kontaminierten Geräten oder Einrichtungen ist die Dekontamination durch das Laborpersonal durchzuführen oder zu veranlassen.
13. Alle Arbeitsflächen sind nach Beendigung der Tätigkeiten zu desinfizieren.
14. Werden Organismen verschüttet, muß unverzüglich der kontaminierte Bereich gesperrt und desinfiziert werden.
15. Ungeziefer und Überträger von GVO (z. B. Nagetiere und Arthropoden) sind in geeigneter Weise zu bekämpfen.
16. Der Arbeitsbereich soll frei von Bodenabläufen sein. Ablaufbecken in Arbeitsflächen sollen mit einer Aufkantung versehen sein.
17. Kontaminierte Prozessabluft, die in den Arbeitsbereich gegeben wird, muss durch geeignete Verfahren wie Filterung oder thermische Nachbehandlung gereinigt werden. Dies gilt z. B. auch für die Abluft von Autoklaven, Pumpen oder Bioreaktoren.
18. Gentechnisch veränderte Organismen der Risikogruppe 2 sind dicht verschlossen und sicher aufzubewahren.

III. Stufe 3

1. Das Labor muß von seiner Umgebung abgeschirmt sein.
2. Fenster dürfen nicht zu öffnen sein.
3. In der Regel ist eine Schleuse einzurichten, über die das Labor zu betreten und zu verlassen ist. Die Schleuse ist mit zwei selbstschließenden Türen auszustatten, die bei bestimmungsgemäßem Betrieb gegeneinander verriegelt sind. Sie muß eine Händedesinfektionsvorrichtung enthalten. In der Regel ist in der Schleuse ein Handwachbecken mit Ellenbogen-, Fuß- oder Sensorbetätigung einzurichten. In begründeten Einzelfällen kann auf eine Schleuse verzichtet werden. Falls erforderlich, ist eine Dusche einzurichten.
4. In der Schleuse ist geeignete Schutzkleidung anzulegen. Beim Arbeiten sind Schutzhandschuhe zu tragen. Schutzkleidung geschlossene Schuhe und Schutzhandschuhe sind vom Betreiber bereitzustellen. Die Schutzkleidung ist vor der Reinigung oder der Beseitigung zu sterilisieren. Die Schutzkleidung umfasst einen an den Rumpfvorderseiten geschlossenen Schutzkittel mit Kennzeichnung, geschlossene Schuhe, die entsprechend der Tätigkeit anzulegen sind, sowie in Abhängigkeit von der Tätigkeit Mundschutz (Berührungsschutz).
5. Jedes Labor sollte über eigene Laborgerätschaften verfügen.
6. Ein Autoklav oder eine gleichwertige Sterilisationseinheit muß im Labor vorhanden sein.

7. Bei Arbeiten, bei denen Aerosole entstehen können, muß stets in Sicherheitswerkbänken der Klasse I oder II gearbeitet werden.
8. Der Zutritt zum Labor ist auf die Personen zu beschränken, deren Anwesenheit zur Durchführung der Versuche erforderlich ist und die zum Eintritt befugt sind. Der Projektleiter ist verantwortlich für die Bestimmung der zutrittsberechtigten Personen. Eine Person darf nur dann allein im Labor arbeiten, wenn eine von innen zu betätigende Alarmanlage vorhanden ist.
9. Im Arbeitsbereich anfallende zu sterilisierende Abwässer sind grundsätzlich einer thermischen Nachbehandlung zu unterziehen: Sammeln in Auffangbehältern und Autoklavierung oder zentrale Abwassersterilisation. Alternativ können auch erprobte chemische Inaktivierungsverfahren eingesetzt werden. Bei bestimmungsgemäßem Betrieb und unter Beachtung der organisatorischen Sicherheitsmaßnahmen fallen aus der Schleuse keine kontaminierten Abwässer an.
10. Der Laborbereich muss zum Zwecke der Begasung abdichtbar sein.
11. Sofern mit pathogenen Organismen gearbeitet wird, für die eine Übertragung durch die Luft nicht ausgeschlossen werden kann, muß das Labor unter ständigem, durch Alarmgeber kontrollierbarem Unterdruck gehalten und die Abluft über Hochleistungsschwebstoff-Filter geführt werden. Die Rückführung kontaminierter Abluft in Arbeitsbereiche ist unzulässig.
12. Für sicherheitsrelevante Einrichtungen wie Lüftungsanlagen, einschließlich Ventilationssystem, Notruf- und Überwachungseinrichtungen ist eine Notstromversorgung einzurichten. Zum sicheren Verlassen des Arbeitsbereichs ist eine Sicherheitsbeleuchtung einzurichten.
13. Beim Auswechseln von Filtern z. B. der lüftungstechnischen Anlage oder der Sicherheitswerkbank müssen diese entweder am Einbauort sterilisiert oder zwecks späterer Sterilisierung durch ein geräteseits vorgesehenes Austauschsystem in einen luftdichten Behälter verpackt werden, so dass eine Infektion des Wartungspersonals und anderer Personen ausgeschlossen werden kann.
14. Für die Kommunikation vom Labor nach außen muss eine geeignete Einrichtung vorhanden sein.
15. Gentechnisch veränderte Organismen dürfen nur in bruchsicheren, dicht verschlossenen, entsprechend gekennzeichneten und außen desinfizierten Behältern innerbetrieblich transportiert werden.

IV. Stufe 4

1. Das Labor muß entweder ein selbständiges Gebäude oder, als Teil eines Gebäudes, durch einen Flur oder Vorraum deutlich von den allgemein zugänglichen Verkehrsflächen abgetrennt sein. Das Labor soll keine Fenster haben. Sind Fenster vorhanden, müssen sie dicht, bruchsicher und dürfen nicht zu öffnen sein. Es müssen Maßnahmen getroffen werden, die jedes unbeabsichtigte oder unerlaubte Betreten des Labors verhindern. Alle Türen des Labors müssen selbstschließend sein. Die Arbeitsräume des Labors dürfen nur durch eine dreikammerige Schleuse betreten werden können.
2. Die Schleuse muß gegen den Vorraum und die Arbeitsräume mit einer entsprechenden Druckstaffelung versehen sein, um den Austritt von Luft aus dem isolierten Laborteil zu verhindern. Die mittlere Kammer der Schleuse muß eine Personendusche enthalten. Eine Einrichtung zum Einbringen großräumiger Geräte oder Einrichtungsgegenstände ist vorzusehen.
3. Wände, Decken und Fußböden des Labors müssen nach außen dicht sein. Alle Durchtritte von Ver- und Entsorgungsleitungen müssen abgedichtet sein.
4. Alle Innenflächen des Labors, einschließlich der Oberfläche der Labormöbel, müssen desinfizierbar und gegen in diesem Labor benutzte Säuren, Laugen und organische Lösungsmittel widerstandsfähig sein.
5. Das Labor muß mit einem Durchreicheautoklaven ausgerüstet sein. Durch eine automatisch wirkende Verriegelung ist sicherzustellen, daß die Tür nur geöffnet werden kann, nachdem der Sterilisierungszyklus in der Schleuse beendet wurde. Zum Ein- und Ausschleusen von Geräten und hitzeempfindlichem Material ist ein Tauchtank oder eine begasbare Durchreiche mit wechselseitig verriegelbaren Türen vorzusehen.
6. Das Labor muß durch ein eigenes Ventilationssystem belüftet werden. Dieses ist so auszulegen, daß im Labor ständig ein Unterdruck gegenüber der Außenwelt aufrechterhalten wird. Der Unterdruck muß vom Vorraum

bis zum Arbeitsraum jeweils zunehmen. Der in der letzten Stufe tatsächlich vorhandene Unterdruck muß von innen wie von außen leicht kontrollierbar und überprüfbar sein. Unzulässige Druckveränderungen müssen durch einen hörbaren Alarm angezeigt werden. Zu- und Abluft sind so zu koppeln, daß bei Ausfall von Ventilatoren die Luft keinesfalls unkontrolliert austreten kann. Die Abluft aus dem Labor muß so aus dem Gebäude gelangen, daß eine Gefährdung der Umwelt nicht eintreten kann. Zu- und Abluft des Labors müssen durch zwei aufeinander folgende Hochleistungsschwebstoff-Filter geführt werden. Die Filter sind so anzuordnen, daß ihre einwandfreie Funktion in eingebautem Zustand überprüft werden kann. Zu- und Abluftleitungen müssen hinter den Filtern mechanisch dicht verschließbar sein, um ein gefahrloses Wechseln der Filter zu ermöglichen.

7. Das Kondenswasser des Autoklaven muß sterilisiert werden, bevor es in die allgemeine Abwasserleitung gelangt. Durch eine geeignete Anordnung von Ventilen und durch Hochleistungsschwebstoff-Filter gesicherte Entlüftungsventile sind diese Sterilisationsanlagen gegen Fehlfunktion zu schützen.
8. Alle Ver- und Entsorgungsleitungen sind durch geeignete Maßnahmen gegen Rückfluß zu sichern. Gasleitungen sind durch Hochleistungsschwebstoff-Filter, Flüssigkeitsleitungen durch keimdichte Filter zu schützen. Das Labor darf nicht an ein allgemeines Vakuumsystem angeschlossen werden.
9. Im Labor muß ein mit Ellbogen, Fuß oder Sensor zu betätigendes Handwaschbecken mit Desinfektionseinrichtungen oder ein besonderes Becken mit Desinfektionslösung zum Desinfizieren der Hände vorhanden sein. Es ist eine laborinterne Arbeitsvorschrift für die notwendigen Desinfektionsmaßnahmen zu erlassen.
10. Für alle Arbeiten mit humanpathogenen Organismen gelten zusätzlich die folgenden Sicherheitsmaßnahmen:
    - Die Arbeiten dürfen nur in geschlossenen, gasdichten Sicherheitswerkbänken durchgeführt werden. Die Arbeitsöffnungen dieser Bänke sind mit armlangen, luftdicht angebrachten Schutzhandschuhen zu versehen. Die Belüftung dieser Sicherheitswerkbänke erfolgt durch individuelle Zu- und Abluftleitungen, die auf der Zuluftseite durch einen, auf der Abluftseite durch zwei aufeinanderfolgende Hochleistungsschwebstoff-Filter geschützt sind. Die Abluft der Sicherheitswerkbänke ist durch einen eigenen Kanal nach außen zu führen. Bei Normalbetrieb haben die Sicherheitswerkbänke im Vergleich zum Arbeitsraum einen Unterdruck aufzuweisen. Es muß sichergestellt sein, daß bei einem Ausfall des Stromnetzes Alarm gegeben wird.
    - Die Ventile des Lüftungssystems müssen stromlos in einen sicheren Zustand gelangen.
    - Die Sicherheitswerkbänke müssen eine Vorrichtung für das gefahrlose Ein- und Ausschleusen von Material und Gütern enthalten. Zum Zweck der Desinfektion der Arbeitsbänke muß eine von außen zu bedienende Begasungsanlage vorgesehen werden.

      Eine Alternative zu den geschlossenen, gasdichten Sicherheitswerkbänken ist die Verwendung von fremdbelüfteten Vollschutzanzügen, die es erlauben, die unter den Sicherheitsmaßnahmen der Sicherheitsstufe 2 beschriebenen Sicherheitswerkbänke zu benutzen.
    - Zentrifugen, in denen Organismen zentrifugiert werden, mit denen nur unter den Bedingungen der Sicherheitsstufe 4 gearbeitet werden darf, dürfen nur in vergleichbaren Sicherheitswerkbänken betrieben werden oder sind entsprechend zu umbauen.
11. Im Labor darf niemals eine Person allein tätig sein, es sei denn, es besteht eine kontinuierliche Sichtverbindung oder Kameraüberwachung. Eine Wechselsprechanlage nach draußen oder eine Telefonverbindung muß vorhanden sein.
12. Vor Betreten des Arbeitsbereichs sind alle Kleidungsstücke einschließlich Uhren und Schmuck im Raum vor der Dusche abzulegen. Es sind eine besondere Schutzkleidung und Schutzhandschuhe zu tragen. Vor Verlassen des Arbeitsbereichs ist in dem Teil der Schleuse, der unmittelbar an die Arbeitsräume angrenzt, die Arbeitskleidung in sterilisierbare Behälter abzulegen. Die Straßenkleidung darf erst nach Duschen mit Abseifen angezogen werden. Die abgelegte Kleidung verbleibt in der Schleuse und wird beim nächsten Betreten des Arbeitsbereichs nach Sterilisierung ausgeschleust. Schutzkleidung und Schutzhandschuhe sind vom Betreiber bereitzustellen.

B. Sicherheitsmaßnahmen für den Produktionsbereich

Die Anforderungen der niedrigen Stufen sind von den höheren eingeschlossen.

I. Stufe 1

1. Die Laborsicherheitsmaßnahmen der Stufe 1 gelten für die Produktion sinngemäß.
2. In Abhängigkeit von ihren Eigenschaften müssen lebensfähige Mikroorganismen oder Zellkulturen in einem System eingeschlossen sein, das den Prozess von der Umwelt trennt (Fermenter).
3. Im Rahmen der Regeln guter mikrobiologischer Technik kommt der Vermeidung von Aerosolen besondere Bedeutung zu. Um zu verhindern, daß größere Mengen an Kultursuspensionen über die Abluft aus den technischen Apparaturen austreten, können z. B. folgende Maßnahmen getroffen werden:
   - Füllung der Fermenter bis max. 80% und/oder
   - Überwachung der Schaumbildung durch Sensoren und kontinuierliche oder geregelte Zugabe von Antischaummitteln und/oder
   - Einbau von Wasch- und Abscheidevorrichtungen, wie z. B. Demister, Zentrifugalabscheider.

   Falls erforderlich, sind Aerosole während der Probenahme, der Zugabe von Material in einen Fermenter oder der Übertragung von Material in einen anderen Fermenter zu kontrollieren.
4. Falls erforderlich, sind spezifische Maßnahmen zur angemessenen Belüftung des Arbeitsbereichs anzuwenden, um die Kontamination der Luft auf ein Mindestmaß zu reduzieren.
5. Zur Wellenabdichtung sind Stopfbuchsen ausreichend.
6. Falls erforderlich, sind große Mengen an Kulturflüssigkeit, bevor sie aus dem Fermenter genommen werden, zu inaktivieren.
7. Falls erforderlich, muss der Arbeitsbereich so ausgelegt sein, dass bei Austreten des gesamten Inhalts des Fermenters dieser aufgefangen werden kann.

II. Stufe 2

1. Der Arbeitsbereich ist zusätzlich mit dem Warnzeichen „Biogefährdung" zu kennzeichnen.
2. Falls erforderlich, müssen die Fermenter innerhalb eines kontrollierten Bereichs liegen.
3. Falls erforderlich, muss der kontrollierbare Bereich abdichtbar sein, um eine Begasung zu ermöglichen.
4. Der Zutritt ist nur autorisierten Personen erlaubt.
5. Ausreichende Sterilisationskapazität muß im Gebäude vorhanden sein.
6. An den Waschbecken müssen Direktspender mit Händedesinfektionsmitteln zur Verfügung stehen.
7. Die technischen Apparaturen sind konstruktionsmäßig so auszulegen, daß Aerosolbildung und Undichtigkeiten vermieden werden. Zur Sicherstellung, daß keine Aerosole in den Arbeitsbereich gelangen, sind insbesondere folgende Maßnahmen geeignet:
   a) bei der Verwendung von Zentrifugen und Separatoren:
      - Betreiben der Zentrifuge in Abzügen mit Abluftfilter oder Sicherheitswerkbänken,
      - Verwendung dichter Zentrifugen (z. B. kontinuierlich betriebene in-line-Geräte),
      - Verwendung eines Rotors mit dicht schließendem Deckel, Verwendung bruchsicherer und geschlossener Zentrifugeneinsätze oder -gefäße oder
      - Einstellung nicht bruchsicherer Zentrifugengefäße in geschlossene und bruchsichere Einsätze,

   b) bei der Verwendung von Homogenisatoren:
      - besondere Konstruktionsmerkmale wie Abdichten des Deckels mit einem O-Ring, geeignete Werkstoffe für Schüssel und Deckel,
      - Betrieb und insbesondere Öffnen der Geräte in Abzügen oder Sicherheitswerkbänken oder
      - Verwendung kontinuierlich betriebener in-line-Geräte.

   Diese Maßnahmen sind beim Betrieb von Geräten, die der Erreichung eines vergleichbaren Zieles dienen und an die deshalb dieselben Anforderungen zu stellen sind, sinngemäß anzuwenden.

8. Lebensfähige Mikroorganismen müssen in einem System eingeschlossen sein, das den Prozess von der Umwelt trennt (z. B. Fermenter). Um das Austreten von gentechnisch veränderten Organismen über die Fermenterabluft auf ein Minimum zu beschränken, können verwendet werden:
   - Zentrifugalabscheider,
   - Venturi-Wäscher,
   - Demister,
   - Tiefenfilter,
   - Maßnahmen zur Schaumkontrolle (chemisch, mechanisch).

   Kontaminierte Prozessabluft, die in den Arbeitsbereich gegeben wird, muss durch geeignete Verfahren wie Filterung oder thermische Nachbehandlung gereinigt werden. Dies gilt z. B. auch für die Abluft von Autoklaven, Pumpen oder Bioreaktoren.
9. Werden Lösungen, die gentechnisch veränderte Organismen enthalten, verschüttet, ist der verunreinigte Bereich unverzüglich zu desinfizieren.
10. Dichtungen müssen so beschaffen sein, dass das unbeabsichtigte Entweichen von gentechnisch veränderten Organismen auf ein Mindestmaß reduziert wird. Für Wellendurchführungen sind z. B. folgende Abdichtungen geeignet:
    - einfach wirkende Gleitringdichtung,
    - Stopfbuchse mit Dampf- oder Desinfektionsmittelsperre.
11. Arbeiten, bei denen Aerosole in den Arbeitsbereich austreten können, müssen in einer Sicherheitswerkbank der Klasse I oder II oder unter einem Abzug mit Hochleistungsschwebstoff-Filter durchgeführt werden. Die Oberfläche der Sicherheitswerkbank muss gegenüber Wasser, Säuren, Lösungs-, Desinfektions- und Dekontaminationsmitteln resistent und leicht zu reinigen sein.
12. Der Arbeitsbereich ist so auszulegen, daß durch Auffangvorrichtungen, deren Volumina sich mindestens am größten Einzelvolumen orientieren, ein unkontrollierter Austritt verhindert wird.
13. Zum Beimpfen und für Überführungsvorgänge sollen geschlossene Leitungen zwischen der Anlage und dem Impfbehälter verwendet werden.
14. Zur Probenahme sind Einrichtungen zu verwenden, die nach jedem Probenahmevorgang desinfiziert werden können. Die Probenahme ist unter Vermeidung von Aerosolen durchzuführen. Probenahmegefäße müssen während des Transports verschlossen sein und insbesondere gegen Bruch geschützt werden.
15. Gentechnisch veränderte Organismen sind vor dem Abernten durch validierte Verfahren zu inaktivieren oder in weitgehend geschlossenen Apparaturen weiter zu verarbeiten. Als Aufarbeitungsgeräte kommen in Frage:
    - Separatoren und Dekanter in geschlossener Ausführung,
    - Filteranlagen (geschlossen),
    - gekapselte Vakuumdrehfilter,
    - Kammerfilterpresse.
16. Vor dem Öffnen der technischen Apparaturen, in denen mit gentechnisch veränderten Organismen umgegangen wurde, sind die verunreinigten Teile zu desinfizieren.
17. Für das Arbeiten mit gentechnisch veränderten Organismen ist ein Hygieneplan zu erstellen.
18. Schutzkleidung ist vom Betreiber bereitzustellen und vom Beschäftigten zu tragen. Getrennte Aufbewahrungsmöglichkeiten für die Schutz- und Straßenkleidung sind vorzusehen. Die Reinigung der Schutzkleidung ist vom Betreiber durchzuführen. Die Schutzkleidung darf nicht außerhalb der Arbeitsräume getragen werden.

III. Stufe 3

1. Der Arbeitsbereich muß von seiner Umgebung abgeschirmt sein. Der Zugang zum Arbeitsbereich ist nur autorisierten und über die Sicherheitsanforderungen belehrten Personen gestattet.
2. Fermenter müssen innerhalb eines kontrollierten Bereichs liegen.
3. Sofern mit pathogenen Organismen gearbeitet wird, für die eine Übertragung durch die Luft nicht ausgeschlossen werden kann, muss der Produktionsbereich unter ständigem, durch Alarmgeber kontrollierbarem Unter-

druck gehalten und die Abluft über Hochleistungsschwebstoff-Filter geführt werden. Die Rückführung kontaminierter Abluft in den Arbeitsbereich ist unzulässig. Das Ventilationssystem muss eine Notstromversorgung haben.

4. In der Regel ist eine Schleuse einzurichten, über die der Produktionsbereich zu betreten und zu verlassen ist. Die Schleuse ist mit zwei selbstschließenden Türen auszustatten, die bei bestimmungsgemäßem Betrieb gegeneinander verriegelt sind. Sie muss eine Händedesinfektionsvorrichtung enthalten. In der Regel ist in der Schleuse ein Handwaschbecken mit Ellenbogen-, Fuß- oder Sensorbetätigung einzurichten. Falls erforderlich, ist eine Dusche einzurichten. In begründeten Einzelfällen kann auf eine Schleuse verzichtet werden.
5. In der Schleuse ist geeignete Schutzkleidung anzulegen. Beim Arbeiten sind Schutzhandschuhe zu tragen. Schutzkleidung, geschlossene Schuhe und Schutzhandschuhe sind vom Betreiber bereitzustellen. Die Schutzkleidung umfasst einen an den Rumpfvorderseiten geschlossenen Schutzkittel mit Kennzeichnung, geschlossene Schuhe, die entsprechend der Tätigkeit anzulegen sind, sowie in Abhängigkeit von der Tätigkeit Mundschutz (Berührungsschutz). Die Schutzkleidung ist vor der Reinigung oder der Beseitigung zu sterilisieren.
6. Boden und die Oberfläche der Sicherheitswerkbank, soweit vorhanden, müssen gegenüber Wasser, Säuren, Laugen, Lösungs-, Desinfektions- und Dekontaminationsmitteln resistent und leicht zu reinigen sein.
7. Der Arbeitsbereich muß mit einer technischen Lüftung ausgestattet sein, wobei die Filtration der Raumabluft in der Regel nicht erforderlich ist.
8. Im Arbeitsbereich anfallende zu sterilisierende Abwässer sind grundsätzlich einer thermischen Nachbehandlung zu unterziehen: Sammeln in Auffangbehältern und Autoklavierung oder zentrale Abwassersterilisation. Alternativ können auch erprobte chemische Inaktivierungsverfahren eingesetzt werden.

   Bei bestimmungsgemäßem Betrieb und unter Beachtung der organisatorischen Sicherheitsmaßnahmen fallen aus der Schleuse keine kontaminierten Abwässer an.
9. Die Apparaturen sind entsprechend dem Stand von Wissenschaft und Technik als geschlossene Systeme auszuführen.
10. Die Fermenterabluft muß entweder über ein geeignetes Filtersystem, z. B. mit Hochleistungsschwebstoff-Filter, abgeführt werden oder ist durch Erhitzen zu sterilisieren.
11. Dichtungen müssen so beschaffen sein, dass das unbeabsichtigte Entweichen von gentechnisch veränderten Organismen verhindert wird. Durchführungen von Antriebswellen müssen mit doppelt wirkenden Dichtelementen, wie z. B. durch doppelte Gleitringdichtung oder Doppellippendichtung, ausgestattet sein. Die Sperrflüssigkeit ist unter geringem Überdruck gegenüber dem Behälterinnendruck zu halten und zu überwachen. Der Antrieb kann auch über eine Magnetkupplung erfolgen.
12. Vor dem Abernten sind die gentechnisch veränderten Organismen zu sterilisieren oder in geschlossenen Apparaturen weiterzuverarbeiten. Als Erntegeräte kommen in Frage:
    - desinfizierbare Separatoren und Dekanter in geschlossener Ausführung,
    - Membranfilteranlage (geschlossen),
    - Cross-Flow-Filter.

IV. Stufe 4

1. Die Arbeitsräume des Produktionsbereichs dürfen nur durch eine dreikammerige Schleuse betreten werden können. Die Schleuse muß gegen den Vorraum und die Arbeitsräume mit einer Druckstaffelung versehen sein, um den Austritt von Luft aus dem isolierten Produktionsbereich zu verhindern. Die mittlere Kammer der Schleuse muß eine Personendusche enthalten. Die Arbeitsbereiche müssen mit Materialschleusen mit gegenseitig verriegelbaren Türen ausgerüstet sein.
2. Vor Betreten des Arbeitsbereichs sind alle Kleidungsstücke einschließlich Uhren und Schmuck im Raum vor der Dusche abzulegen. Es sind eine besondere Schutzkleidung und Schutzhandschuhe zu tragen. Vor Verlassen des Arbeitsbereiches ist in dem Teil der Schleuse, der unmittelbar an die Arbeitsräume angrenzt, die Arbeitskleidung in sterilisierbare Behälter abzulegen. Die Straßenkleidung darf erst nach Duschen mit Abseifen angezogen werden. Die abgelegte Kleidung verbleibt in der Schleuse und wird beim nächsten Betreten des Arbeitsbereichs nach Sterilisierung ausgeschleust. Schutzkleidung und Schutzhandschuhe sind vom Betreiber bereitzustellen.

3. Fenster, Wände, Decken und Fußböden müssen nach außen dicht sein. Fenster dürfen sich im Normalbetrieb nicht öffnen lassen.
4. Im Arbeitsbereich muß ein Unterdruck durch geeignete Lüftungssysteme gewährleistet sein. Der Unterdruck ist durch ein Meßgerät mit Alarmgeber laufend zu überwachen.
5. Zu- und Abluft müssen über doppelt ausgeführte Hochleistungsschwebstoff-Filter geführt werden. Der Filterwechsel muß unter aseptischen Bedingungen erfolgen, wie z. B. Sack-im-Sack-System oder chemische Desinfektion. Die Abluft der Fermenter ist über Doppelmembranfilter zu führen.
6. Die Anlage ist so auszulegen, daß die gesamte Abwassermenge aus Fermenter und Abflüssen aufgefangen und sterilisiert werden kann.
7. Für den gesamten Arbeitsbereich sind Sicherheitsschaltungen vorzusehen, die einen Austritt von gentechnisch veränderten Organismen auch bei Ausfall der Netzenergien verhindern. Das können z. B. sein: zwangsweise Schaltungen von Ventilen in den sicheren Zustand, Rückschlagklappen an Versorgungsleitungen, Notstromversorgung.
8. Zur Probenahme sind geschlossene Systeme zu verwenden. Das Probenahmegefäß muß insbesondere vor mechanischer Beschädigung geschützt werden.
9. Werden die Organismen vor dem Abernten nicht sterilisiert, müssen die folgenden Aufarbeitungsschritte, bei denen noch mit lebenden Organismen zu rechnen ist, in geschlossenen und desinfizierbaren Apparaturen erfolgen. Bereiche, in denen sich Aerosole bilden können, müssen räumlich abgetrennt sein. Die Abluft der Absaugungen ist über doppelt ausgeführte Hochleistungsschwebstoff-Filter zu führen, oder es muß in geschlossenen, gasdichten Sicherheitswerkbänken gearbeitet werden.
10. Bei Kontaminationsgefahr, z. B. nach dem Verschütten von Kulturlösungen, sind fremdbelüftete Vollschutzanzüge zu benutzen.
11. Der kontrollierte Bereich muss abdichtbar sein, um eine Begasung zu ermöglichen.
12. Das Gebäude muß so ausgeführt werden, daß im Brandfall Feuerlöschwasser nicht in das Kanalsystem gelangen kann.

Anhang IV

Sicherheitsmaßnahmen für Gewächshäuser

Die Sicherheitsmaßnahmen gelten sinngemäß für Klimakammern. Die Anforderungen der niedrigeren Stufen werden von den höheren Stufen eingeschlossen. Sofern in Gewächshäusern mit gentechnisch veränderten Mikroorganismen gearbeitet wird, gelten sinngemäß zusätzlich die Anforderungen des Anhangs III für Laboratorien der entsprechenden Sicherheitsstufe.

I. Stufe 1

1. Der Gentechnik-Arbeitsbereich ist als solcher zu kennzeichnen.

1a. In Abhängigkeit von der Tätigkeit ist eine ausreichende Arbeitsfläche für jeden Mitarbeiter zu gewährleisten.

2. Der Boden des Gewächshauses kann aus Kies oder anderem gewächshaustypischen Material bestehen. Erdbeete sind ebenfalls geeignet. Es sollten jedoch mindestens die Gehwege befestigt (z. B. betoniert) sein. Sofern erforderlich, sollte ein Auffangen von kontaminiertem Ablaufwasser möglich sein.
3. Die Fenster und sonstigen Öffnungen des Gewächshauses können zu Belüftungszwecken geöffnet werden und erfordern keine besondere Schutzvorrichtung, um Pollen, Mikroorganismen oder kleine Flugtiere (z. B. Gliederfüßer, Vögel) abzuhalten oder auszuschließen. Gegen die zuletzt Genannten werden jedoch Netze empfohlen.
4. In gentechnischen Experimenten verwendete Organismen sind mit geeigneten Methoden, insbesondere durch Abschneiden der Vermehrungsorgane bei Pflanzen, vermehrungsunfähig zu machen, bevor sie außerhalb des Gewächshauses, jedoch auf dem umgebenden Gelände des Betreibers, unschädlich entsorgt werden.
5. Ein geeignetes, auf die Experimentalpflanzen abgestimmtes Programm zur erfolgreichen Bekämpfung von Pflanzenkrankheiten, Unkräutern, Insektenbefall und Nagetieren ist aufzustellen.

6. Das Austreten von gentechnisch veränderten Organismen aus dem Gewächshaus ist auf das geringstmögliche Maß zu reduzieren.
7. Verletzungen sind dem Projektleiter unverzüglich zu melden.
8. Nahrungs- und Genussmittel sowie Kosmetika dürfen im Arbeitsbereich nicht aufbewahrt werden.
9. In Arbeitsräumen darf nicht gegessen, getrunken, geraucht, geschnupft oder geschminkt werden. Für die Beschäftigten sind Bereiche einzurichten, in denen sie ohne Beeinträchtigung ihrer Gesundheit durch gentechnisch veränderte Organismen essen, trinken, rauchen, schnupfen oder sich schminken können.
10. Die Sicherheitsmaßnahmen der Stufe 1 gelten sinngemäß auch für Klimakammern.

II. Stufe 2

1. Das Gewächshaus muss ein festes Bauwerk mit durchgehend wasserdichter Bedeckung sein; es sollte eben gelegen sein, so dass kein Oberflächenwasser eindringen kann, und über selbstschließende verriegelbare Türen verfügen. Das Ablaufwasser ist auf ein Mindestmaß zu reduzieren, soweit eine Übertragung von GVO über den Boden stattfinden kann. Sofern nur eine geringe Wahrscheinlichkeit besteht, dass vermehrungsfähiges Material durch den Boden verbreitet werden kann, ist Kies oder anderes poröses Material unter den Pflanztischen verwendbar. Erdbeete sind ebenfalls geeignet, sofern nur eine geringe Wahrscheinlichkeit besteht, dass vermehrungsfähiges biologisches Material sich durch den Boden verbreiten kann.
2. Die Fenster und sonstigen Öffnungen des Gewächshauses können zu Belüftungszwecken geöffnet werden, wenn sie mit Insektenschutzgittern ausgestattet sind. Besondere Schutzvorrichtungen zur Abwehr von Pollen oder Mikroorganismen sind nicht erforderlich. Wenn Ausblasventilatoren verwendet werden, ist das Eindringen von Insekten auf ein Mindestmaß zu beschränken, Luftklappen und Ventilatoren sind so zu konstruieren, daß sie sich nur bei Inbetriebnahme des Ventilators öffnen.
3. Abfälle, die gentechnisch veränderte Mikroorganismen enthalten, dürfen nur in geeigneten Behältern innerbetrieblich transportiert werden.
4. Werden anstelle von Gewächshäusern Klimakammern verwendet, gelten die vorstehenden Sicherheitsmaßnahmen sinngemäß.
5. Sofern erforderlich, sollte der Zutritt zum Gewächshaus über einen getrennten Raum mit zwei verriegelbaren Türen erfolgen. Zutritt zum Gewächshaus haben außer den an den Experimenten Beteiligten nur der Projektleiter oder durch ihn autorisierte Personen. Hierauf ist durch geeignete Kennzeichnung an den Zugängen hinzuweisen. Das Gewächshaus ist zusätzlich mit dem Warnzeichen „Biogefährdung" zu kennzeichnen.
6. Arbeitsgeräte, die in unmittelbarem Kontakt mit gentechnisch veränderten Organismen waren, müssen vor einer Reinigung autoklaviert oder desinfiziert werden, wenn bei diesem Kontakt gentechnisch veränderte Organismen übertragen werden können.
7. Gentechnisch veränderte Organismen dürfen nur in verschlossenen und gegen Bruch geschützten Behältern innerbetrieblich transportiert werden.
8. Eine Händedesinfektionsmöglichkeit muß vorhanden sein.
9. Schutzkleidung ist vom Betreiber bereitzustellen und vom Beschäftigten zu tragen. Getrennte Aufbewahrungsmöglichkeiten für die Schutz- und Straßenkleidung sind vorzusehen. Die Reinigung der Schutzkleidung ist vom Betreiber durchzuführen. Die Schutzkleidung darf nicht außerhalb des Gewächshauses getragen werden.
10. Besteht ein Teil des Gewächshausbodens aus Kies oder ähnlichem Material, sind geeignete Behandlungen zur Beseitigung der im Kies eingefangenen Organismen durchzuführen.

III. Stufe 3

1. Der Fußboden des Gewächshauses ist aus wasserundurchlässigem Material mit Vorkehrungen zur Sammlung und Sterilisierung der Abwässer auszuführen. Dies ist nicht erforderlich, wenn die Experimentalpflanzen in geschlossenen Systemen kultiviert werden, bei denen eine Sammlung und Sterilisierung des Abwassers möglich ist.

2. Die Fenster und sonstigen Öffnungen sind zu verschließen und abzudichten. Es ist bruchsicheres Glas zu verwenden. Das Gewächshaus muß ein in sich abgeschlossenes Gebäude mit durchgehendem Dach sein, das von den frei zugänglichen Bereichen abgetrennt ist.
3. Es muß eine Schleuse vorhanden sein, über die das Gewächshaus zu betreten und zu verlassen ist. Die Schleuse ist mit zwei selbstschließenden Türen auszustatten, von denen die äußere abschließbar sein muß, und muß eine Händedesinfektionsvorrichtung enthalten. In der Regel ist in der Schleuse ein Handwaschbekken mit Ellenbogen-, Fuß- oder Sensorbetätigung einzurichten.
4. In der Schleuse ist eine geeignete Schutzkleidung einschließlich Schuhwerk anzulegen. Beim Arbeiten sind Schutzhandschuhe zu tragen. Schutzkleidung und Handschuhe sind vom Betreiber bereitzustellen. Die Schutzkleidung umfasst einen an den Rumpfvorderseiten geschlossenen Schutzkittel mit Kennzeichnung, geschlossene Schuhe, die entsprechend der Tätigkeit anzulegen sind, sowie in Abhängigkeit von der Tätigkeit Mundschutz (Berührungsschutz). Die Schutzkleidung ist vor der Reinigung oder der Beseitigung zu sterilisieren.
5. Die Gewächshausanlage ist mit einem Sicherheitszaun zu umgeben oder durch ein gleichwertiges Sicherheitssystem zu schützen.
6. Die Innenwände, -decken und -böden müssen gegen Reinigungs- und Desinfektionsflüssigkeiten beständig sein. Alle Durchbrüche in den Strukturen und Flächen, wie Rohr- und Stromleitungen, sind abzudichten.
7. Vakuumleitungen sind durch Hochleistungsschwebstoff-Filter oder gleichwertige Filter und Verschlüsse für flüssige Desinfektionsmittel zu sichern.
8. Es muß ein gesondertes Be- und Entlüftungssystem vorhanden sein. Das System hat für die Druckunterschiede und die Luftstromausrichtung zu sorgen, die erforderlich sind, um eine Luftzufuhr von außen in das Gewächshaus sicherzustellen.
9. Die Abluft aus dem Gewächshaus ist durch Hochleistungsschwebstoff-Filter nach außen zu leiten, sofern mit pathogenen Organismen gearbeitet wird, für die eine Übertragung durch die Luft nicht ausgeschlossen werden kann. Bei dem Auswechseln des Filters muß dieser entweder zuerst sterilisiert oder zwecks späterer Sterilisierung unmittelbar in einen luftdichten Beutel verpackt werden. Die Belüftungsventilatoren sind mit Rückflußdämpfern auszustatten, die sich schließen, wenn der Belüftungsventilator abgeschaltet ist. Der Zu- und Abluftstrom wird unterbrochen, um jederzeit einen nach innen gerichteten (oder Null-) Luftstrom zu gewährleisten.

9a. Im Arbeitsbereich anfallende zu sterilisierende Abwässer sind grundsätzlich einer thermischen Nachbehandlung zu unterziehen: Sammeln in Auffangbehältern und Autoklavierung oder zentrale Abwassersterilisation. Alternativ können auch erprobte chemische Inaktivierungsverfahren eingesetzt werden. Bei bestimmungsgemäßem Betrieb und unter Beachtung der organisatorischen Sicherheitsmaßnahmen fallen aus der Schleuse keine kontaminierten Abwässer an.

10. Der Zutritt zum Gewächshaus ist auf die Personen zu beschränken, deren Anwesenheit zur Durchführung der Versuche erforderlich ist und die zum Eintritt befugt sind. Der Projektleiter ist verantwortlich für die Bestimmung der zutrittsberechtigten Personen.
11. Ein Autoklav oder eine gleichwertige Sterilisationseinheit muß im Gewächshaus vorhanden sein.
12. An den Zugangstüren zum Gewächshaus ist das Warnzeichen „Biogefährdung" anzubringen.
13. Gentechnisch veränderte Organismen dürfen nur in bruchsicheren, dichtverschlossenen, entsprechend gekennzeichneten und außen desinfizierten Behältern innerbetrieblich transportiert werden.

IV. Stufe 4

1. Das Gewächshaus muß entweder aus einem separaten Gebäude oder einer klar abgegrenzten und isolierten Zone innerhalb eines Gebäudes bestehen.
2. Im Gewächshaus muß durch geeignete Lüftungssysteme ein Unterdruck gewährleistet sein.
3. Die Zugangstüren zum Gewächshaus sind selbstschließend und abschließbar auszuführen. Für die ein- und austretenden Beschäftigten müssen durch eine Dusche getrennte äußere und innere Umkleideräume zur Verfügung stehen.

4. Wände, Fußboden und Decke des Gewächshauses sind so zu konstruieren, daß sie eine gasundurchlässige innere Ummantelung bilden, die die Begasung ermöglicht und Sicherheit vor Anthropoiden bietet. Alle Durchbrüche sind gasdicht auszuführen. Lüftungsanlagen müssen Hochleistungsschwebstoff-Filter enthalten.
5. Ein Durchreicheautoklav zur Sterilisierung des Materials, das die Gewächshausanlage verläßt, hat zur Verfügung zu stehen. Die Autoklavtür, die sich nach außen öffnet, ist zur Außenwand abzudichten und automatisch zu kontrollieren, so daß die Außentür nur nach Abschluß des Sterilisationszyklus des Autoklaven geöffnet werden kann. Eine begasbare Durchreiche oder eine gleichwertige Desinfektionsmethode hat zur Verfügung zu stehen, so daß das Material und die Ausrüstungsgegenstände, die nicht im Autoklaven sterilisiert werden können, sicher aus der Anlage gebracht werden können.
6. Jedes Gewächshaus muß ein eigenständiges Vakuumsystem besitzen. In-line-Hochleistungsschwebstoff-Filter sind so nahe wie möglich an jedem Punkt oder Vakuumzweighahn anzubringen. Andere Flüssigkeits- oder Gaszuleitungen zur Anlage sind durch Vorrichtungen zu sichern, die einen Rückfluß verhindern.
7. Der Druck ist durch ein Meßgerät mit Alarmgeber laufend zu überwachen. Der Zu- und Abluftstrom wird unterbrochen, um jederzeit einen nach innen gerichteten (oder Null-)Luftstrom zu gewährleisten. Hochleistungsschwebstoff-Filter haben zur Verfügung zu stehen, um die der Anlage zugeführte Luft zu behandeln.
8. Der Zutritt ist durch sichere, verschlossene Türen einzuschränken. Der Zugang ist vom Projektleiter zu regeln. Arbeiten mehrere Projektleiter in einem Bereich, hat der Betreiber den für die Regelung des Zugangs verantwortlichen Projektleiter zu bestimmen. Eintretende Personen sind vor dem erstmaligen Betreten über die einzuhaltenden Vorsichtsmaßnahmen zur Gewährleistung der Umweltsicherheit zu unterrichten. Es ist eine Liste aller Personen unter Angabe des Datums und des Zeitpunktes zu führen, die das Gewächshaus betreten und verlassen.
9. Bei einem Notfall sind alle angemessenen Maßnahmen zu treffen, um das Austreten vermehrungsfähigen biologischen Materials aus der gentechnischen Anlage zu verhindern.
10. Über das Material, das in das oder aus dem Gewächshaus verbracht ist, ist Buch zu führen. Versuchsorganismen, die in einem lebensfähigen oder intakten Zustand in das oder aus dem Gewächshaus verbracht werden sollen, sind in ein unzerbrechliches, versiegeltes Primärbehältnis zu geben und sodann in einem desinfizierten, versiegelten Transportbehältnis einzuschließen.
11. Zubehör und andere Hilfsmittel werden mittels des Durchreicheautoklaven, der Begasungskammer oder der Schleuse, die bei jeder Benutzung angemessen zu desinfizieren sind, eingebracht. Nach Sicherung der Außentüren haben die Beschäftigten innerhalb der Anlage zur Innentür des Autoklaven, der Begasungskammer oder der Schleuse zu gehen. Diese Türen sind zu sichern, nachdem das Material in die Anlage verbracht worden ist.
12. Kein Material, mit Ausnahme der Versuchsorganismen, die lebensfähig oder intakt bleiben sollen, darf ohne vorherige Sterilisierung aus dem Gewächshaus entfernt werden.
13. Gliederfüßer und andere Makroorganismen, die im Zusammenhang mit Versuchen benutzt werden, die eine physikalische Einschließung dieser Sicherheitsstufe erfordern, sind in entsprechenden Behältern unterzubringen. Soweit es der Organismus erforderlich macht, sind die Versuche in den Behältern, in denen die beweglichen Organismen festgehalten werden, durchzuführen.
14. In dem Warnhinweis vor biologischen Gefahren sind auch die benutzten Pflanzen, Mikroorganismen und Tiere sowie der Name des Projektleiters und anderer Verantwortlicher aufzuführen. Ferner hat er besondere Auflagen für das Betreten des Bereichs anzugeben.
15. Unfälle im Gewächshaus, die eine unbeabsichtigte Freisetzung oder Streuung von Mikroorganismen zur Folge haben, sind unverzüglich dem Projektleiter und den jeweils zuständigen Behörden zu melden. Über diese Unfälle sind schriftliche Aufzeichnungen anzufertigen und aufzubewahren.
16. Das Gewächshaus darf nur durch die Umkleide- und Duschräume betreten und verlassen werden. Für die Beschäftigten, die die Anlage betreten, ist vollständige Schutzkleidung (möglicherweise Einwegkleidung), einschließlich Unterwäsche, Hosen und Hemden oder Overalls, Schuhen und Kopfbedeckungen vom Betreiber zur Verfügung zu stellen und von den Beschäftigten zu tragen. Bei Verlassen des Gewächshauses und vor

Betreten des Duschbereichs haben die Beschäftigten ihre Schutzkleidung abzulegen und in einem Schließfach oder Wäschekorb im inneren Umkleideraum aufzubewahren. Die Beschäftigten haben sich bei jedem Verlassen der Anlage zu duschen. Alle Schutzkleidungen sind vor der Reinigung zu sterilisieren.

Anhang V

Sicherheitsmaßnahmen für Tierhaltungsräume

Die Anforderungen der niedrigen Stufen sind von den höheren eingeschlossen. Sofern in Tierhaltungsräumen mit gentechnisch veränderten Mikroorganismen gearbeitet wird, gelten sinngemäß zusätzlich die Anforderungen des Anhangs III für Laboratorien der entsprechenden Sicherheitsstufe.

I. Stufe 1

1. Sofern erforderlich, ist eine Abschirmung der Tieranlage (Gebäude oder abgetrennter Bereich innerhalb eines Gebäudes mit Tierhaltungsräumen und anderen Bereichen wie Umkleideräumen, Duschen, Autoklaven, Futterlagerräumen usw.) vorzunehmen.
2. Der Tierhaltungsraum (Raum oder Einrichtung, in denen normalerweise Vieh-, Zucht- oder Versuchstiere gehalten werden bzw. kleinere operative Eingriffe vorgenommen werden) ist als Gentechnik-Arbeitsbereich zu kennzeichnen. Er muß leicht zu reinigen und zu desinfizieren sein. In Abhängigkeit von der Tätigkeit ist eine ausreichende Arbeitsfläche für jeden Mitarbeiter zu gewährleisten.
3. Der Zutritt zum Raum ist auf hierzu ermächtigte Personen zu beschränken.
4. Es soll geeignete Schutzkleidung und geeignetes Schuhwerk getragen werden, die bei Verlassen des Tierhaltungsraums zu säubern oder abzulegen sind. Schutzkleidung und Schuhwerk sind vom Betreiber bereitzustellen.
5. Die Tierhaltungsräume müssen in Abhängigkeit von der Belegungsdichte ausreichend belüftet sein.
6. Tierhaltungsräume müssen für die beherbergten Tiere fluchtsicher und abschließbar sein.
7. Tiere sind in Tierkäfigen oder anderen für die Tierart geeigneten Einrichtungen unterzubringen.
8. Besteht bei transgenen Tieren keine Gefahr eines horizontalen Transfers des übertragenen Gens, können sie auch außerhalb in einem sicher eingefriedeten Bereich oder auf andere Weise eingeschlossen gehalten werden. Der Möglichkeit eines Diebstahls oder Entweichens ist durch geeignete Maßnahmen entgegenzuwirken. Die Überwachung des Tieres hat zu gewährleisten, daß ein Entweichen unverzüglich entdeckt werden kann.
9. Ein Eindringen von Wildformen der entsprechenden Tierarten in die Tierhaltungsräume muß ausgeschlossen sein.
10. Mundpipettieren ist untersagt; Pipettierhilfen sind zu benutzen.
11. Bei allen Arbeiten muß darauf geachtet werden, das Aerosolbildung so weit wie möglich vermieden wird.
12. Es sollen Maßnahmen ergriffen werden, um eine Fortpflanzung der Tiere zu verhindern, sofern nicht die Reproduktion Teil des Experiments ist.
13. Alle Tiere müssen leicht und versuchsbezogen zu identifizieren sein.
14. Die Hände sind unverzüglich zu desinfizieren oder zu waschen, wenn Verdacht auf Kontamination besteht, sowie nach dem Umgang mit Tieren oder Tierabfällen.
15. Bei Verletzungen im Zusammenhang mit Tätigkeiten mit gentechnischen Arbeiten und infizierten oder infektionsverdächtigen Tieren sind Erste-Hilfe-Maßnahmen einzuleiten, der Projektleiter zu informieren und ggf. medizinische Hilfe in Anspruch zu nehmen.
16. Das Personal ist im Umgang mit den zu verwendenden Tieren zu schulen. Die für den Umgang mit Tieren verantwortliche Person muß sicherstellen, daß alle, die mit den Tieren und dem Abfallmaterial in Berührung kommen, mit den örtlichen Regeln vertraut sind und alle anderen möglicherweise erforderlichen Vorsichtsmaßnahmen und Verfahren kennen.
17. Ungeziefer ist in geeigneter Weise zu bekämpfen.

18. Nahrungs- und Genussmittel sowie Kosmetika dürfen im Arbeitsbereich nicht aufbewahrt werden.
19. Im Tierhaltungsraum darf nicht gegessen, getrunken, geraucht oder geschnupft werden. Für die Beschäftigten sind Bereiche einzurichten, in denen sie ohne Beeinträchtigung ihrer Gesundheit durch gentechnisch veränderte Organismen essen, trinken, rauchen oder schnupfen können.
20. Tierkäfige und andere Einrichtungen sind nach Gebrauch zu reinigen.
21. Material, das zur Sterilisierung oder Verbrennung bestimmt ist, sowie benutzte Tierkäfige und andere Einrichtungen sind so zu transportieren, daß Verunreinigungen der Umgebung auf das geringstmögliche Maß zu reduzieren sind.

II. Stufe 2

1. Alle Tiere sind in umschlossenen und abschließbaren Räumlichkeiten (Tierhaltungsräume o.ä.) zu halten, um die Möglichkeit eines Diebstahls oder unbeabsichtigter Freisetzung auszuschalten. Die Räumlichkeiten sind zusätzlich mit dem Warnzeichen „Biogefährdung“ zu kennzeichnen.
2. Der Tierhaltungsraum muß ein gesondertes Gebäude oder ein eindeutig abgegrenzter und räumlich abgetrennter Bereich innerhalb eines Gebäudes sein.
3. Befinden sich infizierte Tiere im Tierhaltungsraum, muß die Tür geschlossen bleiben. Sie ist mit einem Hinweis zu versehen, der auf die Art der Arbeiten hinweist.
4. Im Tierhaltungsraum ist eine Händedesinfektionseinrichtung bereitzustellen. Nach Abschluss der Arbeit sind die Hände zu desinfizieren. Es ist für eine Handwaschgelegenheit, vorzugsweise im Tierhaltungsraum, zu sorgen. Ist dies nicht möglich, ist diese im angrenzenden Bereich zu installieren. Wasserarmaturen sollten handbedienungslos, z. B. mit Ellenbogen-, Fuß- oder Sensorbetätigung eingerichtet sein. Es sind Handtücher zum einmaligen Gebrauch und Hautpflegemittel zur Verfügung zu stellen.
5. Bei Arbeiten, bei denen Aerosole entstehen können, sind folgende Maßnahmen zu treffen:
   a) Durchführung der Arbeiten in einer Sicherheitswerkbank oder unter einem Abzug, bei denen ein Luftstrom vom Experimentator zur Arbeitsöffnung hin gerichtet ist,
   b) Benutzung von Geräten, bei denen keine Aerosole freigesetzt werden, oder
   c) das Tragen geeigneter Schutzausrüstung, wenn technische und organisatorische Maßnahmen nicht ausreichen oder nicht anwendbar sind.

   Die Abluft aus den unter den Buchstaben a und b genannten Geräten muß durch einen Hochleistungsschwebstoff-Filter geführt oder durch ein anderes geprüftes Verfahren keimfrei gemacht werden.
6. Es sind Maßnahmen zum Schutz vor Arthropoden und Nagetieren zu ergreifen.
7. Gentechnisch veränderte Organismen dürfen nur in verschlossenen, gegen Bruch geschützten und bei Kontamination von außen desinfizierbaren, gekennzeichneten Behältern innerbetrieblich transportiert werden.
8. Für das Arbeiten mit gentechnisch veränderten Organismen ist ein Hygieneplan zu erstellen.
9. Der Tierhaltungsraum ist regelmäßig zu reinigen und zu desinfizieren. Sind Fußbodenabflüsse im Tierhaltungsraum vorhanden, muß in den Auffangbehältern immer Wasser stehen. Die Auffangbehälter sind regelmäßig zu desinfizieren und zu reinigen.
10. Arbeitsflächen sind nach Beendigung der Tätigkeit zu desinfizieren.
11. Arbeitsgeräte, die in unmittelbarem Kontakt mit gentechnisch veränderten Organismen waren, müssen vor einer Reinigung, Wartung oder Reparatur autoklaviert oder desinfiziert werden, wenn bei diesem Kontakt gentechnisch veränderte Organismen übertragen werden können.
12. Tierkäfige und andere Einrichtungen sind nach Gebrauch zu desinfizieren.
13. Abfälle, die gentechnisch veränderte Organismen enthalten, dürfen nur in geeigneten Behältern innerbetrieblich transportiert werden.
14. Schutzkleidung ist vom Betreiber bereitzustellen und vom Beschäftigten zu tragen. Getrennte Aufbewahrungsmöglichkeiten für die Schutz- und Straßenkleidung sind vorzusehen. Die Reinigung der Schutzkleidung ist vom Betreiber durchzuführen. Die Schutzkleidung darf nicht außerhalb der Arbeitsräume getragen werden.
15. Sofern erforderlich, sollten Filter an Isolatoren oder isolierten Räumen vorgesehen werden.

16. Einrichtungen zur Immobilisierung zwecks gefahrloser Handhabung infizierter oder zu infizierender Tiere sind bereitzuhalten. Eine Sicherheitsbeleuchtung ist für Arbeitsplätze mit besonderer Gefährdung für den Fall vorzusehen, dass die Allgemeinbeleuchtung ausfällt (Befriedung der Tiere).

III. Stufe 3

1. In den Tierhaltungsräumen müssen
   a) in der Regel eine Schleuse vorhanden sein, über die der Tierhaltungsraum zu betreten und zu verlassen ist. Die Schleuse ist mit zwei selbstschließenden Türen auszustatten, die bei bestimmungsgemäßem Betrieb gegeneinander verriegelt sind; sie muss eine Händedesinfektionsvorrichtung enthalten. In der Regel ist in der Schleuse ein Handwaschbecken mit Ellenbogen-, Fuß- oder Sensorbetätigung einzurichten. In begründeten Einzelfällen ist eine Dusche einzurichten,
   b) nicht zu öffnende Fenster,
   c) übergangslose Fußleisten,
   d) Notstromversorgung für sicherheitsrelevante Einrichtungen (z. B. Lüftungsanlage, Isolator),
   e) Gasnotschalter,
   f) sofern mit pathogenen Organismen gearbeitet wird, für die eine Übertragung durch die Luft nicht ausgeschlossen werden kann, ständiger, durch Alarmgeber kontrollierbarer Unterdruck und Hochleistungsschwebstoff-Filter zur Filtration der Abluft,
   g) (weggefallen)
   h) ein Autoklav oder eine gleichwertige Sterilisationseinheit,
   i) geeignete Einrichtungen zur Verhinderung des Eindringens von Insekten, Nagern und Vögeln,
   j) (weggefallen)

   vorhanden sein.
2. Der Zutritt zum Tierhaltungsraum ist auf die Personen zu beschränken, deren Anwesenheit für die Durchführung der Versuche erforderlich ist und die zum Eintritt befugt sind. Der Projektleiter ist verantwortlich für die Bestimmung der zutrittsberechtigten Personen. Die Anwesenheit der Personen ist zu dokumentieren. Eine Person darf nur dann allein im Tierhaltungsraum arbeiten, wenn die Handhabung der Versuchstiere allein sicher beherrschbar ist und eine von innen zu betätigende Alarmanlage oder ein anderes geeignetes Überwachungssystem vorhanden ist.
3. In der Schleuse ist eine geeignete Schutzkleidung einschließlich Schuhwerk anzulegen. Beim Arbeiten sind Schutzhandschuhe zu tragen. Schutzkleidung und Handschuhe sind vom Betreiber bereitzustellen. Die Schutzkleidung ist vor der Reinigung oder der Beseitigung zu zu sterilisieren. Die Schutzkleidung umfasst einen an den Rumpfvorderseiten geschlossenen Schutzkittel mit Kennzeichnung, geschlossene Schuhe, die entsprechend der Tätigkeit anzulegen sind, sowie in Abhängigkeit von der Tätigkeit Mundschutz (Berührungsschutz).
4. Gentechnisch veränderte Organismen dürfen nur in bruchsicheren, dicht verschlossenen, entsprechend gekennzeichneten und außen desinfizierten Behältern innerbetrieblich transportiert werden.
5. Die Arbeitsbereiche sind nach Verschütten von kontaminiertem Material sofort zu desinfizieren.
6. Bei der Entsorgung von Tierkadavern und Tiermaterial ist folgendes zu beachten:
   a) Tierkadaver und Tiermaterial sind vor der Entsorgung zu sterilisieren.
   b) Ist die Sterilisierung im Tierhaltungsraum nicht möglich, hat der Transport in dicht geschlossenen, bruchsicheren, lecksicheren und außen desinfizierten Behältern zu erfolgen.
   c) Die Sterilisierung hat durch Verbrennen oder eine sonstige geeignete Weise zu erfolgen, wobei sichergestellt sein muß, daß auch die Kernschichten des Tierkadavers und Tiermaterial erfaßt werden.
7. Beim Auswechseln von Filtern, z. B. der lüftungstechnischen Anlage oder der Sicherheitswerkbank, müssen diese entweder am Einbauort sterilisiert oder zwecks späterer Sterilisierung durch ein geräteseits vorgesehenes Austauschsystem in einen luftdichten Behälter verpackt werden, so dass eine Infektion des Wartungspersonals und anderer Personen ausgeschlossen werden kann.

8. Im Arbeitsbereich anfallende zu sterilisierende Abwässer sind grundsätzlich einer thermischen Nachbehandlung zu unterziehen: Sammeln in Auffangbehältern und Autoklavierung oder zentrale Abwassersterilisation. Alternativ können auch erprobte chemische Inaktivierungsverfahren eingesetzt werden. Bei bestimmungsgemäßem Betrieb und unter Beachtung der organisatorischen Sicherheitsmaßnahmen fallen aus der Schleuse keine kontaminierten Abwässer an. Eine Einrichtung zur Desinfektion der Hände muß vorhanden sein.
9. Filter an Isolatoren oder isolierten Räumen (durchsichtige Behälter, in denen kleine Tiere innerhalb oder außerhalb eines Käfigs gehalten werden; für große Tiere können isolierte Räume angebracht sein) sind vorzusehen.

IV. Stufe 4

1. Es muß entweder ein gesonderter Tierhaltungsraum oder ein eindeutig abgegrenzter und räumlich abgetrennter Bereich innerhalb eines Gebäudes zur Verfügung stehen. Die Zugangstüren zum Bereich sind selbstschließend und abschließbar auszuführen.
2. Der Tierhaltungsraum darf nur über eine dreikammerige Schleuse mit Dusche und Möglichkeiten zum getrennten Ablegen und Aufbewahren von Straßen- und Schutzkleidung betreten werden. Vor dem Betreten des Tierhaltungsraumes sind alle Kleidungsstücke, einschließlich Uhren und Schmuck, abzulegen und zu deponieren. Bei Verlassen des Raumes ist die Schutzkleidung abzulegen und zu dekontaminieren. Die Beschäftigten haben zu duschen.
3. Es muß ein gesondertes Belüftungssystem vorhanden sein. Durch Unterdruck im Raum ist sicherzustellen, daß die Luft von außerhalb nach innen strömt. Zu- und Abluft sind so zu koppeln, daß die Luft keinesfalls unkontrolliert aus dem Bereich austreten kann. Die Abluft ist über Hochleistungsschwebstoff-Filter so abzuleiten, daß sie nicht in andere Arbeitsbereiche oder Ansaugvorrichtungen von Lüftungsanlagen kommen kann.
4. Der Zutritt ist nur Personen erlaubt, deren Anwesenheit im Tierhaltungsraum zur Durchführung der Versuche erforderlich ist. Der Projektleiter ist verantwortlich für die Festlegung der näheren Umstände und die Bestimmung, wer berechtigt ist, während der Versuche den Tierhaltungsraum zu betreten oder dort zu arbeiten. Der Zugang ist vom Projektleiter zu regeln. Arbeiten mehrere Projektleiter in einem Bereich, hat der Betreiber den für die Regelung des Zugangs verantwortlichen Projektleiter zu bestimmen. Die Anwesenheit von Stammpersonal und Betriebsfremden ist zu dokumentieren.
5. Für die Desinfektion von Materialien, die aus dem Bereich ausgeschleust werden, muß eine desinfizierbare Schleuse zur Verfügung stehen. Die Desinfektion kann z. B. durch Dampf, chemische Mittel oder energiereiche Strahlung erfolgen.
6. Die im Tierhaltungsraum benötigten Materialien, Gegenstände und Tiere sind über Schleusen, Begasungskammern oder Durchreicheautoklaven mit Einrichtungen zur Desinfektion einzubringen. Vor und nach dem Einschleusen ist die Schleuse zu desinfizieren.
7. Gentechnisch veränderte Organismen oder damit kontaminiertes biologisches Material, das zu weiteren Untersuchungen im lebensfähigen oder intakten Zustand ausgeschleust werden soll, ist in einen unzerbrechlichen, dicht verschlossenen Behälter zu verpacken und entsprechend zu desinfizieren (z.B. Tauchbad mit Desinfektionsmittel, Begasung). Der Behälter ist in einen unzerbrechlichen zweiten Behälter zu stellen, der auch dicht verschlossen wird.
8. Alle übrigen Materialien müssen vor der Entfernung aus dem Tierhaltungsraum sterilisiert oder durch eine gleichwertige Behandlung desinfiziert werden. Ist dies nicht möglich, muß das Material in einem geschlossenen, bruchsicheren, lecksicheren Primärbehältnis verpackt und in einem desinfizierten, versiegelten Transportbehältnis zur Entsorgung verbracht werden.
9. Arbeiten mit humanpathogenen Organismen der Sicherheitsstufe 4 haben im Tierhaltungsraum, soweit dies möglich ist (z. B. bei kleinen Versuchstieren), in einer Sicherheitswerkbank der Klasse III oder in geschlossenen Apparaturen oder mit fremdbelüfteten Vollschutzanzügen zu erfolgen.
10. Bei einem Notfall sind alle angemessenen Maßnahmen zu treffen, um das Austreten vermehrungsfähigen biologischen Materials aus dem Tierhaltungsraum zu verhindern.
11. Im übrigen müssen die Sicherheitsmaßnahmen denjenigen für ein Labor der Sicherheitsstufe 4 entsprechen.

Anhang VI

Arbeitsmedizinische Vorsorge

A. Arbeitsmedizinische Vorsorgeuntersuchungen

(1) Arbeitsmedizinische Vorsorgeuntersuchungen sind

1. Erstuntersuchungen vor Aufnahme der Beschäftigung,
2. Nachuntersuchungen während und bei Beendigung dieser Beschäftigung,
3. Untersuchungen aus besonderem Anlass nach Absatz 6 und
4. nachgehende Untersuchungen nach Beendigung der Beschäftigung.

(2) Der Betreiber hat Beschäftigte, die gentechnische Arbeiten mit humanpathogenen Organismen der Risikogruppe 4 oder mit impfpräventablen oder chronisch schädigenden humanpathogenen Organismen der Risikogruppe 2 oder 3 durchführen, vor Aufnahme der Tätigkeit und danach in regelmäßigen Abständen arbeitsmedizinisch untersuchen zu lassen. Die Durchführung der Untersuchung ist Voraussetzung für die Beschäftigung bzw. die Weiterbeschäftigung. Am Ende der Beschäftigung ist eine Untersuchung anzubieten.

(3) Beschäftigten, die gentechnische Arbeiten mit sonstigen humanpathogenen Organismen der Risikogruppe 2 oder 3 durchführen, sind vor Aufnahme der Beschäftigung und während der Beschäftigung arbeitsmedizinische Vorsorgeuntersuchungen anzubieten. Auf das Angebot ist danach in regelmäßigen Abständen im Rahmen der Unterweisung hinzuweisen.

(4) Die Absätze 2 und 3 finden auch Anwendung auf Arbeiten nach § 12 Abs. 5 Satz 6.

(5) Beschäftigten, die sich eine Infektion oder eine Erkrankung zugezogen haben, die auf gentechnische Arbeiten mit humanpathogenen Organismen zurückzuführen sein kann, sind unverzüglich arbeitsmedizinische Vorsorgeuntersuchungen anzubieten. Dies gilt für alle Beschäftigten des gleichen Tätigkeitsbereichs, es sei denn, die Infektion oder Erkrankung ist auf eine personenbezogene Schädigung zurückzuführen und eine Übertragung auf andere Beschäftigte auszuschließen.

(6) Der Betreiber hat den Beschäftigten eine arbeitsmedizinische Vorsorgeuntersuchung zu ermöglichen, wenn

1. eine Erkrankung oder eine körperliche Beeinträchtigung eine vorzeitige Untersuchung angezeigt erscheinen lässt oder
2. Beschäftigte, die einen ursächlichen Zusammenhang zwischen ihrer Erkrankung und ihrer Tätigkeit am Arbeitsplatz vermuten, eine Untersuchung wünschen.

Der Betreiber hat die arbeitsmedizinischen Vorsorgeuntersuchungen - einschließlich der Impfungen - auf seine Kosten zu veranlassen.

(7) Arbeitsmedizinische Vorsorgeuntersuchungen sind durch Ärzte, die die erforderlichen Fachkenntnisse besitzen und von der zuständigen Behörde ermächtigt worden sind, durchzuführen. Der Betreiber hat dem Arzt auf Verlangen die zur Durchführung der Vorsorgeuntersuchung erforderlichen Auskünfte über die Arbeitsplatzverhältnisse zu erteilen und eine Besichtigung des Arbeitsplatzes zu ermöglichen.

B. Ärztliche Bescheinigung

(1) Der Arzt hat den Untersuchungsbefund schriftlich festzuhalten. Er hat die untersuchte Person arbeitsmedizinisch zu beraten und ihr eine Bescheinigung darüber auszustellen, ob und inwieweit gegen die Ausübung der Tätigkeit gesundheitliche Bedenken bestehen (Bescheinigung über das Untersuchungsergebnis). Eine fehlende Immunisierung allein ist kein Grund, gesundheitliche Bedenken gegen die Ausübung einer Tätigkeit auszuspre-

chen. Nur bei Untersuchungen nach Teil A Abs. 2 übermittelt der Arzt dem Betreiber eine Kopie der Bescheinigung über das Untersuchungsergebnis. Halten die untersuchte Person oder der Betreiber das Untersuchungsergebnis für unzutreffend, entscheidet auf Antrag die zuständige Behörde. Bei gesundheitlichen Bedenken hat der Arzt dem Betreiber zu empfehlen, den Arbeitsplatz zu überprüfen, wenn die Gesundheit des untersuchten Beschäftigten infolge der Arbeitsbedingungen gefährdet erscheint. Hat der Betreiber eine Empfehlung nach Satz 6 erhalten, hat er dies dem Betriebs- oder Personalrat mitzuteilen und die zuständige Behörde zu unterrichten.

(2) Ärztliche Aufzeichnungen über Vorsorgeuntersuchungen nach Teil A sind nach Beendigung der Tätigkeit des Arztes seinem Nachfolger im Amt oder der nach Landesrecht für den medizinischen Arbeitsschutz zuständigen Stelle zu übergeben.

C. Impfung

Im Rahmen der Untersuchungen nach Teil A Abs. 2 ist den Beschäftigten, die gentechnische Arbeiten mit impfpräventablen humanpathogenen Organismen durchführen, die Impfung anzubieten. Der Arzt hat die Beschäftigten über die zu verhütende Krankheit, über den Nutzen der Impfung und über mögliche Nebenwirkungen und Komplikationen aufzuklären.

D. Nachgehende Untersuchungen

Nach der Beendigung von Beschäftigungen mit chronisch schädigenden humanpathogenen Organismen hat der Betreiber den ehemals damit Beschäftigten nachgehende Untersuchungen zu ermöglichen, wenn Anhaltspunkte, insbesondere ein nach dem Stand der wissenschaftlichen Erkenntnisse begründeter Verdacht, für mögliche gesundheitliche Spätfolgen vorliegen. Dies gilt auch, wenn ein Beschäftigungsverhältnis nicht mehr besteht.

E. Bekanntgabe von wissenschaftlichen Erkenntnissen

Das Bundesministerium für Arbeit und Sozialordnung kann nach Anhörung der Zentralen Kommission für die Biologische Sicherheit die vom Ausschuss für Biologische Arbeitsstoffe zur arbeitsmedizinischen Vorsorge ermittelten Regeln und Erkenntnisse im Bundesarbeitsblatt bekannt geben.

Verordnung über Antrags- und Anmeldeunterlagen und über Genehmigungs- und Anmeldeverfahren nach dem Gentechnikgesetz – Gentechnik-Verfahrensverordnung (GenTVfV)[*) 1)]

Inhaltsübersicht

---

*) Diese Verordnung dient der Umsetzung der Richtlinie 97/35/EG der Kommission vom 18.06.1997 zur zweiten Anpassung der Richtlinie 90/220/EWG über die absichtliche Freisetzung gentechnisch veränderter Organismen in die Umwelt an den technischen Fortschritt (ABl. EG Nr. L 169 S. 72).

1) In der Fassung vom 04. November 1996, BGBl. I S. 1657, zuletzt geändert durch Art. 2 des Gesetzes vom 16.08.2002, BGBl. I S. 3220.

1. Abschnitt: Allgemeines

§ 1 Anwendungsbereich

Diese Verordnung regelt Einzelheiten des Verfahrens

1. zur Entscheidung über die Erteilung einer Anlagengenehmigung für
   a) die Errichtung und den Betrieb gentechnischer Anlagen, in denen gentechnische Arbeiten in der Sicherheitsstufe 2, 3 oder 4 durchgeführt werden sollen, einschließlich der Durchführung bestimmter gentechnischer Arbeiten nach § 8 Abs. 1 und Abs. 2 Satz 2 des Gentechnikgesetzes;
   b) die wesentliche Änderung der Lage, der Beschaffenheit oder des Betriebs einer gentechnischen Anlage der Sicherheitsstufe 2, 3 oder 4 nach § 8 Abs. 4 Satz 1 und Satz 3 in Verbindung mit § 8 Abs. 1 des Gentechnikgesetzes;
   c) die Durchführung weiterer gentechnischer Arbeiten, die einer höheren Sicherheitsstufe zuzuordnen sind als die von der Anlagengenehmigung nach § 8 Abs. 1 Satz 2 oder von der Anmeldung nach § 8 Abs. 2 Satz 1 des Gentechnikgesetzes umfaßten Arbeiten, nach § 9 Abs. 4 des Gentechnikgesetzes;
   d) (weggefallen)
2. zur Entscheidung über die Erteilung einer Genehmigung für
   a) die Durchführung weiterer gentechnischer Arbeiten der Sicherheitsstufe 2, 3 oder 4 nach § 9 Abs. 2 Satz 2 und Abs. 3 des Gentechnikgesetzes;
   b) die Freisetzung gentechnisch veränderter Organismen nach § 14 Abs. 1 Satz 1 Nr. 1 des Gentechnikgesetzes;
   c) das Inverkehrbringen von Produkten, die gentechnisch veränderte Organismen enthalten oder aus solchen bestehen, nach § 14 Abs. 1 Satz 1 Nr. 2 des Gentechnikgesetzes;
   d) das Inverkehrbringen von Produkten, die gentechnisch veränderte Organismen enthalten oder aus solchen bestehen, zu einem anderen Zweck als der bisherigen bestimmungsgemäßen Verwendung nach § 14 Abs. 1 Satz 1 Nr. 3 des Gentechnikgesetzes;
3. zur Anmeldung
   a) der Errichtung und des Betriebs gentechnischer Anlagen, in denen gentechnische Arbeiten in der Sicherheitsstufe 1 und 2 durchgeführt werden sollen, einschließlich der vorgesehenen gentechnischen Arbeiten nach § 8 Abs. 2 Satz 1 des Gentechnikgesetzes;
   b) der wesentlichen Änderung der Lage, der Beschaffenheit oder des Betriebs einer gentechnischen Anlage der Sicherheitsstufe 1 und 2 nach § 8 Abs. 4 Satz 2 in Verbindung mit § 8 Abs. 2 Satz 1 des Gentechnikgesetzes;
   c) der Durchführung weiterer gentechnischer Arbeiten der Sicherheitsstufe 2 nach § 9 Abs. 2 Satz 1 des Gentechnikgesetzes.
   d) (weggefallen)

§ 2 Beratung

Sobald der Betreiber die zuständige Behörde über das geplante gentechnische Vorhaben unterrichtet, soll diese ihn im Hinblick auf die Antragstellung oder auf eine notwendige Anmeldung beraten.

§ 3 Formvorschriften

Die Anmeldung oder der Antrag auf Erteilung einer Genehmigung nach dem Gentechnikgesetz ist vom Betreiber schriftlich in einer von der Genehmigungsbehörde zu bestimmenden Anzahl von Ausfertigungen einzureichen. Die zuständige Behörde kann die Verwendung von Vordrucken für die Anmeldung oder den Genehmigungsantrag und die Unterlagen verlangen.

2. Abschnitt: Anforderungen an Unterlagen

§ 4 Unterlagen für gentechnische Anlagen, erstmalige oder weitere gentechnische Arbeiten

(1) Die nach § 10 Abs. 2 und 3, nach § 12 Abs. 2 sowie nach § 12 Abs. 2a des Gentechnikgesetzes bezeichneten Unterlagen zur Anmeldung oder zum Antrag auf Genehmigung einer gentechnischen Anlage, in denen gentechnische Arbeiten durchgeführt werden sollen, sowie zur Anmeldung oder zum Antrag auf Genehmigung weiterer gentechnischer Arbeiten bestimmen sich

1. für die Errichtung und den Betrieb und für die wesentliche Änderung der Lage, der Beschaffenheit oder des Betriebs einer gentechnischen Anlage sowie für die darin vorgesehenen gentechnischen Arbeiten nach Teil I der Anlage 1, soweit nicht wegen der Sicherheitsstufe Angaben nach Teil II oder III der Anlage 1 erforderlich sind;
2. bei gentechnischen Arbeiten in der Sicherheitsstufe 1 oder 2, wenn für diese Stufe keine Genehmigung beantragt wird, nach Teil II der Anlage 1;
3. bei gentechnischen Arbeiten in der Sicherheitsstufe 3 oder 4 sowie 2, wenn für diese Stufe eine Genehmigung beantragt wird, nach Teil III der Anlage 1.
4. (weggefallen)

(2) Die vorzulegenden Angaben, Beschreibungen, Erklärungen, Bewertungen und Nachweise müssen insgesamt belegen, daß das vorgesehene Vorhaben die im Gentechnikgesetz und in der Gentechnik-Sicherheitsverordnung im einzelnen geregelten Anforderungen an die Risikobewertung, die Sicherheitseinstufung, die Sicherheitsmaßnahmen sowie an die Sachkunde des Projektleiters und des Beauftragten für die Biologische Sicherheit erfüllt.

(3) Soweit nach § 18 des Gentechnikgesetzes ein Anhörungsverfahren durchzuführen ist, hat der Antragsteller der zuständigen Behörde außer den Unterlagen nach den Absätzen 1 und 2 eine allgemein verständliche, für die Auslegung geeignete Kurzbeschreibung der gentechnischen Anlage vorzulegen, die einen Überblick über die Anlage, ihren Betrieb und die darin durchzuführenden Arbeiten sowie die voraussichtlichen Auswirkungen auf die in § 1 Nr. 1 des Gentechnikgesetzes genannten Rechtsgüter ermöglicht.

§ 5 Unterlagen bei Freisetzungen

(1) Für die in § 15 Abs. 1 Satz 2 des Gentechnikgesetzes bezeichneten Unterlagen zum Antrag auf Genehmigung einer Freisetzung von genetisch veränderten Organismen mit Ausnahme von Pflanzen, die zur taxonomischen Gruppe der Gymnospermen oder der Angiospermen gehören (höhere Pflanzen), gilt:

1. der Nachweis der nach § 15 Abs. 1 Satz 2 in Verbindung mit § 11 Abs. 2 Satz 2 Nr. 2 des Gentechnikgesetzes erforderlichen Sachkunde des Projektleiters erfolgt nach § 15 der Gentechnik-Sicherheitsverordnung;
2. der Nachweis der nach § 15 Abs. 1 Satz 2 in Verbindung mit § 11 Abs. 2 Satz 2 Nr. 3 des Gentechnikgesetzes erforderlichen Sachkunde des oder der Beauftragten für die Biologische Sicherheit erfolgt nach § 17 der Gentechnik-Sicherheitsverordnung;
3. die nach § 15 Abs. 1 Satz 2 Nr. 3 des Gentechnikgesetzes erforderliche, dem Stand der Wissenschaft entsprechende Beschreibung der sicherheitsrelevanten Eigenschaften des freizusetzenden Organismus und der Umstände, die für das Überleben, die Fortpflanzung und die Verbreitung des Organismus von Bedeutung sind, erfolgt nach Abschnitt A Teil I der Anlage 2;
4. die nach § 15 Abs. 1 Satz 2 Nr. 4 des Gentechnikgesetzes erforderliche Darlegung der durch die Freisetzung möglichen sicherheitsrelevanten Auswirkungen auf die in § 1 Nr. 1 des Gentechnikgesetzes genannten Rechtsgüter und der vorgesehenen Vorkehrungen erfolgt nach Abschnitt A Teil II der Anlage 2;
5. die nach § 15 Abs. 1 Satz 2 Nr. 5 des Gentechnikgesetzes erforderliche Beschreibung der geplanten Überwachungsmaßnahmen sowie die Angaben über entstehende Reststoffe und ihre Behandlung sowie über Notfallpläne erfolgen nach Abschnitt A Teil III der Anlage 2.

Für die in § 15 Abs. 1 Satz 2 des Gentechnikgesetzes bezeichneten Unterlagen zum Antrag auf Genehmigung einer Freisetzung höherer Pflanzen gilt Satz 1 entsprechend; die nach Satz 1 Nr. 3, 4 und 5 erforderlichen Angaben richten sich nach Abschnitt B der Anlage 2.

(2) Die sicherheitsrelevanten Eigenschaften des freizusetzenden Organismus nach Absatz 1 Nr. 3 sowie dessen sicherheitsrelevante Auswirkungen auf die in § 1 Nr. 1 des Gentechnikgesetzes genannten Rechtsgüter nach Absatz 1 Nr. 4 sind auf der Grundlage von Erfahrungen zu beurteilen, die bei gentechnischen Arbeiten im geschlossenen System gesammelt worden sind.

(3) § 4 Abs. 3 gilt entsprechend.

(4) Für einen Antrag auf Genehmigung einer Freisetzung im vereinfachten Verfahren auf der Grundlage einer Entscheidung des Rates oder der Kommission der Europäischen Gemeinschaften nach Artikel 6 Abs. 5 in Verbindung mit Artikel 21 der Richtlinie 90/220/EWG des Rates vom 23. April 1990 über die absichtliche Freisetzung genetisch veränderter Organismen in die Umwelt (ABl. EG Nr. L 117 S. 15) gilt Absatz 1 entsprechend, soweit nicht in der Entscheidung zum vereinfachten Verfahren etwas anderes bestimmt ist.

§ 6 Unterlagen bei Inverkehrbringen

(1) Für folgende der in § 15 Abs. 3 Satz 2 des Gentechnikgesetzes bezeichneten Unterlagen zum Antrag auf Genehmigung des Inverkehrbringens gilt:

1. die nach § 15 Abs. 3 Satz 2 Nr. 2 des Gentechnikgesetzes erforderliche Bezeichnung und die dem Stand der Wissenschaft entsprechende Beschreibung des in Verkehr zu bringenden Produkts im Hinblick auf die gentechnisch veränderten spezifischen Eigenschaften erfolgt nach Teil A der Anlage 3;
2. die nach § 15 Abs. 3 Satz 2 Nr. 3 des Gentechnikgesetzes erforderliche Beschreibung der zu erwartenden Verwendungsarten und der geplanten räumlichen Verbreitung erfolgt nach Teil A der Anlage 3;
3. die nach § 15 Abs. 3 Satz 2 Nr. 4 des Gentechnikgesetzes erforderliche Darlegung der durch das Inverkehrbringen möglichen sicherheitsrelevanten Auswirkungen auf die in § 1 Nr. 1 des Gentechnikgesetzes genannten Rechtsgüter erstreckt sich auch auf die Beschreibung von Maßnahmen nach Teil B der Anlage 3, welche den Schutz dieser Rechtsgüter bewirken sollen;
4. die nach § 15 Abs. 3 Satz 2 Nr. 5 des Gentechnikgesetzes erforderliche Beschreibung der geplanten Maßnahmen zur Kontrolle des weiteren Verhaltens oder der Qualität des in Verkehr zu bringenden Organismus oder Produkts, der entstehenden Reststoffe und ihrer Behandlung sowie der Notfallpläne erfolgt nach Teil B der Anlage 3;
5. die nach § 15 Abs. 3 Satz 2 Nr. 6 des Gentechnikgesetzes erforderliche Beschreibung von besonderen Bedingungen für die Anwendung und den Gebrauch des in Verkehr zu bringenden Organismus oder Produkts und der Vorschlag für seine Kennzeichnung und Verpackung erfolgt nach Teil B und Teil C der Anlage 3.

(2) Die durch das Inverkehrbringen möglichen sicherheitsrelevanten Auswirkungen auf die in § 1 Nr. 1 des Gentechnikgesetzes genannten Rechtsgüter nach Absatz 1 Nr. 3 sowie die Maßnahmen zur Kontrolle des weiteren Verhaltens und der Qualität des in Verkehr zu bringenden Produkts nach Absatz 1 Nr. 4 sind auf der Grundlage von Erfahrungen zu beurteilen, die bei der Freisetzung des gentechnisch veränderten Organismus gesammelt worden sind.

(3) Der Antragsteller kann auf Antrag von der Vorlage von Unterlagen über einzelne der in Teil B der Anlage 3 aufgeführten Anforderungen befreit werden, wenn auf Grund der Ergebnisse einer genehmigten Freisetzung oder wissenschaftlicher Untersuchungen anzunehmen ist, daß mit dem Inverkehrbringen und der Verwendung eines gemäß Absatz 1 Nr. 1 beschriebenen Produkts kein Risiko für eines der in § 1 Nr. 1 des Gentechnikgesetzes genannten Rechtsgüter verbunden ist.

§ 7 Ausnahmen von Angaben und Maßnahmen

Kommen einzelne nach den §§ 4 bis 6 und den dazu bestehenden Anlagen geforderte Angaben und Maßnahmen wegen der Art des Einzelfalles nicht in Betracht, so ist dies in den Unterlagen zu vermerken. Sind Informationen zu solchen Angaben und Maßnahmen technisch unmöglich oder erscheinen sie nicht erforderlich, so sind jeweils die Gründe hierfür anzugeben.

§ 8 Unterlagen für eingeschlossene Entscheidungen

Art und Umfang der einem Antrag auf Erteilung einer Anlagengenehmigung beizufügenden Unterlagen für die gemäß § 22 Abs. 1 des Gentechnikgesetzes im Einzelfall eingeschlossenen behördlichen Entscheidungen bestimmen sich nach den dafür jeweils maßgeblichen Rechtsvorschriften.

3. Abschnitt: Genehmigungsverfahren

§ 9 Beteiligung anderer Stellen

(1) Die zuständige Behörde leitet den Antrag auf Erteilung einer Genehmigung nach § 1 Nr. 1 und 2 und die erforderlichen Unterlagen zur gentechnischen Sicherheitsbeurteilung unverzüglich an die zu beteiligenden Stellen weiter.

(2) Soweit eine zu erteilende Genehmigung nach § 22 Abs. 1 des Gentechnikgesetzes andere behördliche Entscheidungen mitumfaßt, leitet die zuständige Behörde den Antrag und die insoweit zur Prüfung erforderlichen Unterlagen unverzüglich an die jeweils zuständige Fachbehörde zur Feststellung weiter, ob die Voraussetzungen für die mitumfaßte Entscheidung gegeben sind.

(3) Soweit nicht anders geregelt, setzt die zuständige Behörde den beteiligten Stellen und Fachbehörden für die Abgabe ihrer Äußerung eine angemessene Frist. Hat eine beteiligte Stelle oder Fachbehörde bis zum Ablauf der Frist keine Stellungnahme abgegeben, so kann die Genehmigungsbehörde davon ausgehen, daß die Stelle oder Fachbehörde sich nicht äußern will.

§ 10 Entscheidung

(1) Sind alle Umstände ermittelt, die für die Beurteilung des Antrags von Bedeutung sind, hat die zuständige Behörde unverzüglich über den Antrag zu entscheiden.

(2) Der Antrag ist abzulehnen, wenn die Prüfung ergibt, daß die Genehmigungsvoraussetzungen nicht vorliegen und ihre Erfüllung nicht durch Nebenbestimmungen sichergestellt werden kann. Er kann abgelehnt werden, wenn der Antragsteller einer Aufforderung, die Unterlagen zu ergänzen, innerhalb einer ihm gesetzten angemessenen Frist nicht nachgekommen ist.

§ 11 Inhalt des Genehmigungsbescheides

(1) Der Genehmigungsbescheid muß enthalten:

1. Namen und Anschrift des Betreibers,
2. die Angabe, daß eine Genehmigung erteilt wird, und die Angabe der Rechtsgrundlage,
3. die genaue Bezeichnung des Gegenstandes der Genehmigung, einschließlich des Standortes der gentechnischen Anlage oder des Freisetzungsvorhabens,
4. die Nebenbestimmungen zur Genehmigung,
5. die Angabe der anderen behördlichen Entscheidungen, die nach § 22 Abs. 1 des Gentechnikgesetzes von der Genehmigung eingeschlossen werden, und
6. die Begründung, aus der die wesentlichen tatsächlichen und rechtlichen Gründe, die die zuständige Behörde zu ihrer Entscheidung bewogen haben, und die Behandlung der Einwendungen hervorgehen sollen.

(2) Der Genehmigungsbescheid soll enthalten:

1. den Hinweis, daß der Genehmigungsbescheid unbeschadet der behördlichen Entscheidungen ergeht, die nach § 22 Abs. 1 des Gentechnikgesetzes nicht von der Genehmigung eingeschlossen werden, und
2. die Rechtsbehelfsbelehrung.

§ 12 Form der Entscheidung, Bekanntgabe

Für die Form der Entscheidung sowie deren Bekanntgabe und Zustellung gilt § 10 Abs. 7 und 8 des Bundes-Immissionsschutzgesetzes. Genehmigungen über die Errichtung, den Betrieb oder die wesentliche Änderung einer gentechnischen Anlage, über weitere gentechnische Arbeiten oder Freisetzungen, die ohne Anhörung nach § 18 des Gentechnikgesetzes erteilt werden, sind entsprechend § 10 Abs. 8 Satz 2 bis 5 des Bundes-Immissionsschutzgesetzes öffentlich bekanntzumachen. Nach der öffentlichen Bekanntmachung können der Genehmigungsbescheid und seine Begründung bis zum Ablauf der Widerspruchsfrist von den Beteiligten schriftlich angefordert werden; hierauf ist in der Bekanntmachung gleichfalls hinzuweisen.

4. Abschnitt: Anmeldeverfahren

§ 13 Prüfungsumfang

(1) Die zuständige Behörde ermittelt unverzüglich alle Umstände, die für die Beurteilung einer Anmeldung nach § 1 Nr. 3 erforderlich sind.

(2) Die zuständige Behörde prüft bei einer Anmeldung nach § 1 Nr. 3

1. den Nachweis der erforderlichen Sachkunde des Projektleiters und des oder der Beauftragten für die Biologische Sicherheit,
2. die Eigenschaften der bei den angemeldeten gentechnischen Arbeiten zu verwendenden Spender- und Empfängerorganismen, der Vektoren sowie der gentechnisch veränderten Organismen,
3. die möglichen Auswirkungen der unter Verwendung dieser Organismen und Vektoren hergestellten gentechnisch veränderten Organismen auf die in § 1 Nr. 1 des Gentechnikgesetzes bezeichneten Rechtsgüter,
4. die erforderliche Sicherheitseinstufung der geplanten gentechnischen Arbeiten nach den Bestimmungen der Gentechnik-Sicherheitsverordnung und
5. die erforderlichen Änderungen der sicherheitsrelevanten Einrichtungen und Vorkehrungen.

(3) Bei der Prüfung nach Absatz 2 ist die Stellungnahme der Zentralen Kommission für die Biologische Sicherheit zu berücksichtigen, soweit dies nach § 12 des Gentechnikgesetzes erforderlich ist.

§ 14 Inhalt des Bescheides

(1) Soll dem Beginn einer angemeldeten gentechnischen Arbeit vor Ablauf der nach § 12 Abs. 5 des Gentechnikgesetzes maßgeblichen Frist zugestimmt werden, so ergeht ein Bescheid, der enthalten muß:

1. Namen und Anschrift des Betreibers,
2. die genaue Bezeichnung der gentechnischen Arbeit, auf die sich der Bescheid bezieht, einschließlich des Standorts der gentechnischen Anlage,
3. die Angabe, daß die zuständige Behörde dem Beginn der bezeichneten gentechnischen Arbeit zustimmt, und
4. die Begründung, aus der die wesentlichen tatsächlichen und rechtlichen Erwägungen, die sich bei der Prüfung durch die zuständige Behörde ergeben haben, und die Sicherheitseinstufung der angemeldeten gentechnischen Arbeit hervorgehen.

(2) Soll die Durchführung einer angemeldeten gentechnischen Arbeit an eine Bedingung, Befristung oder eine Auflage gebunden werden, so ergeht ein Bescheid, der enthalten muß:
1. die in Absatz 1 Nr. 1, 2 und 4 aufgeführten Angaben und
2. die Bedingung, Befristung oder Auflage.

(3) Der Bescheid soll enthalten:
1. den Hinweis, daß hierdurch Entscheidungen anderer Behörden unberührt bleiben, die für das gentechnische Vorhaben auf Grund anderer öffentlich-rechtlicher Vorschriften erforderlich sind, und
2. die Rechtsbehelfsbelehrung.

5. Abschnitt: Schlußvorschriften

§ 15
(weggefallen)

§ 16
(Inkrafttreten)

Anlage 1 (zu § 4)

Angaben in den Unterlagen für gentechnische Anlagen oder gentechnische Arbeiten

Teil I

Für die Errichtung und den Betrieb und für die wesentliche Änderung der Lage, der Beschaffenheit oder des Betriebs einer gentechnischen Anlage sowie für die darin vorgesehenen gentechnischen Arbeiten sind mindestens folgende Angaben erforderlich:
- Lage der gentechnischen Anlage;
- Beschreibung der Teile der gentechnischen Anlage;
- Beschreibung der Art der vorgesehenen gentechnischen Arbeit, einschließlich der Risikobewertung der dabei verwendeten Organismen;
- voraussichtlicher Umfang des gentechnischen Vorhabens;
- Risikobewertung der gentechnischen Arbeit;
- Name des Projektleiters und Nachweis der erforderlichen Sachkunde;
- Name des Beauftragten für die Biologische Sicherheit und Nachweis der erforderlichen Sachkunde.

Teil II

Bei gentechnischen Arbeiten in der Sicherheitsstufe 1 oder 2, wenn für diese Stufe keine Genehmigung beantragt wird, sind außer den in Teil I geforderten Angaben mindestens noch folgende Angaben erforderlich:
- verwendete(r) oder zu verwendende(r) Empfänger-/Spender- und/oder Ausgangsorganismus(en) oder gegebenenfalls verwendete(s) oder zu verwendende(s) Wirts-Vektor-System(e);
- Herkunft und beabsichtigte Funktionen des genetischen Materials, das für die gentechnischen Veränderungen in Frage kommt;
- Identität und Merkmale des gentechnisch veränderten Organismus;
- Zweck der gentechnischen Arbeit, einschließlich der erwarteten Ergebnisse;
- zu verwendende Kulturvolumina (ggf. ungefährer Wert);

– Beschreibung der Schutz- und Einschließungsmaßnahmen sowie Informationen über die Abfallentsorgung einschließlich der anfallenden Abfälle, deren Behandlung, endgültige Form und Bestimmung;
– Risikobewertung der gentechnischen Arbeit.

Teil III

Bei gentechnischen Arbeiten in der Sicherheitsstufe 3 oder 4 sowie 2, wenn für diese Stufe eine Genehmigung beantragt wird, sind außer den in Teil I und II geforderten Angaben mindestens noch folgende Angaben erforderlich:
– Informationen über Unfallverhütung und Notfallpläne, soweit vorhanden;
– mit dem Standort der Anlage zusammenhängende spezifische Gefahren;
– angewendete Verhütungsmaßnahmen, wie Sicherheitsausrüstung, Warnsysteme und Einschließungsmethoden;
– Verfahren und Pläne zur Überprüfung der ununterbrochenen Wirksamkeit der Einschließungsmaßnahmen;
– Beschreibung der den Arbeitnehmern gegebenen Informationen;
– gegebenenfalls Informationen, die die zuständige Behörde für die Bewertung der Notfallpläne benötigt;
– eine umfassende Bewertung der potenziellen Gefahren und Risiken, die durch die vorgesehene gentechnische Arbeit entstehen könnten.

Anlage 2 (zu § 5)

Angaben in den Antragsunterlagen für eine Freisetzung

Abschnitt A
Informationen, die in Anträgen für die Freisetzung gentechnisch veränderter Organismen mit Ausnahme höherer Pflanzen enthalten sein müssen

Teil I: Informationen über die gentechnisch veränderten Organismen (GVO)

A. Eigenschaften der a) Spender-, b) Empfänger- oder c) gegebenenfalls Elternorganismen

1. Wissenschaftliche Bezeichnung;
2. taxonomische Daten;
3. sonstige Namen (Trivialname, Stamm, Cultivar usw.);
4. phänotypische und genetische Marker;
5. Grad der Verwandtschaft zwischen Spender- und Empfängerorganismus oder zwischen Elternorganismen;
6. Beschreibung der Identifizierungs- und Nachweisverfahren;
7. Empfindlichkeit, Zuverlässigkeit (quantitative Angaben) und Spezifität der Nachweis- und Identifizierungsverfahren;
8. Beschreibung der geographischen Verbreitung und des natürlichen Lebensraumes des Organismus einschließlich Informationen über natürliche Räuber, Beuten, Parasiten, Konkurrenten, Symbionten und Wirtsorganismen;
9. Möglichkeiten des Gentransfers und des Genaustausches mit anderen Organismen;
10. genetische Stabilität der Organismen und Faktoren, die diese beeinflussen;
11. krankheitserregende, ökologische und physiologische Eigenschaften
    a) Risikoeinstufung nach den derzeit geltenden Bestimmungen hinsichtlich des Schutzes der menschlichen Gesundheit und/oder der Umwelt;
    b) Generationsdauer in natürlichen Ökosystemen, geschlechtlicher und ungeschlechtlicher Fortpflanzungszyklus;

c) Informationen über das Überleben einschließlich der jahreszeitlichen Aspekte und Fähigkeit zur Bildung von Überlebensorganen, z.B. Bildung von Samen, Sporen oder Sklerotien;
d) Pathogenität: Infektiosität, Toxigenität, Virulenz, Allergenität, Überträger von Pathogenen, mögliche Überträger, Wirtsspektrum einschließlich der Nichtzielorganismen. Mögliche Aktivierung latenter Viren (Proviren). Fähigkeit zur Kolonisierung sonstiger Organismen;
e) Antibiotikaresistenzen und potentielle Nutzung dieser Antibiotika an Menschen und Haustieren zur Prophylaxe und Therapie;
f) Beteiligung an Umweltprozessen, insbesondere Primärproduktion, Nährstoffumsatz, Abbau organischer Stoffe, Atmung;

12. Art der bereits natürlich beherbergten Vektoren:
a) Sequenz;
b) Häufigkeit der Mobilisierung (Mobilisierungsfrequenz);
c) Spezifität;
d) Vorhandensein von Genen, die Antibiotika-Resistenz bewirken;

13. Zusammenfassung der früheren genetischen Veränderungen.

B. Eigenschaften des Vektors

1. Art und Herkunft des Vektors;
2. Sequenz von Transposonen, Vektoren und anderen nichtkodierenden genetischen Segmenten, die zur Konstruktion des GVO verwendet wurden und die Funktion des eingeführten Vektors und Inserts im GVO sicherstellen;
3. Häufigkeit der Mobilisierung des eingeführten Vektors und/oder Fähigkeit zum Gentransfer und Methoden zu deren Bestimmung;
4. Informationen darüber, inwieweit der Vektor auf die Nukleinsäureabschnitte beschränkt ist, die zur Erfüllung der geplanten Funktion erforderlich ist.

C. Eigenschaften des veränderten Organismus

1. Information über die gentechnische Veränderung
a) zur Veränderung angewandte Methoden;
b) zur Konstruktion und Einführung der neuartigen Genabschnitte in den Empfängerorganismus oder zur Deletion einer Sequenz angewandte Methoden;
c) Beschreibung des eingeführten Genabschnitts und/oder der Konstruktion des Vektors;
d) Reinheit des eingeführten Genabschnitts in bezug auf unbekannte Sequenzen und Informationen darüber, inwieweit die eingeführte Sequenz auf die Nukleinsäureabschnitte beschränkt ist, die zur Erfüllung der geplanten Funktion erforderlich ist;
e) Sequenz, funktionelle Identität und Lokalisation, an der die veränderte, eingeführte oder deletierte Nukleinsäure eingeführt ist, insbesondere Angaben über als schädlich bekannte Sequenzen.

2. Informationen über den endgültigen GVO
a) Beschreibung der genetischen Merkmale oder phänotypischen Eigenschaften und insbesondere jeglicher neuen Merkmale oder Eigenschaften, die exprimiert werden können oder nicht mehr exprimiert werden können;
b) Struktur und Menge jeder Art von Vektor und/oder einer Donor-Nukleinsäure, die noch in der endgültigen Konstruktion des veränderten Organismus verblieben ist;
c) Stabilität des Organismus in bezug auf die gentechnisch übertragenen Merkmale;
d) Anteil und Höhe der Expression des gentechnisch übertragenen Materials, Meßverfahren und deren Empfindlichkeitsgrad;
e) Aktivität der zur Expression gebrachten Proteine;

f) Beschreibung der Identifizierungs- und Nachweisverfahren einschließlich der Verfahren zur Identifizierung und zum Nachweis der eingeführten Sequenz und des Vektors;
g) Empfindlichkeit, Zuverlässigkeit (quantitative Angaben) und Spezifität der Nachweis- und Identifizierungsverfahren;
h) Zusammenfassung der früheren Freisetzungen oder Anwendungen des GVO, soweit bekannt;
i) gesundheitliche Erwägungen:
    aa) toxische oder allergene Auswirkungen der nicht lebensfähigen GVO und/oder ihre Stoffwechselprodukte;
    bb) Produktrisiken;
    cc) Vergleich des veränderten Organismus mit dem Spender-, Empfänger- oder (gegebenenfalls) Elternorganismus mit Bezug auf die Pathogenität;
    dd) Kolonisierungskapazität;
    ee) wenn der Organismus für Menschen pathogen ist, die immunokompetent sind:
        - verursachte Krankheiten und Mechanismus der Pathogenität einschließlich Invasivität und Virulenz;
        - Übertragbarkeit;
        - Infektionsdosis;
        - Wirtsbereich, Möglichkeit der Änderung;
        - Möglichkeit des Überlebens außerhalb des menschlichen Wirtes;
        - Anwesenheit von Vektoren oder Mitteln der Verbreitung;
        - biologische Stabilität;
        - Muster der Antibiotikaresistenz;
        - Allergenität;
        - Verfügbarkeit geeigneter Therapien.

Teil II: Informationen über die Freisetzungsbedingungen und die Umwelt, in die GVO freigesetzt werden, sowie über die Wechselwirkungen zwischen den GVO und der Umwelt

A. Informationen über die Freisetzung

1. Beschreibung der vorgeschlagenen absichtlichen Freisetzung einschließlich der Zielsetzungen und der geplanten Produkte;
2. voraussichtliche Zeitpunkte der Freisetzung und Zeitplan, einschließlich der Häufigkeit und der Dauer der Freisetzungen;
3. Vorbereitung des Geländes vor der Freisetzung;
4. Größe des Geländes;
5. für die Freisetzung angewandte Methoden;
6. Menge der freizusetzenden GVO;
7. Störungen am Freisetzungsgelände (Art und Methode des Anbaus, Bergbau, Bewässerung oder andere Tätigkeiten);
8. Maßnahmen zum Schutz der Beschäftigten während der Freisetzung;
9. Behandlung des Geländes nach der Freisetzung;
10. für die Beseitigung oder Inaktivierung der GVO am Ende des Versuchs vorgesehene Verfahren;
11. Informationen und Ergebnisse früherer Freisetzungen, soweit bekannt der GVO, und zwar insbesondere Freisetzungen in unterschiedlichem Maßstab und in verschiedenen Ökosystemen, soweit bekannt.

B. Informationen über die Umwelt sowohl am Ort der Freisetzung als auch in der weiteren Umgebung (bei einer Freisetzung von Mikroorganismen und von Pflanzen, die auf Grund des gentechnischen Eingriffs ein toxisches Protein produzieren, sind Angaben zu den Nummern 2, 4 bis 8, 10 und 12 notwendig):

1. geographische Lage des Ortes der Freisetzung und genaue Standortangaben (Raster); zugleich Angaben über die geplanten Einsatzgebiete des Produkts;
2. physikalische oder biologische Nähe zu Menschen und zu sonstigen Lebewesen, soweit für die ökologische Beurteilung von Bedeutung;
3. Nähe zu geschützten Gebieten;
4. Umfang der ortsansässigen Bevölkerung;
5. wirtschaftliche Tätigkeiten der ortsansässigen Bevölkerung, die sich auf die natürlichen Ressourcen des Gebiets stützen;
6. Entfernung zu den nächstgelegenen Gebieten, die zum Zwecke der Trinkwassergewinnung und/oder aus Umweltgründen geschützt sind;
7. klimatische Merkmale der Gebiete, die wahrscheinlich von der Freisetzung betroffen werden;
8. geographische, geologische und bodenkundliche Eigenschaften;
9. die vorhandenen Pflanzen- und Tiergesellschaften einschließlich Nutzpflanzen, Nutztiere und wandernde Arten;
10. Beschreibung der Ziel- und Nichtziel-Ökosysteme, die wahrscheinlich von der Freisetzung betroffen werden;
11. Vergleich zwischen dem natürlichen Lebensraum des Empfängerorganismus und dem für die Freisetzung vorgesehenen Gebiet;
12. bereits bekannte in dem Gebiet geplante Erschließungen oder Geländeumwidmungen, die sich auf den Umwelteinfluß der Freisetzung auswirken könnten.

C. Eigenschaften, die das Überleben, die Vermehrung und Verbreitung beeinflussen:

1. biologische Eigenschaften bezüglich des Überlebens, der Vermehrung und Verbreitung;
2. bekannte und vorhersehbare Umweltbedingungen, die das Überleben, die Vermehrung und Verbreitung beeinflussen könnten (insbesondere Wind, Wasser, Boden, Temperatur, pH-Wert);
3. Empfindlichkeit gegenüber spezifischen Agenzien.

D. Wechselwirkungen mit der Umwelt

1. Vermutlicher Lebensraum der GVO;
2. Untersuchungen über das Verhalten und die Eigenschaften der GVO und ihrer ökologischen Auswirkungen, die unter simulierten natürlichen Umweltbedingungen wie in Mikrokosmen, Klimakammern und Gewächshäusern durchgeführt werden;
3. Fähigkeit zu Gentransfer:
   a) Transfer genetischen Materials von den GVO in Organismen in den betroffenen Ökosystemen bei der Freisetzung;
   b) Transfer genetischen Materials von einheimischen Organismen in die GVO, nachdem die Freisetzung stattgefunden hat;
4. Wahrscheinlichkeit einer Selektion nach der Freisetzung, die zur Ausprägung unerwarteter und/oder unerwünschter Merkmale bei dem veränderten Organismus führt;
5. zur Sicherung und Überprüfung der genetischen Stabilität angewandte Maßnahmen; Beschreibung der genetischen Merkmale, die die Verbreitung gentechnisch übertragenen Materials verhüten oder auf ein Minimum beschränken können; Methoden zur Überprüfung der genetischen Stabilität;
6. Wege der biologischen Verbreitung, bekannte oder potentielle Arten der Wechselwirkungen mit dem Verbreitungsagens einschließlich der Einatmung, Einnahme, Oberflächenberührung, des Eingrabens in die Haut usw.;
7. Beschreibung von Ökosystemen, in die die GVO sich ausbreiten könnten.

E. Potentielle Auswirkungen auf die Umwelt

1. Potential für eine übermäßige Populationszunahme in der Umwelt;
2. Wettbewerbsvorteil des GVO gegenüber den nicht veränderten Empfänger oder Elternorganismen;
3. Identifizierung und Beschreibung der Zielorganismen;
4. voraussichtliche Mechanismen und Folgen der Wechselwirkungen zwischen den freigesetzten GVO und den Zielorganismen;
5. Identifizierung und Beschreibung der Nichtzielorganismen, die unabsichtlich beeinflußt werden könnten;
6. Wahrscheinlichkeit von Änderungen in den biologischen Wechselwirkungen oder im Bereich der Wirtsorganismen bei der Freisetzung;
7. bekannte oder vorhersehbare Wirkungen auf Nichtzielorganismen in der Umwelt, Wirkung auf die Populationsniveaus der Konkurrenten, Beuteorganismen, Wirtsorganismen, Symbionten, Räuber, Parasiten und Pathogenen;
8. bekannte oder vorhersehbare Beteiligung an biogeochemischen Prozessen;
9. sonstige potentiell signifikante Wechselwirkungen mit der Umwelt.

Teil III: Unterrichtung über Überwachung, Kontrolle, Abfallentsorgung und Noteinsatzpläne

A. Überwachungsverfahren

1. Methoden zum Aufspüren der GVO und zur Überwachung ihrer Wirkungen;
2. Spezifität (zur Identifizierung der GVO und zu ihrer Unterscheidung von den Spender-, Empfänger- oder gegebenenfalls Elternorganismen), Empfindlichkeit und Verläßlichkeit der Überwachungsverfahren;
3. Verfahren zur Ermittlung einer Übertragung der übertragenen genetischen Eigenschaften auf andere Organismen;
4. Dauer und Häufigkeit der Überwachung.

B. Überwachung der Freisetzung

1. Methoden und Verfahren zur Vermeidung und/oder Minimierung der Verbreitung der GVO außerhalb des Freisetzungsgeländes oder des zugewiesenen Nutzungsgebiets;
2. Methoden und Verfahren zum Schutz des Geländes vor dem Betreten durch Unbefugte;
3. Methoden und Verfahren zum Schutz gegen das Eindringen anderer Organismen in das Gelände.

C. Abfallentsorgung

1. Art der erzeugten Abfallstoffe:
2. Voraussichtliche Abfallmenge;
3. mögliche Gefahren;
4. Beschreibung des geplanten Entsorgungsverfahrens.

D. Noteinsatzpläne

1. Methoden und Verfahren zur Kontrolle der GVO für den Fall einer unerwarteten Verbreitung;
2. Methoden zur Dekontaminierung der betroffenen Geländeabschnitte, z.B. Vernichtung der GVO;
3. Methoden zur Beseitigung oder Behandlung insbesondere von Pflanzen, Tieren und Böden, die durch die Ausbreitung oder danach dem GVO ausgesetzt waren;
4. Methoden zur Abschirmung des durch die Ausbreitung betroffenen Gebiets;
5. Pläne zum Schutz der menschlichen Gesundheit und der Umwelt im Falle des Auftretens unerwünschter Wirkungen.

Abschnitt B
Informationen, die in Anträgen für die Freisetzung gentechnisch veränderter höherer Pflanzen enthalten sein müssen

Teil I: Informationen über die Empfänger- oder gegebenenfalls Eltern-Pflanzen

1. Vollständige Bezeichnung
   a) Familie;
   b) Gattung;
   c) Spezies;
   d) Subspezies;
   e) Cultivar (Sorte)/Zuchtlinie;
   f) Trivialbezeichnung.
2. a) Informationen über die Fortpflanzung
      i) Form der Fortpflanzung;
      ii) gegebenenfalls spezielle, die Fortpflanzung beeinflussende Faktoren;
      iii) Generationszeit;
   b) geschlechtliche Kompatibilität mit anderen Kultur- oder Wildpflanzenarten.
3. Überlebensfähigkeit
   a) Fähigkeit zur Bildung von Überlebens- oder Dormanzstrukturen;
   b) gegebenenfalls spezielle, die Überlebensfähigkeit beeinflussende Faktoren.
4. Verbreitung
   a) Art und Umfang der Verbreitung;
   b) gegebenenfalls spezielle, die Verbreitung beeinflussende Faktoren.
5. Geographische Verbreitung der Pflanze.
6. Bei Pflanzenarten, die in den Mitgliedstaaten normalerweise nicht angebaut werden, Beschreibung des natürlichen Lebensraums der Pflanze, einschließlich Informationen über natürliche Phytophagen, Parasiten, Konkurrenten und Symbionten.
7. Möglicherweise signifikante Wechselwirkungen der Pflanze mit anderen, nichtpflanzlichen Organismen im Ökosystem, in dem sie normalerweise angebaut wird, einschließlich Informationen über toxische Effekte auf Menschen, Tiere oder andere Organismen.

Teil II: Informationen über die gentechnische Veränderung

1. Beschreibung der zur gentechnischen Veränderung angewandten Verfahren.
2. Art und Herkunft des verwendeten Vektors.
3. Größe, Ursprung (Bezeichnung des Spenderorganismus/der Spenderorganismen) und geplante Funktion jedes konstituierenden Fragments der für den Transfer vorgesehenen Region.

Teil III: Informationen über die gentechnisch veränderte Pflanze (GVP)

1. Beschreibung der eingeführten oder veränderten Merkmale und Eigenschaften.
2. Informationen über die tatsächlich eingeführten oder deletierten Sequenzen
   a) Größe und Struktur des eingeführten Genabschnitts (Insert) und Verfahren zu seiner Charakterisierung, einschließlich Informationen über Teile des in die GVP eingeführten Vektors oder jede Carrier-DNA oder jede Fremd-DNA, die in der GVP verbleiben;
   b) bei einer Deletion Größe und Funktion der deletierten Region;
   c) Lage des Inserts in den Pflanzenzellen (integriert in ein Chromosom, die Chloroplasten oder die Mitochondrien beziehungsweise in einer nichtintegrierten Form) und Verfahren zu ihrer Bestimmung;
   d) Kopienzahl des Inserts.

3. Informationen über die Expression des Inserts
   a) Informationen über die Expression des Inserts und Verfahren für ihre Charakterisierung;
   b) Pflanzenteile, in denen das Insert exprimiert wird (z.B. Wurzeln, Sprossen und Pollen).
4. Informationen über Unterschiede zwischen der gentechnisch veränderten Pflanze und der Empfängerpflanze im Hinblick auf
   a) Form und Rate der Fortpflanzung;
   b) Verbreitung;
   c) Überlebensfähigkeit.
5. Genetische Stabilität des Inserts.
6. Möglichkeit eines Transfers genetischen Materials von den gentechnisch veränderten Pflanzen auf andere Organismen.
7. Informationen über toxische oder sonstwie schädliche Effekte auf die menschliche Gesundheit und die Umwelt, die durch die gentechnische Veränderung hervorgerufen werden.
8. Mechanismus der Wechselwirkung zwischen der gentechnisch veränderten Pflanze und Zielorganismen, falls zutreffend.
9. Möglicherweise signifikante Wechselwirkungen mit Nichtzielorganismen.
10. Beschreibung der Nachweis- und Identifizierungsverfahren für die gentechnisch veränderte Pflanze.
11. Informationen über frühere Freisetzungen der gentechnisch veränderten Pflanze, falls vorhanden.

Teil IV: Informationen über den Ort der Freisetzung

1. Ort und Größe der Freisetzungsfläche.
2. Beschreibung des Ökosystems am Ort der Freisetzung, einschließlich Klima, Flora und Fauna.
3. Vorhandensein sexuell kompatibler Kultur- oder Wildpflanzenarten.
4. Nähe zu offiziell anerkannten geschützten Biotopen oder Schutzgebieten, die betroffen werden könnten.

Teil V: Informationen über die Freisetzung

1. Zweck der Freisetzung.
2. Voraussichtlicher Zeitpunkt und Dauer der Freisetzung.
3. Verfahren für die Freisetzung der gentechnisch veränderten Pflanzen.
4. Verfahren zur Vorbereitung und Behandlung des Freisetzungsgeländes vor, während und nach der Freisetzung, einschließlich Anbaupraktiken und Ernteverfahren.
5. Ungefähre Anzahl der Pflanzen oder Pflanzen pro qm.

Teil VI: Informationen über die Pläne zur Kontrolle, Überwachung, Nachbehandlung und Abfallentsorgung

1. Vorsichtsmaßnahmen im Hinblick auf
   a) Entfernung zu sexuell kompatiblen Pflanzenarten;
   b) Maßnahmen zur Minimierung oder Vermeidung von Pollen- oder Samenverbreitung.
2. Beschreibung der Verfahren zur Behandlung des Geländes und zur Behandlung der verwendeten Geräte nach Beendigung der Freisetzung.
3. Beschreibung der Verfahren zur Behandlung des gentechnisch veränderten Pflanzenmaterials einschließlich der Abfälle nach Beendigung der Freisetzung.
4. Beschreibung von Überwachungstechniken und -plänen.
5. Beschreibung von Noteinsatzplänen.

Teil VII: Informationen über die möglichen Umweltauswirkungen der Freisetzung der gentechnisch veränderten Pflanzen

1. Wahrscheinlichkeit einer gegenüber den Empfänger- oder Elternpflanzen gesteigerten Persistenz in landwirtschaftlichen Lebensräumen beziehungsweise einer gesteigerten Invasivität in natürlichen Lebensräumen.
2. Selektionsvor- oder -nachteile bei sexuell kompatiblen Pflanzenarten, die auf Gentransfer von der gentechnisch veränderten Pflanze beruhen könnten.
3. Auswirkungen auf die Umwelt, die sich aus den Wechselwirkungen zwischen den gentechnisch veränderten Pflanzen und Zielorganismen ergeben könnten, falls zutreffend.
4. Auswirkungen auf die Umwelt, die sich aus möglichen Wechselwirkungen mit Nichtzielorganismen ergeben könnten.

Anlage 3 (zu § 6)

Zusätzliche Angaben in den Antragsunterlagen für ein Inverkehrbringen

Teil A: Allgemeine Beschreibung

Die Unterlagen zu einem Antrag auf Genehmigung des Inverkehrbringens eines Produkts müssen zusätzlich zu den in der Anlage 2 aufgeführten Angaben noch folgende weitere Angaben enthalten:

1. Bezeichnung des Produkts und der darin enthaltenen gentechnisch veränderten Organismen (GVO),
2. Namen und Anschrift des Herstellers oder Vertreibers des Produkts,
3. Spezifität des Produkts, Haltbarkeit, genaue Einsatzbedingungen, gegebenenfalls einschließlich der Umweltgegebenheiten und/oder des geographischen Bereichs, für den sich das Produkt eignet,
4. erwarteter Einsatzbereich: Industrie, Landwirtschaft und Fachberufe, Gebrauch durch die breite Öffentlichkeit, und
5. die in die Organismen eingeführte gentechnische Veränderung; dies soll insbesondere die Nukleotidsequenz sein.

Teil B: Besondere Angaben zur Risikobeurteilung

Unterlagen zur Beurteilung eventueller sicherheitsrelevanter Auswirkungen des inverkehrzubringenden Produkts müssen außer den in Teil A aufgeführten Angaben zusätzlich noch folgende Angaben enthalten:

1. im Falle einer unbeabsichtigten Freisetzung oder eines Mißbrauchs zu ergreifende Maßnahmen,
2. spezifische Anleitungen oder Empfehlungen betreffend Lagerung und Einsatz (einschließlich Maßnahmen zum Schutz der Beschäftigten),
3. geschätzte Produktion und/oder Einfuhren,
4. vorgeschlagene Verpackung, die zur Verhütung einer unbeabsichtigten Freisetzung von GVO während der Lagerung oder in einer späteren Phase geeignet sein muß, und
5. vorgeschlagene Etikettierung, die zumindest in kurzgefaßter Form die in A.1, A.2, A.3, B.1 und B.2 erwähnten Informationen enthalten muß.

Teil C: Zusätzliche Angaben zur Kennzeichnung

Die Unterlagen zu einem Antrag auf Genehmigung des Inverkehrbringens eines Produkts müssen einen Vorschlag für eine Kennzeichnung enthalten. Das Etikett oder ein Begleitdokument muß die Angabe enthalten, daß das Produkt gentechnisch veränderte Organismen enthält oder aus solchen besteht. Bei Produkten, die insbesondere infolge einer Vermischung gentechnisch veränderte Organismen enthalten können, genügt ein entsprechender Hinweis.

Verordnung über Aufzeichnungen bei gentechnischen Arbeiten und bei Freisetzungen – Gentechnik-Aufzeichnungsverordnung (GenTAufzV)[1)]

Inhaltsübersicht

---

§ 1 Anwendungsbereich

Wer gentechnische Arbeiten oder Freisetzungen durchführt, hat nach Maßgabe dieser Verordnung Aufzeichnungen zu führen, aufzubewahren und der zuständigen Behörde auf ihr Ersuchen vorzulegen.

§ 2 Aufzeichnungen bei gentechnischen Arbeiten oder bei Freisetzungen

(1) Die Aufzeichnungen über gentechnische Arbeiten müssen folgende Angaben enthalten:

1. Namen und Anschrift des Betreibers und Lage der gentechnischen Anlage, in der die gentechnischen Arbeiten durchgeführt werden,
2. Namen des Projektleiters,
3. Namen des oder der Beauftragten für die Biologische Sicherheit,
4. bei gentechnischen Arbeiten nach § 8 Abs. 2 Satz 1, Abs. 4 Satz 2, § 9 Abs. 2 Satz 1 oder Abs. 4 des Gentechnikgesetzes den Zeitpunkt der Anmeldung der gentechnischen Arbeiten, bei gentechnischen Arbeiten nach § 9 Abs. 1 den Zeitpunkt der Aufnahme der gentechnischen Arbeit,
5. Aktenzeichen und Datum der Anmeldung oder des Genehmigungsbescheides oder Datum der Zustimmung gemäß § 12 Abs. 5 Satz 1 des Gentechnikgesetzes,
6. die Sicherheitsstufe,
7. Zeitpunkt des Beginns sowie des Abschlusses der gentechnischen Arbeiten,
8. Art der Ausgangsorganismen und der Ausgangsstoffe:
   a) Organismen als Spender der genetischen Information,
   b) Reinigungsgrad der Nukleinsäuren,
   c) Vektor, soweit benutzt,
   d) Merkmale des Empfängerorganismus, soweit sie für die Sicherheitsbeurteilung der gentechnischen Arbeiten von Bedeutung sind,
9. für die Sicherheitsstufe bedeutsame Merkmale des gentechnisch veränderten Organismus,

---

1) In der Fassung vom 04. November 1996, BGBl. I S. 1644, geändert durch Art. 5 des Gesetzes vom 16.08.2002, BGBl. I S. 3220.

10. im Falle gentechnischer Arbeiten mit humanpathogenen Organismen der Sicherheitsstufe 2, 3 oder 4 die weiteren Personen, die an der unmittelbaren Durchführung beteiligt sind, und
11. jedes Vorkommnis, das nicht dem erwarteten Verlauf der gentechnischen Arbeiten entspricht und bei dem der Verdacht einer Gefährdung der in § 1 Nr. 1 des Gentechnikgesetzes bezeichneten Rechtsgüter nicht auszuschließen ist,
12. Informationen über die Abfall- und Abwasserentsorgung.

Die Aufzeichnungen müssen ferner die Angaben über die Risikobewertung nach § 6 Abs. 1 Satz 2 des Gentechnikgesetzes enthalten. Diese Risikobewertung muß nach Maßgabe der in Anhang 1 zur Gentechnik-Sicherheitsverordnung festgelegten Kriterien erfolgen.

(2) Bei gentechnischen Arbeiten im Laborbereich sind zusätzlich aufzuzeichnen:
1. im Falle von weiteren gentechnischen Arbeiten der Sicherheitsstufe 1 Beschreibung der gentechnischen Arbeiten einschließlich ihrer Zielsetzung und
2. Änderungen der Sicherheitsstufe unter Angabe der Begründung hierfür und des Zeitpunktes.

(3) Bei gentechnischen Arbeiten im Produktionsbereich sind zusätzlich aufzuzeichnen:
1. Darstellung des Prinzips der Herstellung und Aufarbeitung, soweit zum Schutz der in § 1 Nr. 1 des Gentechnikgesetzes bezeichneten Rechtsgüter erforderlich, einschließlich Beschreibung des durch die gentechnischen Arbeiten herzustellenden Erzeugnisses,
2. die bei der Herstellung zu verwendenden Geräte, die zur laufenden Kontrolle während der Herstellung (Inprozeßkontrolle) zu verwendenden Verfahren und Geräte und
3. Anzahl der Ansätze einschließlich der einzelnen Produktionsvolumina.

(4) Bei gentechnischen Arbeiten der Sicherheitsstufe 3 oder 4 sind zusätzlich aufzuzeichnen:
1. die einzelnen Arbeitsschritte, die den Nachvollzug der gentechnischen Arbeiten ermöglichen, nach Zeitpunkt, Inhalt und unmittelbar beteiligten Personen,
2. bei gentechnischen Arbeiten im Laborbereich die voraussichtliche Anzahl der gentechnisch veränderten Organismen bei den einzelnen Ansätzen, jeweils zumindest nach Mindest- und Höchstmenge, sowie bei Mikroorganismen oder Zellkulturen das voraussichtliche Volumen des größten einzelnen Ansatzes und
3. bei gentechnischen Arbeiten im Produktionsbereich die Anzahl der gentechnisch veränderten Organismen bei den einzelnen Ansätzen, jeweils zumindest nach Mindest- und Höchstmenge.

(5) Die Aufzeichnungen über Freisetzungen müssen folgende Angaben enthalten:
1. Namen und Anschrift des Betreibers, Lage der Freisetzungsfläche und Parzellenbelegung,
2. Namen des Projektleiters,
3. Namen des Beauftragten für die Biologische Sicherheit,
4. Aktenzeichen und Datum des Genehmigungsbescheides,
5. Zeitpunkt des Beginns und der Beendigung der Freisetzung,
6. Beschreibung der freigesetzten Organismen einschließlich der gentechnischen Veränderung,
7. Anzahl oder Menge der ausgebrachten gentechnisch veränderten Organismen,
8. Verbleib der gentechnisch veränderten Organismen nach Beendigung der Freisetzung,
9. Anzahl der auf oder in der Umgebung der Freisetzungsfläche im Zusammenhang mit dem Freisetzungsvorhaben gelagerten gentechnisch veränderten Organismen,
10. Ort, Beginn und Ende der Lagerung,
11. Zeitpunkt und Ergebnis der Kontrollgänge,
12. wesentliche Maßnahmen zur Behandlung der Freisetzungsfläche und
13. jedes Vorkommnis, das nicht dem erwarteten Verlauf der Freisetzung entspricht und bei dem der Verdacht einer Gefährdung der in § 1 Nr. 1 des Gentechnikgesetzes bezeichneten Rechtsgüter nicht auszuschließen ist.

(6) Der Aufzeichnende kann in den Aufzeichnungen nach den Absätzen 1 bis 5 auf Angaben in den Anmelde- oder Genehmigungsunterlagen verweisen.

(7) Soweit erforderlich, sind die Aufzeichnungen fortlaufend und zeitnah zur Durchführung der Arbeit oder der Freisetzung zu führen. Die Angaben nach § 2 Abs. 1 Satz 2 sind vor Beginn der gentechnischen Arbeiten aufzuzeichnen.

§ 3 Form der Aufzeichnungen

(1) Die Aufzeichnungen dürfen weder durch Streichung noch auf andere Weise unleserlich gemacht werden. Es dürfen keine Veränderungen vorgenommen werden, die nicht erkennen lassen, ob sie bei der ursprünglichen Eintragung oder erst später vorgenommen worden sind.

(2) Die Aufzeichnungen können auch auf einem Bildträger oder auf anderen Datenträgern geführt und aufbewahrt werden; hierbei muß sichergestellt sein, daß nachträgliche Änderungen des Inhalts nicht möglich sind. Bei der Aufbewahrung der Aufzeichnungen auf Datenträgern muß insbesondere sichergestellt sein, daß die Daten während der Aufbewahrungsfrist verfügbar sind und innerhalb einer angemessenen Frist lesbar gemacht werden können. Absatz 1 gilt entsprechend.

(3) Die Aufzeichnungen sind vom Betreiber, dem von ihm beauftragten Projektleiter oder einer von diesem bestimmten Person zu unterschreiben. Erfolgen Führung und Aufbewahrung nach Absatz 2, ist sicherzustellen, daß die eindeutige Zuordnung zu dem Verantwortlichen gewährleistet ist.

§ 4 Aufzeichnungs- und Vorlagepflichtiger, Aufbewahrungsfrist

(1) Der Betreiber hat die Aufzeichnungen der zuständigen Behörde auf ihr Ersuchen vorzulegen. Er hat die Aufzeichnungen aufzubewahren; die Aufbewahrungsfristen betragen

1. zehn Jahre bei gentechnischen Arbeiten der Sicherheitsstufe 1,
2. dreißig Jahre bei gentechnischen Arbeiten der Sicherheitsstufen 2 bis 4 und
3. dreißig Jahre bei Freisetzungen,

jeweils nach Beendigung der gentechnischen Arbeiten oder der Freisetzungen.

(2) Der Betreiber kann den Projektleiter mit der Führung der Aufzeichnungen beauftragen.

(3) Bei Betriebsstillegung hat der Betreiber einer gentechnischen Anlage die Aufzeichnungen unverzüglich der zuständigen Behörde auszuhändigen, sofern die in Absatz 1 genannten Fristen noch nicht abgelaufen sind.

§ 5 Ordnungswidrigkeiten

Ordnungswidrig im Sinne des § 38 Abs. 1 Nr. 12 des Gentechnikgesetzes handelt, wer als Betreiber vorsätzlich oder fahrlässig

1. entgegen § 2 Abs. 1 Satz 1, Abs. 2, 3, 4 oder 5 Aufzeichnungen nicht richtig oder nicht vollständig führt,
2. entgegen § 4 Abs. 1 Aufzeichnungen nicht oder nicht rechtzeitig vorlegt oder nicht für die vorgeschriebene Dauer aufbewahrt oder
3. entgegen § 4 Abs. 3 Aufzeichnungen nicht oder nicht rechtzeitig der zuständigen Behörde aushändigt.

§6

(weggefallen)

§7

(Inkrafttreten)

Verordnung über Anhörungsverfahren nach dem Gentechnikgesetz – Gentechnik-Anhörungsverordnung (GenTAnhV)[1)]

Inhaltsübersicht

§ 1 Anwendungsbereich

Anhörungen nach dieser Verordnung sind durchzuführen vor der Entscheidung über die Genehmigung

1. der Errichtung und des Betriebs einer gentechnischen Anlage, in der gentechnische Arbeiten zu gewerblichen Zwecken der Sicherheitsstufe 3 oder 4 durchgeführt werden sollen,
2. gentechnischer Anlagen, in denen gentechnische Arbeiten zu gewerblichen Zwecken der Sicherheitsstufe 2 durchgeführt werden sollen, wenn ein Genehmigungsverfahren nach § 10 des Bundes-Immissionsschutzgesetzes erforderlich ist,
3. der wesentlichen Änderung der Lage, der Beschaffenheit oder des Betriebs einer in Nummer 1 oder 2 aufgeführten gentechnischen Anlage, wenn zu besorgen ist, daß durch die Änderung zusätzliche oder andere Gefahren für die in § 1 Nr. 1 des Gentechnikgesetzes bezeichneten Rechtsgüter zu erwarten sind,
4. von weiteren gentechnischen Arbeiten zu gewerblichen Zwecken, die einer höheren Sicherheitsstufe als die bisher von der Genehmigung oder Anmeldung umfaßten Arbeiten zuzuordnen sind, soweit die Erteilung der erforderlichen Anlagengenehmigung nach Nummer 1 oder 2 eine Anhörung voraussetzt, und
5. einer Freisetzung, soweit es sich nicht um Organismen handelt, deren Ausbreitung auf Grund der Rechtsverordnung nach § 18 Abs. 2 des Gentechnikgesetzes begrenzbar ist.

Eine Anhörung wird vor der Entscheidung über eine Freisetzung nicht durchgeführt, soweit ein gegenüber dem Dritten Teil des Gentechnikgesetzes abweichendes vereinfachtes Verfahren auf der Grundlage einer Entscheidung des Rates oder der Kommission der Europäischen Gemeinschaften nach Artikel 6 Abs. 5 in Verbindung mit Artikel 21 der Richtlinie 90/220/EWG des Rates vom 23. April 1990 über die absichtliche Freisetzung genetisch veränderter Organismen in die Umwelt (ABl. EG Nr. L 117 S. 15) Anwendung findet.

---

1) In der Fassung vom 4. November 1996, BGBl. I S. 1649.

§ 2 Bekanntmachung des Vorhabens

Sind die mit den Genehmigungsanträgen vorzulegenden Unterlagen vollständig, so hat die für die Genehmigung zuständige Behörde (Genehmigungsbehörde) das Vorhaben in ihrem amtlichen Veröffentlichungsblatt und in örtlichen Tageszeitungen, die im Bereich des Standortes der Anlage oder in den Gemeinden, in denen die beantragte Freisetzung erfolgen soll, verbreitet sind, öffentlich bekanntzumachen (Bekanntmachung).

§ 3 Inhalt der Bekanntmachung

(1) In der Bekanntmachung nach § 2 ist

1. darauf hinzuweisen, wo und wann der Antrag auf Erteilung der Genehmigung und die Unterlagen zur Einsicht ausgelegt sind;
2. dazu aufzufordern, etwaige Einwendungen bei einer in der Bekanntmachung zu bezeichnenden Stelle innerhalb der Einwendungsfrist vorzubringen; dabei ist auf die Rechtsfolgen des § 5 hinzuweisen;
3. in den Fällen des § 1 Nr. 1 bis 4 ein Erörterungstermin zu bestimmen und darauf hinzuweisen, daß die formgerecht erhobenen Einwendungen auch bei Ausbleiben des Antragstellers oder von Personen, die Einwendungen erhoben haben, erörtert werden und
4. darauf hinzuweisen, daß die Zustellung der Entscheidung über die Einwendungen durch öffentliche Bekanntmachung ersetzt werden kann.

(2) Der Antrag und die Unterlagen sind nach der Bekanntmachung einen Monat zur Einsicht auszulegen. Die Bekanntmachung muß den Hinweis auf die Auslegungsfrist unter Angabe des ersten und letzten Tages enthalten.

(3) Zwischen der Bekanntmachung des Vorhabens und dem Beginn der Auslegungsfrist soll eine Woche liegen; maßgebend ist dabei der voraussichtliche Tag der Ausgabe des Veröffentlichungsblattes oder der Tageszeitung, die zuletzt erscheint.

(4) Wird das Vorhaben während des Genehmigungsverfahrens wesentlich geändert, so darf die Genehmigungsbehörde von einer zusätzlichen Bekanntmachung und Auslegung absehen, wenn keine zusätzlichen oder anderen Umstände darzulegen sind, die nachteilige Auswirkungen für Dritte besorgen lassen. Ist eine zusätzliche Bekanntmachung und Auslegung erforderlich, werden die Einwendungsmöglichkeiten und die Erörterung auf die vorgesehenen Änderungen beschränkt; hierauf ist in der Bekanntmachung hinzuweisen.

§ 4 Auslegung von Antrag und Unterlagen

(1) Bei der Genehmigungsbehörde und, soweit erforderlich, bei einer geeigneten Stelle in der Nähe des Standortes der Anlage oder in der Gemeinde, in der die Freisetzung vorgesehen ist, sind auszulegen

1. der Antrag sowie die beigefügten Unterlagen, die die Angaben über die Auswirkungen der Anlage auf die in § 1 Nr. 1 des Gentechnikgesetzes genannten Rechtsgüter enthalten, sowie bei Freisetzungen die Darlegung der möglichen sicherheitsrelevanten Auswirkungen auf die in § 1 Nr. 1 des Gentechnikgesetzes genannten Rechtsgüter und der vorgesehenen Vorkehrungen nach § 15 Abs. 1 Nr. 4 des Gentechnikgesetzes und
2. die Kurzbeschreibung nach § 4 Abs. 3 oder bei Freisetzungen nach § 5 Abs. 3 der Gentechnik- Verfahrensverordnung.

In den Antrag und die Unterlagen sowie die Kurzbeschreibung ist während der Dienststunden Einsicht zu gewähren.

(2) Auf Anforderung eines Dritten ist diesem eine Ablichtung der Kurzbeschreibung nach Absatz 1 Nr. 2 zu überlassen.

(3) Soweit Unterlagen Geschäfts- oder Betriebsgeheimnisse oder personenbezogene Daten enthalten, sind die geschützten Angaben vor Auslegung unkenntlich zu machen; ersatzweise ist an Stelle der Unterlagen die Inhaltsdarstellung nach § 17a Abs. 3 des Gentechnikgesetzes auszulegen.

§ 5 Einwendungen

(1) Einwendungen gegen das Vorhaben können schriftlich oder zur Niederschrift in den Fällen des § 1 Nr. 1 bis 4 bis zu zwei Wochen und im Fall des § 1 Nr. 5 bis zu einem Monat nach Ablauf der Auslegungsfrist nach § 3

Abs. 2 Satz 1 bei der Genehmigungsbehörde oder bei einer Stelle erhoben und begründet werden, bei der Antrag und Unterlagen zur Einsicht ausgelegt sind. Mit Ablauf der Frist werden alle Einwendungen ausgeschlossen, die nicht auf besonderen privatrechtlichen Titeln beruhen.

(2) Der Inhalt der Einwendungen ist dem Antragsteller anonymisiert und im Wortlaut bekanntzugeben. Den nach § 9 der Gentechnik-Verfahrensverordnung zu beteiligenden Stellen ist der anonymisierte Inhalt der Einwendungen bekanntzugeben, soweit sie ihre Aufgaben berühren.

§ 6 Erörterungstermin

(1) Der Erörterungstermin dient dazu, die rechtzeitig erhobenen Einwendungen zu erörtern, soweit dies für die Prüfung der Genehmigungsvoraussetzungen von Bedeutung sein kann. Er soll denjenigen, die Einwendungen erhoben haben, Gelegenheit geben, ihre Einwendungen zu erläutern.

(2) Rechtzeitig erhoben sind Einwendungen, die innerhalb der Einwendungsfrist bei der Genehmigungsbehörde oder der in § 5 Abs. 1 genannten Stelle eingegangen sind.

(3) Der Erörterungstermin soll innerhalb eines Monats nach Ablauf der Einwendungsfrist stattfinden.

§ 7 Besondere Einwendungen

Einwendungen, die auf besonderen privatrechtlichen Titeln beruhen, sind im Erörterungstermin nicht zu behandeln; sie sind durch schriftlichen Bescheid auf den Rechtsweg vor den ordentlichen Gerichten zu verweisen.

§ 8 Wegfall des Erörterungstermins

(1) Ein Erörterungstermin findet nicht statt, wenn

1. Einwendungen gegen das Vorhaben nicht oder nicht rechtzeitig erhoben worden sind oder
2. die rechtzeitig erhobenen Einwendungen zurückgenommen worden sind oder
3. ausschließlich Einwendungen erhoben worden sind, die auf besonderen privatrechtlichen Titeln beruhen.

(2) Der Antragsteller ist vom Wegfall des Termins zu unterrichten.

§ 9 Verlegung des Erörterungstermins

(1) Die Genehmigungsbehörde kann den bekanntgemachten Erörterungstermin verlegen, wenn dies im Hinblick auf dessen zweckgerechte Durchführung erforderlich ist. Ort und Zeit des neuen Erörterungstermins sind zum frühestmöglichen Zeitpunkt zu bestimmen.

(2) Der Antragsteller und diejenigen, die rechtzeitig Einwendungen erhoben haben, sind von der Verlegung des Erörterungstermins zu benachrichtigen. Sie können durch öffentliche Bekanntmachung benachrichtigt werden.

§ 10 Verlauf des Erörterungstermins; Förmliches Verwaltungsverfahren

Der Verhandlungsleiter erteilt das Wort und kann es entziehen, wenn eine von ihm festgesetzte Redezeit für die einzelnen Wortmeldungen überschritten wird oder Ausführungen gemacht werden, die nicht den Gegenstand des Erörterungstermins betreffen oder nicht in sachlichem Zusammenhang mit der zu behandelnden Einwendung stehen. Im übrigen gelten für den Verlauf des Erörterungstermins die §§ 18 und 19 der Neunten Verordnung zur Durchführung des Bundes-Immissionsschutzgesetzes in der Fassung der Bekanntmachung vom 29. Mai 1992 (BGBl. I S. 1001) entsprechend.

§ 11 Schriftliches Verfahren

Die §§ 6 bis 10 gelten nicht für Freisetzungen.

§ 12

(Inkrafttreten)

Verordnung über die Beteiligung des Rates, der Kommission und der Behörden der Mitgliedstaaten der Europäischen Union und der anderen Vertragsstaaten des Abkommens über den Europäischen Wirtschaftsraum im Verfahren zur Genehmigung von Freisetzungen und Inverkehrbringen sowie im Verfahren bei nachträglichen Maßnahmen nach dem Gentechnikgesetz – Gentechnik- Beteiligungsverordnung (GenTBetV)[1)]

Inhaltsübersicht

---

§ 1 Verfahren bei Anträgen zur Freisetzung im Geltungsbereich des Gentechnikgesetzes

(1) Das Robert Koch-Institut hat binnen 30 Tagen nach Eingang des Antrags auf Genehmigung einer Freisetzung von gentechnisch veränderten Organismen eine Zusammenfassung der vom Antragsteller erhaltenen Antragsunterlagen in der von der Kommission oder dem Rat nach Artikel 9 Abs. 1 Satz 3 in Verbindung mit Artikel 21 der Richtlinie 90/220/EWG des Rates vom 23. April 1990 über die absichtliche Freisetzung gentechnisch veränderter Organismen in die Umwelt (ABl. EG Nr. L 117 S. 15) festgelegten Form der Kommission zu übermitteln.

(2) Das Robert Koch-Institut und die in § 16 Abs. 4 Satz 1 des Gesetzes genannten Behörden berücksichtigen gegebenenfalls die von den Mitgliedstaaten der Europäischen Union und den anderen Vertragsstaaten des Abkommens über den Europäischen Wirtschaftsraum vorgebrachten Bemerkungen bei der Entscheidung über den Freisetzungsantrag. Das Robert Koch-Institut teilt die Entscheidung über den Freisetzungsantrag der Kommission, den Mitgliedstaaten der Europäischen Union, den anderen Vertragsstaaten des Abkommens über den Europäischen Wirtschaftsraum und der nach § 16 Abs. 4 Satz 2 des Gesetzes zuständigen Landesbehörde mit.

§ 2 Verfahren bei Anträgen zur Freisetzung aus Mitgliedstaaten der Europäischen Union oder anderen Vertragsstaaten des Abkommens über den Europäischen Wirtschaftsraum

(1) Erhält das Robert Koch-Institut von der Kommission eine Zusammenfassung von Antragsunterlagen für eine Freisetzung aus einem Mitgliedstaat der Europäischen Union oder einem anderen Vertragsstaat des Abkommens über den Europäischen Wirtschaftsraum, so kann es innerhalb von 30 Tagen nach der Verteilung der Zusammenfassung durch die Kommission die zuständige Behörde des Mitgliedstaates der Europäischen Union oder

---

[1)] In der Fassung vom 17. Mai 1995, BGBl. I S. 733.

des anderen Vertragsstaates des Abkommens über den Europäischen Wirtschaftsraum um weitere Auskünfte ersuchen und ihr über die Kommission oder unmittelbar seine Bemerkungen übermitteln. Das Robert Koch-Institut hat die Zusammenfassung der Antragsunterlagen und die nachträglich erhaltenen Informationen unverzüglich den in § 16 Abs. 4 Satz 1 und Satz 2 des Gesetzes genannten Behörden zur Stellungnahme zuzuleiten.

(2) Wurde in einem Mitgliedstaat der Europäischen Union oder einem anderen Vertragsstaat des Abkommens über den Europäischen Wirtschaftsraum eine Freisetzung in Grenznähe zu einem Land der Bundesrepublik Deutschland genehmigt, so hat das Robert Koch-Institut die jeweils zuständige Landesbehörde des angrenzenden Landes über diese Entscheidung zu unterrichten.

§ 3 Verfahren bei Anträgen zum Inverkehrbringen von Produkten im Geltungsbereich des Gentechnikgesetzes

(1) Das Robert Koch-Institut hat binnen 3 Monaten nach Eingang des Antrags auf Genehmigung eines Inverkehrbringens, sofern es den Antrag genehmigen will, eine Akte, die die Kurzfassung der Antragsunterlagen in der von der Kommission oder dem Rat nach Artikel 12 Abs. 3 Satz 2 in Verbindung mit Artikel 21 der in § 1 Abs. 1 genannten Richtlinie festgelegten Form sowie eine Beschreibung der Bedingungen enthält, unter denen es die Genehmigung des Inverkehrbringens des Produktes vorschlägt, mit einer befürwortenden Stellungnahme an die Kommission weiterzuleiten. Das Robert Koch-Institut hat insbesondere anzugeben, ob es den Antragsteller nach § 6 Abs. 3 der Gentechnik-Verfahrensverordnung vom 24. Oktober 1990 (BGBl. I S. 2378) von Antragserfordernissen nach Anlage 3 Teil B der Gentechnik-Verfahrensverordnung befreit hat.

(2) Das Robert Koch-Institut hat die Genehmigung nach § 16 Abs. 2 des Gesetzes zu erteilen, sobald die Frist von 60 Tagen nach der Verteilung der Unterlagen nach Absatz 1 Satz 1 durch die Kommission an die Mitgliedstaaten der Europäischen Union und die anderen Vertragsstaaten des Abkommens über den Europäischen Wirtschaftsraum verstrichen ist und keiner dieser Staaten mit Gründen versehene Einwände erhoben hat.

(3) Hat ein Mitgliedstaat der Europäischen Union oder ein anderer Vertragsstaat des Abkommens über den Europäischen Wirtschaftsraum mit Gründen versehene Einwände erhoben, tritt das Robert Koch-Institut in Verhandlungen mit der zuständigen Behörde dieses Staates ein, mit dem Ziel, innerhalb der Frist nach Absatz 2 eine Einigung herbeizuführen. Kommt eine Einigung zustande, hat das Robert Koch-Institut entsprechend der Einigung zu entscheiden. Das Robert Koch-Institut hat die Einwände unverzüglich den in § 16 Abs. 4 Satz 3 des Gesetzes genannten Behörden zur Stellungnahme zuzuleiten.

(4) Kommt keine Einigung zustande, unterrichtet das Robert Koch-Institut unverzüglich die Kommission. Trifft die Kommission oder der Rat einen positiven Beschluß nach Artikel 13 Abs. 3 Halbsatz 2 in Verbindung mit Artikel 21 der in § 1 Abs. 1 genannten Richtlinie, erteilt das Robert Koch-Institut die Genehmigung nach § 16 Abs. 2 des Gesetzes.

(5) Das Robert Koch-Institut hat die Kommission, die Mitgliedstaaten der Europäischen Union, die anderen Vertragsstaaten des Abkommens über den Europäischen Wirtschaftsraum und die zuständigen obersten Landesbehörden über die Erteilung der Genehmigung zu unterrichten.

(6) Das Robert Koch-Institut hat die Genehmigung zu versagen, wenn die Kommission oder der Rat eine ablehnende Stellungnahme abgegeben haben.

(7) Erhält das Robert Koch-Institut zusätzliche Informationen nach § 21 Abs. 5 des Gesetzes über die Risiken des Produktes für die menschliche Gesundheit oder die Umwelt, so hat es diese der Kommission und den übrigen Mitgliedstaaten der Europäischen Union und den anderen Vertragsstaaten des Abkommens über den Europäischen Wirtschaftsraum unverzüglich zu übermitteln.

§ 4 Verfahren bei Anträgen zum Inverkehrbringen von Produkten aus den Mitgliedstaaten der Europäischen Union oder den anderen Vertragsstaaten des Abkommens über den Europäischen Wirtschaftsraum

Erhält das Robert Koch-Institut von der Kommission einen Antrag zum Inverkehrbringen eines Produktes aus einem Mitgliedstaat der Europäischen Union oder einem anderen Vertragsstaat des Abkommens über den Europäischen Wirtschaftsraum und hat es begründete Einwände, so wird das Robert Koch-Institut diese innerhalb von 60 Tagen nach Verteilung des Antrags durch die Kommission der zuständigen Behörde des Mitgliedstaates der Europäischen Union oder des anderen Vertragsstaates des Abkommens über den Europäischen Wirtschaftsraum übermitteln und an einem Einigungsversuch mitwirken. Das Robert Koch-Institut hat den Antrag unverzüglich den in § 16 Abs. 4 Satz 3 des Gesetzes genannten Behörden zur Stellungnahme zuzuleiten.

§ 5 Verfahren bei der Anordnung des Ruhens der Genehmigung für ein Inverkehrbringen oder bei der einstweiligen Untersagung des Inverkehrbringens eines Produktes

(1) Das Robert Koch-Institut unterrichtet unter Angabe von Gründen unverzüglich die Kommission, die Mitgliedstaaten der Europäischen Union, die anderen Vertragsstaaten des Abkommens über den Europäischen Wirtschaftsraum und die zuständigen obersten Landesbehörden, wenn das Ruhen der Genehmigung für ein Inverkehrbringen nach § 20 Abs. 2 des Gesetzes ganz oder teilweise angeordnet oder ein Inverkehrbringen nach § 26 Abs. 1 Satz 4 des Gesetzes ganz oder teilweise einstweilig untersagt worden ist.

(2) Das Robert Koch-Institut hat die Genehmigung für ein Inverkehrbringen ganz oder teilweise zurückzunehmen oder zu widerrufen, wenn eine solche Maßnahme durch eine Entscheidung der Kommission oder des Rates nach Artikel 16 Abs. 2 in Verbindung mit Artikel 21 der in § 1 Abs. 1 genannten Richtlinie vorgegeben ist. Unter denselben Voraussetzungen hat das Robert Koch-Institut eine Anordnung nach § 20 Abs. 2 des Gesetzes oder die zu-ständige Landesbehörde eine Untersagung nach § 26 Abs. 1 Satz 4 des Gesetzes aufzuheben; dies gilt nicht, wenn die Anordnung oder Untersagung bis zur Entscheidung der Kommission oder des Rates der Europäischen Union befristet war.

§ 6 Inkrafttreten

Diese Verordnung tritt am Tage nach der Verkündung in Kraft. Die darin enthaltenen Regelungen über die Beteiligung der anderen Vertragsstaaten des Abkommens über den Europäischen Wirtschaftsraum sind ab dem 1. Januar 1995 anzuwenden.

Verordnung über die Erstellung von außerbetrieblichen Notfallplänen und über Informations-, Melde- und Unterrichtungspflichten – Gentechnik-Notfallverordnung (GenTNotfV)[*) 1)]

Inhaltsübersicht

---

§ 1 Anwendungsbereich

Diese Verordnung gilt für gentechnische Anlagen, in denen gentechnische Arbeiten der Sicherheitsstufe 2, 3 oder 4 im Sinne des § 7 Abs. 1 des Gentechnikgesetzes durchgeführt werden. Die §§ 3 und 4 gelten nicht für gentechnische Anlagen, in denen gentechnische Arbeiten der Sicherheitsstufe 2 durchgeführt werden.

§ 2 Begriffsbestimmungen

(1) Unfall im Sinne dieser Verordnung ist jedes Vorkommnis, das ein vom Betreiber nicht beabsichtigtes Entweichen gentechnisch veränderter Organismen in bedeutendem Umfang aus der gentechnischen Anlage mit sich bringt und zu einer Gefahr für die in § 1 Nr. 1 des Gentechnikgesetzes bezeichneten Rechtsgüter führen kann.

(2) Ein außerbetrieblicher Notfallplan im Sinne dieser Verordnung enthält Informationen und legt Organisations- und Sicherheitsmaßnahmen fest, um im Falle eines Unfalls die in § 1 Nr. 1 des Gentechnikgesetzes bezeichneten Rechtsgüter außerhalb des Betriebs- oder Institutsgeländes, auf dem die gentechnische Anlage betrieben wird, zu schützen.

§ 3 Erstellung von außerbetrieblichen Notfallplänen

(1) Die zuständige Behörde hat vor Beginn einer gentechnischen Arbeit der Sicherheitsstufe 3 oder 4 auf der Grundlage der vom Betreiber zu liefernden Unterlagen im Zusammenwirken mit anderen in ihrer Zuständigkeit

---

*) Diese Verordnung dient der Umsetzung der Artikel 14 bis 16 der Richtlinie 90/219/EWG des Rates über die Anwendung genetisch veränderter Mikroorganismen in geschlossenen Systemen vom 23. April 1990 (ABl. EG Nr. L 117 S. 1).

1) In der Fassung vom 10. Oktober 1997, BGBl. I S. 2882.

betroffenen Behörden, insbesondere mit den für die allgemeine Gefahrenabwehr und den Katastrophenschutz zuständigen Behörden, einen außerbetrieblichen Notfallplan zu erstellen, sofern ein Unfall zu einer erheblichen Gefahr für die in § 1 Nr. 1 des Gentechnikgesetzes bezeichneten Rechtsgüter außerhalb des Betriebs- oder Institutsgeländes, auf dem die gentechnische Anlage betrieben wird, führen kann. Die in § 11 Abs. 6 Satz 1 und Abs. 7 Satz 1 sowie in § 12 Abs. 8 Satz 1 des Gentechnikgesetzes vorgesehenen Fristen sind auch für die Erstellung des außerbetrieblichen Notfallplans einzuhalten. Wenn die für die Erstellung des außerbetrieblichen Notfallplans relevante gentechnische Arbeit erst zu einem späteren Zeitpunkt aufgenommen wird, ist es ausreichend, wenn der außerbetriebliche Notfallplan zum Zeitpunkt der Aufnahme dieser gentechnischen Arbeit vorliegt. Bei der Durchführung weiterer gentechnischer Arbeiten derselben Sicherheitsstufe kann auf einen bereits erstellten außerbetrieblichen Notfallplan Bezug genommen werden, soweit keine sicherheitsrelevanten Änderungen des außerbetrieblichen Notfallplans erforderlich sind.

(2) Der Betreiber ist verpflichtet, auf Anfrage der Behörde alle für die Erstellung des außerbetrieblichen Notfallplans erforderlichen Angaben zu machen, soweit diese nicht in den Anmelde- oder Genehmigungsunterlagen enthalten sind.

(3) Der außerbetriebliche Notfallplan ist erforderlichenfalls durch die zuständige Behörde zu aktualisieren.

(4) Sind im Falle eines Unfalls grenzüberschreitende Auswirkungen nicht auszuschließen, unterrichtet die zuständige Behörde die von den betroffenen Mitgliedstaaten der Europäischen Union oder den anderen Vertragsstaaten des Abkommens über den Europäischen Wirtschaftsraum benannten Behörden unverzüglich über die Erstellung des außerbetrieblichen Notfallplans und spricht seine Durchführung mit ihnen ab.

§ 4 Informationen über außerbetriebliche Notfallpläne

Die zuständige Behörde hat andere Behörden, deren Zuständigkeit im Falle eines Unfalls nach § 3 Abs. 1 Satz 1 ebenfalls betroffen sein kann, sowie andere gegebenenfalls betroffene Einrichtungen unaufgefordert über den Inhalt des außerbetrieblichen Notfallplans zu informieren. Bei der Durchführung weiterer gentechnischer Arbeiten derselben Sicherheitsstufe hat die Unterrichtung nur dann zu erfolgen, wenn sicherheitsrelevante Änderungen des außerbetrieblichen Notfallplans vorliegen. Die zuständige Behörde hat die Informationen über den außerbetrieblichen Notfallplan in geeigneter Weise auch der Öffentlichkeit zugänglich zu machen.

§ 5 Meldepflichten

(1) Der Betreiber hat bei einem Unfall die zuständige Behörde unverzüglich zu unterrichten und dabei folgendes anzugeben:

1. die Umstände des Unfalls,
2. die Identität und Mengen der entwichenen gentechnisch veränderten Organismen,
3. alle anderen für die Bewertung der Auswirkungen des Unfalls auf die in § 1 Nr. 1 des Gentechnikgesetzes bezeichneten Rechtsgüter notwendigen Informationen,
4. die getroffenen Maßnahmen.

(2) Die zuständige Behörde hat die Angaben nach Absatz 1 unverzüglich dem Robert Koch-Institut und den anderen Behörden zu übermitteln, deren Zuständigkeit ebenfalls betroffen sein kann.

§ 6 Erforderliche Maßnahmen

Die zuständige Behörde hat im Zusammenwirken mit dem Betreiber und mit anderen Behörden, deren Zuständigkeit betroffen ist, sicherzustellen, daß bei einem Unfall alle erforderlichen Maßnahmen getroffen werden.

§ 7 Analyse des Unfalls

(1) Die zuständige Behörde hat eine Analyse des Unfalls zu erstellen und gegebenenfalls Empfehlungen zur Vermeidung ähnlicher Unfälle in der Zukunft und zur Begrenzung ihrer Auswirkungen abzugeben.

(2) Die zuständige Behörde übermittelt die Analyse den in § 5 Abs. 2 genannten Behörden.

§ 8 Unterrichtungspflichten

(1) Sind bei einem Unfall grenzüberschreitende Auswirkungen nicht auszuschließen, hat die zuständige Behörde die von den übrigen Mitgliedstaaten der Europäischen Union und den anderen Vertragsstaaten des Abkommens über den Europäischen Wirtschaftsraum benannten Behörden unverzüglich zu unterrichten.

(2) Das Robert Koch-Institut hat die Kommission der Europäischen Gemeinschaften umgehend über jeden Unfall zu informieren. Einzelheiten über die Umstände des Unfalls, die Identität und Mengen der entwichenen gentechnisch veränderten Organismen, die getroffenen Notfallmaßnahmen und ihre Wirksamkeit sind anzugeben. Eine Analyse des Unfalls ist zusammen mit Empfehlungen zur Begrenzung seiner Auswirkungen und Vermeidung ähnlicher Unfälle in der Zukunft zu übermitteln.

§ 9 Übergangsregelung

Die zuständige Behörde hat in den Fällen des § 3 Abs. 1 Satz 1 für die vor dem Zeitpunkt des Inkrafttretens dieser Verordnung bereits angemeldeten oder genehmigten gentechnischen Arbeiten der Sicherheitsstufe 3 oder 4 innerhalb von 3 Monaten nach Inkrafttreten dieser Verordnung einen außerbetrieblichen Notfallplan zu erstellen, sofern nicht die angemeldete oder genehmigte gentechnische Arbeit beendet ist.

§ 10 Inkrafttreten

Diese Verordnung tritt am Tage nach der Verkündung in die von den übrigen Mitgliedstaaten der Europäischen Kraft.

Bundeskostenverordnung zum Gentechnikgesetz (BGenTGKostV)[1)]

Inhaltsübersicht

---

§ 1 Kosten

(1) Das Robert Koch-Institut erhebt für Amtshandlungen nach dem Gentechnikgesetz Kosten (Gebühren und Auslagen) nach dieser Verordnung.

(2) Als Auslagen werden vom Kostenschuldner die in § 10 Abs. 1 Nr. 1 bis 4 und 6 bis 8 des Verwaltungskostengesetzes bezeichneten Auslagen erhoben.

§ 2 Höhe der Gebühren

(1) Die Gebühr beträgt

1. für die Genehmigung eines Antrags nach § 14 Abs. 1 Satz 1 Nr. 1 und Abs. 3 des Gesetzes 2.500 bis 15.000 Euro.
2. für die Genehmigung eines Antrags nach § 14 Abs. 1 Satz I Nr. 2 oder 3 des Gesetzes 5.000 bis 30.000 Euro.

(2) Erfordert eine Amtshandlung im Einzelfall einen außergewöhnlich hohen Aufwand, so kann die Gebühr für die Genehmigung eines Antrags nach § 14 Abs. 1 Satz 1 und Abs. 3 des Gesetzes bis auf 75.000 Euro, die Gebühr für die Genehmigung eines Antrags nach § 14 Abs. I Satz 1 Nr. 2 oder 3 des Gesetzes bis auf 150.000 Euro erhöht werden. Der Gebührenschuldner ist zu hören, wenn mit einer solchen Erhöhung zu rechnen ist.

(3) Erfordert eine Amtshandlung im Einzelfall einen außergewöhnlich niedrigen Aufwand, so kann die Gebühr bis auf 50 Euro reduziert werden.

§ 3 Gebühren in besonderen Fällen

(1) Wird

1. ein Antrag auf Vornahme einer gebührenpflichtigen Amtshandlung nach Beginn der sachlichen Bearbeitung vom Antragsteller zurückgenommen oder
2. ein Antrag aus anderen Gründen als wegen Unzuständigkeit abgelehnt oder
3. eine Amtshandlung zurückgenommen oder widerrufen,

so gilt § 15 Abs. 2 des Verwaltungskostengesetzes.

[1)] In der Fassung vom 9. Oktober 1991, BGBl. I S. 1972, zuletzt geändert durch Art. 42 des Gesetzes vom 23.10.2001, BGBl. I S. 2702.

(2) Sofern der Antragsteller dazu Anlaß gegeben hat, beträgt die Gebühr für den Widerruf oder die Rücknahme einer Amtshandlung mindestens 50 Euro, höchstens die für die widerrufene oder zurückgenommene Amtshandlung festgesetzte Gebühr.

(3) Wird gegen eine Amtshandlung Widerspruch erhoben, so ist eine Gebühr zu erheben, soweit der Widerspruch zurückgewiesen wird; die Gebühr beträgt mindestens 50 Euro, höchstens die für die Amtshandlung festgesetzte Gebühr. Richtet sich der Widerspruch ausschließlich gegen die Kostenentscheidung, so beträgt die Gebühr mindestens 25 Euro, höchstens 10 vom Hundert des mit der Kostenentscheidung geltend gemachten Betrages. Wird der Widerspruch nach Beginn der sachlichen Bearbeitung zurückgenommen, beträgt die Gebühr mindestens 50 Euro, höchstens die für die angefochtene Amtshandlung festgesetzte Gebühr.

(4) Wird eine nachträgliche Auflage nach § 19 Satz 3 des Gesetzes angeordnet, beträgt die zusätzliche Gebühr bis zu einem Viertel der erhobenen Gebühr.

(5) Wird die einstweilige Einstellung einer Freisetzung oder eines Inverkehrbringens nach § 20 des Gesetzes angeordnet, beträgt die zusätzliche Gebühr bis zur Hälfte der erhobenen Gebühr.

§ 4 Gebührenermäßigung und Gebührenbefreiung

(1) Auf Antrag des Kostenschuldners kann eine Gebührenermäßigung oder eine Gebührenbefreiung gewährt werden, wenn an der Freisetzung oder an dem Inverkehrbringen ein besonderes öffentliches Interesse besteht oder der Antragsteller einen den Gebühren und dem Entwicklungsaufwand angemessenen wirtschaftlichen Nutzen nicht erwarten kann. Satz 1 gilt für Auslagen entsprechend.

(2) Von der Zahlung der Gebühren sind im Fall einer Freisetzung, außer den in § 8 Abs. 1 des Verwaltungskostengesetzes bezeichneten Rechtsträgern die als gemeinnützig anerkannten Forschungseinrichtungen befreit.

§ 5 Sonstige Gebühren

Bei anderen Amtshandlungen, die auf Antrag vorgenommen werden, sind an Gebühren zu erheben für

1. nicht einfache schriftliche Auskünfte 50 bis 100 Euro,
2. Bescheinigungen und Beglaubigungen 12,50 bis 150 Euro.

§ 6 Übergangsregelung

Für Amtshandlungen, die vor Inkrafttreten dieser Verordnung vorgenommen worden sind, können Kosten nach Maßgabe der §§ 1 bis 5 erhoben werden, soweit bei den Amtshandlungen unter Hinweis auf den bevorstehenden Erlaß dieser Verordnung eine Kostenentscheidung ausdrücklich vorbehalten worden ist.

§ 7 Inkrafttreten

Diese Verordnung tritt am Tage nach der Verkündung in Kraft.

Gesetz zur Sicherstellung des Embryonenschutzes im Zusammenhang mit Einfuhr und Verwendung menschlicher embryonaler Stammzellen – (Stammzellgesetz - StZG)[1)]

Inhaltsübersicht

---

§ 1 Zweck des Gesetzes

Zweck dieses Gesetzes ist es, im Hinblick auf die staatliche Verpflichtung, die Menschenwürde und das Recht auf Leben zu achten und zu schützen und die Freiheit der Forschung zu gewährleisten,

1. die Einfuhr und die Verwendung embryonaler Stammzellen grundsätzlich zu verbieten,
2. zu vermeiden, dass von Deutschland aus eine Gewinnung embryonaler Stammzellen oder eine Erzeugung von Embryonen zur Gewinnung embryonaler Stammzellen veranlasst wird, und
3. die Voraussetzungen zu bestimmen, unter denen die Einfuhr und die Verwendung embryonaler Stammzellen ausnahmsweise zu Forschungszwecken zugelassen sind.

§ 2 Anwendungsbereich

Dieses Gesetz gilt für die Einfuhr und die Verwendung embryonaler Stammzellen.

[1)] In der Fassung vom 28. Juni 2002, BGBl. I, S. 2277.

§ 3 Begriffsbestimmungen

Im Sinne dieses Gesetzes

1. sind Stammzellen alle menschlichen Zellen, die die Fähigkeit besitzen, in entsprechender Umgebung sich selbst durch Zellteilung zu vermehren, und die sich selbst oder deren Tochterzellen sich unter geeigneten Bedingungen zu Zellen unterschiedlicher Spezialisierung, jedoch nicht zu einem Individuum zu entwickeln vermögen (pluripotente Stammzellen),
2. sind embryonale Stammzellen alle aus Embryonen, die extrakorporal erzeugt und nicht zur Herbeiführung einer Schwangerschaft verwendet worden sind oder einer Frau vor Abschluss ihrer Einnistung in der Gebärmutter entnommen wurden, gewonnenen pluripotenten Stammzellen,
3. sind, embryonale Stammzell-Linien alle embryonalen Stammzellen, die in Kultur gehalten werden oder im Anschluss daran kryokonserviert gelagert werden,
4. ist Embryo bereits jede menschliche totipotente Zelle, die sich bei Vorliegen der dafür erforderlichen weiteren Voraussetzungen zu teilen und zu einem Individuum zu entwickeln vermag,
5. ist Einfuhr das Verbringen embryonaler Stammzellen in den Geltungsbereich dieses Gesetzes.

§ 4 Einfuhr und Verwendung embryonaler Stammzellen

(1) Die Einfuhr und die Verwendung embryonaler Stammzellen ist verboten.

(2) Abweichend von Absatz 1 sind die Einfuhr und die Verwendung embryonaler Stammzellen zu Forschungszwecken unter den in § 6 genannten Voraussetzungen zulässig, wenn

1. zur Überzeugung der Genehmigungsbehörde feststeht, dass
   a) die embryonalen Stammzellen in Übereinstimmung mit der Rechtslage im Herkunftsland dort vor dem 1. Januar 2002 gewonnen wurden und in Kultur gehalten werden oder im Anschluss daran kryokonserviert gelagert werden (embryonale Stammzell-Linie),
   b) die Embryonen, aus denen sie gewonnen wurden, im Wege der medizinisch unterstützten extrakorporalen Befruchtung zum Zwecke der Herbeiführung einer Schwangerschaft erzeugt worden sind, sie endgültig nicht mehr für diesen Zweck verwendet wurden und keine Anhaltspunkte dafür vorliegen, dass dies aus Gründen erfolgte, die an den Embryonen selbst liegen,
   c) für die Überlassung der Embryonen zur Stammzellgewinnung kein Entgelt oder sonstiger geldwerter Vorteil gewährt oder versprochen wurde und
2. der Einfuhr oder Verwendung der embryonalen Stammzellen sonstige gesetzliche Vorschriften, insbesondere solche des Embryonenschutzgesetzes, nicht entgegenstehen.

(3) Die Genehmigung ist zu versagen, wenn die Gewinnung der embryonalen Stammzellen offensichtlich im Widerspruch zu tragenden Grundsätzen der deutschen Rechtsordnung erfolgt ist. Die Versagung kann nicht damit begründet werden, dass die Stammzellen aus menschlichen Embryonen gewonnen wurden.

§ 5 Forschung an embryonalen Stammzellen

Forschungsarbeiten an embryonalen Stammzellen dürfen nur durchgeführt werden, wenn wissenschaftlich begründet dargelegt ist, dass

1. sie hochrangigen Forschungszielen für den wissenschaftlichen Erkenntnisgewinn im Rahmen der Grundlagenforschung oder für die Erweiterung medizinischer Kenntnisse bei der Entwicklung diagnostischer, präventiver oder therapeutischer Verfahren zur Anwendung bei Menschen dienen und
2. nach dem anerkannten Stand von Wissenschaft und Technik
   a) die im Forschungsvorhaben vorgesehenen Fragestellungen so weit wie möglich bereits in In-vitro-Modellen mit tierischen Zellen oder in Tierversuchen vorgeklärt worden sind und
   b) der mit dem Forschungsvorhaben angestrebte wissenschaftliche Erkenntnisgewinn sich voraussichtlich nur mit embryonalen Stammzellen erreichen lässt.

§ 6 Genehmigung

(1) Jede Einfuhr und jede Verwendung embryonaler Stammzellen bedarf der Genehmigung durch die zuständige Behörde.

(2) Der Antrag auf Genehmigung bedarf der Schriftform. Der Antragsteller hat in den Antragsunterlagen insbesondere folgende Angaben zu machen:

1. den Namen und die berufliche Anschrift der für das Forschungsvorhaben verantwortlichen Person,
2. eine Beschreibung des Forschungsvorhabens einschließlich einer wissenschaftlich begründeten Darlegung, dass das Forschungsvorhaben den Anforderungen nach § 5 entspricht,
3. eine Dokumentation der für die Einfuhr oder Verwendung vorgesehenen embryonalen Stammzellen darüber, dass die Voraussetzungen nach § 4 Abs. 2 Nr. 1 erfüllt sind; der Dokumentation steht ein Nachweis gleich, der belegt, dass
   a) die vorgesehenen embryonalen Stammzellen mit denjenigen identisch sind, die in einem wissenschaftlich anerkannten, öffentlich zugänglichen und durch staatliche oder staatlich autorisierte Stellen geführten Register eingetragen sind, und
   b) durch diese Eintragung die Voraussetzungen nach § 4 Abs. 2 Nr. 1 erfüllt sind.

(3) Die zuständige Behörde hat dem Antragsteller den Eingang des Antrags und der beigefügten Unterlagen unverzüglich schriftlich zu bestätigen. Sie holt zugleich die Stellungnahme der Zentralen Ethik-Kommission für Stammzellenforschung ein. Nach Eingang der Stellungnahme teilt sie dem Antragsteller die Stellungnahme und den Zeitpunkt der Beschlussfassung der Zentralen Ethik-Kommission für Stammzellenforschung mit.

(4) Die Genehmigung ist zu erteilen, wenn

1. die Voraussetzungen nach § 4 Abs. 2 erfüllt sind,
2. die Voraussetzungen nach § 5 erfüllt sind und das Forschungsvorhaben in diesem Sinne ethisch vertretbar ist und
3. eine Stellungnahme der Zentralen Ethik-Kommission für Stammzellenforschung nach Beteiligung durch die zuständige Behörde vorliegt.

(5) Liegen die vollständigen Antragsunterlagen sowie eine Stellungnahme der Zentralen Ethik-Kommission für Stammzellenforschung vor, so hat die Behörde über den Antrag innerhalb von zwei Monaten schriftlich zu entscheiden. Die Behörde hat bei ihrer Entscheidung die Stellungnahme der Zentralen Ethik-Kommission für Stammzellenforschung zu berücksichtigen. Weicht die zuständige Behörde bei ihrer Entscheidung von der Stellungnahme der Zentralen Ethik-Kommission für Stammzellenforschung ab, so hat sie die Gründe hierfür schriftlich darzulegen.

(6) Die Genehmigung kann unter Auflagen und Bedingungen erteilt und befristet werden, soweit dies zur Erfüllung oder fortlaufenden Einhaltung der Genehmigungsvoraussetzungen nach Absatz 4 erforderlich ist. Treten nach Erteilung der Genehmigung Tatsachen ein, die der Genehmigung entgegenstehen, kann die Genehmigung mit Wirkung für die Zukunft ganz oder teilweise widerrufen oder von der Erfüllung von Auflagen abhängig gemacht oder befristet werden, soweit dies zur Erfüllung oder fortlaufenden Einhaltung der Genehmigungsvoraussetzungen nach Absatz 4 erforderlich ist. Widerspruch und Anfechtungsklage gegen die Rücknahme oder den Widerruf der Genehmigung haben keine aufschiebende Wirkung.

§ 7 Zuständige Behörde

(1) Zuständige Behörde ist eine durch Rechtsverordnung des Bundesministeriums für Gesundheit zu bestimmende Behörde aus seinem Geschäftsbereich. Sie führt die ihr nach diesem Gesetz übertragenen Aufgaben als Verwaltungsaufgaben des Bundes durch und untersteht der Fachaufsicht des Bundesministeriums für Gesundheit.

(2) Für Amtshandlungen nach diesem Gesetz sind Kosten (Gebühren und Auslagen) zu erheben. Das Verwaltungskostengesetz findet Anwendung. Von der Zahlung von Gebühren sind außer den in § 8 Abs. 1 des Verwaltungskostengesetzes bezeichneten Rechtsträgern die als gemeinnützig anerkannten Forschungseinrichtungen befreit.

(3) Das Bundesministerium für Gesundheit wird ermächtigt, im Einvernehmen mit dem Bundesministerium für Bildung und Forschung durch Rechtsverordnung die gebührenpflichtigen Tatbestände zu bestimmen und dabei feste Sätze oder Rahmensätze vorzusehen. Dabei ist die Bedeutung, der wirtschaftliche Wert oder der sonstige Nutzen für die Gebührenschuldner angemessen zu berücksichtigen. In der Rechtsverordnung kann bestimmt werden, dass eine Gebühr auch für eine Amtshandlung erhoben werden kann, die nicht zu Ende geführt worden ist, wenn die Gründe hierfür von demjenigen zu vertreten sind, der die Amtshandlung veranlasst hat.

(4) Die bei der Erfüllung von Auskunftspflichten im Rahmen des Genehmigungsverfahrens entstehenden eigenen Aufwendungen des Antragstellers sind nicht zu erstatten.

§ 8 Zentrale Ethik-Kommission für Stammzellenforschung

(1) Bei der zuständigen Behörde wird eine interdisziplinär zusammengesetzte, unabhängige Zentrale Ethik-Kommission für Stammzellenforschung eingerichtet, die sich aus neun Sachverständigen der Fachrichtungen Biologie, Ethik, Medizin und Theologie zusammensetzt. Vier der Sachverständigen werden aus den Fachrichtungen Ethik und Theologie, fünf der Sachverständigen aus den Fachrichtungen Biologie und Medizin berufen. Die Kommission wählt aus ihrer Mitte Vorsitz und Stellvertretung.

(2) Die Mitglieder der Zentralen Ethik-Kommission für Stammzellenforschung werden von der Bundesregierung für die Dauer von drei Jahren berufen. Die Wiederberufung ist zulässig. Für jedes Mitglied wird in der Regel ein stellvertretendes Mitglied bestellt.

(3) Die Mitglieder und die stellvertretenden Mitglieder sind unabhängig und an Weisungen nicht gebunden. Sie sind zur Verschwiegenheit verpflichtet. Die §§ 20 und 21 des Verwaltungsverfahrensgesetzes gelten entsprechend.

(4) Die Bundesregierung wird ermächtigt, durch Rechtsverordnung das Nähere über die Berufung und das Verfahren der Zentralen Ethik-Kommission für Stammzellenforschung, die Heranziehung externer Sachverständiger sowie die Zusammenarbeit mit der zuständigen Behörde einschließlich der Fristen zu regeln.

§ 9 Aufgaben der Zentralen Ethik-Kommission für Stammzellenforschung

Die Zentrale Ethik-Kommission für Stammzellenforschung prüft und bewertet anhand der eingereichten Unterlagen, ob die Voraussetzungen nach § 5 erfüllt sind und das Forschungsvorhaben in diesem Sinne ethisch vertretbar ist.

§ 10 Vertraulichkeit von Angaben

(1) Die Antragsunterlagen nach § 6 sind vertraulich zu behandeln.

(2) Abweichend von Absatz 1 können für die Aufnahme in das Register nach § 11 verwendet werden

1. die Angaben über die embryonalen Stammzellen nach § 4 Abs. 2 Nr. 1,
2. der Name und die berufliche Anschrift der für das Forschungsvorhaben verantwortlichen Person,
3. die Grunddaten des Forschungsvorhabens, insbesondere eine zusammenfassende Darstellung der geplanten Forschungsarbeiten einschließlich der maßgeblichen Gründe für ihre Hochrangigkeit, die Institution, in der sie durchgeführt werden sollen, und ihre voraussichtliche Dauer.

(3) Wird der Antrag vor der Entscheidung über die Genehmigung zurückgezogen, hat die zuständige Behörde die über die Antragsunterlagen gespeicherten Daten zu löschen und die Antragsunterlagen zurückzugeben.

§ 11 Register

Die Angaben über die embryonalen Stammzellen und die Grunddaten der genehmigten Forschungsvorhaben werden durch die zuständige Behörde in einem öffentlich zugänglichen Register geführt.

§ 12 Anzeigepflicht

Die für das Forschungsvorhaben verantwortliche Person hat wesentliche nachträglich eingetretene Änderungen, die die Zulässigkeit der Einfuhr oder der Verwendung der embryonalen Stammzellen betreffen, unverzüglich der zuständigen Behörde anzuzeigen. § 6 bleibt unberührt.

§ 13 Strafvorschriften

(1) Mit Freiheitsstrafe bis zu drei Jahren oder mit Geldstrafe wird bestraft, wer ohne Genehmigung nach § 6 Abs. 1 embryonale Stammzellen einführt oder verwendet. Ohne Genehmigung im Sinne des Satzes 1 handelt auch, wer auf Grund einer durch vorsätzlich falsche Angaben erschlichenen Genehmigung handelt. Der Versuch ist strafbar.

(2) Mit Freiheitsstrafe bis zu einem Jahr oder mit Geldstrafe wird bestraft, wer einer vollziehbaren Auflage nach § 6 Abs. 6 Satz 1 oder 2 zuwiderhandelt.

§ 14 Bußgeldvorschriften

(1) Ordnungswidrig handelt, wer

1. entgegen § 6 Abs. 2 Satz 2 eine dort genannte Angabe nicht richtig oder nicht vollständig macht oder
2. entgegen § 12 Satz 1 eine Anzeige nicht, nicht richtig, nicht vollständig oder nicht rechtzeitig erstattet.

(2) Die Ordnungswidrigkeit kann mit einer Geldbuße bis zu fünfzigtausend Euro geahndet werden.

§ 15 Bericht

Die Bundesregierung übermittelt dem Deutschen Bundestag im Abstand von zwei Jahren, erstmals zum Ablauf des Jahres 2003, einen Erfahrungsbericht über die Durchführung des Gesetzes. Der Bericht stellt auch die Ergebnisse der Forschung an anderen Formen menschlicher Stammzellen dar.

§ 16 Inkrafttreten

Dieses Gesetz tritt am ersten Tag des auf die Verkündung folgenden Monats in Kraft.

Verordnung über die Zentrale Ethik-Kommission für Stammzellenforschung und über die zuständige Behörde nach dem Stammzellgesetz – ZES-Verordnung (ZESV)[1)]

Inhaltsübersicht

§ 1 Zuständige Behörde

Zuständige Behörde nach § 7 Abs. 1 Satz 1 des Stammzellgesetzes ist das Robert Koch-Institut.

§ 2 Aufgaben der Zentralen Ethik-Kommission für Stammzellenforschung

Die Zentrale Ethik-Kommission für Stammzellenforschung nach § 8 Abs. 1 und 2 des Stammzellgesetzes (Kommission) prüft und bewertet nach § 9 des Stammzellgesetzes auf Anforderung der zuständigen Behörde, ob Forschungsvorhaben, die Gegenstand eines Antrags auf Genehmigung nach § 6 des Stammzellgesetzes sind, die Voraussetzungen nach § 5 des Stammzellgesetzes erfüllen und in diesem Sinne ethisch vertretbar sind, und gibt dazu gegenüber der zuständigen Behörde schriftliche Stellungnahmen nach den Vorschriften dieser Verordnung ab.

§ 3 Berufung der Mitglieder und stellvertretenden Mitglieder

(1) Die Mitglieder und stellvertretenden Mitglieder der Kommission werden von der Bundesregierung auf gemeinsamen Vorschlag des Bundesministeriums für Gesundheit und des Bundesministeriums für Bildung und Forschung berufen. Sie sollen über besondere, möglichst auch internationale Erfahrungen in der jeweiligen Fachrichtung verfügen.

1) In der Fassung vom 18. Juli 2002, BGBl. I, S. 2663

(2) Scheidet ein Mitglied oder stellvertretendes Mitglied vorzeitig aus, wird als Nachfolger ein Mitglied oder stellvertretendes Mitglied derselben Fachrichtung für den Rest des Berufungszeitraums berufen.

(3) Das Bundesministerium für Gesundheit macht die Namen der Mitglieder und der stellvertretenden Mitglieder im Bundesanzeiger bekannt.

§ 4 Mitglieder und stellvertretende Mitglieder

(1) Die Tätigkeit in der Kommission wird ehrenamtlich ausgeübt.

(2) Die Mitglieder und die stellvertretenden Mitglieder erhalten Ersatz ihrer Reisekosten nach dem Bundesreisekostenrecht sowie eine Sitzungsentschädigung.

(3) Die Mitglieder und die stellvertretenden Mitglieder können durch schriftliche Erklärung gegenüber dem Bundesministerium für Gesundheit ihre Mitgliedschaft jederzeit beenden.

§ 5 Vorsitz und Stellvertretung

Die Mitglieder oder die stimmberechtigten stellvertretenden Mitglieder (§ 10 Abs. 4) wählen aus dem Kreis der Mitglieder eine Person für den Vorsitz (vorsitzendes Mitglied) und zwei Personen für die Stellvertretung. Die Wahl erfolgt für die Dauer von drei Jahren, längstens jedoch für die Dauer der Mitgliedschaft. Die Wiederwahl ist zulässig.

§ 6 Berichterstatter

(1) Anforderungen von Stellungnahmen der Kommission durch die zuständige Behörde werden von dem vorsitzenden Mitglied auf je zwei berichterstattende Personen (Berichterstatter) aus dem Kreis der Mitglieder und der stellvertretenden Mitglieder verteilt. Ein Mitglied und das diese Person vertretende stellvertretende Mitglied werden aus den Fachrichtungen Ethik oder Theologie, ein Mitglied und das diese Person vertretende stellvertretende Mitglied werden aus den Fachrichtungen Biologie oder Medizin als Berichterstatter benannt. Das Nähere regelt die Kommission in ihrer Geschäftsordnung (§ 15).

(2) Die Berichterstatter nehmen eine Prüfung und Bewertung nach § 9 des Stammzellgesetzes vor und geben dazu schriftliche Voten für die Stellungnahmen der Kommission ab. Sie berichten der Kommission.

(3) Die Berichterstatter können der Kommission Vorschläge für Maßnahmen nach § 7 machen.

§ 7 Sachverständige und andere Beteiligte

(1) Zur Erfüllung ihrer Aufgaben kann die Kommission auf Antrag von mindestens zwei Mitgliedern oder stimmberechtigten stellvertretenden Mitgliedern Sachverständige hören, Gutachten beiziehen oder einzelne Mitglieder oder stellvertretende Mitglieder mit der Wahrnehmung bestimmter Aufgaben betrauen.

(2) Die Kommission kann mit der Mehrheit ihrer Mitglieder oder stimmberechtigten stellvertretenden Mitglieder beschließen, die antragstellende Person nach § 6 Abs. 2 des Stammzellgesetzes oder die für das Forschungsvorhaben verantwortliche Person (§ 6 Abs. 2 Satz 2 Nr. 1 des Stammzellgesetzes) anzuhören und zu ihren Sitzungen zu laden.

§ 8 Geschäftsstelle

(1) Die Kommission hat ihre Geschäftsstelle bei der zuständigen Behörde.

(2) Die Geschäftsstelle führt die laufenden Geschäfte der Kommission einschließlich der Vorbereitung und Übermittlung der Stellungnahmen der Kommission an die zuständige Behörde. Sie unterstützt die Kommission sowie ihre Mitglieder und stellvertretenden Mitglieder bei der Wahrnehmung ihrer Aufgaben.

(3) Die Geschäftsstelle nimmt die an die Kommission gerichteten Anforderungen der zuständigen Behörde auf Abgabe von Stellungnahmen entgegen, unterrichtet die zuständige Behörde bei Unvollständigkeit oder sonstigen offensichtlichen Mängeln der Antragsunterlagen nach § 6 Abs. 2 des Stammzellgesetzes unverzüglich und sorgt für die fristgerechte Abgabe der Stellungnahmen durch die Kommission.

§ 9 Sitzungen der Kommission

(1) Die Sitzungen der Kommission sind so anzuberaumen, dass ihre Stellungnahmen der zuständigen Behörde innerhalb der gesetzten Fristen übermittelt werden können. Die Sitzungen sind, wenn es die Zahl der abzugebenden Stellungnahmen erfordert, in regelmäßigen Abständen anzuberaumen.

(2) Das vorsitzende Mitglied beruft die Kommission ein und stellt für jede Sitzung auf Vorschlag der Geschäftsstelle eine Tagesordnung auf.

(3) Die Einladung, die Tagesordnung und die Sitzungsunterlagen sollen den Mitgliedern und den stellvertretenden Mitgliedern spätestens eine Woche vor der Sitzung zugehen. Auf die Einhaltung der Frist kann verzichtet werden, wenn mindestens zwei Drittel der Mitglieder einverstanden sind. Die zuständige Behörde erhält die Einladung, die Tagesordnung und auf Anforderung die Sitzungsunterlagen nachrichtlich.

(4) Mitglieder, die an der Teilnahme verhindert sind, unterrichten unverzüglich die sie vertretenden stellvertretenden Mitglieder und die Geschäftsstelle.

(5) Auf Antrag der Mehrheit der Mitglieder der Kommission ist zu einer außerordentlichen Sitzung einzuladen.

§ 10 Durchführung von Sitzungen

(1) Die Sitzungen der Kommission sind nicht öffentlich. Die stellvertretenden Mitglieder sollen an den Sitzungen teilnehmen.

(2) Das vorsitzende Mitglied eröffnet, leitet und schließt die Sitzungen; es ist für die Ordnung verantwortlich.

(3) Zu Beginn der Sitzung wird über die Tagesordnung entschieden. Auf Beschluss von zwei Dritteln der Mitglieder oder stimmberechtigten stellvertretenden Mitglieder kann die Tagesordnung ergänzt werden.

(4) Stimmberechtigt sind die Mitglieder, im Fall ihrer Verhinderung die sie vertretenden stellvertretenden Mitglieder.

(5) Die Sitzungsteilnehmer haben über den Inhalt der Sitzung Verschwiegenheit zu wahren.

§ 11 Beschlussfassung

(1) Die Kommission ist beschlussfähig, wenn alle Mitglieder geladen und mindestens fünf Mitglieder oder stimmberechtigte stellvertretende Mitglieder anwesend sind.

(2) Die Kommission beschließt auf der Grundlage der Berichte und Voten der Berichterstatter mit der Mehrheit der anwesenden Mitglieder oder stimmberechtigten stellvertretenden Mitglieder.

(3) Jedes überstimmte Mitglied oder stimmberechtigte stellvertretende Mitglied kann verlangen, dass der Stellungnahme der Kommission ein schriftliches Minderheitsvotum angefügt wird. Das Minderheitsvotum ist zu begründen, Aus der Begründung muss sich ergeben, auf welchen Einzelerwägungen die Ablehnung der Stellungnahme beruht.

(4) Die Kommission kann im schriftlichen Verfahren entscheiden, wenn die Berichterstatter übereinstimmende Voten abgeben. Das Nähere regelt die Kommission in ihrer Geschäftsordnung.

§ 12 Sitzungsprotokoll

(1) Die Geschäftssteile fertigt über jede Sitzung ein Sitzungsprotokoll, das Ort und Zeit der Sitzung, die Beratungsgegenstände, deren Ergebnisse und ihre Begründung sowie die Stimmenverhältnisse ausweist. Minderheitsvoten werden protokolliert. Dem Sitzungsprotokoll ist eine Anwesenheitsliste beizufügen.

(2) Zur Erleichterung der Erstellung des Sitzungsprotokolls kann die Geschäftsstelle den Sitzungsverlauf auf Tonträger aufzeichnen. Unmittelbar nach Genehmigung des Sitzungsprotokolls durch die Kommission sind die Aufzeichnungen zu löschen.

(3) Das Sitzungsprotokoll ist vom vorsitzenden Mitglied der Kommission und von einer beauftragten Person der Geschäftsstelle zu unterzeichnen.

(4) Die Geschäftsstelle übersendet das Sitzungsprotokoll an die Mitglieder, die stellvertretenden Mitglieder und die zuständige Behörde. Das Sitzungsprotokoll ist vertraulich zu behandeln.

§ 13 Zusammenarbeit mit der zuständigen Behörde

(1) Die Kommission soll spätestens sechs Wochen, nachdem ihr die Anforderung der zuständigen Behörde und die vollständigen Antragsunterlagen nach § 6 Abs. 2 des Stammzellgesetzes vorliegen, ihre Stellungnahme der zuständigen Behörde übermitteln. Die zuständige Behörde kann die Frist auf Antrag um höchstens vier Wochen verlängern.

(2) Die Stellungnahme ist zu begründen. Sie soll die tragenden Erwägungsgründe einschließlich der maßgeblichen Gründe für die Bewertung der Hochrangigkeit der geplanten Forschungsarbeiten und das Abstimmungsergebnis enthalten. Sie muss im Fall des § 11 Abs. 3 auch die Minderheitsvoten enthalten.

§ 14 Tätigkeitsbericht und Unterrichtung der Öffentlichkeit

Die Kommission erstellt einen jährlichen Tätigkeitsbericht, der vom Bundesministerium für Gesundheit veröffentlicht wird.

§ 15 Geschäftsordnung

Die Kommission gibt sich eine Geschäftsordnung. Die Geschäftsordnung bedarf der Zustimmung des Bundesministeriums für Gesundheit, das seine Entscheidung im Einvernehmen mit dem Bundesministerium für Bildung und Forschung trifft.

§ 16 Inkrafttreten

Diese Verordnung tritt am Tag nach der Verkündung in Kraft.

Gesetz zum Schutz von Embryonen (ESchG)[1)]

Inhaltsübersicht

---

§ 1 Missbräuchliche Anwendung von Fortpflanzungstechniken

(1) Mit Freiheitsstrafe bis zu drei Jahren oder mit Geldstrafe wird bestraft, wer

1. auf eine Frau eine fremde unbefruchtete Eizelle überträgt,
2. es unternimmt, eine Eizelle zu einem anderen Zweck künstlich zu befruchten, als eine Schwangerschaft der Frau herbeizuführen, von der die Eizelle stammt,
3. es unternimmt, innerhalb eines Zyklus mehr als drei Embryonen auf eine Frau zu übertragen,
4. es unternimmt, durch intratubaren Gametentransfer innerhalb eines Zyklus mehr als drei Eizellen zu befruchten,
5. es unternimmt, mehr Eizellen einer Frau zu befruchten, als ihr innerhalb eines Zyklus übertragen werden sollen,
6. einer Frau einen Embryo vor Abschluss seiner Einnistung in der Gebärmutter entnimmt, um diesen auf eine andere Frau zu übertragen oder ihn für einen nicht seiner Erhaltung dienenden Zweck zu verwenden, oder
7. es unternimmt, bei einer Frau, welche bereit ist, ihr Kind nach der Geburt Dritten auf Dauer zu überlassen (Ersatzmutter), eine künstliche Befruchtung durchzuführen oder auf sie einen menschlichen Embryo zu übertragen.

(2) Ebenso wird bestraft, wer

1. künstlich bewirkt, dass eine menschliche Samenzelle in eine menschliche Eizelle eindringt, oder
2. eine menschliche Samenzelle in eine menschliche Eizelle künstlich verbringt,

ohne eine Schwangerschaft der Frau herbeiführen zu wollen, von der die Eizelle stammt.

[1)] In der Fassung vom 13. Dezember 1990, BGBl. I 1990 S. 2746; zuletzt geändert durch Art. 22 des Gesetzes vom 23.10.2001, BGBl. I S. 2702.

(3) Nicht bestraft werden

1. in den Fällen des Absatzes 1 Nr. 1, 2 und 6 die Frau, von der die Eizelle oder der Embryo stammt, sowie die Frau, auf die die Eizelle übertragen wird oder der Embryo übertragen werden soll, und
2. in den Fällen des Absatzes 1 Nr. 7 die Ersatzmutter sowie die Person, die das Kind auf Dauer bei sich aufnehmen will.

(4) In den Fällen des Absatzes 1 Nr. 6 und des Absatzes 2 ist der Versuch strafbar.

§ 2 Missbräuchliche Verwendung menschlicher Embryonen

(1) Wer einen extrakorporal erzeugten oder einer Frau vor Abschluss seiner Einnistung in der Gebärmutter entnommenen menschlichen Embryo veräußert oder zu einem nicht seiner Erhaltung dienenden Zweck abgibt, erwirbt oder verwendet, wird mit Freiheitsstrafe bis zu drei Jahren oder mit Geldstrafe bestraft.

(2) Ebenso wird bestraft, wer zu einem anderen Zweck als der Herbeiführung einer Schwangerschaft bewirkt, dass sich ein menschlicher Embryo extrakorporal weiterentwickelt.

(3) Der Versuch ist strafbar.

§ 3 Verbotene Geschlechtswahl

Wer es unternimmt, eine menschliche Eizelle mit einer Samenzelle künstlich zu befruchten, die nach dem in ihr enthaltenen Geschlechtschromosom ausgewählt worden ist, wird mit Freiheitsstrafe bis zu einem Jahr oder mit Geldstrafe bestraft. Dies gilt nicht, wenn die Auswahl der Samenzelle durch einen Arzt dazu dient, das Kind vor der Erkrankung an einer Muskeldystrophie vom Typ Duchenne oder einer ähnlich schwerwiegenden geschlechtsgebundenen Erbkrankheit zu bewahren, und die dem Kind drohende Erkrankung von der nach Landesrecht zuständigen Stelle als entsprechend schwerwiegend anerkannt worden ist.

§ 4 Eigenmächtige Befruchtung, eigenmächtige Embryoübertragung und künstliche Befruchtung nach dem Tode

(1) Mit Freiheitsstrafe bis zu drei Jahren oder mit Geldstrafe wird bestraft, wer

1. es unternimmt, eine Eizelle künstlich zu befruchten, ohne dass die Frau, deren Eizelle befruchtet wird, und der Mann, dessen Samenzelle für die Befruchtung verwendet wird, eingewilligt haben,
2. es unternimmt, auf eine Frau ohne deren Einwilligung einen Embryo zu übertragen, oder
3. wissentlich eine Eizelle mit dem Samen eines Mannes nach dessen Tode künstlich befruchtet.

(2) Nicht bestraft wird im Fall des Absatzes 1 Nr. 3 die Frau, bei der die künstliche Befruchtung vorgenommen wird.

§ 5 Künstliche Veränderung menschlicher Keimbahnzellen

(1) Wer die Erbinformation einer menschlichen Keimbahnzelle künstlich verändert, wird mit Freiheitsstrafe bis zu fünf Jahren oder mit Geldstrafe bestraft.

(2) Ebenso wird bestraft, wer eine menschliche Keimzelle mit künstlich veränderter Erbinformation zur Befruchtung verwendet.

(3) Der Versuch ist strafbar.

(4) Absatz 1 findet keine Anwendung auf
1. eine künstliche Veränderung der Erbinformation einer außerhalb des Körpers befindlichen Keimzelle, wenn ausgeschlossen ist, dass diese zur Befruchtung verwendet wird,
2. eine künstliche Veränderung der Erbinformation einer sonstigen körpereigenen Keimbahnzelle, die einer toten Leibesfrucht, einem Menschen oder einem Verstorbenen entnommen worden ist, wenn ausgeschlossen ist, dass
   a) diese auf einen Embryo, Fötus oder Menschen übertragen wird oder
   b) aus ihr eine Keimzelle entsteht, sowie
3. Impfungen, strahlen-, chemotherapeutische oder andere Behandlungen, mit denen eine Veränderung der Erbinformation von Keimbahnzellen nicht beabsichtigt ist.

§ 6 Klonen

(1) Wer künstlich bewirkt, dass ein menschlicher Embryo mit der gleichen Erbinformation wie ein anderer Embryo, ein Fötus, ein Mensch oder ein Verstorbener entsteht, wird mit Freiheitsstrafe bis zu fünf Jahren oder mit Geldstrafe bestraft.

(2) Ebenso wird bestraft, wer einen in Absatz 1 bezeichneten Embryo auf eine Frau überträgt.

(3) Der Versuch ist strafbar.

§ 7 Chimären- und Hybridbildung

(1) Wer es unternimmt,
1. Embryonen mit unterschiedlichen Erbinformationen unter Verwendung mindestens eines menschlichen Embryos zu einem Zellverband zu vereinigen,
2. mit einem menschlichen Embryo eine Zelle zu verbinden, die eine andere Erbinformation als die Zellen des Embryos enthält und sich mit diesem weiter zu differenzieren vermag, oder
3. durch Befruchtung einer menschlichen Eizelle mit dem Samen eines Tieres oder durch Befruchtung einer tierischen Eizelle mit dem Samen eines Menschen einen differenzierungsfähigen Embryo zu erzeugen,

wird mit Freiheitsstrafe bis zu fünf Jahren oder mit Geldstrafe bestraft.

(2) Ebenso wird bestraft, wer es unternimmt,
1. einen durch eine Handlung nach Absatz 1 entstandenen Embryo auf
   a) eine Frau oder
   b) ein Tier zu übertragen oder
2. einen menschlichen Embryo auf ein Tier zu übertragen.

§ 8 Begriffsbestimmung

(1) Als Embryo im Sinne dieses Gesetzes gilt bereits die befruchtete, entwicklungsfähige menschliche Eizelle vom Zeitpunkt der Kernverschmelzung an, ferner jede einem Embryo entnommene totipotente Zelle, die sich bei Vorliegen der dafür erforderlichen weiteren Voraussetzungen zu teilen und zu einem Individuum zu entwickeln vermag.

(2) In den ersten vierundzwanzig Stunden nach der Kernverschmelzung gilt die befruchtete menschliche Eizelle als entwicklungsfähig, es sei denn, daß schon vor Ablauf dieses Zeitraums festgestellt wird, dass sich diese nicht über das Einzellstadium hinaus zu entwickeln vermag.

(3) Keimbahnzellen im Sinne dieses Gesetzes sind alle Zellen, die in einer Zell-Linie von der befruchteten Eizelle bis zu den Ei- und Samenzellen des aus ihr hervorgegangenen Menschen führen, ferner die Eizelle vom Einbringen oder Eindringen der Samenzelle an bis zu der mit der Kernverschmelzung abgeschlossenen Befruchtung.

§ 9 Arztvorbehalt

Nur ein Arzt darf vornehmen:

1. die künstliche Befruchtung,
2. die Übertragung eines menschlichen Embryos auf eine Frau,
3. die Konservierung eines menschlichen Embryos sowie einer menschlichen Eizelle, in die bereits eine menschliche Samenzelle eingedrungen oder künstlich eingebracht worden ist.

§ 10 Freiwillige Mitwirkung

Niemand ist verpflichtet, Maßnahmen der in § 9 bezeichneten Art vorzunehmen oder an ihnen mitzuwirken.

§ 11 Verstoß gegen den Arztvorbehalt

(1) Wer, ohne Arzt zu sein,

1. entgegen § 9 Nr. 1 eine künstliche Befruchtung vornimmt oder
2. entgegen § 9 Nr. 2 einen menschlichen Embryo auf eine Frau überträgt,

wird mit Freiheitsstrafe bis zu einem Jahr oder mit Geldstrafe bestraft.

(2) Nicht bestraft werden im Fall des § 9 Nr. 1 die Frau, die eine künstliche Insemination bei sich vornimmt, und der Mann, dessen Samen zu einer künstlichen Insemination verwendet wird.

§ 12 Bußgeldvorschriften

(1) Ordnungswidrig handelt, wer, ohne Arzt zu sein, entgegen § 9 Nr. 3 einen menschlichen Embryo oder eine dort bezeichnete menschliche Eizelle konserviert.

(2) Die Ordnungswidrigkeit kann mit einer Geldbuße bis zu zweitausendfünfhundert Euro geahndet werden.

§ 13 Inkrafttreten

Dieses Gesetz tritt am 1. Januar 1991 in Kraft.

Gesetz über den Verkehr mit Arzneimitteln – Arzneimittelgesetz (AMG)[1)]

Inhaltsübersicht

[1)] In der Fassung vom 11. Dezember 1998, BGBl. I S. 3586, zuletzt geändert durch Artikel 2 des Gesetzes vom 21. August 2002, BGBl. I S. 3352.

Erster Abschnitt: Zweck des Gesetzes und Begriffsbestimmungen

§ 1 Zweck des Gesetzes

Es ist der Zweck dieses Gesetzes, im Interesse einer ordnungsgemäßen Arzneimittelversorgung von Mensch und Tier für die Sicherheit im Verkehr mit Arzneimitteln, insbesondere für die Qualität, Wirksamkeit und Unbedenklichkeit der Arzneimittel nach Maßgabe der folgenden Vorschriften zu sorgen.

§ 2 Arzneimittelbegriff

(1) Arzneimittel sind Stoffe und Zubereitungen aus Stoffen, die dazu bestimmt sind, durch Anwendung am oder im menschlichen oder tierischen Körper

1. Krankheiten, Leiden, Körperschäden oder krankhafte Beschwerden zu heilen, zu lindern, zu verhüten oder zu erkennen,
2. die Beschaffenheit, den Zustand oder die Funktionen des Körpers oder seelische Zustände erkennen zu lassen,
3. vom menschlichen oder tierischen Körper erzeugte Wirkstoffe oder Körperflüssigkeiten zu ersetzen,
4. Krankheitserreger, Parasiten oder körperfremde Stoffe abzuwehren, zu beseitigen oder unschädlich zu machen oder
5. die Beschaffenheit, den Zustand oder die Funktionen des Körpers oder seelische Zustände zu beeinflussen.

(2) Als Arzneimittel gelten

1. Gegenstände, die ein Arzneimittel nach Absatz 1 enthalten oder auf die ein Arzneimittel nach Absatz 1 aufgebracht ist und die dazu bestimmt sind, dauernd oder vorübergehend mit dem menschlichen oder tierischen Körper in Berührung gebracht zu werden,

1a. tierärztliche Instrumente, soweit sie zur einmaligen Anwendung bestimmt sind und aus der Kennzeichnung hervorgeht, daß sie einem Verfahren zur Verminderung der Keimzahl unterzogen worden sind,

2. Gegenstände, die, ohne Gegenstände nach Nummer 1 oder 1a zu sein, dazu bestimmt sind, zu den in Absatz 1 Nr. 2 oder 5 bezeichneten Zwecken in den tierischen Körper dauernd oder vorübergehend eingebracht zu werden, ausgenommen tierärztliche Instrumente,
3. Verbandstoffe und chirurgische Nahtmaterialien, soweit sie zur Anwendung am oder im tierischen Körper bestimmt und nicht Gegenstände der Nummer 1, 1a oder 2 sind,
4. Stoffe und Zubereitungen aus Stoffen, die, auch im Zusammenwirken mit anderen Stoffen oder Zubereitungen aus Stoffen, dazu bestimmt sind, ohne am oder im menschlichen oder tierischen Körper angewendet zu werden,
   a) die Beschaffenheit, den Zustand oder die Funktionen des tierischen Körpers erkennen zu lassen oder der Erkennung von Krankheitserregern bei Tieren zu dienen,
   b) Krankheitserreger oder Parasiten zu bekämpfen, ausgenommen solche, die dazu bestimmt sind, der Bekämpfung von Mikroorganismen einschließlich Viren bei Bedarfsgegenständen im Sinne des § 5 Abs. 1 Nr. 1 des Lebensmittel- und Bedarfsgegenständegesetzes oder bei Medizinprodukten im Sinne des § 3 des Medizinproduktegesetzes und ihrem Zubehör zu dienen.

(3) Arzneimittel sind nicht

1. Lebensmittel im Sinne des § 1 des Lebensmittel- und Bedarfsgegenständegesetzes,
2. Tabakerzeugnisse im Sinne des § 3 des Lebensmittel- und Bedarfsgegenständegesetzes,
3. kosmetische Mittel im Sinne des § 4 des Lebensmittel- und Bedarfsgegenständegesetzes,
4. Stoffe oder Zubereitungen aus Stoffen, die ausschließlich dazu bestimmt sind, äußerlich am Tier zur Reinigung oder Pflege oder zur Beeinflussung des Aussehens oder des Körpergeruchs angewendet zu werden, soweit ihnen keine Stoffe oder Zubereitungen aus Stoffen zugesetzt sind, die vom Verkehr außerhalb der Apotheke ausgeschlossen sind,

5. (weggefallen)
6. Futtermittel, Zusatzstoffe und Vormischungen im Sinne der §§ 2 bis 2b Abs. 1 Nr. 1 des Futtermittelgesetzes,
7. Medizinprodukte und Zubehör für Medizinprodukte im Sinne des § 3 des Medizinproduktegesetzes, es sei denn, es handelt sich um Arzneimittel im Sinne des § 2 Abs. 1 Nr. 2,
8. die in § 9 Satz 1 des Transplantationsgesetzes genannten Organe und Augenhornhäute, wenn sie zur Übertragung auf andere Menschen bestimmt sind.

(4) Solange ein Mittel nach diesem Gesetz als Arzneimittel zugelassen oder registriert oder durch Rechtsverordnung von der Zulassung oder Registrierung freigestellt ist, gilt es als Arzneimittel. Hat die zuständige Bundesoberbehörde die Zulassung oder Registrierung eines Mittels mit der Begründung abgelehnt, daß es sich um kein Arzneimittel handelt, so gilt es nicht als Arzneimittel.

§ 3 Stoffbegriff

Stoffe im Sinne dieses Gesetzes sind
1. chemische Elemente und chemische Verbindungen sowie deren natürlich vorkommenden Gemische und Lösungen,
2. Pflanzen, Pflanzenteile und Pflanzenbestandteile in bearbeitetem oder unbearbeitetem Zustand,
3. Tierkörper, auch lebender Tiere, sowie Körperteile, -bestandteile und Stoffwechselprodukte von Mensch oder Tier in bearbeitetem oder unbearbeitetem Zustand,
4. Mikroorganismen einschließlich Viren sowie deren Bestandteile oder Stoffwechselprodukte.

§ 4 Sonstige Begriffsbestimmungen

(1) Fertigarzneimittel sind Arzneimittel, die im voraus hergestellt und in einer zur Abgabe an den Verbraucher bestimmten Packung in den Verkehr gebracht werden.

(2) Blutzubereitungen sind Arzneimittel, die aus Blut gewonnene Blut-, Plasma- oder Serumkonserven, Blutbestandteile oder Zubereitungen aus Blutbestandteilen sind oder als arzneilich wirksame Bestandteile enthalten.

(3) Sera sind Arzneimittel im Sinne des § 2 Abs. 1, die aus Blut, Organen, Organteilen oder Organsekreten gesunder, kranker, krank gewesener oder immunisatorisch vorbehandelter Lebewesen gewonnen werden, spezifische Antikörper enthalten und die dazu bestimmt sind, wegen dieser Antikörper angewendet zu werden. Sera gelten nicht als Blutzubereitungen im Sinne des Absatzes 2.

(4) Impfstoffe sind Arzneimittel im Sinne des § 2 Abs. 1, die Antigene enthalten und die dazu bestimmt sind, bei Mensch oder Tier zur Erzeugung von spezifischen Abwehr- und Schutzstoffen angewendet zu werden.

(5) Testallergene sind Arzneimittel im Sinne des § 2 Abs. 1, die Antigene oder Haptene enthalten und die dazu bestimmt sind, bei Mensch oder Tier zur Erkennung von spezifischen Abwehr- oder Schutzstoffen angewendet zu werden.

(6) Testsera sind Arzneimittel im Sinne des § 2 Abs. 2 Nr. 4 Buchstabe a, die aus Blut, Organen, Organteilen oder Organsekreten gesunder, kranker, krank gewesener oder immunisatorisch vorbehandelter Lebewesen gewonnen werden, spezifische Antikörper enthalten und die dazu bestimmt sind, wegen dieser Antikörper verwendet zu werden, sowie die dazu gehörenden Kontrollsera.

(7) Testantigene sind Arzneimittel im Sinne des § 2 Abs. 2 Nr. 4 Buchstabe a, die Antigene oder Haptene enthalten und die dazu bestimmt sind, als solche verwendet zu werden.

(8) Radioaktive Arzneimittel sind Arzneimittel, die radioaktive Stoffe sind oder enthalten und ionisierende Strahlen spontan aussenden und die dazu bestimmt sind, wegen dieser Eigenschaften angewendet zu werden; als

radioaktive Arzneimittel gelten auch für die Radiomarkierung anderer Stoffe vor der Verabreichung hergestellte Radionuklide (Vorstufen) sowie die zur Herstellung von radioaktiven Arzneimitteln bestimmten Systeme mit einem fixierten Mutterradionuklid, das ein Tochterradionuklid bildet, (Generatoren).

(9) (weggefallen)

(10) Fütterungsarzneimittel sind Arzneimittel in verfütterungsfertiger Form, die aus Arzneimittel-Vormischungen und Mischfuttermitteln hergestellt werden und die dazu bestimmt sind, zur Anwendung bei Tieren in den Verkehr gebracht zu werden.

(11) Arzneimittel-Vormischungen sind Arzneimittel, die ausschließlich dazu bestimmt sind, zur Herstellung von Fütterungsarzneimitteln verwendet zu werden.

(12) Wartezeit ist die Zeit, innerhalb der bei bestimmungsgemäßer Anwendung von Arzneimitteln bei Tieren mit Rückständen nach Art und Menge gesundheitlich nicht unbedenklicher Stoffe, insbesondere in solchen Mengen, die festgesetzte Höchstmengen überschreiten, in den Lebensmitteln gerechnet werden muss, die von den behandelten Tieren gewonnen werden, einschließlich einer angemessenen Sicherheitsspanne.

(13) Nebenwirkungen sind die beim bestimmungsgemäßen Gebrauch eines Arzneimittels auftretenden unerwünschten Begleiterscheinungen.

(14) Herstellen ist das Gewinnen, das Anfertigen, das Zubereiten, das Be- oder Verarbeiten, das Umfüllen einschließlich Abfüllen, das Abpacken und das Kennzeichnen.

(15) Qualität ist die Beschaffenheit eines Arzneimittels, die nach Identität, Gehalt, Reinheit, sonstigen chemischen, physikalischen, biologischen Eigenschaften oder durch das Herstellungsverfahren bestimmt wird.

(16) Eine Charge ist die jeweils in einem einheitlichen Herstellungsgang erzeugte Menge eines Arzneimittels.

(17) Inverkehrbringen ist das Vorrätighalten zum Verkauf oder zu sonstiger Abgabe, das Feilhalten, das Feilbieten und die Abgabe an andere.

(18) Pharmazeutischer Unternehmer ist, wer Arzneimittel unter seinem Namen in den Verkehr bringt.

(19) Wirkstoffe sind Stoffe, die dazu bestimmt sind, bei der Herstellung von Arzneimitteln als arzneilich wirksame Bestandteile verwendet zu werden.

§ 4a Ausnahmen vom Anwendungsbereich

Dieses Gesetz findet keine Anwendung auf

1. Arzneimittel, die unter Verwendung von Krankheitserregern oder auf biotechnischem Wege hergestellt werden und zur Verhütung, Erkennung oder Heilung von Tierseuchen bestimmt sind,
2. die Gewinnung und das Inverkehrbringen von Sperma zur künstlichen Besamung,
3. Arzneimittel, die ein Arzt, Tierarzt oder eine andere Person, die zur Ausübung der Heilkunde befugt ist, bei Mensch oder Tier anwendet, soweit die Arzneimittel ausschließlich zu diesem Zweck unter der unmittelbaren fachlichen Verantwortung des anwendenden Arztes, Tierarztes oder der anwendenden Person, die zur Ausübung der Heilkunde befugt ist, hergestellt worden sind,
4. menschliche Organe, Organteile und Gewebe, die unter der fachlichen Verantwortung eines Arztes zum Zwecke der Übertragung auf andere Menschen entnommen werden, wenn diese Menschen unter der fachlichen Verantwortung dieses Arztes behandelt werden.

Satz 1 Nr. 1 gilt nicht für § 55. Satz 1 Nr.4 gilt nicht für Blutzubereitungen.

Zweiter Abschnitt: Anforderungen an die Arzneimittel

§ 5 Verbot bedenklicher Arzneimittel

(1) Es ist verboten, bedenkliche Arzneimittel in den Verkehr zu bringen.

(2) Bedenklich sind Arzneimittel, bei denen nach dem jeweiligen Stand der wissenschaftlichen Erkenntnisse der begründete Verdacht besteht, daß sie bei bestimmungsgemäßem Gebrauch schädliche Wirkungen haben, die über ein nach den Erkenntnissen der medizinischen Wissenschaft vertretbares Maß hinausgehen.

§ 6 Ermächtigung zum Schutz der Gesundheit

(1) Das Bundesministerium für Gesundheit (Bundesministerium) wird ermächtigt, durch Rechtsverordnung mit Zustimmung des Bundesrates die Verwendung bestimmter Stoffe, Zubereitungen aus Stoffen oder Gegenstände bei der Herstellung von Arzneimitteln vorzuschreiben, zu beschränken oder zu verbieten und das Inverkehrbringen von Arzneimitteln, die nicht nach diesen Vorschriften hergestellt sind, zu untersagen, soweit es geboten ist, um eine unmittelbare oder mittelbare Gefährdung der Gesundheit von Mensch oder Tier durch Arzneimittel zu verhüten.

(2) Die Rechtsverordnung nach Absatz 1 ergeht im Einvernehmen mit dem Bundesministerium für Umwelt, Naturschutz und Reaktorsicherheit, soweit es sich um radioaktive Arzneimittel und um Arzneimittel handelt, bei deren Herstellung ionisierende Strahlen verwendet werden, und im Einvernehmen mit dem Bundesministerium für Ernährung, Landwirtschaft und Forsten, soweit es sich um Arzneimittel handelt, die zur Anwendung bei Tieren bestimmt sind.[2]

§ 6a Verbot von Arzneimitteln zu Dopingzwecken im Sport

(1) Es ist verboten, Arzneimittel zu Dopingzwecken im Sport in den Verkehr zu bringen, zu verschreiben oder bei anderen anzuwenden.

(2) Absatz 1 findet nur Anwendung auf Arzneimittel, die Stoffe der im Anhang des Übereinkommens gegen Doping (Gesetz vom 2. März 1994 zu dem Übereinkommen vom 16. November 1989 gegen Doping, BGBl. 1994 II S. 334) aufgeführten Gruppen von Dopingwirkstoffen enthalten, sofern

1. das Inverkehrbringen, Verschreiben oder Anwenden zu anderen Zwecken als der Behandlung von Krankheiten erfolgt und
2. das Doping bei Menschen erfolgt oder erfolgen soll.

(3) Das Bundesministerium wird ermächtigt, im Einvernehmen mit dem Bundesministerium des Innern durch Rechtsverordnung mit Zustimmung des Bundesrates weitere Stoffe oder Zubereitungen aus Stoffen zu bestimmen, auf die Absatz 1 Anwendung findet, soweit dies geboten ist, um eine unmittelbare oder mittelbare Gefährdung der Gesundheit des Menschen durch Doping im Sport zu verhüten.

§ 7 Radioaktive und mit ionisierenden Strahlen behandelte Arzneimittel

(1) Es ist verboten, radioaktive Arzneimittel oder Arzneimittel, bei deren Herstellung ionisierende Strahlen verwendet worden sind, in den Verkehr zu bringen, es sei denn, daß dies durch Rechtsverordnung nach Absatz 2 zugelassen ist.

(2) Das Bundesministerium wird ermächtigt, im Einvernehmen mit dem Bundesministerium für Umwelt, Naturschutz und Reaktorsicherheit und, soweit es sich um Arzneimittel handelt, die zur Anwendung bei Tieren be-

---

[2] Mit Organisationserlass vom 22. Januar 2001 wurde das Bundesministerium für Ernährung, Landwirtschaft und Forsten zu einem Bundesministerium für Verbraucherschutz, Ernährung und Landwirtschaft umgebildet. Der Organisationserlass ist in diesem Gesetz noch nicht umgesetzt.

stimmt sind, im Einvernehmen mit dem Bundesministerium für Ernährung, Landwirtschaft und Forsten, durch Rechtsverordnung mit Zustimmung des Bundesrates das Inverkehrbringen radioaktiver Arzneimittel oder bei der Herstellung von Arzneimitteln die Verwendung ionisierender Strahlen zuzulassen, soweit dies nach dem jeweiligen Stand der wissenschaftlichen Erkenntnisse zu medizinischen Zwecken geboten und für die Gesundheit von Mensch oder Tier unbedenklich ist. In der Rechtsverordnung können für die Arzneimittel der Vertriebsweg bestimmt sowie Angaben über die Radioaktivität auf dem Behältnis, der äußeren Umhüllung und der Packungsbeilage vorgeschrieben werden.

§ 8 Verbote zum Schutz vor Täuschung

(1) Es ist verboten, Arzneimittel herzustellen oder in den Verkehr zu bringen, die

1. durch Abweichung von den anerkannten pharmazeutischen Regeln in ihrer Qualität nicht unerheblich gemindert sind oder
2. mit irreführender Bezeichnung, Angabe oder Aufmachung versehen sind. Eine Irreführung liegt insbesondere dann vor, wenn
   a) Arzneimitteln eine therapeutische Wirksamkeit oder Wirkungen beigelegt werden, die sie nicht haben,
   b) fälschlich der Eindruck erweckt wird, daß ein Erfolg mit Sicherheit erwartet werden kann oder daß nach bestimmungsgemäßem oder längerem Gebrauch keine schädlichen Wirkungen eintreten,
   c) zur Täuschung über die Qualität geeignete Bezeichnungen, Angaben oder Aufmachungen verwendet werden, die für die Bewertung des Arzneimittels mitbestimmend sind.

(2) Es ist verboten, Arzneimittel in den Verkehr zu bringen, deren Verfalldatum abgelaufen ist.

§ 9 Der Verantwortliche für das Inverkehrbringen

(1) Arzneimittel, die im Geltungsbereich dieses Gesetzes in den Verkehr gebracht werden, müssen den Namen oder die Firma und die Anschrift des pharmazeutischen Unternehmers tragen.

(2) Arzneimittel dürfen im Geltungsbereich dieses Gesetzes nur durch einen pharmazeutischen Unternehmer in den Verkehr gebracht werden, der seinen Sitz im Geltungsbereich dieses Gesetzes, in einem anderen Mitgliedstaat der Europäischen Gemeinschaften oder in einem anderen Vertragsstaat des Abkommens über den Europäischen Wirtschaftsraum hat.

§ 10 Kennzeichnung der Fertigarzneimittel

(1) Fertigarzneimittel, die Arzneimittel im Sinne des § 2 Abs. 1 oder Abs. 2 Nr. 1 sind, dürfen im Geltungsbereich dieses Gesetzes nur in den Verkehr gebracht werden, wenn auf den Behältnissen und, soweit verwendet, auf den äußeren Umhüllungen in gut lesbarer Schrift, allgemeinverständlich in deutscher Sprache und auf dauerhafte Weise angegeben sind

1. der Name oder die Firma und die Anschrift des pharmazeutischen Unternehmers,
2. die Bezeichnung des Arzneimittels; sofern das Arzneimittel unter gleicher Bezeichnung in mehreren Darreichungsformen oder Stärken in den Verkehr gebracht wird, muss dieser Bezeichnung die Angabe der Darreichungsform, der Stärke oder der Personengruppe, für die das Arzneimittel bestimmt ist, folgen, es sei denn, daß diese Angabe bereits in der Bezeichnung enthalten ist,
3. die Zulassungsnummer mit der Abkürzung „Zul.-Nr.",
4. die Chargenbezeichnung, soweit das Arzneimittel in Chargen in den Verkehr gebracht wird, mit der Abkürzung „Ch.-B.", soweit es nicht in Chargen in den Verkehr gebracht werden kann, das Herstellungsdatum,
5. die Darreichungsform,
6. der Inhalt nach Gewicht, Rauminhalt oder Stückzahl,
7. die Art der Anwendung,
8. die arzneilich wirksamen Bestandteile nach Art und Menge und weitere Bestandteile nach der Art, soweit dies durch Auflage der zuständigen Bundesoberbehörde nach § 28 Abs. 2 Nr. 1 angeordnet oder durch Rechtsver-

ordnung nach § 12 Abs. 1 Nr. 4 oder nach § 36 Abs. 1 vorgeschrieben ist; bei Arzneimitteln zur parenteralen oder zur topischen Anwendung, einschließlich der Anwendung am Auge, alle Bestandteile nach der Art,

8a. bei gentechnologisch gewonnenen Arzneimitteln der Wirkstoff und die Bezeichnung des bei der Herstellung verwendeten gentechnisch veränderten Mikroorganismus oder die Zellinie,

9. das Verfalldatum mit dem Hinweis „verwendbar bis“,

10. bei Arzneimitteln, die nur auf ärztliche, zahnärztliche oder tierärztliche Verschreibung abgegeben werden dürfen, der Hinweis „Verschreibungspflichtig“, bei sonstigen Arzneimitteln, die nur in Apotheken an Verbraucher abgegeben werden dürfen, der Hinweis „Apothekenpflichtig“,

11. bei Mustern der Hinweis „Unverkäufliches Muster“,

12. der Hinweis, daß Arzneimittel unzugänglich für Kinder aufbewahrt werden sollen, es sei denn, es handelt sich um Heilwässer,

13. soweit erforderlich besondere Vorsichtsmassnahmen für die Beseitigung von nicht verwendeten Arzneimitteln oder sonstige besondere Vorsichtsmaßnahmen, um Gefahren für die Umwelt zu vermeiden.

Sofern die Angaben nach Satz 1 zusätzlich in einer anderen Sprache wiedergegeben werden, müssen in dieser Sprache die gleichen Angaben gemacht werden. Weitere Angaben sind zulässig, soweit sie mit der Verwendung des Arzneimittels in Zusammenhang stehen, für die gesundheitliche Aufklärung wichtig sind und den Angaben nach § 11a nicht widersprechen.

(1a) Bei Arzneimitteln, die nur einen arzneilich wirksamen Bestandteil enthalten, muss der Angabe nach Absatz 1 Nr. 2 die Bezeichnung dieses Bestandteils mit dem Hinweis „Wirkstoff:“ folgen; dies gilt nicht, wenn in der Angabe nach Absatz 1 Nr. 2 die Bezeichnung des arzneilich wirksamen Bestandteils nach Absatz 1 Nr. 8 enthalten ist.

(2) Es sind ferner Warnhinweise, für die Verbraucher bestimmte Aufbewahrungshinweise und für die Fachkreise bestimmte Lagerhinweise anzugeben, soweit dies nach dem jeweiligen Stand der wissenschaftlichen Erkenntnisse erforderlich oder durch Auflagen der zuständigen Bundesoberbehörde nach § 28 Abs. 2 Nr. 1 angeordnet oder durch Rechtsverordnung vorgeschrieben ist.

(3) Bei Sera ist auch die Art des Lebewesens, aus dem sie gewonnen sind, bei Virusimpfstoffen das Wirtssystem, das zur Virusvermehrung gedient hat, anzugeben.

(4) Bei Arzneimitteln, die in das Register für homöopathische Arzneimittel eingetragen sind, muss bei der Bezeichnung nach Absatz 1 Satz 1 Nr. 2 der Hinweis „Homöopathisches Arzneimittel“ angegeben werden. An die Stelle der Angaben nach Absatz 1 Satz 1 Nr. 3 tritt die Registernummer mit der Abkürzung „Reg-Nr.“. Angaben über Anwendungsgebiete dürfen nicht gemacht werden. Es ist die Angabe „Registriertes homöopathisches Arzneimittel, daher ohne Angabe einer therapeutischen Indikation“ und bei Arzneimitteln, die zur Anwendung bei Menschen bestimmt sind, der Hinweis an den Anwender, bei während der Anwendung des Arzneimittels fortdauernden Krankheitssymptomen medizinischen Rat einzuholen, aufzunehmen. Die Angaben nach Absatz 1 Satz 1 Nr. 12 und 13 können entfallen. Die Sätze 1 und 3 bis 5 gelten entsprechend für Arzneimittel, die nach § 38 Abs. 1 Satz 3 von der Registrierung freigestellt sind. Arzneimittel, die nach einer homöopathischen Verfahrenstechnik hergestellt und nach § 25 zugelassen sind, sind mit einem Hinweis auf die homöopathische Beschaffenheit zu kennzeichnen.

(5) Bei Arzneimitteln, die zur Anwendung bei Tieren bestimmt sind, ist ferner anzugeben:

1. der Hinweis „Für Tiere“ und die Tierart, bei der das Arzneimittel angewendet werden soll,

2. die Wartezeit, soweit es sich um Arzneimittel handelt, die zur Anwendung bei Tieren bestimmt sind, die der Gewinnung von Lebensmitteln dienen; ist die Einhaltung einer Wartezeit nicht erforderlich, so ist dies anzugeben,

3. der Hinweis „Nicht bei Tieren anwenden, die der Gewinnung von Lebensmitteln dienen“, soweit die Arzneimittel ausschließlich zur Anwendung bei Tieren bestimmt sind, die nicht der Gewinnung von Lebensmitteln dienen,

3a. der Hinweis „Nur durch den Tierarzt selbst anzuwenden“, soweit dies durch Rechtsverordnung nach § 56a Abs. 3 Nr. 2 vorgeschrieben ist,

4. bei Arzneimittel-Vormischungen der Hinweis „Arzneimittel-Vormischung".

In der Angabe nach Absatz 1 Satz 1 Nr. 2 ist anstelle der Personengruppe die Tierart anzugeben. Abweichend von Absatz 1 Satz 1 Nr. 8 sind die wirksamen Bestandteile nach Art und Menge anzugeben.

(6) Für die Bezeichnung der Bestandteile gilt folgendes:

1. Zur Bezeichnung der Art sind die internationalen Kurzbezeichnungen der Weltgesundheitsorganisation oder, soweit solche nicht vorhanden sind, gebräuchliche wissenschaftliche Bezeichnungen zu verwenden. Das Bundesministerium wird ermächtigt, durch Rechtsverordnung ohne Zustimmung des Bundesrates die einzelnen Bezeichnungen zu bestimmen.
2. Zur Bezeichnung der Menge sind Maßeinheiten zu verwenden; sind biologische Einheiten oder andere Angaben zur Wertigkeit wissenschaftlich gebräuchlich, so sind diese zu verwenden.

(7) Das Verfalldatum ist mit Monat und Jahr anzugeben.

(8) Durchdrückpackungen sind mit dem Namen oder der Firma des pharmazeutischen Unternehmers, der Bezeichnung des Arzneimittels, der Chargenbezeichnung und dem Verfalldatum zu versehen. Auf die Angabe von Namen und Firma eines Parallelimporteurs kann verzichtet werden. Bei Behältnissen von nicht mehr als zehn Milliliter Rauminhalt und bei Ampullen, die nur eine einzige Gebrauchseinheit enthalten, brauchen die Angaben nach den Absätzen 1 bis 5 nur auf den äußeren Umhüllungen gemacht zu werden; jedoch müssen sich auf den Behältnissen und Ampullen mindestens die Angaben nach Absatz 1 Nr. 2, 4, 6, 7, 9 sowie nach den Absätzen 3 und 5 Nr. 1 befinden; es können geeignete Abkürzungen verwendet werden. Bei Frischplasmazubereitungen und Zubereitungen aus Blutzellen müssen mindestens die Angaben nach Absatz 1 Nr. 1 bis 4, 6, 7 und 9 gemacht sowie die Blutgruppe und bei Zubereitungen aus roten Blutkörperchen zusätzlich die Rhesusformel angegeben werden.

(9) Bei den Angaben nach den Absätzen 1 bis 5 dürfen im Verkehr mit Arzneimitteln übliche Abkürzungen verwendet werden. Die Firma nach Absatz 1 Nr. 1 darf abgekürzt werden, sofern das Unternehmen aus der Abkürzung allgemein erkennbar ist.

(10) Für Arzneimittel, die zur klinischen Prüfung oder zur Rückstandsprüfung bestimmt sind, finden Absatz 1 Nr. 1, 2 und 4 bis 7 sowie die Absätze 8 und 9, soweit sie sich hierauf beziehen, Anwendung. Arzneimittel, die zur klinischen Prüfung bestimmt sind, sind mit dem Hinweis „Zur klinischen Prüfung bestimmt" und Arzneimittel, die zur Rückstandsprüfung bestimmt sind, mit dem Hinweis „Zur Rückstandsprüfung bestimmt" zu versehen. Soweit zugelassene Arzneimittel nach Satz 2 den Hinweis „Zur klinischen Prüfung bestimmt" tragen müssen, sind sie unter Verzicht auf die zugelassene mit einer von der Zulassung abweichenden Bezeichnung zu versehen. Durchdrückpackungen sind mit der Bezeichnung und der Chargenbezeichnung zu versehen; die Sätze 2 und 3 finden Anwendung.

§ 11 Packungsbeilage

(1) Fertigarzneimittel, die Arzneimittel im Sinne des § 2 Abs. 1 oder Abs. 2 Nr. 1 sind und nicht zur klinischen Prüfung oder zur Rückstandsprüfung bestimmt sind, dürfen im Geltungsbereich dieses Gesetzes nur mit einer Packungsbeilage in den Verkehr gebracht werden, die die Überschrift „Gebrauchsinformation" trägt sowie folgende Angaben in der nachstehenden Reihenfolge allgemeinverständlich in deutscher Sprache und in gut lesbarer Schrift enthalten muß:

1. die Bezeichnung des Arzneimittels; § 10 Abs. 1 Nr. 2, Abs. 1a und Abs. 10 Satz 3 findet entsprechende Anwendung,
2. die arzneilich wirksamen Bestandteile nach Art und Menge und die sonstigen Bestandteile nach der Art; § 10 Abs. 6 findet Anwendung,
3. die Darrreichungsform und den Inhalt nach Gewicht, Rauminhalt oder Stückzahl,
4. die Stoff- oder Indikationsgruppe oder die Wirkungsweise,

5. den Namen oder die Firma und die Anschrift des pharmazeutischen Unternehmers sowie des Herstellers, der das Fertigarzneimittel für das Inverkehrbringen freigegeben hat,
6. die Anwendungsgebiete,
7. die Gegenanzeigen,
8. Vorsichtsmaßnahmen für die Anwendung, soweit diese nach dem jeweiligen Stand der wissenschaftlichen Erkenntnisse erforderlich sind,
9. Wechselwirkungen mit anderen Mitteln, soweit sie die Wirkung des Arzneimittels beeinflussen können,
10. Warnhinweise, insbesondere soweit dies durch Auflage der zuständigen Bundesoberbehörde nach § 28 Abs. 2 Nr. 2 angeordnet oder durch Rechtsverordnung vorgeschrieben ist,
11. die Dosierungsanleitung mit Art der Anwendung, Einzel- oder Tagesgaben und bei Arzneimitteln, die nur begrenzte Zeit angewendet werden sollen, Dauer der Anwendung,
12. Hinweise für den Fall der Überdosierung, der unterlassenen Einnahme oder Hinweise auf die Gefahr von unerwünschten Folgen des Absetzens, soweit erforderlich,
13. die Nebenwirkungen; zu ergreifende Gegenmaßnahmen sind, soweit dies nach dem jeweiligen Stand der wissenschaftlichen Erkenntnisse erforderlich ist, anzugeben; den Hinweis, daß der Patient aufgefordert werden soll, dem Arzt oder Apotheker jede Nebenwirkung mitzuteilen, die in der Packungsbeilage nicht aufgeführt ist,
14. den Hinweis, daß das Arzneimittel nach Ablauf des auf Behältnis und äußerer Umhüllung angegebenen Verfalldatums nicht mehr anzuwenden ist, und, soweit erforderlich, die Angabe der Haltbarkeit nach Öffnung des Behältnisses oder nach Herstellung der gebrauchsfertigen Zubereitung durch den Anwender und die Warnung vor bestimmten sichtbaren Anzeichen dafür, daß das Arzneimittel nicht mehr zu verwenden ist,

14a. bei Arzneimitteln aus humanem Blutplasma zur Fraktionierung die Angabe des Herkunftslandes des Blutplasmas,

15. das Datum der Fassung der Packungsbeilage.

Erläuternde Angaben zu den in Satz 1 genannten Begriffen sind zulässig. Sofern die Angaben nach Satz 1 in der Packungsbeilage zusätzlich in einer anderen Sprache wiedergegeben werden, müssen in dieser Sprache die gleichen Angaben gemacht werden. Satz 1 gilt nicht für Arzneimittel, die nach § 21 Abs. 2 Nr. 1 einer Zulassung nicht bedürfen. Weitere Angaben sind zulässig, soweit sie mit der Verwendung des Arzneimittels in Zusammenhang stehen, für die gesundheitliche Aufklärung wichtig sind und den Angaben nach § 11a nicht widersprechen. Bei den Angaben nach Satz 1 Nr. 7 bis 9 ist, soweit dies nach dem jeweiligen Stand der wissenschaftlichen Erkenntnisse erforderlich ist, auf die besondere Situation bestimmter Personengruppen, wie Kinder, Schwangere oder stillende Frauen, ältere Menschen oder Personen mit spezifischen Erkrankungen einzugehen; ferner sind, soweit erforderlich, mögliche Auswirkungen der Anwendung auf die Fahrtüchtigkeit oder die Fähigkeit zur Bedienung bestimmter Maschinen anzugeben. Die Angaben nach Satz 1 Nr. 8 und 10 können zusammengefaßt werden.

(1a) Ein Muster der Packungsbeilage und geänderter Fassungen ist der zuständigen Bundesoberbehörde unverzüglich zu übersenden, soweit nicht das Arzneimittel von der Zulassung oder Registrierung freigestellt ist.

(2) Es sind ferner in der Packungsbeilage Hinweise auf Bestandteile, deren Kenntnis für eine wirksame und unbedenkliche Anwendung des Arzneimittels erforderlich ist, und für die Verbraucher bestimmte Aufbewahrungshinweise anzugeben, soweit dies nach dem jeweiligen Stand der wissenschaftlichen Erkenntnisse erforderlich oder durch Auflage der zuständigen Bundesoberbehörde nach § 28 Abs. 2 Nr. 2 angeordnet oder durch Rechtsverordnung vorgeschrieben ist.

(2a) Bei radioaktiven Arzneimitteln sind ferner die Vorsichtsmaßnahmen aufzuführen, die der Verwender und der Patient während der Zubereitung und Verabreichung des Arzneimittels zu ergreifen haben, sowie besondere Vorsichtsmaßnahmen für die Entsorgung des Transportbehälters und nicht verwendeter Arzneimittel.

(3) Bei Arzneimitteln, die in das Register für homöopathische Arzneimittel eingetragen sind, muß bei der Bezeichnung nach Absatz 1 Satz 1 Nr. 1 der Hinweis „Homöopathisches Arzneimittel" angegeben werden. Angaben über Anwendungsgebiete dürfen nicht gemacht werden; an deren Stelle ist die Angabe „Registriertes homöopa-

thisches Arzneimittel, daher ohne Angabe einer therapeutischen Indikation" und bei Arzneimitteln, die zur Anwendung bei Menschen bestimmt sind, der Hinweis an den Anwender, bei während der Anwendung des Arzneimittels fortdauernden Krankheitssymptomen medizinischen Rat einzuholen, aufzunehmen. Die Angaben nach Absatz 1 Satz 1 Nr. 4, 7, 9, 12, 13 und 15 können entfallen. Die Sätze 1 bis 3 gelten entsprechend für Arzneimittel, die nach § 38 Abs. 1 Satz 3 von der Registrierung freigestellt sind.

(3a) Bei Sera ist auch die Art des Lebewesens, aus dem sie gewonnen sind, bei Virusimpfstoffen das Wirtssystem, das zur Virusvermehrung gedient hat, anzugeben.

(4) Bei Arzneimitteln, die zur Anwendung bei Tieren bestimmt sind, müssen ferner folgende Angaben gemacht werden:

1. die Angaben nach § 10 Abs. 5,
2. bei Arzneimittel-Vormischungen Hinweise für die sachgerechte Herstellung der Fütterungsarzneimittel, die hierfür geeigneten Mischfuttermitteltypen und Herstellungsverfahren, die Wechselwirkungen mit nach Futtermittelrecht zugelassenen Zusatzstoffen sowie Angaben über die Dauer der Haltbarkeit der Fütterungsarzneimittel,
3. soweit dies nach dem jeweiligen Stand der wissenschaftlichen Erkenntnisse erforderlich ist, besondere Vorsichtsmaßnahmen für die Beseitigung von nicht verwendeten Arzneimitteln oder sonstige besondere Vorsichtsmaßnahmen, um Gefahren für die Umwelt zu vermeiden.

Abweichend von Absatz 1 Satz 1 Nr. 2 sind die wirksamen Bestandteile nach Art und Menge anzugeben. Die Angabe nach Absatz 1 Satz 1 Nr. 4 und die Angabe des Herstellers nach Absatz 1 Satz 1 Nr. 5 können entfallen. Der Hinweis nach Absatz 1 Satz 1 Nr. 13 ist mit der Maßgabe anzugeben, daß der Tierhalter zur Mitteilung der genannten Nebenwirkungen an den Tierarzt oder Apotheker aufgefordert werden soll.

(5) Können die nach Absatz 1 Nr. 7, 9 und 13 vorgeschriebenen Angaben nicht gemacht werden, so ist der Hinweis „keine bekannt" zu verwenden. Werden auf der Packungsbeilage weitere Angaben gemacht, so müssen sie von den Angaben nach den Absätzen 1 bis 4 deutlich abgesetzt und abgegrenzt sein.

(6) Die Packungsbeilage kann entfallen, wenn die nach den Absätzen 1 bis 4 vorgeschriebenen Angaben auf dem Behältnis oder auf der äußeren Umhüllung stehen. Absatz 5 findet entsprechende Anwendung.

§ 11a Fachinformation

(1) Der pharmazeutische Unternehmer ist verpflichtet, Ärzten, Zahnärzten, Tierärzten, Apothekern und, soweit es sich nicht um verschreibungspflichtige Arzneimittel handelt, anderen Personen, die die Heilkunde oder Zahnheilkunde berufsmäßig ausüben, für Fertigarzneimittel, die der Zulassungspflicht unterliegen oder von der Zulassung freigestellt sind, Arzneimittel im Sinne des § 2 Abs. 1 oder Abs. 2 Nr. 1 und für den Verkehr außerhalb der Apotheken nicht freigegeben sind, auf Anforderung eine Gebrauchsinformation für Fachkreise (Fachinformation) zur Verfügung zu stellen. Diese muß die Überschrift „Fachinformation" tragen und folgende Angaben in gut lesbarer Schrift enthalten:

1. die Bezeichnung des Arzneimittels; § 10 Abs. 1a findet entsprechende Anwendung,
2. bei Arzneimitteln, die nur auf ärztliche, zahnärztliche oder tierärztliche Verschreibung abgegeben werden dürfen, den Hinweis „Verschreibungspflichtig", bei Betäubungsmitteln den Hinweis „Betäubungsmittel", bei sonstigen Arzneimitteln, die nur in Apotheken an Verbraucher abgegeben werden dürfen, den Hinweis „Apothekenpflichtig", bei Arzneimitteln, die einen Stoff oder eine Zubereitung nach § 49 enthalten, den Hinweis, daß dieses Arzneimittel einen Stoff enthält, dessen Wirkung in der medizinischen Wissenschaft noch nicht allgemein bekannt ist und für das der pharmazeutische Unternehmer der zuständigen Bundesoberbehörde, sofern es nach § 49 Abs. 6 Satz 1 vorgeschrieben ist, einen Erfahrungsbericht nach § 49 Abs. 6 vorzulegen hat,
3. die Stoff- oder Indikationsgruppe, die Bestandteile nach der Art und die arzneilich wirksamen Bestandteile nach Art und Menge; § 10 Abs. 6 findet Anwendung,
4. die Anwendungsgebiete,

5. die Gegenanzeigen,
6. die Nebenwirkungen,
7. die Wechselwirkungen mit anderen Mitteln,
8. die Warnhinweise, soweit dies für Behältnisse, äußere Umhüllungen, die Packungsbeilage oder die Fachinformation durch Auflagen der zuständigen Bundesoberbehörde nach § 28 Abs. 2 Nr. 1 Buchstabe a angeordnet oder durch Rechtsverordnung nach § 12 Abs. 1 Nr. 3 oder nach § 36 Abs. 1 vorgeschrieben ist,
9. die wichtigsten Inkompatibilitäten,
10. die Dosierung mit Einzel- und Tagesgaben,
11. die Art der Anwendung und bei Arzneimitteln, die nur begrenzte Zeit angewendet werden sollen, die Dauer der Anwendung,
12. Notfallmaßnahmen, Symptome und Gegenmittel,
13. die pharmakologischen und toxikologischen Eigenschaften und Angaben über die Pharmakokinetik und Bioverfügbarkeit, soweit diese Angaben für die therapeutische Verwendung erforderlich sind,
14. soweit erforderlich sonstige Hinweise, insbesondere Hinweise für die Anwendung bei bestimmten Patientengruppen,
15. die Dauer der Haltbarkeit und, soweit erforderlich, die Haltbarkeit nach der Öffnung des Behältnisses oder nach Herstellung der gebrauchsfertigen Zubereitung durch den Anwender,
16. die besonderen Lager- und Aufbewahrungshinweise,

16a. soweit erforderlich, besondere Vorsichtsmaßnahmen für die Beseitigung von nicht verwendeten Arzneimitteln oder sonstige besondere Vorsichtsmaßnahmen, um Gefahren für die Umwelt zu vermeiden,

17. die Darreichungsformen und Packungsgrößen,

17a. bei Arzneimitteln aus humanem Blutplasma zur Fraktionierung die Angabe des Herkunftslandes des Blutplasmas,

18. den Zeitpunkt der Herausgabe der Information,
19. den Namen oder die Firma und die Anschrift des pharmazeutischen Unternehmers.

Weitere Angaben sind zulässig, wenn sie mit der Verwendung des Arzneimittels im Zusammenhang stehen und den Angaben nach Satz 2 nicht widersprechen; sie müssen von den Angaben nach Satz 2 deutlich abgesetzt und abgegrenzt sein. Satz 1 gilt nicht für Arzneimittel, die nach § 21 Abs. 2 einer Zulassung nicht bedürfen oder nach einer homöopathischen Verfahrenstechnik hergestellt sind.

(1a) Bei Sera ist auch die Art des Lebewesens, aus dem sie gewonnen sind, bei Virusimpfstoffen das Wirtssystem, das zur Virusvermehrung gedient hat, anzugeben.

(1b) Bei radioaktiven Arzneimitteln sind ferner die Einzelheiten der internen Strahlungsdosimetrie, zusätzliche detaillierte Anweisungen für die extemporane Zubereitung und die Qualitätskontrolle für diese Zubereitung sowie, soweit erforderlich, die Höchstlagerzeit anzugeben, während der eine Zwischenzubereitung wie ein Eluat oder das gebrauchsfertige Arzneimittel seinen Spezifikationen entspricht.

(1c) Bei Arzneimitteln, die zur Anwendung bei Tieren bestimmt sind, müssen ferner die Angaben nach § 11 Abs. 4 gemacht werden.

(2) Der pharmazeutische Unternehmer ist verpflichtet, die Änderungen der Fachinformation, die für die Therapie relevant sind, den Fachkreisen in geeigneter Form zugänglich zu machen. Die zuständige Bundesoberbehörde kann, soweit erforderlich, durch Auflage bestimmen, in welcher Form die Änderungen allen oder bestimmten Fachkreisen zugänglich zu machen sind.

(3) Ein Muster der Fachinformation und geänderter Fassungen ist der zuständigen Bundesoberbehörde unverzüglich zu übersenden, soweit nicht das Arzneimittel von der Zulassung freigestellt ist.

(4) Die Verpflichtung nach Absatz 1 Satz 1 kann bei Arzneimitteln, die ausschließlich von Angehörigen der Heilberufe verabreicht werden, auch durch Aufnahme der Angaben nach Absatz 1 Satz 2 in der Packungsbeilage erfüllt werden. Die Packungsbeilage muß mit der Überschrift „Gebrauchsinformation und Fachinformation" versehen werden.

§ 12 Ermächtigung für die Kennzeichnung, die Packungsbeilage und die Packungsgrößen

(1) Das Bundesministerium wird ermächtigt, im Einvernehmen mit dem Bundesministerium für Wirtschaft durch Rechtsverordnung mit Zustimmung des Bundesrates

1. die Vorschriften der §§ 10 bis 11a auf andere Arzneimittel und den Umfang der Fachinformation auf weitere Angaben auszudehnen,
2. vorzuschreiben, daß die in den §§ 10 und 11 genannten Angaben dem Verbraucher auf andere Weise übermittelt werden,
3. für bestimmte Arzneimittel oder Arzneimittelgruppen vorzuschreiben, daß Warnhinweise, Warnzeichen oder Erkennungszeichen auf
   a) den Behältnissen, den äußeren Umhüllungen, der Packungsbeilage oder
   b) der Fachinformation

   anzubringen sind,
4. vorzuschreiben, daß bestimmte Bestandteile nach der Art auf den Behältnissen und den äußeren Umhüllungen anzugeben sind oder auf sie in der Packungsbeilage hinzuweisen ist,

soweit es geboten ist, um einen ordnungsgemäßen Umgang mit Arzneimitteln und deren sachgerechte Anwendung im Geltungsbereich dieses Gesetzes sicherzustellen und um eine unmittelbare oder mittelbare Gefährdung der Gesundheit von Mensch oder Tier zu verhüten, die infolge mangelnder Unterrichtung eintreten könnte.

(1a) Das Bundesministerium wird ferner ermächtigt, durch Rechtsverordnung mit Zustimmung des Bundesrates für Stoffe oder Zubereitungen aus Stoffen bei der Angabe auf Behältnissen und äußeren Umhüllungen oder in der Packungsbeilage oder in der Fachinformation zusammenfassende Bezeichnungen zuzulassen, soweit es sich nicht um wirksame Bestandteile handelt und eine unmittelbare oder mittelbare Gefährdung der Gesundheit von Mensch oder Tier infolge mangelnder Unterrichtung nicht zu befürchten ist.

(2) Die Rechtsverordnung ergeht im Einvernehmen mit dem Bundesministerium für Umwelt, Naturschutz und Reaktorsicherheit soweit es sich um radioaktive Arzneimittel und um Arzneimittel handelt, bei deren Herstellung ionisierende Strahlen verwendet werden, und im Einvernehmen mit dem Bundesministerium für Ernährung, Landwirtschaft und Forsten, soweit es sich um Arzneimittel handelt, die zur Anwendung bei Tieren bestimmt sind. Ferner ergeht die Rechtsverordnung in den Fällen des Absatzes 1 Nr. 3 im Einvernehmen mit dem Bundesministerium für Umwelt, Naturschutz und Reaktorsicherheit, soweit Warnhinweise, Warnzeichen oder Erkennungszeichen im Hinblick auf Angaben nach § 10 Abs. 1 Satz 1 Nr. 13, § 11 Abs. 4 Satz 1 Nr. 3 oder § 11a Abs. 1 Satz 2 Nr. 16a vorgeschrieben werden.

(3) Das Bundesministerium wird ferner ermächtigt, durch Rechtsverordnung ohne Zustimmung des Bundesrates zu bestimmen, daß Arzneimittel nur in bestimmten Packungsgrößen in den Verkehr gebracht werden dürfen und von den pharmazeutischen Unternehmern auf den Behältnissen oder, soweit verwendet, auf den äußeren Umhüllungen entsprechend zu kennzeichnen sind. Die Bestimmung dieser Packungsgrößen erfolgt für bestimmte arzneilich wirksame Bestandteile und berücksichtigt die Anwendungsgebiete, die Anwendungsdauer und die Darreichungsform. Bei der Bestimmung der Packungsgrößen ist grundsätzlich von einer Dreiteilung auszugehen:

1. Packungen für kurze Anwendungsdauer oder Verträglichkeitstests,
2. Packungen für mittlere Anwendungsdauer,
3. Packungen für längere Anwendungsdauer.

Dritter Abschnitt: Herstellung von Arzneimitteln

§ 13 Herstellungserlaubnis

(1) Wer Arzneimittel im Sinne des § 2 Abs. 1 oder Abs. 2 Nr. 1, Testsera oder Testantigene oder Wirkstoffe, die menschlicher oder tierischer Herkunft sind oder auf gentechnischem Wege hergestellt werden, gewerbs- oder berufsmäßig zum Zwecke der Abgabe an andere herstellen will, bedarf einer Erlaubnis der zuständigen Behörde. Das gleiche gilt für juristische Personen, nicht rechtsfähige Vereine und Gesellschaften des bürgerlichen Rechts, die Arzneimittel zum Zwecke der Abgabe an ihre Mitglieder herstellen. Eine Abgabe an andere im Sinne des Satzes 1 liegt vor, wenn die Person, die das Arzneimittel herstellt, eine andere ist als die, die es anwendet.

(2) Einer Erlaubnis nach Absatz 1 bedarf nicht

1. der Inhaber einer Apotheke für die Herstellung von Arzneimitteln im Rahmen des üblichen Apothekenbetriebs,
2. der Träger eines Krankenhauses, soweit er nach dem Gesetz über das Apothekenwesen Arzneimittel abgeben darf,
3. der Tierarzt im Rahmen des Betriebes einer tierärztlichen Hausapotheke für
   a) das Umfüllen, Abpacken oder Kennzeichnen von Arzneimitteln in unveränderter Form,
   b) die Herstellung von Arzneimitteln, die ausschließlich für den Verkehr außerhalb der Apotheken freigegebene Stoffe oder Zubereitungen aus solchen Stoffen enthalten,
   c) die Herstellung von homöopathischen Arzneimitteln, deren Verdünnungsgrad, soweit sie zur Anwendung bei Tieren bestimmt sind, die der Gewinnung von Lebensmitteln dienen, die sechste Dezimalpotenz nicht unterschreiten,
   d) das Zubereiten von Arzneimitteln aus einem Fertigarzneimittel und arzneilich nicht wirksamen Bestandteilen,
   e) das Mischen von Fertigarzneimitteln für die Immobilisation von Zoo-, Wild- und Gehegetieren,

   soweit diese Tätigkeiten für die von ihm behandelten Tiere erfolgen,
4. der Großhändler für das Umfüllen, Abpacken oder Kennzeichnen von Arzneimitteln in unveränderter Form, soweit es sich nicht um zur Abgabe an den Verbraucher bestimmte Packungen handelt,
5. der Einzelhändler, der die Sachkenntnis nach § 50 besitzt, für das Umfüllen, Abpacken oder Kennzeichnen von Arzneimitteln zur Abgabe in unveränderter Form unmittelbar an den Verbraucher.

Die Ausnahmen nach Satz 1 gelten nicht für die Herstellung von Blutzubereitungen, Sera, Impfstoffen, Testallergenen, Testsera, Testantigenen und radioaktiven Arzneimitteln.

(3) (weggefallen)

(4) Die Entscheidung über die Erteilung der Erlaubnis trifft die zuständige Behörde des Landes, in dem die Betriebsstätte liegt oder liegen soll. Bei Blutzubereitungen, Sera, Impfstoffen, Testallergenen, Testsera und Testantigenen ergeht die Entscheidung über die Erlaubnis im Benehmen mit der zuständigen Bundesoberbehörde.

§ 14 Entscheidung über die Herstellungserlaubnis

(1) Die Erlaubnis darf nur versagt werden, wenn

1. die Person, unter deren Leitung die Arzneimittel hergestellt werden sollen (Herstellungsleiter), die erforderliche Sachkenntnis nicht besitzt,
2. die Person, unter deren Leitung die Arzneimittel geprüft werden sollen (Kontrolleiter), die erforderliche Sachkenntnis nicht besitzt,
3. die Person, unter deren Leitung die Arzneimittel vertrieben werden sollen (Vertriebsleiter), nicht benannt ist,
4. Herstellungsleiter, Kontrolleiter oder Vertriebsleiter die zur Ausübung ihrer Tätigkeit erforderliche Zuverlässigkeit nicht besitzen,

5. Herstellungsleiter, Kontrolleiter oder Vertriebsleiter die ihnen obliegenden Verpflichtungen nicht ständig erfüllen können,
5a. in Betrieben, die Fütterungsarzneimittel aus Arzneimittel-Vormischungen herstellen, die Person, der die Beaufsichtigung des technischen Ablaufs der Herstellung übertragen ist, nicht ausreichende Kenntnisse und Erfahrungen auf dem Gebiete der Mischtechnik besitzt,
5b. der Arzt, in dessen Verantwortung eine Vorbehandlung der spendenden Person zur Separation von Blutstammzellen oder anderen Blutbestandteilen durchgeführt wird, nicht die erforderliche Sachkenntnis besitzt,
5c. entgegen § 4 Satz 1 Nr. 2 des Transfusionsgesetzes keine leitende ärztliche Person bestellt worden ist, diese Person keine approbierte Ärztin oder kein approbierter Arzt ist oder nicht die erforderliche Sachkunde nach dem Stand der medizinischen Wissenschaft besitzt oder
6. geeignete Räume und Einrichtungen für die beabsichtigte Herstellung, Prüfung und Lagerung der Arzneimittel nicht vorhanden sind oder
6a. der Hersteller nicht in der Lage ist zu gewährleisten, daß die Herstellung oder Prüfung der Arzneimittel nach dem Stand von Wissenschaft und Technik vorgenommen wird.

(2) Der Vertriebsleiter kann zugleich Herstellungsleiter sein. In Betrieben, die ausschließlich die Erlaubnis für das Umfüllen, Abpacken oder Kennzeichnen von Arzneimitteln oder für das Herstellen von Fütterungsarzneimitteln aus Arzneimittel-Vormischungen beantragen, kann der Herstellungsleiter gleichzeitig Kontroll- und Vertriebsleiter sein. Die leitende ärztliche Person nach § 4 Satz 1 Nr. 2 des Transfusionsgesetzes kann zugleich Herstellungs- oder Kontrolleiter sein. Werden ausschließlich autologe Blutzubereitungen hergestellt und geprüft und finden Herstellung, Prüfung und Anwendung im Verantwortungsbereich einer Abteilung eines Krankenhauses oder einer anderen ärztlichen Einrichtung statt, kann der Herstellungsleiter zugleich Kontrolleiter sein.

(2a) In Betrieben oder Einrichtungen, die ausschließlich radioaktive Arzneimittel, Transplantate, Arzneimittel zur somatischen Gentherapie und zur In-vivo-Diagnostik mittels Markergenen zur Verwendung innerhalb dieser Einrichtung oder Wirkstoffe herstellen, kann der Herstellungsleiter gleichzeitig Kontroll- und Vertriebsleiter sein.

(3) In Betrieben, die ausschließlich natürliche Heilwässer sowie Bademoore, andere Peloide und Gase für medizinische Zwecke sowie Pflanzen oder Pflanzenteile gewinnen, abfüllen oder kennzeichnen, kann der Herstellungsleiter gleichzeitig Kontroll- und Vertriebsleiter sein.

(4) Die Prüfung der Arzneimittel kann teilweise außerhalb der Betriebsstätte in beauftragten Betrieben durchgeführt werden, wenn bei diesen geeignete Räume und Einrichtungen hierfür vorhanden sind.

(5) Bei Beanstandungen der vorgelegten Unterlagen ist dem Antragsteller Gelegenheit zu geben, Mängeln innerhalb einer angemessenen Frist abzuhelfen. Wird den Mängeln nicht abgeholfen, so ist die Erteilung der Erlaubnis zu versagen.

§ 15 Sachkenntnis

(1) Der Nachweis der erforderlichen Sachkenntnis als Herstellungsleiter oder als Kontrolleiter wird erbracht durch
1. die Approbation als Apotheker oder
2. das Zeugnis über eine nach abgeschlossenem Hochschulstudium der Pharmazie, der Chemie, der Biologie, der Human- oder der Veterinärmedizin abgelegte Prüfung

und eine mindestens zweijährige praktische Tätigkeit in der Arzneimittelherstellung oder in der Arzneimittelprüfung.

(2) In den Fällen des Absatzes 1 Nr. 2 muß der zuständigen Behörde nachgewiesen werden, daß das Hochschulstudium theoretischen und praktischen Unterricht in mindestens folgenden Grundfächern umfaßt hat und hierin ausreichende Kenntnisse vorhanden sind:

Experimentelle Physik
Allgemeine und anorganische Chemie
Organische Chemie
Analytische Chemie
Pharmazeutische Chemie
Biochemie
Physiologie
Mikrobiologie
Pharmakologie
Pharmazeutische Technologie
Toxikologie
Pharmazeutische Biologie.

Der theoretische und praktische Unterricht und die ausreichenden Kenntnisse können an einer Hochschule auch nach abgeschlossenem Hochschulstudium im Sinne des Absatzes 1 Nr. 2 erworben und durch Prüfung nachgewiesen werden.

(3) Für die Herstellung und Prüfung von Blutzubereitungen, Sera, Impfstoffen, Testallergenen, Testsera und Testantigenen findet Absatz 2 keine Anwendung. An Stelle der praktischen Tätigkeit nach Absatz 1 muß eine mindestens dreijährige Tätigkeit auf dem Gebiet der medizinischen Serologie oder medizinischen Mikrobiologie nachgewiesen werden. Abweichend von Satz 2 müssen anstelle der praktischen Tätigkeit nach Absatz 1

1. für Blutzubereitungen aus Blutplasma zur Fraktionierung eine mindestens dreijährige Tätigkeit in der Herstellung oder Prüfung in plasmaverarbeitenden Betrieben mit Herstellungserlaubnis und zusätzlich eine mindestens sechsmonatige Erfahrung in der Transfusionsmedizin oder der medizinischen Mikrobiologie, Virologie, Hygiene oder Analytik,
2. für Blutzubereitungen aus Blutzellen, Zubereitungen aus Frischplasma und für Wirkstoffe zur Herstellung von Blutzubereitungen eine mindestens zweijährige transfusionsmedizinische Erfahrung, die sich auf alle Bereiche der Herstellung und Prüfung erstreckt, oder im Falle eines Kontrolleiters, der Arzt für Laboratoriumsmedizin oder Facharzt für Mikrobiologie und Infektionsepidemiologie ist, eine mindestens sechsmonatige tranfusionsmedizinische Erfahrung,
3. für autologe Blutzubereitungen eine mindestens sechsmonatige transfusionsmedizinische Erfahrung oder eine einjährige Tätigkeit in der Herstellung autologer Blutzubereitungen,
4. für Blutstammzellzubereitungen zusätzlich zu ausreichenden Kenntnissen mindestens ein Jahr Erfahrungen in dieser Tätigkeit, insbesondere in der zugrunde liegenden Technik,

nachgewiesen werden. Zur Vorbehandlung von Personen zur Separation von Blutstammzellen oder anderen Blutbestandteilen muß die verantwortliche ärztliche Person ausreichende Kenntnisse und eine mindestens zweijährige Erfahrung in dieser Tätigkeit nachweisen. Für das Abpacken und Kennzeichnen verbleibt es bei den Voraussetzungen des Absatzes 1.

(3a) Für die Herstellung und Prüfung von Arzneimitteln zur Gentherapie und zur In-vivo-Diagnostik mittels Markergenen, Transplantaten, radioaktiven Arzneimitteln und Wirkstoffen findet Absatz 2 keine Anwendung. Anstelle der praktischen Tätigkeit nach Absatz 1 kann für Arzneimittel zur Gentherapie und zur In-vivo-Diagnostik mittels Markergenen eine mindestens zweijährige Tätigkeit auf einem medizinisch relevanten Gebiet der Gentechnik, insbesondere der Mikrobiologie, der Zellbiologie, der Virologie oder der Molekularbiologie, für Transplantate eine mindestens dreijährige Tätigkeit auf dem Gebiet der Gewebetransplantation, für radioaktive Arzneimittel eine mindestens dreijährige Tätigkeit auf dem Gebiet der Nuklearmedizin oder der radiopharmazeutischen Chemie und für Wirkstoffe eine mindestens zweijährige Tätigkeit in der Herstellung oder Prüfung von Wirkstoffen nachgewiesen werden.

(4) Die praktische Tätigkeit nach Absatz 1 muß in einem Betrieb abgeleistet werden, für den eine Erlaubnis zur Herstellung von Arzneimitteln durch einen Mitgliedstaat der Europäischen Gemeinschaften, einen anderen Vertragsstaat des Abkommens über den Europäischen Wirtschaftsraum oder durch einen Staat erteilt worden ist, mit dem eine gegenseitige Anerkennung von Zertifikaten nach § 72a Satz 1 Nr. 1 vereinbart ist.

(5) Die praktische Tätigkeit ist nicht erforderlich für das Herstellen von Fütterungsarzneimitteln aus Arzneimittel-Vormischungen; Absatz 2 findet keine Anwendung.

§ 16 Begrenzung der Herstellungserlaubnis

Die Erlaubnis wird dem Hersteller für eine bestimmte Betriebsstätte und für bestimmte Arzneimittel und Arzneimittelformen erteilt, in den Fällen des § 14 Abs. 4 auch für eine bestimmte Betriebsstätte des beauftragten Betriebes.

§ 17 Fristen für die Erteilung

(1) Die zuständige Behörde hat eine Entscheidung über den Antrag auf Erteilung der Erlaubnis innerhalb einer Frist von drei Monaten zu treffen.

(2) Beantragt ein Erlaubnisinhaber die Änderung der Erlaubnis in Bezug auf die herzustellenden Arzneimittel oder in Bezug auf die Räume und Einrichtungen im Sinne des § 14 Abs. 1 Nr. 6, so hat die Behörde die Entscheidung innerhalb einer Frist von einem Monat zu treffen. In Ausnahmefällen verlängert sich die Frist um weitere zwei Monate. Der Antragsteller ist hiervon vor Fristablauf unter Mitteilung der Gründe in Kenntnis zu setzen.

(3) Gibt die Behörde dem Antragsteller nach § 14 Abs. 5 Gelegenheit, Mängeln abzuhelfen, so werden die Fristen bis zur Behebung der Mängel oder bis zum Ablauf der nach § 14 Abs. 5 gesetzten Frist gehemmt. Die Hemmung beginnt mit dem Tage, an dem dem Antragsteller die Aufforderung zur Behebung der Mängel zugestellt wird.

§ 18 Rücknahme, Widerruf, Ruhen

(1) Die Erlaubnis ist zurückzunehmen, wenn nachträglich bekannt wird, daß einer der Versagungsgründe nach § 14 Abs. 1 bei der Erteilung vorgelegen hat. Ist einer der Versagungsgründe nachträglich eingetreten, so ist sie zu widerrufen; an Stelle des Widerrufs kann auch das Ruhen der Erlaubnis angeordnet werden. § 13 Abs. 4 findet entsprechende Anwendung.

(2) Die zuständige Behörde kann vorläufig anordnen, daß die Herstellung eines Arzneimittels eingestellt wird, wenn der Hersteller die für die Herstellung und Prüfung zu führenden Nachweise nicht vorlegt. Die vorläufige Anordnung kann auf eine Charge beschränkt werden.

§ 19 Verantwortungsbereiche

(1) Der Herstellungsleiter ist dafür verantwortlich, daß die Arzneimittel entsprechend den Vorschriften über den Verkehr mit Arzneimitteln hergestellt, gelagert und gekennzeichnet werden sowie mit der vorgeschriebenen Packungsbeilage versehen sind.

(2) Der Kontrolleiter ist dafür verantwortlich, daß die Arzneimittel entsprechend den Vorschriften über den Verkehr mit Arzneimitteln auf die erforderliche Qualität geprüft sind.

(3) Der Vertriebsleiter ist, soweit nicht nach den Absätzen 1 und 2 die Verantwortung beim Herstellungsleiter oder beim Kontrolleiter oder nach § 74a beim Informationsbeauftragten liegt, dafür verantwortlich, daß die Arzneimittel entsprechend den Vorschriften über den Verkehr mit Arzneimitteln in den Verkehr gebracht und die Vorschriften über die Werbung auf dem Gebiete des Heilwesens beachtet werden.

(4) In den Fällen des § 14 Abs. 4 bleibt die Verantwortung des Kontrolleiters bestehen.

§ 20 Anzeigepflichten

Der Inhaber der Erlaubnis hat jeden Wechsel in der Person des Herstellungs-, Kontroll- oder Vertriebsleiters unter Vorlage der Nachweise über die Anforderungen nach § 14 Abs. 1 Nr. 1 bis 5 sowie jede wesentliche Änderung der Räume oder Einrichtungen der in der Erlaubnis bestimmten Betriebsstätte der zuständigen Behörde vorher anzuzeigen. Bei einem unvorhergesehenen Wechsel in der Person des Herstellungs-, Kontroll- oder Vertriebsleiters hat die Anzeige unverzüglich zu erfolgen.

§ 20a Geltung für Wirkstoffe

§ 13 Abs. 2 und 4 und die §§ 14 bis 20 gelten entsprechend für Wirkstoffe, soweit ihre Herstellung nach § 13 Abs. 1 einer Erlaubnis bedarf.

Vierter Abschnitt: Zulassung der Arzneimittel

§ 21 Zulassungspflicht

(1) Fertigarzneimittel, die Arzneimittel im Sinne des § 2 Abs. 1 oder Abs. 2 Nr. 1 sind, dürfen im Geltungsbereich dieses Gesetzes nur in den Verkehr gebracht werden, wenn sie durch die zuständige Bundesoberbehörde zugelassen sind oder wenn für sie die Kommission der Europäischen Gemeinschaften oder der Rat der Europäischen Union eine Genehmigung für das Inverkehrbringen gemäß Artikel 3 Abs. 1 oder 2 der Verordnung (EWG) Nr. 2309/93 des Rates vom 22. Juli 1993 zur Festlegung von Gemeinschaftsverfahren für die Genehmigung und Überwachung von Human- und Tierarzneimitteln und zur Schaffung einer Europäischen Agentur für die Beurteilung von Arzneimitteln (ABl. EG Nr. L 214 S. 1) erteilt hat. Das gilt auch für Arzneimittel, die keine Fertigarzneimittel und zur Anwendung bei Tieren bestimmt sind, sofern sie nicht an pharmazeutische Unternehmer abgegeben werden sollen, die eine Erlaubnis zur Herstellung von Arzneimitteln besitzen.

(2) Einer Zulassung bedarf es nicht für Arzneimittel, die

1. zur Anwendung bei Menschen bestimmt sind und auf Grund nachweislich häufiger ärztlicher oder zahnärztlicher Verschreibung in den wesentlichen Herstellungsschritten in einer Apotheke in einer Menge bis zu hundert abgabefertigen Packungen an einem Tag im Rahmen des üblichen Apothekenbetriebs hergestellt werden und zur Abgabe in dieser Apotheke bestimmt sind,
2. zur klinischen Prüfung bei Menschen bestimmt sind,
3. Fütterungsarzneimittel sind, die bestimmungsgemäß aus Arzneimittel-Vormischungen hergestellt sind, für die eine Zulassung nach § 25 erteilt ist,
4. für Einzeltiere oder Tiere eines bestimmten Bestandes in Apotheken oder in tierärztlichen Hausapotheken unter den Voraussetzungen des Absatzes 2a hergestellt werden oder
5. zur klinischen Prüfung bei Tieren oder zur Rückstandsprüfung bestimmt sind.

(2a) Arzneimittel, die für den Verkehr außerhalb von Apotheken nicht freigegebene Stoffe und Zubereitungen aus Stoffen enthalten, dürfen nach Absatz 2 Nr. 4 nur hergestellt werden, wenn für die Behandlung ein zugelassenes Arzneimittel für die betreffende Tierart oder das betreffende Anwendungsgebiet nicht zur Verfügung steht, die notwendige arzneiliche Versorgung der Tiere sonst ernstlich gefährdet wäre und eine unmittelbare oder mittelbare Gefährdung der Gesundheit von Mensch und Tier nicht zu befürchten ist. Die Herstellung von Arzneimitteln gemäß Satz 1 ist nur in Apotheken zulässig; sie dürfen nicht zur Anwendung bei Tieren, die der Lebensmittelgewinnung dienen, bestimmt sein. Satz 2 gilt nicht für das Zubereiten von Arzneimitteln aus einem Fertigarzneimittel und arzneilich nicht wirksamen Bestandteilen sowie für das Mischen von Fertigarzneimitteln zum Zwecke der Immobilisation von Zoo-. Wild- und Gehegetieren. Als Herstellen im Sinne des Satzes 1 gilt nicht das Umfüllen, Abpacken oder Kennzeichnen von Arzneimitteln in unveränderter Form, sofern keine Fertigarzneimittel in für den Einzelfall geeigneten Packungsgrößen im Handel verfügbar sind. Die Sätze 1 bis 4 gelten nicht für registrierte oder von der Registrierung freigestellte homöopathische Arzneimittel, deren Verdünnungsgrad, soweit sie zur Anwendung bei Tieren bestimmt sind, die der Gewinnung von Lebensmitteln dienen, die sechste Dezimalpotenz nicht unterschreitet.

(3) Die Zulassung ist vom pharmazeutischen Unternehmer zu beantragen. Für ein Fertigarzneimittel, das in Apotheken oder sonstigen Einzelhandelsbetrieben auf Grund einheitlicher Vorschriften hergestellt und unter einer einheitlichen Bezeichnung an Verbraucher abgegeben wird, ist die Zulassung vom Herausgeber der Herstellungsvorschrift zu beantragen. Wird ein Fertigarzneimittel für mehrere Apotheken oder sonstige Einzelhandelsbetriebe hergestellt und soll es unter deren Namen und unter einer einheitlichen Bezeichnung an Verbraucher abgegeben werden, so hat der Hersteller die Zulassung zu beantragen.

(4) Die zuständige Bundesoberbehörde entscheidet ferner unabhängig von einem Zulassungsantrag nach Absatz 3 auf Antrag einer zuständigen Landesbehörde über die Zulassungspflicht eines Arzneimittels.

§ 22 Zulassungsunterlagen

(1) Dem Antrag auf Zulassung müssen vom Antragsteller folgende Angaben in deutscher Sprache beigefügt werden:

1. der Name oder die Firma und die Anschrift des Antragstellers und des Herstellers,
2. die Bezeichnung des Arzneimittels,
3. die Bestandteile des Arzneimittels nach Art und Menge; § 10 Abs. 6 findet Anwendung,
4. die Darreichungsform,
5. die Wirkungen,
6. die Anwendungsgebiete,
7. die Gegenanzeigen,
8. die Nebenwirkungen,
9. die Wechselwirkungen mit anderen Mitteln,
10. die Dosierung,
11. kurzgefaßte Angaben über die Herstellung des Arzneimittels,
12. die Art der Anwendung und bei Arzneimitteln, die nur begrenzte Zeit angewendet werden sollen, die Dauer der Anwendung,
13. die Packungsgrößen,
14. die Art der Haltbarmachung, die Dauer der Haltbarkeit, die Art der Aufbewahrung, die Ergebnisse von Haltbarkeitsversuchen,
15. die Methoden zur Kontrolle der Qualität (Kontrollmethoden).

(2) Es sind ferner vorzulegen:

1. die Ergebnisse physikalischer, chemischer, biologischer oder mikrobiologischer Versuche und die zu ihrer Ermittlung angewandten Methoden (analytische Prüfung),
2. die Ergebnisse der pharmakologischen und toxikologischen Versuche (pharmakologisch-toxikologische Prüfung),
3. die Ergebnisse der klinischen oder sonstigen ärztlichen, zahnärztlichen oder tierärztlichen Erprobung (klinische Prüfung).

Die Ergebnisse sind durch Unterlagen so zu belegen, daß aus diesen Art, Umfang und Zeitpunkt der Prüfungen hervorgehen. Dem Antrag sind alle für die Bewertung des Arzneimittels zweckdienlichen Angaben und Unterlagen, ob günstig oder ungünstig, beizufügen. Dies gilt auch für unvollständige oder abgebrochene toxikologische oder pharmakologische Versuche oder klinische Prüfungen zu dem Arzneimitteln.

(3) An Stelle der Ergebnisse nach Absatz 2 Nr. 2 und 3 kann anderes wissenschaftliches Erkenntnismaterial vorgelegt werden, und zwar

1. bei einem Arzneimittel, dessen Wirkungen und Nebenwirkungen bereits bekannt und aus dem wissenschaftlichen Erkenntnismaterial ersichtlich sind,
2. bei einem Arzneimittel, das in seiner Zusammensetzung bereits einem Arzneimittel nach Nummer 1 vergleichbar ist,
3. bei einem Arzneimittel, das eine neue Kombination bekannter Bestandteile ist, für diese Bestandteile; es kann jedoch auch für die Kombination als solche anderes wissenschaftliches Erkenntnismaterial vorgelegt werden, wenn die Wirksamkeit und Unbedenklichkeit des Arzneimittels nach Zusammensetzung, Dosierung, Darreichungsform und Anwendungsgebieten auf Grund dieser Unterlagen bestimmbar sind.

Zu berücksichtigen sind ferner die medizinischen Erfahrungen der jeweiligen Therapierichtungen.

(3a) Enthält das Arzneimittel mehr als einen arzneilich wirksamen Bestandteil, so ist zu begründen, daß jeder arzneilich wirksame Bestandteil einen Beitrag zur positiven Beurteilung des Arzneimittels leistet.

(3b) Bei radioaktiven Arzneimitteln, die Generatoren sind, sind ferner eine allgemeine Beschreibung des Systems mit einer detaillierten Beschreibung der Bestandteile des Systems, die die Zusammensetzung oder Qualität der Tochterradionuklidzubereitung beeinflussen können, und qualitative und quantitative Besonderheiten des Eluats oder Sublimats anzugeben.

(3c) Erfordert die Aufbewahrung des Arzneimittels oder seine Anwendung oder die Beseitigung seiner Abfälle besondere Vorsichts- oder Sicherheitsmaßnahmen, um Gefahren für die Umwelt oder die Gesundheit von Menschen, Tieren oder Pflanzen zu vermeiden, so ist dies ebenfalls anzugeben. Angaben zur Verminderung dieser Gefahren sind beizufügen und zu begründen.

(4) Wird die Zulassung für ein im Geltungsbereich dieses Gesetzes hergestelltes Arzneimittel beantragt, so muß der Nachweis erbracht werden, daß der Hersteller berechtigt ist, das Arzneimittel herzustellen. Dies gilt nicht für einen Antrag nach § 21 Abs. 3 Satz 2.

(5) Wird die Zulassung für ein außerhalb des Geltungsbereiches dieses Gesetzes hergestelltes Arzneimittel beantragt, so ist der Nachweis zu erbringen, daß der Hersteller nach den gesetzlichen Bestimmungen des Herstellungslandes berechtigt ist, Arzneimittel herzustellen, und im Falle des Verbringens aus einem Land, das nicht Mitgliedstaat der Europäischen Gemeinschaften oder anderer Vertragsstaat des Abkommens über den Europäischen Wirtschaftsraum ist, daß der Einführer eine Erlaubnis besitzt, die zum Verbringen des Arzneimittels in den Geltungsbereich dieses Gesetzes berechtigt.

(6) Soweit eine Zulassung in einem anderen Staat oder in mehreren anderen Staaten erteilt worden ist, ist eine Kopie dieser Zulassung beizufügen. Ist eine Zulassung ganz oder teilweise versagt worden, sind die Einzelheiten dieser Entscheidung unter Darlegung ihrer Gründe mitzuteilen. Wird ein Antrag auf Zulassung in einem Mitgliedstaat oder in mehreren Mitgliedstaaten der Europäischen Union geprüft, ist dies anzugeben. Kopien der von den zuständigen Behörden der Mitgliedstaaten genehmigten Zusammenfassungen der Produktmerkmale und der Packungsbeilagen oder, soweit diese Unterlagen noch nicht vorhanden sind, der vom Antragsteller in einem Verfahren nach Satz 3 vorgeschlagenen Fassungen dieser Unterlagen sind ebenfalls beizufügen. Ferner sind, sofern die Anerkennung der Zulassung eines anderen Mitgliedstaates beantragt wird, die in Artikel 9 der Richtlinie 75/319/EWG des Rates in der jeweils geltenden Fassung oder in Artikel 17 der Richtlinie 81/851/EWG des Rates in der jeweils geltenden Fassung vorgeschriebenen Erklärungen abzugeben sowie die sonstigen dort vorgeschriebenen Angaben zu machen. Satz 5 findet keine Anwendung auf Arzneimittel, die nach einer homöopathischen Verfahrenstechnik hergestellt worden sind.

(7) Dem Antrag ist der Wortlaut der für das Behältnis, die äußere Umhüllung und die Packungsbeilage vorgesehenen Angaben sowie der Entwurf einer Fachinformation nach § 11a Abs. 1 Satz 2 beizufügen. Die zuständige Bundesoberbehörde kann verlangen, daß ihr ein oder mehrere Muster oder Verkaufsmodelle des Arzneimittels

einschließlich der Packungsbeilagen sowie Ausgangsstoffe, Zwischenprodukte und Stoffe, die zur Herstellung oder Prüfung des Arzneimittels verwendet werden, in einer für die Untersuchung ausreichenden Menge und in einem für die Untersuchung geeigneten Zustand vorgelegt werden.

§ 23 Besondere Unterlagen bei Arzneimitteln für Tiere

(1) Bei Arzneimitteln, die zur Anwendung bei Tieren bestimmt sind, die der Gewinnung von Lebensmitteln dienen, ist über § 22 hinaus

1. die Wartezeit anzugeben und mit Unterlagen über die Ergebnisse der Rückstandsprüfung, insbesondere über den Verbleib der wirksamen Bestandteile und deren Umwandlungsprodukte im Tierkörper und über die Beeinflussung der Lebensmittel tierischer Herkunft, soweit diese für die Beurteilung von Wartezeiten unter Berücksichtigung festgesetzter Höchstmengen erforderlich sind, zu begründen,
2. ein routinemäßig durchführbares Verfahren zu beschreiben, mit dem Rückstände nach Art und Menge gesundheitlich nicht unbedenklicher Stoffe, insbesondere in solchen Mengen, die festgesetzte Höchstmengen überschreiten, zuverlässig nachgewiesen werden können oder mit dem auf solche Rückstände zuverlässig rückgeschlossen werden kann (Rückstandsnachweisverfahren), und durch Unterlagen zu belegen und
3. bei einem Arzneimittel, dessen wirksamer Bestandteil in Anhang I, II oder III der Verordnung (EWG) Nr. 2377/90 des Rates vom 26. Juni 1990 zur Schaffung eines Gemeinschaftsverfahrens für die Festlegung von Höchstwerten für Tierarzneimittelrückstände in Nahrungsmitteln tierischen Ursprungs (ABl. EG Nr. L 224 S. 1) in der jeweils geltenden Fassung nicht aufgeführt ist, ein Doppel der bei der Kommission der Europäischen Gemeinschaften nach Anhang V dieser Verordnung eingereichten Unterlagen vorzulegen.

Der Vorlagepflicht für das Rückstandsnachweisverfahren nach Satz 1 Nr. 2 kann durch Bezugnahme auf das Verfahren nach Anhang V der Verordnung (EWG) Nr. 2377/90 entsprochen werden.

(2) Bei Arzneimittel-Vormischungen ist das als Trägerstoff bestimmte Mischfuttermittel unter Bezeichnung des Futtermitteltyps anzugeben. Es ist außerdem zu begründen und durch Unterlagen zu belegen, daß sich die Arzneimittel-Vormischungen für die bestimmungsgemäße Herstellung der Fütterungsarzneimittel eignen, insbesondere daß sie unter Berücksichtigung der bei der Mischfuttermittelherstellung zur Anwendung kommenden Herstellungsverfahren eine homogene und stabile Verteilung der wirksamen Bestandteile in den Fütterungsarzneimitteln erlauben; ferner ist zu begründen und durch Unterlagen zu belegen, für welche Zeitdauer die Fütterungsarzneimittel haltbar sind. Darüber hinaus ist eine routinemäßig durchführbare Kontrollmethode, die zum qualitativen und quantitativen Nachweis der wirksamen Bestandteile in den Fütterungsarzneimitteln geeignet ist, zu beschreiben und durch Unterlagen über Prüfungsergebnisse zu belegen.

(3) Aus den Unterlagen über die Ergebnisse der Rückstandsprüfung und über das Rückstandsnachweisverfahren nach Absatz 1 sowie aus den Nachweisen über die Eignung der Arzneimittel-Vormischungen für die bestimmungsgemäße Herstellung der Fütterungsarzneimittel und den Prüfungsergebnissen über die Kontrollmethoden nach Absatz 2 müssen Art, Umfang und Zeitpunkt der Prüfungen hervorgehen. An Stelle der Unterlagen, Nachweise und Prüfungsergebnisse nach Satz 1 kann anderes wissenschaftliches Erkenntnismaterial vorgelegt werden.

(3a) (weggefallen)

(4) (weggefallen)

§ 24 Sachverständigengutachten

(1) Den nach § 22 Abs. 1 Nr. 15, Abs. 2 und 3 und § 23 erforderlichen Unterlagen sind Gutachten von Sachverständigen beizufügen, in denen die Kontrollmethoden, Prüfungsergebnisse und Rückstandsnachweisverfahren zusammengefaßt und bewertet werden. Im einzelnen muß aus den Gutachten insbesondere hervorgehen:

1. aus dem analytischen Gutachten, ob das Arzneimittel die nach den anerkannten pharmazeutischen Regeln angemessene Qualität aufweist, ob die vorgeschlagenen Kontrollmethoden dem jeweiligen Stand der wissenschaftlichen Erkenntnisse entsprechen und zur Beurteilung der Qualität geeignet sind,

2. aus dem pharmakologisch-toxikologischen Gutachten, welche toxischen Wirkungen und welche pharmakologischen Eigenschaften das Arzneimittel hat,
3. aus dem klinischen Gutachten, ob das Arzneimittel bei den angegebenen Anwendungsgebieten angemessen wirksam ist, ob es verträglich ist, ob die vorgesehene Dosierung zweckmäßig ist und welche Gegenanzeigen und Nebenwirkungen bestehen,
4. aus dem Gutachten über die Rückstandsprüfung, ob und wie lange nach der Anwendung des Arzneimittels Rückstände in den von den behandelten Tieren gewonnenen Lebensmitteln auftreten, wie diese Rückstände zu beurteilen sind, ob die vorgesehene Wartezeit ausreicht und ob das Rückstandsnachweisverfahren Rückstände nach Art und Menge gesundheitlich nicht unbedenklicher Stoffe zuverlässig nachzuweisen vermag und routinemäßig durchführbar ist.

Aus dem Gutachten muß ferner hervorgehen, daß die nach Ablauf der angegebenen Wartezeit vorhandenen Rückstände nach Art und Menge die nach der Verordnung (EWG) Nr. 2377/90 festgesetzten Höchstmengen unterschreiten.

(2) Soweit wissenschaftliches Erkenntnismaterial nach § 22 Abs. 3 und § 23 Abs. 3 Satz 2 vorgelegt wird, muß aus den Gutachten hervorgehen, daß das wissenschaftliche Erkenntnismaterial in sinngemäßer Anwendung der Arzneimittelprüfrichtlinien erarbeitet wurde.

(3) Den Gutachten müssen Angaben über den Namen, die Ausbildung und die Berufstätigkeit der Sachverständigen sowie seine berufliche Beziehung zum Antragsteller beigefügt werden. Die Sachverständigen haben das Gutachten eigenhändig zu unterschreiben und dabei den Ort und das Datum der Erstellung des Gutachtens anzugeben.

§ 24a Verwendung von Unterlagen eines Vorantragstellers

(1) Der Antragsteller kann bei einem Arzneimittel, das der Verschreibungspflicht nach § 49 unterliegt oder unterlegen hat, auf Unterlagen nach § 22 Abs. 2 Nr. 2 und 3, Abs. 3c und § 23 Abs. 1 einschließlich der Sachverständigengutachten nach § 24 Abs. 1 Satz 2 Nr. 2 bis 4 eines früheren Antragstellers (Vorantragsteller) Bezug nehmen, sofern er die schriftliche Zustimmung des Vorantragstellers einschließlich dessen Bestätigung vorlegt, daß die Unterlagen, auf die Bezug genommen wird, die Anforderungen der allgemeinen Verwaltungsvorschrift nach § 26 erfüllen. Der Vorantragsteller hat sich auf eine Anfrage auf Zustimmung innerhalb einer Frist von drei Monaten zu äußern. Der Zustimmung des Vorantragstellers und dessen Bestätigung bedarf es nicht, wenn der Antragsteller nachweist, daß die erstmalige Zulassung des Arzneimittels in einem Mitgliedstaat der Europäischen Gemeinschaften länger als zehn Jahre zurückliegt.

(2) (weggefallen)

§ 24b Nachforderungen

Müssen von mehreren Zulassungsinhabern inhaltlich gleiche Unterlagen nachgefordert werden, so teilt die zuständige Bundesoberbehörde jedem Zulassungsinhaber mit, welche Unterlagen für die weitere Beurteilung erforderlich sind, sowie Namen und Anschrift der übrigen beteiligten Zulassungsinhaber. Die zuständige Bundesoberbehörde gibt den beteiligten Zulassungsinhabern Gelegenheit, sich innerhalb einer von ihr zu bestimmenden Frist zu einigen, wer die Unterlagen vorlegt. Kommt eine Einigung nicht zustande, so entscheidet die zuständige Bundesoberbehörde und unterrichtet hiervon unverzüglich alle Beteiligten. Diese sind, sofern sie nicht auf die Zulassung ihres Arzneimittels verzichten, verpflichtet, sich jeweils mit einem der Zahl der beteiligten Zulassungsinhaber entsprechenden Bruchteil an den Aufwendungen für die Erstellung der Unterlagen zu beteiligen; sie haften als Gesamtschuldner. Die Sätze 1 bis 4 gelten entsprechend für die Nutzer von Standardzulassungen sowie, wenn inhaltlich gleiche Unterlagen von mehreren Antragstellern in laufenden Zulassungsverfahren gefordert werden.

§ 24c Allgemeine Verwertungsbefugnis

Die zuständige Bundesoberbehörde kann bei Erfüllung ihrer Aufgaben nach diesem Gesetz ihr vorliegende Unterlagen mit Ausnahme der Unterlagen nach § 22 Abs. 1 Nr. 11, 14 und 15 sowie Abs. 2 Nr. 1 und des Gutachtens nach § 24 Abs. 1 Satz 2 Nr. 1 verwerten, sofern die erstmalige Zulassung des Arzneimittels in einem Mitgliedstaat der Europäischen Gemeinschaften länger als zehn Jahre zurückliegt oder ein Verfahren nach § 24b noch nicht abgeschlossen ist.

§ 25 Entscheidung über die Zulassung

(1) Die zuständige Bundesoberbehörde erteilt die Zulassung schriftlich unter Zuteilung einer Zulassungsnummer. Die Zulassung gilt nur für das im Zulassungsbescheid aufgeführte Arzneimittel und bei Arzneimitteln, die nach einer homöopathischen Verfahrenstechnik hergestellt sind, auch für die in einem nach § 25 Abs. 7 Satz 1 in der vor dem 17. August 1994 geltenden Fassung bekanntgemachten Ergebnis genannten und im Zulassungsbescheid aufgeführten Verdünnungsgrade.

(2) Die zuständige Bundesoberbehörde darf die Zulassung nur versagen, wenn

1. die vorgelegten Unterlagen unvollständig sind,
2. das Arzneimittel nicht nach dem jeweils gesicherten Stand der wissenschaftlichen Erkenntnisse ausreichend geprüft worden ist,
3. das Arzneimittel nicht die nach den anerkannten pharmazeutischen Regeln angemessene Qualität aufweist,
4. dem Arzneimittel die vom Antragsteller angegebene therapeutische Wirksamkeit fehlt oder diese nach dem jeweils gesicherten Stand der wissenschaftlichen Erkenntnisse vom Antragsteller unzureichend begründet ist,
5. bei dem Arzneimittel der begründete Verdacht besteht, daß es bei bestimmungsgemäßem Gebrauch schädliche Wirkungen hat, die über ein nach den Erkenntnissen der medizinischen Wissenschaft vertretbares Maß hinausgehen,

5a. bei einem Arzneimittel, das mehr als einen arzneilich wirksamen Bestandteil enthält, eine ausreichende Begründung fehlt, daß jeder arzneilich wirksame Bestandteil einen Beitrag zur positiven Beurteilung des Arzneimittels leistet, wobei die Besonderheiten der jeweiligen Arzneimittel in einer risikogestuften Bewertung zu berücksichtigen sind,

6. die angegebene Wartezeit nicht ausreicht,

6a. das angegebene Rückstandsnachweisverfahren nach Art und Menge gesundheitlich nicht unbedenkliche Stoffe nicht zuverlässig nachzuweisen vermag oder nicht routinemäßig durchführbar ist,

6b. bei Arzneimittel-Vormischungen die zum qualitativen und quantitativen Nachweis der wirksamen Bestandteile in den Fütterungsarzneimitteln angewendeten Kontrollmethoden nicht routinemäßig durchführbar sind,

6c. das Arzneimittel zur Anwendung bei Tieren bestimmt ist, die der Gewinnung von Lebensmitteln dienen, und einen pharmakologisch wirksamen Bestandteil enthält, der nicht in Anhang I, II oder III der Verordnung (EWG) Nr. 2377/90 enthalten ist,

7. das Inverkehrbringen des Arzneimittels oder seine Anwendung bei Tieren gegen gesetzliche Vorschriften oder gegen eine Verordnung oder eine Richtlinie oder eine Entscheidung des Rates oder der Kommission der Europäischen Gemeinschaften verstoßen würde,
8. das Arzneimittel durch Rechtsverordnung nach § 36 Abs. 1 von der Pflicht zur Zulassung freigestellt oder mit einem solchen Arzneimittel in der Art der arzneilich wirksamen Bestandteile identisch sowie in deren Menge vergleichbar ist, soweit kein berechtigtes Interesse an einer Zulassung nach Absatz 1 zu Exportzwecken glaubhaft gemacht wird.

Die Zulassung darf nach Satz 1 Nr. 4 nicht deshalb versagt werden, weil therapeutische Ergebnisse nur in einer beschränkten Zahl von Fällen erzielt worden sind. Die therapeutische Wirksamkeit fehlt, wenn der Antragsteller nicht entsprechend dem jeweils gesicherten Stand der wissenschaftlichen Erkenntnisse nachweist, daß sich mit dem Arzneimittel therapeutische Ergebnisse erzielen lassen.

(3) Die Zulassung ist für ein Arzneimittel zu versagen, das sich von einem zugelassenen oder bereits im Verkehr befindlichen Arzneimittel gleicher Bezeichnung in der Art oder der Menge der wirksamen Bestandteile unterscheidet. Abweichend von Satz 1 ist ein Unterschied in der Menge der wirksamen Bestandteile unschädlich, wenn sich die Arzneimittel in der Darreichungsform unterscheiden.

(4) Bei Beanstandungen der vorgelegten Unterlagen ist dem Antragsteller Gelegenheit zu geben, Mängeln innerhalb einer angemessenen Frist, jedoch höchstens innerhalb von sechs Monaten abzuhelfen. Wird den Mängeln nicht innerhalb dieser Frist abgeholfen, so ist die Zulassung zu versagen. Nach einer Entscheidung über die Versagung der Zulassung ist das Einreichen von Unterlagen zur Mängelbeseitigung ausgeschlossen.

(5) Die Zulassung ist auf Grund der Prüfung der eingereichten Unterlagen und auf der Grundlage der Sachverständigengutachten zu erteilen. Zur Beurteilung der Unterlagen kann die zuständige Bundesoberbehörde eigene wissenschaftliche Ergebnisse verwerten, Sachverständige beiziehen oder Gutachten anfordern. Die zuständige Bundesoberbehörde kann in Betrieben und Einrichtungen, die Arzneimittel entwickeln, herstellen oder prüfen, zulassungsbezogene Angaben und Unterlagen überprüfen. Zu diesem Zweck können Beauftragte der zuständigen Bundesoberbehörde im Benehmen mit der zuständigen Behörde Betriebs- und Geschäftsräume zu den üblichen Geschäftszeiten betreten, Unterlagen einsehen sowie Auskünfte verlangen. Die zuständige Bundesoberbehörde kann ferner die Beurteilung der Unterlagen durch unabhängige Gegensachverständige durchführen lassen und legt deren Beurteilung der Zulassungsentscheidung und, soweit es sich um Arzneimittel handelt, die der Verschreibungspflicht nach § 49 unterliegen, dem der Zulassungskommission nach Absatz 6 Satz 1 vorzulegenden Entwurf der Zulassungsentscheidung zugrunde. Als Gegensachverständiger nach Satz 5 kann von der zuständigen Bundesoberbehörde beauftragt werden, wer die erforderliche Sachkenntnis und die zur Ausübung der Tätigkeit als Gegensachverständiger erforderliche Zuverlässigkeit besitzt. Dem Antragsteller ist auf Antrag Einsicht in die Gutachten zu gewähren. Verlangt der Antragsteller, von ihm gestellte Sachverständige beizuziehen, so sind auch diese zu hören. Für die Berufung als Sachverständiger, Gegensachverständiger und Gutachter gilt Absatz 6 Satz 5 und 6 entsprechend.

(5a) Die zuständige Bundesoberbehörde erstellt ferner auf Antrag des Zulassungsinhabers oder des Antragstellers einen Beurteilungsbericht, es sei denn, daß ein solcher Bericht bereits von der zuständigen Behörde eines anderen Mitgliedstaates erstellt worden ist; der Beurteilungsbericht wird auf Antrag aktualisiert, wenn neue Informationen verfügbar werden, die für die Beurteilung der Qualität, Unbedenklichkeit oder Wirksamkeit des betreffenden Arzneimittels von Bedeutung sind.

(5b) Ist das Arzneimittel bereits in einem anderen Mitgliedstaat der Europäischen Union zugelassen worden, ist diese Zulassung auf der Grundlage des von diesem Staat übermittelten Beurteilungsberichtes anzuerkennen, es sei denn, daß Anlaß zu der Annahme besteht, daß die Zulassung des Arzneimittels eine Gefahr für die öffentliche Gesundheit, bei Arzneimitteln zur Anwendung bei Tieren eine Gefahr für die Gesundheit von Mensch oder Tier oder für die Umwelt, darstellen kann. In diesem Ausnahmefall hat die zuständige Bundesoberbehörde nach Maßgabe des Artikels 10 Abs. 1 der Richtlinie 75/319/EWG oder des Artikels 18 der Richtlinie 81/851/EWG den Ausschuß für Arzneispezialitäten oder für Tierarzneimittel zu befassen. Absatz 6 findet keine Anwendung.

(5c) Für die Anerkennung der Zulassung eines anderen Mitgliedstaates finden die Vorschriften in Kapitel III der Richtlinie 75/319/EWG oder für Tierarzneimittel im Kapitel IV der Richtlinie 81/851/EWG Anwendung. Ist im Rahmen einer beantragten Anerkennung einer Zulassung ein Verfahren nach Artikel 37b der Richtlinie 75/319/EWG oder des Artikels 42k der Richtlinie 81/851/EWG durchgeführt worden, so ist über die Zulassung nach Maßgabe der nach diesen Artikeln getroffenen Entscheidung der Kommission der Europäischen Gemeinschaften oder des Rates der Europäischen Union zu entscheiden. Ein Vorverfahren nach § 68 der Verwaltungsgerichtsordnung findet bei Rechtsmitteln gegen Entscheidungen der zuständigen Bundesoberbehörde nach Satz 2 nicht statt. Ferner findet Absatz 6 keine Anwendung.

(5d) Wird ein nach dem 1. Januar 1995 gestellter Zulassungsantrag bereits in einem anderen Mitgliedstaat der Europäischen Union geprüft oder liegt der Beurteilungsbericht dieses Staates nicht vor, kann die zuständige Bundesoberbehörde das Zulassungsverfahren solange aussetzen, bis der Beurteilungsbericht dieses Mitgliedstaates vorliegt. Bei einem nach dem 1. Januar 1998 gestellten Zulassungsantrag hat die Aussetzung zu erfolgen, soweit die Zulassung in dem anderen Mitgliedstaat erteilt ist.

(5e) Die Absätze 5a bis 5d finden keine Anwendung auf Arzneimittel, die nach einer homöopathischen Verfahrenstechnik hergestellt worden sind.

(6) Vor der Entscheidung über die Zulassung eines Arzneimittels, das der Verschreibungspflicht nach § 49 unterliegt, ist eine Zulassungskommission zu hören. Die Anhörung erstreckt sich auf den Inhalt der eingereichten Unterlagen, der Sachverständigengutachten, der angeforderten Gutachten, die Stellungnahmen der beigezogenen Sachverständigen, das Prüfungsergebnis und die Gründe, die für die Entscheidung über die Zulassung wesentlich sind, oder die Beurteilung durch die Gegensachverständigen. Weicht die Bundesoberbehörde bei der Entscheidung über den Antrag von dem Ergebnis der Anhörung ab, so hat sie die Gründe für die abweichende Entscheidung darzulegen. Das Bundesministerium beruft die Mitglieder der Zulassungskommission auf Vorschlag der Kammern der Heilberufe, der Fachgesellschaften der Ärzte, Zahnärzte, Tierärzte, Apotheker, Heilpraktiker sowie der pharmazeutischen Unternehmer. Bei der Berufung sind die jeweiligen Besonderheiten der Arzneimittel zu berücksichtigen. In die Zulassungskommissionen werden Sachverständige berufen, die auf den jeweiligen Anwendungsgebieten und in der jeweiligen Therapierichtung (Phytotherapie, Homöopathie, Anthroposophie) über wissenschaftliche Kenntnisse verfügen und praktische Erfahrungen gesammelt haben.

(7) Für Arzneimittel, die nicht der Verschreibungspflicht nach § 49 unterliegen, werden bei der zuständigen Bundesoberbehörde Kommissionen für bestimmte Anwendungsgebiete oder Therapierichtungen gebildet. Absatz 6 Satz 4 bis 6 findet entsprechende Anwendung. Die zuständige Bundesoberbehörde kann zur Vorbereitung der Entscheidung über die Verlängerung von Zulassungen nach § 105 Abs. 3 Satz 1 die zuständige Kommission beteiligen. Betrifft die Entscheidung nach Satz 3 Arzneimittel einer bestimmten Therapierichtung (Phytotherapie, Homöopathie, Anthroposophie), ist die zuständige Kommission zu beteiligen, sofern eine vollständige Versagung der Verlängerung nach § 105 Abs. 3 Satz 1 beabsichtigt oder die Entscheidung von grundsätzlicher Bedeutung ist; sie hat innerhalb von zwei Monaten Gelegenheit zur Stellungnahme. Soweit die Bundesoberbehörde bei der Entscheidung nach Satz 4 die Stellungnahme der Kommission nicht berücksichtigt, legt sie die Gründe dar.

(8) Bei Sera, Impfstoffen, Blutzubereitungen und Testallergenen erteilt die zuständige Bundesoberbehörde die Zulassung entweder auf Grund der Prüfung der eingereichten Unterlagen oder auf Grund eigener Untersuchungen oder auf Grund der Beobachtung der Prüfungen des Herstellers. Dabei können Beauftragte der zuständigen Bundesoberbehörde im Benehmen mit der zuständigen Behörde Betriebs- und Geschäftsräume zu den üblichen Geschäftszeiten betreten und in diesen sowie in den dem Betrieb dienenden Beförderungsmitteln Besichtigungen vornehmen. Auf Verlangen der zuständigen Bundesoberbehörde hat der Antragsteller das Herstellungsverfahren mitzuteilen. Bei diesen Arzneimitteln finden die Absätze 6 und 7 keine Anwendung.

(8a) Absatz 8 Satz 1 bis 3 findet entsprechende Anwendung auf die Prüfung von Rückstandsnachweisverfahren nach § 23 Abs. 1 Nr. 2 und auf Kontrollmethoden nach § 23 Abs. 2 Satz 3.

(9) Werden verschiedene Darreichungsformen eines Arzneimittels unter gleicher Bezeichnung oder werden verschiedene Konzentrationen eines Arzneimittels gleicher Darreichungsform zugelassen, so ist eine einheitliche Zulassungsnummer zu verwenden, der weitere Kennzeichen zur Unterscheidung der Darreichungsformen oder Konzentrationen hinzugefügt werden müssen.

(10) Die Zulassung läßt die zivil- und strafrechtliche Verantwortlichkeit des pharmazeutischen Unternehmers unberührt.

§ 25a Vorprüfung

(1) Die zuständige Bundesoberbehörde soll den Zulassungsantrag durch unabhängige Sachverständige auf Vollständigkeit und daraufhin prüfen lassen, ob das Arzneimittel nach dem jeweils gesicherten Stand der wissenschaftlichen Erkenntnisse ausreichend geprüft worden ist. § 25 Abs. 6 Satz 5 findet entsprechende Anwendung.

(2) Bei Beanstandungen im Sinne des Absatzes 1 hat der Sachverständige dem Antragsteller Gelegenheit zu geben, Mängeln innerhalb von drei Monaten abzuhelfen.

(3) Ist der Zulassungsantrag nach Ablauf der Frist unter Zugrundelegung der abschließenden Stellungnahme des Sachverständigen weiterhin unvollständig oder mangelhaft im Sinne des § 25 Abs. 2 Nr. 2, so ist die Zulassung zu versagen. § 25 Abs. 4 und 6 findet auf die Vorprüfung keine Anwendung.

§ 26 Arzneimittelprüfrichtlinien

(1) Das Bundesministerium erläßt nach Anhörung von Sachverständigen aus der medizinischen und pharmazeutischen Wissenschaft und Praxis mit Zustimmung des Bundesrates allgemeine Verwaltungsvorschriften über die von der zuständigen Bundesoberbehörde an die analytische, pharmakologisch-toxikologische und klinische Prüfung sowie an die Rückstandsprüfung, die routinemäßig durchführbare Kontrollmethode und das Rückstandsnachweisverfahren zu stellenden Anforderungen und macht diese als Arzneimittelprüfrichtlinien im Bundesanzeiger bekannt. Die Vorschriften müssen dem jeweils gesicherten Stand der wissenschaftlichen Erkenntnisse entsprechen und sind laufend an diesen anzupassen, insbesondere sind Tierversuche durch andere Prüfverfahren zu ersetzen, wenn dies nach dem Stand der wissenschaftlichen Erkenntnisse im Hinblick auf den Prüfungszweck vertretbar ist. Sie sind, soweit es sich um radioaktive Arzneimittel und um Arzneimittel handelt, bei deren Herstellung ionisierende Strahlen verwendet werden und soweit es sich um Prüfungen zur Ökotoxizität handelt im Einvernehmen mit dem Bundesministerium für Umwelt, Naturschutz und Reaktorsicherheit und, soweit es sich um Arzneimittel handelt, die zur Anwendung bei Tieren bestimmt sind, im Einvernehmen mit dem Bundesministerium für Ernährung, Landwirtschaft und Forsten zu erlassen. Auf die Berufung der Sachverständigen findet § 25 Abs. 6 Satz 4 und 5 entsprechende Anwendung.

(2) Die zuständige Bundesoberbehörde und die Kommissionen nach § 25 Abs. 7 haben die Arzneimittelprüfrichtlinien sinngemäß auf das wissenschaftliche Erkenntnismaterial nach § 22 Abs. 3 und § 23 Abs. 3 Satz 2 anzuwenden, wobei die Besonderheiten der jeweiligen Arzneimittel zu berücksichtigen sind. Als wissenschaftliches Erkenntnismaterial gilt auch das nach wissenschaftlichen Methoden aufbereitete medizinische Erfahrungsmaterial.

(3) Die zuständige Bundesoberbehörde veröffentlicht im Bundesanzeiger eine Liste der Arzneimittel, für die Bioverfügbarkeitsuntersuchungen erforderlich sind. Sie aktualisiert die Liste nach dem Stand der wissenschaftlichen Erkenntnisse.

§ 27 Fristen für die Erteilung

(1) Die zuständige Bundesoberbehörde hat eine Entscheidung über den Antrag auf Zulassung innerhalb einer Frist von sieben Monaten zu treffen. Die Entscheidung über die Anerkennung einer Zulassung ist innerhalb einer Frist von drei Monaten nach Erhalt des Beurteilungsberichtes zu treffen. Ein Beurteilungsbericht ist innerhalb einer Frist von drei Monaten zu erstellen.

(2) Gibt die zuständige Bundesoberbehörde dem Antragsteller nach § 25 Abs. 4 Gelegenheit, Mängeln abzuhelfen, so werden die Fristen bis zur Behebung der Mängel oder bis zum Ablauf der nach § 25 Abs. 4 gesetzten Frist gehemmt. Die Hemmung beginnt mit dem Tage, an dem dem Antragsteller die Aufforderung zur Behebung der Mängel zugestellt wird. Das gleiche gilt für die Frist, die dem Antragsteller auf sein Verlangen hin eingeräumt wird, auch unter Beiziehung von Sachverständigen, Stellung zu nehmen sowie im Fall der Aussetzung nach § 25 Abs. 5d.

§ 28 Auflagenbefugnis

(1) Die zuständige Bundesoberbehörde kann die Zulassung mit Auflagen verbinden. Bei Auflagen nach den Absätzen 2 bis 3c zum Schutz der Umwelt, entscheidet die zuständige Bundesoberbehörde im Einvernehmen mit dem Umweltbundesamt, soweit Auswirkungen auf die Umwelt zu bewerten sind. Hierzu übermittelt die zuständige Bundesoberbehörde dem Umweltbundesamt die zur Beurteilung der Auswirkungen auf die Umwelt erforderlichen Angaben und Unterlagen. Auflagen können auch nachträglich angeordnet werden.

(2) Auflagen nach Absatz 1 können angeordnet werden, um sicherzustellen, daß

1. die Kennzeichnung der Behältnisse und äußeren Umhüllungen den Vorschriften des § 10 entspricht; dabei kann angeordnet werden, daß angegeben werden müssen
   a) Hinweise oder Warnhinweise, soweit sie erforderlich sind, um bei der Anwendung des Arzneimittels eine unmittelbare oder mittelbare Gefährdung der Gesundheit von Mensch oder Tier zu verhüten,
   b) Aufbewahrungshinweise für den Verbraucher und Lagerhinweise für die Fachkreise, soweit sie geboten sind, um die erforderliche Qualität des Arzneimittels zu erhalten,
2. die Packungsbeilage den Vorschriften des § 11 entspricht; dabei kann angeordnet werden, daß angegeben werden müssen
   a) die in der Nummer 1 Buchstabe a genannten Hinweise oder Warnhinweise,
   b) die Aufbewahrungshinweise für den Verbraucher, soweit sie geboten sind, um die erforderliche Qualität des Arzneimittels zu erhalten,

2a. die Fachinformation den Vorschriften des § 11a entspricht; dabei kann angeordnet werden, daß angegeben werden müssen
   a) die in Nummer 1 Buchstabe a genannten Hinweise oder Warnhinweise,
   b) besondere Lager- und Aufbewahrungshinweise, soweit sie geboten sind, um die erforderliche Qualität des Arzneimittels zu erhalten,
   c) Hinweise auf Auflagen nach Absatz 3,

3. die Angaben nach den §§ 10, 11 und 11a den für die Zulassung eingereichten Unterlagen entsprechen und dabei einheitliche und allgemeinverständliche Begriffe und ein einheitlicher Wortlaut verwendet werden, wobei die Angabe weiterer Gegenanzeigen, Nebenwirkungen und Wechselwirkungen zulässig bleibt; von dieser Befugnis kann die zuständige Bundesoberbehörde allgemein aus Gründen der Arzneimittelsicherheit, der Transparenz oder der rationellen Arbeitsweise Gebrauch machen; dabei kann angeordnet werden, daß bei verschreibungspflichtigen Arzneimitteln bestimmte Anwendungsgebiete entfallen, wenn zu befürchten ist, daß durch deren Angabe der therapeutische Zweck gefährdet wird,
4. das Arzneimittel in Packungsgrößen in den Verkehr gebracht wird, die den Anwendungsgebieten und der vorgesehenen Dauer der Anwendung angemessen sind,
5. das Arzneimittel in einem Behältnis mit bestimmter Form, bestimmtem Verschluß oder sonstiger Sicherheitsvorkehrung in den Verkehr gebracht wird, soweit es geboten ist, um die Einhaltung der Dosierungsanleitung zu gewährleisten oder um die Gefahr des Mißbrauchs durch Kinder zu verhüten.

(2a) Warnhinweise nach Absatz 2 können auch angeordnet werden, um sicherzustellen, daß das Arzneimittel nur von Ärzten bestimmter Fachgebiete verschrieben und unter deren Kontrolle oder nur in Kliniken oder Spezialkliniken oder in Zusammenarbeit mit solchen Einrichtungen angewendet werden darf, wenn dies erforderlich ist, um bei der Anwendung eine unmittelbare oder mittelbare Gefährdung der Gesundheit von Menschen zu verhüten, insbesondere, wenn die Anwendung des Arzneimittels nur bei Vorhandensein besonderer Fachkunde oder besonderer therapeutischer Einrichtungen unbedenklich erscheint.

(3) Die zuständige Bundesoberbehörde kann durch Auflagen ferner anordnen, daß weitere analytische, pharmakologisch-toxikologische oder klinische Prüfungen durchgeführt werden und über die Ergebnisse berichtet wird, wenn hinreichende Anhaltspunkte dafür vorliegen, daß das Arzneimittel einen großen therapeutischen Wert haben kann und deshalb ein öffentliches Interesse an seinem unverzüglichen Inverkehrbringen besteht, jedoch für die umfassende Beurteilung des Arzneimittels weitere wichtige Angaben erforderlich sind. Satz 1 gilt entsprechend für Unterlagen über das Rückstandsnachweisverfahren nach § 23 Abs. 1 Nr. 2.

(3a) Die zuständige Bundesoberbehörde kann, wenn dies im Interesse der Arzneimittelsicherheit erforderlich ist, durch Auflagen ferner anordnen, daß nach der Zulassung Erkenntnisse bei der Anwendung des Arzneimittels systematisch gesammelt, dokumentiert und ausgewertet werden und ihr über die Ergebnisse dieser Untersuchung innerhalb einer bestimmten Frist berichtet wird.

(3b) Bei Auflagen nach den Absätzen 3 und 3a kann die zuständige Bundesoberbehörde Art und Umfang der Untersuchung oder Prüfungen bestimmen. Die Ergebnisse sind durch Unterlagen so zu belegen, daß aus diesen Art, Umfang und Zeitpunkt der Untersuchung oder Prüfungen hervorgehen.

(3c) Die zuständige Bundesoberbehörde kann durch Auflage ferner anordnen, daß bei der Herstellung und Kontrolle solcher Arzneimittel und ihrer Ausgangsstoffe, die biologischer Herkunft sind oder auf biotechnischem Wege hergestellt werden,

1. bestimmte Anforderungen eingehalten und bestimmte Maßnahmen und Verfahren angewendet werden,
2. Unterlagen vorgelegt werden, die die Eignung bestimmter Maßnahmen und Verfahren begründen, einschließlich von Unterlagen über die Validierung,
3. die Einführung oder Änderung bestimmter Anforderungen, Maßnahmen und Verfahren der vorherigen Zustimmung der zuständigen Bundesoberbehörde bedarf,

soweit es zur Gewährleistung angemessener Qualität oder zur Risikovorsorge geboten ist. Die angeordneten Auflagen sind sofort vollziehbar. Widerspruch und Anfechtungsklage haben keine aufschiebende Wirkung.

(3d) Die zuständige Bundesoberbehörde kann bei einem Arzneimittel, das zur Anwendung bei Tieren bestimmt ist, die der Gewinnung von Lebensmitteln dienen und das einen pharmakologisch wirksamen Bestandteil enthält, der im Anhang III der Verordnung (EWG) Nr. 2377/90 enthalten ist, durch Auflage ferner anordnen, daß Unterlagen nach § 23 Abs. 1 Nr. 2 innerhalb des Zeitraumes vorgelegt werden, für den die vorläufige Rückstandshöchstmenge festgesetzt worden ist, sofern keine Anhaltspunkte dafür vorliegen, daß die Rückstände des betreffenden Stoffes eine Gefahr für die Gesundheit des Menschen darstellen.

(4) Soll die Zulassung mit einer Auflage verbunden werden, so wird die in § 27 Abs. 1 vorgesehene Frist bis zum Ablauf einer dem Antragsteller gewährten Frist zur Stellungnahme gehemmt. § 27 Abs. 2 findet entsprechende Anwendung.

§ 29 Anzeigepflicht, Neuzulassung

(1) Der Antragsteller hat der zuständigen Bundesoberbehörde unter Beifügung entsprechender Unterlagen unverzüglich Anzeige zu erstatten, wenn sich Änderungen in den Angaben und Unterlagen nach den §§ 22 bis 24 ergeben. Er hat ferner der zuständigen Bundesoberbehörde unverzüglich, spätestens aber innerhalb von 15 Tagen nach Bekanntwerden, jeden ihm bekanntgewordenen Verdachtsfall einer schwerwiegenden Nebenwirkung oder einer schwerwiegenden Wechselwirkung mit anderen Mitteln anzuzeigen sowie häufigen oder im Einzelfall in erheblichem Umfang beobachteten Mißbrauch, wenn durch ihn die Gesundheit von Mensch und Tier unmittelbar gefährdet werden kann. Er hat über Verdachtsfälle anderer als schwerwiegender Nebenwirkungen oder Wechselwirkungen mit anderen Mitteln, die ihm von einem Angehörigen eines Gesundheitsberufes zur Kenntnis gebracht werden, Aufzeichnungen zu führen. Sofern nicht durch Auflage anderes bestimmt ist, hat er diese Aufzeichnungen der zuständigen Bundesoberbehörde unverzüglich nach Aufforderung oder mindestens alle sechs Monate während der ersten beiden Jahre nach der Zulassung und einmal jährlich in den folgenden drei Jahren vorzulegen. Danach hat er die Unterlagen in Abständen von fünf Jahren zusammen mit dem Antrag auf Verlängerung der Zulassung oder unverzüglich nach Aufforderung vorzulegen. Der zuständigen Bundesoberbehörde sind alle zur Beurteilung von Verdachtsfällen oder beobachteten Mißbrauchs vorliegenden Unterlagen sowie eine wissenschaftliche Bewertung vorzulegen. Die Verpflichtung nach den Sätzen 2 bis 5 hat nach Erteilung der Zulassung der pharmazeutische Unternehmer zu erfüllen; sie besteht unabhängig davon, ob sich das Arzneimittel noch im Verkehr befindet. Die Sätze 2 bis 6 gelten entsprechend für denjenigen, der eine klinische Prüfung von Arzneimitteln veranlaßt oder durchführt.

(2) Bei einer Änderung der Bezeichnung des Arzneimittels ist der Zulassungsbescheid entsprechend zu ändern. Das Arzneimittel darf unter der alten Bezeichnung vom pharmazeutischen Unternehmer noch ein Jahr, von den Groß- und Einzelhändlern noch zwei Jahre, beginnend mit dem auf die Bekanntmachung der Änderung im Bundesanzeiger folgenden 1. Januar oder 1. Juli, in den Verkehr gebracht werden.

(2a) Eine Änderung

1. der Angaben nach den §§ 10, 11 und 11a über die Dosierung, die Art oder die Dauer der Anwendung, die Anwendungsgebiete, soweit es sich nicht um die Zufügung einer oder Veränderung in eine Indikation handelt, die einem anderen Therapiegebiet zuzuordnen ist, eine Einschränkung der Gegenanzeigen, Nebenwirkungen oder Wechselwirkungen mit anderen Mitteln, soweit sie Arzneimittel betrifft, die vom Verkehr außerhalb der Apotheken ausgeschlossen sind,
2. der wirksamen Bestandteile, ausgenommen der arzneilich wirksamen Bestandteile,
3. in eine mit der zugelassenen vergleichbaren Darreichungsform,

3a. in der Behandlung mit ionisierenden Strahlen,

4. des Herstellungs- oder Prüfverfahrens oder die Angabe einer längeren Haltbarkeitsdauer bei Sera, Impfstoffen, Blutzubereitungen, Testallergenen, Testsera und Testantigenen sowie eine Änderung gentechnologischer Herstellungsverfahren und
5. der Packungsgröße

darf erst vollzogen werden, wenn die zuständige Bundesoberbehörde zugestimmt hat. Die Zustimmung gilt als erteilt, wenn der Änderung nicht innerhalb einer Frist von drei Monaten widersprochen worden ist.

(3) Eine neue Zulassung ist in folgenden Fällen zu beantragen:

1. bei einer Änderung der Zusammensetzung der arzneilich wirksamen Bestandteile nach Art oder Menge,
2. bei einer Änderung der Darreichungsform, soweit es sich nicht um eine Änderung nach Absatz 2a Nr. 3 handelt,
3. bei einer Erweiterung der Anwendungsgebiete, soweit es sich nicht um eine Änderung nach Absatz 2a Nr. 1 handelt,

3a. bei der Einführung gentechnologischer Herstellungsverfahren und

4. (weggefallen)
5. bei einer Verkürzung der Wartezeit.

Über die Zulassungspflicht nach Satz 1 entscheidet die zuständige Bundesoberbehörde.

(4) Die Absätze 1, 2, 2a und 3 finden keine Anwendung auf Arzneimittel, für die von der Kommission der Europäischen Gemeinschaften oder dem Rat der Europäischen Union eine Genehmigung für das Inverkehrbringen erteilt worden ist. Für diese Arzneimittel gelten die Verpflichtungen des pharmazeutischen Unternehmers nach der Verordnung (EWG) Nr. 2309/93 und seine Verpflichtungen nach der Verordnung (EG) Nr. 540/95 der Kommission der Europäischen Gemeinschaften oder des Rates der Europäischen Union zur Festlegung der Bestimmungen für die Mitteilung von vermuteten unerwarteten, nicht schwerwiegenden Nebenwirkungen, die innerhalb oder außerhalb der Gemeinschaft an gemäß der Verordnung (EWG) Nr. 2309/93 zugelassenen Human- oder Tierarzneimitteln festgestellt werden (ABl. EG Nr. L 55 S. 5) mit der Maßgabe, daß im Geltungsbereich des Gesetzes die Verpflichtung zur Mitteilung an die Mitgliedstaaten oder zur Unterrichtung der Mitgliedstaaten gegenüber der jeweils zuständigen Bundesoberbehörde besteht.

(5) Die Absätze 2a und 3 finden keine Anwendung, soweit für Arzneimittel die Verordnung (EG) Nr. 541/95 der Kommission vom 10. März 1995 über die Prüfung von Änderungen einer Zulassung, die von einer zuständigen Behörde eines Mitgliedstaates erteilt wurde (ABl. EG Nr. L 55 S. 7), Anwendung findet.

§ 30 Rücknahme, Widerruf, Ruhen

(1) Die Zulassung ist zurückzunehmen, wenn nachträglich bekannt wird, daß einer der Versagungsgründe des § 25 Abs. 2 Nr. 2, 3, 5, 5a, 6 oder 7 bei der Erteilung vorgelegen hat; sie ist zu widerrufen, wenn einer der Versagungsgründe des § 25 Abs. 2 Nr. 3, 5, 5a, 6 oder 7 nachträglich eingetreten ist. Die Zulassung ist ferner zurückzunehmen oder zu widerrufen, wenn

1. sich herausstellt, daß dem Arzneimittel die therapeutische Wirksamkeit fehlt,

2. in den Fällen des § 28 Abs. 3 die therapeutische Wirksamkeit nach dem jeweiligen Stand der wissenschaftlichen Erkenntnisse unzureichend begründet ist.

Die therapeutische Wirksamkeit fehlt, wenn feststeht, daß sich mit dem Arzneimittel keine therapeutischen Ergebnisse erzielen lassen. In den Fällen des Satzes 1 kann auch das Ruhen der Zulassung befristet angeordnet werden.

(1a) Die Zulassung ist ferner ganz oder teilweise zurückzunehmen oder zu widerrufen, soweit dies erforderlich ist, um einer Entscheidung der Kommission der Europäischen Gemeinschaften oder des Rates der Europäischen Union nach Artikel 37b der Richtlinie 75/319/EWG oder nach Artikel 42k der Richtlinie 81/851/EWG zu entsprechen. Ein Vorverfahren nach § 68 der Verwaltungsgerichtsordnung findet bei Rechtsmitteln gegen Entscheidungen der zuständigen Bundesoberbehörde nach Satz 1 nicht statt. In den Fällen des Satzes 1 kann auch das Ruhen der Zulassung befristet angeordnet werden.

(2) Die zuständige Bundesoberbehörde kann die Zulassung

1. zurücknehmen, wenn in den Unterlagen nach den §§ 22, 23 oder 24 unrichtige oder unvollständige Angaben gemacht worden sind oder wenn einer der Versagungsgründe des § 25 Abs. 2 Nr. 6a, 6b oder 6c bei der Erteilung vorgelegen hat,
2. widerrufen, wenn einer der Versagungsgründe des § 25 Abs. 2 Nr. 2, 6a, 6b oder 6c nachträglich eingetreten ist oder wenn eine der nach § 28 angeordneten Auflagen nicht eingehalten und diesem Mangel nicht innerhalb einer von der zuständigen Bundesoberbehörde zu setzenden angemessenen Frist abgeholfen worden ist,
3. im Benehmen mit der zuständigen Behörde widerrufen, wenn die für das Arzneimittel vorgeschriebenen Prüfungen der Qualität nicht oder nicht ausreichend durchgeführt worden sind.

In diesen Fällen kann auch das Ruhen der Zulassung befristet angeordnet werden.

(3) Vor einer Entscheidung nach den Absätzen 1 und 2 muß der Inhaber der Zulassung gehört werden, es sei denn, daß Gefahr im Verzuge ist. In den Fällen des § 25 Abs. 2 Nr. 5 ist die Entscheidung sofort vollziehbar. Widerspruch und Anfechtungsklage haben keine aufschiebende Wirkung.

(4) Ist die Zulassung für ein Arzneimittel zurückgenommen oder widerrufen oder ruht die Zulassung, so darf es

1. nicht in den Verkehr gebracht und
2. nicht in den Geltungsbereich dieses Gesetzes verbracht werden.

Die Rückgabe des Arzneimittels an den pharmazeutischen Unternehmer ist unter entsprechender Kenntlichmachung zulässig. Die Rückgabe kann von der zuständigen Behörde angeordnet werden.

§ 31 Erlöschen

(1) Die Zulassung erlischt

1. (weggefallen)
2. durch schriftlichen Verzicht,
3. nach Ablauf von fünf Jahren seit ihrer Erteilung, es sei denn, daß spätestens drei Monate vor Ablauf der Frist ein Antrag auf Verlängerung gestellt wird,

3a. bei einem Arzneimittel, das zur Anwendung bei Tieren bestimmt ist, die der Gewinnung von Lebensmitteln dienen, und das einen pharmakologisch wirksamen Bestandteil enthält, der in den Anhang IV der Verordnung (EWG) Nr. 2377/90 aufgenommen wurde, nach Ablauf einer Frist von 60 Tagen nach Veröffentlichung im Amtsblatt der Europäischen Gemeinschaften, sofern nicht innerhalb dieser Frist auf die Anwendungsgebiete bei Tieren, die der Gewinnung von Lebensmitteln dienen, nach § 29 Abs. 1 verzichtet worden ist; im Falle einer Änderungsanzeige nach § 29 Abs. 2a, die die Herausnahme des betreffenden wirksamen Bestandteils bezweckt, ist die 60-Tage-Frist bis zur Entscheidung der zuständigen Bundesoberbehörde oder bis zum Ablauf der Frist nach § 29 Abs. 2a Satz 2 gehemmt und es ruht die Zulassung nach Ablauf der 60-Tage-Frist während dieses Zeitraums; die Halbsätze 1 und 2 gelten entsprechend, soweit für die Änderung des Arzneimittels die Verordnung (EG) Nr. 541/95 Anwendung findet,

4. wenn die Verlängerung der Zulassung versagt wird.

(2) Der Antrag auf Verlängerung ist durch einen Bericht zu ergänzen, der Angaben darüber enthält, ob und in welchem Umfang sich die Beurteilungsmerkmale für das Arzneimittel innerhalb der letzten fünf Jahre geändert haben. Bei Arzneimitteln, die zur Anwendung bei Tieren bestimmt sind, die der Gewinnung von Lebensmitteln dienen, kann die zuständige Bundesoberbehörde ferner verlangen, daß der Bericht Angaben über Erfahrungen mit dem Rückstandsnachweisverfahren enthält.

(3) Die Zulassung ist auf Antrag nach Absatz 2 Satz 1 innerhalb von drei Monaten vor ihrem Erlöschen um jeweils fünf Jahre zu verlängern, wenn kein Versagungsgrund nach § 25 Abs. 2 Nr. 3, 5, 5a, 6, 6a, 6b, 6c, 7 oder 8 vorliegt oder die Zulassung nicht nach § 30 Abs. 1 Satz 2 zurückzunehmen oder zu widerrufen ist oder wenn von der Möglichkeit der Rücknahme nach § 30 Abs. 2 Nr. 1 oder des Widerrufs nach § 30 Abs. 2 Nr. 2 kein Gebrauch gemacht werden soll. § 25 Abs. 5a gilt entsprechend. Bei der Entscheidung über die Verlängerung ist auch zu überprüfen, ob Erkenntnisse vorliegen, die Auswirkungen auf die Unterstellung unter die Verschreibungspflicht haben.

(4) Erlischt die Zulassung nach Absatz 1 Nr. 2 oder 3, so darf das Arzneimittel noch zwei Jahre, beginnend mit dem auf die Bekanntmachung des Erlöschens nach § 34 folgenden 1. Januar oder 1. Juli, in den Verkehr gebracht werden. Das gilt nicht, wenn die zuständige Bundesoberbehörde feststellt, daß eine Voraussetzung für die Rücknahme oder den Widerruf nach § 30 vorgelegen hat; § 30 Abs. 4 findet Anwendung.

§ 32 Staatliche Chargenprüfung

(1) Die Charge eines Serums, eines Impfstoffes oder eines Testallergens darf unbeschadet der Zulassung nur in den Verkehr gebracht werden, wenn sie von der zuständigen Bundesoberbehörde freigegeben ist. Die Charge ist freizugeben, wenn eine Prüfung (staatliche Chargenprüfung) ergeben hat, daß die Charge nach Herstellungs- und Kontrollmethoden, die dem jeweiligen Stand der wissenschaftlichen Erkenntnisse entsprechen, hergestellt und geprüft worden ist und daß sie die erforderliche Qualität, Wirksamkeit und Unbedenklichkeit aufweist. Die Charge ist auch dann freizugeben, soweit die zuständige Behörde eines anderen Mitgliedstaates der Europäischen Gemeinschaften nach einer experimentellen Untersuchung festgestellt hat, daß die in Satz 2 genannten Voraussetzungen vorliegen.

(1a) Die zuständige Bundesoberbehörde hat eine Entscheidung nach Absatz 1 innerhalb einer Frist von zwei Monaten nach Eingang der zu prüfenden Chargenprobe zu treffen. § 27 Abs. 2 findet entsprechende Anwendung.

(2) Das Bundesministerium erläßt nach Anhörung von Sachverständigen aus der medizinischen und pharmazeutischen Wissenschaft und Praxis allgemeine Verwaltungsvorschriften über die von der Bundesoberbehörde an die Herstellungs- und Kontrollmethoden nach Absatz 1 zu stellenden Anforderungen und macht diese als Arzneimittelprüfrichtlinien im Bundesanzeiger bekannt. Die Vorschriften müssen dem jeweiligen Stand der wissenschaftlichen Erkenntnisse entsprechen und sind laufend an diesen anzupassen.

(3) Auf die Durchführung der staatlichen Chargenprüfung finden § 25 Abs. 8 und § 22 Abs. 7 Satz 2 entsprechende Anwendung.

(4) Der Freigabe nach Absatz 1 Satz 1 bedarf es nicht, soweit die dort bezeichneten Arzneimittel durch Rechtsverordnung nach § 35 Abs. 1 Nr. 4 oder von der zuständigen Bundesoberbehörde freigestellt sind; die zuständige Bundesoberbehörde soll freistellen, wenn die Herstellungs- und Kontrollmethoden des Herstellers einen Entwicklungsstand erreicht haben, bei dem die erforderliche Qualität, Wirksamkeit und Unbedenklichkeit gewährleistet sind.

(5) Die Freigabe nach Absatz 1 oder die Freistellung durch die zuständige Bundesoberbehörde nach Absatz 4 ist zurückzunehmen, wenn eine ihrer Voraussetzungen nicht vorgelegen hat; sie ist zu widerrufen, wenn eine der Voraussetzungen nachträglich weggefallen ist.

§ 33 Kosten

(1) Die zuständige Bundesoberbehörde erhebt für die Entscheidungen über die Zulassung, über die Freigabe von Chargen sowie für andere Amtshandlungen einschließlich selbständiger Beratungen und selbständiger Auskünfte, soweit es sich nicht um mündliche und einfache schriftliche Auskünfte im Sinne des § 7 Abs. 1 des Verwaltungskostengesetzes handelt, nach diesem Gesetz und nach der Verordnung (EG) Nr. 541/95 der Kommission vom 10. März 1995 Kosten (Gebühren und Auslagen).

(2) Das Bundesministerium wird ermächtigt, im Einvernehmen mit dem Bundesministerium für Wirtschaft durch Rechtsverordnung, die der Zustimmung des Bundesrates nicht bedarf, die gebührenpflichtigen Tatbestände näher zu bestimmen und dabei feste Sätze oder Rahmensätze vorzusehen. Die Höhe der Gebühren für die Entscheidungen über die Zulassung, über die Freigabe von Chargen sowie für andere Amtshandlungen bestimmt sich jeweils nach dem Personal- und Sachaufwand, zu dem insbesondere der Aufwand für das Zulassungsverfahren, bei Sera, Impfstoffen und Testallergenen auch der Aufwand für die Prüfungen und für die Entwicklung geeigneter Prüfungsverfahren gehört. Die Höhe der Gebühren für die Entscheidung über die Freigabe einer Charge bestimmt sich nach dem durchschnittlichen Personal- und Sachaufwand, wobei der Aufwand für vorangegangene Prüfungen unberücksichtigt bleibt; daneben ist die Bedeutung, der wirtschaftliche Wert oder der sonstige Nutzen der Freigabe für den Gebührenschuldner angemessen zu berücksichtigen.

(3) Das Verwaltungskostengesetz findet Anwendung.

(4) Für das Widerspruchsverfahren gegen einen von der zuständigen Bundesoberbehörde auf Grund dieses Gesetzes erlassenen Verwaltungsakt werden Kosten nicht erhoben; Auslagen der Beteiligten werden nicht erstattet.

§ 34 Bekanntmachung

(1) Die zuständige Bundesoberbehörde hat im Bundesanzeiger bekanntzumachen:

1. die Erteilung und Verlängerung einer Zulassung,
2. die Rücknahme einer Zulassung,
3. den Widerruf einer Zulassung,
4. das Ruhen einer Zulassung,
5. das Erlöschen einer Zulassung,
6. die Feststellung nach § 31 Abs. 4 Satz 2,
7. die Änderung der Bezeichnung nach § 29 Abs. 2,
8. die Rücknahme oder den Widerruf der Freigabe einer Charge nach § 32 Abs. 5.

Satz 1 Nr. 1 bis 5 und Nr. 7 gilt entsprechend für Entscheidungen der Kommission der Europäischen Gemeinschaften oder des Rates der Europäischen Union.

(2) Die zuständige Bundesoberbehörde kann einen Verwaltungsakt, der auf Grund dieses Gesetzes ergeht, im Bundesanzeiger öffentlich bekanntmachen, wenn von dem Verwaltungsakt mehr als 50 Adressaten betroffen sind. Dieser Verwaltungsakt gilt zwei Wochen nach dem Erscheinen des Bundesanzeigers als bekanntgegeben. Sonstige Mitteilungen der zuständigen Bundesoberbehörde einschließlich der Schreiben, mit denen den Beteiligten Gelegenheit zur Äußerung nach § 28 Abs. 1 des Verwaltungsverfahrensgesetzes gegeben wird, können gleichfalls im Bundesanzeiger bekanntgemacht werden, wenn mehr als 50 Adressaten davon betroffen sind. Satz 2 gilt entsprechend.

§ 35 Ermächtigungen zur Zulassung und Freistellung

(1) Das Bundesministerium wird ermächtigt, durch Rechtsverordnung mit Zustimmung des Bundesrates

1. die weiteren Einzelheiten über das Verfahren bei der Zulassung, der staatlichen Chargenprüfung und der Freigabe einer Charge sowie bei der Änderung der Zulassungsunterlagen zu regeln; es kann dabei die Zahl der Ausfertigungen der einzureichenden Unterlagen sowie die Weiterleitung von Ausfertigungen an die zu-

ständigen Behörden bestimmen sowie vorschreiben oder erlauben, daß Unterlagen auf elektronischen oder optischen Speichermedien eingereicht werden,

2. die Vorschriften über die Zulassung auf andere Arzneimittel auszudehnen, soweit es geboten ist, um eine unmittelbare oder mittelbare Gefährdung der Gesundheit von Mensch oder Tier zu verhüten,
3. die Vorschriften über die Freigabe einer Charge und die staatliche Chargenprüfung auf andere Arzneimittel, die in ihrer Zusammensetzung oder in ihrem Wirkstoffgehalt Schwankungen unterworfen sind, auszudehnen, soweit es geboten ist, um eine unmittelbare oder mittelbare Gefährdung der Gesundheit von Mensch oder Tier zu verhüten,
4. bestimmte Arzneimittel von der staatlichen Chargenprüfung freizustellen, wenn das Herstellungsverfahren und das Prüfungsverfahren des Herstellers einen Entwicklungsstand erreicht haben, bei dem die Qualität, Wirksamkeit und Unbedenklichkeit gewährleistet sind.

(2) Die Rechtsverordnungen nach Absatz 1 Nr. 2 bis 4 ergehen im Einvernehmen mit dem Bundesministerium für Wirtschaft und, soweit es sich um radioaktive Arzneimittel und um Arzneimittel handelt, bei deren Herstellung ionisierende Strahlen verwendet werden, im Einvernehmen mit dem Bundesministerium für Umwelt, Naturschutz und Reaktorsicherheit und, soweit es sich um Arzneimittel handelt, die zur Anwendung bei Tieren bestimmt sind, im Einvernehmen mit dem Bundesministerium für Ernährung, Landwirtschaft und Forsten.

§ 36 Ermächtigung für Standardzulassungen

(1) Das Bundesministerium wird ermächtigt, nach Anhörung von Sachverständigen durch Rechtsverordnung mit Zustimmung des Bundesrates bestimmte Arzneimittel oder Arzneimittelgruppen oder Arzneimittel in bestimmten Abgabeformen von der Pflicht zur Zulassung freizustellen, soweit eine unmittelbare oder mittelbare Gefährdung der Gesundheit von Mensch oder Tier nicht zu befürchten ist, weil die Anforderungen an die erforderliche Qualität, Wirksamkeit und Unbedenklichkeit erwiesen sind. Die Freistellung kann zum Schutz der Gesundheit von Mensch oder Tier von einer bestimmten Herstellung, Zusammensetzung, Kennzeichnung, Packungsbeilage, Fachinformation oder Darreichungsform abhängig gemacht sowie auf bestimmte Anwendungsarten, Anwendungsgebiete oder Anwendungsbereiche beschränkt werden. Die Angabe weiterer Gegenanzeigen, Nebenwirkungen und Wechselwirkungen durch den pharmazeutischen Unternehmer ist zulässig.

(2) Bei der Auswahl der Arzneimittel, die von der Pflicht zur Zulassung freigestellt werden, muß den berechtigten Interessen der Arzneimittelverbraucher, der Heilberufe und der pharmazeutischen Industrie Rechnung getragen werden. In der Wahl der Bezeichnung des Arzneimittels ist der pharmazeutische Unternehmer frei.

(3) Die Rechtsverordnung nach Absatz 1 ergeht im Einvernehmen mit dem Bundesministerium für Wirtschaft und, soweit es sich um radioaktive Arzneimittel und um Arzneimittel handelt, bei deren Herstellung ionisierende Strahlen verwendet werden, im Einvernehmen mit dem Bundesministerium für Umwelt, Naturschutz und Reaktorsicherheit und, soweit es sich um Arzneimittel handelt, die zur Anwendung bei Tieren bestimmt sind, im Einvernehmen mit dem Bundesministerium für Ernährung, Landwirtschaft und Forsten.

(4) Vor Erlaß der Rechtsverordnung nach Absatz 1 bedarf es nicht der Anhörung von Sachverständigen und der Zustimmung des Bundesrates, soweit dies erforderlich ist, um Angaben zu Gegenanzeigen, Nebenwirkungen und Wechselwirkungen unverzüglich zu ändern und die Geltungsdauer der Rechtsverordnung auf längstens ein Jahr befristet ist. Die Frist kann bis zu einem weiteren Jahr einmal verlängert werden, wenn das Verfahren nach Absatz 1 innerhalb der Jahresfrist nicht abgeschlossen werden kann.

§ 37 Genehmigung der Kommission der Europäischen Gemeinschaften oder des Rates der Europäischen Union für das Inverkehrbringen, Zulassungen von Arzneimitteln aus anderen Staaten

(1) Die von der Kommission der Europäischen Gemeinschaften oder dem Rat der Europäischen Union gemäß der Verordnung (EWG) Nr. 2309/93 erteilte Genehmigung für das Inverkehrbringen steht, soweit in den §§ 11a, 21 Abs. 2a, §§ 42, 56, 56a, 58, 59, 67, 69, 73, 84 oder 94 auf eine Zulassung abgestellt wird, einer nach § 25

erteilten Zulassung gleich. Als Zulassung im Sinne des § 21 gilt auch die von einem anderen Staat für ein Arzneimittel erteilte Zulassung, soweit dies durch Rechtsverordnung des Bundesministeriums bestimmt wird.

(2) Das Bundesministerium wird ermächtigt, eine Rechtsverordnung nach Absatz 1, die nicht der Zustimmung des Bundesrates bedarf, zu erlassen, um eine Richtlinie des Rates der Europäischen Gemeinschaften durchzuführen oder soweit in internationalen Verträgen die Zulassung von Arzneimitteln gegenseitig als gleichwertig anerkannt wird.

Fünfter Abschnitt: Registrierung homöopathischer Arzneimittel

§ 38 Registrierungspflicht und Registrierungsunterlagen

(1) Fertigarzneimittel, die Arzneimittel im Sinne des § 2 Abs. 1 oder Abs. 2 Nr. 1 sind, dürfen als homöopathische Arzneimittel im Geltungsbereich dieses Gesetzes nur in den Verkehr gebracht werden, wenn sie in ein bei der zuständigen Bundesoberbehörde zu führendes Register für homöopathische Arzneimittel eingetragen sind (Registrierung). Einer Zulassung bedarf es nicht; § 21 Abs. 1 Satz 2 und Abs. 3 findet entsprechende Anwendung. Einer Registrierung bedarf es nicht für Arzneimittel, die von einem pharmazeutischen Unternehmer in Mengen bis zu 1000 Packungen in einem Jahr in den Verkehr gebracht werden, es sei denn, es handelt sich um Arzneimittel,

1. die Zubereitungen aus Stoffen gemäß § 3 Nr. 3 oder 4 enthalten,
2. die mehr als den hundertsten Teil der in nicht homöopathischen, der Verschreibungspflicht nach § 48 oder § 49 unterliegenden Arzneimitteln verwendeten kleinsten Dosis enthalten oder
3. bei denen die Tatbestände des § 39 Abs. 2 Nr. 3, 4, 5, 6, 7 oder 9 vorliegen.

(2) Dem Antrag auf Registrierung sind die in den §§ 22 bis 24 bezeichneten Angaben, Unterlagen und Gutachten beizufügen. Das gilt nicht für die Angaben über die Wirkungen und Anwendungsgebiete sowie für die Unterlagen und Gutachten über die pharmakologisch-toxikologische und klinische Prüfung.

§ 39 Entscheidung über die Registrierung

(1) Die zuständige Bundesoberbehörde hat das homöopathische Arzneimittel zu registrieren und dem Antragsteller die Registernummer schriftlich zuzuteilen. § 25 Abs. 5 Satz 5 findet entsprechende Anwendung. Die Registrierung gilt nur für das im Bescheid aufgeführte homöopathische Arzneimittel und seine Verdünnungsgrade. Die zuständige Bundesoberbehörde kann den Bescheid über die Registrierung mit Auflagen verbinden. Auflagen können auch nachträglich angeordnet werden. § 28 Abs. 2 und 4 findet Anwendung.

(2) Die zuständige Bundesoberbehörde hat die Registrierung zu versagen, wenn

1. die vorgelegten Unterlagen unvollständig sind,
2. das Arzneimittel nicht nach dem jeweils gesicherten Stand der wissenschaftlichen Erkenntnisse ausreichend analytisch geprüft worden ist,
3. das Arzneimittel nicht die nach den anerkannten pharmazeutischen Regeln angemessene Qualität aufweist,
4. bei dem Arzneimittel der begründete Verdacht besteht, daß es bei bestimmungsgemäßem Gebrauch schädliche Wirkungen hat, die über ein nach den Erkenntnissen der medizinischen Wissenschaft vertretbares Maß hinausgehen,

4a. das Arzneimittel zur Anwendung bei Tieren bestimmt ist, die der Gewinnung von Lebensmitteln dienen,

5. die angegebene Wartezeit nicht ausreicht,

5a. das Arzneimittel, sofern es zur Anwendung bei Menschen bestimmt ist, nicht zur Einnahme und nicht zur äußerlichen Anwendung bestimmt ist,

6. das Arzneimittel der Verschreibungspflicht unterliegt,
7. das Arzneimittel nicht nach einer im Homöopathischen Teil des Arzneibuches beschriebenen Verfahrenstechnik hergestellt ist,

7a. wenn die Anwendung als homöopathisches oder anthroposophisches Arzneimittel nicht allgemein bekannt ist,
8. für das Arzneimittel eine Zulassung erteilt ist,
9. das Inverkehrbringen des Arzneimittels oder seine Anwendung bei Tieren gegen gesetzliche Vorschriften oder gegen die Verordnung (EWG) Nr. 2377/90 verstoßen würde.

(2a) Ist das Arzneimittel bereits in einem anderen Mitgliedstaat der Europäischen Gemeinschaften oder in einem anderen Vertragsstaat des Abkommens über den Europäischen Wirtschaftsraum registriert worden, ist die Registrierung auf der Grundlage dieser Entscheidung zu erteilen, es sei denn, daß ein Versagungsgrund nach Absatz 2 vorliegt.

(2b) Die Registrierung erlischt nach Ablauf von fünf Jahren seit ihrer Erteilung, es sei denn, daß drei bis sechs Monate vor Ablauf der Frist ein Antrag auf Verlängerung gestellt wird. Für die Verlängerung der Registrierung gilt § 31 Abs. 2 bis 4 entsprechend mit der Maßgabe, daß die Versagungsgründe nach Absatz 2 Nr. 3 bis 9 Anwendung finden.

(3) Das Bundesministerium wird ermächtigt, durch Rechtsverordnung mit Zustimmung des Bundesrates Vorschriften über die Anzeigepflicht, die Neuregistrierung, die Löschung, die Kosten, die Bekanntmachung und die Freistellung von der Registrierung homöopathischer Arzneimittel entsprechend den Vorschriften über die Zulassung zu erlassen. Die Rechtsverordnung ergeht im Einvernehmen mit dem Bundesministerium für Ernährung, Landwirtschaft und Forsten, soweit es sich um Arzneimittel handelt, die zur Anwendung bei Tieren bestimmt sind. § 36 Abs. 4 gilt für die Änderung einer Rechtsverordnung über die Freistellung von der Registrierung entsprechend.

Sechster Abschnitt: Schutz des Menschen bei der Klinischen Prüfung

§ 40 Allgemeine Voraussetzungen

(1) Die klinische Prüfung eines Arzneimittels darf bei Menschen nur durchgeführt werden, wenn und solange

1. die Risiken, die mit ihr für die Person verbunden sind, bei der sie durchgeführt werden soll, gemessen an der voraussichtlichen Bedeutung des Arzneimittels für die Heilkunde, ärztlich vertretbar sind,
2. die Person, bei der sie durchgeführt werden soll, ihre Einwilligung hierzu erteilt hat, nachdem sie durch einen Arzt über Wesen, Bedeutung und Tragweite der klinischen Prüfung aufgeklärt worden ist, und mit dieser Einwilligung zugleich erklärt, daß sie mit der im Rahmen der klinischen Prüfung erfolgenden Aufzeichnung von Krankheitsdaten, ihrer Weitergabe zur Überprüfung an den Auftraggeber, an die zuständige Überwachungsbehörde oder die zuständige Bundesoberbehörde und, soweit es sich um personenbezogene Daten handelt, mit deren Einsichtnahme durch Beauftragte des Auftraggebers oder der Behörden einverstanden ist,
3. die Person, bei der sie durchgeführt werden soll, nicht auf gerichtliche oder behördliche Anordnung in einer Anstalt untergebracht ist,
4. sie von einem Arzt geleitet wird, der mindestens eine zweijährige Erfahrung in der klinischen Prüfung von Arzneimitteln nachweisen kann,
5. eine dem jeweiligen Stand der wissenschaftlichen Erkenntnisse entsprechende pharmakologisch-toxikologische Prüfung durchgeführt worden ist,
6. die Unterlagen über die pharmakologisch-toxikologische Prüfung, der dem jeweiligen Stand der wissenschaftlichen Erkenntnisse entsprechende Prüfplan mit Angabe von Prüfern und Prüforten und das Votum der für den Leiter der klinischen Prüfung zuständigen Ethik-Kommission bei der zuständigen Bundesoberbehörde vorgelegt worden sind,
7. der Leiter der klinischen Prüfung durch einen für die pharmakologisch-toxikologische Prüfung verantwortlichen Wissenschaftler über die Ergebnisse der pharmakologisch-toxikologischen Prüfung und die voraussichtlich mit der klinischen Prüfung verbundenen Risiken informiert worden ist und

8. für den Fall, daß bei der Durchführung der klinischen Prüfung ein Mensch getötet oder der Körper oder die Gesundheit eines Menschen verletzt wird, eine Versicherung nach Maßgabe des Absatzes 3 besteht, die auch Leistungen gewährt, wenn kein anderer für den Schaden haftet.

Die klinische Prüfung eines Arzneimittels darf bei Menschen vorbehaltlich des Satzes 3 nur begonnen werden, wenn diese zuvor von einer nach Landesrecht gebildeten unabhängigen Ethik-Kommission zustimmend bewertet worden ist; Voraussetzung einer zustimmenden Bewertung ist die Beachtung der Vorschriften in Satz 1 Nr. 1 bis 5, Nr. 6, soweit sie die Unterlagen über die pharmakologisch-toxikologische Prüfung und den Prüfplan betrifft, sowie Nr. 7 und 8. Soweit keine zustimmende Bewertung der Ethik-Kommission vorliegt, darf mit der klinischen Prüfung erst begonnen werden, wenn die zuständige Bundesoberbehörde innerhalb von 60 Tagen nach Eingang der Unterlagen nach Satz 1 Nr. 6 nicht widersprochen hat. Über alle schwerwiegenden oder unerwarteten unerwünschten Ereignisse, die während der Studie auftreten und die Sicherheit der Studienteilnehmer oder die Durchführung der Studie beeinträchtigen könnten, muß die Ethik-Kommission unterrichtet werden.

(2) Eine Einwilligung nach Absatz 1 Nr. 2 ist nur wirksam, wenn die Person, die sie abgibt

1. geschäftsfähig und in der Lage ist, Wesen, Bedeutung und Tragweite der klinischen Prüfung einzusehen und ihren Willen hiernach zu bestimmen und
2. die Einwilligung selbst und schriftlich erteilt hat.

Eine Einwilligung kann jederzeit widerrufen werden.

(3) Die Versicherung nach Absatz 1 Nr. 8 muß zugunsten der von der klinischen Prüfung betroffenen Person bei einem im Geltungsbereich dieses Gesetzes zum Geschäftsbetrieb zugelassenen Versicherer genommen werden. Ihr Umfang muß in einem angemessenen Verhältnis zu den mit der klinischen Prüfung verbundenen Risiken stehen und für den Fall des Todes oder der dauernden Erwerbsunfähigkeit mindestens 500 000 Euro betragen. Soweit aus der Versicherung geleistet wird, erlischt ein Anspruch auf Schadensersatz.

(4) Auf eine klinische Prüfung bei Minderjährigen finden die Absätze 1 bis 3 mit folgender Maßgabe Anwendung:

1. Das Arzneimittel muß zum Erkennen oder zum Verhüten von Krankheiten bei Minderjährigen bestimmt sein.
2. Die Anwendung des Arzneimittels muß nach den Erkenntnissen der medizinischen Wissenschaft angezeigt sein, um bei dem Minderjährigen Krankheiten zu erkennen oder ihn vor Krankheiten zu schützen.
3. Die klinische Prüfung an Erwachsenen darf nach den Erkenntnissen der medizinischen Wissenschaft keine ausreichenden Prüfergebnisse erwarten lassen.
4. Die Einwilligung wird durch den gesetzlichen Vertreter abgegeben. Sie ist nur wirksam, wenn dieser durch einen Arzt über Wesen, Bedeutung und Tragweite der klinischen Prüfung aufgeklärt worden ist. Ist der Minderjährige in der Lage, Wesen, Bedeutung und Tragweite der klinischen Prüfung einzusehen und seinen Willen hiernach zu bestimmen, so ist auch seine schriftliche Einwilligung erforderlich.

(5) Das Bundesministerium wird ermächtigt, durch Rechtsverordnung mit Zustimmung des Bundesrates Regelungen zur Gewährleistung der ordnungsgemäßen Durchführung der klinischen Prüfung und der Erzielung dem wissenschaftlichen Erkenntnisstand entsprechender Unterlagen zu treffen. In der Rechtsverordnung können insbesondere die Aufgaben und Verantwortungsbereiche der Personen, die die klinische Prüfung veranlassen, durchführen oder kontrollieren, näher bestimmt und Anforderungen an das Führen und Aufbewahren von Nachweisen gestellt werden. Ferner können in der Rechtsverordnung Befugnisse zur Erhebung, Verarbeitung und Nutzung personenbezogener Daten eingeräumt werden, soweit diese für die Durchführung und Überwachung der klinischen Prüfung erforderlich sind. Dies gilt auch für die Verarbeitung von Daten, die nicht in Dateien verarbeitet oder genutzt werden.

§ 41 Besondere Voraussetzungen

Auf eine klinische Prüfung bei einer Person, die an einer Krankheit leidet, zu deren Behebung das zu prüfende Arzneimittel angewendet werden soll, findet § 40 Abs. 1 bis 3 mit folgender Maßgabe Anwendung:

1. Die klinische Prüfung darf nur durchgeführt werden, wenn die Anwendung des zu prüfenden Arzneimittels nach den Erkenntnissen der medizinischen Wissenschaft angezeigt ist, um das Leben des Kranken zu retten, seine Gesundheit wiederherzustellen oder sein Leiden zu erleichtern.
2. Die klinische Prüfung darf auch bei einer Person, die geschäftsunfähig oder in der Geschäftsfähigkeit beschränkt ist, durchgeführt werden.
3. Ist eine geschäftsunfähige oder in der Geschäftsfähigkeit beschränkte Person in der Lage, Wesen, Bedeutung und Tragweite der klinischen Prüfung einzusehen und ihren Willen hiernach zu bestimmen, so bedarf die klinische Prüfung neben einer erforderlichen Einwilligung dieser Person der Einwilligung ihres gesetzlichen Vertreters.
4. Ist der Kranke nicht fähig, Wesen, Bedeutung und Tragweite der klinischen Prüfung einzusehen und seinen Willen hiernach zu bestimmen, so genügt die Einwilligung seines gesetzlichen Vertreters.
5. Die Einwilligung des gesetzlichen Vertreters ist nur wirksam, wenn dieser durch einen Arzt über Wesen, Bedeutung und Tragweite der klinischen Prüfung aufgeklärt worden ist. Auf den Widerruf findet § 40 Abs. 2 Satz 2 Anwendung. Der Einwilligung des gesetzlichen Vertreters bedarf es solange nicht, als eine Behandlung ohne Aufschub erforderlich ist, um das Leben des Kranken zu retten, seine Gesundheit wiederherzustellen oder sein Leiden zu erleichtern, und eine Erklärung über die Einwilligung nicht herbeigeführt werden kann.
6. Sofern der Kranke nicht in der Lage ist, die Einwilligung schriftlich zu erteilen, ist diese auch wirksam, wenn sie mündlich gegenüber dem behandelnden Arzt in Gegenwart eines Zeugen abgegeben wird.
7. Die Aufklärung und die Einwilligung des Kranken können in besonders schweren Fällen entfallen, wenn durch die Aufklärung der Behandlungserfolg nach der Nummer 1 gefährdet würde und ein entgegenstehender Wille des Kranken nicht erkennbar ist.

§ 42 Ausnahmen

Die §§ 40 und 41 finden keine Anwendung bei Arzneimitteln im Sinne des § 2 Abs. 2 Nr. 4. § 40 Abs. 1 Nr. 5 und 6 findet keine Anwendung auf klinische Prüfungen mit zugelassenen oder von der Zulassungspflicht freigestellten Arzneimitteln.

Siebenter Abschnitt: Abgabe von Arzneimitteln

§ 43 Apothekenpflicht, Inverkehrbringen durch Tierärzte

(1) Arzneimittel im Sinne des § 2 Abs. 1 oder Abs. 2 Nr. 1, die nicht durch die Vorschriften des § 44 oder der nach § 45 Abs. 1 erlassenen Rechtsverordnung für den Verkehr außerhalb der Apotheken freigegeben sind, dürfen außer in den Fällen des § 47 berufs- oder gewerbsmäßig für den Endverbrauch nur in Apotheken und nicht im Wege des Versandes in den Verkehr gebracht werden. Außerhalb der Apotheken darf außer in den Fällen des Absatzes 4 und des § 47 Abs. 1 mit den nach Satz 1 den Apotheken vorbehaltenen Arzneimitteln kein Handel getrieben werden.

(2) Die nach Absatz 1 Satz 1 den Apotheken vorbehaltenen Arzneimittel dürfen von juristischen Personen, nicht rechtsfähigen Vereinen und Gesellschaften des bürgerlichen Rechts und des Handelsrechts an ihre Mitglieder nicht abgegeben werden, es sei denn, daß es sich bei den Mitgliedern um Apotheken oder um die in § 47 Abs. 1 genannten Personen und Einrichtungen handelt und die Abgabe unter den dort bezeichneten Voraussetzungen erfolgt.

(3) Auf Verschreibung dürfen Arzneimittel im Sinne des § 2 Abs. 1 oder Abs. 2 Nr. 1 nur in Apotheken abgegeben werden. § 56 Abs. 1 bleibt unberührt.

(4) Arzneimittel im Sinne des § 2 Abs. 1 oder Abs. 2 Nr. 1 dürfen ferner im Rahmen des Betriebs einer tierärztlichen Hausapotheke durch Tierärzte an Halter der von ihnen behandelten Tiere abgegeben und zu diesem

Zweck vorrätig gehalten werden. Dies gilt auch für die Abgabe von Arzneimitteln zur Durchführung tierärztlich gebotener und tierärztlich kontrollierter krankheitsvorbeugender Maßnahmen bei Tieren, wobei der Umfang der Abgabe den auf Grund tierärztlicher Indikation festgestellten Bedarf nicht überschreiten darf.

(5) Zur Anwendung bei Tieren bestimmte Arzneimittel, die nicht für den Verkehr außerhalb der Apotheken freigegeben sind, dürfen an den Tierhalter oder an andere in § 47 Abs. 1 nicht genannte Personen nur in der Apotheke oder tierärztlichen Hausapotheke oder durch den Tierarzt ausgehändigt werden. Dies gilt nicht für Fütterungsarzneimittel.

§ 44 Ausnahme von der Apothekenpflicht

(1) Arzneimittel, die von dem pharmazeutischen Unternehmer ausschließlich zu anderen Zwecken als zur Beseitigung oder Linderung von Krankheiten, Leiden, Körperschäden oder krankhaften Beschwerden zu dienen bestimmt sind, sind für den Verkehr außerhalb der Apotheken freigegeben.

(2) Ferner sind für den Verkehr außerhalb der Apotheken freigegeben:

1. a) natürliche Heilwässer sowie deren Salze, auch als Tabletten oder Pastillen,
   b) künstliche Heilwässer sowie deren Salze, auch als Tabletten oder Pastillen, jedoch nur, wenn sie in ihrer Zusammensetzung natürlichen Heilwässern entsprechen,
2. Heilerde, Bademoore und andere Peloide, Zubereitungen zur Herstellung von Bädern, Seifen zum äußeren Gebrauch,
3. mit ihren verkehrsüblichen deutschen Namen bezeichnete
   a) Pflanzen und Pflanzenteile, auch zerkleinert,
   b) Mischungen aus ganzen oder geschnittenen Pflanzen oder Pflanzenteilen als Fertigarzneimittel,
   c) Destillate aus Pflanzen und Pflanzenteilen,
   d) Preßsäfte aus frischen Pflanzen und Pflanzenteilen, sofern sie ohne Lösungsmittel mit Ausnahme von Wasser hergestellt sind,
4. Pflaster,
5. ausschließlich oder überwiegend zum äußeren Gebrauch bestimmte Desinfektionsmittel sowie Mund- und Rachendesinfektionsmittel.

(3) Die Absätze 1 und 2 gelten nicht für Arzneimittel, die

1. nur auf ärztliche, zahnärztliche oder tierärztliche Verschreibung abgegeben werden dürfen oder
2. durch Rechtsverordnung nach § 46 vom Verkehr außerhalb der Apotheken ausgeschlossen sind.

§ 45 Ermächtigung zu weiteren Ausnahmen von der Apothekenpflicht

(1) Das Bundesministerium wird ermächtigt, im Einvernehmen mit dem Bundesministerium für Wirtschaft nach Anhörung von Sachverständigen durch Rechtsverordnung mit Zustimmung des Bundesrates Stoffe, Zubereitungen aus Stoffen oder Gegenstände, die dazu bestimmt sind, teilweise oder ausschließlich zur Beseitigung oder Linderung von Krankheiten, Leiden, Körperschäden oder krankhaften Beschwerden zu dienen, für den Verkehr außerhalb der Apotheken freizugeben,

1. soweit sie nicht nur auf ärztliche, zahnärztliche oder tierärztliche Verschreibung abgegeben werden dürfen,
2. soweit sie nicht wegen ihrer Zusammensetzung oder Wirkung die Prüfung, Aufbewahrung und Abgabe durch eine Apotheke erfordern,
3. soweit nicht durch ihre Freigabe eine unmittelbare oder mittelbare Gefährdung der Gesundheit von Mensch oder Tier, insbesondere durch unsachgemäße Behandlung, zu befürchten ist oder
4. soweit nicht durch ihre Freigabe die ordnungsgemäße Arzneimittelversorgung gefährdet wird.

(2) Die Freigabe kann auf Fertigarzneimittel, auf bestimmte Dosierungen, Anwendungsgebiete oder Darreichungsformen beschränkt werden.

(3) Die Rechtsverordnung ergeht im Einvernehmen mit dem Bundesministerium für Umwelt, Naturschutz und Reaktorsicherheit, soweit es sich um radioaktive Arzneimittel und um Arzneimittel handelt, bei deren Herstellung ionisierende Strahlen verwendet werden, und im Einvernehmen mit dem Bundesministerium für Ernährung, Landwirtschaft und Forsten, soweit es sich um Arzneimittel handelt, die zur Anwendung bei Tieren bestimmt sind.

§ 46 Ermächtigung zur Ausweitung der Apothekenpflicht

(1) Das Bundesministerium wird ermächtigt, im Einvernehmen mit dem Bundesministerium für Wirtschaft nach Anhörung von Sachverständigen durch Rechtsverordnung mit Zustimmung des Bundesrates Arzneimittel im Sinne des § 44 vom Verkehr außerhalb der Apotheken auszuschließen, soweit auch bei bestimmungsgemäßem oder bei gewohnheitsmäßigem Gebrauch eine unmittelbare oder mittelbare Gefährdung der Gesundheit von Mensch oder Tier zu befürchten ist.

(2) Die Rechtsverordnung nach Absatz 1 kann auf bestimmte Dosierungen, Anwendungsgebiete oder Darreichungsformen beschränkt werden.

(3) Die Rechtsverordnung ergeht im Einvernehmen mit dem Bundesministerium für Umwelt, Naturschutz und Reaktorsicherheit, soweit es sich um radioaktive Arzneimittel und um Arzneimittel handelt, bei deren Herstellung ionisierende Strahlen verwendet werden, und im Einvernehmen mit dem Bundesministerium für Ernährung, Landwirtschaft und Forsten, soweit es sich um Arzneimittel handelt, die zur Anwendung bei Tieren bestimmt sind.

§ 47 Vertriebsweg

(1) Pharmazeutische Unternehmer und Großhändler dürfen Arzneimittel, deren Abgabe den Apotheken vorbehalten ist, außer an Apotheken nur abgeben an

1. andere pharmazeutische Unternehmer und Großhändler,
2. Krankenhäuser und Ärzte, soweit es sich handelt um
   a) aus menschlichem Blut gewonnene Blutzubereitungen oder gentechnologisch hergestellte Blutbestandteile, die, soweit es sich um Gerinnungsfaktorenzubereitungen handelt, von dem hämostaseologisch qualifizierten Arzt im Rahmen der ärztlich kontrollierten Selbstbehandlung von Blutern an seine Patienten abgegeben werden dürfen,
   b) menschliches oder tierisches Gewebe,
   c) Infusionslösungen in Behältnissen mit mindestens 500ml, die zum Ersatz oder zur Korrektur von Körperflüssigkeit bestimmt sind, sowie Lösungen zur Hämodialyse und Peritonealdialyse,
   d) Zubereitungen zur Injektion oder Infusion, die ausschließlich dazu bestimmt sind, die Beschaffenheit, den Zustand oder die Funktion des Körpers oder seelische Zustände erkennen zu lassen,
   e) medizinische Gase, bei denen auch die Abgabe an Heilpraktiker zulässig ist,
   f) radioaktive Arzneimittel oder
   g) Arzneimittel, die mit dem Hinweis „Zur klinischen Prüfung bestimmt" versehen sind, sofern sie kostenlos zur Verfügung gestellt werden,
3. Krankenhäuser, Gesundheitsämter und Ärzte, soweit es sich um Impfstoffe handelt, die dazu bestimmt sind, bei einer unentgeltlichen auf Grund des § 20 Abs. 5, 6 oder 7 des Infektionsschutzgesetzes vom 20. Juli 2000 (BGBl. I S. 1045) durchgeführten Schutzimpfung angewendet zu werden oder soweit eine Abgabe von Impfstoffen zur Abwendung einer Seuchen- oder Lebensgefahr erforderlich ist,

3a. anerkannte Impfzentren, soweit es sich um Gelbfieberimpfstoff handelt,

4. Veterinärbehörden, soweit es sich um Arzneimittel handelt, die zur Durchführung öffentlich-rechtlicher Maßnahmen bestimmt sind,
5. auf gesetzlicher Grundlage eingerichtete oder im Benehmen mit dem Bundesministerium von der zuständigen Behörde anerkannte zentrale Beschaffungsstellen für Arzneimittel,
6. Tierärzte im Rahmen des Betriebes einer tierärztlichen Hausapotheke, soweit es sich um Fertigarzneimittel handelt, zur Anwendung an den von ihnen behandelten Tieren und zur Abgabe an deren Halter,

7. zur Ausübung der Zahnheilkunde berechtigte Personen, soweit es sich um Fertigarzneimittel handelt, die ausschließlich in der Zahnheilkunde verwendet und bei der Behandlung am Patienten angewendet werden,
8. Einrichtungen von Forschung und Wissenschaft, denen eine Erlaubnis nach § 3 des Betäubungsmittelgesetzes erteilt worden ist, die zum Erwerb des betreffenden Arzneimittels berechtigt,
9. Hochschulen, soweit es sich um Arzneimittel handelt, die für die Ausbildung der Studierenden der Pharmazie und der Veterinärmedizin benötigt werden.

(1a) Pharmazeutische Unternehmer und Großhändler dürfen Arzneimittel, die zur Anwendung bei Tieren bestimmt sind, an die in Absatz 1 Nr. 1 oder 6 bezeichneten Empfänger erst abgeben, wenn diese ihnen eine Bescheinigung der zuständigen Behörde vorgelegt haben, daß sie ihrer Anzeigepflicht nach § 67 nachgekommen sind.

(1b) Pharmazeutische Unternehmer und Großhändler haben über den Bezug und die Abgabe zur Anwendung bei Tieren bestimmter verschreibungspflichtiger Arzneimittel, die nicht ausschließlich zur Anwendung bei anderen Tieren als solchen, die der Gewinnung von Lebensmitteln dienen, bestimmt sind, Nachweise zu führen, aus denen gesondert für jedes dieser Arzneimittel zeitlich geordnet die Menge des Bezugs unter Angabe des oder der Lieferanten und die Menge der Abgabe unter Angabe des oder der Bezieher nachgewiesen werden kann, und diese Nachweise der zuständigen Behörde auf Verlangen vorzulegen.

(1c) Pharmazeutische Unternehmer und Großhändler haben über die Abgabe an Tierärzte von in den Anhängen I und III der Verordnung (EWG) Nr. 2377/90 genannten Stoffen mit antimikrobieller Wirkung, nach Anhang IV der Verordnung (EWG) Nr. 2377/90 verbotenen Stoffen, diese enthaltende Fertigarzneimittel sowie von Arzneimitteln, die der Verordnung über Stoffe mit pharmakologischer Wirkung unterliegen, an das zentrale Informationssystem über Arzneimittel nach § 67a Abs.1 Mitteilung nach Maßgabe der Rechtsverordnung nach § 67 Abs.3 zu machen.

(2) Die in Absatz 1 Nr. 5 bis 9 bezeichneten Empfänger dürfen die Arzneimittel nur für den eigenen Bedarf im Rahmen der Erfüllung ihrer Aufgaben beziehen. Die in Absatz 1 Nr. 5 bezeichneten zentralen Beschaffungsstellen dürfen nur anerkannt werden, wenn nachgewiesen wird, daß sie unter fachlicher Leitung eines Apothekers oder, soweit es sich um zur Anwendung bei Tieren bestimmte Arzneimittel handelt, eines Tierarztes stehen und geeignete Räume und Einrichtungen zur Prüfung, Kontrolle und Lagerung der Arzneimittel vorhanden sind.

(3) Pharmazeutische Unternehmer dürfen Muster eines Fertigarzneimittels abgeben oder abgeben lassen an
1. Ärzte, Zahnärzte oder Tierärzte,
2. andere Personen, die die Heilkunde oder Zahnheilkunde berufsmäßig ausüben, soweit es sich nicht um verschreibungspflichtige Arzneimittel handelt,
3. Ausbildungsstätten für die Heilberufe.

Pharmazeutische Unternehmer dürfen Muster eines Fertigarzneimittels an Ausbildungsstätten für die Heilberufe nur in einem dem Zweck der Ausbildung angemessenen Umfang abgeben oder abgeben lassen. Muster dürfen keine Stoffe oder Zubereitungen im Sinne des § 2 des Betäubungsmittelgesetzes enthalten, die als solche in Anlage II oder III des Betäubungsmittelgesetzes aufgeführt sind.

(4) Pharmazeutische Unternehmer dürfen Muster eines Fertigarzneimittels an Personen nach Absatz 3 Satz 1 nur auf jeweilige schriftliche Anforderung, in der kleinsten Packungsgröße und in einem Jahr von einem Fertigarzneimittel nicht mehr als zwei Muster abgeben oder abgeben lassen. Mit den Mustern ist die Fachinformation, soweit diese nach § 11a vorgeschrieben ist, zu übersenden. Das Muster dient insbesondere der Information des Arztes über den Gegenstand des Arzneimittels. Über die Empfänger von Mustern sowie über Art, Umfang und Zeitpunkt der Abgabe von Mustern sind gesondert für jeden Empfänger Nachweise zu führen und auf Verlangen der zuständigen Behörde vorzulegen.

§ 47a Sondervertriebsweg, Nachweispflichten

(1) Pharmazeutische Unternehmer dürfen ein Arzneimittel, das zur Vornahme eines Schwangerschaftsabbruchs zugelassen ist, nur an Einrichtungen im Sinne des § 13 des Schwangerschaftskonfliktgesetzes vom 27. Juli 1992 (BGBl. I S. 1398), geändert durch Artikel 1 des Gesetzes vom 21. August 1995 (BGBl. I S. 1050), und nur auf Verschreibung eines dort behandelnden Arztes abgeben. Andere Personen dürfen die in Satz 1 genannten Arzneimittel nicht in den Verkehr bringen.

(2) Pharmazeutische Unternehmer haben die zur Abgabe bestimmten Packungen der in Absatz 1 Satz 1 genannten Arzneimittel fortlaufend zu nummerieren; ohne diese Kennzeichnung darf das Arzneimittel nicht abgegeben werden. Über die Abgabe haben pharmazeutische Unternehmer, über den Erhalt und die Anwendung haben die Einrichtung und der behandelnde Arzt Nachweise zu führen und diese Nachweise auf Verlangen der zuständigen Behörde zur Einsichtnahme vorzulegen.

(2a) Pharmazeutische Unternehmer sowie die Einrichtung haben die in Absatz 1 Satz 1 genannten Arzneimittel, die sich in ihrem Besitz befinden, gesondert aufzubewahren und gegen unbefugte Entnahme zu sichern.

(3) Die §§ 43 und 47 finden auf die in Absatz 1 Satz 1 genannten Arzneimittel keine Anwendung.

§ 48 Verschreibungspflicht

(1) Arzneimittel, die durch Rechtsverordnung nach Absatz 2 Nr. 1 bestimmte Stoffe, Zubereitungen aus Stoffen oder Gegenstände sind oder denen solche Stoffe oder Zubereitungen aus Stoffen zugesetzt sind, dürfen nur nach Vorlage einer ärztlichen, zahnärztlichen oder tierärztlichen Verschreibung an Verbraucher abgegeben werden. Das gilt nicht für die Abgabe zur Ausstattung von Kauffahrteischiffen durch Apotheken nach Maßgabe der hierfür geltenden gesetzlichen Vorschriften.

(2) Das Bundesministerium wird ermächtigt, im Einvernehmen mit dem Bundesministerium für Wirtschaft nach Anhörung von Sachverständigen durch Rechtsverordnung mit Zustimmung des Bundesrates

1. Stoffe, Zubereitungen aus Stoffen oder Gegenstände zu bestimmen,
   a) die die Gesundheit des Menschen oder, sofern sie zur Anwendung bei Tieren bestimmt sind, die Gesundheit des Tieres oder die Umwelt auch bei bestimmungsgemäßem Gebrauch unmittelbar oder mittelbar gefährden können, wenn sie ohne ärztliche, zahnärztliche oder tierärztliche Überwachung angewendet werden, oder
   b) die häufig in erheblichem Umfange nicht bestimmungsgemäß gebraucht werden, wenn dadurch die Gesundheit von Mensch oder Tier unmittelbar oder mittelbar gefährdet werden kann,
2. für Stoffe oder Zubereitungen aus Stoffen vorzuschreiben, daß sie nur abgegeben werden dürfen, wenn in der Verschreibung bestimmte Höchstmengen für den Einzel- und Tagesgebrauch nicht überschritten werden oder wenn die Überschreitung vom Verschreibenden ausdrücklich kenntlich gemacht worden ist,
3. zu bestimmen, daß ein Arzneimittel auf eine Verschreibung nicht wiederholt abgegeben werden darf oder unter welchen Voraussetzungen eine wiederholte Abgabe zulässig ist,

3a. vorzuschreiben, daß ein Arzneimittel nur auf eine Verschreibung von Ärzten eines bestimmten Fachgebietes zur Anwendung in für die Behandlung mit dem Arzneimittel zugelassenen Einrichtungen abgegeben werden darf und über die Verschreibung, Abgabe und Anwendung Nachweise geführt werden müssen,

4. Vorschriften über die Form und den Inhalt der Verschreibung zu erlassen.

(3) Die Rechtsverordnung nach Absatz 2 Nr. 1 kann auf bestimmte Dosierungen, Potenzierungen, Darreichungsformen oder Anwendungsbereiche beschränkt werden. Ebenso kann eine Ausnahme von der Verschreibungspflicht für die Abgabe an Hebammen und Entbindungspfleger vorgesehen werden, soweit dies für eine ordnungsgemäße Berufsausübung erforderlich ist.

(4) Die Rechtsverordnung ergeht im Einvernehmen mit dem Bundesministerium für Umwelt, Naturschutz und Reaktorsicherheit, soweit es sich um radioaktive Arzneimittel und um Arzneimittel handelt, bei deren Herstellung

ionisierende Strahlen verwendet werden, und im Einvernehmen mit dem Bundesministerium für Ernährung, Landwirtschaft und Forsten, soweit es sich um Arzneimittel handelt, die zur Anwendung bei Tieren bestimmt sind.

§ 49 Automatische Verschreibungspflicht

(1) Arzneimittel im Sinne des § 2 Abs. 1 oder Abs. 2 Nr. 1, die Stoffe in der medizinischen Wissenschaft nicht allgemein bekannter Wirkungen oder deren Zubereitungen enthalten, dürfen nur nach Vorlage einer ärztlichen, zahnärztlichen oder tierärztlichen Verschreibung an Verbraucher abgegeben werden. Das gilt auch für Arzneimittel, die Zubereitungen aus in ihren Wirkungen allgemein bekannten Stoffen sind, wenn die Wirkungen dieser Zubereitungen in der medizinischen Wissenschaft nicht allgemein bekannt sind, es sei denn, daß die Wirkungen nach Zusammensetzung, Dosierung, Darreichungsform oder Anwendungsgebiet der Zubereitung bestimmbar sind.

(2) Absatz 1 gilt nicht für Arzneimittel, die Zubereitungen aus Stoffen bekannter Wirkungen sind, soweit diese außerhalb der Apotheken abgegeben werden dürfen.

(3) Die Verschreibungspflicht nach Absatz 1 endet an dem auf den Ablauf einer fünfjährigen Frist nach dem Inkrafttreten der Rechtsverordnung nach Absatz 4 folgenden 1. Januar oder 1. Juli.

(4) Das Bundesministerium wird ermächtigt, durch Rechtsverordnung, die nicht der Zustimmung des Bundesrates bedarf,

1. die Stoffe oder Zubereitungen nach Absatz 1 zu bestimmen,
2. von den Ermächtigungen in § 48 Abs. 2 Nr. 2 bis 4 und Abs. 3 für die durch die Rechtsverordnung nach Nummer 1 bestimmten Stoffe oder Zubereitungen Gebrauch zu machen,
3. die Verschreibungspflicht aufzuheben, wenn nach Ablauf von drei Jahren nach dem Inkrafttreten einer Rechtsverordnung nach Nummer 1 auf Grund der bei der Anwendung des Arzneimittels gemachten Erfahrungen feststeht, daß die Voraussetzungen des § 48 Abs. 2 Nr. 1 nicht vorliegen.

Die Rechtsverordnung nach Satz 1 ergeht im Einvernehmen mit dem Bundesministerium für Ernährung, Landwirtschaft und Forsten, soweit es sich um Arzneimittel handelt, die zur Anwendung bei Tieren bestimmt sind.

(5) Eine erneute Bestimmung von Stoffen oder Zubereitungen nach Absatz 4 Nr. 1 ist nach Ablauf der in Absatz 3 genannten Frist zulässig, wenn ihre Wirkungen in der medizinischen Wissenschaft weiterhin nicht allgemein bekannt sind oder wenn die vorliegenden Erkenntnisse eine Beurteilung der Voraussetzungen für eine Bestimmung der Stoffe oder Zubereitungen nach § 48 Abs. 2 Nr. 1 nicht ermöglichen.

(6) Der pharmazeutische Unternehmer ist verpflichtet, für ein Arzneimittel, das einen Stoff oder eine Zubereitung nach Absatz 4 Nr. 1 enthält und für das durch die zuständige Bundesoberbehörde eine Zulassung erteilt worden ist, nach Ablauf von zwei Jahren nach Zulassung des Arzneimittels und im Falle des Absatzes 5 zwei Jahre nach Bestimmung des Stoffes oder der Zubereitung in der Rechtsverordnung nach Absatz 4 Nr. 1 der zuständigen Bundesoberbehörde einen Erfahrungsbericht vorzulegen. Der Erfahrungsbericht muß Angaben über die in der Berichtszeit abgegebenen Mengen enthalten; ferner sind neue Erkenntnisse über Wirkungen, Art und Häufigkeit von Nebenwirkungen, Gegenanzeigen, Wechselwirkungen mit anderen Mitteln, eine Gewöhnung, eine Abhängigkeit oder einen nicht bestimmungsgemäßen Gebrauch mitzuteilen. Für Arzneimittel, die zur Anwendung bei Tieren bestimmt sind, die der Gewinnung von Lebensmitteln dienen, muß außerdem über die vorliegenden Erfahrungen berichtet werden, ob und wie häufig nach der Anwendung des Arzneimittels Rückstände in den von den behandelten Tieren gewonnenen Lebensmitteln festgestellt worden sind, gegebenenfalls worauf dies zurückgeführt wird, und wie sich die für das Arzneimittel beschriebenen Rückstandsnachweisverfahren bewährt haben. Für Arzneimittel-Vormischungen muß ferner über die vorliegenden Erfahrungen berichtet werden, wie sich die beschriebene Kontrollmethode zum qualitativen und quantitativen Nachweis der wirksamen Bestandteile in den Fütterungsarzneimitteln bewährt hat.

§ 50 Einzelhandel mit freiverkäuflichen Arzneimitteln

(1) Einzelhandel außerhalb von Apotheken mit Arzneimitteln im Sinne des § 2 Abs. 1 oder Abs. 2 Nr. 1, die zum Verkehr außerhalb der Apotheken freigegeben sind, darf nur betrieben werden, wenn der Unternehmer, eine zur Vertretung des Unternehmens gesetzlich berufene oder eine von dem Unternehmer mit der Leitung des Unternehmens oder mit dem Verkauf beauftragte Person die erforderliche Sachkenntnis besitzt. Bei Unternehmen mit mehreren Betriebsstellen muß für jede Betriebsstelle eine Person vorhanden sein, die die erforderliche Sachkenntnis besitzt.

(2) Die erforderliche Sachkenntnis besitzt, wer Kenntnisse und Fertigkeiten über das ordnungsgemäße Abfüllen, Abpacken, Kennzeichnen, Lagern und Inverkehrbringen von Arzneimitteln, die zum Verkehr außerhalb der Apotheken freigegeben sind, sowie Kenntnisse über die für diese Arzneimittel geltenden Vorschriften nachweist. Das Bundesministerium wird ermächtigt, im Einvernehmen mit dem Bundesministerium für Wirtschaft und dem Bundesministerium für Bildung, Wissenschaft, Forschung und Technologie und, soweit es sich um Arzneimittel handelt, die zur Anwendung bei Tieren bestimmt sind, im Einvernehmen mit dem Bundesministerium für Ernährung, Landwirtschaft und Forsten durch Rechtsverordnung mit Zustimmung des Bundesrates Vorschriften darüber zu erlassen, wie der Nachweis der erforderlichen Sachkenntnis zu erbringen ist, um einen ordnungsgemäßen Verkehr mit Arzneimitteln zu gewährleisten. Es kann dabei Prüfungszeugnisse über eine abgeleistete berufliche Aus- oder Fortbildung als Nachweis anerkennen. Es kann ferner bestimmen, daß die Sachkenntnis durch eine Prüfung vor der zuständigen Behörde oder einer von ihr bestimmten Stelle nachgewiesen wird und das Nähere über die Prüfungsanforderungen und das Prüfungsverfahren regeln.

(3) Einer Sachkenntnis nach Absatz 1 bedarf nicht, wer Fertigarzneimittel im Einzelhandel in den Verkehr bringt, die

1. im Reisegewerbe abgegeben werden dürfen,
2. zur Verhütung der Schwangerschaft oder von Geschlechtskrankheiten beim Menschen bestimmt sind,
3. (weggefallen)
4. ausschließlich zum äußeren Gebrauch bestimmte Desinfektionsmittel sind oder
5. Sauerstoff.
6. (weggefallen)

§ 51 Abgabe im Reisegewerbe

(1) Das Feilbieten von Arzneimitteln und das Aufsuchen von Bestellungen auf Arzneimittel im Reisegewerbe sind verboten; ausgenommen von dem Verbot sind für den Verkehr außerhalb der Apotheken freigegebene Fertigarzneimittel, die

1. mit ihren verkehrsüblichen deutschen Namen bezeichnete, in ihren Wirkungen allgemein bekannte Pflanzen oder Pflanzenteile oder Preßsäfte aus frischen Pflanzen oder Pflanzenteilen sind, sofern diese mit keinem anderen Lösungsmittel als Wasser hergestellt wurden, oder
2. Heilwässer und deren Salze in ihrem natürlichen Mischungsverhältnis oder ihre Nachbildungen sind.

(2) Das Verbot des Absatzes 1 erster Halbsatz findet keine Anwendung, soweit der Gewerbetreibende andere Personen im Rahmen ihres Geschäftsbetriebes aufsucht, es sei denn, daß es sich um Arzneimittel handelt, die für die Anwendung bei Tieren in land- und forstwirtschaftlichen Betrieben, in gewerblichen Tierhaltungen sowie in Betrieben des Gemüse-, Obst-, Garten- und Weinbaus, der Imkerei und der Fischerei feilgeboten oder daß bei diesen Betrieben Bestellungen auf Arzneimittel, deren Abgabe den Apotheken vorbehalten ist, aufgesucht werden. Dies gilt auch für Handlungsreisende und andere Personen, die im Auftrag und im Namen eines Gewerbetreibenden tätig werden.

§ 52 Verbot der Selbstbedienung

(1) Arzneimittel im Sinne des § 2 Abs. 1 oder Abs. 2 Nr. 1 dürfen
1. nicht durch Automaten und
2. nicht durch andere Formen der Selbstbedienung in den Verkehr gebracht werden.

(2) Absatz 1 gilt nicht für Fertigarzneimittel, die
1. im Reisegewerbe abgegeben werden dürfen,
2. zur Verhütung der Schwangerschaft oder von Geschlechtskrankheiten beim Menschen bestimmt und zum Verkehr außerhalb der Apotheken freigegeben sind,
3. (weggefallen)
4. ausschließlich zum äußeren Gebrauch bestimmte Desinfektionsmittel oder
5. Sauerstoff.
6. (weggefallen)

(3) Absatz 1 Nr. 2 gilt ferner nicht für Arzneimittel, die für den Verkehr außerhalb der Apotheken freigegeben sind, wenn eine Person, die die Sachkenntnis nach § 50 besitzt, zur Verfügung steht.

§ 53 Anhörung von Sachverständigen

(1) Soweit nach § 36 Abs. 1, § 45 Abs. 1 und § 46 Abs. 1 vor Erlaß von Rechtsverordnungen Sachverständige anzuhören sind, errichtet hierzu das Bundesministerium durch Rechtsverordnung ohne Zustimmung des Bundesrates einen Sachverständigen-Ausschuß. Dem Ausschuß sollen Sachverständige aus der medizinischen und pharmazeutischen Wissenschaft, den Krankenhäusern, den Heilberufen, den beteiligten Wirtschaftskreisen und den Sozialversicherungsträgern angehören. In der Rechtsverordnung kann das Nähere über die Zusammensetzung, die Berufung der Mitglieder und das Verfahren des Ausschusses bestimmt werden.

(2) Soweit nach § 48 Abs. 2 vor Erlaß der Rechtsverordnung Sachverständige anzuhören sind, gilt Absatz 1 entsprechend mit der Maßgabe, daß dem Ausschuß Sachverständige aus der medizinischen und pharmazeutischen Wissenschaft und Praxis und der pharmazeutischen Industrie angehören sollen.

Achter Abschnitt: Sicherung und Kontrolle der Qualität

§ 54 Betriebsverordnungen

(1) Das Bundesministerium wird ermächtigt, im Einvernehmen mit dem Bundesministerium für Wirtschaft durch Rechtsverordnung mit Zustimmung des Bundesrates Betriebsverordnungen für Betriebe oder Einrichtungen zu erlassen, die Arzneimittel oder Wirkstoffe in den Geltungsbereich dieses Gesetzes verbringen oder in denen Arzneimittel oder Wirkstoffe entwickelt, hergestellt, geprüft, gelagert, verpackt oder in den Verkehr gebracht werden, soweit es geboten ist, um einen ordnungsgemäßen Betrieb und die erforderliche Qualität der Arzneimittel oder Wirkstoffe sicherzustellen. Die Rechtsverordnung ergeht im Einvernehmen mit dem Bundesministerium für Umwelt, Naturschutz und Reaktorsicherheit, soweit es sich um radioaktive Arzneimittel oder um Arzneimittel handelt, bei deren Herstellung ionisierende Strahlen verwendet werden, und im Einvernehmen mit dem Bundesministerium für Ernährung, Landwirtschaft und Forsten, soweit es sich um Arzneimittel handelt, die zur Anwendung bei Tieren bestimmt sind.

(2) In der Rechtsverordnung nach Absatz 1 können insbesondere Regelungen getroffen werden über die
1. Entwicklung, Herstellung, Prüfung, Lagerung, Verpackung, den Erwerb und das Inverkehrbringen,
2. Führung und Aufbewahrung von Nachweisen über die in der Nummer 1 genannten Betriebsvorgänge,
3. Haltung und Kontrolle der bei der Herstellung und Prüfung der Arzneimittel verwendeten Tiere und die Nachweise darüber,

4. Anforderungen an das Personal,
5. Beschaffenheit, Größe und Einrichtung der Räume,
6. Anforderungen an die Hygiene,
7. Beschaffenheit der Behältnisse,
8. Kennzeichnung der Behältnisse, in denen Arzneimittel und deren Ausgangsstoffe vorrätig gehalten werden,
9. Dienstbereitschaft für Arzneimittelgroßhandelsbetriebe,
10. Zurückstellung von Chargenproben sowie deren Umfang und Lagerungsdauer,
11. Kennzeichnung, Absonderung oder Vernichtung nicht verkehrsfähiger Arzneimittel,
12. Voraussetzungen für und die Anforderungen an die in Nummer 1 bezeichneten Tätigkeiten durch den Tierarzt (Betrieb einer tierärztlichen Hausapotheke) sowie die Anforderungen an die Anwendung von Arzneimitteln durch den Tierarzt an den von ihm behandelten Tieren.

(2a) In der Rechtsverordnung nach Absatz 1 kann ferner vorgeschrieben werden, daß Arzneimittelgroßhandelsbetriebe den Geschäftsbetrieb erst aufnehmen dürfen, wenn sie amtlich anerkannt sind; dabei kann vorgesehen werden, daß die amtliche Anerkennung nur für den Großhandel mit bestimmten Arzneimitteln oder Gruppen von Arzneimitteln erforderlich ist. In der Rechtsverordnung können ferner die Voraussetzungen für die amtliche Anerkennung geregelt werden; die Versagung der Anerkennung kann nur für den Fall vorgesehen werden, daß Tatsachen die Annahme rechtfertigen, daß der Betriebsinhaber die erforderliche Zuverlässigkeit oder Sachkenntnis nicht hat.

(3) Die in den Absätzen 1, 2 und 2a getroffenen Regelungen gelten auch für Personen, die die in Absatz 1 genannten Tätigkeiten berufsmäßig ausüben.

(4) Die Absätze 1 und 2 gelten für Apotheken im Sinne des Gesetzes über das Apothekenwesen, soweit diese einer Erlaubnis nach § 13 bedürfen.

§ 55 Arzneibuch

(1) Das Arzneibuch ist eine vom Bundesministerium bekanntgemachte Sammlung anerkannter pharmazeutischer Regeln über die Qualität, Prüfung, Lagerung, Abgabe und Bezeichnung von Arzneimitteln und den bei ihrer Herstellung verwendeten Stoffen. Das Arzneibuch enthält auch Regeln für die Beschaffenheit von Behältnissen und Umhüllungen.

(2) Die Regeln des Arzneibuchs werden von der Deutschen Arzneibuch-Kommission oder der Europäischen Arzneibuch-Kommission beschlossen. Die Bekanntmachung der Regeln kann aus rechtlichen oder fachlichen Gründen abgelehnt oder rückgängig gemacht werden.

(3) Die Deutsche Arzneibuch-Kommission hat die Aufgabe, über die Regeln des Arzneibuches zu beschließen und das Bundesministerium bei den Arbeiten im Rahmen des Übereinkommens über die Ausarbeitung eines Europäischen Arzneibuches zu unterstützen.

(4) Die Deutsche Arzneibuch-Kommission wird beim Bundesinstitut für Arzneimittel und Medizinprodukte gebildet. Das Bundesministerium beruft die Mitglieder der Deutschen Arzneibuch-Kommission aus Sachverständigen der medizinischen und pharmazeutischen Wissenschaft, der Heilberufe, der beteiligten Wirtschaftskreise und der Arzneimittelüberwachung im zahlenmäßig gleichen Verhältnis. Das Bundesministerium bestellt den Vorsitzenden der Kommission und seine Stellvertreter und erläßt nach Anhörung der Kommission eine Geschäftsordnung.

(5) Die Deutsche Arzneibuch-Kommission soll über die Regeln des Arzneibuches grundsätzlich einstimmig beschließen. Beschlüsse, denen nicht mehr als drei Viertel der Mitglieder der Kommission zugestimmt haben, sind unwirksam. Das Nähere regelt die Geschäftsordnung.

(6) Die Absätze 2 bis 5 finden auf die Tätigkeit der Deutschen Homöopathischen Arzneibuch-Kommission entsprechende Anwendung.

(7) Die Bekanntmachung erfolgt im Bundesanzeiger. Sie kann sich darauf beschränken, auf die Bezugsquelle der Fassung des Arzneibuches und den Beginn der Geltung der Neufassung hinzuweisen.

(8) Arzneimittel dürfen nur hergestellt und zur Abgabe an den Verbraucher im Geltungsbereich dieses Gesetzes in den Verkehr gebracht werden, wenn die in ihnen enthaltenen Stoffe und ihre Darreichungsformen den anerkannten pharmazeutischen Regeln entsprechen. Arzneimittel dürfen ferner zur Abgabe an den Verbraucher im Geltungsbereich dieses Gesetzes nur in den Verkehr gebracht werden, wenn ihre Behältnisse und Umhüllungen, soweit sie mit den Arzneimitteln in Berührung kommen, den anerkannten pharmazeutischen Regeln entsprechen. Die Sätze 1 und 2 gelten nicht für Arzneimittel im Sinne des § 2 Abs. 2 Nr. 4 Buchstabe a.

§ 55a Amtliche Sammlung von Untersuchungsverfahren

Die zuständige Bundesoberbehörde veröffentlicht eine amtliche Sammlung von Verfahren zur Probenahme und Untersuchung von Arzneimitteln und ihren Ausgangsstoffen. Die Verfahren werden unter Mitwirkung von Sachkennern aus den Bereichen der Überwachung, der Wissenschaft und der pharmazeutischen Unternehmer festgelegt. Die Sammlung ist laufend auf dem neuesten Stand zu halten.

Neunter Abschnitt: Sondervorschriften für Arzneimittel, die bei Tieren angewendet werden

§ 56 Fütterungsarzneimittel

(1) Fütterungsarzneimittel dürfen abweichend von § 47 Abs. 1, jedoch nur auf Verschreibung eines Tierarztes, vom Hersteller nur unmittelbar an Tierhalter abgegeben werden; dies gilt auch, wenn die Fütterungsarzneimittel in einem anderen Mitgliedstaat der Europäischen Gemeinschaften oder in einem anderen Vertragsstaat des Abkommens über den Europäischen Wirtschaftsraum unter Verwendung im Geltungsbereich dieses Gesetzes zugelassener Arzneimittel-Vormischungen oder solcher Arzneimittel-Vormischungen, die die gleiche qualitative und eine vergleichbare quantitative Zusammensetzung haben wie im Geltungsbereich dieses Gesetzes zugelassene Arzneimittel-Vormischungen, hergestellt werden, die sonstigen im Geltungsbereich dieses Gesetzes geltenden arzneimittelrechtlichen Vorschriften beachtet werden und den Fütterungsarzneimitteln eine Begleitbescheinigung nach dem vom Bundesministerium bekanntgemachten Muster beigegeben ist. Die wiederholte Abgabe auf eine Verschreibung ist nicht zulässig; § 48 Abs. 2 Nr. 4 findet entsprechende Anwendung.

(2) Zur Herstellung eines Fütterungsarzneimittels darf nur eine nach § 25 Abs.1 zugelassene oder auf Grund des § 36 Abs. 1 von der Pflicht zur Zulassung freigestellte Arzneimittel-Vormischung verwendet werden. Auf Verschreibung darf abweichend von Satz 1 ein Fütterungsarzneimittel aus höchstens drei Arzneimittel-Vormischungen, die jeweils zur Anwendung bei der zu behandelnden Tierart zugelassen sind, hergestellt werden, sofern

1. für das betreffende Anwendungsgebiet eine zugelassene Arzneimittel-Vormischung nicht zur Verfügung steht,
2. im Einzelfall im Fütterungsarzneimittel nicht mehr als zwei antibiotikahaltige Arzneimittel-Vormischungen enthalten sind und
3. eine homogene und stabile Verteilung der wirksamen Bestandteile in dem Fütterungsarzneimittel gewährleistet ist.

Abweichend von Satz 2 Nr.2 darf im Fütterungsarzneimittel nur eine antibiotikahaltige Arzneimittel-Vormischung enthalten sein, sofern diese zwei oder mehr antibiotisch wirksame Stoffe enthält.

(3) Werden Fütterungsarzneimittel hergestellt, so muß das verwendete Mischfuttermittel vor und nach der Vermischung den futtermittelrechtlichen Vorschriften entsprechen und es darf kein Antibiotikum oder Kokzidiostatikum als Futtermittelzusatzstoff enthalten.

(4) Für Fütterungsarzneimittel dürfen nur Mischfuttermittel verwendet werden, die einer Rechtsverordnung nach § 4 Abs. 1 des Futtermittelgesetzes entsprechen. Die Arzneimitteltagesdosis muß in einer Menge Mischfuttermittel enthalten sein, die die tägliche Futterration der behandelten Tiere, bei Rindern und Schafen den täglichen Bedarf an Ergänzungsfuttermitteln, ausgenommen Mineralfutter, mindestens zur Hälfte deckt. Die verfütterungsfertigen Mischungen müssen durch das deutlich sichtbare Wort „Fütterungsarzneimittel" gekennzeichnet sowie mit der Angabe darüber versehen sein, zu welchem Prozentsatz sie den Futterbedarf nach Satz 2 zu decken bestimmt sind.

(5) Der Tierarzt darf Fütterungsarzneimittel nur verschreiben,

1. wenn sie zur Anwendung an den von ihm behandelten Tieren bestimmt sind,
2. für die in den Packungsbeilagen der Arzneimittel-Vormischungen bezeichneten Tierarten und Anwendungsgebiete und
3. wenn ihre Anwendung nach Anwendungsgebiet und Menge nach dem Stand der tierärztlichen Wissenschaft gerechtfertigt ist, um das Behandlungsziel zu erreichen und, soweit verschreibungspflichtige Arzneimittel-Vormischungen enthalten sind, sie zur Anwendung innerhalb der auf die Abgabe folgenden sieben Tage bestimmt sind, sofern die Zulassungsbedingungen nicht eine längere Anwendungsdauer vorsehen.

§ 56a Abs. 2 gilt entsprechend.

§ 56a Verschreibung, Abgabe und Anwendung von Arzneimitteln durch Tierärzte

(1) Der Tierarzt darf für den Verkehr außerhalb der Apotheken nicht freigegebene Arzneimittel dem Tierhalter nur verschreiben oder an diesen nur abgeben, wenn

1. sie für die von ihm behandelten Tiere bestimmt sind,
2. sie zugelassen sind oder ohne Zulassung in den Verkehr gebracht werden dürfen,
3. sie nach der Zulassung für das Anwendungsgebiet bei der behandelten Tierart bestimmt sind,
4. ihre Anwendung nach Anwendungsgebiet und Menge nach dem Stand der tierärztlichen Wissenschaft gerechtfertigt ist, um das Behandlungsziel zu erreichen und
5. die zur Anwendung bei Tieren, die der Gewinnung von Lebensmitteln dienen, abgegebene Menge verschreibungspflichtiger Arzneimittel, bei denen für eine Tierart eine Wartezeit besteht, zur Anwendung innerhalb der auf die Abgabe folgenden sieben Tage bestimmt ist, sofern die Zulassungsbedingungen nicht eine längere Anwendungsdauer vorsehen.

Abweichend von Satz 1 Nr.5 darf außer in Fällen von Arzneimitteln, die antimikrobiell wirksame Stoffe enthalten und nach den Zulassungsbedingungen nicht ausschließlich zur lokalen Anwendung vorgesehen sind, die Abgabe auch in einer Menge für eine Behandlungsdauer von höchstens 31 Tagen erfolgen, sofern der Tierarzt die Arzneimittel an einen Tierhalter abgibt, dessen Tierbestand mindestens monatlich vom Tierarzt begutachtet wird, er als Ergebnis der Untersuchung die fortgesetzte Behandlung als notwendig feststellt und dies sowohl vom Tierarzt als auch vom Tierhalter schriftlich dokumentiert wird. Satz 1 Nr. 2 bis 4 gilt für die Anwendung durch den Tierarzt entsprechend. Abweichend von Satz 1 darf der Tierarzt dem Tierhalter Arzneimittel-Vormischungen, die nicht zugleich als Fertigarzneimittel zugelassen sind, weder verschreiben noch an diesen abgegeben.

(2) Soweit die notwendige arzneiliche Versorgung der Tiere ansonsten ernstlich gefährdet wäre und eine unmittelbare oder mittelbare Gefährdung der Gesundheit von Mensch und Tier nicht zu befürchten ist, darf der Tierarzt bei Einzeltieren oder Tieren eines bestimmten Bestandes abweichend von Absatz 1 Satz 1 Nr.3 in Verbindung mit Satz 3 zugelassene oder von der Zulassung freigestellte Arzneimittel nach folgenden Maßgaben anwenden oder verabreichen lassen:

1. soweit für die Behandlung ein zugelassenes Arzneimittel für die betreffende Tierart und das betreffende Anwendungsgebiet nicht zur Verfügung steht, darf ein Arzneimittel mit der Zulassung für die betreffende Tierart und ein anderes Anwendungsgebiet angewendet werden;
2. soweit ein nach Nummer 1 geeignetes Arzneimittel für die betreffende Tierart nicht zur Verfügung steht, darf bei Tieren, die nicht der Gewinnung von Lebensmitteln dienen, ein anderes zugelassenes oder von der Zulassung freigestelltes Arzneimittel angewendet werden; bei Tieren, die der Gewinnung von Lebensmitteln dienen, darf ein anderes, für die Anwendung bei solchen Tieren zugelassenes Arzneimittel angewendet werden;
3. soweit für die Anwendung bei Tieren, die der Gewinnung von Lebensmitteln dienen, ein geeignetes, zugelassenes Arzneimittel auch nach Nummer 2 nicht zur Verfügung steht, dürfen zugelassene Arzneimittel angewendet werden, die solche Wirkstoffe enthalten, die in den Anhängen I bis III der Verordnung (EWG) Nr. 2377/90 aufgeführt sind;
4. soweit für die Anwendung bei Tieren, die der Gewinnung von Lebensmitteln dienen, ein Arzneimittel nach den Nummern 1 bis 3 nicht zur Verfügung steht, darf ein nach § 13 Abs.2 Nr. 3 Buchstabe d hergestelltes Arzneimittel auch angewendet werden.

In den Fällen des Satzes 1 Nr.2 zweiter Halbsatz und Nr.3 darf das Arzneimittel nur durch den Tierarzt angewendet werden; sofern der Tierbestand entsprechend den Bedingungen des Absatzes 1 Satz 2 regelmäßig untersucht wird, darf das Arzneimittel auch vom Tierhalter verabreicht werden. Der Tierarzt hat die Wartezeit anzugeben; das Nähere regelt die Verordnung über tierärztliche Hausapotheken. Die Sätze 1 bis 3 gelten entsprechend für Arzneimittel, die nach § 21 Abs. 2 Nr. 4 in Verbindung mit Abs. 2a hergestellt werden. Registrierte oder von der Registrierung freigestellte homöopathische Arzneimittel dürfen abweichend von Absatz 1 Satz 1 Nr. 3 verschrieben, abgegeben und angewendet werden; dies gilt für Arzneimittel, die zur Anwendung bei Tieren bestimmt sind, die der Gewinnung von Lebensmitteln dienen, nur dann wenn ihr Verdünnungsgrad die sechste Dezimalpotenz nicht unterschreitet.

(3) Das Bundesministerium wird ermächtigt, durch Rechtsverordnung mit Zustimmung des Bundesrates Anforderungen an die Abgabe von Arzneimitteln zur Anwendung an Tieren festzulegen und dabei vorzuschreiben, dass

1. Tierärzte über die Verschreibung und Anwendung von für den Verkehr außerhalb der Apotheken nicht freigegebenen Arzneimitteln Nachweise führen müssen,
2. bestimmte Arzneimittel nur durch den Tierarzt selbst angewendet werden dürfen, wenn diese Arzneimittel
   a) die Gesundheit von Mensch oder Tier auch bei bestimmungsgemäßem Gebrauch unmittelbar oder mittelbar gefährden können, sofern sie nicht fachgerecht angewendet werden, oder
   b) häufig in erheblichem Umfang nicht bestimmungsgemäß gebraucht werden und dadurch die Gesundheit von Mensch oder Tier unmittelbar oder mittelbar gefährdet werden kann.

In der Rechtsverordnung können Art, Form und Inhalt der Nachweise sowie die Dauer der Aufbewahrung geregelt werden. Die Nachweispflicht kann auf bestimmte Arzneimittel, Anwendungsbereiche oder Darreichungsformen beschränkt werden.

(4) Der Tierarzt darf durch Rechtsverordnung nach Absatz 3 Satz 1 Nr. 2 bestimmte Arzneimittel dem Tierhalter weder verschreiben noch an diesen abgeben.

§ 56b Ausnahmen

Das Bundesministerium wird ermächtigt, durch Rechtsverordnung mit Zustimmung des Bundesrates Ausnahmen von § 56a zuzulassen, soweit die notwendige arzneiliche Versorgung der Tiere sonst ernstlich gefährdet wäre.

§ 57 Erwerb und Besitz durch Tierhalter, Nachweise

(1) Der Tierhalter darf Arzneimittel, die zum Verkehr außerhalb der Apotheken nicht freigegeben sind, zur Anwendung bei Tieren nur in Apotheken, bei dem den Tierbestand behandelnden Tierarzt oder in den Fällen des § 56 Abs. 1 bei Herstellern erwerben. Andere Personen, die in § 47 Abs. 1 nicht genannt sind, dürfen solche Arz-

neimittel nur in Apotheken erwerben. Abweichend von Satz 1 darf der Tierhalter Arzneimittel-Vormischungen, die nicht zugleich als Fertigarzneimittel zugelassen sind, nicht erwerben.

(1a) Tierhalter dürfen Arzneimittel, bei denen durch Rechtsverordnung vorgeschrieben ist, daß sie nur durch den Tierarzt selbst angewendet werden dürfen, nicht im Besitz haben. Dies gilt nicht, wenn die Arzneimittel für einen anderen Zweck als zur Anwendung bei Tieren bestimmt sind oder der Besitz nach der Richtlinie 96/22/EG des Rates vom 29. April 1996 über das Verbot der Verwendung bestimmter Stoffe mit hormonaler beziehungsweise thyreostatischer Wirkung und von ß-Agonisten in der tierischen Erzeugung und zur Aufhebung der Richtlinien 81/602/EWG, 88/146/EWG und 88/299/EWG (ABl. EG Nr. L 125 S. 3) erlaubt ist.

(2) Das Bundesministerium wird ermächtigt, im Einvernehmen mit dem Bundesministerium für Ernährung, Landwirtschaft und Forsten durch Rechtsverordnung mit Zustimmung des Bundesrates vorzuschreiben, daß

1. Betriebe, die Tiere halten, die der Gewinnung von Lebensmitteln dienen, und diese oder von diesen stammende Erzeugnisse in Verkehr bringen, und
2. andere Personen, die nach Absatz 1 Arzneimittel nur in Apotheken erwerben dürfen,

Nachweise über den Erwerb, die Aufbewahrung und den Verbleib der Arzneimittel und Register oder Nachweise über die Anwendung der Arzneimittel zu führen haben, soweit es geboten ist, um eine ordnungsgemäße Anwendung von Arzneimitteln zu gewährleisten und sofern es sich um Betriebe nach Nummer 1 handelt, dies zur Durchführung von Rechtsakten der Europäischen Gemeinschaften auf diesem Gebiet erforderlich ist. In der Rechtsverordnung können Art, Form und Inhalt der Register und Nachweise sowie die Dauer ihrer Aufbewahrung geregelt werden.

§ 58 Anwendung bei Tieren, die der Gewinnung von Lebensmitteln dienen

(1) Tierhalter und andere Personen, die nicht Tierärzte sind, dürfen verschreibungspflichtige Arzneimittel oder andere vom Tierarzt verschriebene oder erworbene Arzneimittel bei Tieren, die der Gewinnung von Lebensmitteln dienen, nur nach einer tierärztlichen Behandlungsanweisung für den betreffenden Fall anwenden. Nicht verschreibungspflichtige Arzneimittel, die nicht für den Verkehr außerhalb der Apotheken freigegeben sind und deren Anwendung nicht auf Grund einer tierärztlichen Behandlungsanweisung erfolgt, dürfen nur angewendet werden,

1. wenn sie zugelassen sind oder ohne Zulassung in den Verkehr gebracht werden dürfen,
2. für die in der Kennzeichnung oder Packungsbeilage der Arzneimittel bezeichneten Tierarten und Anwendungsgebiete und
3. in einer Menge, die nach Dosierung und Anwendungsdauer der Kennzeichnung des Arzneimittels entspricht.

(2) Das Bundesministerium wird ermächtigt, im Einvernehmen mit dem Bundesministerium für Ernährung, Landwirtschaft und Forsten durch Rechtsverordnung mit Zustimmung des Bundesrates zu verbieten, daß Arzneimittel, die zur Anwendung bei Tieren bestimmt sind, die der Gewinnung von Lebensmitteln dienen, für bestimmte Anwendungsgebiete oder -bereiche in den Verkehr gebracht oder zu diesen Zwecken angewendet werden, soweit es geboten ist, um eine mittelbare Gefährdung der Gesundheit des Menschen zu verhüten.

§ 59 Klinische Prüfung und Rückstandsprüfung bei Tieren, die der Lebensmittelgewinnung dienen

(1) Ein Arzneimittel im Sinne des § 2 Abs. 1 oder Abs. 2 Nr. 1 darf abweichend von § 56a Abs. 1 vom Hersteller oder in dessen Auftrag zum Zweck der klinischen Prüfung und der Rückstandsprüfung angewendet werden, wenn sich die Anwendung auf eine Prüfung beschränkt, die nach Art und Umfang nach dem jeweiligen Stand der wissenschaftlichen Erkenntnisse erforderlich ist.

(2) Von den Tieren, bei denen diese Prüfungen durchgeführt werden, dürfen Lebensmittel nicht gewonnen werden, es sei denn, daß bei diesen Lebensmitteln mit Rückständen der angewendeten Arzneimittel oder ihrer

Umwandlungsprodukte auf Grund der Prüfungsergebnisse nicht zu rechnen ist. Der Hersteller hat der zuständigen Behörde Prüfungsergebnisse über Rückstände der angewendeten Arzneimittel und ihrer Umwandlungsprodukte in Lebensmitteln unter Angabe der angewandten Nachweisverfahren vorzulegen.

(3) Wird eine klinische Prüfung oder Rückstandsprüfung bei Tieren durchgeführt, die der Gewinnung von Lebensmitteln dienen, muß die Anzeige nach § 67 Abs. 1 Satz 1 zusätzlich folgende Angaben enthalten:

1. Name und Anschrift des Herstellers und der Personen, die in seinem Auftrag Prüfungen durchführen,
2. Art und Zweck der Prüfung,
3. Art und Zahl der für die Prüfung vorgesehenen Tiere,
4. Ort, Beginn und voraussichtliche Dauer der Prüfung,
5. Angaben zur vorgesehenen Verwendung der tierischen Erzeugnisse, die während oder nach Abschluß der Prüfung gewonnen werden.

(4) Über die durchgeführten Prüfungen sind Aufzeichnungen zu führen, die der zuständigen Behörde auf Verlangen vorzulegen sind.

§ 59a Verkehr mit Stoffen und Zubereitungen aus Stoffen

(1) Personen, Betriebe und Einrichtungen, die in § 47 Abs. 1 aufgeführt sind, dürfen Stoffe oder Zubereitungen aus Stoffen, die auf Grund einer Rechtsverordnung nach § 6 bei der Herstellung von Arzneimitteln für Tiere nicht verwendet werden dürfen, zur Herstellung solcher Arzneimittel oder zur Anwendung bei Tieren nicht erwerben und für eine solche Herstellung oder Anwendung nicht anbieten, lagern, verpacken, mit sich führen oder in den Verkehr bringen. Tierhalter sowie andere Personen, Betriebe und Einrichtungen, die in § 47 Abs. 1 nicht aufgeführt sind, dürfen solche Stoffe oder Zubereitungen nicht erwerben, lagern, verpacken oder mit sich führen, es sei denn, daß sie für eine durch Rechtsverordnung nach § 6 nicht verbotene Herstellung oder Anwendung bestimmt sind.

(2) Tierärzte dürfen Stoffe oder Zubereitungen aus Stoffen, die nicht für den Verkehr außerhalb der Apotheken freigegeben sind, zur Anwendung bei Tieren nur beziehen und solche Stoffe oder Zubereitungen dürfen an Tierärzte nur abgegeben werden, wenn sie als Arzneimittel zugelassen sind oder sie auf Grund des § 21 Abs. 2 Nr. 3 oder 5 oder auf Grund einer Rechtsverordnung nach § 36 ohne Zulassung in den Verkehr gebracht werden dürfen. Tierhalter dürfen sie für eine Anwendung bei Tieren nur erwerben oder lagern, wenn sie von einem Tierarzt als Arzneimittel verschrieben oder durch einen Tierarzt abgegeben worden sind. Andere Personen, Betriebe und Einrichtungen, die in § 47 Abs. 1 nicht aufgeführt sind, dürfen durch Rechtsverordnung nach § 48 oder § 49 bestimmte Stoffe oder Zubereitungen aus Stoffen nicht erwerben, lagern, verpacken, mit sich führen oder in den Verkehr bringen, es sei denn, daß die Stoffe oder Zubereitungen für einen anderen Zweck als zur Anwendung bei Tieren bestimmt sind.

(3) Die futtermittelrechtlichen Vorschriften bleiben unberührt.

§ 59b Rückstandsnachweisverfahren

Der pharmazeutische Unternehmer hat für Arzneimittel, die zur Anwendung bei Tieren bestimmt sind, die der Gewinnung von Lebensmitteln dienen, die im Rückstandsnachweisverfahren nach § 23 Abs. 1 Nr. 2 nachzuweisenden Stoffe und die für die Durchführung des Rückstandsnachweisverfahrens erforderlichen Stoffe, soweit sie nicht handelsüblich sind, vorrätig zu halten und der nach § 64 zuständigen Behörde in erforderlichem Umfang gegen eine angemessene Entschädigung auf Anforderung zu überlassen. Für Arzneimittel, die von dem pharmazeutischen Unternehmer nicht mehr in den Verkehr gebracht werden, gelten die Verpflichtungen nach Satz 1 bis zum Ablauf von drei Jahren nach dem Zeitpunkt des letztmaligen Inverkehrbringens durch den pharmazeutischen Unternehmer, höchstens jedoch bis zu dem nach § 10 Abs. 7 angegebenen Verfalldatum der zuletzt in Verkehr gebrachten Charge.

§ 59c Nachweispflichten für Stoffe, die als Tierarzneimittel verwendet werden können

Betriebe und Einrichtungen, die Stoffe oder Zubereitungen aus Stoffen, die als Tierarzneimittel oder zur Herstellung von Tierarzneimitteln verwendet werden können und anabole, infektionshemmende, parasitenabwehrende, entzündungshemmende, hormonale oder psychotrope Eigenschaften aufweisen, herstellen, lagern, einführen oder in den Verkehr bringen, haben Nachweise über den Bezug oder die Abgabe dieser Stoffe oder Zubereitungen aus Stoffen zu führen, aus denen sich Vorlieferant oder Empfänger sowie die jeweils erhaltene oder abgegebene Menge ergeben, diese Nachweise mindestens drei Jahre aufzubewahren und auf Verlangen der zuständigen Behörde vorzulegen. Satz 1 gilt auch für Personen, die diese Tätigkeiten berufsmäßig ausüben. Soweit es sich um Stoffe oder Zubereitungen aus Stoffen mit thyreostatischer, östrogener, androgener oder gestagener Wirkung oder ß-Agonisten mit anaboler Wirkung handelt, sind diese Nachweise in Form eines Registers zu führen, in dem die hergestellten oder erworbenen Mengen sowie die zur Herstellung von Arzneimitteln veräußerten oder verwendeten Mengen chronologisch unter Angabe des Vorlieferanten und Empfängers erfaßt werden.

§ 60 Heimtiere

(1) Auf Arzneimittel, die ausschließlich zur Anwendung bei Zierfischen, Zier- oder Singvögeln, Brieftauben, Terrarientieren oder Kleinnagern bestimmt und für den Verkehr außerhalb der Apotheken zugelassen sind, finden die Vorschriften der §§ 21 bis 39 und 50 keine Anwendung.

(2) Die Vorschriften über die Herstellung von Arzneimitteln finden mit der Maßgabe Anwendung, daß der Herstellungsleiter gleichzeitig Kontroll- und Vertriebsleiter sein kann und der Nachweis einer zweijährigen praktischen Tätigkeit nach § 15 Abs. 1 entfällt.

(3) Das Bundesministerium wird ermächtigt, im Einvernehmen mit dem Bundesministerium für Wirtschaft und dem Bundesministerium für Ernährung, Landwirtschaft und Forsten durch Rechtsverordnung mit Zustimmung des Bundesrates die Vorschriften über die Zulassung auf Arzneimittel für die in Absatz 1 genannten Tiere auszudehnen, soweit es geboten ist, um eine unmittelbare oder mittelbare Gefährdung der Gesundheit von Mensch oder Tier zu verhüten.

(4) Die zuständige Behörde kann Ausnahmen von § 43 Abs. 5 Satz 1 zulassen, soweit es sich um die Arzneimittelversorgung der in Absatz 1 genannten Tiere handelt.

§ 61 Befugnisse tierärztlicher Bildungsstätten

Einrichtungen der tierärztlichen Bildungsstätten im Hochschulbereich, die der Arzneimittelversorgung der dort behandelten Tiere dienen und von einem Tierarzt oder Apotheker geleitet werden, haben die Rechte und Pflichten, die ein Tierarzt nach den Vorschriften dieses Gesetzes hat.

Zehnter Abschnitt: Beobachtung, Sammlung und Auswertung von Arzneimittelrisiken

§ 62 Organisation

Die zuständige Bundesoberbehörde hat zur Verhütung einer unmittelbaren oder mittelbaren Gefährdung der Gesundheit von Mensch oder Tier die bei der Anwendung von Arzneimitteln auftretenden Risiken, insbesondere Nebenwirkungen, Wechselwirkungen mit anderen Mitteln, Gegenanzeigen und Verfälschungen, zentral zu erfassen, auszuwerten und die nach diesem Gesetz zu ergreifenden Maßnahmen zu koordinieren. Sie wirkt dabei mit den Dienststellen der Weltgesundheitsorganisation, den Arzneimittelbehörden anderer Länder, den Gesundheits- und Veterinärbehörden der Bundesländer, den Arzneimittelkommissionen der Kammern der Heilberufe sowie mit anderen Stellen zusammen, die bei der Durchführung ihrer Aufgaben Arzneimittelrisiken erfassen. Die zuständige Bundesoberbehörde kann die Öffentlichkeit über Arzneimittelrisiken und beabsichtigte Maßnahmen informieren.

§ 63 Stufenplan

Das Bundesministerium erstellt durch allgemeine Verwaltungsvorschrift mit Zustimmung des Bundesrates zur Durchführung der Aufgaben nach § 62 einen Stufenplan. In diesem werden die Zusammenarbeit der beteiligten Behörden und Stellen auf den verschiedenen Gefahrenstufen sowie die Einschaltung der pharmazeutischen Unternehmer näher geregelt und die jeweils nach den Vorschriften dieses Gesetzes zu ergreifenden Maßnahmen bestimmt. In dem Stufenplan können ferner Informationsmittel und -wege bestimmt werden.

§ 63a Stufenplanbeauftragter

(1) Wer als pharmazeutischer Unternehmer Fertigarzneimittel, die Arzneimittel im Sinne des § 2 Abs. 1 oder Abs. 2 Nr. 1 sind, in den Verkehr bringt, hat eine Person mit der erforderlichen Sachkenntnis und der zur Ausübung ihrer Tätigkeit erforderlichen Zuverlässigkeit (Stufenplanbeauftragter) zu beauftragen, bekanntgewordene Meldungen über Arzneimittelrisiken zu sammeln, zu bewerten und die notwendigen Maßnahmen zu koordinieren. Satz 1 gilt nicht für Personen, soweit sie nach § 13 Abs. 2 Satz 1 Nr. 1, 2, 3 oder 5 keiner Herstellungserlaubnis bedürfen. Der Stufenplanbeauftragte ist für die Erfüllung von Anzeigepflichten verantwortlich, soweit sie Arzneimittelrisiken betreffen. Das Nähere regelt die Betriebsverordnung für pharmazeutische Unternehmer. Andere Personen als in Satz 1 bezeichnet dürfen eine Tätigkeit als Stufenplanbeauftragter nicht ausüben.

(2) Der Nachweis der erforderlichen Sachkenntnis als Stufenplanbeauftragter wird erbracht durch das Zeugnis über eine nach abgeschlossenem Hochschulstudium der Humanmedizin, der Humanbiologie, der Veterinärmedizin oder der Pharmazie abgelegte Prüfung und eine mindestens zweijährige Berufserfahrung oder durch den Nachweis nach § 15. Der Stufenplanbeauftragte kann gleichzeitig Herstellungs-, Kontroll- oder Vertriebsleiter sein.

(3) Der pharmazeutische Unternehmer hat der zuständigen Behörde den Stufenplanbeauftragten unter Vorlage der Nachweise über die Anforderungen nach Absatz 2 und jeden Wechsel vorher mitzuteilen. Bei einem unvorhergesehenen Wechsel des Stufenplanbeauftragten hat die Mitteilung unverzüglich zu erfolgen.

Elfter Abschnitt: Überwachung

§ 64 Durchführung der Überwachung

(1) Betriebe und Einrichtungen, in denen Arzneimittel hergestellt, geprüft, gelagert, verpackt oder in den Verkehr gebracht werden oder in denen sonst mit ihnen Handel getrieben wird, unterliegen insoweit der Überwachung durch die zuständige Behörde; das gleiche gilt für Betriebe und Einrichtungen, die Arzneimittel entwickeln, klinisch prüfen, einer Rückstandsprüfung unterziehen oder Arzneimittel nach § 47a Abs. 1 Satz 1 oder zur Anwendung bei Tieren bestimmte Arzneimittel erwerben oder anwenden. Die Entwicklung, Herstellung, Prüfung, Lagerung, Verpackung oder das Inverkehrbringen von Wirkstoffen unterliegen der Überwachung, soweit sie durch eine Rechtsverordnung nach § 54 geregelt sind. Satz 1 gilt auch für Personen, die diese Tätigkeiten berufsmäßig ausüben oder Arzneimittel nicht ausschließlich für den Eigenbedarf mit sich führen sowie für Personen oder Personenvereinigungen, die Arzneimittel für andere sammeln.

(2) Die mit der Überwachung beauftragten Personen müssen diese Tätigkeit hauptberuflich ausüben. Die zuständige Behörde kann Sachverständige beiziehen. Soweit es sich um Blutzubereitungen, radioaktive Arzneimittel, gentechnisch hergestellte Arzneimittel, Sera, Impfstoffe, Testallergene, Testsera und Testantigene handelt, soll die zuständige Behörde Angehörige der zuständigen Bundesoberbehörde als Sachverständige beteiligen. Bei Apotheken, die keine Krankenhausapotheken sind oder die einer Erlaubnis nach § 13 nicht bedürfen, kann die zuständige Behörde Sachverständige mit der Überwachung beauftragen.

(3) Die zuständige Behörde hat sich davon zu überzeugen, daß die Vorschriften über den Verkehr mit Arzneimitteln, über die Werbung auf dem Gebiete des Heilwesens und über das Apothekenwesen beachtet werden. Sie hat in der Regel alle zwei Jahre Besichtigungen vorzunehmen und Arzneimittelproben amtlich untersuchen zu lassen.

(4) Die mit der Überwachung beauftragten Personen sind befugt

1. Grundstücke, Geschäftsräume, Betriebsräume, Beförderungsmittel und zur Verhütung dringender Gefahr für die öffentliche Sicherheit und Ordnung auch Wohnräume zu den üblichen Geschäftszeiten zu betreten und zu besichtigen, in denen eine Tätigkeit nach Absatz 1 ausgeübt wird; das Grundrecht des Artikels 13 des Grundgesetzes auf Unverletzlichkeit der Wohnung wird insoweit eingeschränkt,
2. Unterlagen über Entwicklung, Herstellung, Prüfung, klinische Prüfung oder Rückstandsprüfung, Erwerb, Lagerung, Verpackung, Inverkehrbringen und sonstigen Verbleib der Arzneimittel sowie über das im Verkehr befindliche Werbematerial und über die nach § 94 erforderliche Deckungsvorsorge einzusehen und, soweit es sich nicht um personenbezogene Daten von Patienten handelt, hieraus Abschriften oder Ablichtungen anzufertigen,
3. von natürlichen und juristischen Personen und nicht rechtsfähigen Personenvereinigungen alle erforderlichen Auskünfte, insbesondere über die in Nummer 2 genannten Betriebsvorgänge zu verlangen,
4. vorläufige Anordnungen, auch über die Schließung des Betriebes oder der Einrichtung zu treffen, soweit es zur Verhütung dringender Gefahren für die öffentliche Sicherheit und Ordnung geboten ist.

(4a) Soweit es zur Durchführung dieses Gesetzes oder der auf Grund dieses Gesetzes erlassenen Rechtsverordnungen oder der Verordnung (EWG) Nr. 2309/93 erforderlich ist, dürfen auch die Sachverständigen der Mitgliedstaaten der Europäischen Union, soweit sie die mit der Überwachung beauftragten Personen begleiten, Befugnisse nach Absatz 4 Nr. 1 wahrnehmen.

(5) Der zur Auskunft Verpflichtete kann die Auskunft auf solche Fragen verweigern, deren Beantwortung ihn selbst oder einen seiner in § 383 Abs. 1 Nr. 1 bis 3 der Zivilprozeßordnung bezeichneten Angehörigen der Gefahr strafrechtlicher Verfolgung oder eines Verfahrens nach dem Gesetz über Ordnungswidrigkeiten aussetzen würde.

(6) Das Bundesministerium wird ermächtigt, durch Rechtsverordnung mit Zustimmung des Bundesrates Regelungen über die Wahrnehmung von Überwachungsaufgaben in den Fällen festzulegen, in denen Arzneimittel von einem pharmazeutischen Unternehmer im Geltungsbereich des Gesetzes in den Verkehr gebracht werden, der keinen Sitz im Geltungsbereich des Gesetzes hat, soweit es zur Durchführung der Vorschriften über den Verkehr mit Arzneimitteln sowie über die Werbung auf dem Gebiete des Heilwesens erforderlich ist. Dabei kann die federführende Zuständigkeit für Überwachungsaufgaben, die sich auf Grund des Verbringens eines Arzneimittels aus einem bestimmten Mitgliedstaat der Europäischen Union ergeben, jeweils einem bestimmten Land oder einer von den Ländern getragenen Einrichtung zugeordnet werden.

§ 65 Probenahme

(1) Soweit es zur Durchführung der Vorschriften über den Verkehr mit Arzneimitteln, über die Werbung auf dem Gebiete des Heilwesens und über das Apothekenwesen erforderlich ist, sind die mit der Überwachung beauftragten Personen befugt, gegen Empfangsbescheinigung Proben nach ihrer Auswahl zum Zwecke der Untersuchung zu fordern oder zu entnehmen. Diese Befugnis erstreckt sich insbesondere auf die Entnahme von Proben, von Futtermitteln, Tränkwasser und bei lebenden Tieren, einschließlich der dabei erforderlichen Eingriffe an diesen Tieren. Soweit der pharmazeutische Unternehmer nicht ausdrücklich darauf verzichtet, ist ein Teil der Probe oder, sofern die Probe nicht oder ohne Gefährdung des Untersuchungszwecks nicht in Teile von gleicher Qualität teilbar ist, ein zweites Stück der gleichen Art, wie das als Probe entnommene, zurückzulassen.

(2) Zurückzulassende Proben sind amtlich zu verschließen oder zu versiegeln. Sie sind mit dem Datum der Probenahme und dem Datum des Tages zu versehen, nach dessen Ablauf der Verschluß oder die Versiegelung als aufgehoben gelten.

(3) Für Proben, die nicht bei dem pharmazeutischen Unternehmer entnommen werden, ist eine angemessene Entschädigung zu leisten, soweit nicht ausdrücklich darauf verzichtet wird.

(4) Als privater Sachverständiger zur Untersuchung von Proben, die nach Absatz 1 Satz 2 zurückgelassen sind, kann nur bestellt werden, wer

1. die Sachkenntnis nach § 15 besitzt. Anstelle der praktischen Tätigkeit nach § 15 Abs. 1 und 4 kann eine praktische Tätigkeit in der Untersuchung und Begutachtung von Arzneimitteln in Arzneimitteluntersuchungsstellen oder in anderen gleichartigen Arzneimittelinstituten treten,
2. die zur Ausübung der Tätigkeit als Sachverständiger zur Untersuchung von amtlichen Proben erforderliche Zuverlässigkeit besitzt und
3. über geeignete Räume und Einrichtungen für die beabsichtigte Untersuchung und Begutachtung von Arzneimitteln verfügt.

§ 66 Duldungs- und Mitwirkungspflicht

Wer der Überwachung nach § 64 Abs. 1 unterliegt, ist verpflichtet, die Maßnahmen nach den §§ 64 und 65 zu dulden und die in der Überwachung tätigen Personen bei der Erfüllung ihrer Aufgaben zu unterstützen, insbesondere ihnen auf Verlangen die Räume und Beförderungsmittel zu bezeichnen, Räume, Behälter und Behältnisse zu öffnen, Auskünfte zu erteilen und die Entnahme der Proben zu ermöglichen. Die gleiche Verpflichtung besteht für den Herstellungsleiter, Kontrolleiter, Vertriebsleiter, Stufenplanbeauftragten, Informationsbeauftragten und Leiter der klinischen Prüfung sowie deren Vertreter.

§ 67 Allgemeine Anzeigepflicht

(1) Betriebe und Einrichtungen, die Arzneimittel entwickeln, herstellen, klinisch prüfen oder einer Rückstandsprüfung unterziehen, prüfen, lagern, verpacken, in den Verkehr bringen oder sonst mit ihnen Handel treiben, haben dies vor der Aufnahme der Tätigkeiten der zuständigen Behörde anzuzeigen. Die Entwicklung von Arzneimitteln ist anzuzeigen, soweit sie durch eine Rechtsverordnung nach § 54 geregelt ist. Das gleiche gilt für Personen, die diese Tätigkeiten selbständig und berufsmäßig ausüben, sowie für Personen oder Personenvereinigungen, die Arzneimittel für andere sammeln. In der Anzeige sind die Art der Tätigkeit und die Betriebsstätte anzugeben; werden Arzneimittel gesammelt, so ist das Nähere über die Art der Sammlung und über die Lagerstätte anzugeben. Ist nach Satz 1 eine klinische Prüfung anzuzeigen, so ist auch deren Leiter namentlich zu benennen. Die Sätze 1 bis 4 gelten entsprechend für Betriebe und Einrichtungen, die Wirkstoffe herstellen, in den Verkehr bringen oder sonst mit ihnen Handel treiben, soweit diese Tätigkeiten durch eine Rechtsverordnung nach § 54 geregelt sind.

(2) Ist die Herstellung von Arzneimitteln beabsichtigt, für die es einer Erlaubnis nach § 13 nicht bedarf, so sind die Arzneimittel mit ihrer Bezeichnung und Zusammensetzung anzugeben.

(3) Nachträgliche Änderungen sind ebenfalls anzuzeigen.

(4) Die Absätze 1 bis 3 gelten mit Ausnahme der Anzeigepflicht für die klinische Prüfung nicht für diejenigen, die eine Erlaubnis nach § 13 oder § 72 haben, und für Apotheken nach dem Gesetz über das Apothekenwesen. Absatz 2 gilt nicht für tierärztliche Hausapotheken.

(5) Wer als pharmazeutischer Unternehmer ein Arzneimittel, das nach § 36 Abs. 1 von der Zulassung freigestellt und für den Verkehr außerhalb der Apotheken nicht freigegeben ist, in den Verkehr bringt, hat dies unverzüglich der zuständigen Bundesoberbehörde anzuzeigen. In der Anzeige sind die verwendete Bezeichnung und die verwendeten nicht wirksamen Bestandteile anzugeben, soweit sie nicht in der Verordnung nach § 36 Abs. 1 festgelegt sind.

(6) Der pharmazeutische Unternehmer hat Untersuchungen, die dazu bestimmt sind, Erkenntnisse bei der Anwendung zugelassener oder registrierter Arzneimittel zu sammeln, den kassenärztlichen Bundesvereinigungen sowie der zuständigen Bundesoberbehörde unverzüglich anzuzeigen.

§ 67a Datenbankgestütztes Informationssystem

(1) Die für den Vollzug dieses Gesetzes zuständigen Behörden des Bundes und der Länder wirken mit dem Deutschen Institut für Medizinische Dokumentation und Information (DIMDI) zusammen, um ein gemeinsam nutzbares zentrales Informationssystem über Arzneimittel zu errichten. Dieses Informationssystem faßt die für die Erfüllung der jeweiligen Aufgaben behördenübergreifend notwendigen Informationen zusammen. Das DIMDI errichtet dieses Informationssystem auf der Grundlage der von den zuständigen Bundesoberbehörden nach der Rechtsverordnung nach Absatz 3 zur Verfügung gestellten Daten und stellt dessen laufenden Betrieb sicher. Daten aus dem Informationssystem werden an die zuständigen Bundesoberbehörden für ihre im Gesetz geregelten Aufgaben übermittelt. Eine Übermittlung an andere Stellen ist zulässig, soweit dies die Rechtsverordnung nach Absatz 3 vorsieht. Für seine Leistungen erhebt das DIMDI Gebühren nach Maßgabe der Rechtsverordnung nach Absatz 3.

(2) DIMDI kann auch allgemein verfügbare Datenbanken, die einen Bezug zu Arzneimitteln haben, bereitstellen.

(3) Das Bundesministerium wird ermächtigt, Befugnisse zur Verarbeitung und Nutzung von Daten für die Zwecke der Absätze 1 und 2 und zur Erhebung von Daten für die Zwecke des Absatzes 2 im Einvernehmen mit dem Bundesministerium des Innern und dem Bundesministerium für Wirtschaft durch Rechtsverordnung mit Zustimmung des Bundesrates einzuräumen und Regelungen zu treffen hinsichtlich der Übermittlung von Daten durch Behörden des Bundes und der Länder an das DIMDI, einschließlich der personenbezogenen Daten für die in diesem Gesetz geregelten Zwecke, und der Art, des Umfangs und der Anforderungen an die Daten. In dieser Rechtsverordnung kann auch vorgeschrieben werden, daß Anzeigen auf elektronischen oder optischen Speichermedien erfolgen dürfen oder müssen, soweit dies für eine ordnungsgemäße Durchführung der Vorschriften über den Verkehr mit Arzneimitteln erforderlich ist. Ferner können in dieser Rechtsverordnung Gebühren für Leistungen des DIMDI festgesetzt werden.

(4) Die Rechtsverordnung nach Absatz 3 ergeht im Einvernehmen mit dem Bundesministerium für Umwelt, Naturschutz und Reaktorsicherheit, soweit es sich um radioaktive Arzneimittel oder um Arzneimittel handelt, bei deren Herstellung ionisierende Strahlen verwendet werden, und im Einvernehmen mit dem Bundesministerium für Ernährung, Landwirtschaft und Forsten, soweit es sich um Arzneimittel handelt, die zur Anwendung bei Tieren bestimmt sind.

(5) Das DIMDI ergreift die notwendigen Maßnahmen, damit Daten nur den dazu befugten Personen übermittelt werden und nur diese Zugang zu diesen Daten erhalten.

§ 68 Mitteilungs- und Unterrichtungspflichten

(1) Die für die Durchführung dieses Gesetzes zuständigen Behörden und Stellen des Bundes und der Länder haben sich

1. die für den Vollzug des Gesetzes zuständigen Behörden, Stellen und Sachverständigen mitzuteilen und
2. bei Zuwiderhandlungen und bei Verdacht auf Zuwiderhandlungen gegen Vorschriften des Arzneimittelrechts für den jeweiligen Zuständigkeitsbereich unverzüglich zu unterrichten und bei der Ermittlungstätigkeit gegenseitig zu unterstützen.

(2) Die Behörden nach Absatz 1

1. erteilen der zuständigen Behörde eines anderen Mitgliedstaates der Europäischen Union auf begründetes Ersuchen Auskünfte und übermitteln die erforderlichen Urkunden und Schriftstücke, soweit dies für die Überwachung der Einhaltung der arzneimittelrechtlichen Vorschriften erforderlich ist,
2. überprüfen alle von der ersuchenden Behörde eines anderen Mitgliedstaates mitgeteilten Sachverhalte und teilen ihr das Ergebnis der Prüfung mit.

(3) Die Behörden nach Absatz 1 teilen den zuständigen Behörden eines anderen Mitgliedstaates alle Informationen mit, die für die Überwachung der Einhaltung der arzneimittelrechtlichen Vorschriften in diesem Mitglied-

staat erforderlich sind. In Fällen von Zuwiderhandlungen oder des Verdachts von Zuwiderhandlungen können auch die zuständigen Behörden anderer Mitgliedstaaten, das Bundesministerium und die Kommission der Europäischen Gemeinschaften unterrichtet werden.

(4) Die Behörden nach Absatz 1 können, soweit dies zur Einhaltung der arzneimittelrechtlichen Anforderungen erforderlich ist, auch die zuständigen Behörden anderer Staaten unterrichten. Bei der Unterrichtung von Vertragsstaaten des Abkommens über den Europäischen Wirtschaftsraum, die nicht Mitgliedstaaten der Europäischen Union sind, erfolgt diese über die Kommission der Europäischen Gemeinschaften.

(5) Der Verkehr mit den zuständigen Behörden anderer Mitgliedstaaten und der Kommission der Europäischen Gemeinschaften obliegt dem Bundesministerium. Es kann diese Befugnis auf die zuständigen Bundesoberbehörden oder durch Rechtsverordnung mit Zustimmung des Bundesrates auf die zuständigen obersten Landesbehörden übertragen. Ferner kann es im Einzelfall der zuständigen obersten Landesbehörde die Befugnis übertragen, sofern diese ihr Einverständnis damit erklärt. Die obersten Landesbehörden können die Befugnisse nach den Sätzen 2 und 3 auf andere Behörden übertragen.

(6) In den Fällen des Absatzes 3 Satz 2 und des Absatzes 4 unterbleibt die Übermittlung personenbezogener Daten, soweit durch sie schutzwürdige Interessen der Betroffenen beeinträchtigt würden, insbesondere wenn beim Empfänger kein angemessener Datenschutzstandard gewährleistet ist. Personenbezogene Daten dürfen auch dann übermittelt werden, wenn beim Empfänger kein angemessener Datenschutzstandard gewährleistet ist, soweit dies aus Gründen des Gesundheitsschutzes erforderlich ist.

§ 69 Maßnahmen der zuständigen Behörden

(1) Die zuständigen Behörden treffen die zur Beseitigung festgestellter Verstöße und die zur Verhütung künftiger Verstöße notwendigen Anordnungen. Sie können insbesondere das Inverkehrbringen von Arzneimitteln untersagen, deren Rückruf anordnen und diese sicherstellen, wenn

1. die erforderliche Zulassung oder Registrierung für das Arzneimittel nicht vorliegt oder deren Ruhen angeordnet ist,
2. das Arzneimittel nicht die nach den anerkannten pharmazeutischen Regeln angemessene Qualität aufweist,
3. dem Arzneimittel die therapeutische Wirksamkeit fehlt,
4. der begründete Verdacht besteht, daß das Arzneimittel bei bestimmungsgemäßem Gebrauch schädliche Wirkungen hat, die über ein nach den Erkenntnissen der medizinischen Wissenschaft vertretbares Maß hinausgehen,
5. die vorgeschriebenen Qualitätskontrollen nicht durchgeführt sind oder
6. die erforderliche Erlaubnis für das Herstellen des Arzneimittels oder das Verbringen in den Geltungsbereich des Gesetzes nicht vorliegt oder ein Grund zur Rücknahme oder zum Widerruf der Erlaubnis nach § 18 Abs. 1 gegeben ist.

Im Falle des Satzes 2 Nr. 4 kann die zuständige Bundesoberbehörde den Rückruf eines Arzneimittels anordnen, sofern ihr Tätigwerden im Zusammenhang mit Maßnahmen nach § 28, § 30, § 31 Abs. 4 Satz 2 oder § 32 Abs. 5 zur Abwehr von Gefahren für die Gesundheit von Mensch oder Tier durch Arzneimittel geboten ist.

(1a) Bei Arzneimitteln, für die eine Genehmigung für das Inverkehrbringen oder Zulassung

1. gemäß der Verordnung (EWG) Nr. 2309/93 oder
2. im Verfahren der Anerkennung gemäß Kapitel III der Richtlinie 75/319/EWG oder Kapitel IV der Richtlinie 81/851/EWG oder
3. auf Grund eines Gutachtens des Ausschusses gemäß Artikel 4 der Richtlinie 87/22/EWG vom 22. Dezember 1986 vor dem 1. Januar 1995

erteilt worden ist, unterrichtet die zuständige Bundesoberbehörde den Ausschuß für Arzneispezialitäten oder den Ausschuß für Tierarzneimittel über festgestellte Verstöße gegen arzneimittelrechtliche Vorschriften nach Maßgabe der in den genannten Rechtsakten vorgesehenen Verfahren unter Angabe einer eingehenden Begründung und des vorgeschlagenen Vorgehens. Bei diesen Arzneimitteln können die zuständigen Behörden vor der Unterrichtung des Ausschusses nach Satz 1 die zur Beseitigung festgestellter und zur Verhütung künftiger Verstöße notwendigen Anordnungen treffen, sofern diese zum Schutz der Gesundheit von Mensch oder Tier oder zum Schutz der Umwelt dringend erforderlich sind. Die zuständigen Behörden unterrichten die Kommission der Europäischen Gemeinschaften und die anderen Mitgliedstaaten über die zuständige Bundesoberbehörde spätestens am folgenden Arbeitstag über die Gründe dieser Maßnahmen. Im Fall des Absatzes 1 Satz 2 Nr. 4 kann auch die zuständige Bundesoberbehörde den Rückruf eines Arzneimittels anordnen, sofern ihr Tätigwerden zum Schutz der in Satz 2 genannten Rechtsgüter dringend erforderlich ist; in diesem Fall gilt Satz 3 entsprechend.

(2) Die zuständigen Behörden können das Sammeln von Arzneimitteln untersagen, wenn eine sachgerechte Lagerung der Arzneimittel nicht gewährleistet ist oder wenn der begründete Verdacht besteht, daß die gesammelten Arzneimittel mißbräuchlich verwendet werden. Gesammelte Arzneimittel können sichergestellt werden, wenn durch unzureichende Lagerung oder durch ihre Abgabe die Gesundheit von Mensch und Tier gefährdet wird.

(2a) Die zuständigen Behörden können ferner zur Anwendung bei Tieren bestimmte Arzneimittel sowie Stoffe und Zubereitungen aus Stoffen im Sinne des § 59a sicherstellen, wenn Tatsachen die Annahme rechtfertigen, daß Vorschriften über den Verkehr mit Arzneimitteln nicht beachtet worden sind.

(3) Die zuständigen Behörden können Werbematerial sicherstellen, das den Vorschriften über den Verkehr mit Arzneimitteln und über die Werbung auf dem Gebiete des Heilwesens nicht entspricht.

(4) Im Falle des Absatzes 1 Satz 3 kann auch eine öffentliche Warnung durch die zuständige Bundesoberbehörde erfolgen.

§ 69a Überwachung von Stoffen, die als Tierarzneimittel verwendet werden können

Die §§ 64 bis 69 gelten entsprechend für die in § 59c genannten Betriebe, Einrichtungen und Personen sowie für solche Betriebe, Einrichtungen und Personen, die Stoffe, die in den Anhang IV der Verordnung (EWG) Nr. 2377/90 aufgenommen sind, herstellen, lagern, einführen oder in den Verkehr bringen.

Zwölfter Abschnitt: Sondervorschriften für Bundeswehr, Bundesgrenzschutz, Bereitschaftspolizei, Zivilschutz

§ 70 Anwendung und Vollzug des Gesetzes

(1) Die Vorschriften dieses Gesetzes finden auf Einrichtungen, die der Arzneimittelversorgung der Bundeswehr, des Bundesgrenzschutzes und der Bereitschaftspolizeien der Länder dienen, sowie auf die Arzneimittelbevorratung für den Zivilschutz entsprechende Anwendung.

(2) Im Bereich der Bundeswehr obliegt der Vollzug dieses Gesetzes bei der Überwachung des Verkehrs mit Arzneimitteln den zuständigen Stellen und Sachverständigen der Bundeswehr. Im Bereich des Bundesgrenzschutzes obliegt er den zuständigen Stellen und Sachverständigen des Bundesgrenzschutzes. Im Bereich der Arzneimittelbevorratung für den Zivilschutz obliegt er den vom Bundesministerium des Innern bestimmten Stellen; soweit Landesstellen bestimmt werden, bedarf es hierzu der Zustimmung des Bundesrates.

§ 71 Ausnahmen

(1) Die in § 10 Abs. 1 Nr. 9 vorgeschriebene Angabe des Verfalldatums kann entfallen bei Arzneimitteln, die an die Bundeswehr, den Bundesgrenzschutz sowie für Zwecke des Zivil- und Katastrophenschutzes an Bund oder Länder abgegeben werden. Die zuständigen Bundesministerien oder, soweit Arzneimittel an Länder abgegeben werden, die zuständigen Behörden der Länder stellen sicher, daß Qualität, Wirksamkeit und Unbedenklichkeit auch bei solchen Arzneimitteln gewährleistet sind.

(2) Das Bundesministerium wird ermächtigt, durch Rechtsverordnung Ausnahmen von den Vorschriften dieses Gesetzes und der auf Grund dieses Gesetzes erlassenen Rechtsverordnungen für den Bereich der Bundeswehr, des Bundesgrenzschutzes, der Bereitschaftspolizeien der Länder und des Zivil- und Katastrophenschutzes zuzulassen, soweit dies zur Durchführung der besonderen Aufgaben in diesen Bereichen gerechtfertigt ist und der Schutz der Gesundheit von Mensch oder Tier gewahrt bleibt.

(3) Die Rechtsverordnung ergeht, soweit sie den Bereich der Bundeswehr berührt, im Einvernehmen mit dem Bundesministerium der Verteidigung, und, soweit sie den Bereich des Bundesgrenzschutzes und des Zivilschutzes berührt, im Einvernehmen mit dem Bundesministerium des Innern, jeweils ohne Zustimmung des Bundesrates; soweit die Rechtsverordnung den Bereich der Bereitschaftspolizeien der Länder oder des Katastrophenschutzes berührt, ergeht sie im Einvernehmen mit dem Bundesministerium des Innern mit Zustimmung des Bundesrates.

Dreizehnter Abschnitt: Einfuhr und Ausfuhr

§ 72 Einfuhrerlaubnis

Wer Fertigarzneimittel im Sinne des § 2 Abs. 1 oder Abs. 2 Nr. 1, Testsera oder Testantigene oder Wirkstoffe, die menschlicher oder tierischer Herkunft sind oder auf gentechnischem Wege hergestellt werden, gewerbs- oder berufsmäßig zum Zwecke der Abgabe an andere aus Ländern, die nicht Mitgliedstaaten der Europäischen Gemeinschaften oder andere Vertragsstaaten des Abkommens über den Europäischen Wirtschaftsraum sind, in den Geltungsbereich dieses Gesetzes verbringen will, bedarf einer Erlaubnis der zuständigen Behörde. § 13 Abs. 1 Satz 2 und Abs. 4 und die §§ 14 bis 20 finden entsprechende Anwendung mit der Maßgabe, daß der Kontrolleiter zugleich Herstellungsleiter sein kann.

§ 72a Zertifikate

(1) Der Einführer darf Arzneimittel im Sinne des § 2 Abs. 1 und 2 Nr. 1, 1a, 2 und 4 Buchstabe a oder Wirkstoffe aus Ländern, die nicht Mitgliedstaaten der Europäischen Gemeinschaften oder andere Vertragsstaaten des Abkommens über den Europäischen Wirtschaftsraum sind, in den Geltungsbereich dieses Gesetzes nur verbringen, wenn

1. die zuständige Behörde des Herstellungslandes durch ein Zertifikat bestätigt hat, daß die Arzneimittel oder Wirkstoffe entsprechend anerkannten Grundregeln für die Herstellung und die Sicherung ihrer Qualität, insbesondere der Europäischen Gemeinschaften, der Weltgesundheitsorganisation oder der Pharmazeutischen Inspektions-Convention, hergestellt werden und solche Zertifikate für Arzneimittel im Sinne des § 2 Abs. 1 und 2 Nr. 1, die zur Anwendung bei Menschen bestimmt sind, und Wirkstoffe, die menschlicher oder tierischer Herkunft sind oder auf gentechnischem Wege hergestellt werden, gegenseitig anerkannt sind,
2. die zuständige Behörde bescheinigt hat, daß die genannten Grundregeln bei der Herstellung der Arzneimittel sowie der dafür eingesetzten Wirkstoffe, soweit sie menschlicher oder tierischer Herkunft sind oder auf gentechnischem Wege hergestellt werden, oder bei der Herstellung der Wirkstoffe, eingehalten werden oder
3. die zuständige Behörde bescheinigt hat, daß die Einfuhr im öffentlichen Interesse liegt.

Die zuständige Behörde darf eine Bescheinigung nach Nummer 2 nur ausstellen, wenn ein Zertifikat nach Nummer 1 nicht vorliegt und sie sich regelmäßig im Herstellungsland vergewissert hat, daß die genannten Grundregeln bei der Herstellung der Arzneimittel oder Wirkstoffe eingehalten werden. Die Bescheinigung nach Nummer 3 darf nur erteilt werden, wenn ein Zertifikat nach Nummer 1 nicht vorliegt und eine Bescheinigung nach Nummer 2 nicht vorgesehen oder nicht möglich ist. Bei Arzneimitteln und Wirkstoffen, die Blutzubereitungen sind oder enthalten, darf eine Einfuhr auf Grund Satz 1 Nr. 3 nicht erfolgen. Satz 1 findet auf die Einfuhr von Wirkstoffen Anwendung, soweit ihre Überwachung durch eine Rechtsverordnung nach § 54 geregelt ist.

(2) Das Bundesministerium wird ermächtigt, durch Rechtsverordnung mit Zustimmung des Bundesrates zu bestimmen, daß Wirkstoffe oder Arzneimittel die Blut oder Blutzubereitungen sind, aus bestimmten Ländern, die nicht Mitgliedstaaten der Europäischen Gemeinschaften oder andere Vertragsstaaten des Abkommens über den

Europäischen Wirtschaftsraum sind, nicht eingeführt werden dürfen, sofern dies zur Abwehr von Gefahren für die Gesundheit des Menschen oder zur Risikovorsorge erforderlich ist.

§ 73 Verbringungsverbot

(1) Arzneimittel, die der Pflicht zur Zulassung oder zur Registrierung unterliegen, dürfen in den Geltungsbereich dieses Gesetzes, ausgenommen in andere Zollfreigebiete als die Insel Helgoland, nur verbracht werden, wenn sie zum Verkehr im Geltungsbereich dieses Gesetzes zugelassen oder registriert oder von der Zulassung oder der Registrierung freigestellt sind und

1. der Empfänger in dem Fall des Verbringens aus einem Mitgliedstaat der Europäischen Gemeinschaften oder einem anderen Vertragsstaat des Abkommens über den Europäischen Wirtschaftsraum pharmazeutischer Unternehmer, Großhändler oder Tierarzt ist oder eine Apotheke betreibt oder
2. der Empfänger in dem Fall des Verbringens aus einem Land, das nicht Mitgliedstaat der Europäischen Gemeinschaften oder ein anderer Vertragsstaat des Abkommens über den Europäischen Wirtschaftsraum ist, eine Erlaubnis nach § 72 besitzt.

Die in § 47a Abs. 1 Satz 1 genannten Arzneimitteln dürfen nur in den Geltungsbereich dieses Gesetzes verbracht werden, wenn der Empfänger eine der dort genannten Einrichtungen ist.

(1a) Fütterungsarzneimittel dürfen in den Geltungsbereich dieses Gesetzes nur verbracht werden, wenn sie

1. den im Geltungsbereich dieses Gesetzes geltenden arzneimittelrechtlichen Vorschriften entsprechen und
2. der Empfänger zu den in Absatz 1 genannten Personen gehört oder im Falle des § 56 Abs. 1 Satz 1 Tierhalter ist.

(2) Absatz 1 Satz 1 gilt nicht für Arzneimittel, die

1. im Einzelfall in geringen Mengen für die Arzneimittelversorgung bestimmter Tiere bei Tierschauen, Turnieren oder ähnlichen Veranstaltungen bestimmt sind,
2. für den Eigenbedarf der Einrichtungen von Forschung und Wissenschaft bestimmt sind und zu wissenschaftlichen Zwecken benötigt werden,

2a. in geringen Mengen von einem pharmazeutischen Unternehmer als Anschauungsmuster oder zu analytischen Zwecken benötigt werden,

3. unter zollamtlicher Überwachung durch den Geltungsbereich des Gesetzes befördert oder nach Zwischenlagerung in Zollniederlagen oder Zollverschlußlagern wiederausgeführt werden,
4. für das Oberhaupt eines auswärtigen Staates oder seine Begleitung eingebracht werden und zum Gebrauch während seines Aufenthalts im Geltungsbereich dieses Gesetzes bestimmt sind,
5. zum persönlichen Gebrauch oder Verbrauch durch die Mitglieder einer diplomatischen Mission oder konsularischen Vertretung im Geltungsbereich dieses Gesetzes oder Beamte internationaler Organisationen, die dort ihren Sitz haben, sowie deren Familienangehörige bestimmt sind, soweit diese Personen weder Deutsche noch im Geltungsbereich dieses Gesetzes ständig ansässig sind,
6. bei der Einreise in den Geltungsbereich dieses Gesetzes in einer dem üblichen persönlichen Bedarf entsprechenden Menge eingebracht werden,

6a. im Herkunftsland in Verkehr gebracht werden dürfen und ohne gewerbs- oder berufsmäßige Vermittlung in einer dem üblichen persönlichen Bedarf entsprechenden Menge aus einem Mitgliedstaat der Europäischen Gemeinschaften oder einem anderen Vertragsstaat des Abkommens über den Europäischen Wirtschaftsraum bezogen werden,

7. in Verkehrsmitteln mitgeführt werden und ausschließlich zum Gebrauch oder Verbrauch der durch diese Verkehrsmittel beförderten Personen bestimmt sind,
8. zum Gebrauch oder Verbrauch auf Seeschiffen bestimmt sind und an Bord der Schiffe verbraucht werden,
9. als Proben der zuständigen Bundesoberbehörde zum Zwecke der Zulassung oder der staatlichen Chargenprüfung übersandt werden,
10. durch Bundes- oder Landesbehörden im zwischenstaatlichen Verkehr bezogen werden.

(3) Abweichend von Absatz 1 Satz 1 dürfen Fertigarzneimittel, die nicht zum Verkehr im Geltungsbereich dieses Gesetzes zugelassen oder registriert oder von der Zulassung oder der Registrierung freigestellt sind, in den Geltungsbereich dieses Gesetzes verbracht werden, wenn sie in dem Staat in Verkehr gebracht werden dürfen, aus dem sie in den Geltungsbereich dieses Gesetzes verbracht werden, und von Apotheken bestellt sind. Apotheken dürfen solche Arzneimittel

1. nur in geringen Mengen und auf besondere Bestellung einzelner Personen beziehen und nur im Rahmen des üblichen Apothekenbetriebs abgeben sowie, soweit es sich nicht um Arzneimittel aus Mitgliedstaaten der Europäischen Gemeinschaften oder anderen Vertragsstaaten des Abkommens über den Europäischen Wirtschaftsraum handelt, nur auf ärztliche, zahnärztliche oder tierärztliche Verschreibung beziehen oder
2. soweit sie nach den apothekenrechtlichen Vorschriften für Notfälle vorrätig gehalten werden oder kurzfristig beschaffbar sein müssen, nur beziehen und im Rahmen des üblichen Apothekenbetriebes abgeben, wenn im Geltungsbereich dieses Gesetzes Arzneimittel für das betreffende Anwendungsgebiet nicht zur Verfügung stehen;

das Nähere regelt die Apothekenbetriebsordnung. Satz 1 gilt nicht für Arzneimittel, die zur Anwendung bei Tieren bestimmt sind, die der Gewinnung von Lebensmitteln dienen; die zuständige Behörde kann Ausnahmen davon zulassen, wenn für die Behandlung ein zugelassenes Arzneimittel für die betreffende Tierart oder das betreffende Anwendungsgebiet nicht zur Verfügung steht, die notwendige arzneiliche Versorgung der Tiere sonst ernstlich gefährdet wäre, eine unmittelbare oder mittelbare Gefährdung der Gesundheit von Mensch oder Tier nicht zu befürchten ist und das Arzneimittel in einem Mitgliedstaat der Europäischen Gemeinschaften oder einem anderen Vertragsstaat des Abkommens über den Europäischen Wirtschaftsraum zur Behandlung bei Tieren zugelassen ist, die der Gewinnung von Lebensmitteln dienen. Die Sätze 1 bis 3 gelten entsprechend für die Bestellung von Arzneimitteln durch Tierärzte für die von ihnen behandelten Tiere.

(4) Auf Arzneimittel nach den Absätzen 2 und 3 Satz 1 und 2 finden die Vorschriften dieses Gesetzes keine Anwendung mit Ausnahme der §§ 5 und 8 und ferner in den Fällen des Absatzes 2 Nr. 2 und des Absatzes 3 Satz 1 und 2 auch mit Ausnahme der §§ 40, 41, 48, 49, 95 Abs. 1 Nr. 1, Abs. 2 bis 4, § 96 Nr. 2, 3, 10 und 11 und § 97 Abs. 1, Abs. 2 Nr. 1 und 9 und Abs. 3.

(5) Ärzte und Tierärzte dürfen bei der Ausübung ihres Berufes im kleinen Grenzverkehr nur Arzneimittel mitführen, die zum Verkehr im Geltungsbereich dieses Gesetzes zugelassen oder registriert oder von der Zulassung oder Registrierung freigestellt sind. Abweichend von Satz 1 dürfen Tierärzte, die als Staatsangehörige eines Mitgliedstaates der Europäischen Gemeinschaften oder eines anderen Vertragsstaates des Abkommens über den Europäischen Wirtschaftsraum eine Dienstleistung erbringen, am Ort ihrer Niederlassung zugelassene Arzneimittel in kleinen Mengen in einem für das Erbringen der Dienstleistung unerläßlichen Umfang in der Originalverpackung mit sich führen, wenn und soweit Arzneimittel gleicher Zusammensetzung und für gleiche Anwendungsgebiete auch im Geltungsbereich dieses Gesetzes zugelassen sind; der Tierarzt darf diese Arzneimittel nur selbst anwenden und hat den Tierhalter auf die für das entsprechende, im Geltungsbereich dieses Gesetzes zugelassene Arzneimittel festgesetzte Wartezeit hinzuweisen.

(6) Für die zollamtliche Abfertigung zum freien Verkehr im Falle des Absatzes 1 Nr. 2 sowie des Absatzes 1 a Nr. 2 in Verbindung mit Absatz 1 Nr. 2 ist die Vorlage einer Bescheinigung der für den Empfänger zuständigen Behörde erforderlich, in der die Arzneimittel nach Art und Menge bezeichnet sind und bestätigt wird, daß die Voraussetzungen nach Absatz 1 oder Absatz 1a erfüllt sind. Die Zolldienststelle übersendet auf Kosten des Zollbeteiligten die Bescheinigung der Behörde, die diese Bescheinigung ausgestellt hat.

(7) Im Falle des Absatzes 1 Nr. 1 hat ein Empfänger, der Großhändler ist oder eine Apotheke betreibt, das Bestehen der Deckungsvorsorge nach § 94 nachzuweisen.

§ 73a Ausfuhr

(1) Abweichend von den §§ 5 und 8 Abs. 1 dürfen die dort bezeichneten Arzneimittel ausgeführt werden, wenn die zuständige Behörde des Bestimmungslandes die Einfuhr genehmigt hat. Aus der Einfuhrgenehmigung

muß hervorgehen, daß der zuständigen Behörde des Bestimmungslandes die Versagungsgründe bekannt sind, die dem Inverkehrbringen im Geltungsbereich dieses Gesetzes entgegenstehen.

(2) Auf Antrag des pharmazeutischen Unternehmers oder der zuständigen Behörde des Bestimmungslandes stellt die zuständige Behörde ein Zertifikat entsprechend dem Zertifikatsystem der Weltgesundheitsorganisation aus. Wird der Antrag von der zuständigen Behörde des Bestimmungslandes gestellt, ist vor Erteilung des Zertifikats die Zustimmung des Herstellers einzuholen.

§ 74 Mitwirkung von Zolldienststellen

(1) Das Bundesministerium der Finanzen und die von ihm bestimmten Zolldienststellen wirken bei der Überwachung des Verbringens von Arzneimitteln und Wirkstoffen in den Geltungsbereich dieses Gesetzes und der Ausfuhr mit. Die genannten Behörden können

1. Sendungen der in Satz 1 genannten Art sowie deren Beförderungsmittel, Behälter, Lade- und Verpackungsmittel zur Überwachung anhalten,
2. den Verdacht von Verstößen gegen Verbote und Beschränkungen dieses Gesetzes oder der nach diesem Gesetz erlassenen Rechtsverordnungen, der sich bei der Abfertigung ergibt, den zuständigen Verwaltungsbehörden mitteilen,
3. in den Fällen der Nummer 2 anordnen, daß die Sendungen der in Satz 1 genannten Art auf Kosten und Gefahr des Verfügungsberechtigten einer für die Arzneimittelüberwachung zuständigen Behörde vorgeführt werden.

(2) Das Bundesministerium der Finanzen regelt im Einvernehmen mit dem Bundesministerium durch Rechtsverordnung, die nicht der Zustimmung des Bundesrates bedarf, die Einzelheiten des Verfahrens nach Absatz 1. Es kann dabei insbesondere Pflichten zu Anzeigen, Anmeldungen, Auskünften und zur Leistung von Hilfsdiensten sowie zur Duldung der Einsichtnahme in Geschäftspapiere und sonstige Unterlagen und zur Duldung von Besichtigungen und von Entnahmen unentgeltlicher Proben vorsehen. Die Rechtsverordnung ergeht im Einvernehmen mit dem Bundesministerium für Umwelt, Naturschutz und Reaktorsicherheit, soweit es sich um radioaktive Arzneimittel und Wirkstoffe oder um Arzneimittel und Wirkstoffe handelt, bei deren Herstellung ionisierende Strahlen verwendet werden, und im Einvernehmen mit dem Bundesministerium für Ernährung, Landwirtschaft und Forsten, soweit es sich um Arzneimittel und Wirkstoffe handelt, die zur Anwendung bei Tieren bestimmt sind.

Vierzehnter Abschnitt: Informationsbeauftragter, Pharmaberater

§ 74a Informationsbeauftragter

(1) Wer als pharmazeutischer Unternehmer Fertigarzneimittel, die Arzneimittel im Sinne des § 2 Abs. 1 oder Abs. 2 Nr. 1 sind, in den Verkehr bringt, hat eine Person mit der erforderlichen Sachkenntnis und der zur Ausübung ihrer Tätigkeit erforderlichen Zuverlässigkeit zu beauftragen, die Aufgabe der wissenschaftlichen Information über die Arzneimittel verantwortlich wahrzunehmen (Informationsbeauftragter). Der Informationsbeauftragte ist insbesondere dafür verantwortlich, daß das Verbot des § 8 Abs. 1 Nr. 2 beachtet wird und die Kennzeichnung, die Packungsbeilage, die Fachinformation und die Werbung mit dem Inhalt der Zulassung oder der Registrierung oder, sofern das Arzneimittel von der Zulassung oder Registrierung freigestellt ist, mit den Inhalten der Verordnungen über die Freistellung von der Zulassung oder von der Registrierung nach § 36 oder § 39 Abs. 3 übereinstimmen. Satz 1 gilt nicht für Personen, soweit sie nach § 13 Abs. 2 Satz 1 Nr. 1, 2, 3 oder 5 keiner Herstellungserlaubnis bedürfen. Andere Personen als in Satz 1 bezeichnet dürfen eine Tätigkeit als Informationsbeauftragter nicht ausüben.

(2) Der Nachweis der erforderlichen Sachkenntnis als Informationsbeauftragter wird erbracht durch das Zeugnis über eine nach abgeschlossenem Hochschulstudium der Humanmedizin, der Humanbiologie, der Veterinärmedizin, der Pharmazie, der Biologie oder der Chemie abgelegte Prüfung und eine mindestens zweijährige Berufserfahrung oder durch den Nachweis nach § 15. Der Informationsbeauftragte kann gleichzeitig Stufenplanbeauftragter, Herstellungs-, Kontroll- oder Vertriebsleiter sein.

(3) Der pharmazeutische Unternehmer hat der zuständigen Behörde den Informationsbeauftragten unter Vorlage der Nachweise über die Anforderungen nach Absatz 2 und jeden Wechsel vorher mitzuteilen. Bei einem unvorhergesehenen Wechsel des Informationsbeauftragten hat die Mitteilung unverzüglich zu erfolgen.

§ 75 Sachkenntnis

(1) Pharmazeutische Unternehmer dürfen nur Personen, die die in Absatz 2 bezeichnete Sachkenntnis besitzen, beauftragen, hauptberuflich Angehörige von Heilberufen aufzusuchen, um diese über Arzneimittel im Sinne des § 2 Abs. 1 oder Abs. 2 Nr. 1 fachlich zu informieren (Pharmaberater). Satz 1 gilt auch für eine fernmündliche Information. Andere Personen als in Satz 1 bezeichnet dürfen eine Tätigkeit als Pharmaberater nicht ausüben.

(2) Die Sachkenntnis besitzen

1. Apotheker oder Personen mit einem Zeugnis über eine nach abgeschlossenem Hochschulstudium der Pharmazie, der Chemie, der Biologie, der Human- oder der Veterinärmedizin abgelegte Prüfung,
2. Apothekerassistenten sowie Personen mit einer abgeschlossenen Ausbildung als technische Assistenten in der Pharmazie, der Chemie, der Biologie, der Human- oder Veterinärmedizin,
3. Personen mit einer beruflichen Fortbildung als geprüfter Pharmareferent.

(3) Die zuständige Behörde kann eine abgelegte Prüfung oder abgeschlossene Ausbildung als ausreichend anerkennen, die einer der Ausbildungen der in Absatz 2 genannten Personen mindestens gleichwertig ist.

§ 76 Pflichten

(1) Der Pharmaberater hat, soweit er Angehörige der Heilberufe über einzelne Arzneimittel fachlich informiert, die Fachinformation nach § 11a vorzulegen. Er hat Mitteilungen von Angehörigen der Heilberufe über Nebenwirkungen und Gegenanzeigen oder sonstige Risiken bei Arzneimitteln schriftlich aufzuzeichnen und dem Auftraggeber schriftlich mitzuteilen.

(2) Soweit der Pharmaberater vom pharmazeutischen Unternehmer beauftragt wird, Muster von Fertigarzneimitteln an die nach § 47 Abs. 3 berechtigten Personen abzugeben, hat er über die Empfänger von Mustern sowie über Art, Umfang und Zeitpunkt der Abgabe von Mustern Nachweise zu führen und auf Verlangen der zuständigen Behörde vorzulegen.

Fünfzehnter Abschnitt: Bestimmung der zuständigen Bundesoberbehörden und sonstige Bestimmungen

§ 77 Zuständige Bundesoberbehörde

(1) Zuständige Bundesoberbehörde ist das Bundesinstitut für Arzneimittel und Medizinprodukte, es sei denn, daß das Paul-Ehrlich-Institut oder das Bundesinstitut für gesundheitlichen Verbraucherschutz und Lebensmittelsicherheit zuständig ist.

(2) Das Paul-Ehrlich-Institut ist zuständig für Sera, Impfstoffe, Blutzubereitungen, Testallergene, Testsera und Testantigene.

(3) Das Bundesinstitut für gesundheitlichen Verbraucherschutz und Lebensmittelsicherheit ist zuständig für Arzneimittel, die zur Anwendung bei Tieren bestimmt sind.

(4) Das Bundesministerium wird ermächtigt, durch Rechtsverordnung ohne Zustimmung des Bundesrates die Zuständigkeit der in den Absätzen 1 bis 3 genannten Behörden zu ändern, sofern dies erforderlich ist, um neueren wissenschaftlichen Entwicklungen Rechnung zu tragen oder wenn Gründe der gleichmäßigen Arbeitsauslastung eine solche Änderung erfordern.

§ 78 Preise

(1) Das Bundesministerium für Wirtschaft wird ermächtigt, im Einvernehmen mit dem Bundesministerium und, soweit es sich um Arzneimittel handelt, die zur Anwendung bei Tieren bestimmt sind, im Einvernehmen mit dem Bundesministerium für Ernährung, Landwirtschaft und Forsten durch Rechtsverordnung mit Zustimmung des Bundesrates

1. Preisspannen für Arzneimittel, die im Großhandel, in Apotheken oder von Tierärzten im Wiederverkauf abgegeben werden,
2. Preise für Arzneimittel, die in Apotheken oder von Tierärzten hergestellt und abgegeben werden, sowie für Abgabegefäße,
3. Preise für besondere Leistungen der Apotheken bei der Abgabe von Arzneimitteln

festzusetzen.

(2) Die Preise und Preisspannen müssen den berechtigten Interessen der Arzneimittelverbraucher, der Tierärzte, der Apotheken und des Großhandels Rechnung tragen. Ein einheitlicher Apothekenabgabepreis für Arzneimittel, die vom Verkehr außerhalb der Apotheken ausgeschlossen sind, ist zu gewährleisten.

§ 79 Ausnahmeermächtigungen für Krisenzeiten

(1) Das Bundesministerium wird ermächtigt, im Einvernehmen mit dem Bundesministerium für Wirtschaft durch Rechtsverordnung, die nicht der Zustimmung des Bundesrates bedarf, Ausnahmen von den Vorschriften dieses Gesetzes und der auf Grund dieses Gesetzes erlassenen Rechtsverordnungen zuzulassen, wenn die notwendige Versorgung der Bevölkerung oder der Tierbestände mit Arzneimitteln sonst ernstlich gefährdet wäre und eine unmittelbare oder mittelbare Gefährdung der Gesundheit von Mensch oder Tier durch Arzneimittel nicht zu befürchten ist.

(2) Die Rechtsverordnung ergeht im Einvernehmen mit dem Bundesministerium für Umwelt, Naturschutz und Reaktorsicherheit, soweit es sich um radioaktive Arzneimittel und um Arzneimittel handelt, bei deren Herstellung ionisierende Strahlen verwendet werden, und im Einvernehmen mit dem Bundesministerium für Ernährung, Landwirtschaft und Forsten, soweit es sich um Arzneimittel handelt, die zur Anwendung bei Tieren bestimmt sind.

(3) Die Geltungsdauer der Rechtsverordnung ist auf sechs Monate zu befristen.

§ 80

(weggefallen)

§ 81 Verhältnis zu anderen Gesetzen

Die Vorschriften des Betäubungsmittel- und Atomrechts und des Tierschutzgesetzes bleiben unberührt.

§ 82 Allgemeine Verwaltungsvorschriften

Das Bundesministerium erläßt mit Zustimmung des Bundesrates die zur Durchführung dieses Gesetzes erforderlichen allgemeinen Verwaltungsvorschriften. Soweit sich diese an die zuständige Bundesoberbehörde richten, werden die allgemeinen Verwaltungsvorschriften von der Bundesregierung erlassen.

§ 83 Angleichung an Gemeinschaftsrecht

(1) Rechtsverordnungen oder allgemeine Verwaltungsvorschriften nach diesem Gesetz können auch zum Zwecke der Angleichung der Rechts- und Verwaltungsvorschriften der Mitgliedstaaten der Europäischen Wirtschaftsgemeinschaft erlassen werden, soweit dies zur Durchführung von Verordnungen, Richtlinien oder Entscheidungen des Rates oder der Kommission der Europäischen Gemeinschaften, die Sachbereiche dieses Gesetzes betreffen, erforderlich ist.

(2) Rechtsverordnungen, die ausschließlich der Umsetzung von Richtlinien oder Entscheidungen des Rates oder der Kommission der Europäischen Gemeinschaften in nationales Recht dienen, bedürfen nicht der Zustimmung des Bundesrates.

Sechszehnter Abschnitt: Haftung für Arzneimittelschäden

§ 84 Gefährdungshaftung

(1) Wird infolge der Anwendung eines zum Gebrauch bei Menschen bestimmten Arzneimittels, das im Geltungsbereich dieses Gesetzes an den Verbraucher abgegeben wurde und der Pflicht zur Zulassung unterliegt oder durch Rechtsverordnung von der Zulassung befreit worden ist, ein Mensch getötet oder der Körper oder die Gesundheit eines Menschen nicht unerheblich verletzt, so ist der pharmazeutische Unternehmer, der das Arzneimittel im Geltungsbereich dieses Gesetz in den Verkehr gebracht hat, verpflichtet, dem Verletzten den daraus entstandenen Schaden zu ersetzen. Die Ersatzpflicht besteht nur, wenn

1. das Arzneimittel bei bestimmungsgemäßem Gebrauch schädliche Wirkungen hat, die über ein nach den Erkenntnissen der medizinischen Wissenschaft vertretbares Maß hinausgehen oder
2. der Schaden infolge einer nicht den Erkenntnissen der medizinischen Wissenschaft entsprechenden Kennzeichnung, Fachinformation oder Gebrauchsinformation eingetreten ist.

(2) Ist das angewendete Arzneimittel nach den Gegebenheiten des Einzelfalls geeignet, den Schaden zu verursachen, so wird vermutet, dass der Schaden durch dieses Arzneimittel verursacht ist. Die Eignung im Einzelfall beurteilt sich nach der Zusammensetzung und der Dosierung des angewendeten Arzneimittels, nach der Art und Dauer seiner bestimmungsgemäßen Anwendung, nach dem zeitlichen Zusammenhang mit dem Schadenseintritt, nach dem Schadensbild und dem gesundheitlichen Zustand des Geschädigten, im Zeitpunkt der Anwendung sowie allen sonstigen Gegebenheiten, die im Einzelfall für oder gegen die Schadensverursachung sprechen. Die Vermutung gilt nicht, wenn ein anderer Umstand nach den Gegebenheiten des Einzelfalls geeignet ist, den Schaden zu verursachen. Ein anderer Umstand liegt nicht in der Anwendung weiterer Arzneimittel, die nach den Gegebenheiten des Einzelfalls geeignet sind, den Schaden zu verursachen, es sei denn, dass wegen der Anwendung dieser Arzneimittel Ansprüche nach dieser Vorschrift aus anderen Gründen als der fehlenden Ursächlichkeit für den Schaden nicht gegeben sind.

(3) Die Ersatzpflicht des pharmazeutischen Unternehmers nach Absatz 1 Satz 2 Nr.1 ist ausgeschlossen, wenn nach den Umständen davon auszugehen ist, dass die schädlichen Wirkungen des Arzneimittels ihre Ursache nicht im Bereich der Entwicklung und Herstellung haben.

§ 84a Auskunftsanspruch

(1) Liegen Tatsachen vor, die die Annahme begründen, dass ein Arzneimittel den Schaden verursacht hat, so kann der Geschädigte von dem pharmazeutischen Unternehmer Auskunft verlange, es sei denn, dies ist zur Feststellung, ob ein Anspruch auf Schadensersatz nach § 84 besteht, nicht erforderlich. Der Anspruch richtet sich auf dem pharmazeutischen Unternehmer bekannte Wirkungen, Nebenwirkungen und Wechselwirkungen sowie ihm bekannt gewordene Verdachtsfälle von Nebenwirkungen und Wechselwirkungen und sämtliche weiteren Erkenntnisse, die für die Bewertung der Vertretbarkeit schädlicher Wirkungen von Bedeutung sein können. Die §§ 259 bis 261 des bürgerlichen Gesetzbuches sind entsprechend anzuwenden. Ein Auskunftsanspruch besteht insoweit nicht, als die Angaben auf Grund gesetzlicher Vorschriften geheim zu halten sind oder die Geheimhaltung einem überwiegenden Interesse des pharmazeutischen Unternehmers oder eines Dritten entspricht.

(2) Ein Auskunftsanspruch besteht unter den Voraussetzungen des Absatzes 1 auch gegenüber den Behörden, die für die Zulassung und Überwachung von Arzneimitteln zuständig sind. Die Behörde ist zur Erteilung der Auskunft nicht verpflichtet, soweit Angaben auf Grund gesetzlicher Vorschriften geheim zu halten sind oder die Geheimhaltung einem überwiegenden Interesse des pharmazeutischen Unternehmers oder eines Dritten entspricht.

§ 85 Mitverschulden

Hat bei der Entstehung des Schadens ein Verschulden des Geschädigten mitgewirkt, so gilt § 254 des Bürgerlichen Gesetzbuchs.

§ 86 Umfang der Ersatzpflicht bei Tötung

(1) Im Falle der Tötung ist der Schadensersatz durch Ersatz der Kosten einer versuchten Heilung sowie des Vermögensnachteils zu leisten, den der Getötete dadurch erlitten hat, daß während der Krankheit seine Erwerbsfähigkeit aufgehoben oder gemindert oder eine Vermehrung seiner Bedürfnisse eingetreten war. Der Ersatzpflichtige hat außerdem die Kosten der Beerdigung demjenigen zu ersetzen, dem die Verpflichtung obliegt, diese Kosten zu tragen.

(2) Stand der Getötete zur Zeit der Verletzung zu einem Dritten in einem Verhältnis, vermöge dessen er diesem gegenüber kraft Gesetzes unterhaltspflichtig war oder unterhaltspflichtig werden konnte, und ist dem Dritten infolge der Tötung das Recht auf Unterhalt entzogen, so hat der Ersatzpflichtige dem Dritten insoweit Schadensersatz zu leisten, als der Getötete während der mutmaßlichen Dauer seines Lebens zur Gewährung des Unterhalts verpflichtet gewesen sein würde. Die Ersatzpflicht tritt auch dann ein, wenn der Dritte zur Zeit der Verletzung erzeugt, aber noch nicht geboren war.

§ 87 Umfang der Ersatzpflicht bei Körperverletzung

Im Falle der Verletzung des Körpers oder der Gesundheit ist der Schadensersatz durch Ersatz der Kosten der Heilung sowie des Vermögensnachteils zu leisten, den der Verletzte dadurch erleidet, daß infolge der Verletzung zeitweise oder dauernd seine Erwerbsfähigkeit aufgehoben oder gemindert oder eine Vermehrung seiner Bedürfnisse eingetreten ist. In diesem Fall kann auch wegen des Schadens, der nicht Vermögensschaden ist, eine billige Entschädigung in Geld verlangt werde.

§ 88 Höchstbeträge

Der Ersatzpflichtige haftet

1. im Falle der Tötung oder Verletzung eines Menschen nur bis zu einem Kapitalbetrag von 600 000 Euro oder bis zu einem Rentenbetrag von jährlich 36 000 Euro,
2. im Falle der Tötung oder Verletzung mehrerer Menschen durch das gleiche Arzneimittel unbeschadet der in Nummer 1 bestimmten Grenzen bis zu einem Kapitalbetrag von 120 Millionen Euro oder bis zu einem Rentenbetrag von jährlich 7,2 Millionen Euro.

Übersteigen im Falle des Satzes 1 Nr. 2 die den mehreren Geschädigten zu leistenden Entschädigungen die dort vorgesehenen Höchstbeträge, so verringern sich die einzelnen Entschädigungen in dem Verhältnis, in welchem ihr Gesamtbetrag zu dem Höchstbetrag steht.

§ 89 Schadensersatz durch Geldrenten

(1) Der Schadensersatz wegen Aufhebung oder Minderung der Erwerbsfähigkeit und wegen Vermehrung der Bedürfnisse des Verletzten sowie der nach § 86 Abs. 2 einem Dritten zu gewährende Schadensersatz ist für die Zukunft durch Entrichtung einer Geldrente zu leisten.

(2) Die Vorschriften des § 843 Abs. 2 bis 4 des Bürgerlichen Gesetzbuchs und des § 708 Nr. 8 der Zivilprozeßordnung finden entsprechende Anwendung.

(3) Ist bei der Verurteilung des Verpflichteten zur Entrichtung einer Geldrente nicht auf Sicherheitsleistung erkannt worden, so kann der Berechtigte gleichwohl Sicherheitsleistung verlangen, wenn die Vermögensverhältnisse des Verpflichteten sich erheblich verschlechtert haben; unter der gleichen Voraussetzung kann er eine Erhöhung der in dem Urteil bestimmten Sicherheit verlangen.

§ 90 Verjährung

(1) Der in § 84 bestimmte Anspruch verjährt in drei Jahren von dem Zeitpunkt an, in welchem der Ersatzberechtigte von dem Schaden, von den Umständen, aus denen sich seine Anspruchsberechtigung ergibt, und von der Person des Ersatzpflichtigen Kenntnis erlangt, ohne Rücksicht auf diese Kenntnis in dreißig Jahren von dem schädigenden Ereignis an.

(2) Schweben zwischen dem Ersatzpflichtigen und dem Ersatzberechtigten Verhandlungen über den zu leistenden Ersatz, so ist die Verjährung gehemmt, bis der eine oder der andere Teil die Fortsetzung der Verhandlung verweigert.

(3) Im übrigen finden die Vorschriften des Bürgerlichen Gesetzbuchs über die Verjährung Anwendung.

§ 91 Weitergehende Haftung

Unberührt bleiben gesetzliche Vorschriften, nach denen ein nach § 84 Ersatzpflichtiger im weiteren Umfang als nach den Vorschriften dieses Abschnitts haftet oder nach denen ein anderer für den Schaden verantwortlich ist.

§ 92 Unabdingbarkeit

Die Ersatzpflicht nach diesem Abschnitt darf im voraus weder ausgeschlossen noch beschränkt werden. Entgegenstehende Vereinbarungen sind nichtig.

§ 93 Mehrere Ersatzpflichtige

Sind mehrere ersatzpflichtig, so haften sie als Gesamtschuldner. Im Verhältnis der Ersatzpflichtigen zueinander hängt die Verpflichtung zum Ersatz sowie der Umfang des zu leistenden Ersatzes von den Umständen, insbesondere davon ab, inwieweit der Schaden vorwiegend von dem einen oder dem anderen Teil verursacht worden ist.

§ 94 Deckungsvorsorge

(1) Der pharmazeutische Unternehmer hat dafür Vorsorge zu treffen, daß er seinen gesetzlichen Verpflichtungen zum Ersatz von Schäden nachkommen kann, die durch die Anwendung eines von ihm in den Verkehr gebrachten, zum Gebrauch bei Menschen bestimmten Arzneimittels entstehen, das der Pflicht zur Zulassung unterliegt oder durch Rechtsverordnung von der Zulassung befreit worden ist (Deckungsvorsorge). Die Deckungsvorsorge muß in Höhe der in § 88 Satz 1 genannten Beträge erbracht werden. Sie kann nur

1. durch eine Haftpflichtversicherung bei einem im Geltungsbereich dieses Gesetzes zum Geschäftsbetrieb befugten Versicherungsunternehmen oder
2. durch eine Freistellungs- oder Gewährleistungsverpflichtung eines inländischen Kreditinstituts oder eines Kreditinstituts eines anderen Mitgliedstaates der Europäischen Gemeinschaften oder eines anderen Vertragsstaates des Abkommens über den Europäischen Wirtschaftsraum

erbracht werden.

(2) Wird die Deckungsvorsorge durch eine Haftpflichtversicherung erbracht, so gelten die §§ 158c bis 158k des Gesetzes über den Versicherungsvertrag vom 30. Mai 1908 (RGBl. S. 263), zuletzt geändert durch das Gesetz vom 30. Juni 1967 (BGBl. I S. 609), sinngemäß.

(3) Durch eine Freistellungs- oder Gewährleistungsverpflichtung eines Kreditinstituts kann die Deckungsvorsorge nur erbracht werden, wenn gewährleistet ist, daß das Kreditinstitut, solange mit seiner Inanspruchnahme gerechnet werden muß, in der Lage sein wird, seine Verpflichtungen im Rahmen der Deckungsvorsorge zu erfüllen. Für die Freistellungs- oder Gewährleistungsverpflichtung gelten die §§ 158c bis 158k des Gesetzes über den Versicherungsvertrag sinngemäß.

(4) Zuständige Stelle im Sinne des § 158c Abs. 2 des Gesetzes über den Versicherungsvertrag ist die für die Durchführung der Überwachung nach § 64 zuständige Behörde.

(5) Die Bundesrepublik Deutschland und die Länder sind zur Deckungsvorsorge gemäß Absatz 1 nicht verpflichtet.

§ 94a Örtliche Zuständigkeit

(1) Für Klagen, die auf Grund des § 84 oder des § 84a Abs.1 erhoben werden, ist auch das Gericht zuständig, in dessen Bezirk der Kläger zur Zeit der Klageerhebung seinen Wohnsitz, in Ermangelung eines solchen seinen gewöhnlichen Aufenthaltsort hat.

(2) Absatz 1 bleibt bei der Ermittlung der internationalen Zuständigkeit der Gerichte eines ausländischen Staates nach § 328 Abs. 1 Nr. 1 der Zivilprozeßordnung außer Betracht.

Siebzehnter Abschnitt: Straf- und Bußgeldvorschriften

§ 95 Strafvorschriften

(1) Mit Freiheitsstrafe bis zu drei Jahren oder mit Geldstrafe wird bestraft, wer

1. entgegen § 5, auch in Verbindung mit § 73 Abs. 4 oder § 73a, Arzneimittel, bei denen begründeter Verdacht auf schädliche Wirkungen besteht, in den Verkehr bringt,
2. einer Rechtsverordnung nach § 6, die das Inverkehrbringen von Arzneimitteln untersagt, zuwiderhandelt, soweit sie für einen bestimmten Tatbestand auf diese Strafvorschrift verweist,

2a. entgegen § 6a Abs. 1 Arzneimittel zu Dopingzwecken im Sport in den Verkehr bringt, verschreibt oder bei anderen anwendet,

3. entgegen § 7 Abs. 1 radioaktive Arzneimittel oder Arzneimittel, bei deren Herstellung ionisierende Strahlen verwendet worden sind, in den Verkehr bringt,
4. entgegen § 43 Abs. 1 Satz 2, Abs. 2 oder 3 Satz 1 mit Arzneimitteln, die nur auf Verschreibung an Verbraucher abgegeben werden dürfen, Handel treibt oder diese Arzneimittel abgibt,
5. Arzneimittel, die nur auf Verschreibung an Verbraucher abgegeben werden dürfen, entgegen § 47 Abs. 1 an andere als dort bezeichnete Personen oder Stellen oder entgegen § 47 Abs. 1a abgibt oder entgegen § 47 Abs. 2 Satz 1 bezieht,

5a. entgegen § 47a Abs. 1 ein dort bezeichnetes Arzneimittel an andere als die dort bezeichneten Einrichtungen abgibt oder in den Verkehr bringt,

6. Arzneimittel, die zur Anwendung bei Tieren bestimmt sind, die der Gewinnung von Lebensmitteln dienen, und nur auf Verschreibung an Verbraucher abgegeben werden dürfen, entgegen § 48 Abs. 1 oder entgegen § 49 Abs. 1 in Verbindung mit einer Rechtsverordnung nach § 49 Abs. 4 ohne Vorlage der erforderlichen Verschreibung abgibt,
7. Fütterungsarzneimittel entgegen § 56 Abs. 1 ohne die erforderliche Verschreibung an Tierhalter abgibt,
8. entgegen § 56a Abs. 1 Arzneimittel, die nur auf Verschreibung an Verbraucher abgegeben werden dürfen, verschreibt, abgibt oder anwendet,
9. Arzneimittel, die nur auf Verschreibung an Verbraucher abgegeben werden dürfen, entgegen § 57 Abs. 1 erwirbt,
10. entgegen § 58 Abs. 1 Satz 1 Arzneimittel, die nur auf Verschreibung an Verbraucher abgegeben werden dürfen, bei Tieren anwendet, die der Gewinnung von Lebensmitteln dienen oder
11. entgegen Artikel 5 Abs. 2 der Verordnung (EWG) Nr. 2377/90 einen Stoff einem dort genannten Tier verabreicht.

(2) Der Versuch ist strafbar.

(3) In besonders schweren Fällen ist die Strafe Freiheitsstrafe von einem Jahr bis zu zehn Jahren. Ein besonders schwerer Fall liegt in der Regel vor, wenn der Täter durch eine der in Absatz 1 bezeichneten Handlungen

1. die Gesundheit einer großen Zahl von Menschen gefährdet,
2. einen anderen in die Gefahr des Todes oder einer schweren Schädigung an Körper oder Gesundheit bringt,
3. aus grobem Eigennutz für sich oder einen anderen Vermögensvorteile großen Ausmaßes erlangt oder
4. im Falle des Absatzes 1 Nr. 2a Arzneimittel zu Dopingzwecken im Sport an Personen unter 18 Jahren abgibt oder bei diesen Personen anwendet.

(4) Handelt der Täter in den Fällen des Absatzes 1 fahrlässig, so ist die Strafe Freiheitsstrafe bis zu einem Jahr oder Geldstrafe.

§ 96 Strafvorschriften

Mit Freiheitsstrafe bis zu einem Jahr oder mit Geldstrafe wird bestraft, wer

1. einer Rechtsverordnung nach § 6, die die Verwendung bestimmter Stoffe, Zubereitungen aus Stoffen oder Gegenständen bei der Herstellung von Arzneimitteln vorschreibt, beschränkt oder verbietet, zuwiderhandelt, soweit sie für einen bestimmten Tatbestand auf diese Strafvorschrift verweist,
2. entgegen § 8 Abs. 1 Nr. 1, auch in Verbindung mit § 73 Abs. 4 oder § 73a, Arzneimittel herstellt oder in den Verkehr bringt, die in ihrer Qualität nicht unerheblich von den anerkannten pharmazeutischen Regeln abweichen,
3. entgegen § 8 Abs. 1 Nr. 2, auch in Verbindung mit § 73 Abs. 4 oder § 73a, Arzneimittel herstellt oder in den Verkehr bringt, die mit irreführender Bezeichnung, Angabe oder Aufmachung versehen sind,
4. Arzneimittel im Sinne des § 2 Abs. 1 oder Abs. 2 Nr. 1, Testsera oder Testantigene oder Wirkstoffe, die menschlicher oder tierischer Herkunft sind oder auf gentechnischem Wege hergestellt werden, entgegen § 13 Abs. 1 ohne Erlaubnis herstellt oder ohne die nach § 72 erforderliche Erlaubnis oder ohne die nach § 72a erforderliche Bestätigung oder Bescheinigung aus Ländern, die nicht Mitgliedstaaten der Europäischen Gemeinschaften oder andere Vertragsstaaten des Abkommens über den Europäischen Wirtschaftsraum sind, in den Geltungsbereich dieses Gesetzes verbringt,
5. entgegen § 21 Abs. 1 Fertigarzneimittel oder Arzneimittel, die zur Anwendung bei Tieren bestimmt sind, oder in einer Rechtsverordnung nach § 35 Abs. 1 Nr. 2 oder § 60 Abs. 3 bezeichnete Arzneimittel ohne Zulassung oder ohne Genehmigung der Kommission der Europäischen Gemeinschaften oder des Rates der Europäischen Union in den Verkehr bringt,
6. eine nach § 22 Abs. 1 Nr. 3, 5 bis 9, 11, 12, 14 oder 15, Abs. 3b oder 3c Satz 1 oder § 23 Abs. 2 Satz 2 oder 3 erforderliche Angabe nicht vollständig oder nicht richtig macht oder eine nach § 22 Abs. 2 oder 3, § 23 Abs. 1, Abs. 2 Satz 2 oder 3, Abs. 3, auch in Verbindung mit § 38 Abs. 2, erforderliche Unterlage oder durch vollziehbare Anordnung nach § 28 Abs. 3, 3a, 3c Satz 1 Nr. 2 oder Abs. 3d geforderte Unterlage nicht vollständig oder mit nicht richtigem Inhalt vorlegt,
7. entgegen § 30 Abs. 4 Satz 1 Nr. 1, auch in Verbindung mit einer Rechtsverordnung nach § 35 Abs. 1 Nr. 2, ein Arzneimittel in den Verkehr bringt,
8. entgegen § 32 Abs. 1 Satz 1, auch in Verbindung mit einer Rechtsverordnung nach § 35 Abs. 1 Nr. 3, eine Charge ohne Freigabe in den Verkehr bringt,
9. entgegen § 38 Abs. 1 Satz 1 Fertigarzneimittel als homöopathische Arzneimittel ohne Registrierung in den Verkehr bringt,
10. entgegen einer Vorschrift des § 40 Abs. 1 Nr. 1, 2, 3, 4, 5 oder 8, Abs. 4 oder des § 41 Nr. 1, jeweils auch in Verbindung mit § 73 Abs. 4, die klinische Prüfung eines Arzneimittels durchführt,

10a. entgegen § 47a Abs. 1 Satz 1 ein dort bezeichnetes Arzneimittel ohne Verschreibung abgibt, wenn die Tat nicht nach § 95 Abs. 1 Nr. 5a mit Strafe bedroht ist,

11. entgegen § 48 Abs. 1 oder entgegen § 49 Abs. 1 in Verbindung mit einer Rechtsverordnung nach § 49 Abs. 4, jeweils auch in Verbindung mit § 73 Abs. 4, ohne Vorlage der erforderlichen Verschreibung Arzneimittel abgibt, wenn die Tat nicht in § 95 Abs. 1 Nr. 6 mit Strafe bedroht ist,

11a. entgegen § 56a Abs. 4 Arzneimittel verschreibt oder abgibt,

11b. entgegen § 57 Abs. 1a Satz 1 in Verbindung mit einer Rechtsverordnung nach § 56a Abs. 3 Satz 1 Nr. 2 ein dort bezeichnetes Arzneimittel in Besitz hat,

12. entgegen § 59 Abs. 2 Lebensmittel gewinnt, bei denen mit Rückständen der angewendeten Arzneimittel oder ihrer Umwandlungsprodukte zu rechnen ist,

13. entgegen § 59a Abs. 1 oder 2 Stoffe oder Zubereitungen aus Stoffen erwirbt, anbietet, lagert, verpackt, mit sich führt oder in den Verkehr bringt,

14. ein zum Gebrauch bei Menschen bestimmtes Arzneimittel in den Verkehr bringt, obwohl die nach § 94 erforderliche Haftpflichtversicherung oder Freistellungs- oder Gewährleistungsverpflichtung nicht oder nicht mehr besteht,

15. entgegen Artikel 6 Abs. 1 der Verordnung (EWG) Nr. 2309/93 in Verbindung mit Artikel 4 Abs. 2 Nr. 3 bis 5, 7 oder 8 der Richtlinie 65/65/EWG des Rates vom 26. Januar 1965 zur Angleichung der Rechts- und Verwaltungsvorschriften über Arzneimittel (ABl. EG S. 369), diese zuletzt geändert durch Artikel 1 der Richtlinie 93/39/EWG des Rates vom 14. Juni 1993 zur Änderung der Richtlinien 65/65/EWG, 75/318/EWG und 75/319/EWG betreffend Arzneimittel (ABl. EG Nr. L 214 S. 22), eine Angabe oder eine Unterlage nicht richtig oder nicht vollständig beifügt oder

16. entgegen Artikel 28 Abs. 1 der Verordnung (EWG) Nr. 2309/93 in Verbindung mit Artikel 5 Abs. 2 Nr. 3 bis 5, 8, 9 oder 10 der Richtlinie 81/851/EWG des Rates vom 28. September 1981 zur Angleichung der Rechtsvorschriften der Mitgliedstaaten über Tierarzneimittel (ABl. EG Nr. L 317 S. 1), diese zuletzt geändert durch Artikel 1 der Richtlinie 93/40/EWG des Rates vom 14. Juni 1993 zur Änderung der Richtlinien 81/851/EWG und 81/852/EWG zur Angleichung der Rechtsvorschriften der Mitgliedstaaten über Tierarzneimittel (ABl. EG Nr. L 214 S. 31), eine Angabe oder eine Unterlage nicht richtig oder nicht vollständig beifügt.

§ 97 Bußgeldvorschriften

(1) Ordnungswidrig handelt, wer eine der in § 96 bezeichneten Handlungen fahrlässig begeht

(2) Ordnungswidrig handelt auch, wer vorsätzlich oder fahrlässig

1. entgegen § 8 Abs. 2, auch in Verbindung mit § 73 Abs. 4, Arzneimittel in den Verkehr bringt, deren Verfalldatum abgelaufen ist,
2. entgegen § 9 Abs. 1 Arzneimittel, die nicht den Namen oder die Firma des pharmazeutischen Unternehmers tragen, in den Verkehr bringt,
3. entgegen § 9 Abs. 2 Arzneimittel in den Verkehr bringt, ohne seinen Sitz im Geltungsbereich dieses Gesetzes oder in einem anderen Mitgliedstaat der Europäischen Gemeinschaften oder in einem anderen Vertragsstaat des Abkommens über den Europäischen Wirtschaftsraum zu haben,
4. entgegen § 10, auch in Verbindung mit § 109 Abs. 1 Satz 1 oder einer Rechtsverordnung nach § 12 Abs. 1 Nr. 1, Arzneimittel ohne die vorgeschriebene Kennzeichnung in den Verkehr bringt,
5. entgegen § 11 Abs. 1 Satz 1 oder 3, Abs. 2, 2a, 3 Satz 1, 2 oder 4, Abs.3a, 4 Satz 1, 2 oder 4, Abs. 5 Satz 2 oder Abs. 6 Satz 2, jeweils auch in Verbindung mit einer Rechtsverordnung nach § 12 Abs. 1 Nr. 1, Arzneimittel ohne die vorgeschriebene Packungsbeilage in den Verkehr bringt,
6. einer vollziehbaren Anordnung nach § 18 Abs. 2 zuwiderhandelt,
7. eine Anzeige nach § 20, nach § 29 Abs. 1, auch in Verbindung mit § 63a Abs. 1 Satz 3, oder nach § 67 Abs. 1, auch in Verbindung mit § 69a, Abs. 2, 3, 5 oder 6 nicht, nicht richtig, nicht vollständig oder nicht rechtzeitig erstattet,
8. entgegen § 30 Abs. 4 Satz 1 Nr. 2 oder § 73 Abs. 1 oder 1a Arzneimittel in den Geltungsbereich dieses Gesetzes verbringt,
9. entgegen einer Vorschrift des § 40 Abs. 1 Nr. 6 oder 7, auch in Verbindung mit § 73 Abs. 4, eine klinische Prüfung eines Arzneimittels durchführt,
10. entgegen § 43 Abs. 1, 2 oder 3 Satz 1 Arzneimittel berufs- oder gewerbsmäßig in den Verkehr bringt oder mit Arzneimitteln, die ohne Verschreibung an Verbraucher abgegeben werden dürfen, Handel treibt oder diese Arzneimittel abgibt,

11. entgegen § 43 Abs. 5 Satz 1 zur Anwendung bei Tieren bestimmte Arzneimittel, die für den Verkehr außerhalb der Apotheken nicht freigegeben sind, in nicht vorschriftsmäßiger Weise abgibt,
12. Arzneimittel, die ohne Verschreibung an Verbraucher abgegeben werden dürfen, entgegen § 47 Abs. 1 an andere als dort bezeichnete Personen oder Stellen oder entgegen § 47 Abs. 1a abgibt oder entgegen § 47 Abs. 2 Satz 1 bezieht,

12a. entgegen § 47 Abs. 4 Satz 1 Muster ohne schriftliche Anforderung, in einer anderen als der kleinsten Packungsgröße oder über die zulässige Menge hinaus abgibt oder abgeben läßt,

13. die in § 47 Abs. 1b oder Abs. 4 Satz 3 oder in § 47a Abs. 2 Satz 2 vorgeschriebenen Nachweise nicht oder nicht richtig führt, oder der zuständigen Behörde auf Verlangen nicht vorlegt,

13a. entgegen § 47a Abs. 2 Satz 1 ein dort bezeichnetes Arzneimittel ohne die vorgeschriebene Kennzeichnung abgibt,

14. entgegen § 50 Abs. 1 Einzelhandel mit Arzneimitteln betreibt,
15. entgegen § 51 Abs. 1 Arzneimittel im Reisegewerbe feilbietet oder Bestellungen darauf aufsucht,
16. entgegen § 52 Abs. 1 Arzneimittel im Wege der Selbstbedienung in den Verkehr bringt,
17. entgegen § 55 Abs. 8 Satz 1 oder 2 Arzneimittel zur Abgabe an den Verbraucher im Geltungsbereich dieses Gesetzes in den Verkehr bringt,
18. entgegen § 56 Abs. 2 Satz 1, Abs. 3 oder 4 Satz 1 oder 2 Fütterungsarzneimittel herstellt,
19. Fütterungsarzneimittel nicht nach § 56 Abs. 4 Satz 3 kennzeichnet,
20. entgegen § 56 Abs. 5 Satz 1 ein Fütterungsarzneimittel verschreibt,
21. entgegen § 56a Abs. 1 Arzneimittel, die ohne Verschreibung an Verbraucher abgegeben werden dürfen, verschreibt, abgibt oder anwendet,
22. Arzneimittel, die ohne Verschreibung an Verbraucher abgegeben werden dürfen, entgegen § 57 Abs. 1 erwirbt,
23. entgegen § 58 Abs. 1 Satz 2 Arzneimittel bei Tieren anwendet, die der Gewinnung von Lebensmitteln dienen,
24. einer Aufzeichnungs- oder Vorlagepflicht nach § 59 Abs. 4 zuwiderhandelt,

24a. entgegen § 59b die im Rückstandsnachweisverfahren nach § 23 Abs. 1 Nr. 2 nachzuweisenden Stoffe und die für die Durchführung eines Rückstandsnachweisverfahrens erforderlichen Stoffe nicht vorrätig hält oder auf Anforderung nicht überläßt,

24b. entgegen § 59c Satz 1, auch in Verbindung mit Satz 2, einen dort bezeichneten Nachweis nicht, nicht richtig oder nicht vollständig führt, nicht oder nicht mindestens drei Jahre aufbewahrt oder nicht oder nicht rechtzeitig vorlegt,

24c. entgegen § 63a Abs. 1 Satz 1 einen Stufenplanbeauftragten nicht beauftragt oder entgegen § 63a Abs. 3 eine Mitteilung nicht, nicht vollständig oder nicht rechtzeitig erstattet,

24d. entgegen § 63a Abs. 1 Satz 5 eine Tätigkeit als Stufenplanbeauftragter ausübt,

25. einer vollziehbaren Anordnung nach § 64 Abs. 4 Nr. 4, auch in Verbindung mit § 69a, zuwiderhandelt,
26. einer Duldungs- oder Mitwirkungspflicht nach § 66, auch in Verbindung mit § 69a, zuwiderhandelt,
27. entgegen einer vollziehbaren Anordnung nach § 74 Abs. 1 Satz 2 Nr. 3 eine Sendung nicht vorführt,

27a. entgegen § 74a Abs. 1 Satz 1 einen Informationsbeauftragten nicht beauftragt oder entgegen § 74a Abs. 3 eine Mitteilung nicht, nicht vollständig oder nicht rechtzeitig erstattet,

27b. entgegen § 74a Abs. 1 Satz 4 eine Tätigkeit als Informationsbeauftragter ausübt,

28. entgegen § 75 Abs. 1 Satz 1 eine Person als Pharmaberater beauftragt,
29. entgegen § 75 Abs. 1 Satz 3 eine Tätigkeit als Pharmaberater ausübt,
30. einer Aufzeichnungs-, Mitteilungs- oder Nachweispflicht nach § 76 Abs. 1 Satz 2 oder Abs. 2 zuwiderhandelt,

30a. entgegen § 109 Abs. 1 Satz 2 ein Fertigarzneimittel in den Verkehr bringt,

31. einer Rechtsverordnung nach § 7 Abs. 2 Satz 2, § 12 Abs. 1 Nr. 3 Buchstabe a, § 40 Abs. 5, § 54 Abs. 1, § 56a Abs. 3, § 57 Abs. 2, § 58 Abs. 2 oder § 74 Abs. 2 zuwiderhandelt, soweit sie für einen bestimmten Tatbestand auf diese Bußgeldvorschrift verweist,

32. entgegen Artikel 15 Abs. 2 oder Artikel 37 Abs. 2 der Verordnung (EWG) Nr. 2309/93, jeweils in Verbindung mit § 29 Abs. 4 Satz 2, die Europäische Agentur für die Beurteilung von Arzneimitteln oder die zuständige Bundesoberbehörde über etwaige neue Informationen nicht, nicht richtig, nicht vollständig oder nicht rechtzeitig unterrichtet,
33. entgegen Artikel 22 Abs. 1 Unterabs. 1 oder 2 oder Artikel 44 Abs. 1 Unterabs. 1 oder 2 der Verordnung (EWG) Nr. 2309/93, jeweils in Verbindung mit § 29 Abs. 4 Satz 2, nicht sicherstellt, daß der zuständigen Bundesoberbehörde oder der Europäischen Agentur für die Beurteilung von Arzneimitteln eine dort bezeichnete Nebenwirkung mitgeteilt wird,
34. entgegen Artikel 22 Abs. 2 Satz 1 oder Artikel 44 Abs. 2 Satz 1 der Verordnung (EWG) Nr. 2309/93 eine dort bezeichnete Unterlage nicht, nicht richtig oder nicht vollständig führt oder
35. entgegen Artikel 1 der Verordnung (EG) Nr. 540/95 in Verbindung mit § 29 Abs. 4 Satz 2 nicht sicherstellt, daß der Europäischen Agentur für die Beurteilung von Arzneimitteln und der zuständigen Bundesoberbehörde eine dort bezeichnete Nebenwirkung mitgeteilt wird.

(3) Die Ordnungswidrigkeit kann mit einer Geldbuße bis zu 25 000 Euro geahndet werden.

(4) Verwaltungsbehörde im Sinne des § 36 Abs. 1 Nr. 1 des Gesetzes über Ordnungswidrigkeiten ist in den Fällen des Absatzes 1 in Verbindung mit § 96 Nr. 6, 15 und 16, des Absatzes 2 Nr. 7 in Verbindung mit § 29 Abs. 1 und des Absatzes 2 Nr. 32 bis 35 die nach § 77 zuständige Bundesoberbehörde.

§ 98 Einziehung

Gegenstände, auf die sich eine Straftat nach § 95 oder § 96 oder eine Ordnungswidrigkeit nach § 97 bezieht, können eingezogen werden. § 74a des Strafgesetzbuches und § 23 des Gesetzes über Ordnungswidrigkeiten sind anzuwenden.

Achtzehnter Abschnitt: Überleitungs- und Übergangsvorschriften

Erster Unterabschnitt
Überleitungsvorschriften aus Anlaß des Gesetzes zur Neuordnung des Arzneimittelrechts

§ 99 Arzneimittelgesetz 1961

Arzneimittelgesetz 1961 im Sinne dieses Gesetzes ist das Gesetz über den Verkehr mit Arzneimitteln vom 16. Mai 1961 (BGBl. I S. 533), zuletzt geändert durch das Gesetz vom 2. Juli 1975 (BGBl. I S. 1745).

§ 100

(1) Eine Erlaubnis, die nach § 12 Abs. 1 oder § 19 Abs. 1 des Arzneimittelgesetzes 1961 erteilt worden ist und am 1. Januar 1978 rechtsgültig bestand, gilt im bisherigen Umfange als Erlaubnis im Sinne des § 13 Abs. 1 Satz 1 fort.

(2) Eine Erlaubnis, die nach § 53 Abs. 1 oder § 56 des Arzneimittelgesetzes 1961 als erteilt gilt und am 1. Januar 1978 rechtsgültig bestand, gilt im bisherigen Umfange als Erlaubnis nach § 13 Abs. 1 Satz 1 fort.

(3) War die Herstellung von Arzneimitteln nach dem Arzneimittelgesetz 1961 von einer Erlaubnis nicht abhängig, bedarf sie jedoch nach § 13 Abs. 1 Satz 1 einer Erlaubnis, so gilt diese demjenigen als erteilt, der die Tätigkeit der Herstellung von Arzneimitteln am 1. Januar 1978 seit mindestens drei Jahren befugt ausübt, jedoch nur, soweit die Herstellung auf bisher hergestellte oder nach der Zusammensetzung gleichartige Arzneimittel beschränkt bleibt.

§ 101

(weggefallen)

§ 102

(1) Wer am 1. Januar 1978 die Tätigkeit des Herstellungsleiters befugt ausübt, darf diese Tätigkeit im bisherigen Umfang weiter ausüben.

(2) Wer am 1. Januar 1978 die Sachkenntnis nach § 14 Abs. 1 des Arzneimittelgesetzes 1961 besitzt und die Tätigkeit als Herstellungsleiter nicht ausübt, darf die Tätigkeit als Herstellungsleiter ausüben, wenn er eine zweijährige Tätigkeit in der Arzneimittelherstellung nachweisen kann. Liegt die praktische Tätigkeit vor dem 10. Juni 1965, ist vor Aufnahme der Tätigkeit ein weiteres Jahr praktischer Tätigkeit nachzuweisen.

(3) Wer vor dem 10. Juni 1975 ein Hochschulstudium nach § 15 Abs. 1 begonnen hat, erwirbt die Sachkenntnis als Herstellungsleiter, wenn er bis zum 10. Juni 1985 das Hochschulstudium beendet und mindestens zwei Jahre lang eine Tätigkeit nach § 15 Abs. 1 und 3 ausgeübt hat. Absatz 2 bleibt unberührt.

(4) Die Absätze 2 und 3 gelten entsprechend für eine Person, die die Tätigkeit als Kontrolleiter ausüben will.

§ 102a
(weggefallen)

§ 103

(1) Für Arzneimittel, die nach § 19a oder nach § 19d in Verbindung mit § 19a des Arzneimittelgesetzes 1961 am 1. Januar 1978 zugelassen sind oder für die am 1. Januar 1978 eine Zulassung nach Artikel 4 Abs. 1 des Gesetzes über die Errichtung eines Bundesamtes für Sera und Impfstoffe vom 7. Juli 1972 (BGBl. I S. 1163) als erteilt gilt, gilt eine Zulassung nach § 25 als erteilt. Auf die Zulassung finden die §§ 28 bis 31 entsprechende Anwendung.

(2) (weggefallen)

§ 104
(weggefallen)

§ 105

(1) Fertigarzneimittel, die Arzneimittel im Sinne des § 2 Abs. 1 oder Abs. 2 Nr. 1 sind und sich am 1. Januar 1978 im Verkehr befinden, gelten als zugelassen, wenn sie sich am 1. September 1976 im Verkehr befinden oder auf Grund eines Antrags, der bis zu diesem Zeitpunkt gestellt ist, in das Spezialitätenregister nach dem Arzneimittelgesetz 1961 eingetragen werden.

(2) Fertigarzneimittel nach Absatz 1 müssen innerhalb einer Frist von sechs Monaten seit dem 1. Januar 1978 der zuständigen Bundesoberbehörde unter Mitteilung der Bezeichnung der wirksamen Bestandteile nach Art und Menge und der Anwendungsgebiete angezeigt werden. Bei der Anzeige homöopathischer Arzneimittel kann die Mitteilung der Anwendungsgebiete entfallen. Eine Ausfertigung der Anzeige ist der zuständigen Behörde unter Mitteilung der vorgeschriebenen Angaben zu übersenden. Die Fertigarzneimittel dürfen nur weiter in den Verkehr gebracht werden, wenn die Anzeige fristgerecht eingeht.

(3) Die Zulassung eines nach Absatz 2 fristgerecht angezeigten Arzneimittels erlischt abweichend von § 31 Abs. 1 Nr. 3 am 30. April 1990, es sei denn, daß ein Antrag auf Verlängerung der Zulassung oder auf Registrierung vor dem Zeitpunkt des Erlöschens gestellt wird, oder das Arzneimittel durch Rechtsverordnung von der Zulassung oder von der Registrierung freigestellt ist. § 31 Abs. 4 Satz 1 findet auf die Zulassung nach Satz 1 Anwendung, sofern die Erklärung nach § 31 Abs. 1 Satz 1 Nr. 2 bis zum 31.01.2001 abgegeben wird.

(3a) Bei Fertigarzneimitteln nach Absatz 1 ist bis zur erstmaligen Verlängerung der Zulassung eine Änderung nach § 29 Abs. 2a Satz 1 Nr. 1, soweit sie die Anwendungsgebiete betrifft, und Nr. 3 nur dann zulässig, sofern sie zur Behebung der von der zuständigen Bundesoberbehörde dem Antragsteller mitgeteilten Mängel bei der Wirksamkeit oder Unbedenklichkeit erforderlich ist; im Übrigen findet auf Fertigarzneimittel nach Absatz 1 bis zur erstmaligen Verlängerung der Zulassung § 29 Abs. 2a Satz 1 Nr. 1, 2 und 5 keine Anwendung. Ein Fertigarzneimittel nach Absatz 1, das nach einer im Homöopathischen Teil des Arzneibuches beschriebenen Verfahrenstechnik hergestellt ist, darf bis zur erstmaligen Verlängerung der Zulassung abweichend von § 29 Abs. 3

1. in geänderter Zusammensetzung der arzneilich wirksamen Bestandteile nach Art und Menge, wenn die Änderung sich darauf beschränkt, daß ein oder mehrere bislang enthaltene arzneilich wirksame Bestandteile nach der Änderung nicht mehr oder in geringerer Menge enthalten sind,
2. mit geänderter Menge des arzneilich wirksamen Bestandteils und innerhalb des bisherigen Anwendungsbereiches mit geänderter Indikation, wenn das Arzneimittel insgesamt dem nach § 25 Abs. 7 Satz 1 in der vor dem 17. August 1994 geltenden Fassung bekanntgemachten Ergebnis angepaßt wird,
3. (gestrichen)
4. mit geänderter Menge der arzneilich wirksamen Bestandteile, soweit es sich um ein Arzneimittel mit mehreren wirksamen Bestandteilen handelt, deren Anzahl verringert worden ist, oder
5. mit geänderter Art oder Menge der arzneilich wirksamen Bestandteile ohne Erhöhung ihrer Anzahl innerhalb des gleichen Anwendungsbereichs und der gleichen Therapierichtung, wenn das Arzneimittel insgesamt einem nach § 25 Abs. 7 Satz 1 in der vor dem 17. August 1994 geltenden Fassung bekanntgemachten Ergebnis oder einem vom Bundesinstitut für Arzneimittel und Medizinprodukte vorgelegten Muster für ein Arzneimittel angepaßt und das Arzneimittel durch die Anpassung nicht verschreibungspflichtig wird,

in den Verkehr gebracht werden; eine Änderung ist nur dann zulässig sofern sie zur Behebung der von der zuständigen Bundesoberbehörde dem Antragsteller mitgeteilten Mängel bei der Wirksamkeit oder Unbedenklichkeit erforderlich ist. Der pharmazeutische Unternehmer hat die Änderung anzuzeigen und im Falle einer Änderung der Zusammensetzung die bisherige Bezeichnung des Arzneimittels mindestens für die Dauer von fünf Jahren mit einem deutlich unterscheidenden Zusatz, der Verwechslungen mit der bisherigen Bezeichnung ausschließt, zu versehen. Nach einer Frist von sechs Monaten nach der Anzeige darf der pharmazeutische Unternehmer das Arzneimittel nur noch in der geänderten Form in den Verkehr bringen. Hat die zuständige Bundesoberbehörde für bestimmte Arzneimittel durch Auflage nach § 28 Abs. 2 Nr. 3 die Verwendung einer Packungsbeilage mit einheitlichem Wortlaut vorgeschrieben, darf das Arzneimittel bei Änderungen nach Satz 2 Nr. 2 abweichend von § 109 Abs. 2 nur mit einer Packungsbeilage nach § 11 in den Verkehr gebracht werden.

(4) Dem Antrag auf Verlängerung der Zulassung sind abweichend von § 31 Abs. 2 die Unterlagen nach § 22 Abs. 1 Nr. 1 bis 6 beizufügen. Den Zeitpunkt der Einreichung der Unterlagen nach § 22 Abs. 1 Nr. 7 bis 15, Abs. 2 Nr. 1 und Abs. 3a , bei Arzneimittel-Vormischungen zusätzlich die Unterlagen nach § 23 Abs. 2 Satz 1 und 2 sowie das analytische Gutachten nach § 24 Abs. 1 bestimmt die zuständige Bundesoberbehörde im einzelnen. Auf Anforderung der zuständigen Bundesoberbehörde sind ferner Unterlagen einzureichen, die die ausreichende biologische Verfügbarkeit der arzneilich wirksamen Bestandteile des Arzneimittels belegen, sofern das nach dem jeweiligen Stand der wissenschaftlichen Erkenntnisse erforderlich ist. Ein bewertendes Sachverständigengutachten ist beizufügen. § 22 Abs. 2 Satz 2 und Abs. 4 bis 7 und § 23 Abs. 3 finden entsprechende Anwendung. Die Unterlagen nach den Sätzen 2 bis 5 sind innerhalb von vier Monaten nach Anforderung der zuständigen Bundesoberbehörde einzureichen.

(4a) Zu dem Antrag auf Verlängerung der Zulassung nach Absatz 3 sind die Unterlagen nach § 22 Abs. 2 Nr. 2 und 3 sowie die Gutachten nach § 24 Abs. 1 Satz 2 Nr. 2 und 3 bis zum 1. Februar 2001 nachzureichen, soweit diese Unterlagen nicht bereits vom Antragsteller vorgelegt worden sind; § 22 Abs. 3 findet entsprechende Anwendung. Satz 1 findet keine Anwendung auf Arzneimittel, die nach einer im Homöopathischen Teil des Arzneibuches beschriebenen Verfahrenstechnik hergestellt sind. Für Vollblut, Plasma und Blutzellen menschlichen Ursprungs bedarf es abweichend von Satz 1 nicht der Unterlagen nach § 22 Abs. 2 Nr. 2 sowie des Gutachtens nach § 24 Abs. 1 Satz 2 Nr. 2, es sei denn, daß darin Stoffen enthalten sind, die nicht im menschlichen Körper vorkommen. Ausgenommen in den Fällen des § 109a erlischt die Zulassung, wenn die in den Sätzen 1 bis 3 genannten Unterlagen nicht fristgerecht eingereicht worden sind.

(4b) Bei der Vorlage der Unterlagen nach § 22 Abs. 2 Nr. 2 kann bei Tierarzneimitteln, die pharmakologisch wirksame Bestandteile* enthalten, die nach der Verordnung (EWG) Nr. 2377/90 geprüft und in einen von deren Anhängen I bis III aufgenommen worden sind, auf die nach deren Anhang V eingereichten Unterlagen Bezug genommen werden, soweit ein Tierarzneimittel mit diesem pharmakologisch wirksamen Bestandteil bereits in einem Mitgliedstaat der Europäischen Gemeinschaften zugelassen ist und die Voraussetzungen für eine Bezugnahme nach § 24a erfüllt sind.

(4c) Ist das Arzneimittel nach Absatz 3 bereits in einem anderen Mitgliedstaat der Europäischen Union oder anderen Vertragsstaat des Abkommens über den Europäischen Wirtschaftsraum entsprechend der Richtlinie 65/65/EWG oder der Richtlinie 81/851/EWG zugelassen, ist die Verlängerung der Zulassung zu erteilen, wenn

1. sich das Arzneimitteln in dem anderen Mitgliedstaat im Verkehr befindet und
2. der Antragsteller
   a) alle in § 22 Abs. 6 vorgesehenen Angaben macht und die danach erforderlichen Kopien beifügt und
   b) schriftlich erklärt, daß die eingereichten Unterlagen nach den Absätzen 4 und 4a mit den Zulassungsunterlagen übereinstimmen, auf denen die Zulassung in dem anderen Mitgliedstaat beruht,

es sei denn, daß die Verlängerung der Zulassung des Arzneimittels eine Gefahr für die öffentliche Gesundheit, bei Arzneimitteln zur Anwendung bei Tieren eine Gefahr für die Gesundheit von Mensch oder Tier oder für die Umwelt, darstellen kann.

(4d) Dem Antrag auf Registrierung sind abweichend von § 38 Abs. 2 die Unterlagen nach § 22 Abs. 1 Nr. 1 bis 4 beizufügen. Die Unterlagen nach § 22 Abs. 1 Nr. 7 bis 15 und Abs. 2 Nr. 1 sowie das analytische Gutachten nach § 24 Abs. 1 sind der zuständigen Bundesoberbehörde auf Anforderung einzureichen. § 22 Abs. 4 bis 7 mit Ausnahme des Entwurfs einer Fachinformation finden entsprechende Anwendung. Die Unterlagen nach den Sätzen 2 und 3 sind innerhalb von zwei Monaten nach Anforderung der zuständigen Bundesoberbehörde einzureichen.

(4e) Für die Entscheidung über den Antrag auf Verlängerung der Zulassung oder Registrierung nach Absatz 3 Satz 1 finden § 25 Abs. 5 Satz 5 und § 39 Abs. 1 Satz 2 entsprechende Anwendung.

(4f) Die Zulassung nach Absatz 1 ist auf Antrag nach Absatz 3 Satz 1 um fünf Jahre zu verlängern, wenn kein Versagungsgrund nach § 25 Abs. 2 vorliegt; für weitere Verlängerungen findet § 31 Anwendung. Die Besonderheiten einer bestimmten Therapierichtung (Phytotherapie, Homöopathie, Anthroposophie) sind zu berücksichtigen.

(4g) Bei Arzneimitteln, die Blutzubereitungen sind, findet § 25 Abs. 8 entsprechende Anwendung.

(5) Bei Beanstandungen hat der Antragsteller innerhalb einer angemessenen Frist, jedoch höchstens innerhalb von zwölf Monaten nach Mitteilung der Beanstandungen den Mängeln abzuhelfen; die Mängelbeseitigung ist in einem Schriftsatz darzulegen. Wird den Mängeln nicht innerhalb dieser Frist abgeholfen, so ist die Zulassung zu versagen. Nach einer Entscheidung über die Versagung der Zulassung ist das Einreichen von Unterlagen zur Mängelbeseitigung ausgeschlossen. Die zuständige Bundesbehörde hat in allen geeigneten Fällen keine Beanstandung nach Satz 1 erster Halbsatz auszusprechen, sondern die Verlängerung der Zulassung auf der Grundlage des Absatzes 5a Satz 1 und 2 mit einer Auflage zu verbinden, mit der dem Antragsteller aufgegeben wird, die Mängel innerhalb einer von ihr nach pflichtgemäßem Ermessen zu bestimmenden Frist zu beheben.

(5a) Die zuständige Bundesoberbehörde kann die Verlängerung der Zulassung nach Absatz 3 Satz 1 mit Auflagen verbinden. Auflagen können neben der Sicherstellung der in § 28 Abs. 2 genannten Anforderungen auch die Gewährleistung von Anforderungen an die Qualität, Unbedenklichkeit und Wirksamkeit zum Inhalt haben, es sei denn, daß wegen gravierender Mängel der pharmazeutischen Qualität, der Wirksamkeit oder der Unbedenklichkeit Beanstandungen nach Absatz 5 mitgeteilt oder die Verlängerung der Zulassung versagt werden muss. Satz 2

*) ergänzt durch die Redaktion

gilt entsprechend für die Anforderung von Unterlagen nach § 23 Abs. 1 Nr. 1. Im Bescheid über die Verlängerung ist anzugeben, ob der Auflage unverzüglich oder bis zu einem von der zuständigen Bundesoberbehörde festgelegten Zeitpunkt entsprochen werden muß. Die Erfüllung der Auflagen ist der zuständigen Bundesoberbehörde unter Beifügung einer eidesstattlichen Erklärung eines unabhängigen Gegensachverständigen mitzuteilen, in der bestätigt wird, daß die Qualität des Arzneimittels dem Stand der wissenschaftlichen Erkenntnisse entspricht. § 25 Abs. 5 Satz 5, 6 und 8 sowie § 30 Abs. 2 Satz 1 Nr. 2 zweite Alternative gelten entsprechend. Die Sätze 1 bis 6 gelten entsprechend für die Registrierung nach Absatz 3 Satz 1.

(5b) Ein Vorverfahren nach § 68 der Verwaltungsgerichtsordnung findet bei Rechtsmitteln gegen die Entscheidung über die Verlängerung der Zulassung nach Absatz 3 Satz 1 nicht statt. Die sofortige Vollziehung soll nach § 80 Abs. 2 Nr. 4 der Verwaltungsgerichtsordnung angeordnet werden, es sei denn, daß die Vollziehung für den pharmazeutischen Unternehmer eine unbillige, nicht durch überwiegende öffentliche Interessen gebotene Härte zur Folge hätte.

(5c) Abweichend von Absatz 3 Satz 1 erlischt die Zulassung eines nach Absatz 2 fristgerecht angezeigten Arzneimittels, für das der pharmazeutische Unternehmer bis zum 31. Dezember 1999 erklärt hat, daß er den Antrag auf Verlängerung der Zulassung nach Absatz 3 Satz 1 zurücknimmt am 1. Februar 2001, es sei denn, das Verfahren zur Verlängerung der Zulassung ist nach Satz 2 wieder aufzugreifen. Hatte der pharmazeutische Unternehmer nach einer vor dem 17. August 1994 ausgesprochenen Anforderung nach Absatz 4 Satz 2 die nach Absatz 4 erforderlichen Unterlagen fristgerecht eingereicht oder lag der Einreichungszeitpunkt für das betreffende Arzneimittel nach diesem Datum oder ist die Anforderung für das betreffende Arzneimittel erst nach diesem Datum ausgesprochen worden, so ist das Verfahren zur Verlängerung der Zulassung von der zuständigen Bundesoberbehörde auf seinen Antrag wieder aufzugreifen; der Antrag ist bis zum 31. Januar 2001 unter Vorlage der Unterlagen nach Absatz 4a Satz 1 zu stellen.

(5d) Absatz 3 Satz 2 und Absätze 3a bis 5c gelten entsprechend für Arzneimittel, für die gemäß § 4 Abs. 2 der EG-Rechtüberleitungsverordnung vom 18. Dezember 1990 (BGBl. I S. 2915) Anlage 3 zu § 2 Nr. 2 Kapitel II Nr. 1 und 2 bis zum 30. Juni 1991 ein Verlängerungsantrag gestellt wurde.

(6) weggefallen

(7) Die Absätze 1 bis 5d gelten auch für zur Anwendung bei Tieren bestimmte Arzneimittel, die keine Fertigarzneimittel sind, soweit sie der Pflicht zur Zulassung oder Registrierung unterliegen und sich am 1. Januar 1978 im Verkehr befinden.

§ 105a

(1) & (2) (weggefallen)

(3) Die zuständige Bundesoberbehörde kann bei Fertigarzneimitteln, die nicht der Verschreibungspflicht nach § 49 unterliegen, zunächst von einer Prüfung der vorgelegten Fachinformation absehen und den pharmazeutischen Unternehmer von den Pflichten nach § 11a und den Pharmaberater von der Pflicht nach § 76 Abs. 1 Satz 1 freistellen, bis der einheitliche Wortlaut einer Fachinformation für entsprechende Arzneimittel durch Auflage nach § 28 Abs. 2 Nr. 3 angeordnet ist.

(4) Die Absätze 1 bis 3 gelten nicht für Arzneimittel, die zur Anwendung bei Tieren bestimmt sind oder die in die Zuständigkeit des Paul-Ehrlich-Instituts fallen.

§ 105b

Der Anspruch auf Zahlung von Kosten, die nach § 33 Abs. 1 in Verbindung mit einer nach § 33 Abs. 2 oder einer nach § 39 Abs. 3 erlassenen Rechtsverordnung für die Verlängerung der Zulassung oder die Registrierung eines

Fertigarzneimittels im Sinne des § 105 Abs. 1 zu erheben sind, verjährt mit Ablauf des vierten Jahres nach der Bekanntgabe der abschließenden Entscheidung über die Verlängerung der Zulassung an den Antragsteller.

§ 106
(weggefallen)

§ 107
(weggefallen)

§ 108
(weggefallen)

§ 108a
Die Charge eines Serums, eines Impfstoffes, eines Testallergens, eines Testserums oder eines Testantigens, die bei Wirksamwerden des Beitritts nach § 16 der Zweiten Durchführungsbestimmung zum Arzneimittelgesetz vom 1. Dezember 1986 (BGBl. I Nr. 36 S. 483) freigegeben ist, gilt in dem in Artikel 3 des Einigungsvertrages genannten Gebiet als freigegeben im Sinne des § 32 Abs. 1 Satz 1. Auf die Freigabe findet § 32 Abs. 5 entsprechende Anwendung.

§ 108b
(weggefallen)

§ 109
(1) Auf Fertigarzneimittel, die Arzneimittel im Sinne des § 2 Abs. 1 oder Abs. 2 Nr. 1 sind und sich am 1. Januar 1978 im Verkehr befunden haben, findet § 10 mit der Maßgabe Anwendung, daß anstelle der in § 10 Abs. 1 Satz 1 Nr. 3 genannten Zulassungsnummer, soweit vorhanden, die Registernummer des Spezialitätenregisters nach dem Arzneimittelgesetz 1961 mit der Abkürzung „Reg.-Nr." tritt. Fertigarzneimittel nach Satz 1 und nach § 105 Abs. 5d dürfen nur in den Verkehr gebracht werden, wenn in die Packungsbeilage nach § 11 der nachstehende Hinweis aufgenommen wird: "Dieses Arzneimittel ist nach den gesetzlichen Übergangsvorschriften im Verkehr. Die behördliche Prüfung auf pharmazeutische Qualität, Wirksamkeit und Unbedenklichkeit ist noch nicht abgeschlossen." Der Hinweis nach Satz 2 ist auch in die Fachinformation nach § 11a, soweit vorhanden, aufzunehmen. Die Sätze 1 bis 4 gelten bis zur ersten Verlängerung der Zulassung oder der Registrierung.

(2) Die Texte für Kennzeichnung und Packungsbeilage sind spätestens bis zum 31. Juli 2001 vorzulegen. Bis zu diesem Zeitpunkt dürfen Arzneimittel nach Absatz 1 Satz 1 vom pharmazeutischen Unternehmer, nach diesem Zeitpunkt weiterhin von Groß- und Einzelhändlern, mit einer Kennzeichnung und Packungsbeilage in den Verkehr gebracht werden, die den bis zu dem in Satz 1 genannten Zeitpunkt geltenden Vorschriften entspricht.

(3) Fertigarzneimittel, die Arzneimittel im Sinne des § 105 Abs. 1 und nach § 44 Abs. 1 oder Abs. 2 Nr. 1 bis 3 oder § 45 für den Verkehr außerhalb der Apotheken freigegeben sind und unter die Buchstaben a bis e fallen, dürfen unbeschadet der Regelungen der Absätze 1 und 2 ab 1. Januar 1992 vom pharmazeutischen Unternehmer nur in den Verkehr gebracht werden, wenn sie auf dem Behältnis und, soweit verwendet, der äußeren Umhüllung und einer Packungsbeilage einen oder mehrere der folgenden Hinweise tragen:
„Traditionell angewendet:
a) zur Stärkung oder Kräftigung,
b) zur Besserung des Befindens,
c) zur Unterstützung der Organfunktion,
d) zur Vorbeugung,
e) als mild wirkendes Arzneimittel."

Satz 1 findet keine Anwendung, soweit sich die Anwendungsgebiete im Rahmen einer Zulassung nach § 25 Abs. 1 oder eines nach § 25 Abs. 7 Satz 1 in der vor dem 17. August 1994 geltenden Fassung bekanntgemachten Ergebnisses halten.

§ 109a

(1) Für die in § 109 Abs. 3 genannten Arzneimittel sowie für Arzneimittel, die nicht verschreibungspflichtig und nicht durch eine Rechtsverordnung auf Grund des § 45 oder des § 46 wegen ihrer Inhaltsstoffe, wegen ihrer Darreichungsform oder weil sie chemische Verbindungen mit bestimmten pharmakologischen Wirkungen sind oder ihnen solche zugesetzt sind, vom Verkehr außerhalb der Apotheken ausgeschlossen sind, kann die Verlängerung der Zulassung nach § 105 Abs. 3 und sodann nach § 31 nach Maßgabe der Absätze 2 und 3 erteilt werden.

(2) Die Anforderungen an die erforderliche Qualität sind erfüllt, wenn die Unterlagen nach § 22 Abs. 2 Nr. 1 sowie das analytische Gutachten nach § 24 Abs. 1 vorliegen und von seiten des pharmazeutischen Unternehmers eidesstattlich versichert wird, daß das Arzneimittel nach Maßgabe der allgemeinen Verwaltungsvorschrift nach § 26 geprüft ist und die erforderliche pharmazeutische Qualität aufweist. Form und Inhalt der eidesstattlichen Versicherung werden durch die zuständige Bundesoberbehörde festgelegt.

(3) Die Anforderungen an die Wirksamkeit sind erfüllt, wenn das Arzneimittel Anwendungsgebiete beansprucht, die in einer von der zuständigen Bundesoberbehörde nach Anhörung von einer vom Bundesministerium berufenen Kommission, für die § 25 Abs. 6 Satz 4 bis 6 entsprechende Anwendung findet, erstellten Aufstellung der Anwendungsgebiete für Stoffe oder Stoffkombinationen anerkannt sind. Diese Anwendungsgebiete werden unter Berücksichtigung der Besonderheiten der Arzneimittel und der tradierten und dokumentierten Erfahrung festgelegt und erhalten den Zusatz: „Traditionell angewendet". Solche Anwendungsgebiete sind: „Zur Stärkung oder Kräftigung des...", „Zur Besserung des Befindens...", „Zur Unterstützung der Organfunktion des...", „Zur Vorbeugung gegen...", „Als mild wirkendes Arzneimittel bei...". Anwendungsgebiete, die zur Folge haben, daß das Arzneimittel vom Verkehr außerhalb der Apotheken ausgeschlossen ist, dürfen nicht anerkannt werden.

(4) Die Absätze 1 bis 3 finden nur dann Anwendung, wenn Unterlagen nach § 105 Abs. 4a nicht eingereicht worden sind und der Antragsteller schriftlich erklärt, daß er eine Verlängerung der Zulassung nach § 105 Abs. 3 nach Maßgabe der Absätze 2 und 3 anstrebt.

§ 110

Bei Arzneimitteln, die nach § 21 der Pflicht zur Zulassung oder nach § 38 der Pflicht zur Registrierung unterliegen und die sich am 1. Januar 1978 im Verkehr befinden, kann die zuständige Bundesoberbehörde durch Auflagen Warnhinweise anordnen, soweit es erforderlich ist, um bei der Anwendung des Arzneimittels eine unmittelbare oder mittelbare Gefährdung von Mensch oder Tier zu verhüten. § 38a des Arzneimittelgesetzes 1961 in Verbindung mit Artikel 9 Nr. 1 des Gesetzes zur Neuordnung des Arzneimittelrechts bleibt unberührt.

§ 111

(weggefallen)

§ 112

Wer am 1. Januar 1978 Arzneimittel im Sinne des § 2 Abs. 1 oder Abs. 2 Nr. 1, die zum Verkehr außerhalb der Apotheken freigegeben sind, im Einzelhandel außerhalb der Apotheken in den Verkehr bringt, kann diese Tätigkeit weiter ausüben, soweit er nach dem Gesetz über die Berufsausübung im Einzelhandel vom 5. August 1957 (BGBl. I S. 1121), geändert durch Artikel 150 Abs. 2 Nr. 15 des Gesetzes vom 24. Mai 1968 (BGBl. I S. 503), dazu berechtigt war.

§ 113

Arzneimittel dürfen abweichend von § 58 Abs. 1 angewendet werden, wenn aus der Kennzeichnung oder den Begleitpapieren hervorgeht, daß das Arzneimittel nach § 105 Abs. 1 weiter in den Verkehr gebracht werden darf.

§ 114
(weggefallen)

§ 115
Eine Person, die am 1. Januar 1978 die Tätigkeit eines Pharmaberaters nach § 75 ausübt, bedarf des dort vorgeschriebenen Ausbildungsnachweises nicht.

§ 116
Ärzte, die am 1. Januar 1978 nach landesrechtlichen Vorschriften zur Herstellung sowie zur Abgabe von Arzneimitteln an die von ihnen behandelten Personen berechtigt sind, dürfen diese Tätigkeit im bisherigen Umfang weiter ausüben. § 78 findet Anwendung.

§ 117
(weggefallen)

§ 118
§ 84 gilt nicht für Schäden, die durch Arzneimittel verursacht werden, die vor dem 1. Januar 1978 abgegeben worden sind.

§ 119
Fertigarzneimittel, die Arzneimittel im Sinne des § 2 Abs. 1 oder Abs. 2 Nr. 1 sind und sich bei Wirksamwerden des Beitritts in dem in Artikel 3 des Einigungsvertrages genannten Gebiet im Verkehr befinden, dürfen ohne die in § 11 vorgeschriebene Packungsbeilage noch von Groß- und Einzelhändlern in Verkehr gebracht werden, sofern sie den vor Wirksamwerden des Beitritts geltenden arzneimittelrechtlichen Vorschriften der Deutschen Demokratischen Republik entsprechen. Die zuständige Bundesoberbehörde kann durch Auflagen Warnhinweise anordnen, soweit es erforderlich ist, um bei der Anwendung des Arzneimittels eine unmittelbare oder mittelbare Gefährdung von Mensch oder Tier zu verhüten.

§ 120
Bei einer klinischen Prüfung, die bei Wirksamwerden des Beitritts in dem in Artikel 3 des Einigungsvertrages genannten Gebiet durchgeführt wird, ist die Versicherung nach § 40 Abs. 1 Nr. 8 abzuschließen.

§ 121
(weggefallen)

§ 122
Die Anzeigepflicht nach § 67 gilt nicht für Betriebe, Einrichtungen und für Personen in dem in Artikel 3 des Einigungsvertrages genannten Gebiet, die bereits bei Wirksamwerden des Beitritts eine Tätigkeit im Sinne jener Vorschrift ausüben.

§ 123
Die erforderliche Sachkenntnis als Pharmaberater nach § 75 Abs. 2 Nr. 2 besitzt auch, wer in dem in Artikel 3 des Einigungsvertrages genannten Gebiet eine Ausbildung als Pharmazieingenieur, Apothekenassistent oder Veterinäringenieur abgeschlossen hat.

§ 124
Die §§ 84 bis 94a sind nicht auf Arzneimittel anwendbar, die in dem in Artikel 3 des Einigungsvertrages genannten Gebiet vor Wirksamwerden des Beitritts an den Verbraucher abgegeben worden sind.

Zweiter Unterabschnitt
Übergangsvorschriften aus Anlaß des Ersten Gesetzes zur Änderung des Arzneimittelgesetzes

§ 125

(1) Die zuständige Bundesoberbehörde bestimmt nach Anhörung der Kommissionen nach § 25 Abs. 6 und 7 für Arzneimittel, die am 2. März 1983 zugelassen sind, die Frist, innerhalb derer die Unterlagen über die Kontrollmethode nach § 23 Abs. 2 Satz 3 vorzulegen sind.

(2) Für Arzneimittel, deren Zulassung nach dem 1. März 1983 und vor dem 4. März 1998 beantragt worden ist, gelten die Vorschriften des § 23 mit der Maßgabe, daß Unterlagen über die Kontrollmethoden nicht vor dem aus Absatz 1 sich ergebenden Zeitpunkt vorgelegt werden müssen.

(3) Ist eine Frist für die Vorlage von Unterlagen über die Kontrollmethode nach Absatz 1 bestimmt worden und werden Unterlagen nicht vorgelegt oder entsprechen sie nicht den Anforderungen des § 23 Abs. 2 Satz 3, kann die Zulassung widerrufen werden.

§ 126

Für Arzneimittel, die zur Anwendung bei Tieren bestimmt sind und die bei Wirksamwerden des Beitritts in dem in Artikel 3 des Einigungsvertrages genannten Gebiet zugelassen sind, gilt § 125 Abs. 1 und 3 entsprechend.

Dritter Unterabschnitt
Übergangsvorschriften aus Anlaß des Zweiten Gesetzes zur Änderung des Arzneimittelgesetzes

§ 127

(1) Arzneimittel, die sich am 1. Februar 1987 im Verkehr befinden und den Kennzeichnungsvorschriften des § 10 unterliegen, müssen ein Jahr nach der ersten auf den 1. Februar 1987 erfolgenden Verlängerung der Zulassung oder nach der Freistellung von der Zulassung, oder, soweit sie homöopathische Arzneimittel sind, fünf Jahre nach dem 1. Februar 1987 vom pharmazeutischen Unternehmer entsprechend der Vorschrift des § 10 Abs. 1 Nr. 9 in den Verkehr gebracht werden. Bis zu diesem Zeitpunkt dürfen Arzneimittel nach Satz 1 vom pharmazeutischen Unternehmer, nach diesem Zeitpunkt weiterhin von Groß- und Einzelhändlern ohne Angabe eines Verfalldatums in den Verkehr gebracht werden, wenn die Dauer der Haltbarkeit mehr als drei Jahre oder bei Arzneimitteln, für die die Regelung des § 109 gilt, mehr als zwei Jahre beträgt. § 109 bleibt unberührt.

(2) Arzneimittel, die sich am 1. Februar 1987 im Verkehr befinden und den Kennzeichnungsvorschriften des § 10 Abs. 1a unterliegen, dürfen vom pharmazeutischen Unternehmer noch bis zum 31. Dezember 1988, von Groß- und Einzelhändlern auch nach diesem Zeitpunkt ohne die Angaben nach § 10 Abs. 1a in den Verkehr gebracht werden.

§ 128

(1) Der pharmazeutische Unternehmer hat für Fertigarzneimittel, die sich am 1. Februar 1987 im Verkehr befinden, mit dem ersten auf den 1. Februar 1987 gestellten Antrag auf Verlängerung der Zulassung oder Registrierung der zuständigen Bundesoberbehörde den Wortlaut der Fachinformation vorzulegen. Satz 1 gilt nicht, soweit die zuständige Bundesoberbehörde bis auf weiteres Arzneimittel, die nicht der Verschreibungspflicht nach § 49 unterliegen, von den Pflichten nach § 11a freigestellt hat; in diesem Fall ist der Entwurf der Fachinformation nach Aufforderung der zuständigen Bundesoberbehörde vorzulegen.

(2) In den Fällen des Absatzes 1 gelten die §§ 11a, 47 Abs. 3 Satz 2 und § 76 Abs. 1 ab dem Zeitpunkt der Verlängerung der Zulassung oder Registrierung oder der Festlegung einer Fachinformation durch § 36 Abs. 1 oder in den Fällen des Absatzes 1 Satz 2 sechs Monate nach der Entscheidung der zuständigen Bundesoberbehörde über den Inhalt der Fachinformation. Bis zu diesem Zeitpunkt dürfen Fertigarzneimittel in den Verkehr gebracht

werden, bei denen die Packungsbeilage nicht den Vorschriften des § 11 Abs. 1 in der Fassung des Zweiten Gesetzes zur Änderung des Arzneimittelgesetzes entspricht.

§ 129

§ 11 Abs. 1a findet auf Arzneimittel, die sich am 1. Februar 1987 im Verkehr befinden, mit der Maßgabe Anwendung, daß ihre Packungsbeilage nach der nächsten Verlängerung der Zulassung oder Registrierung der zuständigen Behörde zu übersenden ist.

§ 130

Wer am 1. Februar 1987 als privater Sachverständiger zur Untersuchung von Proben nach § 65 Abs. 2 bestellt ist, darf diese Tätigkeit im bisherigen Umfang weiter ausüben.

§ 131

Für die Verpflichtung zur Vorlage oder Übersendung einer Fachinformation nach § 11a gilt § 128 für Arzneimittel, die sich bei Wirksamwerden des Beitritts in dem in Artikel 3 des Einigungsvertrages genannten Gebiet in Verkehr befinden, entsprechend.

Vierter Unterabschnitt
Übergangsvorschriften aus Anlaß des Fünften Gesetzes zur Änderung des Arzneimittelgesetzes

§ 132

(1) Arzneimittel, die sich am 17. August 1994 im Verkehr befinden und den Vorschriften der §§ 10 und 11 unterliegen, müssen ein Jahr nach der ersten auf den 17. August 1994 erfolgenden Verlängerung der Zulassung oder, soweit sie von der Zulassung freigestellt sind, zu dem in der Rechtsverordnung nach § 36 genannten Zeitpunkt oder, soweit sie homöopathische Arzneimittel sind, fünf Jahre nach dem 17. August 1994 vom pharmazeutischen Unternehmer entsprechend den Vorschriften der §§ 10 und 11 in den Verkehr gebracht werden. Bis zu diesem Zeitpunkt dürfen Arzneimittel nach Satz 1 vom pharmazeutischen Unternehmer, nach diesem Zeitpunkt weiterhin von Groß- und Einzelhändlern mit einer Kennzeichnung und Packungsbeilage in den Verkehr gebracht werden, die den bis zum 17. August 1994 geltenden Vorschriften entspricht. § 109 bleibt unberührt.

(2) Der pharmazeutische Unternehmer hat für Fertigarzneimittel, die sich am 17. August 1994 in Verkehr befinden, mit dem ersten auf den 17. August 1994 gestellten Antrag auf Verlängerung der Zulassung der zuständigen Bundesoberbehörde den Wortlaut der Fachinformation vorzulegen, die § 11a in der Fassung dieses Gesetzes entspricht. § 128 Abs. 1 Satz 2 bleibt unberührt.

(2a) Eine Herstellungserlaubnis, die nicht dem § 16 entspricht, ist bis zum 17. August 1996 an § 16 anzupassen. Satz 1 gilt für § 72 entsprechend.

(2b) Wer am 17. August 1994 die Tätigkeit als Herstellungsleiter für die Herstellung oder als Kontrolleiter für die Prüfung von Blutzubereitungen ausübt und die Voraussetzungen des § 15 Abs. 3 in der bis zum 17. August 1994 geltenden Fassung erfüllt, darf diese Tätigkeit weiter ausüben.

(3) § 23 Abs. 1 Nr. 2 und 3 und § 25 Abs. 2 Satz 1 Nr. 6c finden bis zu dem in Artikel 14 der Verordnung (EWG) Nr. 2377/90 aufgeführten Zeitpunkt keine Anwendung auf ein Arzneimittel, dessen pharmakologisch wirksamer Bestandteil am 1. Januar 1992 im Geltungsbereich dieses Gesetzes in einem Arzneimittel zugelassen war, das zur Anwendung bei Tieren bestimmt ist, die der Gewinnung von Lebensmitteln dienen.

(4) § 39 Abs. 2 Nr. 4a und 5a findet keine Anwendung auf Arzneimittel, die bis zum 31. Dezember 1993 registriert worden sind, oder deren Registrierung bis zu diesem Zeitpunkt beantragt worden ist oder die nach § 105 Abs. 2 angezeigt worden sind und nach § 38 Abs. 1 Satz 3 in der vor dem 11. September 1998 geltenden Fassung

in den Verkehr gebracht worden sind. § 39 Abs. 2 Nr. 4a findet ferner keine Anwendung auf Arzneimittel nach Satz 1, für die eine neue Registrierung beantragt wird, weil ein Bestandteil entfernt werden soll oder mehrere Bestandteile entfernt werden sollen oder der Verdünnungsgrad von Bestandteilen erhöht werden soll. § 39 Abs. 2 Nr. 4a und 5a findet ferner bei Entscheidungen über die Registrierung oder über ihre Verlängerung keine Anwendung auf Arzneimittel, die nach Art und Menge der Bestandteile und hinsichtlich der Darreichungsform mit den in Satz 1 genannten Arzneimitteln identisch sind. § 21 Abs. 2a Satz 3 und § 56a Abs. 2 Satz 5 gelten auch für zur Anwendung bei Tieren bestimmte Arzneimittel, deren Verdünnungsgrad die sechste Dezimalpotenz unterschreitet, sofern sie gemäß Satz 1 oder 2 registriert worden oder sie von der Registrierung freigestellt sind.

Fünfter Unterabschnitt
Übergangsvorschrift aus Anlaß des Siebten Gesetzes zur Änderung des Arzneimittelgesetzes

§ 133

Die Anzeigepflicht nach § 67 in Verbindung mit § 69a gilt für die in § 59c genannten Betriebe, Einrichtungen und Personen, die bereits am 4. März 1998 eine Tätigkeit im Sinne des § 59 c ausüben mit der Maßgabe, daß die Anzeige spätestens bis zum 1. April 1998 zu erfolgen hat.

Sechster Unterabschnitt
Übergangsvorschriftenaus Anlaß des Transfusionsgesetzes

§ 134

Wer bei Inkrafttreten des Transfusionsgesetzes vom 1. Juli 1998 (BGBl. I S. 1752) die Tätigkeit als Herstellungsleiter für die Herstellung oder als Kontrolleiter für die Prüfung von Blutzubereitungen oder Sera aus menschlichem Blut ausübt und die Voraussetzungen des § 15 Abs. 3 in der bis zu dem genannten Zeitpunkt geltenden Fassung erfüllt, darf diese Tätigkeit weiter ausüben. Wer zu dem in Satz 1 genannten Zeitpunkt die Tätigkeit der Vorbehandlung von Personen zur Separation von Blutstammzellen oder anderen Blutbestandteilen nach dem Stand von Wissenschaft und Technik ausübt, darf diese Tätigkeit weiter ausüben.

Siebter Unterabschnitt
Übergangsvorschriften aus Anlaß des Achten Gesetzes zur Änderung des Arzneimittelgesetzes

§ 135

(1) Arzneimittel, die sich am 11. September 1998 im Verkehr befinden und den Vorschriften der §§ 10 und 11 unterliegen, müssen ein Jahr nach der ersten auf den 11. September 1998 erfolgenden Verlängerung der Zulassung oder, soweit sie von der Zulassung freigestellt sind, zu dem in der Rechtsverordnung nach § 36 genannten Zeitpunkt oder, soweit sie homöopathische Arzneimittel sind, am 1. Oktober 2003 vom pharmazeutischen Unternehmer entsprechend den Vorschriften der §§ 10 und 11 in den Verkehr gebracht werden. Bis zu diesem Zeitpunkt dürfen Arzneimittel nach Satz 1 vom pharmazeutischen Unternehmer, nach diesem Zeitpunkt weiterhin von Groß- und Einzelhändlern mit einer Kennzeichnung und Packungsbeilage in den Verkehr gebracht werden, die den bis zum 11. September 1998 geltenden Vorschriften entspricht. § 109 bleibt unberührt.

(2) Wer am 11. September 1998 die Tätigkeit als Herstellungs- oder Kontrolleiter für die in § 15 Abs. 3a genannten Arzneimittel oder Wirkstoffe befugt ausübt, darf diese Tätigkeit im bisherigen Umfang weiter ausüben. § 15 Abs. 4 findet bis zum 1. Oktober 2001 keine Anwendung auf die praktische Tätigkeit für die Herstellung von Arzneimitteln und Wirkstoffen nach § 15 Abs. 3a.

(3) Homöopathische Arzneimittel, die sich am 11. September 1998 im Verkehr befinden und für die bis zum 1. Oktober 1999 ein Antrag auf Registrierung gestellt worden ist, dürfen abweichend von § 38 Abs. 1 Satz 3 bis zur Entscheidung über die Registrierung in den Verkehr gebracht werden, sofern sie den bis zum 11. September 1998 geltenden Vorschriften entsprechen.

(4) § 41 Nr. 6 findet in der geänderten Fassung keine Anwendung auf Einwilligungserklärungen, die vor dem 11. September 1998 abgegeben worden sind.

Achter Unterabschnitt
Übergangsvorschriften aus Anlaß des Zehnten Gesetzes zur Änderung des Arzneimittelgesetzes

§ 136

(1) Für Arzneimittel, bei denen die nach § 105 Abs. 3 Satz 1 beantragte Verlängerung bereits erteilt worden ist, sind die in § 105 Abs. 4a Satz 1 bezeichneten Unterlagen spätestens mit dem Antrag nach § 31 Abs. 1 Nr. 3 vorzulegen. Bei diesen Arzneimitteln ist die Zulassung zu verlängern, wenn kein Versagungsgrund nach § 25 Abs. 2 vorliegt; für weitere Verlängerungen findet § 31 Anwendung.

(1a) Auf Arzneimittel nach § 105 Abs. 3 Satz 1, die nach einer nicht im Homöopathischen Teil des Arzneibuchs beschriebenen Verfahrenstechnik hergestellt sind, findet § 105 Abs. 3 Satz 2 in der bis zum 12. Juli 2000 geltenden Fassung bis zu einer Entscheidung der Kommission nach § 55 Abs. 6 über die Aufnahme dieser Verfahrenstechnik Anwendung, sofern bis zum 1. Oktober 2000 ein Antrag auf Aufnahme in den Homöopathischen Teil des Arzneibuchs gestellt wurde.

(2) Für Arzneimittel, bei denen dem Antragsteller vor dem 12. Juli 2000 Mängel bei der Wirksamkeit oder Unbedenklichkeit mitgeteilt worden sind, findet § 105 Abs. 3a in der bis zum 12. Juli 2000 geltenden Fassung Anwendung.

(2a) § 105 Abs. 3a Satz 2 findet in der bis zum 12. Juli 2000 geltenden Fassung bis zum 31. Januar 2001 mit der Maßgabe Anwendung, daß es eines Mängelbescheides nicht bedarf und eine Änderung nur dann zulässig ist, sofern sie sich darauf beschränkt, daß ein oder mehrere bislang enthaltene arzneilich wirksame Bestandteile nach der Änderung nicht mehr enthalten sind.

(3) Für Arzneimittel, die nach einer im Homöopathischen Teil des Arzneibuches beschriebenen Verfahrenstechnik hergestellt worden sind, gilt § 105 Abs. 5c weiter in der vor dem 12. Juli 2000 geltenden Fassung.

Neunter Unterabschnitt
Übergangsvorschriften aus Anlaß des Elften Gesetzes zur Änderung des Arzneimittelgesetzes

§ 137

Abweichend von § 13 Abs.2, § 47 Abs.1 Nr.6, § 56 Abs.2 Satz 2 und Abs. 5 Satz 1 dürfen Fütterungsarzneimittel noch bis zum 1. September 2004 nach den bis zum 1. November 2002 geltenden Regelungen hergestellt, in den Verkehr gebracht und angewendet werden.

Verordnung zum Verbot der Verwendung bestimmter Stoffe zur Vermeidung des Risikos der Übertragung transmissibler spongiformer Enzephalopathien durch Arzneimittel (Arzneimittel-TSE-Verordnung)[1) *)]

Inhaltsübersicht

---

§ 1 Verbot der Verwendung bestimmter Stoffe, bestimmter Zubereitungen aus Stoffen oder bestimmter Gegenstände

(1) Es ist verboten, Stoffe, Zubereitungen aus Stoffen oder Gegenstände, die von im Vereinigten Königreich Großbritannien und Nordirland oder von in der Portugiesischen Republik getöteten Rindern stammen, bei der Herstellung von Arzneimitteln im Sinne des § 2 Abs. 1 und 2 Nr. 1 des Arzneimittelgesetzes, die zum Zwecke der Abgabe an andere erfolgt, zu verwenden, soweit nicht in Absatz 5 Abweichendes bestimmt ist.

(2) Es ist verboten, bei der Herstellung von Arzneimitteln im Sinne des § 2 Abs. 1 und 2 Nr. 1 des Arzneimittelgesetzes, die zum Zwecke der Abgabe an andere erfolgt,

– den gesamten Kopf einschließlich Gehirn und Augen, Rückenmark, Wirbelsäule einschließlich Spinalganglien, Trigeminalganglien, Mandeln und Thymus von mehr als 6 Monate alten Rindern sowie von Schafen oder Ziegen aller Altersklassen,
– den Darm von Rindern, Schafen oder Ziegen aller Altersklassen,
– die Milz von mehr als 6 Monate alten Rindern sowie von Schafen oder Ziegen aller Altersklassen

zu verwenden, soweit nicht in den Absätzen 3 und 5 Abweichendes bestimmt ist.

(3) Abweichend von Absatz 2 dürfen die dort genannten Körperteile oder Körperbestandteile von Rindern im Alter bis zu 12 Monaten für die Herstellung solcher Fertigarzneimittel verwendet werden, deren Wirksamkeit die Verwendung aus geschlechtsreifen Tieren gewonnener Ausgangsstoffe voraussetzt und die nicht durch andere Fertigarzneimittel mit gleichartiger Indikation ersetzt werden können.

---

1) In der Fassung vom 9. Mai 2001, BGBl. I S. 856.

*) Vom Abdruck der Verordnung (EG) Nr. 999/2001 des Europäischen Parlaments und des Rates vom 22. Mai 2001 mit Vorschriften zur Verhütung, Kontrolle und Tilgung bestimmter transmissibler spongiformer Enzephalopathien, ABl. L 147 vom 31.5.2001, S. 1, wurde abgesehen.

(4) Es ist verboten, Arzneimittel im Sinne des § 2 Abs. 1 und 2 Nr. 1 des Arzneimittelgesetzes, die entgegen Absatz 1 oder 2, jeweils in Verbindung mit Absatz 5, hergestellt worden sind, in den Verkehr zu bringen.

(5) Abweichend von den Absätzen 1 und 2 dürfen nicht arzneilich wirksame Bestandteile (Hilfsstoffe) und Produktionshilfsstoffe bei der Herstellung von Arzneimitteln im Sinne des § 2 Abs. 1 und 2 Nr. 1 des Arzneimittelgesetzes verwendet werden,

1. wenn ihre Eignung zur Herstellung von Arzneimitteln von dem für die Herstellung Verantwortlichen geprüft, ihr Herstellungsbetrieb von ihm aufgezeichnet ist und sie unter Berücksichtigung der Vorschriften des Europäischen Arzneibuches nach einem Verfahren hergestellt worden sind, das nach dem Stand der Kenntnis gewährleistet, dass mit der Verwendung dieser Hilfsstoffe oder Produktionshilfsstoffe kein Risiko der Übertragung spongiformer Enzephalopathien verbunden ist, oder
2. wenn sie im Falle des Verbringens aus dem Vereinigten Königreich Großbritannien und Nordirland oder aus der Portugiesischen Republik in den Geltungsbereich dieser Verordnung
   a) so gekennzeichnet sind, dass der Herstellungsbetrieb festgestellt werden kann und dieser vom Bundesministerium für Gesundheit im Bundesanzeiger bekannt gemacht worden ist,
   b) mit Begleitpapieren versehen sind, durch die bestätigt wird, dass sie im Falle des Verbringens aus dem Vereinigten Königreich Großbritannien und Nordirland die Anforderungen der Entscheidung 98/256/EG des Rates vom 16. März 1998 mit Dringlichkeitsmaßnahmen zum Schutz gegen die spongiforme Rinderenzephalopathie sowie zur Änderung der Entscheidung 94/474/EG und zur Aufhebung der Entscheidung 96/239/EG (ABl. EG Nr. L 113 S. 33) oder im Falle des Verbringens aus der Portugiesischen Republik die Anforderungen der Entscheidung 98/653/EG der Kommission vom 18. November 1998 mit durch das Auftreten der spongiformen Rinderenzephalopathie in Portugal notwendig gewordenen Dringlichkeitsmaßnahmen (ABl. EG Nr. L 311 S. 23) erfüllen, und
   c) soweit die Hilfsstoffe oder Produktionshilfsstoffe von im Vereinigten Königreich Großbritannien und Nordirland oder in der Portugiesischen Republik getöteten Tieren stammen, sie mit einer amtstierärztlichen Bescheinigung versehen sind, in der angegeben wird, wie oft amtliche Überprüfungen im Herstellungsbetrieb durchgeführt worden sind.

§ 2 Erklärung für das Verbringen aus Mitgliedstaaten der Europäischen Union und die Einfuhr aus Drittstaaten

Für Fertigarzneimittel, die in den Geltungsbereich dieser Verordnung verbracht werden sollen, hat der für das Verbringen Verantwortliche eine von ihm unterzeichnete Erklärung mit folgendem Wortlaut bereitzuhalten und der zuständigen Behörde auf deren Verlangen unverzüglich vorzulegen: „Das Erzeugnis enthält weder spezifiziertes Risikomaterial im Sinne von § 1 Abs. 2 der Arzneimittel-TSE-Verordnung, noch ist es unter Verwendung von solchem Material hergestellt worden.“ Dies gilt nicht für Fertigarzneimittel, die keine arzneilich wirksamen Bestandteile tierischer Herkunft enthalten und die, sofern sie unter Verwendung von Hilfsstoffen oder Produktionshilfsstoffen im Sinne von § 1 Abs. 1 und 2 hergestellt worden sind, die Voraussetzungen von § 1 Abs. 5 erfüllen.

§ 3 Straftaten und Ordnungswidrigkeiten

(1) Nach § 95 Abs. 1 Nr. 2, Absatz 2 bis 4 des Arzneimittelgesetzes wird bestraft, wer vorsätzlich oder fahrlässig entgegen § 1 Abs. 4 ein Arzneimittel in den Verkehr bringt.

(2) Nach § 96 Nr. 1 des Arzneimittelgesetzes wird bestraft, wer entgegen § 1 Abs. 1 oder 2 einen Stoff, eine Zubereitung oder einen Gegenstand verwendet.

(3) Wer eine in Absatz 2 bezeichnete Handlung fahrlässig begeht, handelt nach § 97 Abs. 1 des Arzneimittelgesetzes ordnungswidrig.

(4) Ordnungswidrig im Sinne des § 97 Abs. 2 Nr. 31 des Arzneimittelgesetzes handelt, wer entgegen § 2 Satz 1 eine Erklärung nicht oder nicht rechtzeitig vorlegt.

§ 4 Übergangsregelung

§ 1 Abs. 2 ist für Volumenersatzmittel erst ab dem 14. Mai 2002 anzuwenden.

§ 5 Inkrafttreten, Außerkrafttreten

Diese Verordnung tritt am 15. Mai 2001 in Kraft. Gleichzeitig tritt die AMG-TSE-Verordnung vom 28. März 1996 (BAnz. S. 3817), zuletzt geändert durch Artikel 4 der Verordnung vom 29. Juni 2000 (BGBl. I S. 997), außer Kraft.

Verordnung über das Verbot der Verwendung von mit Aflatoxinen kontaminierten Stoffen bei der Herstellung von Arzneimitteln (AflatoxinVerbotsV)[1) *)]

§ 1

(1) Es ist verboten, bei der Herstellung von Arzneimitteln Stoffe, Zubereitungen aus Stoffen oder Erzeugnisse zu verwenden, bei denen die auf mindestens 88% Trockenmasse berechnete Höchstmenge an Aflatoxin M1 von 0,05 Mikrogramm pro Kilogramm, an Aflatoxin B1 von 2 Mikrogramm pro Kilogramm oder die Gesamtmenge der Aflatoxine B1, B2, G1 und G2 von 4 Mikrogramm pro Kilogramm überschritten wird. Für Enzyme und Enzymzubereitungen gilt Satz 1 mit der Maßgabe, dass die Gesamtmenge der Aflatoxine B1, B2, G1 und G2 0,05 Mikrogramm pro Kilogramm nicht überschreiten darf. Abweichend von Satz 1 gelten für Fütterungsarzneimittel die futtermittelrechtlich festgesetzten Höchstgehalte an Aflatoxin.

(2) Das Inverkehrbringen eines Arzneimittels, das entgegen Absatz 1 Satz 1 oder 2 hergestellt worden ist, ist verboten. Für Fütterungsarzneimittel gelten die Bestimmungen des Futtermittelrechts.

(3) Bei der Bestimmung des Aflatoxingehaltes sind Beprobungsverfahren zu Grunde zu legen, die eine gegebenenfalls vorhandene heterogene Verteilung der Aflatoxine berücksichtigen.

§ 2

(1) Nach § 95 Abs. 1 Nr. 2, Abs. 2 bis 4 des Arzneimittelgesetzes wird bestraft, wer vorsätzlich oder fahrlässig entgegen § 1 Abs. 2 Satz 1 ein Arzneimittel in den Verkehr bringt.

(2) Nach § 96 Nr. 1 des Arzneimittelgesetzes wird bestraft, wer entgegen § 1 Abs. 1 Satz 1, auch in Verbindung mit Satz 2, Stoffe, Zubereitungen aus Stoffen, Erzeugnisse, Enzyme oder Enzymzubereitungen verwendet.

(3) Wer eine in Absatz 2 bezeichnete Handlung fahrlässig begeht, handelt nach § 97 Abs. 1 des Arzneimittelgesetzes ordnungswidrig.

§ 3

Diese Verordnung tritt am ersten Tage des auf die Verkündung folgenden siebten Kalendermonats in Kraft.

[1] In der Fassung vom 19. Juli 2000, BGBl. I S. 1081

Gesetz über die Werbung auf dem Gebiete des Heilwesens[*)] [1)] (Heilmittelwerbegesetz)

§ 1

(1) Dieses Gesetz findet Anwendung auf die Werbung für

1. Arzneimittel im Sinne des § 2 des Arzneimittelgesetzes,

1a. Medizinprodukte im Sinne des § 3 des Medizinproduktegesetzes,

2. andere Mittel, Verfahren, Behandlungen und Gegenstände,

soweit sich die Werbeaussage auf die Erkennung, Beseitigung oder Linderung von Krankheiten, Leiden, Körperschäden oder krankhaften Beschwerden bei Mensch oder Tier bezieht.

(2) Andere Mittel im Sinne des Absatzes 1 Nr. 2 sind kosmetische Mittel im Sinne des § 4 des Lebensmittel- und Bedarfsgegenständegesetzes. Gegenstände im Sinne des Absatzes 1 Nr. 2 sind auch Gegenstände zur Körperpflege im Sinne des § 5 Abs. 1 Nr. 4 des Lebensmittel- und Bedarfsgegenständegesetzes.

(3) Eine Werbung im Sinne dieses Gesetzes ist auch das Ankündigen oder Anbieten von Werbeaussagen, auf die dieses Gesetz Anwendung findet.

(4) Dieses Gesetz findet keine Anwendung auf die Werbung für Gegenstände zur Verhütung von Unfallschäden.

§ 2

Fachkreise im Sinne dieses Gesetzes sind Angehörige der Heilberufe oder des Heilgewerbes, Einrichtungen, die der Gesundheit von Mensch oder Tier dienen, oder sonstige Personen, soweit sie mit Arzneimitteln, Medizinprodukten, Verfahren, Behandlungen, Gegenständen oder anderen Mitteln erlaubterweise Handel treiben oder sie in Ausübung ihres Berufes anwenden.

§ 3

Unzulässig ist eine irreführende Werbung. Eine Irreführung liegt insbesondere dann vor,

1. wenn Arzneimitteln, Medizinprodukten, Verfahren, Behandlungen, Gegenständen oder anderen Mitteln eine therapeutische Wirksamkeit oder Wirkungen beigelegt werden, die sie nicht haben,
2. wenn fälschlich der Eindruck erweckt wird, daß
   a) ein Erfolg mit Sicherheit erwartet werden kann,
   b) bei bestimmungsgemäßem oder längerem Gebrauch keine schädlichen Wirkungen eintreten,
   c) die Werbung nicht zu Zwecken des Wettbewerbs veranstaltet wird,
3. wenn unwahre oder zur Täuschung geeignete Angaben
   a) über die Zusammensetzung oder Beschaffenheit von Arzneimitteln, Medizinprodukten, Gegenständen oder anderen Mitteln oder über die Art und Weise der Verfahren oder Behandlungen oder
   b) über die Person, Vorbildung, Befähigung oder Erfolge des Herstellers, Erfinders oder der für sie tätigen oder tätig gewesenen Personen

gemacht werden.

[*)] Umsetzung der Richtlinie 55/97/EG und der Richtlinie 28/92/EG.

[1)] In der Fassung vom 19. Oktober 1994, BGBl. I S. 3068; zuletzt geändert durch Art. 2 des Gesetzes vom 13.12.2001, BGBl. I S. 3586.

§ 3a

Unzulässig ist eine Werbung für Arzneimittel, die der Pflicht zur Zulassung unterliegen und die nicht nach den arzneimittelrechtlichen Vorschriften zugelassen sind oder als zugelassen gelten.

§ 4

(1) Jede Werbung für Arzneimittel im Sinne des § 2 Abs. 1 oder Abs. 2 Nr. 1 des Arzneimittelgesetzes muß folgende Angaben enthalten:

1. den Namen oder die Firma und den Sitz des pharmazeutischen Unternehmers,
2. die Bezeichnung des Arzneimittels,
3. die Zusammensetzung des Arzneimittels gemäß § 11 Abs. 1 Satz 1 Nr. 2 des Arzneimittelgesetzes,
4. die Anwendungsgebiete,
5. die Gegenanzeigen,
6. die Nebenwirkungen,
7. Warnhinweise, soweit sie für die Kennzeichnung der Behältnisse und äußeren Umhüllungen vorgeschrieben sind,

7a. bei Arzneimitteln, die nur auf ärztliche, zahnärztliche oder tierärztliche Verschreibung abgegeben werden dürfen, der Hinweis „Verschreibungspflichtig“,

8. die Wartezeit bei Arzneimitteln, die zur Anwendung bei Tieren bestimmt sind, die der Gewinnung von Lebensmitteln dienen.

(1a) Bei Arzneimitteln, die nur einen arzneilich wirksamen Bestandteil enthalten, muß der Angabe nach Absatz 1 Nr. 2 die Bezeichnung dieses Bestandteils mit dem Hinweis: „Wirkstoff:“ folgen; dies gilt nicht, wenn in der Angabe nach Absatz 1 Nr. 2 die Bezeichnung des Wirkstoffs enthalten ist.

(2) Die Angaben nach den Absätzen 1 und 1a müssen mit denjenigen übereinstimmen, die nach § 11 oder § 12 des Arzneimittelgesetzes für die Packungsbeilage vorgeschrieben sind. Können die in § 11 Abs. 1 Nr. 7, 9 und 13 des Arzneimittelgesetzes vorgeschriebenen Angaben nicht gemacht werden, so können sie entfallen.

(3) Bei einer Werbung außerhalb der Fachkreise ist der Text „Zu Risiken und Nebenwirkungen lesen Sie die Packungsbeilage und fragen Sie Ihren Arzt oder Apotheker“ gut lesbar und von den übrigen Werbeaussagen deutlich abgesetzt und abgegrenzt anzugeben. Bei einer Werbung für Heilwässer tritt an die Stelle der Angabe „die Packungsbeilage“ die Angabe „das Etikett“ und bei einer Werbung für Tierarzneimittel an die Stelle „Ihren Arzt“ die Angabe „den Tierarzt“. Die Angaben nach Absatz 1 Nr. 1, 3, 5 und 6 können entfallen. Satz 1 findet keine Anwendung auf Arzneimittel, die für den Verkehr außerhalb der Apotheken freigegeben sind, es sei denn, daß in der Packungsbeilage oder auf dem Behältnis Nebenwirkungen oder sonstige Risiken angegeben sind.

(4) Die nach Absatz 1 vorgeschriebenen Angaben müssen von den übrigen Werbeaussagen deutlich abgesetzt, abgegrenzt und gut lesbar sein.

(5) Nach einer Werbung in audiovisuellen Medien ist der nach Absatz 3 Satz 1 oder 2 vorgeschriebene Text einzublenden, der im Fernsehen vor neutralem Hintergrund gut lesbar wiederzugeben und gleichzeitig zu sprechen ist, sofern nicht die Angabe dieses Textes nach Absatz 3 Satz 4 entfällt. Die Angaben nach Absatz 1 können entfallen.

(6) Die Absätze 1, 1a, 3 und 5 gelten nicht für eine Erinnerungswerbung. Eine Erinnerungswerbung liegt vor, wenn ausschließlich mit der Bezeichnung eines Arzneimittels oder zusätzlich mit dem Namen, der Firma, der Marke des pharmazeutischen Unternehmers oder dem Hinweis: „Wirkstoff:“ geworben wird.

§ 4a

Unzulässig ist es, in der Packungsbeilage eines Arzneimittels für andere Arzneimittel oder andere Mittel zu werben.

§ 5

Für homöopathische Arzneimittel, die nach dem Arzneimittelgesetz registriert oder von der Registrierung freigestellt sind, darf mit der Angabe von Anwendungsgebieten nicht geworben werden.

§ 6

Unzulässig ist eine Werbung, wenn

1. Gutachten oder Zeugnisse veröffentlicht oder erwähnt werden, die nicht von wissenschaftlich oder fachlich hierzu berufenen Personen erstattet worden sind und nicht die Angabe des Namens, Berufes und Wohnortes des Gutachters oder Ausstellers des Zeugnisses sowie den Zeitpunkt der Ausstellung des Gutachtens oder Zeugnisses enthalten,
2. auf wissenschaftliche, fachliche oder sonstige Veröffentlichungen Bezug genommen wird, ohne daß aus der Werbung hervorgeht, ob die Veröffentlichung das Arzneimittel, das Verfahren, die Behandlung, den Gegenstand oder ein anderes Mittel selbst betrifft, für die geworben wird, und ohne daß der Name des Verfassers, der Zeitpunkt der Veröffentlichung und die Fundstelle genannt werden,
3. aus der Fachliteratur entnommene Zitate, Tabellen oder sonstige Darstellungen nicht wortgetreu übernommen werden.

§ 7

(1) Es ist unzulässig, Zuwendungen und sonstige Werbegaben (Waren oder Leistungen) anzubieten, anzukündigen oder zu gewähren, es sei denn, dass

1. es sich bei den Zuwendungen oder Werbegaben um Gegenstände von geringem Wert, die durch eine dauerhafte und deutlich sichtbare Bezeichnung des Werbenden oder des beworbenen Produktes oder beider gekennzeichnet sind, oder um geringwertige Kleinigkeiten handelt;
2. die Zuwendungen oder Werbegaben zusätzlich zur Warenlieferung eines pharmazeutischen Unternehmers, Herstellers oder Großhändlers, bei der es sich nicht um eine Lieferung apothekenpflichtiger Arzneimittel für andere als die in § 47 des Arzneimittelgesetzes genannten Endverbraucher handelt, in
   a) einem bestimmten oder auf bestimmte Art zu berechnenden Geldbetrag oder
   b) einer bestimmten oder auf bestimmte Art zu berechnenden Menge gleicher Ware

   gewährt werden;
3. die Zuwendungen oder Werbegaben nur in handelsüblichem Zubehör zur Ware oder in handelsüblichen Nebenleistungen bestehen; als handelsüblich gilt insbesondere eine im Hinblick auf den Wert der Ware oder Leistung angemessene teilweise oder vollständige Erstattung oder Übernahme von Fahrtkosten für Verkehrsmittel des öffentlichen Personennahverkehrs, die im Zusammenhang mit dem Besuch des Geschäftslokals oder des Orts der Erbringung der Leistung aufgewendet werden darf;
4. die Zuwendungen oder Werbegaben in der Erteilung von Auskünften oder Ratschlägen bestehen oder
5. es sich um unentgeltlich an Verbraucher abzugebende Zeitschriften handelt, die nach ihrer Aufmachung und Ausgestaltung der Werbung von Kunden und den Interessen des Verteilers dienen, durch einen entsprechenden Aufdruck auf der Titelseite diesen Zweck erkennbar machen und in ihren Herstellungskosten geringwertig sind (Kundenzeitschriften).

Werbegaben für Angehörige der Heilberufe sind unbeschadet des Satzes 1 nur dann zulässig, wenn sie zur Verwendung in der ärztlichen, tierärztlichen oder pharmazeutischen Praxis bestimmt sind. § 47 Abs. 3 des Arzneimittelgesetzes bleibt unberührt.

(2) Absatz 1 gilt nicht für Zuwendungen im Rahmen ausschließlich berufsbezogener wissenschaftlicher Veranstaltungen, sofern diese einen vertretbaren Rahmen nicht überschreiten, insbesondere in bezug auf den wissenschaftlichen Zweck der Veranstaltung von untergeordneter Bedeutung sind und sich nicht auf andere als im Gesundheitswesen tätige Personen erstrecken.

§ 8

(1) Unzulässig ist eine Werbung, die darauf hinwirkt, Arzneimittel, deren Abgabe den Apotheken vorbehalten ist, im Wege des Versandes zu beziehen. Dieses Verbot gilt nicht für eine Werbung, die sich auf die Abgabe von Arzneimitteln in den Fällen des § 47 des Arzneimittelgesetzes bezieht.

(2) Unzulässig ist ferner die Werbung, Arzneimittel im Wege des Teleshopping oder bestimmte Arzneimittel im Wege der Einzeleinfuhr nach § 73 Abs. 2 Nr. 6a oder § 73 Abs. 3 des Arzneimittelgesetzes zu beziehen.

§ 9

Unzulässig ist eine Werbung für die Erkennung oder Behandlung von Krankheiten, Leiden, Körperschäden oder krankhaften Beschwerden, die nicht auf eigener Wahrnehmung an dem zu behandelnden Menschen oder Tier beruht (Fernbehandlung).

§ 10

(1) Für verschreibungspflichtige Arzneimittel darf nur bei Ärzten, Zahnärzten, Tierärzten, Apothekern und Personen, die mit diesen Arzneimitteln erlaubterweise Handel treiben, geworben werden.

(2) Für Arzneimittel, die dazu bestimmt sind, bei Menschen die Schlaflosigkeit oder psychische Störungen zu beseitigen oder die Stimmungslage zu beeinflussen, darf außerhalb der Fachkreise nicht geworben werden.

§ 11

(1) Außerhalb der Fachkreise darf für Arzneimittel, Verfahren, Behandlungen, Gegenstände oder andere Mittel nicht geworben werden

1. mit Gutachten, Zeugnissen, wissenschaftlichen oder fachlichen Veröffentlichungen sowie mit Hinweisen darauf,
2. mit Angaben, daß das Arzneimittel, das Verfahren, die Behandlung, der Gegenstand oder das andere Mittel ärztlich, zahnärztlich, tierärztlich oder anderweitig fachlich empfohlen oder geprüft ist oder angewendet wird,
3. mit der Wiedergabe von Krankengeschichten sowie mit Hinweisen darauf,
4. mit der bildlichen Darstellung von Personen in der Berufskleidung oder bei der Ausübung der Tätigkeit von Angehörigen der Heilberufe, des Heilgewerbes oder des Arzneimittelhandels,
5. mit der bildlichen Darstellung
   a) von Veränderungen des menschlichen Körpers oder seiner Teile durch Krankheiten, Leiden oder Körperschäden,
   b) der Wirkung eines Arzneimittels, eines Verfahrens, einer Behandlung, eines Gegenstandes oder eines anderen Mittels durch vergleichende Darstellung des Körperzustandes oder des Aussehens vor und nach der Anwendung,
   c) des Wirkungsvorganges eines Arzneimittels, eines Verfahrens, einer Behandlung, eines Gegenstandes oder eines anderen Mittels am menschlichen Körper oder an seinen Teilen,
6. mit fremd- oder fachsprachlichen Bezeichnungen, soweit sie nicht in den allgemeinen deutschen Sprachgebrauch eingegangen sind,
7. mit einer Werbeaussage, die geeignet ist, Angstgefühle hervorzurufen oder auszunutzen,
8. durch Werbevorträge, mit denen ein Feilbieten oder eine Entgegennahme von Anschriften verbunden ist,
9. mit Veröffentlichungen, deren Werbezweck mißverständlich oder nicht deutlich erkennbar ist,
10. mit Veröffentlichungen, die dazu anleiten, bestimmte Krankheiten, Leiden, Körperschäden oder krankhafte Beschwerden beim Menschen selbst zu erkennen und mit den in der Werbung bezeichneten Arzneimitteln, Gegenständen, Verfahren, Behandlungen oder anderen Mitteln zu behandeln, sowie mit entsprechenden Anleitungen in audiovisuellen Medien,
11. mit Äußerungen Dritter, insbesondere mit Dank-, Anerkennungs- oder Empfehlungsschreiben, oder mit Hinweisen auf solche Äußerungen,

12. mit Werbemaßnahmen, die sich ausschließlich oder überwiegend an Kinder unter 14 Jahren richten,
13. mit Preisausschreiben, Verlosungen oder anderen Verfahren, deren Ergebnis vom Zufall abhängig ist,
14. durch die Abgabe von Mustern oder Proben von Arzneimitteln oder durch Gutscheine dafür,
15. durch die nicht verlangte Abgabe von Mustern oder Proben von anderen Mitteln oder Gegenständen oder durch Gutscheine dafür.

Für Medizinprodukte gilt Satz 1 Nr. 6 bis 9, 11 und 12 entsprechend.

(2) Außerhalb der Fachkreise darf für Arzneimittel zur Anwendung bei Menschen nicht mit Angaben geworben werden, die nahe legen, dass die Wirkung des Arzneimittels einem anderen Arzneimittel oder einer anderen Behandlung entspricht oder überlegen ist.

§ 12

(1) Die Werbung für Arzneimittel oder Medizinprodukte außerhalb der Fachkreise darf sich nicht auf die Erkennung, Verhütung, Beseitigung oder Linderung der in der Anlage zu diesem Gesetz aufgeführten Krankheiten oder Leiden beim Menschen oder Tier beziehen. Abschnitt A Nr. 2 bis 7 der Anlage findet keine Anwendung auf die Werbung für Medizinprodukte.

(2) Die Werbung für andere Mittel, Verfahren, Behandlungen oder Gegenstände außerhalb der Fachkreise darf sich nicht auf die Erkennung, Beseitigung oder Linderung dieser Krankheiten oder Leiden beziehen. Dies gilt nicht für die Werbung für Verfahren oder Behandlungen in Heilbädern, Kurorten und Kuranstalten.

§ 13

Die Werbung eines Unternehmens mit Sitz außerhalb des Geltungsbereichs dieses Gesetzes ist unzulässig, wenn nicht ein Unternehmen mit Sitz oder eine natürliche Person mit gewöhnlichem Aufenthalt im Geltungsbereich dieses Gesetzes oder in einem anderen Mitgliedstaat der Europäischen Gemeinschaften oder in einem anderen Vertragsstaat des Abkommens über den Europäischen Wirtschaftsraum, die nach diesem Gesetz unbeschränkt strafrechtlich verfolgt werden kann, ausdrücklich damit betraut ist, die sich aus diesem Gesetz ergebenden Pflichten zu übernehmen.

§ 14

Wer dem Verbot der irreführenden Werbung (§ 3) zuwiderhandelt, wird mit Freiheitsstrafe bis zu einem Jahr oder mit Geldstrafe bestraft.

§ 15

(1) Ordnungswidrig handelt, wer vorsätzlich oder fahrlässig

1. eine Werbung betreibt, die die nach § 4 vorgeschriebenen Angaben nicht enthält oder entgegen § 5 mit der Angabe von Anwendungsgebieten wirbt,
2. in einer nach § 6 unzulässigen Weise mit Gutachten, Zeugnissen oder Bezugnahmen auf Veröffentlichungen wirbt,
3. entgegen § 7 Abs. 1 eine mit Zuwendungen oder sonstigen Werbegaben verbundene Werbung betreibt,
4. entgegen § 8 Abs. 1 Satz 1 oder Abs. 2 eine dort genannte Werbung betreibt,
5. entgegen § 9 für eine Fernbehandlung wirbt,
6. entgegen § 10 für die dort bezeichneten Arzneimittel wirbt,
7. auf eine durch § 11 verbotene Weise außerhalb der Fachkreise wirbt,
8. entgegen § 12 eine Werbung betreibt, die sich auf die in der Anlage zu § 12 aufgeführten Krankheiten oder Leiden bezieht,
9. eine nach § 13 unzulässige Werbung betreibt.

(2) Ordnungswidrig handelt ferner, wer fahrlässig dem Verbot der irreführenden Werbung (§ 3) zuwiderhandelt.

(3) Die Ordnungswidrigkeit nach Absatz 1 kann mit einer Geldbuße bis zu fünfundzwanzigtausend Euro, die Ordnungswidrigkeit nach Absatz 2 mit einer Geldbuße bis zu zwölftausendfünfhundert Euro geahndet werden.

§ 16

Werbematerial, auf das sich eine Straftat nach § 14 oder eine Ordnungswidrigkeit nach § 15 bezieht, kann eingezogen werden.

§ 17

Das Gesetz gegen den unlauteren Wettbewerb bleibt unberührt.

§ 18

Werbematerial, das den Vorschriften des § 4 nicht entspricht, jedoch den Vorschriften des Gesetzes in der bis zum 10. September 1998 geltenden Fassung, darf noch bis zum 31. März 1999 verwendet werden.

Anlage (zu § 12)

Krankheiten und Leiden, auf die sich die Werbung gemäß § 12 nicht beziehen darf

A. Krankheiten und Leiden beim Menschen

1. Nach dem Infektionsschutzgesetz vom 20. Juli 2000 (BGBl. I S. 1045) meldepflichtige, durch Krankheitserreger verursachte Krankheiten,
2. Geschwulstkrankheiten,
3. Krankheiten des Stoffwechsels und der inneren Sekretion, ausgenommen Vitamin- und Mineralstoffmangel und alimentäre Fettsucht,
4. Krankheiten des Blutes und der blutbildenden Organe, ausgenommen Eisenmangelanämie,
5. organische Krankheiten
   a) des Nervensystems,
   b) der Augen und Ohren,
   c) des Herzens und der Gefäße, ausgenommen allgemeine Arteriosklerose, Varikose und Frostbeulen,
   d) der Leber und des Pankreas,
   e) der Harn- und Geschlechtsorgane,
6. Geschwüre des Magens und des Darms,
7. Epilepsie,
8. Geisteskrankheiten,
9. Trunksucht,
10. krankhafte Komplikationen der Schwangerschaft, der Entbindung und des Wochenbetts.

B. Krankheiten und Leiden beim Tier

1. Nach dem Viehseuchengesetz in der Fassung der Bekanntmachung vom 23. Februar 1977 (BGBl. I S. 313, 437) meldepflichtige Krankheiten,
2. ansteckender Scheidenkatarrh der Rinder,
3. Fruchtbarkeitsstörungen der Pferde und Rinder,
4. infektiöse Aufzuchtkrankheiten der Tiere,
5. bakterielle Eutererkrankungen bei Kühen, Ziegen und Schafen,
6. Kolik bei Pferden und Rindern.

Gesetz zur Regelung des Transfusionswesens – Transfusionsgesetz (TFG)[1)]

Inhaltsübersicht

---

1) In der Fassung vom 01. Juli 1998, BGBl. I S. 1752, geändert durch Art. 7 des Gesetzes vom 23.10.2001, BGBl. I S. 2702.

Erster Abschnitt: Zweck des Gesetzes, Begriffsbestimmungen

§ 1 Zweck des Gesetzes

Zweck dieses Gesetzes ist es, nach Maßgabe der nachfolgenden Vorschriften zur Gewinnung von Blut und Blutbestandteilen von Menschen und zur Anwendung von Blutprodukten für eine sichere Gewinnung von Blut und Blutbestandteilen und für eine gesicherte und sichere Versorgung der Bevölkerung mit Blutprodukten zu sorgen und deshalb die Selbstversorgung mit Blut und Plasma zu fördern.

§ 2 Begriffsbestimmungen

Im Sinne dieses Gesetzes

1. ist Spende die einem Menschen entnommene Menge an Blut oder Blutbestandteilen, die Arzneimittel ist oder zur Herstellung von Arzneimitteln bestimmt ist,
2. ist Spendeeinrichtung eine Einrichtung, durch die Spenden entnommen werden,
3. sind Blutprodukte Blutzubereitungen im Sinne des § 4 Abs. 2 des Arzneimittelgesetzes, Sera aus menschlichem Blut im Sinne des § 4 Abs. 3 des Arzneimittelgesetzes und Plasma zur Fraktionierung.

Zweiter Abschnitt: Gewinnung von Blut und Blutbestandteilen

§ 3 Versorgungsauftrag

(1) Die Spendeeinrichtungen haben die Aufgabe, Blut und Blutbestandteile zur Versorgung der Bevölkerung mit Blutprodukten zu gewinnen.

(2) Zur Erfüllung der Aufgabe gemäß Absatz 1 arbeiten die Spendeeinrichtungen zusammen. Sie unterstützen sich gegenseitig, insbesondere im Falle des Auftretens von Versorgungsengpässen. Sie legen die Einzelheiten der Zusammenarbeit in einer Vereinbarung fest.

(3) Die spendenden Personen leisten einen wertvollen Dienst für die Gemeinschaft. Sie sind aus Gründen des Gesundheitsschutzes von den Spendeeinrichtungen besonders vertrauensvoll und verantwortungsvoll zu betreuen.

(4) Die nach Landesrecht zuständigen Stellen und die für die gesundheitliche Aufklärung zuständige Bundesoberbehörde sollen die Aufklärung der Bevölkerung über die Blut- und Plasmaspende fördern.

§ 4 Anforderungen an die Spendeeinrichtungen

Eine Spendeeinrichtung darf nur betrieben werden, wenn zur Durchführung von Spendeentnahmen

1. eine ausreichende personelle, bauliche, räumliche und technische Ausstattung vorhanden ist und
2. die leitende ärztliche Person eine approbierte Ärztin oder ein approbierter Arzt (approbierte ärztliche Person) ist und die erforderliche Sachkunde nach dem Stand der medizinischen Wissenschaft besitzt.

Der Schutz der Persönlichkeitssphäre der spendenden Personen, eine ordnungsgemäße Spendeentnahme und die Voraussetzungen für eine notfallmedizinische Versorgung der spendenden Personen sind sicherzustellen.

§ 5 Auswahl der spendenden Personen

(1) Es dürfen nur Personen zur Spendeentnahme zugelassen werden, die unter der Verantwortung einer approbierten ärztlichen Person nach dem Stand der medizinischen Wissenschaft und Technik für tauglich befunden worden sind und die Tauglichkeit durch eine approbierte ärztliche Person festgestellt worden ist. Die Zulassung zur Spendeentnahme soll nicht erfolgen, soweit und solange die spendewillige Person nach Richtlinien der Bundesärztekammer von der Spendeentnahme auszuschließen oder zurückzustellen ist.

(2) Bei der Gewinnung von Eigenblut, Blut zur Stammzellseparation und Plasma zur Fraktionierung ist die Tauglichkeit der spendenden Personen auch nach den Besonderheiten dieser Blutprodukte zu beurteilen.

(3) Die nach § 2 Abs. 2 Satz 1 der Betriebsverordnung für pharmazeutische Unternehmer bestimmte Person hat dafür zu sorgen, dass die spendende Person vor der Freigabe der Spende nach dem Stand der medizinischen Wissenschaft und Technik auf Infektionsmarker, mindestens auf Humanes Immundefekt Virus (HIV)-, Hepatitis B- und Hepatitis C-Virus-Infektionsmarker untersucht wird. Bei Eigenblutentnahmen sind diese Untersuchungen nach den Besonderheiten dieser Entnahmen durchzuführen. Anordnungen der zuständigen Bundesoberbehörde bleiben unberührt.

§ 6 Aufklärung, Einwilligung

(1) Eine Spendeentnahme darf nur durchgeführt werden, wenn die spendende Person vorher in einer für sie verständlichen Form über Wesen, Bedeutung und Durchführung der Spendeentnahme und der Untersuchungen sachkundig aufgeklärt worden ist und in die Spendeentnahme und die Untersuchungen eingewilligt hat. Aufklärung und Einwilligung sind von der spendenden Person schriftlich zu bestätigen. Sie muß mit der Einwilligung gleichzeitig erklären, daß die Spende verwendbar ist, sofern sie nicht vom vertraulichen Selbstausschluß Gebrauch macht.

(2) Die spendende Person ist über die mit der Spendeentnahme verbundene Erhebung, Verarbeitung und Nutzung personenbezogener Daten aufzuklären. Die Aufklärung ist von der spendenden Person schriftlich zu bestätigen.

§ 7 Anforderungen zur Entnahme der Spende

(1) Die anläßlich der Spendeentnahme vorzunehmende Feststellung der Identität der spendenden Person, die durchzuführenden Laboruntersuchungen und die Entnahme der Spende haben nach dem Stand der medizinischen Wissenschaft und Technik zu erfolgen.

(2) Die Entnahme der Spende darf nur durch eine ärztliche Person oder durch anderes qualifiziertes Personal unter der Verantwortung einer approbierten ärztlichen Person erfolgen.

§ 8 Spenderimmunisierung

(1) Eine für die Gewinnung von Plasma zur Herstellung von speziellen Immunglobulinen erforderliche Spenderimmunisierung darf nur durchgeführt werden, wenn und solange sie im Interesse einer ausreichenden Versorgung der Bevölkerung mit diesen Arzneimitteln geboten ist. Sie ist nach dem Stand der medizinischen Wissenschaft und Technik durchzuführen.

(2) Ein Immunisierungsprogramm darf nur durchgeführt werden, wenn und solange

1. die Risiken, die mit ihm für die Personen verbunden sind, bei denen es durchgeführt werden soll, ärztlich vertretbar sind,
2. die Personen, bei denen es durchgeführt werden soll, ihre schriftliche Einwilligung hierzu erteilt haben, nachdem sie durch eine approbierte ärztliche Person über Wesen, Bedeutung und Risiken der Immunisierung sowie die damit verbundene Erhebung, Verarbeitung und Nutzung personenbezogener Daten aufgeklärt worden sind und dies schriftlich bestätigt haben,
3. seine Durchführung von einer approbierten ärztlichen Person, die nach dem Stand der medizinischen Wissenschaft sachkundig ist, geleitet wird,
4. ein dem Stand der medizinischen Wissenschaft entsprechender Immunisierungsplan vorliegt,
5. die ärztliche Kontrolle des Gesundheitszustandes der spendenden Personen während der Immunisierungsphase gewährleistet ist,
6. der zuständigen Behörde die Durchführung des Immunisierungsprogramms angezeigt worden ist und
7. das zustimmende Votum einer nach Landesrecht gebildeten und für die ärztliche Person nach Satz 1 Nr. 3 zuständigen und unabhängigen Ethik-Kommission vorliegt.

Mit der Anzeige an die zuständige Behörde und der Einholung des Votums der Ethikkommission nach Nummern 6 und 7 dürfen keine personenbezogenen Daten übermittelt werden. Zur Immunisierung sollen zugelassene Arzneimittel angewendet werden.

(3) Von der Durchführung des Immunisierungsprogramms ist auf der Grundlage des Immunisierungsplanes ein Protokoll anzufertigen (Immunisierungsprotokoll). Für das Immunisierungsprotokoll gilt § 11 entsprechend. Dies muß Aufzeichnungen über alle Ereignisse enthalten, die im Zusammenhang mit der Durchführung des Immunisierungsprogramms auftreten und die Gesundheit der spendenden Person oder den gewünschten Erfolg des Immunisierungsprogramms beeinträchtigen können. Zur Immunisierung angewendete Erythrozytenpräparate sind zu dokumentieren und der immunisierten Person zu bescheinigen.

(4) Die in Absatz 3 Satz 3 genannten Ereignisse sind von der die Durchführung des Immunisierungsprogramms leitenden ärztlichen Person der Ethik-Kommission, der zuständigen Behörde und dem pharmazeutischen Unternehmer des zur Immunisierung verwendeten Arzneimittels unverzüglich mitzuteilen. Von betroffenen immunisierten Personen werden das Geburtsdatum und die Angabe des Geschlechtes übermittelt.

§ 9 Vorbehandlung zur Blutstammzellseparation

Die für die Separation von Blutstammzellen und anderen Blutbestandteilen erforderliche Vorbehandlung der spendenden Personen ist nach dem Stand der medizinischen Wissenschaft durchzuführen. § 8 Abs. 2 bis 4 gilt entsprechend.

§ 10 Aufwandsentschädigung

Die Spendeentnahme soll unentgeltlich erfolgen. Der spendenden Person kann eine Aufwandsentschädigung gewährt werden.

§ 11 Spenderdokumentation, Datenschutz

(1) Jede Spendeentnahme und die damit verbundenen Maßnahmen sind unbeschadet ärztlicher Dokumentationspflichten für die in diesem Gesetz geregelten Zwecke, für Zwecke der ärztlichen Behandlung der spendenden Person und für Zwecke der Risikoerfassung nach dem Arzneimittelgesetz zu protokollieren. Die Aufzeichnungen sind mindestens fünfzehn Jahre und im Falle der §§ 8 und 9 mindestens zwanzig Jahre lang aufzubewahren und zu vernichten oder zu löschen, wenn die Aufbewahrung nicht mehr erforderlich ist. Sie müssen so geordnet sein, daß ein unverzüglicher Zugriff möglich ist. Werden die Aufzeichnungen länger als dreißig Jahre nach der letzten bei der Spendeeinrichtung dokumentierten Spende desselben Spenders aufbewahrt, sind sie zu anonymisieren.

(2) Die Spendeeinrichtungen dürfen personenbezogene Daten der spendenden Personen erheben, verarbeiten und nutzen, soweit das für die in Absatz 1 genannten Zwecke erforderlich ist. Sie übermitteln die protokollierten Daten den zuständigen Behörden und der zuständigen Bundesoberbehörde, soweit dies zur Erfüllung der Überwachungsaufgaben nach dem Arzneimittelgesetz oder zur Verfolgung von Straftaten oder Ordnungswidrigkeiten, die im engen Zusammenhang mit der Spendeentnahme stehen, erforderlich ist. Zur Risikoerfassung nach dem Arzneimittelgesetz sind das Geburtsdatum und das Geschlecht der spendenden Person anzugeben.

§ 12 Stand der medizinischen Wissenschaft und Technik zur Gewinnung von Blut und Blutbestandteilen

(1) Die Bundesärztekammer stellt im Einvernehmen mit der zuständigen Bundesoberbehörde und nach Anhörung von Sachverständigen unter Berücksichtigung der Empfehlungen der Europäischen Union, des Europarates und der Weltgesundheitsorganisation zu Blut und Blutbestandteilen in Richtlinien den allgemein anerkannten Stand der medizinischen Wissenschaft und Technik insbesondere für

1. die Sachkenntnis des Personals der Spendeeinrichtung,
2. die Auswahl der spendenden Personen und die Durchführung der Auswahl,
3. die Identifizierung und Testung der spendenden Personen,
4. die durchzuführenden Laboruntersuchungen,
5. die ordnungsgemäße Entnahme der Spenden,
6. die Eigenblutentnahme,
7. die Gewinnung von Plasma für die Herstellung spezieller Immunglobuline, insbesondere die Spenderimmunisierung,
8. die Separation von Blutstammzellen und anderen Blutbestandteilen, insbesondere die Vorbehandlung der spendenden Personen, und
9. die Dokumentation der Spendeentnahme

fest. Bei der Anhörung ist die angemessene Beteiligung von Sachverständigen der Fach- und Verkehrskreise, insbesondere der Träger der Spendeeinrichtungen, der Plasmaprodukte herstellenden pharmazeutischen Unternehmer, der Spitzenverbände der Krankenkassen, der Deutschen Krankenhausgesellschaft sowie der zuständigen Behörden von Bund und Ländern sicherzustellen.

(2) Es wird vermutet, daß der Stand der medizinischen Wissenschaft und Technik zu den Anforderungen nach diesem Abschnitt eingehalten worden ist, wenn und soweit die Richtlinien der Bundesärztekammer nach Absatz 1 beachtet worden sind.

Dritter Abschnitt: Anwendung von Blutprodukten

§ 13 Anforderungen an die Durchführung

(1) Blutprodukte sind nach dem Stand der medizinischen Wissenschaft und Technik anzuwenden. Es müssen die Anforderungen an die Identitätssicherung, die vorbereitenden Untersuchungen, einschließlich der vorgesehenen Testung auf Infektionsmarker und die Rückstellproben, die Technik der Anwendung sowie die Aufklärung und Einwilligung beachtet werden. Ärztliche Personen, die im Zusammenhang mit der Anwendung von Blutprodukten Laboruntersuchungen durchführen oder anfordern, müssen für diese Tätigkeiten besonders sachkundig sein. Die Anwendung von Eigenblut richtet sich auch nach den Besonderheiten dieser Blutprodukte. Die zu behandelnden Personen sind, soweit es nach dem Stand der medizinischen Wissenschaft vorgesehen ist, über die Möglichkeit der Anwendung von Eigenblut aufzuklären.

(2) Die ärztlichen Personen, die eigenverantwortlich Blutprodukte anwenden, müssen ausreichende Erfahrung in dieser Tätigkeit besitzen.

§ 14 Dokumentation, Datenschutz

(1) Die behandelnde ärztliche Person hat jede Anwendung von Blutprodukten und von gentechnisch hergestellten Plasmaproteinen zur Behandlung von Hämostasestörungen für die in diesem Gesetz geregelten Zwecke, für Zwecke der ärztlichen Behandlung der von der Anwendung betroffenen Personen und für Zwecke der Risikoerfassung nach dem Arzneimittelgesetz zu dokumentieren oder dokumentieren zu lassen. Die Dokumentation hat die Aufklärung und die Einwilligungserklärungen, das Ergebnis der Blutgruppenbestimmung, soweit die Blutprodukte blutgruppenspezifisch angewendet werden, die durchgeführten Untersuchungen sowie die Darstellung von Wirkungen und unerwünschten Ereignissen zu umfassen.

(2) Angewendete Blutprodukte und Plasmaproteine im Sinne von Absatz 1 sind von der behandelnden ärztlichen Person oder unter ihrer Verantwortung mit folgenden Angaben unverzüglich zu dokumentieren:

1. Patientenidentifikationsnummer oder entsprechende eindeutige Angaben zu der zu behandelnden Person, wie Name, Vorname, Geburtsdatum und Adresse,
2. Chargenbezeichnung,
3. Pharmazentralnummer oder
   - Bezeichnung des Präparates
   - Name oder Firma des pharmazeutischen Unternehmers
   - Menge und Stärke,
4. Datum und Uhrzeit der Anwendung.

Bei Eigenblut sind diese Vorschriften sinngemäß anzuwenden. Die Einrichtung der Krankenversorgung (Krankenhaus, andere ärztliche Einrichtung, die Personen behandelt) hat sicherzustellen, daß die Daten der Dokumentation patienten- und produktbezogen genutzt werden können.

(3) Die Aufzeichnungen, einschließlich der EDV-erfaßten Daten, müssen mindestens fünfzehn Jahre lang aufbewahrt werden. Sie müssen zu Zwecken der Rückverfolgung unverzüglich verfügbar sein. Die Aufzeichnungen sind zu vernichten oder zu löschen, wenn eine Aufbewahrung nicht mehr erforderlich ist. Werden die Aufzeichnungen länger als dreißig Jahre aufbewahrt, sind sie zu anonymisieren.

(4) Die Einrichtungen der Krankenversorgung dürfen personenbezogene Daten der zu behandelnden Personen erheben, verarbeiten und nutzen, soweit das für die in Absatz 1 genannten Zwecke erforderlich ist. Sie übermitteln die dokumentierten Daten den zuständigen Behörden, soweit dies zur Verfolgung von Straftaten, die im engen Zusammenhang mit der Anwendung von Blutprodukten stehen, erforderlich ist. Zur Risikoerfassung nach dem Arzneimittelgesetz sind das Geburtsdatum und das Geschlecht der zu behandelnden Person anzugeben.

§ 15 Qualitätssicherung

(1) Einrichtungen der Krankenversorgung, die Blutprodukte anwenden, haben ein System der Qualitätssicherung für die Anwendung von Blutprodukten nach dem Stand der medizinischen Wissenschaft und Technik einzurichten. Sie haben eine approbierte ärztliche Person zu bestellen, die für die transfusionsmedizinischen Aufgaben verantwortlich und mit den dafür erforderlichen Kompetenzen ausgestattet ist (transfusionsverantwortliche Person). Sie haben zusätzlich für jede Behandlungseinheit, in der Blutprodukte angewendet werden, eine approbierte ärztliche Person zu bestellen, die in der Krankenversorgung tätig ist und über transfusionsmedizinische Grundkenntnisse und Erfahrungen verfügt (transfusionsbeauftragte Person). Hat die Einrichtung der Krankenversorgung eine Spendeeinrichtung oder ein Institut für Transfusionsmedizin oder handelt es sich um eine Einrichtung der Krankenversorgung mit Akutversorgung, so ist zusätzlich eine Kommission für transfusionsmedizinische Angelegenheiten (Transfusionskommission) zu bilden.

(2) Im Rahmen des Qualitätssicherungssystems sind die Qualifikation und die Aufgaben der Personen, die im engen Zusammenhang mit der Anwendung von Blutprodukten tätig sind, festzulegen. Zusätzlich sind die Grundsätze für die patientenbezogene Qualitätssicherung der Anwendung von Blutprodukten, insbesondere der Dokumentation und des fachübergreifenden Informationsaustausches, die Überwachung der Anwendung, die anwendungsbezogenen Wirkungen und Nebenwirkungen und zusätzlich erforderliche therapeutische Maßnahmen festzulegen.

§ 16 Unterrichtungspflichten

(1) Treten im Zusammenhang mit der Anwendung von Blutprodukten und gentechnisch hergestellten Plasmaproteinen zur Behandlung von Hämostasestörungen unerwünschte Ereignisse auf, hat die behandelnde ärztliche Person unverzüglich die notwendigen Maßnahmen zu ergreifen. Sie unterrichtet die transfusionsbeauftragte und die transfusionsverantwortliche Person oder die sonst nach dem Qualitätssicherungssystem der Einrichtung der Krankenversorgung zu unterrichtenden Personen.

(2) Im Falle des Verdachts der Nebenwirkung eines Blutprodukts ist unverzüglich der pharmazeutische Unternehmer und im Falle des Verdachts einer schwerwiegenden Nebenwirkung eines Blutprodukts und eines Plasmaproteinpräparates im Sinne von Absatz 1 zusätzlich die zuständige Bundesoberbehörde zu unterrichten. Die Unterrichtung muß alle notwendigen Angaben wie Bezeichnung des Produktes, Name oder Firma des pharmazeutischen Unternehmers und die Chargenbezeichnung enthalten. Von der Person, bei der der Verdacht auf die Nebenwirkungen aufgetreten ist, sind das Geburtsdatum und das Geschlecht anzugeben.

(3) Die berufsrechtlichen Mitteilungspflichten bleiben unberührt.

§ 17 Nicht angewendete Blutprodukte

(1) Nicht angewendete Blutprodukte sind innerhalb der Einrichtungen der Krankenversorgung sachgerecht zu lagern, zu transportieren, abzugeben oder zu entsorgen. Transport und Abgabe von Blutprodukten aus zellulären Blutbestandteilen und Frischplasma dürfen nur nach einem im Rahmen des Qualitätssicherungssystems schriftlich festgelegten Verfahren erfolgen. Nicht angewendete Eigenblutentnahmen dürfen nicht an anderen Personen angewendet werden.

(2) Der Verbleib nicht angewendeter Blutprodukte ist zu dokumentieren.

§ 18 Stand der medizinischen Wissenschaft und Technik zur Anwendung von Blutprodukten

(1) Die Bundesärztekammer stellt im Einvernehmen mit der zuständigen Bundesoberbehörde und nach Anhörung von Sachverständigen unter Berücksichtigung der Empfehlungen der Europäischen Union, des Europarates und der Weltgesundheitsorganisation zu Blut und Blutbestandteilen in Richtlinien den allgemein anerkannten Stand der medizinischen Wissenschaft und Technik insbesondere für

1. die Anwendung von Blutprodukten, die Testung auf Infektionsmarker der zu behandelnden Personen anläßlich der Anwendung von Blutprodukten und die Anforderungen an die Rückstellproben,
2. die Qualitätssicherung der Anwendung von Blutprodukten in den Einrichtungen der Krankenversorgung und ihre Überwachung durch die Ärzteschaft,
3. die Qualifikation und die Aufgaben der im engen Zusammenhang mit der Anwendung von Blutprodukten tätigen Personen,
4. den Umgang mit nicht angewendeten Blutprodukten in den Einrichtungen der Krankenversorgung

fest. Bei der Anhörung ist die angemessene Beteiligung von Sachverständigen der betroffenen Fach- und Verkehrskreise, insbesondere der Träger der Spendeeinrichtungen, der Spitzenverbände der Krankenkassen, der Deutschen Krankenhausgesellschaft, der Kassenärztlichen Bundesvereinigung, sowie der zuständigen Behörden von Bund und Ländern sicherzustellen.

(2) Es wird vermutet, daß der Stand der medizinischen Wissenschaft und Technik zu den Anforderungen nach diesem Abschnitt eingehalten worden ist, wenn und soweit die Richtlinien der Bundesärztekammer nach Absatz 1 beachtet worden sind.

Vierter Abschnitt: Rückverfolgung

§ 19 Verfahren

(1) Wird von einer Spendeeinrichtung festgestellt oder hat sie begründeten Verdacht, daß eine spendende Person mit HIV, mit Hepatitis-Viren oder anderen Erregern, die zu schwerwiegenden Krankheitsverläufen führen können, infiziert ist, ist die entnommene Spende auszusondern und dem Verbleib vorangegangener Spenden nachzugehen. Das Verfahren zur Überprüfung des Verdachts und zur Rückverfolgung richtet sich nach dem Stand der wissenschaftlichen Erkenntnisse. Es sind insbesondere folgende Sorgfaltspflichten zu beachten:

1. der Rückverfolgungszeitraum für vorangegangene Spenden zum Schutz vor den jeweiligen Übertragungsrisiken muß angemessen sein,
2. eine als infektiös verdächtige Spende muß gesperrt werden, bis durch Wiederholungs- oder Bestätigungstestergebnisse über das weitere Vorgehen entschieden worden ist,
3. es muß unverzüglich Klarheit über den Infektionsstatus der spendenden Person und über ihre infektionsverdächtigen Spenden gewonnen werden,
4. eine nachweislich infektiöse Spende muß sicher ausgesondert werden,
5. die notwendigen Informationsverfahren müssen eingehalten werden, wobei § 16 Abs. 2 Satz 3 entsprechend gilt, und
6. die Einleitung des Rückverfolgungsverfahrens ist unverzüglich der zuständigen Behörde anzuzeigen, wenn die Bestätigungstestergebnisse die Infektiosität bestätigen, fraglich sind oder eine Nachtestung nicht möglich ist; § 16 Abs. 2 Satz 3 gilt entsprechend.

Die verantwortliche ärztliche Person der Spendeeinrichtung hat die spendende Person unverzüglich über den anläßlich der Spende gesichert festgestellten Infektionsstatus zu unterrichten. Sie hat die spendende Person eingehend aufzuklären und zu beraten. Sind Blutprodukte, bei denen der begründete Verdacht besteht, daß sie Infektionserreger übertragen, angewendet worden, so sind die Einrichtungen der Krankenversorgung verpflichtet, die behandelten Personen unverzüglich zu unterrichten und ihnen eine Testung zu empfehlen. Vor der Testung ist die schriftliche Einwilligung der behandelten Person einzuholen. Die behandelte Person ist eingehend zu beraten.

(2) Wird in einer Einrichtung der Krankenversorgung bei einer zu behandelnden oder behandelten Person festgestellt oder besteht der begründete Verdacht, daß sie durch ein Blutprodukt gemäß Absatz 1 Satz 1 infiziert worden ist, muß die Einrichtung der Krankenversorgung der Ursache der Infektion unverzüglich nachgehen. Sie hat das für die Infektion oder den Verdacht in Betracht kommende Blutprodukt zu ermitteln und die Unterrichtungen entsprechend § 16 Abs. 2 vorzunehmen. Der pharmazeutische Unternehmer hat zu veranlassen, daß die spendende Person ermittelt und eine Nachuntersuchung empfohlen wird. Absatz 1 Satz 8 gilt entsprechend. Wird die Infektiosität der spendenden Person bei der Nachuntersuchung bestätigt oder nicht ausgeschlossen oder ist eine Nachuntersuchung nicht durchführbar, so findet das Verfahren nach Absatz 1 entsprechend Anwendung.

(3) Die Einrichtungen der Krankenversorgung, die Spendeeinrichtungen und die pharmazeutischen Unternehmer haben mit den zuständigen Behörden des Bundes und der Länder zusammenzuarbeiten, um die Ursache der Infektion nach Absatz 2 zu ermitteln. Sie sind insbesondere verpflichtet, die für diesen Zweck erforderlichen Auskünfte zu erteilen. § 16 Abs. 2 Satz 3 gilt entsprechend.

(4) Die nach Absatz 1 bis 3 durchgeführten Maßnahmen sind für Zwecke weiterer Rückverfolgungsverfahren und der Risikoerfassung nach dem Arzneimittelgesetz zu dokumentieren.

§ 20 Verordnungsermächtigung

Das Bundesministerium für Gesundheit wird ermächtigt, nach Anhörung von Sachverständigen eine Rechtsverordnung mit Zustimmung des Bundesrates zur Regelung der Einzelheiten des Verfahrens der Rückverfolgung zu erlassen, sofern dies zur Abwehr von Gefahren für die Gesundheit von Menschen oder zur Risikovorsorge erforderlich ist. Mit der Verordnung können insbesondere Regelungen zu einer gesicherten Erkennung des Infektionsstatus der spendenden und der zu behandelnden Personen, zur Dokumentation und Übermittlung von Daten zu Zwecken der Rückverfolgung, zum Zeitraum der Rückverfolgung sowie zu Sperrung und Lagerung von Blutprodukten erlassen werden.

Fünfter Abschnitt: Meldewesen

§ 21 Koordiniertes Meldewesen

(1) Die Träger der Spendeeinrichtungen, die pharmazeutischen Unternehmer und die Einrichtungen der Krankenversorgung haben jährlich die Zahlen zu dem Umfang der Gewinnung von Blut und Blutbestandteilen, der Herstellung, des Imports und Exports und des Verbrauchs von Blutprodukten und Plasmaproteinen im Sinne von § 14 Abs. 1 sowie die Anzahl der behandelten Personen mit angeborenen Hämostasestörungen der zuständigen Bundesoberbehörde zu melden. Die Meldungen haben nach Abschluß des Kalenderjahres, spätestens zum 1. März des folgenden Jahres, zu erfolgen.

(2) Die zuständige Bundesoberbehörde stellt die gemeldeten Daten anonymisiert in einem Bericht zusammen und macht diesen bekannt. Sie hat melderbezogene Daten streng vertraulich zu behandeln.

§ 22 Epidemiologische Daten

(1) Die Spendeeinrichtungen erstellen vierteljährlich unter Angabe der Gesamtzahl der getesteten Personen eine Liste über die Anzahl der spendenden Personen, die auf einen Infektionsmarker bestätigt positiv getestet worden sind. Personen, denen Eigenblut entnommen worden ist, sind ausgenommen. Die Zahlenangaben sind nach den verschiedenen Infektionsmarkern, auf die getestet wird, nach Erstspendewilligen, Erst- und Wiederholungsspendern, nach Geschlecht und Alter zu differenzieren. Die Liste ist quartalsweise der für die Epidemiologie zuständigen Bundesoberbehörde zuzuleiten.

(2) Die für die Epidemiologie zuständige Bundesoberbehörde stellt die Angaben in anonymisierter Form übersichtlich zusammen und übersendet eine jährliche Gesamtübersicht bis zum 15. März des folgenden Jahres an die zuständige Bundesoberbehörde. Diese nimmt die Statistik in den Bericht nach § 21 Abs. 2 auf. Melderbezogene Daten sind streng vertraulich zu behandeln.

§ 23 Verordnungsermächtigung

Das Bundesministerium für Gesundheit wird ermächtigt, nach Anhörung von Sachverständigen eine Rechtsverordnung mit Zustimmung des Bundesrates zur Regelung von Art, Umfang und Darstellungsweise der Angaben nach diesem Abschnitt zu erlassen.

Sechster Abschnitt: Sachverständige

§ 24 Arbeitskreis Blut

Das Bundesministerium für Gesundheit richtet einen Arbeitskreis von Sachverständigen für Blutprodukte und das Blutspende- und Transfusionswesen ein (Arbeitskreis Blut). Der Arbeitskreis berät die zuständigen Behörden des Bundes und der Länder. Er nimmt die nach diesem Gesetz vorgesehenen Anhörungen von Sachverständigen bei Erlaß von Verordnungen wahr. Das Bundesministerium für Gesundheit beruft die Mitglieder des Arbeitskreises auf Vorschlag der Berufs- und Fachgesellschaften, Standesorganisationen der Ärzteschaft, der Fachverbände der pharmazeutischen Unternehmer, einschließlich der staatlichen und kommunalen Bluttransfusionsdienste, der Arbeitsgemeinschaft Plasmapherese und der Blutspendedienste des Deutschen Roten Kreuzes, überregionaler Patientenverbände, insbesondere der Hämophilieverbände, des Bundesministeriums der Verteidigung und der Länder. Der Arbeitskreis gibt sich im Einvernehmen mit dem Bundesministerium für Gesundheit eine Geschäftsordnung. Das Bundesministerium für Gesundheit bestimmt und beruft die leitende Person des Arbeitskreises. Es kann eine Bundesoberbehörde mit der Geschäftsführung des Arbeitskreises beauftragen.

Siebter Abschnitt: Pflichten der Behörden

§ 25 Mitteilungspflichten der Behörden

Die für die Durchführung des Gesetzes zuständigen Behörden des Bundes und der Länder teilen sich für die in diesem Gesetz geregelten Zwecke gegenseitig ihnen bekanntgewordene Verdachtsfälle schwerwiegender Nebenwirkungen von Blutprodukten unverzüglich mit. § 16 Abs. 2 Satz 3 gilt entsprechend.

Achter Abschnitt: Sondervorschriften

§ 26 Bundeswehr

(1) Die Vorschriften dieses Gesetzes finden auf Einrichtungen der Bundeswehr entsprechende Anwendung.

(2) Im Geschäftsbereich des Bundesministeriums der Verteidigung obliegt der Vollzug dieses Gesetzes bei der Überwachung den zuständigen Stellen und Sachverständigen der Bundeswehr.

(3) Das Bundesministerium der Verteidigung kann für seinen Geschäftsbereich im Einvernehmen mit dem Bundesministerium für Gesundheit in Einzelfällen Ausnahmen von diesem Gesetz und aufgrund dieses Gesetzes erlassenen Rechtsverordnungen zulassen, wenn dies zur Durchführung der besonderen Aufgaben gerechtfertigt ist und der Schutz der Gesundheit gewahrt bleibt.

Neunter Abschnitt: Bestimmung der zuständigen Bundesoberbehörden und sonstige Bestimmungen

§ 27 Zuständige Bundesoberbehörden

(1) Zuständige Bundesoberbehörde ist das Paul-Ehrlich-Institut.

(2) Die für die Epidemiologie zuständige Bundesoberbehörde ist das Robert Koch-Institut.

(3) Die für die gesundheitliche Aufklärung zuständige Bundesoberbehörde ist die Bundeszentrale für gesundheitliche Aufklärung.

§ 28 Ausnahmen vom Anwendungsbereich

Dieses Gesetz findet auf homöopathische Eigenblutprodukte und auf Eigenblutprodukte zur Immuntherapie keine Anwendung.

§ 29 Verhältnis zu anderen Rechtsbereichen

Die Vorschriften des Arzneimittelrechts, des Medizinprodukterechts und des Seuchenrechts bleiben unberührt, soweit in diesem Gesetz nicht etwas anderes vorgeschrieben ist. Das Transplantationsrecht findet keine Anwendung.

§ 30 Angleichung an Gemeinschaftsrecht

(1) Rechtsverordnungen nach diesem Gesetz können auch zum Zwecke der Angleichung der Rechtsvorschriften der Mitgliedstaaten der Europäischen Union erlassen werden, soweit dies zur Durchführung von Verordnungen oder zur Umsetzung von Richtlinien oder Entscheidungen des Rates der Europäischen Union oder der Kommission der Europäischen Gemeinschaften, die Sachbereiche dieses Gesetzes betreffen, erforderlich ist.

(2) Rechtsverordnungen nach diesem Gesetz, die ausschließlich der Umsetzung von Richtlinien oder Entscheidungen des Rates der Europäischen Union oder der Kommission der Europäischen Gemeinschaften in nationales Recht dienen, bedürfen nicht der Zustimmung des Bundesrates.

Zehnter Abschnitt: Straf- und Bußgeldvorschriften

§ 31 Strafvorschriften

Mit Freiheitsstrafe bis zu einem Jahr oder mit Geldstrafe wird bestraft, wer entgegen § 5 Abs. 3 Satz 1 nicht dafür sorgt, daß die spendende Person vor der Freigabe der Spende auf die dort genannten Infektionsmarker untersucht wird.

§ 32 Bußgeldvorschriften

(1) Ordnungswidrig handelt, wer eine in § 31 bezeichnete Handlung fahrlässig begeht.

(2) Ordnungswidrig handelt, wer vorsätzlich oder fahrlässig

1. entgegen § 4 Satz 1 Nr. 2 eine Spendeeinrichtung betreibt oder
2. entgegen § 8 Abs. 2 Satz 1 Nr. 4 oder 6, jeweils auch in Verbindung mit § 9 Satz 2, ein Immunisierungsprogramm oder eine Vorbehandlung durchführt.

(3) Die Ordnungswidrigkeit kann im Falle des Absatzes 1 mit einer Geldbuße bis zu fünfundzwanzigtausend Euro und in den Fällen des Absatzes 2 mit einer Geldbuße bis zu zehntausend Euro geahndet werden.

Elfter Abschnitt: Übergangsvorschriften

§ 33

Wer bei Inkrafttreten dieses Gesetzes die Tätigkeit der Anwendung von Blutprodukten ausübt und die Voraussetzungen der in diesem Zeitpunkt geltenden Vorschriften erfüllt, darf diese Tätigkeit weiter ausüben.

Zwölfter Abschnitt: Schlußvorschriften

(§§ 34 bis 38)

(Vom Abdruck wurde abgesehen)

§ 39 Inkrafttreten

(1) Dieses Gesetz tritt am Tage nach der Verkündung in Kraft.

(2) Abweichend von Absatz 1 tritt § 15 am ersten Tag des dritten, § 22 am ersten Tag des zweiten auf den Tag der Verkündung folgenden Jahres in Kraft.

Verordnung über das Meldewesen nach §§ 21 und 22 des Transfusionsgesetzes – Transfusionsgesetz - Meldeverordnung (TFGMV)[1)]

Inhaltsübersicht

---

§ 1 Zweck und Anwendungsbereich der Verordnung

Zweck der Regelungen dieser Verordnung ist es, das Meldewesen nach dem Fünften Abschnitt des Transfusionsgesetzes übersichtlich und einheitlich zu gestalten, um effiziente Meldungen zu erhalten und die Voraussetzungen für eine optimale Auswertung der Daten für den Bericht der zuständigen Bundesoberbehörde nach § 21 Abs. 2 des Transfusionsgesetzes zu schaffen. Die Verordnung regelt die Erfassung der zu meldenden Angaben nach Art, Umfang und Darstellungsweise.

§ 2 Angaben im Rahmen des koordinierten Meldewesens

(1) Die Angaben nach § 21 Abs. 1 Satz 1 des Transfusionsgesetzes zu dem Umfang der Gewinnung von Blut und Blutbestandteilen, der Herstellung, des Imports und Exports und des Verbrauchs von Blutprodukten und Plasmaproteinen im Sinne von § 14 Abs. 1 des Transfusionsgesetzes sind auf den von der zuständigen Bundesoberbehörde (Paul-Ehrlich-Institut) für diese Zwecke herausgegebenen und im Bundesanzeiger bekanntgemachten Formblättern zu melden. Dasselbe gilt für die Angaben über die Anzahl der behandelten Personen mit angeborenen Hämostasestörungen. Andere Datenträger sind den Formblättern gleichgestellt, wenn sie inhaltlich mit diesen Formblättern übereinstimmen.

(2) Die Formblätter nach Absatz 1 müssen die folgenden Abfrageelemente enthalten:

- Name und Adresse der meldenden Spendeeinrichtung sowie der Organisation, der die meldende Stelle angehört, oder Name und Adresse des meldenden pharmazeutischen Unternehmers,
- Name und Adresse der meldenden Einrichtung der Krankenversorgung,
- Angabe des Jahres, für das gemeldet wird,
- Produkte,
- Maßeinheit der Produkte,
- Gesamtmenge der Gewinnung, Herstellung, Verluste und des Verfalls der Produkte,
- Gesamtmenge von Import und Export der Produkte, einschließlich Herkunfts- und Ausfuhrland,
- Gesamtmenge von Anwendung und Verfall der Produkte,
- Anzahl der Patienten mit angeborenen Hämostasestörungen, differenziert nach Schweregrad der Erkrankung und Altersgruppen, und Gesamtmenge der bei diesen Personengruppen angewendeten Produkte.

[1)] In der Fassung vom 13. Dezember 2001, BGBl. I S. 3737.

§ 3 Epidemiologische Daten

(1) Die Liste nach § 22 Abs. 1 Satz 1 des Transfusionsgesetzes mit den Angaben über die Anzahl der spendewilligen und spendenden Personen, die in der Spendeeinrichtung auf einen Infektionsmarker bestätigt positiv getestet worden sind, über Alter und Geschlecht dieser Personen, die verschiedenen Infektionsmarker und über die Gesamtzahl der in der Spendeeinrichtung getesteten Personen ist auf dem von der für die Epidemiologie zuständigen Bundesoberbehörde (Robert Koch-Institut) für diese Zwecke herausgegebenen und im Bundesanzeiger bekanntgemachten Formblatt zu erstellen. Andere Datenträger sind dem Formblatt gleichgestellt, wenn sie inhaltlich mit diesem Formblatt übereinstimmen.

(2) Das Formblatt nach Absatz 1 muß folgende Abfrageelemente enthalten:

- Name und Adresse der meldenden Spendeeinrichtung sowie der Organisation, der die meldende Spendeeinrichtung angehört,
- Quartal und Jahr für die Meldung,
- Anzahl der Erstspendewilligen mit Testung auf Infektionsmarker, differenziert nach Infektionsmarkern, Geschlecht und Altersgruppe,
- Anzahl der Erstspender mit und ohne vorangegangene Testung auf Infektionsmarker, differenziert nach Infektionsmarkern, Geschlecht und Altersgruppe,
- Anzahl der Mehrfachspender, differenziert nach Infektionsmarkern, Geschlecht und Altersgruppe,
- Mehrfachinfektionen,
- Spendeintervalle bei den gemeldeten Mehrfachspendern,
- Gesamtzahl aller spendewilligen und spendenden Personen in der Spendeeinrichtung.

(3) Die Bestätigung eines positiven Testergebnisses im Sinne von Absatz 1 hat nach dem Stand der medizinischen Wissenschaft und Technik zu erfolgen. Die Spendeeinrichtung hat auf einem Formblatt, das von der für die Epidemiologie zuständigen Bundesoberbehörde herausgegeben und im Bundesanzeiger bekanntgemacht wird, mitzuteilen, welche Teste mit welchen Ergebnissen bei den als bestätigt positiv gemeldeten spendewilligen und spendenden Personen angewendet worden sind.

§ 4 Inkrafttreten

Die Verordnung tritt am Tage nach der Verkündung in Kraft.

Betriebsverordnung für pharmazeutische Unternehmer (PharmBetrV)[1)]

Inhaltsübersicht

---

§ 1 Anwendungsbereich

(1) Diese Verordnung findet Anwendung auf Betriebe und Einrichtungen, die Arzneimittel oder Wirkstoffe, die Blut oder Blutzubereitungen sind, gewerbsmäßig herstellen, prüfen, lagern, verpacken, in den Verkehr bringen oder in den Geltungsbereich des Arzneimittelgesetzes verbringen. Sie findet auch Anwendung auf Personen, die diese Tätigkeiten berufsmäßig ausüben.

(2) Diese Verordnung ist auf Apotheken, den Einzelhandel mit Arzneimitteln außerhalb von Apotheken, auf Ärzte, Zahnärzte, Tierärzte, tierärztliche Hausapotheken und Arzneimittelgroßhandelsbetriebe nur anzuwenden, soweit sie einer Erlaubnis nach § 13 oder § 72 des Arzneimittelgesetzes bedürfen. Diese Verordnung gilt nicht für denjenigen, der Arzneimittel sammelt oder der im Auftrag eines Tierarztes und unter dessen Aufsicht nach § 13 Abs. 2 Nr. 3 des Arzneimittelgesetzes aus Arzneimittel-Vormischungen und Mischfuttermitteln Fütterungsarzneimittel herstellt.

---

1) In der Fassung vom 8. März 1985, BGBl. I S. 546, zuletzt geändert durch Artikel 2 des Gesetzes vom 25.02.1998, BGBl. I S. 374 und § 35 des Transfusionsgesetzes vom 01.07.1998, BGBl. I S. 1752.

§ 1a Qualitätssicherungssystem

Betriebe und Einrichtungen müssen ein funktionierendes pharmazeutisches Qualitätssicherungssystem entsprechend Art und Umfang der durchgeführten Tätigkeiten betreiben, um sicherzustellen, daß die Arzneimittel die für den beabsichtigten Gebrauch erforderliche Qualität aufweisen. Dieses Qualitätssicherungssystem muß die aktive Beteiligung der Geschäftsführung und des Personals der einzelnen betroffenen Bereiche vorsehen; insbesondere haben der Herstellungsleiter und der Kontrollleiter die Herstellungs- und Prüfanweisungen in regelmäßigen Abständen zu überprüfen und gegebenenfalls an den Stand von Wissenschaft und Technik anzupassen.

§ 2 Personal

(1) Personal muss mit ausreichender fachlicher Qualifikation und in ausreichender Zahl vorhanden sein, um die Einhaltung der Vorschriften dieser Verordnung zu ermöglichen. Es darf nur entsprechend seiner Ausbildung und seinen Kenntnissen beschäftigt werden und ist über die beim Umgang mit Arzneimitteln und Ausgangsstoffen gebotene Sorgfalt regelmäßig zu unterweisen.

(2) Die Verantwortungsbereiche sind nach Maßgabe der §§ 19 und 63a des Arzneimittelgesetzes schriftlich festzulegen. Darüber hinaus müssen die Aufgaben des Personals in leitender oder verantwortlicher Stellung in Arbeitsplatzbeschreibungen festgelegt werden. Die Organisationsstruktur ist in einem Organisationsschema zu beschreiben. Organisationsschema und Arbeitsplatzbeschreibungen sind nach den betriebsinternen Verfahren festzulegen. Dem in Satz 2 genannten Personal sind ausreichende Befugnisse einzuräumen, damit es seiner Verantwortung gerecht werden kann.

(3) Wer Arzneimittel vertreibt, herstellt oder in den Geltungsbereich des Arzneimittelgesetzes verbringt, ohne einer Erlaubnis nach § 13 oder § 72 des Arzneimittelgesetzes zu bedürfen, hat den Verantwortungsbereichen nach § 19 des Arzneimittelgesetzes entsprechend eine oder mehrere verantwortliche Personen zu bestellen. Sind mehrere Personen bestellt, gilt Absatz 2 entsprechend. Die bestellten Personen sind für die Einhaltung der ihren Bereich betreffenden Vorschriften dieser Verordnung verantwortlich.

§ 3 Beschaffenheit, Größe und Einrichtung der Betriebsräume

(1) Die Betriebsräume müssen nach Art, Größe, Zahl, Lage und Einrichtung einen ordnungsgemäßen Betrieb, insbesondere die einwandfreie Herstellung, Prüfung, Lagerung, Verpackung und das Inverkehrbringen der Arzneimittel gewährleisten. Soweit die Betriebsräume und ihre Einrichtung für Herstellungsvorgänge verwendet werden, die für die Arzneimittelqualität von entscheidender Bedeutung sind, müssen sie auf ihre Eignung überprüft werden (Qualifizierung).

(2) Die Betriebsräume müssen sich in einem ordnungsgemäßen baulichen Zustand befinden. Sie müssen ausreichend beleuchtet sein und geeignete klimatische Verhältnisse aufweisen. Die Betriebsräume sind durch geeignete Maßnahmen vor dem Zutritt Unbefugter zu schützen.

(3) Die Betriebsräume und ihre Einrichtung sollen gründlich zu reinigen sein und müssen instand gehalten werden.

§ 4 Anforderungen an die Hygiene

(1) Betriebsräume und deren Einrichtungen müssen regelmäßig gereinigt und, soweit erforderlich, desinfiziert werden. Es soll nach einem schriftlichen Hygieneplan verfahren werden, in dem insbesondere folgendes festgelegt ist:

1. die Häufigkeit der Maßnahmen,
2. die durchzuführenden Reinigungs- oder Desinfektionsverfahren und die zu verwendenden Geräte und Hilfsmittel,
3. die mit der Aufsicht betrauten Personen.

(2) Soweit zur ordnungsgemäßen Herstellung und Prüfung der Arzneimittel erforderlich, müssen schriftliche Hygieneprogramme mit Anweisungen zum hygienischen Verhalten und zur Schutzkleidung des Personals erstellt und befolgt werden.

(3) Soweit zur Herstellung und Prüfung von Arzneimitteln Tiere verwendet werden, müssen bei ihrer Haltung die hygienischen Erfordernisse beachtet werden.

§ 5 Herstellung

(1) Arzneimittel sind nach anerkannten pharmazeutischen Regeln herzustellen.

(2) Es dürfen nur Arzneimittel und Ausgangsstoffe verwendet werden, deren erforderliche Qualität nach § 6 festgestellt und kenntlich gemacht ist. Durch räumliche oder zeitliche Trennung der einzelnen Herstellungsvorgänge oder durch geeignete technische oder organisatorische Maßnahmen ist Vorsorge zu treffen, daß eine gegenseitige nachteilige Beeinflussung der Arzneimittel sowie Verwechslungen der Arzneimittel und des Verpackungs- und Kennzeichnungsmaterials vermieden werden.

(3) Arzneimittel sind unter Verantwortung des Herstellungsleiters und nach vorher erstellten Anweisungen und Verfahrensbeschreibungen (Herstellungsanweisung) herzustellen und zu lagern. Diese Herstellungsanweisung muß in schriftlicher Form vorliegen und die Herstellungsvorgänge sowie die damit im Zusammenhang stehenden Arbeitsgänge im einzelnen beschreiben. Für Arzneimittel, die zugelassen oder registriert sind, muß sie den Zulassungs- oder Registrierungsunterlagen entsprechen. Die zur Herstellung angewandten Verfahren sind nach dem jeweiligen Stand von Wissenschaft und Technik zu validieren. Kritische Phasen eines Herstellungsverfahrens müssen regelmäßig revalidiert werden. Die Ergebnisse sind zu dokumentieren.

(4) Die Herstellung jeder Charge eines Arzneimittels einschließlich der Verpackung ist vollständig zu protokollieren (Herstellungsprotokoll). Die für die Herstellung verantwortliche Person hat im Herstellungsprotokoll mit Datum und eigenhändiger Unterschrift zu bestätigen, daß das Arzneimittel entsprechend der Herstellungsanweisung hergestellt und mit der vorgeschriebenen Packungsbeilage versehen worden ist. Es können Personen gleicher Qualifikation zu ihrer Stellvertretung bestellt werden. In Fällen kurzfristiger Verhinderung, insbesondere durch Krankheit oder Urlaub, kann an Stelle der für die Herstellung verantwortlichen Person ein Beauftragter, der über ausreichende Ausbildung und Kenntnisse verfügt, die Bestätigung vornehmen. Das Herstellungsprotokoll ist der für die Herstellung verantwortlichen Person nach ihrer Rückkehr unverzüglich zur Bestätigung vorzulegen. Soweit das Arzneimittel nicht in Chargen hergestellt wird, gelten die Sätze 1 bis 4 entsprechend.

§ 6 Prüfung

(1) Arzneimittel und deren Ausgangsstoffe sind nach anerkannten pharmazeutischen Regeln auf die erforderliche Qualität zu prüfen.

(2) Die Prüfung ist unter Verantwortung des Kontrolleiters nach vorher erstellten Anweisungen und Verfahrensbeschreibungen (Prüfanweisung) durchzuführen. Diese Prüfanweisung muß vor der Prüfung in schriftlicher Form erstellt werden und die Probenahme und Prüfung sowie die damit im Zusammenhang stehenden Arbeitsgänge im einzelnen beschreiben. Für Arzneimittel, die zugelassen oder registriert sind, muß sie den Zulassungs- oder Registrierungsunterlagen entsprechen. Die zur Prüfung angewandten Verfahren sind nach dem jeweiligen Stand der Wissenschaft und Technik zu validieren.

(3) Die Prüfung der Ausgangsstoffe und jeder Charge eines Arzneimittels ist vollständig zu protokollieren (Prüfprotokoll). Die für die Prüfung verantwortliche Person hat im Prüfprotokoll mit Datum und eigenhändiger Unterschrift zu bestätigen, daß das Arzneimittel entsprechend der Prüfanweisung geprüft worden ist und die erforderliche Qualität besitzt. In Fällen kurzfristiger Verhinderung, insbesondere durch Krankheit oder Urlaub, kann an Stelle der für die Prüfung verantwortlichen Person ein Beauftragter, der über ausreichende Ausbildung und Kenntnisse verfügt, die Bestätigung vornehmem. Das Prüfprotokoll ist der für die Prüfung verantwortlichen Person nach ihrer Rückkehr unverzüglich zur Bestätigung vorzulegen. Wenn das Arzneimittel nicht in Chargen hergestellt wurde, gelten die Sätze 1 bis 4 entsprechend.

(4) Wurde die erforderliche Qualität festgestellt, sind die Arzneimittel und die Ausgangsstoffe entsprechend kenntlich zu machen; bei zeitlicher Begrenzung der Haltbarkeit ist das Enddatum anzugeben.

(5) Die Absätze 1 bis 4 finden auf Fütterungsarzneimittel mit der Maßgabe Anwendung, daß die Prüfung stichprobenweise durchgeführt werden kann. Dabei darf von einer über die Homogenität hinausgehenden Prüfung abgesehen werden, wenn sich keine Anhaltspunkte ergeben haben, die Zweifel an der einwandfreien Beschaffenheit des Fütterungsarzneimittels begründen.

§ 7 Freigabe

(1) Arzneimittel dürfen als freigegeben nur kenntlich gemacht werden (Freigabe), wenn das Herstellungs- und das Prüfprotokoll ordnungsgemäß unterzeichnet sind. § 32 des Arzneimittelgesetzes bleibt unberührt.

(2) Arzneimittel und Ausgangsstoffe, die den Anforderungen an die Qualität nicht genügen, sind als solche kenntlich zu machen und abzusondern; sie sind zu vernichten, an den Lieferanten zurückzugeben oder umzuarbeiten. Über die Maßnahme sind Aufzeichnungen zu machen.

§ 8 Lagerung

(1) Arzneimittel und Ausgangsstoffe sind so zu lagern, daß ihre Qualität nicht nachteilig beeinflußt wird und Verwechslungen vermieden werden.

(2) Die Vorratsbehältnisse und die innerbetrieblichen Transportbehältnisse müssen so beschaffen sein, daß die Qualität des Inhalts nicht beeinträchtigt wird. Sie müssen mit deutlichen Aufschriften versehen sein, die den Inhalt eindeutig bezeichnen. Soweit Bezeichnungen durch Rechtsverordnung nach § 10 Abs. 6 Nr. 1 des Arzneimittelgesetzes vorgeschrieben sind, sind diese zu verwenden. Der Inhalt ist durch zusätzliche Angaben zu kennzeichnen, soweit dies zur Vermeidung von Verwechslungen erforderlich ist.

(3) Muster von jeder Charge eines Arzneimittels müssen mindestens ein Jahr über den Ablauf des Verfalldatums hinaus aufbewahrt werden. Bei Arzneimitteln, deren Herstellung für den Einzelfall oder in kleinen Mengen erfolgt oder deren Lagerung besondere Probleme bereitet, kann die zuständige Behörde Ausnahmen über die Muster und ihre Aufbewahrung zulassen.

(3a) Muster von Ausgangsstoffen müssen mindestens zwei Jahre nach Freigabe der unter Verwendung dieser Ausgangsstoffe hergestellten Arzneimittel aufbewahrt werden, es sei denn, in den Zulassungsunterlagen ist eine kürzere Haltbarkeit angegeben. Satz 1 gilt nicht für Lösungsmittel, Gase und Wasser.

(4) Die für die Lagerung verantwortliche Person hat sich in regelmäßigen Abständen davon zu überzeugen, daß die Arzneimittel und die Ausgangsstoffe ordnungsgemäß gelagert werden.

§ 9 Tierhaltung

(1) Der Gesundheitszustand von Tieren, die für die Herstellung oder Prüfung von Arzneimitteln gehalten werden, ist von einem Tierarzt fortlaufend zu kontrollieren.

(2) Soweit vor der Verwendung der Tiere eine Quarantäne erforderlich ist, sind sie in einem Quarantänestall unterzubringen und von einem Tierarzt zu untersuchen. Die Quarantänezeit beträgt für Kleintiere mindestens zwei Wochen, für Rinder, Schweine, Schafe und Ziegen mindestens drei Wochen, für Einhufer sowie für andere Großtiere mindestens vier und für Affen mindestens sechs Wochen. Der Quarantänestall muß von den übrigen Ställen getrennt sein. Die mit der Pflege und Wartung der im Quarantänestall untergebrachten Tiere beauftragten Personen sollen nicht ohne ausreichende Vorsichtsmaßnahmen in anderen Ställen beschäftigt werden.

(3) Bei der Herstellung und Prüfung von Arzneimitteln dürfen nur Tiere verwendet werden, die nach dem Ergebnis der tierärztlichen Untersuchung keine Anzeichen von übertragbaren Krankheiten aufweisen und nicht an Krankheiten leiden, die die Herstellung oder Prüfung der Arzneimittel nachteilig beeinflussen.

(4) Über die Tiere sind nach Tierarten getrennte Aufzeichnungen zu führen. Diese Aufzeichnungen müssen mindestens Angaben enthalten über

1. die Herkunft und das Datum des Erwerbs,
2. die Rasse oder den Stamm,
3. die Anzahl,
4. die Kennzeichnung,
5. den Beginn und das Ende der Quarantänezeit,
6. das Ergebnis der tierärztlichen Untersuchungen,
7. die Art, das Datum und die Dauer der Verwendung und
8. den Verbleib der Tiere nach der Verwendung.

(5) Die Ställe müssen sich in angemessener Entfernung von den Herstellungs- und Prüfräumen befinden.

§ 10 Behältnisse

Arzneimittel dürfen nur in Behältnissen in den Verkehr gebracht werden, die gewährleisten, daß die Qualität nicht mehr als unvermeidbar beeinträchtigt wird.

§ 11 Kennzeichnung

(1) Arzneimittel, die zur Anwendung bei Menschen bestimmt und keine Fertigarzneimittel sind, dürfen nur in den Verkehr gebracht werden, wenn ihre Behältnisse und, soweit verwendet, die äußeren Umhüllungen nach § 10 Abs. 1 Nr. 1, 2, 4 und 9 des Arzneimittelgesetzes in gut lesbarer Schrift, in deutscher Sprache und auf dauerhafte Weise gekennzeichnet sind.

(2) Fertigarzneimittel, die Arzneimittel im Sinne des § 2 Abs. 2 Nr. 1a, 2 oder 3 des Arzneimittelgesetzes sind, dürfen nur in den Verkehr gebracht werden, wenn ihre Behältnisse und, soweit verwendet, ihre äußeren Umhüllungen nach § 10 des Arzneimittelgesetzes gekennzeichnet sind. Die Angaben über die Darreichungsform, die wirksamen Bestandteile und die Wartezeit können entfallen. Bei diesen Arzneimitteln sind auf dem Behältnis, oder, soweit verwendet, auf der äußeren Umhüllung oder einer Packungsbeilage zusätzlich anzugeben

1. die Anwendungsgebiete,
2. die Gegenanzeigen,
3. die Nebenwirkungen,
4. die Wechselwirkungen mit anderen Mitteln.

Können die vorgeschriebenen Angaben nicht gemacht werden, so können sie entfallen.

(3) Fertigarzneimittel, die Arzneimittel im Sinne des § 2 Abs. 2 Nr. 4 des Arzneimittelgesetzes sind, dürfen nur in den Verkehr gebracht werden, wenn ihre Behältnisse und, soweit verwendet, ihre äußeren Umhüllungen nach § 10 Abs. 1, 2, 3, 5, 6, 8 und 9 des Arzneimittelgesetzes gekennzeichnet sind. Die Angaben über die Darreichungsform können entfallen. Die wirksamen Bestandteile sind bei Arzneimitteln im Sinne des § 2 Abs. 2 Nr. 4 Buchstabe a des Arzneimittelgesetzes nach Art und Menge anzugeben, soweit sie für die Funktion des Arzneimittels charakteristisch sind. Besteht das Fertigarzneimittel aus mehreren Teilen, so sind auf dem Behältnis und, soweit verwendet, auf der äußeren Umhüllung die Chargenbezeichnungen der einzelnen Teile anzugeben. Ist die Angabe der wirksamen Bestandteile nach Art und Menge auf dem Behältnis aus Platzmangel nicht möglich, so ist sie auf der äußeren Umhüllung oder, sofern auch dies aus Platzmangel nicht möglich ist, in einem dem Behältnis beigefügten Informationsblatt vorzunehmen.

(4) Zur Anwendung bei Tieren bestimmte Arzneimittel, die keine Fertigarzneimittel sind, dürfen nur in den Verkehr gebracht werden, wenn die Behältnisse und, soweit verwendet, die äußeren Umhüllungen mit den Angaben nach den §§ 10 und 11 des Arzneimittelgesetzes versehen sind. Fütterungsarzneimittel müssen ferner nach § 56 Abs. 4 Satz 3 des Arzneimittelgesetzes gekennzeichnet sein. Werden Fütterungsarzneimittel in Tankwagen oder ähnlichen Einrichtungen befördert, so genügt es, wenn die erforderlichen Angaben in mitgeführten, für den Tierhalter bestimmten Begleitpapieren enthalten sind.

(5) Bei Arzneimitteln, die der Zulassung oder Registrierung nicht bedürfen, entfällt die Angabe der Zulassungsnummer oder Registernummer.

§ 12 Herstellung und Prüfung im Auftrag

(1) Soweit ein Arzneimittel ganz oder teilweise im Auftrag in einem anderen Betrieb hergestellt oder geprüft wird, muß ein schriftlicher Vertrag zwischen dem Auftraggeber und dem Auftragnehmer bestehen. In diesem Vertrag müssen die Aufgaben und Verantwortlichkeiten jeder Seite klar festgelegt sein. Der Auftragnehmer darf keine ihm vertraglich übertragene Arbeit ohne schriftliche Zustimmung des Auftraggebers an Dritte weitergeben.

(2) Der Auftraggeber hat sich zu vergewissern, daß der Auftragnehmer das Arzneimittel ordnungsgemäß und entsprechend der Herstellungs- und Prüfanweisung herstellt und prüft. Soweit die Freigabe durch den Auftraggeber erfolgt, sind ihr auch die vom Auftragnehmer übersandten Protokolle über die Herstellung oder Prüfung zugrunde zu legen.

§ 13 Vertrieb und Einfuhr

(1) Ein pharmazeutischer Unternehmer darf ein Arzneimittel, das er nicht selbst hergestellt hat, erst in den Verkehr bringen, wenn es im Geltungsbereich des Arzneimittelgesetzes nach § 6 geprüft und die erforderliche Qualität von der für die Prüfung verantwortlichen Person im Prüfprotokoll bestätigt ist.

(2) Bei einem Arzneimittel, das aus einem Mitgliedstaat der Europäischen Gemeinschaften oder einem anderen Vertragsstaat des Abkommens über den Europäischen Wirtschaftsraum eingeführt wurde, kann von der Prüfung nach Absatz 1 abgesehen werden, wenn es in dem Mitgliedstaat oder dem anderen Vertragsstaat nach den dort geltenden Rechtsvorschriften geprüft ist und dem Prüfprotokoll entsprechende Unterlagen vorliegen.

(3) Bei einem Arzneimittel, das aus einem Land eingeführt wurde, das nicht Mitgliedstaat der Europäischen Gemeinschaften oder ein anderer Vertragsstaat des Abkommens über den Europäischen Wirtschaftsraum ist, kann von der Prüfung nach Absatz 1 abgesehen werden, wenn die Voraussetzungen nach § 72a Satz 1 Nr. 1 des Arzneimittelgesetzes erfüllt sind und dem Prüfprotokoll entsprechende Unterlagen vorliegen.

(4) Der pharmazeutische Unternehmer soll sich vergewissern, daß der Hersteller das Arzneimittel ordnungsgemäß und entsprechend der Herstellungs- und Prüfanweisung herstellt und prüft.

(5) Der pharmazeutische Unternehmer hat zu gewährleisten, daß Rückstellmuster der zuständigen Behörde zur Verfügung gestellt werden können. § 8 Abs. 3 und 3a gilt entsprechend.

(6) Ein Fertigarzneimittel darf erst in Verkehr gebracht werden, wenn die Freigabe nach § 7 Abs. 1 Satz 1 erfolgt ist.

(7) Über den Erwerb, die Einfuhr, die Ausfuhr, die Lagerung und das Inverkehrbringen sind Aufzeichnungen zu machen.

§ 14 Beanstandungen

(1) Der Stufenplanbeauftragte nach § 63a Abs. 1 Satz 1 des Arzneimittelgesetzes hat alle bekanntgewordenen Meldungen über Arzneimittelrisiken zu sammeln und die nach § 29 Abs. 1 Satz 2 des Arzneimittelgesetzes bestehenden Anzeigepflichten zu erfüllen, soweit sie Arzneimittelrisiken betreffen. Er hat unverzüglich die sofortige

Überprüfung der Meldungen zu veranlassen und sie daraufhin zu bewerten, ob ein Arzneimittelrisiko vorliegt, wie schwerwiegend es ist und welche Maßnahmen zur Risikoabwehr geboten sind. Er hat die notwendigen Maßnahmen zu koordinieren. Der Stufenplanbeauftragte hat die zuständige Behörde über jeden Mangel, der möglicherweise zu einem Rückruf oder zu einer ungewöhnlichen Einschränkung des Vertriebs führt, unverzüglich zu unterrichten und dabei auch mitzuteilen, in welche Staaten das Arzneimittel ausgeführt wurde. Über den Inhalt der Meldungen, die Art der Überprüfung und die dabei gewonnenen Erkenntnisse, das Ergebnis der Bewertung, die koordinierten Maßnahmen und die Benachrichtigungen hat der Stufenplanbeauftragte Aufzeichnungen zu führen.

(2) Soweit ein pharmazeutischer Unternehmer andere als die in § 63a Abs. 1 Satz 1 des Arzneimittelgesetzes genannten Arzneimittel in den Verkehr bringt, hat er eine Person mit der Wahrnehmung der Aufgaben nach Absatz 1 zu beauftragen. Die beauftragte Person ist für die Einhaltung der Verpflichtungen entsprechend Absatz 1 verantwortlich.

(3) Der pharmazeutische Unternehmer hat dafür zu sorgen, daß alle im Betrieb eingehenden Meldungen über Arzneimittelrisiken unverzüglich dem Stufenplanbeauftragten oder der nach Absatz 2 Satz 1 beauftragten Person mitgeteilt werden.

§ 15 Dokumentation

(1) Alle Aufzeichnungen über den Erwerb, die Herstellung, Prüfung Lagerung, Einfuhr, Ausfuhr und das Inverkehrbringen der Arzneimittel sowie über die Tierhaltung und die Aufzeichnungen des Stufenplanbeauftragten oder der nach § 14 Abs. 2 Satz 1 beauftragten Person sind vollständig und mindestens bis ein Jahr nach Ablauf des Verfalldatums, jedoch nicht weniger als fünf Jahre aufzubewahren. Die Aufzeichnungen müssen klar und deutlich, fehlerfrei und auf dem neuesten Stand sein. Der ursprüngliche Inhalt einer Eintragung darf weder mittels Durchstreichens noch auf andere Weise unleserlich gemacht werden. Es dürfen keine Veränderungen vorgenommen werden, die nicht erkennen lassen, ob sie bei der ursprünglichen Eintragung oder erst später gemacht worden sind.

(1a) Bei Blutzubereitungen, Sera aus menschlichem Blut und gentechnisch hergestellten Plasmaproteinen zur Behandlung von Hämostasestörungen sind zusätzlich zum Zwecke der Rückverfolgung die Bezeichnung des Arzneimittels, die Chargenbezeichnung, das Datum der Abgabe und der Name oder die Firma des Empfängers aufzuzeichnen. Die Aufzeichnungen sind mindestens fünfzehn Jahre aufzubewahren oder zu speichern und müssen gelöscht werden, wenn die Aufbewahrung oder Speicherung nicht mehr erforderlich ist. Werden die Aufzeichnungen länger als dreißig Jahre aufbewahrt oder gespeichert, sind sie zu anonymisieren.

(2) Werden die Aufzeichnungen mit elektronischen, photographischen oder anderen Datenverarbeitungssystemen gemacht, muß mindestens sichergestellt sein, daß die Daten während der Dauer der Aufbewahrungsfrist verfügbar sind und innerhalb einer angemessenen Frist lesbar gemacht werden können. Die gespeicherten Daten müssen gegen Verlust und Beschädigung geschützt werden. Wird ein System zur automatischen Datenverarbeitung oder -übertragung eingesetzt, so genügt statt der eigenhändigen Unterschrift der verantwortlichen Person nach § 5 Abs. 4 und § 6 Abs. 3 die Namenswiedergabe dieser Person, wenn in geeigneter Weise sichergestellt ist, daß nur befugte Personen die Bestätigung der ordnungsgemäßen Herstellung und Prüfung im Herstellungs- und Prüfprotokoll vornehmen können.

(3) Die Aufzeichnungen über das Inverkehrbringen sind so zu ordnen, daß sie den unverzüglichen Rückruf des Arzneimittels ermöglichen.

§ 15a Selbstinspektion

Um die Beachtung der Vorschriften dieser Verordnung sicherzustellen, müssen regelmäßig Selbstinspektionen durchgeführt werden. Über die Selbstinspektionen und die anschließend ergriffenen Korrekturmaßnahmen müssen Aufzeichnungen geführt und aufbewahrt werden.

§ 16 Kennzeichnungs- und Verpackungsmaterial

§ 6 Abs. 1 und Abs. 2 Satz 1, § 8 Abs. 1 und 4 sowie § 15 sind auf Behältnisse, äußere Umhüllungen, Kennzeichnungsmaterial, Packungsbeilagen und Packmittel entsprechend anzuwenden.

§ 17 Ordnungswidrigkeiten

(1) Ordnungswidrig im Sinne des § 97 Abs. 2 Nr. 31 des Arzneimittelgesetzes handelt, wer vorsätzlich oder fahrlässig

1. als Herstellungsleiter oder als nach § 2 Abs. 3 für den Bereich des § 19 Abs. 1 des Arzneimittelgesetzes bestellte Person
   a) entgegen § 5 Abs. 3 Satz 2 oder 3 eine Herstellungsanweisung nicht, nicht richtig, nicht vollständig oder nicht rechtzeitig erstellt oder entgegen § 5 Abs. 4 Satz 1 oder 2 ein Herstellungsprotokoll nicht, nicht richtig oder nicht vollständig führt,
   b) entgegen § 8 Abs. 1 Arzneimittel nicht so lagert, daß ihre Qualität nicht nachteilig beeinflußt wird und Verwechslungen vermieden werden oder
   c) Muster von Chargen, Muster von Ausgangsstoffen oder Rückstellmuster nicht entsprechend § 8 Abs. 3 Satz 1 oder Abs. 3a Satz 1, auch in Verbindung mit § 13 Abs. 5 Satz 2, aufbewahrt,
2. als Herstellungsleiter oder Kontrolleiter oder als nach § 2 Abs. 3 für den Bereich des § 19 Abs. 1 oder 2 des Arzneimittelgesetzes bestellte Person entgegen § 7 Abs. 2 Satz 1 Arzneimittel nicht kenntlich macht oder nicht absondert,
3. als Kontrolleiter oder als nach § 2 Abs. 3 für den Bereich des § 19 Abs. 2 des Arzneimittelgesetzes bestellte Person entgegen § 6 Abs. 2 Satz 2 eine Prüfanweisung nicht, nicht richtig, nicht vollständig oder nicht rechtzeitig erstellt oder entgegen § 6 Abs. 3 Satz 1 oder 2 ein Prüfprotokoll nicht, nicht richtig oder nicht vollständig führt,
4. als Vertriebsleiter oder als nach § 2 Abs. 3 für den Bereich des § 19 Abs. 3 des Arzneimittelgesetzes bestellte Person entgegen § 10 Arzneimittel in den Verkehr bringt,

4a. als Stufenplanbeauftragter oder als nach § 14 Abs. 2 Satz 1 beauftragte Person entgegen § 14 Abs. 1 Satz 1 Meldungen über Arzneimittelrisiken nicht sammelt oder entgegen § 14 Abs. 1 Satz 2 bis 5 den dort geregelten Verpflichtungen nicht, nicht richtig, nicht vollständig oder nicht rechtzeitig nachkommt oder

5. als pharmazeutischer Unternehmer
   a) nicht dafür sorgt, daß die Quarantänevorschriften des § 9 Abs. 2 Satz 1 bis 3 eingehalten werden,
   b) entgegen § 9 Abs. 4 Aufzeichnungen nicht, nicht richtig oder nicht vollständig führt,
   c) entgegen § 13 Abs. 1 oder 6 Arzneimittel in den Verkehr bringt,
   d) entgegen § 13 Abs. 5 Satz 1 Rückstellmuster nicht zur Verfügung hält,
   e) entgegen § 14 Abs. 2 Satz 1 eine Person nicht beauftragt oder entgegen § 14 Abs. 3 nicht dafür sorgt, daß Meldungen rechtzeitig mitgeteilt werden,
   f) Aufzeichnungen nicht entsprechend § 15 Abs. 1 Satz 1 aufgewahrt oder entgegen § 15 Abs. 1 Satz 3 oder 4 Aufzeichnungen unleserlich macht oder Veränderungen vornimmt, oder
   g) entgegen § 15 Abs. 1a Satz 2 eine Aufzeichnung nicht oder nicht mindestens fünfzehn Jahre aufbewahrt und nicht oder nicht mindestens fünfzehn Jahre speichert.

(2) Die Vorschriften des Absatzes 1 Nr. 1 Buchstabe b und Nr. 5 Buchstabe f gelten auch bei Behältnissen, äußeren Umhüllungen, Kennzeichnungsmaterial, Packungsbeilagen und Packmitteln im Sinne des § 16.

§ 18 Übergangsbestimmungen

(1) Arzneimittel, die vor dem Inkrafttreten dieser Verordnung nicht den Vorschriften dieser Verordnung entsprechend hergestellt und geprüft wurden, oder die nicht nach den Vorschriften dieser Verordnung gekennzeichnet und verpackt sind, dürfen vom pharmazeutischen Unternehmer noch bis zum 31. Dezember 1987 in den Verkehr gebracht werden.

(2) Betriebsräume und Einrichtungen müssen bis zum 31. Dezember 1987 den Vorschriften dieser Verordnung entsprechen. Die zuständige Behörde kann darüber hinaus befristete Ausnahmen zulassen, wenn ein wichtiger Grund vorliegt.

(3) Für Arzneimittel im Sinne des § 2 Abs. 2 Nr. 2 bis 4 des Arzneimittelgesetzes finden die Bestimmungen dieser Verordnung bis zum 31. Dezember 1987 keine Anwendung. Die Kennzeichnungsvorschriften des § 11 Abs. 2 und 3 finden bis zum 31. Dezember 1988 keine Anwendung.

(4) Arzneimittel, die in dem in Artikel 3 des Einigungsvertrages genannten Gebiet nicht den Vorschriften dieser Verordnung entsprechend hergestellt und geprüft wurden oder die nicht nach den Vorschriften dieser Verordnung gekennzeichnet und verpackt sind, dürfen vom pharmazeutischen Unternehmer dort bis zum 31. Dezember 1991 in den Verkehr gebracht werden.

(5) Betriebsräume und Einrichtungen in dem in Artikel 3 des Einigungsvertrages genannten Gebiet müssen bis zum 31. Dezember 1992 den Vorschriften dieser Verordnung entsprechen. Die zuständige Behörde kann darüber hinaus befristete Ausnahmen zulassen, wenn ein wichtiger Grund vorliegt.

(6) Für Arzneimittel im Sinne des § 2 Abs. 2 Nr. 2 bis 4 des Arzneimittelgesetzes, die in dem in Artikel 3 des Einigungsvertrages genannten Gebiet hergestellt und geprüft werden, finden die Bestimmungen dieser Verordnung bis zum 31. Dezember 1992 keine Anwendung.

§ 19 Schlußbestimmungen

Auf Arzneimittel im Sinne des § 2 Abs. 2 Nr. 1, 1a, 2, 3 und 4 des Arzneimittelgesetzes, die Medizinprodukte im Sinne des Artikels 1 der Richtlinie 90/385/EWG und des Artikels 1 der Richtlinie 93/42/EWG einschließlich der Produkte im Sinne des Artikels 1 Abs. 2 Buchstabe c der Richtlinie 93/42/EWG sind, findet diese Verordnung in der am 30. Juni 1994 geltenden Fassung Anwendung, hinsichtlich § 11 in Verbindung mit § 10 des Arzneimittelgesetzes in der Fassung des Vierten Gesetzes zur Änderung des Arzneimittelgesetzes vom 11. April 1990 (BGBl. I S. 717).

§ 20 Inkrafttreten

(1) Diese Verordnung tritt am 1. April 1985 in Kraft.

(2) Mit dem Inkrafttreten dieser Verordnung treten alle Vorschriften, die den gleichen Gegenstand regeln, außer Kraft. Dies gilt insbesondere für folgende Vorschriften:

1. Verordnung über Sera und Impfstoffe nach den §§ 19b und d des Arzneimittelgesetzes vom 14. November 1972 (BGBl. I S. 2088),
2. die §§ 1, 2 und 6 Nr. 1 der Verordnung über Arzneimittel, die zur Anwendung bei Tieren bestimmt sind - AATV - vom 2. Januar 1978 (BGBl. I S. 26).

Gesetz über Medizinprodukte Medizinproduktegesetz (MPG)[1) *)]

Inhaltsübersicht

[*)] Dieses Gesetz dient der Umsetzung
– der Richtlinie 90/385/EWG des Rates vom 20. Juni 1990 zur Angleichung der Rechtsvorschriften der Mitgliedsstaaten über aktive implantierbare medizinische Geräte (ABl. EG Nr. L 189 S. 17), zuletzt geändert durch die Richtlinie 93/68/EWG (ABl. EG Nr. L 220 S.1),
– der Richtlinie 93/42/EWG des Rates vom 14. Juni 1993 über Medizinprodukte (ABl. EG Nr. L 169 S.1), zuletzt geändert durch die Richtlinie 2001/104/EG (ABl. EG Nr. L 6 S. 50) und
– der Richtlinie 98/79/EG des Europäischen Parlaments und des Rates vom 27. Oktober 1998 über In-vitro-Diagnostika (ABl. EG Nr. L 331 S. 1).
[1)] In der Fassung vom 07. August 2002, BGBl. I S. 3146.

Erster Abschnitt: Zweck des Gesetzes, Begriffsbestimmungen

§ 1 Zweck, Anwendungsbereich des Gesetzes, Begriffsbestimmungen

Zweck dieses Gesetzes ist es, den Verkehr mit Medizinprodukten zu regeln und dadurch für die Sicherheit, Eignung und Leistung der Medizinprodukte sowie die Gesundheit und den erforderlichen Schutz der Patienten, Anwender und Dritter zu sorgen.

§ 2 Anwendungsbereich des Gesetzes

(1) Dieses Gesetz gilt für Medizinprodukte und deren Zubehör. Zubehör wird als eigenständiges Medizinprodukt behandelt.

(2) Dieses Gesetz gilt auch für Produkte, die dazu bestimmt sind, Arzneimittel im Sinne des § 2 Abs. 1 des Arzneimittelgesetzes zu verabreichen. Werden die Medizinprodukte nach Satz 1 so in den Verkehr gebracht, dass Medizinprodukt und Arzneimittel ein einheitliches, miteinander verbundenes Produkt bilden, das ausschließlich zur Anwendung in dieser Verbindung bestimmt und nicht wiederverwendbar ist, gilt dieses Gesetz nur insoweit, als das Medizinprodukt die Grundlegenden Anforderungen nach § 7 erfüllen muss, die sicherheits- und leistungsbezogene Produktfunktionen betreffen. Im Übrigen gelten die Vorschriften des Arzneimittelgesetzes.

(3) Die Vorschriften des Atomgesetzes, der Strahlenschutzverordnung, der Röntgenverordnung und des Strahlenschutzvorsorgegesetzes, des Chemikaliengesetzes, der Gefahrstoffverordnung sowie die Rechtsvorschriften über Geheimhaltung und Datenschutz bleiben unberührt.

(4) Dieses Gesetz gilt nicht für

1. Arzneimittel im Sinne des § 2 Abs.1 Nr. 2 des Arzneimittelgesetzes,
2. kosmetische Mittel im Sinne des § 4 des Lebensmittel- und Bedarfsgegenständegesetzes,
3. menschliches Blut, Produkte aus menschlichem Blut, menschliches Plasma oder Blutzellen menschlichen Ursprungs oder Produkte, die zum Zeitpunkt des Inverkehrbringens Bluterzeugnisse, -plasma oder -zellen dieser Art enthalten, soweit es sich nicht um Medizinprodukte nach § 3 Nr. 3 oder § 3 Nr. 4 handelt,
4. Transplantate oder Gewebe oder Zellen menschlichen Ursprungs und Produkte, die Gewebe oder Zellen menschlichen Ursprungs enthalten oder aus solchen Geweben oder Zellen gewonnen wurden, soweit es sich nicht um Medizinprodukte nach § 3 Nr. 4 handelt,
5. Transplantate oder Gewebe oder Zellen tierischen Ursprungs, es sei denn, ein Produkt wird unter Verwendung von abgetötetem tierischen Gewebe oder von abgetöteten Erzeugnissen hergestellt, die aus tierischen Geweben gewonnen wurden oder es handelt sich um Medizinprodukte nach § 3 Nr. 4,
6. persönliche Schutzausrüstungen im Sinne der Richtlinie 89/686/EWG des Rates vom 21. Dezember 1989 zur Angleichung der Rechtsvorschriften der Mitgliedstaaten für persönliche Schutzausrüstungen (ABl. EG Nr. L 399 S. 18) in der jeweils geltenden Fassung.

§ 3 Begriffsbestimmungen

1. Medizinprodukte sind alle einzeln oder miteinander verbunden verwendeten Instrumente, Apparate, Vorrichtungen, Stoffe und Zubereitungen aus Stoffen oder andere Gegenstände einschließlich der für ein einwandfreies Funktionieren des Medizinproduktes eingesetzten Software, die vom Hersteller zur Anwendung für Menschen mittels ihrer Funktionen zum Zwecke
   a) der Erkennung, Verhütung, Überwachung, Behandlung oder Linderung von Krankheiten,
   b) der Erkennung, Überwachung, Behandlung, Linderung oder Kompensierung von Verletzungen oder Behinderungen,
   c) der Untersuchung, der Ersetzung oder der Veränderung des anatomischen Aufbaus oder eines physiologischen Vorgangs oder
   d) der Empfängnisregelung

   zu dienen bestimmt sind und deren bestimmungsgemäße Hauptwirkung im oder am menschlichen Körper weder durch pharmakologisch oder immunologisch wirkende Mittel noch durch Metabolismus erreicht wird, deren Wirkungsweise aber durch solche Mittel unterstützt werden kann.
2. Medizinprodukte sind auch Produkte nach Nummer 1, die einen Stoff oder eine Zubereitung aus Stoffen enthalten oder auf die solche aufgetragen sind, die bei gesonderter Verwendung als Arzneimittel im Sinne des § 2 Abs. 1 des Arzneimittelgesetzes angesehen werden können und die in Ergänzung zu den Funktionen des Produktes eine Wirkung auf den menschlichen Körper entfalten können.
3. Medizinprodukte sind auch Produkte nach Nummer 1, die als Bestandteil einen Stoff enthalten, der gesondert verwendet als Bestandteil eines Arzneimittels oder Arzneimittel aus menschlichem Blut oder Blutplasma im Sinne des Artikels 1 der Richtlinie 89/381/EWG des Rates vom 14. Juni 1989 zur Erweiterung des Anwendungsbereichs der Richtlinien 65/65/EWG und 75/319/EWG zur Angleichung der Rechts- und Verwaltungs-

vorschriften über Arzneispezialitäten und zur Festlegung besonderer Vorschriften für Arzneimittel aus menschlichem Blut oder Blutplasma (ABl. EG Nr. L 181 S. 44) betrachtet werden und in Ergänzung zu dem Produkt eine Wirkung auf den menschlichen Körper entfalten kann.

4. In-vitro-Diagnostikum ist ein Medizinprodukt, das als Reagenz, Reagenzprodukt, Kalibriermaterial, Kontrollmaterial, Kit, Instrument, Apparat, Gerät oder System einzeln oder in Verbindung miteinander nach der vom Hersteller festgelegten Zweckbestimmung zur In-vitro-Untersuchung von aus dem menschlichen Körper stammenden Proben einschließlich Blut- und Gewebespenden bestimmt ist und ausschließlich oder hauptsächlich dazu dient, Informationen zu liefern
   a) über physiologische oder pathologische Zustände oder
   b) über angeborene Anomalien oder
   c) zur Prüfung auf Unbedenklichkeit oder Verträglichkeit bei den potentiellen Empfängern oder
   d) zur Überwachung therapeutischer Maßnahmen.

   Probenbehältnisse gelten als In-vitro-Diagnostika. Probenbehältnisse sind luftleere oder sonstige Medizinprodukte, die von ihrem Hersteller speziell dafür gefertigt werden, aus dem menschlichen Körper stammende Proben unmittelbar nach ihrer Entnahme aufzunehmen und im Hinblick auf eine In-vitro-Untersuchung aufzubewahren. Erzeugnisse für den allgemeinen Laborbedarf gelten nicht als In-vitro-Diagnostika, es sei denn, sie sind auf Grund ihrer Merkmale nach der vom Hersteller festgelegten Zweckbestimmung speziell für In-vitro-Untersuchungen zu verwenden.
5. In-vitro-Diagnostikum zur Eigenanwendung ist ein In-vitro-Diagnostikum, das nach der vom Hersteller festgelegten Zweckbestimmung von Laien in der häuslichen Umgebung angewendet werden kann.
6. Neu im Sinne dieses Gesetzes ist ein In-vitro-Diagnostikum, wenn
   a) ein derartiges Medizinprodukt für den entsprechenden Analyten oder anderen Parameter während der vorangegangenen drei Jahre innerhalb des Europäischen Wirtschaftsraums nicht fortwährend verfügbar war oder
   b) das Verfahren mit einer Analysetechnik arbeitet, die innerhalb des Europäischen Wirtschaftraums während der vorangegangenen drei Jahre nicht fortwährend in Verbindung mit einem bestimmten Analyten oder anderen Parameter verwendet worden ist.
7. Als Kalibrier- und Kontrollmaterial gelten Substanzen, Materialien und Gegenstände, die von ihrem Hersteller vorgesehen sind zum Vergleich von Messdaten oder zur Prüfung der Leistungsmerkmale eines In-vitro-Diagnostikums im Hinblick auf die bestimmungsgemäße Anwendung. Zertifizierte internationale Referenzmaterialien und Materialien, die für externe Qualitätsbewertungsprogramme verwendet werden, sind keine In-vitro-Diagnostika im Sinne dieses Gesetzes.
8. Sonderanfertigung ist ein Medizinprodukt, das nach schriftlicher Verordnung nach spezifischen Auslegungsmerkmalen eigens angefertigt wird und zur ausschließlichen Anwendung bei einem namentlich benannten Patienten bestimmt ist. Das serienmäßig hergestellte Medizinprodukt, das angepasst werden muss, um den spezifischen Anforderungen des Arztes, Zahnarztes oder des sonstigen beruflichen Anwenders zu entsprechen, gilt nicht als Sonderanfertigung.
9. Zubehör für Medizinprodukte sind Gegenstände, Stoffe, Zubereitungen aus Stoffen sowie Software, die selbst keine Medizinprodukte nach Nummer 1 sind, aber vom Hersteller dazu bestimmt sind, mit einem Medizinprodukt verwendet zu werden, damit dieses entsprechend der von ihm festgelegten Zweckbestimmung des Medizinproduktes angewendet werden kann. Invasive, zur Entnahme von Proben aus dem menschlichen Körper zur In-vitro-Untersuchung bestimmte Medizinprodukte sowie Medizinprodukte, die zum Zweck der Probenahme in unmittelbaren Kontakt mit dem menschlichen Körper kommen, gelten nicht als Zubehör für In-vitro-Diagnostika.
10. Zweckbestimmung ist die Verwendung, für die das Medizinprodukt in der Kennzeichnung, der Gebrauchsanweisung oder den Werbematerialien nach den Angaben des in Nummer 15 genannten Personenkreises bestimmt ist.
11. Inverkehrbringen ist jede entgeltliche oder unentgeltliche Abgabe von Medizinprodukten an andere. Erstmaliges Inverkehrbringen ist die erste Abgabe von neuen oder als neu aufbereiteten Medizinprodukten an andere im Europäischen Wirtschaftsraum. Als Inverkehrbringen nach diesem Gesetz gilt nicht

a) die Abgabe von Medizinprodukten zum Zwecke der klinischen Prüfung,
b) die Abgabe von In-vitro-Diagnostika für Leistungsbewertungsprüfungen,
c) die erneute Abgabe eines Medizinproduktes nach seiner Inbetriebnahme an andere, es sei denn, dass es als neu aufbereitet oder wesentlich verändert worden ist.

Eine Abgabe an andere liegt nicht vor, wenn Medizinprodukte für einen anderen aufbereitet und an diesen zurückgegeben werden.

12. Inbetriebnahme ist der Zeitpunkt, zu dem das Medizinprodukt dem Endanwender als ein Erzeugnis zur Verfügung gestellt worden ist, das erstmals entsprechend seiner Zweckbestimmung im Europäischen Wirtschaftsraum angewendet werden kann. Bei aktiven implantierbaren Medizinprodukten gilt als Inbetriebnahme die Abgabe an das medizinische Personal zur Implantation.
13. Ausstellen ist das Aufstellen oder Vorführen von Medizinprodukten zum Zwecke der Werbung.
14. Die Aufbereitung von bestimmungsgemäß keimarm oder steril zur Anwendung kommenden Medizinprodukten ist die nach deren Inbetriebnahme zum Zwecke der erneuten Anwendung durchgeführte Reinigung, Desinfektion und Sterilisation einschließlich der damit zusammenhängenden Arbeitsschritte sowie die Prüfung und Wiederherstellung der technisch-funktionellen Sicherheit.
15. Hersteller ist die natürliche oder juristische Person, die für die Auslegung, Herstellung, Verpackung und Kennzeichnung eines Medizinproduktes im Hinblick auf das erstmalige Inverkehrbringen im eigenen Namen verantwortlich ist, unabhängig davon, ob diese Tätigkeiten von dieser Person oder stellvertretend für diese von einer dritten Person ausgeführt werden. Die dem Hersteller nach diesem Gesetz obliegenden Verpflichtungen gelten auch für die natürliche oder juristische Person, die ein oder mehrere vorgefertigte Medizinprodukte montiert, abpackt, behandelt, aufbereitet, kennzeichnet oder für die Festlegung der Zweckbestimmung als Medizinprodukt im Hinblick auf das erstmalige Inverkehrbringen im eigenen Namen verantwortlich ist. Dies gilt nicht für natürliche oder juristische Personen, die - ohne Hersteller im Sinne des Satzes 1 zu sein - bereits in Verkehr gebrachte Medizinprodukte für einen namentlich genannten Patienten entsprechend ihrer Zweckbestimmung montieren oder anpassen.
16. Bevollmächtigter ist die im Europäischen Wirtschaftsraum niedergelassene natürliche oder juristische Person, die vom Hersteller ausdrücklich dazu bestimmt wurde, im Hinblick auf seine Verpflichtungen nach diesem Gesetz in seinem Namen zu handeln und den Behörden und zuständigen Stellen zur Verfügung zu stehen.
17. Fachkreise sind Angehörige der Heilberufe, des Heilgewerbes oder von Einrichtungen, die der Gesundheit dienen, sowie sonstige Personen, soweit sie Medizinprodukte herstellen, prüfen, in der Ausübung ihres Berufes in den Verkehr bringen, implantieren, in Betrieb nehmen, betreiben oder anwenden.
18. Harmonisierte Normen sind solche Normen von Vertragsstaaten des Abkommens über den Europäischen Wirtschaftsraum, die den Normen entsprechen, deren Fundstellen als „harmonisierte Norm“ für Medizinprodukte im Amtsblatt der Europäischen Gemeinschaften veröffentlicht wurden. Die Fundstellen der diesbezüglichen deutschen Normen werden im Bundesanzeiger bekannt gemacht. Den Normen nach den Sätzen 1 und 2 sind die Medizinprodukte betreffenden Monografien des Europäischen Arzneibuches, deren Fundstellen im Amtsblatt der Europäischen Gemeinschaften veröffentlicht und die als Monographien des Europäischen Arzneibuchs, Amtliche deutsche Ausgabe, im Bundesanzeiger bekannt gemacht werden, gleichgestellt.
19. Gemeinsame Technische Spezifikationen sind solche Spezifikationen, die In-vitro-Diagnostika nach Anhang II Listen A und B der Richtlinie 98/79/EG des Europäischen Parlaments und des Rates vom 27. Oktober 1998 über In-vitro-Diagnostika (ABl. EG Nr. L 331 S. 1) in der jeweils geltenden Fassung betreffen und deren Fundstellen im Amtsblatt der Europäischen Gemeinschaften veröffentlicht und im Bundesanzeiger bekannt gemacht wurden. In diesen Spezifikationen werden Kriterien für die Bewertung und Neubewertung der Leistung, Chargenfreigabekriterien, Referenzmethoden und Referenzmaterialien festgelegt.
20. Benannte Stelle ist eine für die Durchführung von Prüfungen und Erteilung von Bescheinigungen im Zusammenhang mit Konformitätsbewertungsverfahren nach Maßgabe der Rechtsverordnung nach § 37 Abs. 1 vorgesehene Stelle, die der Kommission der Europäischen Gemeinschaften und den Vertragsstaaten des Abkommens über den Europäischen Wirtschaftsraum von einem Vertragsstaat des Abkommens über den Europäischen Wirtschaftsraum benannt worden ist.

21. Medizinprodukte aus In-Haus-Herstellung sind Produkte im Sinne der Nummer 1 einschließlich Zubehör, die in einer Gesundheitseinrichtung hergestellt werden, um in der Betriebsstätte oder in Räumen in unmittelbarer Nähe der Betriebsstätte angewendet zu werden, ohne dass sie in den Verkehr gebracht werden oder die Voraussetzungen einer Sonderanfertigung nach § 3 Nr. 8 erfüllen. Satz 1 gilt nicht für In-vitro-Diagnostika, die in professionellem und kommerziellem Rahmen zum Zwecke der medizinischen Analyse hergestellt werden und angewendet werden sollen, ohne in den Verkehr gebracht zu werden.

Zweiter Abschnitt: Anforderungen an Medizinprodukte und deren Betrieb

§ 4 Verbote zum Schutz von Patienten, Anwendern und Dritten

(1) Es ist verboten, Medizinprodukte in den Verkehr zu bringen, zu errichten, in Betrieb zu nehmen, zu betreiben oder anzuwenden, wenn

1. der begründete Verdacht besteht, dass sie die Sicherheit und die Gesundheit der Patienten, der Anwender oder Dritter bei sachgemäßer Anwendung, Instandhaltung und ihrer Zweckbestimmung entsprechender Verwendung über ein nach den Erkenntnissen der medizinischen Wissenschaften vertretbares Maß hinausgehend gefährden oder
2. das Datum abgelaufen ist, bis zu dem eine gefahrlose Anwendung nachweislich möglich ist (Verfalldatum).

(2) Es ist ferner verboten, Medizinprodukte in den Verkehr zu bringen, wenn sie mit irreführender Bezeichnung, Angabe oder Aufmachung versehen sind. Eine Irreführung liegt insbesondere dann vor, wenn

1. Medizinprodukten eine Leistung beigelegt wird, die sie nicht haben,
2. fälschlich der Eindruck erweckt wird, dass ein Erfolg mit Sicherheit erwartet werden kann oder dass nach bestimmungsgemäßem oder längerem Gebrauch keine schädlichen Wirkungen eintreten,
3. zur Täuschung über die in den Grundlegenden Anforderungen nach § 7 festgelegten Produkteigenschaften geeignete Bezeichnungen, Angaben oder Aufmachungen verwendet werden, die für die Bewertung des Medizinproduktes mitbestimmend sind.

§ 5 Verantwortlicher für das erstmalige Inverkehrbringen

Verantwortlicher für das erstmalige Inverkehrbringen von Medizinprodukten ist der Hersteller oder sein Bevollmächtigter. Hat der Hersteller seinen Sitz nicht im Europäischen Wirtschaftsraum und ist ein Bevollmächtigter nicht benannt oder werden Medizinprodukte nicht unter der Verantwortung des Bevollmächtigten in den Europäischen Wirtschaftsraum eingeführt, ist der Einführer Verantwortlicher. Der Name oder die Firma und die Anschrift des Verantwortlichen müssen in der Kennzeichnung oder Gebrauchsanweisung des Medizinproduktes enthalten sein.

§ 6 Voraussetzungen für das Inverkehrbringen und die Inbetriebnahme

(1) Medizinprodukte, mit Ausnahme von Sonderanfertigungen, Medizinprodukten aus In-Haus-Herstellung, Medizinprodukten gemäß § 11 Abs. 1 sowie Medizinprodukten, die zur klinischen Prüfung oder In-vitro-Diagnostika, die für Leistungsbewertungszwecke bestimmt sind, dürfen in Deutschland nur in den Verkehr gebracht oder in Betrieb genommen werden, wenn sie mit einer CE-Kennzeichnung nach Maßgabe des Absatzes 2 Satz 1 und des Absatzes 3 Satz 1 versehen sind. Über die Beschaffenheitsanforderungen hinausgehende Bestimmungen, die das Betreiben oder das Anwenden von Medizinprodukten betreffen, bleiben unberührt.

(2) Mit der CE-Kennzeichnung dürfen Medizinprodukte nur versehen werden, wenn die Grundlegenden Anforderungen nach § 7, die auf sie unter Berücksichtigung ihrer Zweckbestimmung anwendbar sind, erfüllt sind und ein für das jeweilige Medizinprodukt vorgeschriebenes Konformitätsbewertungsverfahren nach Maßgabe der Rechtsverordnung nach § 37 Abs. 1 durchgeführt worden ist. Zwischenprodukte, die vom Hersteller spezifisch als Bestandteil für Sonderanfertigungen bestimmt sind, dürfen mit der CE-Kennzeichnung versehen werden, wenn die Voraussetzungen des Satzes 1 erfüllt sind.

(3) Gelten für das Medizinprodukt zusätzlich andere Rechtsvorschriften als die dieses Gesetzes, deren Einhaltung durch die CE-Kennzeichnung bestätigt wird, so darf der Hersteller das Medizinprodukt nur dann mit der CE-Kennzeichnung versehen, wenn auch diese anderen Rechtsvorschriften erfüllt sind. Steht dem Hersteller auf Grund einer oder mehrerer weiterer Rechtsvorschriften während einer Übergangszeit die Wahl der anzuwendenden Regelungen frei, so gibt er mit der CE-Kennzeichnung an, dass dieses Medizinprodukt nur den angewandten Rechtsvorschriften entspricht. In diesem Fall hat der Hersteller in den dem Medizinprodukt beiliegenden Unterlagen, Hinweisen oder Anleitungen die Nummern der mit den angewandten Rechtsvorschriften umgesetzten Richtlinien anzugeben, unter denen sie im Amtsblatt der Europäischen Gemeinschaften veröffentlicht sind. Bei sterilen Medizinprodukten müssen diese Unterlagen, Hinweise oder Anleitungen ohne Zerstörung der Verpakkung, durch welche die Sterilität des Medizinproduktes gewährleistet wird, zugänglich sein.

(4) Die Durchführung von Konformitätsbewertungsverfahren lässt die zivil- und strafrechtliche Verantwortlichkeit des Verantwortlichen nach § 5 unberührt.

§ 7 Grundlegende Anforderungen

Die Grundlegenden Anforderungen sind für aktive implantierbare Medizinprodukte die Anforderungen des Anhangs 1 der Richtlinie 90/385/EWG des Rates vom 20. Juni 1990 zur Angleichung der Rechtsvorschriften der Mitgliedstaaten über aktive implantierbare medizinische Geräte (ABl. EG Nr. L 189 S. 17), zuletzt geändert durch die Richtlinie 93/68/EWG (ABl. EG Nr. L 220 S. 1), für In-vitro-Diagnostika die Anforderungen des Anhangs I der Richtlinie 98/79/EG und für die sonstigen Medizinprodukte die Anforderungen des Anhangs I der Richtlinie 93/42/EWG des Rates vom 14. Juni 1993 über Medizinprodukte (ABl. EG Nr. L 169 S. 1), zuletzt geändert durch die Richtlinie 2000/70/EG (ABl. EG Nr. L 313 S. 22), in den jeweils geltenden Fassungen.

§ 8 Harmonisierte Normen, Gemeinsame Technische Spezifikationen

(1) Stimmen Medizinprodukte mit harmonisierten Normen oder ihnen gleichgestellten Monografien des Europäischen Arzneibuches oder Gemeinsamen Technischen Spezifikationen, die das jeweilige Medizinprodukt betreffen, überein, wird insoweit vermutet, dass sie die Bestimmungen dieses Gesetzes einhalten.

(2) Die Gemeinsamen Technischen Spezifikationen sind in der Regel einzuhalten. Kommt der Hersteller in hinreichend begründeten Fällen diesen Spezifikationen nicht nach, muss er Lösungen wählen, die dem Niveau der Spezifikationen zumindest gleichwertig sind.

§ 9 CE-Kennzeichnung

(1) Die CE-Kennzeichnung ist für aktive implantierbare Medizinprodukte gemäß Anhang 9 der Richtlinie 90/385/EWG, für In-vitro-Diagnostika gemäß Anhang X der Richtlinie 98/79/EG und für die sonstigen Medizinprodukte gemäß Anhang XII der Richtlinie 93/42/EWG zu verwenden. Zeichen oder Aufschriften, die geeignet sind, Dritte bezüglich der Bedeutung oder der graphischen Gestaltung der CE-Kennzeichnung in die Irre zu leiten, dürfen nicht angebracht werden. Alle sonstigen Zeichen dürfen auf dem Medizinprodukt, der Verpackung oder der Gebrauchsanweisung des Medizinproduktes angebracht werden, sofern sie die Sichtbarkeit und Lesbarkeit der CE-Kennzeichnung nicht beeinträchtigen.

(2) Die CE-Kennzeichnung muss von der Person angebracht werden, die in den Vorschriften zu den Konformitätsbewertungsverfahren gemäß der Rechtsverordnung nach § 37 Abs. 1 dazu bestimmt ist.

(3) Die CE-Kennzeichnung nach Absatz 1 Satz 1 muss deutlich sichtbar, gut lesbar und dauerhaft auf dem Medizinprodukt und, falls vorhanden, auf der Handelspackung sowie auf der Gebrauchsanweisung angebracht werden. Auf dem Medizinprodukt muss die CE-Kennzeichnung nicht angebracht werden, wenn es zu klein ist, seine Beschaffenheit dies nicht zulässt oder es nicht zweckmäßig ist. Der CE-Kennzeichnung muss die Kennnummer der Benannten Stelle hinzugefügt werden, die an der Durchführung des Konformitätsbewertungsverfahrens nach den Anhängen 2, 4 und 5 der Richtlinie 90/385 EWG, den Anhängen II, IV, V und VI der Richtli-

nie 93/42/EWG sowie den Anhängen III, IV, VI und VII der Richtlinie 98/79/EG beteiligt war, das zur Berechtigung zur Anbringung der CE-Kennzeichnung geführt hat. Bei Medizinprodukten, die eine CE-Kennzeichnung tragen müssen und in sterilem Zustand in den Verkehr gebracht werden, muss die CE-Kennzeichnung auf der Steril-Verpackung und gegebenenfalls auf der Handelspackung angebracht sein. Ist für ein Medizinprodukt ein Konformitätsbewertungsverfahren vorgeschrieben, das nicht von einer Benannten Stelle durchgeführt werden muss, darf der CE-Kennzeichnung keine Kennnummer einer Benannten Stelle hinzugefügt werden.

§ 10 Voraussetzungen für das erstmalige Inverkehrbringen und die Inbetriebnahme von Systemen und Behandlungseinheiten sowie für das Sterilisieren von Medizinprodukten

(1) Medizinprodukte, die eine CE-Kennzeichnung tragen und die entsprechend ihrer Zweckbestimmung innerhalb der vom Hersteller vorgesehenen Anwendungsbeschränkungen zusammengesetzt werden, um in Form eines Systems oder einer Behandlungseinheit erstmalig in den Verkehr gebracht zu werden, müssen keinem Konformitätsbewertungsverfahren unterzogen werden. Wer für die Zusammensetzung des Systems oder der Behandlungseinheit verantwortlich ist, muss in diesem Fall eine Erklärung nach Maßgabe der Rechtsverordnung nach § 37 Abs. 1 abgeben.

(2) Enthalten das System oder die Behandlungseinheit Medizinprodukte oder sonstige Produkte, die keine CE-Kennzeichnung nach Maßgabe dieses Gesetzes tragen, oder ist die gewählte Kombination von Medizinprodukten nicht mit deren ursprünglicher Zweckbestimmung vereinbar, muss das System oder die Behandlungseinheit einem Konformitätsbewertungsverfahren nach Maßgabe der Rechtsverordnung nach § 37 Abs. 1 unterzogen werden.

(3) Wer Systeme oder Behandlungseinheiten gemäß Absatz 1 oder 2 oder andere Medizinprodukte, die eine CE-Kennzeichnung tragen, für die der Hersteller eine Sterilisation vor ihrer Verwendung vorgesehen hat, für das erstmalige Inverkehrbringen sterilisiert, muss dafür nach Maßgabe der Rechtsverordnung nach § 37 Abs. 1 ein Konformitätsbewertungsverfahren durchführen und eine Erklärung abgeben. Dies gilt entsprechend, wenn Medizinprodukte, die steril angewendet werden, nach dem erstmaligen Inverkehrbringen aufbereitet und an andere abgegeben werden.

(4) Medizinprodukte, Systeme und Behandlungseinheiten gemäß der Absätze 1 und 3 sind nicht mit einer zusätzlichen CE-Kennzeichnung zu versehen. Wer Systeme oder Behandlungseinheiten nach Absatz 1 zusammensetzt oder diese sowie Medizinprodukte nach Absatz 3 sterilisiert, hat dem Medizinprodukt nach Maßgabe des § 7 die nach den Nummern 11 bis 15 des Anhangs 1 der Richtlinie 90/385/EWG, nach den Nummern 13.1, 13.3, 13.4 und 13.6 des Anhangs I der Richtlinie 93/42/EWG oder den Nummern 8.1, 8.3 bis 8.5 und 8.7 des Anhangs I der Richtlinie 98/79/EG erforderlichen Informationen beizufügen, die auch die von dem Hersteller der Produkte, die zu dem System oder der Behandlungseinheit zusammengesetzt wurden, mitgelieferten Hinweise enthalten müssen.

§ 11 Sondervorschriften für das Inverkehrbringen und die Inbetriebnahme

(1) Abweichend von den Vorschriften des § 6 Abs. 1 und 2 kann die zuständige Bundesoberbehörde auf begründeten Antrag das erstmalige Inverkehrbringen oder die Inbetriebnahme einzelner Medizinprodukte, bei denen die Verfahren nach Maßgabe der Rechtsverordnung nach § 37 Abs. 1 nicht durchgeführt wurden, in Deutschland befristet zulassen, wenn deren Anwendung im Interesse des Gesundheitsschutzes liegt. Die Zulassung kann auf begründeten Antrag verlängert werden.

(2) Medizinprodukte dürfen nur an den Anwender abgegeben werden, wenn die für ihn bestimmten Informationen in deutscher Sprache abgefasst sind. In begründeten Fällen kann eine andere für den Anwender des Medizinproduktes leicht verständliche Sprache vorgesehen oder die Unterrichtung des Anwenders durch andere Maßnahmen gewährleistet werden. Dabei müssen jedoch die sicherheitsbezogenen Informationen in deutscher Sprache oder in der Sprache des Anwenders vorliegen.

(3) Regelungen über die Verschreibungspflicht von Medizinprodukten können durch Rechtsverordnung nach § 37 Abs. 2, Regelungen über die Vertriebswege von Medizinprodukten durch Rechtsverordnung nach § 37 Abs. 3 getroffen werden.

(4) Durch Rechtsverordnung nach § 37 Abs. 4 können Regelungen für Betriebe und Einrichtungen erlassen werden, die Medizinprodukte in Deutschland in den Verkehr bringen oder lagern.

§ 12 Sonderanfertigungen, Medizinprodukte aus In-Haus-Herstellung, Medizinprodukte zur klinischen Prüfung oder für Leistungsbewertungszwecke, Ausstellen

(1) Sonderanfertigungen dürfen nur in den Verkehr gebracht oder in Betrieb genommen werden, wenn die Grundlegenden Anforderungen nach § 7, die auf sie unter Berücksichtigung ihrer Zweckbestimmung anwendbar sind, erfüllt sind und das für sie vorgesehene Konformitätsbewertungsverfahren nach Maßgabe der Rechtsverordnung nach § 37 Abs. 1 durchgeführt worden ist. Der Verantwortliche nach § 5 ist verpflichtet, der zuständigen Behörde auf Anforderung eine Liste der Sonderanfertigungen vorzulegen. Für die Inbetriebnahme von Medizinprodukten aus In-Haus-Herstellung finden die Vorschriften des Satzes 1 entsprechende Anwendung.

(2) Medizinprodukte, die zur klinischen Prüfung bestimmt sind, dürfen zu diesem Zwecke an Ärzte, Zahnärzte oder sonstige Personen, die auf Grund ihrer beruflichen Qualifikation zur Durchführung dieser Prüfungen befugt sind, nur abgegeben werden, wenn bei aktiven implantierbaren Medizinprodukten die Anforderungen der Nummer 3.2 Satz 1 und 2 des Anhangs 6 der Richtlinie 90/385/EWG und bei sonstigen Medizinprodukten die Anforderungen der Nummer 3.2 des Anhangs VIII der Richtlinie 93/42/EWG erfüllt sind. Der Auftraggeber der klinischen Prüfung muss die Dokumentation nach Nummer 3.2 des Anhangs 6 der Richtlinie 90/385/EWG mindestens zehn Jahre und die Dokumentation nach Nummer 3.2 des Anhangs VIII der Richtlinie 93/42/EWG mindestens fünf Jahre nach Beendigung der Prüfung aufbewahren.

(3) In-vitro-Diagnostika für Leistungsbewertungsprüfungen dürfen zu diesem Zwecke an Ärzte, Zahnärzte oder sonstige Personen, die auf Grund ihrer beruflichen Qualifikation zur Durchführung dieser Prüfungen befugt sind, nur abgegeben werden, wenn die Anforderungen der Nummer 3 des Anhangs VIII der Richtlinie 98/79/EG erfüllt sind. Der Auftraggeber der Leistungsbewertungsprüfung muss die Dokumentation nach Nummer 3 des Anhangs VIII der Richtlinie 98/79/EG mindestens fünf Jahre nach Beendigung der Prüfung aufbewahren.

(4) Medizinprodukte, die nicht den Voraussetzungen nach § 6 Abs. 1 und 2 oder § 10 entsprechen, dürfen nur ausgestellt werden, wenn ein sichtbares Schild deutlich darauf hinweist, dass sie nicht den Anforderungen entsprechen und erst erworben werden können, wenn die Übereinstimmung hergestellt ist. Bei Vorführungen sind die erforderlichen Vorkehrungen zum Schutz von Personen zu treffen. Nach Satz 1 ausgestellte In-vitro-Diagnostika dürfen an Proben, die von einem Besucher der Ausstellung stammen, nicht angewendet werden.

§ 13 Klassifizierung von Medizinprodukten, Abgrenzung zu anderen Produkten

(1) Medizinprodukte mit Ausnahme der In-vitro-Diagnostika und der aktiven implantierbaren Medizinprodukte werden Klassen zugeordnet. Die Klassifizierung erfolgt nach den Klassifizierungsregeln des Anhangs IX der Richtlinie 93/42/EWG.

(2) Bei Meinungsverschiedenheiten zwischen dem Hersteller und einer Benannten Stelle über die Anwendung der vorgenannten Regeln hat die Benannte Stelle der zuständigen Behörde die Angelegenheit zur Entscheidung vorzulegen.

(3) Zur Klassifizierung von Medizinprodukten und zur Abgrenzung von Medizinprodukten zu anderen Produkten kann die zuständige Behörde die zuständige Bundesoberbehörde um eine Stellungnahme ersuchen.

§ 14 Errichten, Betreiben, Anwenden und Instandhalten von Medizinprodukten

Medizinprodukte dürfen nur nach Maßgabe der Rechtsverordnung nach § 37 Abs. 5 errichtet, betrieben, angewendet und in Stand gehalten werden. Sie dürfen nicht betrieben und angewendet werden, wenn sie Mängel aufweisen, durch die Patienten, Beschäftigte oder Dritte gefährdet werden können.

Dritter Abschnitt: Benannte Stellen und Bescheinigungen

§ 15 Benennung und Überwachung der Stellen, Beauftragung von Prüflaboratorien

(1) Das Bundesministerium für Gesundheit teilt dem Bundesministerium für Wirtschaft und Technologie die von der zuständigen Behörde für die Durchführung von Aufgaben im Zusammenhang mit der Konformitätsbewertung nach Maßgabe der Rechtsverordnung nach § 37 Abs. 1 benannten Stellen und deren Aufgabengebiete mit, die von diesem an die Kommission der Europäischen Gemeinschaften und die anderen Vertragsstaaten des Abkommens über den Europäischen Wirtschaftsraum weitergeleitet werden. Voraussetzung für die Benennung ist, dass die Befähigung der Stelle zur Wahrnehmung ihrer Aufgaben sowie die Einhaltung der Kriterien des Anhangs 8 der Richtlinie 90/385/EWG, des Anhangs XI der Richtlinie 93/42/EWG oder des Anhangs IX der Richtlinie 98/79/EG entsprechend den Verfahren, für die sie benannt werden soll, durch die zuständige Behörde in einem Akkreditierungsverfahren festgestellt wurden. Die Akkreditierung kann unter Auflagen erteilt werden und ist zu befristen. Erteilung, Ablauf, Rücknahme, Widerruf und Erlöschen der Akkreditierung sind dem Bundesministerium für Gesundheit unverzüglich anzuzeigen. Auf Verlangen der Stelle hat nach Akkreditierung ihre Benennung zu unterbleiben.

(2) Die zuständige Behörde überwacht die Einhaltung der in Absatz 1 für Benannte Stellen festgelegten Verpflichtungen und Anforderungen. Sie trifft die zur Beseitigung festgestellter Mängel oder zur Verhütung künftiger Verstöße notwendigen Anordnungen. Die Überwachung der Benannten Stellen, die an der Durchführung von Konformitätsbewertungsverfahren für Medizinprodukte, die ionisierende Strahlen erzeugen oder radioaktive Stoffe enthalten, beteiligt sind, wird insoweit im Auftrag des Bundes durch die Länder ausgeführt. Die zuständige Behörde kann von der Benannten Stelle und ihrem mit der Leitung und der Durchführung von Fachaufgaben beauftragten Personal die zur Erfüllung ihrer Überwachungsaufgaben erforderlichen Auskünfte und sonstige Unterstützung verlangen; sie ist befugt, die Benannte Stelle bei Überprüfungen zu begleiten. Ihre Beauftragten sind befugt, zu den Betriebs- und Geschäftszeiten Grundstücke und Geschäftsräume sowie Prüflaboratorien zu betreten und zu besichtigen und die Vorlage von Unterlagen insbesondere über die Erteilung der Bescheinigungen und zum Nachweis der Erfüllung der Anforderungen des Absatzes 1 Satz 2 zu verlangen. Das Betretungsrecht erstreckt sich auch auf Grundstücke des Herstellers, soweit die Überwachung dort erfolgt. § 26 Abs. 4 und 5 gilt entsprechend.

(3) Stellen, die der Kommission der Europäischen Gemeinschaften und den anderen Mitgliedstaaten der Europäischen Gemeinschaften auf Grund eines Rechtsaktes des Rats oder der Kommission der Europäischen Gemeinschaften von einem Vertragsstaat des Abkommens über den Europäischen Wirtschaftsraum mitgeteilt wurden, sind ebenfalls Benannte Stellen nach Absatz 1.

(4) Die Benannten Stellen werden mit ihren jeweiligen Aufgaben und ihrer Kennnummer von der Kommission der Europäischen Gemeinschaften im Amtsblatt der Europäischen Gemeinschaften und vom Bundesministerium für Gesundheit im Bundesanzeiger bekannt gemacht.

(5) Soweit eine Benannte Stelle zur Erfüllung ihrer Aufgaben Prüflaboratorien beauftragt, muss sie sicherstellen, dass diese die Kriterien des Anhangs 8 der Richtlinie 90/385/EWG, des Anhangs XI der Richtlinie 93/42/EWG oder des Anhangs IX der Richtlinie 98/79/EG entsprechend den Verfahren, für die sie beauftragt werden sollen, erfüllen. Die Erfüllung der Mindestkriterien kann in einem Akkreditierungsverfahren durch die zuständige Behörde festgestellt werden.

§ 16 Erlöschen, Rücknahme, Widerruf und Ruhen der Akkreditierung und Benennung

(1) Akkreditierung und Benennung erlöschen mit der Einstellung des Betriebs der Benannten Stelle oder durch Verzicht. Die Einstellung oder der Verzicht sind der zuständigen Behörde unverzüglich schriftlich mitzuteilen.

(2) Die zuständige Behörde nimmt die Akkreditierung und Benennung zurück, soweit nachträglich bekannt wird, dass eine Benannte Stelle bei der Benennung nicht die Voraussetzungen für eine Akkreditierung und Benennung erfüllt hat; sie widerruft die Akkreditierung und Benennung, soweit die Voraussetzungen für eine

Akkreditierung und Benennung nachträglich weggefallen sind. An Stelle des Widerrufs kann das Ruhen der Akkreditierung und Benennung angeordnet werden.

(3) In den Fällen der Absätze 1 und 2 ist die bisherige Benannte Stelle verpflichtet, alle einschlägigen Informationen und Unterlagen der Benannten Stelle zur Verfügung zu stellen, mit der der Hersteller die Fortführung der Konformitätsbewertungsverfahren vereinbart.

(4) Die zuständige Behörde teilt das Erlöschen, die Rücknahme und den Widerruf unverzüglich dem Bundesministerium für Gesundheit sowie den anderen zuständigen Behörden in Deutschland unter Angabe der Gründe und der für notwendig erachteten Maßnahmen mit. Das Bundesministerium für Gesundheit unterrichtet darüber unverzüglich das Bundesministerium für Wirtschaft und Technologie, das unverzüglich die Kommission der Europäischen Gemeinschaften und die anderen Vertragsstaaten des Abkommens über den Europäischen Wirtschaftsraum unterrichtet. Erlöschen, Rücknahme und Widerruf einer Benennung sind vom Bundesministerium für Gesundheit im Bundesanzeiger bekannt zu machen.

§ 17 Geltungsdauer von Bescheinigungen der Benannten Stellen

(1) Soweit die von einer Benannten Stelle im Rahmen eines Konformitätsbewertungsverfahrens nach Maßgabe der Rechtsverordnung nach § 37 Abs. 1 erteilte Bescheinigung eine begrenzte Geltungsdauer hat, kann die Geltungsdauer auf Antrag um jeweils fünf Jahre verlängert werden. Sollte diese Benannte Stelle nicht mehr bestehen oder andere Gründe den Wechsel der Benannten Stelle erfordern, kann der Antrag bei einer anderen Benannten Stelle gestellt werden.

(2) Mit dem Antrag auf Verlängerung ist ein Bericht einzureichen, der Angaben darüber enthält, ob und in welchem Umfang sich die Beurteilungsmerkmale für die Konformitätsbewertung seit der Erteilung oder Verlängerung der Konformitätsbescheinigung geändert haben. Soweit nichts anderes mit der Benannten Stelle vereinbart wurde, ist der Antrag spätestens sechs Monate vor Ablauf der Gültigkeitsfrist zu stellen.

§ 18 Einschränkung, Aussetzung und Zurückziehung von Bescheinigungen, Unterrichtungspflichten

(1) Stellt eine Benannte Stelle fest, dass die Voraussetzungen zur Ausstellung einer Bescheinigung vom Verantwortlichen nach § 5 nicht oder nicht mehr erfüllt werden, schränkt sie unter Berücksichtigung des Grundsatzes der Verhältnismäßigkeit die ausgestellte Bescheinigung ein, setzt sie aus oder zieht sie zurück, es sei denn, dass der Verantwortliche durch geeignete Abhilfemaßnahmen die Übereinstimmung mit den Voraussetzungen gewährleistet.

(2) Vor der Entscheidung über eine Maßnahme nach Absatz 1 ist der Hersteller von der Benannten Stelle anzuhören, es sei denn, dass eine solche Anhörung angesichts der Dringlichkeit der zu treffenden Entscheidung nicht möglich ist.

(3) Die Benannte Stelle unterrichtet

1. unverzüglich das Deutsche Institut für medizinische Dokumentation und Information (DIMDI) über alle ausgestellten, geänderten und ergänzten sowie die für sie zuständige Behörde über alle abgelehnten, eingeschränkten, ausgesetzten und zurückgezogenen Bescheinigungen; § 25 Abs. 5 und 6 gilt entsprechend,
2. die anderen Benannten Stellen über alle eingeschränkten, ausgesetzten und zurückgezogenen Bescheinigungen sowie auf Anfrage über ausgestellte und abgelehnte Bescheinigungen; zusätzliche Informationen werden, soweit erforderlich, auf Anfrage zur Verfügung gestellt.

(4) Über eingeschränkte, ausgesetzte und zurückgezogene Bescheinigungen unterrichtet die zuständige Behörde unter Angabe der Gründe die für den Verantwortlichen nach § 5 zuständige Behörde sowie die zuständige Bundesoberbehörde und das Bundesministerium für Gesundheit, das die Kommission der Europäischen Gemeinschaften und die anderen Vertragsstaaten des Abkommens über den Europäischen Wirtschaftsraum unterrichtet.

Vierter Abschnitt Klinische Bewertung, Leistungsbewertung, klinische Prüfung, Leistungsbewertungsprüfung

§ 19 Klinische Bewertung, Leistungsbewertung

(1) Die Eignung von Medizinprodukten für den vorgesehenen Verwendungszweck ist durch eine klinische Bewertung anhand von klinischen Daten zu belegen, soweit nicht in begründeten Ausnahmefällen andere Daten ausreichend sind. Die klinische Bewertung schließt die Beurteilung von unerwünschten Wirkungen ein und ist zu stützen auf

1. Daten aus der wissenschaftlichen Literatur, die die vorgesehene Anwendung des Medizinproduktes und die dabei zum Einsatz kommenden Techniken behandeln, sowie einen schriftlichen Bericht, der eine kritische Würdigung dieser Daten enthält, oder
2. die Ergebnisse aller klinischen Prüfungen.

(2) Die Eignung von In-vitro-Diagnostika für den vorgesehenen Verwendungszweck ist durch eine Leistungsbewertung anhand geeigneter Daten zu belegen. Die Leistungsbewertung ist zu stützen auf

1. Daten aus der wissenschaftlichen Literatur, die die vorgesehene Anwendung des Medizinproduktes und die dabei zum Einsatz kommenden Techniken behandeln, sowie einen schriftlichen Bericht, der eine kritische Würdigung dieser Daten enthält, oder
2. die Ergebnisse aller Leistungsbewertungsprüfungen oder sonstigen geeigneten Prüfungen.

§ 20 Allgemeine Voraussetzungen zur klinischen Prüfung

(1) Die klinische Prüfung eines Medizinproduktes darf bei Menschen nur durchgeführt werden, wenn und solange

1. die Risiken, die mit ihr für die Person verbunden sind, bei der sie durchgeführt werden soll, gemessen an der voraussichtlichen Bedeutung des Medizinproduktes für die Heilkunde ärztlich vertretbar sind,
2. die Person, bei der sie durchgeführt werden soll, ihre Einwilligung hierzu erteilt hat, nachdem sie durch einen Arzt, bei für die Zahnheilkunde bestimmten Medizinprodukten auch durch einen Zahnarzt, über Wesen, Bedeutung und Tragweite der klinischen Prüfung aufgeklärt worden ist und mit dieser Einwilligung zugleich erklärt, dass sie mit der im Rahmen der klinischen Prüfung erfolgenden Aufzeichnung von Gesundheitsdaten und mit der Einsichtnahme zu Prüfungszwecken durch Beauftragte des Auftraggebers oder der zuständigen Behörde einverstanden ist,
3. die Person, bei der sie durchgeführt werden soll, nicht auf gerichtliche oder behördliche Anordnung in einer Anstalt verwahrt ist,
4. sie von einem entsprechend qualifizierten und spezialisierten Arzt, bei für die Zahnheilkunde bestimmten Medizinprodukten auch von einem Zahnarzt, oder einer sonstigen entsprechend qualifizierten und befugten Person geleitet wird, die mindestens eine zweijährige Erfahrung in der klinischen Prüfung von Medizinprodukten nachweisen können,
5. soweit erforderlich, eine dem jeweiligen Stand der wissenschaftlichen Erkenntnisse entsprechende biologische Sicherheitsprüfung oder sonstige für die vorgesehene Zweckbestimmung des Medizinproduktes erforderliche Prüfung durchgeführt worden ist,
6. soweit erforderlich, die sicherheitstechnische Unbedenklichkeit für die Anwendung des Medizinproduktes unter Berücksichtigung des Standes der Technik sowie der Arbeitsschutz- und Unfallverhütungsvorschriften nachgewiesen wird,
7. der Leiter der klinischen Prüfung über die Ergebnisse der biologischen Sicherheitsprüfung und der Prüfung der technischen Unbedenklichkeit sowie die voraussichtlich mit der klinischen Prüfung verbundenen Risiken informiert worden ist,
8. ein dem jeweiligen Stand der wissenschaftlichen Erkenntnisse entsprechender Prüfplan vorhanden ist und

9. für den Fall, dass bei der Durchführung der klinischen Prüfung ein Mensch getötet oder der Körper oder die Gesundheit eines Menschen verletzt oder beeinträchtigt wird, eine Versicherung nach Maßgabe des Absatzes 3 besteht, die auch Leistungen gewährt, wenn kein anderer für den Schaden haftet.

(2) Eine Einwilligung nach Absatz 1 Nr. 2 ist nur wirksam, wenn die Person, die sie abgibt,

1. geschäftsfähig und in der Lage ist, Wesen, Bedeutung und Tragweite der klinischen Prüfung einzusehen und ihren Willen hiernach zu bestimmen, und
2. die Einwilligung selbst und schriftlich erteilt hat.

Eine Einwilligung kann jederzeit widerrufen werden.

(3) Die Versicherung nach Absatz 1 Nr. 9 muss zugunsten der von der klinischen Prüfung betroffenen Person bei einem in Deutschland zum Geschäftsbetrieb befugten Versicherer genommen werden. Ihr Umfang muss in einem angemessenen Verhältnis zu den mit der klinischen Prüfung verbundenen Risiken stehen und auf der Grundlage der Risikoabschätzung so festgelegt werden, dass für jeden Fall des Todes oder der dauernden Erwerbsunfähigkeit einer von der klinischen Prüfung betroffenen Person mindestens 500 000 Euro zur Verfügung stehen. Soweit aus der Versicherung geleistet wird, erlischt ein Anspruch auf Schadensersatz.

(4) Auf eine klinische Prüfung bei Minderjährigen finden die Absätze 1 bis 3 mit folgender Maßgabe Anwendung:

1. Das Medizinprodukt muss zum Erkennen oder zum Verhüten von Krankheiten bei Minderjährigen bestimmt sein.
2. Die Anwendung des Medizinproduktes muss nach den Erkenntnissen der medizinischen Wissenschaft angezeigt sein, um bei dem Minderjährigen Krankheiten zu erkennen oder ihn vor Krankheiten zu schützen.
3. Die klinische Prüfung an Erwachsenen darf nach den Erkenntnissen der medizinischen Wissenschaft keine ausreichenden Prüfergebnisse erwarten lassen.
4. Die Einwilligung wird durch den gesetzlichen Vertreter oder Betreuer abgegeben. Sie ist nur wirksam, wenn dieser durch einen Arzt, bei für die Zahnheilkunde bestimmten Medizinprodukten auch durch einen Zahnarzt, über Wesen, Bedeutung und Tragweite der klinischen Prüfung aufgeklärt worden ist. Ist der Minderjährige in der Lage, Wesen, Bedeutung und Tragweite der klinischen Prüfung einzusehen und seinen Willen hiernach zu bestimmen, so ist auch seine schriftliche Einwilligung erforderlich.

(5) Auf eine klinische Prüfung bei Schwangeren oder Stillenden finden die Absätze 1 bis 4 mit folgender Maßgabe Anwendung: Die klinische Prüfung darf nur durchgeführt werden, wenn

1. das Medizinprodukt dazu bestimmt ist, bei schwangeren oder stillenden Frauen oder bei einem ungeborenen Kind Krankheiten zu verhüten, zu erkennen, zu heilen oder zu lindern,
2. die Anwendung des Medizinproduktes nach den Erkenntnissen der medizinischen Wissenschaft angezeigt ist, um bei der schwangeren oder stillenden Frau oder bei einem ungeborenen Kind Krankheiten oder deren Verlauf zu erkennen, Krankheiten zu heilen oder zu lindern oder die schwangere oder stillende Frau oder das ungeborene Kind vor Krankheiten zu schützen,
3. nach den Erkenntnissen der medizinischen Wissenschaft die Durchführung der klinischen Prüfung für das ungeborene Kind keine unvertretbaren Risiken erwarten lässt und
4. die klinische Prüfung nach den Erkenntnissen der medizinischen Wissenschaft nur dann ausreichende Prüfergebnisse erwarten lässt, wenn sie an schwangeren oder stillenden Frauen durchgeführt wird.

(6) Die klinische Prüfung ist vom Auftraggeber der zuständigen Behörde sowie von den beteiligten Prüfeinrichtungen den für sie zuständigen Behörden anzuzeigen. Hat der Auftraggeber seinen Sitz nicht in Deutschland, ist die Anzeige bei der Behörde zu erstatten, in deren Bereich der Leiter der klinischen Prüfung seinen Sitz hat; hat dieser seinen Sitz auch nicht in Deutschland, ist die Anzeige bei der Behörde zu erstatten, in deren Bereich mit der klinischen Prüfung begonnen wird. Die Anzeige durch den Auftraggeber muss bei aktiven implantierbaren Medizinprodukten die Angaben nach Nummer 2.2 des Anhangs 6 der Richtlinie 90/385/EWG

und bei sonstigen Medizinprodukten die Angaben nach Nummer 2.2 des Anhangs VIII der Richtlinie 93/42/EWG enthalten. Die Anzeige der beteiligten Prüfeinrichtungen muss den Namen und die Anschrift der Einrichtung sowie Angaben zum Produkt, zum Auftraggeber, zum geplanten Beginn und der vorgesehenen Dauer der Prüfung enthalten. § 25 Abs. 5 und 6 gilt entsprechend. Der Auftraggeber der klinischen Prüfung muss die Angaben nach Satz 3 für aktive implantierbare Medizinprodukte mindestens zehn Jahre, für sonstige Medizinprodukte mindestens fünf Jahre nach Beendigung der Prüfung aufbewahren.

(7) Mit der klinischen Prüfung darf, soweit nicht anderes bestimmt ist, in Deutschland erst begonnen werden, nachdem die Anzeigen nach Absatz 6 Satz 1 erfolgt sind und eine zustimmende Stellungnahme einer unabhängigen und interdisziplinär besetzten sowie beim Bundesinstitut für Arzneimittel und Medizinprodukte registrierten Ethikkommission vorliegt. Bei multizentrischen Studien genügt ein Votum. Aus der Stellungnahme muss hervorgehen, dass die in Absatz 8 Satz 1 genannten Aspekte geprüft sind. Soweit eine zustimmende Stellungnahme einer Ethikkommission nicht vorliegt, kann mit der betreffenden klinischen Prüfung nach Ablauf einer Frist von 60 Tagen nach der Anzeige durch den Auftraggeber begonnen werden, es sei denn, die zuständige Behörde hat innerhalb dieser Frist eine auf Gründe der öffentlichen Gesundheit oder der öffentlichen Ordnung gestützte gegenteilige Entscheidung mitgeteilt.

(8) Die Ethikkommission hat die Aufgabe, den Prüfplan mit den erforderlichen Unterlagen, insbesondere nach ethischen und rechtlichen Gesichtspunkten, mit mindestens fünf Mitgliedern mündlich zu beraten und zu prüfen, ob die Voraussetzungen nach Absatz 1 Nr. 1 und 4 bis 9, Absatz 4 Nr. 1 bis 3 und Absatz 5 vorliegen. Eine Registrierung erfolgt nur, wenn in einer veröffentlichten Verfahrensordnung die Mitglieder, die aus medizinischen Sachverständigen und nicht medizinischen Mitgliedern bestehen und die erforderliche Fachkompetenz aufweisen, das Verfahren der Ethikkommission, die Anschrift und eine angemessene Vergütung aufgeführt sind.

§ 21 Besondere Voraussetzungen zur klinischen Prüfung

Auf eine klinische Prüfung bei einer Person, die an einer Krankheit leidet, zu deren Behebung das zu prüfende Medizinprodukt angewendet werden soll, findet § 20 Abs. 1 bis 3 sowie 6 bis 8 mit folgender Maßgabe Anwendung:

1. Die klinische Prüfung darf nur durchgeführt werden, wenn die Anwendung des zu prüfenden Medizinproduktes nach den Erkenntnissen der medizinischen Wissenschaft angezeigt ist, um das Leben des Kranken zu retten, seine Gesundheit wiederherzustellen oder sein Leiden zu erleichtern.
2. Die klinische Prüfung darf auch bei einer Person, die geschäftsunfähig oder in der Geschäftsfähigkeit beschränkt ist, durchgeführt werden. Sie bedarf der Einwilligung des gesetzlichen Vertreters. Daneben bedarf es auch der Einwilligung des Vertretenen, wenn er in der Lage ist, Wesen, Bedeutung und Tragweite der klinischen Prüfung einzusehen und seinen Willen hiernach zu bestimmen.
3. Die Einwilligung des gesetzlichen Vertreters ist nur wirksam, wenn dieser durch einen Arzt, bei für die Zahnheilkunde bestimmten Medizinprodukten auch durch einen Zahnarzt, über Wesen, Bedeutung und Tragweite der klinischen Prüfung aufgeklärt worden ist. Auf den Widerruf findet § 20 Abs. 2 Satz 2 Anwendung. Der Einwilligung des gesetzlichen Vertreters bedarf es so lange nicht, als eine Behandlung ohne Aufschub erforderlich ist, um das Leben des Kranken zu retten, seine Gesundheit wiederherzustellen oder sein Leiden zu erleichtern, und eine Erklärung über die Einwilligung nicht herbeigeführt werden kann.
4. Die Einwilligung des Kranken oder des gesetzlichen Vertreters ist auch wirksam, wenn sie mündlich gegenüber dem behandelnden Arzt, bei für die Zahnheilkunde bestimmten Medizinprodukten auch gegenüber dem behandelnden Zahnarzt, in Gegenwart eines Zeugen abgegeben wird.
5. Die Aufklärung und die Einwilligung des Kranken oder seines gesetzlichen Vertreters können in besonders schweren Fällen entfallen, wenn durch die Aufklärung der Behandlungserfolg nach der Nummer 1 gefährdet würde und ein entgegenstehender Wille des Kranken nicht erkennbar ist.

§ 22 Durchführung der klinischen Prüfung

Neben den §§ 20 und 21 gelten für die Durchführung klinischer Prüfungen von aktiven implantierbaren Medizinprodukten auch die Bestimmungen der Nummer 2.3 des Anhangs 7 der Richtlinie 90/385/EWG und für die Durchführung klinischer Prüfungen von sonstigen Medizinprodukten die Bestimmungen der Nummer 2.3 des Anhangs X der Richtlinie 93/42/EWG.

§ 23 Ausnahmen zur klinischen Prüfung

Die Bestimmungen der §§ 20 und 21 finden keine Anwendung, wenn eine klinische Prüfung mit Medizinprodukten durchgeführt wird, die nach den §§ 6 und 10 die CE-Kennzeichnung tragen dürfen, es sei denn, diese Prüfung hat eine andere Zweckbestimmung des Medizinproduktes zum Inhalt oder es werden zusätzlich invasive oder andere belastende Untersuchungen durchgeführt.

§ 24 Leistungsbewertungsprüfung

(1) Auf Leistungsbewertungsprüfungen von In-vitro-Diagnostika findet die Vorschrift des § 20 Abs. 1 bis 5, 7 und 8 entsprechende Anwendung, wenn

1. eine invasive Probenahme ausschließlich oder in zusätzlicher Menge zum Zwecke der Leistungsbewertung eines In-vitro-Diagnostikums erfolgt oder
2. im Rahmen der Leistungsbewertungsprüfung zusätzlich invasive oder andere belastende Untersuchungen durchgeführt werden oder
3. die im Rahmen der Leistungsbewertung erhaltenen Ergebnisse für die Diagnostik verwendet werden sollen, ohne dass sie mit etablierten Verfahren bestätigt werden können.

In den übrigen Fällen ist die Einwilligung der Person, von der die Proben entnommen werden, erforderlich, soweit das Persönlichkeitsrecht oder kommerzielle Interessen dieser Person berührt sind.

(2) Leistungsbewertungsprüfungen nach Absatz 1 Satz 1 sind vom Auftraggeber der zuständigen Behörde sowie von den beteiligten Prüfeinrichtungen den für sie zuständigen Behörden vor ihrem Beginn anzuzeigen. Die Anzeige durch den Auftraggeber muss die Angaben nach Nummer 2 des Anhangs VIII der Richtlinie 98/79/EG enthalten. Hat der Auftraggeber seinen Sitz nicht in Deutschland, ist die Anzeige bei der Behörde zu erstatten, in deren Bereich der Leiter der Leistungsbewertungsprüfung seinen Sitz hat oder, falls dies nicht zutrifft, in deren Bereich mit der Leistungsbewertungsprüfung begonnen wird. § 25 Abs. 5 und 6 gilt entsprechend. Die Anzeige der beteiligten Prüfeinrichtungen muss den Namen und die Anschrift der Einrichtung sowie Angaben zum Produkt, zum Auftraggeber, zum geplanten Beginn und der vorgesehenen Dauer der Leistungsbewertungsprüfung enthalten.

(3) Der Auftraggeber hat die Angaben nach Absatz 2 Satz 2 mindestens fünf Jahre nach Beendigung der Prüfung aufzubewahren.

Fünfter Abschnitt: Überwachung und Schutz vor Risiken

§ 25 Allgemeine Anzeigepflicht

(1) Wer als Verantwortlicher im Sinne von § 5 Satz 1 und 2 seinen Sitz in Deutschland hat und Medizinprodukte mit Ausnahme derjenigen nach § 3 Nr. 8 erstmalig in den Verkehr bringt, hat dies vor Aufnahme der Tätigkeit unter Angabe seiner Anschrift der zuständigen Behörde anzuzeigen; dies gilt entsprechend für Betriebe und Einrichtungen, die Medizinprodukte, die bestimmungsgemäß keimarm oder steril zur Anwendung kommen, für andere aufbereiten. Die Anzeige ist um die Bezeichnung des Medizinproduktes zu ergänzen.

(2) Wer Systeme oder Behandlungseinheiten nach § 10 Abs. 1 zusammensetzt oder diese sowie Medizinprodukte nach § 10 Abs. 3 sterilisiert und seinen Sitz in Deutschland hat, hat der zuständigen Behörde unter Angabe seiner Anschrift vor Aufnahme der Tätigkeit die Bezeichnung sowie bei Systemen oder Behandlungseinheiten die Beschreibung der betreffenden Medizinprodukte anzuzeigen.

(3) Wer als Verantwortlicher nach § 5 Satz 1 und 2 seinen Sitz in Deutschland hat und In-vitro-Diagnostika erstmalig in Verkehr bringt, hat der zuständigen Behörde unter Angabe seiner Anschrift vor Aufnahme der Tätigkeit anzuzeigen:

1. die die gemeinsamen technologischen Merkmale und Analyten betreffenden Angaben zu Reagenzien, Medizinprodukten mit Reagenzien und Kalibrier- und Kontrollmaterialien sowie bei sonstigen In-vitro-Diagnostika die geeigneten Angaben,
2. im Falle der In-vitro-Diagnostika gemäß Anhang II der Richtlinie 98/79/EG und der In-vitro-Diagnostika zur Eigenanwendung alle Angaben, die eine Identifizierung dieser In-vitro-Diagnostika ermöglichen, die analytischen und gegebenenfalls diagnostischen Leistungsdaten gemäß Anhang I Abschnitt A Nr. 3 der Richtlinie 98/79/EG, die Ergebnisse der Leistungsbewertung sowie Angaben zu Bescheinigungen,
3. bei einem „neuen In-vitro-Diagnostikum" im Sinne von § 3 Nr. 6 zusätzlich die Angabe, dass es sich um ein „neues In-vitro-Diagnostikum" handelt.

(4) Nachträgliche Änderungen der Angaben nach den Absätzen 1 bis 3 sowie eine Einstellung des Inverkehrbringens sind unverzüglich anzuzeigen.

(5) Die zuständige Behörde übermittelt die Daten gemäß den Absätzen 1 bis 4 dem Deutschen Institut für medizinische Dokumentation und Information zur zentralen Verarbeitung und Nutzung nach § 33. Dieses unterrichtet auf Anfrage die Kommission der Europäischen Gemeinschaften und die anderen Vertragsstaaten des Abkommens über den Europäischen Wirtschaftsraum über Anzeigen nach den Absätzen 1 bis 4.

(6) Näheres zu den Absätzen 1 bis 5 regelt die Rechtsverordnung nach § 37 Abs. 8.

§ 26 Durchführung der Überwachung

(1) Betriebe und Einrichtungen mit Sitz in Deutschland, in denen Medizinprodukte hergestellt, klinisch geprüft, einer Leistungsbewertungsprüfung unterzogen, verpackt, ausgestellt, in den Verkehr gebracht, errichtet, betrieben, angewendet oder Medizinprodukte, die bestimmungsgemäß keimarm oder steril zur Anwendung kommen, für andere aufbereitet werden, unterliegen insoweit der Überwachung durch die zuständigen Behörden. Dies gilt auch für Personen, die diese Tätigkeiten geschäftsmäßig ausüben, sowie für Personen oder Personenvereinigungen, die Medizinprodukte für andere sammeln.

(2) Die zuständige Behörde trifft die zur Beseitigung festgestellter oder zur Verhütung künftiger Verstöße notwendigen Maßnahmen. Sie prüft in angemessenem Umfang unter besonderer Berücksichtigung möglicher Risiken der Medizinprodukte, ob die Voraussetzungen zum Inverkehrbringen und zur Inbetriebnahme erfüllt sind. Sie kann bei hinreichenden Anhaltspunkten für eine unrechtmäßige CE-Kennzeichnung oder eine von dem Medizinprodukt ausgehende Gefahr verlangen, dass der Verantwortliche im Sinne von § 5 das Medizinprodukt von einem Sachverständigen überprüfen lässt. Bei einem In-vitro-Diagnostikum nach § 3 Nr. 6 kann sie zu jedem Zeitpunkt innerhalb von zwei Jahren nach der Anzeige nach § 25 Abs. 3 und in begründeten Fällen die Vorlage eines Berichts über die Erkenntnisse aus den Erfahrungen mit dem neuen In-vitro-Diagnostikum nach dessen erstmaligem Inverkehrbringen verlangen.

(3) Die mit der Überwachung beauftragten Personen sind befugt,

1. Grundstücke, Geschäftsräume, Betriebsräume, Beförderungsmittel und zur Verhütung drohender Gefahr für die öffentliche Sicherheit und Ordnung auch Wohnräume zu den üblichen Geschäftszeiten zu betreten und zu besichtigen, in denen eine Tätigkeit nach Absatz 1 ausgeübt wird; das Grundrecht der Unverletzlichkeit der Wohnung (Artikel 13 des Grundgesetzes) wird insoweit eingeschränkt,
2. Medizinprodukte zu prüfen, insbesondere hierzu in Betrieb nehmen zu lassen, sowie Proben zu entnehmen,
3. Unterlagen über die Entwicklung, Herstellung, Prüfung, klinische Prüfung, Leistungsbewertungsprüfung oder Erwerb, Aufbereitung, Lagerung, Verpackung, Inverkehrbringen und sonstigen Verbleib der Medizinprodukte sowie über das im Verkehr befindliche Werbematerial einzusehen und hieraus in begründeten Fällen Abschriften oder Ablichtungen anzufertigen,

4. alle erforderlichen Auskünfte, insbesondere über die in Nummer 3 genannten Betriebsvorgänge, zu verlangen.
   Für Proben, die nicht bei dem Verantwortlichen nach § 5 entnommen werden, ist eine angemessene Entschädigung zu leisten, soweit nicht ausdrücklich darauf verzichtet wird.

(4) Wer der Überwachung nach Absatz 1 unterliegt, hat Maßnahmen nach Absatz 3 Satz 1 Nr. 1 bis 3 zu dulden und die beauftragten Personen sowie die sonstigen in der Überwachung tätigen Personen bei der Erfüllung ihrer Aufgaben zu unterstützen. Dies beinhaltet insbesondere die Verpflichtung, diesen Personen die Medizinprodukte zugänglich zu machen, erforderliche Prüfungen zu gestatten, hierfür benötigte Mitarbeiter und Hilfsmittel bereitzustellen, Auskünfte zu erteilen und Unterlagen vorzulegen.

(5) Der im Rahmen der Überwachung zur Auskunft Verpflichtete kann die Auskunft auf solche Fragen verweigern, deren Beantwortung ihn selbst oder einen seiner in § 383 Abs. 1 Nr. 1 bis 3 der Zivilprozessordnung bezeichneten Angehörigen der Gefahr strafrechtlicher Verfolgung oder eines Verfahrens nach dem Gesetz über Ordnungswidrigkeiten aussetzen würde.

(6) Sachverständige, die im Rahmen des Absatzes 2 prüfen, müssen die dafür notwendige Sachkenntnis besitzen. Die Sachkenntnis kann auch durch ein Zertifikat einer von der zuständigen Behörde akkreditierten Stelle nachgewiesen werden.

(7) Die zuständige Behörde unterrichtet auf Anfrage das Bundesministerium für Gesundheit sowie die zuständigen Behörden der anderen Vertragsstaaten des Abkommens über den Europäischen Wirtschaftsraum über durchgeführte Überprüfungen, deren Ergebnisse sowie die getroffenen Maßnahmen.

§ 27 Verfahren bei unrechtmäßiger und unzulässiger Anbringung der CE-Kennzeichnung

(1) Stellt die zuständige Behörde fest, dass die CE-Kennzeichnung auf einem Medizinprodukt unrechtmäßig angebracht worden ist, ist der Verantwortliche nach § 5 verpflichtet, die Voraussetzungen für das rechtmäßige Anbringen der CE-Kennzeichnung nach Weisung der zuständigen Behörde zu erfüllen. Werden diese Voraussetzungen nicht erfüllt, so hat die zuständige Behörde das Inverkehrbringen dieses Medizinproduktes einzuschränken, von der Einhaltung bestimmter Auflagen abhängig zu machen, zu untersagen oder zu veranlassen, dass das Medizinprodukt vom Markt genommen wird. Sie unterrichtet davon die übrigen zuständigen Behörden in Deutschland und das Bundesministerium für Gesundheit, das die Kommission der Europäischen Gemeinschaften und die anderen Vertragsstaaten des Abkommens über den Europäischen Wirtschaftsraum hiervon unterrichtet.

(2) Trägt ein Produkt unzulässigerweise die CE-Kennzeichnung als Medizinprodukt, trifft die zuständige Behörde die erforderlichen Maßnahmen nach Absatz 1 Satz 2. Absatz 1 Satz 3 gilt entsprechend.

§ 28 Verfahren zum Schutze vor Risiken

(1) Die nach diesem Gesetz zuständige Behörde trifft alle erforderlichen Maßnahmen zum Schutze der Gesundheit und zur Sicherheit von Patienten, Anwendern und Dritten vor Gefahren durch Medizinprodukte, soweit nicht das Atomgesetz oder eine darauf gestützte Rechtsverordnung für Medizinprodukte, die ionisierende Strahlen erzeugen oder radioaktive Stoffe enthalten, für die danach zuständige Behörde entsprechende Befugnisse vorsieht.

(2) Die zuständige Behörde ist insbesondere befugt, Anordnungen, auch über die Schließung des Betriebs oder der Einrichtung, zu treffen, soweit es zur Abwehr einer drohenden Gefahr für die öffentliche Gesundheit, Sicherheit oder Ordnung geboten ist. Sie kann das Inverkehrbringen, die Inbetriebnahme, das Betreiben, die Anwendung der Medizinprodukte sowie den Beginn oder die weitere Durchführung der klinischen Prüfung oder der Leistungsbewertungsprüfung untersagen, beschränken oder von der Einhaltung bestimmter Auflagen abhängig machen oder den Rückruf oder die Sicherstellung der Medizinprodukte anordnen. Sie unterrichtet hiervon die übrigen zuständigen Behörden in Deutschland, die zuständige Bundesoberbehörde und das Bundesministerium für Gesundheit.

(3) Stellt die zuständige Behörde fest, dass CE-gekennzeichnete Medizinprodukte oder Sonderanfertigungen die Gesundheit oder Sicherheit von Patienten, Anwendern oder Dritten oder deren Eigentum gefährden können, auch wenn sie sachgemäß installiert, in Stand gehalten oder ihrer Zweckbestimmung entsprechend angewendet werden und trifft sie deshalb Maßnahmen mit dem Ziel, das Medizinprodukt vom Markt zu nehmen oder das Inverkehrbringen oder die Inbetriebnahme zu verbieten oder einzuschränken, teilt sie diese umgehend unter Angabe von Gründen dem Bundesministerium für Gesundheit zur Einleitung eines Schutzklauselverfahrens nach Artikel 7 der Richtlinie 90/385/EWG, Artikel 8 der Richtlinie 93/42/EWG oder Artikel 8 der Richtlinie 98/79/EG mit. In den Gründen ist insbesondere anzugeben, ob die Nichtübereinstimmung mit den Vorschriften dieses Gesetzes zurückzuführen ist auf

1. die Nichteinhaltung der Grundlegenden Anforderungen,
2. eine unzulängliche Anwendung harmonisierter Normen oder Gemeinsamer Technischer Spezifikationen, sofern deren Anwendung behauptet wird, oder
3. einen Mangel der harmonisierten Normen oder Gemeinsamen Technischen Spezifikationen selbst.

(4) Die zuständige Behörde kann veranlassen, dass alle, die einer von einem Medizinprodukt ausgehenden Gefahr ausgesetzt sein können, rechtzeitig in geeigneter Form auf diese Gefahr hingewiesen werden. Eine hoheitliche Warnung der Öffentlichkeit ist zulässig, wenn bei Gefahr im Verzug andere ebenso wirksame Maßnahmen nicht oder nicht rechtzeitig getroffen werden können.

(5) Maßnahmen nach Artikel 14 b der Richtlinie 93/42/EWG und Artikel 13 der Richtlinie 98/79/EG trifft das Bundesministerium für Gesundheit durch Rechtsverordnung nach § 37 Abs. 6.

§ 29 Medizinprodukte-Beobachtungs- und -Meldesystem

(1) Die zuständige Bundesoberbehörde hat, soweit nicht eine oberste Bundesbehörde im Vollzug des Atomgesetzes oder der auf Grund dieses Gesetzes erlassenen Rechtsverordnungen zuständig ist, zur Verhütung einer Gefährdung der Gesundheit oder der Sicherheit von Patienten, Anwendern oder Dritten die bei der Anwendung oder Verwendung von Medizinprodukten auftretenden Risiken, insbesondere Nebenwirkungen, wechselseitige Beeinflussung mit anderen Stoffen oder Produkten, Gegenanzeigen, Verfälschungen, Funktionsfehler, Fehlfunktionen und technische Mängel zentral zu erfassen, auszuwerten, zu bewerten und insoweit die zu ergreifenden Maßnahmen zu koordinieren, insbesondere, soweit sie folgende Vorkommnisse betreffen:

1. jede Funktionsstörung, jeden Ausfall oder jede Änderung der Merkmale oder der Leistung eines Medizinproduktes sowie jede Unsachgemäßheit der Kennzeichnung oder Gebrauchsanweisung, die direkt oder indirekt zum Tod oder zu einer schwerwiegenden Verschlechterung des Gesundheitszustandes eines Patienten oder eines Anwenders oder einer anderen Person geführt haben oder hätten führen können,
2. jeden Grund technischer oder medizinischer Art, der auf Grund der in Nummer 1 genannten Ursachen durch die Merkmale und die Leistungen eines Medizinproduktes bedingt ist und zum systematischen Rückruf von Medizinprodukten desselben Typs durch den Hersteller geführt hat.

§ 26 Abs. 2 Satz 3 findet entsprechende Anwendung. Die zuständige Bundesoberbehörde teilt das Ergebnis der Bewertung der zuständigen Behörde mit, die über notwendige Maßnahmen entscheidet. Die zuständige Bundesoberbehörde übermittelt Daten aus der Beobachtung, Sammlung, Auswertung und Bewertung von Risiken in Verbindung mit Medizinprodukten an das Deutsche Institut für Medizinische Dokumentation und Information zur zentralen Verarbeitung und Nutzung nach § 33. Näheres regelt die Rechtsverordnung nach § 37 Abs. 8.

(2) Soweit dies zur Erfüllung der in Absatz 1 aufgeführten Aufgaben erforderlich ist, dürfen an die danach zuständigen Behörden auch Name, Anschrift und Geburtsdatum von Patienten, Anwendern oder Dritten übermittelt werden. Die nach Absatz 1 zuständige Behörde darf die nach Landesrecht zuständige Behörde auf Ersuchen über die von ihr gemeldeten Fälle und die festgestellten Erkenntnisse in bezug auf personenbezogene Daten unterrichten. Bei der Zusammenarbeit nach Absatz 3 dürfen keine personenbezogenen Daten von Patienten übermittelt werden. Satz 3 gilt auch für die Übermittlung von Daten an das Informationssystem nach § 33.

(3) Die Behörde nach Absatz 1 wirkt bei der Erfüllung der dort genannten Aufgaben mit den Dienststellen der anderen Vertragsstaaten des Abkommens über den Europäischen Wirtschaftsraum und der Kommission der Europäischen Gemeinschaften, der Weltgesundheitsorganisation, den für die Gesundheit und den Arbeitsschutz zuständigen Behörden anderer Staaten, den für die Gesundheit, den Arbeitsschutz, den Strahlenschutz und das Mess- und Eichwesen zuständigen Behörden der Länder und den anderen fachlich berührten Bundesoberbehörden, Benannten Stellen in Deutschland, den zuständigen Trägern der gesetzlichen Unfallversicherung, dem Medizinischen Dienst der Spitzenverbände der Krankenkassen, den einschlägigen Fachgesellschaften, den Herstellern und Vertreibern sowie mit anderen Stellen zusammen, die bei der Durchführung ihrer Aufgaben Risiken von Medizinprodukten erfassen. Besteht der Verdacht, dass ein Zwischenfall durch eine elektromagnetische Einwirkung eines anderen Gerätes als ein Medizinprodukt verursacht wurde, ist das Bundesamt für Post und Telekommunikation zu beteiligen.

(4) Einzelheiten zur Durchführung der Aufgaben nach § 29 regelt der Sicherheitsplan nach § 37 Abs. 7.

§ 30 Sicherheitsbeauftragter für Medizinprodukte

(1) Wer als Verantwortlicher nach § 5 Satz 1 und 2 seinen Sitz in Deutschland hat, hat unverzüglich nach Aufnahme der Tätigkeit eine Person mit der zur Ausübung ihrer Tätigkeit erforderlichen Sachkenntnis und der erforderlichen Zuverlässigkeit als Sicherheitsbeauftragten für Medizinprodukte zu bestimmen.

(2) Der Verantwortliche nach § 5 Satz 1 und 2 hat der zuständigen Behörde den Sicherheitsbeauftragten sowie jeden Wechsel in der Person unverzüglich anzuzeigen. Die zuständige Behörde übermittelt die Daten nach Satz 1 an das Deutsche Institut für Medizinische Dokumentation und Information zur zentralen Verarbeitung und Nutzung nach § 33.

(3) Der Nachweis der erforderlichen Sachkenntnis als Sicherheitsbeauftragter für Medizinprodukte wird erbracht durch

1. das Zeugnis über eine abgeschlossene naturwissenschaftliche, medizinische oder technische Hochschulausbildung oder
2. eine andere Ausbildung, die zur Durchführung der unter Absatz 4 genannten Aufgaben befähigt,

und eine mindestens zweijährige Berufserfahrung. Die Sachkenntnis ist auf Verlangen der zuständigen Behörde nachzuweisen.

(4) Der Sicherheitsbeauftragte für Medizinprodukte hat bekanntgewordene Meldungen über Risiken bei Medizinprodukten zu sammeln, zu bewerten und die notwendigen Maßnahmen zu koordinieren. Er ist für die Erfüllung von Anzeigepflichten verantwortlich, soweit sie Medizinprodukterisiken betreffen.

(5) Der Sicherheitsbeauftragte für Medizinprodukte darf wegen der Erfüllung der ihm übertragenen Aufgaben nicht benachteiligt werden.

§ 31 Medizinprodukteberater

(1) Wer berufsmäßig Fachkreise fachlich informiert oder in die sachgerechte Handhabung der Medizinprodukte einweist (Medizinprodukteberater), darf diese Tätigkeit nur ausüben, wenn er die für die jeweiligen Medizinprodukte erforderliche Sachkenntnis und Erfahrung für die Information und, soweit erforderlich, für die Einweisung in die Handhabung der jeweiligen Medizinprodukte besitzt. Dies gilt auch für die fernmündliche Information.

(2) Die Sachkenntnis besitzt, wer

1. eine Ausbildung in einem naturwissenschaftlichen, medizinischen oder technischen Beruf erfolgreich abgeschlossen hat und auf die jeweiligen Medizinprodukte bezogen geschult worden ist oder
2. durch eine mindestens einjährige Tätigkeit, die in begründeten Fällen auch kürzer sein kann, Erfahrungen in der Information über die jeweiligen Medizinprodukte und, soweit erforderlich, in der Einweisung in deren Handhabung erworben hat.

(3) Der Medizinprodukteberater hat der zuständigen Behörde auf Verlangen seine Sachkenntnis nachzuweisen. Er hält sich auf dem neuesten Erkenntnisstand über die jeweiligen Medizinprodukte, um sachkundig beraten zu können. Der Auftraggeber hat für eine regelmäßige Schulung des Medizinprodukteberaters zu sorgen.

(4) Der Medizinprodukteberater hat Mitteilungen von Angehörigen der Fachkreise über Nebenwirkungen, wechselseitige Beeinflussungen, Fehlfunktionen, technische Mängel, Gegenanzeigen, Verfälschungen oder sonstige Risiken bei Medizinprodukten schriftlich aufzuzeichnen und unverzüglich dem Verantwortlichen nach § 5 Satz 1 und 2 oder dessen Sicherheitsbeauftragten für Medizinprodukte schriftlich zu übermitteln.

Sechster Abschnitt: Zuständige Behörden, Rechtsverordnungen, sonstige Bestimmungen

§ 32 Zuständigkeitsabgrenzung zwischen Bundesoberbehörden

(1) Das Bundesinstitut für Arzneimittel und Medizinprodukte ist zuständig für die Bewertung hinsichtlich der technischen und medizinischen Anforderungen und der Sicherheit von Medizinprodukten, es sei denn, dass dieses Gesetz anderes vorschreibt oder andere Bundesoberbehörden zuständig sind, und hat die zuständigen Behörden und Benannten Stellen zu beraten.

(2) Das Paul-Ehrlich-Institut ist zuständig für die Aufgaben nach Absatz 1, soweit es sich um in Anhang II der Richtlinie 98/79/EG genannte In-vitro-Diagnostika handelt, die zur Prüfung der Unbedenklichkeit oder Verträglichkeit von Blut- oder Gewebespenden bestimmt sind oder Infektionskrankheiten betreffen. Beim Paul-Ehrlich-Institut kann ein fachlich unabhängiges Prüflabor eingerichtet werden, das mit Benannten Stellen und anderen Organisationen zusammenarbeiten kann.

(3) Die Physikalisch-Technische Bundesanstalt ist zuständig für die Sicherung der Einheitlichkeit des Messwesens in der Heilkunde und hat

1. Medizinprodukte mit Messfunktion gutachterlich zu bewerten und, soweit sie nach § 15 dafür benannt ist, Baumusterprüfungen durchzuführen,
2. Referenzmessverfahren, Normalmessgeräte und Prüfhilfsmittel zu entwickeln und auf Antrag zu prüfen und
3. die zuständigen Behörden und Benannten Stellen wissenschaftlich zu beraten.

§ 33 Datenbankgestütztes Informationssystem, Europäische Datenbank

(1) Das Deutsche Institut für medizinische Dokumentation und Information (DIMDI) richtet ein Informationssystem über Medizinprodukte zur Unterstützung des Vollzugs dieses Gesetzes ein und stellt den für die Medizinprodukte zuständigen Behörden des Bundes und der Länder die hierfür erforderlichen Informationen zur Verfügung. Es stellt die erforderlichen Daten für die Europäische Datenbank im Sinne von Artikel 14a der Richtlinie 93/42/EWG und Artikel 12 der Richtlinie 98/79/EG zur Verfügung. Eine Bereitstellung dieser Informationen für nicht-öffentliche Stellen ist zulässig, soweit dies die Rechtsverordnung nach § 37 Abs. 8 vorsieht. Für seine Leistungen kann es Gebühren erheben.

(2) Im Sinne des Absatzes 1 hat das dort genannte Institut insbesondere folgende Aufgaben:

1. zentrale Verarbeitung und Nutzung von Informationen nach § 25 Abs. 5, auch in Verbindung mit § 18 Abs. 3, § 20 Abs. 6 und § 24 Abs. 2,
2. zentrale Verarbeitung und Nutzung von Basisinformationen der in Verkehr befindlichen Medizinprodukte,
3. zentrale Verarbeitung und Nutzung von Daten aus der Beobachtung, Sammlung, Auswertung und Bewertung von Risiken in Verbindung mit Medizinprodukten,
4. Informationsbeschaffung und Übermittlung von Daten an Datenbanken anderer Mitgliedstaaten und Institutionen der Europäischen Gemeinschaften und anderer Vertragsstaaten des Abkommens über den Europäi-

schen Wirtschaftsraum, insbesondere im Zusammenhang mit der Erkennung und Abwehr von Risiken in Verbindung mit Medizinprodukten,

5. Aufbau und Unterhaltung von Zugängen zu Datenbanken, die einen Bezug zu Medizinprodukten haben.

(3) Das in Absatz 1 genannte Institut ergreift die notwendigen Maßnahmen, damit Daten nur dazu befugten Personen übermittelt werden oder diese Zugang zu diesen Daten erhalten.

§ 34 Ausfuhr

(1) Auf Antrag eines Herstellers oder Bevollmächtigten stellt die zuständige Behörde für die Ausfuhr eine Bescheinigung über die Verkehrsfähigkeit des Medizinproduktes in Deutschland aus.

(2) Medizinprodukte, die einem Verbot nach § 4 Abs. 1 unterliegen, dürfen nur ausgeführt werden, wenn die zuständige Behörde des Bestimmungslandes die Einfuhr genehmigt hat, nachdem sie von der zuständigen Behörde über die jeweiligen Verbotsgründe informiert wurde.

§ 35 Kosten

Für Amtshandlungen nach diesem Gesetz und den zur Durchführung dieses Gesetzes erlassenen Rechtsverordnungen sind Kosten (Gebühren und Auslagen) nach Maßgabe der Rechtsverordnung nach § 37 Abs. 9 zu erheben. Soweit das Bundesministerium für Gesundheit von der Ermächtigung keinen Gebrauch macht, werden die Landesregierungen ermächtigt, entsprechende Vorschriften zu erlassen. Das Verwaltungskostengesetz findet Anwendung.

§ 36 Zusammenarbeit der Behörden und Benannten Stellen im Europäischen Wirtschaftsraum

Die für die Durchführung des Medizinprodukterechts zuständigen Behörden und Benannten Stellen arbeiten mit den zuständigen Behörden und Benannten Stellen der anderen Vertragsstaaten des Abkommens über den Europäischen Wirtschaftsraum zusammen und erteilen einander die notwendigen Auskünfte, um eine einheitliche Anwendung der zur Umsetzung der Richtlinien 90/385/EWG, 93/42/EWG und 98/79/EG erlassenen Vorschriften zu erreichen.

§ 37 Verordnungsermächtigungen

(1) Das Bundesministerium für Gesundheit wird ermächtigt, zur Umsetzung von Rechtsakten der Europäischen Gemeinschaften durch Rechtsverordnung die Voraussetzungen für die Erteilung der Konformitätsbescheinigungen, die Durchführung der Konformitätsbewertungsverfahren und ihre Zuordnung zu Klassen von Medizinprodukten sowie Sonderverfahren für Systeme und Behandlungseinheiten zu regeln.

(2) Das Bundesministerium für Gesundheit wird ermächtigt, durch Rechtsverordnung für Medizinprodukte, die

1. die Gesundheit des Menschen auch bei bestimmungsgemäßer Anwendung unmittelbar oder mittelbar gefährden können, wenn sie ohne ärztliche oder zahnärztliche Überwachung angewendet werden, oder
2. häufig in erheblichem Umfang nicht bestimmungsgemäß angewendet werden, wenn dadurch die Gesundheit von Menschen unmittelbar oder mittelbar gefährdet wird,

die Verschreibungspflicht vorzuschreiben. In der Rechtsverordnung nach Satz 1 können weiterhin Abgabebeschränkungen geregelt werden.

(3) Das Bundesministerium für Gesundheit wird ermächtigt, durch Rechtsverordnung Vertriebswege für Medizinprodukte vorzuschreiben, soweit es geboten ist, die erforderliche Qualität des Medizinproduktes zu erhalten oder die bei der Abgabe oder Anwendung von Medizinprodukten notwendigen Erfordernisse für die Sicherheit des Patienten, Anwenders oder Dritten zu erfüllen.

(4) Das Bundesministerium für Gesundheit wird ermächtigt, durch Rechtsverordnung Regelungen für Betriebe oder Einrichtungen zu erlassen (Betriebsverordnungen), die Medizinprodukte in Deutschland in den Verkehr bringen oder lagern, soweit es geboten ist, um einen ordnungsgemäßen Betrieb und die erforderliche Qualität, Sicherheit und Leistung der Medizinprodukte sicherzustellen sowie die Sicherheit und Gesundheit der Patienten,

der Anwender und Dritter nicht zu gefährden. In der Rechtsverordnung können insbesondere Regelungen getroffen werden über die Lagerung, den Erwerb, den Vertrieb, die Information und Beratung sowie die Einweisung in den Betrieb einschließlich Funktionsprüfung nach Installation und die Anwendung der Medizinprodukte. Die Regelungen können auch für Personen getroffen werden, die die genannten Tätigkeiten berufsmäßig ausüben.

(5) Das Bundesministerium für Gesundheit wird ermächtigt, durch Rechtsverordnung

1. Anforderungen an das Errichten, Betreiben, Anwenden und Instandhalten von Medizinprodukten festzulegen, Regelungen zu treffen über die Einweisung der Betreiber und Anwender, die sicherheitstechnischen Kontrollen, Funktionsprüfungen, Meldepflichten und Einzelheiten der Meldepflichten von Vorkommnissen und Risiken, das Bestandsverzeichnis und das Medizinproduktebuch sowie weitere Anforderungen festzulegen, soweit dies für das sichere Betreiben und die sichere Anwendung oder die ordnungsgemäße Instandhaltung einschließlich der sicheren Aufbereitung von Medizinprodukten notwendig ist,
2. a) Anforderungen an das Qualitätssicherungssystem beim Betreiben und Anwenden von In-vitro-Diagnostika festzulegen, soweit es zur Aufrechterhaltung der erforderlichen Qualität, Sicherheit und Leistung der In-vitro-Diagnostika sowie zur Sicherstellung der Zuverlässigkeit der damit erzielten Messergebnisse geboten ist,
   b) Regelungen zu treffen über
   aa) die Feststellung und die Anwendung von Normen zur Qualitätssicherung, die Verfahren zur Erstellung von Richtlinien und Empfehlungen, die Anwendungsbereiche, Inhalte und Zuständigkeiten, die Beteiligung der betroffenen Kreise sowie
   bb) die Kontrollen und
   c) festzulegen, dass die Normen, Richtlinien und Empfehlungen oder deren Fundstellen vom Bundesministerium für Gesundheit im Bundesanzeiger bekannt gemacht werden,
3. zur Gewährleistung der Messsicherheit von Medizinprodukten mit Messfunktion diejenigen Medizinprodukte mit Messfunktion zu bestimmen, die messtechnischen Kontrollen unterliegen, und zu bestimmen, dass der Betreiber, eine geeignete Stelle oder die zuständige Behörde messtechnische Kontrollen durchzuführen hat sowie Vorschriften zu erlassen über den Umfang, die Häufigkeit und das Verfahren von messtechnischen Kontrollen, die Voraussetzungen, den Umfang und das Verfahren der Anerkennung und Überwachung mit der Durchführung messtechnischer Kontrollen betrauter Stellen sowie die Mitwirkungspflichten des Betreibers eines Medizinproduktes mit Messfunktion bei messtechnischen Kontrollen.

(6) Das Bundesministerium für Gesundheit wird ermächtigt, durch Rechtsverordnung ein bestimmtes Medizinprodukt oder eine Gruppe von Medizinprodukten aus Gründen des Gesundheitsschutzes und der Sicherheit oder im Interesse der öffentlichen Gesundheit gemäß Artikel 30 des EG-Vertrages zu verbieten oder deren Bereitstellung zu beschränken oder besonderen Bedingungen zu unterwerfen.

(7) Das Bundesministerium für Gesundheit wird ermächtigt, durch Rechtsverordnung zur Durchführung der Aufgaben im Zusammenhang mit dem Medizinprodukte-Beobachtungs- und -Meldesystem nach § 29 einen Sicherheitsplan für Medizinprodukte zu erstellen. In diesem werden insbesondere die Aufgaben und die Zusammenarbeit der beteiligten Behörden und Stellen sowie die Einschaltung der Hersteller und Bevollmächtigten, Einführer, Inverkehrbringer und sonstiger Händler, der Anwender und Betreiber, der Kommission der Europäischen Gemeinschaften sowie der anderen Vertragsstaaten des Abkommens über den Europäischen Wirtschaftsraum näher geregelt und die jeweils zu ergreifenden Maßnahmen bestimmt. In dem Sicherheitsplan können ferner Einzelheiten zur Risikobewertung und deren Durchführung, Mitwirkungspflichten der Verantwortlichen nach § 5 Satz 1 und 2, sonstiger Händler, der Anwender, Betreiber und Instandhalter, Einzelheiten des Meldeverfahrens und deren Bekanntmachung, Melde-, Berichts-, Aufzeichnungs- und Aufbewahrungspflichten, Prüfungen und Produktionsüberwachungen, Einzelheiten der Durchführung von Maßnahmen zur Risikoabwehr und deren Überwachung sowie Informationspflichten, - mittel und -wege geregelt werden. Ferner können in dem Sicherheitsplan Regelungen zu personenbezogenen Daten getroffen werden, soweit diese im Rahmen der Risikoabwehr erfasst, verarbeitet und genutzt werden.

(8) Das Bundesministerium für Gesundheit wird ermächtigt, zur Gewährleistung einer ordnungsgemäßen Erhebung, Verarbeitung und Nutzung von Daten nach § 33 Abs. 1 und 2 durch Rechtsverordnung Näheres zu re-

geln, auch hinsichtlich der Art, des Umfangs und der Anforderungen an Daten. In dieser Rechtsverordnung können auch die Gebühren für Handlungen dieses Institutes festgelegt werden.

(9) Das Bundesministerium für Gesundheit wird ermächtigt, durch Rechtsverordnung die gebührenpflichtigen Tatbestände nach § 35 zu bestimmen und dabei feste Sätze oder Rahmensätze vorzusehen; dabei ist die Bedeutung, der wirtschaftliche Wert oder sonstige Nutzen für die Gebührenschuldner angemessen zu berücksichtigen. In der Rechtsverordnung kann bestimmt werden, dass eine Gebühr auch für eine Amtshandlung erhoben werden kann, die nicht zu Ende geführt worden ist, wenn die Gründe hierfür von demjenigen zu vertreten sind, der die Amtshandlung veranlasst hat.

(10) Das Bundesministerium für Gesundheit wird ermächtigt, durch Rechtsverordnung Regelungen zur Erfüllung von Verpflichtungen aus zwischenstaatlichen Vereinbarungen oder zur Durchführung von Rechtsakten des Rates oder der Kommission der Europäischen Gemeinschaften, die Sachbereiche dieses Gesetzes betreffen, insbesondere sicherheitstechnische und medizinische Anforderungen, die Herstellung und sonstige Voraussetzungen des Inverkehrbringens, des Betreibens, des Anwendens, des Ausstellens, insbesondere Prüfungen, Produktionsüberwachung, Bescheinigungen, Kennzeichnung, Aufbewahrungs- und Mitteilungspflichten sowie behördliche Maßnahmen, zu treffen.

(11) Die Rechtsverordnungen nach den Absätzen 1 bis 10 ergehen mit Zustimmung des Bundesrates und im Einvernehmen mit dem Bundesministerium für Wirtschaft und Technologie. Sie ergehen im Einvernehmen mit dem Bundesministerium für Umwelt, Naturschutz und Reaktorsicherheit, soweit der Strahlenschutz betroffen ist oder es sich um Medizinprodukte handelt, bei deren Herstellung radioaktive Stoffe oder ionisierende Strahlen verwendet werden, und im Einvernehmen mit dem Bundesministerium für Arbeit und Sozialordnung, soweit der Arbeitsschutz betroffen ist und im Einvernehmen mit dem Bundesministerium des Innern, soweit der Datenschutz betroffen ist.

(12) Die Rechtsverordnungen nach den Absätzen 6 und 10 bedürfen nicht der Zustimmung des Bundesrates bei Gefahr in Verzug oder wenn ihr unverzügliches Inkrafttreten zur Durchführung von Rechtsakten der Organe der Europäischen Gemeinschaft erforderlich ist. Die Rechtsverordnungen nach den Absätzen 1 bis 3 können ohne Zustimmung des Bundesrates erlassen werden, wenn unvorhergesehene gesundheitliche Gefährdungen dies erfordern. Soweit die Rechtsverordnung nach Absatz 9 Kosten von Bundesbehörden betrifft, bedarf sie nicht der Zustimmung des Bundesrates. Die Rechtsverordnungen nach den Sätzen 1 und 2 bedürfen nicht des Einvernehmens mit den jeweils beteiligten Bundesministerien. Sie treten spätestens sechs Monate nach ihrem Inkrafttreten außer Kraft. Ihre Geltungsdauer kann nur mit Zustimmung des Bundesrates verlängert werden. Soweit der Strahlenschutz betroffen ist, bleibt Absatz 11 unberührt.

Siebter Abschnitt: Sondervorschriften für den Bereich der Bundeswehr

§ 38 Anwendung und Vollzug des Gesetzes

(1) Dieses Gesetz findet auf Einrichtungen, die der Versorgung der Bundeswehr mit Medizinprodukten dienen, entsprechende Anwendung.

(2) Im Bereich der Bundeswehr obliegt der Vollzug dieses Gesetzes und die Überwachung den jeweils zuständigen Stellen und Sachverständigen der Bundeswehr.

§ 39 Ausnahmen

(1) Schreiben die Grundlegenden Anforderungen nach § 7 die Angabe des Verfalldatums vor, kann diese bei Medizinprodukten entfallen, die an die Bundeswehr abgegeben werden. Das Bundesministerium der Verteidigung stellt sicher, dass die Qualität, die Leistungen und die Sicherheit des Medizinproduktes gewährleistet sind.

(2) Das Bundesministerium der Verteidigung kann für seinen Geschäftsbereich im Einvernehmen mit dem Bundesministerium für Gesundheit und, soweit der Arbeitsschutz betroffen ist, im Einvernehmen mit dem Bundesministerium für Arbeit und Sozialordnung in Einzelfällen Ausnahmen von diesem Gesetz und auf Grund dieses Gesetzes erlassenen Rechtsverordnungen zulassen, wenn Rechtsakte der Europäischen Gemeinschaften dem nicht entgegenstehen und dies zur Durchführung der besonderen Aufgaben gerechtfertigt ist und der Schutz der Gesundheit gewahrt bleibt.

Achter Abschnitt: Straf- und Bußgeldvorschriften

§ 40 Strafvorschriften

(1) Mit Freiheitsstrafe bis zu drei Jahren oder mit Geldstrafe wird bestraft, wer

1. entgegen § 4 Abs. 1 Nr. 1 ein Medizinprodukt in den Verkehr bringt, errichtet, in Betrieb nimmt, betreibt oder anwendet,
2. entgegen § 6 Abs. 1 Satz 1 ein Medizinprodukt, das den Vorschriften der Strahlenschutzverordnung oder der Röntgenverordnung unterliegt oder bei dessen Herstellung ionisierende Strahlen verwendet wurden, in den Verkehr bringt oder in Betrieb nimmt,
3. entgegen § 6 Abs. 2 Satz 1 in Verbindung mit einer Rechtsverordnung nach § 37 Abs. 1 ein Medizinprodukt, das den Vorschriften der Strahlenschutzverordnung oder der Röntgenverordnung unterliegt oder bei dessen Herstellung ionisierende Strahlen verwendet wurden, mit der CE-Kennzeichnung versieht oder
4. entgegen § 14 Satz 2 ein Medizinprodukt betreibt oder anwendet.

(2) Der Versuch ist strafbar.

(3) In besonders schweren Fällen ist die Strafe Freiheitsstrafe von einem Jahr bis zu fünf Jahren. Ein besonders schwerer Fall liegt in der Regel vor, wenn der Täter durch eine der in Absatz 1 bezeichneten Handlungen

1. die Gesundheit einer großen Zahl von Menschen gefährdet,
2. einen anderen in die Gefahr des Todes oder einer schweren Schädigung an Körper oder Gesundheit bringt oder
3. aus grobem Eigennutz für sich oder einen anderen Vermögensvorteile großen Ausmaßes erlangt.

(4) Handelt der Täter in den Fällen des Absatzes 1 fahrlässig, so ist die Strafe Freiheitsstrafe bis zu einem Jahr oder Geldstrafe.

§ 41 Strafvorschriften

Mit Freiheitsstrafe bis zu einem Jahr oder mit Geldstrafe wird bestraft, wer

1. entgegen § 4 Abs. 2 Satz 1 in Verbindung mit Satz 2 ein Medizinprodukt in den Verkehr bringt,
2. entgegen § 6 Abs. 1 Satz 1 ein Medizinprodukt, das nicht den Vorschriften der Strahlenschutzverordnung oder der Röntgenverordnung unterliegt oder bei dessen Herstellung ionisierende Strahlen nicht verwendet wurden, in den Verkehr bringt oder in Betrieb nimmt,
3. entgegen § 6 Abs. 2 Satz 1 in Verbindung mit einer Rechtsverordnung nach § 37 Abs. 1 ein Medizinprodukt, das nicht den Vorschriften der Strahlenschutzverordnung oder der Röntgenverordnung unterliegt oder bei dessen Herstellung ionisierende Strahlen nicht verwendet wurden, mit der CE-Kennzeichnung versieht,
4. entgegen § 20 Abs. 1 Nr. 1 bis 6 oder 9, jeweils auch in Verbindung mit Abs. 4 oder 5 oder § 21 Nr. 1, oder entgegen § 20 Abs. 7 Satz 1 eine klinische Prüfung durchführt,
5. entgegen § 24 Abs. 1 Satz 1 in Verbindung mit § 20 Abs. 1 Nr. 1 bis 6 oder 9, Abs. 4 oder 5 eine Leistungsbewertungsprüfung durchführt oder
6. einer Rechtsverordnung nach § 37 Abs. 2 Satz 2 zuwiderhandelt, soweit sie für einen bestimmten Tatbestand auf diese Strafvorschrift verweist.

§ 42 Bußgeldvorschriften

(1) Ordnungswidrig handelt, wer eine der in § 41 bezeichneten Handlungen fahrlässig begeht.

(2) Ordnungswidrig handelt, wer vorsätzlich oder fahrlässig

1. entgegen § 4 Abs. 1 Nr. 2 ein Medizinprodukt in den Verkehr bringt, errichtet, in Betrieb nimmt, betreibt oder anwendet,
2. entgegen § 9 Abs. 3 Satz 1 eine CE-Kennzeichnung nicht richtig oder nicht in der vorgeschriebenen Weise anbringt,
3. entgegen § 10 Abs. 1 Satz 2 oder Abs. 3 Satz 1, auch in Verbindung mit Satz 2, jeweils in Verbindung mit einer Rechtsverordnung nach § 37 Abs. 1, eine Erklärung nicht, nicht richtig, nicht vollständig oder nicht rechtzeitig abgibt,
4. entgegen § 10 Abs. 4 Satz 2 einem Medizinprodukt eine Information nicht beifügt,
5. entgegen § 11 Abs. 2 Satz 1 ein Medizinprodukt abgibt,
6. entgegen § 12 Abs. 1 Satz 1 in Verbindung mit einer Rechtsverordnung nach § 37 Abs. 1 eine Sonderanfertigung in den Verkehr bringt oder in Betrieb nimmt,
7. entgegen § 12 Abs. 2 Satz 1 oder Abs. 3 Satz 1 ein Medizinprodukt abgibt,
8. entgegen § 12 Abs. 4 Satz 1 ein Medizinprodukt ausstellt,
9. entgegen § 12 Abs. 4 Satz 3 ein In-vitro-Diagnostikum anwendet,
10. entgegen § 20 Abs. 1 Nr. 7 oder 8, jeweils auch in Verbindung mit § 21 Nr. 1, eine klinische Prüfung durchführt,
11. entgegen § 25 Abs. 1 Satz 1, Abs. 2, 3 oder 4 oder § 30 Abs. 2 Satz 1 eine Anzeige nicht, nicht richtig, nicht vollständig oder nicht rechtzeitig erstattet,
12. entgegen § 26 Abs. 4 Satz 1 eine Maßnahme nicht duldet oder eine Person nicht unterstützt,
13. entgegen § 30 Abs. 1 einen Sicherheitsbeauftragten nicht oder nicht rechtzeitig bestimmt,
14. entgegen § 31 Abs. 1 Satz 1, auch in Verbindung mit Satz 2, eine Tätigkeit ausübt,
15. entgegen § 31 Abs. 4 eine Mitteilung nicht, nicht richtig, nicht vollständig oder nicht in der vorgeschriebenen Weise aufzeichnet oder nicht oder nicht rechtzeitig übermittelt oder
16. einer Rechtsverordnung nach § 37 Abs. 1, 3, 4 Satz 1 oder 3, Abs. 5 Nr. 1, 2 Buchstabe a oder b Doppelbuchstabe bb oder Nr. 3, Abs. 7 oder 8 Satz 1 oder einer vollziehbaren Anordnung auf Grund einer solchen Rechtsverordnung zuwiderhandelt, soweit die Rechtsverordnung für einen bestimmten Tatbestand auf diese Bußgeldvorschrift verweist.

(3) Die Ordnungswidrigkeit kann mit einer Geldbuße bis zu fünfundzwanzigtausend Euro geahndet werden.

§ 43 Einziehung

Gegenstände, auf die sich eine Straftat nach § 40 oder § 41 oder eine Ordnungswidrigkeit nach § 42 bezieht, können eingezogen werden. § 74 a des Strafgesetzbuches und § 23 des Gesetzes über Ordnungswidrigkeiten sind anzuwenden.

Neunter Abschnitt: Übergangsbestimmungen

§ 44 Übergangsbestimmungen

(1) Medizinprodukte nach § 3 Nr. 4 sowie deren Zubehör dürfen noch bis zum 7. Dezember 2003 nach den am 7. Dezember 1998 in Deutschland geltenden Vorschriften in Deutschland erstmalig in Verkehr gebracht werden, wobei Änderungen dieser Vorschriften zum Zwecke des Schutzes des Menschen vor einer unmittelbaren oder mittelbaren Gefährdung der Gesundheit anzuwenden sind. Das weitere Inverkehrbringen und die Inbetriebnahme der danach erstmalig in Verkehr gebrachten Medizinprodukte ist bis zum 7. Dezember 2005 zulässig.

(2) Auf Medizinprodukte im Sinne des § 3 Nr. 3 sind die Vorschriften dieses Gesetzes ab dem 13. Juni 2002 anzuwenden. Medizinprodukte nach § 3 Nr. 3 dürfen noch bis zum 13. Dezember 2005 nach den am 13. Dezember 2000 in Deutschland geltenden Vorschriften in Deutschland erstmalig in Verkehr gebracht werden. Das weitere Inverkehrbringen und die Inbetriebnahme der danach erstmalig in Verkehr gebrachten Medizinprodukte ist bis zum 13. Dezember 2007 zulässig.

(3) Die Vorschriften des § 14 sowie der Rechtsverordnung nach § 37 Abs. 5 gelten unabhängig davon, nach welchen Vorschriften die Medizinprodukte erstmalig in den Verkehr gebracht wurden.

(4) Quecksilberglasthermometer mit Maximumvorrichtung, für die eine EWG-Bauartzulassung gemäß der Richtlinie 76/764/EWG des Rates vom 27. Juli 1976 über die Angleichung der Rechtsvorschriften über medizinische Quecksilberglasthermometer mit Maximumvorrichtung (ABl. EG Nr. L 262 S. 139), zuletzt geändert durch die Richtlinie 84/414/EWG der Kommission vom 18. Juli 1984 (ABl. EG Nr. L 228 S. 25), erteilt wurde, dürfen bis zum 30. Juni 2004 nach den am 31. Dezember 1994 geltenden Vorschriften erstmalig in den Verkehr gebracht und in Betrieb genommen werden.

Verordnung über Medizinprodukte Medizinprodukte-Verordnung (MPV)[1)]

Inhaltsübersicht

---

§ 1 Anwendungsbereich

Diese Verordnung regelt die Bewertung und Feststellung der Übereinstimmung von Medizinprodukten mit den Grundlegenden Anforderungen gemäß § 7 des Medizinproduktegesetzes (Konformitätsbewertung), die Sonderverfahren für Systeme und Behandlungseinheiten sowie die Durchführung von Anzeigen.

§ 2 Biologische Sicherheitsprüfung

Zur Bewertung der biologischen Verträglichkeit von Medizinprodukten sind biologische Sicherheitsprüfungen mit Tierversuchen durchzuführen, soweit sie

1. bei Medizinprodukten im Sinne des § 3 Nr. 2 des Medizinproduktegesetzes nach der Richtlinie 75/318/EWG des Rates vom 20. Mai 1975 zur Angleichung der Rechts- und Verwaltungsvorschriften der Mitgliedstaaten über die analytischen, toxikologisch-pharmakologischen und ärztlichen oder klinischen Vorschriften und Nachweise über Versuche mit Arzneimittelspezialitäten (ABl. EG Nr. L 147 S.1), zuletzt geändert durch Richtlinie 99/83/EG der Kommission vom 8. September 1999 (ABl. EG Nr. L 243 S.9), in der jeweils geltenden Fassung oder nach den Arzneimittelprüfrichtlinien nach § 26 des Arzneimittelgesetzes,
2. nach harmonisierten Normen im Sinne des § 3 Nr. 18 des Medizinproduktegesetzes oder
3. nach dem jeweiligen Stand der wissenschaftlichen Erkenntnisse

erforderlich sind.

§ 3 Allgemeine Vorschriften zur Durchführung der Konformitätsbewertung

(1) Die Konformitätsbewertung erfolgt nach Maßgabe des Absatzes 2 und der §§ 4 bis 6 durch den Hersteller. Die Verfahren nach den Anhängen 3, 4 und 6 der Richtlinie 90/385/EWG des Rates vom 20. Juni 1990 zur Angleichung der Rechtsvorschriften der Mitgliedstaaten über aktive implantierbare medizinische Geräte (ABl. EG Nr. L 189 S. 17), zuletzt geändert durch Richtlinie 93/68/EWG des Rates vom 22. Juli 1993 (ABl. EG Nr. L 220 S. 1), den Anhängen III, V, VI und VIII der Richtlinie 98/79/EG des Europäischen Parlaments und des Rates vom 27. Oktober 1998 über In-vitro-Diagnostika (ABl. EG Nr. L 331 S. 1) und den Anhängen III, IV, VII und VIII der Richtlinie 93/42/EWG des Rates vom 14. Juni 1993 über Medizinprodukte (ABl. EG Nr. L 169 S. 1), zuletzt geändert durch Richtlinie 2000/70/EG des Europäischen Parlaments und des Rates vom 16. November 2000 (ABl. EG Nr.

[1)] In der Fassung vom 20. Dezember 2001, BGBl. I S. 3854, geändert durch § 10 der Verordnung vom 04.12.2002, BGBl. I S. 4456.

L 313 S. 22), in den jeweils geltenden Fassungen, können im Auftrag des Herstellers auch von seinem Bevollmächtigten im Sinne des § 3 Nr. 16 des Medizinproduktegesetzes durchgeführt werden.

(2) Soweit die Verfahren unter Beteiligung einer Benannten Stelle im Sinne des § 3 Nr. 20 des Medizinproduktegesetzes durchgeführt werden, beauftragen der Hersteller oder sein Bevollmächtigter eine Benannte Stelle ihrer Wahl, die für das entsprechende Verfahren und die jeweiligen Medizinprodukte benannt ist. Die Benannte Stelle und der Hersteller oder sein Bevollmächtigter legen einvernehmlich die Fristen für die Durchführung der Prüfungen und Bewertungen fest.

(3) Die Benannte Stelle kann im Konformitätsbewertungsverfahren alle Informationen und Angaben fordern, die zur Durchführung der Überprüfungen und Bewertungen und zur Erteilung von Bescheinigungen erforderlich sind.

(4) Im Verfahren der Konformitätsbewertung sind Ergebnisse von Prüfungen und Bewertungen, die für die jeweiligen Produkte bereits durchgeführt wurden, angemessen zu berücksichtigen.

(5) Die Geltungsdauer von Bescheinigungen, die nach den Anhängen 2 und 3 der Richtlinie 90/385/EWG, den Anhängen III, IV und V der Richtlinie 98/79/EG und den Anhängen II und III der Richtlinie 93/42/EWG ausgestellt werden, ist auf höchstens fünf Jahre zu befristen.

§ 4 Konformitätsbewertungsverfahren für aktive implantierbare Medizinprodukte

(1) Für aktive implantierbare Medizinprodukte hat der Hersteller

1. das Verfahren der EG-Konformitätserklärung nach Anhang 2 der Richtlinie 90/385/EWG oder
2. das Verfahren der EG-Baumusterprüfung nach Anhang 3 der Richtlinie 90/385/EWG in Verbindung mit dem Verfahren der EG-Prüfung nach Anhang 4 der Richtlinie 90/385/EWG oder dem Verfahren der EG-Erklärung zur Übereinstimmung mit dem Baumuster nach Anhang 5 der Richtlinie 90/385/EWG

einzuhalten.

(2) Für Sonderanfertigungen hat der Hersteller die Erklärung nach Nummer 2.1 des Anhangs 6 der Richtlinie 90/385/EWG auszustellen. Er hat die Dokumentation nach Nummer 3.1 des Anhangs 6 zu erstellen und alle erforderlichen Maßnahmen zu treffen, um die Übereinstimmung der hergestellten Medizinprodukte mit dieser Dokumentation zu gewährleisten. Erklärung und Dokumentation sind mindestens fünf Jahre aufzubewahren.

(3) Wer aktive Implantate nach § 10 Abs. 3 Satz 2 des Medizinproduktegesetzes aufbereitet, hat im Hinblick auf die Sterilisation und die Aufrechterhaltung der Funktionsfähigkeit ein Verfahren entsprechend Anhang 4 oder 5 der Richtlinie 90/385/EWG durchzuführen und eine Erklärung auszustellen, die die Aufbereitung nach einem geeigneten validierten Verfahren bestätigt. Die Erklärung ist mindestens fünf Jahre aufzubewahren.

§ 5 Konformitätsbewertungsverfahren für In-vitro-Diagnostika

(1) Für In-vitro-Diagnostika nach Anhang II Liste A der Richtlinie 98/79/EG hat der Hersteller

1. das Verfahren der EG-Konformitätserklärung (vollständiges Qualitätssicherungssystem) nach Anhang IV der Richtlinie 98/79/EG oder
2. das Verfahren der EG-Baumusterprüfung nach Anhang V der Richtlinie 98/79/EG in Verbindung mit dem Verfahren der EG-Konformitätserklärung (Qualitätssicherung Produktion) nach Anhang VII der Richtlinie 98/79/EG

durchzuführen.

(2) Für In-vitro-Diagnostika nach Anhang II Liste B der Richtlinie 98/79/EG hat der Hersteller

1. das Verfahren der EG-Konformitätserklärung (vollständiges Qualitätssicherungssystem) nach Anhang IV der Richtlinie 98/79/EG oder

2. das Verfahren der EG-Baumusterprüfung nach Anhang V der Richtlinie 98/79/EG in Verbindung mit dem Verfahren der EG-Prüfung nach Anhang VI oder dem Verfahren der EG-Konformitätserklärung (Qualitätssicherung Produktion) nach Anhang VII der Richtlinie 98/79/EG

durchzuführen.

(3) Für In-vitro-Diagnostika zur Eigenanwendung mit Ausnahme der in Anhang II genannten Produkte hat der Hersteller das Verfahren nach Anhang III der Richtlinie 98/79/EG oder ein Verfahren nach den Absätzen 1 oder 2 durchzuführen.

(4) Für die sonstigen In-vitro-Diagnostika hat der Hersteller das Verfahren nach Anhang III der Richtlinie 98/79/EG durchzuführen; Nummer 6 dieses Anhangs findet keine Anwendung.

§ 6 Konformitätsbewertungsverfahren für die sonstigen Medizinprodukte

(1) Für Medizinprodukte der Klasse III hat der Hersteller

1. das Verfahren der EG-Konformitätserklärung (vollständiges Qualitätssicherungssystem) nach Anhang II der Richtlinie 93/42/EWG oder
2. das Verfahren der EG-Baumusterprüfung nach Anhang III der Richtlinie 93/42/EWG in Verbindung mit dem Verfahren der EG-Prüfung nach Anhang IV der Richtlinie 93/42/EWG oder dem Verfahren der EG-Konformitätserklärung (Qualitätssicherung Produktion) nach Anhang V der Richtlinie 93/42/EWG

durchzuführen.

(2) Für Medizinprodukte der Klasse IIb hat der Hersteller

1. das Verfahren der EG-Konformitätserklärung (vollständiges Qualitätssicherungssystem) nach Anhang II der Richtlinie 93/42/EWG mit Ausnahme der Nummer 4 oder
2. das Verfahren der EG-Baumusterprüfung nach Anhang III der Richtlinie 93/42/EWG in Verbindung mit dem Verfahren der EG-Prüfung nach Anhang IV oder dem Verfahren der EG-Konformitätserklärung (Qualitätssicherung Produktion) nach Anhang V oder dem Verfahren der EG-Konformitätserklärung (Qualitätssicherung Produkt) nach Anhang VI der Richtlinie 93/42/EWG

durchzuführen.

(3) Für Medizinprodukte der Klasse IIa hat der Hersteller

1. das Verfahren der EG-Konformitätserklärung nach Anhang VII der Richtlinie 93/42/EWG in Verbindung mit dem Verfahren der EG-Prüfung nach Anhang IV oder dem Verfahren der EG-Konformitätserklärung (Qualitätssicherung Produktion) nach Anhang V oder dem Verfahren der EG-Konformitätserklärung (Qualitätssicherung Produkt) nach Anhang VI der Richtlinie 93/42/EWG oder
2. das Verfahren nach Absatz 2 Nr. 1

durchzuführen.

(4) Für Medizinprodukte der Klasse I hat der Hersteller das Verfahren nach Anhang VII der Richtlinie 93/42/EWG durchzuführen.

(5) Für Sonderanfertigungen hat der Hersteller die Erklärung nach Nummer 2.1 des Anhangs VIII der Richtlinie 93/42/EWG auszustellen und Sonderanfertigungen der Klassen IIa, IIb und III bei der Abgabe eine Kopie beizufügen. Er hat die Dokumentation nach Nummer 3.1 des Anhangs VIII der Richtlinie 93/42/EWG zu erstellen und alle erforderlichen Maßnahmen zu treffen, um die Übereinstimmung der hergestellten Medizinprodukte mit dieser Dokumentation zu gewährleisten. Erklärung und Dokumentation sind mindestens fünf Jahre aufzubewahren.

(6) Für Systeme und Behandlungseinheiten nach § 10 Abs. 1 des Medizinproduktegesetzes hat der Hersteller die Erklärung nach Artikel 12 Abs. 2 Satz 1 der Richtlinie 93/42/EWG auszustellen. Die Erklärung ist mindestens fünf Jahre aufzubewahren. Für Systeme und Behandlungseinheiten nach § 10 Abs. 2 des Medizinproduktegesetzes gelten die Vorschriften der Absätze 1 bis 4 entsprechend.

(7) Wer Medizinprodukte nach § 10 Abs. 3 Satz 1 des Medizinproduktegesetzes sterilisiert, hat im Hinblick auf die Sterilisation ein Verfahren nach Anhang IV, V oder VI der Richtlinie 93/42/EWG durchzuführen und eine Erklärung auszustellen, dass die Sterilisation gemäß den Anweisungen des Herstellers erfolgt ist. Die Erklärung ist mindestens fünf Jahre aufzubewahren.

(8) Wer Medizinprodukte nach § 10 Abs. 3 Satz 2 des Medizinproduktegesetzes aufbereitet, hat im Hinblick auf die Sterilisation und die Aufrechterhaltung der Funktionsfähigkeit ein Verfahren entsprechend Anhang IV, V oder VI der Richtlinie 93/42/EWG durchzuführen und eine Erklärung auszustellen, die die Aufbereitung nach einem geeigneten validierten Verfahren bestätigt. Die Erklärung ist mindestens fünf Jahre aufzubewahren.

§ 7
(weggefallen)

§ 8 Inkrafttreten, Außerkrafttreten
Diese Verordnung tritt am 1. Januar 2002 in Kraft. Gleichzeitig tritt die Verordnung über Medizinprodukte vom 17. Dezember 1997 (BGBl. I. S. 3138, 1998 I. S. 515) außer Kraft.

Verordnung über das Errichten, Betreiben und Anwenden von Medizinprodukten – Medizinprodukte-Betreiberverordnung (MPBetreibV)[*)1)]

Inhaltsübersicht

---

*) Die Verpflichtungen aus der Richtlinie 83/189/EWG des Rates vom 28. März 1983 über ein Informationsverfahren auf dem Gebiet der Normen und technischen Vorschriften (ABl. EG Nr. L 109 S. 8), zuletzt geändert durch die Richtlinie 94/10/EG des Europäischen Parlaments und des Rates vom 23. März 1994 (ABl. EG Nr. L 100 S. 30) sind beachtet worden.

1) In der Fassung vom 21. August 2002, BGBl. I S. 3396.

Anlage 2 (zu § 11 Abs. 1)

1 Medizinprodukte, die messtechnischen Kontrollen nach § 11 Abs. 1 Satz 1 Nr. 1 unterliegen
2 Ausnahmen von messtechnischen Kontrollen
3 Messtechnische Kontrollen in Form von Vergleichsmessungen

Abschnitt 1: Anwendungsbereich und allgemeine Vorschriften

§ 1 Anwendungsbereich

(1) Diese Verordnung gilt für das Errichten, Betreiben, Anwenden und Instandhalten von Medizinprodukten nach § 3 des Medizinproduktegesetzes mit Ausnahme der Medizinprodukte zur klinischen Prüfung oder zur Leistungsbewertungsprüfung.

(2) Diese Verordnung gilt nicht für Medizinprodukte, die weder gewerblichen noch wirtschaftlichen Zwecken dienen und in deren Gefahrenbereich keine Arbeitnehmer beschäftigt sind.

§ 2 Allgemeine Anforderungen

(1) Medizinprodukte dürfen nur ihrer Zweckbestimmung entsprechend und nach den Vorschriften dieser Verordnung, den allgemein anerkannten Regeln der Technik sowie den Arbeitsschutz- und Unfallverhütungsvorschriften errichtet, betrieben, angewendet und in Stand gehalten werden.

(2) Medizinprodukte dürfen nur von Personen errichtet, betrieben, angewendet und in Stand gehalten werden, die dafür die erforderliche Ausbildung oder Kenntnis und Erfahrung besitzen.

(3) Miteinander verbundene Medizinprodukte sowie mit Zubehör einschließlich Software oder mit anderen Gegenständen verbundene Medizinprodukte dürfen nur betrieben und angewendet werden, wenn sie dazu unter Berücksichtigung der Zweckbestimmung und der Sicherheit der Patienten, Anwender, Beschäftigten oder Dritten geeignet sind.

(4) Der Betreiber darf nur Personen mit dem Errichten und Anwenden von Medizinprodukten beauftragen, die die in Absatz 2 genannten Voraussetzungen erfüllen.

(5) Der Anwender hat sich vor der Anwendung eines Medizinproduktes von der Funktionsfähigkeit und dem ordnungsgemäßem Zustand des Medizinproduktes zu überzeugen und die Gebrauchsanweisung sowie die sonstigen beigefügten sicherheitsbezogenen Informationen und Instandhaltungshinweise zu beachten. Satz 1 gilt entsprechend für die mit dem Medizinprodukt zur Anwendung miteinander verbundenen Medizinprodukte sowie Zubehör einschließlich Software und anderen Gegenständen.

(6) Medizinprodukte der Anlage 2 dürfen nur betrieben und angewendet werden, wenn sie die Fehlergrenzen nach § 11 Abs. 2 einhalten.

(7) Sofern Medizinprodukte in Bereichen errichtet, betrieben oder angewendet werden, in denen die Atmosphäre auf Grund der örtlichen oder betrieblichen Verhältnisse explosionsfähig werden kann, findet die Verordnung über elektrische Anlagen in explosionsgefährdeten Bereichen in der Fassung der Bekanntmachung vom 13. Dezember 1996 (BGBl. I S. 1931) in der jeweils geltenden Fassung entsprechende Anwendung.

(8) Die Vorschriften zu den wiederkehrenden Prüfungen von Medizinprodukten nach den Unfallverhütungsvorschriften bleiben unberührt, es sei denn, der Prüfumfang ist in den sicherheitstechnischen Kontrollen nach § 6 enthalten.

§ 3 Meldungen über Vorkommnisse

Die Meldepflichten und sonstigen Verpflichtungen für Betreiber und Anwender im Zusammenhang mit dem Medizinprodukte-Beobachtungs- und Meldesystem ergeben sich aus der Medizinprodukte-Sicherheitsplanverordnung.

§ 4 Instandhaltung

(1) Der Betreiber darf nur Personen, Betriebe oder Einrichtungen mit der Instandhaltung (Wartung, Inspektion, Instandsetzung und Aufbereitung) von Medizinprodukten beauftragen, die die Sachkenntnis, Voraussetzungen und die erforderlichen Mittel zur ordnungsgemäßen Ausführung dieser Aufgabe besitzen.

(2) Die Aufbereitung von bestimmungsgemäß keimarm oder steril zur Anwendung kommenden Medizinprodukten ist unter Berücksichtigung der Angaben des Herstellers mit geeigneten validierten Verfahren so durchzuführen, dass der Erfolg dieser Verfahren nachvollziehbar gewährleistet ist und die Sicherheit und Gesundheit von Patienten, Anwendern oder Dritten nicht gefährdet wird. Dies gilt auch für Medizinprodukte, die vor der erstmaligen Anwendung desinfiziert oder sterilisiert werden. Eine ordnungsgemäße Aufbereitung nach Satz 1 wird vermutet, wenn die gemeinsame Empfehlung der Kommission für Krankenhaushygiene und Infektionsprävention am Robert Koch-Institut und des Bundesinstitutes für Arzneimittel und Medizinprodukte zu den Anforderungen an die Hygiene bei der Aufbereitung von Medizinprodukten beachtet wird. Die Fundstelle wird vom Bundesministerium für Gesundheit im Bundesanzeiger bekannt gemacht.

(3) Die Voraussetzungen nach Absatz 1 werden erfüllt, wenn die mit der Instandhaltung Beauftragten

1. auf Grund ihrer Ausbildung und praktischen Tätigkeit über die erforderlichen Sachkenntnisse bei der Instandhaltung von Medizinprodukten und
2. über die hierfür erforderlichen Räume einschließlich deren Beschaffenheit, Größe, Ausstattung und Einrichtung sowie über die erforderlichen Geräte und sonstigen Arbeitsmittel

verfügen und in der Lage sind, diese nach Art und Umfang ordnungsgemäß und nachvollziehbar durchzuführen.

(4) Nach Wartung oder Instandsetzung an Medizinprodukten müssen die für die Sicherheit und Funktionstüchtigkeit wesentlichen konstruktiven und funktionellen Merkmale geprüft werden, soweit sie durch die Instandhaltungsmaßnahmen beeinflusst werden können.

(5) Die durch den Betreiber mit den Prüfungen nach Absatz 4 beauftragten Personen, Betriebe oder Einrichtungen müssen die Voraussetzungen nach Absatz 3 erfüllen und bei der Durchführung und Auswertung der Prüfungen in ihrer fachlichen Beurteilung weisungsunabhängig sein.

§ 4a Kontrolluntersuchungen und Vergleichsmessungen in medizinischen Laboratorien

Wer im Bereich der Heilkunde mit Ausnahme der Zahnheilkunde quantitative labormedizinische Untersuchungen durchführt, hat für die in der Anlage 1 der Richtlinie der Bundesärztekammer zur Qualitätssicherung quantitativer laboratoriumsmedizinischer Untersuchungen vom 24. August 2001 (Deutsches Ärzteblatt 98, S. A 2747) aufgeführten Messgröße die Messergebnisse durch Kontrolluntersuchungen (interne Qualitätssicherung) und durch Teilnahme an einer Vergleichsuntersuchung pro Quartal (Ringversuche - externe Qualitätssicherung) gemäß dieser Richtlinie zu überwachen. Er hat die Unterlagen über die durchgeführten Kontrolluntersuchungen und die Bescheinigungen über die Teilnahme an den Ringversuchen sowie die erteilten Ringversuchszertifikate für die Dauer von fünf Jahren aufzubewahren, sofern aufgrund anderer Vorschriften keine längere Aufbewahrungsfrist vorgeschrieben sind. Die Unterlagen sind der zuständigen Behörde auf Verlangen vorzulegen.

Abschnitt 2: Spezielle Vorschriften für aktive Medizinprodukte

§ 5 Betreiben und Anwenden

(1) Der Betreiber darf ein in der Anlage 1 aufgeführtes Medizinprodukt nur betreiben, wenn zuvor der Hersteller oder eine dazu befugte Person, die im Einvernehmen mit dem Hersteller handelt,

1. dieses Medizinprodukt am Betriebsort einer Funktionsprüfung unterzogen hat und
2. die vom Betreiber beauftragte Person anhand der Gebrauchsanweisung sowie beigefügter sicherheitsbezogener Informationen und Instandhaltungshinweise in die sachgerechte Handhabung und Anwendung und den Betrieb des Medizinproduktes sowie in die zulässige Verbindung mit anderen Medizinprodukten, Gegenständen und Zubehör eingewiesen hat.

Eine Einweisung nach Nummer 2 ist nicht erforderlich, sofern diese für ein baugleiches Medizinprodukt bereits erfolgt ist.

(2) In der Anlage 1 aufgeführte Medizinprodukte dürfen nur von Personen angewendet werden, die die Voraussetzungen nach § 2 Abs. 2 erfüllen und die durch den Hersteller oder durch eine nach Absatz 1 Nr. 2 vom Betreiber beauftragten Person unter Berücksichtigung der Gebrauchsanweisung in die sachgerechte Handhabung dieses Medizinproduktes eingewiesen worden sind.

(3) Die Durchführung der Funktionsprüfung nach Absatz 1 Nr. 1 und die Einweisung der vom Betreiber beauftragten Person nach Absatz 1 Nr. 2 sind zu belegen.

§ 6 Sicherheitstechnische Kontrollen

(1) Der Betreiber hat bei Medizinprodukten, für die der Hersteller sicherheitstechnische Kontrollen vorgeschrieben hat, diese nach den Angaben des Herstellers und den allgemein anerkannten Regeln der Technik sowie in den vom Hersteller angegebenen Fristen durchzuführen oder durchführen zu lassen. Soweit der Hersteller für die in der Anlage 1 aufgeführten Medizinprodukte keine sicherheitstechnischen Kontrollen vorgeschrieben und diese auch nicht ausdrücklich ausgeschlossen hat, hat der Betreiber sicherheitstechnische Kontrollen nach den allgemein anerkannten Regeln der Technik und zwar in solchen Fristen durchzuführen oder durchführen zu lassen, mit denen entsprechende Mängel, mit denen auf Grund der Erfahrungen gerechnet werden muss, rechtzeitig festgestellt werden können. Die Kontrollen nach Satz 2 sind jedoch spätestens alle zwei Jahre durchzuführen. Die sicherheitstechnischen Kontrollen schließen die Messfunktionen ein. Für andere Medizinprodukte, Zubehör, Software und andere Gegenstände, die der Betreiber bei Medizinprodukten nach den Sätzen 1 und 2 verbunden verwendet, gelten die Sätze 1 bis 4 entsprechend.

(2) Die zuständige Behörde kann im Einzelfall die Fristen nach Absatz 1 Satz 1 und 3 auf Antrag des Betreibers in begründeten Fällen verlängern, soweit die Sicherheit auf andere Weise gewährleistet ist.

(3) Über die sicherheitstechnische Kontrolle ist ein Protokoll anzufertigen, das das Datum der Durchführung und die Ergebnisse der sicherheitstechnischen Kontrolle unter Angabe der ermittelten Messwerte, der Messverfahren und sonstiger Beurteilungsergebnisse enthält. Das Protokoll hat der Betreiber zumindest bis zur nächsten sicherheitstechnischen Kontrolle aufzubewahren.

(4) Eine sicherheitstechnische Kontrolle darf nur durchführen, wer

1. auf Grund seiner Ausbildung, Kenntnisse und durch praktische Tätigkeit gewonnenen Erfahrungen die Gewähr für eine ordnungsgemäße Durchführung der sicherheitstechnischen Kontrollen bietet,
2. hinsichtlich der Kontrolltätigkeit keiner Weisung unterliegt und
3. über geeignete Mess- und Prüfeinrichtungen verfügt.

Die Voraussetzungen nach Satz 1 sind durch die Person, die sicherheitstechnische Kontrollen durchführt, auf Verlangen der zuständigen Behörde nachzuweisen.

(5) Der Betreiber darf nur Personen mit der Durchführung sicherheitstechnischer Kontrollen beauftragen, die die in Absatz 4 Satz 1 genannten Voraussetzungen erfüllen.

§ 7 Medizinproduktebuch

(1) Für die in den Anlagen 1 und 2 aufgeführten Medizinprodukte hat der Betreiber ein Medizinproduktebuch mit den Angaben nach Absatz 2 Satz 1 zu führen. Für das Medizinproduktebuch sind alle Datenträger zulässig, sofern die in Absatz 2 Satz 1 genannten Angaben während der Dauer der Aufbewahrungsfrist verfügbar sind. Ein Medizinproduktebuch nach Satz 1 ist nicht für elektronische Fieberthermometer als Kompaktthermometer und Blutdruckmessgeräte mit Quecksilber- oder Aneroidmanometer zur nichtinvasiven Messung zu führen.

(2) In das Medizinproduktebuch sind folgende Angaben zu dem jeweiligen Medizinprodukt einzutragen:

1. Bezeichnung und sonstige Angaben zur Identifikation des Medizinproduktes,
2. Beleg über Funktionsprüfung und Einweisung nach § 5 Abs. 1,
3. Name des nach § 5 Abs. 1 Nr. 2 Beauftragten, Zeitpunkt der Einweisung sowie Namen der eingewiesenen Personen,
4. Fristen und Datum der Durchführung sowie das Ergebnis von vorgeschriebenen sicherheits- und messtechnischen Kontrollen und Datum von Instandhaltungen sowie der Name der verantwortlichen Person oder der Firma, die diese Maßnahme durchgeführt hat,
5. soweit mit Personen oder Institutionen Verträge zur Durchführung von sicherheits- oder messtechnischen Kontrollen oder Instandhaltungsmaßnahmen bestehen, deren Namen oder Firma sowie Anschrift,
6. Datum, Art und Folgen von Funktionsstörungen und wiederholten gleichartigen Bedienungsfehlern,
7. Meldungen von Vorkommnissen an Behörden und Hersteller.

Bei den Angaben nach Nummer 1 sollte die Bezeichnung nach der vom Deutschen Institut für medizinische Dokumentation und Information (DIMDI) veröffentlichten Nomenklatur für Medizinprodukte eingesetzt werden. Das Bundesministerium für Gesundheit macht die Bezugsquelle der jeweils geltenden Nomenklatur für Medizinprodukte im Bundesanzeiger bekannt.

(3) Der zuständigen Behörde ist auf Verlangen am Betriebsort jederzeit Einsicht in die Medizinproduktebücher zu gewähren.

§ 8 Bestandsverzeichnis

(1) Der Betreiber hat für alle aktiven nichtimplantierbaren Medizinprodukte der jeweiligen Betriebsstätte ein Bestandsverzeichnis zu führen. Die Aufnahme in ein Verzeichnis, das auf Grund anderer Vorschriften geführt wird, ist zulässig.

(2) In das Bestandsverzeichnis sind für jedes Medizinprodukt nach Absatz 1 folgende Angaben einzutragen:

1. Bezeichnung, Art und Typ, Loscode oder die Seriennummer, Anschaffungsjahr des Medizinproduktes,
2. Name oder Firma und die Anschrift des für das jeweilige Medizinprodukt Verantwortlichen nach § 5 des Medizinproduktegesetzes,
3. die der CE-Kennzeichnung hinzugefügte Kennnummer der Benannten Stelle, soweit diese nach den Vorschriften des Medizinproduktegesetzes angegeben ist,
4. soweit vorhanden, betriebliche Identifikationsnummer,
5. Standort und betriebliche Zuordnung,
6. die vom Hersteller angegebene Frist für die sicherheitstechnische Kontrolle nach § 6 Abs. 1 Satz 1 oder die vom Betreiber nach § 6 Abs. 1 Satz 2 festgelegte Frist für die sicherheitstechnische Kontrolle.

Bei den Angaben nach Nummer 1 sollte zusätzlich die Bezeichnung nach der vom Deutschen Institut für medizinische Dokumentation und Information (DIMDI) veröffentlichten Nomenklatur für Medizinprodukte eingesetzt werden. § 7 Abs. 2 Satz 3 gilt entsprechend.

(3) Die zuständige Behörde kann Betreiber von der Pflicht zur Führung eines Bestandsverzeichnisses oder von der Aufnahme bestimmter Medizinprodukte in das Bestandsverzeichnis befreien. Die Notwendigkeit zur Befreiung ist vom Betreiber eingehend zu begründen.

(4) Für das Bestandsverzeichnis sind alle Datenträger zulässig, sofern die Angaben nach Absatz 2 Satz 1 innerhalb einer angemessenen Frist lesbar gemacht werden können.

(5) Der zuständigen Behörde ist auf Verlangen beim Betreiber jederzeit Einsicht in das Bestandsverzeichnis zu gewähren.

§ 9 Aufbewahrung der Gebrauchsanweisungen und der Medizinproduktebücher

(1) Die Gebrauchsanweisungen und die dem Medizinprodukt beigefügten Hinweise sind so aufzubewahren, dass die für die Anwendung des Medizinproduktes erforderlichen Angaben dem Anwender jederzeit zugänglich sind.

(2) Das Medizinproduktebuch ist so aufzubewahren, dass die Angaben dem Anwender während der Arbeitszeit zugänglich sind. Nach der Außerbetriebnahme des Medizinproduktes ist das Medizinproduktebuch noch fünf Jahre aufzubewahren.

§ 10 Patienteninformation bei aktiven implantierbaren Medizinprodukten

(1) Die für die Implantation verantwortliche Person hat dem Patienten, dem ein aktives Medizinprodukt implantiert wurde, nach Abschluß der Implantation eine schriftliche Information auszuhändigen, in der die für die Sicherheit des Patienten nach der Implantation notwendigen Verhaltensanweisungen in allgemein verständlicher Weise enthalten sind. Außerdem müssen diese Informationen Angaben enthalten, welche Maßnahmen bei einem Vorkommnis mit dem Medizinprodukt zu treffen sind und in welchen Fällen der Patient einen Arzt aufsuchen sollte.

(2) Die für die Implantation eines aktiven Medizinproduktes verantwortliche Person hat folgende Daten zu dokumentieren und der Patienteninformation nach Absatz 1 beizufügen:

1. Name des Patienten,
2. Bezeichnung, Art und Typ, Loscode oder die Seriennummer des Medizinproduktes,
3. Name oder Firma des Herstellers des Medizinproduktes,
4. Datum der Implantation,
5. Name der verantwortlichen Person, die die Implantation durchgeführt hat,
6. Zeitpunkt der nachfolgenden Kontrolluntersuchungen.

Die wesentlichen Ergebnisse der Kontrolluntersuchungen sind in der Patienteninformation zu vermerken.

Abschnitt 3: Medizinprodukte mit Messfunktion

§ 11 Messtechnische Kontrollen

(1) Der Betreiber hat messtechnische Kontrollen

1. für die in der Anlage 2 aufgeführten Medizinprodukte,
2. für die Medizinprodukte, die nicht in der Anlage 2 aufgeführt sind und für die jedoch der Hersteller solche Kontrollen vorgesehen hat,

nach Maßgabe der Absätze 3 und 4 auf der Grundlage der anerkannten Regeln der Technik durchzuführen oder durchführen zu lassen. Messtechnische Kontrollen können auch in Form von Vergleichsmessungen durchgeführt werden, soweit diese in der Anlage 2 für bestimmte Medizinprodukte vorgesehen sind.

(2) Durch die messtechnischen Kontrollen wird festgestellt, ob das Medizinprodukt die zulässigen maximalen Messabweichungen (Fehlergrenzen) nach Satz 2 einhält. Bei den messtechnischen Kontrollen werden die Fehlergrenzen zugrunde gelegt, die der Hersteller in seiner Gebrauchsanweisung angegeben hat. Enthält eine Gebrauchsanweisung keine Angaben über Fehlergrenzen, sind in harmonisierten Normen festgelegte Fehlergrenzen einzuhalten. Liegen dazu keine harmonisierten Normen vor, ist vom Stand der Technik auszugehen.

(3) Für die messtechnischen Kontrollen dürfen, sofern keine Vergleichsmessungen nach Absatz 1 Satz 2 durchgeführt werden, nur messtechnische Normale benutzt werden, die rückverfolgbar an ein nationales oder internationales Normal angeschlossen sind und hinreichend kleine Fehlergrenzen und Messunsicherheiten einhalten. Die Fehlergrenzen gelten als hinreichend klein, wenn sie ein Drittel der Fehlergrenzen des zu prüfenden Medizinproduktes nicht überschreiten.

(4) Die messtechnischen Kontrollen der Medizinprodukte nach Absatz 1 Satz 1 Nr. 1 sind, soweit vom Hersteller nicht anders angegeben, innerhalb der in Anlage 2 festgelegten Fristen und der Medizinprodukte nach Absatz 1 Satz 1 Nr. 2 nach den vom Hersteller vorgegebenen Fristen durchzuführen. Soweit der Hersteller keine Fristen bei den Medizinprodukten nach Absatz 1 Satz 1 Nr. 2 angegeben hat, hat der Betreiber messtechnische Kontrollen in solchen Fristen durchzuführen oder durchführen zu lassen, mit denen entsprechende Mängel, mit denen auf Grund der Erfahrungen gerechnet werden muss, rechtzeitig festgestellt werden können, mindestens jedoch alle zwei Jahre. Für die Wiederholungen der messtechnischen Kontrollen gelten dieselben Fristen. Die Fristen beginnen mit Ablauf des Jahres, in dem die Inbetriebnahme des Medizinproduktes erfolgte oder die letzte messtechnische Kontrolle durchgeführt wurde. Eine messtechnische Kontrolle ist unverzüglich durchzuführen, wenn

1. Anzeichen dafür vorliegen, dass das Medizinprodukt die Fehlergrenzen nach Absatz 2 nicht einhält oder
2. die messtechnischen Eigenschaften des Medizinproduktes durch einen Eingriff oder auf andere Weise beeinflusst worden sein könnten.

(5) Messtechnische Kontrollen dürfen nur durchführen

1. für das Messwesen zuständige Behörden oder
2. Personen, die die Voraussetzungen des § 6 Abs. 4 entsprechend für messtechnische Kontrollen erfüllen.

Personen, die messtechnische Kontrollen durchführen, haben vor Aufnahme ihrer Tätigkeit dies der zuständigen Behörde anzuzeigen und auf deren Verlangen das Vorliegen der Voraussetzungen nach Satz 1 Nr. 2 nachzuweisen.

(6) Der Betreiber darf mit der Durchführung der messtechnischen Kontrollen nur Behörden oder Personen beauftragen, die die Voraussetzungen nach Absatz 5 Satz 1 erfüllen.

(7) Derjenige, der messtechnische Kontrollen durchführt, hat die Ergebnisse der messtechnischen Kontrolle unter Angabe der ermittelten Messwerte, der Messverfahren und sonstiger Beurteilungsergebnisse in das Medizinproduktebuch unverzüglich einzutragen, soweit dieses nach § 7 Abs. 1 zu führen ist.

(8) Derjenige, der messtechnische Kontrollen durchführt, hat das Medizinprodukt nach erfolgreicher messtechnischer Kontrolle mit einem Zeichen zu kennzeichnen. Aus diesem muss das Jahr der nächsten messtechnischen Kontrolle und die Behörde oder Person, die die messtechnische Kontrolle durchgeführt haben, eindeutig und rückverfolgbar hervorgehen.

Abschnitt 4: Vorschriften für die Bundeswehr

§ 12 Medizinprodukte der Bundeswehr

(1) Für Medizinprodukte im Bereich der Bundeswehr stehen die Befugnisse nach § 6 Abs. 2 und § 8 Abs. 3 sowie die Aufsicht über die Ausführung dieser Verordnung dem Bundesministerium der Verteidigung oder den von ihm bestimmten zuständigen Stellen und Sachverständigen zu.

(2) Das Bundesministerium der Verteidigung kann für Medizinprodukte im Bereich der Bundeswehr Ausnahmen von den Vorschriften dieser Verordnung zulassen, wenn

1. dies zur Durchführung der besonderen Aufgaben gerechtfertigt ist oder
2. die Besonderheiten eingelagerter Medizinprodukte dies erfordern oder
3. die Erfüllung zwischenstaatlicher Verpflichtungen der Bundesrepublik Deutschland dies erfordern

und die Sicherheit einschließlich der Messsicherheit auf andere Weise gewährleistet ist.

Abschnitt 5: Ordnungswidrigkeiten

§ 13 Ordnungswidrigkeiten

Ordnungswidrig im Sinne des § 42 Abs. 2 Nr. 16 des Medizinproduktegesetzes handelt, wer vorsätzlich oder fahrlässig

1. entgegen § 2 Abs. 6 ein Medizinprodukt betreibt oder anwendet,
2. entgegen § 4 Abs. 1 eine Person, einen Betrieb oder eine Einrichtung beauftragt,
3. entgegen § 4 Abs. 2 Satz 1 die Aufbereitung eines dort genannten Medizinprodukts nicht richtig durchführt,

3a. entgegen § 4a Abs. 1 Satz 1 Messergebnisse nicht oder nicht in der vorgeschriebenen Weise überwacht,

3b. entgegen § 4a Abs. 1 Satz 2 eine Unterlage oder eine Bescheinigung nicht oder nicht mindestens fünf Jahre aufbewahrt oder nicht oder nicht rechtzeitig vorlegt,

4. entgegen § 5 Abs. 1 Satz 1 oder Abs. 2 oder § 15 Nr. 5 Satz 1 ein Medizinprodukt betreibt oder anwendet,
5. entgegen § 6 Abs. 1 Satz 1, 2, 3 oder 4, jeweils auch in Verbindung mit Satz 5, oder § 11 Abs. 1 Satz 1 oder § 15 Nr. 6 eine Kontrolle nicht, nicht richtig oder nicht rechtzeitig durchführt und nicht oder nicht rechtzeitig durchführen lässt,
6. entgegen § 6 Abs. 3 Satz 2 ein Protokoll nicht bis zur nächsten sicherheitstechnischen Kontrolle aufbewahrt,
7. entgegen § 6 Abs. 4 Satz 1 oder § 11 Abs. 5 Satz 1 Nr. 2 eine Kontrolle durchführt,
8. entgegen § 6 Abs. 5 oder § 11 Abs. 6 eine Person mit einer Kontrolle beauftragt,
9. entgegen § 7 Abs. 1 Satz 1 oder § 8 Abs. 1 Satz 1, jeweils in Verbindung mit § 15 Nr. 8 ein Medizinproduktebuch oder ein Bestandsverzeichnis gemäß § 8 Abs. 2 Satz 1 nicht, nicht richtig oder nicht vollständig führt,
10. entgegen § 10 Abs. 1 eine Information nicht, nicht richtig, nicht vollständig oder nicht rechtzeitig aushändigt,
11. entgegen § 11 Abs. 5 Satz 2 die Aufnahme der Tätigkeit nicht der zuständigen Behörde anzeigt,
12. entgegen § 11 Abs. 7 eine Eintragung nicht, nicht richtig, nicht vollständig oder nicht rechtzeitig macht,
13. entgegen § 11 Abs. 8 Medizinprodukte nicht, nicht richtig oder nicht vollständig kennzeichnet oder
14. entgegen § 15 Nr. 1 oder 2 Satz 1, auch in Verbindung mit Satz 2, ein Medizinprodukt betreibt oder weiterbetreibt.

Abschnitt 6: Übergangs- und Schlußbestimmungen

§ 14 Übergangsbestimmungen

(1) Soweit ein Medizinprodukt, das nach den §§ 8, 10, 11 Abs. 1 oder 12 Abs. 1 des Medizinproduktegesetzes in den Verkehr gebracht oder in Betrieb genommen wurde, vor dem 7. Juli 1998 betrieben oder angewendet wurde, müssen

1. die Funktionsprüfung und Einweisung nach § 5 Abs. 1,
2. die sicherheitstechnischen Kontrollen nach § 6 Abs. 1,
3. das Medizinproduktebuch nach § 7 Abs. 1 und das Bestandsverzeichnis nach § 8 Abs. 1 und
4. die messtechnischen Kontrollen nach § 11 Abs. 1

bis spätestens 1. Januar 1999 dieser Verordnung durchgeführt oder eingerichtet worden sein. Satz 1 gilt für die Nummern 2 und 4, soweit die in dieser Verordnung vorgeschriebenen Fristen bis zum 7. Juli 1998 abgelaufen sind.

(2) Soweit ein Betreiber vor dem 7. Juli 1998 ein Gerätebuch nach § 13 der Medizingeräteverordnung vom 14. Januar 1985 (BGBl. I S. 93), die zuletzt durch Artikel 12 Abs. 56 des Gesetzes vom 14. September 1994 (BGBl. I S. 2325) geändert worden ist, begonnen hat, darf dieses als Medizinproduktebuch im Sinne des § 7 weitergeführt werden.

(3) Für die in Anlage 2 aufgeführten medizinischen Messgeräte, die nach den Vorschriften der §§ 1, 2 und 77 Abs. 3 der Eichordnung vom 12. August 1988 (BGBl. I S. 1657), die zuletzt durch die Verordnung vom 21. Juni 1994 (BGBl. I S. 1293) geändert worden ist, am 31. Dezember 1994 geeicht oder gewartet sein mussten oder für die die Übereinstimmung mit der Zulassung nach diesen Vorschriften bescheinigt sein mussten, gilt ab 14. Juni 1998 § 11 mit der Maßgabe, dass die messtechnischen Kontrollen nach den Anforderungen der Anlage 15 oder der Anlage 23 Abschnitt 4 der Eichordnung in der genannten Fassung durchgeführt werden.

§ 15 Sondervorschriften

Für Medizinprodukte, die nach den Vorschriften der Medizingeräteverordnung in Verkehr gebracht werden dürfen, gelten die Vorschriften dieser Verordnung mit folgenden Maßgaben:

1. Medizinprodukte nach § 2 Nr. 1 der Medizingeräteverordnung dürfen außer in den Fällen des § 5 Abs. 10 Medizingeräteverordnung nur betrieben werden, wenn sie der Bauart nach zugelassen sind.
2. Ist die Bauartzulassung zurückgenommen oder widerrufen worden, dürfen vor der Bekanntmachung der Rücknahme oder des Widerrufs im Bundesanzeiger in Betrieb genommene Medizinprodukte nur weiterbetrieben werden, wenn sie der zurückgenommenen oder widerrufenen Zulassung entsprechen und in der Bekanntmachung nach § 5 Abs. 9 Medizingeräteverordnung nicht festgestellt wird, dass Gefahren für Patienten, Beschäftigte oder Dritte zu befürchten sind. Dies gilt auch, wenn eine Bauartzulassung nach § 5 Abs. 8 Nr. 2 Medizingeräteverordnung erloschen ist.
3. Medizinprodukte, für die dem Betreiber vor Inkrafttreten des Medizinproduktegesetzes eine Ausnahme nach § 8 Abs. 1 Medizingeräteverordnung erteilt wurde, dürfen nach den in der Ausnahmezulassung festgelegten Maßnahmen weiterbetrieben werden.
4. Der Betreiber eines Medizinproduktes, der gemäß § 8 Abs. 2 Medizingeräteverordnung von den allgemein anerkannten Regeln der Technik, soweit sie sich auf den Betrieb des Medizinproduktes beziehen, abweichen durfte, darf dieses Produkt in der bisherigen Form weiterbetreiben, wenn er eine ebenso wirksame Maßnahme trifft. Auf Verlangen der zuständigen Behörde hat der Betreiber nachzuweisen, daß die andere Maßnahme ebenso wirksam ist.
5. Medizinprodukte nach § 2 Nr. 1 und 3 Medizingeräteverordnung dürfen nur von Personen angewendet werden, die am Medizinprodukt unter Berücksichtigung der Gebrauchsanweisung in die sachgerechte Handhabung eingewiesen worden sind. Werden solche Medizinprodukte mit Zusatzgeräten zu Gerätekombinationen erweitert, ist die Einweisung auf die Kombination und deren Besonderheiten zu erstrecken. Nur solche Personen dürfen einweisen, die auf Grund ihrer Kenntnisse und praktischen Erfahrungen für die Einweisung und die Handhabung dieser Medizinprodukte geeignet sind.
6. Der Betreiber eines Medizinproduktes gem. § 2 Nr. 1 Medizingeräteverordnung hat die in der Bauartzulassung festgelegten sicherheitstechnischen Kontrollen im dort vorgeschriebenen Umfang fristgerecht durchzuführen oder durchführen zu lassen. Bei Dialysegeräten, die mit ortsfesten Versorgungs- und Aufbereitungseinrichtungen verbunden sind, ist die sicherheitstechnische Kontrolle auch auf diese Einrichtungen zu erstrecken.
7. Für Medizinprodukte nach § 2 Nr. 1 Medizingeräteverordnung, für die nach § 28 Abs. 1 Medizingeräteverordnung Bauartzulassungen nicht erforderlich waren oder die nach § 28 Abs. 2 Medizingeräteverordnung betrieben werden dürfen, gelten für Umfang und Fristen der sicherheitstechnischen Kontrollen die Angaben in den Prüfbescheinigungen nach § 28 Abs. 1 oder 2 der Medizingeräteverordnung.

8. Bestandsverzeichnisse und Gerätebücher nach §§ 12 und 13 der Medizingeräteverordnung dürfen weitergeführt werden und gelten als Bestandsverzeichnis und Medizinproduktebuch entsprechend den §§ 8 und 7 dieser Verordnung.
9. Unbeschadet, ob Medizinprodukte die Anforderungen nach § 6 Abs. 1 Satz 1 der Medizingeräteverordnung im Einzelfall erfüllen, dürfen Medizinprodukte weiterbetrieben werden, wenn sie
   a) vor dem Wirksamwerden des Beitritts zulässigerweise in dem in Artikel 3 des Einigungsvertrages genannten Gebiet betrieben wurden,
   b) bis zum 31. Dezember 1991 errichtet und in Betrieb genommen wurden und den Vorschriften entsprechen, die am Tage vor dem Wirksamwerden des Beitritts in dem in Artikel 3 des Einigungsvertrages genannten Gebiet gegolten haben.

§§ 16 und 17

(Änderung anderer Vorschriften)

§ 18

Inkrafttreten

Anlage 1 (zu § 5 Abs. 1 und Abs. 2, § 6 Abs. 1 und § 7 Abs. 1)

1 Nichtimplantierbare aktive Medizinprodukte zur
   1.1 Erzeugung und Anwendung elektrischer Energie zur unmittelbaren Beeinflussung der Funktion von Nerven und/oder Muskeln bzw. der Herztätigkeit einschließlich Defibrillatoren,
   1.2 intrakardialen Messung elektrischer Größen oder Messung anderer Größen unter Verwendung elektrisch betriebener Meßsonden in Blutgefäßen bzw. an freigelegten Blutgefäßen,
   1.3 Erzeugung und Anwendung jeglicher Energie zur unmittelbaren Koagulation, Gewebezerstörung oder Zertrümmerung von Ablagerungen in Organen,
   1.4 unmittelbare Einbringung von Substanzen und Flüssigkeiten in den Blutkreislauf unter potentiellem Druckaufbau, wobei die Substanzen und Flüssigkeiten auch aufbereitete oder speziell behandelte körpereigene sein können, deren Einbringen mit einer Entnahmefunktion direkt gekoppelt ist,
   1.5 maschinelle Beatmung mit oder ohne Anästhesie,
   1.6 Diagnose mit bildgebenden Verfahren nach dem Prinzip der Kernspinresonanz,
   1.7 Therapie mit Druckkammern,
   1.8 Therapie mittels Hypothermie
   und
2 Säuglingsinkubatoren sowie
3 externe aktive Komponenten aktiver Implantate.

Anlage 2 (zu § 11 Abs. 1)

1. Medizinprodukte, die messtechnischen Kontrollen nach § 11 Abs. 1 Satz 1 Nr. 1 unterliegen

	Nachprüffristen in Jahren
1.1 Medizinprodukte zur Bestimmung der Hörfähigkeit (Ton- und Sprachaudiometer)	1
1.2 Medizinprodukte zur Bestimmung von Körpertemperaturen (mit Ausnahme von Quecksilberglasthermometern mit Maximumvorrichtung)	
1.2.1 medizinische Elektrothermometer	2
1.2.2 mit austauschbaren Temperaturfühlern	2
1.2.3 Infrarot-Strahlungsthermometer	1
1.3 Messgeräte zur nichtinvasiven Blutdruckmessung	2
1.4 Medizinprodukte zur Bestimmung des Augeninnendruckes (Augentonometer)	
1.4.1 allgemein	2
1.4.2 zur Grenzwertprüfung	5
1.5 Therapiedosimeter bei der Behandlung von Patienten von außen	
1.5.1 mit Photonenstrahlung im Energiebereich bis 1,33 MeV	
– allgemein	2
– mit geeigneter Kontrollvorrichtung, wenn der Betreiber in jedem Messbereich des Dosimeters mindestens halbjährliche Kontrollmessungen ausführt, ihre Ergebnisse aufzeichnet und die bestehenden Anforderungen erfüllt werden	6
1.5.2 mit Photonenstrahlung im Energiebereich ab 1,33 MeV und mit Elektronenstrahlung aus Beschleunigern mit messtechnischer Kontrolle in Form von Vergleichsmessungen	2
1.5.3 mit Photonenstahlung aus Co-60-Bestrahlungsanlagen wahlweise nach 1.5.1 oder 1.5.2	
1.6 Diagnostikdosimeter zur Durchführung von Mess- und Prüfaufgaben, sofern sie nicht § 2 Abs. 1 Nr. 3 oder 4 der Eichordnung unterliegen	5
1.7 Tretkurbelergometer zur definierten physikalischen und reproduzierbaren Belastung von Patienten	2

2. Ausnahmen von messtechnischen Kontrollen

Abweichend von der Nummer 1.5.1 unterliegen keiner messtechnischen Kontrolle Therapiedosimeter, die nach jeder Einwirkung, die die Richtigkeit der Messung beeinflussen kann, sowie mindestens alle zwei Jahre in den verwendeten Messbereichen kalibriert und die Ergebnisse aufgezeichnet werden. Die Kalibrierung muss von fachkundigen Personen, die vom Betreiber bestimmt sind, mit einem Therapiedosimeter durchgeführt werden, dessen Richtigkeit entsprechend § 11 Abs. 2 sichergestellt worden ist und das bei der die Therapie durchführenden Stelle ständig verfügbar ist.

3. Messtechnische Kontrollen in Form von Vergleichsmessungen

Vergleichsmessungen nach 1.5.2 werden von einer durch die zuständige Behörde beauftragten Meßstelle durchgeführt.

Verordnung über Vertriebswege für Medizinprodukte (MPVertrV) [*)1)]

Inhaltsübersicht

---

§ 1 Apothekenpflicht

(1) Medizinprodukte, die nach den Vorschriften des Medizinproduktegesetzes in den Verkehr gebracht werden und

1. nach der Verordnung über die Verschreibungspflicht von Medizinprodukten vom 17. Dezember 1997 (BGBl. I S.3146) in der jeweils geltenden Fassung verschreibungspflichtig sind oder
2. in der Anlage aufgeführt sind,

dürfen berufs- oder gewerbsmäßig nur in Apotheken in den Verkehr gebracht werden (apothekenpflichtige Medizinprodukte).

(2) Apothekenpflichtige Medizinprodukte dürfen von juristischen Personen des Privatrechts, rechtsfähigen Personengesellschaften, nicht rechtsfähigen Vereinen und Gesellschaften des bürgerlichen Rechts an ihre Mitglieder nicht abgegeben werden. Abweichend von Satz 1 gilt dies nicht, wenn es sich bei den Mitgliedern um Apotheken oder um die in § 2 genannten Personen und Einrichtungen handelt und die Abgabe unter den dort bezeichneten Voraussetzungen erfolgt.

§ 2 Ausnahme von der Apothekenpflicht

Hersteller von Medizinprodukten, deren Bevollmächtigte, Einführer und Händler von Medizinprodukten dürfen apothekenpflichtige Medizinprodukte außer an Apotheken nur abgeben an

1. andere Hersteller von Medizinprodukten, deren Bevollmächtigte, Einführer oder Händler von Medizinprodukten, soweit diese die Medizinprodukte nicht an Betreiber oder Anwender, außer an Apotheken und die in den Nummern 2 bis 4 genannten Personen oder Einrichtungen, abgeben,
2. Krankenhäuser und Ärzte, soweit es sich handelt um
   a) Hämodialysekonzentrate,
   b) radioaktive Medizinprodukte oder
   c) Medizinprodukte, die mit der Angabe „Nur für klinische Prüfungen" gekennzeichnet zur Verfügung gestellt werden,

---

[*)] Die Verpflichtungen aus der Richtlinie 83/189/EWG des Rates vom 28. März 1983 über ein Informationsverfahren auf dem Gebiet der Normen und technischen Vorschriften (ABl. EG Nr. L 109 S. 8), zuletzt geändert durch die Richtlinie 94/10/EG des Europäischen Parlaments und des Rates vom 23. März 1994 (ABl. EG Nr. L 100 S. 30) sind beachtet worden.

[1)] In der Fassung vom 17. Dezember 1997, BGBl. I S. 3148, zuletzt geändert durch Artikel 10 des Gesetzes vom 13. Dezember 2001, BGBl. I S. 3586.

3. zur Ausübung der Zahnheilkunde berechtigte Personen, soweit die Medizinprodukte ihrer vom Hersteller angegebenen Zweckbestimmung nach nur von diesen Personen betrieben oder angewendet werden können oder
4. auf gesetzlicher Grundlage eingerichtete oder im Benehmen mit dem Bundesministerium für Gesundheit von der zuständigen Behörde anerkannte zentrale Beschaffungsstellen für Arzneimittel.

§ 3 Ordnungswidrigkeiten

Ordnungswidrig im Sinne des § 42 Abs. 2 Nr. 16 des Medizinproduktegesetzes handelt, wer vorsätzlich oder fahrlässig entgegen § 1 Abs. 2 Satz 1 oder § 2 ein apothekenpflichtiges Medizinprodukt abgibt.

§ 4 Inkrafttreten

Die Verordnung gilt in dieser Fassung ab dem 1. Januar 2002.

Anlage (zu § 1 Abs. 1 Nr. 2)

1. Hämodialysekonzentrate
2. Medizinprodukte im Sinne von § 3 Nr. 2 des Medizinproduktegesetzes, soweit der Stoff nach der Verordnung über apothekenpflichtige und freiverkäufliche Arzneimittel in der Fassung der Bekanntmachung vom 24. November 1988 (BGBl. I S. 2150; 1989 S. 254), geändert durch die Verordnung vom 28. September 1993 (BGBl. I S.1671), in der jeweils geltenden Fassung apothekenpflichtig ist. Ausgenommen sind Pflaster und Brandbinden, soweit sie nicht der Verordnung über die Verschreibungspflicht von Medizinprodukten unterliegen.

Verordnung über die Verschreibungspflicht von Medizinprodukten (MPVerschrV)*)1)

§ 1

(1) Medizinprodukte,

1. die in der Anlage dieser Verordnung aufgeführt sind oder
2. die Stoffe oder Zubereitungen aus Stoffen enthalten, die der Verschreibungspflicht nach der Verordnung über verschreibungspflichtige Arzneimittel in der Fassung der Bekanntmachung vom 30. August 1990 (BGBl. I S. 1866), zuletzt geändert durch die Verordnung vom 4. Dezember 1996 (BGBl. I S. 1846), und nach der Verordnung über die automatische Verschreibungspflicht vom 26. Juni 1978 (BGBl. I S. 917), zuletzt geändert durch die Verordnung vom 13. Dezember 1996 (BGBl. I S. 1955) in den jeweils geltenden Fassungen unterliegen, oder auf die solche Stoffe aufgetragen sind,

dürfen nur nach Vorlage einer ärztlichen oder zahnärztlichen Verschreibung an andere Personen als Ärzte oder Zahnärzte abgegeben werden (verschreibungspflichtige Medizinprodukte). Äußerer Gebrauch im Sinne der Anlagen zu den in Satz 1 Nr. 2 genannten Verordnungen ist die Anwendung auf Haut, Haaren oder Nägeln. Satz 1 gilt nicht, soweit ein verschreibungspflichtiges Medizinprodukt an andere Hersteller von Medizinprodukten, deren Bevollmächtigte, Einführer oder Händler von Medizinprodukten abgegeben wird.

(2) Die Verschreibung muss den Anforderungen des § 2 entsprechen.

§ 2

(1) Die Verschreibung muss

1. Name, Berufsbezeichnung und Anschrift des verschreibenden Arztes, Zahnarztes oder Dentisten,
2. Datum der Ausfertigung,
3. Name der Person, für die das Medizinprodukt bestimmt ist,
4. bei Sonderanfertigungen die spezifischen Auslegungsmerkmale, nach denen dieses Produkt eigens angefertigt werden soll,
5. abzugebende Menge oder gegebenenfalls Maße des verschriebenen Medizinproduktes,
6. bei Medizinprodukten, die in der Apotheke hergestellt werden sollen, eine Gebrauchsanweisung, soweit diese nach § 7 des Medizinproduktegesetzes vorgeschrieben ist,
7. eigenhändige Unterschrift des Verschreibenden

enthalten.

(2) Ist die Verschreibung für den Praxisbedarf eines Arztes, Zahnarztes, für ein Krankenhaus oder für Einrichtungen oder Teileinheiten von Einrichtungen des Rettungsdienstes bestimmt, so genügt anstelle der Angabe nach Absatz 1 Nr. 3 ein entsprechender Vermerk.

(3) Fehlt bei Medizinprodukten in abgabefertigen Packungen die Angabe der Menge oder gegebenenfalls der Maße des verschriebenen Medizinproduktes, so gilt die kleinste Packung als verschrieben.

---

*) Die Verpflichtung aus der Richtlinie 98/34/EG des Europäischen Parlaments und des Rates vom 22. Juni 1998 über ein Informationsverfahren auf dem Gebiet der Normen und technischen Vorschriften für die Dienste der Informationsgesellschaft (ABl. EG Nr. L 204 S. 37), geändert durch die Richtlinie 98/48/EG des Europäischen Parlaments und des Rates vom 20. Juli 1998 (ABl. EG Nr. L 217 S. 18), sind beachtet worden.

1) In der Fassung vom 21. August 2002, BGBl. I S. 3393.

(4) Fehlen Angaben nach Absatz 1 Nr. 2 oder 5 oder sind sie unvollständig, so kann der Apotheker, wenn ein dringender Fall vorliegt und eine Rücksprache mit dem Arzt nicht möglich ist, die Verschreibung insoweit sachgerecht ergänzen.

(5) Ist die Anforderung eines Medizinproduktes für ein Krankenhaus bestimmt, in dem zur Übermittlung dieser Anforderung ein System zur Datenübertragung vorhanden ist, das die Anforderung durch einen befugten Arzt sicherstellt, so genügt statt der eigenhändigen Unterschrift nach Absatz 1 Nr. 7 die Namenswiedergabe dieses Arztes.

§ 3

Die wiederholte Abgabe eines verschreibungspflichtigen Medizinproduktes auf dieselbe Verschreibung über die verschriebene Menge hinaus ist unzulässig.

§ 4

Verschreibungspflichtige Medizinprodukte dürfen ohne Vorlage einer Verschreibung an Ärzte oder Zahnärzte oder in dringenden Fällen nach fernmündlicher Unterrichtung durch einen Arzt oder Zahnarzt auch an andere Personen abgegeben werden, wenn sich der Apotheker Gewissheit über die Person des Arztes oder Zahnarztes verschafft hat.

§ 5

Verschreibungspflichtige Medizinprodukte dürfen auf Verschreibung eines Dentisten abgegeben werden, soweit die Abgabe nach den Anlagen zu den in § 1 Abs. 1 Nr. 2 genannten Verordnungen zulässig ist. Die §§ 2 bis 4 finden Anwendung.

§ 6

Von der Verschreibungspflicht sind Medizinprodukte ausgenommen, soweit sie der Zweckbestimmung nach nur von einem Arzt oder Zahnarzt angewendet werden können.

§ 7

(1) Nach § 41 Nr. 6 des Medizinproduktegesetzes wird bestraft, wer entgegen § 1 Abs. 1 Satz 1 oder § 3 ein Medizinprodukt abgibt.

(2) Wer eine in Absatz 1 bezeichnete Handlung fahrlässig begeht, handelt nach § 42 Abs. 1 des Medizinproduktegesetzes ordnungswidrig.

§ 8

(Inkrafttreten)

Anlage

(zu § 1 Abs. 1 Nr. 1)

1. Intrauterinpessare - zur Empfängnisverhütung -
2. Epidermisschicht der Haut vom Schwein - zur Anwendung als biologischer Verband -
3. oral zu applizierende Sättigungspräparate auf Cellulosebasis mit definiert vorgegebener Geometrie zur Behandlung des Übergewichts und zur Gewichtskontrolle

Verordnung über die Erfassung, Bewertung und Abwehr von Risiken bei Medizinprodukten – Medizinprodukte-Sicherheitsplanverordnung (MPSV)[1)]

Inhaltsübersicht

1) In der Fassung vom 24. Juni 2002, BGBl. I S. 2131.

Abschnitt 1: Anwendungsbereich, Begriffsbestimmungen

§ 1 Anwendungsbereich

Diese Verordnung regelt die Verfahren zur Erfassung, Bewertung und Abwehr von Risiken im Verkehr oder in Betrieb befindlicher Medizinprodukte. Sie findet keine Anwendung auf Medizinprodukte zur klinischen Prüfung und In-vitro-Diagnostika für Leistungsbewertungszwecke.

§ 2 Begriffsbestimmungen

Im Sinne dieser Verordnung ist

1. „Vorkommnis" eine Funktionsstörung, ein Ausfall oder eine Änderung der Merkmale oder der Leistung oder eine Unsachgemäßheit der Kennzeichnung oder der Gebrauchsanweisung eines Medizinprodukts, die unmittelbar oder mittelbar zum Tod oder zu einer schwerwiegenden Verschlechterung des Gesundheitszustands eines Patienten, eines Anwenders oder einer anderen Person geführt hat, geführt haben könnte oder führen könnte,
2. „korrektive Maßnahme" eine Maßnahme zur Beseitigung, Verringerung oder Verhinderung des erneuten Auftretens eines von einem Medizinprodukt ausgehenden Risikos,
3. „Rückruf" eine korrektive Maßnahme, mit der die Rücksendung, der Austausch, die Um- oder Nachrüstung, die Aussonderung oder Vernichtung eines Medizinprodukts veranlasst wird,
4. „Maßnahmenempfehlung" eine Mitteilung des Verantwortlichen nach § 5 des Medizinproduktegesetzes, mit der eine korrektive Maßnahme veranlasst wird.

Abschnitt 2: Meldung von Vorkommnissen und Rückrufen

§ 3 Meldepflichten

(1) Der Verantwortliche nach § 5 des Medizinproduktegesetzes hat Vorkommnisse, die in Deutschland aufgetreten sind, sowie in Deutschland durchgeführte Rückrufe der zuständigen Bundesoberbehörde zu melden. In anderen Vertragsstaaten des Abkommens über den Europäischen Wirtschaftsraum aufgetretene Vorkommnisse und durchgeführte Rückrufe hat er den dort zuständigen Behörden zu melden. Vorkommnisse, die außerhalb des Europäischen Wirtschaftsraums aufgetreten sind, sind nur meldepflichtig, wenn sie zu korrektiven Maßnahmen geführt haben, die auch im Europäischen Wirtschaftsraum in den Verkehr gebrachte Medizinprodukte betreffen. Die Meldung derartiger Vorkommnisse hat an die zuständige Behörde des Vertragsstaates zu erfolgen, in dem die Benannte Stelle ihren Sitz hat, soweit aktive implantierbare Medizinprodukte, In-vitro-Diagnostika nach Anhang II oder zur Eigenanwendung im Sinne der Richtlinie 98/79/EG des Europäischen Parlaments und des Rates vom 27. Oktober 1998 über In-vitro-Diagnostika (ABl. EG Nr. L 331 S. 1) in der jeweils geltenden Fassung oder sonstige Medizinprodukte der Klasse IIa, IIb oder III betroffen sind, und in den übrigen Fällen an die zuständige Behörde des Vertragsstaates, in dem der Verantwortliche nach § 5 des Medizinproduktegesetzes seinen Sitz hat.

(2) Wer Medizinprodukte beruflich oder gewerblich betreibt oder anwendet, hat dabei aufgetretene Vorkommnisse der zuständigen Bundesoberbehörde zu melden. Satz 1 gilt entsprechend für Ärzte und Zahnärzte, denen im Rahmen der Behandlung von mit Medizinprodukten versorgten Patienten Vorkommnisse bekannt werden, soweit die Behandlung im Zusammenhang mit dem Medizinprodukt steht.

(3) Wer, ohne Verantwortlicher nach § 5 des Medizinproduktegesetzes zu sein, beruflich oder gewerblich oder in Erfüllung gesetzlicher Aufgaben oder Verpflichtungen Medizinprodukte zur Eigenanwendung durch Patienten oder andere Laien an den Endanwender abgibt, hat ihm mitgeteilte Vorkommnisse der zuständigen Bundesoberbehörde zu melden. In allen anderen Fällen informieren Vertreiber und Händler den Verantwortlichen nach § 5 des Medizinproduktegesetzes über ihnen mitgeteilte Vorkommnisse.

(4) Die Verpflichtungen nach den Absätzen 2 und 3 gelten für Angehörige der Heilberufe als erfüllt, soweit Meldungen an Kommissionen oder andere Einrichtungen der Heilberufe, die im Rahmen ihrer Aufgaben Risiken von Medizinprodukten erfassen, erfolgen und dort eine unverzügliche Weiterleitung an die zuständige Bundesoberbehörde sichergestellt ist.

(5) Die zuständige Bundesoberbehörde bestätigt der nach den Absätzen 1 bis 4 meldenden Person oder Stelle den Eingang der Meldung. Sie informiert unverzüglich den Verantwortlichen nach § 5 des Medizinproduktegesetzes über Meldungen nach den Absätzen 2 bis 4, der daraufhin eine Meldung nach Absatz 1 mit allen erforderlichen Angaben oder eine Begründung übermittelt, warum kein Vorkommnis im Sinne des § 2 Abs. 1 vorliegt oder die Voraussetzungen nach § 4 erfüllt sind. Schließt sich die zuständige Bundesoberbehörde dieser Begründung nicht an, kann sie eine Meldung nach Absatz 1 verlangen.

§ 4 Ausnahmen von der Meldepflicht und besondere Verfahren

(1) Auf Antrag des Verantwortlichen nach § 5 des Medizinproduktegesetzes kann die zuständige Bundesoberbehörde für bereits ausreichend untersuchte Vorkommnisse Ausnahmen von der Meldepflicht oder eine zusammenfassende Meldung in regelmäßigen Zeitabständen zulassen.

(2) Vorkommnisse, die bereits Gegenstand einer Maßnahmenempfehlung des Verantwortlichen nach § 5 des Medizinproduktegesetzes oder einer Anordnung der zuständigen Behörde waren und danach weiterhin auftreten können, sind von diesem in regelmäßigen, mit der zuständigen Bundesoberbehörde im Einzelfall abgestimmten Zeitabständen zusammenfassend zu melden.

§ 5 Fristen

(1) Der Verantwortliche nach § 5 des Medizinproduktegesetzes hat Vorkommnisse entsprechend der Eilbedürftigkeit der durchzuführenden Risikobewertung zu melden, spätestens jedoch innerhalb von 30 Tagen, nachdem er Kenntnis hiervon erhalten hat. Bei Gefahr im Verzug hat die Meldung unverzüglich zu erfolgen. Rückrufe sowie Vorkommnisse im Sinne des § 3 Abs. 1 Satz 3 sind spätestens mit Beginn der Umsetzung der Maßnahmen zu melden.

(2) Die Meldungen und Mitteilungen nach § 3 Abs. 2 bis 4 haben unverzüglich zu erfolgen.

§ 6 Meldung durch Vertreiber

Soweit im Auftrag des Verantwortlichen nach § 5 des Medizinproduktegesetzes von einem in Deutschland ansässigen Vertreiber Meldungen erstattet werden, gelten die den Verantwortlichen nach § 5 des Medizinproduktegesetzes betreffenden Vorschriften der §§ 3 bis 5 entsprechend.

§ 7 Modalitäten der Meldung

Das Bundesministerium für Gesundheit macht die zuständigen Bundesoberbehörden unter Angabe ihrer Zuständigkeitsbereiche, ihrer Postanschriften und der Telekommunikationsnummern der für die Risikoerfassung und – bewertung zuständigen Organisationseinheiten sowie Hinweise zur Erreichbarkeit außerhalb der üblichen Dienstzeiten, Informationen zur elektronischen Übermittlung von Meldungen sowie die zur Verwendung empfohlenen Formblätter und deren Bezugsquellen im Bundesanzeiger bekannt und sorgt für eine fortlaufende Aktualisierung dieser Bekanntmachung.

Abschnitt 3: Risikobewertung durch die zuständige Bundesoberbehörde

§ 8 Aufgaben der Behörde

Die zuständige Bundesoberbehörde hat für alle ihr nach § 3 zu meldenden Vorkommnisse und Rückrufe, die ihr bekannt werden, eine Risikobewertung vorzunehmen. Sie hat wissenschaftliche Untersuchungen durchzuführen oder durchführen zu lassen, um mögliche Risiken zu ermitteln.

§ 9 Ziel und Inhalt der Risikobewertung

Ziel und Inhalt der Risikobewertung durch die zuständige Bundesoberbehörde ist es, festzustellen, ob ein unvertretbares Risiko vorliegt und welche korrektiven Maßnahmen geboten sind. Sofern der Verantwortliche nach § 5 des Medizinproduktegesetzes eigenverantwortliche korrektive Maßnahmen trifft, schließt die Risikobewertung durch die zuständige Bundesoberbehörde die Prüfung ein, ob diese Maßnahmen angemessen sind.

§ 10 Verfahren der Risikobewertung

Die Risikobewertung erfolgt in Zusammenarbeit mit dem Verantwortlichen nach § 5 des Medizinproduktegesetzes und, soweit erforderlich, mit den jeweils betroffenen Betreibern und Anwendern. Soweit erforderlich, können die für das Medizinproduktewesen, das Eich- und Messwesen sowie den Arbeits- oder Strahlenschutz zuständigen Behörden des Bundes und der Länder, die Strafverfolgungsbehörden, Behörden anderer Staaten, die einschlägigen wissenschaftlichen Fachgesellschaften, der Medizinische Dienst der Spitzenverbände der Krankenkassen, Benannte Stellen sowie sonstige Einrichtungen, Stellen und Personen beteiligt werden, die auf Grund ihrer Kenntnisse und Erfahrungen zur Beantwortung spezifischer Fragestellungen beitragen können. Die zuständige Behörde hat durch geeignete organisatorische Maßnahmen sicherzustellen, dass besonders eilbedürftige Fälle unverzüglich bearbeitet werden.

§ 11 Befugnisse der Behörde

(1) Die zuständige Bundesoberbehörde kann vom Verantwortlichen nach § 5 Satz 1 und 2 des Medizinproduktegesetzes sowie dem in § 3 Abs. 2 und 3 genannten Personenkreis alle für die Sachverhaltsaufklärung oder die Risikobewertung erforderlichen Auskünfte und Unterlagen sowie die Überlassung des betroffenen Produkts oder von Mustern der betroffenen Produktcharge, bei In-vitro-Diagnostika auch des von einem Vorkommnis betroffenen Probenmaterials, zu Untersuchungszwecken verlangen. Patientendaten sind vor der Übermittlung an die zuständige Bundesoberbehörde so zu anonymisieren, dass ein Personenbezug nicht mehr hergestellt werden kann. Andere personenbezogene Daten dürfen nur erhoben, gespeichert, genutzt und übermittelt werden, soweit dies zur Durchführung der Aufgaben nach dieser Verordnung erforderlich ist. Die zuständige Bundesoberbehörde kann in begründeten Fällen und in Abstimmung mit der zuständigen Behörde Produktprüfungen und Überprüfungen der Produktionsverfahren im Betrieb des Verantwortlichen nach § 5 des Medizinproduktegesetzes oder bei dessen Unterauftragnehmer vornehmen.

(2) Wenn eine ordnungsgemäße Risikobewertung wegen unzureichender Mitwirkung des Verantwortlichen nach § 5 des Medizinproduktegesetzes nicht möglich ist, kann die zuständige Bundesoberbehörde Betreiber und Anwender hierüber informieren und vorsorgliche Maßnahmen empfehlen.

§ 12 Mitwirkungspflichten

(1) Die in § 11 Abs. 1 Satz 1 genannten Personen haben die zuständige Bundesoberbehörde bei der Erfüllung ihrer Aufgaben nach § 8 Satz 1 zu unterstützen und die verlangten Auskünfte zu erteilen. Der Auskunftspflichtige kann die Auskunft auf solche Fragen verweigern, deren Beantwortung ihn selbst oder einen seiner in § 383 Abs. 1 Nr. 1 bis 3 der Zivilprozessordnung bezeichneten Angehörigen der Gefahr strafrechtlicher Verfolgung oder eines Verfahrens nach dem Gesetz über Ordnungswidrigkeiten aussetzen würde; er ist darauf hinzuweisen. Im Übrigen bleiben Bestimmungen zum Schutz personenbezogener Daten, gesetzliche Geheimhaltungspflichten und die ärztliche Schweigepflicht unberührt.

(2) Der Verantwortliche nach § 5 des Medizinproduktegesetzes hat die für die Risikobewertung erforderlichen Untersuchungen durchzuführen und der zuständigen Bundesoberbehörde die Ergebnisse mitzuteilen. Er hat zu jeder Meldung einen Abschlussbericht sowie auf Verlangen alle zweckdienlichen Unterlagen, insbesondere relevante Auszüge aus der Risikoanalyse und der klinischen Bewertung, vorzulegen. Vor einer zerstörenden Prüfung des betroffenen Produkts oder der vorhandenen Muster der betroffenen Produktcharge hat sich der Verantwortliche nach § 5 des Medizinproduktegesetzes mit der zuständigen Bundesoberbehörde ins Benehmen zu setzen.

§ 13 Abschluss der Risikobewertung

Die zuständige Bundesoberbehörde teilt das Ergebnis ihrer Risikobewertung dem Verantwortlichen nach § 5 des Medizinproduktegesetzes und der Person, die ihr das Vorkommnis gemeldet hat, sowie nach Maßgabe des § 20 den zuständigen Behörden mit. Die Risikobewertung durch die Bundesoberbehörde ist damit abgeschlossen. Auf der Grundlage neuer Erkenntnisse kann eine erneute Risikobewertung erforderlich werden.

Abschnitt 4: Korrektive Maßnahmen

§ 14 Eigenverantwortliche korrektive Maßnahmen des Verantwortlichen nach § 5 des Medizinproduktegesetzes

(1) Der Verantwortliche nach § 5 des Medizinproduktegesetzes hat die gebotenen korrektiven Maßnahmen durchzuführen. Er hat Vorkehrungen zu treffen, damit erforderlichenfalls der Rückruf von Medizinprodukten, von denen unvertretbare Risiken ausgehen, schnell und zuverlässig durchgeführt werden kann.

(2) Maßnahmenempfehlungen des Verantwortlichen nach § 5 des Medizinproduktegesetzes haben für mögliche Rückfragen eine Kontaktperson mit Hinweisen zur Erreichbarkeit anzugeben, die betroffenen Produkte und Produktchargen klar und eindeutig zu bezeichnen, den festgestellten Mangel oder die festgestellte Fehlfunktion und, soweit bekannt, deren Ursache zu beschreiben, das von den Produkten ausgehende Risiko und die der Bewertung zugrunde liegenden Tatsachen und Überlegungen hinreichend ausführlich darzustellen und die erforderlichen korrektiven Maßnahmen unmissverständlich vorzugeben. Weitere Angaben können gemacht werden, soweit sie zweckdienlich sind. Aufmachungen und Ausführungen, die geeignet sind, das Risiko zu verharmlosen, sowie Werbeaussagen sind unzulässig.

(3) Der Verantwortliche nach § 5 des Medizinproduktegesetzes hat die ordnungsgemäße Durchführung der Maßnahmen nach Absatz 1 sicherzustellen und deren Wirksamkeit zu überprüfen. Die Durchführung und die Überprüfungen sind zu dokumentieren.

(4) Die zuständige Behörde überwacht die vom Verantwortlichen nach § 5 des Medizinproduktegesetzes durchgeführten Maßnahmen.

(5) Soweit korrektive Maßnahmen im Auftrag des Verantwortlichen nach § 5 des Medizinproduktegesetzes von einem in Deutschland ansässigen Vertreiber durchgeführt werden, gelten die Vorschriften der Absätze 2 bis 4 entsprechend.

§ 15 Anordnungen der zuständigen Behörden an Hersteller, Bevollmächtigte, Einführer oder Vertreiber

Soweit ein Verantwortlicher nach § 5 des Medizinproduktegesetzes die erforderlichen korrektiven Maßnahmen nicht eigenverantwortlich trifft oder die getroffenen Maßnahmen nicht ausreichen, ordnet die zuständige Behörde die Durchführung der erforderlichen Maßnahmen durch den Verantwortlichen nach § 5 des Medizinproduktegesetzes oder den in Deutschland ansässigen Vertreiber an und überwacht den ordnungsgemäßen Vollzug.

§ 16 Verpflichtung zur Mitwirkung an den korrektiven Maßnahmen

(1) Der in § 3 Abs. 2 und 3 genannte Personenkreis hat an den korrektiven Maßnahmen entsprechend den eigenverantwortlich oder auf Anordnung der zuständigen Behörde herausgegebenen Maßnahmenempfehlungen des Verantwortlichen nach § 5 des Medizinproduktegesetzes mitzuwirken.

(2) Damit Patienten, die mit den in der Anlage aufgeführten implantierbaren Medizinprodukten versorgt worden sind, zum Zweck der Durchführung korrektiver Maßnahmen schnell identifiziert und erreicht werden können, haben die Betreiber und Anwender Aufzeichnungen zu führen über

1. den Namen, das Geburtsdatum und die Anschrift des Patienten,
2. das Datum der Implantation,
3. den Typ und die Chargen- oder Seriennummer des Implantats sowie
4. den Verantwortlichen nach § 5 des Medizinproduktegesetzes.

Die Aufzeichnungen sind für die Dauer von 20 Jahren nach der Implantation aufzubewahren; danach sind sie unverzüglich zu vernichten.

§ 17 Anordnungen der zuständigen Behörden an Betreiber und Anwender

Soweit durch Maßnahmen nach § 14 und Anordnungen nach § 15 eine ausreichende Risikominimierung nicht oder nicht hinreichend schnell erreicht wird oder erreicht werden kann, treffen die zuständigen Behörden die erforderlichen Anordnungen, um das Betreiben oder Anwenden der betroffenen Medizinprodukte zu untersagen oder einzuschränken, und überwachen den ordnungsgemäßen Vollzug.

§ 18 Notfallplanung der zuständigen Behörden

Die zuständigen Behörden stellen ihre Erreichbarkeit auch außerhalb der üblichen Dienstzeiten sicher und treffen Vorkehrungen, dass in besonders eilbedürftigen Fällen die erforderlichen korrektiven Maßnahmen unverzüglich veranlasst werden können. Sie teilen die Angaben zur Erreichbarkeit außerhalb der üblichen Dienstzeiten dem Bundesministerium für Gesundheit und den zuständigen Bundesoberbehörden mit.

Abschnitt 5: Unterrichtungspflichten und Informationsaustausch

§ 19 Unterrichtung des Bundesministeriums für Gesundheit durch die zuständige Bundesoberbehörde

Die zuständige Bundesoberbehörde informiert das Bundesministerium für Gesundheit unverzüglich über alle eingehenden Meldungen, die Vorkommnisse mit Todesfolge oder sonstige besonders bedeutsame Vorkommnisse betreffen. Darüber hinaus unterrichtet sie das Bundesministerium für Gesundheit über alle korrektiven Maßnahmen, die in Deutschland im Verkehr oder in Betrieb befindliche Produkte betreffen.

§ 20 Informationsaustausch zwischen der zuständigen Bundesoberbehörde und den zuständigen Landesbehörden

(1) Die zuständige Bundesoberbehörde informiert die für den Sitz des Verantwortlichen nach § 5 des Medizinproduktegesetzes oder, sofern der Verantwortliche seinen Sitz nicht in Deutschland hat und ein in Deutschland ansässiger Vertreiber bekannt ist, des Vertreibers sowie die für den Ort des Vorkommnisses zuständige oberste Landesbehörde oder die von dieser benannte zuständige Behörde über eingehende Meldungen von Vorkommnissen und Rückrufen sowie über den Abschluss und das Ergebnis der durchgeführten Risikobewertung. Die Information kann auch in der Weise erfolgen, dass das Deutsche Institut für Medizinische Dokumentation und Information der zuständigen Behörde mitteilt, dass für sie neue Daten nach § 29 Abs. 1 Satz 4 des Medizinproduktegesetzes zum Abruf bereit gehalten werden. Sofern der Verantwortliche nach § 5 des Medizinproduktegesetzes nicht bereit ist, erforderliche korrektive Maßnahmen eigenverantwortlich durchzuführen, teilt die zuständige Bundesoberbehörde die aufgrund der Risikobewertung für erforderlich erachteten Maßnahmen mit.

(2) Die zuständige Behörde teilt der zuständigen Bundesoberbehörde alle getroffenen Anordnungen mit und informiert sie über Fortgang und Abschluss der Maßnahmen. Sie informiert ferner die zuständige Bundesoberbehörde, wenn sie deren Bewertung des Risikos nicht teilt.

(3) Das Bundesinstitut für Arzneimittel und Medizinprodukte führt in Abstimmung mit dem Paul-Ehrlich-Institut regelmäßige Besprechungen (Routinesitzungen) mit den für Medizinprodukte zuständigen obersten Bundes- und Landesbehörden sowie der zuständigen Behörde nach § 15 des Medizinproduktegesetzes über die Grundlagen und das Verfahren der Risikoerfassung und -bewertung sowie Fälle von allgemeinem Interesse durch. Bei Abstimmungsbedarf zu speziellen Fragen kann die zuständige Bundesoberbehörde zu einer Sondersitzung einladen. Soweit sinnvoll, sollen der Medizinische Dienst der Spitzenverbände der Krankenkassen, Vertreter der Heilberufe und der Krankenhäuser, die Verbände der Medizinprodukte-Industrie sowie sonstige betroffene Behörden und Organisationen beteiligt werden.

§ 21 Europäischer und internationaler Informationsaustausch

(1) Die zuständige Bundesoberbehörde unterrichtet die zuständigen Behörden der anderen Vertragsstaaten des Abkommens über den Europäischen Wirtschaftsraum und die Europäische Kommission sowie auf der Grundlage von Vereinbarungen oder Verwaltungsabsprachen oder auf Anfrage auch die zuständigen Behörden anderer Staaten über als Folge eines Vorkommnisses durchgeführte oder für erforderlich erachtete korrektive Maßnahmen. Auf Anfrage übermittelt sie auch Informationen und Auskünfte zu vorliegenden Meldungen und durchgeführten Risikobewertungen. Bei korrektiven Maßnahmen nach § 14 kann, soweit keine Anfrage vorliegt, eine Unterrichtung unterbleiben, wenn diese für den Empfänger im Hinblick auf die ordnungsgemäße Aufgabenwahrnehmung keinen relevanten Erkenntnisgewinn darstellt. § 11 Abs. 1 Satz 2 findet entsprechende Anwendung.

(2) Die zuständige Bundesoberbehörde leitet von den zuständigen Behörden der anderen Vertragsstaaten des Abkommens über den Europäischen Wirtschaftsraum sowie anderer Staaten sowie von internationalen Organisationen erhaltene Mitteilungen über durchgeführte oder von diesen für erforderlich erachtete korrektive Maßnahmen nach Prüfung auf Plausibilität an die für den Sitz des Verantwortlichen nach § 5 des Medizinproduktegesetzes oder, sofern der Verantwortliche seinen Sitz nicht in Deutschland hat und ein in Deutschland ansässiger Vertreiber bekannt ist, des Vertreibers zuständige oberste Landesbehörde oder die von dieser benannte zuständige Behörde weiter. Sofern der Verantwortliche nach § 5 des Medizinproduktegesetzes seinen Sitz nicht in Deutschland hat und ein in Deutschland ansässiger Vertreiber nicht bekannt ist, entscheidet die zuständige Bundesoberbehörde nach den Umständen des jeweiligen Einzelfalls, welche zuständigen obersten Landesbehörden oder von diesen benannte Behörden eine Mitteilung nach Satz 1 erhalten.

§ 22 Unterrichtung sonstiger Behörden, Organisationen und Stellen

(1) Die zuständige Bundesoberbehörde unterrichtet das Bundesministerium für Umwelt, Naturschutz und Reaktorsicherheit über eingehende Meldungen von Vorkommnissen und Rückrufen sowie über den Abschluss und das Ergebnis der durchgeführten Risikobewertung, soweit der Strahlenschutz betroffen ist, und das Robert-Koch-Institut, soweit Medizinprodukte betroffen sind, die zu Desinfektionszwecken bestimmt sind.

(2) Die zuständige Bundesoberbehörde unterrichtet das Bundesministerium der Verteidigung sowie die zuständige Behörde nach § 15 des Medizinproduktegesetzes über eingehende Meldungen von Vorkommnissen und Rückrufen sowie über den Abschluss und das Ergebnis der durchgeführten Risikobewertungen. Die Unterrichtung kann auch erfolgen durch Gewährung des Zugriffs auf die dem Deutschen Institut für Medizinische Dokumentation und Information gemäß § 29 Abs. 1 Satz 4 des Medizinproduktegesetzes zur zentralen Verarbeitung und Nutzung übermittelten Daten. Die zuständigen Behörden nach § 15 des Medizinproduktegesetzes unterrichten, soweit erforderlich, die Benannten Stellen.

(3) Informationen und Auskünfte zu vorliegenden Meldungen, durchgeführten Risikobewertungen und korrektiven Maßnahmen dürfen auch an den Medizinischen Dienst der Spitzenverbände der Krankenkassen, die

Deutsche Krankenhausgesellschaft und andere Organisationen, Stellen und Personen übermittelt werden, soweit von diesen ein Beitrag zur Risikoverringerung geleistet werden kann oder ein berechtigtes Interesse besteht.

(4) § 11 Abs. 1 Satz 2 findet entsprechende Anwendung.

§ 23 Wissenschaftliche Aufarbeitung der durchgeführten Risikobewertungen

Die zuständige Bundesoberbehörde führt eine regelmäßige wissenschaftliche Aufarbeitung der durchgeführten Risikobewertungen durch und gibt die Ergebnisse bekannt. Personenbezogene Daten sind dabei zu anonymisieren.

Anlage (zu § 16 Abs. 2 Satz 1)

1. Aktive implantierbare Medizinprodukte
   - 1.1 Herzschrittmacher
   - 1.2 Defibrillatoren
   - 1.3 Infusionssysteme

2. Sonstige implantierbare Medizinprodukte
   - 2.1 Herzklappen
   - 2.2 Endoluminale Gefäßprothesen
   - 2.3 Brustimplantate

Bundeskostenverordnung zum Medizinproduktegesetz und den zur Durchführung dieses Gesetzes erlassenen Rechtsverordnungen – Medizinprodukte Kostenverordnung (BKostV-MPG)[1)]

Inhaltsübersicht

---

§ 1 Anwendungsbereich

Die zuständige Bundesoberbehörde erhebt für ihre Amtshandlungen nach dem Medizinproduktegesetz und den zur Durchführung dieses Gesetzes erlassenen Rechtsverordnungen Kosten (Gebühren und Auslagen) nach Maßgabe folgender Vorschriften.

§ 2 Zulassung, Verlängerung und Änderung der Zulassung

(1) Die Gebühr beträgt für die Entscheidung

1.	nach § 11 Abs. 1 Satz 1 des Medizinproduktegesetzes über die Zulassung eines Medizinproduktes	2.500 bis 10.300 Euro
2.	über die Änderung der Zulassung eines nach § 11 Abs. 1 Satz 1 des Medizinproduktegesetzes zugelassenen Medizinproduktes	100 bis 1.100 Euro
3.	über die Verlängerung der Zulassung eines nach § 11 Abs. 1 Satz 2 des Medizinproduktegesetzes befristet zugelassenen Medizinproduktes	100 bis 1.100 Euro

---

1) In der Fassung vom 27. März 2002, BGBl. I S. 1228.

(2) Wird die Zulassung nach § 11 Abs. 1 Satz 1 des Medizinproduktegesetzes gleichzeitig für mehrere gleichartige Medizinprodukte beantragt, gilt für die Entscheidung über die Zulassung für das erste geprüfte Medizinprodukt Absatz 1 Nr. 1. Für die Entscheidung über die Zulassung jedes weiteren Medizinproduktes kann die Gebühr ermäßigt werden, wenn die Gleichartigkeit der Medizinprodukte zu einem geringeren Prüfaufwand geführt hat, der die Ermäßigung rechtfertigt. Mindestens ist jedoch eine Gebühr von 1 100 Euro für jede weitere Entscheidung über die Zulassung zu erheben.

§ 3 Klassifizierung und Abgrenzung von Produkten

Die Gebühr für die Stellungnahme nach § 13 Abs. 3 des Medizinproduktegesetzes zur Klassifizierung von Medizinprodukten und zur Abgrenzung von Medizinprodukten zu anderen Produkten beträgt 100 bis 500 Euro.

§ 4 Konsultationsverfahren

(1) Die Gebühr für die Stellungnahme im Rahmen der Konsultation nach Anhang II Ziffer 4.3 oder Anhang III Ziffer 5 jeweils in Verbindung mit Anhang I Ziffer 7.4 der Richtlinie 93/42/EWG des Rates vom 14. Juni 1993 über Medizinprodukte (ABl. EG Nr. L 169 S. 1), die zuletzt durch die Richtlinie 2000/70/EG des Europäischen Parlaments und des Rates vom 16. November 2000 (ABl. EG Nr. L 313 S. 22) geändert worden sind, in Verbindung mit § 4 oder § 6 der Verordnung über Medizinprodukte beträgt

1.	bei einem neuen Arzneistoff oder einem bekannten Arzneistoff mit neuer Zweckbestimmung	5.000 bis 50.000 Euro
2.	bei einem bekannten Arzneistoff, der im herkömmlichen Sinn eingesetzt wird	5.000 bis 20.000 Euro

(2) Werden mehrere Konsultationsverfahren innerhalb des gleichen Zertifizierungsverfahrens durchgeführt, können die Gebühren für die folgenden Konsultationen jeweils auf 25 Prozent der vorgesehenen Gebühr ermäßigt werden. Wird die Durchführung von mehreren Konsultationsverfahren, die gleichartige Medizinprodukte betreffen, gleichzeitig beantragt, gilt für die Stellungnahme für das erste Medizinprodukt Absatz 1. Die Gebühren für die folgenden Konsultationen können ermäßigt werden, wenn die Gleichartigkeit der Medizinprodukte zu einem geringeren Prüfaufwand geführt hat, der die Ermäßigung rechtfertigt. Mindestens ist jedoch eine Gebühr von 1- 250 Euro für jede weitere Konsultation zu erheben.

§ 5 Registrierung von Ethikkommissionen

Die Gebühr für die Registrierung einer Ethikkommission nach § 20 Abs. 7 Satz 1 des Medizinproduktegesetzes beträgt 250 Euro.

§ 6 Beratung

Die Gebühr für die Beratung Benannter Stellen nach § 32 Abs. 1 und 2 Satz 1 des Medizinproduktegesetzes beträgt 1.000 bis 2.800 Euro.

§ 7 Gebühren in besonderen Fällen

(1) Wird

1. ein Antrag auf Vornahme einer gebührenpflichtigen Amtshandlung nach Beginn der sachlichen Bearbeitung und vor Beendung der Amtshandlung zurückgenommen oder
2. ein Antrag aus anderen Gründen als wegen Unzuständigkeit abgelehnt oder
3. eine Amtshandlung zurückgenommen oder widerrufen,

so werden Gebühren nach Maßgabe des § 15 Abs. 2 des Verwaltungskostengesetzes erhoben.

(2) Sofern der Antragsteller dazu Anlass gegeben hat, beträgt abweichend von Absatz 1 Nr. 3 die Gebühr für den Widerruf oder die Rücknahme einer Amtshandlung mindestens 50 Euro, höchstens die für die widerrufene oder zurückgenommene Amtshandlung festgesetzte Gebühr.

(3) Wird gegen eine Amtshandlung Widerspruch erhoben, so ist eine Gebühr zu erheben, wenn der Widerspruch zurückgewiesen wird. Die Gebühr beträgt mindestens 50 Euro, höchstens die für die Amtshandlung festgesetzte Gebühr. Richtet sich der Widerspruch ausschließlich gegen die Kostenentscheidung, so beträgt die Gebühr mindestens 30 Euro, höchstens 10 Prozent des Betrages, der mit der Kostenentscheidung geltend gemacht wurde. Die Gebühren nach Sätzen 2 und 3 werden auch erhoben, wenn der Widerspruch nach Beginn der sachlichen Bearbeitung zurückgenommen wird.

§ 8 Sonstige Gebühren

Bei folgenden Amtshandlungen, die auf Antrag vorgenommen werden, sind an Gebühren zu erheben für

1. wissenschaftliche Stellungnahmen und Gutachten — 200 bis 1.000 Euro,
2. nicht einfache schriftliche Auskünfte — 100 bis 500 Euro,
3. Bescheinigungen — 25 Euro,
4. die Herstellung von Kopien und Abschriften
   a) eine Grundgebühr von sofern dies nicht im Rahmen der Amtshandlungen nach den Nummern 1 und 2 erfolgt, sowie — 20 Euro,
   b) jede angefertigte Kopie — 0,5 Euro,
5. die Einsichtnahme in Akten, es sei denn, es ist ein Widerspruchsverfahren anhängig — 25 bis 250 Euro.

Der Antragsteller ist auf die Gebührenpflichtigkeit der Amtshandlung nach Satz 1 hinzuweisen.

§ 9 Gebührenbemessung

Soweit diese Verordnung Gebührenrahmensätze vorsieht, richtet sich die Bemessung der konkreten Gebühr nach § 9 Abs. 1 des Verwaltungskostengesetzes.

§ 10 Gebührenermäßigung und -befreiung auf Antrag

Die nach § 2 zu erhebenden Gebühren können auf Antrag des Kostenschuldners bis auf ein Viertel der vorgesehenen Gebühr ermäßigt werden, wenn der Antragsteller einen diesen Gebühren angemessen wirtschaftlichen Nutzen nicht erwarten kann oder die Anwendungsfälle selten sind oder die Zielgruppe, für die das Medizinprodukt bestimmt ist, klein ist. Von der Erhebung der Gebühren kann ganz abgesehen werden, wenn der zu erwartende wirtschaftliche Nutzen im Verhältnis zu den Gebühren besonders gering ist.

§ 11 Gebührenerhöhung und -ermäßigung

Erfordert eine nach den §§ 2 bis 4, 6 und 8 Nr. 1 und 2 gebührenpflichtige Amtshandlung im Einzelfall einen außergewöhnlich hohen Aufwand, so kann die vorgesehene Gebühr bis auf das Doppelte erhöht werden, bei einem Gebührenrahmensatz bis auf das Doppelte des entsprechenden Höchstsatzes. Der Kostenschuldner ist zu hören, wenn mit einer solchen Erhöhung zu rechnen ist. Erfordert eine gebührenpflichtige Amtshandlung nach Satz 1 im Einzelfall einen außergewöhnlich niedrigen Aufwand, so kann die Gebühr bis auf 50 Euro reduziert werden.

§ 12 Auslagen

Auslagen sind nach den Vorschriften des Verwaltungskostengesetzes zu erstatten.

§ 13 Übergangsregelung

Für Amtshandlungen, die vor Inkrafttreten dieser Verordnung vorgenommen worden sind, können Kosten nach Maßgabe der vorstehenden Vorschriften erhoben werden, soweit bei den Amtshandlungen unter Hinweis auf den bevorstehenden Erlaß dieser Verordnung eine Kostenentscheidung ausdrücklich vorbehalten worden ist.

§ 14 Inkrafttreten

Diese Verordnung tritt am Tag nach der Verkündung in Kraft.

Gesetz über den Verkehr mit Lebensmitteln, Tabakerzeugnissen, kosmetischen Mitteln und sonstigen Bedarfsgegenständen – Lebensmittel- und Bedarfsgegenständegesetz (LMBG)[1]

Inhaltsübersicht

[1] In der Fassung vom 09. September 1997, BGBl. I S. 2296; zuletzt geändert durch Artikel 2 des Gesetzes vom 08.08.2002, BGBl. I 3116.

Vierter Abschnitt: Verkehr mit kosmetischen Mitteln

Fünfter Abschnitt: Verkehr mit sonstigen Bedarfsgegenständen

Sechster Abschnitt: Allgemeine Bestimmungen

Siebter Abschnitt: Überwachung und Lebensmittel-Monitoring

Unterabschnitt A: Überwachung, Durchführung von Gemeinschaftsrecht

Unterabschnitt B: Lebensmittel-Monitoring

Erster Abschnitt: Begriffsbestimmungen

§ 1 Lebensmittel

(1) Lebensmittel im Sinne dieses Gesetzes sind Stoffe, die dazu bestimmt sind, in unverändertem, zubereitetem oder verarbeitetem Zustand von Menschen verzehrt zu werden; ausgenommen sind Stoffe, die überwiegend dazu bestimmt sind, zu anderen Zwecken als zur Ernährung oder zum Genuß verzehrt zu werden.

(2) Den Lebensmitteln stehen gleich ihre Umhüllungen, Überzüge oder sonstigen Umschließungen, die dazu bestimmt sind, mitverzehrt zu werden, oder bei denen der Mitverzehr vorauszusehen ist.

§ 2 Zusatzstoffe

(1) Zusatzstoffe im Sinne dieses Gesetzes sind Stoffe, die dazu bestimmt sind, Lebensmitteln zur Beeinflussung ihrer Beschaffenheit oder zur Erzielung bestimmter Eigenschaften oder Wirkungen zugesetzt zu werden; ausgenommen sind Stoffe, die natürlicher Herkunft oder den natürlichen chemisch gleich sind oder nach allgemeiner Verkehrsauffassung überwiegend wegen ihres Nähr-, Geruchs- oder Geschmackswertes oder als Genußmittel verwendet werden, sowie Trink- und Tafelwasser.

(2) Den Zusatzstoffen stehen gleich:

1. a) Mineralstoffe und Spurenelemente sowie deren Verbindungen außer Kochsalz,
   b) Aminosäuren und deren Derivate,
   c) Vitamine A und D sowie deren Derivate,
   d) Zuckeraustauschstoffe, ausgenommen Fruktose,
   e) Süßstoffe;
2. Stoffe, mit Ausnahme der in Absatz 1 zweiter Halbsatz genannten, die dazu bestimmt sind,
   a) bei dem Herstellen von Umhüllungen, Überzügen oder sonstigen Umschließungen im Sinne des § 1 Abs.2 verwendet zu werden,
   b) der nicht zum Verzehr bestimmten Oberfläche von Lebensmitteln zugesetzt zu werden,
   c) bei dem Behandeln von Lebensmitteln in der Weise verwendet zu werden, daß sie auf oder in die Lebensmittel gelangen;
3. Treibgase oder ähnliche Stoffe, die zur Druckanwendung bei Lebensmitteln bestimmt sind und dabei mit diesen in Berührung kommen.

(3) Das Bundesministerium für Verbraucherschutz, Ernährung und Landwirtschaft (Bundesministerium) wird ermächtigt[2], im Einvernehmen mit dem Bundesministerium für Wirtschaft und Technologie durch Rechtsverordnung mit Zustimmung des Bundesrates Stoffe oder Gruppen von Stoffen den Zusatzstoffen gleichzustellen,

1. sofern Tatsachen die Annahme rechtfertigen, daß ihre Verwendung in Lebensmitteln gesundheitlich nicht unbedenklich ist;
2. soweit es zur Durchführung von Verordnungen oder Richtlinien des Rates oder der Kommission der Europäischen Gemeinschaften erforderlich ist.

§ 3 Tabakerzeugnisse

(1) Tabakerzeugnisse im Sinne dieses Gesetzes sind aus Rohtabak oder unter Verwendung von Rohtabak hergestellte Erzeugnisse, die zum Rauchen, Kauen oder anderweitigen oralen Gebrauch oder zum Schnupfen bestimmt sind.

(2) Den Tabakerzeugnissen stehen gleich:

1. Rohtabak sowie Tabakerzeugnissen ähnliche Waren, die zum Rauchen, Kauen oder anderweitigen oralen Gebrauch oder zum Schnupfen bestimmt sind;
2. Zigarettenpapier, Kunstumblätter und sonstige mit dem Tabakerzeugnis fest verbundene Bestandteile mit Ausnahme von Zigarrenmundstücken sowie Rauchfilter aller Art;
3. Erzeugnisse im Sinne der Nummer 2, soweit sie dazu bestimmt sind, bei dem nicht gewerbsmäßigen Herstellen von Tabakerzeugnissen verwendet zu werden.

(3) Als Tabakerzeugnisse gelten nicht Erzeugnisse im Sinne des Absatzes 1 und des Absatzes 2 Nr. 1 zur Linderung von Asthmabeschwerden.

§ 4 Kosmetische Mittel

(1) Kosmetische Mittel im Sinne dieses Gesetzes sind Stoffe oder Zubereitungen aus Stoffen, die dazu bestimmt sind, äußerlich am Menschen oder in seiner Mundhöhle zur Reinigung, Pflege oder zur Beeinflussung des Aussehens oder des Körpergeruchs oder zur Vermittlung von Geruchseindrücken angewendet zu werden, es sei denn, daß sie überwiegend dazu bestimmt sind, Krankheiten, Leiden, Körperschäden oder krankhafte Beschwerden zu lindern oder zu beseitigen.

[2] Vom Abdruck der Verordnung über die Zulassung von Zusatzstoffen zu Lebensmitteln zu technologischen Zwecken (Zusatzstoff-Zulassungsverordnung – ZZulV) vom 29. Januar 1998, BGBl. I S. 230, geändert durch Verordnung vom 20.12.2002, BGBl. I S. 4695 wurde abgesehen.

(2) Den kosmetischen Mitteln stehen Stoffe oder Zubereitungen aus Stoffen zur Reinigung oder Pflege von Zahnersatz gleich.

(3) Als kosmetische Mittel gelten nicht Stoffe oder Zubereitungen aus Stoffen, die zur Beeinflussung der Körperformen bestimmt sind.

§ 5 Bedarfsgegenstände

(1) Bedarfsgegenstände im Sinne dieses Gesetzes sind:

1. Gegenstände, die dazu bestimmt sind, bei dem Herstellen, Behandeln, Inverkehrbringen oder dem Verzehr von Lebensmitteln verwendet zu werden und dabei mit den Lebensmitteln in Berührung zu kommen oder auf diese einzuwirken;
2. Packungen, Behältnisse oder sonstige Umhüllungen, die dazu bestimmt sind, mit kosmetischen Mitteln oder mit Tabakerzeugnissen in Berührung zu kommen;
3. Gegenstände, die dazu bestimmt sind, mit den Schleimhäuten des Mundes in Berührung zu kommen;
4. Gegenstände, die zur Körperpflege bestimmt sind;
5. Spielwaren und Scherzartikel;
6. Gegenstände, die dazu bestimmt sind, nicht nur vorübergehend mit dem menschlichen Körper in Berührung zu kommen, wie Bekleidungsgegenstände, Bettwäsche, Masken, Perücken, Haarteile, künstliche Wimpern, Armbänder, Brillengestelle;
7. a) Reinigungs- und Pflegemittel,
   b) Imprägnierungsmittel und sonstige Ausrüstungsmittel für Bedarfsgegenstände im Sinne der Nummer 6, die für den häuslichen Bedarf bestimmt sind;
8. Reinigungs- und Pflegemittel für Bedarfsgegenstände im Sinne der Nummer 1;
9. Mittel und Gegenstände zur Geruchsverbesserung in Räumen, die zum Aufenthalt von Menschen bestimmt sind.

(2) Bedarfsgegenstände im Sinne dieses Gesetzes sind nicht Gegenstände, die nach § 2 Abs. 2 des Arzneimittelgesetzes als Arzneimittel gelten oder die nach § 3 des Medizinproduktegesetzes Medizinprodukte oder Zubehör für Medizinprodukte oder nach § 3b des Chemikaliengesetzes Biozid-Produkte sind.

(3) Das Bundesministerium wird ermächtigt, im Einvernehmen mit den Bundesministerien für Wirtschaft und Technologie und für Arbeit und Sozialordnung durch Rechtsverordnung mit Zustimmung des Bundesrates, soweit es erforderlich ist, um eine Gefährdung der Gesundheit zu verhüten, andere Gegenstände und Mittel des persönlichen oder häuslichen Bedarfs, von denen bei bestimmungsgemäßem oder vorauszusehendem Gebrauch auf Grund ihrer stofflichen Zusammensetzung, insbesondere durch toxikologisch wirksame Stoffe oder durch Verunreinigungen, gesundheitsgefährdende Einwirkungen auf den menschlichen Körper ausgehen können, den Bedarfsgegenständen gleichzustellen.

§ 6 Verbraucher

(1) Verbraucher im Sinne dieses Gesetzes ist derjenige, an den Lebensmittel, Tabakerzeugnisse, kosmetische Mittel oder Bedarfsgegenstände zur persönlichen Verwendung oder zur Verwendung im eigenen Haushalt abgegeben werden.

(2) Dem Verbraucher stehen gleich Gaststätten, Einrichtungen zur Gemeinschaftsverpflegung sowie Gewerbetreibende, soweit sie in Absatz 1 genannte Erzeugnisse zum Verbrauch innerhalb ihrer Betriebsstätte beziehen.

§ 7 Sonstige Begriffsbestimmungen

(1) Im Sinne dieses Gesetzes ist:

Herstellen:
das Gewinnen, Herstellen, Zubereiten, Be- und Verarbeiten;

Inverkehrbringen:
das Anbieten, Vorrätighalten zum Verkauf oder zu sonstiger Abgabe, Feilhalten und jedes Abgeben an andere;
Behandeln:
das Wiegen, Messen, Um- und Abfüllen, Stempeln, Bedrucken, Verpacken, Kühlen, Lagern, Aufbewahren, Befördern sowie jede sonstige Tätigkeit, die nicht als Herstellen, Inverkehrbringen oder Verzehren anzusehen ist;
Verzehren:
das Essen, Kauen, Trinken sowie jede sonstige Zufuhr von Stoffen in den Magen.

(2) Dem gewerbsmäßigen Herstellen, Behandeln und Inverkehrbringen im Sinne dieses Gesetzes stehen das Herstellen, das Behandeln und die Abgabe in Genossenschaften oder sonstigen Personenvereinigungen für deren Mitglieder sowie in Einrichtungen zur Gemeinschaftsverpflegung gleich.

Zweiter Abschnitt: Verkehr mit Lebensmitteln

§ 8 Verbote zum Schutz der Gesundheit

Es ist verboten,

1. Lebensmittel für andere derart herzustellen oder zu behandeln, daß ihr Verzehr geeignet ist, die Gesundheit zu schädigen;
2. Stoffe, deren Verzehr geeignet ist, die Gesundheit zu schädigen, als Lebensmittel in den Verkehr zu bringen;
3. Erzeugnisse, die keine Lebensmittel sind, bei denen jedoch auf Grund ihrer Form, ihres Geruchs, ihrer Farbe, ihres Aussehens, ihrer Aufmachung, ihrer Etikettierung, ihres Volumens oder ihrer Größe vorhersehbar ist, daß sie von den Verbrauchern, insbesondere von Kindern, mit Lebensmitteln verwechselt und deshalb zum Munde geführt, gelutscht oder geschluckt werden können (mit Lebensmitteln verwechselbare Erzeugnisse), derart für andere herzustellen oder zu behandeln oder in den Verkehr zu bringen, daß infolge ihrer Verwechselbarkeit mit Lebensmitteln eine Gefährdung der Gesundheit hervorgerufen wird; dies gilt nicht für Arzneimittel, die einem Zulassungs- oder Registrierungsverfahren unterliegen.

§ 9 Ermächtigungen zum Schutz der Gesundheit

(1) Das Bundesministerium wird ermächtigt, durch Rechtsverordnung mit Zustimmung des Bundesrates, soweit es erforderlich ist, um eine Gefährdung der Gesundheit durch Lebensmittel zu verhüten,

1. bei dem Herstellen oder dem Behandeln von Lebensmitteln
   a) die Verwendung bestimmter Stoffe, Gegenstände oder Verfahren zu verbieten oder zu beschränken,
   b) die Anwendung bestimmter Verfahren vorzuschreiben;
2. (außer Kraft)
3. für bestimmte Lebensmittel Anforderungen an das Herstellen, das Behandeln oder das Inverkehrbringen zu stellen;
4. das Herstellen, das Behandeln oder das Inverkehrbringen bestimmter Lebensmittel
   a) zu verbieten,
   b) von einer Genehmigung oder einer Anzeige abhängig zu machen sowie die Voraussetzungen und das Verfahren für die Genehmigung und die Anzeige zu regeln,
   c) von dem Nachweis bestimmter Fachkenntnisse abhängig zu machen;
5. für bestimmte Stoffe Warnhinweise, sonstige warnende Aufmachungen sowie Sicherheitsvorkehrungen vorzuschreiben;
6. das Herstellen oder das Behandeln von bestimmten gesundheitsgefährdenden Stoffen in Lebensmittelbetrieben sowie das Verbringen in diese zu verbieten oder zu beschränken.

(2) Lebensmittel, die entgegen einer nach Absatz 1 Nr. 1 erlassenen Rechtsverordnung hergestellt oder behandelt sind, dürfen gewerbsmäßig nicht in den Verkehr gebracht werden.

(3) Rechtsverordnungen nach Absatz 1 bedürfen des Einvernehmens mit dem Bundesministerium für Wirtschaft und Technologie, Rechtsverordnungen nach Absatz 1 Nr. 2 außerdem des Einvernehmens mit dem Bundesministerium für Bildung und Forschung, soweit dessen Geschäftsbereich berührt wird.

(4) Das Bundesministerium für Umwelt, Naturschutz und Reaktorsicherheit wird ermächtigt, durch Rechtsverordnung mit Zustimmung des Bundesrates, soweit es erforderlich ist, um eine Gefährdung der Gesundheit durch Lebensmittel zu verhüten, das Inverkehrbringen von Lebensmitteln, die einer Einwirkung durch Verunreinigungen der Luft, des Wassers oder des Bodens ausgesetzt waren, zu verbieten oder zu beschränken. Rechtsverordnungen nach Satz 1 bedürfen des Einvernehmens mit dem Bundesministerium (§ 2 Abs. 3), mit dem Bundesministerium für Wirtschaft und Technologie sowie mit dem Bundesministerium für Bildung und Forschung, soweit dessen Geschäftsbereich berührt wird.

§ 10 Ermächtigung für Hygienevorschriften

(1) Das Bundesministerium wird ermächtigt, im Einvernehmen mit dem Bundesministerium für Wirtschaft und Technologie durch Rechtsverordnung mit Zustimmung des Bundesrates, soweit es erforderlich ist, um der Gefahr einer ekelerregenden oder sonst nachteiligen Beeinflussung von Lebensmitteln, wie durch Mikroorganismen, Verunreinigungen, Gerüche, Temperaturen, Witterungseinflüsse oder Behandlungs- oder Zubereitungsverfahren, vorzubeugen, und sofern die Voraussetzungen für eine Regelung durch Rechtsverordnungen nach § 9 dieses Gesetzes oder nach § 38 des Infektionsschutzgesetzes vom 20. Juli 2000 (BGBl. I S. 1045) nicht erfüllt sind, Vorschriften zu erlassen, die eine einwandfreie Beschaffenheit der Lebensmittel von ihrer Herstellung bis zur Abgabe an den Verbraucher sicherstellen. Das Bundesministerium kann die Ermächtigung in den Rechtsverordnungen nach Satz 1 auf die Landesregierungen übertragen, soweit dies erforderlich ist, um besonderen regionalen Gegebenheiten Rechnung tragen zu können. Die Landesregierungen können die Ermächtigung durch Rechtsverordnung auf andere Behörden weiter übertragen.

(2) Die Landesregierungen werden ermächtigt, Rechtsverordnungen nach Absatz 1 solange zu erlassen, wie das Bundesministerium von seinem Verordnungsrecht keinen Gebrauch macht. Die Landesregierungen sind befugt, die Ermächtigung durch Rechtsverordnung auf andere Behörden zu übertragen.

§ 11 Zusatzstoffverbote

(1) Es ist verboten,

1. bei dem gewerbsmäßigen Herstellen oder Behandeln von Lebensmitteln, die dazu bestimmt sind, in den Verkehr gebracht zu werden,
   a) nicht zugelassene Zusatzstoffe unvermischt oder in Vermischungen mit anderen Stoffen zu verwenden;
   b) Ionenaustauscher zu benutzen, soweit dadurch nicht zugelassene Zusatzstoffe in die Lebensmittel gelangen;
   c) Verfahren zu dem Zweck anzuwenden, nicht zugelassene Zusatzstoffe in den Lebensmitteln zu erzeugen;
2. Lebensmittel gewerbsmäßig in den Verkehr zu bringen, die entgegen dem Verbot der Nummer 1 hergestellt oder behandelt sind oder einer nach § 12 Abs. 1 oder Abs. 2 Nr. 1 oder 4 erlassenen Rechtsverordnung nicht entsprechen;
3. Zusatzstoffe oder Ionenaustauscher, die bei dem gewerbsmäßigen Herstellen oder Behandeln von Lebensmitteln nicht verwendet werden dürfen, für eine solche Verwendung oder zur Verwendung bei dem Herstellen oder Behandeln von Lebensmitteln durch den Verbraucher gewerbsmäßig in den Verkehr zu bringen.

(2) Absatz 1 Nr. 1 findet keine Anwendung auf

1. Zusatzstoffe, die aus dem Lebensmittel vollständig oder soweit entfernt werden, daß sie oder ihre Umwandlungsprodukte in dem zur Abgabe an den Verbraucher im Sinne des § 6 Abs. 1 bestimmten Erzeugnis nur als technisch unvermeidbare und technologisch unwirksam Reste in gesundheitlich, geruchlich und geschmacklich unbedenklichen Anteilen enthalten sind;

2. destilliertes oder demineralisiertes Wasser, Luft, Stickstoff und Kohlendioxid, soweit diese nicht als Treibgase im Sinne des § 2 Abs. 2 Nr. 3 verwendet werden, sowie Wasserstoff, soweit er zur Fetthärtung oder zur Herstellung von Zuckeralkoholen verwendet wird.

Satz 1 Nr. 1 gilt nicht für Zusatzstoffe, deren Entfernen im Sinne dieser Vorschrift durch Vermischen erfolgt, sowie für Zusatzstoffe, die durch chemische Umsetzungen bleichend wirken.

(3) Absatz 1 Nr. 1 Buchstabe a findet keine Anwendung auf Enzyme und Mikroorganismenkulturen. Absatz 1 Nr. 1 Buchstabe c findet keine Anwendung auf Stoffe, die bei einer allgemein üblichen küchenmäßigen Zubereitung von Lebensmitteln entstehen, sowie auf Aminosäuren.

§ 12 Ermächtigungen für Zusatzstoffe

(1) Das Bundesministerium wird ermächtigt, durch Rechtsverordnung mit Zustimmung des Bundesrates, soweit es unter Berücksichtigung technologischer, ernährungsphysiologischer und diätetischer Erfordernisse mit dem Schutz des Verbrauchers vereinbar ist,

1. Zusatzstoffe allgemein oder für bestimmte Lebensmittel oder für bestimmte Verwendungszwecke zuzulassen;
2. Ausnahmen von dem Verbot des § 11 Abs. 1 Nr. 3 zuzulassen.

(2) Das Bundesministerium wird ferner ermächtigt, durch Rechtsverordnung mit Zustimmung des Bundesrates, soweit es zum Schutz des Verbrauchers erforderlich ist,

1. Höchstmengen für den Gehalt an Zusatzstoffen oder deren Umwandlungsprodukten in Lebensmitteln sowie Reinheitsanforderungen für Zusatzstoffe oder für Ionenaustauscher festzusetzen;
2. Vorschriften über das Herstellen, das Behandeln oder das Inverkehrbringen von Zusatzstoffen im Sinne des § 2 Abs. 2 Nr. 2 und 3 und des § 11 Abs. 2 Nr. 1 oder von Ionenaustauschern zu erlassen;

2a. bestimmte Zusatzstoffe im Sinne des § 11 Abs. 2 von der Regelung des § 11 Abs. 2 auszunehmen;

3. bestimmte Enzyme oder Mikroorganismenkulturen von der Regelung des § 11 Abs. 3 Satz 1 auszunehmen;
4. die Verwendung bestimmter Ionenaustauscher bei dem Herstellen von Lebensmitteln zu verbieten oder zu beschränken.

(3) Rechtsverordnungen nach den Absätzen 1 und 2 bedürfen des Einvernehmens mit den Bundesministerien für Umwelt, Naturschutz und Reaktorsicherheit und für Wirtschaft und Technologie.

§ 13 Bestrahlungsverbot und Zulassungsermächtigung

(1) Es ist verboten,

1. bei Lebensmitteln gewerbsmäßig eine nicht zugelassene Bestrahlung mit ultravioletten oder ionisierenden Strahlen anzuwenden;
2. Lebensmittel gewerbsmäßig in den Verkehr zu bringen, die entgegen dem Verbot der Nummer 1 oder einer nach Absatz 2 erlassenen Rechtsverordnung bestrahlt sind.

(2) Das Bundesministerium wird ermächtigt, im Einvernehmen mit dem Bundesministerium für Bildung und Forschung durch Rechtsverordnung mit Zustimmung des Bundesrates,

1. soweit es mit dem Schutz des Verbrauchers vereinbar ist, eine solche Bestrahlung allgemein oder für bestimmte Lebensmittel oder für bestimmte Verwendungszwecke zuzulassen;
2. soweit es zum Schutz des Verbrauchers erforderlich ist, bestimmte technische Verfahren für zugelassene Bestrahlungen vorzuschreiben.

§ 14 Pflanzenschutz- oder sonstige Mittel

(1) Es ist verboten, Lebensmittel gewerbsmäßig in den Verkehr zu bringen,

1. wenn in oder auf ihnen Pflanzenschutzmittel im Sinne des Pflanzenschutzgesetzes, Düngemittel im Sinne des Düngemittelgesetzes, andere Pflanzen- oder Bodenbehandlungsmittel, Vorratsschutzmittel oder Schädlings-

bekämpfungsmittel (Pflanzenschutz- oder sonstige Mittel) oder deren Abbau- oder Reaktionsprodukte vorhanden sind, die nach Absatz 2 Nr. 1 Buchstabe a festgesetzte Höchstmengen überschreiten;
2. wenn in oder auf ihnen Pflanzenschutzmittel im Sinne des Pflanzenschutzgesetzes vorhanden sind, die nicht zugelassen sind oder die bei den Lebensmitteln oder deren Ausgangsstoffen nicht angewendet werden dürfen; dies gilt nicht, soweit für diese Mittel Höchstmengen nach Absatz 2 Nr. 1 Buchstabe a festgesetzt sind.

(2) Das Bundesministerium wird ermächtigt, im Einvernehmen mit dem Bundesministerium für Wirtschaft und Technologie durch Rechtsverordnung mit Zustimmung des Bundesrates,
1. soweit es zum Schutz des Verbrauchers erforderlich ist,
   a) für Pflanzenschutz- oder sonstige Mittel oder deren Abbau- und Reaktionsprodukte Höchstmengen festzusetzen, die in oder auf Lebensmitteln beim gewerbsmäßigen Inverkehrbringen nicht überschritten sein dürfen,
   b) das Inverkehrbringen von Lebensmitteln, bei denen oder bei deren Ausgangsstoffen bestimmte Stoffe als Pflanzenschutz- oder sonstige Mittel angewendet worden sind, zu verbieten,
   c) Maßnahmen zur Entwesung, Entseuchung oder Entkeimung von Räumen oder Geräten, in denen oder mit denen Lebensmittel hergestellt, behandelt oder in den Verkehr gebracht werden, von einer Genehmigung oder Anzeige abhängig zu machen sowie die Anwendung bestimmter Mittel, Geräte oder Verfahren bei solchen Maßnahmen vorzuschreiben, zu verbieten oder zu beschränken;
2. soweit es mit dem Schutz des Verbrauchers vereinbar ist, Ausnahmen von dem Verbot des Absatzes 1 Nr. 2 zuzulassen.

§ 15 Stoffe mit pharmakologischer Wirkung

(1) Es ist verboten, vom Tier gewonnene Lebensmittel gewerbsmäßig in den Verkehr zu bringen, wenn in oder auf ihnen Stoffe mit pharmakologischer Wirkung oder deren Umwandlungsprodukte vorhanden sind, die
1. nach Artikel 5 Abs. 2 der Verordnung (EWG) Nr. 2377/90 des Rates vom 26. Juni 1990 zur Schaffung eines Gemeinschaftsverfahrens für die Festsetzung von Höchstmengen für Tierarzneimittelrückstände in Nahrungsmitteln tierischen Ursprungs (ABl. EG Nr. L 224 S. 1) bei den dort genannten Tieren nicht angewendet werden dürfen,
2. nach Artikel 2 oder 4 der Verordnung (EWG) Nr. 2377/90 festgesetzte Höchstmengen überschreiten,
3. nach Absatz 3 Nr. 1 Buchstabe a festgesetzte Höchstmengen überschreiten,
4. nicht als Arzneimittel zur Anwendung bei dem Tier, von dem die Lebensmittel gewonnen werden, zugelassen oder registriert sind, nicht auf Grund sonstiger arzneimittelrechtlicher Vorschriften angewendet werden dürfen oder nicht als Zusatzstoffe zu Futtermitteln zugelassen sind.

(2) Sind Stoffe mit pharmakologischer Wirkung, die als Arzneimittel zugelassen oder registriert oder als Zusatzstoffe zu Futtermitteln zugelassen sind, dem lebenden Tier zugeführt worden, so dürfen
1. von dem Tier Lebensmittel gewerbsmäßig nur gewonnen werden,
2. von dem Tier gewonnene Lebensmittel gewerbsmäßig nur in den Verkehr gebracht werden,

wenn die festgesetzten Wartezeiten eingehalten worden sind.

(3) Das Bundesministerium wird ermächtigt, durch Rechtsverordnung mit Zustimmung des Bundesrates,
1. soweit es zum Schutz des Verbrauchers erforderlich ist,
   a) für Stoffe mit pharmakologischer Wirkung oder deren Umwandlungsprodukte Höchstmengen festzusetzen, die in oder auf Lebensmitteln beim gewerbsmäßigen Inverkehrbringen nicht überschritten sein dürfen,
   b) bestimmte Stoffe mit pharmakologischer Wirkung, ausgenommen Stoffe, die als Zusatzstoffe zu Futtermitteln in den Verkehr gebracht oder verwendet werden dürfen, von der Anwendung bei Tieren ganz oder für bestimmte Verwendungszwecke oder innerhalb bestimmter Wartezeiten auszuschließen und zu verbieten, daß entgegen solchen Vorschriften gewonnene Lebensmittel oder für eine verbotene Anwendung bestimmte Stoffe in den Verkehr gebracht werden,

c) bestimmte Stoffe oder Gruppen von Stoffen, ausgenommen Stoffe, die als Futtermittel oder Zusatzstoffe zu Futtermitteln in den Verkehr gebracht oder verwendet werden dürfen, den Stoffen mit pharmakologischer Wirkung gleichzustellen, sofern Tatsachen die Annahme rechtfertigen, daß diese Stoffe in von Tieren gewonnene Lebensmittel übergehen;

2. soweit es mit dem Schutz des Verbrauchers vereinbar ist, Ausnahmen von dem Verbot des Absatzes 2 zuzulassen.

§ 16 Kenntlichmachung

(1) Der Gehalt der Lebensmittel an den in Rechtsverordnungen nach § 12 Abs. 1 Nr.1 zugelassenen Zusatzstoffen und die Anwendung der in Rechtsverordnungen nach § 13 Abs. 2 Nr. 1 zugelassenen Bestrahlung sind kenntlich zu machen. Das Bundesministerium wird ermächtigt, in diesen Rechtsverordnungen die Art der Kenntlichmachung zu regeln sowie Ausnahmen von der Verpflichtung zur Kenntlichmachung zuzulassen, soweit es mit dem Schutz des Verbrauchers vereinbar ist.

(2) Das Bundesministerium wird ermächtigt, im Einvernehmen mit dem Bundesministerium für Wirtschaft und Technologie durch Rechtsverordnung mit Zustimmung des Bundesrates, soweit es zum Schutz des Verbrauchers erforderlich ist,

1. Vorschriften über die Kenntlichmachung der in oder auf Lebensmitteln vorhandenen Reste von nicht zulassungsbedürftigen Zusatzstoffen im Sinne des § 11 Abs. 2 Nr. 1 sowie von Stoffen im Sinne der §§ 14 und 15 zu erlassen;
2. vorzuschreiben, daß diesen Lebensmitteln bestimmte Angaben, insbesondere über die Anwendung der Stoffe oder über die weitere Verarbeitung der Lebensmittel, beizufügen sind.

§ 17 Verbote zum Schutz vor Täuschung

(1) Es ist verboten,

1. zum Verzehr nicht geeignete Lebensmittel oder Lebensmittel, die entgegen den Vorschriften des § 31 hergestellt oder behandelt worden sind, als Lebensmittel gewerbsmäßig in den Verkehr zu bringen;
2. a) nachgemachte Lebensmittel,
   b) Lebensmittel, die hinsichtlich ihrer Beschaffenheit von der Verkehrsauffassung abweichen und dadurch in ihrem Wert, insbesondere in ihrem Nähr- oder Genußwert oder in ihrer Brauchbarkeit nicht unerheblich gemindert sind oder
   c) Lebensmittel, die geeignet sind, den Anschein einer besseren als der tatsächlichen Beschaffenheit zu erwecken,

   ohne ausreichende Kenntlichmachung gewerbsmäßig in den Verkehr zu bringen;
3. zugelassene Zusatzstoffe oder zugelassene Bestrahlungen auch bei Kenntlichmachung so anzuwenden, daß sie geeignet sind, den Verbraucher über den geminderten Wert oder die geminderte Brauchbarkeit eines Lebensmittels zu täuschen;
4. im Verkehr mit Lebensmitteln, die zugelassene Zusatzstoffe oder Rückstände von Stoffen im Sinne der §§ 14 und 15 enthalten oder die einem zulässigen Bestrahlungsverfahren unterzogen worden sind, oder in der Werbung allgemein oder im Einzelfall für solche Lebensmittel Bezeichnungen oder sonstige Angaben zu verwenden, die darauf hindeuten, daß die Lebensmittel natürlich, naturrein oder frei von Rückständen oder Schadstoffen seien;
5. Lebensmittel unter irreführender Bezeichnung, Angabe oder Aufmachung gewerbsmäßig in den Verkehr zu bringen oder für Lebensmittel allgemein oder im Einzelfall mit irreführenden Darstellungen oder sonstigen Aussagen zu werben. Eine Irreführung liegt insbesondere dann vor,
   a) wenn Lebensmitteln Wirkungen beigelegt werden, die ihnen nach den Erkenntnissen der Wissenschaft nicht zukommen oder die wissenschaftlich nicht hinreichend gesichert sind,
   b) wenn zur Täuschung geeignete Bezeichnungen, Angaben, Aufmachungen, Darstellungen oder sonstige Aussagen über die Herkunft der Lebensmittel, ihre Menge, ihr Gewicht, über den Zeitpunkt der Herstellung oder Abpackung, über ihre Haltbarkeit oder über sonstige Umstände, die für ihre Bewertung mitbestimmend sind, verwendet werden,
   c) wenn Lebensmitteln der Anschein eines Arzneimittels gegeben wird.

(2) Das Bundesministerium wird ermächtigt, durch Rechtsverordnung mit Zustimmung des Bundesrates Ausnahmen von dem Verbot des Absatzes 1 Nr. 4 zuzulassen, soweit es mit dem Schutz des Verbrauchers vereinbar ist.

§ 18 Verbot der gesundheitsbezogenen Werbung

(1) Unbeschadet der Vorschrift des § 17 Abs. 1 Nr. 5 ist es verboten, im Verkehr mit Lebensmitteln oder in der Werbung für Lebensmittel allgemein oder im Einzelfall

1. Aussagen, die sich auf die Beseitigung, Linderung oder Verhütung von Krankheiten beziehen,
2. Hinweise auf ärztliche Empfehlungen oder ärztliche Gutachten,
3. Krankengeschichten oder Hinweise auf solche,
4. Äußerungen Dritter, insbesondere Dank-, Anerkennungs- oder Empfehlungsschreiben, soweit sie sich auf die Beseitigung oder Linderung von Krankheiten beziehen, sowie Hinweise auf solche Äußerungen,
5. bildliche Darstellungen von Personen in der Berufskleidung oder bei der Ausübung der Tätigkeit von Angehörigen der Heilberufe, des Heilgewerbes oder des Arzneimittelhandels,
6. Aussagen, die geeignet sind, Angstgefühle hervorzurufen oder auszunutzen,
7. Schriften oder schriftliche Angaben, die dazu anleiten, Krankheiten mit Lebensmitteln zu behandeln,

zu verwenden.

(2) Die Verbote des Absatzes 1 gelten nicht für die Werbung gegenüber Angehörigen der Heilberufe, des Heilgewerbes oder der Heilhilfsberufe. Die Verbote des Absatzes 1 Nr. 1 und 7 gelten nicht für diätetische Lebensmittel, soweit nicht das Bundesministerium durch Rechtsverordnung mit Zustimmung des Bundesrates etwas anderes bestimmt.

§ 19 Ermächtigungen zum Schutz vor Täuschung

(1) Das Bundesministerium wird ermächtigt, im Einvernehmen mit dem Bundesministerium für Wirtschaft und Technologie durch Rechtsverordnung mit Zustimmung des Bundesrates, soweit es zum Schutz des Verbrauchers vor Täuschung oder in den Fällen der Nummern 1 und 2 auch zu seiner Unterrichtung erforderlich ist,

1. vorzuschreiben, daß auf Packungen, Behältnissen oder sonstigen Umhüllungen, in denen Lebensmittel in den Verkehr gebracht werden, oder auf den Lebensmitteln selbst bestimmte Angaben über den Inhalt, den Hersteller oder denjenigen, der die Lebensmittel sonst in den Verkehr bringt, anzubringen sind;
2. für bestimmte Lebensmittel vorzuschreiben,
   a) daß sie nur in Packungen, Behältnissen oder sonstigen Umhüllungen von bestimmter Art in den Verkehr gebracht werden dürfen,
   b) daß auf den Packungen, Behältnissen oder sonstigen Umhüllungen, in denen sie in den Verkehr gebracht werden, oder auf den Lebensmitteln selbst Zeitangaben, insbesondere über den Zeitpunkt der Herstellung oder der Abpackung oder über die Haltbarkeit, oder Angaben über die Herkunft oder über die Zubereitung anzubringen sind,
   c) daß an den Vorratsgefäßen oder ähnlichen Behältnissen, in denen sie feilgehalten oder sonst zum Verkauf vorrätig gehalten werden, der Inhalt anzugeben ist,
   d) daß für sie bestimmte Lagerungsbedingungen anzugeben sind;
3. für bestimmte Lebensmittel Vorschriften über das Herstellen, die Zusammensetzung oder die Beschaffenheit zu erlassen;
4. vorzuschreiben,
   a) daß Lebensmittel unter bestimmten Bezeichnungen nur in den Verkehr gebracht werden dürfen, wenn sie bestimmten Anforderungen an die Herstellung, Zusammensetzung oder Beschaffenheit entsprechen,
   b) daß Lebensmittel, die bestimmten Anforderungen an die Herstellung, Zusammensetzung oder Beschaffenheit nicht entsprechen oder sonstige Lebensmittel von bestimmter Art oder Beschaffenheit nicht, nur unter ausreichender Kenntlichmachung oder nur unter bestimmten Bezeichnungen, sonstigen Angaben oder Aufmachungen in den Verkehr gebracht werden dürfen,

c) daß Lebensmittel unter bestimmten zur Irreführung geeigneten Bezeichnungen, Angaben oder Aufmachungen nicht in den Verkehr gebracht werden dürfen und daß für sie mit bestimmten zur Irreführung geeigneten Darstellungen oder sonstigen Aussagen nicht geworben werden darf,

d) daß Lebensmittel nur in bestimmten Einheiten in den Verkehr gebracht werden dürfen,

e) daß Lebensmittel, bei denen bestimmte Verfahren angewendet worden sind, nur unter bestimmten Voraussetzungen in den Verkehr gebracht werden dürfen,

f) daß Lebensmitteln zur vereinfachten Feststellung ihrer Beschaffenheit bestimmte Indikatoren zugesetzt werden müssen;

5. zu verbieten, daß Gegenstände oder Stoffe, die bei dem Herstellen oder dem Behandeln von Lebensmitteln nicht verwendet werden dürfen, für diese Zwecke hergestellt oder in den Verkehr gebracht werden, auch wenn die Verwendung nur für den eigenen Bedarf des Abnehmers erfolgen soll.

(2) Absatz 1 gilt entsprechend für Zusatzstoffe, auch soweit sie keine Lebensmittel sind. Insoweit bedürfen Rechtsverordnungen nach Absatz 1 auch des Einvernehmens mit dem Bundesministerium für Umwelt, Naturschutz und Reaktorsicherheit.

§ 19a Weitere Ermächtigungen zum Schutz bei dem Verkehr mit Lebensmitteln

Das Bundesministerium wird ermächtigt, im Einvernehmen mit dem Bundesministerium für Wirtschaft und Technologie durch Rechtsverordnung mit Zustimmung des Bundesrates, soweit es zum Schutz des Verbrauchers erforderlich ist,

1. das Inverkehrbringen von Lebensmitteln tierischer Herkunft davon abhängig zu machen, daß sie von einer Genußtauglichkeitsbescheinigung oder von einer vergleichbaren Urkunde begleitet werden sowie Inhalt, Form und Ausstellung dieser Urkunden zu regeln,
2. vorzuschreiben, daß Betriebe, die bestimmte Lebensmittel herstellen, behandeln oder in den Verkehr bringen
   a) zugelassen oder registriert sein müssen sowie die Voraussetzungen und das Verfahren für die Zulassung und die Registrierung einschließlich des Ruhens der Zulassung zu regeln,
   b) bestimmte betriebseigene Kontrollen und Maßnahmen sowie Unterrichtungen oder Schulungen von Personen in der Lebensmittelhygiene durchzuführen und darüber Nachweise zu führen haben,
3. vorzuschreiben, daß über das Herstellen, das Behandeln oder das Inverkehrbringen bestimmter Lebensmittel, über die Reinigung oder die Desinfektion von Räumen, Anlagen, Einrichtungen oder Beförderungsmitteln, in denen Lebensmittel hergestellt, behandelt oder in den Verkehr gebracht werden, Nachweise zu führen sind,
4. das Nähere über Art, Form und Inhalt der Nachweise nach Nummer 2 Buchstabe b und Nummer 3 sowie über die Dauer ihrer Aufbewahrung zu regeln,
5. vorzuschreiben, daß bestimmte Lebensmittel mit Nachweisen über die Art des Herstellens, der Zusammensetzung oder der Beschaffenheit zu versehen sind und daß das Inverkehrbringen, Verbringen ins Inland oder Ausführen nur zulässig ist, wenn die Lebensmittel von diesen Nachweisen begleitet werden, sowie das Nähere über Art, Form und Inhalt der Nachweise, über das Verfahren ihrer Erteilung oder die Dauer ihrer Geltung und Aufbewahrung zu regeln.

Dritter Abschnitt: Verkehr mit Tabakerzeugnissen

§ 20 Verwendungsverbot und Zulassungsermächtigung

(1) Es ist verboten,

1. bei dem gewerbsmäßigen Herstellen von Tabakerzeugnissen, die dazu bestimmt sind, in den Verkehr gebracht zu werden, Stoffe zu verwenden, die nicht zugelassen sind;
2. Tabakerzeugnisse gewerbsmäßig in den Verkehr zu bringen, die entgegen dem Verbot der Nummer 1 hergestellt sind oder einer nach Absatz 3 Nr. 1 oder Nr. 2 Buchstabe a erlassenen Rechtsverordnung nicht entsprechen;

3. Stoffe, die bei dem gewerbsmäßigen Herstellen von Tabakerzeugnissen nicht verwendet werden dürfen, für eine solche Verwendung oder zur Verwendung bei dem Herstellen von Tabakerzeugnissen durch den Verbraucher gewerbsmäßig in den Verkehr zu bringen.

(2) Absatz 1 findet keine Anwendung auf Rohtabak, auf Stoffe, die dem Rohtabak von Natur aus eigen sind, auf Geruchs- und Geschmackstoffe, die natürlicher Herkunft oder den natürlichen chemisch gleich sind, sowie auf Stoffe der in § 11 Abs.2 genannten Art.

(3) Das Bundesministerium wird ermächtigt, im Einvernehmen mit dem Bundesministerium für Wirtschaft und Technologie durch Rechtsverordnung mit Zustimmung des Bundesrates,

1. soweit es mit dem Schutz des Verbrauchers vereinbar ist, Stoffe allgemein oder für bestimmte Tabakerzeugnisse oder für bestimmte Zwecke zuzulassen;
2. soweit es zum Schutz des Verbrauchers erforderlich ist,
   a) Höchstmengen für den Gehalt an zugelassenen oder nach Absatz 2 nicht zulassungsbedürftigen Stoffen in Tabakerzeugnissen sowie Reinheitsanforderungen für diese Stoffe festzusetzen,
   b) Vorschriften über die Kenntlichmachung des Gehalts an zugelassenen Stoffen zu erlassen.

§ 21 Ermächtigungen

(1) Das Bundesministerium wird ermächtigt, im Einvernehmen mit dem Bundesministerium für Wirtschaft und Technologie durch Rechtsverordnung mit Zustimmung des Bundesrates,

1. soweit es zum Schutz des Verbrauchers oder im Falle des Buchstabens f auch Dritter vor Gesundheitsschäden erforderlich ist,
   a) die Verwendung von Stoffen, die nach § 20 Abs. 2 keiner Zulassung bedürfen, sowie die Anwendung bestimmter Verfahren bei dem Herstellen oder Behandeln von Tabakerzeugnissen zu verbieten oder zu beschränken,
   b) Vorschriften über die Beschaffenheit und den Wirkungsgrad von Gegenständen oder Mitteln zur Verringerung des Gehaltes an bestimmten Stoffen in bestimmten Tabakerzeugnissen oder in deren Rauch zu erlassen, sowie die Verwendung solcher Gegenstände oder Mittel vorzuschreiben,
   c) Höchstmengen für den Gehalt an bestimmten Rauchinhaltsstoffen festzusetzen,
   d) vorzuschreiben, daß im Verkehr mit bestimmten Tabakerzeugnissen oder in der Werbung für bestimmte Tabakerzeugnisse Angaben über den Gehalt an bestimmten Rauchinhaltsstoffen zu verwenden sind,
   e) vorzuschreiben, unter welchen Voraussetzungen Angaben verwendet werden dürfen, die sich auf den Gehalt an bestimmten Stoffen in bestimmten Tabakerzeugnissen oder in deren Rauch, insbesondere Nikotin oder Teer, beziehen,
   f) vorzuschreiben, daß im Verkehr mit bestimmten Tabakerzeugnissen oder in der Werbung für bestimmte Tabakerzeugnisse Warnhinweise oder sonstige warnende Aufmachungen, Sicherheitsvorkehrungen oder Ratschläge für die Gesundheit zu verwenden sind,
   g) das Inverkehrbringen von Tabakerzeugnissen, die zum anderweitigen oralen Gebrauch als Rauchen oder Kauen bestimmt sind, zu verbieten;
   h) vorzuschreiben, dass der Hersteller oder der Einführer bestimmte Angaben, insbesondere über das Herstellen oder die Zusammensetzung von Tabakerzeugnissen, über die hierbei verwendeten Stoffe, über deren Funktion, über die Wirkungen dieser Stoffe in verbrannter oder unverbrannter Form sowie über die Bewertungen, aus denen sich die gesundheitliche Beurteilung ergibt, der zuständigen Behörde mitzuteilen hat,
   i) bestimmte Anforderungen und Untersuchungsverfahren, nach denen der Gehalt an bestimmten Stoffen in Tabakerzeugnissen oder in deren Rauch zu bestimmen ist, festzulegen,
   j) vorzuschreiben, dass die Prüfungen auf bestimmte Gehalte an Stoffen in Tabakerzeugnissen oder deren Rauch nur von dafür zugelassenen Prüflabors durchgeführt werden sowie die Anforderungen an diese Prüflabors, insbesondere hinsichtlich Eignungsprüfungen und laufender Schulung, festzulegen;

2. soweit es zum Schutz des Verbrauchers vor Täuschung erforderlich ist, für bestimmte Tabakerzeugnisse Vorschriften zu erlassen, die den in § 19 Abs. 1 Nr. 2 Buchstabe b oder Nr. 4 Buchstabe b und c für Lebensmittel vorgesehenen Regelungen entsprechen.

(2) Tabakerzeugnisse, die einer nach Absatz 1 Nr. 1 Buchstabe a bis c erlassenen Rechtsverordnung nicht entsprechen, dürfen gewerbsmäßig nicht in den Verkehr gebracht werden.

§ 22 Werbeverbote

(1) Es ist verboten, für Tabakerzeugnisse im Hörfunk oder im Fernsehen zu werben.

(2) Es ist verboten, im Verkehr mit Tabakerzeugnissen oder in der Werbung für Tabakerzeugnisse allgemein oder im Einzelfall

1. Bezeichnungen, Angaben, Aufmachungen, Darstellungen oder sonstige Aussagen zu verwenden,
   a) durch die der Eindruck erweckt wird, daß der Genuß oder die bestimmungsgemäße Verwendung von Tabakerzeugnissen gesundheitlich unbedenklich oder geeignet ist, die Funktion des Körpers, die Leistungsfähigkeit oder das Wohlbefinden günstig zu beeinflussen,
   b) die ihrer Art nach besonders dazu geeignet sind, Jugendliche oder Heranwachsende zum Rauchen zu veranlassen,
   c) die das Inhalieren des Tabakrauchs als nachahmenswert erscheinen lassen;
2. Bezeichnungen oder sonstige Angaben zu verwenden, die darauf hindeuten, daß die Tabakerzeugnisse natürlich oder naturrein seien.

Das Bundesministerium wird ermächtigt, durch Rechtsverordnung mit Zustimmung des Bundesrates Ausnahmen von dem Verbot der Nummer 2 zuzulassen, soweit es mit dem Schutz des Verbrauchers vereinbar ist.

(3) Das Bundesministerium wird ermächtigt, im Einvernehmen mit dem Bundesministerium für Wirtschaft und Technologie durch Rechtsverordnung mit Zustimmung des Bundesrates, soweit es zum Schutz des Verbrauchers erforderlich ist, Vorschriften zur Durchführung der Verbote des Absatzes 2 zu erlassen, insbesondere

1. die Art, den Umfang oder die Gestaltung der Werbung durch bestimmte Werbemittel oder an bestimmten Orten zu regeln,
2. die Verwendung von Darstellungen oder Äußerungen von Angehörigen bestimmter Personengruppen zu verbieten oder zu beschränken.

§ 23 Anwendung von Vorschriften

Die §§ 13, 14 und 17 Abs. 1 Nr.1, 2 und 5 gelten für Tabakerzeugnisse entsprechend.

Vierter Abschnitt: Verkehr mit kosmetischen Mitteln

§ 24 Verbote zum Schutz der Gesundheit

Es ist verboten,

1. kosmetische Mittel für andere derart herzustellen oder zu behandeln, daß sie bei bestimmungsgemäßem oder vorauszusehendem Gebrauch geeignet sind, die Gesundheit zu schädigen;
2. Stoffe, die bei bestimmungsgemäßem oder vorauszusehendem Gebrauch geeignet sind, die Gesundheit zu schädigen, als kosmetische Mittel in den Verkehr zu bringen.

Der bestimmungsgemäße oder vorauszusehende Gebrauch beurteilt sich insbesondere unter Heranziehung der Aufmachung der Erzeugnisse, ihrer Kennzeichnung, gegebenenfalls der Hinweise für ihre Verwendung und der Anweisungen für ihre Entfernung sowie aller sonstigen, die Erzeugnisse begleitenden Angaben oder Informationen seitens des Herstellers oder des für das Inverkehrbringen der Erzeugnisse Verantwortlichen.

§ 25 Verwendungsverbot und Zulassungsermächtigung

(1) Es ist verboten,

1. bei dem gewerbsmäßigen Herstellen oder Behandeln von kosmetischen Mitteln, die dazu bestimmt sind, in den Verkehr gebracht zu werden, ohne Zulassung Stoffe zu verwenden, soweit sie der Verschreibungspflicht nach den §§ 48 und 49 des Arzneimittelgesetzes unterliegen;
2. kosmetische Mittel gewerbsmäßig in den Verkehr zu bringen, die entgegen dem Verbot der Nummer 1 hergestellt oder behandelt sind oder einer nach Absatz 2 erlassenen Rechtsverordnung nicht entsprechen.

(2) Das Bundesministerium wird ermächtigt, im Einvernehmen mit dem Bundesministerium für Wirtschaft und Technologie durch Rechtsverordnung mit Zustimmung des Bundesrates,

1. soweit es mit dem Schutz des Verbrauchers vor gesundheitlich nicht unbedenklichen kosmetischen Mitteln vereinbar ist, Stoffe im Sinne des Absatzes 1 zur Verwendung bei dem Herstellen oder Behandeln von kosmetischen Mitteln allgemein oder für bestimmte kosmetische Mittel oder für bestimmte Verwendungszwecke zuzulassen;
2. soweit es zum Schutz des Verbrauchers vor gesundheitlich nicht unbedenklichen kosmetischen Mitteln erforderlich ist, Höchstmengen für den Gehalt an zugelassenen Stoffen in kosmetischen Mitteln festzusetzen.

(3) Rechtsverordnungen nach Absatz 2 bedürfen nicht der Zustimmung des Bundesrates, soweit es sich um Stoffe handelt, die nach § 49 des Arzneimittelgesetzes der Verschreibungspflicht unterstellt werden.

§ 26 Ermächtigungen zum Schutz der Gesundheit

(1) Das Bundesministerium wird ermächtigt, im Einvernehmen mit den Bundesministerien für Wirtschaft und Technologie und für Arbeit und Sozialordnung durch Rechtsverordnung mit Zustimmung des Bundesrates, soweit es erforderlich ist, um eine Gefährdung der Gesundheit durch kosmetische Mittel zu verhüten,

1. das Herstellen, das Behandeln und das Inverkehrbringen von bestimmten kosmetischen Mitteln von einer Genehmigung oder Anzeige abhängig zu machen;
2. Anforderungen an die mikrobiologische Beschaffenheit bestimmter kosmetischer Mittel zu stellen;
3. für kosmetische Mittel Vorschriften zu erlassen, die den in § 32 Abs. 1 Nr. 1 bis 5, 8 und 9 Buchstaben a und b für Bedarfsgegenstände vorgesehenen Regelungen entsprechen;
4. das Herstellen und die Einfuhr von kosmetischen Mitteln sowie die Durchführung von Bewertungen, aus denen sich die gesundheitliche Beurteilung kosmetischer Mittel ergibt, vom Nachweis bestimmter Fachkenntnisse abhängig zu machen.

(2) Kosmetische Mittel, die einer nach Absatz 1 Nr. 2 oder nach Absatz 1 Nr. 3 in Verbindung mit § 32 Abs. 1 Nr. 1 bis 3 oder 5 erlassenen Rechtsverordnung nicht entsprechen, dürfen gewerbsmäßig nicht in den Verkehr gebracht werden.

(3) Das Bundesministerium für Gesundheit wird ermächtigt, im Einvernehmen mit den Bundesministerien für Wirtschaft und Technologie und für Arbeit und Sozialordnung durch Rechtsverordnung mit Zustimmung des Bundesrates, soweit es für eine medizinische Behandlung bei gesundheitlichen Beeinträchtigungen, die auf die Einwirkung von kosmetischen Mitteln zurückgehen können, erforderlich ist,

1. vorzuschreiben, daß von dem Hersteller oder demjenigen, der das kosmetische Mittel in den Verkehr bringt, dem Bundesamt für Verbraucherschutz und Lebensmittelsicherheit bestimmte Angaben über das kosmetische Mittel, insbesondere Angaben zu seiner Identifizierung, über seine Verwendungszwecke, über die in dem kosmetischen Mittel enthaltenen Stoffe und deren Menge sowie jede Veränderung dieser Angaben mitzuteilen sind, und die Einzelheiten über Form, Inhalt, Ausgestaltung und Zeitpunkt der Mitteilungen zu bestimmen;
2. zu bestimmen, daß das Bundesamt für Verbraucherschutz und Lebensmittelsicherheit die Angaben nach Nummer 1 an die von den Ländern zu bezeichnenden medizinischen Einrichtungen, die Erkenntnisse über die gesundheitlichen Auswirkungen kosmetischer Mittel sammeln und auswerten und bei stoffbezogenen gesundheitlichen Beeinträchtigungen durch Beratung und Behandlung Hilfe leisten (Informations- und Behandlungszentren für Vergiftungen), weiterleiten kann;

3. zu bestimmen, daß die Informations- und Behandlungszentren für Vergiftungen dem Bundesamt für Verbraucherschutz und Lebensmittelsicherheit über Erkenntnisse auf Grund ihrer Tätigkeit berichten, die für die Beratung bei und die Behandlung von stoffbezogenen gesundheitlichen Beeinträchtigungen von allgemeiner Bedeutung sind.

Die Angaben nach Satz 1 Nr. 1 und 2 sind vertraulich zu behandeln und dürfen nur zu dem Zweck verwendet werden, Anfragen zur Behandlung von gesundheitlichen Beeinträchtigungen zu beantworten. In Rechtsverordnungen nach Satz 1 Nr. 1und 2 können nähere Bestimmungen über die vertrauliche Behandlung und die Zweckbindung nach Satz 2 erlassen werden.

§ 26a Weitere Ermächtigungen zum Schutz bei dem Verkehr mit kosmetischen Mitteln

Das Bundesministerium wird ermächtigt, im Einvernehmen mit dem Bundesministerium für Wirtschaft und Technologie durch Rechtsverordnung mit Zustimmung des Bundesrates, soweit es zum Schutz des Verbrauchers erforderlich ist,

1. vorzuschreiben, daß von dem Hersteller oder dem Einführer bestimmte Angaben, insbesondere über das Herstellen, das Inverkehrbringen oder die Zusammensetzung kosmetischer Mittel, über die hierbei verwendeten Stoffe, über die Wirkungen von kosmetischen Mitteln sowie über die Bewertungen, aus denen sich die gesundheitliche Beurteilung kosmetischer Mittel ergibt, und über den für die Bewertung Verantwortlichen für die Überwachung des Verkehrs mit kosmetischen Mitteln zuständigen Behörden bereitgehalten werden müssen sowie den Ort und die Einzelheiten über die Art und Weise des Bereithaltens zu bestimmen;
2. vorzuschreiben, daß der Hersteller oder der Einführer den für die Überwachung des Verkehrs mit kosmetischen Mitteln zuständigen Behörden bestimmte Angaben nach Nummer 1 mitzuteilen hat;
3. bestimmte Anforderungen und Untersuchungsverfahren, nach denen die gesundheitliche Unbedenklichkeit kosmetischer Mittel zu bestimmen und zu beurteilen ist, festzulegen und das Herstellen, das Behandeln und das Inverkehrbringen von kosmetischen Mitteln hiervon abhängig zu machen.

§ 27 Verbote zum Schutz vor Täuschung

(1) Es ist verboten, kosmetische Mittel unter irreführender Bezeichnung, Angabe oder Aufmachung gewerbsmäßig in den Verkehr zu bringen oder für kosmetische Mittel allgemein oder im Einzelfall mit irreführenden Darstellungen oder sonstigen Aussagen zu werben. Eine Irreführung liegt insbesondere dann vor,

1. wenn kosmetischen Mitteln Wirkungen beigelegt werden, die ihnen nach den Erkenntnissen der Wissenschaft nicht zukommen oder die wissenschaftlich nicht hinreichend gesichert sind;
2. wenn durch die Bezeichnung, Angabe, Aufmachung, Darstellung oder sonstige Aussage fälschlich der Eindruck erweckt wird, daß ein Erfolg mit Sicherheit erwartet werden kann;
3. wenn zur Täuschung geeignete Bezeichnungen, Angaben, Aufmachungen, Darstellungen oder sonstige Aussagen
   a) über die Person, Vorbildung, Befähigung oder über die Erfolge des Herstellers, Erfinders oder der für sie tätigen Personen,
   b) über die Herkunft der kosmetischen Mittel, ihre Menge, ihr Gewicht, über den Zeitpunkt der Herstellung oder Abpackung, über ihre Haltbarkeit oder über sonstige Umstände, die für die Bewertung mitbestimmend sind,

verwendet werden.

(2) Die Vorschriften des Gesetzes über die Werbung auf dem Gebiete des Heilwesens bleiben unberührt.

§ 28

(außer Kraft)

§ 29 Ermächtigungen zum Schutz vor Täuschung und zur Umsetzung von Gemeinschaftsrecht

(1) Das Bundesministerium wird ermächtigt, im Einvernehmen mit den Bundesministerien für Umwelt, Naturschutz und Reaktorsicherheit und für Wirtschaft und Technologie durch Rechtsverordnung mit Zustimmung des Bundesrates, soweit es zum Schutz des Verbrauchers vor Täuschung und in dem Fall der Nummer 1 auch zu seiner Unterrichtung erforderlich ist,

1. Art und Umfang der Kennzeichnung von kosmetischen Mitteln zu regeln und dabei insbesondere die Angabe der Bezeichnung sowie Angaben über den Hersteller oder den für das Inverkehrbringen im Geltungsbereich dieses Gesetzes Verantwortlichen vorzuschreiben;
2. vorzuschreiben, daß kosmetische Mittel unter bestimmten zur Irreführung geeigneten Bezeichnungen, Angaben oder Aufmachungen nicht in den Verkehr gebracht werden dürfen und daß für sie mit bestimmten zur Irreführung geeigneten Darstellungen oder sonstigen Aussagen nicht geworben werden darf.

(2) Das Bundesministerium wird ferner ermächtigt, im Einvernehmen mit dem Bundesministerium für Wirtschaft und Technologie durch Rechtsverordnung mit Zustimmung des Bundesrates, soweit es zur Durchführung des Artikels 4 Abs. 1 Buchstabe i der Richtlinie 76/768/EWG des Rates vom 27. Juli 1976 zur Angleichung der Rechtsvorschriften der Mitgliedstaaten über kosmetische Mittel (ABl. EG Nr. L 262 S. 169) in der jeweils geltenden Fassung erforderlich ist, das Inverkehrbringen von kosmetischen Mitteln zu verbieten oder zu beschränken.

Fünfter Abschnitt: Verkehr mit sonstigen Bedarfsgegenständen

§ 30 Verbote zum Schutz der Gesundheit

Es ist verboten,

1. Bedarfsgegenstände derart herzustellen oder zu behandeln, daß sie bei bestimmungsgemäßem oder vorauszusehendem Gebrauch geeignet sind, die Gesundheit durch ihre stoffliche Zusammensetzung, insbesondere durch toxikologisch wirksame Stoffe oder durch Verunreinigungen, zu schädigen;
2. Gegenstände oder Mittel, die bei bestimmungsgemäßem oder vorauszusehendem Gebrauch geeignet sind, die Gesundheit durch ihre stoffliche Zusammensetzung, insbesondere durch toxikologisch wirksame Stoffe oder durch Verunreinigungen, zu schädigen, als Bedarfsgegenstände in den Verkehr zu bringen;
3. Bedarfsgegenstände im Sinne des § 5 Abs. 1 Nr. 1 bei dem gewerbsmäßigen Herstellen oder Behandeln von Lebensmitteln so zu verwenden, daß sie geeignet sind, beim Verzehr der Lebensmittel die Gesundheit zu schädigen.

§ 31 Übergang von Stoffen auf Lebensmittel

(1) Es ist verboten, Gegenstände als Bedarfsgegenstände im Sinne des § 5 Abs. 1 Nr. gewerbsmäßig so zu verwenden oder für solche Verwendungszwecke in den Verkehr zu bringen, daß von ihnen Stoffe auf Lebensmittel oder deren Oberfläche übergehen, ausgenommen gesundheitlich, geruchlich und geschmacklich unbedenkliche Anteile, die technisch unvermeidbar sind.

(2) Das Bundesministerium wird ermächtigt, durch Rechtsverordnung mit Zustimmung des Bundesrates, soweit es mit dem Schutz des Verbrauchers vereinbar ist, für bestimmte Stoffe die Anteile festzusetzen, die als unbedenklich und unvermeidbar im Sinne des Absatzes 1 anzusehen sind. Das Bundesministerium kann die Ermächtigung durch Rechtsverordnung mit Zustimmung des Bundesrates auf das Bundesamt für Verbraucherschutz und Lebensmittelsicherheit übertragen; das Bundesamt für Verbraucherschutz und Lebensmittelsicherheit bedarf zum Erlaß solcher Rechtsverordnungen nicht der Zustimmung des Bundesrates.

§ 32 Ermächtigungen

(1) Das Bundesministerium wird ermächtigt, durch Rechtsverordnung mit Zustimmung des Bundesrates, soweit es erforderlich ist, um eine Gefährdung der Gesundheit durch Bedarfsgegenstände zu verhüten, in den Fällen der Nummer 9b zur Unterrichtung des Verbrauchers,

1. die Verwendung bestimmter Stoffe, Stoffgruppen und Stoffgemische bei dem Herstellen oder Behandeln von bestimmten Bedarfsgegenständen zu verbieten oder zu beschränken;
2. vorzuschreiben, daß für das Herstellen bestimmter Bedarfsgegenstände oder einzelner Teile von ihnen nur bestimmte Stoffe verwendet werden dürfen;
3. die Anwendung bestimmter Verfahren bei dem Herstellen von bestimmten Bedarfsgegenständen zu verbieten oder zu beschränken;

4. Höchstmengen für Stoffe festzusetzen, die aus bestimmten Bedarfsgegenständen auf Verbraucher einwirken oder übergehen können oder die beim Herstellen, Behandeln oder Inverkehrbringen von bestimmten Bedarfsgegenständen in oder auf diesen vorhanden sein dürfen;
5. Reinheitsanforderungen für bestimmte Stoffe festzusetzen, die bei dem Herstellen bestimmter Bedarfsgegenstände verwendet werden;
6. Vorschriften über die Wirkungsweise von Bedarfsgegenständen im Sinne des § 5 Abs. 1 Nr. 1 zu erlassen;
7. vorzuschreiben, daß bestimmte Bedarfsgegenstände nur in Packungen oder Behältnissen in den Verkehr gebracht werden dürfen;
8. im Verkehr mit bestimmten Bedarfsgegenständen Warnhinweise, sonstige warnende Aufmachungen, Sicherheitsvorkehrungen oder Anweisungen für das Verhalten bei Unglücksfällen vorzuschreiben;
9. vorzuschreiben, daß
   a) der Gehalt an bestimmten Stoffen in bestimmten Bedarfsgegenständen,
   b) bei bestimmten Bedarfsgegenständen eine Beschränkung des Verwendungszwecks,
   c) bei bestimmten Gegenständen ihre mangelnde Eignung zur Verwendung als Bedarfsgegenstand im Sinne des § 5 Abs. 1 Nr. 1

   kenntlich zu machen ist, sowie die Art der Kenntlichmachung zu regeln;

9a. die Verwendung bestimmter Bedarfsgegenstände von einer Zulassung abhängig zu machen und das Verfahren der Zulassung zu regeln;

9b. Art und Umfang der Kennzeichnung von Bedarfsgegenständen zu regeln und dabei insbesondere die Angabe der Bezeichnung sowie Angaben über den Hersteller oder den für das Inverkehrbringen im Geltungsbereich dieses Gesetzes Verantwortlichen vorzuschreiben;

10. (außer Kraft)
11. vorzuschreiben, daß bestimmte Bedarfsgegenstände im Sinne des § 5 Abs. 1 Nr. 3 bis 6 nur in den Verkehr gebracht werden dürfen, wenn bestimmte Anforderungen an ihre mikrobiologische Beschaffenheit eingehalten werden;
12. vorzuschreiben, daß bestimmte Bedarfsgegenstände nur mit einem Begleitpapier in den Verkehr gebracht werden dürfen, sowie die Einzelheiten über Inhalt, Form und Ausgestaltung des Begleitpapiers zu bestimmen.

(2) Bedarfsgegenstände, die einer nach Absatz 1 Nr. 1 bis 3, 5 oder 6 erlassenen Rechtsverordnung nicht entsprechen, dürfen gewerbsmäßig nicht in den Verkehr gebracht werden.

(3) Rechtsverordnungen nach Absatz 1 bedürfen des Einvernehmens mit den Bundesministerien für Wirtschaft und Technologie, für Arbeit und Sozialordnung, für Umwelt, Naturschutz und Reaktorsicherheit.

Sechster Abschnitt: Allgemeine Bestimmungen

§ 33 Deutsches Lebensmittelbuch

(1) Das Deutsche Lebensmittelbuch ist eine Sammlung von Leitsätzen, in denen Herstellung, Beschaffenheit oder sonstige Merkmale von Lebensmitteln, die für die Verkehrsfähigkeit der Lebensmittel von Bedeutung sind, beschrieben werden.

(2) Die Leitsätze werden von der Deutschen Lebensmittelbuch-Kommission unter Berücksichtigung der von der Bundesregierung anerkannten internationalen Lebensmittelstandards beschlossen.

(3) Die Leitsätze werden vom Bundesministerium im Einvernehmen mit den Bundesministerien der Justiz und für Wirtschaft und Technologie veröffentlicht. Die Veröffentlichung von Leitsätzen kann aus rechtlichen oder fachlichen Gründen abgelehnt oder rückgängig gemacht werden.

§ 34 Deutsche Lebensmittelbuch-Kommission

(1) Die Deutsche Lebensmittelbuch-Kommission wird beim Bundesministerium gebildet.

(2) Das Bundesministerium beruft im Einvernehmen mit dem Bundesministerium für Wirtschaft und Technologie die Mitglieder der Kommission aus den Kreisen der Wissenschaft, der Lebensmittelüberwachung, der Verbraucherschaft und der Lebensmittelwirtschaft in zahlenmäßig gleichem Verhältnis. Das Bundesministerium bestellt den Vorsitzenden der Kommission und seine Stellvertreter und erläßt nach Anhörung der Kommission eine Geschäftsordnung.

(3) Die Kommission soll über die Leitsätze grundsätzlich einstimmig beschließen. Beschlüsse, denen nicht mehr als drei Viertel der Mitglieder der Kommission zugestimmt haben, sind unwirksam. Das Nähere regelt die Geschäftsordnung.

§ 35 Amtliche Sammlung von Untersuchungsverfahren

Das Bundesamt für Verbraucherschutz und Lebensmittelsicherheit veröffentlicht eine amtliche Sammlung von Verfahren zur Probenahme und Untersuchung von Lebensmitteln, Zusatzstoffen, mit Lebensmitteln verwechselbaren Erzeugnissen, Tabakerzeugnissen, kosmetischen Mitteln und Bedarfsgegenständen (Erzeugnisse im Sinne dieses Gesetzes). Die Verfahren werden unter Mitwirkung von Sachkennern aus den Bereichen der Überwachung, der Wissenschaft und der beteiligten Wirtschaft festgelegt. Die Sammlung ist laufend auf dem neuesten Stand zu halten.

§ 36 Ausnahmeermächtigungen für Krisenzeiten

(1) Das Bundesministerium wird ermächtigt, im Einvernehmen mit dem Bundesministerium für Wirtschaft und Technologie durch Rechtsverordnung, die nicht der Zustimmung des Bundesrates bedarf, Ausnahmen von den Vorschriften dieses Gesetzes und der auf Grund dieses Gesetzes erlassenen Rechtsverordnungen zuzulassen, wenn die lebensnotwendige Versorgung der Bevölkerung mit Erzeugnissen im Sinne dieses Gesetzes sonst ernstlich gefährdet wäre. Satz 1 gilt nicht für die Verbote der §§ 8, 18, 22, 24 und 30 sowie für die nach § 9 erlassenen Rechtsverordnungen. Ausnahmen von dem Verbot des § 13 bedürfen zusätzlich des Einvernehmens mit dem Bundesministerium für Bildung und Forschung.

(2) Die Geltungsdauer von Rechtsverordnungen nach Absatz 1 ist zu befristen.

§ 37 Zulassung von Ausnahmen

(1) Von den Vorschriften dieses Gesetzes und der auf Grund dieses Gesetzes erlassenen Rechtsverordnungen können im Einzelfall auf Antrag Ausnahmen nach Maßgabe der Absätze 2 und 3 zugelassen werden. Satz 1 gilt nicht für die Verbote der §§ 8, 18, 22, 24, 30 sowie für die nach §§ 9 und 10 erlassenen Rechtsverordnungen.

(2) Ausnahmen dürfen nur zugelassen werden

1. für das Herstellen, Behandeln und Inverkehrbringen bestimmter Erzeugnisse im Sinne dieses Gesetzes unter amtlicher Beobachtung, sofern Ergebnisse zu erwarten sind, die für eine Änderung oder Ergänzung der Vorschriften des Lebensmittelrechts von Bedeutung sein können; dabei sollen die schutzwürdigen Interessen des einzelnen sowie alle Faktoren, die die allgemeine Wettbewerbslage des betreffenden Industriezweiges beeinflussen können, angemessen berücksichtigt werden;
2. für das Herstellen, Behandeln und Inverkehrbringen bestimmter Lebensmittel als Sonderverpflegung für Angehörige
   a) der Bundeswehr und verbündeter Streitkräfte,
   b) des Bundesgrenzschutzes und der Polizei,
   c) des Katastrophenschutzes, des Warn- und Alarmdienstes und der sonstigen Hilfs- und Notdienste

einschließlich der hierfür erforderlichen Versuche sowie der Abgabe solcher Lebensmittel an andere, wenn dies zur ordnungsgemäßen Vorratshaltung erforderlich ist;
3. für das Herstellen, den Vertrieb und die Ausgabe bestimmter Lebensmittel als Notrationen für die Bevölkerung;
4. in sonstigen Fällen, in denen besondere Umstände, insbesondere der drohende Verderb von Lebensmitteln, dies zur Vermeidung unbilliger Härten geboten erscheinen lassen;
5. für das Zusetzen von Fluoriden zu Trinkwasser zur Vorbeugung gegen Karies.

(3) Ausnahmen dürfen nur zugelassen werden, wenn Tatsachen die Annahme rechtfertigen, daß eine Gefährdung der Gesundheit nicht zu erwarten ist. Ausnahmen dürfen nicht zugelassen werden
1. in den Fällen des Absatzes 2 Nr. 1 und 4 von den Rechtsvorschriften über ausreichende Kenntlichmachung;
2. in den Fällen des Absatzes 2 Nr. 4 von den Verboten der §§ 11 , 13 bis 15.

(4) Zuständig für die Zulassung von Ausnahmen nach Absatz 2 Nr. 1 und 3 ist das Bundesamt für Verbraucherschutz und Lebensmittelsicherheit im Einvernehmen mit dem Bundesamt für Wirtschaft und Ausfuhrkontrolle, im Falle des Absatzes 2 Nr. 3 auch im Einvernehmen mit der Bundesanstalt für Technisches Hilfswerk. In den Fällen des Absatzes 2 Nr. 2 ist hinsichtlich der Organisationen des Bundes und der verbündeten Streitkräfte das Bundesministerium im Einvernehmen mit dem für diese fachlich zuständigen Bundesministerien zuständig. In den übrigen Fällen des Absatzes 2 Nr. 2 sowie in den Fällen des Absatzes 2 Nr. 4 und 5 sind die von den Landesregierungen bestimmten Behörden zuständig.

(5) Die Zulassung einer Ausnahme nach Absatz 2 Nr. 1 bis 4 ist auf längstens 3 Jahre zu befristen. In den Fällen des Absatzes 2 Nr. 1 kann sie auf Antrag dreimal, in den Fällen des Absatzes 2 Nr. 2 und 3 wiederholt um jeweils längstens 3 Jahre verlängert werden, sofern die Voraussetzungen für die Zulassung fortdauern.

(6) Die Zulassung einer Ausnahme kann jederzeit aus wichtigem Grund widerrufen werden. Hierauf ist bei der Zulassung hinzuweisen.

(7) Das Bundesministerium wird ermächtigt, durch Rechtsverordnung mit Zustimmung des Bundesrates in den Fällen des Absatzes 2 Nr. 1, Nr. 2, soweit es sich um Organisationen des Bundes oder um verbündete Streitkräfte handelt, und Nr. 3 Vorschriften über das Verfahren bei der Zulassung von Ausnahmen, insbesondere über Art und Umfang der vom Antragsteller beizubringenden Nachweise und sonstigen Unterlagen sowie über die Veröffentlichung von Anträgen oder erteilten Ausnahmen zu erlassen.

(8) Die Landesregierungen werden ermächtigt, durch Rechtsverordnung nähere Vorschriften über die Voraussetzungen und das Verfahren bei der Zulassung von Ausnahmen nach Absatz 2 Nr. 5 zu erlassen.

§ 38 Rechtsverordnungen in Dringlichkeitsfällen

(1) Rechtsverordnungen nach diesem Gesetz können bei Gefahr im Verzuge oder, wenn ihr unverzügliches Inkrafttreten zur Durchführung von Rechtsakten der Organe der Europäischen Gemeinschaft erforderlich ist, ohne Zustimmung des Bundesrates erlassen werden.

(2) Das Bundesministerium kann ferner ohne Zustimmung des Bundesrates Rechtsverordnungen nach § 12 Abs. 1 und 2, § 13 Abs. 2, § 14 Abs. 2 oder § 15 Abs. 3 ändern, falls unvorhergesehene gesundheitliche Bedenken eine sofortige Änderung dieser Rechtsverordnung erfordern.

(3) Rechtsverordnungen nach den Absätzen 1 und 2 bedürfen nicht des Einvernehmens mit den jeweils zu beteiligenden Bundesministerien. Die Rechtsverordnungen treten spätestens sechs Monate nach ihrem Inkrafttreten außer Kraft. Ihre Geltungsdauer kann nur mit Zustimmung des Bundesrates verlängert werden.

§ 38a Rechtsverordnungen zur Angleichung an Gemeinschaftsrecht

Rechtsverordnungen nach diesem Gesetz können auch zum Zwecke der Angleichung der Rechts- und Verwaltungsvorschriften der Mitgliedstaaten der Europäischen Gemeinschaft erlassen werden, soweit dies zur Durchführung von Rechtsakten der Organe der Europäischen Gemeinschaft, die Sachbereiche dieses Gesetzes betreffen, erforderlich ist.

§ 39 Anhörung von Sachkennern

Vor Erlaß von Verordnungen nach diesem Gesetz soll ein jeweils auszuwählender Kreis von Sachkennern aus der Wissenschaft, der Verbraucherschaft und der beteiligten Wirtschaft gehört werden. Dies gilt nicht für Verordnungen nach den §§ 38, 44 und 48.

Siebter Abschnitt: Überwachung und Lebensmittel-Monitoring

Unterabschnitt A: Überwachung, Durchführung von Gemeinschaftsrecht

§ 40 Zuständigkeit für die Überwachung

(1) Die Zuständigkeit für die in diesem Gesetz bezeichneten Überwachungsmaßnahmen richtet sich nach Landesrecht. § 48 bleibt unberührt.

(2) Im Bereich der Bundeswehr obliegt der Vollzug dieses Gesetzes bei der Überwachung des Verkehrs mit Erzeugnissen im Sinne dieses Gesetzes, insbesondere in den Verpflegungseinrichtungen und Kantinen, den zuständigen Stellen und Sachverständigen der Bundeswehr.

(3) Die für die Durchführung dieses Gesetzes zuständigen Behörden und Stellen des Bundes und der Länder haben sich gegenseitig

1. die für den Vollzug des Gesetzes zuständigen Stellen und Sachverständigen mitzuteilen und
2. bei Zuwiderhandlungen und bei Verdacht auf Zuwiderhandlungen gegen Vorschriften des Lebensmittelrechts für den jeweiligen Zuständigkeitsbereich unverzüglich zu unterrichten und bei der Ermittlungstätigkeit gegenseitig zu unterstützen.

(4) Die zuständigen Behörden

1. erteilen der zuständigen Behörde eines anderen Mitgliedstaates auf begründetes Ersuchen Auskünfte und übermitteln die erforderlichen Urkunden und Schriftstücke, um ihr die Überwachung der Einhaltung der lebensmittelrechtlichen Vorschriften zu ermöglichen,
2. Überprüfen alle von der ersuchenden Behörde eines anderen Mitgliedstaates mitgeteilten Sachverhalte und teilen ihr das Ergebnis der Prüfung mit.

(5) Die zuständigen Behörden teilen den zuständigen Behörden eines anderen Mitgliedstaates alle Tatsachen und Sachverhalte mit, die für die Überwachung der Einhaltung der lebensmittelrechtlichen Vorschriften in diesem Mitgliedstaat erforderlich sind, insbesondere bei Zuwiderhandlungen und bei Verdacht auf Zuwiderhandlungen gegen lebensmittelrechtliche Vorschriften.

(6) Die zuständigen Behörden können, soweit dies zur Einhaltung der lebensmittelrechtlichen Anforderungen erforderlich oder durch Rechtsakte der Organe der Europäischen Gemeinschaft vorgeschrieben ist, Daten, die sie im Rahmen der Überwachung gewonnen haben, den zuständigen Behörden anderer Länder, des Bundes oder anderer Mitgliedstaaten oder der Kommission der Europäischen Gemeinschaft mitteilen.

(7) Auskünfte, Mitteilungen und Übermittlung von Urkunden und Schriftstücken über lebensmittelrechtliche Kontrollen nach den Absätzen 4 bis 6 erfolgen, sofern sie andere Vertragsstaaten des Abkommens über den Europäischen Wirtschaftsraum betreffen, an die Kommission der Europäischen Gemeinschaft.

§ 40a Unterrichtungspflichten der Lebensmittelunternehmer

Hat ein Lebensmittelunternehmer im Sinne des Artikels 3 Nr. 3 der Verordnung (EG) Nr. 178/2002 des Europäischen Parlaments und des Rates vom 28. Januar 2002 zur Festlegung der allgemeinen Grundsätze und Anforderungen des Lebensmittelrechts, zur Errichtung der Europäischen Behörde für Lebensmittelsicherheit und zur Festlegung von Verfahren zur Lebensmittelsicherheit (ABl. EG Nr. L 31 S. 1) Grund zu der Annahme, dass ein von ihm in den Verkehr gebrachtes Lebensmittel Vorschriften, die dem Schutz der Gesundheit dienen, nicht entspricht, so unterrichtet er hierüber unverzüglich die für die Überwachung zuständige Behörde. Er unterrichtet hierbei auch über die von ihm zum Schutz der Gesundheit des Endverbrauchers getroffenen Maßnahmen. Eine Unterrichtung nach Satz 1 oder 2 darf nicht zur strafrechtlichen Verfolgung des Unterrichtenden oder für ein Verfahren nach dem Gesetz über Ordnungswidrigkeiten gegen den Unterrichtenden verwendet werden.

§ 41 Durchführung der Überwachung

(1) Die Beachtung der Vorschriften über den Verkehr mit Erzeugnissen im Sinne dieses Gesetzes ist durch die zuständigen Behörden zu überwachen. Sie haben sich durch regelmäßige Überprüfungen und Probennahmen davon zu überzeugen, daß die Vorschriften eingehalten werden.

(2) Die Überwachung ist durch fachlich ausgebildete Personen durchzuführen. Das Bundesministerium wird ermächtigt, durch Rechtsverordnung mit Zustimmung des Bundesrates Vorschriften über die fachlichen Anforderungen zu erlassen, die an diese Personen zu stellen sind, soweit sie nicht wissenschaftlich ausgebildet sind.

(3) Soweit es zur Durchführung der Vorschriften über den Verkehr mit Erzeugnissen im Sinne dieses Gesetzes erforderlich ist, sind die mit der Überwachung beauftragten Personen, bei Gefahr im Verzug auch alle Beamten der Polizei, befugt,

1. Grundstücke und Betriebsräume, in oder auf denen Erzeugnisse im Sinne dieses Gesetzes gewerbsmäßig hergestellt, behandelt oder in den Verkehr gebracht werden, sowie die dazugehörigen Geschäftsräume während der üblichen Betriebs- oder Geschäftszeit zu betreten;
2. zur Verhütung dringender Gefahren für die öffentliche Sicherheit und Ordnung
   a) die in Nummer 1 bezeichneten Grundstücke und Räume auch außerhalb der dort genannten Zeiten,
   b) Wohnräume der nach Nummer 4 zur Auskunft Verpflichteten

   zu betreten; das Grundrecht der Unverletzlichkeit der Wohnung (Artikel 13 des Grundgesetzes) wird insoweit eingeschränkt;
3. alle geschäftlichen Schrift- und Datenträger, insbesondere Aufzeichnungen, Frachtbriefe, Herstellungsbeschreibungen und Unterlagen über die bei der Herstellung verwendeten Stoffe, einzusehen und hieraus Abschriften oder Auszüge anzufertigen sowie Einrichtungen und Geräte zur Beförderung von Erzeugnissen im Sinne dieses Gesetzes zu besichtigen;
4. von natürlichen und juristischen Personen und nicht rechtsfähigen Personenvereinigungen alle erforderlichen Auskünfte, insbesondere solche über die Herstellung, die zur Verarbeitung gelangenden Stoffe und deren Herkunft zu verlangen.

(3a) Soweit es zur Durchführung von Vorschriften über den Verkehr mit Lebensmitteln, die durch dieses Gesetz oder durch auf Grund dieses Gesetzes erlassene Rechtsverordnungen geregelt sind, erforderlich ist, sind auch die Sachverständigen der Mitgliedstaaten und der Kommission in Begleitung der mit der Überwachung beauftragten Personen berechtigt, Befugnisse nach Absatz 3 Nr. 1 wahrzunehmen.

(4) Der zur Auskunft Verpflichtete kann die Auskunft auf solche Fragen verweigern, deren Beantwortung ihn selbst oder einen der in § 383 Abs. 1 Nr. 1 bis 3 der Zivilprozeßordnung bezeichneten Angehörigen der Gefahr strafgerichtlicher Verfolgung oder eines Verfahrens nach dem Gesetz über Ordnungswidrigkeiten aussetzen würde.

(5) Die Zolldienststellen können den Verdacht von Verstößen gegen Verbote und Beschränkungen dieses Gesetzes oder der nach diesem Gesetz erlassenen Rechtsverordnungen, der sich bei der Durchführung des Gesetzes über das Branntweinmonopol ergibt, den zuständigen Verwaltungsbehörden mitteilen.

§ 42 Probenahme

(1) Soweit es zur Durchführung der Vorschriften über den Verkehr mit Erzeugnissen im Sinne dieses Gesetzes erforderlich ist, sind die mit der Überwachung beauftragten Personen und die Beamten der Polizei befugt, gegen Empfangsbescheinigung Proben nach ihrer Auswahl zum Zweck der Untersuchung zu fordern oder zu entnehmen. Ein Teil der Probe oder, sofern die Probe nicht oder ohne Gefährdung des Untersuchungszwecks nicht in Teile von gleicher Beschaffenheit teilbar ist, ein zweites Stück der gleichen Art und von demselben Hersteller wie das als Probe entnommene ist zurückzulassen. Der Hersteller kann auf die Zurücklassung einer Probe verzichten.

(2) Zurückzulassende Proben sind amtlich zu verschließen oder zu versiegeln. Sie sind mit dem Datum der Probenahme und dem Datum des Tages zu versehen, nach dessen Ablauf der Verschluß oder die Versiegelung als aufgehoben gelten.

(3) Für Proben, die im Rahmen der amtlichen Überwachung nach diesem Gesetz entnommen werden, wird grundsätzlich keine Entschädigung geleistet. Im Einzelfall ist eine Entschädigung bis zur Höhe des Verkaufspreises zu leisten, wenn andernfalls eine unbillige Härte eintreten würde.

(4) Die Befugnis zur Probenahme erstreckt sich auch auf Erzeugnisse im Sinne dieses Gesetzes, die auf Märkten, Straßen oder öffentlichen Plätzen oder im Reisegewerbe in den Verkehr gebracht werden oder die vor Abgabe an den Verbraucher unterwegs sind.

§ 43 Duldungs- und Mitwirkungspflichten

Die Inhaber der in § 41 bezeichneten Grundstücke, Räume, Einrichtungen und Geräte und die von ihnen bestellten Vertreter sowie Personen, die Erzeugnisse nach Maßgabe des § 42 Abs. 4 in den Verkehr bringen, sind verpflichtet, die Maßnahmen nach den §§ 41 und 42 zu dulden und die in der Überwachung tätigen Personen bei der Erfüllung ihrer Aufgabe zu unterstützen, insbesondere ihnen auf Verlangen die Räume, Einrichtungen und Geräte zu bezeichnen, Räume und Behältnisse zu öffnen und die Entnahme der Proben zu ermöglichen.

§ 43a Außenverkehr

Der Verkehr mit den zuständigen Behörden anderer Mitgliedstaaten und der Kommission der Europäischen Gemeinschaften obliegt dem Bundesministerium. Es kann diese Befugnis durch Rechtsverordnung mit Zustimmung des Bundesrates auf das Bundesamt für Verbraucherschutz und Lebensmittelsicherheit oder die zuständigen obersten Landesbehörden übertragen. Ferner kann es im Einzelfall im Benehmen mit der zuständigen obersten Landesbehörde dieser die Befugnis übertragen. Die obersten Landesbehörden können die Befugnisse nach den Sätzen 2 und 3 auf andere Behörden übertragen.

§ 43b Schiedsverfahren

(1) Ist eine von der zuständigen Behörde getroffene Maßnahme, die sich auf Sendungen von Lebensmitteln tierischer Herkunft aus anderen Mitgliedstaaten bezieht, zwischen ihr und dem Verfügungsberechtigten streitig, so können beide Parteien einvernehmlich den Streit durch den Schiedsspruch eines Sachverständigen schlichten lassen. Die Streitigkeit ist binnen eines Monats nach Bekanntgabe der Maßnahme einem Sachverständigen zu unterbreiten, der in einem von der Kommission aufgestellten Verzeichnis aufgeführt ist. Der Sachverständige hat das Gutachten binnen 72 Stunden zu erstatten.

(2) Auf den Schiedsvertrag und das schiedsrichterliche Verfahren finden die Vorschriften der §§ 1025 bis 1065 der Zivilprozeßordnung entsprechende Anwendung. Gericht im Sinne des § 1062 der Zivilprozeßordnung ist das zuständige Verwaltungsgericht, Gericht im Sinne des § 1065 der Zivilprozeßordnung das zuständige Ober-

verwaltungsgericht. Abweichend von § 1059 Abs. 3 Satz 1 der Zivilprozeßordnung muß der Aufhebungsantrag innerhalb eines Monats bei Gericht eingereicht werden.

§ 44 Ermächtigungen

(1) Das Bundesministerium wird ermächtigt, um eine einheitliche Durchführung der Überwachung zu fördern, durch Rechtsverordnung mit Zustimmung des Bundesrates,

1. Vorschriften über
   a) die personelle, apparative und sonstige technische Mindestausstattung von Untersuchungsanstalten,
   b) die Voraussetzungen für die Zulassung privater Sachverständiger, die zur Untersuchung von amtlich zurückgelassenen Proben befugt sind,

   zu erlassen;
2. Vorschriften über Verfahren zur Probenahme und Untersuchung von Erzeugnissen im Sinne dieses Gesetzes zu erlassen und die Verkehrsfähigkeit einer gleichartigen Partie von bestimmten Lebensmitteln, kosmetischen Mitteln oder Bedarfsgegenständen vom Ergebnis der Stichprobenuntersuchung dieser Partie abhängig zu machen; soweit Rechtsverordnungen nach § 9 Abs. 4 betroffen sind, tritt an die Stelle des Bundesministeriums das Bundesministerium für Umwelt, Naturschutz und Reaktorsicherheit im Einvernehmen mit dem Bundesministerium.

(2) Das Bundesministerium wird ermächtigt, um eine einheitliche Durchführung der Verordnung (EG) Nr. 258/97 des Europäischen Parlaments und des Rates vom 27. Januar 1997 über neuartige Lebensmittel und neuartige Lebensmittelzutaten (ABl. EG Nr. L 43 S. 1) in der jeweils geltenden Fassung zu fördern, durch Rechtsverordnung mit Zustimmung des Bundesrates

1. das Bundesamt für Verbraucherschutz und Lebensmittelsicherheit oder das Robert Koch-Institut als zuständige Behörde bei Anzeige-, Genehmigungs- oder Zulassungsverfahren von neuartigen Lebensmitteln und Lebensmittelzutaten zu bestimmen sowie
2. das Verfahren, insbesondere die Beteiligung der nach § 40 Abs. 1 zuständigen Behörden sowie die Beteiligung des Bundesinstituts für Risikobewertung, zu regeln.

Rechtsverordnungen nach Satz 1 Nr. 2 bedürfen des Einvernehmens des Bundesministeriums für Wirtschaft und Technologie. § 40 Abs. 6 gilt für bei der Durchführung der in Satz 1 genannten Verfahren gewonnene Daten entsprechend.

§ 45 Erlaß von Verwaltungsvorschriften

Das Bundesministerium erläßt mit Zustimmung des Bundesrates die zur Durchführung dieses Gesetzes erforderlichen allgemeinen Verwaltungsvorschriften; soweit Rechtsverordnungen nach § 9 Abs. 4 betroffen sind, tritt an die Stelle des Bundesministeriums das Bundesministerium für Umwelt, Naturschutz und Reaktorsicherheit im Einvernehmen mit dem Bundesministerium.

§ 46 Landesrechtliche Bestimmungen

Die Länder können zur Durchführung der Überwachung weitere Vorschriften erlassen.

§ 46a Gebühren

(1) Für nach diesem Gesetz und auf Grund dieses Gesetzes erlassenen Rechtsverordnungen vorzunehmende Amtshandlungen, die

1. in die Zuständigkeit der Länder fallen,
2. über die allgemeinen Überwachungsmaßnahmen hinausgehen und
3. zur Durchführung von Rechtsakten der Organe der Europäischen Gemeinschaft erforderlich sind,

werden kostendeckende Gebühren und Auslagen erhoben.

(2) Die nach Absatz 1 kostenpflichtigen Tatbestände werden durch Landesrecht bestimmt. Die Gebühren sind nach Maßgabe der von den Organen der Europäischen Gemeinschaft erlassenen Rechtsakte zu bemessen. Für

Amtshandlungen, die auf besonderen Antrag außerhalb der normalen Öffnungszeiten vorgenommen werden, kann eine Vergütung verlangt werden.

§ 46b Unmittelbar geltendes Gemeinschaftsrecht

Die §§ 40 bis 46a finden auch Anwendung auf die Überwachung von Erzeugnissen im Sinne dieses Gesetzes, soweit sie Vorschriften in unmittelbar geltenden Rechtsakten der Europäischen Gemeinschaft unterliegen, die in diesem Gesetz geregelte Sachbereiche betreffen.

Unterabschnitt B: Lebensmittel-Monitoring

§ 46c Begriffsbestimmung

Lebensmittel-Monitoring ist ein System wiederholter Beobachtungen, Messungen und Bewertungen von Gehalten an gesundheitlich unerwünschten Stoffen wie Pflanzenschutzmitteln, Schwermetallen und Mykotoxinen in und auf Lebensmitteln, die zum frühzeitigen Erkennen von Gesundheitsgefährdungen unter Verwendung repräsentativer Proben einzelner Lebensmittel oder der Gesamtnahrung durchgeführt werden.

§ 46d Durchführung des Lebensmittel-Monitoring

(1) Die zuständigen Behörden der Länder ermitteln den Gehalt an Stoffen im Sinne des § 46c in und auf Lebensmitteln auf der Grundlage der nach § 46e erlassenen Verwaltungsvorschriften.

(2) Das Lebensmittel-Monitoring ist durch fachlich geeignete Personen durchzuführen. Soweit es zur Durchführung des Lebensmittel-Monitoring erforderlich ist, sind die Behörden nach Absatz 1 befugt, Proben zum Zwecke der Untersuchung zu fordern oder zu entnehmen. § 42 Abs. 3 und 4 findet Anwendung.

(3) Soweit es zur Durchführung des Lebensmittel Monitoring erforderlich ist, sind die mit der Durchführung beauftragten Personen befugt, Grundstücke und Betriebsräume, in oder auf denen Lebensmittel gewerbsmäßig hergestellt, behandelt oder in den Verkehr gebracht werden, sowie die dazugehörigen Geschäftsräume während der üblichen Betriebs- oder Geschäftszeiten zu betreten. Die Inhaber der in Satz 1 bezeichneten Grundstücke und Räume und die von ihnen bestellten Vertreter sowie Personen, die Erzeugnisse nach Maßgabe des § 42 Abs. 4 in den Verkehr bringen, sind verpflichtet, die Maßnahmen nach Satz 1 sowie die Entnahme der Proben zu dulden und die in der Durchführung des Lebensmittel-Monitoring tätigen Personen bei der Erfüllung ihrer Aufgabe zu unterstützen, insbesondere ihnen auf Verlangen die Räume und Einrichtungen zu bezeichnen, Räume und Behältnisse zu öffnen und die Entnahme der Proben zu ermöglichen. Die in Satz 2 genannten Personen sind über den Zweck der Entnahme zu unterrichten; abgesehen von Absatz 4 sind sie auch darüber zu unterrichten, daß die Überprüfung der Probe eine anschließende Durchführung der Überwachung nach § 41 Abs. 1 Satz 1 zur Folge haben kann.

(4) Proben, die zur Durchführung der Überwachung nach § 41 Abs.1 Satz 1 und Proben, die zur Durchführung des Lebensmittel-Monitoring entnommen werden, können jeweils auch für den anderen Zweck verwendet werden. In diesem Fall sind die für beide Maßnahmen geltenden Anforderungen einzuhalten.

(5) Die zuständigen Behörden übermitteln die bei der Durchführung des Lebensmittel-Monitoring erhobenen Daten an das Bundesamt für Verbraucherschutz und Lebensmittelsicherheit zur Aufbereitung, Zusammenfassung, Bewertung, Dokumentation und Erstellung von Berichten. Personenbezogene Daten dürfen nicht übermittelt werden; sie sind zu löschen, soweit sie nicht zur Durchführung der Überwachung nach § 41 Abs. 1 Satz 1 oder zur Durchführung des Lebensmittel-Monitoring erforderlich sind. Sofern die übermittelten Angaben die Gemeinde bezeichnen, in der die Probe entnommen worden ist, darf das Bundesamt für Verbraucherschutz und Lebensmittelsicherheit diese Angabe nur in Berichte aufnehmen, die für das Bundesministerium sowie für das Bundesministerium für Umwelt, Naturschutz und Reaktorsicherheit sowie für die zuständigen Behörden des Landes bestimmt sind, das die Angaben übermittelt hat. In den Berichten an die Länder sind außerdem die Beson-

derheiten des jeweiligen Landes angemessen zu berücksichtigen. Das Bundesamt für Verbraucherschutz und Lebensmittelsicherheit veröffentlicht jährlich einen Bericht über die Ergebnisse des Lebensmittel-Monitoring.

§ 46e Erlaß von Verwaltungsvorschriften

Die zur Durchführung des Lebensmittel-Monitoring erforderlichen Vorschriften, insbesondere die Monitoringpläne, werden in Verwaltungsvorschriften nach § 45 geregelt, die im Benehmen mit einem Ausschuß aus Vertretern der Länder vorbereitet werden. Das Bundesministerium beruft die Mitglieder des Ausschusses auf Vorschlag der Länder.

Achter Abschnitt: Ein- und Ausfuhr

§ 47 Verbringungsverbote

(1) Erzeugnisse im Sinne dieses Gesetzes, die nicht den in der Bundesrepublik Deutschland geltenden lebensmittelrechtlichen Bestimmungen entsprechen, dürfen nicht in den Geltungsbereich dieses Gesetzes, ausgenommen in anderen Zollfreigebiete als die Insel Helgoland, verbracht werden. Dieses Verbot steht der zollamtlichen Abfertigung nicht entgegen, soweit sich aus besonderen Rechtsvorschriften über die Einfuhrfähigkeit bestimmter Erzeugnisse der in Satz 1 genannten Art nichts anderes ergibt.

(2) Absatz 1 Satz 1 gilt unbeschadet der §§ 8, 24 und 30 nicht für

1. die Beförderung von Waren unter zollamtlicher Überwachung und die Lagerung von Waren in Zollniederlagen und Zollverschlußlagern,
2. die Zollgutveredelung und Zollgutumwandlung von Waren, solange sich die Waren unter zollamtlicher Überwachung befinden,
3. Waren, die für das Oberhaupt eines auswärtigen Staates oder seines Gefolges eingebracht werden und zum Gebrauch oder Verbrauch während seines Aufenthaltes im Geltungsbereich dieses Gesetzes bestimmt sind,
4. Waren, die für diplomatische oder konsularische Vertretungen bestimmt sind,
5. Waren, soweit sie für wissenschaftliche Zwecke, für Messen, Ausstellungen oder ähnliche Veranstaltungen bestimmt sind und der Bedarf von der zuständigen Landesbehörde anerkannt ist,
6. Waren, die als Reisebedarf eingebracht werden, soweit es sich um Mengen handelt, für die Eingangsabgaben nicht zu erheben sind,
7. Waren, die in Verkehrsmitteln mitgeführt werden und ausschließlich zum Verbrauch der durch diese Verkehrsmittel beförderten Personen bestimmt sind,
8. Waren in privaten Geschenksendungen, soweit sie zum eigenen Gebrauch oder Verbrauch des Empfängers bestimmt sind, sowie Waren als Geschenke im öffentlichen Interesse,
9. Warenmuster und -proben in geringen Mengen,
10. Waren als Übersiedlungsgut oder Heiratsgut in Mengen, die üblicherweise als Vorrat gehalten werden,
11. Waren, die auf Seeschiffen zum Verbrauch auf hoher See bestimmt waren und an Bord des Schiffes verbraucht werden.

(3) Waren im Sinne des Absatzes 2 Nr. 2 unterliegen den Vorschriften nach § 50 Abs. 3. Für diese Waren können Regelungen nach § 49 getroffen werden.

§ 47a Erzeugnisse aus anderen Mitgliedstaaten oder anderen Vertragsstaaten des Abkommens über den Europäischen Wirtschaftsraum

(1) Abweichend von § 47 Abs. 1 Satz 1 dürfen Erzeugnisse im Sinne dieses Gesetzes, die in einem anderen Mitgliedstaat der Europäischen Gemeinschaft oder einem anderen Vertragsstaat des Abkommens über den Europäischen Wirtschaftsraum rechtmäßig hergestellt und rechtmäßig in den Verkehr gebracht werden oder die aus einem Drittland stammen und sich in einem Mitgliedstaat der Europäischen Gemeinschaft oder einem anderen

Vertragsstaat des Abkommens über den Europäischen Wirtschaftsraum rechtmäßig im Verkehr befinden, in das Inland verbracht und hier in den Verkehr gebracht werden, auch wenn sie den in der Bundesrepublik Deutschland geltenden lebensmittelrechtlichen Vorschriften nicht entsprechen. Satz 1 gilt nicht für Erzeugnisse, die

1. den Verboten der §§ 8, 24 oder 30 nicht entsprechen oder
2. anderen zum Schutz der Gesundheit erlassenen Rechtsvorschriften nicht entsprechen, soweit nicht die Verkehrsfähigkeit der Erzeugnisse in der Bundesrepublik Deutschland nach Absatz 2 durch eine Allgemeinverfügung des Bundesamtes für Verbraucherschutz und Lebensmittelsicherheit im Bundesanzeiger bekanntgemacht worden ist.

(2) Allgemeinverfügungen nach Absatz 1 Satz 2 Nr. 2 werden vom Bundesamt für Verbraucherschutz und Lebensmittelsicherheit im Einvernehmen mit dem Bundesamt für Wirtschaft und Ausfuhrkontrolle erlassen, soweit nicht zwingende Gründe des Gesundheitsschutzes entgegenstehen. Sie sind von demjenigen zu beantragen, der die Erzeugnisse in das Inland zu verbringen beabsichtigt. Bei der Beurteilung der gesundheitlichen Gefahren eines Erzeugnisses sind die Erkenntnisse der internationalen Forschung sowie bei Lebensmitteln die Ernährungsgewohnheiten in der Bundesrepublik Deutschland zu berücksichtigen. Allgemeinverfügungen nach Satz 1 wirken zugunsten aller Einführer der betreffenden Erzeugnisse aus Mitgliedstaaten der Europäischen Gemeinschaft oder anderen Vertragsstaaten des Abkommens über den Europäischen Wirtschaftsraum.

(3) Dem Antrag sind eine genaue Beschreibung des Erzeugnisses sowie die für die Entscheidung erforderlichen verfügbaren Unterlagen beizufügen. Über den Antrag ist in angemessener Frist zu entscheiden. Sofern innerhalb von 90 Tagen eine endgültige Entscheidung über den Antrag noch nicht möglich ist, ist der Antragsteller über die Gründe zu unterrichten.

(4) Weichen Lebensmittel von den Vorschriften dieses Gesetzes oder der auf Grund dieses Gesetzes erlassenen Rechtsverordnungen ab, sind die Abweichungen angemessen kenntlich zu machen, soweit dies zum Schutz des Verbrauchers erforderlich ist.

§ 47b Vorübergehende Verbringungsverbote

Die zuständigen Behörden dürfen die Einfuhr oder das sonstige Verbringen von Erzeugnissen im Sinne dieses Gesetzes in das Inland im Einzelfall vorübergehend verbieten oder beschränken, wenn

1. die Mitgliedstaaten von der Kommission hierzu ermächtigt worden sind und dies das Bundesministerium im Bundesanzeiger bekanntgemacht hat oder
2. Tatsachen vorliegen, die darauf schließen lassen, daß die Erzeugnisse geeignet sind, die menschliche Gesundheit zu gefährden.

§ 48 Mitwirkung von Zolldienststellen

(1) Das Bundesministerium der Finanzen und die von ihm bestimmten Zolldienststellen wirken bei der Überwachung des Verbringens von Erzeugnissen im Sinne dieses Gesetzes in den oder aus dem Geltungsbereich dieses Gesetzes oder der Durchfuhr mit. Die genannten Behörden können

1. Sendungen der in Satz 1 genannten Art sowie deren Beförderungsmittel, Behälter, Lade- und Verpackungsmittel bei dem Verbringen in den oder aus dem Geltungsbereich dieses Gesetzes oder der Durchfuhr zur Überwachung anhalten;
2. den Verdacht von Verstößen gegen Verbote und Beschränkungen dieses Gesetzes oder der nach diesem Gesetz erlassenen Rechtsverordnungen, der sich bei der Abfertigung ergibt, den zuständigen Verwaltungsbehörden mitteilen;
3. in den Fällen der Nummer 2 anordnen, daß die Sendungen der in Satz 1 genannten Art auf Kosten und Gefahr des Verfügungsberechtigten einer für die Lebensmittelüberwachung zuständigen Behörde vorgeführt werden.

(2) Das Bundesministerium der Finanzen regelt im Einvernehmen mit den Bundesministerien durch Rechtsverordnung ohne Zustimmung des Bundesrates die Einzelheiten des Verfahrens nach Absatz 1. Es kann dabei ins-

besondere Pflichten zu Anzeigen, Anmeldungen, Auskünften und zur Leistung von Hilfsdiensten sowie zur Duldung der Einsichtnahme in Geschäftspapiere und sonstige Unterlagen und zur Duldung von Besichtigungen und von Entnahmen unentgeltlicher Proben vorsehen. Soweit Rechtsverordnungen nach § 9 Abs. 4 betroffen sind, bedürfen die Rechtsverordnungen nach Satz 1 auch des Einvernehmens mit dem Bundesministerium für Umwelt, Naturschutz und Reaktorsicherheit.

§ 49 Ermächtigungen

(1) Das Bundesministerium wird ermächtigt, im Einvernehmen mit dem Bundesministerium der Finanzen durch Rechtsverordnung mit Zustimmung des Bundesrates zur Überwachung des Verbotes des § 47 Abs. 1 Satz 1 das Verbringen von bestimmten Erzeugnissen im Sinne dieses Gesetzes in das Inland

1. zu verbieten oder zu beschränken,
2. abhängig zu machen von
   a) der Anerkennung oder Zulassung des Herstellungsbetriebes,
   b) der Anmeldung oder Vorführung bei der zuständigen Behörde,
   c) einer Untersuchung oder
   d) der Beibringung eines amtlichen Untersuchungszeugnisses oder der Vorlage einer vergleichbaren Urkunde;

dabei kann vorgeschrieben werden, daß die Dokumenten- und Nämlichkeitsprüfung sowie die Warenuntersuchung in einer Grenzkontrollstelle oder Grenzeingangsstelle unter Mitwirkung einer Zolldienststelle vorzunehmen sind. In der Rechtsverordnung nach Satz 1 kann auch vorgeschrieben werden, welche Maßnahmen zu ergreifen sind, wenn die einzuführenden Erzeugnisse diesem Gesetz oder den auf Grund dieses Gesetzes erlassenen Rechtsverordnungen nicht entsprechen. Soweit die Einhaltung von Rechtsverordnungen nach § 9 Abs. 4 betroffen ist, tritt an die Stelle des Bundesministeriums das Bundesministerium für Umwelt, Naturschutz und Reaktorsicherheit im Einvernehmen mit den in § 9 Abs. 4 Satz 2 genannten Bundesministerien.

(2) In der Rechtsverordnung nach Absatz 1 kann angeordnet werden, daß bestimmte Lebensmittel nur über bestimmte Zolldienststellen, Grenzkontrollstellen, Grenzein- oder -übergangsstellen oder andere amtliche Stellen in das Inland verbracht werden dürfen. Das Bundesamt für Verbraucherschutz und Lebensmittelsicherheit gibt die in Satz 1 genannten Stellen im Bundesanzeiger bekannt, im Falle der Zolldienststellen im Einvernehmen mit dem Bundesministerium der Finanzen. Das Bundesministerium der Finanzen kann die Erteilung des Einvernehmens nach Satz 2 auf Mittelbehörden seines Geschäftsbereichs übertragen.

§ 50 Ausfuhr

(1) Auf Erzeugnisse im Sinne dieses Gesetzes, die zur Lieferung in das Ausland bestimmt sind, finden die Vorschriften dieses Gesetzes und der auf Grund dieses Gesetzes erlassenen Rechtsverordnungen Anwendung, soweit nicht für die jeweiligen Erzeugnisse im Bestimmungsland abweichende Anforderungen gelten und die Erzeugnisse diesen Anforderungen entsprechen. Auf Verlangen der zuständigen Behörde hat derjenige, der Erzeugnisse der in Satz 1 genannten Art, welche zur Lieferung in das Ausland bestimmt sind und den Vorschriften dieses Gesetzes oder der auf Grund dieses Gesetzes erlassenen Rechtsverordnungen nicht entsprechen, herstellt oder in den Verkehr bringt, durch geeignete Mittel glaubhaft zu machen, daß die Erzeugnisse den im Bestimmungsland geltenden Anforderungen entsprechen.

(2) Werden in das Inland verbrachte Erzeugnisse im Sinne dieses Gesetzes auf Grund dieses Gesetzes oder der auf Grund dieses Gesetzes erlassenen Rechtsverordnungen beanstandet, so können sie abweichend von Absatz 1 zur Rückgabe an den Lieferanten aus dem Inland verbracht werden. Unberührt bleiben zwischenstaatliche Vereinbarungen, denen die gesetzgebenden Körperschaften in der Form eines Bundesgesetzes zugestimmt haben, sowie Rechtsakte der Organe der Europäischen Gemeinschaft.

(3) Erzeugnisse im Sinne dieses Gesetzes, die nach Maßgabe des Absatzes 1 den in der Bundesrepublik Deutschland geltenden lebensmittelrechtlichen Vorschriften nicht entsprechen, müssen von Erzeugnissen, die für

das Inverkehrbringen in der Bundesrepublik Deutschland bestimmt sind, getrennt gehalten und kenntlich gemacht werden.

(4) Die Vorschriften dieses Gesetzes und der auf Grund dieses Gesetzes erlassenen Rechtsverordnungen finden mit Ausnahme der §§ 8, 24 und 30 auf Erzeugnisse im Sinne dieses Gesetzes, die für die Ausrüstung von Seeschiffen bestimmt sind, keine Anwendung.

(5) Das Bundesministerium wird ermächtigt, durch Rechtsverordnung mit Zustimmung des Bundesrates weitere Vorschriften dieses Gesetzes sowie auf Grund dieses Gesetzes erlassener Rechtsverordnungen auf Erzeugnisse, die für die Ausrüstung von Seeschiffen bestimmt sind, für anwendbar zu erklären, soweit dies zum Schutz des Verbrauchers unter Berücksichtigung der besonderen Verhältnisse der Internationalen Seeschiffahrt erforderlich ist; soweit Rechtsverordnungen nach § 9 Abs. 4 betroffen sind, tritt an die Stelle des Bundesministeriums das Bundesministerium für Umwelt, Naturschutz und Reaktorsicherheit im Einvernehmen mit dem Bundesministerium.

Neunter Abschnitt: Straftaten und Ordnungswidrigkeiten

Unterabschnitt A: Verstöße gegen deutsches Recht

§ 51 Straftaten

(1) Mit Freiheitsstrafe bis zu drei Jahren oder mit Geldstrafe wird bestraft, wer

1. entgegen § 8 Nr. 1 Lebensmittel herstellt oder behandelt, entgegen § 8 Nr. 2 Stoffe als Lebensmittel in den Verkehr bringt oder entgegen § 8 Nr. 3 dort genannte Erzeugnisse herstellt, behandelt oder in den Verkehr bringt,
2. einer nach § 9 Abs. 1 Nr. 1, 3 oder 4 Buchstabe a für Lebensmittel zum Schutz der Gesundheit erlassenen Rechtsverordnung zuwiderhandelt, soweit sie für einen bestimmten Tatbestand auf diese Strafvorschrift verweist, oder entgegen § 9 Abs. 2 Lebensmittel in den Verkehr bringt, die einer nach § 9 Abs. 1 Nr. 1 erlassenen Rechtsverordnung nicht entsprechen,
3. entgegen § 24 Nr. 1 kosmetische Mittel herstellt oder behandelt oder entgegen § 24 Nr. 2 Stoffe als kosmetische Mittel in den Verkehr bringt,
4. einer nach § 26 Abs. 1 Nr. 3 in Verbindung mit § 32 Abs. 1 Nr. 1 bis 3 für kosmetische Mittel zum Schutz der Gesundheit erlassenen Rechtsverordnung zuwiderhandelt, soweit sie für einen bestimmten Tatbestand auf diese Strafvorschrift verweist, oder entgegen § 26 Abs. 2 kosmetische Mittel in den Verkehr bringt, die einer nach § 26 Abs. 1 Nr. 3 in Verbindung mit § 32 Abs. 1 Nr. 1 bis 3 erlassenen Rechtsverordnung nicht entsprechen,
5. entgegen § 30 Nr. 1 Bedarfsgegenstände herstellt oder behandelt, entgegen § 30 Nr. 2 Gegenstände oder Mittel als Bedarfsgegenstände in den Verkehr bringt oder Bedarfsgegenstände im Sinne des § 5 Abs. 1 Nr. 1 entgegen § 30 Nr. 3 verwendet,
6. einer nach § 32 Abs. 1 Nr. 1 bis 3 für Bedarfsgegenstände zum Schutz der Gesundheit erlassenen Rechtsverordnung zuwiderhandelt, soweit sie für einen bestimmten Tatbestand auf diese Strafvorschrift verweist, oder entgegen § 32 Abs. 2 Bedarfsgegenstände in den Verkehr bringt, die einer nach § 32 Abs. 1 Nr. 1 bis 3 erlassenen Rechtsverordnung nicht entsprechen.

(1a) Ebenso wird bestraft, wer

1. entgegen § 15 Abs. 1 von einem Tier gewonnene Lebensmittel in den Verkehr bringt,
2. entgegen § 15 Abs. 2 Nr. 1 Lebensmittel von einem Tier gewinnt oder entgegen § 15 Abs. 2 Nr. 2 von einem Tier gewonnene Lebensmittel in den Verkehr bringt oder
3. einer nach § 15 Abs. 3 Nr. 1 Buchstabe b oder Nr. 2 erlassenen Rechtsverordnung zuwiderhandelt, soweit sie für einen bestimmten Tatbestand auf diese Strafvorschrift verweist.

(2) Der Versuch ist strafbar.

(3) In besonders schweren Fällen ist die Strafe Freiheitsstrafe von sechs Monaten bis zu fünf Jahren. Ein besonders schwerer Fall liegt in der Regel vor, wenn der Täter durch eine der in den Absätzen 1 oder 1a bezeichneten Handlungen

1. die Gesundheit einer großen Zahl von Menschen gefährdet,
2. einen anderen in die Gefahr des Todes oder einer schweren Schädigung an Körper oder Gesundheit bringt oder
3. aus grobem Eigennutz für sich oder einen anderen Vermögensvorteile großen Ausmaßes erlangt.

(4) Wer in den Fällen der Absätze 1 oder 1a fahrlässig handelt, wird mit Freiheitsstrafe bis zu einem Jahr oder mit Geldstrafe bestraft, in den Fällen des Absatzes 1a jedoch nur, wer die Stoffe im Sinne des § 15 zugeführt oder die Lebensmittel in den Geltungsbereich dieses Gesetzes verbracht hat.

§ 52 Straftaten

(1) Mit Freiheitsstrafe bis zu einem Jahr oder mit Geldstrafe wird bestraft, wer

1. einer nach § 9 Abs. 1 Nr. 2 oder seit dem 6. Juni 1986 nach § 9 Abs. 4 für Lebensmittel erlassenen Rechtsverordnung zuwiderhandelt, soweit sie für einen bestimmten Tatbestand auf diese Strafvorschrift verweist,
2. einer nach § 9 Abs. 1 Nr. 4 Buchstabe b Nr. 5 oder 6 erlassenen Rechtsverordnung zuwiderhandelt, soweit sie für einen bestimmten Tatbestand auf diese Strafvorschrift verweist,
3. entgegen § 11 Abs. 1 Nr. 1 bei dem Herstellen oder Behandeln von Lebensmitteln nicht zugelassene Zusatzstoffe verwendet, Ionenaustauscher benutzt oder ein Verfahren zur Erzeugung von Zusatzstoffen anwendet oder entgegen § 11 Abs. 1 Nr. 2 Lebensmittel oder entgegen § 11 Abs. 1 Nr. 3 Zusatzstoffe oder Ionenaustauscher in den Verkehr bringt,
4. einer nach § 12 Abs. 1 oder Abs. 2 Nr. 1, 2 oder 4 erlassenen Rechtsverordnung zuwiderhandelt, soweit sie für einen bestimmten Tatbestand auf diese Strafvorschrift verweist,
5. entgegen § 13 Abs. 1 Nr. 1 eine nicht zugelassene Bestrahlung anwendet, entgegen § 13 Abs. 1 Nr. 2 Lebensmittel in den Verkehr bringt oder einer nach § 13 Abs. 2 erlassenen Rechtsverordnung zuwiderhandelt, soweit sie für einen bestimmten Tatbestand auf diese Strafvorschrift verweist,
6. entgegen § 14 Abs. 1 Lebensmittel, in oder auf denen Pflanzenschutz- oder sonstige Mittel oder deren Abbau- oder Reaktionsprodukte vorhanden sind, in den Verkehr bringt oder einer nach § 14 Abs. 2 Nr. 1 Buchstabe b oder Nr. 2 erlassenen Rechtsverordnung zuwiderhandelt, soweit sie für einen bestimmten Tatbestand auf diese Strafvorschrift verweist,
7. (weggefallen)
8. entgegen § 16 Abs. 1 Satz 1 den Gehalt an Zusatzstoffen oder die Anwendung einer Bestrahlung nicht kenntlich macht oder einer nach § 16 Abs. 1 Satz 2 oder Abs. 2 Nr. 1 erlassenen Rechtsverordnung zuwiderhandelt, soweit sie für einen bestimmten Tatbestand auf diese Strafvorschrift verweist,
9. entgegen § 17 Abs. 1 Nr. 1 Lebensmittel oder entgegen § 17 Abs. 1 Nr. 2 Lebensmittel ohne ausreichende Kenntlichmachung in den Verkehr bringt,
10. entgegen § 17 Abs. 1 Nr. 3 einen Zusatzstoff oder eine Bestrahlung anwendet oder entgegen § 17 Abs. 1 Nr. 5 Lebensmittel unter einer irreführenden Bezeichnung, Angabe oder Aufmachung in den Verkehr bringt oder mit einer irreführenden Darstellung oder Aussage wirbt,
11. einer nach § 19 Abs. 1 Nr. 4 Buchstabe a bis c oder Nr. 5 , auch in Verbindung mit Abs. 2 Satz 1, erlassenen Rechtsverordnung zuwiderhandelt, soweit sie für einen bestimmten Tatbestand auf diese Strafvorschrift verweist.

(2) Ebenso wird bestraft, wer

1. entgegen § 20 Abs. 1 Nr. 1 bei dem Herstellen von Tabakerzeugnissen nicht zugelassene Stoffe verwendet, einer nach § 20 Abs. 3 oder einer nach § 21 Abs. 1 Nr. 1 Buchstabe a bis c oder g oder nach § 21 Abs. 1 Nr. 2 in Verbindung mit § 19 Abs. 1 Nr. 4 Buchstabe b und c erlassenen Rechtsverordnung zuwiderhandelt, soweit sie für einen bestimmten Tatbestand auf diese Strafvorschrift verweist, oder Tabakerzeugnisse entgegen § 20 Abs. 1 Nr. 2 oder § 21 Abs. 2 oder Stoffe entgegen § 20 Abs. 1 Nr. 3 in den Verkehr bringt,

2. entgegen § 23 in Verbindung mit § 13 Abs. 1 Nr. 1 bei Tabakerzeugnissen eine nicht zugelassene Bestrahlung anwendet, entgegen § 23 in Verbindung mit § 13 Abs. 1 Nr. 2 Tabakerzeugnisse in den Verkehr bringt oder einer nach § 23 in Verbindung mit § 13 Abs. 2 erlassenen Rechtsverordnung zuwiderhandelt, soweit sie für einen bestimmten Tatbestand auf diese Strafvorschrift verweist,
3. entgegen § 23 in Verbindung mit § 14 Abs. 1 Tabakerzeugnisse in den Verkehr bringt oder einer nach § 23 in Verbindung mit § 14 Abs. 2 Nr. 1 Buchstabe b oder Nr. 2 erlassenen Rechtsverordnung zuwiderhandelt, soweit sie für einen bestimmten Tatbestand auf diese Strafvorschrift verweist,
4. entgegen § 23 in Verbindung mit § 17 Abs. 1 Nr. 1 Tabakerzeugnisse oder entgegen § 23 in Verbindung mit § 17 Abs. 1 Nr. 2 Tabakerzeugnisse ohne ausreichende Kenntlichmachung in den Verkehr bringt,
5. entgegen § 23 in Verbindung mit § 17 Abs. 1 Nr. 5 Tabakerzeugnisse unter einer irreführenden Bezeichnung, Angabe oder Aufmachung in den Verkehr bringt oder mit einer irreführenden Darstellung oder Aussage wirbt,
6. entgegen § 25 Abs. 1 Nr. 1 bei dem Herstellen oder Behandeln von kosmetischen Mitteln nicht zugelassene verschreibungspflichtige Stoffe verwendet, entgegen § 25 Abs. 1 Nr. 2 kosmetische Mittel in den Verkehr bringt oder einer nach § 25 Abs. 2 erlassenen Rechtsverordnung zuwiderhandelt, soweit sie für einen bestimmten Tatbestand auf diese Strafvorschrift verweist,
7. einer nach § 26 Abs. 1 Nr. 1 oder 2 oder nach § 26 Abs. 1 Nr. 3 in Verbindung mit § 32 Abs. 1 Nr. 4 oder 5 oder nach § 26a Nr. 3 erlassenen Rechtsverordnung zuwiderhandelt, soweit sie für einen bestimmten Tatbestand auf diese Strafvorschrift verweist, oder entgegen § 26 Abs. 2 kosmetische Mittel in den Verkehr bringt, die einer nach § 26 Abs. 1 Nr. 2 oder nach § 26 Abs. 1 Nr. 3 in Verbindung mit § 32 Abs. 1 Nr. 5 erlassenen Rechtsverordnung nicht entsprechen,
8. entgegen § 27 Abs. 1 kosmetische Mittel unter einer irreführenden Bezeichnung, Angabe oder Aufmachung in den Verkehr bringt oder mit einer irreführenden Darstellung oder Aussage wirbt,
9. Gegenstände als Bedarfsgegenstände im Sinne des § 5 Abs. 1 Nr. 1 entgegen § 31 Abs. 1 verwendet oder in den Verkehr bringt,
10. einer nach § 32 Abs. 1 Nr. 4, 5 oder 11 erlassenen Rechtsverordnung zuwiderhandelt, soweit sie für einen bestimmten Tatbestand auf diese Strafvorschrift verweist, oder entgegen § 32 Abs. 2 Bedarfsgegenstände in den Verkehr bringt, die einer nach § 32 Abs. 1 Nr. 5 erlassenen Rechtsverordnung nicht entsprechen, oder
11. entgegen § 47a Abs. 4 Abweichungen nicht kenntlich macht.

§ 53 Ordnungswidrigkeiten

(1) Ordnungswidrig handelt, wer eine der in § 52 Abs. 1 Nr. 2 bis 11 oder Abs. 2 bezeichneten Handlungen fahrlässig begeht, in den Fällen des § 52 Abs. 1 Nr. 6 und Abs. 2 Nr. 3 jedoch nur, wer die Stoffe im Sinne des § 14 angewendet oder die Lebensmittel oder Tabakerzeugnisse in den Geltungsbereich dieses Gesetzes verbracht hat.

(2) Ordnungswidrig handelt auch,

1. wer vorsätzlich oder fahrlässig
   a) einer nach § 9 Abs. 1 Nr. 4 Buchstabe c oder § 10 erlassenen Rechtsverordnung zuwiderhandelt, soweit sie für einen bestimmten Tatbestand auf diese Bußgeldvorschrift verweist,
   b) einer Vorschrift des § 17 Abs. 1 Nr. 4 zuwiderhandelt,
   c) einer Vorschrift des § 18 Abs. 1 oder des § 22 Abs. 1 oder 2 oder einer nach § 19a Nr. 2 Buchstabe a, § 21 Abs. 1 Nr. 1 Buchstabe d bis f, i oder j oder einer nach § 22 Abs. 3 erlassenen Rechtsverordnung zuwiderhandelt, soweit sie für einen bestimmten Tatbestand auf diese Bußgeldvorschrift verweist,
   d) einer nach § 26 Abs. 1 Nr. 3 in Verbindung mit § 32 Abs. 1 Nr. 8 oder 9 Buchstabe a oder b, nach § 26 Abs. 1 Nr. 4 oder Abs. 3 Nr. 1 oder nach § 32 Abs. 1 Nr. 6 bis 9a oder 10 erlassenen Rechtsverordnung zuwiderhandelt, soweit sie für einen bestimmten Tatbestand auf diese Bußgeldvorschrift verweist,
   e) entgegen § 32 Abs. 2 Bedarfsgegenstände in den Verkehr bringt, die einer nach § 32 Abs. 1 Nr. 6 erlassenen Rechtsverordnung nicht entsprechen;
   f) entgegen § 40a Satz 1 auch in Verbindung mit Satz 2 nicht oder nicht rechtzeitig unterrichtet;

2. wer eine der in § 51 Abs. 1a oder § 52 Abs. 1 Nr. 1 oder 6 oder Abs. 2 Nr. 3 bezeichneten Handlungen leichtfertig begeht, soweit nicht § 51 Abs. 4 oder Absatz 1 anzuwenden ist.

(3) Die Ordnungswidrigkeit kann mit einer Geldbuße bis zu fünfundzwanzigtausend Euro geahndet werden.

§ 54 Ordnungswidrigkeiten

(1) Ordnungswidrig handelt, wer vorsätzlich oder fahrlässig

1. einer nach § 14 Abs. 2 Nr. 1 Buchstabe c erlassenen Rechtsverordnung zuwiderhandelt, soweit sie für einen bestimmten Tatbestand auf diese Bußgeldvorschrift verweist,
2. einer nach § 19 Abs. 1 Nr. 1, 2, 3 oder 4 Buchstabe d bis f, auch in Verbindung mit Abs. 2 Satz 1 erlassenen Rechtsverordnung zuwiderhandelt, soweit sie für einen bestimmten Tatbestand auf diese Bußgeldvorschrift verweist,

2a. einer nach § 19a Nr. 1, 2 Buchstabe b, Nr. 3, Nr. 2 Buchstabe b und Nr. 3 auch in Verbindung mit Nr. 4 oder Nr. 5 erlassenen Rechtsverordnung zuwiderhandelt, soweit sie für einen bestimmten Tatbestand auf diese Bußgeldvorschrift verweist,

3. einer nach § 29 oder § 32 Abs. 1 Nr. 9b oder 12 erlassenen Rechtsverordnung zuwiderhandelt, soweit sie für einen bestimmten Tatbestand auf diese Bußgeldvorschrift verweist,
4. dem Verbringungsverbot des § 47 Abs. 1 Satz 1 zuwiderhandelt,
5. einer vollziehbaren Anordnung nach § 47b oder § 48 Abs. 1 Nr. 3 zuwiderhandelt.

(2) Ordnungswidrig handelt auch, wer vorsätzlich oder fahrlässig

1. einer nach § 16 Abs. 2 Nr. 2 , § 21 Abs. 1 Nr. 1 Buchstabe h oder nach § 26a Nr. 1 oder 2 erlassenen Rechtsverordnung zuwiderhandelt, soweit sie für einen bestimmten Tatbestand auf diese Bußgeldvorschrift verweist,
2. entgegen § 43 eine Maßnahme der Überwachung nach § 41 Abs. 3 Nr. 1, 2 oder 3 oder eine Probenahme nach § 42 Abs. 1 oder 4 nicht duldet, eine Auskunft nach § 41 Abs. 3 Nr. 4 nicht, nicht vollständig oder nicht richtig erteilt oder eine in der Überwachung tätige Person nicht unterstützt,

2a. entgegen § 46d Abs. 3 Satz 2 eine Maßnahme oder eine Probenahme nicht duldet oder eine bei der Durchführung des Lebensmittel-Monitoring tätige Person nicht unterstützt,

3. einer nach § 48 Abs. 2 oder einer nach § 49 Abs. 1 oder Abs. 2 Satz 1 erlassenen Rechtsverordnung zuwiderhandelt, soweit sie für einen bestimmten Tatbestand auf diese Bußgeldvorschrift verweist,
4. entgegen § 50 Abs. 3 Erzeugnisse nicht getrennt hält oder nicht kenntlich macht.

(3) Die Ordnungswidrigkeit kann in den Fällen des Absatzes 1 mit einer Geldbuße bis zu fünfzehntausend Euro, in den Fällen des Absatzes 2 mit einer Geldbuße bis zu fünftausend Euro geahndet werden.

§ 55 Einziehung

Gegenstände, auf die sich eine Straftat nach § 51 oder § 52 oder eine Ordnungswidrigkeit nach § 53 oder § 54 bezieht, können eingezogen werden. § 74a des Strafgesetzbuches und § 23 des Gesetzes über Ordnungswidrigkeiten sind anzuwenden.

Unterabschnitt B: Verstöße gegen Recht der Europäischen Gemeinschaft

§ 56 Straftaten

(1) Mit Freiheitsstrafe bis zu drei Jahren oder mit Geldstrafe wird bestraft, wer einer unmittelbar geltenden Vorschrift in Rechtsakten der Europäischen Gemeinschaft zuwiderhandelt, die inhaltlich

1. einer Regelung, zu der die in
   a) § 51 Abs. 1 Nr. 2, 4 oder 6 oder
   b) § 51 Abs. 1a Nr. 3

   genannten Vorschriften ermächtigen, oder

2. einem in
   a) § 51 Abs. 1 oder
   b) § 51 Abs. 1a Nr. 1 oder 2

   genannten Gebot oder Verbot

entspricht, soweit eine Rechtsverordnung nach § 60 für einen bestimmten Tatbestand auf diese Strafvorschrift verweist.

(2) § 51 Abs. 2 und 3 ist entsprechend anzuwenden.

(3) Wer in den Fällen des Absatzes 1 fahrlässig handelt, wird mit Freiheitsstrafe bis zu einem Jahr oder mit Geldstrafe bestraft.

§ 57 Straftaten

Mit Freiheitsstrafe bis zu einem Jahr oder mit Geldstrafe wird bestraft, wer einer unmittelbar geltenden Vorschrift in Rechtsakten der Europäischen Gemeinschaft zuwiderhandelt, die inhaltlich

1. einer Regelung, zu der die in
   a) § 52 Abs. 1 Nr. 1 ,
   b) § 52 Abs. 1 Nr. 2, 4, 5, 8 oder 11 oder Abs. 2 Nr. 1, 2, 6, 7 oder 10,
   c) § 52 Abs. 1 Nr. 6 oder
   d) § 52 Abs. 2 Nr. 3

   genannten Vorschriften ermächtigen, oder
2. einem in
   a) § 52 Abs. 1 Nr. 3, 5 oder 8 bis 10 oder Abs. 2 Nr. 1, 2 oder 4 bis 11 oder
   b) § 52 Abs. 1 Nr. 6 oder Abs. 2 Nr. 3

   genannten Gebot oder Verbot

entspricht, soweit eine Rechtsverordnung nach § 60 auf diese Strafvorschrift verweist.

§ 58 Ordnungswidrigkeiten

(1) Ordnungswidrig handelt, wer eine der in § 57 Nr. 1 Buchstabe b, c oder d oder Nr. 2 bezeichneten Handlungen fahrlässig begeht. Für eine Handlung nach § 57 Nr. 1 Buchstabe c oder d oder Nr. 2 Buchstabe b gilt dies jedoch nur, wenn er die Stoffe im Sinne des § 14 angewendet oder die Lebensmittel oder Tabakerzeugnisse in den Geltungsbereich dieses Gesetzes verbracht hat.

(2) Ordnungswidrig handelt auch, wer

1. vorsätzlich oder fahrlässig einer unmittelbar geltenden Vorschrift in Rechtsakten der Europäischen Gemeinschaft zuwiderhandelt, die inhaltlich
   a) einer Regelung, zu der die in § 53 Abs. 2 Nr. 1 Buchstabe a, c oder d genannten Vorschriften ermächtigen, oder
   b) einem in § 53 Abs. 2 Nr. 1 Buchstabe b, c oder e genannten Gebot oder Verbot

   entspricht, soweit eine Rechtsverordnung nach § 60 auf diese Bußgeldvorschrift verweist, oder
2. eine der in § 56 Abs. 1 Nr. 1 Buchstabe b oder Nr. 2 Buchstabe b oder in § 57 Nr. 1 Buchstabe a, c oder d oder Nr. 2 Buchstabe b bezeichneten Handlungen leichtfertig begeht, soweit nicht Absatz 1 oder § 56 Abs. 3 anzuwenden ist.

(3) Die Ordnungswidrigkeit kann mit einer Geldbuße bis zu fünfundzwanzigtausend Euro geahndet werden.

§ 59 Ordnungswidrigkeiten

(1) Ordnungswidrig handelt, wer vorsätzlich oder fahrlässig einer unmittelbar geltenden Vorschrift in Rechtsakten der Europäischen Gemeinschaft zuwiderhandelt, die inhaltlich

1. einer Regelung, zu der die in § 54 Abs. 1 Nr. 1 bis 3 genannten Vorschriften ermächtigen, oder
2. a) einer Regelung, zu der die in § 54 Abs. 2 Nr. 1 oder 3 genannten Vorschriften ermächtigen, oder
   b) einem in § 54 Abs. 2 Nr. 2 oder 2a genannten Gebot oder Verbot

entspricht, soweit eine Rechtsverordnung nach § 60 auf diese Bußgeldvorschrift verweist.

(2) Die Ordnungswidrigkeit kann in den Fällen des Absatzes 1 Nr. 1 mit einer Geldbuße bis zu fünfzehntausend Euro, in den Fällen des Absatzes 1 Nr. 2 mit einer Geldbuße bis zu fünftausend Euro geahndet werden.

§ 60 Ermächtigungen

Das Bundesministerium wird ermächtigt, soweit dies zur Durchsetzung der Rechtsakte der Europäischen Gemeinschaft erforderlich ist, durch Rechtsverordnung ohne Zustimmung des Bundesrates die Tatbestände zu bezeichnen, die

1. als Straftat nach § 56 Abs. 1 oder § 57 zu ahnden sind oder
2. als Ordnungswidrigkeit nach § 58 Abs. 2 Nr. 1 oder § 59 Abs. 1 geahndet werden können.

§ 61 Einziehung

Gegenstände, auf die sich eine Straftat nach § 56 oder 57 oder eine Ordnungswidrigkeit nach § 58 oder 59 bezieht, können eingezogen werden. § 74a des Strafgesetzbuches und § 23 des Gesetzes über Ordnungswidrigkeiten sind anzuwenden.

Gesetz zur Verhütung und Bekämpfung von Infektionskrankheiten beim Menschen – Infektionsschutzgesetz (IfSG)[1)]

Inhaltsübersicht

---

1) In der Fassung vom 20. Juli 2000, BGBl. I S. 1045, zuletzt geändert durch Art. 11 § 3 des Gesetzes vom 06.08.2002, BGBl. I S. 3082.

---

1. Abschnitt: Allgemeine Vorschriften

§1 Zweck des Gesetzes

(1) Zweck des Gesetzes ist es, übertragbaren Krankheiten beim Menschen vorzubeugen, Infektionen frühzeitig zu erkennen und ihre Weiterverbreitung zu verhindern.

(2) Die hierfür notwendige Mitwirkung und Zusammenarbeit von Behörden des Bundes, der Länder und der Kommunen, Ärzten, Tierärzten, Krankenhäusern, wissenschaftlichen Einrichtungen sowie sonstigen Beteiligten soll entsprechend dem jeweiligen Stand der medizinischen und epidemiologischen Wissenschaft und Technik gestaltet und unterstützt werden. Die Eigenverantwortung der Träger und Leiter von Gemeinschaftseinrichtungen, Lebensmittelbetrieben, Gesundheitseinrichtungen sowie des Einzelnen bei der Prävention übertragbarer Krankheiten soll verdeutlicht und gefördert werden.

§ 2 Begriffsbestimmungen

Im Sinne dieses Gesetzes ist

1. Krankheitserreger
   ein vermehrungsfähiges Agens (Virus, Bakterium, Pilz, Parasit) oder ein sonstiges biologisches transmissibles Agens, das bei Menschen eine Infektion oder übertragbare Krankheit verursachen kann,
2. Infektion
   die Aufnahme eines Krankheitserregers und seine nachfolgende Entwicklung oder Vermehrung im menschlichen Organismus,
3. übertragbare Krankheit
   eine durch Krankheitserreger oder deren toxische Produkte, die unmittelbar oder mittelbar auf den Menschen übertragen werden, verursachte Krankheit,
4. Kranker
   eine Person, die an einer übertragbaren Krankheit erkrankt ist
5. Krankheitsverdächtiger
   eine Person, bei der Symptome bestehen, welche das Vorliegen einer bestimmten übertragbaren Krankheit vermuten lassen,
6. Ausscheider
   eine Person, die Krankheitserreger ausscheidet und dadurch eine Ansteckungsquelle für die Allgemeinheit sein kann, ohne krank oder krankheitsverdächtig zu sein,
7. Ansteckungsverdächtiger
   eine Person, von der anzunehmen ist, dass sie Krankheitserreger aufgenommen hat, ohne krank, krankheitsverdächtig oder Ausscheider zu sein,
8. nosokomiale Infektion
   eine Infektion mit lokalen oder systemischen Infektionszeichen als Reaktion auf das Vorhandensein von Erregern oder ihrer Toxine, die im zeitlichen Zusammenhang mit einer stätionären oder einer ambulanten medizinischen Maßnahme steht, soweit die Infektion nicht bereits vorher bestand,
9. Schutzimpfung
   die Gabe eines Impfstoffes mit dem Ziel, vor einer übertragbaren Krankheit zu schützen,
10. andere Maßnahme der spezifischen Prophylaxe
    die Gabe von Antikörpern (passive Immunprophylaxe) oder die Gabe von Medikamenten (Chemoprophylaxe) zum Schutz vor Weiterverbreitung bestimmter übertragbarer Krankheiten,
11. Impfschaden
    die gesundheitliche und wirtschaftliche Folge einer über das übliche Ausmaß einer Impfreaktion hinausgehenden gesundheitlichen Schädigung durch die Schutzimpfung; ein Impfschaden liegt auch vor, wenn mit vermehrungsfähigen Erregern geimpft wurde und eine andere als die geimpfte Person geschädigt wurde,
12. Gesundheitsschädling
    ein Tier, durch das Krankheitserreger auf Menschen übertragen werden können,
13. Sentinel-Erhebung
    eine epidemiologische Methode zur stichprobenartigen Erfassung der Verbreitung bestimmter übertragbarer Krankheiten und der Immunität gegen bestimmte übertragbare Krankheiten in ausgewählten Bevölkerungsgruppen,
14. Gesundheitsamt
    die nach Landesrecht für die Durchführung dieses Gesetzes bestimmte und mit einem Amtsarzt besetzte Behörde.

§ 3 Prävention durch Aufklärung

Die Information und Aufklärung der Allgemeinheit über die Gefahren übertragbarer Krankheiten und die Möglichkeiten zu deren Verhütung sind eine öffentliche Aufgabe. Insbesondere haben die nach Landesrecht zuständigen Stellen über Möglichkeiten des allgemeinen und individuellen Infektionsschutzes sowie über Beratungs-, Betreuungs- und Versorgungsangebote zu informieren.

2. Abschnitt: Koordinierung und Früherkennung

§ 4 Aufgaben des Robert Koch-Institutes

(1) Das Robert Koch-Institut hat im Rahmen dieses Gesetzes die Aufgabe, Konzeptionen zur Vorbeugung übertragbarer Krankheiten sowie zur frühzeitigen Erkennung und Verhinderung der Weiterverbreitung von Infektionen zu entwickeln. Dies schließt die Entwicklung und Durchführung epidemiologischer und laborgestützter Analysen sowie Forschung zu Ursache, Diagnostik und Prävention übertragbarer Krankheiten ein. Auf dem Gebiet der Zoonosen und mikrobiell bedingten Lebensmittelvergiftungen ist das Bundesinstitut für Risikobewertung zu beteiligen. Auf Ersuchen einer obersten Landesgesundheitsbehörde berät das Robert Koch-Institut die zuständigen Stellen bei Maßnahmen zur Vorbeugung, Erkennung und Verhinderung der Weiterverbreitung von schwerwiegenden übertragbaren Krankheiten und die obersten Landesgesundheitsbehörden bei Länder übergreifenden Maßnahmen. Es arbeitet mit den jeweils zuständigen Bundesbehörden, den zuständigen Länderbehörden, den nationalen Referenzzentren, weiteren wissenschaftlichen Einrichtungen und Fachgesellschaften sowie ausländischen und internationalen Organisationen und Behörden zusammen und nimmt die Koordinierungsaufgaben im Rahmen des Europäischen Netzes für die epidemiologische Überwachung und die Kontrolle übertragbarer Krankheiten wahr.

(2) Das Robert Koch-Institut

1. erstellt im Benehmen mit den jeweils zuständigen Bundesbehörden für Fachkreise als Maßnahme des vorbeugenden Gesundheitsschutzes Richtlinien, Empfehlungen, Merkblätter und sonstige Informationen zur Vorbeugung, Erkennung und Verhinderung der Weiterverbreitung übertragbarer Krankheiten,
2. hat entsprechend den jeweiligen epidemiologischen Erfordernissen
   a) Kriterien (Falldefinitionen) für die Übermittlung eines Erkrankungs- oder Todesfalls und eines Nachweises von Krankheitserregern zur erstellen,
   b) die nach § 23 Abs. 1 zu erfassenden nosokomialen Infektionen und Krankheitserreger mit speziellen Resistenzen und Multiresistenzen festzulegen,

   in einer Liste im Bundesgesundheitsblatt zu veröffentlichen und fortzuschreiben,
3. fasst die nach diesem Gesetz übermittelten Meldungen zusammen, um sie infektionsepidemiologisch auszuwerten,
4. stellt die Zusammenfassungen und die Ergebnisse der infektionsepidemiologischen Auswertungen den jeweils zuständigen Bundesbehörden, dem Sanitätsamt der Bundeswehr, den obersten Landesgesundheitsbehörden, den Gesundheitsämtern, den Landesärztekammern, den Spitzenverbänden der gesetzlichen Krankenkassen, der Kassenärztlichen Bundesvereinigung, der Berufsgenossenschaftlichen Zentrale für Sicherheit und Gesundheit (BGZ) und der Deutschen Krankenhausgesellschaft zur Verfügung und veröffentlicht diese periodisch,
5. kann zur Erfüllung der Aufgaben nach diesem Gesetz Sentinel-Erhebungen nach den §§ 13 und 14 durchführen.

§ 5 Bund-Länder-Informationsverfahren

Die Bundesregierung erstellt durch allgemeine Verwaltungsvorschrift mit Zustimmung des Bundesrates einen Plan zur gegenseitigen Information von Bund und Ländern in epidemisch bedeutsamen Fällen mit dem Ziel,

1. die Einschleppung bedrohlicher übertragbarer Krankheiten in die Bundesrepublik Deutschland oder ihre Ausbreitung zu verhindern,
2. beim örtlich oder zeitlich gehäuften Auftreten bedrohlicher übertragbarer Krankheiten oder bedrohlicher Erkrankungen, bei denen Krankheitserreger als Ursache in Betracht kommen und eine landesübergreifende Ausbreitung zu befürchten ist, die erforderlichen Maßnahmen einzuleiten.

In der Verwaltungsvorschrift kann auch eine Zusammenarbeit der beteiligten Behörden von Bund und Ländern und anderen beteiligten Stellen geregelt werden.

3. Abschnitt: Meldewesen

§ 6 Meldepflichtige Krankheiten

(1) Namentlich ist zu melden:

1. der Krankheitsverdacht, die Erkrankung sowie der Tod an
   a) Botulismus
   b) Cholera
   c) Diphtherie
   d) humaner spongiformer Enzephalopathie, außer familiär-hereditärer Formen
   e) akuter Virushepatitis
   f) enteropathischem hämolytisch-urämischem Syndrom (HUS)
   g) virusbedingtem hämorrhagischen Fieber
   h) Masern
   i) Meningokokken-Meningitis oder -Sepsis
   j) Milzbrand
   k) Poliomyelitis (als Verdacht gilt jede akute schlaffe Lähmung, außer wenn traumatisch bedingt)
   l) Pest
   m) Tollwut
   n) Typhus abdominalis/Paratyphus

   sowie die Erkrankung und der Tod an einer behandlungsbedürftigen Tuberkulose, auch wenn ein bakteriologischer Nachweis nicht vorliegt,
2. der Verdacht auf und die Erkrankung an einer mikrobiell bedingten Lebensmittelvergiftung oder an einer akuten infektiösen Gastroenteritis, wenn
   a) eine Person betroffen ist, die eine Tätigkeit im Sinne des § 42 Abs. 1 ausübt,
   b) zwei oder mehr gleichartige Erkrankungen auftreten, bei denen ein epidemischer Zusammenhang wahrscheinlich ist oder vermutet wird,
3. der Verdacht einer über das übliche Ausmaß einer Impfreaktion hinausgehenden gesundheitlichen Schädigung,
4. die Verletzung eines Menschen durch ein tollwutkrankes, -verdächtiges oder -ansteckungsverdächtiges Tier sowie die Berührung eines solchen Tieres oder Tierkörpers,
5. soweit nicht nach den Nummern 1 bis 4 meldepflichtig, das Auftreten
   a) einer bedrohlichen Krankheit oder
   b) von zwei oder mehr gleichartigen Erkrankungen, bei denen ein epidemischer Zusammenhang wahrscheinlich ist oder vermutet wird,

   wenn dies auf eine schwerwiegende Gefahr für die Allgemeinheit hinweist und Krankheitserreger als Ursache in Betracht kommen, die nicht in § 7 genannt sind.

Die Meldung nach Satz 1 hat gemäß § 8 Abs. 1 Nr. 1, 3 bis 8, § 9 Abs. 1, 2, 3 Satz 1 oder 3 oder Abs. 4 zu erfolgen.

(2) Dem Gesundheitsamt ist über die Meldung nach Absatz 1 Nr. 1 hinaus mitzuteilen, wenn Personen, die an einer behandlungsbedürftigen Lungentuberkulose leiden, eine Behandlung verweigern oder abbrechen. Die Meldung nach Satz 1 hat gemäß § 8 Abs. 1 Nr. 1, § 9 Abs. 1 und 3 Satz 1 oder 3 zu erfolgen.

(3) Dem Gesundheitsamt ist unverzüglich das gehäufte Auftreten nosokomialer Infektionen, bei denen ein epidemischer Zusammenhang wahrscheinlich ist oder vermutet wird, als Ausbruch nichtnamentlich zu melden. Die

Meldung nach Satz 1 hat gemäß § 8 Abs. 1 Nr. 1, 3 und 5, § 10 Abs. 1 Satz 3, Abs. 3 und 4 Satz 3 zu erfolgen.

§ 7 Meldepflichtige Nachweise von Krankheitserregern

(1) Namentlich ist bei folgenden Krankheitserregern, soweit nicht anders bestimmt, der direkte oder indirekte Nachweis zu melden, soweit die Nachweise auf eine akute Infektion hinweisen:

1. Adenoviren; Meldepflicht nur für den direkten Nachweis im Konjunktivalabstrich
2. Bacillus anthracis
3. Borrelia recurrentis
4. Brucella sp.
5. Campylobacter sp., darmpathogen
6. Chlamydia psittaci
7. Clostridium botulinum oder Toxinnachweis
8. Corynebacterium diphtheriae, Toxin bildend
9. Coxiella burnetii
10. Cryptosporidium parvum
11. Ebolavirus
12. a) Escherichia coli, enterohämorrhagische Stämme (EHEC)
    b) Escherichia coli, sonstige darmpathogene Stämme
13. Francisella tularensis
14. FSME-Virus
15. Gelbfiebervirus
16. Giardia lamblia
17. Haemophilus influenzae; Meldepflicht nur für den direkten Nachweis aus Liquor oder Blut
18. Hantaviren
19. Hepatitis-A-Virus
20. Hepatitis-B-Virus
21. Hepatitis-C-Virus; Meldepflicht für alle Nachweise, soweit nicht bekannt ist, dass eine chronische Infektion vorliegt
22. Hepatitis-D-Virus
23. Hepatitis-E-Virus
24. Influenzaviren; Meldepflicht nur für den direkten Nachweis
25. Lassavirus
26. Legionella sp.
27. Leptospira interrogans
28. Listeria monocytogenes; Meldepflicht nur für den direkten Nachweis aus Blut, Liquor oder anderen normalerweise sterilen Substraten sowie aus Abstrichen von Neugeborenen
29. Marburgvirus
30. Masernvirus
31. Mycobacterium leprae
32. Mycobacterium tuberculosis/africanum, Mycobacterium bovis; Meldepflicht für den direkten Erregernachweis sowie nachfolgend für das Ergebnis der Resistenzbestimmung; vorab auch für den Nachweis säurefester Stäbchen im Sputum
33. Neisseria meningitidis; Meldepflicht nur für den direkten Nachweis aus Liquor, Blut, hämorrhagischen Hautinfiltraten oder anderen normalerweise sterilen Substraten
34. Norwalk-ähnliches Virus; Meldepflicht nur für den direkten Nachweis aus Stuhl
35. Poliovirus
36. Rabiesvirus

37. Rickettsia prowazekii
38. Rotavirus
39. Salmonella Paratyphi; Meldepflicht für alle direkten Nachweise
40. Salmonella Typhi; Meldepflicht für alle direkten Nachweise
41. Salmonella, sonstige
42. Shigella sp.
43. Trichinella spiralis
44. Vibrio cholerae O 1 und O 139
45. Yersinia enterocolitica, darmpathogen
46. Yersinia pestis
47. andere Erreger hämorrhagischer Fieber.

Die Meldung nach Satz 1 hat gemäß § 8 Abs. 1 Nr. 2, 3, 4 und Abs. 4, § 9 Abs. 1, 2, 3 Satz 1 oder 3 zu erfolgen.

(2) Namentlich sind in dieser Vorschrift nicht genannte Krankheitserreger zu melden, soweit deren örtliche und zeitliche Häufung auf eine schwerwiegende Gefahr für die Allgemeinheit hinweist. Die Meldung nach Satz 1 hat gemäß § 8 Abs. 1 Nr. 2, 3 und Abs. 4, § 9 Abs. 2, 3 Satz 1 oder 3 zu erfolgen.

(3) Nichtnamentlich ist bei folgenden Krankheitserregern der direkte oder indirekte Nachweis zu melden:

1. Treponema pallidum
2. HIV
3. Echinococcus sp.
4. Plasmodium sp.
5. Rubellavirus; Meldepflicht nur bei konnatalen Infektionen
6. Toxoplasma gondii; Meldepflicht nur bei konnatalen Infektionen.

Die Meldung nach Satz 1 hat gemäß § 8 Abs. 1 Nr. 2, 3 und Abs. 4, § 10 Abs. 1 Satz 1, Abs. 3, 4 Satz 1 zu erfolgen.

§ 8 Zur Meldung verpflichtete Personen

(1) Zur Meldung oder Mitteilung sind verpflichtet:

1. im Falle des § 6 der feststellende Arzt; in Krankenhäusern oder anderen Einrichtungen der stationären Pflege ist für die Einhaltung der Meldepflicht neben dem feststellenden Arzt auch der leitende Arzt, in Krankenhäusern mit mehreren selbständigen Abteilungen der leitende Abteilungsarzt, in Einrichtungen ohne leitenden Arzt der behandelnde Arzt verantwortlich,
2. im Falle des § 7 die Leiter von Medizinaluntersuchungsämtern und sonstigen privaten oder öffentlichen Untersuchungsstellen einschließlich der Krankenhauslaboratorien,
3. im Falle der §§ 6 und 7 die Leiter von Einrichtungen der pathologisch-anatomischen Diagnostik, wenn ein Befund erhoben wird, der sicher oder mit hoher Wahrscheinlichkeit auf das Vorliegen einer meldepflichtigen Erkrankung oder Infektion durch einen meldepflichtigen Krankheitserreger schließen lässt,
4. im Falle des § 6 Abs. 1 Nr. 4 und im Falle des § 7 Abs. 1 Nr. 36 bei Tieren, mit denen Menschen Kontakt gehabt haben, auch der Tierarzt,
5. im Falle des § 6 Abs. 1 Nr. 1, 2 und 5 und Abs. 3 Angehörige eines anderen Heil- oder Pflegeberufs, der für die Berufsausübung oder die Führung der Berufsbezeichnung eine staatlich geregelte Ausbildung oder Anerkennung erfordert,
6. im Falle des § 6 Abs. 1 Nr. 1, 2 und 5 der verantwortliche Luftfahrzeugführer oder der Kapitän eines Seeschiffes,
7. im Falle des § 6 Abs. 1 Nr. 1, 2 und 5 die Leiter von Pflegeeinrichtungen, Justizvollzugsanstalten, Heimen, Lagern oder ähnlichen Einrichtungen,
8. im Falle des § 6 Abs. 1 der Heilpraktiker.

(2) Die Meldepflicht besteht nicht für Personen des Not- und Rettungsdienstes, wenn der Patient unverzüglich in eine ärztlich geleitete Einrichtung gebracht wurde. Die Meldepflicht besteht für die in Absatz 1 Nr. 5 bis 7 bezeichneten Personen nur, wenn ein Arzt nicht hinzugezogen wurde.

(3) Die Meldepflicht besteht nicht, wenn dem Meldepflichtigen ein Nachweis vorliegt, dass die Meldung bereits erfolgte und andere als die bereits gemeldeten Angaben nicht erhoben wurden. Satz 1 gilt auch für Erkrankungen, bei denen der Verdacht bereits gemeldet wurde.

(4) Absatz 1 Nr. 2 gilt entsprechend für Personen, die die Untersuchung zum Nachweis von Krankheitserregern außerhalb des Geltungsbereichs dieses Gesetzes durchführen lassen.

(5) Der Meldepflichtige hat dem Gesundheitsamt unverzüglich mitzuteilen, wenn sich eine Verdachtsmeldung nicht bestätigt hat.

§ 9 Namentliche Meldung

(1) Die namentliche Meldung durch eine der in § 8 Abs. 1 Nr. 1, 4 bis 8 genannten Personen muss folgende Angaben enthalten:

1. Name, Vorname des Patienten
2. Geschlecht
3. Tag, Monat und Jahr der Geburt
4. Anschrift der Hauptwohnung und, falls abweichend: Anschrift des derzeitigen Aufenthaltsortes
5. Tätigkeit in Einrichtungen im Sinne des § 36 Abs. 1 oder 2; Tätigkeit im Sinne des § 42 Abs. 1 bei akuter Gastroenteritis, akuter Virushepatitis, Typhus abdominalis/Paratyphus und Cholera
6. Betreuung in einer Gemeinschaftseinrichtung gemäß § 33
7. Diagnose beziehungsweise Verdachtsdiagnose
8. Tag der Erkrankung oder Tag der Diagnose, gegebenenfalls Tag des Todes
9. wahrscheinliche Infektionsquelle
10. Land, in dem die Infektion wahrscheinlich erworben wurde; bei Tuberkulose Geburtsland und Staatsangehörigkeit
11. Name, Anschrift und Telefonnummer der mit der Erregerdiagnostik beauftragten Untersuchungsstelle
12. Überweisung in ein Krankenhaus beziehungsweise Aufnahme in einem Krankenhaus oder einer anderen Einrichtung der stationären Pflege und Entlassung aus der Einrichtung, soweit dem Meldepflichtigen bekannt
13. Blut-, Organ- oder Gewebespende in den letzten sechs Monaten
14. Name, Anschrift und Telefonnummer des Meldenden
15. bei einer Meldung nach § 6 Abs. 1 N r. 3 die Angaben nach § 22 Abs. 2.

Bei den in § 8 Abs. 1 Nr. 4 bis 8 genannten Personen beschränkt sich die Meldepflicht auf die ihnen vorliegenden Angaben.

(2) Die namentliche Meldung durch eine in § 8 Abs. 1 Nr. 2 und 3 genannte Person muss folgende Angaben enthalten:

1. Name, Vorname des Patienten
2. Geschlecht, soweit die Angabe vorliegt
3. Tag, Monat und Jahr der Geburt, soweit die Angaben vorliegen
4. Anschrift der Hauptwohnung und, falls abweichend: Anschrift des derzeitigen Aufenthaltsortes, soweit die Angaben vorliegen
5. Art des Untersuchungsmaterials
6. Eingangsdatum des Untersuchungsmaterials

7. Nachweismethode
8. Untersuchungsbefund
9. Name, Anschrift und Telefonnummer des einsendenden Arztes beziehungsweise des Krankenhauses
10. Name, Anschrift und Telefonnummer des Meldenden.

Der einsendende Arzt hat bei einer Untersuchung auf Hepatitis C dem Meldepflichtigen mitzuteilen, ob ihm eine chronische Hepatitis C bei dem Patienten bekannt ist.

(3) Die namentliche Meldung muss unverzüglich, spätestens innerhalb von 24 Stunden nach erlangter Kenntnis gegenüber dem für den Aufenthalt des Betroffenen zuständigen Gesundheitsamt, im Falle des Absatzes 2 gegenüber dem für den Einsender zuständigen Gesundheitsamt erfolgen. Eine Meldung darf wegen einzelner fehlender Angaben nicht verzögert werden. Die Nachmeldung oder Korrektur von Angaben hat unverzüglich nach deren Vorliegen zu erfolgen. Liegt die Hauptwohnung oder der gewöhnliche Aufenthaltsort der betroffenen Person im Bereich eines anderen Gesundheitsamtes, so hat das unterrichtete Gesundheitsamt das für die Hauptwohnung, bei mehreren Wohnungen das für den gewöhnlichen Aufenthaltsort des Betroffenen zuständige Gesundheitsamt unverzüglich zu benachrichtigen.

(4) Der verantwortliche Luftfahrzeugführer oder der Kapitän eines Seeschiffes meldet unterwegs festgestellte meldepflichtige Krankheiten an den Flughafen- oder Hafenarzt des inländischen Ziel- und Abfahrtsortes. Die dort verantwortlichen Ärzte melden an das für den jeweiligen Flughafen oder Hafen zuständige Gesundheitsamt.

(5) Das Gesundheitsamt darf die gemeldeten personenbezogenen Daten nur für seine Aufgaben nach diesem Gesetz verarbeiten und nutzen. Personenbezogene Daten sind zu löschen, wenn ihre Kenntnis für das Gesundheitsamt zur Erfüllung der in seiner Zuständigkeit liegenden Aufgaben nicht mehr erforderlich ist, Daten zu § 7 Abs. 1 Nr. 21 spätestens jedoch nach drei Jahren.

§ 10 Nichtnamentliche Meldung

(1) Die nichtnamentliche Meldung nach § 7 Abs. 3 muss folgende Angaben enthalten:

1. im Falle des § 7 Abs. 3 Nr. 2 eine fallbezogene Verschlüsselung gemäß Absatz 2
2. Geschlecht
3. Monat und Jahr der Geburt
4. erste drei Ziffern der Postleitzahl der Hauptwohnung
5. Untersuchungsbefund
6. Monat und Jahr der Diagnose
7. Art des Untersuchungsmaterials
8. Nachweismethode
9. wahrscheinlicher Infektionsweg, wahrscheinliches Infektionsrisiko
10. Land, in dem die Infektion wahrscheinlich erworben wurde
11. Name, Anschrift und Telefonnummer des Meldenden
12. bei Malaria Angaben zur Expositions- und Chemoprophylaxe.

Der einsendende Arzt hat den Meldepflichtigen insbesondere bei den Angaben zu den Nummern 9, 10 und 12 zu unterstützen. Die nichtnamentliche Meldung nach § 6 Abs. 3 muss die Angaben nach den Nummern 5, 9 und 11 sowie Name und Anschrift der betroffenen Einrichtung enthalten.

(2) Die fallbezogene Verschlüsselung besteht aus dem dritten Buchstaben des ersten Vornamens in Verbindung mit der Anzahl der Buchstaben des ersten Vornamens sowie dem dritten Buchstaben des ersten Nachnamens in Verbindung mit der Anzahl der Buchstaben des ersten Nachnamens. Bei Doppelnamen wird jeweils nur der erste Teil des Namens berücksichtigt; Umlaute werden in zwei Buchstaben dargestellt. Namenszusätze bleiben unberücksichtigt.

(3) Bei den in § 8 Abs. 1 Nr. 3 und 5 genannten Personen beschränkt sich der Umfang der Meldung auf die ihnen vorliegenden Angaben.

(4) Die nichtnamentliche Meldung nach § 7 Abs. 3 muss innerhalb von zwei Wochen gegenüber dem Robert Koch-Institut erfolgen. Es ist ein vom Robert Koch-Institut erstelltes Formblatt oder ein geeigneter Datenträger zu verwenden. Für die nichtnamentliche Meldung nach § 6 Abs. 3 gilt § 9 Abs. 3 Satz 1 bis 3 entsprechend.

(5) Die Angaben nach Absatz 2 und die Angaben zum Monat der Geburt dürfen vom Robert Koch-Institut lediglich zu der Prüfung verarbeitet und genutzt werden, ob verschiedene Meldungen sich auf dieselbe Person beziehen. Sie sind zu löschen, sobald nicht mehr zu erwarten ist, dass die damit bewirkte Einschränkung der Prüfungen nach Satz 1 eine nicht unerhebliche Verfälschung der aus den Meldungen zu gewinnenden epidemiologischen Beurteilung bewirkt, jedoch spätestens nach zehn Jahren.

§ 11 Übermittlungen durch das Gesundheitsamt und die zuständige Landesbehörde

(1) Die an das Gesundheitsamt der Hauptwohnung namentlich gemeldeten Erkrankungen, Todesfälle sowie Nachweise von Krankheitserregern werden gemäß den nach § 4 Abs. 2 Nr. 2 Buchstabe a veröffentlichten Falldefinitionen zusammengeführt und wöchentlich, spätestens am dritten Arbeitstag der folgenden Woche, an die zuständige Landesbehörde sowie von dort innerhalb einer Woche an das Robert Koch-Institut ausschließlich mit folgenden Angaben übermittelt:

1. Geschlecht
2. Monat und Jahr der Geburt
3. zuständiges Gesundheitsamt
4. Tag der Erkrankung oder Tag der Diagnose, gegebenenfalls Tag des Todes und wenn möglich Zeitpunkt oder Zeitraum der Infektion
5. Art der Diagnose
6. wahrscheinlicher Infektionsweg, wahrscheinliches Infektionsrisiko, Zugehörigkeit zu einer Erkrankungshäufung
7. Land, soweit die Infektion wahrscheinlich im Ausland erworben wurde
8. bei Tuberkulose Geburtsland und Staatsangehörigkeit
9. Aufnahme in einem Krankenhaus.

Für die Übermittlungen von den zuständigen Landesbehörden an das Robert Koch-Institut bestimmt das Robert Koch-Institut die Formblätter, die Datenträger, den Aufbau der Datenträger und der einzelnen Datensätze. Die Sätze 1 und 2 gelten auch für Berichtigungen und Ergänzungen früherer Übermittlungen.

(2) Der dem Gesundheitsamt gemäß § 6 Abs. 1 Nr. 3 gemeldete Verdacht einer über das übliche Ausmaß einer Impfreaktion hinausgehenden gesundheitlichen Schädigung sowie der dem Gesundheitsamt gemeldete Fall, bei dem der Verdacht besteht, dass ein Arzneimittel die Infektionsquelle ist, sind vom Gesundheitsamt unverzüglich der zuständigen Landesbehörde und der nach § 77 Arzneimittelgesetz jeweils zuständigen Bundesoberbehörde zu übermitteln. Die Übermittlung muss, soweit ermittelbar, alle notwendigen Angaben, wie Bezeichnung des Produktes, Name oder Firma des pharmazeutischen Unternehmers und die Chargenbezeichnung, bei Impfungen zusätzlich den Zeitpunkt der Impfung und den Beginn der Erkrankung enthalten. Über den gemeldeten Patienten sind ausschließlich das Geburtsdatum, das Geschlecht sowie der erste Buchstabe des ersten Vornamens und der erste Buchstabe des ersten Nachnamens anzugeben. Die zuständige Bundesoberbehörde stellt die Übermittlungen dem Robert Koch-Institut innerhalb einer Woche zur infektionsepidemiologischen Auswertung zur Verfügung. Absatz 1 bleibt unberührt.

(3) Die zuständige Behörde übermittelt über die zuständige Landesbehörde an das Robert Koch-Institut die gemäß Artikel 4 der Entscheidung Nr. 2119/98/EG des Europäischen Parlaments und des Rates vom 24. September 1998 über die Schaffung eines Netzes für die epidemiologische Überwachung und die Kontrolle übertragbarer Krankheiten in der Gemeinschaft (ABl. EG Nr. L 268 S.1) vorgeschriebenen Angaben. Absatz 1 Satz 2 und § 12 Abs. 1 Satz 3 gelten entsprechend.

§ 12 Meldungen an die Weltgesundheitsorganisation und das Europäische Netzwerk

(1) Das Auftreten von Cholera, Diphtherie, Fleckfieber, Gelbfieber, virusbedingtem hämorrhagischem Fieber, Pest, Poliomyelitis, Rückfallfieber sowie Fälle von Influenzavirusnachweisen hat das Gesundheitsamt unverzüglich an die zuständige oberste Landesgesundheitsbehörde und diese unverzüglich dem Robert Koch-Institut zu melden. Das Robert Koch-Institut hat die Meldung entsprechend den internationalen Verpflichtungen an die Weltgesundheitsorganisation zu übermitteln. Das Gesundheitsamt darf im Rahmen dieser Vorschrift nicht übermitteln

1. Name, Vorname
2. Angaben zum Tag der Geburt
3. Angaben zur Hauptwohnung beziehungsweise zum Aufenthaltsort der betroffenen Person
4. Name des Meldenden.

(2) Das Robert Koch-Institut hat die Angaben nach § 11 Abs. 3 der Kommission der Europäischen Union und den zuständigen Behörden der Mitgliedstaaten umgehend zu übermitteln.

(3) Die Länder informieren das Bundesministerium für Gesundheit über unterrichtungspflichtige Tatbestände nach Artikel 6 der Entscheidung Nr. 2119/98/EG des Europäischen Parlaments und des Rates vom 24. September 1998 über die Schaffung eines Netzes für die epidemiologische Überwachung und die Kontrolle übertragbarer Krankheiten in der Gemeinschaft (ABl. EG Nr. L 268 S. 1).

§ 13 Sentinel-Erhebungen

(1) Das Robert Koch-Institut kann in Zusammenarbeit mit ausgewählten Einrichtungen der Gesundheitsvorsorge oder -versorgung Erhebungen zu Personen, die diese Einrichtungen unabhängig von der Erhebung in Anspruch nehmen, koordinieren und durchführen zur Ermittlung:

1. der Verbreitung übertragbarer Krankheiten, wenn diese Krankheiten von großer gesundheitlicher Bedeutung für das Gemeinwohl sind und die Krankheiten wegen ihrer Häufigkeit oder aus anderen Gründen über Einzelfallmeldungen nicht erfasst werden können,
2. des Anteils der Personen, der gegen bestimmte Erreger nicht immun ist, sofern dies notwendig ist, um die Gefährdung der Bevölkerung durch diese Krankheitserreger zu bestimmen.

Die Erhebungen können auch über anonyme unverknüpfbare Testungen an Restblutproben oder anderem geeigneten Material erfolgen. Werden personenbezogene Daten verwendet, die bereits bei der Vorsorge oder Versorgung erhoben wurden, sind diese zu anonymisieren. Bei den Erhebungen dürfen keine Daten erhoben werden, die eine Identifizierung der in die Untersuchung einbezogenen Personen erlauben.

(2) Die an einer Sentinel-Erhebung nach Absatz 1 freiwillig teilnehmenden Ärzte, die verantwortlichen ärztlichen Leiter von Krankenhäusern oder anderen medizinischen Einrichtungen einschließlich der Untersuchungsstellen berichten dem Robert Koch-Institut auf einem von diesem erstellten Formblatt oder anderem geeigneten Datenträger über die Beobachtungen und Befunde entsprechend den Festlegungen nach § 14 und übermitteln gleichzeitig die für die Auswertung notwendigen Angaben zur Gesamtzahl und zur statistischen Zusammensetzung der im gleichen Zeitraum betreuten Personen.

(3) Bei Sentinel-Erhebungen sind die jeweils zuständigen Landesbehörden zu beteiligen.

§ 14 Auswahl der über Sentinel-Erhebungen zu überwachenden Krankheiten

Das Bundesministerium für Gesundheit legt im Benehmen mit den jeweils zuständigen obersten Landesgesundheitsbehörden fest, welche Krankheiten und Krankheitserreger durch Erhebungen nach § 13 überwacht werden. Die obersten Landesgesundheitsbehörden können zusätzliche Sentinel-Erhebungen durchführen.

§ 15 Anpassung der Meldepflicht an die epidemische Lage

(1) Das Bundesministerium für Gesundheit wird ermächtigt, durch Rechtsverordnung mit Zustimmung des Bundesrates die Meldepflicht für die in § 6 aufgeführten Krankheiten oder die in § 7 aufgeführten Krankheitserreger aufzuheben, einzuschränken oder zu erweitern oder die Meldepflicht auf andere übertragbare Krankheiten oder- Krankheitserreger auszudehnen, soweit die epidemische Lage dies zulässt oder erfordert.

(2) In dringenden Fällen kann zum Schutz der Bevölkerung die Rechtsverordnung ohne Zustimmung des Bundesrates erlassen werden. Eine auf der Grundlage des Satzes 1 erlassene Verordnung tritt ein Jahr nach ihrem Inkrafttreten außer Kraft; ihre Geltungsdauer kann mit Zustimmung des Bundesrates verlängert werden.

(3) Solange das Bundesministerium für Gesundheit von der Ermächtigung nach Absatz 1 keinen Gebrauch macht, sind die Landesregierungen zum Erlass einer Rechtsverordnung nach Absatz 1 ermächtigt, sofern die Meldepflicht nach diesem Gesetz hierdurch nicht eingeschränkt oder aufgehoben wird. Sie können die Ermächtigung durch Rechtsverordnung auf andere Stellen übertragen.

4. Abschnitt: Verhütung übertragbarer Krankheiten

§ 16 Allgemeine Maßnahmen der zuständigen Behörde

(1) Werden Tatsachen festgestellt, die zum Auftreten einer übertragbaren Krankheit führen können, oder ist anzunehmen, dass solche Tatsachen vorliegen, so trifft die zuständige Behörde die notwendigen Maßnahmen zur Abwendung der dem Einzelnen oder der Allgemeinheit hierdurch drohenden Gefahren. Die bei diesen Maßnahmen erhobenen personenbezogenen Daten dürfen nur für Zwecke dieses Gesetzes verarbeitet und genutzt werden.

(2) In den Fällen des Absatzes 1 sind die Beauftragten der zuständigen Behörde und des Gesundheitsamtes zur Durchführung von Ermittlungen und zur Überwachung der angeordneten Maßnahmen berechtigt, Grundstücke, Räume, Anlagen und Einrichtungen sowie Verkehrsmittel aller Art zu betreten und Bücher oder sonstige Unterlagen einzusehen und hieraus Abschriften, Ablichtungen oder Auszüge anzufertigen sowie sonstige Gegenstände zu untersuchen oder Proben zur Untersuchung zu fordern oder zu entnehmen. Der Inhaber der tatsächlichen Gewalt ist verpflichtet, den Beauftragten der zuständigen Behörde und des Gesundheitsamtes Grundstücke, Räume, Anlagen, Einrichtungen und Verkehrsmittel sowie sonstige Gegenstände zugänglich zu machen. Personen, die über die in Absatz 1 genannten Tatsachen Auskunft geben können, sind verpflichtet, auf Verlangen die erforderlichen Auskünfte insbesondere über den Betrieb und den Betriebsablauf einschließlich dessen Kontrolle zu erteilen und Unterlagen einschließlich dem tatsächlichen Stand entsprechende technische Pläne vorzulegen. Der Verpflichtete kann die Auskunft auf solche Fragen verweigern, deren Beantwortung ihn selbst oder einen der in § 383 Abs. 1 Nr. 1 bis 3 der Zivilprozessordnung bezeichneten Angehörigen der Gefahr strafrechtlicher Verfolgung oder eines Verfahrens nach dem Gesetz über Ordnungswidrigkeiten aussetzen würde; Entsprechendes gilt für die Vorlage von Unterlagen.

(3) Soweit es die Aufklärung der epidemischen Lage erfordert, kann die zuständige Behörde Anordnungen über die Übergabe von in Absatz 2 genannten Untersuchungsmaterialien zum Zwecke der Untersuchung und Verwahrung an Institute des öffentlichen Gesundheitsdienstes oder andere vom Land zu bestimmende Einrichtungen treffen.

(4) Das Grundrecht der Unverletzlichkeit der Wohnung (Artikel 13 Abs. 1 Grundgesetz) wird im Rahmen der Absätze 2 und 3 eingeschränkt.

(5) Wenn die von Maßnahmen nach den Absätzen 1 und 2 betroffenen Personen geschäftsunfähig oder in der Geschäftsfähigkeit beschränkt sind, hat derjenige für die Erfüllung der genannten Verpflichtung zu sorgen, dem die Sorge für die Person zusteht. Die gleiche Verpflichtung trifft den Betreuer einer von Maßnahmen nach den Absätzen 1 und 2 betroffenen Person, soweit die Sorge für die Person des Betroffenen zu seinem Aufgabenkreis gehört.

(6) Die Maßnahmen nach Absatz 1 werden auf Vorschlag des Gesundheitsamtes von der zuständigen Behörde angeordnet. Kann die zuständige Behörde einen Vorschlag des Gesundheitsamtes nicht rechtzeitig einholen, so hat sie das Gesundheitsamt über die getroffene Maßnahme unverzüglich zu unterrichten.

(7) Bei Gefahr im Verzuge kann das Gesundheitsamt die erforderlichen Maßnahmen selbst anordnen. Es hat die zuständige Behörde unverzüglich hiervon zu unterrichten. Diese kann die Anordnung ändern oder aufheben. Wird die Anordnung nicht innerhalb von zwei Arbeitstagen nach der Unterrichtung aufgehoben, so gilt sie als von der zuständigen Behörde getroffen.

(8) Widerspruch und Anfechtungsklage gegen Maßnahmen nach den Absätzen 1 bis 3 haben keine aufschiebende Wirkung.

§ 17 Besondere Maßnahmen der zuständigen Behörde, Rechtsverordnungen durch die Länder

(1) Wenn Gegenstände mit meldepflichtigen Krankheitserregern behaftet sind oder wenn das anzunehmen ist und dadurch eine Verbreitung der Krankheit zu befürchten ist, hat die zuständige Behörde die notwendigen Maßnahmen zur Abwendung der hierdurch drohenden Gefahren zu treffen. Wenn andere Maßnahmen nicht ausreichen, kann die Vernichtung von Gegenständen angeordnet werden. Sie kann auch angeordnet werden, wenn andere Maßnahmen im Verhältnis zum Wert der Gegenstände zu kostspielig sind, es sei denn, dass derjenige, der ein Recht an diesem Gegenstand oder die tatsächliche Gewalt darüber hat, widerspricht und auch die höheren Kosten übernimmt. Müssen Gegenstände entseucht, von Gesundheitsschädlingen befreit oder vernichtet werden, so kann ihre Benutzung und die Benutzung der Räume und Grundstücke, in denen oder auf denen sie sich befinden, untersagt werden, bis die Maßnahme durchgeführt ist.

(2) Wenn Gesundheitsschädlinge festgestellt werden und die Gefahr begründet ist, dass durch sie Krankheitserreger verbreitet werden, so hat die zuständige Behörde die zu ihrer Bekämpfung erforderlichen Maßnahmen anzuordnen. Die Bekämpfung umfasst Maßnahmen gegen das Auftreten, die Vermehrung und Verbreitung sowie zur Vernichtung von Gesundheitsschädlingen.

(3) Erfordert die Durchführung einer Maßnahme nach den Absätzen 1 und 2 besondere Sachkunde, so kann die zuständige Behörde anordnen, dass der Verpflichtete damit geeignete Fachkräfte beauftragt. Die zuständige Behörde kann selbst geeignete Fachkräfte mit der Durchführung beauftragen, wenn das zur wirksamen Bekämpfung der übertragbaren Krankheiten oder Krankheitserreger oder der Gesundheitsschädlinge notwendig ist und der Verpflichtete diese Maßnahme nicht durchführen kann oder einer Anordnung nach Satz 1 nicht nachkommt oder nach seinem bisherigen Verhalten anzunehmen ist, dass einer Anordnung nach Satz 1 nicht rechtzeitig nachkommen wird. Wer ein Recht an dem Gegenstand oder die tatsächliche Gewalt darüber hat, muss die Durchführung der Maßnahme dulden.

(4) Die Landesregierungen werden ermächtigt, unter den nach § 16 sowie nach Absatz 1 maßgebenden Voraussetzungen durch Rechtsverordnung entsprechende Gebote und Verbote zur Verhütung übertragbarer Krankheiten zu erlassen. Sie können die Ermächtigung durch Rechtsverordnung auf andere Stellen übertragen.

(5) Die Landesregierungen können zur Verhütung und Bekämpfung übertragbarer Krankheiten Rechtsverordnungen über die Feststellung und die Bekämpfung von Gesundheitsschädlingen, Kopfläusen und Krätzemilben erlassen. Sie können die Ermächtigung durch Rechtsverordnung auf andere Stellen übertragen. Die Rechtsverordnungen können insbesondere Bestimmungen treffen über

1. die Verpflichtung der Eigentümer von Gegenständen, der Nutzungsberechtigten oder der Inhaber der tatsächlichen Gewalt an Gegenständen sowie der zur Unterhaltung von Gegenständen Verpflichteten,
   a) den Befall mit Gesundheitsschädlingen festzustellen oder feststellen zu lassen und der zuständigen Behörde anzuzeigen,
   b) Gesundheitsschädlinge zu bekämpfen oder bekämpfen zu lassen,

2. die Befugnis und die Verpflichtung der Gemeinden oder der Gemeindeverbände, Gesundheitsschädlinge, auch am Menschen, festzustellen, zu bekämpfen und das Ergebnis der Bekämpfung festzustellen,
3. die Feststellung und Bekämpfung, insbesondere über
   a) die Art und den Umfang der Bekämpfung,
   b) den Einsatz von Fachkräften,
   c) die zulässigen Bekämpfungsmittel und -verfahren,
   d) die Minimierung von Rückständen und die Beseitigung von Bekämpfungsmitteln und
   e) die Verpflichtung, Abschluss und Ergebnis der Bekämpfung der zuständigen Behörde mitzuteilen und das Ergebnis durch Fachkräfte feststellen zu lassen,
4. die Mitwirkungs- und Duldungspflichten, insbesondere im Sinne des § 16 Abs. 2, die den in Nummer 1 genannten Personen obliegen.

(6) § 16 Abs. 5 bis 8 gilt entsprechend.

(7) Die Grundrechte der Freiheit der Person (Artikel 2 Abs. 2 Satz 2 Grundgesetz), der Freizügigkeit (Artikel 11 Abs. 1 Grundgesetz), der Versammlungsfreiheit (Artikel 8 Grundgesetz) und der Unverletzlichkeit der Wohnung (Artikel 13 Abs. 1 Grundgesetz) werden im Rahmen der Absätze 1 bis 5 eingeschränkt.

§ 18 Behördlich angeordnete Entseuchungen, Entwesungen, Bekämpfung von Krankheitserreger übertragenden Wirbeltieren, Kosten

(1) Zum Schutz des Menschen vor übertragbaren Krankheiten dürfen bei behördlich angeordneten Entseuchungen (Desinfektion), Entwesungen (Bekämpfung von Nichtwirbeltieren) und Maßnahmen zur Bekämpfung von Wirbeltieren, durch die Krankheitserreger verbreitet werden können, nur Mittel und Verfahren verwendet werden, die von der zuständigen Bundesoberbehörde in einer Liste im Bundesgesundheitsblatt bekannt gemacht worden sind. Die Aufnahme in die Liste erfolgt nur, wenn die Mittel und Verfahren hinreichend wirksam sind und keine unvertretbaren Auswirkungen auf Gesundheit und Umwelt haben.

(2) Zuständige Bundesoberbehörde für die Bekanntmachung der Liste ist bei
1. Mitteln und Verfahren zur Entseuchung das Robert Koch-Institut, das die Wirksamkeit prüft, im Einvernehmen mit
   a) dem Bundesinstitut für Arzneimittel und Medizinprodukte, das die Auswirkungen auf die menschliche Gesundheit prüft, und
   b) dem Umweltbundesamt, das die Auswirkungen auf die Umwelt prüft,
2. Mitteln und Verfahren zur Entwesung und zur Bekämpfung von Wirbeltieren das Bundesamt für Verbraucherschutz und Lebensmittelsicherheit im Einvernehmen
   a) mit dem Bundesinstitut für Risikobewertung, das die Wirksamkeit mit Ausnahme der dem Umweltbundesamt zugewiesenen Prüfungen und die Auswirkungen auf die menschliche Gesundheit mit Ausnahme der dem Bundesinstitut für Arzneimittel und Medizinprodukte zugewiesenen Prüfung prüft,
   b) mit dem Bundesinstitut für Arzneimittel und Medizinprodukte, das die Auswirkungen auf die menschliche Gesundheit prüft, soweit es nach § 77 Abs. 1 des Arzneimittelgesetzes für die Zulassung zuständig ist und
   c) mit dem Umweltbundesamt, das die Wirksamkeit von Mitteln und Verfahren zur Entwesung sowie zur Bekämpfung von Ratten und Mäusen und die Auswirkungen auf die Umwelt prüft; die Prüfungen zur Feststellung der Wirksamkeit sind an den betreffenden Schädlingen unter Einbeziehung von Wirtstieren bei parasitären Nichtwirbeltieren vorzunehmen, soweit die Mittel oder Verfahren nicht nach dem Gesetz zum Schutz der Kulturpflanzen nach dem Tilgungsprinzip gleichwertig geprüft und zugelassen sind.

Die Prüfungen können durch eigene Untersuchungen der zuständigen Bundesbehörde oder auf der Grundlage von im Auftrag der zuständigen Bundesbehörde durchgeführten Sachverständigengutachten erfolgen. Soweit die Mittel nach Satz 1 Nr. 1 Wirkstoffe enthalten, die in zugelassenen oder in der Zulassungsprüfung befindlichen Pflanzenschutzmitteln enthalten sind, erfolgt die Bekanntmachung der Liste im Benehmen mit dem Bundesamt für Verbraucherschutz und Lebensmittelsicherheit.

(3) Das Robert Koch-Institut und das Bundesamt für Verbraucherschutz und Lebensmittelsicherheit erheben für Amtshandlungen nach den Absätzen 1 und 2 Kosten (Gebühren und Auslagen).

(4) Das Bundesministerium für Gesundheit wird ermächtigt, im Einvernehmen mit dem Bundesministerium für Umwelt, Naturschutz und Reaktorsicherheit durch Rechtsverordnung ohne Zustimmung des Bundesrates die gebührenpflichtigen Tatbestände der Amtshandlungen nach Absatz 1, soweit dieser Mittel und Verfahren zur Entseuchung betrifft, und Absatz 2 Satz 1 Nr. 1 und Satz 2 und 3 näher zu bestimmen und dabei feste Sätze oder Rahmensätze vorzusehen. Das Bundesministerium für Verbraucherschutz, Ernährung und Landwirtschaft wird ermächtigt, im Einvernehmen mit dem Bundesministerium für Umwelt, Naturschutz und Reaktorsicherheit durch Rechtsverordnung mit Zustimmung des Bundesrates die gebührenpflichtigen Tatbestände der Amtshandlungen nach Absatz 1, soweit dieser Mittel und Verfahren zur Entwesung und zur Bekämpfung von Wirbeltieren betrifft, und Absatz 2 Satz 1 Nr. 2 und Satz 2 näher zu bestimmen und dabei feste Sätze oder Rahmensätze vorzusehen.

(5) Das Bundesministerium für Gesundheit wird ermächtigt, im Einvernehmen mit dem Bundesministerium für Umwelt, Naturschutz und Reaktorsicherheit durch Rechtsverordnung ohne Zustimmung des Bundesrates Einzelheiten des Listungsverfahrens nach Absatz 2 Satz 1 Nr. 1 festzulegen. Das Bundesministerium für Verbraucherschutz, Ernährung und Landwirtschaft wird ermächtigt, im Einvernehmen mit dem Bundesministerium für Umwelt, Naturschutz und Reaktorsicherheit durch Rechtsverordnung mit Zustimmung des Bundesrates Einzelheiten des Listungsverfahrens nach Absatz 2 Satz 1 Nr. 2 festzulegen.

§ 19 Aufgaben des Gesundheitsamtes in besonderen Fällen

(1) Das Gesundheitsamt bietet bezüglich sexuell übertragbarer Krankheiten und Tuberkulose Beratung und Untersuchung an oder stellt diese in Zusammenarbeit mit anderen medizinischen Einrichtungen sicher. Diese sollen für Personen, deren Lebensumstände eine erhöhte Ansteckungsgefahr für sich oder andere mit sich bringen, auch aufsuchend angeboten werden und können im Einzelfall die ambulante Behandlung durch einen Arzt des Gesundheitsamtes umfassen, soweit dies zur Verhinderung der Weiterverbreitung der sexuell übertragbaren Krankheiten und der Tuberkulose erforderlich ist. Die Angebote können bezüglich sexuell übertragbarer Krankheiten anonym in Anspruch genommen werden, soweit hierdurch die Geltendmachung von Kostenerstattungsansprüchen nach Absatz 2 nicht gefährdet wird.

(2) Die Kosten der Untersuchung und Behandlung werden getragen:

1. von den Trägern der Krankenversicherung nach dem fünften Abschnitt des dritten Kapitels des Fünften Buches Sozialgesetzbuch, falls die Person bei einer Krankenkasse nach § 4 des Fünften Buches Sozialgesetzbuch versichert ist,
2. im Übrigen aus öffentlichen Mitteln, falls die Person die Kosten der Untersuchung oder Behandlung nicht selbst tragen kann; des Nachweises des Unvermögens bedarf es nicht, wenn dieses offensichtlich ist oder die Gefahr besteht, dass die Inanspruchnahme anderer Zahlungspflichtiger die Durchführung der Untersuchung oder Behandlung erschweren würde.

Wenn bei der Untersuchung oder der Feststellung der Behandlungsbedürftigkeit der Kostenträger noch nicht feststeht, werden die Kosten vorläufig aus öffentlichen Mitteln übernommen. Der Kostenträger ist zur Erstattung verpflichtet.

§ 20 Schutzimpfungen und andere Maßnahmen der spezifischen Prophylaxe

(1) Die zuständige obere Bundesbehörde, die obersten Landesgesundheitsbehörden und die von ihnen beauftragten Stellen sowie die Gesundheitsämter informieren die Bevölkerung über die Bedeutung von Schutzimpfungen und anderen Maßnahmen der spezifischen Prophylaxe übertragbarer Krankheiten.

(2) Beim Robert Koch-Institut wird eine Ständige Impfkommission eingerichtet. Die Kommission gibt sich eine Geschäftsordnung, die der Zustimmung des Bundesministeriums für Gesundheit bedarf. Die Kommission gibt Empfehlungen zur Durchführung von Schutzimpfungen und zur Durchführung anderer Maßnahmen der spezifi-

schen Prophylaxe übertragbarer Krankheiten und entwickelt Kriterien zur Abgrenzung einer üblichen Impfreaktion und einer über das übliche Ausmaß einer Impfreaktion hinausgehenden gesundheitlichen Schädigung. Die Mitglieder der Kommission werden vom Bundesministerium für Gesundheit im Benehmen mit den obersten Landesgesundheitsbehörden berufen. Vertreter des Bundesministeriums für Gesundheit, der obersten Landesgesundheitsbehörden, des Robert Koch-Institutes und des Paul-Ehrlich-Institutes nehmen mit beratender Stimme an den Sitzungen teil. Weitere Vertreter von Bundesbehörden können daran teilnehmen. Die Empfehlungen der Kommission werden von dem Robert Koch-Institut den obersten Landesgesundheitsbehörden übermittelt und anschließend veröffentlicht.

(3) Die obersten Landesgesundheitsbehörden sollen öffentliche Empfehlungen für Schutzimpfungen oder andere Maßnahmen der spezifischen Prophylaxe auf der Grundlage der jeweiligen Empfehlungen der Ständigen Impfkommission aussprechen.

(4) Das Bundesministerium für Gesundheit wird ermächtigt, nach Anhörung der Ständigen Impfkommission und der Spitzenverbände der gesetzlichen Krankenkassen durch Rechtsverordnung ohne Zustimmung des Bundesrates zu bestimmen, dass die Kosten für bestimmte Schutzimpfungen von den Trägern der Krankenversicherung nach dem dritten Abschnitt des dritten Kapitels des Fünften Buches Sozialgesetzbuch getragen werden, falls die Person bei einer Krankenkasse nach § 4 des Fünften Buches Sozialgesetzbuch versichert ist. In der Rechtsverordnung können auch Regelungen zur Erfassung und Übermittlung von anonymisierten Daten über durchgeführte Schutzimpfungen getroffen werden.

(5) Die obersten Landesgesundheitsbehörden können bestimmen, dass die Gesundheitsämter unentgeltlich Schutzimpfungen oder andere Maßnahmen der spezifischen Prophylaxe gegen bestimmte übertragbare Krankheiten durchführen.

(6) Das Bundesministerium für Gesundheit wird ermächtigt, durch Rechtsverordnung mit Zustimmung des Bundesrates anzuordnen, dass bedrohte Teile der Bevölkerung an Schutzimpfungen oder anderen Maßnahmen der spezifischen Prophylaxe teilzunehmen haben, wenn eine übertragbare Krankheit mit klinisch schweren Verlaufsformen auftritt und mit ihrer epidemischen Verbreitung zu rechnen ist. Das Grundrecht der körperlichen Unversehrtheit (Artikel 2 Abs. 2 Satz 1 Grundgesetz) kann insoweit eingeschränkt werden. Ein nach dieser Rechtsverordnung Impfpflichtiger, der nach ärztlichem Zeugnis ohne Gefahr für sein Leben oder seine Gesundheit nicht geimpft werden kann, ist von der Impfpflicht freizustellen; dies gilt auch bei anderen Maßnahmen der spezifischen Prophylaxe. § 15 Abs. 2 gilt entsprechend.

(7) Solange das Bundesministerium für Gesundheit von der Ermächtigung nach Absatz 6 keinen Gebrauch macht, sind die Landesregierungen zum Erlass einer Rechtsverordnung nach Absatz 6 ermächtigt. Die Landesregierungen können die Ermächtigung durch Rechtsverordnung auf die obersten Landesgesundheitsbehörden übertragen. Das Grundrecht der körperlichen Unversehrtheit (Artikel 2 Abs. 2 Satz 1 Grundgesetz) kann insoweit eingeschränkt werden.

§ 21 Impfstoffe

Bei einer auf Grund dieses Gesetzes angeordneten oder einer von der obersten Landesgesundheitsbehörde öffentlich empfohlenen Schutzimpfung oder einer Impfung nach § 17 Abs. 4 des Soldatengesetzes dürfen Impfstoffe verwendet werden, die Mikroorganismen enthalten, welche von den Geimpften ausgeschieden und von anderen Personen aufgenommen werden können. Das Grundrecht der körperlichen Unversehrtheit (Artikel 2 Abs. 2 Satz 1 Grundgesetz) wird insoweit eingeschränkt.

§ 22 Impfausweis

(1) Der impfende Arzt hat jede Schutzimpfung unverzüglich in einen Impfausweis nach Absatz 2 einzutragen oder, falls der Impfausweis nicht vorgelegt wird, eine Impfbescheinigung auszustellen. Der impfende Arzt hat den Inhalt der Impfbescheinigung auf Verlangen in den Impfausweis einzutragen. Im Falle seiner Verhinderung hat das Gesundheitsamt die Eintragung nach Satz 2 vorzunehmen.

(2) Der Impfausweis oder die Impfbescheinigung muss über jede Schutzimpfung enthalten:
1. Datum der Schutzimpfung
2. Bezeichnung und Chargen-Bezeichnung des Impfstoffes
3. Name der Krankheit, gegen die geimpft wird
4. Namen und Anschrift des impfenden Arztes sowie
5. Unterschrift des impfenden Arztes oder Bestätigung der Eintragung des Gesundheitsamtes.

(3) Im Impfausweis ist in geeigneter Form auf das zweckmäßige Verhalten bei ungewöhnlichen Impfreaktionen und auf die sich gegebenenfalls aus den §§ 60 bis 64 ergebenden Ansprüche bei Eintritt eines Impfschadens sowie auf Stellen, bei denen diese geltend gemacht werden können, hinzuweisen.

§ 23 Nosokomiale Infektionen, Resistenzen

(1) Leiter von Krankenhäusern und von Einrichtungen für ambulantes Operieren sind verpflichtet, die vom Robert Koch-Institut nach § 4 Abs. 2 Nr. 2 Buchstabe b festgelegten nosokomialen Infektionen und das Auftreten von Krankheitserregern mit speziellen Resistenzen und Multiresistenzen fortlaufend in einer gesonderten Niederschrift aufzuzeichnen und zu bewerten. Die Aufzeichnungen nach Satz 1 sind zehn Jahre aufzubewahren. Dem zuständigen Gesundheitsamt ist auf Verlangen Einsicht in die Aufzeichnungen zu gewähren.

(2) Beim Robert Koch-Institut wird eine Kommission für Krankenhaushygiene und Infektionsprävention eingerichtet. Die Kommission gibt sich eine Geschäftsordnung, die der Zustimmung des Bundesministeriums für Gesundheit bedarf. Die Kommission erstellt Empfehlungen zur Prävention nosokomialer Infektionen sowie zu betrieblich-organisatorischen und baulich-funktionellen Maßnahmen der Hygiene in Krankenhäusern und anderen medizinischen Einrichtungen. Die Empfehlungen der Kommission werden von dem Robert Koch-Institut veröffentlicht. Die Mitglieder der Kommission werden vom Bundesministerium für Gesundheit im Benehmen mit den obersten Landesgesundheitsbehörden berufen. Vertreter des Bundesministeriums für Gesundheit, der obersten Landesgesundheitsbehörden und des Robert Koch-Institutes nehmen mit beratender Stimme an den Sitzungen teil.

5. Abschnitt: Bekämpfung übertragbarer Krankheiten

§ 24 Behandlung übertragbarer Krankheiten

Die Behandlung von Personen, die an einer der in § 6 Abs. 1 Satz 1 Nr. 1, 2 und 5 oder § 34 Abs. 1 genannten übertragbaren Krankheiten erkrankt oder dessen verdächtig sind oder die mit einem Krankheitserreger nach § 7 infiziert sind, ist insoweit im Rahmen der berufsmäßigen Ausübung der Heilkunde nur Ärzten gestattet. Satz 1 gilt entsprechend bei sexuell übertragbaren Krankheiten und für Krankheiten oder Krankheitserreger, die durch eine Rechtsverordnung auf Grund des § 15 Abs. 1 in die Meldepflicht einbezogen sind. Als Behandlung im Sinne der Sätze 1 und 2 gilt auch der direkte und indirekte Nachweis eines Krankheitserregers für die Feststellung einer Infektion oder übertragbaren Krankheit; § 46 gilt entsprechend.

§ 25 Ermittlungen, Unterrichtungspflichten des Gesundheitsamtes bei Blut-, Organ- oder Gewebespendern

(1) Ergibt sich oder ist anzunehmen, dass jemand krank, krankheitsverdächtig, ansteckungsverdächtig oder Ausscheider ist oder dass ein Verstorbener krank, krankheitsverdächtig oder Ausscheider war, so stellt das Gesundheitsamt die erforderlichen Ermittlungen an, insbesondere über Art, Ursache, Ansteckungsquelle und Ausbreitung der Krankheit.

(2) Ergibt sich oder ist anzunehmen, dass jemand, der an einer meldepflichtigen Krankheit erkrankt oder mit einem meldepflichtigen Krankheitserreger infiziert ist oder dass ein Verstorbener, der an einer meldepflichtigen Krankheit erkrankt oder mit einem meldepflichtigen Krankheitserreger infiziert war, nach dem vermuteten Zeit-

punkt der Infektion Blut-, Organ- oder Gewebespender war, so hat das Gesundheitsamt, wenn es sich dabei um eine durch Blut, Blutprodukte, Gewebe oder Organe übertragbare Krankheit oder Infektion handelt, die zuständigen Behörden von Bund und Ländern unverzüglich über den Befund oder Verdacht zu unterrichten. Es meldet dabei die ihm bekannt gewordenen Sachverhalte. Bei Spendern vermittlungspflichtiger Organe (§ 9 Satz 2 des Transplantationsgesetzes) hat das Gesundheitsamt auch die nach § 11 des Transplantationsgesetzes errichtete oder bestimmte Koordinierungsstelle, bei sonstigen Organ- und Gewebespendern nach den §§ 3, 4 oder 8 des Transplantationsgesetzes das Transplantationszentrum, in dem das Organ übertragen wurde oder übertragen werden soll, nach den Sätzen 1 und 2 zu unterrichten.

§ 26 Durchführung

(1) Für die Durchführung der Ermittlungen nach § 25 Abs. 1 gilt § 16 Abs. 2, 3, 5 und 8 entsprechend.

(2) Die in § 25 Abs. 1 genannten Personen können durch das Gesundheitsamt vorgeladen werden. Sie können durch das Gesundheitsamt verpflichtet werden, Untersuchungen und Entnahmen von Untersuchungsmaterial an sich vornehmen zu lassen, insbesondere die erforderlichen äußerlichen Untersuchungen, Röntgenuntersuchungen, Tuberkulintestungen, Blutentnahmen und Abstriche von Haut und Schleimhäuten durch die Beauftragten des Gesundheitsamtes zu dulden sowie das erforderliche Untersuchungsmaterial auf Verlangen bereitzustellen. Darüber hinausgehende invasive Eingriffe sowie Eingriffe, die eine Betäubung erfordern, dürfen nur mit Einwilligung des Betroffenen vorgenommen werden; § 16 Abs. 5 gilt nur entsprechend, wenn der Betroffene einwilligungsunfähig ist. Die bei den Untersuchungen erhobenen personenbezogenen Daten dürfen nur für Zwecke dieses Gesetzes verarbeitet und genutzt werden.

(3) Den Ärzten des Gesundheitsamtes und dessen ärztlichen Beauftragten ist vom Gewahrsamsinhaber die Untersuchung der in § 25 genannten Verstorbenen zu gestatten. Die zuständige Behörde kann gegenüber dem Gewahrsamsinhaber die innere Leichenschau anordnen, wenn dies vom Gesundheitsamt für erforderlich gehalten wird.

(4) Die Grundrechte der körperlichen Unversehrtheit (Artikel 2 Abs. 2 Satz 1 Grundgesetz), der Freiheit der Person (Artikel 2 Abs. 2 Satz 2 Grundgesetz) und der Unverletzlichkeit der Wohnung (Artikel 13 Abs. 1 Grundgesetz) werden insoweit eingeschränkt.

§ 27 Teilnahme des behandelnden Arztes

Der behandelnde Arzt ist berechtigt, mit Zustimmung des Patienten an den Untersuchungen nach § 26 sowie an der inneren Leichenschau teilzunehmen.

§ 28 Schutzmaßnahmen

(1) Werden Kranke, Krankheitsverdächtige, Ansteckungsverdächtige oder Ausscheider festgestellt oder ergibt sich, dass ein Verstorbener krank, krankheitsverdächtig oder Ausscheider war, so trifft die zuständige Behörde die notwendigen Schutzmaßnahmen, insbesondere die in den §§ 29 bis 31 genannten, soweit und solange es zur Verhinderung der Verbreitung übertragbarer Krankheiten erforderlich ist. Unter den Voraussetzungen von Satz 1 kann die zuständige Behörde Veranstaltungen oder sonstige Ansammlungen einer größeren Anzahl von Menschen beschränken oder verbieten und Badeanstalten oder in § 33 genannte Gemeinschaftseinrichtungen oder Teile davon schließen; sie kann auch Personen verpflichten, den Ort, an dem sie sich befinden, nicht zu verlassen oder von ihr bestimmte Orte nicht zu betreten, bis die notwendigen Schutzmaßnahmen durchgeführt worden sind. Eine Heilbehandlung darf nicht angeordnet werden. Die Grundrechte der Freiheit der Person (Artikel 2 Abs. 2 Satz 2 Grundgesetz), der Versammlungsfreiheit (Artikel 8 Grundgesetz) und der Unverletzlichkeit der Wohnung (Artikel 13 Abs. 1 Grundgesetz) werden insoweit eingeschränkt.

(2) Für Maßnahmen nach Absatz 1 gilt § 16 Abs. 5 bis 8, für ihre Überwachung außerdem § 16 Abs. 2 entsprechend.

§ 29 Beobachtung

(1) Kranke, Krankheitsverdächtige, Ansteckungsverdächtige und Ausscheider können einer Beobachtung unterworfen werden.

(2) Wer einer Beobachtung nach Absatz 1 unterworfen ist, hat die erforderlichen Untersuchungen durch die Beauftragten des Gesundheitsamtes zu dulden und den Anordnungen des Gesundheitsamtes Folge zu leisten. § 26 Abs. 2 gilt entsprechend. Eine Person nach Satz 1 ist ferner verpflichtet, den Beauftragten des Gesundheitsamtes zum Zwecke der Befragung oder der Untersuchung den Zutritt zu seiner Wohnung zu gestatten, auf Verlangen ihnen über alle seinen Gesundheitszustand betreffenden Umstände Auskunft zu geben und im Falle des Wechsels der Hauptwohnung oder des gewöhnlichen Aufenthaltes unverzüglich dem bisher zuständigen Gesundheitsamt Anzeige zu erstatten. Die Anzeigepflicht gilt auch bei Änderungen einer Tätigkeit im Lebensmittelbereich im Sinne von § 42 Abs. 1 Satz 1 oder in Einrichtungen im Sinne von § 36 Abs. 1 sowie beim Wechsel einer Gemeinschaftseinrichtung im Sinne von § 33. § 16 Abs. 2 Satz 4 gilt entsprechend. Die Grundrechte der körperlichen Unversehrtheit (Artikel 2 Abs. 2 Satz 1 Grundgesetz), der Freiheit der Person (Artikel 2 Abs. 2 Satz 2 Grundgesetz) und der Unverletzlichkeit der Wohnung (Artikel 13 Abs. 1 Grundgesetz) werden insoweit eingeschränkt.

§ 30 Quarantäne

(1) Die zuständige Behörde hat anzuordnen, dass Personen, die an Lungenpest oder an von Mensch zu Mensch übertragbarem hämorrhagischem Fieber erkrankt oder dessen verdächtig sind, unverzüglich in einem Krankenhaus oder einer für diese Krankheiten geeigneten Einrichtung abgesondert werden. Bei sonstigen Kranken sowie Krankheitsverdächtigen, Ansteckungsverdächtigen und Ausscheidern kann angeordnet werden, dass sie in einem geeigneten Krankenhaus oder in sonst geeigneter Weise abgesondert werden, bei Ausscheidern jedoch nur, wenn sie andere Schutzmaßnahmen nicht befolgen, befolgen können oder befolgen würden und dadurch ihre Umgebung gefährden.

(2) Kommt der Betroffene den seine Absonderung betreffenden Anordnungen nicht nach oder ist nach seinem bisherigen Verhalten anzunehmen, dass er solchen Anordnungen nicht ausreichend Folge leisten wird, so ist er zwangsweise durch Unterbringung in einem abgeschlossenen Krankenhaus oder einem abgeschlossenen Teil eines Krankenhauses abzusondern. Ansteckungsverdächtige und Ausscheider können auch in einer anderen geeigneten abgeschlossenen Einrichtung abgesondert werden. Das Grundrecht der Freiheit der Person (Artikel 2 Abs. 2 Satz 2 Grundgesetz) kann insoweit eingeschränkt werden. Das Gesetz über das gerichtliche Verfahren bei Freiheitsentziehungen in der im Bundesgesetzblatt Teil III, Gliederungsnummer 316-1, veröffentlichten bereinigten Fassung, zuletzt geändert durch Artikel 2 des Gesetzes vom 26. August 1998 (BGBl. I S. 2461), gilt entsprechend.

(3) Der Abgesonderte hat die Anordnungen des Krankenhauses oder der sonstigen Absonderungseinrichtung zu befolgen und die Maßnahmen zu dulden, die der Aufrechterhaltung eines ordnungsgemäßen Betriebs der Einrichtung oder der Sicherung des Unterbringungszwecks dienen. Insbesondere dürfen ihm Gegenstände, die unmittelbar oder mittelbar einem Entweichen dienen können, abgenommen und bis zu seiner Entlassung anderweitig verwahrt werden. Für ihn eingehende oder von ihm ausgehende Pakete und schriftliche Mitteilungen können in seinem Beisein geöffnet und zurückgehalten werden, soweit dies zur Sicherung des Unterbringungszwecks erforderlich ist. Die bei der Absonderung erhobenen personenbezogenen Daten sowie die über Pakete und schriftliche Mitteilungen gewonnenen Erkenntnisse dürfen nur für Zwecke dieses Gesetzes verarbeitet und genutzt werden. Postsendungen von Gerichten, Behörden, gesetzlichen Vertretern, Rechtsanwälten, Notaren oder Seelsorgern dürfen weder geöffnet noch zurückgehalten werden; Postsendungen an solche Stellen oder Personen dürfen nur geöffnet und zurückgehalten werden, soweit dies zum Zwecke der Entseuchung notwendig ist. Die Grundrechte der körperlichen Unversehrtheit (Artikel 2 Abs. 2 Satz 1 Grundgesetz), der Freiheit der Person (Artikel 2 Abs. 2 Satz 2 Grundgesetz) und das Grundrecht des Brief- und Postgeheimnisses (Artikel 10 Grundgesetz) werden insoweit eingeschränkt.

(4) Der behandelnde Arzt und die zur Pflege bestimmten Personen haben freien Zutritt zu abgesonderten Personen. Dem Seelsorger oder Urkundspersonen muss, anderen Personen kann der behandelnde Arzt den Zutritt unter Auferlegung der erforderlichen Verhaltensmaßregeln gestatten.

(5) Die Träger der Einrichtungen haben dafür zu sorgen, dass das eingesetzte Personal sowie die weiteren gefährdeten Personen den erforderlichen Impfschutz oder eine spezifische Prophylaxe erhalten.

(6) Die Länder haben dafür Sorge zu tragen, dass die nach Absatz 1 Satz 1 notwendigen Räume, Einrichtungen und Transportmittel zur Verfügung stehen.

(7) Die zuständigen Gebietskörperschaften haben dafür zu sorgen, dass die nach Absatz 1 Satz 2 und Absatz 2 notwendigen Räume, Einrichtungen und Transportmittel sowie das erforderliche Personal zur Durchführung von Absonderungsmaßnahmen außerhalb der Wohnung zur Verfügung stehen. Die Räume und Einrichtungen zur Absonderung nach Absatz 2 sind nötigenfalls von den Ländern zu schaffen und zu unterhalten.

§ 31 Berufliches Tätigkeitsverbot

Die zuständige Behörde kann Kranken, Krankheitsverdächtigen, Ansteckungsverdächtigen und Ausscheidern die Ausübung bestimmter beruflicher Tätigkeiten ganz oder teilweise untersagen. Satz 1 gilt auch für sonstige Personen, die Krankheitserreger so in oder an sich tragen, dass im Einzelfall die Gefahr einer Weiterverbreitung besteht.

§ 32 Erlass von Rechtsverordnungen

Die Landesregierungen werden ermächtigt, unter den Voraussetzungen, die für Maßnahmen nach den §§ 28 bis 31 maßgebend sind, auch durch Rechtsverordnungen entsprechende Gebote und Verbote zur Bekämpfung übertragbarer Krankheiten zu erlassen. Die Landesregierungen können die Ermächtigung durch Rechtsverordnung auf andere Stellen übertragen. Die Grundrechte der Freiheit der Person (Artikel 2 Abs. 2 Satz 2 Grundgesetz), der Freizügigkeit (Artikel 11 Abs. 1 Grundgesetz), der Versammlungsfreiheit (Artikel 8 Grundgesetz), der Unverletzlichkeit der Wohnung (Artikel 13 Abs. 1 Grundgesetz) und des Brief- und Postgeheimnisses (Artikel 10 Grundgesetz) können insoweit eingeschränkt werden.

6. Abschnitt: Zusätzliche Vorschriften für Schulen und sonstige Gemeinschaftseinrichtungen

§ 33 Gemeinschaftseinrichtungen

Gemeinschaftseinrichtungen im Sinne dieses Gesetzes sind Einrichtungen, in denen überwiegend Säuglinge, Kinder oder Jugendliche betreut werden, insbesondere Kinderkrippen, Kindergärten, Kindertagesstätten, Kinderhorte, Schulen oder sonstige Ausbildungseinrichtungen, Heime, Ferienlager und ähnliche Einrichtungen.

§ 34 Gesundheitliche Anforderungen, Mitwirkungspflichten, Aufgaben des Gesundheitsamtes

(1) Personen, die an

1. Cholera
2. Diphtherie
3. Enteritis durch enterohämorrhagische E. coli (EHEC)
4. virusbedingtem hämorrhagischen Fieber
5. Haemophilus influenzae Typ b-Meningitis
6. Impetigo contagiosa (ansteckende Borkenflechte)
7. Keuchhusten
8. ansteckungsfähiger Lungentuberkulose
9. Masern
10. Meningokokken-Infektion
11. Mumps

12. Paratyphus
13. Pest
14. Poliomyelitis
15. Scabies (Krätze)
16. Scharlach oder sonstigen Streptococcus pyogenes-Infektionen
17. Shigellose
18. Typhus abdominalis
19. Virushepatitis A oder E
20. Windpocken

erkrankt oder dessen verdächtig oder die verlaust sind, dürfen in den in § 33 genannten Gemeinschaftseinrichtungen keine Lehr-, Erziehungs-, Pflege-, Aufsichts- oder sonstige Tätigkeiten ausüben, bei denen sie Kontakt zu den dort Betreuten haben, bis nach ärztlichem Urteil eine Weiterverbreitung der Krankheit oder der Verlausung durch sie nicht mehr zu befürchten ist. Satz 1 gilt entsprechend für die in der Gemeinschaftseinrichtung Betreuten mit der Maßgabe, dass sie die dem Betrieb der Gemeinschaftseinrichtung dienenden Räume nicht betreten, Einrichtungen der Gemeinschaftseinrichtung nicht benutzen und an Veranstaltungen der Gemeinschaftseinrichtung nicht teilnehmen dürfen. Satz 2 gilt auch für Kinder, die das 6. Lebensjahr noch nicht vollendet haben und an infektiöser Gastroenteritis erkrankt oder dessen verdächtig sind.

(2) Ausscheider von

1. Vibrio cholerae O 1 und O 139
2. Corynebacterium diphtheriae, Toxin bildend
3. Salmonella Typhi
4. Salmonella Paratyphi
5. Shigella sp.
6. enterohämorrhagischen E. coli (EHEC)

dürfen nur mit Zustimmung des Gesundheitsamtes und unter Beachtung der gegenüber dem Ausscheider und der Gemeinschaftseinrichtung verfügten Schutzmaßnahmen die dem Betrieb der Gemeinschaftseinrichtung dienenden Räume betreten, Einrichtungen der Gemeinschaftseinrichtung benutzen und an Veranstaltungen der Gemeinschaftseinrichtung teilnehmen.

(3) Absatz 1 Satz 1 und 2 gilt entsprechend für Personen, in deren Wohngemeinschaft nach ärztlichem Urteil eine Erkrankung an oder ein Verdacht auf

1. Cholera
2. Diphtherie
3. Enteritis durch enterohämorrhagische E. coli (EHEC)
4. virusbedingtem hämorrhagischem Fieber
5. Haemophilus influenzae Typ b-Meningitis
6. ansteckungsfähiger Lungentuberkulose
7. Masern
8. Meningokokken-Infektion
9. Mumps
10. Paratyphus
11. Pest
12. Poliomyelitis
13. Shigellose
14. Typhus abdominalis
15. Virushepatitis A oder E

aufgetreten ist.

(4) Wenn die nach den Absätzen 1 bis 3 verpflichteten Personen geschäftsunfähig oder in der Geschäftsfähigkeit beschränkt sind, so hat derjenige für die Einhaltung der diese Personen nach den Absätzen 1 bis 3 treffenden Verpflichtungen zu sorgen, dem die Sorge für diese Person zusteht. Die gleiche Verpflichtung trifft den Betreuer einer nach den Absätzen 1 bis 3 verpflichteten Person, soweit die Sorge für die Person des Verpflichteten zu seinem Aufgabenkreis gehört.

(5) Wenn einer der in den Absätzen 1, 2 oder 3 genannten Tatbestände bei den in Absatz 1 genannten Personen auftritt, so haben diese Personen oder in den Fällen des Absatzes 4 der Sorgeinhaber der Gemeinschaftseinrichtung hiervon unverzüglich Mitteilung zu machen. Die Leitung der Gemeinschaftseinrichtung hat jede Person, die in der Gemeinschaftseinrichtung neu betreut wird, oder deren Sorgeberechtigte über die Pflichten nach Satz 1 zu belehren.

(6) Werden Tatsachen bekannt, die das Vorliegen einer der in den Absätzen 1, 2 oder 3 aufgeführten Tatbestände annehmen lassen, so hat die Leitung der Gemeinschaftseinrichtung das zuständige Gesundheitsamt unverzüglich zu benachrichtigen und krankheits- und personenbezogene Angaben zu machen. Dies gilt auch beim Auftreten von zwei oder mehr gleichartigen, schwerwiegenden Erkrankungen, wenn als deren Ursache Krankheitserreger anzunehmen sind. Eine Benachrichtigungspflicht besteht nicht, wenn der Leitung ein Nachweis darüber vorliegt, dass die Meldung des Sachverhalts durch eine andere in § 8 genannte Person bereits erfolgt ist.

(7) Die zuständige Behörde kann im Einvernehmen mit dem Gesundheitsamt für die in § 33 genannten Einrichtungen Ausnahmen von dem Verbot nach Absatz 1, auch in Verbindung mit Absatz 3, zulassen, wenn Maßnahmen durchgeführt werden oder wurden, mit denen eine Übertragung der aufgeführten Erkrankungen oder der Verlausung verhütet werden kann.

(8) Das Gesundheitsamt kann gegenüber der Leitung der Gemeinschaftseinrichtung anordnen, dass das Auftreten einer Erkrankung oder eines hierauf gerichteten Verdachtes ohne Hinweis auf die Person in der Gemeinschaftseinrichtung bekannt gegeben wird.

(9) Wenn in Gemeinschaftseinrichtungen betreute Personen Krankheitserreger so in oder an sich tragen, dass im Einzelfall die Gefahr einer Weiterverbreitung besteht, kann die zuständige Behörde die notwendigen Schutzmaßnahmen anordnen.

(10) Die Gesundheitsämter und die in § 33 genannten Gemeinschaftseinrichtungen sollen die betreuten Personen oder deren Sorgeberechtigte gemeinsam über die Bedeutung eines vollständigen, altersgemäßen, nach den Empfehlungen der Ständigen Impfkommission ausreichenden Impfschutzes und über die Prävention übertragbarer Krankheiten aufklären.

(11) Bei Erstaufnahme in die erste Klasse einer allgemein bildenden Schule hat das Gesundheitsamt oder der von ihm beauftragte Arzt den Impfstatus zu erheben und die hierbei gewonnenen aggregierten und anonymisierten Daten über die oberste Landesgesundheitsbehörde dem Robert Koch-Institut zu übermitteln.

§ 35 Belehrung für Personen in der Betreuung von Kindern und Jugendlichen

Personen, die in den in § 33 genannten Gemeinschaftseinrichtungen Lehr-, Erziehungs-, Pflege-, Aufsichts- oder sonstige regelmäßige Tätigkeiten ausüben und Kontakt mit den dort Betreuten haben, sind vor erstmaliger Aufnahme ihrer Tätigkeit und im Weiteren mindestens im Abstand von zwei Jahren von ihrem Arbeitgeber über die gesundheitlichen Anforderungen und Mitwirkungsverpflichtungen nach § 34 zu belehren. Über die Belehrung ist ein Protokoll zu erstellen, das beim Arbeitgeber für die Dauer von drei Jahren aufzubewahren ist. Die Sätze 1 und 2 finden für Dienstherren entsprechende Anwendung.

§ 36 Einhaltung der Infektionshygiene

(1) Die in § 33 genannten Gemeinschaftseinrichtungen sowie Krankenhäuser, Vorsorge- oder Rehabilitationseinrichtungen, Einrichtungen für ambulantes Operieren, Dialyseeinrichtungen, Tageskliniken, Entbindungseinrichtungen, Einrichtungen nach § 1 Abs. 1 bis 5 des Heimgesetzes, vergleichbare Behandlungs-, Betreuungs- oder Versorgungseinrichtungen sowie Obdachlosenunterkünfte, Gemeinschaftsunterkünfte für Asylbewerber, Spätaussiedler und Flüchtlinge sowie sonstige Massenunterkünfte und Justizvollzugsanstalten legen in Hygieneplänen innerbetriebliche Verfahrensweisen zur Infektionshygiene fest. Die genannten Einrichtungen unterliegen der infektionshygienischen Überwachung durch das Gesundheitsamt.

(2) Zahnarztpraxen sowie Arztpraxen und Praxen sonstiger Heilberufe, in denen invasive Eingriffe vorgenommen werden, sowie sonstige Einrichtungen und Gewerbe, bei denen durch Tätigkeiten am Menschen durch Blut Krankheitserreger übertragen werden können, können durch das Gesundheitsamt infektionshygienisch überwacht werden.

(3) Für die Durchführung der Überwachung gilt § 16 Abs. 2 entsprechend.

(4) Personen, die in ein Altenheim, Altenwohnheim, Pflegeheim oder eine gleichartige Einrichtung im Sinne des § 1 Abs. 1 bis 5 des Heimgesetzes oder in eine Gemeinschaftsunterkunft für Obdachlose, Flüchtlinge, Asylbewerber oder in eine Erstaufnahmeeinrichtung des Bundes für Spätaussiedler aufgenommen werden sollen, haben vor oder unverzüglich nach ihrer Aufnahme der Leitung der Einrichtung ein ärztliches Zeugnis darüber vorzulegen, dass bei ihnen keine Anhaltspunkte für das Vorliegen einer ansteckungsfähigen Lungentuberkulose vorhanden sind. Bei Aufnahme in eine Gemeinschaftsunterkunft für Flüchtlinge, Asylbewerber oder in eine Erstaufnahmeeinrichtung des Bundes für Spätaussiedler muss sich das Zeugnis bei Personen, die das 15. Lebensjahr vollendet haben, auf eine im Geltungsbereich dieses Gesetzes erstellte Röntgenaufnahme der Lunge stützen; bei erstmaliger Aufnahme darf die Erhebung der Befunde nicht länger als sechs Monate, bei erneuter Aufnahme zwölf Monate zurückliegen. Bei Schwangeren ist von der Röntgenaufnahme abzusehen; stattdessen ist ein ärztliches Zeugnis vorzulegen, dass nach sonstigen Befunden eine ansteckungsfähige Lungentuberkulose nicht zu befürchten ist. § 34 Abs. 4 gilt entsprechend. Satz 1 gilt nicht für Personen, die weniger als drei Tage in eine Gemeinschaftsunterkunft für Obdachlose aufgenommen werden. Personen, die nach Satz 1 ein ärztliches Zeugnis vorzulegen haben, sind verpflichtet, die für die Ausstellung des Zeugnisses nach Satz 1 und 2 erforderlichen Untersuchungen zu dulden. Personen, die in eine Justizvollzugsanstalt aufgenommen werden, sind verpflichtet, eine ärztliche Untersuchung auf übertragbare Krankheiten einschließlich einer Röntgenaufnahme der Lunge zu dulden.

(5) Das Grundrecht der Unverletzlichkeit der Wohnung (Artikel 13 Abs. 1 Grundgesetz) sowie der körperlichen Unversehrtheit (Artikel 2 Abs. 2 Satz 1 Grundgesetz) wird insoweit eingeschränkt.

7. Abschnitt: Wasser

§ 37 Beschaffenheit von Wasser für den menschlichen Gebrauch sowie von Schwimm- und Badebeckenwasser, Überwachung

(1) Wasser für den menschlichen Gebrauch muss so beschaffen sein, dass durch seinen Genuss oder Gebrauch eine Schädigung der menschlichen Gesundheit, insbesondere durch Krankheitserreger, nicht zu besorgen ist.

(2) Schwimm- oder Badebeckenwasser in Gewerbebetrieben, öffentlichen Bädern sowie in sonstigen nicht ausschließlich privat genutzten Einrichtungen muss so beschaffen sein, dass durch seinen Gebrauch eine Schädigung der menschlichen Gesundheit, insbesondere durch Krankheitserreger, nicht zu besorgen ist.

(3) Wassergewinnungs- und Wasserversorgungsanlagen und Schwimm- oder Badebecken einschließlich ihrer Wasseraufbereitungsanlagen unterliegen hinsichtlich der in den Absätzen 1 und 2 genannten Anforderungen der Überwachung durch das Gesundheitsamt. Für die Durchführung der Überwachung gilt § 16 Abs. 2 entsprechend. Das Grundrecht der Unverletzlichkeit der Wohnung (Artikel 13 Abs. 1 Grundgesetz) wird insoweit eingeschränkt.

§ 38 Erlass von Rechtsverordnungen

(1) Das Bundesministerium für Gesundheit bestimmt durch Rechtsverordnung mit Zustimmung des Bundesrates,

1. welchen Anforderungen das Wasser für den menschlichen Gebrauch entsprechen muss, um der Vorschrift von § 37 Abs. 1 zu genügen,
2. dass und wie die Wassergewinnungs- und Wasserversorgungsanlagen und das Wasser in hygienischer Hinsicht zu überwachen sind,
3. welche Handlungs-, Unterlassungs-, Mitwirkungs- und Duldungspflichten dem Unternehmer oder sonstigen Inhaber einer Wassergewinnungs- oder Wasserversorgungsanlage im Sinne der Nummern 1 und 2 obliegen, welche Wasseruntersuchungen dieser durchführen oder durchführen lassen muss und in welchen Zeitabständen diese vorzunehmen sind,
4. die Anforderungen an die Verwendung von Stoffen oder Materialien bei der Aufbereitung oder der Verteilung des Wassers für den menschlichen Gebrauch, soweit diese nicht den Vorschriften des Lebensmittel- und Bedarfsgegenständegesetzes unterliegen,
5. in welchen Fällen das Wasser für den menschlichen Gebrauch, das den Anforderungen nach den Nummern, 1 oder 4 nicht entspricht, nicht oder nur eingeschränkt abgegeben oder anderen nicht oder nur eingeschränkt zur Verfügung gestellt werden darf,
6. dass und wie die Bevölkerung über die Beschaffenheit des Wassers für den menschlichen Gebrauch und über etwaige zu treffende Maßnahmen zu informieren ist,
7. dass und wie Angaben über die Gewinnung und die Beschaffenheit des Wassers für den menschlichen Gebrauch einschließlich personenbezogener Daten, soweit diese für die Erfassung und die Überwachung der Wasserqualität und der Wasserversorgung erforderlich sind, zu übermitteln sind und
8. die Anforderungen an die Untersuchungsstellen, die das Wasser für den menschlichen Gebrauch analysieren.

In der Rechtsverordnung können auch Regelungen über die Anforderungen an die Wassergewinnungs- und Wasserversorgungsanlagen getroffen werden. Die Rechtsverordnung bedarf des Einvernehmens mit dem Bundesministerium für Umwelt, Naturschutz und Reaktorsicherheit, soweit es sich um Wassergewinnungsanlagen handelt.

(2) Das Bundesministerium für Gesundheit bestimmt durch Rechtsverordnung mit Zustimmung des Bundesrates,

1. welchen Anforderungen das in § 37 Abs. 2 bezeichnete Wasser entsprechen muss, um der Vorschrift von § 37 Abs. 2 zu genügen,
2. dass und wie die Schwimm- und Badebecken und das Wasser in hygienischer Hinsicht zu überwachen sind,
3. welche Handlungs-, Unterlassungs-, Mitwirkungs- und Duldungspflichten dem Unternehmer oder sonstigen Inhaber eines Schwimm- oder Badebeckens im Sinne der Nummern 1 und 2 obliegen, welche Wasseruntersuchungen dieser durchführen oder durchführen lassen muss und in welchen Zeitabständen diese vorzunehmen sind,
4. in welchen Fällen das in § 37 Abs. 2 bezeichnete Wasser, das den Anforderungen nach Nummer 1 nicht entspricht, anderen nicht zur Verfügung gestellt werden darf und
5. dass für die Aufbereitung von Schwimm- oder Badebeckenwasser nur Mittel und Verfahren verwendet werden dürfen, die vom Umweltbundesamt in einer Liste bekannt gemacht worden sind.

Die Aufnahme von Mitteln und Verfahren zur Aufbereitung von Schwimm- oder Badebeckenwasser in die Liste nach Nummer 5 erfolgt nur, wenn das Umweltbundesamt festgestellt hat, dass die Mittel und Verfahren den Regeln der Technik entsprechen; das Umweltbundesamt kann für Amtshandlungen nach dem ersten Halbsatz Kosten (Gebühren und Auslagen) erheben. In der Rechtsverordnung nach Satz 1 können auch Regelungen über die Anforderungen an sonstiges Wasser in Gewerbebetrieben, öffentlichen Bädern sowie in sonstigen nicht ausschließlich privat genutzten Einrichtungen, das zum Schwimmen oder Baden bereitgestellt wird und dessen Überwachung getroffen werden, soweit dies zum Schutz der menschlichen Gesundheit erforderlich ist. Satz 3 gilt nicht für Gewässer im Sinne der Richtlinie 76/160/EWG des Rates vom 8. Dezember 1975 über die Qualität der Badegewässer (ABl. EG Nr. L 31 vom 5. Februar 1976 S.1).

(3) Das Bundesministerium für Umwelt, Naturschutz und Reaktorsicherheit wird ermächtigt, durch Rechtsverordnung ohne Zustimmung des Bundesrates die gebührenpflichtigen Tatbestände für Aufgaben des Umweltbundesamtes nach Absatz 2 Satz 1 Nr. 5 und Satz 2 näher zu bestimmen und dabei feste Sätze oder Rahmensätze vorzusehen.

§ 39 Untersuchungen, Maßnahmen der zuständigen Behörde

(1) Der Unternehmer oder sonstige Inhaber einer Wassergewinnungs- oder Wasserversorgungsanlage oder eines Schwimm- oder Badebeckens hat die ihm auf Grund von Rechtsverordnungen nach § 38 Abs. 1 oder 2 obliegenden Wasseruntersuchungen auf eigene Kosten durchzuführen oder durchführen zu lassen. Er hat auch die Kosten (Gebühren und Auslagen) der Wasseruntersuchungen zu tragen, die die zuständige Behörde auf Grund der Rechtsverordnungen nach § 38 Abs. 1 oder 2 durchführt oder durchführen lässt.

(2) Die zuständige Behörde hat die notwendigen Maßnahmen zu treffen, um

1. die Einhaltung der Vorschriften des § 37 Abs. 1 und 2 und von Rechtsverordnungen nach § 38 Abs. 1 und 2 sicherzustellen,
2. Gefahren für die menschliche Gesundheit abzuwenden, die von Wasser für den menschlichen Gebrauch im Sinne von § 37 Abs. 1 sowie von Wasser für und in Schwimm- und Badebecken im Sinne von § 37 Abs. 2 ausgehen können, insbesondere um das Auftreten oder die Weiterverbreitung übertragbarer Krankheiten zu verhindern.

§ 16 Abs. 6 bis 8 gilt entsprechend.

§ 40 Aufgaben des Umweltbundesamtes

Das Umweltbundesamt hat im Rahmen dieses Gesetzes die Aufgabe, Konzeptionen zur Vorbeugung, Erkennung und Verhinderung der Weiterverbreitung von durch Wasser übertragbaren Krankheiten zu entwickeln. Beim Umweltbundesamt können zur Erfüllung dieser Aufgaben beratende Fachkommissionen eingerichtet werden, die Empfehlungen zum Schutz der menschlichen Gesundheit hinsichtlich der Anforderungen an die Qualität des in § 37 Abs. 1 und 2 bezeichneten Wassers sowie der insoweit notwendigen Maßnahmen abgeben können. Die Mitglieder dieser Kommissionen werden vom Bundesministerium für Gesundheit im Benehmen mit dem Bundesministerium für Umwelt, Naturschutz und Reaktorsicherheit sowie im Benehmen mit den jeweils zuständigen obersten Landesbehörden berufen. Vertreter des Bundesministeriums für Gesundheit, des Bundesministeriums für Umwelt, Naturschutz und Reaktorsicherheit und des Umweltbundesamtes nehmen mit beratender Stimme an den Sitzungen teil. Weitere Vertreter von Bundes- und Landesbehörden können daran teilnehmen.

§ 41 Abwasser

(1) Die Abwasserbeseitigungspflichtigen haben darauf hinzuwirken, dass Abwasser so beseitigt wird, dass Gefahren für die menschliche Gesundheit durch Krankheitserreger nicht entstehen. Einrichtungen zur Beseitigung des in Satz 1 genannten Abwassers unterliegen der infektionshygienischen Überwachung durch die zuständige Behörde. Die Betreiber von Einrichtungen nach Satz 2 sind verpflichtet, den Beauftragten der zuständigen Behörde Grundstücke, Räume, Anlagen und Einrichtungen zugänglich zu machen und auf Verlangen Auskunft zu erteilen, soweit dies zur Überwachung erforderlich ist. Das Grundrecht der Unverletzlichkeit der Wohnung (Artikel 13 Abs. 1 Grundgesetz) wird insoweit eingeschränkt. § 16 Abs. 1 bis 3 findet Anwendung.

(2) Die Landesregierungen werden ermächtigt, bezüglich des Abwassers durch Rechtsverordnung entsprechende Gebote und Verbote zur Verhütung übertragbarer Krankheiten zu erlassen. Die Landesregierungen können die Ermächtigung durch Rechtsverordnung auf andere Stellen übertragen. Das Grundrecht der Unverletzlichkeit der Wohnung (Artikel 13 Abs. 1 Grundgesetz) kann insoweit eingeschränkt werden.

8. Abschnitt: Gesundheitliche Anforderungen an das Personal beim Umgang mit Lebensmitteln

§ 42 Tätigkeits- und Beschäftigungsverbote

(1) Personen, die

1. an Typhus abdominalis, Paratyphus, Cholera, Shigellenruhr, Salmonellose, einer anderen infektiösen Gastroenteritis oder Virushepatitis A oder E erkrankt oder dessen verdächtig sind,
2. an infizierten Wunden oder an Hautkrankheiten erkrankt sind, bei denen die Möglichkeit besteht, dass deren Krankheitserreger über Lebensmittel übertragen werden können,
3. die Krankheitserreger Shigellen, Salmonellen, enterohämorrhagische Escherichia coli oder Choleravibrionen ausscheiden,

dürfen nicht tätig sein oder beschäftigt werden

a) beim Herstellen, Behandeln oder Inverkehrbringen der in Absatz 2 genannten Lebensmittel, wenn sie dabei mit diesen in Berührung kommen, oder

b) in Küchen von Gaststätten und sonstigen Einrichtungen mit oder zur Gemeinschaftsverpflegung.

Satz 1 gilt entsprechend für Personen, die mit Bedarfsgegenständen, die für die dort genannten Tätigkeiten verwendet werden, so in Berührung kommen, dass eine Übertragung von Krankheitserregern auf die Lebensmittel im Sinne des Absatzes 2 zu befürchten ist. Die Sätze 1 und 2 gelten nicht für den privaten hauswirtschaftlichen Bereich.

(2) Lebensmittel im Sinne des Absatzes 1 sind

1. Fleisch, Geflügelfleisch und Erzeugnisse daraus
2. Milch und Erzeugnisse auf Milchbasis
3. Fische, Krebse oder Weichtiere und Erzeugnisse daraus
4. Eiprodukte
5. Säuglings- und Kleinkindernahrung
6. Speiseeis und Speiseeishalberzeugnisse
7. Backwaren mit nicht durchgebackener oder durcherhitzter Füllung oder Auflage
8. Feinkost-, Rohkost- und Kartoffelsalate, Marinaden, Mayonnaisen, andere emulgierte Soßen, Nahrungshefen.

(3) Personen, die in amtlicher Eigenschaft, auch im Rahmen ihrer Ausbildung, mit den in Absatz 2 bezeichneten Lebensmitteln oder mit Bedarfsgegenständen im Sinne des Absatzes 1 Satz 2 in Berührung kommen, dürfen ihre Tätigkeit nicht ausüben, wenn sie an einer der in Absatz 1 Nr. 1 genannten Krankheiten erkrankt oder dessen verdächtig sind, an einer der in Absatz 1 Nr. 2 genannten Krankheiten erkrankt sind oder die in Absatz 1 Nr. 3 genannten Krankheitserreger ausscheiden.

(4) Das Gesundheitsamt kann Ausnahmen von den Verboten nach dieser Vorschrift zulassen, wenn Maßnahmen durchgeführt werden, mit denen eine Übertragung der aufgeführten Erkrankungen und Krankheitserreger verhütet werden kann.

(5) Das Bundesministerium für Gesundheit wird ermächtigt, durch Rechtsverordnung mit Zustimmung des Bundesrates den Kreis der in Absatz 1 Nr. 1 und 2 genannten Krankheiten, der in Absatz 1 Nr. 3 genannten Krank-

heitserreger und der in Absatz 2 genannten Lebensmittel einzuschränken, wenn epidemiologische Erkenntnisse dies zulassen, oder zu erweitern, wenn dies zum Schutz der menschlichen Gesundheit vor einer Gefährdung durch Krankheitserreger erforderlich ist. In dringenden Fällen kann zum Schutz der Bevölkerung die Rechtsverordnung ohne Zustimmung des Bundesrates erlassen werden. Eine auf der Grundlage des Satzes 2 erlassene Verordnung tritt ein Jahr nach ihrem Inkrafttreten außer Kraft; ihre Geltungsdauer kann mit Zustimmung des Bundesrates verlängert werden.

§ 43 Belehrung, Bescheinigung des Gesundheitsamtes

(1) Personen dürfen gewerbsmäßig die in § 42 Abs. 1 bezeichneten Tätigkeiten erstmalig nur dann ausüben und mit diesen Tätigkeiten erstmalig nur dann beschäftigt werden, wenn durch eine nicht mehr als drei Monate alte Bescheinigung des Gesundheitsamtes oder eines vom Gesundheitsamt beauftragten Arztes nachgewiesen ist, dass sie

1. über die in § 42 Abs. 1 genannten Tätigkeitsverbote und über die Verpflichtungen nach den Absätzen 2, 4 und 5 in mündlicher und schriftlicher Form vom Gesundheitsamt oder von einem durch das Gesundheitsamt beauftragten Arzt belehrt wurden und
2. nach der Belehrung im Sinne der Nummer 1 schriftlich erklärt haben, dass ihnen keine Tatsachen für ein Tätigkeitsverbot bei ihnen bekannt sind.

Liegen Anhaltspunkte vor, dass bei einer Person Hinderungsgründe nach § 42 Abs. 1 bestehen, so darf die Bescheinigung erst ausgestellt werden, wenn durch ein ärztliches Zeugnis nachgewiesen ist, dass Hinderungsgründe nicht oder nicht mehr bestehen.

(2) Treten bei Personen nach Aufnahme ihrer Tätigkeit Hinderungsgründe nach § 42 Abs. 1 auf, sind sie verpflichtet, dies ihrem Arbeitgeber oder Dienstherrn unverzüglich mitzuteilen.

(3) Werden dem Arbeitgeber oder Dienstherrn Anhaltspunkte oder Tatsachen bekannt, die ein Tätigkeitsverbot nach § 42 Abs. 1 begründen, so hat dieser unverzüglich die zur Verhinderung der Weiterverbreitung der Krankheitserreger erforderlichen Maßnahmen einzuleiten.

(4) Der Arbeitgeber hat Personen, die eine der in § 42 Abs. 1 Satz 1 oder 2 genannten Tätigkeiten ausüben, nach Aufnahme ihrer Tätigkeit und im Weiteren jährlich über die in § 42 Abs. 1 genannten Tätigkeitsverbote und über die Verpflichtung nach Absatz 2 zu belehren. Die Teilnahme an der Belehrung ist zu dokumentieren. Die Sätze 1 und 2 finden für Dienstherren entsprechende Anwendung.

(5) Die Bescheinigung nach Absatz 1 und die letzte Dokumentation der Belehrung nach Absatz 4 sind beim Arbeitgeber aufzubewahren. Der Arbeitgeber hat die Nachweise nach Satz 1 und, sofern er eine in § 42 Abs. 1 bezeichnete Tätigkeit selbst ausübt, die ihn betreffende Bescheinigung nach Absatz 1 Satz 1 an der Betriebsstätte verfügbar zu halten und der zuständigen Behörde und ihren Beauftragten auf Verlangen vorzulegen: Bei Tätigkeiten an wechselnden Standorten genügt die Vorlage einer beglaubigten Abschrift oder einer beglaubigten Kopie.

(6) Im Falle der Geschäftsunfähigkeit oder der beschränkten Geschäftsfähigkeit treffen die Verpflichtungen nach Absatz 1 Satz 1 Nr. 2 und Absatz 2 denjenigen, dem die Sorge für die Person zusteht. Die gleiche Verpflichtung trifft auch den Betreuer, soweit die Sorge für die Person zu seinem Aufgabenkreis gehört. Die den Arbeitgeber oder Dienstherrn betreffenden Verpflichtungen nach dieser Vorschrift gelten entsprechend für Personen, die die in § 42 Abs. 1 genannten Tätigkeiten selbständig ausüben.

(7) Das Bundesministerium für Gesundheit wird ermächtigt, durch Rechtsverordnung mit Zustimmung des Bundesrates Untersuchungen und weitergehende Anforderungen vorzuschreiben oder Anforderungen einzuschränken, wenn Rechtsakte der Europäischen Gemeinschaft dies erfordern.

9. Abschnitt: Tätigkeiten mit Krankheitserregern

§ 44 Erlaubnispflicht für Tätigkeiten mit Krankheitserregern

Wer Krankheitserreger in den Geltungsbereich dieses Gesetzes verbringen, sie ausführen, aufbewahren, abgeben oder mit ihnen arbeiten will, bedarf einer Erlaubnis der zuständigen Behörde.

§ 45 Ausnahmen

(1) Einer Erlaubnis nach § 44 bedürfen nicht Personen, die zur selbständigen Ausübung des Berufs als Arzt, Zahnarzt oder Tierarzt berechtigt sind, für mikrobiologische Untersuchungen zur orientierenden medizinischen und veterinärmedizinischen Diagnostik mittels solcher kultureller Verfahren, die auf die primäre Anzucht und nachfolgender Subkultur zum Zwecke der Resistenzbestimmung beschränkt sind und bei denen die angewendeten Methoden nicht auf den spezifischen Nachweis meldepflichtiger Krankheitserreger gerichtet sind, soweit die Untersuchungen für die unmittelbare Behandlung der eigenen Patienten für die eigene Praxis durchgeführt werden.

(2) Eine Erlaubnis nach § 44 ist nicht erforderlich für

1. Sterilitätsprüfungen, Bestimmung der Koloniezahl und sonstige Arbeiten zur mikrobiologischen Qualitätssicherung bei der Herstellung, Prüfung und der Überwachung des Verkehrs mit
   a) Arzneimitteln,
   b) Medizinprodukten,
2. Sterilitätsprüfungen, Bestimmung der Koloniezahl und sonstige Arbeiten zur mikrobiologischen Qualitätssicherung, soweit diese nicht dem spezifischen Nachweis von Krankheitserregern dienen und dazu Verfahrensschritte zur gezielten Anreicherung oder gezielten Vermehrung von Krankheitserregern beinhalten.

(3) Die zuständige Behörde hat Personen für sonstige Arbeiten zur mikrobiologischen Qualitätssicherung, die auf die primäre Anzucht auf Selektivmedien beschränkt sind, von der Erlaubnispflicht nach § 44 freizustellen, wenn die Personen im Rahmen einer mindestens zweijährigen Tätigkeit auf dem Gebiet der mikrobiologischen Qualitätssicherung oder im Rahmen einer staatlich geregelten Ausbildung die zur Ausübung der beabsichtigten Tätigkeiten erforderliche Sachkunde erworben haben.

(4) Die zuständige Behörde hat Tätigkeiten im Sinne der Absätze 1, 2 und 3 zu untersagen, wenn eine Person, die die Arbeiten ausführt, sich bezüglich der erlaubnisfreien Tätigkeiten nach den Absätzen 1, 2 oder 3 als unzuverlässig erwiesen hat.

§ 46 Tätigkeit unter Aufsicht

Der Erlaubnis nach § 44 bedarf nicht, wer unter Aufsicht desjenigen, der eine Erlaubnis besitzt oder nach § 45 keiner Erlaubnis bedarf, tätig ist.

§ 47 Versagungsgründe, Voraussetzungen für die Erlaubnis

(1) Die Erlaubnis ist zu versagen, wenn der Antragsteller

1. die erforderliche Sachkenntnis nicht besitzt oder
2. sich als unzuverlässig in Bezug auf die Tätigkeiten erwiesen hat, für deren Ausübung die Erlaubnis beantragt wird.

(2) Die erforderliche Sachkenntnis wird durch

1. den Abschluss eines Studiums der Human-, Zahn- oder Veterinärmedizin, der Pharmazie oder den Abschluss eines naturwissenschaftlichen Fachhochschul- oder Universitätsstudiums mit mikrobiologischen Inhalten und

2. eine mindestens zweijährige hauptberufliche Tätigkeit mit Krankheitserregern unter Aufsicht einer Person, die im Besitz der Erlaubnis zum Arbeiten mit Krankheitserregern ist,

nachgewiesen. Die zuständige Behörde hat auch eine andere, mindestens zweijährige hauptberufliche Tätigkeit auf dem Gebiet der Bakteriologie, Mykologie, Parasitologie oder Virologie als Nachweis der Sachkenntnis nach Nummer 2 anzuerkennen, wenn der Antragsteller bei dieser Tätigkeit eine gleichwertige Sachkenntnis erworben hat.

(3) Die Erlaubnis ist auf bestimmte Tätigkeiten und auf bestimmte Krankheitserreger zu beschränken und mit Auflagen zu verbinden, soweit dies zur Verhütung übertragbarer Krankheiten erforderlich ist. Die zuständige Behörde kann Personen, die ein naturwissenschaftliches Fachhochschul- oder Universitätsstudium ohne mikrobiologische Inhalte oder ein ingenieurwissenschaftliches Fachhochschul- oder Universitätsstudium mit mikrobiologischen Inhalten abgeschlossen haben oder die die Voraussetzungen nach Absatz 2 Satz 1 Nr. 2 nur teilweise erfüllen, eine Erlaubnis nach Satz 1 erteilen, wenn der Antragsteller für den eingeschränkten Tätigkeitsbereich eine ausreichende Sachkenntnis erworben hat.

(4) Bei Antragstellern, die nicht die Approbation oder Bestallung als Arzt, Zahnarzt oder Tierarzt besitzen, darf sich die Erlaubnis nicht auf den direkten oder indirekten Nachweis eines Krankheitserregers für die Feststellung einer Infektion oder übertragbaren Krankheit erstrecken. Satz 1 gilt nicht für Antragsteller, die Arbeiten im Auftrag eines Arztes, Zahnarztes oder Tierarztes, die im Besitz der Erlaubnis sind, oder Untersuchungen in Krankenhäusern für die unmittelbare Behandlung der Patienten des Krankenhauses durchführen.

§ 48 Rücknahme und Widerruf

Die Erlaubnis nach § 44 kann außer nach den Vorschriften des Verwaltungsverfahrensgesetzes zurückgenommen oder widerrufen werden, wenn ein Versagungsgrund nach § 47 Abs. 1 vorliegt.

§ 49 Anzeigepflichten

(1) Wer Tätigkeiten im Sinne von § 44 erstmalig aufnehmen will, hat dies der zuständigen Behörde mindestens 30 Tage vor Aufnahme anzuzeigen. Die Anzeige nach Satz 1 muss enthalten:

1. eine beglaubigte Abschrift der Erlaubnis, soweit die Erlaubnis nicht von der Behörde nach Satz 1 ausgestellt wurde, oder Angaben zur Erlaubnisfreiheit im Sinne von § 45,
2. Angaben zu Art und Umfang der beabsichtigten Tätigkeiten sowie Entsorgungsmaßnahmen,
3. Angaben zur Beschaffenheit der Räume und Einrichtungen.

Soweit die Angaben in einem anderen durch Bundesrecht geregelten Verfahren bereits gemacht wurden, kann auf die dort vorgelegten Unterlagen Bezug genommen werden. Die Anzeigepflicht gilt nicht für Personen, die auf der Grundlage des § 46 tätig sind.

(2) Mit Zustimmung der zuständigen Behörde können die Tätigkeiten im Sinne von § 44 vor Ablauf der Frist aufgenommen werden.

(3) Die zuständige Behörde untersagt Tätigkeiten, wenn eine Gefährdung der Gesundheit der Bevölkerung zu besorgen ist, insbesondere weil

1. für Art und Umfang der Tätigkeiten geeignete Räume oder Einrichtungen nicht vorhanden sind oder
2. die Voraussetzungen für eine gefahrlose Entsorgung nicht gegeben sind.

§ 50 Veränderungsanzeige

Wer eine in § 44 genannte Tätigkeit ausübt, hat jede wesentliche Veränderung der Beschaffenheit der Räume und Einrichtungen, der Entsorgungsmaßnahmen sowie von Art und Umfang der Tätigkeit unverzüglich der zuständigen Behörde anzuzeigen. Anzuzeigen ist auch die Beendigung oder Wiederaufnahme der Tätigkeit. § 49 Abs. 1 Satz 3 gilt entsprechend. Die Anzeigepflicht gilt nicht für Personen, die auf der Grundlage des § 46 tätig sind.

§ 51 Aufsicht

Wer eine in § 44 genannte Tätigkeit ausübt, untersteht der Aufsicht der zuständigen Behörde. Er und der sonstige Berechtigte ist insoweit verpflichtet, den von der zuständigen Behörde beauftragten Personen Grundstücke, Räume, Anlagen und Einrichtungen zugänglich zu machen, auf Verlangen Bücher und sonstige Unterlagen vorzulegen, die Einsicht in diese zu gewähren und die notwendigen Prüfungen zu dulden. Das Grundrecht der Unverletzlichkeit der Wohnung (Artikel 13 Abs. 1 Grundgesetz) wird insoweit eingeschränkt.

§ 52 Abgabe

Krankheitserreger sowie Material, das Krankheitserreger enthält, dürfen nur an denjenigen abgegeben werden, der eine Erlaubnis besitzt, unter Aufsicht eines Erlaubnisinhabers tätig ist oder einer Erlaubnis nach § 45 Abs. 2 Nr. 1 nicht bedarf. Satz 1 gilt nicht für staatliche human- oder veterinärmedizinische Untersuchungseinrichtungen.

§ 53 Anforderungen an Räume und Einrichtungen, Gefahrenvorsorge

(1) Das Bundesministerium für Gesundheit wird ermächtigt, im Einvernehmen mit dem Bundesministerium für Arbeit und Sozialordnung durch Rechtsverordnung mit Zustimmung des Bundesrates Vorschriften

1. über die an die Beschaffenheit der Räume und Einrichtungen zu stellenden Anforderungen sowie
2. über die Sicherheitsmaßnahmen, die bei Tätigkeiten nach § 44 zu treffen sind,

zu erlassen, soweit dies zum Schutz der Bevölkerung vor übertragbaren Krankheiten erforderlich ist.

(2) In der Rechtsverordnung nach Absatz 1 kann zum Zwecke der Überwachung der Tätigkeiten auch vorgeschrieben werden, dass bei bestimmten Tätigkeiten Verzeichnisse zu führen und Berichte über die durchgeführten Tätigkeiten der zuständigen Behörde vorzulegen sowie bestimmte Wahrnehmungen dem Gesundheitsamt zu melden sind, soweit dies zur Verhütung oder Bekämpfung übertragbarer Krankheiten erforderlich ist.

10. Abschnitt: Zuständige Behörde

§ 54 Benennung der Behörde

Die Landesregierungen bestimmen durch Rechtsverordnung die zuständigen Behörden im Sinne dieses Gesetzes, soweit eine landesrechtliche Regelung nicht besteht. Sie können ferner darin bestimmen, dass nach diesem Gesetz der obersten Landesgesundheitsbehörde oder der für die Kriegsopferversorgung zuständigen obersten Landesbehörde zugewiesene Aufgaben ganz oder im Einzelnen von einer diesen jeweils nachgeordneten Landesbehörde wahrgenommen werden und dass auf die Wahrnehmung von Zustimmungsvorbehalten der obersten Landesbehörden nach diesem Gesetz verzichtet wird.

11. Abschnitt: Angleichung an Gemeinschaftsrecht

§ 55 Angleichung an Gemeinschaftsrecht

Rechtsverordnungen nach diesem Gesetz können auch zum Zwecke der Angleichung der Rechtsvorschriften der Mitgliedstaaten der Europäischen Union erlassen werden, soweit dies zur Durchführung von Verordnungen oder zur Umsetzung von Richtlinien oder Entscheidungen des Rates der Europäischen Union oder der Kommission der Europäischen Gemeinschaften, die Sachbereiche dieses Gesetzes betreffen, erforderlich ist.

12. Abschnitt: Entschädigung in besonderen Fällen

§ 56 Entschädigung

(1) Wer auf Grund dieses Gesetzes als Ausscheider, Ansteckungsverdächtiger, Krankheitsverdächtiger oder als sonstiger Träger von Krankheitserregern im Sinne von § 31 Satz 2 Verboten in der Ausübung seiner bisherigen Erwerbstätigkeit unterliegt oder unterworfen wird und dadurch einen Verdienstausfall erleidet, erhält eine Entschädigung in Geld. Das Gleiche gilt für Personen, die als Ausscheider oder Ansteckungsverdächtige abgesondert wurden oder werden, bei Ausscheidern jedoch nur, wenn sie andere Schutzmaßnahmen nicht befolgen können.

(2) Die Entschädigung bemisst sich nach dem Verdienstausfall. Für die ersten sechs Wochen wird sie in Höhe des Verdienstausfalls gewährt. Vom Beginn der siebenten Woche an wird sie in Höhe des Krankengeldes nach § 47 Abs. 1 des Fünften Buches Sozialgesetzbuch gewährt, soweit der Verdienstausfall die für die gesetzliche Krankenversicherungspflicht maßgebende Jahresarbeitsentgeltgrenze nicht übersteigt.

(3) Als Verdienstausfall gilt das Arbeitsentgelt (§ 14 des Vierten Buches Sozialgesetzbuch), das dem Arbeitnehmer bei der für ihn maßgebenden regelmäßigen Arbeitszeit nach Abzug der Steuern und der Beiträge zur Sozialversicherung und zur Arbeitsförderung oder entsprechenden Aufwendungen zur sozialen Sicherung in angemessenem Umfang zusteht (Netto-Arbeitsentgelt). Der Betrag erhöht sich um das Kurzarbeiter- oder Winterausfallgeld und um das Zuschuss-Wintergeld, auf das der Arbeitnehmer Anspruch hätte, wenn er nicht aus den in Absatz 1 genannten Gründen an der Arbeitsleistung verhindert wäre. Verbleibt dem Arbeitnehmer nach Einstellung der verbotenen Tätigkeit oder bei Absonderung ein Teil des bisherigen Arbeitsentgelts, so gilt als Verdienstausfall der Unterschiedsbetrag zwischen dem in Satz 1 genannten Netto-Arbeitsentgelt und dem in dem auf die Einstellung der verbotenen Tätigkeit oder der Absonderung folgenden Kalendermonat erzielten Netto-Arbeitsentgelt aus dem bisherigen Arbeitsverhältnis. Die Sätze 1 und 3 gelten für die Berechnung des Verdienstausfalls bei den in Heimarbeit Beschäftigten und bei Selbständigen entsprechend mit der Maßgabe, dass bei den in Heimarbeit Beschäftigten das im Durchschnitt des letzten Jahres vor Einstellung der verbotenen Tätigkeit oder vor der Absonderung verdiente monatliche Arbeitsentgelt und bei Selbständigen ein Zwölftel des Arbeitseinkommens (§ 15 des Vierten Buches Sozialgesetzbuch) aus der entschädigungspflichtigen Tätigkeit zugrunde zu legen ist.

(4) Bei einer Existenzgefährdung können den Entschädigungsberechtigten die während der Verdienstausfallzeiten entstehenden Mehraufwendungen auf Antrag in angemessenem Umfang von der zuständigen Behörde erstattet werden. Selbständige, deren Betrieb oder Praxis während der Dauer einer Maßnahme nach Absatz 1 ruht, erhalten neben der Entschädigung nach den Absätzen 2 und 3 auf Antrag von der zuständigen Behörde Ersatz der in dieser Zeit weiterlaufenden nicht gedeckten Betriebsausgaben in angemessenem Umfang.

(5) Bei Arbeitnehmern hat der Arbeitgeber für die Dauer des Arbeitsverhältnisses, längstens für sechs Wochen, die Entschädigung für die zuständige Behörde auszuzahlen. Die ausgezahlten Beträge werden dem Arbeitgeber auf Antrag von der zuständigen Behörde erstattet. Im Übrigen wird die Entschädigung von der zuständigen Behörde auf Antrag gewährt.

(6) Bei Arbeitnehmern richtet sich die Fälligkeit der Entschädigungsleistungen nach der Fälligkeit des aus der bisherigen Tätigkeit erzielten Arbeitsentgelts. Bei sonstigen Entschädigungsberechtigten ist die Entschädigung jeweils zum Ersten eines Monats für den abgelaufenen Monat zu gewähren.

(7) Wird der Entschädigungsberechtigte arbeitsunfähig, so bleibt der Entschädigungsanspruch in Höhe des Betrages, der bei Eintritt der Arbeitsunfähigkeit an den Berechtigten auszuzahlen war, bestehen. Ansprüche, die Berechtigten nach Absatz 1 Satz 2 wegen des durch die Arbeitsunfähigkeit bedingten Verdienstausfalls auf Grund anderer gesetzlicher Vorschriften oder eines privaten Versicherungsverhältnisses zustehen, gehen insoweit auf das entschädigungspflichtige Land über.

(8) Auf die Entschädigung sind anzurechnen

1. Zuschüsse des Arbeitgebers, soweit sie zusammen mit der Entschädigung den tatsächlichen Verdienstausfall übersteigen,
2. das Netto-Arbeitsentgelt und das Arbeitseinkommen nach Absatz 3 aus einer Tätigkeit, die als Ersatz der verbotenen Tätigkeit ausgeübt wird, soweit es zusammen mit der Entschädigung den tatsächlichen Verdienstausfall übersteigt,
3. der Wert desjenigen, das der Entschädigungsberechtigte durch Ausübung einer anderen als der verbotenen Tätigkeit zu erwerben böswillig unterlässt, soweit es zusammen mit der Entschädigung den tatsächlichen Verdienstausfall übersteigt,
4. das Arbeitslosengeld oder die Arbeitslosenhilfe in der Höhe, in der diese Leistungen dem Entschädigungsberechtigten ohne Anwendung der Vorschriften über das Ruhen des Anspruchs auf Arbeitslosengeld bei Sperrzeit und Säumniszeit nach dem Dritten Buch Sozialgesetzbuch sowie des § 66 des Ersten Buches Sozialgesetzbuch in der jeweils geltenden Fassung hätten gewährt werden müssen.

Liegen die Voraussetzungen für eine Anrechnung sowohl nach Nummer 3 als auch nach Nummer 4 vor, so ist der höhere Betrag anzurechnen.

(9) Der Anspruch auf Entschädigung geht insoweit, als dem Entschädigungsberechtigten Arbeitslosengeld, Kurzarbeitergeld oder Winterausfallgeld für die gleiche Zeit zu gewähren ist, auf die Bundesanstalt für Arbeit und insoweit, als ihm Arbeitslosenhilfe für die gleiche Zeit zu gewähren ist, auf den Bund über. Die Bundesanstalt ist berechtigt und verpflichtet, den Anspruch für den Bund geltend zu machen.

(10) Ein auf anderen gesetzlichen Vorschriften beruhender Anspruch auf Ersatz des Verdienstausfalls, der dem Entschädigungsberechtigten durch das Verbot der Ausübung seiner Erwerbstätigkeit oder durch die Absonderung erwachsen ist, geht insoweit auf das zur Gewährung der Entschädigung verpflichtete Land über, als dieses dem Entschädigungsberechtigten nach diesem Gesetz Leistungen zu gewähren hat.

(11) Die Anträge nach Absatz 5 sind innerhalb einer Frist von drei Monaten nach Einstellung der verbotenen Tätigkeit oder dem Ende der Absonderung bei der zuständigen Behörde zu stellen. Dem Antrag ist von Arbeitnehmern eine Bescheinigung des Arbeitgebers und von den in Heimarbeit Beschäftigten eine Bescheinigung des Auftraggebers über die Höhe des in dem nach Absatz 3 für sie maßgeblichen Zeitraum verdienten Arbeitsentgelts und der gesetzlichen Abzüge, von Selbständigen eine Bescheinigung des Finanzamtes über die Höhe des letzten beim Finanzamt nachgewiesenen Arbeitseinkommens beizufügen. Ist ein solches Arbeitseinkommen noch nicht nachgewiesen oder ist ein Unterschiedsbetrag nach Absatz 3 zu errechnen, so kann die zuständige Behörde die Vorlage anderer oder weiterer Nachweise verlangen.

(12) Die zuständige Behörde hat auf Antrag dem Arbeitgeber einen Vorschuss in der voraussichtlichen Höhe des Erstattungsbetrages, den in Heimarbeit Beschäftigten und Selbständigen in der voraussichtlichen Höhe der Entschädigung zu gewähren.

§ 57 Verhältnis zur Sozialversicherung und zur Arbeitsförderung

(1) Für Personen, denen eine Entschädigung nach § 56 Abs. 1 zu gewähren ist, besteht eine Versicherungspflicht in der gesetzlichen Rentenversicherung fort. Bemessungsgrundlage für Beiträge sind

1. bei einer Entschädigung nach § 56 Abs. 2 Satz 2 das Arbeitsentgelt, das der Verdienstausfallentschädigung nach § 56 Abs. 3 vor Abzug von Steuern und Beitragsanteilen zur Sozialversicherung oder entsprechender Aufwendungen zur sozialen Sicherung zugrunde liegt,
2. bei einer Entschädigung nach § 56 Abs. 2 Satz 3 80 vom Hundert des dieser Entschädigung zugrunde liegenden Arbeitsentgelts oder Arbeitseinkommens.

Das entschädigungspflichtige Land trägt die Beiträge zur gesetzlichen Rentenversicherung allein. Zahlt der Arbeitgeber für die zuständige Behörde die Entschädigung aus, gelten die Sätze 2 und 3 entsprechend; die zuständige Behörde hat ihm auf Antrag die entrichteten Beiträge zu erstatten.

(2) Für Personen, denen nach § 56 Abs. 1 Satz 2 eine Entschädigung zu gewähren ist, besteht eine Versicherungspflicht in der gesetzlichen Kranken- und in der sozialen Pflegeversicherung sowie nach dem Dritten Buch Sozialgesetzbuch fort. Absatz 1 Satz 2 bis 4 gilt entsprechend.

(3) In der gesetzlichen Unfallversicherung wird, wenn es für den Berechtigten günstiger ist, der Berechnung des Jahresarbeitsverdienstes für Zeiten, in denen dem Verletzten im Jahr vor dem Arbeitsunfall eine Entschädigung nach § 56 Abs. 1 zu gewähren war, das Arbeitsentgelt oder Arbeitseinkommen zugrunde gelegt, das seinem durchschnittlichen Arbeitsentgelt oder Arbeitseinkommen. in den mit Arbeitsentgelt oder Arbeitseinkommen belegten Zeiten dieses Zeitraums entspricht. § 82 Abs. 3 des Siebten Buches Sozialgesetzbuch gilt entsprechend. Die durch die Anwendung des Satzes 1 entstehenden Mehraufwendungen werden den Versicherungsträgern von der zuständigen Behörde erstattet.

(4) In der Krankenversicherung werden die Leistungen nach dem Arbeitsentgelt berechnet, das vor Beginn des Anspruchs auf Entschädigung gezahlt worden ist.

(5) Zeiten, in denen nach Absatz 1 eine Versicherungspflicht nach dem Dritten Buch Sozialgesetzbuch fortbesteht, bleiben bei der Feststellung des Bemessungszeitraums für einen Anspruch auf Arbeitslosengeld nach dem Dritten Buch Sozialgesetzbuch außer Betracht.

§ 58 Aufwendungserstattung

Entschädigungsberechtigte im Sinne des § 56 Abs. 1, die der Pflichtversicherung in der gesetzlichen Kranken-, Renten- sowie der sozialen Pflegeversicherung nicht unterliegen, haben gegenüber der zuständigen Behörde einen Anspruch auf Erstattung ihrer Aufwendungen für soziale Sicherung in angemessenem Umfang. In den Fällen, in denen sie Netto-Arbeitsentgelt und Arbeitseinkommen aus einer Tätigkeit beziehen, die als Ersatz der verbotenen Tätigkeit ausgeübt wird, mindert sich der Anspruch nach Satz 1 in dem Verhältnis dieses Einkommens zur ungekürzten Entschädigung.

§ 59 Sondervorschrift für Ausscheider

Ausscheider, die Anspruch auf eine Entschädigung nach § 56 haben, gelten als körperlich Behinderte im Sinne des Dritten Buches Sozialgesetzbuch.

§ 60 Versorgung bei Impfschaden und bei Gesundheitsschäden durch andere Maßnahmen der spezifischen Prophylaxe

(1) Wer durch eine Schutzimpfung oder durch eine andere Maßnahme der spezifischen Prophylaxe, die

1. von einer zuständigen Landesbehörde öffentlich empfohlen und in ihrem Bereich vorgenommen wurde,
2. auf Grund dieses Gesetzes angeordnet wurde,
3. gesetzlich vorgeschrieben war oder
4. aufgrund der Verordnungen zur Ausführung der Internationalen Gesundheitsvorschriften durchgeführt worden ist

eine gesundheitliche Schädigung erlitten hat, erhält nach der Schutzimpfung wegen des Impfschadens im Sinne des § 2 Nr. 11 oder in dessen entsprechender Anwendung bei einer anderen Maßnahme wegen der gesundheitlichen und wirtschaftlichen Folgen der Schädigung auf Antrag Versorgung in entsprechender Anwendung der Vorschriften des Bundesversorgungsgesetzes, soweit dieses Gesetz nichts Abweichendes bestimmt. Satz 1 Nr. 4 gilt nur für Personen, die zum Zwecke der Wiedereinreise in den Geltungsbereich dieses Gesetzes geimpft wurden und die ihren Wohnsitz oder gewöhnlichen Aufenthalt in diesem Gebiet haben oder nur vorübergehend aus beruflichen Gründen oder zum Zwecke der Ausbildung aufgegeben haben, sowie deren Angehörige, die mit ihnen in häuslicher Gemeinschaft leben. Als Angehörige gelten die in § 10 des Fünften Buches Sozialgesetzbuch genannten Personen.

(2) Versorgung im Sinne des Absatzes 1 erhält auch, wer als Deutscher außerhalb des Geltungsbereichs dieses Gesetzes einen Impfschaden durch eine Impfung erlitten hat, zu der er auf Grund des Impfgesetzes vom 8. April 1874 in der im Bundesgesetzblatt Teil III, Gliederungsnummer 2126-5, veröffentlichten bereinigten Fassung, bei einem Aufenthalt im Geltungsbereich dieses Gesetzes verpflichtet gewesen wäre. Die Versorgung wird nur gewährt, wenn der Geschädigte

1. nicht im Geltungsbereich dieses Gesetzes geimpft werden konnte,
2. von einem Arzt geimpft worden ist und
3. zur Zeit der Impfung in häuslicher Gemeinschaft mit einem Elternteil oder einem Sorgeberechtigten gelebt hat, der sich zur Zeit der Impfung aus beruflichen Gründen oder zur Ausbildung nicht nur vorübergehend außerhalb des Geltungsbereichs dieses Gesetzes aufgehalten hat.

(3) Versorgung im Sinne des Absatzes 1 erhält auch, wer außerhalb des Geltungsbereichs dieses Gesetzes einen Impfschaden erlitten hat infolge einer Pockenimpfung auf Grund des Impfgesetzes oder infolge einer Pockenimpfung, die in den in § 1 Abs. 2 Nr. 3 des Bundesvertriebenengesetzes bezeichneten Gebieten, in der Deutschen Demokratischen Republik oder in Berlin (Ost) gesetzlich vorgeschrieben oder auf Grund eines Gesetzes angeordnet worden ist oder war, soweit nicht auf Grund anderer gesetzlicher Vorschriften Entschädigung gewährt wird. Ansprüche nach Satz 1 kann nur geltend machen, wer

1. als Deutscher bis zum 8. Mai 1945,
2. als Berechtigter nach den §§ 1 bis 4 des Bundesvertriebenengesetzes oder des § 1 des Flüchtlingshilfegesetzes in der Fassung der Bekanntmachung vom 15. Mai 1971 (BGBl. I S. 681), das zuletzt durch Artikel 24 des Gesetzes vom 26. Mai 1994 (BGBl. I S.1014) geändert worden ist, in der jeweils geltenden Fassung,
3. als Ehegatte oder Abkömmling eines Spätaussiedlers im Sinne des § 7 Abs. 2 des Bundesvertriebenengesetzes oder
4. im Wege der Familienzusammenführung gemäß § 94 des Bundesvertriebenengesetzes in der vor dem 1. Januar 1993 geltenden Fassung

seinen ständigen Aufenthalt im Geltungsbereich dieses Gesetzes genommen hat oder nimmt.

(4) Die Hinterbliebenen eines Geschädigten im Sinne der Absätze 1 bis 3 erhalten auf Antrag Versorgung in entsprechender Anwendung der Vorschriften des Bundesversorgungsgesetzes.

(5) Als Impfschaden im Sinne des § 2 Nr. 11 gelten auch die Folgen einer gesundheitlichen Schädigung, die durch einen Unfall unter den Voraussetzungen des § 1 Abs. 2 Buchstabe e oder f oder des § 8a des Bundesversorgungsgesetzes herbeigeführt worden sind. Einem Impfschaden im Sinne des Satzes 1 steht die Beschädigung eines am Körper getragenen Hilfsmittels, einer Brille, von Kontaktlinsen oder von Zahnersatz infolge eines Impfschadens im Sinne des Absatzes 1 oder eines Unfalls im Sinne des Satzes 1 gleich.

(6) Im Rahmen der Versorgung nach Absatz 1 bis 5 finden die Vorschriften des zweiten Kapitels des Zehnten Buches Sozialgesetzbuch über den Schutz der Sozialdaten Anwendung.

§ 61 Gesundheitsschadensanerkennung

Zur Anerkennung eines Gesundheitsschadens als Folge einer Schädigung im Sinne des § 60 Abs. 1 Satz 1 genügt die Wahrscheinlichkeit des ursächlichen Zusammenhangs. Wenn diese Wahrscheinlichkeit nur deshalb nicht gegeben ist, weil über die Ursache des festgestellten Leidens in der medizinischen Wissenschaft Ungewissheit besteht, kann mit Zustimmung der für die Kriegsopferversorgung zuständigen obersten Landesbehörde der Gesundheitsschaden als Folge einer Schädigung im Sinne des § 60 Abs. 1 Satz 1 anerkannt werden. Die Zustimmung kann allgemein erteilt werden. Eine Anerkennung nach den Sätzen 1 und 2 und hierauf beruhende Verwaltungsakte können mit Wirkung für die Vergangenheit zurückgenommen werden, wenn unzweifelhaft feststeht, dass die gesundheitliche Schädigung nicht Folge einer Impfung oder einer anderen Maßnahme der spezifischen Prophylaxe ist; erbrachte Leistungen sind nicht zu erstatten.

§ 62 Heilbehandlung

Dem Geschädigten im Sinne von § 60 Abs. 1 bis 3 sind im Rahmen der Heilbehandlung auch heilpädagogische Behandlung, heilgymnastische und bewegungstherapeutische Übungen zu gewähren, wenn diese bei der Heilbehandlung notwendig sind.

§ 63 Konkurrenz von Ansprüchen, Anwendung der Vorschriften nach dem Bundesversorgungsgesetz, Übergangsregelungen zum Erstattungsverfahren an die Krankenkassen

(1) Treffen Ansprüche aus § 60 mit Ansprüchen aus einer Schädigung im Sinne des § 1 des Bundesversorgungsgesetzes oder nach anderen Gesetzen, die eine entsprechende Anwendung des Bundesversorgungsgesetzes vorsehen, zusammen, so ist unter Berücksichtigung der durch die gesamten Schädigungsfolgen bedingten Minderung der Erwerbsfähigkeit eine einheitliche Rente festzusetzen.

(2) Trifft ein Versorgungsanspruch nach § 60 mit einem Schadensersatzanspruch auf Grund fahrlässiger Amtspflichtverletzung zusammen, so wird der Anspruch nach § 839 Abs. 1 des Bürgerlichen Gesetzbuchs nicht dadurch ausgeschlossen, dass die Voraussetzungen des § 60 vorliegen.

(3) Bei Impfschäden gilt § 4 Abs. 1 Nr. 2 des Siebten Buches Sozialgesetzbuch nicht.

(4) § 81a des Bundesversorgungsgesetzes findet mit der Maßgabe Anwendung, dass der gegen Dritte bestehende gesetzliche Schadensersatzanspruch auf das zur Gewährung der Leistungen nach diesem Gesetz verpflichtete Land übergeht.

(5) Die §§ 64 bis 64d, 64f und 89 des Bundesversorgungsgesetzes sind entsprechend anzuwenden mit der Maßgabe, dass an die Stelle der Zustimmung des Bundesministeriums für Arbeit und Sozialordnung die Zustimmung der für die Kriegsopferversorgung zuständigen obersten Landesbehörde tritt. Die Zustimmung ist bei entsprechender Anwendung des § 89 Abs. 2 des Bundesversorgungsgesetzes im Einvernehmen mit der obersten Landesgesundheitsbehörde zu erteilen.

(6) § 20 des Bundesversorgungsgesetzes ist mit den Maßgaben anzuwenden, dass an die Stelle der in Absatz 1 Satz 3 genannten Zahl die Zahl der rentenberechtigten Beschädigten und Hinterbliebenen nach diesem Gesetz im Vergleich zur Zahl des Vorjahres tritt, dass in Absatz 1 Satz 4 an die Stelle der dort genannten Ausgaben der Krankenkassen je Rentner die bundesweiten Ausgaben je Mitglied treten, dass Absatz 2 Satz 1 für die oberste Landesbehörde, die für die Kriegsopferversorgung zuständig ist, oder für die von ihr bestimmte Stelle gilt und dass in Absatz 3 an die Stelle der in Satz 1 genannten Zahl die Zahl 1,3 tritt und die Sätze 2 bis 4 nicht gelten.

(7) Am 1. Januar 1998 noch nicht gezahlte Erstattungen von Aufwendungen für Leistungen, die von den Krankenkassen vor dem 1. Januar 1998 erbracht worden sind, werden nach den bis dahin geltenden Erstattungsregelungen abgerechnet.

(8) Für das Jahr 1998 wird der Pauschalbetrag nach § 20 des Bundesversorgungsgesetzes wie folgt ermittelt: Aus der Summe der Erstattungen des Landes an die Krankenkassen nach diesem Gesetz in den Jahren 1995 bis 1997, abzüglich der Erstattungen für Leistungen bei Pflegebedürftigkeit nach § 11 Abs. 4 und § 12 Abs. 5 des Bundesversorgungsgesetzes in der bis zum 31. März 1995 geltenden Fassung und abzüglich der Erstattungen nach § 19 Abs. 4 des Bundesversorgungsgesetzes in der bis zum 31. Dezember 1993 geltenden Fassung, wird der Jahresdurchschnitt ermittelt.

§ 64 Zuständige Behörde für die Versorgung

(1) Die Versorgung nach den §§ 60 bis 63 Abs. 1 wird von den für die Durchführung des Bundesversorgungsgesetzes zuständigen Behörden durchgeführt. Die örtliche Zuständigkeit der Behörden bestimmt die Regierung des Landes, das die Versorgung zu gewähren hat (§ 66 Abs. 2), durch Rechtsverordnung. Die Landesregierung ist befugt, die Ermächtigung durch Rechtsverordnung auf eine andere Stelle zu übertragen.

(2) Das Gesetz über das Verwaltungsverfahren der Kriegsopferversorgung in der Fassung der Bekanntmachung vom 6. Mai 1976 (BGBl. I S. 1169), zuletzt geändert durch das Gesetz vom 18. August 1980 (BGBl. I S. 1469), mit Ausnahme der §§ 3 und 4, die Vorschriften des ersten und dritten Kapitels des Zehnten Buches Sozialgesetzbuch sowie die Vorschriften des Sozialgerichtsgesetzes über das Vorverfahren sind anzuwenden.

(3) Absatz 2 gilt nicht, soweit die Versorgung in der Gewährung von Leistungen besteht, die den Leistungen der Kriegsopferfürsorge nach den §§ 25 bis 27j des Bundesversorgungsgesetzes entsprechen.

§ 65 Entschädigung bei behördlichen Maßnahmen

(1) Soweit auf Grund einer Maßnahme nach den §§ 16 und 17 Gegenstände vernichtet, beschädigt oder in sonstiger Weise in ihrem Wert gemindert werden oder ein anderer nicht nur unwesentlicher Vermögensnachteil verursacht wird, ist eine Entschädigung in Geld zu leisten; eine Entschädigung erhält jedoch nicht derjenige, dessen Gegenstände mit Krankheitserregern oder mit Gesundheitsschädlingen als vermutlichen Oberträgern solcher Krankheitserreger behaftet oder dessen verdächtige sind. § 254 des Bürgerlichen Gesetzbuchs ist entsprechend anzuwenden.

(2) Die Höhe der Entschädigung nach Absatz 1 bemisst sich im Falle der Vernichtung eines Gegenstandes nach dessen gemeinem Wert, im Falle der Beschädigung oder sonstigen Wertminderung nach der Minderung des gemeinen Wertes. Kann die Wertminderung behoben werden, so bemisst sich die Entschädigung nach den hierfür erforderlichen Aufwendungen. Die Entschädigung darf den gemeinen Wert nicht übersteigen, den der Gegenstand ohne die Beschädigung oder Wertminderung gehabt hätte. Bei Bestimmung des gemeinen Wertes sind der Zustand und alle sonstigen den Wert des Gegenstandes bestimmenden Umstände in dem Zeitpunkt maßgeblich, in dem die Maßnahme getroffen wurde. Die Entschädigung für andere nicht nur unwesentliche Vermögensnachteile darf den Betroffenen nicht besser stellen, als er ohne die Maßnahme gestellt sein würde. Auf Grund der Maßnahme notwendige Aufwendungen sind zu erstatten.

§ 66 Zahlungsverpflichteter

(1) Verpflichtet zur Zahlung der Entschädigung nach § 56 ist das Land, in dem das Verbot erlassen worden ist, in den Fällen des § 34 Abs. 1 bis 3 und des § 42 das Land, in dem die verbotene Tätigkeit ausgeübt worden ist. Verpflichtet zur Zahlung der Entschädigung nach § 65 ist das Land, in dem der Schaden verursacht worden ist.

(2) Versorgung wegen eines Impfschadens nach den §§ 60 bis 63 ist zu gewähren

1. in den Fällen des § 60 Abs. 1 von dem Land, in dem der Schaden verursacht worden ist,
2. in den Fällen des § 60 Abs. 2
   a) von dem Land, in dem der Geschädigte bei Eintritt des Impfschadens im Geltungsbereich dieses Gesetzes seinen Wohnsitz oder gewöhnlichen Aufenthalt hat,
   b) wenn bei Eintritt des Schadens ein Wohnsitz oder gewöhnlicher Aufenthalt im Geltungsbereich dieses Gesetzes nicht vorhanden ist, von dem Land, in dem der Geschädigte zuletzt seinen Wohnsitz oder gewöhnlichen Aufenthalt gehabt hat oder
   c) bei minderjährigen Geschädigten, wenn die Wohnsitzvoraussetzungen der Buchstaben a oder b nicht gegeben sind, von dem Land, in dem der Elternteil oder Sorgeberechtigte des Geschädigten, mit dem der Geschädigte in häuslicher Gemeinschaft lebt, seinen Wohnsitz oder gewöhnlichen Aufenthalt im Geltungsbereich dieses Gesetzes hat oder, falls ein solcher Wohnsitz oder gewöhnlicher Aufenthalt nicht gegeben ist, zuletzt seinen Wohnsitz oder gewöhnlichen Aufenthalt gehabt hat,
3. in den Fällen des § 60 Abs. 3 von dem Land, in dem der Geschädigte seinen Wohnsitz oder gewöhnlichen Aufenthalt im Geltungsbereich dieses Gesetzes hat oder erstmalig nimmt. Die Zuständigkeit für bereits anerkannte Fälle bleibt unberührt.

(3) In den Fällen des § 63 Abs. 1 sind die Kosten, die durch das Hinzutreten der weiteren Schädigung verursacht werden, von dem Leistungsträger zu übernehmen, der für die Versorgung wegen der weiteren Schädigung zuständig ist.

§ 67 Pfändung

(1) Die nach § 56 Abs. 2 Satz 2 und 3 zu zahlenden Entschädigungen können nach den für das Arbeitseinkommen geltenden Vorschriften der Zivilprozessordnung gepfändet werden.

(2) Übertragung, Verpfändung und Pfändung der Ansprüche nach den §§ 60, 62 und 63 Abs. 1 richten sich nach den Vorschriften des Bundesversorgungsgesetzes.

§ 68 Rechtsweg

(1) Für Streitigkeiten über Entschädigungsansprüche nach den §§ 56 und 65 und für Streitigkeiten über Erstattungsansprüche nach § 56 Abs. 4 Satz 2, § 57 Abs. 1 Satz 3 und Abs. 3 Satz 3 sowie § 58 Satz 1 ist der ordentliche Rechtsweg gegeben.

(2) Für öffentlich-rechtliche Streitigkeiten in Angelegenheiten der §§ 60 bis 63 Abs. 1 ist der Rechtsweg vor den Sozialgerichten gegeben. Soweit das Sozialgerichtsgesetz besondere Vorschriften für die Kriegsopferversorgung enthält, gelten diese auch für Streitigkeiten nach Satz 1.

(3) Absatz 2 gilt nicht, soweit Versorgung entsprechend den Vorschriften der Kriegsopferfürsorge nach den §§ 25 bis 27j des Bundesversorgungsgesetzes gewährt wird. Insoweit ist der Rechtsweg vor den Verwaltungsgerichten gegeben.

13. Abschnitt: Kosten

§ 69 Kosten

(1) Die Kosten für

1. die Übermittlung der Meldungen nach den §§ 6 und 7,
2. die Durchführung der Erhebungen nach § 14 Satz 2,
3. die Maßnahmen nach § 17 Abs. 1, auch in Verbindung mit Absatz 3, soweit sie von der zuständigen Behörde angeordnet worden sind und die Notwendigkeit der Maßnahmen nicht vorsätzlich herbeigeführt wurde,
4. Untersuchung und Behandlung nach § 19 Abs. 2 Nr. 2,
5. die Maßnahmen nach § 20 Abs. 5,
6. die Durchführung von Ermittlungen nach den §§ 25 und 26,
7. die Durchführung von Schutzmaßnahmen nach den §§ 29 und 30,
8. die Röntgenuntersuchungen nach § 36 Abs. 4 Satz 2

sind aus öffentlichen Mitteln zu bestreiten, soweit nicht auf Grund anderweitiger gesetzlicher Vorschriften oder auf Grund Vertrages Dritte zur Kostentragung verpflichtet sind. Im Übrigen richten sich die Gebührenpflicht und die Höhe der Gebühren unbeschadet der §§ 18 und 38 nach Landesrecht.

(2) Wer die öffentlichen Mittel aufzubringen hat, bleibt, soweit nicht bundesgesetzlich geregelt, der Regelung durch die Länder vorbehalten.

14. Abschnitt: Sondervorschriften

§ 70 Aufgaben der Bundeswehr und des Gesundheitsamtes

(1) Im Geschäftsbereich des Bundesministeriums der Verteidigung obliegt der Vollzug dieses Gesetzes den zuständigen Stellen der Bundeswehr, soweit er betrifft

1. Personen, die in Unterkünften oder sonstigen Einrichtungen der Bundeswehr untergebracht sind,
2. Soldaten, die dauernd oder vorübergehend außerhalb der in Nummer 1 bezeichneten Einrichtungen wohnen,

3. Angehörige der Bundeswehr auf dem Transport, bei Märschen, in Manövern und Übungen,
4. die Belehrung nach § 43 bei Personen, die in Einrichtungen dir Bundeswehr eine der in § 42 bezeichneten Tätigkeiten ausüben,
5. Grundstücke, Einrichtungen, Ausrüstungs- und Gebrauchsgegenstände der Bundeswehr,
6. im Bereich der Bundeswehr die Tätigkeiten mit Krankheitserregern.

Die Meldepflichten nach den §§ 6 und 7 obliegen dem Standortarzt.

(2) In den Fällen des Absatzes 1 Nr. 2 sind die Maßnahmen zur Bekämpfung übertragbarer Krankheiten im Benehmen mit dem zuständigen Gesundheitsamt zu treffen.

(3) Bei Zivilbediensteten, die außerhalb der in Absatz 1 Nr. 1 bezeichneten Einrichtungen wohnen, sind die Maßnahmen zur Bekämpfung übertragbarer Krankheiten im Benehmen mit der zuständigen Stelle der Bundeswehr zu treffen.

(4) In den Fällen des Absatzes 2 kann bei Gefahr im Verzug das Gesundheitsamt, in den Fällen des Absatzes 3 die zuständige Stelle der Bundeswehr vorläufige Maßnahmen treffen.

(5) Die Bundesregierung kann durch allgemeine Verwaltungsvorschriften mit Zustimmung des Bundesrates bestimmen, inwieweit sich die Gesundheitsämter und die zuständigen Stellen der Bundeswehr von dem Auftreten oder dem Verdacht des Auftretens einer übertragbaren Krankheit gegenseitig zu benachrichtigen und inwieweit sie sich bei den Ermittlungen gegenseitig zu unterstützen haben.

§ 71 Aufgaben nach dem Seemannsgesetz

Bei Besatzungsmitgliedern im Sinne des § 3 des Seemannsgesetzes, die an Bord von Kauffahrteischiffen eine der in § 42 Abs. 1 Satz 1 oder 2 bezeichneten Tätigkeiten ausüben, obliegen die Belehrungen nach § 43 Abs. 1 den nach § 81 Abs. 1 des Seemannsgesetzes zur Untersuchung auf Seedienstttauglichkeit ermächtigten Ärzten.

§ 72 Aufgaben des Eisenbahn-Bundesamtes

Im Bereich der Eisenbahnen des Bundes und der Magnetschwebebahnen obliegt der Vollzug dieses Gesetzes für Schienenfahrzeuge sowie für ortsfeste Anlagen zur ausschließlichen Befüllung von Schienenfahrzeugen dem Eisenbahn-Bundesamt, soweit die Aufgaben des Gesundheitsamtes und der zuständigen Behörde nach den §§ 37 bis 39 und 41 betroffen sind.

15. Abschnitt: Straf- und Bußgeldvorschriften

§ 73 Bußgeldvorschriften

(1) Ordnungswidrig handelt, wer vorsätzlich oder fahrlässig
1. entgegen § 6 Abs. 1 oder § 7, jeweils auch in Verbindung mit einer Rechtsverordnung nach § 15 Abs. 1, eine Meldung nicht, nicht richtig, nicht vollständig oder nicht rechtzeitig macht,
2. entgegen § 6 Abs. 2, § 34 Abs. 5 Satz 1 oder § 43 Abs. 2 eine Mitteilung nicht, nicht richtig, nicht vollständig oder nicht rechtzeitig macht,
3. entgegen § 16 Abs. 2 Satz 2, auch in Verbindung mit § 26 Abs. 1, § 36 Abs. 3 oder einer Rechtsverordnung nach § 17 Abs. 4 Satz 1, § 41 Abs. 1 Satz 3, auch in Verbindung mit einer Rechtsverordnung nach Abs. 2 Satz 1, oder § 51 Satz 2 ein Grundstück, einen Raum, eine Anlage, eine Einrichtung, ein Verkehrsmittel oder einen sonstigen Gegenstand nicht zugänglich macht,
4. entgegen § 16 Abs. 2 Satz 3, auch in Verbindung mit § 26 Abs. 1, § 36 Abs. 3 oder einer Rechtsverordnung nach § 17 Abs. 4 Satz 1, § 29 Abs. 2 Satz 3, auch in Verbindung mit einer Rechtsverordnung nach § 32 Satz 1, oder § 41 Abs. 1 Satz 3, auch in Verbindung mit einer Rechtsverordnung nach Abs. 2 Satz 1, eine Auskunft nicht, nicht richtig, nicht vollständig oder nicht rechtzeitig erteilt,

5. entgegen § 16 Abs. 2 Satz 3, auch in Verbindung mit § 26 Abs. 1, § 36 Abs. 3 oder einer Rechtsverordnung nach § 17 Abs. 4 Satz 1, eine Unterlage nicht, nicht richtig, nicht vollständig oder nicht rechtzeitig vorlegt,
6. einer vollziehbaren Anordnung nach § 17 Abs. 1, auch in Verbindung mit einer Rechtsverordnung nach . Abs. 4 Satz 1, § 17 Abs. 3 Satz 1, § 26 Abs. 2 Satz 1 oder 2, auch in Verbindung mit § 29 Abs. 2 Satz 2, dieser auch in Verbindung mit einer Rechtsverordnung nach § 32 Satz 1, § 26 Abs. 3 Satz 2, § 28 Abs. 1 Satz 1, auch in Verbindung mit einer Rechtsverordnung nach § 32 Satz 1, oder § 34 Abs. 8 oder 9 zuwiderhandelt,
7. entgegen § 18 Abs. 1 Satz 1 ein Mittel oder ein Verfahren anwendet,
8. entgegen § 22 Abs. 1 Satz 1 oder 2 eine Eintragung nicht, nicht richtig, nicht vollständig oder nicht rechtzeitig vornimmt oder eine Impfbescheinigung nicht, nicht richtig, nicht vollständig oder nicht rechtzeitig ausstellt,
9. entgegen § 23 Abs. 1 Satz 1 oder 2 dort genannte Infektionen oder das Auftreten von Krankheitserregern nicht, nicht richtig, nicht vollständig oder nicht in der vorgeschriebenen Weise aufzeichnet oder diese Aufzeichnung nicht oder nicht mindestens zehn Jahre aufbewahrt,
10. entgegen § 23 Abs.1 Satz 3 Einsicht nicht gewährt,
11. entgegen § 26 Abs. 3 Satz 1 eine Untersuchung nicht gestattet,
12. entgegen § 29 Abs. 2 Satz 3, auch in Verbindung mit einer Rechtsverordnung nach § 32 Satz 1, Zutritt nicht gestattet,
13. entgegen § 29 Abs. 2 Satz 3, auch in Verbindung mit Satz 4 oder einer Rechtsverordnung nach § 32 Satz 1, § 49 Abs. 1 Satz 1 oder § 50 Satz 1 oder 2 eine Anzeige nicht, nicht richtig, nicht vollständig oder nicht rechtzeitig erstattet,
14. entgegen § 34 Abs. 1 Satz 1, auch in Verbindung mit Satz 2 oder Abs. 3, eine dort genannte Tätigkeit ausübt, einen Raum betritt, eine Einrichtung benutzt oder an einer Veranstaltung teilnimmt,
15. ohne Zustimmung nach § 34 Abs. 2 einen Raum betritt, eine Einrichtung benutzt oder an einer Veranstaltung teilnimmt,
16. entgegen § 34 Abs. 4 für die Einhaltung der dort genannten Verpflichtungen nicht sorgt,
17. entgegen § 34 Abs. 6 Satz 1, auch in Verbindung mit Satz 2, das Gesundheitsamt nicht, nicht richtig, nicht vollständig oder nicht rechtzeitig benachrichtigt,
18. entgegen § 35 Satz 1 oder § 43 Abs. 4 Satz 1 eine Belehrung nicht, nicht richtig, nicht vollständig oder nicht rechtzeitig durchführt,
19. entgegen § 36 Abs. 4 Satz 6 eine Untersuchung nicht duldet,
20. entgegen § 43 Abs. 1 Satz 1, auch in Verbindung mit einer Rechtsverordnung nach Abs. 7, eine Person beschäftigt,
21. entgegen § 43 Abs. 5 Satz 2 einen Nachweis oder eine Bescheinigung nicht oder nicht rechtzeitig vorlegt,
22. einer vollziehbaren Auflage nach § 47 Abs. 3 Satz 1 zuwiderhandelt,
23. entgegen § 51 Satz 2 ein Buch oder eine sonstige Unterlage nicht oder nicht rechtzeitig vorlegt, Einsicht nicht gewährt oder eine Prüfung nicht duldet oder
24. einer Rechtsverordnung nach § 17 Abs. 5 Satz 1, § 20 Abs. 6 Satz 1 oder Abs. 7 Satz 1, § 38 Abs. 1 Satz 1 Nr. 3 oder Abs. 2 Nr. 3 oder 5 oder § 53 Abs. 1 Nr. 2 oder einer vollziehbaren Anordnung auf Grund einer solchen Rechtsverordnung zuwiderhandelt, soweit die Rechtsverordnung für einen bestimmten Tatbestand auf diese Bußgeldvorschrift verweist.

(2) Die Ordnungswidrigkeit kann in den Fällen des Absatzes 1 Nr. 8, 9 und 21 mit einer Geldbuße bis zu zweitausendfünfhundert Euro, in den übrigen Fällen mit einer Geldbuße bis zu fünfundzwanzigtausend Euro geahndet werden.

§ 74 Strafvorschriften

Wer vorsätzlich eine der in § 73 Abs. 1 Nr. 1 bis 7, 11 bis 20, 22, 23 oder 24 bezeichnete Handlung begeht und dadurch eine in § 6 Abs. 1 Nr. 1 genannte Krankheit oder einen in § 7 genannten Krankheitserreger verbreitet, wird mit Freiheitsstrafe bis zu fünf Jahren oder mit Geldstrafe bestraft.

§ 75 Weitere Strafvorschriften

(1) Mit Freiheitsstrafe bis zu zwei Jahren oder mit Geldstrafe wird bestraft, wer

1. einer vollziehbaren Anordnung nach § 28 Abs. 1 Satz 2, § 30 Abs. 1 oder § 31, jeweils auch in Verbindung mit einer Rechtsverordnung nach § 32 Satz 1, zuwiderhandelt,
2. entgegen § 42 Abs. 1 Satz 1, auch in Verbindung mit Satz 2, jeweils auch in Verbindung mit einer Rechtsverordnung nach § 42 Abs. 5 Satz 1, oder § 42 Abs. 3 eine Person beschäftigt oder eine Tätigkeit ausübt,
3. ohne Erlaubnis nach § 44 Krankheitserreger verbringt, ausführt, aufbewahrt, abgibt oder mit ihnen arbeitet oder
4. entgegen § 52 Satz 1 Krankheitserreger oder Material abgibt.

(2) Ebenso wird bestraft, wer einer Rechtsverordnung nach § 38 Abs. 1 Satz 1 Nr. 5 oder Abs. 2 Nr. 4 oder einer vollziehbaren Anordnung auf Grund einer solchen Rechtsverordnung zuwiderhandelt, soweit die Rechtsverordnung für einen bestimmten Tatbestand auf diese Strafvorschrift verweist.

(3) Wer durch eine in Absatz 1 bezeichnete Handlung eine in § 6 Abs. 1 Nr. 1 genannte Krankheit oder einen in § 7 genannten Krankheitserreger verbreitet, wird mit Freiheitsstrafe von drei Monaten bis zu fünf Jahren bestraft, soweit nicht die Tat in anderen Vorschriften mit einer schwereren Strafe bedroht ist.

(4) Handelt der Täter in den Fällen der Absätze 1 oder 2 fahrlässig, so ist die Strafe Freiheitsstrafe bis zu einem Jahr oder Geldstrafe.

(5) Mit Freiheitsstrafe bis zu einem Jahr oder mit Geldstrafe wird bestraft, wer entgegen § 24 Satz 1, auch in Verbindung mit Satz 2, dieser auch in Verbindung mit einer Rechtsverordnung nach § 15 Abs. 1, eine Person behandelt.

§ 76 Einziehung

Gegenstände, auf die sich eine Straftat nach § 75 Abs. 1 oder 3 bezieht, können eingezogen werden.

16. Abschnitt: Übergangsvorschriften

§ 77 Übergangsvorschriften

(1) Die nach den Vorschriften des Bundes-Seuchengesetzes bestehende Erlaubnis für das Arbeiten und den Verkehr mit Krankheitserregern gilt im Geltungsbereich dieses Gesetzes als Erlaubnis im Sinne des § 44; bei juristischen Personen gilt dies bis fünf Jahre nach Inkrafttreten dieses Gesetzes mit der Maßgabe, dass die Erlaubnis nach § 48 zurückgenommen oder widerrufen werden kann, wenn ein Versagungsgrund nach § 47 Abs. 1 Nr. 2 bei den nach Gesetz oder Satzung zur Vertretung berufenen Personen vorliegt; die Maßgabe gilt auch, wenn der Erlaubnisinhaber nicht selbst die Leitung der Tätigkeiten übernommen hat und bei der von ihm mit der Leitung beauftragten Person ein Versagungsgrund nach § 47 Abs. 1 vorliegt. Die Beschränkung des § 47 Abs. 4 Satz 1 gilt nicht für die in § 22 Abs. 4 Satz 2 des Bundes-Seuchengesetzes genannten Personen, wenn bei Inkrafttreten dieses Gesetzes sie selbst oder diejenigen Personen, von denen sie mit der Leitung der Tätigkeiten beauftragt worden sind, Inhaber einer insoweit unbeschränkten Erlaubnis sind. Bei Personen, die die in § 20 Abs. 1 Satz 1 des Bundes-Seuchengesetzes bezeichneten Arbeiten vor dem Inkrafttreten des Gesetzes berechtigt durchgeführt haben, bleibt die Befreiung von der Erlaubnis für diese Arbeiten fünf Jahre nach Inkrafttreten des Gesetzes bestehen; § 45 Abs. 4 findet entsprechend Anwendung.

(2) Ein Zeugnis nach § 18 des Bundes-Seuchengesetzes gilt als Bescheinigung nach § 43 Abs. 1.

Tierseuchengesetz (TierSG)[1)]

Inhaltsübersicht

---

§ 1

1. Haustiere:
von Menschen gehaltene Tiere einschließlich der Bienen, jedoch ausschließlich der Fische;
2. Vieh:
folgende Haustiere: Pferde, Esel, Maulesel, Maultiere, Rinder, Schweine, Schafe, Ziegen, Kaninchen, Gänse, Enten, Hühner – einschließlich Perl- und Truthühner – und Tauben;
3. Schlachtvieh:
Vieh, von dem anzunehmen ist, dass es zur Verwendung des Fleisches zum Genuss für Menschen alsbald geschlachtet werden soll;
4. Süßwasserfische:
Fische in allen Entwicklungsstadien einschließlich der Eier und des Spermas, die fischereilich genutzt werden und
a) ständig oder zeitweise im Süßwasser leben oder
b) im Meerwasser oder Brackwasser gehalten werden;
als Fische in diesem Sinne gelten auch Neunaugen (Cyclostomata), Zehnfußkrebse (Dekapoden) und Weichtiere;
5. verdächtige Tiere:
seuchenverdächtige und ansteckungsverdächtige Tiere;
6. seuchenverdächtige Tiere:
Tiere, an denen sich Erscheinungen zeigen, die den Ausbruch einer Seuche befürchten lassen;
7. ansteckungsverdächtige Tiere:
Tiere, die nicht seuchenverdächtig sind, von denen aber anzunehmen ist, dass sie den Ansteckungsstoff aufgenommen haben;

---

1) In der Fassung vom 11. April 2001, BGBl. I S. 506, zuletzt geändert durch Art. 5 § 1 des Gesetzes vom 06.08.2002, BGBl. I S. 3082.

8. Mitgliedstaat:
   Staat, der der Europäischen Gemeinschaft angehört;
9. Drittland:
   Staat, der der Europäischen Gemeinschaft nicht angehört;
10. innergemeinschaftliches Verbringen:
    jedes Verbringen aus einem anderen Mitgliedstaat und nach einem anderen Mitgliedstaat sowie das Verbringen im Inland zum Zwecke des Verbringens nach einem anderen Mitgliedstaat;
11. Einfuhr:
    Verbringen aus einem Drittland in die Europäische Gemeinschaft;
12. Ausfuhr:
    Verbringen aus dem Inland in ein Drittland.

§ 2

(1) Die Durchführung der Vorschriften dieses Gesetzes und der auf Grund dieses Gesetzes erlassenen Rechtsvorschriften sowie der unmittelbar geltenden Rechtsakte der Europäischen Gemeinschaft im Anwendungsbereich dieses Gesetzes obliegt den zuständigen Landesbehörden, soweit gesetzlich nichts anderes bestimmt ist.

(2) Die Mitwirkung der Tierärzte, die vom Staate angestellt sind oder deren Anstellung vom Staate bestätigt ist (beamtete Tierärzte), richtet sich nach den Vorschriften dieses Gesetzes. Anstelle der beamteten Tierärzte können im Falle ihrer Behinderung oder aus sonstigen Gründen andere approbierte Tierärzte zugezogen werden. Diese sind innerhalb des ihnen erteilten Auftrags befugt und verpflichtet, alle Amtsverrichtungen wahrzunehmen, die in diesem Gesetz den beamteten Tierärzten übertragen sind.

(3) Die näheren Bestimmungen über das Verfahren, über die Form, von deren Beobachtung die Gültigkeit der auf Grund dieses Gesetzes zu erlassenden Anordnungen abhängt, über die Zuständigkeit der Behörden und Beamten und über die Bestreitung der durch das Verfahren entstehenden Kosten sind von den Ländern zu treffen.

§ 2a

(1) Das Bundesministerium der Finanzen und die von ihm bestimmten Zollstellen wirken bei der Überwachung der Einfuhr und Ausfuhr lebender und toter Tiere, von Teilen, Erzeugnissen, Rohstoffen und Abfällen von Tieren sowie von sonstigen Gegenständen, die Träger von Ansteckungsstoff sein können, mit. Die genannten Behörden können Sendungen der in Satz 1 genannten Art bei der Einfuhr oder Ausfuhr zur Überwachung anhalten.

(2) Das Bundesministerium der Finanzen regelt im Einvernehmen mit dem Bundesministerium für Verbraucherschutz, Ernährung und Landwirtschaft (Bundesministerium) durch Rechtsverordnung, die nicht der Zustimmung des Bundesrates bedarf, die Einzelheiten des Verfahrens zur Überwachung nach Absatz 1. Es kann dabei insbesondere Pflichten zu Anzeigen, Anmeldungen, Auskünften und zur Leistung von Hilfsdiensten sowie zur Duldung der Einsichtnahme in Geschäftspapiere und sonstige Unterlagen und zur Duldung von Besichtigungen und von Entnahmen unentgeltlicher Muster und Proben vorsehen.

§ 3

(1) Im Bereich der Bundeswehr obliegt die Durchführung der Vorschriften dieses Gesetzes und der auf Grund dieses Gesetzes erlassenen Rechtsvorschriften, mit Ausnahme der Einfuhr- und Ausfuhrvorschriften, den zuständigen Dienststellen der Bundeswehr. Diese Dienststellen haben der für den Standort zuständigen Landesbehörde den Ausbruch, den Verdacht des Ausbruchs, den Verlauf und das Erlöschen einer Tierseuche in ihrem Zuständigkeitsbereich mitzuteilen; bei Tierseuchen, die bekämpft werden müssen, haben sie auch die getroffenen Schutzmaßregeln unverzüglich mitzuteilen.

(2) Der Bundesforschungsanstalt für Viruskrankheiten der Tiere, dem Bundesinstitut für Risikobewertung, dem Bundesamt für Verbraucherschutz und Lebensmittelsicherheit sowie dem Paul-Ehrlich-Institut obliegt die Bekämpfung von Tierseuchen bei ihren eigenen Tieren, soweit die Seuchen Gegenstand bestimmter wissenschaftlicher Versuche sind.

(3) Die zuständigen obersten Landesbehörden können

1. den Vorständen der Kliniken und Institute der tierärztlichen Lehranstalten sowie
2. im Benehmen mit dem Bundesministerium anderen an der wissenschaftlichen Erforschung von Tierseuchen arbeitenden Einrichtungen, bei denen ein Tierarzt angestellt ist,

die Bekämpfung von Tierseuchen in entsprechender Anwendung von Absatz 2 übertragen.

(4) In den Fällen der Absätze 2 und 3 finden die Vorschriften zur Bekämpfung von Tierseuchen mit den Einschränkungen Anwendung, die sich aus dem Zweck der wissenschaftlichen Versuche ergeben. Soweit die Seuchen nicht Gegenstand bestimmter wissenschaftlicher Versuche sind, kann mit Genehmigung der zuständigen obersten Landesbehörden von einer vorgeschriebenen unverzüglichen Tötung der Versuchstiere abgesehen werden, sofern der Zweck der wissenschaftlichen Versuche dies erfordert und Belange der Seuchenbekämpfung nicht entgegenstehen.

(5) Die in den Absätzen 2 und 3 genannten Anstalten und Einrichtungen haben den Ausbruch oder den Verdacht des Ausbruchs einer Seuche, die nicht Gegenstand ihrer wissenschaftlichen Versuche ist, der zuständigen Behörde unverzüglich anzuzeigen.

§ 4

(1) Die Bundesforschungsanstalt für Viruskrankheiten der Tiere ist eine selbständige Bundesoberbehörde im Geschäftsbereich des Bundesministeriums.

(2) Die Bundesforschungsanstalt für Viruskrankheiten der Tiere ist als Bundesoberbehörde zuständig für die Zulassung von Sera, Impfstoffen und Antigenen nach §°17c Abs. 1 Satz 1, soweit nicht das Paul-Ehrlich-Institut zuständig ist. Die Bundesforschungsanstalt für Viruskrankheiten der Tiere wirkt mit bei der

1. Untersuchung von Tieren oder Erzeugnissen von Tieren, die zur Einfuhr oder Ausfuhr bestimmt sind,
2. epidemiologischen Untersuchung im Falle von Tierseuchenausbrüchen;

sie wird neben der Forschung auf dem Gebiet der Tierseuchen, einschließlich Zoonosen, ferner tätig in der Funktion

1. des nationalen Referenzlabors für anzeigepflichtige Tierseuchen, soweit sie oder das Bundesinstitut für gesundheitlichen Verbraucherschutz und Veterinärmedizin benannt worden ist,
2. eines gemeinschaftlichen oder nationalen Referenzlabors, soweit für diese Tätigkeit die Bundesforschungsanstalt für Viruskrankheiten der Tiere benannt wird.

§ 5

(1) Die Bundesforschungsanstalt für Viruskrankheiten der Tiere und das Paul-Ehrlich-Institut erheben für die Entscheidung über die Zulassung von Sera, Impfstoffen und Antigenen nach § 17c Abs. 1 Satz 1, die Freigabe einer Charge sowie für andere Prüfungen und Untersuchungen nach diesem Gesetz Kosten (Gebühren und Auslagen).

(2) Das Bundesministerium wird ermächtigt, im Einvernehmen mit dem Bundesministerium für Wirtschaft und Technologie durch Rechtsverordnung, die nicht der Zustimmung des Bundesrates bedarf, die gebührenpflichtigen Tatbestände und die Gebührenhöhe näher zu bestimmen.

I. Bekämpfung von Tierseuchen beim innergemeinschaftlichen Verbringen sowie bei der Einfuhr und Ausfuhr

§ 6

(1) Das innergemeinschaftliche Verbringen, die Einfuhr und die Ausfuhr

1. seuchenkranker und verdächtiger Tiere sowie von Erzeugnissen, Rohstoffen und Abfällen solcher Tiere,
2. von toten Tieren, Teilen, Erzeugnissen, Rohstoffen und Abfällen von Tieren, die zur Zeit des Todes seuchenkrank oder verdächtig gewesen oder die an einer Seuche verendet sind, und
3. von sonstigen Gegenständen, von denen nach den Umständen des Falles anzunehmen ist, dass sie Träger von Ansteckungsstoff sind,

sind verboten. Das Verbot gilt nicht für Teile, Erzeugnisse, Rohstoffe, Abfälle und sonstige Gegenstände, die so behandelt worden sind, dass die Abtötung von Seuchenerregern sichergestellt ist. Das Verbot gilt für Süßwasserfische nur insoweit, als das Bundesministerium das innergemeinschaftliche Verbringen oder die Einfuhr oder die Ausfuhr durch Rechtsverordnung nach § 7 Abs. 1 geregelt hat.

(2) Das Verbringen lebender und toter Tiere und von Teilen, Erzeugnissen, Rohstoffen und Abfällen von Tieren nach anderen Mitgliedstaaten ist verboten, wenn sie Vorschriften des Bestimmungsmitgliedstaates nicht entsprechen, die strengere Anforderungen als das deutsche Recht stellen und die das Bundesministerium im Bundesanzeiger bekanntgemacht hat.

§ 7

(1) Das Bundesministerium wird ermächtigt, durch Rechtsverordnung mit Zustimmung des Bundesrates zur Seuchenbekämpfung das innergemeinschaftliche Verbringen, die Einfuhr und die Ausfuhr lebender und toter Tiere, von Teilen, Erzeugnissen, Rohstoffen und Abfällen von Tieren sowie sonstiger Gegenstände, die Träger von Ansteckungsstoff sein können, zu verbieten oder zu beschränken. Es kann dabei insbesondere

1. das innergemeinschaftliche Verbringen, die Einfuhr und die Ausfuhr abhängig machen
   a) von einer Anmeldung, einer Genehmigung, vom Gestellen bei der zuständigen Behörde oder von einer Untersuchung,
   b) von Anforderungen, unter denen
      aa) lebende Tiere gehalten, behandelt und verbracht werden,
      bb) tote Tiere behandelt und verbracht werden und
      cc) Teile, Erzeugnisse, Rohstoffe und Abfälle gewonnen, behandelt und verbracht werden,
   c) von der Einhaltung von Anforderungen an Transportmittel, mit denen die Tiere, Teile, Erzeugnisse, Rohstoffe oder Abfälle befördert werden,
   d) von der Vorlage oder Begleitung bestimmter Bescheinigungen,
   e) von einer bestimmten Kennzeichnung,
   f) von einer Zulassung oder Registrierung der Betriebe, aus denen die Tiere, Teile, Erzeugnisse, Rohstoffe oder Abfälle stammen oder in die sie verbracht werden;
2. a) die Ausstellung der Bescheinigungen nach Nummer 1 Buchstabe d,
   b) die Voraussetzungen und das Verfahren, einschließlich der Zuständigkeit für die Zulassung oder Registrierung der Betriebe nach Nummer 1 Buchstabe f sowie des Ruhens der Zulassung, sowie Beschränkungen für zugelassene oder registrierte Betriebe beim innergemeinschaftlichen Verbringen

   regeln;
3. vorschreiben, dass Tiere, Teile, Erzeugnisse, Rohstoffe, Abfälle oder sonstige Gegenstände einer Absonderung – bei lebenden Tieren auch in der Form der Quarantäne – und behördlichen Beobachtung unterliegen, nur zu bestimmten Zwecken verwendet werden dürfen oder in bestimmter Weise behandelt werden müssen;

4. das Verfahren, einschließlich der Zuständigkeit, insbesondere der Untersuchung, Absonderung und Beobachtung, regeln und die hierfür notwendigen Einrichtungen und ihren Betrieb vorschreiben.

(1a) Das Bundesministerium wird ermächtigt, durch Rechtsverordnung mit Zustimmung des Bundesrates

1. Ausnahmen von § 6 Abs. 1 Satz 1 zu regeln,
   a) soweit es zur Durchführung von Rechtsakten der Europäischen Gemeinschaft erforderlich ist, oder
   b) für das innergemeinschaftliche Verbringen, soweit es zur Entsorgung in benachbarten Bereichen erforderlich ist und durch besondere Maßregeln sichergestellt wird, dass Tierseuchen nicht verschleppt werden,
2. das innergemeinschaftliche Verbringen und die Einfuhr vermehrungsfähiger Tierseuchenerreger oder von Mitteln nach § 17c Abs. 1 Satz 1 zu verbieten oder von der Erteilung einer Genehmigung abhängig zu machen sowie die Voraussetzungen und das Verfahren, einschließlich der Zuständigkeit, für die Genehmigung zu regeln.

(2) Das Bundesministerium kann Rechtsverordnungen nach den Absätzen 1 und 1a bei Gefahr im Verzuge oder, wenn ihr unverzügliches Inkrafttreten zur Durchführung von Rechtsakten der Europäischen Gemeinschaft erforderlich ist, ohne Zustimmung des Bundesrates erlassen. Sie treten spätestens sechs Monate nach ihrem Inkrafttreten außer Kraft. Ihre Geltungsdauer kann nur mit Zustimmung des Bundesrates verlängert werden.

(3) Die Landesregierungen werden ermächtigt, durch Rechtsverordnung zur Erleichterung des kleinen Grenzverkehrs einschließlich des Grenzweideverkehrs von den Vorschriften der nach Absatz 1 erlassenen Rechtsverordnungen abweichende Regelungen zu treffen, soweit dies durch die Rechtsverordnungen nach Absatz 1 nicht ausdrücklich ausgeschlossen und eine Einschleppung von Tierseuchen nicht zu befürchten ist. Die Landesregierungen können diese Ermächtigung durch Rechtsverordnung auf andere Stellen übertragen.

§ 7a

(weggefallen)

§ 7b

Das Bundesamt für Verbraucherschutz und Lebensmittelsicherheit gibt im Einvernehmen mit dem Bundesministerium der Finanzen im Bundesanzeiger die Zollstellen bekannt, bei denen lebende und tote Tiere, Teile, Erzeugnisse, Rohstoffe und Abfälle von Tieren und sonstige Gegenstände, die Träger von Ansteckungsstoff sein können, zur Einfuhr abgefertigt werden, sowie die diesen Zollstellen zugeordneten Überwachungsstellen, wenn die Einfuhr durch Rechtsverordnung nach § 7 Abs. 1 oder 1a geregelt ist. Das Bundesministerium der Finanzen kann die Erteilung des Einvernehmens nach Satz 1 auf Mittelbehörden seines Geschäftsbereichs übertragen.

§ 7c

(1) Besteht wegen des Auftretens einer Tierseuche in einem angrenzenden Drittland die Gefahr, dass Ansteckungsstoff eingeschleppt wird, so können die Landesregierungen zur Verhütung der Weiterverbreitung des Ansteckungsstoffes im Zollgrenzbezirk durch Rechtsverordnung

1. die Benutzung, die Verwertung und den Transport lebender und toter Tiere, von Teilen, Erzeugnissen, Rohstoffen und Abfällen von Tieren sowie sonstiger Gegenstände, die Träger von Ansteckungsstoff sein können, verbieten, beschränken oder von einer Genehmigung abhängig machen und
2. die Untersuchung und Erfassung des vorhandenen Haustier- oder Süßwasserfischbestandes sowie eine regelmäßige Kontrolle über den Ab- und Zugang von Haustieren oder über die Abgabe und das Einbringen von Süßwasserfischen in den Bestand anordnen.

(2) Maßregeln nach Absatz 1 dürfen nur angeordnet werden, wenn und solange gegenüber dem angrenzenden Drittland auf Grund des § 7 Abs. 1 oder 1a die Einfuhr geregelt ist.

(3) Die Landesregierungen können ihre Befugnisse nach Absatz 1 durch Rechtsverordnung auf andere Stellen übertragen.

§ 8

Ist beim innergemeinschaftlichen Verbringen oder bei der Einfuhr lebender oder toter Tiere, von Teilen, Erzeugnissen, Rohstoffen oder Abfällen von Tieren oder sonstiger Gegenstände, die Träger von Ansteckungsstoff sein können, gegen eine nach § 7 Abs. 1 oder 1a erlassene Vorschrift verstoßen worden, so können im Einzelfall die Maßregeln nach den §§ 19 bis 30 angeordnet werden; im Falle der Einfuhr gelten solche Tiere als verdächtig, solche Teile, Erzeugnisse, Rohstoffe und Abfälle als von verdächtigten Tieren stammend.

II. Bekämpfung von Tierseuchen im Inland

1. Allgemeine Vorschriften

a) Anzeigepflicht

§ 9

(1) Bricht eine anzeigepflichtige Seuche aus oder zeigen sich Erscheinungen, die den Ausbruch einer solchen Seuche befürchten lassen, so hat der Besitzer der betroffenen Tiere unverzüglich der zuständigen Behörde oder dem beamteten Tierarzt Anzeige zu machen und die kranken und verdächtigen Tiere von Orten, an denen die Gefahr der Ansteckung fremder Tiere besteht, fernzuhalten.

(2) Die gleichen Pflichten hat, wer in Vertretung des Besitzers den Betrieb leitet, wer mit der Aufsicht über Tiere anstelle des Besitzers beauftragt ist, wer als Hirt, Schäfer, Schweizer, Senne oder in vergleichbarer Tätigkeit Tiere in Obhut hat oder wer Fischereiberechtigter, Fischereiausübungsberechtigter, Betreiber von Anlagen oder Einrichtungen zur Zucht, Haltung oder Hälterung von Süßwasserfischen ist. Die gleichen Pflichten hat für Tiere auf dem Transport ihr Begleiter, für Haustiere in fremdem Gewahrsam der Besitzer des betreffenden Gehöftes, der Stallungen, Koppeln oder Weideflächen.

(3) Zur unverzüglichen Anzeige sind auch die Tierärzte und Leiter tierärztlicher und sonstiger öffentlicher oder privater Untersuchungsstellen sowie alle Personen verpflichtet, die sich mit der Ausübung der Tierheilkunde, der künstlichen Besamung, der Leistungsprüfung in der tierischen Erzeugung oder gewerbsmäßig mit der Kastration von Tieren beschäftigen, desgleichen die Fleischkontrolleure, die Geflügelfleischkontrolleure, die Fischereisachverständigen, die Fischereiberater und die Fischereiaufseher, ferner die Personen, die das Schlächtergewerbe betreiben, sowie solche, die sich gewerbsmäßig mit der Bearbeitung, Verwertung oder Beseitigung geschlachteter, getöteter oder verendeter Tiere oder tierischer Bestandteile beschäftigen, wenn sie, bevor ein behördliches Einschreiten stattgefunden hat, von dem Ausbruch einer anzeigepflichtigen Tierseuche oder von Erscheinungen, die den Ausbruch einer solchen Seuche befürchten lassen, Kenntnis erhalten.

§ 10

(1) Das Bundesministerium wird ermächtigt, soweit es zum Schutz gegen die Gefährdung von Tieren durch Tierseuchen im Hinblick auf deren Vorkommen, Ausmaß oder Gefährlichkeit erforderlich ist, durch Rechtsverordnung mit Zustimmung des Bundesrates die anzeigepflichtigen Tierseuchen zu bestimmen. Dabei kann es, sofern Belange der Tierseuchenbekämpfung nicht entgegenstehen, den Kreis der zur Anzeige verpflichteten Personen gegenüber den in § 9 bezeichneten Personen einschränken.

(2) § 7 Abs. 2 gilt entsprechend.

b) Ermittlung der Seuchenausbrüche

§ 11

(1) Ist eine Anzeige erfolgt oder der Ausbruch einer Tierseuche oder der Verdacht eines Seuchenausbruchs sonst zur Kenntnis der zuständigen Behörde gelangt, so hat diese sofort den beamteten Tierarzt zuzuziehen. Bei

Auftreten einer Tierseuche oder des Verdachts eines Seuchenausbruchs unter Haustieren hat die zuständige Behörde inzwischen anzuordnen, dass die kranken und verdächtigen Haustiere von anderen Tieren abgesondert, soweit erforderlich auch eingesperrt und bewacht werden. Der beamtete Tierarzt hat die Art, den Stand und die Ursachen der Krankheit zu ermitteln und sein Gutachten darüber abzugeben, ob durch den Befund der Ausbruch der Seuche festgestellt oder der Verdacht eines Seuchenausbruchs begründet ist und welche besonderen Maßregeln zur Bekämpfung der Seuche erforderlich erscheinen. Ist eine Anzeige beim beamteten Tierarzt erstattet, hat dieser unverzüglich die in Satz 1 bezeichnete Behörde zu benachrichtigen.

(2) In eiligen Fällen kann der beamtete Tierarzt schon vor Einschreiten der zuständigen Behörde dringliche Maßnahmen zur Verhütung der Weiterverbreitung der Tierseuche, insbesondere die vorläufige Einsperrung und Absonderung der kranken und verdächtigen Haustiere, soweit erforderlich auch deren Bewachung, anordnen und die notwendigen Ermittlungen anstellen. Die getroffenen vorläufigen Anordnungen sind dem Besitzer der Tiere oder dessen Vertreter entweder zu Protokoll oder durch schriftliche Verfügung zu eröffnen, auch ist davon der zuständigen Behörde unverzüglich Anzeige zu machen.

(3) Auf Ersuchen des beamteten Tierarztes hat die zuständige Behörde für die vorläufige Bewachung der erkrankten und verdächtigen Tiere sowie für die Durchführung der dringlichen Maßregeln zu sorgen.

§ 12

Wenn über den Ausbruch einer Seuche nach dem Gutachten des beamteten Tierarztes nur mittels bestimmter an einem verdächtigen Tier durchzuführender Maßnahmen diagnostischer Art Gewißheit zu erlangen ist, so können diese Maßnahmen von der zuständigen Behörde angeordnet werden. Dies gilt auch, wenn die Gewißheit nur durch die Tötung und Zerlegung des verdächtigen Tieres zu erlangen ist.

§ 13

Auf die gutachtliche Erklärung des beamteten Tierarztes, dass der Ausbruch der Seuche festgestellt sei oder dass der begründete Verdacht eines Seuchenausbruchs vorliege, hat die zuständige Behörde die erforderlichen Schutzmaßregeln nach diesem Gesetz und den zu dessen Ausführung erlassenen Vorschriften (§ 79) zu treffen und wirksam durchzuführen.

§ 14

(weggefallen)

§ 15

(1) In allen Fällen, in denen dem beamteten Tierarzt die Feststellung des Krankheitszustandes eines Tieres obliegt, ist es dem Besitzer unbenommen, das Gutachten eines anderen approbierten Tierarztes einzuholen. Die Anordnung und die Ausführung der Schutzmaßregeln werden hierdurch nicht aufgehalten. Bei Ermittlung des Krankheitszustandes durch Zerlegung eines Tieres sind aber die für die Feststellung der Seuche oder des sonstigen Krankheitszustandes erforderlichen Teile aufzubewahren, falls der Besitzer oder dessen Vertreter bei Mitteilung des amtstierärztlichen Befundes sofort erklärt, dass er das Gutachten eines anderen approbierten Tierarztes einzuholen beabsichtigt. Die Aufbewahrung hat unter sicherem Verschluss oder unter Überwachung auf Kosten des Besitzers so zu geschehen, dass eine Verschleppung von Krankheitserregern nach Möglichkeit vermieden wird.

(2) Die zuständige Behörde hat im Falle erheblicher Meinungsverschiedenheiten zwischen dem beamteten Tierarzt und dem von dem Besitzer zugezogenen approbierten Tierarzt über den Ausbruch oder Verdacht einer Seuche oder über den sonstigen Krankheitszustand, oder wenn aus anderen Gründen erhebliche Zweifel über die Richtigkeit der Angaben des beamteten Tierarztes bestehen, sofort ein tierärztliches Obergutachten einzuziehen und dementsprechend das Verfahren zu regeln.

c) Schutzmaßregeln gegen allgemeine Seuchengefahr

§ 16

(1) Viehmärkte, Viehhöfe, Schlachthöfe und gewerbliche Schlachtstätten sind durch beamtete Tierärzte zu beaufsichtigen.

(2) Jahr- und Wochenmärkte, auf denen Vieh nur in geringem Umfange gehandelt wird, können von der zuständigen Behörde ausnahmsweise von der Beaufsichtigung befreit werden.

(3) Die Beaufsichtigung kann auf die zu Handelszwecken oder zum Verkauf zusammengebrachten Hunde, Katzen oder Viehbestände, auf Tierschauen, auf die durch behördliche Anordnung veranlasste Zusammenziehung von Vieh, auf die zu Zuchtzwecken aufgestellten männlichen Tiere, auf Ställe und Betriebe von Tierhändlern, auf Viehmästereien, auf Massentierhaltungen, auf Schlachtstätten, die nicht unter Absatz 1 fallen, auf Tierkliniken und auf sonstige Betriebe und Einrichtungen, von denen eine Seuchengefahr ausgehen kann, ausgedehnt werden.

§ 17

(1) Zum Schutz gegen die allgemeine Gefährdung der Viehbestände durch Tierseuchen können folgende Maßregeln angeordnet werden:

1. amtstierärztliche oder tierärztliche Untersuchung von Vieh im Bestand sowie vor dem Verladen und vor oder nach dem Entladen bei Transporten jeder Art;
2. Verbot oder Beschränkung des Treibens von Vieh auf öffentlichen Wegen und des Treibens von Vieh auf dem Wege zum oder vom Markt sowie Beschränkung des Treibens von Wanderherden;
3. Beibringung von Ursprungs- und Gesundheitszeugnissen für Vieh, das in einen anderen Viehbestand oder auf Weiden, Märkte, Zuchtveranstaltungen, Viehversteigerungen oder Tierschauen gebracht wird;
4. Führung von Kontrollbüchern und Kennzeichnung von Vieh;
5. Regelung der Einrichtung und des Betriebs von Molkereien, insbesondere für Sammelmolkereien das Verbot der Abgabe oder der sonstigen Verwertung von Magermilch und anderen Milchrückständen, sofern nicht vorher eine Erhitzung bis zu einem bestimmten Wärmegrad und für eine bestimmte Zeitdauer stattgefunden hat;
6. Verbot des Umherziehens mit Zuchthengsten zum Decken von Stuten und Beschränkung des Handels mit Vieh, der ohne vorherige Bestellung entweder außerhalb der Gemeinde der gewerblichen Niederlassung des Händlers oder ohne Begründung einer solchen stattfindet;
7. Führung von Nachweisen über die Herkunft von Tieren, Teilen von Tieren, Erzeugnissen, Rohstoffen und Abfällen tierischer Herkunft, die Träger von Ansteckungsstoffen sein können;
8. (weggefallen)
9. Einführung von Deckregistern;
10. Herstellung von undurchlässigem Boden auf Viehladestellen;
11. Regelung der Ausstattung, Reinigung und Desinfektion der zur Beförderung von Vieh, tierischen Erzeugnissen, oder tierischen Rohstoffen dienenden Transportmittel sowie der bei einer solchen Beförderung benutzten Behältnisse und Gerätschaften und der Ladeplätze; Führung von Nachweisen über die Reinigung und Desinfektion;
12. Regelung der Einrichtung und des Betriebs von Viehausstellungen, Viehmärkten, Viehhöfen, Schlachthöfen und gewerblichen Schlachtstätten, insbesondere auch räumliche Trennung der Viehhöfe von den Schlachthöfen, Anlegung getrennter Zu- und Abfuhrwege für Viehmärkte, Viehhöfe und Schlachthöfe sowie Verbot des Abtriebs von Vieh von Schlachtviehmärkten zu anderen Zwecken als zur Schlachtung oder zum Auftrieb auf andere Schlachtviehmärkte;
13. Regelung der Einrichtung und des Betriebs von Besamungsstationen, Embryotransfereinrichtungen, Gastställen, Viehsammelstellen, Ställen von Viehhändlern sowie Tierheimen und ähnlichen Einrichtungen;

14. Regelung der Reinigung, Desinfektion und Entwesung in Gewerbebetrieben und sonstigen Einrichtungen, von denen eine Seuchengefahr ausgehen kann, einschließlich der Reinigung, Desinfektion und Entwesung der dort benutzten Gegenstände;

14a. Regelung der Einrichtung und des Betriebs von Anlagen zur gewerbsmäßigen Herstellung, Verarbeitung und Abgabe von Futtermitteln, die Träger von Ansteckungsstoffen sein können, sowie Vorschriften über Behandlungsverfahren und die Meldung des Betreibens der Anlage;

15. Regelung der Beseitigung oder der Reinigung von Abwässern und Abfällen in Gerbereien, Fell- und Häutehandlungen;

16. Regelung des Verkehrs mit Tierseuchenerregern, der Beschaffenheit der Räume und Einrichtungen, in denen solche Erreger aufbewahrt werden, einer Erlaubnis- oder Anzeigepflicht für das Arbeiten mit Tierseuchenerregern sowie Bestimmung der Vorsichtsmaßregeln, die beim Arbeiten mit Tierseuchenerregern und deren Versendung zu treffen sind;

17. Impfungen gegen übertragbare Tierkrankheiten;

18. Regelung des Gewerbebetriebs der Viehkastrierer;

19. Regelung der Verwertung und Desinfektion von Speiseabfällen und Abfällen tierischer Herkunft, die Träger von Ansteckungsstoffen sein können.

(2) Zum Schutz gegen die allgemeine Gefährdung anderer Haustierbestände als Viehbestände durch Tierseuchen können folgende Maßregeln angeordnet werden:

1. Maßregeln nach Absatz 1 Nr. 1, 11, 14, 14a, 16, 17 und 19 sowie 15, soweit Felle und Häute gewerbsmäßig behandelt werden, in entsprechender Anwendung;
2. a) Beibringung von Ursprungs- und Gesundheitszeugnissen für Haustiere, die an einen anderen Standort oder in einen anderen Tierbestand gebracht werden,
   b) Führung von Nachweisen und Kennzeichnung von Haustieren,
   c) Regelung der Einrichtung und des Betriebs von Ausstellungen, Märkten, Gastställen, Ställen von Tierhändlern, Tierheimen und ähnlichen Einrichtungen.

(3) Zum Schutz gegen die allgemeine Gefährdung der Süßwasserfischbestände durch Tierseuchen können folgende Maßregeln angeordnet werden:

1. amtstierärztliche, tierärztliche oder fischereibiologische Untersuchung von Fischen in Gewässern oder in Anlagen oder Einrichtungen zur Zucht, Haltung oder Hälterung von Fischen sowie vor dem Verladen und vor oder nach dem Entladen bei Transporten jeder Art;
2. Beibringung von Ursprungs- und Gesundheitszeugnissen für Süßwasserfische, insbesondere für solche, die zum Besatz oder zur Hälterung in Gewässern oder in Anlagen oder Einrichtungen zur Zucht, Haltung oder Hälterung von Süßwasserfischen bestimmt sind;
3. Führung von Nachweisen über Einbringen und Abgabe von Süßwasserfischen;
4. Reinigung und Desinfektion von fischereilich nutzbaren Gewässern oder von Anlagen oder Einrichtungen zur Zucht, Haltung oder Hälterung von Fischen;
5. Regelung der Desinfektion, Füllung und Entleerung von Behältern, in denen Süßwasserfische transportiert oder gehältert werden, sowie unschädliche Beseitigung des Inhalts der Behälter mit Ausnahme der Fische;
6. Erfassung der Anlagen oder Einrichtungen zur Zucht, Haltung oder Hälterung von Süßwasserfischen, Regelung der Kontrolle solcher Anlagen oder Einrichtungen sowie von fischereilich nutzbaren Gewässern einschließlich ihrer Fischbestände;
7. Regelungen in entsprechender Anwendung des Absatzes 1 Nr. 11, 14, 14a, 16, 17 und 19;
8. Regelung der Einrichtung und des Betriebs von Ausstellungen, Märkten, Sammelbehältern und ähnlichen Einrichtungen.

§ 17a

(1) Zum Schutz gegen eine Seuche können Gebiete, in denen die Viehbestände von mindestens zwei Dritteln der Tierbesitzer auf Grund amtstierärztlicher Feststellung als frei von dieser Seuche befunden worden sind, zu Schutzgebieten erklärt werden.

(2) Zum Schutz gegen eine Tierseuche kann ein Gewässersystem zum Schutzgebiet erklärt werden, sofern

a) alle an diesem System liegenden und von ihm mit Wasser versorgten Anlagen oder Einrichtungen zur Zucht, Haltung oder Hälterung von Süßwasserfischen als frei von dieser Seuche befunden worden sind,
b) der Besatz des Systems nur mit Fischen aus diesen Anlagen oder Einrichtungen vorgenommen wird,
c) außerhalb des Schutzgebietes liegende Anlagen oder Einrichtungen zur Zucht, Haltung oder Hälterung von Süßwasserfischen mindestens ein Kilometer von den Grenzen des Schutzgebietes entfernt sind.

(3) Unbeschadet der nach den sonstigen Vorschriften dieses Gesetzes zulässigen Maßregeln können in Schutzgebieten die Benutzung, die Verwertung und der Transport der Tiere, die für die Seuche empfänglich sind und aus Viehbeständen oder Anlagen oder Einrichtungen zur Zucht, Haltung oder Hälterung von Süßwasserfischen stammen, die nicht als frei von der Seuche befunden worden sind, sowie der von diesen Tieren stammenden Teile oder Erzeugnisse beschränkt werden. Ferner kann das Verbringen solcher Tiere oder der von ihnen stammenden Teile oder Erzeugnisse in Schutzgebiete verboten oder beschränkt werden.

§ 17b

(1) Das Bundesministerium wird ermächtigt, durch Rechtsverordnung mit Zustimmung des Bundesrates zum Schutz gegen die allgemeine Gefährdung der Haustier- und Süßwasserfischbestände durch Tierseuchen

1. die Voraussetzungen zu bestimmen, unter denen ein Tier oder ein Tierbestand als frei von einer Seuche anzusehen ist;
2. die amtliche Anerkennung eines Tierbestandes als frei von einer Seuche, das Verfahren der amtlichen Anerkennung, die mit der Anerkennung verbundenen Auflagen und die Überwachung sowie die Voraussetzungen des Widerrufs der amtlichen Anerkennung zu regeln;
3. die Voraussetzungen zu bestimmen, unter denen ein Gebiet als seuchenfrei anzusehen ist;
4. für Viehhaltungen und Brütereien Vorschriften zu erlassen
   a) über die Lage und Abgrenzung des Betriebes, die Beschaffenheit und Einrichtung der Umkleideräume für Personen, der Ställe, Wege und Plätze, der Anlagen zur Dung- und Jauchebeseitigung und der Futterzubereitung sowie über Einrichtungen zur Aufbewahrung toter Tiere,
   b) über die Aufteilung des Betriebes in Betriebsabteilungen, den Betriebsablauf, die Größe und Abgrenzung der Betriebsabteilungen sowie deren Entfernung von anderen Abteilungen,
   c) über die Anforderungen an die Aufnahme und Abgabe von Tieren, über die Untersuchung von Tieren und die hierfür erforderlichen Hilfeleistungen, die Beschränkung der Benutzung und das Verbot des Haltens anderer Tiere innerhalb des Betriebes sowie über die Durchführung bestimmter Impfungen und Behandlungen und über die Entnahme von Proben zu diagnostischen Zwecken,
   d) über das Tragen von Schutzkleidung innerhalb des Betriebes, die Reinigung und Desinfektion von Personen, Einrichtungen nach Buchstabe a, im Betrieb benutzten Gegenständen und von Fahrzeugen sowie über die Entwesung,
   e) über die Beseitigung von Dung, Jauche und ähnlichen Stoffen tierischer Herkunft und die Aufbewahrung toter Tiere und
   f) über das Führen von Kontrollbüchern, insbesondere über die Zahl der täglichen Todesfälle und über Zugang, Abgang, Impfungen und Behandlungen von Tieren, sowie über die Aufbewahrung der Bücher.

(2) Das Bundesministerium kann in der Rechtsverordnung nach Absatz 1 Befugnisse auf die Landesregierungen übertragen. Die Landesregierungen können ihre Befugnisse auf andere Behörden übertragen.

§ 17c

(1) Sera, Impfstoffe und Antigene, die unter Verwendung von Krankheitserregern oder auf biotechnischem Wege hergestellt werden und zur Verhütung, Erkennung oder Heilung von Tierseuchen bestimmt sind, dürfen nur abgegeben oder angewendet werden, wenn sie von der Bundesforschungsanstalt für Viruskrankheiten der Tiere oder vom Paul-Ehrlich-Institut zugelassen worden sind. Dies gilt nicht für solche Mittel nach Satz 1, die unter Verwendung von in einem bestimmten Bestand eines Betriebes isolierten Krankheitserregern hergestellt worden sind und nur in diesem Bestand angewendet werden. Herstellen im Sinne dieser Vorschrift sowie der §§ 17d und 17e ist das Gewinnen, Anfertigen, Zubereiten, Be- oder Verarbeiten, Umfüllen einschließlich Abfüllen, Abpacken und Kennzeichnen.

(2) Das Bundesministerium wird ermächtigt, durch Rechtsverordnung mit Zustimmung des Bundesrates das Nähere über die Zulassung der Mittel nach Absatz 1 Satz 1, die Abgrenzung der sachlichen Zuständigkeit der in Absatz 1 genannten Stellen sowie das Verfahren und das Ruhen der Zulassung zu bestimmen.

(3) Bei Gefahr im Verzuge kann das Bundesministerium durch Rechtsverordnung ohne Zustimmung des Bundesrates bestimmen, dass abweichend von Absatz 1 Satz 1 von der Zulassung abgesehen wird. Die Rechtsverordnung tritt spätestens sechs Monate nach ihrem Inkrafttreten außer Kraft. Ihre Geltungsdauer kann nur mit Zustimmung des Bundesrates verlängert werden.

(4) Die zuständige oberste Landesbehörde kann Ausnahmen von Absatz 1 Satz 1 zulassen

1. a) für Sera, die dazu bestimmt sind, ohne am oder im tierischen Körper angewendet zu werden, die Beschaffenheit, den Zustand oder die Funktionen des tierischen Körpers erkennen zu lassen oder der Erkennung übertragbarer Krankheiten beim Tier zu dienen, und
   b) für Antigene,

   die in Kliniken und Instituten der tierärztlichen Lehranstalten oder anderen der wissenschaftlichen Erforschung oder der staatlichen Bekämpfung von Tierseuchen dienenden Instituten hergestellt werden;
2. im Benehmen mit der für die Zulassung der Mittel zuständigen Behörde
   a) für die Durchführung wissenschaftlicher Versuche außerhalb wissenschaftlicher Institute, wenn dies zur Erprobung von Mitteln nach Absatz 1 Satz 1 erforderlich ist,
   b) im Anschluss an Versuche nach Buchstabe a während eines Verfahrens zur Zulassung des betreffenden Mittels, sofern Belange der Seuchenbekämpfung nicht entgegenstehen;
3. im Einzelfall für Tiere oder Erzeugnisse von Tieren, die ausgeführt werden, sofern das Einfuhrland die Anwendung bestimmter Sera, Impfstoffe oder Antigene fordert oder wenn die Anwendung zum Schutz dieser Tiere außerhalb des Geltungsbereichs dieses Gesetzes geboten erscheint und Belange der Seuchenbekämpfung nicht entgegenstehen.

(5) Die zuständige Landesbehörde trifft die zur Beseitigung festgestellter und zur Verhütung künftiger Verstöße notwendigen Anordnungen. Sie kann insbesondere die Abgabe von Mitteln nach Absatz 1 Satz 1 untersagen, deren Rückruf anordnen und diese sicherstellen, wenn

1. der begründete Verdacht besteht, dass das Mittel bei bestimmungsgemäßem Gebrauch schädliche Wirkungen hat, die über ein nach den Erkenntnissen der veterinärmedizinischen Wissenschaft vertretbares Maß hinausgehen,
2. dem Mittel die Wirksamkeit fehlt,
3. das Mittel nicht die nach den Erkenntnissen der veterinärmedizinischen Wissenschaft erforderliche Qualität aufweist,
4. die vorgeschriebenen Qualitätskontrollen nicht durchgeführt worden sind oder
5. die erforderliche Erlaubnis für das Herstellen des Mittels oder dessen Einfuhr nicht vorliegt oder ein Grund zur Rücknahme oder zum Widerruf der Erlaubnis gegeben ist.

§ 17d

(1) Wer Sera, Impfstoffe oder Antigene nach § 17c Abs. 1 Satz 1 gewerbs- oder berufsmäßig zum Zwecke der Abgabe an andere oder zur Anwendung in eigenen Tierbeständen herstellen will, bedarf für das jeweilige Mittel einer Erlaubnis der zuständigen Behörde. Das Gleiche gilt für juristische Personen, nicht rechtsfähige Vereine und Gesellschaften des bürgerlichen Rechts, die diese Mittel zum Zwecke der Abgabe an ihre Mitglieder herstellen wollen.

(2) Für Mittel nach § 17c Abs. 1 Satz 2 und Abs. 4 Nr. 1, die in Kliniken und Instituten der tierärztlichen Lehranstalten oder in anderen, der wissenschaftlichen Erforschung oder der staatlichen Bekämpfung von Tierseuchen dienenden Instituten hergestellt werden sollen, kann abweichend von Absatz 1 eine allgemeine, nicht auf ein bestimmtes Mittel bezogene Herstellungserlaubnis erteilt werden. Einrichtungen, denen eine Erlaubnis nach Satz 1 erteilt wird, haben die Herstellung von Mitteln nach § 17c Abs. 1 Satz 2 unter Angabe der Art und der hergestellten Menge der zuständigen Behörde anzuzeigen.

(3) Die Erlaubnis nach Absatz 1 wird von der zuständigen Behörde des Landes, in dem die Betriebsstätte liegt, im Benehmen mit der für die Zulassung des Mittels zuständigen Stelle erteilt.

(4) Die Erlaubnis darf nur versagt werden, wenn

1. die Personen, unter deren Leitung die Mittel nach § 17c Abs. 1 Satz 1 hergestellt oder geprüft werden sollen, die erforderliche Zuverlässigkeit und Sachkunde nicht besitzen;
2. die Person, unter deren Leitung die Mittel vertrieben werden sollen, nicht benannt ist;
3. die in den Nummern 1 oder 2 bezeichneten Personen die ihnen obliegenden Verpflichtungen nicht ständig erfüllen können oder
4. geeignete Räume und Einrichtungen für die beabsichtigte Herstellung, Prüfung und Lagerung der Mittel nicht vorhanden sind.

(5) Die Erlaubnis ist zurückzunehmen, wenn nachträglich bekannt wird, dass einer der Versagungsgründe nach Absatz 4 bei der Erteilung vorgelegen hat; sie ist zu widerrufen, wenn einer der Versagungsgründe nachträglich eingetreten ist. Absatz 3 gilt entsprechend.

(6) Das Bundesministerium wird ermächtigt, durch Rechtsverordnung mit Zustimmung des Bundesrates, um die Verschleppung von Tierseuchen zu verhüten sowie einen ordnungsgemäßen Umgang, eine sachgerechte Anwendung und die erforderliche Qualität der Mittel nach § 17c Abs. 1 Satz 1 sicherzustellen,

1. das Nähere über
   a) die Versagungsgründe nach Absatz 4 Nr. 1 und 4,
   b) die Erlaubnis einschließlich des Verfahrens, des Ruhens und einer über die Erlaubnis zu erteilenden Bescheinigung

   zu bestimmen;
2. Vorschriften zu erlassen über
   a) die Anzeige beim Wechsel einer in Absatz 4 Nr. 1 oder 2 bezeichneten Person sowie bei wesentlicher Änderung der Räume oder Einrichtungen nach Absatz 4 Nr. 4,
   b) die Herstellung, Lagerung und Verpackung sowie die Abgabe und Anwendung der Mittel,
   c) die Kennzeichnung der Mittel und die Packungsbeilage sowie über die Verwendung, Beschaffenheit und Kennzeichnung bestimmter Behältnisse,
   d) die Anlage und Ausstattung der Betriebe und Einrichtungen, in denen die Mittel hergestellt, geprüft, verpackt oder gelagert werden,
   e) die Haltung und Kontrolle der zur Herstellung und Prüfung der Mittel verwendeten Tiere,

f) die Führung und Aufbewahrung von Nachweisen über die in den Buchstaben d und e genannten Betriebsvorgänge, die in Buchstabe e genannten Tiere, die Herkunft und die Abgabe von Mitteln sowie über Namen und Anschrift des Empfängers,
g) die Zurückhaltung von Chargenproben sowie deren Umfang und Lagerungsdauer,
h) die Kennzeichnung, Absonderung und Vernichtung nicht verkehrsfähiger Mittel,
i) Grundsätze und Leitlinien der guten Herstellungspraxis für Mittel nach § 17c Abs. 1 Satz 1;

3. Anforderungen an das Personal in Betrieben oder Einrichtungen, in denen die Mittel hergestellt, geprüft, gelagert, verpackt oder abgegeben werden, zu stellen;
4. die Verwendung bestimmter Stoffe, Zubereitungen aus Stoffen oder Gegenstände bei der Herstellung der Mittel vorzuschreiben, zu verbieten oder zu beschränken und das Inverkehrbringen der Mittel für bestimmte Anwendungsbereiche zu untersagen.

(6a) Das Bundesministerium wird ermächtigt, durch Rechtsverordnung mit Zustimmung des Bundesrates

1. die Zuständigkeit für die Überprüfung der Einhaltung der Grundsätze der guten Herstellungspraxis und die Erteilung einer entsprechenden Bescheinigung auf das Paul-Ehrlich-Institut zu übertragen,
2. das Nähere über die Bescheinigung nach Nummer 1 einschließlich des Verfahrens zu bestimmen.

(7) Das Bundesministerium wird ermächtigt,

1. durch Rechtsverordnung mit Zustimmung des Bundesrates, soweit es zur Verhütung einer unmittelbaren oder mittelbaren Gefährdung der Gesundheit der Tiere erforderlich ist,
   a) vorzuschreiben, dass die bei der Anwendung von Mitteln nach § 17c Abs. 1 Satz 1 auftretenden Risiken, insbesondere Nebenwirkungen, Wechselwirkungen mit anderen Mitteln, Gegenanzeigen und Verfälschungen, zentral erfasst und ausgewertet und die zu ergreifenden Maßnahmen koordiniert werden,
   b) die hierfür zuständige Behörde zu bestimmen und
   c) vorzuschreiben, dass die nach Buchstabe b zuständige Behörde mit den zuständigen Behörden der Länder, den Tierärztekammern sowie mit anderen Behörden zusammenwirkt, die bei der Durchführung ihrer Aufgaben durch Mittel nach § 17c Abs. 1 Satz 1 auftretende Risiken erfassen;
2. durch allgemeine Verwaltungsvorschrift mit Zustimmung des Bundesrates zur Durchführung von Aufgaben nach Nummer 1 Buchstabe a
   a) die Zusammenarbeit der beteiligten Behörden auf den verschiedenen Gefahrenstufen zu regeln,
   b) die Einschaltung der pharmazeutischen Unternehmer zu regeln,
   c) die jeweils nach diesem Gesetz oder auf Grund dieses Gesetzes zu ergreifenden Maßnahmen zu bestimmen,
   d) Informationsmittel und -wege zu bestimmen und hierfür einen Stufenplan zu erstellen.

§ 17e

Betriebe und Einrichtungen, in denen Mittel nach § 17c Abs. 1 Satz 1 hergestellt, geprüft, gelagert, verpackt oder abgegeben werden, unterliegen der Überwachung durch den beamteten Tierarzt; soweit erforderlich, sind Angehörige der für die Zulassung der Mittel zuständigen Stellen zu beteiligen. Die zuständige Behörde kann Kliniken und Institute der tierärztlichen Lehranstalten oder andere der wissenschaftlichen Erforschung oder Bekämpfung von Tierseuchen dienende Institute von der Überwachung freistellen.

§ 17f

Das Bundesministerium wird ermächtigt, durch Rechtsverordnung, die nicht der Zustimmung des Bundesrates bedarf, Mittel und Verfahren zu bestimmen, die bei tierseuchenrechtlich vorgeschriebenen Desinfektionen und Entwesungen verwendet werden dürfen, um sicherzustellen, dass Krankheitserreger unwirksam gemacht werden.

§ 17g

(1) Wer Papageien oder Sittiche halten will, um
1. von diesen Tieren Nachkommen aufzuziehen oder
2. mit diesen Tieren zu handeln,

bedarf der Erlaubnis der zuständigen Behörde.

(2) Die Erlaubnis darf nur erteilt werden, wenn
1. die für die Tätigkeit verantwortliche Person die für die Bekämpfung der Psittakose erforderliche Zuverlässigkeit und Sachkunde hat und
2. die zur Bekämpfung der Psittakose erforderlichen Räumlichkeiten vorhanden sind.

(3) Das Bundesministerium wird ermächtigt, durch Rechtsverordnung mit Zustimmung des Bundesrates
1. die Voraussetzungen für die Erteilung der Erlaubnis näher zu regeln,
2. Vorschriften zu erlassen über
   a) die Kennzeichnung der Tiere,
   b) Aufzeichnungen betreffend Aufnahme oder Erwerb und Abgabe der Tiere sowie ihre Behandlung gegen Psittakose.

§ 17h

Das Bundesministerium wird ermächtigt, durch Rechtsverordnung mit Zustimmung des Bundesrates zur Seuchenbekämpfung
1. das Halten, Verbringen und Abgeben von Tieren,
2. das Verbringen, Abgeben und Verwerten toter Tiere und von Teilen, Erzeugnissen, Rohstoffen oder Abfällen von Tieren sowie
3. das Herstellen, Verarbeiten oder Bearbeiten von Erzeugnissen tierischer Herkunft

von einer Zulassung oder Registrierung des Betriebs abhängig zu machen sowie das Nähere über die Zulassung oder Registrierung einschließlich des Verfahrens und des Ruhens der Zulassung zu regeln.

d) Schutzmaßregeln gegen besondere Seuchengefahr

§ 18

Zum Schutz gegen eine besondere Seuchengefahr und für deren Dauer können unter Berücksichtigung der beteiligten Wirtschafts- und Verkehrsinteressen die nachstehenden Maßregeln (§§ 19 bis 30) angeordnet werden.

§ 19 1.

(1) Absonderung, Bewachung oder behördliche Beobachtung der an der Seuche erkrankten, der verdächtigen und der für die Seuche empfänglichen Tiere.

(2) Beschränkungen des Personenverkehrs innerhalb der Räumlichkeiten (Gehöft, Stall, Standort, Hofraum, Anlage oder Einrichtung zur Zucht, Haltung oder Hälterung von Fischen, Weidefläche, Viehausstellung, Marktplatz usw.), in denen sich derartige Tiere befinden, und auf öffentlichen Wegen.

(3) Der Besitzer von Tieren, die der Absonderung oder behördlichen Beobachtung unterworfen sind, oder der Betreiber einer Anlage oder Einrichtung zur Zucht, Haltung oder Hälterung von Fischen, in der Fische der Absonderung oder behördlichen Beobachtung unterworfen sind, ist verpflichtet, solche Einrichtungen zu treffen, dass die Tiere für die Dauer der Absonderung oder Beobachtung die ihnen bestimmte Räumlichkeit nicht verlassen können und außer aller Berührung und Gemeinschaft mit anderen für die Seuche empfänglichen Tieren blei-

ben. Auch dürfen die Körper abgesonderter, bewachter oder behördlich beobachteter Tiere nicht ohne behördliche Genehmigung geöffnet oder beseitigt werden.

§ 20 2.

(1) Beschränkungen der Benutzung, der Verwertung oder des Transportes kranker oder verdächtiger Tiere, ihrer Körper, der von ihnen stammenden Erzeugnisse oder solcher Gegenstände, die mit kranken oder verdächtigen Tieren oder ihren Körpern in Berührung gekommen oder sonst geeignet sind, die Seuche zu verschleppen.

(2) Beschränkungen des Transportes und der Benutzung der für die Seuche empfänglichen und solcher Tiere, die geeignet sind, die Seuche zu verschleppen, sowie der von diesen Tieren stammenden Erzeugnisse.

(3) Verbot oder Beschränkung des Handels mit Tieren, der ohne vorherige Bestellung entweder außerhalb der Gemeinde der gewerblichen Niederlassung des Händlers oder ohne Begründung einer solchen stattfindet.

(4) Verbot oder Beschränkung der Haltung oder Hälterung kranker oder verdächtiger Süßwasserfische in Gewässern oder in Anlagen oder Einrichtungen zur Zucht, Haltung oder Hälterung von Fischen.

(5) Abfischung von Süßwasserfischen und Einbringung von Neubesatz in Gewässern oder in Anlagen oder Einrichtungen zur Zucht, Haltung oder Hälterung von Süßwasserfischen.

§ 21 3.

(1) Verbot des gemeinschaftlichen Weideganges von Tieren aus den Viehbeständen verschiedener Besitzer und der Benutzung bestimmter Weideflächen, ferner der gemeinschaftlichen Benutzung von Brunnen, Tränken und Schwemmen und des Verkehrs mit seuchenkranken oder verdächtigen Tieren auf öffentlichen oder gemeinschaftlichen Straßen und Triften.

(2) Verbot des freien Umherlaufens der Haustiere.

(3) Verbot, aus fischereilich genutzten Gewässern oder aus Anlagen oder Einrichtungen zur Zucht, Haltung oder Hälterung von Fischen lebende oder tote Fische abschwimmen oder abtreiben zu lassen.

(4) Verbot, Wasser aus fischereilich genutzten Anlagen oder Einrichtungen zur Zucht, Haltung oder Hälterung von Fischen ablaufen zu lassen.

§ 22 4.

(1) Sperre des Stalles oder sonstigen Standortes seuchenkranker oder verdächtiger Tiere, des Gehöftes, des fischereilich nutzbaren Gewässers, der Anlage oder Einrichtung zur Zucht, Haltung oder Hälterung von Fischen, des Ortes, der Weidefläche, der Feldmark oder eines bestimmten Gebietes gegen den Verkehr mit Tieren und mit solchen Gegenständen, die Träger des Ansteckungsstoffs sein können.

(2) Die Sperre der Feldmark oder eines über die Feldmark hinausgehenden Gebietes darf erst dann verfügt werden, wenn der Ausbruch der Seuche durch das Gutachten des beamteten Tierarztes festgestellt ist und wenn die Seuche ihrer Beschaffenheit nach eine größere und allgemeinere Gefahr einschließt.

(3) Die Sperre kann auf einzelne Straßen oder Teile des Ortes oder der Feldmark beschränkt werden.

(4) Die Sperre eines Stalles oder sonstigen Standortes, eines Gehöftes, einer Anlage oder Einrichtung zur Zucht, Haltung oder Hälterung von Fischen oder einer Weidefläche verpflichtet den Besitzer der Tiere oder den Betreiber der Anlage oder Einrichtung, die zur wirksamen Durchführung der Sperre vorgeschriebenen Vorkehrungen zu treffen.

§ 23 5.

Durchführung oder Verbot bestimmter Impfungen oder Maßnahmen diagnostischer Art bei den für die Seuche empfänglichen Tieren, Heilbehandlung von Tieren sowie Verbot oder Beschränkungen in der Befugnis zur Vornahme von Heilversuchen.

§ 24 6.

(1) Tötung der an der Seuche erkrankten oder verdächtigen Tiere.

(2) Tötung von Tieren, die für die Seuche empfänglich sind, wenn dies zur Beseitigung von Infektionsherden sowie für die Aufhebung von Sperren, die wegen des Auftretens von Tierseuchen verhängt worden sind, erforderlich ist.

(3) Für die Tötung von Tieren wildlebender Tierarten nach Absatz 2 gilt Folgendes: Die Tötung ist nur zulässig, wenn andere geeignete Maßnahmen zur wirksamen Bekämpfung der Seuche nicht zur Verfügung stehen. Die durch eine solche Anordnung betroffene Tierart darf durch die Maßnahme nicht der Gefahr der Ausrottung ausgesetzt sein. Die Anordnung kann auf bestimmte Gebiete beschränkt werden. Dem Jagdausübungsberechtigten, dem Grundstückseigentümer und dem Grundstücksbesitzer kann die Verpflichtung auferlegt werden, Angaben über Standorte der Tiere und die Lage von Bauen, Gehecken und Gelegen zu machen, die erforderliche Hilfe zu leisten sowie die nach Absatz 2 angeordneten Maßnahmen zu dulden oder, soweit die Maßnahme dem Verpflichteten zuzumuten ist, durchzuführen. Gemeinden und Gemeindeverbänden kann die Durchführung der angeordneten Maßnahmen auferlegt werden.

§ 25 7.

Tötung von Tieren, die bestimmten Verkehrs- oder Nutzungsbeschränkungen oder der Absperrung unterworfen sind und in verbotswidriger Benutzung oder außerhalb der ihnen angewiesenen Räumlichkeit oder an Orten angetroffen werden, zu denen der Zutritt verboten ist.

§ 26 8.

Unschädliche Beseitigung der Tierkörper, Tierkörperteile und Erzeugnisse tierischer Herkunft, der Streu, des Dunges und der flüssigen Abgänge sowie anderer Abfälle von kranken oder verdächtigen Tieren.

§ 27 9.

(1) Reinigung, Desinfektion und Entwesung der Ställe, Standorte, Anlagen oder Einrichtungen zur Zucht, Haltung oder Hälterung von Fischen, der Ladestellen, Marktplätze und Wege, die von kranken oder verdächtigen oder von zusammengebrachten und für die Seuche empfänglichen Tieren benutzt sind.

(2) Reinigung und Desinfektion oder, falls diese Maßnahmen sich nicht wirksam durchführen lassen, unschädliche Beseitigung des Düngers, der Streu- und Futtervorräte, des Schlammes aus Anlagen oder Einrichtungen zur Zucht, Haltung oder Hälterung von Fischen, der Gerätschaften, Kleidungsstücke und sonstigen Gegenstände, die mit kranken oder verdächtigen Tieren in Berührung gekommen sind oder von denen sonst anzunehmen ist, dass sie Ansteckungsstoffe enthalten.

(3) Erforderlichenfalls auch Reinigung und Entseuchung von Tieren, die Träger des Ansteckungsstoffs sein können, von Fleisch und anderen Erzeugnissen von Tieren, von denen anzunehmen ist, dass sie den Ansteckungsstoff enthalten, und von Personen, die mit kranken oder verdächtigen Tieren in Berührung gekommen sind.

(4) Die Durchführung dieser Maßregeln erfolgt unter Beobachtung etwaiger Anordnungen des beamteten Tierarztes und unter behördlicher Überwachung.

§ 28 10.

Einstellung oder Beschränkung der Viehmärkte, der Jahr- und Wochenmärkte, der Zuchtveranstaltungen, Viehversteigerungen und Tierschauen sowie des Betriebes von Viehsammelstellen oder ähnlichen Einrichtungen, von denen eine Seuchengefahr ausgehen kann.

§ 29 11.

Amtstierärztliche oder tierärztliche Untersuchung der für die Seuche empfänglichen Tiere und der Gegenstände, die Träger von Ansteckungsstoffen sein können.

§ 30 12.

Öffentliche Bekanntmachung des Ausbruchs der Seuche. Ist diese Bekanntmachung erfolgt, so muss auch das Erlöschen der Seuche unverzüglich öffentlich bekanntgemacht werden.

2. (weggefallen)

§§ 31 bis 61e

(weggefallen)

3. Besondere Vorschriften für Viehausstellungen, Viehsammelstellen, Viehmärkte, Viehhöfe, Schlachthöfe und andere Schlachtstätten

§ 62

Auf Viehausstellungen, Viehsammelstellen, Viehmärkte, Viehhöfe, Schlachthöfe und andere Schlachtstätten und auf das dort aufgestellte Vieh finden die vorstehenden Bestimmungen dieses Gesetzes mit den Änderungen Anwendung, die sich aus den nachfolgenden Vorschriften ergeben.

§ 63

Wird unter dem dort aufgestellten Vieh der Ausbruch einer Seuche ermittelt oder zeigen sich bei solchem Vieh Erscheinungen, die nach dem Gutachten des beamteten Tierarztes den Ausbruch einer Seuche befürchten lassen, so sind die erkrankten und alle verdächtigen Tiere sofort in behördliche Verwahrung zu nehmen und von jeder Berührung mit den übrigen auszuschließen.

§ 64

Nach Feststellung des Seuchenausbruchs können Viehausstellungen, Viehsammelstellen, Viehmärkte, Viehhöfe, Schlachthöfe und andere Schlachtstätten ganz oder teilweise für die Dauer der Seuchengefahr gegen den Abtrieb der für die Seuche empfänglichen Tiere gesperrt werden.

§ 65

(1) Soweit Schlachtvieh in Frage kommt und die Art der Krankheit es gestattet, kann der Besitzer der erkrankten oder verdächtigen Tiere oder sein Vertreter angehalten werden, die sofortige Schlachtung unter Aufsicht des beamteten Tierarztes in den dazu bestimmten Räumen vorzunehmen.

(2) Die Schlachtung kann in dringenden Fällen auch ohne vorherige Benachrichtigung des Besitzers oder seines Vertreters vorgenommen und auf alles andere in der betreffenden Räumlichkeit vorhandene, für die Seuche empfängliche Schlachtvieh ausgedehnt werden. Den Besitzern der so geschlachteten Tiere ist unverzüglich von der Schlachtung Mitteilung zu machen.

4. Entschädigung für Tierverluste

§ 66

Vorbehaltlich der in diesem Gesetz bezeichneten Ausnahmen wird eine Entschädigung in Geld geleistet

1. für Tiere, die auf behördliche Anordnung getötet worden oder nach Anordnung der Tötung verendet sind;
2. für Tiere, bei denen eine anzeigepflichtige Seuche nach dem Tode festgestellt worden ist, sofern die Voraussetzungen gegeben waren, unter denen die Tiere auf behördliche Anordnung hätten getötet werden müssen;
3. a) für Tiere, bei denen Milzbrand, Rauschbrand oder Tollwut,
   b) für Rinder, bei denen Aujeszkysche Krankheit
   nach dem Tode festgestellt worden ist;
4. für Tiere, von denen anzunehmen ist, dass sie auf Grund einer tierseuchenrechtlich vorgeschriebenen oder behördlich angeordneten Impfung, Behandlung oder Maßnahme diagnostischer Art oder im Zusammenhang mit deren Durchführung getötet werden mussten oder verendet sind;
5. für Rinder, Schweine und Schafe, die Viehhöfen, Schlachthöfen oder sonstigen Schlachtstätten zugeführt und bei der amtstierärztlichen Auftriebsuntersuchung oder bei der Schlachttieruntersuchung als nicht seuchenkrank oder seuchenverdächtig befunden worden sind, sofern deren Fleisch nach der Schlachtung auf Grund einer tierseuchenrechtlichen Vorschrift oder einer auf eine solche Vorschrift gestützten behördlichen Anordnung gemaßregelt worden ist.

§ 67

(1) Der Entschädigung wird der gemeine Wert des Tieres zugrunde gelegt. Der gemeine Wert wird ohne Rücksicht auf die Wertminderung, die das Tier infolge der Seuche oder einer tierseuchenrechtlich vorgeschriebenen oder behördlich angeordneten Maßnahme erlitten hat, ermittelt.

(2) Die Entschädigung darf folgende Höchstsätze je Tier nicht überschreiten:

1.	Pferde	5.113 Euro
2.	Rinder	3.068 Euro
3.	Schweine	1.278 Euro
4.	Schafe	767 Euro
5.	Ziegen	307 Euro
6.	Geflügel	51 Euro
7.	Bienen, je Volk	102 Euro.

Das Bundesministerium wird ermächtigt, durch Rechtsverordnung mit Zustimmung des Bundesrates die in Satz 1 festgesetzten Höchstsätze bis zu 50 vom Hundert zu ändern, um ihr Verhältnis zum gemeinen Wert der Tiere bei der jeweiligen Tierart zu wahren.

(3) Die Entschädigung nach den Absätzen 1 und 2 mindert sich

1. um 50 vom Hundert für Tiere, die, außer in den Fällen des § 66 Nr. 3, vor Erstattung der Anzeige nachweislich an der Seuche verendet sind oder wegen der Seuche getötet worden sind,
2. um 20 vom Hundert im Falle des § 66 Nr. 5.

(4) Auf die Entschädigung wird der Wert der nach Maßgabe einer tierseuchenrechtlichen Vorschrift oder behördlichen Anordnung verwertbaren Teile des Tieres angerechnet. Die bei der Verwertung oder Tötung des Tieres entstehenden Kosten zählen nicht zur Entschädigung, sie sind zusätzlich zu erstatten. Bei der Festsetzung der Entschädigung werden Steuern nicht berücksichtigt.

§ 68

(1) Keine Entschädigung wird gewährt für

1. Tiere, die dem Bund oder einem Land gehören;
2. Tiere, die entgegen § 6 oder einem der Bekämpfung von Tierseuchen dienenden unmittelbar geltenden Rechtsakt der Europäischen Gemeinschaft eingeführt worden sind;
3. (weggefallen)
4. Tiere, die entgegen einer Vorschrift einer nach § 7 Abs. 1 erlassenen Rechtsverordnung eingeführt worden sind;
5. (weggefallen)
6. Tiere, die nach der Einfuhr auf Grund einer im Zusammenhang mit der Einfuhr tierseuchenrechtlich vorgeschriebenen oder behördlich angeordneten Maßnahme oder im Zusammenhang mit einer solchen Maßnahme getötet werden mussten oder verendet sind;
7. Schlachtvieh, das Viehhöfen, Schlachthöfen oder sonstigen Schlachtstätten zugeführt worden ist; dies gilt nicht für die Fälle des § 66 Nr. 1, 3, 4 und 5;
8. Wild oder gefangen gehaltene Wildtiere;
9. Tiere, die zu Tierversuchen verwendet werden;
10. Haustiere, die nicht Vieh oder Bienen sind.

(1a) Der Einfuhr im Sinne des Absatzes 1 Nr. 2, 4 und 6 steht das innergemeinschaftliche Verbringen gleich.

(2) (weggefallen)

§ 69

(1) Der Anspruch auf Entschädigung entfällt, wenn der Besitzer der Tiere oder sein Vertreter im Zusammenhang mit dem die Entschädigung auslösenden Fall

1. a) eine Vorschrift dieses Gesetzes, des Tierkörperbeseitigungsgesetzes, des Verfütterungsverbotsgesetzes oder eines unmittelbar geltenden Rechtsaktes der Europäischen Gemeinschaft im Anwendungsbereich dieses Gesetzes oder der vorstehend genannten Gesetze,
   b) eine Vorschrift einer nach einem dieser Gesetze erlassenen Rechtsverordnung oder
   c) eine nach einem dieser Gesetze erlassene behördliche Anordnung

   schuldhaft nicht befolgt;
2. die nach § 9 vorgeschriebene Anzeige schuldhaft nicht oder nicht unverzüglich erstattet hat, es sei denn, dass die Anzeige von einem anderen nach § 9 Verpflichteten unverzüglich erstattet worden ist, oder
3. an der Seuche erkrankte Haustiere oder Süßwasserfische erworben hat und beim Erwerb Kenntnis von der Seuche hatte oder den Umständen nach hätte haben müssen.

(2) Der Anspruch entfällt ferner für Tiere, die vom Besitzer auf eigenen Wunsch mit Genehmigung der zuständigen Behörde in einen auf Grund einer tierseuchenrechtlichen Vorschrift gesperrten Bestand verbracht werden, wenn diese Tiere aus Gründen der Seuchenbekämpfung während der Sperre und wegen der Seuche, die zur Sperre geführt hat, getötet werden oder nachweislich an der Seuche verendet sind.

(3) Sofern nach Maßgabe des § 71 Abs. 1 auf Grund landesrechtlicher Vorschriften vom Tierbesitzer Beiträge zur Gewährung von Entschädigungen erhoben werden, entfällt der Anspruch außerdem, wenn der Tierbesitzer schuldhaft

1. bei den hierzu vorgeschriebenen Erhebungen einen Tierbestand nicht angibt oder eine zu geringe Tierzahl angibt oder
2. seine Beitragspflicht nicht erfüllt.

§ 70

Die Entschädigung kann in den Fällen des § 69 Abs. 1 und 3 teilweise gewährt werden, wenn die Schuld gering ist oder die Versagung der Entschädigung für den Besitzer eine unbillige Härte bedeuten würde.

§ 71

(1) Die Länder regeln, wer die Entschädigung gewährt und wie sie aufzubringen ist; dabei können sie die Durchführung von Tierzählungen zum Zwecke der Beitragserhebung regeln. Das Land hat die Entschädigung zu leisten; soweit von Tierbesitzern für bestimmte Tierarten zur Gewährung von Entschädigungen Beiträge erhoben werden, hat es die Entschädigung jedoch nur zur Hälfte zu leisten. Beiträge sind für Pferde, Rinder, Schweine, Schafe, Geflügel und Süßwasserfische zu erheben. Von der Erhebung von Beiträgen für Geflügel und Süßwasserfische kann abgesehen werden, wenn sie zu einer unzumutbaren Belastung der Beitragspflichtigen, insbesondere auf Grund geringer Anzahl der betroffenen Tierbesitzer, führen würde oder hierfür auf Grund der Seuchensituation kein Bedarf besteht. Die Beiträge sind nach Tierarten gesondert zu erheben. Sie können nach der Größe der Bestände und unter Berücksichtigung der seuchenhygienischen Risiken, insbesondere auf Grund der Betriebsorganisation, sowie zusätzlich nach Alter, Gewicht oder Nutzungsart gestaffelt werden.

(2) Werden von Tierbesitzern zur Gewährung von Entschädigungen Beiträge erhoben, dürfen für Tiere, die dem Bund oder einem Land gehören, oder für das Viehhöfen, Schlachthöfen einschließlich der öffentlichen Schlachthäuser sowie sonstigen Schlachtstätten zugeführte Schlachtvieh keine Beiträge erhoben werden.

§ 71a

Für die Anwendung der §§ 69 bis 71 stehen Fischereiberechtigte und Fischereiausübungsberechtigte den Tierbesitzern gleich.

§ 72

(1) Die Entschädigung wird, sofern ein anderer Berechtigter nicht bekannt ist, demjenigen gezahlt, in dessen Gewahrsam oder Obhut sich das Tier zur Zeit des Todes befand.

(2) Mit der Zahlung ist jeder Entschädigungsanspruch Dritter erloschen.

§ 72a

(1) Steht dem Entschädigungsberechtigten ein Anspruch auf Ersatz des Schadens gegen einen Dritten zu, so geht der Anspruch auf den zur Entschädigung Verpflichteten über, soweit dieser die Entschädigung nach diesem Gesetz gewährt. Der Übergang kann nicht zum Nachteil des Entschädigungsberechtigten geltend gemacht werden. Gibt der Entschädigungsberechtigte seinen Anspruch gegen den Dritten oder ein zur Sicherung des Anspruches dienendes Recht auf, so wird der zur Entschädigung Verpflichtete insoweit frei, als er aus dem Anspruch oder dem Recht hätte Ersatz erlangen können.

(2) Richtet sich der Ersatzanspruch des Entschädigungsberechtigten gegen einen mit ihm in häuslicher Gemeinschaft lebenden Familienangehörigen, so ist der Übergang ausgeschlossen; der Anspruch geht jedoch über, wenn der Angehörige den Schaden vorsätzlich verursacht hat.

§ 72b

Für Streitigkeiten über Ansprüche auf Entschädigung ist der Rechtsweg vor den Verwaltungsgerichten gegeben.

§ 72c

Soweit ein unmittelbar geltender Rechtsakt der Europäischen Gemeinschaft im Anwendungsbereich dieses Gesetzes nicht entgegensteht oder seine Durchführung es erfordert, gelten die §§ 66 bis 72b hinsichtlich der Entschädigungen für Tierverluste auf Grund einer Vorschrift eines solchen Rechtsaktes entsprechend.

IIa. Überwachung

§ 73

(1) Die Einhaltung der Vorschriften dieses Gesetzes, der auf Grund dieses Gesetzes erlassenen Rechtsverordnungen, der nach diesem Gesetz oder nach einer auf Grund dieses Gesetzes erlassenen Rechtsverordnung getroffenen vollziehbaren Anordnungen sowie der der Bekämpfung von Tierseuchen dienenden unmittelbar geltenden Rechtsakte der Europäischen Gemeinschaft wird durch die nach Landesrecht zuständigen Behörden, im Falle des § 3 Abs. 1 durch die zuständigen Dienststellen der Bundeswehr, überwacht.

(2) Natürliche und juristische Personen und nicht rechtsfähige Personenvereinigungen haben den zuständigen Behörden auf Verlangen die Auskünfte zu erteilen, die zur Durchführung der den Behörden durch dieses Gesetz oder auf Grund dieses Gesetzes übertragenen Aufgaben erforderlich sind.

(3) Personen, die von der zuständigen Behörde beauftragt sind, sowie in ihrer Begleitung befindliche Sachverständige der Mitgliedstaaten und der Kommission der Europäischen Gemeinschaft dürfen im Rahmen der Absätze 1 und 2 Grundstücke, Wirtschaftsgebäude, Geschäfts-, Betriebs- und Lagerräume sowie Transportmittel während der Geschäfts- und Betriebszeiten betreten, dort Besichtigungen vornehmen und geschäftliche Unterlagen einsehen und prüfen.

(3a) Die von der zuständigen Behörde mit der Durchführung von Bekämpfungsmaßnahmen beauftragten Personen dürfen im Rahmen ihres Auftrages während der Geschäfts- und Betriebszeiten Grundstücke, Wirtschaftsgebäude, Geschäfts-, Betriebs- und Lagerräume sowie Transportmittel betreten und dort Untersuchungen von Tieren und Bekämpfungsmaßnahmen durchführen. Auf Anforderung sind den beauftragten Personen Tiere, Teile, Erzeugnisse, Rohstoffe oder Abfälle von Tieren sowie sonstige Gegenstände, die Träger von Ansteckungsstoffen sein können, zur Untersuchung zu überlassen, wenn dies zur Feststellung einer Seuche erforderlich ist.

(3b) Zur Verhütung dringender Gefahren für die öffentliche Sicherheit und Ordnung dürfen die in den Absätzen 3 und 3a genannten Personen

1. die Grundstücke, Wirtschaftsgebäude, Geschäfts-, Betriebs- und Lagerräume sowie Transportmittel auch außerhalb der Geschäfts- und Betriebszeiten und auch dann betreten, wenn diese zugleich Wohnzwecken des Verfügungsberechtigten oder Besitzers dienen;
2. Wohnräume, in denen Tiere gehalten werden, betreten;

das Grundrecht der Unverletzlichkeit der Wohnung (Artikel 13 des Grundgesetzes) wird insoweit eingeschränkt.

(4) Die von der zuständigen Behörde beauftragten Personen sind ferner befugt, gegen Empfangsbescheinigung Proben der in § 17c Abs. 1 Satz 1 genannten Mittel sowie Proben von Futtermitteln, die Träger von Ansteckungsstoffen sein können, nach ihrer Auswahl zum Zwecke der Untersuchung zu fordern oder zu entnehmen. Soweit der Betroffene nicht ausdrücklich darauf verzichtet, ist ein Teil der Probe oder, sofern die Probe nicht oder ohne Gefährdung des Untersuchungszweckes nicht in Teile gleicher Beschaffenheit teilbar ist, ein zweites Stück der gleichen Art, wie das als Probe entnommene, zurückzulassen. Zurückzulassende Proben sind amtlich zu verschließen oder zu versiegeln. Sie sind mit dem Datum der Probenahme und dem Datum des Tages zu versehen, nach dessen Ablauf der Verschluss oder die Versiegelung als aufgehoben gelten. Für Proben, die bei einem anderen als demjenigen entnommen werden, der die in § 17c Abs. 1 Satz 1 genannten Mittel oder Futtermittel, die Träger von Ansteckungsstoffen sein können, unter seinem Namen abgibt, ist eine angemessene Entschädigung in Geld zu leisten, soweit nicht ausdrücklich darauf verzichtet wird.

(5) Der Verfügungsberechtigte oder Besitzer hat die Maßnahmen nach den Absätzen 3, 3a, 3b und 4 Satz 1 zu dulden, die mit diesen Maßnahmen beauftragten Personen zu unterstützen und die geschäftlichen Unterlagen vorzulegen.

(6) Der Auskunftspflichtige kann die Auskunft auf solche Fragen verweigern, deren Beantwortung ihn selbst oder einen der in § 383 Abs. 1 Nr. 1 bis 3 der Zivilprozessordnung bezeichneten Angehörigen der Gefahr strafgerichtlicher Verfolgung oder eines Verfahrens nach dem Gesetz über Ordnungswidrigkeiten aussetzen würde.

§ 73a

Das Bundesministerium wird ermächtigt, durch Rechtsverordnung mit Zustimmung des Bundesrates zur Seuchenbekämpfung die Überwachung näher zu regeln. Es kann dabei insbesondere

1. die Durchführung von Untersuchungen einschließlich der Probenahme,
2. die Maßnahmen, die zu ergreifen sind, wenn lebende und tote Tiere, Teile, Erzeugnisse, Rohstoffe und Abfälle von Tieren und sonstige Gegenstände, die Träger von Ansteckungsstoff sein können, diesem Gesetz oder den auf Grund dieses Gesetzes erlassenen Rechtsverordnungen nicht entsprechen,
3. die Absonderung – bei lebenden Tieren auch in der Form der Quarantäne – und die behördliche Beobachtung,
4. Einzelheiten der Duldungs-, Unterstützungs- und Vorlagepflichten und
5. Pflichten
   a) zur Durchführung bestimmter betriebseigener Kontrollen und
   b) zur Aufzeichnung und zur Aufbewahrung von Unterlagen

regeln.

III. Straf- und Bußgeldvorschriften

§ 74

(1) Mit Freiheitsstrafe bis zu zwei Jahren oder mit Geldstrafe wird bestraft, wer

1. unter Tieren eine anzeigepflichtige Seuche verbreitet,
2. entgegen § 6 Abs. 1 Satz 1 Tiere, tote Tiere, Teile, Erzeugnisse, Rohstoffe, Abfälle oder Gegenstände innergemeinschaftlich verbringt oder einführt,
3. einer nach § 7 Abs. 1a Nr. 2 erlassenen Rechtsverordnung zuwiderhandelt, soweit die Rechtsverordnung für einen bestimmten Tatbestand auf diese Strafvorschrift verweist.

(2) Führt der Täter in den Fällen des Absatzes 1 absichtlich eine Gefährdung von Tierbeständen herbei, so ist die Strafe Freiheitsstrafe von sechs Monaten bis zu fünf Jahren.

(3) Der Versuch ist strafbar.

(4) Wer fahrlässig eine der in Absatz 1 bezeichneten Handlungen begeht, wird mit Freiheitsstrafe bis zu einem Jahr oder mit Geldstrafe bestraft.

§ 75

Mit Freiheitsstrafe bis zu einem Jahr oder mit Geldstrafe wird bestraft, wer

1. entgegen § 17c Abs. 1 Satz 1 nicht zugelassene Sera, Impfstoffe oder Antigene abgibt oder anwendet oder
2. Sera, Impfstoffe oder Antigene ohne Erlaubnis nach § 17d Abs. 1 herstellt.

§ 76

(1) Ordnungswidrig handelt, wer eine der in § 75 bezeichneten Handlungen fahrlässig begeht.

(2) Ordnungswidrig handelt, wer vorsätzlich oder fahrlässig

1. einer vollziehbaren Anordnung
   a) nach den §§ 8, 11 Abs. 1 Satz 2, Abs. 2 oder 3, §§ 12, 13, 17, 17a Abs. 3, § 17c Abs. 5, §§ 18, 64, 65 oder 79 Abs. 4 oder

b) auf Grund einer Rechtsverordnung nach den §§ 7, 7c, 17b, 17d Abs. 6 Nr. 2 bis 4, §§ 17h, 73a, 79 Abs. 1 bis 3 oder § 79a Abs. 1 oder 2 Nr. 1, 2, 4, 5 oder 6, jeweils auch in Verbindung mit § 79b, soweit die Rechtsverordnung für einen bestimmten Tatbestand auf diese Bußgeldvorschrift verweist,

zuwiderhandelt;

2. einer nach § 2a Abs. 2, § 7 Abs. 1 oder 1a Nr. 2, § 7c Abs. 1, §§ 17, 17a Abs. 3, §§ 17b, 17d Abs. 6, § 17g Abs. 3 Nr. 2, §§ 17h, 73a, 78, 78a Abs. 2, § 79 Abs. 1, 2 oder 3 oder § 79a Abs. 1 oder 2 Nr. 1, 2, 4, 5 oder 6, jeweils auch in Verbindung mit § 79b, erlassenen Rechtsverordnung zuwiderhandelt, soweit sie für einen bestimmten Tatbestand auf diese Bußgeldvorschrift verweist;

2a. entgegen § 6 Abs. 2 Tiere, Teile, Erzeugnisse, Rohstoffe oder Abfälle nach anderen Mitgliedstaaten verbringt;

3. entgegen § 9 in Verbindung mit einer Rechtsverordnung nach § 10 eine Anzeige nicht oder nicht rechtzeitig erstattet oder ein krankes oder verdächtiges Tier nicht von Orten, an denen die Gefahr der Ansteckung fremder Tiere besteht, fernhält;

4. Papageien oder Sittiche ohne Erlaubnis nach § 17g Abs. 1 hält;

5. entgegen § 73 Abs. 2 eine Auskunft nicht, nicht richtig oder nicht vollständig erteilt oder entgegen § 73 Abs. 5 eine Maßnahme nicht duldet, eine Person nicht unterstützt oder Unterlagen nicht vorlegt oder

6. einem Gebot oder Verbot eines unmittelbar anwendbaren Rechtsaktes der Europäischen Gemeinschaft im Anwendungsbereich dieses Gesetzes zuwiderhandelt, soweit eine Rechtsverordnung nach Absatz 4 für einen bestimmten Tatbestand auf diese Bußgeldvorschrift verweist.

(3) Die Ordnungswidrigkeit kann mit einer Geldbuße bis zu fünfundzwanzigtausend Euro geahndet werden.

(4) Das Bundesministerium wird ermächtigt, durch Rechtsverordnung ohne Zustimmung des Bundesrates die Tatbestände zu bezeichnen, die als Ordnungswidrigkeiten nach Absatz 2 Nr. 6 geahndet werden können, soweit dies zur Durchführung des betreffenden Rechtsaktes erforderlich ist.

§ 77

Gegenstände, auf die sich eine Straftat nach § 74 Abs. 1 Nr. 2 oder 3 oder § 75 oder eine Ordnungswidrigkeit nach § 76 Abs. 2 Nr. 2 in Verbindung mit einer Rechtsverordnung nach § 7 Abs. 1 oder 1a Nr. 2 bezieht, können eingezogen werden.

§ 77a

(weggefallen)

IV. Schlußbestimmungen

§ 78

Zur wirksamen Ausführung der in den §§ 16, 17, 19 bis 29 bezeichneten Maßregeln kann eine Anzeige über das Vorhandensein, den Ab- und Zugang oder über Ortsveränderungen von Haustieren oder über das Vorhandensein, das Einbringen und die Abgabe von Süßwasserfischen oder über die in den §§ 16 und 17 aufgeführten Betriebe, Unternehmungen und Veranstaltungen vorgeschrieben werden.

§ 78a

(1) Das Bundesministerium erlässt mit Zustimmung des Bundesrates zur Erlangung einer umfassenden Übersicht über das Auftreten der anzeigepflichtigen Tierseuchen allgemeine Verwaltungsvorschriften, durch die

1. Mitteilungen über Häufigkeit und Verlauf der Seuchen vorgeschrieben und
2. das Verfahren geregelt sowie der Kreis der zur Mitteilung verpflichteten Behörden bestimmt

werden können.

(2) Das Bundesministerium wird ermächtigt, durch Rechtsverordnung mit Zustimmung des Bundesrates zur Erlangung einer umfassenden Übersicht über Vorkommen und Ausbreitung sonstiger übertragbarer Krankheiten

1. Meldungen über Auftreten, Verlauf und Häufigkeit von Krankheiten, die auf Haustiere oder Süßwasserfische übertragbar sind, vorzuschreiben;
2. das Meldeverfahren zu regeln;
3. den Kreis der Meldepflichtigen zu bestimmen; dabei darf nur verpflichtet werden, wer im Rahmen seiner Aufgaben von den in Nummer 1 bezeichneten Sachverhalten Kenntnis erhält.

§ 78b

Sehen Rechtsakte der Europäischen Gemeinschaft vor, dass eine Tierseuche nicht mehr durch eine generelle, insbesondere prophylaktische Impfung der empfänglichen Tiere, sondern nur noch im Falle eines Seuchenausbruchs zur Verhinderung einer Ausdehnung der Seuche durch eine regional begrenzte Impfung der betroffenen Bestände bekämpft werden darf, so treffen die Länder die erforderlichen Maßnahmen, um sicherzustellen, dass der für eine notwendige Impfung erforderliche Impfstoff in ausreichender Menge zur Verfügung steht.

§ 79

(1) Das Bundesministerium wird ermächtigt, durch Rechtsverordnung mit Zustimmung des Bundesrates Vorschriften

1. zum Schutz gegen die allgemeine Gefährdung von Tierbeständen durch Tierseuchen nach Maßgabe der §§ 16 bis 17a,
2. zum Schutz gegen die besondere Gefahr, die für Tierbestände von Tierseuchen ausgeht, nach Maßgabe der §§ 18 bis 30 sowie
3. nach Maßgabe des § 78

zu erlassen.

(1a) Das Bundesministerium kann Rechtsverordnungen nach Absatz 1 bei Gefahr im Verzuge oder, wenn ihr unverzügliches Inkrafttreten zur Durchführung von Rechtsakten der Europäischen Gemeinschaft erforderlich ist, ohne Zustimmung des Bundesrates erlassen. Sie treten spätestens sechs Monate nach ihrem Inkrafttreten außer Kraft. Ihre Geltungsdauer kann nur mit Zustimmung des Bundesrates verlängert werden.

(2) Die Landesregierungen können Rechtsverordnungen nach Absatz 1 erlassen, soweit das Bundesministerium von seiner Befugnis keinen Gebrauch macht; sie können ihre Befugnis durch Rechtsverordnung auf andere Behörden übertragen.

(3) Bei Gefahr im Verzuge können die Landesregierungen durch Rechtsverordnung im Rahmen der Ermächtigungen des Absatzes 1 Vorschriften erlassen, die über die nach Absatz 1 erlassenen Vorschriften hinausgehen, soweit ein sofortiges Eingreifen zum Schutz der Tierbestände vor Tierseuchen erforderlich ist; die Rechtsverordnung ist nach Beendigung der Gefahr aufzuheben. Die Landesregierungen können durch Rechtsverordnung diese Befugnis auf oberste Landesbehörden übertragen.

(4) Die zuständige Landesbehörde kann zur Bekämpfung von Tierseuchen Verfügungen nach Maßgabe der §§ 16, 17, 17b Abs. 1 Nr. 4, §§ 18 bis 30 und 78 treffen, wenn durch Rechtsverordnungen eine Regelung nicht getroffen worden ist.

§ 79a

(1) Das Bundesministerium wird ermächtigt, durch Rechtsverordnung mit Zustimmung des Bundesrates, soweit es zur Vorsorge für die menschliche oder tierische Gesundheit oder zu deren Schutz erforderlich ist und Regelungen auf Grund anderer Vorschriften dieses Gesetzes oder auf Grund des Lebensmittel- und Bedarfsgegenständegesetzes, des Fleischhygienegesetzes, des Geflügelfleischhygienegesetzes oder des Strahlenschutzvorsorgegesetzes nicht getroffen werden können, das innergemeinschaftliche Verbringen sowie die Einfuhr und die Ausfuhr von

1. Tieren oder
2. Teilen, Erzeugnissen, Rohstoffen und Abfällen von Tieren,

zu verbieten oder zu beschränken. § 7 Abs. 1 Satz 2 und Abs. 2 gilt entsprechend.

(2) Das Bundesministerium wird ferner ermächtigt, durch Rechtsverordnung mit Zustimmung des Bundesrates unter den Voraussetzungen des Absatzes 1 im Hinblick auf Tiere Vorschriften in entsprechender Anwendung

1. der §§ 16 bis 17a,
2. der §§ 17b und 17h,
3. des § 17f,
4. der §§ 18 bis 30,
5. des § 73a oder
6. des § 78

zu erlassen und hierbei insbesondere im Falle des Ausbruchs der Bovinen Spongiformen Enzephalopathie die Tötung von Rindern vorzuschreiben; § 79 Abs. 1a, 3 und 4 gilt entsprechend.

§ 79b

Rechtsverordnungen nach diesem Gesetz kann das Bundesministerium auch zur Durchführung von Rechtsakten der Europäischen Gemeinschaft im Anwendungsbereich dieses Gesetzes erlassen.

§ 80

Die Anfechtung einer Anordnung

1. der Absonderung, Einsperrung oder Bewachung kranker oder verdächtiger Tiere (§ 11 Abs. 1 Satz 2 und Abs. 2 und § 19 Abs. 1),
2. von Maßnahmen diagnostischer Art, einer Impfung oder Heilbehandlung bei Tieren (§ 11 Abs. 1 Satz 3, §§ 12, 23 und 29),

2a. über die Untersagung der Abgabe, den Rückruf oder die Sicherstellung eines Mittels nach § 17c Abs. 1 Satz 1 (§ 17c Abs. 5),

3. der Tötung von Tieren (§§ 24 und 25),
4. der unschädlichen Beseitigung (§ 26),
5. der Reinigung, Desinfektion oder Entwesung (§ 27)

hat keine aufschiebende Wirkung.

§ 81

(1) Die zuständigen Behörden

1. erteilen der zuständigen Behörde eines anderen Mitgliedstaates auf begründetes Ersuchen Auskünfte und übermitteln die erforderlichen Schriftstücke, um ihr die Überwachung der Einhaltung tierseuchenrechtlicher Vorschriften zu ermöglichen,
2. überprüfen die von der ersuchenden Behörde mitgeteilten Sachverhalte und teilen ihr das Ergebnis der Prüfung mit.

(2) Die zuständigen Behörden erteilen der zuständigen Behörde eines anderen Mitgliedstaates unter Beifügung der erforderlichen Schriftstücke Auskünfte, die für die Überwachung in diesem Mitgliedstaat erforderlich sind, insbesondere bei Verstößen oder Verdacht auf Verstöße gegen tierseuchenrechtliche Vorschriften.

(3) Die zuständigen Behörden können, soweit dies zur Seuchenbekämpfung erforderlich oder durch Rechtsakte der Europäischen Gemeinschaft vorgeschrieben ist, Daten, die sie im Rahmen der Seuchenbekämpfung gewonnen haben, den zuständigen Behörden anderer Länder und anderer Mitgliedstaaten, dem Bundesministerium und der Kommission der Europäischen Gemeinschaft mitteilen.

§ 82

Der Verkehr mit den zuständigen Behörden anderer Mitgliedstaaten und der Kommission der Europäischen Gemeinschaft obliegt dem Bundesministerium. Es kann diese Befugnis durch Rechtsverordnung ohne Zustimmung des Bundesrates auf die Bundesforschungsanstalt für Viruskrankheiten der Tiere übertragen. Es kann diese Befugnis durch Rechtsverordnung mit Zustimmung des Bundesrates auf die zuständigen obersten Landesbehörden übertragen. Ferner kann es im Einzelfall im Benehmen mit der zuständigen obersten Landesbehörde dieser die Befugnis übertragen. Die obersten Landesbehörden können die Befugnisse nach den Sätzen 3 und 4 auf andere Behörden übertragen.

§ 82a

Die §§ 81 und 82 gelten entsprechend für Drittländer, die Vertragsparteien des Abkommens über den Europäischen Wirtschaftsraum sind.

§ 83

(1) Ist eine von der zuständigen Behörde getroffene Maßnahme, die sich auf lebende oder tote Tiere, auf Teile, Erzeugnisse, Rohstoffe oder Abfälle von Tieren oder auf sonstige Gegenstände, die Träger von Ansteckungsstoff sein können, aus anderen Mitgliedstaaten bezieht, zwischen ihr und dem Verfügungsberechtigten streitig, so können beide Parteien einvernehmlich den Streit durch den Schiedsspruch eines Sachverständigen schlichten lassen. Die Streitigkeit ist binnen eines Monats nach Bekanntgabe der Maßnahme einem Sachverständigen zu unterbreiten, der in einem von der Kommission der Europäischen Gemeinschaft aufgestellten Verzeichnis aufgeführt ist. Der Sachverständige hat das Gutachten binnen 72 Stunden zu erstatten.

(2) Auf den Schiedsvertrag und das schiedsrichterliche Verfahren finden die Vorschriften der §§ 1025 bis 1065 der Zivilprozessordnung entsprechende Anwendung. Gericht im Sinne des § 1062 der Zivilprozessordnung ist das zuständige Verwaltungsgericht, Gericht im Sinne des § 1065 der Zivilprozessordnung das zuständige Oberverwaltungsgericht. Abweichend von § 1059 Abs. 3 Satz 1 der Zivilprozessordnung muss der Aufhebungsantrag innerhalb eines Monats bei Gericht eingereicht werden.

§ 84

Das Bundesministerium erläßt mit Zustimmung des Bundesrates die allgemeinen Verwaltungsvorschriften, die zur Durchführung dieses Gesetzes erforderlich sind.

§ 85

Eine Erlaubnis für die Herstellung von Sera, Impfstoffen oder Antigenen nach § 17c Abs. 1 Satz 1, die auf Grund des bis zum 4. Dezember 1976 geltenden Rechts erteilt worden ist und am 1. Juni 1991 rechtsgültig besteht, gilt im bisherigen Umfang als Erlaubnis im Sinne des § 17d Abs. 1 fort.

§ 86

(1) Die beim Bundesinstitut für gesundheitlichen Verbraucherschutz und Veterinärmedizin tätigen Beamtinnen und Beamten sind mit dem Inkrafttreten des Gesetzes zur Neuorganisation des gesundheitlichen Verbraucherschutzes und der Lebensmittelsicherheit zur Bundesforschungsanstalt für Viruskrankheiten der Tiere versetzt, soweit sie bislang Aufgaben wahrgenommen haben, die künftig von der Bundesforschungsanstalt für Viruskrankheiten der Tiere wahrgenommen werden.

(2) Die beim Bundesinstitut für gesundheitlichen Verbraucherschutz und Veterinärmedizin tätigen Arbeitnehmerinnen und Arbeitnehmer werden mit dem Inkrafttreten des Gesetzes zur Neuorganisation des gesundheitlichen Verbraucherschutzes und der Lebensmittelsicherheit Arbeitnehmerinnen und Arbeitnehmer der Bundesforschungsanstalt für Viruskrankheiten der Tiere, soweit sie bislang Aufgaben wahrgenommen haben, die künftig von der Bundesforschungsanstalt für Viruskrankheiten der Tiere wahrgenommen werden.

Verordnung über das Arbeiten mit Tierseuchenerregern – Tierseuchenerreger-Verordnung (TierSV)[1)]

Inhaltsübersicht

---

§ 1 Begriffsbestimmung

Diese Verordnung gilt für vermehrungsfähige Erreger oder Teile von Erregern
1. anzeigepflichtiger Tierseuchen und
2. anderer auf Haustiere oder Süßwasserfische übertragbarer Krankheiten

(Tierseuchenerreger).

§ 2 Erlaubnis

(1) Wer
1. mit Tierseuchenerregern arbeiten, insbesondere
   a) Versuche,
   b) mikrobiologische oder serologische Untersuchungen zur Feststellung übertragbarer Tierkrankheiten oder
   c) Fortzüchtung

vornehmen will oder

2. Tierseuchenerreger erwerben oder abgeben will,

bedarf einer Erlaubnis der zuständigen Behörde.

(2) Eine nach den bisherigen Vorschriften erteilte Erlaubnis für eine Tätigkeit nach Absatz 1 gilt als Erlaubnis im Sinne dieser Verordnung.

---

1) In der Fassung vom 25. November 1985, BGBl. I S. 2123, zuletzt geändert durch Verordnung vom 2.11.1992, BGBl. I S. 1845.

§ 3 Erlaubnisfreies Arbeiten, Erwerben oder Abgeben

(1) Der Erlaubnis bedarf nicht, wer

1. Sterilitätsprüfungen und Bestimmungen der Koloniezahl
   a) im Zusammenhang mit der Herstellung und bei der Prüfung von Arzneimitteln,
   b) bei der Herstellung und der Prüfung von Lebensmitteln einschließlich Trinkwasser, Tabakerzeugnissen, kosmetischen Mitteln und Bedarfsgegenständen sowie
   c) bei der Untersuchung von Wasser, das zum Schwimmen oder Baden genutzt wird, oder
2. nach einer mindestens dreimonatigen hierfür vorgeschriebenen Ausbildung die bakteriologische Fleischuntersuchung in tierärztlich geleiteten amtlichen Untersuchungsstellen

vornimmt.

(2) Der Erlaubnis zum Arbeiten mit den in § 1 Nr. 2 bezeichneten Tierseuchenerregern oder zum Erwerben oder Abgeben dieser Tierseuchenerreger bedürfen nicht

1. Tierärzte und Ärzte für diagnostische Untersuchungen oder therapeutische Maßnahmen im Rahmen ihrer Praxis,
2. Tierkliniken und Krankenhäuser für diagnostische Untersuchungen oder therapeutische Maßnahmen in ihrem Arbeitsbereich unter tierärztlicher oder ärztlicher Leitung,
3. tierärztlich oder ärztlich geleitete staatliche oder kommunale Veterinärämter, Veterinäruntersuchungsämter, Medizinaluntersuchungsämter, Hygiene-Institute, Gesundheitsämter und Tiergesundheitsämter sowie öffentliche Forschungsinstitute oder Laboratorien, deren Aufgabe das Arbeiten mit Tierseuchenerregern erfordert.

(3) Der Erlaubnis bedarf nicht, wer unter Aufsicht des Inhabers einer Erlaubnis oder desjenigen tätig ist, der nach Absatz 1 oder 2 keiner Erlaubnis bedarf.

(4) Der Erlaubnis bedarf nicht, wer Tierseuchenerreger oder Material, das Tierseuchenerreger enthält, zur Untersuchung an eine Person oder Einrichtung abgibt, die eine Erlaubnis nach § 2 hat oder nach Absatz 1 oder 2 einer solchen Erlaubnis nicht bedarf.

§ 4 Versagung der Erlaubnis

(1) Die Erlaubnis ist zu versagen, wenn

1. der Antragsteller
   a) die erforderliche Sachkenntnis nicht hat,
   b) sich als unzuverlässig in bezug auf die Tätigkeiten erwiesen hat, für deren Ausübung die Erlaubnis begehrt wird,
2. geeignete Räume oder Einrichtungen nicht vorhanden sind oder
3. Belange der Tierseuchenbekämpfung entgegenstehen.

(2) Die erforderliche Sachkenntnis wird nachgewiesen durch

1. die Approbation als Tierarzt, Arzt oder Apotheker oder den Abschluß eines Hochschulstudiums der Biologie, der Lebensmittelchemie und
2. eine mindestens dreijährige Tätigkeit auf allen in § 2 Abs. 1 Nr. 1 genannten Gebieten oder auf dem Gebiet, für das eine Erlaubnis beantragt worden ist.

(3) Wenn der Antragsteller nicht selbst die Leitung der Tätigkeiten übernimmt, so darf bei ihm der Versagungsgrund nach Absatz 1 Nr. 1 Buchstabe b und dürfen bei der von ihm mit der Leitung beauftragten Person die Versagungsgründe nach Absatz 1 Nr. 1 nicht vorliegen. Bei juristischen Personen und Handelsgesellschaften darf der Versagungsgrund nach Absatz 1 Nr. 1 Buchstabe b bei den nach Gesetz, Satzung oder Gesellschaftsvertrag zur Vertretung berufenen Personen nicht vorliegen.

§ 5 Anzeigepflichten des Erlaubnisinhabers

Der Inhaber einer Erlaubnis hat jeden Wechsel der mit der Leitung der Tätigkeit beauftragten Person sowie jede wesentliche Änderung der Räume oder Einrichtungen und im Falle einer juristischen Person oder einer Handelsgesellschaft jeden Wechsel eines Vertretungsberechtigten unverzüglich der zuständigen Behörde anzuzeigen.

§ 6 Anzeigepflichtige Tätigkeiten

Wer eine Tätigkeit nach § 3 Abs. 1 oder 2 aufnehmen will, hat dies der zuständigen Behörde unter Angabe der Art und des Umfangs der Tätigkeit spätestens zwei Wochen vor deren Aufnahme anzuzeigen. Ändert sich Art oder Umfang der Tätigkeit, so ist dies der zuständigen Behörde innerhalb von zwei Wochen anzuzeigen.

§ 7 Verbot von Tätigkeiten, Beschränkung

(1) Die zuständige Behörde kann Tätigkeiten nach § 3 Abs. 1 oder 2 untersagen, wenn

1. eine Person, die die Tätigkeiten ausführt oder zu leiten hat, sich als unzuverlässig oder ungeeignet in bezug auf das Arbeiten mit Tierseuchenerregern erwiesen hat,
2. geeignete Räume oder Einrichtungen fehlen.

(2) Die zuständige Behörde kann ferner Tätigkeiten nach § 3 Abs. 1 oder 2 beschränken oder verbieten, wenn sie die Gefahr für gegeben hält, daß sich auf Grund dieser Tätigkeiten eine Tierseuche ausbreitet.

§ 8 Abgabe von Tierseuchenerregern

Tierseuchenerreger sowie Material, das Tierseuchenerreger enthält, dürfen nur an eine Person oder Einrichtung abgegeben werden, die eine Erlaubnis nach § 2 hat oder nach § 3 einer solchen Erlaubnis nicht bedarf.

§ 9 Aufzeichnungen

Wer auf Grund des § 2 oder des § 3 Abs. 1 oder 2 mit Tierseuchenerregern arbeitet oder Tierseuchenerreger erwirbt oder abgibt, hat über diese Tätigkeiten Buch zu führen. Aufzuzeichnen sind die Art der Tierseuchenerreger, der Tag und die Art der Arbeiten (§ 2 Nr. 1, § 3 Abs. 1 und 2) sowie die Person oder Einrichtung, an die die Erreger abgegeben oder von der sie erworben werden, deren Anschrift und der Tag des Erwerbs und der Abgabe. Die Bücher müssen gebunden und mit Seitenzahlen versehen sein; als Bücher gelten auch Loseblatt-Durchschreibesysteme oder andere zuverlässig nachprüfbare systematische Aufzeichnungen. Die Bücher sind fünf Jahre lang aufzubewahren. Die Frist beginnt mit dem Schluß des Kalenderjahres, in dem die letzte Eintragung gemacht worden ist. Sie sind der zuständigen Behörde auf Verlangen vorzulegen.

§ 10 Ordnungswidrigkeiten

(1) Ordnungswidrig im Sinne des § 76 Abs. 2 Nr. 1 Buchstabe b des Tierseuchengesetzes handelt, wer vorsätzlich oder fahrlässig

1. einer mit einer Erlaubnis nach § 2 Abs. 1 verbundenen vollziehbaren Auflage oder
2. einer vollziehbaren Anordnung nach § 7

zuwiderhandelt.

(2) Ordnungswidrig im Sinne des § 76 Abs. 2 Nr. 2 des Tierseuchengesetzes handelt, wer vorsätzlich oder fahrlässig

1. entgegen § 2 ohne Erlaubnis mit Tierseuchenerregern arbeitet oder sie erwirbt oder abgibt,
2. entgegen § 5 oder § 6 eine Anzeige nicht oder nicht rechtzeitig erstattet,
3. einer vollziehbaren Anordnung nach § 7 zuwiderhandelt,
4. entgegen § 8 Tierseuchenerreger oder Material, das Tierseuchenerreger enthält, abgibt oder
5. einer Vorschrift des § 9 über die Führung oder Aufbewahrung von Büchern zuwiderhandelt.

§ 11 Inkrafttreten

Diese Verordnung tritt am Tage nach der Verkündung in Kraft.

Verordnung zur fleischhygienerechtlichen Untersuchung von geschlachteten Rindern auf BSE – BSE-Untersuchungsverordnung (BSEUntersV)[*)1)]

Inhaltsübersicht

---

§ 1 Durchführung von BSE-Tests

(1) Die Untersuchung von Rindern, einschließlich Wasserbüffeln und Bisons, nach Artikel 6 Abs.1 in Verbindung mit Anhang III Kapitel A Abschnitt I Nr. 2.2 der Verordnung (EG) Nr. 999/2001 des Europäischen Parlaments und des Rates vom 22. Mai 2001 mit Vorschriften zur Verhütung, Kontrolle und Tilgung bestimmter transmissibler spongiformer Enzephalopathien (ABl. EG Nr. L 147 S.1) in der jeweils geltenden Fassung erfolgt im Rahmen der Fleischuntersuchung. Über die in Satz 1 genannten Untersuchungen hinaus sind Rinder, einschließlich Wasserbüffel und Bisons, im Alter von über 24 Monaten im Rahmen der Fleischuntersuchung nach Maßgabe des Anhanges III Kapitel A Abschnitt I Nr. 1 der Verordnung (EG) Nr. 999/2001 zu untersuchen.

(2) Abweichend von Artikel 6 Abs. 1 in Verbindung mit Anhang III Kapitel A Abschnitt I Nr. 6.1 der Verordnung (EG) Nr. 999/2001 kann die zuständige Behörde zulassen, dass die Genusstauglichkeitskennzeichnung des Fleisches erfolgt, bevor ein negatives Ergebnis der Untersuchung nach Absatz 1 vorliegt, sofern sichergestellt ist, dass das Fleisch erst nach Vorliegen des negativen Ergebnisses aus dem Schlachtbetrieb befördert wird.

§ 2 Probenahme

Die Probenahme hat so zu erfolgen, dass eine nachteilige Beeinflussung des Fleisches ausgeschlossen ist.

§ 3 Betriebseigene Kontrollen

Die zuständige Behörde hat auf Antrag Untersuchungen entsprechend § 1 Abs. 1 im Rahmen betriebseigener Kontrollen bei Rindern, die nicht einer amtlichen Untersuchung nach § 1 Abs. 1 zu unterziehen sind, zu genehmigen, wenn folgende Voraussetzungen vorliegen:

1. Die Probenahme erfolgt unter Aufsicht des amtlichen Untersuchungspersonals.
2. Die Durchführung der Probenahme und der Laboruntersuchung sowie die Führung der Nachweise über die betriebseigenen Kontrollen erfolgt entsprechend § 2 nach Maßgabe des Anhanges III Kapitel A Abschnitt I Nr. 1 der Verordnung (EG) Nr. 999/2001.
3. Die Laboruntersuchung wird in einem entsprechend § 11c Abs. 5 der Fleischhygiene-Verordnung anerkannten Labor durchgeführt.
4. Der Antragsteller verpflichtet sich, auf den Abschluss der Fleischuntersuchung bis zum Vorliegen des Untersuchungsergebnisses zu verzichten.

[*)] Vom Abdruck der Verordnung (EG) Nr. 999/2001 des Europäischen Parlaments und des Rates vom 22. Mai 2001, mit Vorschriften zur Verhütung, Kontrolle und Tilgung bestimmter transmissibler spongiformer Enzephalopathien wurde abgesehen.

[1)] In der Fassung vom 18. September 2002, BGBl. I S. 3730.

§ 4 Maßnahmen nach Feststellung von BSE

(1) Wird bei einem geschlachteten Rind im Rahmen einer Untersuchung nach § 1 Abs. 1 oder § 3 die Bovine Spongiforme Enzephalopathie nachgewiesen, so hat die zuständige Behörde das Fleisch, das durch die oder infolge der Schlachtung des Rindes nach Maßgabe des Absatzes 2 als mit infektiösem Material verunreinigt anzusehen ist, zu beschlagnahmen und die Beseitigung nach den Vorschriften des Tierkörperbeseitigungsgesetzes anzuordnen.

(2) Zusätzlich zu den in Artikel 6 Abs. 1 in Verbindung mit Anhang III Kapitel A Abschnitt I Nr. 6.5 der Verordnung (EG) Nr. 999/2001 bezeichneten Schlachtkörpern ist das Fleisch als verunreinigt im Sinne des Absatzes 1 anzusehen, das von allen nach der Schlachtung des Rindes, bei dem die Bovine Spongiforme Enzephalopathie nachgewiesen wurde, geschlachteten Rindern stammt. Satz 1 gilt nicht soweit

1. der Schlagbolzen, sofern nicht ein Betäubungsverfahren angewendet wird, bei dem die Schädelhöhle nicht eröffnet wird,
2. das Messer für das Absetzen des Kopfes,
3. die Sägeblätter oder Sägebänder der Rückenspaltsäge, sofern nicht das Rückenmark vor der Spaltung der Wirbelsäule vollständig entfernt wird,
4. die Geräte oder die Geräteteile zum Entfernen des Rückenmarks, die unmittelbar mit Rückenmark in Berührung kommen und
5. alle sonstigen Geräte oder Geräteteile und Schutzkleidungen, wie Schutzhandschuhe, die mit infektiösem Material verunreinigt sein können,

nach der Schlachtung des Rindes, bei dem die Bovine Spongiforme Enzephalopathie nachgewiesen wurde, ausgetauscht oder nach Maßgabe des Absatzes 3 gereinigt und desinfiziert worden sind.

(3) Die Reinigung nach Absatz 2 Satz 2 ist mit heißem Wasser (ohne Hochdruck), die Desinfektion nach Absatz 2 Satz 2 ist mit einer Natriumhypochloritlösung, die mindestens 2 Prozent freies Chlor enthält, oder mit 1 N (4 Prozent) Natronlauge durchzuführen. Die Desinfektion nach Satz 1 ist so durchzuführen, dass die Einwirkungszeit der Desinfektionsmittel mindestens 60 Minuten und ihre Temperatur bei Verwendung von 1 N (4 Prozent) Natronlauge mindestens 20 °C beträgt. Die zuständige Behörde kann die Anwendung anderer Desinfektionsverfahren gestatten, die in ihrer Wirksamkeit der nach Satz 1 in Verbindung mit Satz 2 durchgeführten Desinfektion entsprechen.

§ 5 Nachweise über die Abgabe von Fleisch

(1) Wer in zugelassenen oder registrierten Betrieben frisches Fleisch von Rindern gewinnt, die nach § 1 Abs. 1 zu untersuchen sind oder nach § 3 untersucht werden, hat im Falle

1. zugelassener Betriebe zusätzlich zu den Nachweisen nach § 11c Abs. 3 Nr. 2 Buchstabe b der Fleischhygiene-Verordnung über die Abgabe von Fleisch Nachweise über das Schlachtdatum, das Alter und die Ohrenmarkennummer nach § 24d Abs. 4 der Viehverkehrsverordnung der Rinder, von denen das Fleisch gewonnen wurde,
2. registrierter Betriebe zusätzlich zu den Nachweisen nach § 11c Abs. 6 Satz 1 Nr. 2 Buchstabe a der Fleischhygiene-Verordnung betreffend der Schlachttiere und des Tages der Schlachtung Nachweise über das Alter und die Ohrenmarkennummer nach § 24d Abs. 4 der Viehverkehrsverordnung der Rinder

zu führen.

(2) Die Nachweise sind in übersichtlicher Weise geordnet und in fortlaufender Weise zu führen. Sie sind zwei Jahre lang, beginnend mit dem Tag der Schlachtung, aufzubewahren und der zuständigen Behörde auf Verlangen vorzulegen.

§ 6 Ordnungswidrigkeiten

Ordnungswidrig im Sinne des § 29 Abs. 2 Nr. 3 des Fleischhygienegesetzes handelt, wer vorsätzlich oder fahrlässig

1. entgegen § 5 Abs. 1 einen Nachweis nicht, nicht richtig oder nicht vollständig führt oder
2. entgegen § 5 Abs. 2 Satz 2 einen Nachweis nicht oder nicht mindestens zwei Jahre aufbewahrt oder nicht oder nicht rechtzeitig vorlegt.

§ 7

(Inkrafttreten, Außerkrafttreten)

Gesetz zum vorsorgenden Schutz der Bevölkerung gegen Strahlenbelastung – Strahlenschutzvorsorgegesetz (StrVG)[1)]

Inhaltsübersicht

---

1. Abschnitt: Allgemeines

§ 1 Zweckbestimmung

Zum Schutz der Bevölkerung ist

1. die Radioaktivität in der Umwelt zu überwachen,
2. die Strahlenexposition der Menschen und die radioaktive Kontamination der Umwelt im Falle von Ereignissen mit möglichen nicht unerheblichen radiologischen Auswirkungen unter Beachtung des Standes der Wissenschaft und unter Berücksichtigung aller Umstände durch angemessene Maßnahmen so gering wie möglich zu halten.

---

1) In der Fassung vom 19. Dezember 1986, BGBl. I S. 2610, zuletzt geändert durch Art. 4 des Gesetzes vom 14.12.2001, BGBl. I S. 3714.

2. Abschnitt: Überwachung der Umweltradioaktivität

§ 2 Aufgaben des Bundes

(1) Aufgaben des Bundes sind

1. die großräumige Ermittlung
   a) der Radioaktivität in Luft und Niederschlägen,
   b) der Radioaktivität in Bundeswasserstraßen und in Nord- und Ostsee außerhalb der Bundeswasserstraßen sowie
   c) der Gamma-Ortsdosisleistung,
2. die Entwicklung und Festlegung von Probenahme-, Analyse-, Mess- und Berechnungsverfahren, die Durchführung von Vergleichsmessungen und Vergleichsanalysen,
3. die Zusammenfassung, Aufbereitung und Dokumentation der vom Bund ermittelten sowie der von den Ländern und von Stellen außerhalb des Geltungsbereiches dieses Gesetzes übermittelten Daten,
4. die Bewertung der Daten der Umweltradioaktivität, soweit sie vom Bund oder im Auftrag des Bundes durch die Länder ermittelt worden sind,
5. die Übermittlung von Daten nach den Nummern 1 und 3 an die Länder und die Unterrichtung der Länder über die Bewertung der Daten nach Nummer 4.

(2) Die Befugnis der Länder zu weitergehenden Ermittlungen der Radioaktivität in den in Absatz 1 Nr. 1 genannten Bereichen bleibt unberührt.

(3) Die Messstellen nach Absatz 1 Nr. 1 legt der Bund im Benehmen mit der zuständigen Landesbehörde fest.

§ 3 Aufgaben der Länder

(1) Die Länder ermitteln die Radioaktivität insbesondere

1. in Lebensmitteln, Tabakerzeugnissen und Bedarfsgegenständen sowie Arzneimitteln und deren Ausgangsstoffen,
2. in Futtermitteln,
3. im Trinkwasser, Grundwasser und in oberirdischen Gewässern außer Bundeswasserstraßen,
4. in Abwässern, im Klärschlamm, in Reststoffen und Abfällen,
5. im Boden und in Pflanzen,
6. in Düngemitteln.

(2) Die Länder übermitteln die gemäß Absatz 1 gewonnenen Daten an die Zentralstelle des Bundes für die Überwachung der Umweltradioaktivität.

§ 4 Informationssystem des Bundes

(1) Die nach den §§ 2 und 3 ermittelten Daten werden vom Bundesministerium für Umwelt, Naturschutz und Reaktorsicherheit in einem Informationssystem „Radioaktivität in der Umwelt" zusammengefasst. Hierzu wird die Zentralstelle des Bundes für die Überwachung der Umweltradioaktivität eingerichtet.

(2) Die zuständigen Behörden des Bundes übermitteln der Zentralstelle des Bundes für die Überwachung der Umweltradioaktivität die von ihnen ermittelten Daten.

(3) Die im Informationssystem des Bundes erfassten Daten stehen der zuständigen Landesbehörde direkt zur Verfügung.

§ 5 Bewertung der Daten, Unterrichtung des Deutschen Bundestages und des Bundesrates

(1) Das Bundesministerium für Umwelt, Naturschutz und Reaktorsicherheit bewertet die Daten der Radioaktivität. Die Zentralstelle des Bundes für die Überwachung der Umweltradioaktivität unterstützt ihn bei der Wahrnehmung dieser Aufgabe, insbesondere durch die Zusammenfassung, Aufbereitung und Dokumentation der Daten.

(2) Das Bundesministerium für Umwelt, Naturschutz und Reaktorsicherheit leitet dem Deutschen Bundestag und dem Bundesrat jeweils einmal im Jahr einen Bericht über die Entwicklung der Radioaktivität in der Umwelt zu.

3. Abschnitt: Maßnahmen

§ 6 Bestimmung von Dosiswerten und Kontaminationswerten

(1) Zur Erreichung des in § 1 genannten Zwecks wird das Bundesministerium für Umwelt, Naturschutz und Reaktorsicherheit ermächtigt,

1. Dosiswerte,
2. Kontaminationswerte,
3. Berechnungsverfahren und Annahmen, die der Bestimmung von Dosiswerten und Kontaminationswerten zugrunde gelegt werden,

durch Rechtsverordnung festzulegen. Rechtsverordnungen nach den Nummern 1 und 2 ergehen im Einvernehmen mit den Bundesministerien für Gesundheit, für Verbraucherschutz, Ernährung und Landwirtschaft und für Wirtschaft und Technologie.

(2) Rechtsverordnungen nach Absatz 1 bedürfen der Zustimmung des Bundesrates. Soweit Regelungen noch nicht bestehen oder bestehende Regelungen zur Erreichung des in § 1 Nr. 2 genannten Zwecks nicht angemessen sind, können bei Eilbedürftigkeit im Falle eines Ereignisses mit nicht unerheblichen radiologischen Auswirkungen die Rechtsverordnungen ohne die Zustimmung des Bundesrates und ohne das Einvernehmen der zu beteiligenden Bundesministerien erlassen werden; sie treten spätestens zwei Monate nach ihrem Inkrafttreten außer Kraft. Ihre Geltungsdauer kann nur durch Rechtsverordnung mit Zustimmung des Bundesrates und im Einvernehmen mit den zu beteiligenden Bundesministerien verlängert werden. Rechtsverordnungen nach Satz 2, die bestehende Regelungen ändern, sind unverzüglich aufzuheben, wenn es der Bundesrat verlangt.

§ 7 Verbote und Beschränkungen bei Lebensmitteln, Futtermitteln, Arzneimitteln und sonstigen Stoffen

(1) Das Bundesministerium für Verbraucherschutz, Ernährung und Landwirtschaft kann im Einvernehmen mit den Bundesministerien für Umwelt, Naturschutz und Reaktorsicherheit und für Wirtschaft und Technologie durch Rechtsverordnung zur Einhaltung der nach § 6 bestimmten Kontaminationswerte

1. das Inverkehrbringen von Lebensmitteln, Tabakerzeugnissen und Bedarfsgegenständen und deren Ausgangsstoffen,
2. das Verbringen von Lebensmitteln, Tabakerzeugnissen und Bedarfsgegenständen und deren Ausgangsstoffen in den, durch den oder aus dem Geltungsbereich dieses Gesetzes

verbieten oder beschränken. Das Bundesministerium für Gesundheit kann im Einvernehmen mit den Bundesministerien für Umwelt, Naturschutz und Reaktorsicherheit, für Verbraucherschutz, Ernährung und Landwirtschaft und für Wirtschaft und Technologie durch Rechtsverordnung zur Einhaltung der nach § 6 bestimmten Kontaminationswerte

1. das Inverkehrbringen von Arzneimitteln und deren Ausgangsstoffen,
2. das Verbringen von Arzneimitteln und deren Ausgangsstoffen in den, durch den oder aus dem Geltungsbereich dieses Gesetzes

verbieten oder beschränken.

(2) Das Bundesministerium für Verbraucherschutz, Ernährung und Landwirtschaft kann im Einvernehmen mit den Bundesministerien für Umwelt, Naturschutz und Reaktorsicherheit und für Wirtschaft und Technologie durch Rechtsverordnung zur Einhaltung der nach § 6 bestimmten Kontaminationswerte

1. das Verfüttern oder Inverkehrbringen von Futtermitteln,
2. das Verbringen von Futtermitteln in den, durch den oder aus dem Geltungsbereich dieses Gesetzes

verbieten oder beschränken,

(3) Das Bundesministerium für Umwelt, Naturschutz und Reaktorsicherheit kann im Einvernehmen mit den Bundesministerien für Gesundheit, für Verbraucherschutz, Ernährung und Landwirtschaft und für Wirtschaft und Technologie durch Rechtsverordnung zur Einhaltung der nach § 6 bestimmten Dosiswerte oder Kontaminationswerte

1. die Verwertung oder Verwendung von Gegenständen, Reststoffen oder sonstigen Stoffen verbieten oder beschränken,
2. die Beseitigung von Abfall regeln.

(4) Für den Erlass von Rechtsverordnungen nach den Absätzen 1 bis 3 gilt § 6 Abs. 2 entsprechend.

(5) Zur Erfüllung von Verpflichtungen aus zwischenstaatlichen Vereinbarungen oder von bindenden Beschlüssen der Europäischen Gemeinschaften sind die Absätze 1 bis 4 entsprechend anwendbar.

§ 8 Befugnisse im grenzüberschreitenden Verkehr

(1) Die mit der polizeilichen Kontrolle des grenzüberschreitenden Verkehrs beauftragten Behörden sind berechtigt, zur Einhaltung der nach § 6 bestimmten Kontaminationswerte die erforderlichen Maßnahmen zu treffen, insbesondere

1. Maßnahmen zur Dekontamination von Fahrzeugen und anderen Sachen zu treffen,
2. kontaminierte Fahrzeuge und andere kontaminierte Sachen zurückzuweisen oder sie an die zuständigen Behörden zur Durchführung der erforderlichen Maßnahmen weiterzuleiten.

Sie können ferner Personen auf das für den vorsorgenden Gesundheitsschutz Erforderliche hinweisen.

(2) Die Zollstellen sind berechtigt, zur Überwachung der nach § 7 Abs. 1 Nr. 2 und Abs. 2 Nr. 2 erlassenen Verbote und Beschränkungen

1. Warensendungen sowie deren Beförderungsmittel, Behälter, Lade- und Verpackungsmittel bei dem Verbringen in den, durch den oder aus dem Geltungsbereich dieses Gesetzes anzuhalten,
2. die zuständigen Verwaltungsbehörden über Warensendungen zu unterrichten,
3. bei Warensendungen anzuordnen, dass sie auf Kosten und Gefahr des Verfügungsberechtigten der zuständigen Verwaltungsbehörde vorgeführt werden.

Warensendungen, für die Verbote und Beschränkungen nach § 7 Abs. 1 Nr. 2 und Abs. 2 Nr. 2 bestehen, können von den Zollstellen zurückgewiesen werden.

§ 9 Empfehlungen des Bundesministeriums für Umwelt, Naturschutz und Reaktorsicherheit

(1) Zur Erreichung des in § 1 genannten Zwecks kann das Bundesministerium für Umwelt, Naturschutz und Reaktorsicherheit der Bevölkerung bestimmte Verhaltensweisen empfehlen. Die Empfehlungen sollen im Benehmen mit den zuständigen obersten Landesbehörden ergehen. Soweit Empfehlungen Lebensmittel, Tabakerzeugnisse, Bedarfsgegenstände, Arzneimittel und deren Ausgangsstoffe sowie Futtermittel betreffen, ergehen sie im Einvernehmen mit den Bundesministerien für Gesundheit, für Verbraucherschutz, Ernährung und Landwirtschaft und für Wirtschaft und Technologie.

(2) Soweit es sich um Ereignisse im Gebiet eines Landes mit ausschließlich örtlichen Auswirkungen handelt, kann die zuständige oberste Landesbehörde Empfehlungen an die Bevölkerung richten.

4. Abschnitt: Auftragsverwaltung, Verwaltungsbehörden des Bundes, Betretungsrecht und Probenahme

§ 10 Auftragsverwaltung

(1) Dieses Gesetz und die auf Grund dieses Gesetzes erlassenen Rechtsverordnungen werden im Auftrag des Bundes durch die Länder ausgeführt, soweit nicht bundeseigene Verwaltung vorgesehen ist. Die Aufgaben nach § 2 Abs. 2

werden von den Ländern als eigene Angelegenheit ausgeführt. Im Bereich der Bundeswehr obliegt der Vollzug dieses Gesetzes und der auf Grund dieses Gesetzes erlassenen Rechtsverordnungen den zuständigen Stellen der Bundeswehr.

(2) Das Bundesministerium für Umwelt, Naturschutz und Reaktorsicherheit erlässt mit Zustimmung des Bundesrates allgemeine Verwaltungsvorschriften zur Ausführung dieses Gesetzes. Dies gilt insbesondere im Hinblick auf das Ermitteln, Übermitteln, Zusammenfassen, Aufbereiten und Dokumentieren von Daten der Radioaktivität. Bei bundeseigener Verwaltung bedürfen allgemeine Verwaltungsvorschriften nicht der Zustimmung des Bundesrates.

(3) Allgemeine Verwaltungsvorschriften können zur Ausführung von Rechtsverordnungen nach § 7 Abs. 1 Satz 1 vom Bundesministerium für Verbraucherschutz, Ernährung und Landwirtschaft, zur Ausführung von Rechtsverordnungen nach § 7 Abs. 1 Satz 2 vom Bundesministerium für Gesundheit, zur Ausführung von Rechtsverordnungen nach § 7 Abs. 2 vom Bundesministerium für Verbraucherschutz, Ernährung und Landwirtschaft und zur Ausführung von Rechtsverordnungen nach § 7 Abs. 3 vom Bundesministerium für Umwelt, Naturschutz und Reaktorsicherheit jeweils im Einvernehmen mit den dort genannten Bundesministerien mit Zustimmung des Bundesrates erlassen werden. § 7 Abs. 5 gilt entsprechend.

§ 11 Verwaltungsbehörden des Bundes

(1) Zur Erfüllung von Aufgaben des Bundes nach § 2 Abs. 1 Nr. 1 und 2 sind zuständig im Bereich Luft und Niederschläge für

1. Messung und Ausbreitungsprognose der Deutsche Wetterdienst mit seinen Dienststellen,
2. Spurenanalyse das Bundesamt für Strahlenschutz mit seinem Institut für Atmosphärische Radioaktivität,
3. Gamma-Ortsdosisleistung das Bundesamt für Zivilschutz mit seinen Warnämtern.

(2) Zur Erfüllung von Aufgaben des Bundes nach § 2 Abs. 1 Nr. 3 ist zuständig im Bereich Luft und Niederschläge für die Zusammenfassung und Aufbereitung der vom Bund ermittelten Daten das Bundesamt für Zivilschutz mit seinem Institut für Atmosphärische Radioaktivität.

(3) Zur Erfüllung von Aufgaben des Bundes nach § 2 Abs. 1 Nr. 1 bis 3 sind zuständig für die Bereiche

1. Bundeswasserstraßen außer Küstengewässern (Wasser, Schwebstoffe, Sediment) die Bundesanstalt für Gewässerkunde,
2. Nord- und Ostsee einschließlich Küstengewässer (Meerwasser, Schwebstoffe, Sediment) das Deutsche Hydrographische Institut.

(4) Zur Erfüllung von Aufgaben des Bundes nach § 2 Abs. 1 Nr. 2 und 3 sind zuständig für die Bereiche

1. Lebensmittel die Bundesforschungsanstalt für Ernährung,
2. Milch, Milchprodukte, Futtermittel, Boden, Pflanzen und Düngemittel die Bundesanstalt für Milchforschung,
3. Fische, Fischprodukte, Krusten- und Schalentiere, Wasserpflanzen und Plankton die Bundesforschungsanstalt für Fischerei mit ihrem Labor für Radioökologie der Gewässer,
4. Tabakerzeugnisse, Bedarfsgegenstände, Arzneimittel und deren Ausgangsstoffe das Bundesamt für Strahlenschutz,
5. Oberirdische Gewässer die Bundesanstalt für Gewässerkunde,
6. Trinkwasser, Grundwasser, Abwasser, Klärschlamm, Reststoffe und Abfälle das Bundesamt für Strahlenschutz.

(5) Zur Erfüllung von Aufgaben des Bundes nach § 2 Abs. 1 Nr. 2 ist die Physikalisch-Technische Bundesanstalt für die Bereitstellung von Radioaktivitätsstandards zuständig.

(6) Zentralstelle des Bundes für die Überwachung der Umweltradioaktivität zur Erfüllung von Aufgaben nach § 2 Abs. 1 Nr. 3 und 5 und § 5 Abs. 1 Satz 2 ist das Bundesamt für Strahlenschutz.

(7) Die Bundesregierung kann durch Rechtsverordnung die Aufgaben nach § 2 Abs. 1 Nr. 1 bis 3 anderen selbständigen Bundesoberbehörden und bundesunmittelbaren Körperschaften und Anstalten des öffentlichen Rechts übertragen.

(8) Die Ermittlung der Umweltradioaktivität, die aus bergbaulicher Tätigkeit in Gegenwart natürlicher radioaktiver Stoffe stammt, ist in dem in Artikel 3 des Einigungsvertrages genannten Gebiet Aufgabe des Bundes im Sinne von § 2. Zuständig ist das Bundesamt für Strahlenschutz.

§ 12 Betretungsrecht und Probenahme

Die Beauftragten der zuständigen Behörden sind berechtigt, Grundstücke und Betriebs- und Geschäftsräume während der Betriebs- und Arbeitszeit zu betreten, die Radioaktivität zu ermitteln und Proben zu nehmen.

5. Abschnitt: Straf- und Bußgeldvorschriften, Schlußvorschriften

§ 13 Straftaten

Mit Freiheitsstrafe bis zu einem Jahr oder mit Geldstrafe wird bestraft, wer einer Rechtsverordnung nach § 7 Abs. 1, 2 oder 3 jeweils auch in Verbindung mit Abs. 5 zuwiderhandelt, soweit sie für einen bestimmten Tatbestand auf diese Strafvorschrift verweist.

§ 14 Ordnungswidrigkeiten

(1) Ordnungswidrig handelt, wer eine der in § 13 bezeichneten Handlungen fahrlässig begeht.

(2) Ordnungswidrig handelt auch, wer vorsätzlich oder fahrlässig einer vollziehbaren Anordnung nach § 8 Abs. 1 Satz 1 Nr. 1 oder 2 zuwiderhandelt.

(3) Die Ordnungswidrigkeit kann mit einer Geldbuße bis zu fünfundzwanzigtausend Euro geahndet werden.

§ 15 Einziehung

Gegenstände, auf die sich eine Straftat nach § 13 oder eine Ordnungswidrigkeit nach § 14 bezieht, können eingezogen werden. § 74a des Strafgesetzbuches und § 23 des Gesetzes über Ordnungswidrigkeiten sind anzuwenden,

§ 16 Änderung von Rechtsvorschriften[2)]

§ 17 Berlin-Klausel

Dieses Gesetz gilt nach Maßgabe des § 13 Abs. 1 des Dritten Überleitungsgesetzes auch im Land Berlin. Rechtsverordnungen, die auf Grund dieses Gesetzes erlassen werden, gelten im Land Berlin nach § 14 des Dritten Überleitungsgesetzes.

§ 18 Inkrafttreten

Dieses Gesetz tritt am Tage nach der Verkündung in Kraft.

[2)] Änderungsvorschrift

Gesetz zum Schutz vor gefährlichen Stoffen – Chemikaliengesetz (ChemG)[1)]

Inhaltsübersicht

[1)] In der Fassung vom 20. Juni 2002, BGBl. I S.2090, zuletzt geändert durch Art. 7 § 1 des Gesetzes vom 06.08.2002 , BGBl. I S. 3082.

Erster Abschnitt: Zweck, Anwendungsbereich und Begriffsbestimmungen

§ 1 Zweck des Gesetzes

Zweck des Gesetzes ist es, den Menschen und die Umwelt vor schädlichen Einwirkungen gefährlicher Stoffe und Zubereitungen zu schützen, insbesondere sie erkennbar zu machen, sie abzuwenden und ihrem Entstehen vorzubeugen.

§ 2 Anwendungsbereich

(1) Die Vorschriften des Zweiten und Dritten Abschnitts, die §§ 16, 16a, 16b Abs. 1 Satz 1 Nr. 2, die §§ 16e, 17 Abs. 1 Nr. 2 Buchstabe a und b und § 23 Abs. 7. gelten nicht für

1. Tabakerzeugnisse und kosmetische Mittel im Sinne des Lebensmittel- und Bedarfsgegenständegesetzes,
2. Arzneimittel, die einem Zulassungs- oder Registrierungsverfahren nach dem Arzneimittelgesetz oder nach dem Tierseuchengesetz unterliegen, sowie sonstige Arzneimittel, soweit sie nach § 21 Abs. 2 des Arzneimittelgesetzes einer Zulassung nicht bedürfen oder in einer zur Abgabe an den Verbraucher bestimmten Verpackung abgegeben werden,

2a. Medizinprodukte im Sinne des § 3 des Medizinproduktegesetzes und ihr Zubehör. Soweit es sich um Medizinprodukte handelt, die Zubereitungen im Sinne der Richtlinie 1999/45/EG des Europäischen Parlaments und des Rates vom 31. Mai 1999 zur Angleichung der Rechts- und Verwaltungsvorschriften der Mitgliedstaaten für die Einstufung, Verpackung und Kennzeichnung gefährlicher Zubereitungen (ABl. EG Nr. L 200 S. 1) sind oder enthalten, gelten die Vorschriften des Dritten Abschnitt, es sei denn, es handelt sich um Medizinprodukte, die invasiv oder unter Körperberührung angewendet werden.

3. Abfälle zur Beseitigung im Sinne des § 3 Abs. 1 Satz 2 Halbsatz 2 des Kreislaufwirtschafts- und Abfallgesetzes,
4. radioaktive Abfälle im Sinne des Atomgesetzes,
5. Abwasser im Sinne des Abwasserabgabengesetzes, soweit es in Gewässer oder Abwasseranlagen eingeleitet wird.

(2) Die Vorschriften des Zweiten, Dritten und Vierten Abschnitts, § 17 Abs. 1 Nr. 2 Buchstaben a und b und § 23 Abs. 2 gelten nicht für Lebensmittel im Sinne des Lebensmittel- und Bedarfsgegenständegesetzes und für Futtermittel und Zusatzstoffe im Sinne des Futtermittelgesetzes. Die Vorschriften des Dritten Abschnitts und § 16b Abs. 1 Satz 1 Nr. 1 und § 16e gelten jedoch für

1. Lebensmittel, die nicht zur Abgabe an den Verbraucher im Sinne des § 6 Abs. 1 des Lebensmittel- und Bedarfsgegenständegesetzes bestimmt sind,
2. Futtermittel, die dazu bestimmt sind, in zubereitetem, bearbeitetem oder verarbeitetem Zustand verfüttert zu werden, sowie für Zusatzstoffe im Sinne des Futtermittelgesetzes.

(3) Die Vorschriften des Zweiten Abschnitts und die §§ 16, 16a, 16c, 16d und 23 Abs. 2 gelten nicht für Stoffe und Zubereitungen,

1. die ausschließlich dazu bestimmt sind, als Wirkstoff in zulassungs- oder registrierungspflichtigen Arzneimitteln nach dem Arzneimittelgesetz oder nach dem Tierseuchengesetz oder als Wirkstoffe in Medizinprodukten gemäß § 3 Nr. 2 und Nr. 7 in Verbindung mit Nr. 2 des Medizinproduktegesetzes verwendet zu werden oder
2. soweit sie einem Zulassungsverfahren nach dem Pflanzenschutzgesetz unterliegen oder die ausschließlich dazu bestimmt sind, als Wirkstoff im Sinne des Pflanzenschutzgesetzes nach dessen § 31d Abs. 1 in den Verkehr gebracht zu werden.

§ 17 Abs. 1 Nr. 1 und 3 gilt nicht für Stoffe und Zubereitungen nach Satz 1 Nr. 2, soweit entsprechende Regelungen aufgrund des Pflanzenschutzgesetzes getroffen werden können.

(4) Die Vorschriften des Dritten Abschnitts und die §§ 16c, 16d, 17 und 23 gelten für das Herstellen, Inverkehrbringen oder Verwenden von Stoffen oder Zubereitungen nach § 3a Abs. 1 Nr. 2 bis 5 und 15 sowie von Erzeugnissen, die solche Stoffe oder Zubereitungen freisetzen können oder enthalten, lediglich insoweit, als es gewerbsmäßig, im Rahmen sonstiger wirtschaftlicher Unternehmungen oder unter Beschäftigung von Arbeitnehmern erfolgt. Diese Beschränkung gilt nicht für

1. Regelungen und Anordnungen
   a) über den Verkehr mit Bedarfsgegenständen,
   b) über die Abfallbeseitigung und Luftreinhaltung,
2. umweltgefährliche Stoffe oder Zubereitungen, wenn Maßnahmen zum Schutz der menschlichen Gesundheit getroffen werden, und
3. Biozid-Wirkstoffe und Biozid-Produkte.

(5) Die Vorschriften des Ersten bis Vierten Abschnitts, die §§ 17 und 18 sowie die Vorschriften des Siebten und Achten Abschnitts gelten nicht für die Beförderung gefährlicher Güter im Eisenbahn-, Straßen-, Binnenschiffs-, See- und Luftverkehr, ausgenommen die innerbetriebliche Beförderung.

§ 3 Begriffsbestimmungen

Im Sinne dieses Gesetzes sind

1. Stoffe:
   chemische Elemente oder chemische Verbindungen, wie sie natürlich vorkommen oder hergestellt werden, einschließlich der zur Wahrung der Stabilität notwendigen Hilfsstoffe und der durch das Herstellungsverfahren bedingten Verunreinigungen, mit Ausnahme von Lösungsmitteln, die von dem Stoff ohne Beeinträchtigung seiner Stabilität und ohne Änderung seiner Zusammensetzung abgetrennt werden können;
2. alte Stoffe:
   Stoffe, die im Altstoffverzeichnis der Europäischen Gemeinschaften - EINECS - (ABl. EG Nr. 146 A vom 15. Juni 1990) in der jeweils jüngsten im Amtsblatt der Europäischen Gemeinschaften veröffentlichten Fassung bezeichnet sind;
3. neue Stoffe:
   Stoffe, die nicht alte Stoffe im Sinne der Nummer 2 sind;

3a. Polymer:
   ein Stoff, der aus Molekülen besteht, die durch eine Kette einer oder mehrerer Arten von Monomereinheiten gekennzeichnet sind, und der eine einfache Gewichtsmehrheit von Molekülen mit mindestens drei Monomereinheiten enthält, die zumindest mit einer weiteren Monomereinheit oder einem sonstigen Reaktanden eine kovalente Bindung eingegangen sind, sowie weniger als eine einfache Gewichtsmehrheit von Molekülen mit demselben Molekulargewicht, wenn diese Moleküle innerhalb eines bestimmten Molekulargewichtsbereichs liegen, wobei die Unterschiede beim Molekulargewicht im wesentlichen auf die Unterschiede in der Zahl der Monomereinheiten zurückzuführen sind; eine Monomereinheit im Sinne dieser Begriffsbestimmung ist die gebundene Form eines Monomers in einem Polymer;

4. Zubereitungen:
   aus zwei oder mehreren Stoffen bestehende Gemenge, Gemische oder Lösungen;
5. Erzeugnisse:
   Stoffe oder Zubereitungen, die bei der Herstellung eine spezifische Gestalt, Oberfläche oder Form erhalten haben, die deren Funktion mehr bestimmen als ihre chemische Zusammensetzung, als solche oder in zusammengefügter Form;
6. Einstufung:
   eine Zuordnung zu einem Gefährlichkeitsmerkmal;

7. Hersteller:
   eine natürliche oder juristische Person oder eine nicht rechtsfähige Personenvereinigung, die einen Stoff, eine Zubereitung oder ein Erzeugnis herstellt oder gewinnt;
8. Einführer:
   eine natürliche oder juristische Person oder eine nicht rechtsfähige Personenvereinigung, die einen Stoff, eine Zubereitung oder ein Erzeugnis in den Geltungsbereich dieses Gesetzes verbringt; kein Einführer ist, wer lediglich einen Transitverkehr unter zollamtlicher Überwachung durchführt, soweit keine Be- oder Verarbeitung erfolgt;
9. Inverkehrbringen:
   die Abgabe an Dritte oder die Bereitstellung für Dritte; das Verbringen in den Geltungsbereich dieses Gesetzes gilt als Inverkehrbringen, soweit es sich nicht lediglich um einen Transitverkehr nach Nummer 8 zweiter Halbsatz handelt;
10. Verwenden:
    Gebrauchen, Verbrauchen, Lagern, Aufbewahren, Be- und Verarbeiten, Abfüllen, Umfüllen, Mischen, Entfernen, Vernichten und innerbetriebliches Befördern,
11. Wissenschaftliche Forschung und Entwicklung:
    Durchführung wissenschaftlicher Versuche oder Analysen unter kontrollierten Bedingungen einschließlich der Bestimmung der Eigenschaften, der Leistung und der Wirksamkeit sowie wissenschaftlicher Untersuchungen im Hinblick auf die Produktentwicklung;
12. Verfahrensorientierte Forschung und Entwicklung:
    die Weiterentwicklung eines Stoffes, bei der die Anwendungsgebiete des Stoffes auf Pilotanlagenebene oder im Rahmen von Produktionsversuchen erprobt werden.

§ 3a Gefährliche Stoffe und gefährliche Zubereitungen

(1) Gefährliche Stoffe oder gefährliche Zubereitungen sind Stoffe oder Zubereitungen, die

1. explosionsgefährlich,
2. brandfördernd,
3. hochentzündlich,
4. leichtentzündlich,
5. entzündlich,
6. sehr giftig,
7. giftig,
8. gesundheitsschädlich,
9. ätzend,
10. reizend,
11. sensibilisierend,
12. krebserzeugend,
13. fortpflanzungsgefährdend,
14. erbgutverändernd oder
15. umweltgefährlich sind;

ausgenommen sind gefährliche Eigenschaften ionisierender Strahlen.

(2) Umweltgefährlich sind Stoffe oder Zubereitungen, die selbst oder deren Umwandlungsprodukte geeignet sind, die Beschaffenheit des Naturhaushalts, von Wasser, Boden oder Luft, Klima, Tieren, Pflanzen oder Mikroorganismen derart zu verändern, dass dadurch sofort oder später Gefahren für die Umwelt herbeigeführt werden können.

(3) (weggefallen)

(4) Die Bundesregierung wird ermächtigt, durch Rechtsverordnung mit Zustimmung des Bundesrates nähere Vorschriften über die Festlegung der in Absatz 1 genannten Gefährlichkeitsmerkmale zu erlassen.

§ 3b Ergänzende Begriffsbestimmungen für Biozid-Produkte

(1) Im Sinne dieses Gesetzes sind

1. Biozid-Produkte:

   Biozid-Wirkstoffe und Zubereitungen, die einen oder mehrere Biozid-Wirkstoffe enthalten, in der Form, in welcher sie zum Verwender gelangen, die dazu bestimmt sind, auf chemischem oder biologischem Wege Schadorganismen zu zerstören, abzuschrecken, unschädlich zu machen, Schädigungen durch sie zu verhindern oder sie in anderer Weise zu bekämpfen, und die

   a) einer Produktart zugehören, die in Anhang V der Richtlinie 98/8/EG des Europäischen Parlaments und des Rates vom 16. Februar 1998 über das Inverkehrbringen von Biozid-Produkten (ABl. EG Nr. L 123 S.1) in der jeweils geltenden Fassung aufgeführt ist, und

   b) nicht einem der in Artikel 1 Abs. 2 der Richtlinie 98/8/EG aufgeführten Ausnahmebereiche Unterfallen;

2. Biozid-Wirkstoffe:

   Stoffe mit allgemeiner oder spezifischer Wirkung auf oder gegen Schadorganismen, die zur Verwendung als Wirkstoff in Biozid-Produkten bestimmt sind; als derartige Stoffe gelten auch Mikroorganismen einschließlich Viren oder Pilze mit entsprechender Wirkung und Zweckbestimmung;

3. Bedenklicher Stoff:

   jeder Stoff, der kein Biozid-Wirkstoff ist, der aber aufgrund seiner Beschaffenheit nachteilige Wirkungen auf Mensch, Tier oder Umwelt haben kann und in einem Biozid-Produkt in hinreichender Konzentration enthalten ist oder entsteht, um eine solche Wirkung hervorzurufen; dies ist in der Regel der Fall bei einem gefährlichen Stoff, dessen Vorhandensein in dem Biozid-Produkt dazu beiträgt, dass das Biozid-Produkt selbst als gefährliche Zubereitung einzustufen ist;

4. Biozid-Produkt mit niedrigem Risikopotential:

   ein Biozid-Produkt, das als Biozid-Wirkstoff oder als Biozid-Wirkstoffe nur einen oder mehrere der in Anhang IA der Richtlinie 98/8/EG aufgeführten Biozid-Wirkstoffe und im übrigen keine bedenklichen Stoffe enthält; von dem betreffenden Biozid-Produkt darf, wenn es den Verwendungsvorschriften entsprechend eingesetzt wird, nur ein niedriges Risiko für Mensch, Tier und Umwelt ausgehen;

5. Grundstoff:

   ein in Anhang IB der Richtlinie 98/8/EG aufgeführter Stoff, dessen hauptsächliche Verwendung nicht die Bekämpfung von Schadorganismen ist, der jedoch in geringerem Maße - entweder unmittelbar oder in einem Produkt, das den Stoff sowie ein einfaches Verdünnungsmittel, das seinerseits kein bedenklicher Stoff ist, enthält - als Biozid-Produkt zum Einsatz gelangt und nicht direkt für diese Verwendung vermarktet wird;

6. Schadorganismen:

   Organismen, die für den Menschen, seine Tätigkeiten oder für Produkte, die er verwendet oder herstellt, oder für Tiere oder die Umwelt unerwünscht oder schädlich sind;

7. Rückstände:

   ein Stoff oder mehrere Stoffe, die in einem Biozid-Produkt vorhanden sind und als Folge seiner Verwendung zurückbleiben, einschließlich der Metaboliten und Abbau- oder Reaktionsprodukte.

(2) Die Bundesregierung wird ermächtigt, durch Rechtsverordnung mit Zustimmung des Bundesrates nähere Vorschriften über die in Absatz 1 Nr. 1 enthaltene Begriffsbestimmung zu erlassen.

Zweiter Abschnitt: Anmeldung neuer Stoffe

§ 4 Anmeldepflicht

(1) Der Hersteller darf einen neuen Stoff als solchen oder als Bestandteil einer Zubereitung gewerbsmäßig oder im Rahmen sonstiger wirtschaftlicher Unternehmungen in den Mitgliedstaaten der Europäischen Gemeinschaften und den anderen Vertragsstaaten des Abkommens über den Europäischen Wirtschaftsraum nur in den Verkehr bringen, wenn er ihn bei der Anmeldestelle angemeldet hat. Der Anmeldung bedarf es nicht, wenn der Hersteller den Stoff bereits in einem anderen Mitgliedstaat oder Vertragsstaat hergestellt und dort in einem gleichwertigen Verfahren angemeldet hat.

(2) Der Einführer darf einen neuen Stoff als solchen oder als Bestandteil einer Zubereitung gewerbsmäßig oder im Rahmen sonstiger wirtschaftlicher Unternehmungen aus einem Staat, der nicht Mitgliedstaat der Europäischen Gemeinschaften und nicht Vertragsstaat des Abkommens über den Europäischen Wirtschaftsraum ist, nur einführen, wenn er ihn bei der Anmeldestelle angemeldet hat. Der Anmeldung bedarf es nicht, wenn der Einführer in einem anderen Mitgliedstaat oder Vertragsstaat niedergelassen ist und den Stoff dort in einem gleichwertigen Verfahren angemeldet hat.

(3) Wer nicht in einem Mitgliedstaat der Europäischen Gemeinschaften oder einem anderen Vertragsstaat des Abkommens über den Europäischen Wirtschaftsraum niedergelassen ist, darf einen neuen Stoff als solchen oder als Bestandteil einer Zubereitung gewerbsmäßig oder im Rahmen sonstiger wirtschaftlicher Unternehmungen nicht einführen.

(4) Die den Einführer betreffenden Vorschriften dieses Gesetzes und der auf dieses Gesetz gestützten Rechtsverordnungen zur Anmeldung neuer Stoffe finden entsprechende Anwendung auf natürliche oder juristische Personen oder nicht rechtsfähige Personenvereinigungen mit Wohn- oder Geschäftssitz in der Bundesrepublik Deutschland, die einen neuen Stoff als solchen oder als Bestandteil einer Zubereitung aus einem Staat, der nicht Mitgliedstaat der Europäischen Gemeinschaften und nicht Vertragsstaat des Abkommens über den Europäischen Wirtschaftsraum ist, in einen anderen Mitgliedstaat oder Vertragsstaat verbringen, sofern es sich nicht lediglich um einen Transitverkehr nach § 3 Nr. 8 zweiter Halbsatz handelt.

§ 5 Ausnahmen von der Anmeldepflicht

(1) Eine Anmeldung ist nicht erforderlich für,

1. Polymere, sofern sie nicht zu zwei von Hundert oder mehr ihres Massengehalts einen neuen Stoff in gebundener Form enthalten;
2. Stoffe, die ausschließlich zu Zwecken der wissenschaftlichen Forschung und Entwicklung in Mengen von höchstens 100 kg jährlich je Hersteller in den Mitgliedstaaten der Europäischen Gemeinschaften und den anderen Vertragsstaaten des Abkommens über den Europäischen Wirtschaftsraum insgesamt in den Verkehr gebracht werden, sofern der Hersteller oder Einführer Aufzeichnungen führt, aus denen sich die Identität des Stoffes, seine Kennzeichnung, die abgegebene Menge und Namen und Anschriften der Empfänger ergibt;
3. Stoffe, die ausschließlich zu Zwecken der verfahrensorientierten Forschung und Entwicklung für die Höchstdauer eines Jahres in einer dazu erforderlichen Menge in den Verkehr gebracht werden, sofern die Abgabe nur an eine vom Hersteller oder Einführer nachzuweisende begrenzte Zahl sachkundiger Personen erfolgt und er sicherstellt, dass der Stoff weder als solcher nach als Bestandteil einer Zubereitung an andere abgegeben wird;
4. Stoffe, die in Mengen von weniger als 10 kg jährlich je Hersteller in den Mitgliedstaaten der Europäischen Gemeinschaften und den anderen Vertragsstaaten des Abkommens über den Europäischen Wirtschaftsraum insgesamt in den Verkehr gebracht werden;
5. Stoffe, die ausschließlich dazu bestimmt sind, als Biozid-Wirkstoff nach § 12h Abs. 1 in den Verkehr gebracht zu werden.

(2) (weggefallen)

(3) Im Falle des Absatzes 1 Nr. 3 kann die Anmeldestelle

1. untersagen, dass nach Abschluss der verfahrensorientierten Forschung und Entwicklung der Stoff als Bestandteil oder in Form eines Erzeugnisses an andere abgegeben wird, wenn eine Gefahr für Leben oder Gesundheit des Menschen oder die Umwelt zu besorgen ist,
2. auf Antrag des Herstellers oder Einführers die zeitliche Geltung der Ausnahme um ein Jahr verlängern, wenn
   a) der Antragsteller nachweist, dass der Zweck der verfahrensorientierten Forschung und Entwicklung innerhalb eines Jahres nicht zu erreichen ist oder sonstige außergewöhnliche Umstände vorliegen, die eine Verlängerung rechtfertigen, und
   b) eine Gefahr für Leben oder Gesundheit des Menschen oder die Umwelt nicht zu besorgen ist.

§ 6 Inhalt der Anmeldung

(1) Der Anmeldepflichtige hat der Anmeldestelle schriftlich seinen Namen und seine Anschrift, im Falle der Einfuhr auch den Namen und die Anschrift des Herstellers, den Standort des Herstellungsbetriebes sowie

1. die Identitätsmerkmale, einschließlich der Art und Gewichtsanteile der Hilfsstoffe, der Hauptverunreinigungen sowie der übrigen ihm bekannten Verunreinigungen und Zersetzungsprodukte,
2. Nachweis- und Bestimmungsmethoden,
3. die ihm bekannten Analysenmethoden zur Feststellung der Exposition des Menschen und des Vorkommens in der Umwelt,
4. Angaben zu Herstellung, Verwendung, Exposition und Verbleib,
5. schädliche Wirkungen bei der Verwendung,
6. Hinweise zur Toxikokinetik,
7. die vorgesehene Einstufung, Verpackung und Kennzeichnung,
8. Empfehlungen über die Vorsichtsmaßnahmen beim Verwenden und über Sofortmaßnahmen bei Unfällen,
9. die Menge des Stoffes, die er jährlich in den Verkehr bringen oder einführen will,
10. Verfahren zur geordneten Entsorgung, zur möglichen Wiederverwendung und sonstigen Unschädlichmachung anzugeben sowie
11. die Prüfnachweise nach § 7 (Grundprüfung) vorzulegen.

(1a) Verfügt der Anmeldepflichtige über weitere Erkenntnisse über die Wirkungen des Stoffes auf Mensch oder Umwelt, hat er zugleich mit der Anmeldung eine Zusammenfassung der entsprechenden Unterlagen und auf Anforderung der Anmeldestelle unverzüglich die vollständigen Unterlagen vorzulegen.

(2) Für einen gefährlichen Stoff hat der Anmeldepflichtige ferner das vorgesehene Sicherheitsdatenblatt vorzulegen.

(3) Einer Vorlage der Unterlagen nach Absatz 1 Nr. 6, 10 und 11 bedarf es nicht, soweit entsprechende Unterlagen bereits von einer, anderen Hersteller oder Einführer in einem Anmeldeverfahren nach diesem Gesetz oder nach gleichwertigen Vorschriften eines anderen Mitgliedstaats der Europäischen Gemeinschaften oder Vertragsstaaten des Abkommens über den Europäischen Wirtschaftsraum vorgelegt wurden und seitdem mehr als zehn Jahre vergangen sind.

§ 7 Prüfnachweise der Grundprüfung

Die Prüfnachweise der Grundprüfung müssen sich erstrecken auf:

1. die physikalischen, chemischen und physikalisch-chemischen Eigenschaften,
2. akute Toxizität,
3. Anhaltspunkte für eine krebserzeugende oder erbgutverändernde Eigenschaft,

4. Anhaltspunkte für fortpflanzungsgefährdende Eigenschaften,
5. reizende und ätzende Eigenschaften,
6. sensibilisierende Eigenschaften,
7. subakute Toxizität,
8. abiotische und leichte biologische Abbaubarkeit,
9. Toxizität gegenüber Wasserorganismen nach kurzzeitiger Einwirkung,
10. Hemmung des Algenwachstums,
11. Bakterieninhibition,
12. Adsorption und Desorption.

§ 7a Eingeschränkte Anmeldung

(1) Beträgt die Menge des Stoffes, die der Anmeldepflichtige innerhalb der Mitgliedstaaten der Europäischen Gemeinschaften und der anderen Vertragsstaaten des Abkommens über den Europäischen Wirtschaftsraum in den Verkehr bringen will, weniger als 1 Tonne jährlich, so kann er die Anmeldeunterlagen nach Maßgabe des Absatzes 2 auf die dort aufgeführten Datensätze beschränken. Für die übrigen Angaben und Prüfnachweise nach den §§ 6 und 7 findet § 6 Abs. la entsprechende Anwendung. Die Angaben und Prüfnachweise sind nachzureichen, bevor die in den Verkehr gebrachte Menge des Stoffes die obere Grenze des jeweiligen Mengenbereichs nach Absatz 2 innerhalb eines Jahres oder das fünffache dieser Menge seit Beginn des Inverkehrbringens insgesamt überschreitet. Von den Einschränkungsmöglichkeiten nach Absatz 2 Nr. 1 und 2 kann nacheinander Gebrauch gemacht werden.

(2) Im Rahmen einer eingeschränkten Anmeldung nach Absatz 1 sind vorzulegen

1. bei Mengen von weniger als 1 Tonne, aber mindestens 100 kg
   a) dic Angaben und Prüfnachweise nach § 6 Abs. 1 Nr. 1 bis 3, 5, 7 und 9 Abs. la und 2, § 7 Nr. 5 und 6 sowie
   b) bestimmte Angaben und Prüfnachweise nach § 6 Abs. 1 Nr. 4 und 8, § 7 Nr. 1 bis 3, 8 und 9,
2. bei Mengen von weniger als 100 kg
   a) die Angaben und Prüfnachweise nach § 6 Abs. 1 Nr. 1 bis 3, 5, 7 und 9, Abs. la und 2 sowie
   b) bestimmte Angaben und Prüfnachweise nach § 6 Abs. 1 Nr. 4 und 8, § 7 Nr. 1 und 2.

§ 8 Verfahren nach Eingang der Anmeldung, Inverkehrbringen des angemeldeten Stoffes

(1) Die Anmeldestelle hat dem Anmeldepflichtigen im Falle einer Anmeldung nach § 6 innerhalb von 60 Tagen, im Falle einer Anmeldung nach § 7a innerhalb von 30 Tagen nach Eingang der Anmeldung mitzuteilen, ob die Anmeldung als ordnungsgemäß anerkannt wird. Die Nachlieferung von Anmeldeunterlagen nach § 7a Abs. 1 Satz 3 gilt als Anmeldung nach der Vorschrift, deren Anforderungen durch die Nachlieferung erfüllt werden sollen. Wird die Anmeldung anerkannt, so ordnet die Anmeldestelle der Anmeldung eine Anmeldenummer zu und teilt diese dem Anmeldepflichtigen zusammen mit der Mitteilung nach Satz 1 mit, soweit dies nicht bereits im Rahmen einer früheren, denselben Stoff und denselben Anmeldepflichtigen betreffenden Anmeldung geschehen ist. Die Anerkennung einer Anmeldung steht späteren Nachforderungen nach § 20 Abs. 2 nicht entgegen.

(2) Verlangt die Anmeldestelle innerhalb der Fristen nach Absatz 1 eine Berichtigung oder Ergänzung nach § 20 Abs. 2, so findet Absatz 1 mit der Maßgabe Anwendung, dass die Stelle des Eingangs der Anmeldung der Eingang der Berichtigung oder Ergänzung bei der Anmeldestelle tritt.

(3) Der Anmeldepflichtige darf den Stoff im Falle einer Anmeldung nach § 6 frühestens 60 Tage, im Falle einer Anmeldung nach § 7a frühestens 30 Tage nach Eingang der Anmeldung bei der Anmeldestelle in der für die jeweilige Vorlagepflicht maßgeblichen Menge in den Verkehr bringen. Hat die Anmeldestelle innerhalb dieser Fristen eine Berichtigung oder Ergänzung nach § 20 Abs. 2 verlangt, tritt an die Stelle des Eingangsdatums der An-

meldung das Eingangsdatum der Berichtigung oder Ergänzung bei der Anmeldestelle. Hat die Anmeldestelle im Falle einer Anmeldung nach § 7a die Anmeldung bereits vor Ablauf der Frist von 30 Tagen anerkannt, so darf der Anmeldepflichtige den Stoff vom Tage des Eingangs des Anerkennungsbescheides an, frühestens aber 15 Tage nach Eingang der Anmeldung bei der Anmeldestelle in der für die Vorlagepflicht maßgeblichen Menge in den Verkehr bringen.

§ 9 Zusatzprüfung 1. Stufe

(1) Erreicht die vom Anmeldepflichtigen innerhalb der Mitgliedstaaten der Europäischen Gemeinschaften und der anderen Vertragsstaaten des Abkommens über den Europäischen Wirtschaftsraum in den Verkehr gebrachte Menge eines angemeldeten Stoffes 100 Tonnen jährlich oder insgesamt 500 Tonnen seit dem Beginn der Herstellung des Stoffes oder seiner Einfuhr in diese Staaten, hat der Anmeldepflichtige auf Verlangen der Anmeldestelle innerhalb einer von ihr gesetzten Frist zusätzliche Prüfungsnachweise über

1. physikalische, chemische und physikalisch-chemische Eigenschaften, soweit sich die Erforderlichkeit aus den Prüfergebnissen der Grundprüfung ergibt,
2. subchronische und chronische Toxizität, soweit sich die Erforderlichkeit aus den Prüfergebnissen der Grundprüfung oder aus sonstigen Erkenntnissen ergibt,
3. fortpflanzungsgefährdende Eigenschaften,
4. krebserzeugende und erbgutverändernde Eigenschaften,
5. toxikokinetische Grundeigenschaften,
6. potentielle biologische Abbaubarkeit sowie weitergehende abiotische Abbaubarkeit, soweit sich die Erforderlichkeit aus den Prüfergebnissen der Grundprüfung ergibt,
7. Adsorption und Desorption, soweit sich die Erforderlichkeit aus den Prüfergebnissen der Grundprüfung ergibt,
8. Bioakkumulation,
9. Toxizität gegenüber Wasserorganismen nach langfristiger Einwirkung,
10. Toxizität gegenüber Bodenorganismen und Pflanzen

vorzulegen. Soweit sich die Erforderlichkeit aus den Prüfergebnissen der Grundprüfung ergibt, kann die Anmeldestelle auch die Entwicklung von Analysenmethoden, die es erlauben, den Stoff und seine Umwandlungsprodukte zu verfolgen und zu bestimmen, sowie Untersuchungen über die Zersetzungsprodukte bei thermischer Behandlung verlangen.

(2) Auf Verlangen der Anmeldestelle hat der Anmeldepflichtige innerhalb einer von ihr gesetzten Frist die in Absatz 1 genannten Nachweise auch dann vorzulegen, wenn

1. die vom Anmeldepflichtigen innerhalb der Mitgliedstaaten der Europäischen Gemeinschaften und der anderen Vertragsstaaten des Abkommens über den Europäischen Wirtschaftsraum in den Verkehr gebrachte Menge eines angemeldeten Stoffes 10 Tonnen jährlich oder seit dem Beginn seiner Herstellung oder seiner Einfuhr in diese Staaten insgesamt 50 Tonnen erreicht hat und
2. die Vorlage der Nachweise unter Berücksichtigung der bisherigen Kenntnisse über den Stoff und seine Umwandlungsprodukte, seine bekannten oder vorhersehbaren Verwendungszwecke oder der Ergebnisse der nach § 7 durchgeführten Prüfungen erforderlich ist.

§ 9a Zusatzprüfung 2. Stufe

Erreicht die vom Anmeldepflichtigen innerhalb der Mitgliedstaaten der Europäischen Gemeinschaften und der anderen Vertragsstaaten des Abkommens über den Europäischen Wirtschaftsraum in den Verkehr gebrachte Menge eines angemeldeten Stoffes 1 000 Tonnen jährlich oder insgesamt 5 000 Tonnen seit dem Beginn der Herstellung des Stoffes oder seiner Einfuhr in diese Staaten, hat der Anmeldepflichtige auf Verlangen der Anmeldestelle innerhalb einer von ihr gesetzten Frist weitere zusätzliche Prüfnachweise über

1. toxikokinetische einschließlich biotransformatorischer Eigenschaften,
2. chronische Toxizität,
3. krebserzeugende Eigenschaften,
4. verhaltensstörende Eigenschaften,
5. fortpflanzungsgefährdende Eigenschaften,
6. peri- und postnatale Wirkungen,
7. Organ- und Systemtoxizität,
8. Mobilität, insbesondere Adsorption und Desorption,
9. abiotische und biologische Abbaubarkeit,
10. Bioakkumulation,
11. Toxizität gegenüber Fischen,
12. Toxizität gegenüber Vögeln,
13. Toxizität gegenüber anderen Organismen und
14. weitere Eigenschaften, die allein oder im Zusammenwirken mit anderen Eigenschaften des Stoffes umweltgefährlich sind, vorzulegen.

§ 10 Besondere Bestimmungen für Einführeranmeldungen

(1) Im Falle der Anmeldung eines Stoffes durch einen Einführer ist für die in den §§ 7a, 9 und 9a genannten Mengen die Gesamtmenge maßgebend, in der der gleiche Stoff desselben Herstellers in die Mitgliedstaaten der Europäischen Gemeinschaften und die anderen Vertragsstaaten des Abkommens über den Europäischen Wirtschaftsraum verbracht wird. Die Anmeldestelle ermittelt bei Eingang einer Anmeldung nach Satz 1

1. ob bei ihr oder den Anmeldestellen anderer Mitgliedstaaten oder Vertragsstaaten Anmeldungen des gleichen Stoffes desselben Herstellers vorliegen und
2. welche Gesamtmenge im Sinne des Satzes 1 sich aus den betreffenden Anmeldeunterlagen ergibt

und hält diese Informationen auf dem jeweils neuesten Stand. Überschreitet die Gesamtmenge den Mengenbereich, auf dessen Stand die Anmeldung sich befindet, setzt die Anmeldestelle den Anmeldepflichtigen hiervon in Kenntnis.

(2) Der Hersteller eines Stoffes, der nach diesem Gesetz oder nach gleichwertigen Vorschriften anderer Mitgliedstaaten der Europäischen Gemeinschaften oder Vertragsstaaten des Abkommens über den Europäischen Wirtschaftsraum von einem oder mehreren Einführern anzumelden ist, kann den Stoff durch einen Alleinvertreter mit Wohn- oder Geschäftssitz in der Bundesrepublik Deutschland nach den Vorschriften dieses Gesetzes selbst anmelden. Der Alleinvertreter gilt als Einführer im Sinne des § 4 Abs. z. Bei der Vorlage der Anmeldeunterlagen hat er zusätzlich

1. eine Vollmacht des Herstellers vorzulegen, aus der sich ergibt, dass dieser ihn als seinen Alleinvertreter für das Gebiet der Mitgliedstaaten der Europäischen Gemeinschaften und der anderen Vertragsstaaten des Abkommens über den Europäischen Wirtschaftsraum mit der Anmeldung des Stoffes betraut hat, und
2. Namen und Anschriften aller von ihm vertretenen Personen und Personenvereinigungen anzugeben, die den Stoff in die Mitgliedstaaten und Vertragsstaaten verbringen.

Die Mengenangaben des Alleinvertreters müssen die von den nach Satz 3 Nr. 2 benannten Personen und Personenvereinigungen in die Mitgliedstaaten und Vertragsstaaten verbrachte Gesamtmenge des Stoffes erfassen und sind für jede der genannten Personen und Personenvereinigungen nach ihrem jeweiligen Anteil gesondert aufzuführen.

(3) Ein Einführer, der in der Anmeldung des Alleinvertreters nach Absatz 2 oder einer nach gleichwertigen Vorschriften in einem anderen Mitgliedstaat der Europäischen Gemeinschaften oder Vertragsstaat des Abkommens über den Europäischen Wirtschaftsraum vorgelegten Anmeldung ausdrücklich mitberücksichtigt wird,

kann von der Vorlage eigener Angaben und Prüfnachweise nach den §§ 6, 7, 9, 9a und 16 absehen, soweit der Alleinvertreter ausreichende Unterlagen vorgelegt hat. Sieht der Einführer von der Vorlage eigener Unterlagen ab, so hat er den Alleinvertreter über die von ihm eingeführte Menge des Stoffes und die ihm vorliegenden Erkenntnisse nach § 6 Abs. 1a jeweils auf dem neuesten Stand zu halten; für die Fristen nach § 8 Abs. 3 ist der Stand der Anmeldung des Alleinvertreters maßgebend.

§ 11 Befugnisse der Anmeldestelle

(1) Die Anmeldestelle kann

1. vom Hersteller oder Einführer Prüfnachweise nach § 7, § 9 Abs. 1 oder § 9a auch für Stoffe im Sinne des § 5 Abs. 1 Nr. 3 und 4 verlangen,
2. vom Anmeldepflichtigen Prüfnachweise nach § 7, § 9 Abs. 1 und § 9a
   a) bereits vor Erreichen der in den §§ 7a, 9 und 9a genannten Mengen,
   b) als bestätigende Prüfungen oder
   c) über Umwandlungsprodukte des Stoffes verlangen oder
3. anordnen, dass der Hersteller oder Einführer Stoffe im Sinne des § 5 Abs. 1 Nr. 3 und
   a) erst nach Eintritt eines zukünftigen Ereignisses,
   b) nur unter Beachtung von Auflagen

   in den Verkehr bringen darf,

wenn Anhaltspunkte, insbesondere ein nach dem Stand der wissenschaftlichen Erkenntnisse begründeter Verdacht dafür vorliegen, dass der Stoff gefährlich ist, und soweit dies zu dem in § 1 genannten Zweck erforderlich ist. Die Prüfnachweise nach § 7, § 9 Abs. 1 und § 9a sind auf die jeweiligen Verdachtsmomente zu beschränken. Von der Nachforderungsbefugnis nach Satz 1 Nr. 2 kann unabhängig vom Vorliegen der übrigen Voraussetzungen des Satzes 1 auch dann Gebrauch gemacht werden, wenn die Nachforderung zur Durchführung der Bewertung nach § 12 Abs. 2 aufgrund der in § 12 Abs. 2 Satz 2 genannten EG-Richtlinie erforderlich ist.

(2) Absatz 1 Satz 1 Nr. 3 gilt entsprechend für angemeldete Stoffe, wenn die Anordnung erforderlich ist, um Gefahren für Mensch oder Umwelt durch ihre Verwendung zu vermeiden. Die Anordnung kann für eine Dauer von höchstens drei Monaten erlassen werden. Die Anmeldestelle kann die Anordnung aus wichtigem Grund um bis zu einem Jahr verlängern.

(3) Die Anmeldestelle kann das Inverkehrbringen eines Stoffes oder einer Zubereitung untersagen, wenn einem Verlangen nach § 9, § 9a oder Absatz 1 Satz 1 Nr. 1 oder 2 nicht fristgerecht entsprochen oder gegen eine Anordnung nach Absatz 1 Satz 1 Nr. 3 oder Absatz 2 verstoßen wird.

(4) Rechtsbehelfe gegen Anordnungen nach den Absätzen 1 bis 3 haben keine aufschiebende Wirkung.

§ 12 Anmeldestelle, Bewertung

(1) Anmeldestelle im Sinne dieses Gesetzes ist die Bundesanstalt für Arbeitsschutz und Arbeitsmedizin, die insoweit der Fachaufsicht des Bundesministeriums für Umwelt, Naturschutz und Reaktorsicherheit unterliegt.

(2) Die Durchführung der Bewertung von der Anmeldepflicht unterliegenden neuen Stoffen wird durch die Bundesregierung bestimmt. Bei der Bewertung sind die in der Richtlinie 93/67/EWG der Kommission vom 20. Juli 1993 zur Festlegung von Grundsätzen für die Bewertung der Risiken für Mensch und Umwelt von gemäß Richtlinie 67/548/EWG des Rates notifizierten Stoffen (ABl. EG Nr. L 227 S. 9) in der jeweils jüngsten im Amtsblatt der Europäischen Gemeinschaften veröffentlichten Fassung festgelegten Grundsätze einzuhalten.

Abschnitt IIa: Zulassung von Biozid-Produkten

§ 12a Zulassungsbedürftigkeit

Biozid-Produkte dürfen im Geltungsbereich dieses Gesetzes nur in den Verkehr gebracht und verwendet werden, wenn sie von der Zulassungsstelle zugelassen worden sind. Dies gilt nicht für

1. Biozid-Produkte mit niedrigem Risikopotential, die nach § 12f registriert worden sind,
2. Grundstoffe,
3. Biozid-Produkte, die ausschließlich zu Zwecken der wissenschaftlichen oder verfahrensorientierten Forschung und Entwicklung in den Verkehr gebracht und verwendet werden, sofern die Anforderungen nach § 12i eingehalten sind, sowie
4. Biozid-Produkte, die aus einem anderen Mitgliedstaat der Europäischen Gemeinschaften oder Vertragsstaat des Abkommens über den Europäischen Wirtschaftsraum eingeführt werden, dort in einem gleichwertigen Verfahren zugelassen oder registriert worden sind und mit einem in Deutschland zugelassenen oder registrierten Biozid-Produkt (Referenzprodukt) übereinstimmen, sofern das Vorliegen dieser Voraussetzungen auf Antrag des Einführers von der Zulassungsstelle festgestellt worden ist.

§ 12b Voraussetzungen und Inhalt der Zulassung

(1) Die Zulassung ist zu erteilen, wenn

1. die Wirkstoffe des Biozid-Produkts in Anhang I oder IA der Richtlinie 98/8/EG aufgeführt und die dort festgelegten Anforderungen erfüllt sind,
2. nach dem jeweiligen Stand der wissenschaftlichen und technischen Kenntnisse sichergestellt ist, dass das Biozid-Produkt bei einer der Zulassung entsprechenden Verwendung unter Berücksichtigung aller Umstände, unter denen das Biozid-Produkt vorherschbar verwendet wird, der Verwendung des mit dem Biozid-Produkt behandelten Materials und der Auswirkungen der Verwendung und der Beseitigung
   a) hinreichend wirksam ist,
   b) keine unannehmbaren Auswirkungen auf die Zielorganismen hat, insbesondere keine unannehmbaren Resistenzen oder Kreuzresistenzen erzeugt oder bei Wirbeltieren vermeidbare Leiden oder Schmerzen verursacht,
   c) selbst oder aufgrund seiner Rückstände, auch unter Berücksichtigung einer Exposition über Trinkwasser, Nahrungs- oder Futtermittel, Luft in Innenräumen oder am Arbeitsplatz, keine unmittelbaren oder mittelbaren unannehmbaren Auswirkungen auf die Gesundheit von Mensch oder Tier hat, und
   d) selbst oder aufgrund seiner Rückstände unter besonderer Berücksichtigung des Verbleibs und der Verteilung in der Umwelt, insbesondere einer Kontamination von Oberflächengewässern, Trinkwasser und Grundwasser, Sediment, Boden und Luft und der Auswirkungen auf Nichtzielorganismen keine unannehmbaren Auswirkungen auf die Umwelt hat,
3. die Art und Menge der im Biozid-Produkt enthaltenen Wirkstoffe, gegebenenfalls vorhandenen toxikologisch oder ökotoxikologisch signifikanten Verunreinigungen und zusätzlichen Bestandteile sowie der toxikologisch oder ökotoxikologisch signifikanten Rückstände, die sich aus der zugelassenen Verwendung ergeben, gemäß den einschlägigen Bestimmungen der Anhänge IIA, IIB, IIIA, IIIB, IVA oder IVB der Richtlinie 98/8/EG bestimmt werden können,
4. die physikalisch-chemischen Eigenschaften des Biozid-Produkts ermittelt und für eine sachgemäße Verwendung, Lagerung und Beförderung dieses Produkts als annehmbar erachtet worden sind und
5. Belange des Arbeitsschutzes und andere öffentlich-rechtliche Vorschriften einer Zulassung des Biozid-Produkts nicht entgegenstehen.

(2) Die Zulassungsstelle entscheidet im Rahmen der Zulassung über den zulässigen Verwendungszweck, die zulässige Verwenderkategorie sowie über sonstige Inhaltsbestimmungen, Auflagen und Bedingungen zum

Inverkehrbringen und zur Verwendung des Biozid-Produkts, die unter Beachtung der Regelungen der Artikel 20 und 21 und der Anhänge I und IA der Richtlinie 98/8/EG erforderlich sind, um die Erfüllung der in Absatz 1 genannten Zulassungsvoraussetzungen beim Inverkehrbringen und bei der Verwendung des Biozid-Produkts sicherzustellen. Ein Biozid-Produkt, das nach der Richtlinie 88/379/EWG als giftig, sehr giftig, krebserzeugend, erbgutverändernd oder fortpflanzungsgefährdend jeweils in die Kategorie 1 oder 2 eingestuft wurde, darf nicht zugelassen werden, um für den privaten Endverbraucher in den Verkehr gebracht oder von diesem verwendet zu werden.

(3) Die Zulassungsstelle kann, soweit dies für den in § 1 genannten Schutzzweck erforderlich ist, durch Auflagen anordnen, dass während der Dauer der Zulassung bestimmte Erkenntnisse bei der Anwendung des Biozid-Produkts gewonnen, gesammelt oder ausgewertet und ihr die Ergebnisse innerhalb einer bestimmten Frist übermittelt werden. Auf Verlangen sind ihr entsprechende Unterlagen und Proben vorzulegen. Die Zulassungsstelle kann vom Zulassungsinhaber zum Nachweis des fortdauernden Vorliegens der Zulassungsvoraussetzungen Angaben, Unterlagen und Proben nachfordern, soweit Anhaltspunkte dafür bestehen, dass die Zulassungsvoraussetzungen nicht mehr vorliegen.

(4) Die Zulassungsstelle kann die Zulassung mit der Festlegung einer Rahmenformulierung verbinden, die eine Gruppe von Biozid-Produkten für den gleichen Verwendungszweck und die gleiche Verwenderkategorie beschreibt, die dieselben Biozid-Wirkstoffe derselben Spezifikation enthalten und in ihrer Zusammensetzung nur solche Abweichungen von dem zugelassenen Biozid-Produkt aufweisen, die sich weder auf die Höhe des mit ihnen verbundenen Risikos auswirken noch ihre Wirksamkeit beeinträchtigen. Abweichungen im Sinne des Satzes 1 können insbesondere sein

1. ein geringerer prozentualer Anteil des Biozid-Wirkstoffs,
2. eine Veränderung des prozentualen Verhältnisses der Anteile eines oder mehrerer Stoffe, die keine Biozid-Wirkstoffe sind, oder
3. der Austausch eines oder mehrerer Pigment-, Farb- oder Duftstoffe gegen andere Stoffe mit dem gleichen oder einem niedrigeren Risiko.

Die Zulassungsstelle hat eine Rahmenformulierung nach Satz 1 festzulegen, wenn der Antragsteller dies beantragt und die Festlegung einer Rahmenformulierung auf der Grundlage der der Zulassungsstelle vorliegenden Unterlagen möglich ist.

(5) Die Zulassung wird für höchstens zehn Jahre erteilt, längstens jedoch bis zum Ablauf der kürzesten der in Anhang I oder IA der Richtlinie 98/8/EG für die in dem Biozid-Produkt eingesetzten Wirkstoffe und die betroffenen Produktarten angegebenen Fristen; eine Neuerteilung ist möglich. Ist über einen Antrag auf erneute Zulassung nicht entschieden worden, bevor eine zuvor erteilte Zulassung endet, kann die Zulassungsstelle die Zulassung auf Antrag bis zu dem Zeitpunkt verlängern, zu dem die Entscheidung über die erneute Zulassung getroffen wird. Eine Verlängerung setzt voraus, dass

1. die erneute Zulassung höchstens drei Jahre und spätestens ein Jahr vor Ablauf der Zulassung ordnungsgemäß beantragt worden ist und
2. keine Anhaltspunkte vorliegen, aus denen sich ergibt, dass das Biozid-Produkt die Anforderungen des Absatzes 1 nicht erfüllt.

Fordert die Zulassungsstelle nach Absatz 3 Satz 3 weitere Angaben, Unterlagen und Proben nach, ist die Zulassung um den Zeitraum zu verlängern, der für die Beibringung der Unterlagen erforderlich ist.

§ 12c Zulassung in besonderen Fällen

(1) Die Zulassungsstelle kann ein Biozid-Produkt, das einen Wirkstoff enthält, der vor dem 14. Mai 2000 noch nicht zu anderen Zwecken als zu Zwecken der wissenschaftlichen oder verfahrensorientierten Forschung und Entwicklung in Verkehr war und über dessen Aufnahme in Anhang I oder IA der Richtlinie 98/8/EG noch nicht entschieden worden ist, trotz der Nichteinhaltung der Zulassungsvoraussetzung des § 12b Abs.1 Nr. 1 bis zur Entscheidung über die Aufnahme des Wirkstoffes in einen der Anhänge vorläufig zulassen, wenn

1. zu erwarten ist, dass
   a) der Wirkstoff die Anforderungen des Artikels 10 der Richtlinie 98/8/EG und
   b) das Biozid-Produkt im Übrigen die Voraussetzungen des § 12b Abs.1 erfüllt und
2. kein anderer Mitgliedstaat der Europäischen Gemeinschaften oder Vertragsstaat des Abkommens über den Europäischen Wirtschaftsraum aufgrund der ihm übersandten Zusammenfassung der Unterlagen zum Nachweis der Voraussetzungen nach Nummer 1 Einwendungen gegen die Vollständigkeit der Unterlagen erhoben hat.

Die Zulassung kann für einen Zeitraum von höchstens drei Jahren erteilt werden; sie kann um höchstens ein Jahr verlängert werden.

(2) Die Zulassungsstelle kann zur Bekämpfung einer unvorhergesehenen Gefahr für Mensch, Tier oder Umwelt, die mit anderen Mitteln nicht eingedämmt werden kann, ein Biozid-Produkt zulassen, ohne dass

1. die Anforderungen des § 12b Abs. 1 erfüllt sind oder
2. die Prüfnachweise und sonstigen Antragsunterlagen nach § 12d Abs. 2 Satz 1 vollständig vorliegen.

Im Rahmen der Zulassung setzt die Zulassungsstelle die Anwendungsbereiche sowie die zum Schutz vor schädlichen Auswirkungen erforderlichen Regelungen, einschließlich solcher über die zur Anwendung berechtigten Personen, fest. Die Zulassung ist widerruflich. Sie darf die Dauer von 120 Tagen nicht überschreiten; eine Neuerteilung ist möglich. Soweit ein Beschluss des zuständigen Organs der Europäischen Gemeinschaft nach Artikel 15 Abs. 1 Satz 3 der Richtlinie 98/8/EG die getroffene Maßnahme bestätigt, erteilt die Zulassungsstelle die Zulassung im Rahmen des durch den Beschluss vorgesehenen Umfangs.

§ 12d Zulassungsverfahren

(1) Die Zulassung kann beantragen, wer als Hersteller oder Einführer das Biozid-Produkt erstmalig im Geltungsbereich dieses Gesetzes in den Verkehr bringen will und in einem Mitgliedstaat der Europäischen Gemeinschaften oder einem Vertragsstaat des Abkommens über den Europäischen Wirtschaftsraum niedergelassen ist oder durch einen Bevollmächtigten mit Wohn- oder Geschäftssitz in einem Mitgliedstaat oder Vertragsstaat ständig vertreten wird.

(2) Dem Antrag auf Zulassung sind die zur Prüfung der Zulassungsvoraussetzungen erforderlichen Prüfnachweise und sonstigen Antragsunterlagen nach Artikel 8 Abs. 2 der Richtlinie 98/8/EG in Verbindung mit den dort genannten Anhängen in der jeweils geltenden Fassung beizufügen. Die Vorlage von Unterlagen und Prüfnachweisen nach Satz 1 ist nicht erforderlich, soweit der Zulassungsstelle ausreichende Erkenntnisse aus Unterlagen und Prüfnachweisen eines Dritten (Vorantragstellers) vorliegen und

1. der Antragsteller eine vom Vorantragsteller ausgestellte schriftliche Zugangsbescheinigung einreicht, in der dieser bescheinigt, dass seine Unterlagen und Prüfnachweise zugunsten des Antragstellers verwendet werden dürfen, oder
2. die jeweils einschlägigen Fristen nach Artikel 12 Abs. 1 Buchstabe b bis d und Abs. 2 Buchstabe b bis d der Richtlinie 98/8/EG abgelaufen sind.

Die Zulassungsstelle kann auf Antrag eine Bezugnahme nach Satz 2 auch auf Unterlagen und Prüfnachweise eines Vorantragstellers zu einem Biozid-Produkt mit abweichender Zusammensetzung erlauben, sofern der Antragsteller nachweist, dass die Wirkstoffe beider Biozid-Produkte einschließlich Reinheitsgrad und Art der Verunreinigungen übereinstimmen und die übrigen Bestandteile in einer die Verwertung der Unterlagen und Prüfnachweise zugunsten des Antragstellers ermöglichenden Weise ähnlich sind.

(3) Die Zulassungsstelle kann vom Antragsteller zur Prüfung des Antrags weitere Angaben, Unterlagen und Proben verlangen, soweit dies zum Nachweis der Zulassungsvoraussetzungen erforderlich ist.

(4) Über Zulassungsanträge für Biozid-Produkte, in denen der Antragsteller auf eine in einem früheren Zulassungsverfahren nach § 12b Abs. 4 festgelegte Rahmenformulierung Bezug nimmt, entscheidet die Zulassungsstelle innerhalb von 60 Tagen, in den übrigen Fällen innerhalb eines Jahres nach Eingang des Antrags bei

der Zulassungsstelle. Verlangt die Zulassungsstelle innerhalb der Frist nach Satz 1 gemäß Absatz 3 oder § 20 Abs. 2 die Vorlage weiterer Unterlagen, so findet Satz 1 mit der Maßgabe Anwendung, dass an die Stelle des Eingangs des Zulassungsantrags der Eingang der weiteren Unterlagen bei der Zulassungsstelle tritt.

§ 12e Nachträgliche Änderungen der Zulassung, Aufhebung

(1) Zur Erfüllung von Anforderungen dieses Gesetzes, der auf dieses Gesetz gestützten Rechtsverordnungen oder bindender Beschlüsse von Organen der Europäischen Gemeinschaften kann die Zulassungsstelle die Zulassung hinsichtlich der Entscheidungen nach § 12b Abs. 2 nachträglich ändern oder nachträglich Auflagen aufnehmen, ändern oder ergänzen.

(2) Die Zulassung ist ganz oder teilweise zu widerrufen, wenn eine der Voraussetzungen für die Zulassung nachträglich weggefallen ist. Sie kann auf begründeten Antrag des Zulassungsinhabers ganz oder teilweise widerrufen werden.

(3) Die Zulassung ist zurückzunehmen, wenn der Antragsteller die Zulassung durch arglistige Täuschung, Drohung oder Bestechung oder durch Angaben, die in wesentlicher Beziehung unrichtig oder unvollständig waren, erwirkt hat.

(4) Bei der Änderung oder Aufhebung der Zulassung kann die Zulassungsstelle eine Frist einräumen, innerhalb derer das Biozid-Produkt noch in Verkehr gebracht, gelagert oder verwendet werden darf oder Restbestände zu beseitigen sind. Nach Satz 1 gesetzte Fristen dürfen Fristsetzungen nicht überschreiten, die sich aus Bestimmungen der Richtlinie 76/769/EWG oder aus Festsetzungen in Anhang 1 oder IA der Richtlinie 98/8/EG ergeben.

(5) Im Übrigen bleiben die §§ 48 und 49 des Verwaltungsverfahrensgesetzes unberührt.

§ 12f Registrierung von Biozid-Produkten mit niedrigem Risikopotential

(1) Die Registrierung eines Biozid-Produkts mit niedrigem Risikopotential erfolgt durch die Zulassungsstelle aufgrund der Prüfung eines Registrierungsantrags, dem die Prüfnachweise und sonstigen Antragsunterlagen nach § 12d Abs. 2 in dem gemäß Artikel 8 Abs. 3 der Richtlinie 98/8/EG beschränkten Umfang beigefügt sind. Im Übrigen finden die für die Zulassung geltenden Vorschriften der §§ 12b, 12d und 12e für die Registrierung entsprechende Anwendung.

(2) Die Zulassungsstelle entscheidet über den Antrag auf Registrierung innerhalb von 60 Tagen nach Eingang des Antrags bei der Zulassungsstelle. § 12d Abs. 4 Satz 2 findet entsprechende Anwendung.

§ 12g Anerkennung ausländischer Zulassungen und Registrierungen

(1) Die Zulassungsstelle erkennt auf Antrag, dem die Unterlagen nach Artikel 4 Abs. 1 der Richtlinie 98/8/EG beizufügen sind, eine in einem anderen Mitgliedstaat der Europäischen Gemeinschaften oder einem anderen Vertragsstaat des Abkommens über den Europäischen Wirtschaftsraum bereits erfolgte Zulassung oder Registrierung eines Biozid-Produkts an, wenn keine Anhaltspunkte vorliegen, aus denen sich ergibt, dass das Biozid-Produkt in Deutschland nicht in entsprechender Weise nach § 12b zugelassen oder nach § 12f registriert werden könnte. Bei der Anerkennung kann die Zulassung oder Registrierung geändert werden, soweit dies zum Schutz von Händlern, Verwendern oder Arbeitnehmern vor gesundheitlichen Beeinträchtigungen erforderlich ist. Eine nach Satz 1 anerkannte Zulassung oder Registrierung steht einer Zulassung oder Registrierung nach § 12b oder § 12f gleich; § 12d Abs.1 sowie § 12e finden entsprechende Anwendung.

(2) Stellt die Zulassungsstelle fest, dass im Geltungsbereich dieses Gesetzes

1. die Zielart nicht in schädlichen Mengen vorkommt,
2. sich eine unannehmbare Toleranz oder Resistenz des Zielorganismus gegen das Biozid-Produkt zeigt oder

3. die einschlägigen Umstände bei der Verwendung, insbesondere Klima oder Brutzeit der Zielarten, erheblich von denen des Mitgliedstaates oder Vertragsstaates abweichen, in dem das Biozid-Produkt zuerst zugelassen wurde, und eine unveränderte Zulassung daher unannehmbare Gefahren für Mensch oder Umwelt darstellen könnte,

erkennt sie die Zulassung oder Registrierung an, wenn durch eine Anpassung der in Artikel 20 Abs. 3 Buchstabe e, f, h, j und l der Richtlinie 98/8/EG genannten Angaben zur Kennzeichnung des Biozid-Produkts sichergestellt werden kann, dass die Anforderungen des § 12b Abs. 1 eingehalten werden.

(3) Die Zulassungsstelle entscheidet über die Anerkennung
1. einer Zulassung innerhalb von 120 Tagen,
2. einer Registrierung innerhalb von 60 Tagen
3. nach Eingang des Antrags bei der Zulassungsstelle.

(4) Soweit ein Beschluss der Kommission oder des Rates nach Artikel 4 in Verbindung mit den Artikeln 27 und 28 der Richtlinie 98/8/EG die Anerkennung der Zulassung oder Registrierung eines Biozid-Produkts vorschreibt, lässt die Zulassungsstelle das Biozid-Produkt im Rahmen des im Beschluss vorgesehenen Umfangs zu.

§ 12h Prüfung von Biozid-Wirkstoffen

(1) Biozid-Wirkstoffe dürfen in den Mitgliedstaaten der Europäischen Gemeinschaften und den anderen Vertragsstaaten des Abkommens über den Europäischen Wirtschaftsraum zur Verwendung in Biozid-Produkten nur in den Verkehr gebracht werden, nachdem der Zulassungsstelle oder der zuständigen Stelle eines anderen Mitgliedstaates oder Vertragsstaates die nach Artikel 11 Abs. 1 Buchstabe a der Richtlinie 98/8/EG zur Beurteilung eines Antrags auf Aufnahme des Biozid-Wirkstoffs in Anhang I, IA oder IB der Richtlinie 98/8/EG erforderlichen Prüfnachweise und sonstigen Unterlagen unter Beifügung einer Erklärung vorgelegt worden sind, dass der Biozid-Wirkstoff zur Verwendung in Biozid-Produkten bestimmt ist, und die Unterlagen von der Zulassungsstelle oder der zuständigen Stelle des anderen Mitgliedstaates oder Vertragsstaates nach Artikel 11 Abs. 1 Buchstabe b der Richtlinie 98/8/EG als ordnungsgemäß anerkannt worden sind. Dies gilt nicht für Biozid-Wirkstoffe, die
1. bereits vor dem 14. Mai 2000 in den Verkehr gebracht worden sind,
2. bereits in Anhang I, IA oder IB der Richtlinie 98/8/EG aufgeführt werden, sofern die dort genannten Anforderungen eingehalten sind, oder
3. ausschließlich zu Zwecken der wissenschaftlichen oder verfahrensorientierten Forschung und Entwicklung in den Verkehr gebracht werden, sofern die Anforderungen des § 12i eingehalten sind.

Die Zulassungspflicht nach § 12a Satz 1 für Biozid-Wirkstoffe, die unmittelbar als Biozid-Produkt in den Verkehr gebracht werden, bleibt unberührt.

(2) Anträge auf Aufnahme eines Biozid-Wirkstoffes in Anhang I, IA oder IB der Richtlinie 98/8/EG, die bei der Zulassungsstelle eingereicht werden, sind von dieser nach den Vorschriften der Artikel 10 und 11 der Richtlinie 98/8/EG zu prüfen. Bei der Prüfung ist insbesondere zu berücksichtigen, ob für dieselbe Produktart bereits ein anderer oder mehrere andere Wirkstoffe in Anhang I, IA oder IB der Richtlinie 98/8/EG enthalten sind, die ein erheblich geringeres oder erheblich höheres Risiko für Gesundheit oder Umwelt darstellen. Dies gilt auch bei einer Verlängerung der Aufnahme eines Wirkstoffes in Anhang I, IA oder IB der Richtlinie 98/8/EG. Die Zulassungsstelle hat
1. dem Antragsteller innerhalb einer angemessenen Frist mitzuteilen, ob der Antrag nach Artikel 11 Abs. 1 Buchstabe b der Richtlinie 98/8/EG als ordnungsgemäß anerkannt wird, und
2. dem Antragsteller, der Kommission der Europäischen Gemeinschaften und den zuständigen Behörden der anderen Mitgliedstaaten der Europäischen Gemeinschaften und Vertragsstaaten des Abkommens über den Europäischen Wirtschaftsraum innerhalb eines Jahres nach Anerkennung des Antrags als ordnungsgemäß eine Beurteilung des Antrags mit einer Empfehlung für die Entscheidung nach Artikel 11 Abs. 4 der Richtlinie 98/8/EG zu übermitteln.

§ 12d Abs. 3 und 4 Satz 2 sowie § 12j Abs. 2 finden entsprechende Anwendung.

§ 12i Forschung und Entwicklung

(1) Wer im Rahmen wissenschaftlicher oder verfahrensorientierter Forschung und Entwicklung Versuche durchführt, bei denen nicht zugelassene Biozid-Produkte oder ausschließlich zur Verwendung in Biozid-Produkten bestimmte Biozid-Wirkstoffe in den Verkehr gebracht werden, hat

1. schriftliche Aufzeichnungen über
   a) die Identität und Herkunft des Biozid-Produkts oder Biozid-Wirkstoffes,
   b) die Angaben zur Kennzeichnung,
   c) die gelieferten Mengen sowie
   d) Namen und Anschrift der Personen, die das Biozid-Produkt oder den Biozid-Wirkstoff erhalten haben,

   zu führen und
2. Unterlagen zusammenzustellen, in denen alle ihm verfügbaren Angaben über mögliche Auswirkungen auf die Gesundheit von Mensch oder Tier oder auf die Umwelt enthalten sind.

(2) Der Zulassungsstelle sind

1. im Falle wissenschaftlicher Forschung und Entwicklung die Aufzeichnungen und Unterlagen nach Absatz 1 auf Verlangen vorzulegen,
2. im Falle verfahrensorientierter Forschung und Entwicklung die Aufzeichnungen und Unterlagen nach Absatz 1 vor dem Inverkehrbringen des Biozid-Produkts oder Biozid-Wirkstoffes und spätere Änderungen unverzüglich nach Eintritt der Änderung schriftlich mitzuteilen.

Die Zulassungsstelle kann die Durchführung der Versuche untersagen oder anordnen, dass die Versuche nur unter Beachtung bestimmter Auflagen durchgeführt werden dürfen, soweit dies erforderlich ist, um schädliche Auswirkungen auf die Gesundheit von Mensch oder Tier oder einen unannehmbaren nachteiligen Einfluss auf die Umwelt zu vermeiden. § 12j Abs. 2 findet entsprechende Anwendung. Rechtsbehelfe gegen Anordnungen nach Satz 2 haben keine aufschiebende Wirkung.

(3) Versuche nach Absatz 1, bei denen es zu einer Freisetzung des Biozid-Produkts oder Biozid-Wirkstoffes in die Umwelt kommen kann, bedürfen der Genehmigung der Zulassungsstelle. Die Genehmigung kann beantragen, wer die Versuche durchführt oder das Biozid-Produkt oder den Biozid-Wirkstoff zur Durchführung der Versuche in den Verkehr bringt. Die Zulassungsstelle entscheidet auf der Grundlage ihr vorgelegter Angaben und Unterlagen nach Absatz 1 sowie sonstiger ihr verfügbarer Erkenntnisse. Die Genehmigung ist zu erteilen, wenn keine schädlichen Auswirkungen auf die Gesundheit von Mensch oder Tier und keine unannehmbaren nachteiligen Einflüsse auf die Umwelt zu erwarten sind. Die Genehmigung kann auch für Versuchsreihen erteilt werden. In dem Genehmigungsbescheid legt die Zulassungsstelle die zu verwendenden Mengen, die zu behandelnden Gebiete sowie sonstige bei Wahrung des Forschungs- und Entwicklungszwecks zur Begrenzung möglicher schädlicher Auswirkungen einer Freisetzung des Biozid-Produkts oder Biozid-Wirkstoffes in die Umwelt erforderliche Versuchsbedingungen fest. § 12b Abs. 3, § 12e Abs.1 und § 12j Abs. 2 finden entsprechende Anwendung.

(4) Das Inverkehrbringen von Biozid-Produkten und Biozid-Wirkstoffen nach Absatz 1 darf im Falle genehmigungsbedürftiger Versuche nach Absatz 3 erst erfolgen, wenn eine Genehmigung nach Absatz 3 vorliegt. Soll der Versuch in einem anderen Mitgliedstaat der Europäischen Gemeinschaften oder Vertragsstaat des Abkommens über den Europäischen Wirtschaftsraum durchgeführt werden, gilt Satz 1 mit der Maßgabe, dass an die Stelle der Genehmigung nach Absatz 3 die entsprechende Entscheidung der zuständigen Behörde des Mitgliedstaates oder Vertragsstaates tritt, in dem der Versuch durchgeführt werden soll.

§ 12j Zulassungsstelle, Bewertung, Verordnungsermächtigung

(1) Zulassungsstelle ist die Bundesanstalt für Arbeitsschutz und Arbeitsmedizin, die insoweit der Fachaufsicht des Bundesministeriums für Umwelt, Naturschutz und Reaktorsicherheit unterliegt.

(2) Die Zulassungsstelle entscheidet über das Vorliegen der Zulassungsvoraussetzungen
1. nach § 12b Abs. 1 Nr. 2 Buchstabe b und c im Einvernehmen mit dem Bundesinstitut für Risikobewertung,
2. nach § 12b Abs.1 Nr. 2 Buchstabe c, soweit Auswirkungen auf den Menschen am Arbeitsplatz zu bewerten sind, im Einvernehmen mit der Bundesanstalt für Arbeitsschutz und Arbeitsmedizin, die insoweit der Fachaufsicht des Bundesministeriums für Arbeit und Sozialordnung unterliegt, und
3. nach § 12b Abs. 1 Nr. 2 Buchstabe d im Einvernehmen mit dem Umweltbundesamt.

Die Zulassungsstelle entscheidet über das Vorliegen der Zulassungsvoraussetzungen, jeweils in Verbindung mit Satz 1,
1. bei Biozid-Produkten, die Wirkstoffe enthalten, die auch in Pflanzenschutzmitteln verwandt werden, im Benehmen mit dem Bundesamt für Verbraucherschutz und Lebensmittelsicherheit,
2. bei Biozid-Produkten, die für den Materialschutz verwendet werden sollen, im Benehmen mit der Bundesanstalt für Materialforschung und -prüfung und
3. bei Biozid-Produkten nach Anhang V, Produktart 2 der Richtlinie 98/8/EG im Benehmen mit dem Robert-Koch-Institut.

Soweit bei einer der in Satz 1 und 2 genannten Behörden besondere Fachkenntnisse zur Beurteilung der Wirksamkeit eines Biozid-Produkts vorliegen, soll die Zulassungsstelle zur Entscheidung über das Vorliegen der Zulassungsvoraussetzungen nach § 12b Abs.1 Nr. 2 Buchstabe a eine Stellungnahme dieser Behörde einholen. Bei der Bewertung, ob die Zulassungsvoraussetzungen erfüllt sind, sind die in Anhang VI der Richtlinie 98/8/EG in der jeweils jüngsten im Amtsblatt der Europäischen Gemeinschaften veröffentlichten Fassung festgelegten Grundsätze einzuhalten.

(3) Über die Zulassung nach § 12c Abs. 2 Satz 1 entscheidet
1. das Robert-Koch-Institut bei Biozid-Produkten, die nach § 18 des Infektionsschutzgesetzes zu Entseuchungsmaßnahmen verwandt werden müssen,
2. das Bundesamt für Verbraucherschutz und Lebensmittelsicherheit
   a) bei Biozid-Produkten, die nach § 18 des Infektionsschutzgesetzes zu Entwesungsmaßnahmen und bei Maßnahmen zur Bekämpfung von Wirbeltieren, durch die Krankheitserreger verbreitet werden können, verwandt werden müssen, sowie
   b) bei Biozid-Produkten, die nach § 17f des Tierseuchengesetzes bei tierseuchenrechtlich vorgeschriebenen Desinfektionen und Entwesungen verwandt werden dürfen,

als Zulassungsstelle.

(4) Die Zulassungsstelle macht im Bundesanzeiger bekannt:
1. die Zulassung oder Registrierung von Biozid-Produkten, den Inhalt der Zulassung oder Registrierung und den Zeitpunkt, an dem die Zulassung oder Registrierung endet, und
2. die Rücknahme oder den Widerruf einer Zulassung oder Registrierung.

(5) Die Bundesregierung wird ermächtigt, unter Beachtung der Bestimmungen der Richtlinie 98/8/EG und der auf ihrer Grundlage erlassenen Rechtsakte von Organen der Europäischen Gemeinschaften durch Rechtsverordnung mit Zustimmung des Bundesrates Voraussetzungen, Inhalt und Verfahren der Zulassung oder Registrierung von Biozid-Produkten, der Anerkennung ausländischer Zulassungen oder Registrierungen, der Prüfung von Biozid-Wirkstoffen und der Genehmigung von Versuchen nach § 12i Abs. 3 näher zu bestimmen. In der Rechtsverordnung nach Satz 1 kann auch bestimmt werden,
1. welche inhaltlichen und formellen Voraussetzungen für die Feststellung nach § 12a Satz 2 Nr. 4 erfüllt sein müssen,
2. dass bestimmte Biozid-Produkte nicht, nur für bestimmte Verwendungszwecke, für die Abgabe an bestimmte Verwendergruppen oder unter bestimmten sonstigen Einschränkungen, zugelassen werden dürfen.

Dritter Abschnitt: Einstufung, Verpackung und Kennzeichnung

§ 13 Einstufungs-, Verpackungs- und Kennzeichnungspflicht

(1) Wer als Hersteller oder Einführer einen Stoff in den Verkehr bringt, hat ihn entsprechend der Rechtsverordnung nach § 14 zu verpacken und zu kennzeichnen. Sofern der Stoff in der Rechtsverordnung nach § 14 nicht aufgeführt ist, hat er

1. die ihm zugänglichen Angaben über die Eigenschaften des Stoffes zu ermitteln und
2. ihn einzustufen, zu verpacken und zu kennzeichnen, wenn der Stoff nach dem Ergebnis einer Prüfung nach § 7, § 9 oder § 9a oder nach gesicherter wissenschaftlicher Erkenntnis gefährlich ist.

Einen Stoff, der nach § 5 Abs. 1 Nr. 2 bis 4 von der Anmeldung ausgenommen oder nach § 7a nur eingeschränkt angemeldet worden ist, und für den die Ergebnisse der Prüfungen nach § 7 noch nicht vollständig vorliegen, hat er zusätzlich mit dem Hinweis „Achtung - noch nicht vollständig geprüfter Stoff" zu kennzeichnen.

(2) Absatz 1 gilt entsprechend für Zubereitungen, soweit sie in der Rechtsverordnung nach § 14 als gefährlich eingestuft oder für ihre Einstufung in dieser Rechtsverordnung Berechnungsverfahren vorgeschrieben sind. Einstufungen gefährlicher Zubereitungen, die der Hersteller oder Einführer nach dem Ergebnis von Prüfungen nach §§ 7, 9, 9a oder § 12d Abs. 2 Satz 1 oder nach gesicherter wissenschaftlicher Erkenntnis im Sinne des Absatzes 1 Satz 2 vornimmt, gehen den Einstufungen aufgrund von Berechnungsverfahren vor.

(3) Absatz 1 Satz 1 gilt entsprechend für Biozid-Wirkstoffe und Biozid-Produkte, die nicht gefährliche Stoffe oder Zubereitungen im Sinne des § 3a sind, sowie für Stoffe, Zubereitungen und Erzeugnisse nach § 19 Abs. 2.

(4) Weitergehende Vorschriften über die Kennzeichnung und Verpackung nach anderen Gesetzen bleiben unberührt.

§ 14 Ermächtigung zu Einstufungs-, Verpackungs- und Kennzeichnungsvorschriften

(1) Die Bundesregierung wird ermächtigt, durch Rechtsverordnung mit Zustimmung des Bundesrates

1. Stoffe oder Zubereitungen als gefährlich einzustufen,
2. Berechnungsverfahren vorzuschreiben, nach denen bestimmte Zubereitungen aufgrund der Einstufung derjenigen Stoffe, die in der Zubereitung enthalten sind, einzustufen sind,
3. zu bestimmen,
   a) wie gefährliche Stoffe und Zubereitungen und dass und wie bestimmte Erzeugnisse, die bestimmte gefährliche Stoffe oder Zubereitungen freisetzen können oder enthalten, zu verpacken oder zu kennzeichnen sind, damit bei der vorhersehbaren Verwendung Gefahren für Leben und Gesundheit des Menschen und die Umwelt vermieden werden,
   b) dass und wie bestimmte Angaben über gefährliche Stoffe und Zubereitungen oder Erzeugnisse, die gefährliche Stoffe und Zubereitungen freisetzen können oder enthalten, einschließlich Empfehlungen über Vorsichtsmaßnahmen beim Verwenden oder über Sofortmaßnahmen bei Unfällen von demjenigen, der die Stoffe, Zubereitungen oder Erzeugnisse in den Verkehr bringt, insbesondere in Form eines Sicherheitsdatenblatts oder einer Gebrauchsanweisung, mitgeliefert und auf dem neuesten Stand gehalten werden müssen,
   c) welche Gesichtspunkte der Hersteller oder Einführer bei der Einstufung der Stoffe nach § 13 Abs. 1 Satz 2 mindestens zu beachten hat,
   d) wer die gefährlichen Stoffe, Zubereitungen oder Erzeugnisse zu verpacken und zu kennzeichnen hat, wenn sie bereits vor Inkrafttreten der die Kennzeichnungs- oder Verpackungspflicht begründenden Rechtsverordnung in den Verkehr gebracht worden sind, und
   e) dass und wie bestimmte Zubereitungen und Erzeugnisse, die bestimmte näher zu bezeichnende gefährliche Stoffe nicht enthalten, zu kennzeichnen sind oder gekennzeichnet werden können.

(2) In der Rechtsverordnung nach Absatz 1 können auch Ausnahmen von der Pflicht zur Verpackung und Kennzeichnung vorgesehen werden, soweit dadurch der Schutzzweck nach Absatz 1 Nr. 3 Buchstabe a nicht beeinträchtigt wird. In der Rechtsverordnung kann auch bestimmt werden, dass anstelle einer Kennzeichnung die entsprechenden Angaben in anderer geeigneter weise mitzuliefern sind.

(3) Regelungen nach den Absätzen 1 und 2 können auch für Biozid-Wirkstoffe und Biozid-Produkte, die nicht gefährliche Stoffe oder Zubereitungen im Sinne des § 3a sind, sowie für Stoffe, Zubereitungen und Erzeugnisse nach § 19 Abs. 2 getroffen werden.

§ 15 Pflichten des Vertreibers

(1) Gefährliche Stoffe, Zubereitungen oder Erzeugnisse, die vom Hersteller oder Einführer nach den Vorschriften dieses Gesetzes oder einer aufgrund dieses Gesetzes erlassenen Rechtsverordnung verpackt und gekennzeichnet in den Verkehr gebracht worden sind, dürfen nur dann erneut in den Verkehr gebracht werden, wenn

1. die Verpackung und Kennzeichnung erhalten sind oder
2. der Vertreiber den Stoff, die Zubereitung oder das Erzeugnis erneut nach den genannten Vorschriften verpackt und kennzeichnet.

Ist dem Vertreiber, der einen Stoff, eine Zubereitung oder ein Erzeugnis erneut in den Verkehr bringen will, bekannt, dass die Verpackung und Kennzeichnung den genannten Vorschriften nicht entspricht, so ist er zu einer den Vorschriften entsprechenden Verpackung und Kennzeichnung verpflichtet.

(2) Absatz 1 gilt entsprechend für das erneute Inverkehrbringen von Biozid-Wirkstoffen und Biozid-Produkten, die nicht gefährliche Stoffe oder Zubereitungen im Sinne des § 3a sind, sowie von Stoffen, Zubereitungen und Erzeugnissen nach § 19 Abs. 2.

§ 15a Gefahrenhinweis bei der Werbung

(1) Es ist verboten, für einen gefährlichen Stoff zu werben, ohne die den Stoff betreffenden Gefährlichkeitsmerkmale nach § 3a Abs. 1 anzugeben.

(2) Es ist verboten, für ein Biozid-Produkt zu werben, ohne in einer sich deutlich vom Rest der Werbung abhebenden Weise die folgenden Sätze hinzuzufügen: „Biozide sicher verwenden. Vor Gebrauch stets Kennzeichnung und Produktinformation lesen". In dem Warnhinweis nach Satz 1 darf das Wort „Biozide" auch durch eine genauere Bezeichnung der Produktart ersetzt werden, für die geworben wird. Die Werbung für Biozid-Produkte darf im Hinblick auf mögliche Risiken des Produkts für Mensch und Umwelt nicht verharmlosend wirken. Sie darf nicht die Angaben „Biozid-Produkt mit niedrigem Risikopotential", „ungiftig", „unschädlich" oder ähnliche Hinweise enthalten.

Vierter Abschnitt: Mitteilungspflichten

§ 16 Mitteilungspflichten bei angemeldeten Stoffen

Der Anmeldepflichtige hat der Anmeldestelle

1. eine Änderung der den Angaben nach § 6 Abs. 1 Nr. 1 und 4 zugrunde liegenden Tatsachen,
2. eine Änderung der den Angaben nach § 6 Abs. 1 Nr. 9 zugrunde liegenden Tatsachen, soweit diese nach § 7a, 9, 9a oder 10 erheblich ist,
3. eine neue Erkenntnis über die Wirkungen des Stoffes auf Mensch oder Umwelt oder über Analysenmethoden zur Feststellung der Exposition des Menschen oder des Vorkommens in der Umwelt,
4. eine Änderung der Eigenschaften des Stoffes,
5. die Aufnahme oder Einstellung der Herstellung oder des Inverkehrbringens des Stoffes,

6. die vom Anmeldepflichtigen selbst veranlasste Veröffentlichung von Angaben, die nach § 22 Abs. 2 als vertraulich zu kennzeichnen waren, und
7. das Erreichen einer der in den §§ 7a, 9 und 9a genannten Mengenschwellen

unverzüglich schriftlich mitzuteilen. Der Anmeldepflichtige hat sich Erkenntnisse über die in Satz 1 genannten Tatsachen, Wirkungen und sonstigen Umstände zu verschaffen, soweit dies bei der Erfüllung der erforderlichen Sorgfalt von ihm erwartet werden kann.

§ 16a Mitteilungspflichten bei von der Anmeldepflicht ausgenommenen neuen Stoffen

(1) Wer als Hersteller oder Einführer einen neuen Stoff, der nach § 5 Abs. 1 Nr. 3 von der Anmeldung ausgenommen ist, in den Verkehr bringt, hat der Anmeldestelle zuvor

1. die Identitätsmerkmale,
2. die Menge des Stoffes, die er jährlich im Geltungsbereich dieses Gesetzes in den Verkehr bringen will,
3. die Menge des Stoffes desselben Herstellers, die insgesamt in den Mitgliedstaaten der Europäischen Gemeinschaften und den anderen Vertragsstaaten des Abkommens über den Europäischen Wirtschaftsraum in den Verkehr gebracht wird,
4. Hinweise zur Verwendung,
5. bei gefährlichen Stoffen Empfehlungen über die Vorsichtsmaßnahmen beim Verwenden und über Sofortmaßnahmen bei Unfällen,
6. bei sehr giftigen, giftigen, krebserzeugenden, fortpflanzungsgefährdenden oder erbgutverändernden Stoffen die ihm zu diesen Gefährlichkeitsmerkmalen verfügbaren toxikologischen Daten,
7. die von ihm vorgesehene Kennzeichnung,
8. das Programm über die Forschung und Entwicklung einschließlich des vorgesehenen Beginns, eine Begründung für die eingesetzte Menge und eine Liste der sachkundigen Personen, an die der Stoff abgegeben werden soll, schriftlich mitzuteilen sowie
9. eine schriftliche Versicherung darüber abzugeben, dass die Personen, an die der Stoff abgegeben werden soll, sich verpflichtet haben, den Stoff weder als solchen noch in Form oder als Bestandteil einer Zubereitung an andere abzugeben.

Satz 1 gilt auch für einen Einführer eines neuen Stoffes, der in einem anderen Mitgliedstaat der Europäischen Gemeinschaften oder Vertragsstaat des Abkommens über den Europäischen Wirtschaftsraum entsprechend den in § 5 Abs. 1 Nr. 3 genannten Voraussetzungen von der Anmeldung ausgenommen ist.

(2) Wer als Hersteller oder Einführer einen sehr giftigen, giftigen, krebserzeugenden, fortpflanzungsgefährdenden oder erbgutverändernden neuen Stoff in den Verkehr bringt, der nach § 5 Abs. 1 Nr. 1, 2 oder 4 von der Anmeldung ausgenommen ist, hat der Anmeldestelle Empfehlungen über Vorsichtsmaßnahmen beim Verwenden und über Sofortmaßnahmen bei Unfällen und die ihm zu den genannten Gefährlichkeitsmerkmalen verfügbaren toxikologischen Daten schriftlich mitzuteilen.

(3) § 16 Nr. 1 bis 6 findet entsprechende Anwendung.

§ 16b Mitteilungspflichten bei neuen Stoffen, die nicht oder nur außerhalb des Europäischen Wirtschaftsraumes in den Verkehr gebracht werden

(1) Wer als Hersteller eines neuen Stoffes einer Anmeldepflicht nach § 4 Abs. 1 nicht unterliegt, weil er den Stoff

1. nicht oder
2. nur außerhalb der Mitgliedstaaten der Europäischen Gemeinschaften und der anderen Vertragsstaaten des Abkommens über den Europäischen Wirtschaftsraum

in den Verkehr bringt, hat der Anmeldestelle die in Absatz 2 bezeichneten Angaben unverzüglich schriftlich mitzuteilen, wenn die von ihm hergestellte oder gewonnene Menge des Stoffes eine Tonne jährlich erreicht. Eine Mitteilung ist nicht erforderlich für einen Stoff, der im Verlauf chemischer Reaktionen innerhalb geschlossener

Systeme lediglich vorübergehend auftritt und vom Hersteller nicht isoliert wird. Eine Mitteilung ist ferner nicht erforderlich, wenn der Hersteller nachweist, dass er den Stoff bereits vor dem 1. Januar 1990 hergestellt hat oder der Stoff nur für Zwecke der Forschung und Entwicklung hergestellt wird.

(2) Mitzuteilen sind:

1. die Identitätsmerkmale,
2. die Menge des Stoffes, die der Hersteller jährlich herstellen oder gewinnen will,
3. Hinweise zur Verwendung,
4. Prüfnachweise über
   a) physikalische, chemische und physikalisch-chemische Eigenschaften,
   b) akute Toxizität,
   c) reizende und ätzende Eigenschaften,
   d) sensibilisierende Eigenschaften,
   e) Anhaltspunkte für eine krebserzeugende oder erbgutverändernde Eigenschaft,
   f) biologische Abbaubarkeit sowie
   g) Toxizität gegenüber Wasserorganismen nach kurzzeitiger Einwirkung,
5. bei gefährlichen Stoffen nach § 3a Empfehlungen über die Vorsichtsmaßnahmen beim Verwenden, über Sofortmaßnahmen bei Unfällen sowie die von ihm vorgesehene Kennzeichnung.

(3) Erreicht die vom Mitteilungspflichtigen innerhalb eines Jahres hergestellte Menge des Stoffes 10 Tonnen, hat er der Anmeldestelle unverzüglich einen zusätzlichen Prüfnachweis über Toxizität gegenüber Wasserorganismen nach kurzzeitiger Einwirkung vorzulegen.

(4) Soweit der Hersteller nach anderen Rechtsvorschriften verpflichtet ist, über Absatz 2 hinausgehende Angaben über die Wirkungen des Stoffes auf Mensch und Umwelt mitzuteilen, hat er diese Angaben auch der Anmeldestelle zu übermitteln.

§ 16c Mitteilungspflichten bei alten Stoffen

(1) Wer nach den Artikeln 3 und 4 der Verordnung (EWG) Nr. 793/93 des Rates vom 23. März 1993 zur Bewertung und Kontrolle der Umweltrisiken chemischer Altstoffe (ABl. EG Nr. L 84 S. 1) in der jeweils jüngsten dem Amtsblatt der Europäischen Gemeinschaften veröffentlichten Fassung zur Vorlage von Angaben über alte Stoffe an die Kommission der Europäischen Gemeinschaften verpflichtet ist, hat gleichzeitig mit der Vorlage dieser Angaben an die Kommission der Anmeldestelle und der zuständigen Landesbehörde eine Liste der betreffenden Stoffe zu übermitteln.

(2) Die Bundesregierung wird ermächtigt, durch Rechtsverordnung mit Zustimmung des Bundesrates zum Zweck der Ermittlung und Bewerturig gefährlicher Eigenschaften alter Stoffe, und soweit dies gemeinschaftsrechtlich zulässig ist, bestimmte alte Stoffe zu bezeichnen, für die der Hersteller oder Einführer der Anmeldestelle bestimmte Angaben und Prüfnachweise nach den §§ 6, 7, 9 und 9a mitzuteilen hat, wenn

1. Anhaltspunkte, insbesondere ein nach dem Stand der wissenschaftlichen Erkenntnisse begründeter Verdacht dafür bestehen, dass der Stoff eine gefährliche Eigenschaft aufweist und Mensch oder Umwelt dem Stoff ausgesetzt sind, oder
2. unter Berücksichtigung der möglichen Exposition von Mensch oder Umwelt durch den Stoff eine Klärung der Frage erforderlich ist, ob er gefährlich ist.

Die Mitteilungspflicht kann von der hergestellten oder eingeführten Menge abhängig gemacht werden. Sie ist mit einer angemessenen Frist zu versehen. § 16 Nr. 1 bis 6 findet entsprechende Anwendung.

§ 16d Mitteilungspflichten bei Zubereitungen

(1) Die Bundesregierung wird ermächtigt, durch Rechtsverordnung mit Zustimmung des Bundesrates zum Zwecke der Ermittlung von Gefahren, die von Zubereitungen ausgehen können, sowie von Art und Umfang der Verwendung gefährlicher Stoffe in Zubereitungen den Hersteller, Einführer oder Verwender von bestimmten Zubereitungen zu verpflichten,

1. die Bezeichnung dieser Zubereitungen und ihre Handelsnamen,
2. deren Kennzeichnung,
3. Angaben über die Zusammensetzung dieser Zubereitungen,
4. die jährlich hergestellte, eingeführte oder verwendete Menge dieser Zubereitungen,
5. deren Verwendungsgebiete,
6. ihm vorliegende oder mit vertretbarem Aufwand beschaffbare Prüfnachweise nach den §§ 7, 9 und 9a, soweit sie zur Ermittlung gefährlicher Eigenschaften dieser Zubereitungen erforderlich sind, die sich nicht mit Hilfe der nach diesem Gesetz oder aufgrund dieses Gesetzes vorgeschriebenen Berechnungsverfahren bestimmen lassen, sowie
7. den Inhalt von Sicherheitsdatenblättern

der Anmeldestelle innerhalb einer angemessenen Frist schriftlich mitzuteilen, wenn Anhaltspunkte, insbesondere ein nach dem Stand der wissenschaftlichen Erkenntnisse begründeter Verdacht dafür vorliegen, dass von diesen Zubereitungen schädliche Einwirkungen auf den Menschen oder die Umwelt ausgehen.

(2) Die Mitteilungspflicht kann auf bestimmte Angaben über die Zusammensetzung beschränkt, von der hergestellten, eingeführten oder verwendeten Menge abhängig gemacht und auf spätere Änderungen der Zusammensetzung erstreckt werden. In der Rechtsverordnung sind Bestimmungen darüber zu treffen, dass und wie auf Verlangen des Mitteilungspflichtigen die Vertraulichkeit der mitgeteilten Angaben sicherzustellen ist.

§ 16e Mitteilungen für die Informations- und Behandlungszentren für Vergiftungen

(1) Wer als Hersteller oder Einführer oder unter Verwendung eines eigenen Handelsnamens eine Zubereitung nach § 3a Abs. 1 Nr. 6, 7, 9 und 11 bis 14, die für den Verbraucher bestimmt ist, oder ein Biozid-Produkt in den Verkehr bringt, hat dem Bundesinstitut für Risikobewertung

1. den Handelsnamen,
2. Angaben über die Zusammensetzung,
3. die Kennzeichnung,
4. Hinweise zur Verwendung,
5. Empfehlungen über Vorsichtsmaßnahmen beim Verwenden und Sofortmaßnahmen bei Unfällen

sowie jede spätere Veränderung zu diesen Angaben mitzuteilen, die für die Behandlung von Erkrankungen, die auf Einwirkungen seiner Zubereitung oder seines Biozid-Produkts zurückgehen können, von Bedeutung sein kann. Der Mitteilung bedarf es nicht, soweit die Angaben nach Satz 1 dem Bundesinstitut für Risikobewertung bereits übermittelt worden sind. Die Mitteilung hat vor dem erstmaligen Inverkehrbringen oder dem Eintritt der Veränderung zu erfolgen.

(2) Wer als Arzt zur Behandlung oder zur Beurteilung der Folgen einer Erkrankung hinzugezogen wird, bei der zumindest der Verdacht besteht, dass sie auf Einwirkungen gefährlicher Stoffe, gefährlicher Zubereitungen, von Erzeugnissen, die gefährliche Stoffe oder Zubereitungen freisetzen oder enthalten, oder von Biozid-Produkten zurückgeht, hat dem Bundesinstitut für Risikobewertung den Stoff oder die Zubereitung, Alter und Geschlecht des Patienten, den Expositionsweg, die aufgenommene Menge und die festgestellten Symptome mitzuteilen. Die Mitteilung hat hinsichtlich der Person des Patienten in anonymisierter Form zu erfolgen. § 8 Abs. 1 Nr. 1 zweiter Halbsatz des Infektionsschutzgesetzes vom 20. Juli 2000 (BGBl. I S. 1045) gilt entsprechend. Satz 1 gilt nicht, soweit diese Angaben einem Träger der gesetzlichen Unfallversicherung zu übermitteln sind; dieser hat die Angaben nach Satz 1 an das Bundesinstitut für Risikobewertung weiterzuleiten.

(3) Das Bundesinstitut für Risikobewertung übermittelt die Angaben nach Absatz 1, auch soweit ihm diese Angaben aufgrund anderer Rechtsvorschriften übermittelt worden sind, den von den Ländern zu bezeichnenden medizinischen Einrichtungen, die Erkenntnisse über die gesundheitlichen Auswirkungen gefährlicher Stoffe oder gefährlicher Zubereitungen sammeln und auswerten und bei stoffbezogenen Erkrankungen durch Beratung und Behandlung Hilfe leisten (Informations- und Behandlungszentren für Vergiftungen). Die nach Satz 1 bezeichneten Stellen berichten dem Bundesinstitut für Risikobewertung über Erkenntnisse aufgrund ihrer Tätigkeit, die für die Beratung und Behandlung von stoffbezogenen Erkrankungen von allgemeiner Bedeutung sind.

(4) Die Angaben nach den Absätzen 1 und 2 sind vertraulich zu behandeln. Die Angaben nach Absatz 1 dürfen nur zu dem Zweck verwendet werden, Anfragen medizinischen Inhalts zu bearbeiten und mit der Angabe von vorbeugenden und heilenden Maßnahmen zu beantworten.

(5) Die Bundesregierung wird ermächtigt, durch Rechtsverordnung mit Zustimmung des Bundesrates

1. die Pflichten nach Absatz 3 auch auf sonstige Stellen zu erstrecken, deren Aufgabe es ist, Anfragen medizinischen Inhalts mit der Angabe von vorbeugenden und heilenden Maßnahmen zu beantworten,
2. a) die Mitteilungspflicht nach Absatz 1 auch auf Stoffe und auf weitere Zubereitungen zu erstrecken, auch soweit sie nicht für den Verbraucher bestimmt sind, von denen schädliche Einwirkungen auf den Menschen ausgehen können,
   b) die Mitteilungspflicht nach Absatz 1 auf Erzeugnisse zu erstrecken, die gefährliche Stoffe oder Zubereitungen vorhersehbar freisetzen können, von denen schädliche Einwirkungen auf den Menschen ausgehen können,

   wenn die Kenntnisse über die Stoffe, Zubereitungen oder Erzeugnisse für die Informations- und Behandlungszentren für Vergiftungen oder für die nach Nummer 1 bezeichneten Stellen zur Erfüllung der ihnen übertragenen Aufgaben erforderlich sind und
3. nähere Bestimmungen über Art und Umfang der Angaben nach Absatz 1 und die Informationspflichten nach den Absätzen 2 und 3 sowie die vertrauliche Behandlung und die Zweckbindung nach Absatz 4 zu treffen.

§ 16f Mitteilungspflichten bei Biozid-Produkten und Biozid-Wirkstoffen

(1) Der Antragsteller in einem Zulassungs- oder Registrierungsverfahren nach diesem Gesetz für Biozid-Produkte sowie der Inhaber einer derartigen Zulassung oder Registrierung haben der Zulassungsstelle

1. Änderungen gegenüber den im Zusammenhang mit der Antragstellung mitgeteilten Angaben und vorgelegten Unterlagen,
2. neue Erkenntnisse über Auswirkungen der Wirkstoffe oder des Biozid-Produkts auf Mensch oder Umwelt und
3. die von ihm selbst veranlasste Veröffentlichung von Angaben, die nach § 22 Abs. 2 als vertraulich zu kennzeichnen waren,

unverzüglich mitzuteilen. Der Mitteilung nach Satz 1 Nr. 1 und 2 sind die Angaben, Unterlagen und Proben beizufügen, aus denen sich die Änderungen oder neuen Erkenntnisse ergeben. § 16 Satz 2 findet entsprechende Anwendung.

(2) Wer nach den Artikeln 3 und 4 der Verordnung (EG) Nr. 1896/2000 der Kommission vom 7. September 2000 über die erste Phase des Programms gemäß Artikel 16 Abs. 2 der Richtlinie 98/8/EG des Europäischen Parlaments und des Rates über Biozid-Produkte (ABl. EG Nr. L 123 S. 1) der Kommission der Europäischen Gemeinschaften Angaben über einen Biozid-Wirkstoff übermittelt, hat diese Angaben gleichzeitig auch der Zulassungsstelle und der zuständigen Landesbehörde zu übermitteln. Die Bundesregierung wird ermächtigt, durch Rechtsverordnung mit Zustimmung des Bundesrates entsprechende Übermittlungspflichten auch im Hinblick auf Angaben zu begründen, die aufgrund sonstiger unmittelbar geltender Rechtsakte nach Artikel 16 Abs. 2 der Richtlinie 98/8/EG übermittelt werden.

Fünfter Abschnitt: Ermächtigungen zu Verboten und Beschränkungen sowie zu Maßnahmen zum Schutz von Beschäftigten

§ 17 Verbote und Beschränkungen

(1) Die Bundesregierung wird ermächtigt, nach Anhörung der beteiligten Kreise durch Rechtsverordnung mit Zustimmung des Bundesrates, soweit es zu dem in § 1 genannten Zweck erforderlich ist,

1. vorzuschreiben, dass bestimmte gefährliche Stoffe, bestimmte gefährliche Zubereitungen oder Erzeugnisse, die einen solchen Stoff oder eine solche Zubereitung freisetzen können oder enthalten,
   a) nicht, nur in bestimmter Beschaffenheit oder nur für bestimmte Zwecke hergestellt, in den Verkehr gebracht oder verwendet werden dürfen,
   b) nur auf bestimmte Art und Weise verwendet werden dürfen oder
   c) nur unter bestimmten Voraussetzungen oder nur an bestimmte Personen abgegeben werden dürfen,
2. vorzuschreiben, dass derjenige, der bestimmte gefährliche Stoffe, bestimmte gefährliche Zubereitungen oder Erzeugnisse, die einen solchen Stoff oder eine solche Zubereitung freisetzen können oder enthalten, herstellt, in den Verkehr bringt oder verwendet,
   a) dies anzuzeigen hat,
   b) dazu einer Erlaubnis bedarf,
   c) bestimmten Anforderungen an seine Zuverlässigkeit und Gesundheit genügen muss oder
   d) seine Sachkunde in einem näher festzulegenden Verfahren nachzuweisen hat,
3. Herstellungs- oder Verwendungsverfahren zu verbieten, bei denen bestimmte gefährliche Stoffe anfallen.

(2) Durch Verordnung nach Absatz 1 können auch Verbote und Beschränkungen unter Berücksichtigung der Entwicklung von Stoffen, Zubereitungen, Erzeugnissen oder Verfahren, deren Herstellung, Verwendung, Entsorgung oder Anwendung mit einem geringeren Risiko für Mensch oder Umwelt verbunden ist, festgesetzt werden.

(3) Absatz 1 gilt auch für Biozid-Wirkstoffe und Biozid-Produkte, die nicht gefährliche Stoffe oder Zubereitungen im Sinne des § 3a sind, für Stoffe, Zubereitungen und Erzeugnisse nach § 19 Abs. 2 sowie für Stoffe, Zubereitungen oder Erzeugnisse, deren Umwandlungsprodukte gefährlich im Sinne des § 3a Abs. 1 Nr. 1 bis 14 sind. Durch Verordnung nach Absatz 1 in Verbindung mit Satz 1 können auch Vorschriften zur guten fachlichen Praxis bei der Verwendung von Biozid-Produkten erlassen werden.

(4) Absatz 1 Nr. 1 und 2 gilt auch für solche Stoffe, Zubereitungen oder Erzeugnisse, bei denen Anhaltspunkte, insbesondere ein nach dem Stand der wissenschaftlichen Erkenntnisse begründeter Verdacht dafür bestehen, dass der Stoff, die Zubereitung oder das Erzeugnis gefährlich ist.

(5) Die Bundesregierung kann in den Rechtsverordnungen nach Absatz 1 auch Methoden zur Überprüfung ihrer Einhaltung festlegen. Dabei können insbesondere auch die Entnahme von Proben und die hierfür anzuwendenden Verfahren und die zur Bestimmung von einzelnen Stoffen oder Stoffgruppen erforderlichen Analyseverfahren geregelt werden.

(6) Bei Gefahr im Verzuge kann die Bundesregierung eine Rechtsverordnung nach Absatz 1 Nr. 1 und 3 ohne Zustimmung des Bundesrates und ohne Anhörung der beteiligten Kreise erlassen. Sie tritt spätestens zwölf Monate nach ihrem Inkrafttreten außer Kraft. Ihre Geltungsdauer kann nur mit Zustimmung des Bundesrates verlängert werden.

(7) Die beteiligten Kreise bestehen aus jeweils auszuwählenden Vertretern der Wissenschaft, der Verbraucherschutzverbände, der Gewerkschaften und Berufsgenossenschaften, der beteiligten Wirtschaft, des Gesundheitswesens sowie der Umwelt-, Tierschutz- und Naturschutzverbände.

§ 18 Giftige Tiere und Pflanzen

(1) Die Bundesregierung wird ermächtigt, soweit es zum Schutz von Leben oder Gesundheit des Menschen unter Berücksichtigung der Belange des Natur- und Tierschutzes erforderlich ist, durch Rechtsverordnung mit Zustimmung des Bundesrates vorzuschreiben, dass Exemplare

1. bestimmter giftiger Tierarten
   a) nicht eingeführt oder nicht gehalten werden dürfen,
   b) nur eingeführt oder gehalten werden dürfen, wenn geeignete Gegenmittel und Behandlungsempfehlungen vom Einführer oder Tierhalter bereitgehalten werden, oder
   c) nur eingeführt oder gehalten werden dürfen, wenn dies der zuständigen Behörde zuvor angezeigt wird,
2. bestimmter giftiger Pflanzenarten
   a) auf bestimmten Flächen nicht angepflanzt oder
   b) in Katalogen und Warenlisten nur mit einem Hinweis auf ihre Giftigkeit angeboten werden dürfen.

Die Erlaubnis zur Haltung nach Satz 1 Nr. 1 Buchstaben b und c kann mit Auflagen verbunden werden.

(2) Absatz 1 Nr. 1 gilt entsprechend für tote Exemplare giftiger Tierarten oder für Teile von diesen. Absatz 1 Nr. 2 Buchstabe b gilt entsprechend für giftige Samen, giftiges Pflanz- und Vermehrungsgut sowie abgestobene Exemplare oder Teile giftiger Pflanzenarten.

(3) § 17 Abs. 1 Nr. 1 und 2 Buchstabe c und d gilt,'t entsprechend für die in Absatz 2 Satz 1 genannten Tierkörper oder deren Teile sowie für bestimmte Arten giftiger Samen und abgestorbener Exemplare oder Teile giftiger Pflanzenarten.

§ 19 Maßnahmen zum Schutz von Beschäftigten

(1) Die Bundesregierung wird ermächtigt, durch Rechtsverordnung mit Zustimmung des Bundesrates, soweit es zum Schutz von Leben und Gesundheit des Menschen einschließlich des Schutzes der Arbeitskraft und der menschengerechten Gestaltung der Arbeit erforderlich ist, beim Herstellen und Verwenden von Stoffen, Zubereitungen und Erzeugnissen sowie bei Tätigkeiten in deren Gefahrenbereich Maßnahmen der in Absatz 3 beschriebenen Art vorzuschreiben. Satz 1 gilt nicht für Maßnahmen nach Absatz 3, soweit entsprechende Vorschriften nach dem Atomgesetz, Bundes-Immissionsschutzgesetz, Pflanzenschutzgesetz oder Sprengstoffgesetz bestehen.

(2) Gefahrstoffe im Sinne dieser Vorschrift sind

1. gefährliche Stoffe und Zubereitungen nach § 3a sowie Stoffe und Zubereitungen, die sonstige chronisch schädigende Eigenschaften besitzen,
2. Stoffe, Zubereitungen und Erzeugnisse, die explosionsfähig sind,
3. Stoffe, Zubereitungen und Erzeugnisse, aus denen bei der Herstellung oder Verwendung Stoffe oder Zubereitungen nach Nummer 1 und 2 entstehen oder freigesetzt werden können,
4. sonstige gefährliche chemische Arbeitsstoffe im Sinne des Artikels 2 Buchstabe b in Verbindung mit Buchstabe a der Richtlinie 98/24/EG des Rates vom 7. April 1998 zum Schutz von Gesundheit und Sicherheit der Arbeitnehmer vor der Gefährdung durch chemische Arbeitsstoffe bei der Arbeit (ABl. EG Nr. L 131 S. 11),
5. Stoffe, Zubereitungen und Erzeugnisse, die erfahrungsgemäß Krankheitserreger übertragen können.

(3) Durch Rechtsverordnung nach Absatz 1 kann insbesondere bestimmt werden,

1. wie derjenige, der andere mit der Herstellung oder Verwendung von Stoffen, Zubereitungen oder Erzeugnissen beschäftigt, zu ermitteln hat, ob es sich im Hinblick auf die vorgesehene Herstellung oder Verwendung um einen Gefahrstoff handelt, soweit nicht bereits eine Einstufung nach den Vorschriften des Dritten Abschnitts erfolgt ist,
2. dass derjenige, der andere mit der Herstellung oder Verwendung von Gefahrstoffen beschäftigt, verpflichtet wird zu prüfen, ob Stoffe, Zubereitungen oder Erzeugnisse oder Herstellungs- oder Verwendungsverfahren

mit einem geringeren Risiko für die menschliche Gesundheit verfügbar sind und dass er diese verwenden soll oder zu verwenden hat, soweit es ihm zumutbar ist,

2a. dass der Hersteller oder Einführer dem Arbeitgeber auf Verlangen die gefährlichen Inhaltsstoffe der Gefahrstoffe sowie die gültigen Grenzwerte und, falls solche noch nicht vorhanden sind, Empfehlungen für einzuhaltende Stoffkonzentrationen und die von den Gefahrstoffen ausgehenden Gefahren oder die zu ergreifenden Maßnahmen mitzuteilen hat,

3. wie die Arbeitsstätte einschließlich der technischen Anlagen, die technischen Arbeitsmittel und die Arbeitsverfahren beschaffen, eingerichtet sein oder betrieben werden müssen, damit sie dem Stand der Technik, Arbeitsmedizin und Hygiene sowie den gesicherten sicherheitstechnischen, arbeitsmedizinischen, hygienischen und sonstigen arbeitswissenschaftlichen Erkenntnissen entsprechen, die zum Schutz der Beschäftigten zu beachten sind,

4. wie der Betrieb geregelt sein muss, insbesondere
   a) dass Stoffe und Zubereitungen bezeichnet und wie Gefahrstoffe innerbetrieblich verpackt, gekennzeichnet und erfasst sein müssen, damit die Beschäftigten durch eine ungeeignete Verpackung nicht gefährdet und durch eine Kennzeichnung über die von ihnen ausgehenden Gefahren unterrichtet werden,
   b) wie das Herstellungs- oder Verwendungsverfahren gestaltet sein muss, damit die Beschäftigten nicht gefährdet und die Grenzwerte oder Richtwerte über die Konzentration gefährlicher Stoffe oder Zubereitungen am Arbeitsplatz nach dem Stand der Technik unterschritten werden,
   c) welche Vorkehrungen getroffen werden müssen, damit Gefahrstoffe nicht in die Hände Unbefugter gelangen oder sonst abhanden kommen,
   d) welche persönlichen Schutzausrüstungen zur Verfügung gestellt und von den Beschäftigten bestimmungsgemäß benutzt werden müssen,
   e) wie die Zahl der Beschäftigten, die Gefahrstoffen ausgesetzt werden, beschränkt und wie die Dauer einer solchen Beschäftigung begrenzt sein muss,
   f) wie die Beschäftigten sich verhalten müssen, damit sie sich selbst und andere nicht gefährden, und welche Voraussetzungen hierfür zu treffen sind, insbesondere welche Kenntnisse und Fähigkeiten Beschäftigte haben müssen und welche Nachweise hierüber zu erbringen sind,
   g) unter welchen Umständen Zugangs- und Beschäftigungsbeschränkungen zum Schutz der Beschäftigten vorgesehen werden müssen,
   h) dass ein Projektleiter für bestimmte Herstellungs- oder Verwendungsverfahren zu bestellen ist, welche Verantwortlichkeiten diesem zuzuweisen sind und welche Sachkunde dieser nachzuweisen hat,

5. wie den Beschäftigten die anzuwendenden Vorschriften in einer tätigkeitsbezogenen Betriebsanweisung dauerhaft zur Kenntnis zu bringen sind, und in welchen Zeitabständen anhand der Betriebsanweisung über die auftretenden Gefahren und die erforderlichen Schutzmaßnahmen zu unterweisen ist,

6. welche Vorkehrungen zur Verhinderung von Betriebsstörungen und zur Begrenzung ihrer Auswirkungen für die Beschäftigten und welche Maßnahmen zur Organisation der Ersten Hilfe zu treffen sind,

7. dass und welche verantwortlichen Aufsichtspersonen für Bereiche, in denen Beschäftigte besonderen Gefahren ausgesetzt sind, bestellt und welche Befugnisse ihnen übertragen werden müssen, damit die Arbeitsschutzaufgaben erfüllt werden können,

8. dass im Hinblick auf den Schutz der Beschäftigten eine Gefahrenbeurteilung vorzunehmen ist, welche Unterlagen hierfür zu erstellen sind und dass diese Unterlagen zur Überprüfung der Gefahrenbeurteilung von der zuständigen Landesbehörde der Bundesanstalt für Arbeitsschutz zugeleitet werden können,

9. welche Unterlagen zur Abwendung von Gefahren für die Beschäftigten zur Einsicht durch die zuständige Landesbehörde bereitzuhalten und auf Verlangen vorzulegen sind,

10. dass ein Herstellungs- oder Verwendungsverfahren, bei dem besondere Gefahren für die Beschäftigten bestehen oder zu besorgen sind, der zuständigen Landesbehörde angezeigt oder von der zuständigen Landesbehörde erlaubt sein muss,

11. dass Arbeiten, bei denen bestimmte gefährliche Stoffe oder Zubereitungen freigesetzt werden können, nur von dafür behördlich anerkannten Betrieben durchgeführt werden dürfen,

12. dass die Beschäftigten gesundheitlich zu überwachen sind, hierüber Aufzeichnungen zu führen sind und zu diesem Zweck
    a) derjenige, der andere mit der Herstellung oder Verwendung von Gefahrstoffen beschäftigt, insbesondere verpflichtet werden kann, die Beschäftigten ärztlich untersuchen zu lassen,
    b) der Arzt, der mit einer Vorsorgeuntersuchung beauftragt ist, in Zusammenhang mit dem Untersuchungsbefund bestimmte Pflichten zu erfüllen hat, insbesondere hinsichtlich des Inhalts einer von ihm auszustellenden Bescheinigung und der Unterrichtung und Beratung über das Ergebnis der Untersuchung,
    c) die zuständige Behörde entscheidet, wenn Feststellungen des Arztes für unzutreffend gehalten werden,
    d) die in die Aufzeichnung aufzunehmenden Daten dem zuständigen Träger der gesetzlichen Unfallversicherung oder einer von ihm beauftragten Stelle zum Zwecke der Ermittlung arbeitsbedingter Gesundheitsgefahren oder Berufskrankheiten übermittelt werden,
13. dass der Arbeitgeber dem Betriebs- oder Personalrat Vorgänge mitzuteilen hat, die er erfahren muss, um seine Aufgaben erfüllen zu können,
14. dass die zuständigen Landesbehörden ermächtigt werden, zur Durchführung von Rechtsverordnungen bestimmte Anordnungen im Einzelfall zu erlassen, insbesondere bei Gefahr im Verzug auch gegen Aufsichtspersonen und sonstige Beschäftigte,
15. dass die Betriebsanlagen und Arbeitsverfahren, in denen bestimmte Gefahrstoffe hergestellt oder verwendet werden, durch einen Sachkundigen oder einen Sachverständigen geprüft werden müssen.

(4) Wegen der Anforderungen nach Absatz 3 kann auf jedermann zugängliche Bekanntmachungen sachverständiger Stellen verwiesen werden; hierbei ist
1. in der Rechtsverordnung das Datum der Bekanntmachung anzugeben und die Bezugsquelle genau zu bezeichnen,
2. die Bekanntmachung bei der Bundesanstalt für Arbeitsschutz archivmäßig gesichert niederzulegen und in der Rechtsverordnung darauf hinzuweisen.

Sechster Abschnitt: Gute Laborpraxis

§ 19a Gute Laborpraxis (GLP)

(1) Nichtklinische gesundheits- und umweltrelevante Sicherheitsprüfungen von Stoffen oder Zubereitungen, deren Ergebnisse eine Bewertung ihrer möglichen Gefahren für Mensch und Umwelt in einem Zulassungs-, Erlaubnis-, Registrierungs-, Anmelde- oder Mitteilungsverfahren ermöglichen sollen, sind unter Einhaltung der Grundsätze der Guten Laborpraxis nach dem Anhang 1 zu diesem Gesetz durchzuführen.

(2) Der Antragsteller oder der Anmelde- oder Mitteilungspflichtige, der in einem Verfahren nach Absatz 1 Prüfergebnisse vorlegt, hat nachzuweisen, dass die den Prüfergebnissen zugrundeliegenden Prüfungen den Anforderungen nach Anhang 1 entsprechen. Der Nachweis ist zu erbringen durch
1. die Bescheinigung nach § 19b und
2. die schriftliche Erklärung des Prüfleiters, inwieweit die Prüfung nach den Grundsätzen der Guten Laborpraxis durchgeführt worden ist.

Wird der Nachweis nicht erbracht, gelten die Prüfergebnisse als nicht vorgelegt.

(3) Bundesbehörden, die Prüfungen nach Absatz 1 durchführen, sind dafür verantwortlich, dass in ihrem Aufgabenbereich die Grundsätze der Guten Laborpraxis eingehalten werden.

(4) Die Aufbewahrungspflicht nach Nummer 10.2 des Anhangs 1 kann durch Übergabe der Unterlagen und schriftliche Vereinbarung mit dem Auftraggeber oder einem Dritten, die der zuständigen Behörde mitzuteilen sind, übertragen werden.

(5) Die Absätze 1 und 2 finden keine Anwendung auf

1. vor dem 5. April 1989 begonnene, aber zu diesem Zeitpunkt noch nicht abgeschlossene Prüfungen
   a) auf krebserzeugende und chronisch schädigende Eigenschaften, wenn sie bis zum 1. Januar 1995 abgeschlossen sind,
   b) auf sonstige Eigenschaften, wenn sie bis zum 1. Januar 1992 abgeschlossen sind,
2. vor dem 5. April 1989 abgeschlossene Prüfungen,
   a) wenn sie nach dem 1. Januar 1981 abgeschlossen worden sind, oder
   b) wenn die zuständige Behörde im Einzelfall festgestellt hat, dass die Prüfung auch unter Berücksichtigung der Grundsätze der Guten Laborpraxis noch verwertbar ist.

Bei Prüfungen, deren Ergebnisse für die Zulassung von Arzneimitteln oder Pflanzenschutzmitteln verwendet werden, treten an die Stelle des Datums „5. April 1989" das Datum „1. April 1990" und an die Stelle des Datums „1. Januar 1992" das Datum „1. Januar 1993".

§ 19b GLP-Bescheinigung

(1) Die zuständige Behörde hat demjenigen, der Prüfungen nach § 19a Abs. 1 durchführt, auf Antrag eine Bescheinigung über die Einhaltung der Grundsätze der Guten Laborpraxis zu erteilen, wenn seine Prüfeinrichtung oder sein Prüfstandort und die von ihm durchgeführten Prüfungen oder Phasen von Prüfungen den Grundsätzen der Guten Laborpraxis nach Anhang 1 entsprechen. Den Antrag nach Satz 1 kann auch stellen, wer, ohne zu Prüfungen nach § 19a Abs. 1 verpflichtet zu sein, ein berechtigtes Interesse glaubhaft macht. In dem Fall des § 19a Abs. 3 wird der Bundesbehörde die Bescheinigung von ihrer Aufsichtsbehörde oder einer von dieser bestimmter Stelle erteilt. Die Bescheinigung nach den Sätzen 1 und 3 ist nach dem Muster des Anhangs 2 auszustellen.

(2) Der Bescheinigung nach Absatz 1 Satz 1 stehen gleich:

1. GLP-Bescheinigungen anderer Mitgliedstaaten der Europäischen Gemeinschaften oder Vertragsstaaten des Abkommens über den Europäischen Wirtschaftsraum aufgrund der Richtlinie 88/320/EWG des Rates vom 7. Juni 1988 über die Inspektion und Überprüfung der Guten Laborpraxis (ABl. EG Nr. L 145 S. 35),
2. GLP-Bescheinigungen von Staaten, die nicht Mitglied der Europäischen Gemeinschaften sind, wenn die gegenseitige Anerkennung von GLP-Bescheinigungen gewährleistet ist,
3. eine Bestätigung des Bundesinstitutes für Risikobewertung, dass eine Prüfeinrichtung, die in einem Staat gelegen ist, der nicht Mitgliedstaat der Europäischen Gemeinschaften ist und die gegenseitige Anerkennung von GLP-Bescheinigungen nicht gewährleistet, nach den dem Bundesinstitut für Risikobewertung vorliegenden Erkenntnissen Prüfungen nach den Grundsätzen der Guten Laborpraxis durchführt.

§ 19c Berichterstattung

(1) Die Bundesregierung erstattet jährlich bis zum 31. März für das vergangene Kalenderjahr der Kommission der Europäischen Gemeinschaften Bericht über die Anwendung der Grundsätze der Guten Laborpraxis im Geltungsbereich dieses Gesetzes. Der Bericht enthält ein Verzeichnis der inspizierten Prüfeinrichtungen und Prüfstandorte, eine Angabe der Zeitpunkte, zu denen Inspektionen durchgeführt wurden und eine Zusammenfassung der Ergebnisse der Inspektionen. Die obersten Landesbehörden wirken bei der Erstellung des Berichts mit und übersenden ihre Beiträge bis zum 15. Februar für das vergangene Kalenderjahr dem Bundesministerium für Umwelt, Naturschutz und Reaktorsicherheit.

(2) Das Bundesministerium für Umwelt, Naturschutz und Reaktorsicherheit kann ein Verzeichnis der Prüfeinrichtungen und Prüfstandorte, die Prüfungen oder Phasen von Prüfungen unter Einhaltung der Grundsätze der Guten Laborpraxis durchführen, im Bundesanzeiger veröffentlichen.

§ 19d Ergänzende Vorschriften

(1) Das Bundesinstitut für Risikobewertung hat, zusätzlich zu den Aufgaben, die ihm durch Gesetze, Rechtsverordnungen oder andere Rechtsvorschriften übertragen sind, im Bereich der Guten Laborpraxis folgende Aufgaben:

1. Erstellung, Führung und Fortschreibung des Verzeichnisses nach § 19c Abs. 2,
2. fachliche Beratung der Bundesregierung und der Länder, insbesondere bei der Konkretisierung der Anforderungen an
   a) die Sachkunde und die Zuverlässigkeit der mit der Durchführung der Prüfungen betrauten Personen,
   b) die Beschaffenheit und die Ausstattung der Prüfeinrichtungen und Prüfstandorte,
   c) die Laborpraxis, z.B. die Beschaffenheit der Prüfproben, die Durchführung und Qualitätskontrolle der Prüfungen und Phasen von Prüfungen,
   d) die Gewinnung und Dokumentation von Daten,
   e) die Überwachung der Einhaltung der Grundsätze der Guten Laborpraxis,
3. fachliche Beratung der Bundesregierung im Rahmen von Konsultationsverfahren mit der Kommission der Europäischen Gemeinschaften und anderer Mitgliedstaaten,
4. Mitwirkung bei dem Vollzug von Vereinbarungen über die Gute Laborpraxis mit Staaten, die nicht Mitglied der Europäischen Gemeinschaften sind.

(2) Die Bundesregierung wird ermächtigt, durch Rechtsverordnung mit Zustimmung des Bundesrates zur Weiterentwicklung der Guten Laborpraxis die Anhänge 1 und 2 zu ändern.

(3) Die Bundesregierung erlässt mit Zustimmung des Bundesrates allgemeine Verwaltungsvorschriften über das Verfahren der behördlichen Überwachung. In der allgemeinen Verwaltungsvorschrift kann auch eine Übertragung der Veröffentlichungsbefugnis auf das Bundesinstitut für Risikobewertung geregelt werden.

Siebter Abschnitt: Allgemeine Vorschriften

§ 20 Vorlage von Prüfnachweisen

(1) Die vom Anmelde- oder Mitteilungspflichtigen vorzulegenden Prüfnachweise und die mit ihnen einzureichenden sonstigen Unterlagen müssen die Beurteilung ermöglichen, ob der Stoff oder die Zubereitung, auf die sie sich beziehen, schädliche Einwirkungen auf den Menschen oder die Umwelt hat. Die vom Antragstellerin einem Zulassungs- oder Registrierungsverfahren nach Abschnitt IIa vorzulegenden Prüfnachweise und die mit ihnen einzureichenden sonstigen Unterlagen und Proben müssen die Beurteilung ermöglichen, ob die Zulassungs- oder Registrierungsvoraussetzungen erfüllt sind.

(2) Lassen die Prüfnachweise, sonstigen Unterlagen und Proben eine ausreichende Beurteilung nicht zu, weil sie unvollständig oder fehlerhaft sind, oder ist eine Vorlage weiterer Prüfnachweise, Unterlagen oder ergänzender Auskünfte aufgrund eines Rechtsaktes eines Organs der Europäischen Gemeinschaften erforderlich, hat der Anmelde- oder Mitteilungspflichtige auf Verlangen der Anmeldestelle oder der Antragsteller auf Verlangen der Zulassungsstelle innerhalb einer von ihr gesetzten Frist die erforderlichen Berichtigungen und Ergänzungen vorzulegen. § 11 Abs. 3 gilt entsprechend. Rechtsbehelfe gegen die Anordnungen nach den Sätzen 1 und 2 haben keine aufschiebende Wirkung.

(3) Lassen die Prüfnachweise, sonstigen Unterlagen und Proben eine ausreichende Beurteilung nicht zu, obwohl sie weder unvollständig noch fehlerhaft sind, kann die Anmeldestelle oder die Zulassungsstelle vom Antragsteller vom Anmelde- oder Mitteilungspflichtigen unter Festsetzung einer angemessenen Frist ergänzende Auskünfte zu den ihr vorgelegten Prüfnachweisen und sonstigen Unterlagen verlangen. Rechtsbehelfe gegen das Auskunftsverlangen nach Satz 1 haben keine aufschiebende Wirkung.

(4) Sofern die Vorlage von Prüfnachweisen nach dem Stand der wissenschaftlichen Erkenntnisse, im Falle der Zulassung oder Registrierung von Biozid-Produkten auch aufgrund der Art des Biozid-Produkts oder seiner vorgesehenen Verwendung nicht erforderlich oder eine Prüfung technisch nicht möglich ist, ist die Nichtvorlage schriftlich zu begründen.

(5) Wer verpflichtet ist, Anmelde-, Antrags- oder Mitteilungsunterlagen, Prüfnachweise oder Proben nach den §§ 6, 7, 9, 9a, 12d bis 12i und 16 bis 16f vorzulegen, hat je ein Doppelstück dieser Unterlagen, Prüfnachweise oder Proben bis zum Ablauf von fünf Jahren nach dem letztmaligen Inverkehrbringen oder Herstellen des Stoffes oder der Zubereitung aufzubewahren. Satz 1 gilt hinsichtlich der Aufbewahrung von Proben nicht, wenn eine Aufbewahrung über den genannten Zeitraum nicht oder nur mit unverhältnismäßigem Aufwand möglich wäre.

(6) Die Bundesregierung wird ermächtigt, durch Rechtsverordnung mit Zustimmung des Bundesrates Inhalt und Form der Anmelde-, Antrags- oder Mitteilungsunterlagen nach den §§ 6, 7a, 12d bis 12i und 16 bis 16f und Art und Umfang der Prüfnachweise und Proben nach den §§ 6, 7, la, 9, 9a, 12d bis 12i und 16a bis 16c näher zu bestimmen. In der Rechtsverordnung ist zu bestimmen, dass Prüfverfahren, bei denen Versuchstiere eingesetzt werden, durch Verfahren zu ersetzen sind, die keinen, einen geringeren oder einen schonenderen Einsatz von Versuchstieren erfordern, soweit dies nach dem Stand der wissenschaftlichen Erkenntnis im Hinblick auf den Versuchszweck vertretbar und mit Rechtsakten von Organen der Europäischen Gemeinschaften vereinbar ist. Soweit dies zur Umsetzung von Rechtsakten von Organen der Europäischen Gemeinschaften erforderlich ist, kann in der Verordnung auch bestimmt werden, dass und unter welchen Voraussetzungen bei bestimmten Stoffen oder Stoffgruppen von der Vorlage bestimmter Anmeldeunterlagen oder Prüfnachweise nach den §§ 6, 7, 9 und 9a abgesehen werden kann.

§ 20a Verwendung von Prüfnachweisen eines Dritten, Voranfragepflicht

(1) Die Anmeldestelle kann zulassen, dass der Anmelde- oder Mitteilungspflichtige auf einen Prüfnachweis eines Dritten mit dessen schriftlicher Zustimmung Bezug nimmt, soweit ihr der Prüfnachweis vorliegt.

(2) Vor der Durchführung von Wirbeltierversuchen zur Vorbereitung einer Anmeldung, eines Antrags nach Abschnitt IIa oder einer Mitteilung hat derjenige, der die Vorlage des Prüfnachweises beabsichtigt, unter Nachweis der Berechtigung seines Interesses bei der Anmeldestelle, im Falle der Vorbereitung von Anträgen nach Abschnitt IIa bei der Zulassungsstelle anzufragen, ob die Wirbeltierversuche erforderlich sind. Einer Vorlage von Prüfnachweisen, die Wirbeltierversuche voraussetzen, bedarf es nicht, soweit der Anmeldestelle oder der Zulassungsstelle ausreichende Erkenntnisse vorliegen. Stammen diese Erkenntnisse aus Prüfnachweisen eines Dritten, deren Vorlage im Falle einer Anmeldung oder Mitteilung nicht mehr als zehn Jahre, im Falle eines Antrags nach Abschnitt IIa nicht mehr als die in § 12d Abs. 2 Satz 2 Nr. 2 genannten Fristen zurückliegt, teilt die Anmeldestelle oder die Zulassungsstelle diesem und dem Anfragenden unverzüglich mit, welche Prüfnachweise des Dritten sie zugunsten des Anfragenden zu verwerten beabsichtigt, sowie jeweils Name und Anschrift des anderen. Sind die Prüfnachweise von dem Dritten als Anmeldeunterlagen nach § 6 vorgelegt worden und hat er dabei einen entsprechenden Antrag gestellt, so erfolgen Mitteilungen der Anmeldestelle nach Satz 3 innerhalb des ersten Jahres nach Vorlage der Anmeldung zunächst ohne Nennung des Namens und der Anschrift der Beteiligten und ohne sonstige Angaben, die Rückschlüsse auf die Identität des jeweils anderen zulassen; die Angaben werden nach Ablauf der Jahresfrist ergänzt.

(3) Der Dritte kann innerhalb eines Monats nach Zugang der Mitteilung nach Absatz 2 Satz 3 der Verwertung seines Prüfnachweises widersprechen. Im Falle des Widerspruchs

1. verlängern sich im Falle der Anmeldung eines neuen Stoffes die Fristen nach § 8 Abs. 3 um den Zeitraum, den der Anfragende für die Beibringung eines eigenen Prüfnachweises benötigen würde,
2. ist im Falle der Zulassung oder Registrierung eines Biozid-Produkts das Zulassungs- oder Registrierungsverfahren für den Zeitraum auszusetzen, den der Anfragende für die Beibringung eines eigenen Prüfnachweises benötigen würde.

Der Zeitraum der Verlängerung oder Aussetzung ist auf Antrag eines Beteiligten nach Anhörung des Anfragenden und des Dritten festzustellen.

(4) Werden Prüfnachweise im Falle des Absatzes 2 Satz 3 und 4 vor Ablauf der dort genannten Fristen nach ihrer Vorlage durch den Dritten von der Anmeldestelle oder der Zulassungsstelle verwertet, hat der Dritte gegen denjenigen, zu dessen Gunsten die Verwertung erfolgte, Anspruch auf eine Vergütung in Höhe von 50 vom Hun-

dert der von diesem durch die Verwertung ersparten Aufwendungen und dieser gegen den Dritten Anspruch auf Überlassung einer Ausfertigung der verwerteten Prüfnachweise. Im Falle der Anmeldung nach § 4 oder der Zulassung oder Registrierung eines Biozid-Produkts kann der Dritte demjenigen, zu dessen Gunsten die Verwertung des Prüfnachweises erfolgte, das Inverkehrbringen des Stoffes oder des Biozid-Produkts untersagen, solange dieser nicht die Vergütung gezahlt oder für sie in angemessener Höhe Sicherheit geleistet hat.

(5) Sind von mehreren Vorlagepflichtigen gleichzeitig inhaltlich gleiche Prüfnachweise vorzulegen, so teilt die Anmeldestelle, im Falle von Vorlagepflichten zu Biozid-Produkten und Biozid-Wirkstoffen die Zulassungsstelle den Vorlagepflichtigen, die ihr bekannt sind, mit, welcher Prüfnachweis von ihnen gemeinsam vorzulegen ist, sowie jeweils Name und Anschrift der anderen Beteiligten. Die Anmeldestelle oder die Zulassungsstelle gibt den Beteiligten Gelegenheit, sich innerhalb einer von ihr zu bestimmenden Frist zu einigen, wer die Prüfnachweise vorlegt. Kommt eine Einigung nicht zustande, so entscheidet die Anmeldestelle oder die Zulassungsstelle und unterrichtet hiervon unverzüglich alle Beteiligten. Diese sind, sofern sie ihre Anmeldung oder ihren Zulassungs- oder Registrierungsantrag nicht zurücknehmen oder sonst die Voraussetzungen ihrer Anmelde- oder Mitteilungspflicht entfallen, verpflichtet, sich jeweils mit einem der Zahl der beteiligten Vorlagepflichtigen entsprechenden Bruchteil an den Aufwendungen für die Erstellung der Unterlagen zu beteiligen; sie haften als Gesamtschuldner.

§ 20b Ausschüsse

Die Bundesregierung wird ermächtigt, durch Rechtsverordnung mit Zustimmung des Bundesrates Ausschüsse zu bilden, denen die Aufgabe übertragen werden kann,

1. die Bundesregierung oder die zuständigen Bundesminister zu beraten, insbesondere
   a) bei der Entwicklung von Methoden für Prüfnachweise nach diesem Gesetz,
   b) bei der Erarbeitung von Vorschriften für die Einstufung, Kennzeichnung und Verpackung nach den §§ 14 und 19,
   c) bei der Benennung von Stoffen und Zubereitungen, für die eine Mitteilungspflicht nach § 16c oder § 16d begründet werden sollte,
   d) beim Erlass von Verbots-, Beschränkungs- oder Schutzvorschriften nach § 17, § 18 oder § 19 und
   e) bei der Weiterentwicklung der Guten Laborpraxis sowie
2. a) sicherheitstechnische, arbeitsmedizinische und hygienische Regeln sowie sonstige arbeitswissenschaftliche Erkenntnisse zu ermitteln,
   b) zum Schutz von Mensch und Umwelt Empfehlungen zu erarbeiten sowie
   c) für Mensch und Umwelt nicht oder weniger gefährliche Stoffe, Zubereitungen, Erzeugnisse und Verfahren vorzuschlagen,

die der zuständige Bundesminister amtlich bekannt machen kann.

§ 21 Überwachung

(1) Die zuständigen Landesbehörden haben die Durchführung dieses Gesetzes und der auf dieses Gesetz gestützten Rechtsverordnungen zu überwachen, soweit dieses Gesetz keine andere Regelung trifft.

(2) Absatz 1 gilt auch für Verordnungen der Europäischen Gemeinschaften (EG-Verordnungen), die Sachbereiche dieses Gesetzes betreffen, soweit die Überwachung ihrer Durchführung den Mitgliedstaaten obliegt. Sind für die Durchführung von EG-Verordnungen im Sinne des Satzes 1 die Entgegennahme und die Weiterleitung von Informationen oder sonstige Mitwirkungsakte der Mitgliedstaaten erforderlich, ist hierfür im Falle von EG-Verordnungen, die auf der Grundlage der Richtlinie 98/8/EG erlassen worden sind, die Zulassungsstelle und in den übrigen Fällen die Anmeldestelle zuständig.

(2a) Die Bundesregierung wird ermächtigt, durch Rechtsverordnung mit Zustimmung des Bundesrates zur Durchführung dieses Gesetzes, der auf dieses Gesetz gestützten Rechtsverordnungen sowie der in Absatz 2 Satz 1 genannten EG-Verordnungen

1. die Zuständigkeit für bestimmte Genehmigungen und Einvernehmenserklärungen abweichend von Absatz 1 und Absatz 2 Satz 1 einer Bundesoberbehörde zu übertragen, wenn diese Genehmigungen oder Einvernehmenserklärungen bundeseinheitlich zu erfolgen haben oder die Beurteilung von Sachverhalten voraussetzen, die in der Regel räumlich über den Zuständigkeitsbereich eines Landes hinausgehen, sowie
2. in den Fällen des Absatzes 2 Satz 2 eine andere Bundesoberbehörde zu bestimmen.

(3) Die zuständige Landesbehörde ist befugt, von natürlichen und juristischen Personen und nicht rechtsfähigen Personenvereinigungen alle zur Durchführung dieses Gesetzes, der auf dieses Gesetz gestützten Rechtsverordnungen und der in Absatz 2 Satz 1 genannten EG-Verordnungen erforderlichen Auskünfte zu verlangen. In den Fällen des Absatzes 2 Satz 2 stehen diese Befugnisse der der dort bezeichneten, in den Fällen des Absatzes 2a der in der Rechtsverordnung bezeichneten Bundesoberbehörde zu.

(4) Die mit der Überwachung beauftragten Personen sind befugt,
1. zu den Betriebs- und Geschäftszeiten Grundstücke, Geschäftsräume, Betriebsräume zu betreten und zu besichtigen, Proben von Stoffen, Zubereitungen und Erzeugnissen nach ihrer Auswahl zu fordern und zu entnehmen und in die geschäftlichen Unterlagen des Auskunftspflichtigen Einsicht zu nehmen,
2. die Vorlage der Unterlagen über Anmeldungen, Anträge und Mitteilungen nach diesem Gesetz, den auf dieses Gesetz gestützten Rechtsverordnungen und den in Absatz 2 Satz 1 genannten EG-Verordnungen zu verlangen,
3. Arbeitseinrichtungen und Arbeitsschutzmittel zu prüfen,
4. Herstellungs- und Verwendungsverfahren zu untersuchen und insbesondere das Vorhandensein und die Konzentration gefährlicher Stoffe und Zubereitungen festzustellen und zu messen.

Zur Verhütung dringender Gefahren für die öffentliche Sicherheit und Ordnung können die Maßnahmen nach Satz 1 Nr. 1, 3 und 4 auch in Wohnräumen und zu jeder Tages- und Nachtzeit getroffen werden. Der Auskunftspflichtige hat die Maßnahmen nach Satz 1 Nr. 1, 3 und 4 und Satz 2 zu dulden sowie die mit der Überwachung beauftragten Personen zu unterstützen, soweit dies zur Erfüllung ihrer Aufgaben erforderlich ist, insbesondere ihnen auf Verlangen Räume, Behälter und Behältnisse zu öffnen und die Entnahme von Proben zu ermöglichen. Das Grundrecht des Artikels 13 des Grundgesetzes auf Unverletzlichkeit der Wohnung wird insoweit eingeschränkt.

(5) Der Auskunftspflichtige kann die Auskunft auf solche Fragen verweigern, deren Beantwortung ihn selbst oder einen seiner in § 383 Abs. 1 Nr. 1 bis 3 der Zivilprozessordnung bezeichneten Angehörigen der Gefahr der Verfolgung wegen einer Straftat oder Ordnungswidrigkeit aussetzen würde.

(6) Kann die zuständige Landesbehörde Art und Umfang der bei der Herstellung oder Verwendung der in § 19 Abs. 2 genannten Stoffe, Zubereitungen und Erzeugnisse drohenden oder eingetretenen schädlichen Einwirkungen oder die zu ihrer Abwendung oder Vorbeugung erforderlichen Maßnahmen nicht beurteilen, so kann sie hierzu vom Hersteller oder Verwender verlangen, dass er durch einen von der Behörde zu bestimmenden Sachverständigen auf seine Kosten ein Gutachten erstatten lässt und ihr eine Ausfertigung des Gutachtens vorlegt. Satz 1 gilt nicht, soweit in diesem Gesetz Prüfungen vorgeschrieben oder die Voraussetzungen für die Anordnung von Prüfungen festgelegt sind.

(7) Die Anmeldestelle, die Zulassungsstelle und die für die Durchführung der Bewertung im Sinne dieses Gesetzes nach § 12 Abs. 2 und § 12j Abs. 2 und 3 zu bestimmenden Stellen sind verpflichtet, die Daten, die von ihnen aufgrund dieses Gesetzes und der auf Grundlage dieses Gesetzes ergangenen Verordnungen erhoben und gespeichert werden, den Behörden des Arbeitsschutzes, des allgemeinen Gesundheitsschutzes, des Umwelt- und Naturschutzes, der allgemeinen Gefahrenabwehr und des Brand- und Katastrophenschutzes der Länder sowie den Trägern der gesetzlichen Unfallversicherung im Wege der Amtshilfe zur Verfügung zu stellen. 16e Abs. 4 bleibt unberührt.

§ 21a Mitwirkung von Zollstellen

(1) Das Bundesministerium der Finanzen und die von ihm bestimmten Zollstellen wirken bei der Überwachung der Ein- und Ausfuhr derjenigen Stoffe, Zubereitungen und Erzeugnisse mit, die diesem Gesetz oder einer

aufgrund dieses Gesetzes erlassenen Rechtsverordnung oder einer Verordnung der Europäischen Gemeinschaften, die Sachbereiche dieses Gesetzes betrifft, unterliegen.

(2) Bestehen Anhaltspunkte für einen Verstoß gegen Verbote oder Beschränkungen, die sich aus den in Absatz 1 genannten Vorschriften ergeben, unterrichten die Zollstellen die zuständigen Behörden. Sie können die Stoffe, Zubereitungen oder Erzeugnisse sowie deren Beförderungs- oder Verpackungsmittel auf Kosten und Gefahr des Verfügungsberechtigten zurückweisen oder bis zur Behebung der festgestellten Mängel oder bis zur Entscheidung der zuständigen Behörde sicherstellen.

§ 22 Informationspflichten der Anmeldestelle und der Zulassungsstelle, Schutz von Betriebs- und Geschäftsgeheimnissen

(1) Die Anmeldestelle hat neben den ihr sonst durch dieses Gesetz zugewiesenen Aufgaben

1. eine Kurzfassung der Unterlagen nach den §§ 6, 7, 7a, 9, 9a, 16, 16a und 16c sowie Mitteilungen der Kommission der Europäischen Gemeinschaften über Anmeldungen in anderen Mitgliedstaaten und anderen Vertragsstaaten des Abkommens über den Europäischen Wirtschaftsraum an die zuständigen Landesbehörden weiterzuleiten und die zuständigen Landesbehörden vom Ergebnis der Bewertung der Unterlagen und von Anordnungen nach § 11 Abs. 1 bis 3 zu unterrichten,
2. eine Kurzfassung der Unterlagen nach § 16b an die zuständige Behörde des Landes, in dem der Stoff hergestellt wird oder hergestellt werden soll, weiterzuleiten und sie vom Ergebnis der Bewertung der Unterlagen zu unterrichten,
3. die für den Vollzug des § 23 zuständigen Landesbehörden über alle Erkenntnisse zu unterrichten, die für die Wahrnehmung dieser Aufgabe erforderlich sind, und sie auf Verlangen zu beraten,
4. dem Hersteller oder Einführer über den in § 20a Abs. 2 geregelten Fall hinaus auf Anfrage mitzuteilen, ob ein bestimmter Stoff nach diesem Gesetz oder nach einem entsprechenden Verfahren in einem anderen Mitgliedstaat der Europäischen Gemeinschaften oder Vertragsstaat des Abkommens über den Europäischen Wirtschaftsraum angemeldet oder mitgeteilt ist, soweit der Hersteller oder Einführer ein berechtigtes Interesse an der Auskunft nachweisen kann, und
5. an die Kommission der Europäischen Gemeinschaften eine Kurzfassung der Unterlagen nach den §§ 6, 7, 7a, 9, 9a, 16 und 16a einschließlich der Begründung für die Auswahl der Prüfnachweise nach den §§ 9 und 9a und des Ergebnisses der Bewertung weiterzuleiten. Auf Anforderung sind der Kommission oder den Anmeldestellen der anderen Mitgliedstaaten und Vertragsstaaten vollständige Unterlagen zuzuleiten.

(1a) Die Zulassungsstelle hat neben den ihr sonst durch dieses Gesetz zugewiesenen Aufgaben

1. eine Kurzfassung der Unterlagen nach den §§ 12d,12f bis 12i und 16f an die zuständigen Landesbehörden weiterzuleiten und sie über das Ergebnis der Bewertung der Unterlagen, den Inhalt ihrer Zulassungs-, Registrierungs-, Anerkennungs- und Genehmigungsbescheide sowie über Entscheidungen nach den §§ 12e und 12i zu unterrichten,
2. die für den Vollzug des § 23 zuständigen Landesbehörden über alle Erkenntnisse zu unterrichten, die für die Wahrnehmung dieser Aufgaben erforderlich sind, und sie auf Verlangen zu beraten,
3. dem Hersteller oder Einführer über den in § 20a Abs. 2 geregelten Fall hinaus auf Anfrage mitzuteilen, ob ein bestimmtes Biozid-Produkt bereits von ihr zugelassen oder registriert worden oder für es ein Zulassungs- oder Registrierungsantrag gestellt worden ist oder ob ein bestimmter Biozid-Wirkstoff bereits in Anhang I, IA oder IB der Richtlinie 98/8/EG aufgeführt ist oder für ihn bereits Unterlagen nach § 12h eingereicht wurden,
4. die zuständigen Behörden der anderen Mitgliedstaaten der Europäischen Gemeinschaften und Vertragsstaaten des Abkommens über den Europäischen Wirtschaftsraum sowie die Kommission der Europäischen Gemeinschaften in Erfüllung der in der Richtlinie 98/8/EG und den auf sie gestützten Rechtsakten von Organen der Europäischen Gemeinschaften hierzu enthaltenen Informationspflichten über Kenntnisse und Unterlagen, die sie bei der Wahrnehmung ihrer Aufgaben erlangt hat, und die von ihr getroffenen Maßnahmen und Entscheidungen zu unterrichten,

5. Informationen über physikalische, biologische, chemische und sonstige Maßnahmen als Alternative oder zur Minimierung des Einsatzes von Biozid-Produkten der Öffentlichkeit zur Verfügung zu stellen.

(2) Angaben, die ein Betriebs- und Geschäftsgeheimnis darstellen, sind auf Antrag des Anmelde- oder Mitteilungspflichtigen oder des Antragstellers eines Verfahrens nach dem Abschnitt IIa als vertraulich zu kennzeichnen, soweit er glaubhaft macht, dass ihre Verbreitung ihm betrieblich oder geschäftlich schaden könnte. Angaben aus Anmeldungen, Mitteilungen oder Anträgen, die in einem anderen Mitgliedstaat der Europäischen Gemeinschaften oder Vertragsstaat des Abkommens über den Europäischen Wirtschaftsraum eingereicht wurden, sind als vertraulich zu kennzeichnen, wenn die Stelle, die die Anmeldung, Mitteilungen oder Anträgen entgegengenommen hat, sie als vertraulich gekennzeichnet hat.

(3) Nicht unter das Betriebs- oder Geschäftsgeheimnis im Sinne des Absatzes 2 fallen

1. die Handelsbezeichnung des Stoffes oder Biozid-Produkts, bei Biozid-Produkten auch die Bezeichnungen und der Anteil des Biozid-Wirkstoffes oder der Biozid-Wirkstoffe sowie die Bezeichnung sonstiger zur Einstufung beitragender gefährlicher Inhaltsstoffe,
2. der Name und die Anschrift des Herstellers und des Anmelde- oder Mitteilungspflichtigen oder Antragstellers, bei Biozid-Produkten auch der Name und die Anschrift des Herstellers des Biozid-Wirkstoffes,
3. die physikalisch-chemischen Eigenschaften,
4. Verfahren zur Unschädlichmachung,
5. Empfehlungen über die Vorsichtsmaßnahmen beim Verwenden und über Sofortmaßnahmen bei Unfällen,
6. die Auswertung der toxikologischen und ökotoxikologischen Versuche, bei Biozid-Produkten auch die Zusammenfassung der Angaben zur Wirksamkeit und zur möglichen Resistenzbildung,
7. bei Stoffen der Reinheitsgrad des Stoffes und die Identität gefährlicher Zusatzstoffe und Verunreinigungen, soweit dies für die Einstufung und Kennzeichnung des Stoffes erforderlich ist,
8. der Inhalt des Sicherheitsdatenblattes sowie
9. für Stoffe, die in der Rechtsverordnung nach § 14 eingestuft sind, sowie für Biozid-Produkte und die in ihnen enthaltenen Biozid-Wirkstoffe Analysenmethoden zur Feststellung der Exposition des Menschen und des Vorkommens in der Umwelt, bei Biozid-Produkten Analysenmethoden auch zur Feststellung von Art und Menge der in ihnen enthaltenen Wirkstoffe und toxikologisch oder ökotoxikologisch relevanten Verunreinigungen.

(4) Die Daten nach Absatz 3 sind von der Anmeldestelle, bei zugelassenen Pflanzenschutzmitteln von dem Bundesamt für Verbraucherschutz und Lebensmittelsicherheit, auf Anfrage dritter Staaten, in die der Stoff von einem im Geltungsbereich des Gesetzes niedergelassenen Hersteller ausgeführt werden soll, diesen Staaten mitzuteilen.

(5) Die Zulassungsstelle veröffentlicht eine beschreibende Liste der zugelassenen und registrierten Biozid-Produkte (Biozid-Produkte-Verzeichnis) mit Angaben über die für die Verwendung der Biozid-Produkte wichtigen Merkmale und Eigenschaften einschließlich gegebenenfalls festgelegter Rückstandshöchstwerte und den Inhalt der Zulassung oder Registrierung und einschließlich des Zeitpunktes, bis zu dem die Zulassung oder Registrierung gültig ist. Erkenntnisse aus der Praxis der Verwendung von Biozid-Produkten sollen verwertet werden. Das Biozid-Produkte-Verzeichnis ist allgemein verständlich und benutzerfreundlich zu gestalten.

§ 23 Behördliche Anordnungen

(1) Die zuständige Landesbehörde kann im Einzelfall die Anordnungen treffen, die zur Beseitigung festgestellter oder zur Verhütung künftiger Verstöße gegen dieses Gesetz oder gegen die nach diesem Gesetz erlassenen Rechtsverordnungen oder gegen eine in § 21 Abs. 2 Satz 1 genannte EG-Verordnung notwendig sind.

(1a) Wird eine Anordnung nach Absatz 1 nicht innerhalb der gesetzten Frist oder eine solche für sofort vollziehbar erklärte Anordnung nicht sofort ausgeführt, kann die zuständige Behörde die von der Anordnung betroffene Arbeit ganz oder teilweise bis zur Erfüllung der Anordnung untersagen, wenn die Untersagung zum Schutz von Leben oder Gesundheit der Beschäftigten erforderlich ist.

(2) Die zuständige Landesbehörde kann für eine Dauer von höchstens drei Monaten anordnen, dass ein gefährlicher Stoff, eine gefährliche Zubereitung oder ein Erzeugnis, das einen gefährlichen Stoff oder eine gefährliche Zubereitung freisetzen kann oder enthält, nicht, nur unter bestimmten Voraussetzungen, nur in bestimmter Beschaffenheit oder nur für bestimmte Zwecke hergestellt, in den Verkehr gebracht oder verwendet werden darf, soweit Anhaltspunkte, insbesondere ein nach dem Stand der wissenschaftlichen Erkenntnisse begründeter Verdacht dafür vorliegen, dass von dem Stoff, der Zubereitung oder dem Erzeugnis eine erhebliche Gefahr für Leben oder Gesundheit des Menschen oder die Umwelt ausgeht. Die zuständige Landesbehörde kann diese Anordnung aus wichtigem Grund um bis zu einem Jahr verlängern. Die Sätze 1 und 2 gelten auch dann, wenn Anhaltspunkte, insbesondere ein nach dem Stand der wissenschaftlichen Erkenntnisse begründeter Verdacht, für die Annahme bestehen, dass ein Stoff oder eine Zubereitung gefährlich ist.

(3) Rechtsbehelfe gegen Anordnungen nach den Absätzen la und 2 haben keine aufschiebende Wirkung.

§ 24 Vollzug im Bereich der Bundeswehr

(1) Im Geschäftsbereich des Bundesministeriums der Verteidigung obliegt der Vollzug des Gesetzes und der auf dieses Gesetz gestützten Rechtsverordnungen dem Bundesministerium der Verteidigung und den von ihm bestimmten Stellen.

(2) Das Bundesministerium der Verteidigung kann für seinen Geschäftsbereich in Einzelfällen sowie für bestimmte Stoffe, Zubereitungen und Erzeugnisse Ausnahmen von dem Gesetz und von den auf dieses Gesetz gestützten Rechtsverordnungen zulassen, soweit dies zwingende Gründe der Verteidigung oder die Erfüllung zwischenstaatlicher Verpflichtungen erfordern.

§ 25 Angleichung an Gemeinschaftsrecht

Rechtsverordnungen nach diesem Gesetz können auch zum Zwecke der Angleichung der Rechts- und Verwaltungsvorschriften der Mitgliedstaaten der Europäischen Gemeinschaften erlassen werden, soweit dies zur Durchführung von Verordnungen, Richtlinien oder Entscheidungen des Rates oder der Kommission der Europäischen Gemeinschaften, die Sachbereiche dieses Gesetzes betreffen, erforderlich ist.

§ 25a Kosten

(1) Für Amtshandlungen nach diesem Gesetz und den zur Durchführung dieses Gesetzes erlassenen Rechtsvorschriften sowie nach EG-Verordnungen im Sinne des § 21 Abs. 2 Satz 1 sind Kosten (Gebühren und Auslagen) zu erheben.

(2) Die Bundesregierung wird ermächtigt, durch Rechtsverordnung, die nicht der Zustimmung des Bundesrates bedarf, die gebührenpflichtigen Tatbestände und die Gebührensätze für Amtshandlungen der nach diesem Gesetz zuständigen Bundesbehörden näher zu bestimmen. Für die Erhebung der Kosten für andere als in Satz 1 genannte Amtshandlungen gilt Landesrecht.

(3) Die dem Auskunftspflichtigen durch die Entnahme von Proben von Stoffen, Zubereitungen und Erzeugnissen oder durch Messungen entstehenden eigenen Aufwendungen hat er selbst zu tragen.

§ 26 Bußgeldvorschriften

(1) Ordnungswidrig handelt, wer vorsätzlich oder fahrlässig

1. entgegen § 4 Abs. 1 Satz 1 oder Abs. 2 Satz 1, auch in Verbindung mit Abs. 4, einen Stoff in den Verkehr bringt oder einführt,
   1a. entgegen § 4 Abs. 3 einen Stoff einführt,
   1b. einer vollziehbaren Anordnung nach § 5 Abs. 3 Nr. 1 oder § 11 Abs. 1 Satz 1 Nr. 3, auch in Verbindung mit Abs. 2 Satz 1, zuwiderhandelt,

2. entgegen § 7a Abs. 1 Satz 3 die erforderlichen Angaben oder Prüfnachweise nicht oder nicht rechtzeitig nachreicht,
3. entgegen § 8 Abs. 3 einen angemeldeten Stoff vor Ablauf der dort bezeichneten Frist in den Verkehr bringt,
4. einer vollziehbaren Anordnung nach § 11 Abs. 3, auch in Verbindung mit § 20 Abs. 2 Satz 1, zuwiderhandelt,

4a. entgegen § 12a Satz 1, § 12h Abs. 1 Satz 1 oder § 12i Abs. 4 Satz 1, auch in Verbindung mit Satz 2, ein Biozid-Produkt oder einen Biozid-Wirkstoff in den Verkehr bringt,

4b. einer vollziehbaren Anordnung nach § 12i Abs. 2 Satz 2 zuwiderhandelt,

4c. ohne Genehmigung nach § 12i Abs. 3 Satz 1 einen Versuch durchführt,

5. a) entgegen § 13 Abs. 1, auch in Verbindung mit Abs. 2 Satz 1 oder Abs. 3, einen Stoff, eine Zubereitung, einen Biozid-Wirkstoff, ein Biozid-Produkt oder ein Erzeugnis nicht oder nicht in der vorgeschriebenen Weise einstuft, verpackt oder kennzeichnet,
   b) entgegen § 15 Abs.1, auch in Verbindung mit Abs. 2, einen Stoff, eine Zubereitung, ein Erzeugnis, einen Biozid-Wirkstoff oder ein Biozid-Produkt oder ein gefährliches Erzeugnis ohne die vorgeschriebene Verpackung oder Kennzeichnung in den Verkehr bringt oder
   c) einer Rechtsverordnung nach § 14 Abs. 1 Nr. 3 Buchstabe a, d oder e über die Verpackung und Kennzeichnung oder nach § 14 Abs. 1 Nr. 3 Buchstabe b oder Abs. 2 Satz 2 über die Mitlieferung bestimmter Angaben oder Empfehlungen zuwiderhandelt, soweit sie für einen bestimmten Tatbestand auf diese Bußgeldvorschrift verweist,

5a. entgegen § 15a Abs. 1 oder 2 Satz 1 für einen gefährlichen Stoff oder ein Biozid-Produkt wirbt,

6. entgegen § 16, auch in Verbindung mit § 16a Abs. 3, § 16a Abs. 1 oder Abs. 2, § 16e Abs. 1 Satz 1, 3, auch in Verbindung mit einer Rechtsverordnung nach Abs. 5 Nr. 2 oder 3, eine Mitteilung oder § 16f Abs.1 Satz 1 oder entgegen § 16a Abs. 1 Satz 1 Nr. 9 eine Versicherung nicht, nicht richtig, nicht vollständig oder nicht rechtzeitig vornimmt oder abgibt,

6a. entgegen § 16b Abs. 1 Satz 1 oder Abs. 2 eine Mitteilung nicht, nicht richtig, nicht vollständig oder nicht rechtzeitig vornimmt, entgegen § 16b Abs. 3 einen Prüfnachweis nicht, nicht vollständig oder nicht rechtzeitig vorlegt oder entgegen § 16c Abs. 1 oder § 16f Abs. 2 Satz 1 oder § 16f Abs. 2 Satz 1 eine Liste oder eine Angabe oder eine Angabe nicht, nicht vollständig oder nicht rechtzeitig übermittelt,

6b. einer Rechtsverordnung nach § 16c Abs. 2, § 16d oder § 16f Abs. 2 Satz 2 über Mitteilungspflichten bei alten Stoffen oder bei Zubereitungen oder über Übermittlungspflichten bei Biozid-Wirkstoffen zuwiderhandelt, soweit sie für einen bestimmten Tatbestand auf diese Bußgeldvorschrift verweist,

7. einer Rechtsverordnung nach § 17 Abs. 1 Nr. 1 Buchstabe b oder c oder Nr. 2 Buchstabe a, c oder d, jeweils auch in Verbindung mit Abs. 3 Satz 1, über das Herstellen, das Inverkehrbringen oder das Verwenden dort bezeichneter Stoffe, Zubereitungen, Erzeugnisse, Biozid-Wirkstoffe oder Biozid-Produkte zuwiderhandelt, soweit die Rechtsverordnung für einen bestimmten Tatbestand auf diese Bußgeldvorschrift verweist,
8. einer Rechtsverordnung nach
   a) § 18 Abs.1 über giftige Tiere und Pflanzen,
   b) § 19 Abs. 1 in Verbindung mit Abs. 3 über Maßnahmen zum Schutz von Beschäftigten

   zuwiderhandelt, soweit sie für einen bestimmten Tatbestand auf diese Bußgeldvorschrift verweist,

8a. entgegen § 20a Abs. 2 Satz 1 nicht oder nicht rechtzeitig anfragt, ob Wirbeltierversuche erforderlich sind,

9. entgegen § 21 Abs. 3 eine Auskunft trotz Anmahnung nicht erteilt, entgegen § 21 Abs. 4 Satz 1 Nr. 2 Unterlagen nicht vorlegt oder einer Pflicht nach § 21 Abs. 4 Satz 3 nicht nachkommt,
10. einer vollziehbaren Anordnung
    a) nach § 23 Abs.1 oder
    b) nach § 23 Abs. 2 Satz 3 in Verbindung mit Satz 1 über das Herstellen, das Inverkehrbringen oder das Verwenden von Stoffen, Zubereitungen oder Erzeugnissen

    zuwiderhandelt oder
11. einer unmittelbar geltenden Vorschrift in Rechtsakten der Europäischen Gemeinschaften zuwiderhandelt, die Sachbereiche dieses Gesetzes betrifft, soweit eine Rechtsverordnung nach Satz 2 für einen bestimmten Tatbe-

stand auf diese Bußgeldvorschrift verweist und die Zuwiderhandlung nicht nach § 27 Abs. 1 Nr. 3 oder Abs. 2 als Straftat geahndet werden kann. Die Bundesregierung wird ermächtigt, durch Rechtsverordnung mit Zustimmung des Bundesrates die einzelnen Tatbestände der Rechtsakte, die nach Satz 1 als Ordnungswidrigkeiten mit Geldbuße geahndet werden können, zu bezeichnen, soweit dies zur Durchführung der Rechtsakte erforderlich ist.

(2) Die Ordnungswidrigkeit kann in den Fällen des Absatzes 1 Nr. 1,1 b, 3, 4, 4a bis 4c, 5, 6a, 6b, 7, 8 Buchstabe b, Nr. 10 und 11 mit einer Geldbuße bis zu fünfzigtausend Euro, in den Fällen des Absatzes 1 Nr. 1 a, 2, 5a, 6, 8 Buchstabe a, Nr. 8a und 9 mit einer Geldbuße bis zu zehntausend Euro geahndet werden.

(3) Verwaltungsbehörde im Sinne des § 36 Abs. 1 Nr. 1 des Gesetzes über Ordnungswidrigkeiten ist

1. in den Fällen des Absatzes 1 Nr. 9 in Verbindung mit § 21 Abs. 3 Satz 2
   a) die Zulassungsstelle und die Anmeldestelle jeweils für ihren Geschäftsbereich gemäß § 21 Abs. 2 Satz 2 oder
   b) die in der Rechtsverordnung nach § 21 Abs. 2a bezeichnete Bundesbehörde, soweit ihr die in § 21 Abs. 3 Satz 1 bezeichneten Befugnisse zustehen,
2. in den Fällen des Absatzes 1 Nr. 11 in Verbindung mit § 5 Nr. 7, 8 und 9 der Chemikalien Straf- und Bußgeldverordnung die Anmeldestelle,
3. im Übrigen die nach Landesrecht zuständige Behörde.

§ 27 Strafvorschriften

(1) Mit Freiheitsstrafe bis zu zwei Jahren oder mit Geldstrafe wird bestraft, wer

1. einer Rechtsverordnung nach § 17 Abs. 1 Nr. 1 Buchstabe a, Nr. 2 Buchstabe b oder Nr. 3, jeweils auch in Verbindung mit Abs. 2, 3 Satz 1, Abs. 4 oder 6 über das Herstellen, das Inverkehrbringen oder das Verwenden dort bezeichneter Stoffe, Zubereitungen, Erzeugnisse, Biozid-Wirkstoffe oder Biozid-Produkte zuwiderhandelt, soweit sie für einen bestimmten Tatbestand auf diese Strafvorschrift verweist,
2. einer vollziehbaren Anordnung nach § 23 Abs. 2 Satz 1 über das Herstellen, das Inverkehrbringen oder das Verwenden gefährlicher Stoffe, Zubereitungen oder Erzeugnisse zuwiderhandelt oder
3. einer unmittelbar geltenden Vorschrift in Rechtsakten der Europäischen Gemeinschaften zuwiderhandelt, die inhaltlich einer Regelung entspricht, zu der die in Nummer 1 genannten Vorschriften ermächtigen, soweit eine Rechtsverordnung nach Satz 2 für einen bestimmten Tatbestand auf diese Strafvorschrift verweist. Die Bundesregierung wird ermächtigt, soweit dies zur Durchsetzung der Rechtsakte der Europäischen Gemeinschaften erforderlich ist, durch Rechtsverordnung mit Zustimmung des Bundesrates die Tatbestände zu bezeichnen, die als Straftat nach Satz 1 zu ahnden sind.

(2) Mit Freiheitsstrafe bis zu fünf Jahren oder mit Geldstrafe wird bestraft, wer durch eine in Absatz 1 oder eine in § 26 Abs. 1 Nr. 1, 4, 4a bis 4c, 5, 8 Buchstabe b, Nr. 10 oder 11 bezeichnete Handlung das Leben oder die Gesundheit eines anderen oder fremde Sachen von bedeutendem Wert gefährdet.

(3) Der Versuch ist strafbar.

(4) Handelt der Täter fahrlässig, so ist die Strafe

1. in den Fällen des Absatzes 1 Freiheitsstrafe bis zu einem Jahr oder Geldstrafe,
2. in den Fällen des Absatzes 2 Freiheitsstrafe bis zu zwei Jahren oder Geldstrafe.

(5) Das Gericht kann von Strafe nach Absatz 2 absehen, wenn der Täter freiwillig die Gefahr abwendet, bevor ein erheblicher Schaden entsteht. Unter denselben Voraussetzungen wird der Täter nicht nach Absatz 4 Nr. 2 bestraft. Wird ohne Zutun des Täters die Gefahr abgewendet, so genügt sein freiwilliges und ernsthaftes Bemühen, dieses Ziel zu erreichen.

(6) Die Absätze 1 bis 5 gelten nicht, wenn die Tat nach den §§ 328, 330 oder 330a des Strafgesetzbuches mit gleicher oder schwererer Strafe bedroht ist.

§ 27a Unwahre GLP-Erklärungen, Erschleichen der GLP-Bescheinigung

(1) Wer zur Täuschung im Rechtsverkehr die Erklärung nach § 19a Abs. 2 Satz 2 Nr. 2 der Wahrheit zuwider abgibt oder eine unwahre Erklärung gebraucht, wird mit Freiheitsstrafe bis zu fünf Jahren oder mit Geldstrafe bestraft.

(2) Ein Amtsträger, der innerhalb seiner Zuständigkeit eine unwahre Bescheinigung nach § 19b Abs. 1 oder eine unwahre Bestätigung nach § 19b Abs. 2 Nr. 3 erteilt, wird mit Freiheitsstrafe bis zu fünf Jahren oder mit Geldstrafe bestraft.

(3) Wer bewirkt, dass eine unwahre Bescheinigung oder Bestätigung nach § 19b erteilt wird, oder wer eine solche Bescheinigung oder Bestätigung zur Täuschung im Rechtsverkehr gebraucht, wird mit Freiheitsstrafe bis zu einem Jahr oder mit Geldstrafe bestraft.

(4) Der Versuch ist strafbar.

§ 27b Einziehung

Gegenstände, auf die sich eine Straftat nach § 27 oder eine Ordnungswidrigkeit nach § 26 Abs. 1 Nr. 1, 2, 4, 4a bis 4c, 5, 7, 10 oder 11 bezieht, können eingezogen werden. § 74a des Strafgesetzbuches und § 23 des Gesetzes über Ordnungswidrigkeiten sind anzuwenden.

Achter Abschnitt: Schlussvorschriften

§ 28 Übergangsregelung

(1) (weggefallen)

(2) (weggefallen)

(3) § 5 Abs. 1 Nr. 1 gilt entsprechend für Stoffe, die

1. bereits vor dem 1. November 1993 in einem Mitgliedstaat der Europäischen Gemeinschaften in Verkehr waren und
2. dem § 5 Abs. 1 Nr. 1 in seiner damaligen Fassung unterlagen.

(4) § 5 Abs. 1 Nr. 4 gilt entsprechend für Stoffe, die

1. in Mengen von weniger als eine Tonne jährlich je Hersteller in den Mitgliedstaaten der Europäischen Gemeinschaften und den anderen Vertragsstaaten des Abkommens über den Europäischen Wirtschaftsraum insgesamt für Forschungs- und Analysezwecke in den Verkehr gebracht werden und ausschließlich für Laboratorien bestimmt sind,
2. bereits vor dem 1. November 1993 in einem Mitgliedstaat der Europäischen Gemeinschaften in Verkehr waren und
3. dem § 16a Abs. 3 in seiner damaligen Fassung unterlagen.

(5) Die Bestimmungen des Zweiten Abschnitts sowie der §§ 16a, 16b und 22, die Sachverhalte oder Behörden in anderen Vertragsstaaten des Abkommens über den Europäischen Wirtschaftsraum betreffen, sind in Bezug auf Vertragsstaaten, die nicht Mitgliedstaaten der Europäischen Gemeinschaften sind, erst mit dem Beginn des Tages anzuwenden, an dem der betreffende Staat der Richtlinie 92/32/EWG des Rates vom 30. April 1992 zur siebten Änderung der Richtlinie 67/548/EWG zur Angleichung der Rechts- und Verwaltungsvorschriften für die Einstufung, Verpackung und Kennzeichnung gefährlicher Stoffe nachgekommen ist. Das Bundesministerium für

Umwelt, Naturschutz und Reaktorsicherheit gibt diesen Tag im Bundesgesetzblatt bekannt. Die Bundesregierung wird ermächtigt, durch Rechtsverordnung mit Zustimmung des Bundesrates Ausnahme- und Obergangsvorschriften für die Einbeziehung der Vertragsstaaten des Abkommens über den Europäischen Wirtschaftsraum, die nicht Mitgliedstaaten der Europäischen Gemeinschaften sind, in das gemeinschaftliche Anmeldeverfahren zu erlassen, soweit dies aufgrund der in Artikel 23 in Verbindung mit Anhang II Nr. XV 1 des Abkommens über den Europäischen Wirtschaftsraum vorgesehenen Regelung erforderlich ist.

(6) Wird bei einer Anmeldung, die vor dem 1. November 1993 eingereicht worden ist, eine Zusatzprüfung nach § 9 erforderlich, so kann die Anmeldestelle vom Anmeldepflichtigen zusätzlich zu den Prüfnachweisen nach § 9 auch die Vorlage derjenigen Prüfnachweise nach § 7 verlangen, die ihr noch nicht vorliegen.

(7) Anmelde- oder Mitteilungsunterlagen, die in der Zeit zwischen dem 31. Oktober 1993 und dem 1. August 1994 für Stoffe eingereicht worden sind, die von den Artikeln 7 und 8 der Richtlinie 67/548/EWG in der Fassung der Richtlinie 92/32/EWG erfaßt werden, sind von der Anmeldestelle wie Anmeldeunterlagen im Sinne des Zweiten Abschnitts zu behandeln. Soweit Unterlagen fehlen, die nach den Bestimmungen des Zweiten Abschnitts vorzulegen wären, kann die Anmeldestelle vom Anmelde- oder Mitteilungspflichtigen eine entsprechende Ergänzung innerhalb einer von ihr festzusetzenden angemessenen Frist verlangen. § 11 Abs. 3 und 4 findet entsprechende Anwendung.

(8) Der Abschnitt IIa findet auf Biozid-Produkte, die ausschließlich Wirkstoffe enthalten, die bereits vor dem 14. Mai 2000 zu anderen als zu Zwecken der wissenschaftlichen oder der verfahrensorientierten Forschung und Entwicklung in Verkehr waren und noch nicht in Anhang I oder IA der Richtlinie 98/8/EG aufgeführt sind, keine Anwendung bis zu dem Zeitpunkt, in dem über die Aufnahme des Wirkstoffes oder der Wirkstoffe in Anhang I oder IA der Richtlinie 98/8/EG entschieden wird, längstens jedoch bis zum 13. Mai 2010; unmittelbar geltende Vorschriften in Rechtsakten der Europäischen Gemeinschaften aufgrund des Artikels 16 Abs. 2 der Richtlinie 98/8/EG bleiben unberührt. Bis zu dem in Satz 1 genannten Zeitpunkt sind die §§ 30 und 31 des Lebensmittel- und Bedarfsgegenständegesetzes auf Biozid-Produkte im Sinne von Satz 1 zur Bekämpfung von Mikroorganismen bei Bedarfsgegenständen im Sinne von § 5 Abs. 1 Nr. 1 des Lebensmittel- und Bedarfsgegenständegesetzes und Biozid-Produkte im Sinne von Satz 1 zur Insektenvertilgung in Räumen, die zum Aufenthalt von Menschen bestimmt sind, ausgenommen Mittel, die ausschließlich als Pflanzenschutzmittel im Sinne des Pflanzenschutzgesetzes in den Verkehr gebracht werden, sowie § 9 in Verbindung mit Anlage 7 (zu § 9) Nr. 2 und 3 der Bedarfsgegenständeverordnung in der bis zum 27. Juni 2002 geltenden Fassung für die dort jeweils in Spalte 2 genannten Biozid-Produkte entsprechend anzuwenden.

(9) Werbematerial zu Biozid-Produkten, das am 27. Juni 2002 bereits vorhanden war und nicht den Vorschriften des § 15a Abs. 2 entspricht, darf bis zum 1. September 2002 aufgebraucht werden. Mitteilungen nach § 16e zu am 27. Juni 2002 bereits im Verkehr befindlichen Biozid-Produkten, zu denen bis dahin noch keine entsprechende Mitteilung gemacht worden ist, haben bei Biozid-Produkten, die bereits vor dem 14. Mai 2000 im Verkehr waren, bis zum 13. Mai 2003, im Übrigen unverzüglich zu erfolgen.

(10) Die Bundesregierung wird ermächtigt, durch Rechtsverordnung mit Zustimmung des Bundesrates die Ausnahme- und Übergangsvorschriften zu den Vorschriften des Abschnitts IIa zu erlassen, die

1. aufgrund des Abkommens über den Europäischen Wirtschaftsraum zur Einbeziehung der Vertragsstaaten, die nicht Mitgliedstaaten der Europäischen Gemeinschaft sind, oder
2. aufgrund bindender Beschlüsse der Europäischen Gemeinschaften zur Einbeziehung neuer Mitgliedstaaten in das gemeinschaftliche System der Zulassung und Registrierung von Biozid-Produkten nach der Richtlinie 98/8/EG erforderlich sind.

(11) Die Bundesregierung wird ermächtigt, nach Anhörung der beteiligten Kreise durch Rechtsverordnung mit Zustimmung des Bundesrates, soweit es zu dem in § 1 genannten Zweck erforderlich ist, bis zum 13. Mai 2010

vorzuschreiben, dass bestimmte Biozid-Produkte im Sinne von Absatz 8 Satz 1 erst in den Verkehr gebracht und verwendet werden dürfen, nachdem sie von der Zulassungsstelle zugelassen worden sind. In der Rechtsverordnung kann von Anforderungen der Vorschriften des Abschnitts IIa abgewichen werden. Statt einer Zulassung kann auch ein Meldeverfahren vorgesehen werden.

§ 29 (Außerkrafttreten)

§ 30 Berlin-Klausel
(gegenstandslos)

§ 31
(Inkrafttreten)

Anhang l (zu § 19a Abs. 1)

Grundsätze der Guten Laborpraxis (GLP)

Inhaltsübersicht

Abschnitt I

1 Anwendungsbereich

Diese Grundsätze der Guten Laborpraxis finden Anwendung auf die nicht-klinischen Sicherheitsprüfungen von Prüfgegenständen, die in Arzneimitteln, Pflanzenschutzmitteln und Bioziden, kosmetischen Mitteln, Tierarzneimitteln sowie in Lebensmittelzusatzstoffen, Futtermittelzusatzstoffen und Industriechemikalien enthalten sind. Häufig sind diese Prüfgegenstände synthetische chemische Produkte; sie können aber auch natürlichen oder biologischen Ursprungs sein; unter Umständen kann es sich um lebende Organismen handeln. Zweck der Prüfung dieser Prüfgegenstände ist es, Daten über deren Eigenschaften und deren Unbedenklichkeit für die menschliche Gesundheit und die Umwelt zu gewinnen.

Zu den nicht-klinischen, gesundheits- und umweltrelevanten Sicherheitsprüfungen, die durch die Grundsätze der Guten Laborpraxis abgedeckt werden, zählen sowohl Laborprüfungen als auch Prüfungen in Gewächshäusern oder im Freiland.

Diese Grundsätze der Guten Laborpraxis finden Anwendung auf sämtliche nicht-klinische gesundheits- und umweltrelevante Sicherheitsprüfungen, die von Bewertungsbehörden zur Registrierung oder Zulassung von Arzneimitteln, Pflanzenschutzmitteln, Lebensmittel und Futtermittelzusatzstoffen, kosmetischen Mitteln, Tierarzneimitteln und ähnlichen Produkten sowie zur Anmeldung von Industriechemikalien gefordert werden.

Diese Grundsätze der Guten Laborpraxis finden ebenfalls Anwendung auf Phasen von Prüfungen, die an einem Prüfstandort durchgeführt werden. Prüfstandorte mit eigener Leitung können auf Antrag in das nationale GLP-Überwachungsverfahren aufgenommen werden.

2 Begriffsbestimmungen

2.1 Gute Laborpraxis (Good Laboratory Practice, GLP)

Gute Laborpraxis ist ein Qualitätssicherungssystem, das sich mit dem organisatorischen Ablauf und den Rahmenbedingungen befasst, unter denen nicht-klinische gesundheits- und umweltrelevante Sicherheitsprüfungen geplant, durchgeführt und überwacht werden sowie mit der Aufzeichnung, Archivierung und Berichterstattung der Prüfungen.

2.2 Begriffe betreffend die Organisation einer Prüfeinrichtung

(1) Prüfeinrichtung umfasst die Personen, Räumlichkeiten und Arbeitseinheiten, die zur Durchführung von nicht-klinischen gesundheits- und umweltrelevanten Sicherheitsprüfungen notwendig sind. Bei Prüfungen, die in

Phasen an mehr als einem Standort durchgeführt werden, so genannte Multi-Site-Prüfungen, umfasst der Begriff Prüfeinrichtung sowohl den Standort, an dem der Prüfleiter angesiedelt ist, als auch alle anderen individuellen Prüfstandorte. Die Prüfstandorte können sowohl in ihrer Gesamtheit als auch jeweils einzeln als Prüfeinrichtung definiert werden.

(2) Prüfstandort ist der Ort, an dem eine oder mehrere Phasen einer Prüfung durchgeführt werden. Unter Phasen von Prüfungen sind hier einzelne Teile, Abschnitte, Schritte oder Stufen von Prüfungen zu verstehen.

(3) Leitung der Prüfeinrichtung bezeichnet diejenige Person oder Personengruppe, die die Zuständigkeit und formale Verantwortung für die Organisation und das Funktionieren der Prüfeinrichtung gemäß diesen Grundsätzen der Guten Laborpraxis besitzt.

(4) Leitung eines Prüfstandortes bezeichnet diejenige Person oder Personengruppe, die sicherzustellen hat, dass diejenigen Phasen der Prüfung, für die sie die Verantwortung übernommen hat, nach diesen Grundsätzen der Guten Laborpraxis durchgeführt werden.

(5) Auftraggeber ist eine natürliche oder juristische Person, die eine nicht-klinische gesundheits- und umweltrelevante Sicherheitsprüfung in Auftrag gibt, unterstützt oder einreicht.

(6) Prüfleiter ist diejenige Person, die für die Gesamtleitung der nicht-klinischen gesundheits- und umweltrelevanten Sicherheitsprüfung verantwortlich ist.

(7) Örtlicher Versuchsleiter (Principal Investigator) bezeichnet diejenige Person, die, im Falle einer Multi-Site-Prüfung, im Auftrag des Prüfleiters bestimmte Verantwortlichkeiten für die ihr übertragenen Phasen von Prüfungen übernimmt. Die Verantwortung des Prüfleiters für die Gesamtleitung der Prüfung kann nicht an den Örtlichen Versuchsleiter übertragen werden; dies schließt die Genehmigung des Prüfplans sowie seiner Änderungen, die Genehmigung des Abschlussberichtes sowie die Verantwortung für die Einhaltung aller anwendbaren Grundsätze der Guten Laborpraxis ein.

(8) Qualitätssicherungsprogramm ist ein definiertes System, dessen Personal von der Prüfungsdurchführung unabhängig ist, und das der Leitung der Prüfeinrichtung Gewissheit gibt, dass die Grundsätze der Guten Laborpraxis eingehalten werden.

(9) Standardarbeitsanweisungen (Standard Operating Procedures, SOPs) sind dokumentierte Verfahrensanweisungen über die Durchführung derjenigen Untersuchungen oder Tätigkeiten, die in der Regel in Prüfplänen oder Prüfrichtlinien nicht in entsprechender Ausführlichkeit beschrieben sind.

(10) Verzeichnis mit Status aller Prüfungen (Master Schedule) ist eine Zusammenstellung von Informationen, die der Abschätzung der Arbeitsbelastung und der Verfolgung des Ablaufs von Prüfungen in einer Prüfeinrichtung dient.

2.3 Begriffe betreffend die nicht-klinischen gesundheits- und umweltrelevanten Sicherheitsprüfungen

(1) Nicht-klinische gesundheits- und umweltrelevante Sicherheitsprüfung, nachstehend mit „Prüfung" bezeichnet, ist eine Untersuchung oder eine Reihe von Untersuchungen, die mit einem Prüfgegenstand unter Labor- oder Umweltbedingungen durchgeführt wird, um Daten über seine Eigenschaften und über seine Unbedenklichkeit zu gewinnen, mit der Absicht, diese den zuständigen Bewertungsbehörden einzureichen.

(2) Kurzzeitprüfung ist eine Prüfung von kurzer Dauer, die nach weithin gebräuchlichen Routinemethoden durchgeführt wird.

(3) Prüfplan ist ein Dokument, das die Ziele und experimentelle Gesamtplanung zur Durchführung der Prüfung beschreibt; es schließt sämtliche Prüfplanänderungen ein.

(4) Prüfplanänderung ist eine geplante Veränderung des Prüfplans nach Beginn der Prüfung in Form einer Ergänzung.

(5) Prüfplanabweichung ist ein unbeabsichtigtes Abweichen vom Prüfplan nach Beginn der Prüfung.

(6) Prüfsystem ist jedes biologische, chemische oder physikalische System - oder eine Kombination daraus -, das bei einer Prüfung verwendet wird.

(7) Rohdaten sind alle ursprünglichen Aufzeichnungen und Unterlagen der Prüfeinrichtung oder deren überprüfte Kopien, die als Ergebnis der ursprünglichen Beobachtungen oder Tätigkeiten bei einer Prüfung anfallen. Zu den Rohdaten zählen beispielsweise Fotografien, Mikrofilm- oder Mikrofichekopien, computerlesbare Medien, diktierte Beobachtungen, aufgezeichnete Daten von automatisierten Geräten oder irgendwelche anderen Daten auf Speichermedien, die anerkanntermaßen geeignet sind, Informationen über einen, wie im Abschnitt 10 beschrieben, festgelegten Zeitraum sicher zu speichern.

(8) Proben sind Materialien, die zur Untersuchung, Auswertung oder Aufbewahrung aus dem Prüfsystem entnommen werden.

(9) Beginn der experimentellen Phase ist der Tag, an dem die ersten prüfungsspezifischen Rohdaten erhoben werden.

(10) Ende der experimentellen Phase ist der letzte Tag, an dem noch prüfungsspezifische Rohdaten erhoben werden.

(11) Beginn einer Prüfung ist der Tag, an dem der Prüfleiter den Prüfplan unterschreibt.

(12) Abschluss einer Prüfung ist der Tag, an dem der Prüfleiter den Abschlussbericht unterschreibt.

2.4 Begriffe betreffend den Prüfgegenstand

(1) Prüfgegenstand ist ein Objekt, das der Prüfung unterliegt.

(2) Referenzgegenstand (Vergleichsgegenstand) ist ein Objekt, das zum Vergleich mit dem Prüfgegenstand verwendet wird.

(3) Charge ist eine bestimmte Menge oder Partie eines Prüf- oder Referenzgegenstandes, die in einem bestimmten Herstellungsgang derart gefertigt wurde, dass einheitliche Eigenschaften zu erwarten sind; sie wird als solche gekennzeichnet.

(4) Trägerstoff ist ein Stoff, mit dem der Prüf- oder Referenzgegenstand gemischt, dispergiert oder aufgelöst wird, um die Anwendung am Prüfsystem zu erleichtern.

Abschnitt II: Grundsätze der Guten Laborpraxis (GLP)

1 Organisation und Personal der Prüfeinrichtung

1.1 Aufgaben der Leitung der Prüfeinrichtung

(1) Die Leitung einer jeden Prüfeinrichtung hat sicherzustellen, dass diese Grundsätze der Guten Laborpraxis in ihrer Prüfeinrichtung eingehalten werden.

(2) Die Leitung hat zumindest

(a) sicherzustellen, dass eine Erklärung mit Angabe derjenigen Person oder Personengruppe vorliegt, welche die Aufgaben der Leitung der Prüfeinrichtung im Sinne dieser Grundsätze der Guten Laborpraxis wahrnimmt;

(b) sicherzustellen, dass eine ausreichende Anzahl qualifizierten Personals, geeignete Räumlichkeiten, Ausrüstung und Materialien vorhanden sind, um die rechtzeitige und korrekte Durchführung der Prüfung zu gewährleisten;

(c) sicherzustellen, dass Aufzeichnungen über Aus-, Fort- und Weiterbildung sowie praktische Erfahrung und die Aufgabenbeschreibung für alle wissenschaftlichen und technischen Mitarbeiter geführt werden;

(d) sicherzustellen, dass die Mitarbeiter mit den Aufgaben, die sie ausführen sollen, vertraut sind und, falls erforderlich, eine Einführung in diese Aufgaben vorgesehen ist;

(e) sicherzustellen, dass angemessene und dem Stand der Technik entsprechende Standardarbeitsanweisungen erstellt und befolgt werden, und hat sämtliche ursprüngliche Standardarbeitsanweisungen sowie deren überarbeitete Versionen zu genehmigen;

(f) sicherzustellen, dass ein Qualitätssicherungsprogramm und das für dessen Umsetzung erforderliche Personal vorhanden ist, sowie sicherzustellen, dass die Wahrnehmung der Qualitätssicherungsaufgaben in Übereinstimmung mit diesen Grundsätzen der Guten Laborpraxis erfolgt;

(g) sicherzustellen, dass vor Beginn einer jeden Prüfung ein Prüfleiter mit entsprechender Aus-, Fort- und Weiterbildung sowie praktischer Erfahrung von der Leitung benannt wird. Das Ersetzen eines Prüfleiters muss nach festgelegten Verfahren erfolgen und ist schriftlich festzuhalten;

(h) sicherzustellen, dass im Falle von Multi-Site-Prüfungen gegebenenfalls ein Örtlicher Versuchsleiter benannt wird, der über eine entsprechende Aus-, Fort- und Weiterbildung sowie praktische Erfahrung verfügt, um die ihm übertragenen Phasen der Prüfung leiten bzw. überwachen zu können. Das Ersetzen eines Örtlichen Versuchsleiters muss nach festgelegten Verfahren erfolgen und ist schriftlich festzuhalten;

(i) sicherzustellen, dass jeder Prüfplan vom Prüfleiter schriftlich genehmigt wird;

(j) sicherzustellen, dass der Prüfleiter den genehmigten Prüfplan rechtzeitig dem Qualitätssicherungspersonal zuleitet;

(k) sicherzustellen, dass eine chronologische Ablage aller Standardarbeitsanweisungen geführt wird;

(l) sicherzustellen, dass eine verantwortliche Person für die Führung von Archiven bestimmt wird;

(m) sicherzustellen, dass ein Verzeichnis mit Status aller Prüfungen (Master Schedule) geführt wird;

(n) sicherzustellen, dass alle Versorgungsgüter in der Prüfeinrichtung den Anforderungen hinsichtlich ihrer Verwendung in der Prüfung genügen;

(o) sicherzustellen, dass bei Multi-Site-Prüfungen klar definierte Kommunikationswege zwischen Prüfleiter, Örtlichem Versuchsleiter, Qualitätssicherungspersonal und prüfendem Personal existieren;

(p) sicherzustellen, dass Prüf- und Referenzgegenstände in geeigneter Weise charakterisiert sind;

(q) Verfahren einzuführen, die sicherstellen, dass computergestützte Systeme für ihre vorgesehene Anwendung geeignet sind und in Übereinstimmung mit diesen Grundsätzen der Guten Laborpraxis validiert, betrieben und gewartet werden.

(3) Werden bestimmte Phasen einer Prüfung an einem Prüfstandort durchgeführt, für den eine Leitung benannt wurde, so hat die Leitung dieses Prüfstandortes alle in Absatz 2 genannten Aufgaben mit Ausnahme der Aufgaben in Absatz 2 Buchstabe g, i, j und o zu übernehmen.

1.2 Aufgaben des Prüfleiters

(1) Der Prüfleiter ist mit der alleinigen Aufsicht über die Prüfung betraut und trägt die Verantwortung für die Gesamtdurchführung der Prüfung und für den Abschlussbericht.

(2) Diese Verantwortung schließt mindestens die folgenden Aufgaben ein. Der Prüfleiter hat

(a) den Prüfplan sowie etwaige Änderungen durch datierte Unterschrift zu genehmigen;

(b) sicherzustellen, dass das Qualitätssicherungspersonal jeweils rechtzeitig über eine Kopie des Prüfplans sowie etwaiger Änderungen verfügt, und er hat sich während der Durchführung der Prüfung so effektiv wie erforderlich mit dem Qualitätssicherungspersonal zu verständigen;

(c) sicherzustellen, dass dem prüfenden Personal Prüfpläne und etwaige Änderungen sowie Standardarbeitsanweisungen zur Verfügung stehen;

(d) sicherzustellen, dass der Prüfplan und der Abschlussbericht einer Multi-Site-Prüfung namentlich die an der Durchführung der Prüfung beteiligten Örtlichen Versuchsleiter und die Prüfeinrichtungen und Prüfstandorte sowie die delegierten Aufgaben beschreiben;

(e) sicherzustellen, dass die im Prüfplan beschriebenen Verfahren befolgt werden; er hat mögliche Auswirkungen etwaiger Prüfplanabweichungen auf die Qualität und Zuverlässigkeit der Prüfung zu bewerten und zu dokumentieren sowie gegebenenfalls Korrekturmaßnahmen zu veranlassen; etwaige Abweichungen von Standardarbeitsanweisungen bei der Durchführung der Prüfung hat er zu bestätigen;

(f) sicherzustellen, dass alle gewonnenen Rohdaten lückenlos festgehalten und aufgezeichnet werden;

(g) sicherzustellen, dass im Verlauf einer Prüfung eingesetzte computergestützte Systeme validiert sind;

(h) den Abschlussbericht datiert zu unterzeichnen, um damit die Verantwortung für die Zuverlässigkeit der Daten zu übernehmen und anzugeben, inwieweit die Prüfung mit diesen Grundsätzen der Guten Laborpraxis übereinstimmt;

(i) sicherzustellen, dass nach Abschluss der Prüfung Prüfplan, Abschlussbericht, Rohdaten und weiteres damit zusammenhängendes Material archiviert werden. Auch bei Abbruch einer Prüfung ist ein Bericht zu erstellen und hinsichtlich der Archivierung entsprechend zu verfahren.

1.3 Aufgaben des Örtlichen Versuchsleiters

Der Örtliche Versuchsleiter stellt sicher, dass die an ihn übertragenen Phasen der Prüfung unter Einhaltung der anzuwendenden Grundsätze der Guten Laborpraxis durchgeführt werden.

1.4 Aufgaben des prüfenden Personals

(1) Das an der Durchführung einer Prüfung beteiligte Personal muss fundierte Kenntnisse über diejenigen Abschnitte der Grundsätze der Guten Laborpraxis besitzen, die seine Beteiligung an der Prüfung berühren.

(2) Das prüfende Personal muss direkten Zugriff auf den Prüfplan und auf die seine Beteiligung an der Prüfung betreffenden Standardarbeitsanweisungen besitzen. Die Verantwortlichkeit zur Befolgung der Anweisungen in diesen Dokumenten liegt beim prüfenden Personal. Jegliche Abweichung von den Anweisungen ist zu dokumentieren und sofort dem Prüfleiter und gegebenenfalls dem örtlichen Versuchsleiter zu melden.

(3) Das prüfende Personal ist verantwortlich für die unverzügliche und genaue Erfassung von Rohdaten in Übereinstimmung mit diesen Grundsätzen der Guten Laborpraxis sowie für die Qualität dieser Daten.

(4) Das prüfende Personal hat Gesundheitsvorkehrungen einzuhalten, um eine Gefährdung für sich selbst auf ein Mindestmaß zu beschränken und die Zuverlässigkeit der Prüfung zu gewährleisten. Es hat relevante, ihm bekannte gesundheitliche oder medizinische Probleme der zuständigen Person mitzuteilen, um eventuell von Arbeiten ausgeschlossen werden zu können, bei denen eine Beeinträchtigung der Prüfung möglich erscheint.

2 Qualitätssicherungsprogramm

2.1 Allgemeines

(1) Die Prüfeinrichtung muss über ein dokumentiertes Qualitätssicherungsprogramm verfügen, um zu gewährleisten, dass die Prüfungen in Übereinstimmung mit diesen Grundsätzen der Guten Laborpraxis durchgeführt werden.

(2) Das Qualitätssicherungsprogramm ist von einer oder mehreren Personen durchzuführen, die von der Leitung bestimmt werden und die ihr unmittelbar verantwortlich sind. Diese Personen müssen mit den Prüfverfahren vertraut sein.

(3) Diese Personen dürfen nicht an der Durchführung der Prüfung beteiligt sein, deren Qualität zu sichern ist.

2.2 Aufgaben des Qualitätssicherungspersonals

Das Qualitätssicherungspersonal hat zumindest

(a) Kopien aller genehmigten Prüfpläne und Standardarbeitsanweisungen, die in der Prüfeinrichtung benutzt werden, bereitzuhalten und Zugriff auf das aktuelle Verzeichnis mit Status aller Prüfungen (Master Schedule) zu besitzen;

(b) zu überprüfen, ob der Prüfplan die nach den Grundsätzen der Guten Laborpraxis erforderlichen Informationen enthält. Diese Überprüfung ist zu dokumentieren;

(c) Inspektionen durchzuführen, um festzustellen, ob alle Prüfungen unter Einhaltung dieser Grundsätze der Guten Laborpraxis durchgeführt werden. Während der Inspektionen soll auch festgestellt werden, ob Prüfpläne und Standardarbeitsanweisungen dem prüfenden Personal direkt zur Verfügung stehen und befolgt werden.

Es gibt drei Arten von Inspektionen, die in entsprechenden Standardarbeitsanweisungen zum Qualitätssicherungsprogramm näher zu beschreiben sind:

- prüfungsbezogene Inspektionen,
- einrichtungsbezogene Inspektionen,
- verfahrensbezogene Inspektionen.

Aufzeichnungen über diese Inspektionen sind aufzubewahren;

(d) die Abschlussberichte zu inspizieren und, soweit zutreffend, zu bestätigen, dass Methoden, Verfahren und Beobachtungen korrekt und umfassend beschrieben worden sind und dass die berichteten Ergebnisse die Rohdaten der Prüfungen korrekt und umfassend wiedergeben;

(e) sofort der Leitung und dem Prüfleiter sowie, gegebenenfalls, dem örtlichen Versuchsleiter und dessen entsprechender Leitung Inspektionsergebnisse schriftlich zu berichten;

(f) eine dem Abschlussbericht beizufügende Erklärung abzufassen und zu unterzeichnen, aus der Art und Zeitpunkt der Inspektionen, die inspizierten Phasen der Prüfung sowie die Zeitpunkte, an denen der Leitung und dem Prüfleiter sowie gegebenenfalls einem Örtlichen Versuchsleiter Inspektionsergebnisse berichtet wurden, hervorgehen. Weiterhin dient diese Erklärung als Bestätigung, dass der Abschlussbericht die Rohdaten widerspiegelt.

3 Räumlichkeiten und Einrichtungen

3.1 Allgemeines

(1) Die Prüfeinrichtung hat eine zweckentsprechende Größe, Konstruktion und Lage aufzuweisen, um den Anforderungen der Prüfung zu entsprechen und um Störungen, die die Zuverlässigkeit der Prüfung beeinträchtigen könnten, auf ein Mindestmaß zu beschränken.

(2) Die Prüfeinrichtung muss so angelegt sein, dass die einzelnen Arbeitsabläufe ausreichend voneinander getrennt werden können, um die ordnungsgemäße Durchführung jeder einzelnen Prüfung zu gewährleisten.

3.2 Räumlichkeiten und Einrichtungen für Prüfsysteme

(1) Die Prüfeinrichtung muss über eine ausreichende Zahl von Räumen oder Bereichen verfügen, um die getrennte Unterbringung von Prüfsystemen und einzelnen Prüfungen für Stoffe oder Organismen, deren biologische Gefährlichkeit bekannt ist oder angenommen werden kann, zu ermöglichen.

(2) Geeignete Räume oder Bereiche müssen für die Diagnose, Behandlung und Bekämpfung von Krankheiten zur Verfügung stehen, um zu gewährleisten, dass keine unannehmbare Beeinträchtigung der Prüfsysteme auftritt.

(3) Für Versorgungsgüter und Ausrüstungsgegenstände müssen Lagerräume oder -bereiche vorhanden sein. Diese Lagerräume oder -bereiche müssen von den Unterbringungsräumen oder -bereichen für Prüfsysteme getrennt sein und angemessenen Schutz vor Ungeziefer, Verunreinigungen und Verderb gewährleisten.

3.3 Räumlichkeiten und Einrichtungen für den Umgang mit Prüf- und Referenzgegenständen

(1) Um Verunreinigungen und Verwechslungen zu vermeiden, müssen getrennte Räume oder Bereiche für Eingang und Lagerung der Prüf und Referenzgegenstände und für das Mischen der Prüfgegenstände mit Trägerstoffen vorhanden sein.

(2) Die Lagerräume oder -bereiche für die Prüfgegenstände müssen von den Räumen oder Bereichen getrennt sein, in denen die Prüfsysteme untergebracht sind. Sie müssen geeignet sein, Identität, Konzentration, Reinheit und Stabilität der Prüfgegenstände zu wahren und die sichere Lagerung gefährlicher Stoffe zu gewährleisten.

3.4 Räumlichkeiten und Einrichtungen für Archive

Räumlichkeiten für Archive müssen für eine sichere Aufbewahrung und Wiederauffindung von Prüfplänen, Rohdaten, Abschlussberichten, Rückstellmustern von Prüf- und Referenzgegenständen und Proben zur Verfügung stehen. Ausstattung und Bedingungen in den Archiven sind so u gestalten, dass ein vorzeitiger Verderb des Archivgutes verhindert wird.

3.5 Abfallbeseitigung

Abfälle sind so zu handhaben und zu beseitigen, dass die Prüfungen nicht gefährdet werden. Hierzu gehören Vorkehrungen für zweckmäßige Sammlung, Lagerung, Beseitigung, Dekontaminations- und Transportverfahren.

4 Geräte, Materialien und Reagenzien

(1) Geräte, einschließlich validierter computergestützter Systeme, die zur Gewinnung, Erfassung und Wiedergabe von Daten und zur Kontrolle der für die Prüfung bedeutsamen Umweltbedingungen verwendet werden, sind zweckmäßig unterzubringen und müssen eine geeignete Konstruktion und ausreichende Leistungsfähigkeit aufweisen.

(2) Die bei einer Prüfung verwendeten Geräte sind in regelmäßigen Zeitabständen gemäß den Standardarbeitsanweisungen zu überprüfen, zu reinigen, zu warten und zu kalibrieren. Aufzeichnungen darüber sind aufzubewahren. Kalibrierungen müssen, wo notwendig, auf nationale oder internationale Messstandards zurückgeführt werden können.

(3) Geräte und Materialien, die in einer Prüfung verwendet werden, dürfen die Prüfsysteme nicht beeinträchtigen.

(4) Chemikalien, Reagenzien und Lösungen sind so zu beschriften, dass Identität (mit Konzentration, falls nötig), Verfallsdatum sowie besondere Lagerungshinweise ersichtlich sind. Informationen zu Herkunft, Herstellungsdatum und Haltbarkeit müssen zur Verfügung stehen. Das Verfallsdatum kann auf Basis einer dokumentierten Bewertung oder Analyse verlängert werden.

5 Prüfsysteme

5.1 Physikalische und chemische Prüfsysteme

(1) Geräte, mit denen physikalische und chemische Daten gewonnen werden, sind zweckmäßig unterzubringen und müssen eine geeignete Konstruktion und ausreichende Leistungsfähigkeit aufweisen.

(2) Die Sicherstellung der Funktion von physikalischen und chemischen Prüfsystemen muss gewährleistet sein.

5.2 Biologische Prüfsysteme

(1) Für die Aufbewahrung, Unterbringung, Handhabung und Pflege von biologischen Prüfsystemen sind geeignete Bedingungen zu schaffen, um die Qualität der Daten zu gewährleisten.

(2) Neu eingetroffene tierische und pflanzliche Prüfsysteme sind getrennt unterzubringen, bis ihr Gesundheitszustand festgestellt worden ist. Wenn eine ungewöhnliche Sterblichkeit oder Morbidität auftritt, darf diese Lieferung nicht bei Prüfungen benutzt werden. Pflanzliche Prüfsysteme sind gegebenenfalls auf geeignete Weise zu vernichten, tierische Prüfsysteme sind nach den Vorgaben des Tierschutzgesetzes zu behandeln. Bei Beginn der experimentellen Phase der Prüfung müssen die Prüfsysteme frei sein von allen Krankheiten oder Beeinträchtigungen, die den Zweck oder die Durchführung der Prüfung beeinflussen könnten. Prüfsysteme, die im Verlauf der Prüfung erkranken oder verletzt sind, sind, falls notwendig, zu isolieren und zu behandeln, um die Integrität der Prüfung zu gewährleisten. Über Diagnose und Behandlung etwaiger Krankheiten vor oder im Verlauf einer Prüfung sind Aufzeichnungen zu führen.

(3) Über Herkunft, Ankunftsdatum und Zustand bei der Ankunft der Prüfsysteme müssen Aufzeichnungen geführt werden.

(4) Biologische Prüfsysteme sind vor der ersten Applikation des Prüf- oder Referenzgegenstandes während eines ausreichenden Zeitraumes an die Umweltbedingungen der Prüfung zu akklimatisieren.

(5) Alle zur Identifizierung der Prüfsysteme erforderlichen Angaben sind auf deren Käfigen oder Behältern anzubringen. Prüfsystem-Individuen, die im Verlauf der Prüfung aus ihren Käfigen oder Behältnissen entnommen werden, müssen, soweit möglich, geeignete Identifizierungsmerkmale tragen.

(6) Während des Gebrauchs müssen alle Käfige oder Behälter für Prüfsysteme in angemessenen Abständen gereinigt und keimarm gemacht werden. Materialien, mit denen die Prüfsysteme in Berührung kommen, müssen frei sein von Verunreinigungen in Konzentrationen, die Auswirkungen auf die Prüfung haben könnten. Einstreu für Tiere ist so oft zu wechseln, wie es die gute Tierpflegepraxis erfordert. Die Anwendung von Schädlingsbekämpfungsmitteln ist zu dokumentieren.

(7) Prüfsysteme für Freilandprüfungen sind so anzulegen, dass eine Beeinflussung der Prüfung durch Sprühnebelabdrift oder früher eingesetzte Pflanzenschutzmittel vermieden wird.

6 Prüf- und Referenzgegenstände

6.1 Eingang, Handhabung, Entnahme und Lagerung

(1) Aufzeichnungen sind zu führen, aus denen die Charakterisierung der Prüf- und Referenzgegenstände, das Eingangsdatum, das Verfallsdatum, die eingegangenen und die bei den Prüfungen verwendeten Mengen ersichtlich sind.

(2) Handhabungs-, Entnahme- und Lagerungsverfahren sind so festzulegen, dass die Homogenität und Stabilität soweit wie möglich gewährleistet und Verunreinigungen oder Verwechslungen ausgeschlossen sind.

(3) Auf den Lagerbehältnissen sind Kennzeichnungsangaben, Verfallsdatum und besondere Lagerungshinweise anzubringen.

6.2 Charakterisierung

(1) Jeder Prüf- und Referenzgegenstand ist in geeigneter Weise zu kennzeichnen (z. B. durch Code, Chemical-Abstracts-Register-Nummer (CAS-Nummer), Bezeichnung, biologische Parameter).

(2) Für jede Prüfung müssen Identität, einschließlich Chargennummer, Reinheit, Zusammensetzung, Konzentration oder sonstige Eigenschaften zur Charakterisierung jeder Charge der Prüf- oder Referenzgegenstände bekannt sein.

(3) Bei der Lieferung des Prüfgegenstandes durch einen Auftraggeber ist in Zusammenarbeit zwischen Auftraggeber und Prüfeinrichtung ein Verfahren festzulegen, auf welche Weise die Identität des Prüfgegenstandes, der in der Prüfung eingesetzt wird, eindeutig bestätigt wird.

(4) Die Stabilität der Prüf- und Referenzgegenstände unter Lager- und Prüfbedingungen muss für alle Prüfungen bekannt sein.

(5) Falls der Prüfgegenstand in einem Trägerstoff verabreicht wird, sind die Homogenität, Konzentration und Stabilität des Prüfgegenstandes in diesem Trägerstoff zu bestimmen. Bei Prüfgegenständen für Freilandprüfungen (z. B. Spritzflüssigkeiten) können diese Parameter durch getrennte Laboruntersuchungen bestimmt werden.

(6) Für eine eventuelle analytische Absicherung ist von jeder Charge eines Prüfgegenstandes, der in einer Prüfung, mit Ausnahme von Kurzzeitprüfungen, verwendet wird, ein Rückstellmuster aufzubewahren.

7 Standardarbeitsanweisungen (Standard Operating Procedures, SOPs)

(1) Eine Prüfeinrichtung muss über schriftliche Standardarbeitsanweisungen verfügen, die von ihrer Leitung genehmigt und dafür vorgesehen sind, die Qualität und Zuverlässigkeit der im Verlauf der Prüfung in der Prüfeinrichtung gewonnenen Daten zu gewährleisten. Auch die überarbeiteten Versionen der Standardarbeitsanweisungen sind von der Leitung der Prüfeinrichtung zu genehmigen.

(2) Jeder einzelnen Arbeitseinheit und jedem einzelnen Arbeitsbereich der Prüfeinrichtung müssen die für die dort durchgeführten Arbeiten relevanten Standardarbeitsanweisungen in aktueller Version unmittelbar zur Verfügung stehen. Veröffentlichte Fachbücher, analytische Methoden und Fachartikel sowie Bedienungsanleitungen können als Ergänzung zu diesen Standardanweisungen verwendet werden.

(3) Prüfungsbedingte Abweichungen von Standardarbeitsanweisungen sind zu dokumentieren und vom Prüfleiter und gegebenenfalls vom Örtlichen Versuchsleiter zu bestätigen.

(4) Standardarbeitsanweisungen müssen mindestens für folgende Bereiche vorhanden sein, wobei die unter den jeweiligen Überschriften angegebenen Einzelheiten als veranschaulichende Beispiele anzusehen sind:

1. Prüf- und Referenzgegenstände
   Eingang, Identifizierung, Kennzeichnung, Handhabung, Entnahme und Lagerung.
2. Geräte, Materialien und Reagenzien
   (a) Geräte
   Bedienung, Wartung, Reinigung, Kalibrierung;
   (b) Computergestützte Systeme
   Validierung, Betrieb, Wartung, Sicherheit, kontrollierte Systemänderung (change control) und Datensicherung (back-up);
   (c) Materialien, Reagenzien und Lösungen
   Zubereitung und Kennzeichnung.

3. Führen von Aufzeichnungen, Berichterstattung, Aufbewahrung und Wiederauffindung
   Kodieren der Prüfungen, Datenerhebung, Erstellen von Berichten, Indexierungssysteme, Umgang mit Daten einschließlich Verwendung von computergestützten Systemen.
4. Prüfsysteme, soweit für die Prüfung relevant
   (a) Vorbereitung von Räumen und Raumumweltbedingungen für Prüfsysteme;
   (b) Verfahren für Eingang, Umsetzung, ordnungsgemäße Unterbringung, Charakterisierung, Identifizierung und Versorgung der Prüfsysteme;
   (c) Vorbereitung, Beobachtung und Untersuchung der Prüfsysteme vor, während und am Ende der Prüfung;
   (d) Handhabung von Tieren, die im Verlauf der Prüfung moribund oder tot aufgefunden werden;
   (e) Sammlung, Kennzeichnung und Handhabung von Proben einschließlich Sektion und Histopathologie;
   (f) Anlage und Standortwahl von Prüfsystemen auf Prüfflächen.
5. Qualitätssicherungsverfahren

Tätigkeit des Qualitätssicherungspersonals bei der organisatorischen und terminlichen Planung, Durchführung, Dokumentation und Berichterstattung von Inspektionen.

8 Prüfungsablauf

8.1 Prüfplan

(1) Vor Beginn jeder Prüfung muss ein schriftlicher Prüfplan vorliegen. Der Prüfplan muss vom Prüfleiter durch datierte Unterschrift genehmigt und vom Qualitätssicherungspersonal auf GLP-Konformität gemäß Abschnitt II Nummer 2.2 Buchstabe b überprüft werden.

(2a) Prüfplanänderungen müssen begründet und durch datierte Unterschrift des Prüfleiters genehmigt werden und sind gemeinsam mit dem Prüfplan aufzubewahren.

(2b) Prüfplanabweichungen müssen vom Prüfleiter und vom zuständigen Örtlichen Versuchsleiter umgehend beschrieben, erläutert, bestätigt und datiert sowie zusammen mit den Rohdaten aufbewahrt werden.

(3) Bei Kurzzeitprüfungen kann ein Standard-Prüfplan mit prüfungsspezifischen Ergänzungen benutzt werden.

8.2 Inhalt des Prüfplans

Der Prüfplan muss mindestens folgende Angaben enthalten:

(1) Bezeichnung der Prüfung, der Prüf- und Referenzgegenstände
   (a) beschreibender Titel;
   (b) Erklärung über Art und Zweck der Prüfung;
   (c) Bezeichnung des Prüfgegenstandes durch Code oder Name (IUPAC, CAS-Nummer, biologische Parameter usw.);
   (d) zu verwendender Referenzgegenstand.

(2) Angaben über den Auftraggeber und die Prüfeinrichtung
   (a) Name und Anschrift des Auftraggebers;
   (b) Name und Anschrift der Prüfeinrichtung sowie aller weiteren an der Prüfung beteiligten Prüfeinrichtungen und Prüfstandorte;
   (c) Name und Anschrift des Prüfleiters;
   (d) Name und Anschrift des Örtlichen Versuchsleiters und die Bezeichnung der Phasen der Prüfung, die vom Prüfleiter unter seine Verantwortlichkeit gestellt wurden.

(3) Termine

(a) Das Datum der Genehmigung des Prüfplans durch die Unterschrift des Prüfleiters.

(b) Voraussichtliche Termine für Beginn und Ende der experimentellen Phase der Prüfung.

(4) Prüfmethoden

Bezugnahme auf die anzuwendenden OECD-Prüfrichtlinien oder sonstige anzuwendende Prüfrichtlinien oder -methoden.

(5) Einzelangaben, soweit für die Prüfung relevant

(a) Begründung für die Wahl des Prüfsystems;

(b) Charakterisierung des Prüfsystems, wie Tierart, Stamm, Unterstamm, Herkunft, Anzahl, Körpergewichtsbereich, Geschlecht, Alter und sonstige sachdienliche Angaben;

(c) Applikationsmethode und Begründung für deren Wahl;

(d) Dosierungen und Konzentrationen, Häufigkeit und Dauer der Applikation;

(e) Ausführliche Angaben über die experimentelle Gesamtplanung, einschließlich der chronologischen Beschreibung des Prüfablaufs, aller Methoden, Materialien und Bedingungen, sowie Art und Häufigkeit der vorzunehmenden Analysen, Messungen, Beobachtungen und Untersuchungen und die gegebenenfalls anzuwendenden statistischen Verfahren.

(6) Aufzeichnungen

Liste der aufzubewahrenden Aufzeichnungen.

8.3 Durchführung der Prüfung

(1) Jede Prüfung muss eine unverwechselbare Bezeichnung erhalten. Alle diese Prüfung betreffenden Unterlagen und Materialien müssen diese Bezeichnung aufweisen. Proben aus der Prüfung sind so zu kennzeichnen, dass ihre Herkunft eindeutig nachvollziehbar ist. Eine derartige Kennzeichnung dient der Rückführbarkeit der Probe auf eine bestimmte Prüfung.

(2) Die Prüfung ist gemäß dem Prüfplan durchzuführen.

(3) Alle während der Prüfung erhobenen Daten sind durch die erhebende Person unmittelbar, unverzüglich, genau und leserlich aufzuzeichnen. Diese Aufzeichnungen sind datiert zu unterschreiben oder abzuzeichnen.

(4) Jede Änderung in den Rohdaten ist so vorzunehmen, dass die ursprüngliche Aufzeichnung ersichtlich bleibt; sie ist mit einer Begründung sowie mit Datum und Unterschrift oder Kürzel der die Änderung vornehmenden Person zu versehen.

(5) Daten, die als direkte Computereingabe entstehen, sind zur Zeit der Dateneingabe durch die dafür verantwortlichen Personen zu kennzeichnen. Computergestützte Systeme müssen so ausgelegt sein, dass jederzeit die Aufzeichnung eines vollständigen audit trails zur Verfügung steht, der sämtliche Datenänderungen anzeigt, ohne die Originaldaten unkenntlich zu machen. Alle Datenänderungen müssen mit der sie ändernden Person verknüpft werden können, z. B. durch die Verwendung von mit Datum und Uhrzeit versehenen (elektronischen) Unterschriften. Änderungen sind zu begründen.

9 Bericht über die Prüfergebnisse

9.1 Allgemeines

(1) Für jede Prüfung muss ein Abschlussbericht erstellt werden. Bei Kurzzeitprüfungen kann ein Standard-Abschlussbericht mit prüfungsspezifischen Ergänzungen erstellt werden.

(2) Jeder Bericht eines an der Prüfung beteiligten Örtlichen Versuchsleiters oder beteiligten Spezialisten ist von diesem datiert zu unterschreiben.

(3) Der Abschlussbericht muss vom Prüfleiter datiert unterschrieben werden, um die Übernahme der Verantwortung für die Zuverlässigkeit der Daten zu dokumentieren. Des Weiteren ist anzugeben, inwieweit die Prüfung mit diesen Grundsätzen der Guten Laborpraxis übereinstimmt.

(4) Korrekturen und Ergänzungen eines Abschlussberichts sind in Form von Nachträgen vorzunehmen. In diesen Nachträgen sind die Gründe für die Korrekturen oder Ergänzungen deutlich darzulegen und vom Prüfleiter datiert zu unterzeichnen.

(5) Eine Reformatierung des Abschlussberichts zur Erfüllung von Zulassungsbestimmungen einer nationalen Bewertungsbehörde stellt keine Korrektur, Ergänzung oder Änderung des Abschlussberichts im obigen Sinne dar.

9.2 Inhalt des Abschlussberichts

Der Abschlussbericht muss mindestens folgende Angaben enthalten:

(1) Bezeichnung der Prüfung, der Prüf- und Referenzgegenstände
- (a) beschreibender Titel;
- (b) Bezeichnung des Prüfgegenstandes durch Code oder Name (IUPAC, CAS-Nummer, biologische Parameter usw.);
- (c) Bezeichnung des Referenzgegenstandes durch den Namen;
- (d) Charakterisierung des Prüfgegenstandes einschließlich Reinheit, Stabilität und Homogenität.

(2) Angaben über den Auftraggeber und die Prüfeinrichtung
- (a) Name und Anschrift des Auftraggebers;
- (b) Name und Anschrift aller beteiligten Prüfeinrichtungen und Prüfstandorte;
- (c) Name und Anschrift des Prüfleiters;
- (d) Name und Anschrift des Örtlichen Versuchsleiters sowie die delegierten Phasen der Prüfung, soweit zutreffend;
- (e) Name und Anschrift der Wissenschaftler, die Berichte zum Abschlussbericht beigetragen haben.

(3) Termine

Zeitpunkt für Beginn und Ende der experimentellen Phase der Prüfung.

(4) Erklärung

Qualitätssicherungserklärung, aus der Art und Zeitpunkt der Inspektionen, die inspizierten Phasen der Prüfung sowie die Zeitpunkte hervorgehen, an denen der Leitung und dem Prüfleiter sowie gegebenenfalls einem Örtlichen Versuchsleiter Inspektionsergebnisse berichtet wurden. Diese Erklärung dient auch als Bestätigung, dass der Abschlussbericht die Rohdaten widerspiegelt.

(5) Beschreibung von Materialien und Prüfmethoden
- (a) Beschreibung der verwendeten Methoden und Materialien;
- (b) Verweis auf OECD-Prüfrichtlinien oder sonstige Prüfrichtlinien/-methoden.

(6) Ergebnisse

(a) Zusammenfassung der Ergebnisse;

(b) alle im Prüfplan geforderten Informationen und Daten;

(c) Darlegung der Ergebnisse einschließlich der Berechnungen sowie der Bestimmungen der statistischen Signifikanz;

(d) Bewertung und Diskussion der Ergebnisse und gegebenenfalls Schlussfolgerungen.

(7) Aufbewahrung

Aufbewahrungsorte des Prüfplans, der Rückstellmuster von Prüf- und Referenzgegenständen, Proben, Rohdaten und des Abschlussberichts.

10 Archivierung und Aufbewahrung von Aufzeichnungen und Materialien

10.1 Zu den Archiven dürfen nur von der Leitung dazu befugte Personen Zutritt haben.
Über Entnahme und Rückgabe sind Aufzeichnungen zu führen.

10.2

Folgendes ist 15 Jahre in den Archiven aufzubewahren:

(a) Prüfplan, Rohdaten, Rückstellmuster von Prüf- und Referenzgegenständen, Proben und Abschlussbericht jeder Prüfung;

(b) Aufzeichnungen über alle nach dem Qualitätssicherungsprogramm vorgenommenen Inspektionen sowie das Verzeichnis mit Status aller Prüfungen (Master Schedule);

(c) Aufzeichnungen über die Aus-, Fort- und Weiterbildung sowie Praktische Erfahrung des Personals, ferner die Aufgabenbeschreibungen;

(d) Aufzeichnungen und Berichte über die Wartung und Kalibrierung der Geräte;

(e) Validierungsunterlagen für computergestützte Systeme;

(f) chronologische Ablage aller Standardarbeitsanweisungen;

(g) Aufzeichnungen zur Kontrolle der Umweltbedingungen.

Falls für bestimmte prüfungsrelevante Materialien kein Archivierungszeitraum in Satz 1 festgelegt wurde, ist deren Entsorgung zu dokumentieren. Falls Rückstellmuster von Prüf- und Referenzgegenständen vor Ablauf des festgelegten Archivierungszeitraums entsorgt werden, ist dies zu begründen und zu dokumentieren. Rückstellmuster von Prüf- und Referenzgegenständen sowie Proben müssen nur solange aufbewahrt werden, wie deren Qualität eine Beurteilung zulässt.

10.3

Archiviertes Material ist zu indexieren, um ein ordnungsgemäßes Aufbewahren und Wiederauffinden zu erleichtern.

10.4

Wenn eine Prüfeinrichtung oder ein Vertragsarchiv die Tätigkeit einstellt und keinen Rechtsnachfolger hat, ist das Archiv an die Archive der Auftraggeber der Prüfungen zu überführen.

Anhang 2 (zu § 19b Abs.1)

Landessiegel / Coloured Logo
Gute Laborpraxis / Good Laboratory Practice

GLP-Bescheinigung / Statement of GLP Compliance
(gemäß / according to § 19b Abs. 1 Chemikaliengesetz)

Eine GLP-Inspektion zur Überwachung der Einhaltung der GLP-Grundsätze gemäß Chemikaliengesetz bzw. Richtlinie 88/320/EG wurde durchgeführt in:

Assessment of conformity with GLP according to Chemikaliengesetz and Directive 88/320/EEC at:

☐ Prüfeinrichtung / Test facility ☐ Prüfstandort / Test site

....

....

....

(Unverwechselbare Bezeichnung und Adresse / Unequivocal name and address)

Prüfungen nach Kategorien / Areas of Expertise
(gemäß / according ChemVwV-GLP Nr. 5.3/OECD guidance)

....

Datum der Inspektion / Date of Inspection
(Tag.Monat.Jahr / day.month.year)

....

Die/Der genannte Prüfeinrichtung/Prüfstandort befindet sich im nationalen GLP-Überwachungsverfahren und wird regelmäßig auf Einhaltung der GLP-Grundsätze überwacht.

Auf der Grundlage des Inspektionsberichtes wird hiermit bestätigt, dass in dieser Prüfeinrichtung/diesem Prüfstandort die oben genannten Prüfungen unter Einhaltung der GLP-Grundsätze durchgeführt werden können.

The above mentioned test facility/test site is included in the national GLP Compliance Programme and is inspected on a regular basis.

Based on the inspection report it can be confirmed, that this test facility/test site is able to conduct the aforementioned studies in compliance with the Principles of GLP.

Unterschrift, Datum/Signature, Date

....

(Name und Funktion der verantwortlichen Person / Name and function of responsible person)

....

(Name und Adresse der GLP-Überwachungsbehörde / Name and address of the GLP Monitoring Authority)

Verordnung über Sicherheit und Gesundheitsschutz bei Tätigkeiten mit biologischen Arbeitsstoffen – Biostoffverordnung (BioStoffV)[1) *)]

Inhaltsübersicht

---

1) In der Fassung vom 27. Januar 1999, BGBl. I S.50, geändert durch Art.2 § 9 des Gesetzes vom 18.10.1999, BGBl. I S. 2059.

*) Diese Verordnung dient in Verbindung mit dem Arbeitsschutzgesetz der Umsetzung der EG-Richtlinie 90/679/EWG des Rates vom 26. November 1990 über den Schutz der Arbeitnehmer gegen Gefährdung durch biologische Arbeitsstoffe bei der Arbeit (7. Einzelrichtlinie im Sinne von Artikel 16 Abs. 1 der Richtlinie 89/391/EWG) (ABl. EG Nr. L 374 S. 1), geändert durch die Richtlinie 93/88/EWG des Rates vom 12. Oktober 1993 (ABl. EG Nr. L 268 S. 71), angepaßt durch die Richtlinien der Kommission 95/30/EG vom 30. Juni 1995 (ABl. EG Nr. L 155 S. 41), 97/59/EG vom 7. Oktober 1997 (ABl. EG Nr. L 282 S. 33) und 97/65/EG vom 26. November 1997 (ABl. EG Nr. L 335 S. 17).

§ 1 Anwendungsbereich- und Zielsetzung

Diese Verordnung gilt für Tätigkeiten mit biologischen Arbeitsstoffen einschließlich Tätigkeiten in deren Gefahrenbereich. Zweck der Verordnung ist der Schutz der Beschäftigten vor der Gefährdung ihrer Sicherheit und Gesundheit bei diesen Tätigkeiten. Diese Verordnung gilt nicht für Tätigkeiten, die dem Gentechnikrecht unterliegen, soweit dort gleichwertige oder strengere Regelungen bestehen.

§ 2 Begriffsbestimmungen

(1) Biologische Arbeitsstoffe sind Mikroorganismen, einschließlich gentechnisch veränderter Mikroorganismen, Zellkulturen und humanpathogener Endoparasiten, die beim Menschen Infektionen, sensibilisierende oder toxische Wirkungen hervorrufen können. Ein biologischer Arbeitsstoff im Sinne von Satz 1 ist auch ein mit transmissibler, spongiformer Enzephalopathie assoziiertes Agens, das beim Menschen eine Infektion oder eine übertragbare Krankheit verursachen kann.

(2) Mikroorganismen sind alle zellulären oder nichtzellulären mikrobiologischen Einheiten, die zur Vermehrung oder zur Weitergabe von genetischem Material fähig sind.

(3) Zellkulturen sind in-vitro-Vermehrungen von aus vielzelligen Organismen isolierten Zellen.

(4) Tätigkeiten im Sinne dieser Verordnung sind das Herstellen und Verwenden von biologischen Arbeitsstoffen, insbesondere das Isolieren, Erzeugen und Vermehren, das Aufschließen, das Ge- und Verbrauchen, das Be- und Verarbeiten, Ab- und Umfüllen, Mischen und Abtrennen sowie das innerbetriebliche Befördern, das Lagern einschließlich Aufbewahren, das Inaktivieren und das Entsorgen. Zu den Tätigkeiten zählt auch der berufliche Umgang mit Menschen, Tieren, Pflanzen, biologischen Produkten, Gegenständen und Materialien, wenn bei diesen Tätigkeiten biologische Arbeitsstoffe freigesetzt werden können und dabei Beschäftigte mit den biologischen Arbeitsstoffen direkt in Kontakt kommen können.

(5) Gezielte Tätigkeiten liegen vor, wenn

1. biologische Arbeitsstoffe mindestens der Spezies nach bekannt sind,
2. die Tätigkeiten auf einen oder mehrere biologische Arbeitsstoffe unmittelbar ausgerichtet sind und
3. die Exposition der Beschäftigten im Normalbetrieb hinreichend bekannt oder abschätzbar ist.

Nicht gezielte Tätigkeiten liegen vor, wenn mindestens eine der Voraussetzungen nach Satz 1 Nr. 1, 2 oder 3 nicht gegeben ist.

(6) Als Kontamination ist die über die gesundheitlich unbedenkliche Grundbelastung hinausgehende Belastung des Arbeitsplatzes mit biologischen Arbeitsstoffen anzusehen.

(7) Eine Schutzstufe umfaßt die technischen, organisatorischen und persönlichen Sicherheitsmaßnahmen, die für Tätigkeiten mit biologischen Arbeitsstoffen entsprechend ihrer Gefährdung zum Schutz der Beschäftigten festgelegt oder empfohlen sind. Sicherheitsmaßnahmen sind besondere Schutzmaßnahmen, die in den Anhängen II und III genannt und der jeweiligen Schutzstufe zugeordnet sind.

(8) Dem Arbeitgeber stehen der Unternehmer ohne Beschäftigte sowie der Auftraggeber und Zwischenmeister im Sinne des Heimarbeitsgesetzes gleich. Den Beschäftigten stehen die in Heimarbeit Beschäftigten sowie Schüler, Studenten und sonst an Hochschulen Tätige gleich. Für Schüler und Studenten gelten die Regelungen dieser Verordnung über die Beteiligung der Personalvertretungen nicht.

§ 3 Risikogruppen für biologische Arbeitsstoffe

Biologische Arbeitsstoffe werden entsprechend dem von ihnen ausgehenden Infektionsrisiko in vier Risikogruppen eingeteilt:

1. Risikogruppe 1: Biologische Arbeitsstoffe, bei denen es unwahrscheinlich ist, dass sie beim Menschen eine Krankheit verursachen.
2. Risikogruppe 2: Biologische Arbeitsstoffe, die eine Krankheit beim Menschen hervorrufen können und eine Gefahr für Beschäftigte darstellen können; eine Verbreitung des Stoffes in der Bevölkerung ist unwahrscheinlich; eine wirksame Vorbeugung oder Behandlung ist normalerweise möglich.
3. Risikogruppe 3: Biologische Arbeitsstoffe, die eine schwere Krankheit beim Menschen hervorrufen können und eine ernste Gefahr für Beschäftigte darstellen können; die Gefahr einer Verbreitung in der Bevölkerung kann bestehen, doch ist normalerweise eine wirksame Vorbeugung oder Behandlung möglich.
4. Risikogruppe 4: Biologische Arbeitsstoffe, die eine schwere Krankheit beim Menschen hervorrufen und eine ernste Gefahr für Beschäftigte darstellen; die Gefahr einer Verbreitung in der Bevölkerung ist unter Umständen groß; normalerweise ist eine wirksame Vorbeugung oder Behandlung nicht möglich.

§ 4 Einstufung biologischer Arbeitsstoffe in Risikogruppen

(1) Für die Einstufung biologischer Arbeitsstoffe in die Risikogruppen 2 bis 4 gilt Anhang III der Richtlinie 90/679/EWG des Rates vom 26. November 1990 (ABl. EG Nr. L 374 S. 1), geändert durch die Richtlinie 93/88/EWG des Rates vom 12. Oktober 1993 (ABl. EG Nr. L 268 S. 71), zuletzt angepaßt durch die Richtlinie der Kommission 97/65/EG vom 26. November 1997 (ABl. EG Nr. L 335 S. 17). Wird Anhang III der Richtlinie 90/679/EWG im Verfahren nach ihrem Artikel 19 an den technischen Fortschritt angepasst so gilt er nach Ablauf der in der Anpassungsrichtlinie festgelegten Umsetzungsfrist in der geänderten Fassung. Die geänderte Fassung kann bereits ab Inkrafttreten der Anpassungsrichtlinie angewendet werden.

(2) Werden biologische Arbeitsstoffe nicht nach Absatz 1 erfasst, hat der Arbeitgeber bei gezielten Tätigkeiten eine Einstufung in die Risikogruppen entsprechend dem Stand von Wissenschaft und Technik vorzunehmen. Im übrigen sind die Bekanntmachungen nach § 17 Abs. 4 zu beachten.

(3) Kommt bei gezielten Tätigkeiten eine Einstufung in mehrere Risikogruppen in Betracht, so ist die Einstufung in die Risikogruppe mit dem höchsten Gefährdungsgrad vorzunehmen.

§ 5 Informationen für die Gefährdungsbeurteilung

(1) Für die Gefährdungsbeurteilung hat der Arbeitgeber ausreichende Informationen zu beschaffen. Insbesondere sind folgende Informationen zu berücksichtigen:

1. die ihm zugänglichen tätigkeitsbezogenen Informationen über die Identität, die Einstufung und das Infektionspotential der vorkommenden biologischen Arbeitsstoffe sowie die von ihnen ausgehenden sensibilisierenden und toxischen Wirkungen,
2. tätigkeitsbezogene Informationen über Betriebsabläufe und Arbeitsverfahren,
3. Art und Dauer der Tätigkeiten und damit verbundene mögliche Übertragungswege sowie Informationen über eine Exposition der Beschäftigten,
4. Erfahrungen aus vergleichbaren Tätigkeiten, Belastungs- und Expositionssituationen und über bekannte tätigkeitsbezogene Erkrankungen sowie die ergriffenen Gegenmaßnahmen.

(2) Ausgehend von den Informationen nach Absatz 1 ist die Zuordnung zu gezielten oder nicht gezielten Tätigkeiten vorzunehmen.

§ 6 Gefährdungsbeurteilung bei gezielten Tätigkeiten

(1) Der Arbeitgeber hat die Gefährdungsbeurteilung bei gezielten Tätigkeiten gemäß Satz 2 und 3 und Absatz 2 auf der Grundlage der Einstufung nach § 4 und der nach § 5 beschafften Informationen durchzuführen. In Gemischen von biologischen Arbeitsstoffen sind die einzelnen biologischen Arbeitsstoffe für sich zu bewerten. Umfasst eine Tätigkeit mehrere biologische Arbeitsstoffe verschiedener Risikogruppen, ist für die Festlegung nach Absatz 2 die Risikogruppe des biologischen Arbeitsstoffes mit dem höchsten Gefährdungsgrad maßgebend.

(2) Im Rahmen der Gefährdungsbeurteilung sind für alle gezielten Tätigkeiten mit biologischen Arbeitsstoffen die in Betracht kommenden Schutzmaßnahmen zu ermitteln. Es sind immer mindestens die allgemeinen Hygienemaßnahmen der Schutzstufe 1 nach Anhang II oder III festzulegen. Zusätzlich sind für biologische Arbeitsstoffe

1. der Risikogruppe 2 die Sicherheitsmaßnahmen der Schutzstufe 2,
2. der Risikogruppe 3 die Sicherheitsmaßnahmen der Schutzstufe 3,
3. der Risikogruppe 4 die Sicherheitsmaßnahmen der Schutzstufe 4,

nach Anhang II oder III festzulegen. Die dort als empfohlen bezeichneten Sicherheitsmaßnahmen sind festzulegen, wenn dadurch die Gefährdung der Beschäftigten verringert werden kann. Bei der Gefährdungsbeurteilung sind sensibilisierende und toxische Wirkungen zusätzlich zu berücksichtigen und geeignete Schutzmaßnahmen festzulegen.

§ 7 Gefährdungsbeurteilung bei nicht gezielten Tätigkeiten

(1) Der Arbeitgeber hat die Gefährdungsbeurteilung bei nicht gezielten Tätigkeiten gemäß Satz 2 bis 4 und Absatz 2 oder 3 durchzuführen. Dabei ist zu prüfen, ob die nach § 5 beschafften Informationen eine abschließende Gefährdungsbeurteilung und die Zuordnung der Tätigkeit zu einer Schutzstufe nach Anhang II oder III ermöglichen. Treten bei einer Tätigkeit mehrere biologische Arbeitsstoffe gleichzeitig auf, sind die einzelnen biologischen Arbeitsstoffe, soweit dies möglich ist, jeweils für sich zu bewerten. Auf der Grundlage der Einzelbeurteilungen ist eine Gesamtbeurteilung der Infektionsgefährdung vorzunehmen.

(2) Kann die Tätigkeit einer Schutzstufe zugeordnet werden, sind im Rahmen der Gefährdungsbeurteilung für Tätigkeiten, die hinsichtlich der Gefährdung den Tätigkeiten nach § 6 Abs. 2 Satz 3 Nr. 1 bis 3 vergleichbar sind, die in Betracht kommenden Schutzmaßnahmen zu ermitteln und die erforderlichen Sicherheitsmaßnahmen aus der entsprechenden Schutzstufe so auszuwählen und festzulegen, dass die Gefährdung der Beschäftigten dadurch soweit wie möglich verringert wird. Mindestens sind die allgemeinen Hygienemaßnahmen der Schutzstufe 1 nach Anhang II oder III festzulegen. Sensibilisierende und toxische Wirkungen sind zusätzlich zu berücksichtigen und geeignete Schutzmaßnahmen festzulegen.

(3) Kann die Tätigkeit einer Schutzstufe nicht zugeordnet werden, sind nach dem Stand der Technik Art, Ausmaß und Dauer der Exposition der Beschäftigten gegenüber biologischen Arbeitsstoffen zu ermitteln und die Gefährdung zu beurteilen. Die erforderlichen Schutzmaßnahmen sind nach dem Stand der Technik festzulegen. Absatz 2 Satz 2 und 3 gelten entsprechend.

§ 8 Durchführung der Gefährdungsbeurteilung

Die Gefährdungsbeurteilung ist vor Aufnahme der Tätigkeiten durchzuführen und danach

1. bei Änderungen der Arbeitsbedingungen, die zu einer erhöhten Gefährdung der Beschäftigten führen können,
2. bei der Feststellung einer Kontamination des Arbeitsplatzes sowie
3. in den Fällen des § 15 Abs. 3 Satz 1 und des § 15 Abs. 6 Satz 5

zu wiederholen, andernfalls spätestens nach Ablauf eines Jahres zu überprüfen. Der Betriebs- oder Personalrat, der Betriebsarzt oder der Arzt nach § 15 Abs. 5 sowie die Fachkraft für Arbeitssicherheit sind bei der Gefährdungsbeurteilung zu beteiligen. Auch in Betrieben mit zehn oder weniger Beschäftigten müssen Unterlagen nach § 6 Abs. 1 Satz 1 und 2 des Arbeitsschutzgesetzes vorliegen, wenn dort nicht ausschließlich gezielte Tätigkeiten mit biologischen Arbeitsstoffen der Risikogruppe 1 ohne sensibilisierende oder toxische Wirkungen oder hinsichtlich der Gefährdung vergleichbare nicht gezielte Tätigkeiten durchgeführt werden. Die Unterlagen müssen bei gezielten Tätigkeiten ein Verzeichnis der biologischen Arbeitsstoffe enthalten. Bei nicht gezielten Tätigkeiten ist dieses Verzeichnis zu führen, soweit die biologischen Arbeitsstoffe für die Gefährdungsbeurteilung nach § 7 maßgeblich sind.

§ 9 Tätigkeiten mit biologischen Arbeitsstoffen der Risikogruppe 1

Die §§ 10 bis 16, ausgenommen § 10 Abs. 1, 3 und 4 and § 14 Abs. 1, gelten nicht, wenn nach dem Ergebnis der Gefährdungsbeurteilung gezielte Tätigkeiten mit biologischen Arbeitsstoffen der Risikogruppe 1 ohne sensibilisierende oder toxische Wirkungen oder nicht gezielte Tätigkeiten mit vergleichbarer Gefährdung durchgeführt werden.

§ 10 Schutzmaßnahmen

(1) Der Arbeitgeber hat die erforderlichen Schutzmaßnahmen zur Sicherheit und zum Gesundheitsschutz der Beschäftigten entsprechend dem Ergebnis der Gefährdungsbeurteilung und nach den sonstigen Vorschriften dieser Verordnung einschließlich der Anhänge zu treffen. Dabei sind die vom Ausschuss für biologische Arbeitsstoffe ermittelten und vom Bundesministerium für Arbeit und Sozialordnung im Bundesarbeitsblatt bekannt gegebenen Regeln und Erkenntnisse zu berücksichtigen. Sie müssen nicht berücksichtigt werden, wenn gleichwertige Schutzmaßnahmen getroffen werden; dies ist auf Verlangen der zuständigen Behörde im Einzelfall nachzuweisen.

(2) Biologische Arbeitsstoffe, die eine Gesundheitsgefahr für Beschäftigte darstellen, sind, soweit dies zumutbar und nach dem Stand der Technik möglich ist, durch biologische Arbeitsstoffe zu ersetzen, die für die Beschäftigten weniger gefährlich sind.

(3) Zur Heimarbeit dürfen nur biologische Arbeitsstoffe der Risikogruppe 1 ohne sensibilisierende oder toxische Wirkungen überlassen oder verwendet werden. Satz 1 gilt entsprechend für nicht gezielte Tätigkeiten mit vergleichbarer Gefährdung.

(4) Bei allen Tätigkeiten mit biologischen Arbeitsstoffen müssen die allgemeinen Hygienemaßnahmen der Schutzstufe 1 nach Anhang II oder III eingehalten werden.

(5) Beschäftigten dürfen gezielte Tätigkeiten mit biologischen Arbeitsstoffen der Risikogruppe 3 oder 4 nur übertragen werden, wenn sie ausreichend fachkundig und eingewiesen sind. Dies gilt entsprechend für nicht gezielte Tätigkeiten mit vergleichbarer Gefährdung. Der Arbeitgeber hat sich vor Übertragung der Tätigkeiten über die erforderlichen Schutzmaßnahmen fachkundig beraten zu lassen, soweit er nicht selbst über entsprechende Kenntnisse verfügt.

(6) Das Arbeitsverfahren und die technischen Schutzmaßnahmen sind grundsätzlich so zu gestalten, daß biologische Arbeitsstoffe am Arbeitsplatz nicht frei werden. Kann dies nicht vermieden werden, oder werden biologische Arbeitsstoffe bestimmungsgemäß freigesetzt, sind insbesondere folgende technische und organisatorische Schutzmaßnahmen zu treffen, um die Exposition der Beschäftigten so gering wie möglich zu halten:

1. Auswahl und Gestaltung geeigneter und sicherer Arbeitsverfahren für Tätigkeiten mit biologischen Arbeitsstoffen einschließlich deren Entsorgung,
2. Begrenzung der Anzahl der exponierten Beschäftigten entsprechend dem Ergebnis der Gefährdungsbeurteilung.

Darüber hinaus sind folgende weitere Schutzmaßnahmen zu treffen:

1. Kennzeichnung der Arbeitsplätze und Gefahrenbereiche mit dem Symbol für Biogefährdung nach Anhang I entsprechend dem Ergebnis der Gefährdungsbeurteilung,
2. Vorkehrungen gegen Unfälle und Betriebsstörungen vor Aufnahme der Tätigkeiten mit biologischen Arbeitsstoffen,
3. Erstellung eines Plans zur Abwendung der Gefahren, die beim Versagen einer Einschließungsmaßnahme durch die Freisetzung biologischer Arbeitsstoffe auftreten können, bei gezielten Tätigkeiten mit biologischen Arbeitsstoffen der Risikogruppe 3 oder 4 sowie bei nicht gezielten Tätigkeiten mit vergleichbarer Gefährdung.

(7) Ist aufgrund außergewöhnlicher Umstände oder bei nicht bestimmungsgemäßem Betrieb einer Anlage mit einer ernsten Gefährdung der Beschäftigten durch biologische Arbeitsstoffe zu rechnen und ist es kurzfristig nicht möglich, Art, Ausmaß und Dauer der Exposition zu beurteilen, sind unverzüglich Sicherheitsmaßnahmen nach Anhang II oder III zu ermitteln und zu treffen, die mindestens der Schutzstufe 3 genügen müssen.

(8) Werden Verfahren eingesetzt, bei denen Tätigkeiten mit biologischen Arbeitsstoffen in technischen Anlagen oder unter Verwendung von technischen Arbeitsmitteln durchgeführt werden, hat der Arbeitgeber die zum Schutz der Beschäftigten erforderlichen Maßnahmen und Vorkehrungen nach dem Stand der Technik zu treffen.

(9) Ist die Sicherheitstechnik eines Arbeitsverfahrens fortentwickelt worden, hat sich diese bewährt und erhöht sich die Arbeitssicherheit hierdurch erheblich, ist das Arbeitsverfahren innerhalb einer angemessenen Frist dieser Fortentwicklung anzupassen.

(10) Biologische Arbeitsstoffe sind sicher zu lagern. Es sind nur solche Behälter zur Lagerung, zum Transport oder zur Beseitigung von biologischen Arbeitsstoffen zu verwenden, die hinsichtlich ihrer Beschaffenheit geeignet sind, den Inhalt sicher zu umschließen. Die Behälter sind für die Beschäftigten im Hinblick auf die davon ausgehenden Gefahren in geeigneter Weise deutlich erkennbar zu kennzeichnen. Biologische Arbeitsstoffe dürfen nicht in solchen Behältern gelagert werden, durch deren Form oder Bezeichnung der Inhalt mit Lebensmitteln verwechselt werden kann.

§ 11 Hygienemaßnahmen, Schutzausrüstungen

(1) Auf der Grundlage der Gefährdungsbeurteilung sind die erforderlichen Hygienemaßnahmen zur Desinfektion und Dekontamination zu treffen und persönliche Schutzausrüstungen einschließlich geeigneter Schutzkleidung zur Verfügung zu stellen. Es sind geeignete Vorkehrungen zu treffen, insbesondere die erforderlichen Einrichtungen zu schaffen, damit persönliche Schutzausrüstungen beim Verlassen des Arbeitsplatzes abgelegt und getrennt von anderen Kleidungsstücken gelagert und auf ihren Zustand überprüft werden können. Entsprechend dem Ergebnis der Überprüfung müssen die persönlichen Schutzausrüstungen desinfiziert und gereinigt werden. Falls sie schadhaft sind, müssen sie ausgebessert oder ausgetauscht, erforderlichenfalls vernichtet werden.

(2) Um die Kontamination des Arbeitsplatzes und die Exposition der Beschäftigten so gering wie möglich zu halten, sind die Funktion und die Wirksamkeit von technischen Schutzmaßnahmen regelmäßig zu überprüfen. Kann das Freiwerden von biologischen Arbeitsstoffen nicht sicher verhütet werden, ist zu ermitteln, ob der Arbeitsplatz kontaminiert ist. Dabei ist die mikrobielle Belastung in der Luft am Arbeitsplatz zu berücksichtigen.

(3) Beschäftigte dürfen an Arbeitsplätzen, an denen die Gefahr einer Kontamination durch biologische Arbeitsstoffe besteht, keine Nahrungs- und Genußmittel zu sich nehmen. Hierfür sind vor Aufnahme der Tätigkeiten geeignete Bereiche einzurichten.

§ 12 Unterrichtung der Beschäftigten

(1) Auf der Grundlage der Gefährdungsbeurteilung ist vor Aufnahme der Tätigkeiten eine arbeitsbereichs- und stoffbezogene Betriebsanweisung zu erstellen. Darin ist auf die mit den vorgesehenen Tätigkeiten verbundenen Gefahren für die Beschäftigten hinzuweisen. Die erforderlichen Schutzmaßnahmen und Verhaltensregeln sowie Anweisungen über das Verhalten bei Unfällen und Betriebsstörungen und zur Ersten Hilfe sind in ihr festzulegen. Die Betriebsanweisung ist in einer für die Beschäftigten verständlichen Form und Sprache abzufassen und an geeigneter Stelle in der Arbeitsstätte bekannt zu machen und zur Einsichtnahme auszulegen oder auszuhängen.

(2) Beschäftigte, die Tätigkeiten mit biologischen Arbeitsstoffen ausführen, müssen anhand der Betriebsanweisung über die auftretenden Gefahren und über die Schutzmaßnahmen unterwiesen werden. Die Unterweisung ist vor Aufnahme der Tätigkeiten mündlich und arbeitsplatzbezogen durchzuführen sowie in den Fällen des § 8 Satz 1 zu wiederholen. Zeitpunkt und Gegenstand der Unterweisungen sind im Anschluss an die Unterweisung schriftlich festzuhalten und vom Unterwiesenen durch Unterschrift zu bestätigen.

(3) Für Tätigkeiten, bei denen erfahrungsgemäß aufgrund erhöhter Unfallgefahr mit einem Infektionsrisiko oder, als Folge eines Unfalles, mit schweren Infektionen zu rechnen ist, müssen zusätzlich Arbeitsanweisungen zur Vermeidung von Betriebsunfällen am Arbeitsplatz vorliegen. Dies gilt auch für

1. Verfahren für die Entnahme, die Handhabung und die Verarbeitung von Proben menschlichen oder tierischen Ursprungs,
2. Instandhaltungs-, Reinigungs-, Änderungs- oder Abbrucharbeiten in oder an kontaminierten Anlagen, Geräten oder Einrichtungen.

(4) Die im Gefahrenbereich Beschäftigten und der Betriebs- oder Personalrat sind über Betriebsstörungen, die die Sicherheit oder Gesundheit der Beschäftigten gefährden können, und über Unfälle unverzüglich zu unterrichten. Dem Betriebs- oder Personalrat sind die in § 13 Abs. 1 bis 3 genannten Angaben zur Verfügung zu stellen.

§ 13 Anzeige- und Aufzeichnungspflichten

(1) Der Arbeitgeber hat der zuständigen Behörde spätestens 30 Tage vor Aufnahme der Tätigkeiten die erstmalige Durchführung von gezielten Tätigkeiten mit einem biologischen Arbeitsstoff der Risikogruppe 2, 3 oder 4 anzuzeigen. Die Anzeige enthält:

1. Name und Anschrift des Arbeitgebers und der nach § 13 Abs. 1 Nr. 1 bis 3 des Arbeitsschutzgesetzes verantwortlichen Personen,
2. Name und Befähigung der für Sicherheit und Gesundheitsschutz am Arbeitsplatz verantwortlichen Personen,
3. das Ergebnis der Gefährdungsbeurteilung nach § 6,
4. die Art des biologischen Arbeitsstoffes,
5. die vorgesehenen Maßnahmen zum Arbeitsschutz.

(2) Einer erneuten Anzeige bedürfen:

1. für die Sicherheit und Gesundheit der Beschäftigten bedeutsame Änderungen der Tätigkeiten,
2. die Aufnahme von Tätigkeiten mit jedem weiteren biologischen Arbeitsstoff der Risikogruppe 3, soweit dieser nicht in Anhang III der Richtlinie 90/679/EWG in der jeweils geltenden Fassung aufgeführt ist, und
3. die Aufnahme von Tätigkeiten mit jedem weiteren biologischen Arbeitsstoff der Risikogruppe 4.

(3) Über Beschäftigte, die gezielte Tätigkeiten mit biologischen Arbeitsstoffen der Risikogruppe 3 oder 4 durchführen, ist ein Verzeichnis zu führen, in dem die Art der Tätigkeiten, der verwendete biologische Arbeitsstoff sowie Unfälle und Betriebsstörungen anzugeben sind. Die betroffenen Beschäftigten oder von ihnen bevollmächtigte Personen sind berechtigt, die sie betreffenden Angaben einzusehen.

(4) Das Verzeichnis nach Absatz 3 ist für die Dauer von mindestens zehn Jahren nach Beendigung der Tätigkeit aufzubewahren. Das Verzeichnis ist bis zu 40 Jahre aufzubewahren, wenn es die Art einer Erkrankung oder die Zeitdauer zwischen einer Exposition und dem Auftreten einer möglichen Infektionskrankheit erforderlich machen. Es ist der zuständigen Behörde auf Verlangen zur Verfügung zu stellen. Bei einer Betriebsauflösung ist das Verzeichnis dem zuständigen Unfallversicherungsträger unaufgefordert zur Aufbewahrung zu übergeben.

(5) Die Absätze 1 bis 4 gelten entsprechend für nicht gezielte Tätigkeiten, die hinsichtlich der Gefährdung mit Tätigkeiten nach § 6 Abs. 2 Satz 3 Nr. 2 oder 3 vergleichbar sind.

(6) Lassen sich die für die Anzeige erforderlichen Angaben gleichwertig aus Anzeigen nach anderen Rechtsvorschriften entnehmen, kann die Anzeigepflicht auch durch Übermittlung einer Durchschrift dieser Anzeigen an die zuständige Behörde erfüllt werden.

§ 14 Behördliche Ausnahmen

(1) Die zuständige Behörde kann auf schriftlichen Antrag des Arbeitgebers Ausnahmen von den Vorschriften des § 10 einschließlich der Anhänge II und III erteilen, wenn

1. der Arbeitgeber andere gleichwertige Schutzmaßnahmen trifft oder
2. die Durchführung der Vorschrift im Einzelfall zu einer unverhältnismäßigen Härte führen würde und die Abweichung mit dem Schutz der betroffenen Beschäftigten vereinbar ist.

(2) Die zuständige Behörde kann auf schriftlichen Antrag des Arbeitgebers für Betriebe mit weniger als zehn Beschäftigten eine Ausnahme von der Pflicht zur Dokumentation der Gefährdungsbeurteilung erteilen. Satz 1 gilt nicht für gezielte Tätigkeiten mit biologischen Arbeitsstoffen der Risikogruppen 3 oder 4 sowie für nicht gezielte Tätigkeiten mit vergleichbarer Gefährdung.

§ 15 Arbeitsmedizinische Vorsorge

(1) Der Arbeitgeber hat Beschäftigte vor Aufnahme von Tätigkeiten mit biologischen Arbeitsstoffen nach Anhang IV arbeitsmedizinisch untersuchen und beraten zu lassen. Diese arbeitsmedizinischen Vorsorgeuntersuchungen sind in regelmäßigen Abständen zu wiederholen sowie am Ende der Beschäftigung anzubieten. Der untersuchende Arzt kann bei gesundheitlichen Bedenken arbeitsmedizinische Vorsorgeuntersuchungen in kürzeren Zeitabständen festsetzen.

(2) Beschäftigten sind bei sonstigen gezielten Tätigkeiten mit biologischen Arbeitsstoffen der Risikogruppe 3 und sonstigen nicht gezielten Tätigkeiten mit vergleichbarer Gefährdung vor Aufnahme der Tätigkeiten und danach in regelmäßigen Abständen arbeitsmedizinische Vorsorgeuntersuchungen anzubieten. Satz 1 gilt entsprechend für die Risikogruppe 2, es sei denn, aufgrund der Gefährdungsbeurteilung und der getroffenen Schutzmaßnahmen ist nicht mit einem Gesundheitsschaden zu rechnen.

(3) Beschäftigten, die sich eine Infektion oder eine Erkrankung zugezogen haben, die auf Tätigkeiten mit biologischen Arbeitsstoffen zurückzuführen sein kann, sind unverzüglich arbeitsmedizinische Vorsorgeuntersuchungen anzubieten. Dies gilt für alle Beschäftigten des gleichen Tätigkeitsbereichs, es sei denn, die Infektion oder Erkrankung ist auf eine personenbezogene Schädigung zurückzuführen und eine Übertragung auf andere Beschäftigte ist auszuschließen.

(4) Beschäftigten, die biologischen Arbeitsstoffen ausgesetzt sein können, ist eine Impfung anzubieten, wenn ein wirksamer Impfstoff zur Verfügung steht. Der Arzt hat die Beschäftigten über die zu verhütende Krankheit, über den Nutzen der Impfung und über mögliche Nebenwirkungen und Komplikationen aufzuklären.

(5) Arbeitsmedizinische Vorsorgeuntersuchungen sind durch Ärzte, die die erforderlichen Fachkenntnisse besitzen und von der zuständigen Behörde ermächtigt worden sind, durchzuführen. Dem Arzt sind auf Verlangen die zur Durchführung der Vorsorgeuntersuchungen erforderlichen Auskünfte über die Arbeitsplatzverhältnisse zu erteilen und eine Besichtigung des Arbeitsplatzes zu ermöglichen.

(6) Der Arzt hat den Untersuchungsbefund schriftlich festzuhalten. Er hat die untersuchte Person arbeitsmedizinisch zu beraten und ihr eine Bescheinigung darüber auszustellen, ob und inwieweit gegen die Ausübung der Tätigkeit gesundheitliche Bedenken bestehen (Bescheinigung über das Untersuchungsergebnis). Nur bei Vorsorgeuntersuchungen nach Absatz 1 übermittelt der Arzt dem Arbeitgeber eine Kopie der Bescheinigung über das Untersuchungsergebnis. Halten die untersuchte Person oder der Arbeitgeber das Untersuchungsergebnis für unzutreffend, entscheidet auf Antrag die zuständige Behörde. Bei gesundheitlichen Bedenken hat der Arzt dem Arbeitgeber zu empfehlen, den Arbeitsplatz zu überprüfen, wenn die Gesundheit des untersuchten Beschäftigten infolge der Arbeitsbedingungen gefährdet erscheint. Hat der Arbeitgeber eine Empfehlung nach Satz 5 erhalten, hat er dies dem Betriebs- oder Personalrat mitzuteilen und die zuständige Behörde zu unterrichten.

(7) Ärztliche Aufzeichnungen über Vorsorgeuntersuchungen nach Absatz 1 sind nach Beendigung der Tätigkeit des Arztes seinem Nachfolger im Amt oder der nach Landesrecht für den medizinischen Arbeitsschutz zuständigen Stelle zu übergeben.

§ 16 Unterrichtung der Behörde

(1) Unbeschadet des § 22 des Arbeitsschutzgesetzes ist die zuständige Behörde auf ihr Verlangen über

1. das Ergebnis der Gefährdungsbeurteilung und die der Beurteilung zugrundeliegenden Informationen,
2. die Tätigkeiten, bei denen Beschäftigte tatsächlich oder möglicherweise gegenüber biologischen Arbeitsstoffen exponiert worden sind, und die Anzahl dieser Beschäftigten,
3. die nach § 13 des Arbeitsschutzgesetzes verantwortlichen Personen,
4. die getroffenen Schutz- und Vorsorgemaßnahmen einschließlich der Betriebs- und Arbeitsanweisungen sowie
5. die nach § 10 Abs. 6 Satz 3 Nr. 2 getroffenen Vorkehrungen und den nach § 10 Abs. 6 Satz 3 Nr. 3 erstellten Plan

zu unterrichten.

(2) Die zuständige Behörde ist unverzüglich über jeden Unfall und jede Betriebsstörung bei Tätigkeiten mit biologischen Arbeitsstoffen der Risikogruppe 3 und 4 oder bei nicht gezielten Tätigkeiten mit vergleichbarer Gefährdung zu unterrichten, die zu einer Gesundheitsgefahr der Beschäftigten führen können. Krankheits- und Todesfälle, die auf Tätigkeiten mit biologischen Arbeitsstoffen zurückzuführen sind, sind der zuständigen Behörde unverzüglich unter Angabe der Tätigkeit mitzuteilen.

§ 17 Ausschuß für biologische Arbeitsstoffe

(1) Zur Beratung in allen Fragen des Arbeitsschutzes zu biologischen Arbeitsstoffen wird beim Bundesministerium für Arbeit und Sozialordnung der Ausschuß für biologische Arbeitsstoffe gebildet, in dem sachverständige Mitglieder der öffentlichen und privaten Arbeitgeber, der Gewerkschaften, der Länderbehörden, der Träger der gesetzlichen Unfallversicherung, der Hochschulen und der Wissenschaft angemessen vertreten sein sollen. Die Gesamtzahl der Mitglieder soll 16 Personen nicht überschreiten. Die Mitgliedschaft im Ausschuß für biologische Arbeitsstoffe ist ehrenamtlich.

(2) Das Bundesministerium für Arbeit und Sozialordnung beruft die Mitglieder des Ausschusses und für jedes Mitglied einen Stellvertreter. Der Ausschuß gibt sich eine Geschäftsordnung und wählt den Vorsitzenden aus seiner Mitte. Die Geschäftsordnung und die Wahl des Vorsitzenden bedürfen der Zustimmung des Bundesministeriums für Arbeit und Sozialordnung.

(3) Zu den Aufgaben des Ausschusses gehört es:

1. den Grundsätzen des § 4 des Arbeitsschutzgesetzes entsprechende Regeln und Erkenntnisse für Tätigkeiten mit biologischen Arbeitsstoffen sowie Regeln und Erkenntnisse zu der Einstufung nach § 4 Abs. 1 und 2 Satz 1 zu ermitteln,
2. zu ermitteln, wie die in dieser Verordnung gestellten Anforderungen erfüllt werden können,
3. dem jeweiligen Stand von Wissenschaft, Technik und Medizin entsprechende Vorschriften vorzuschlagen,
4. das Bundesministerium für Arbeit und Sozialordnung in allgemeinen Fragen der biologischen Sicherheit zu beraten.

(4) Das Bundesministerium für Arbeit und Sozialordnung kann die vom Ausschuß für biologische Arbeitsstoffe nach Absatz 3 Nr. 1 ermittelten Regeln und Erkenntnisse sowie die nach Absatz 3 Nr. 2 ermittelten Verfahrensregeln im Bundesarbeitsblatt bekanntgeben.

(5) Die Bundesministerien sowie die zuständigen obersten Landesbehörden können zu den Sitzungen des Ausschusses Vertreter entsenden. Diesen ist auf Verlangen in der Sitzung das Wort zu erteilen.

(6) Die Geschäfte des Ausschusses führt die Bundesanstalt für Arbeitsschutz und Arbeitsmedizin.

§ 18 Ordnungswidrigkeiten und Straftaten

(1) Ordnungswidrig im Sinne des § 25 Abs. 1 Nr. 1 des Arbeitsschutzgesetzes handelt, wer vorsätzlich oder fahrlässig

1. entgegen § 6 Abs.1 Satz 1 oder § 7 Abs. 1 Satz 1 eine Gefährdungsbeurteilung nicht, nicht richtig oder nicht vollständig oder nicht nach den in § 8 Satz 1 Nr. 2 oder 3 genannten Vorraussetzungen durchführt,
2. entgegen § 11 Abs. 1 Satz 3 oder 4 persönliche Schutzausrüstungen nicht, nicht richtig oder nicht rechtzeitig desinfiziert, reinigt, ausbessert, austauscht oder vernichtet,
3. entgegen § 11 Abs. 2 die Wirksamkeit von technischen Schutzmaßnahmen nicht regelmäßig überprüft,
4. entgegen § 11 Abs. 3 Satz 2 dort genannte Bereiche nicht oder nicht rechtzeitig einrichtet,
5. entgegen § 12 Abs. 1 Satz 1 oder 4 eine Betriebsanweisung nicht, nicht richtig, nicht vollständig, nicht in der vorgeschriebenen Weise oder nicht rechtzeitig erstellt, nicht oder nicht rechtzeitig bekannt macht oder nicht oder nicht rechtzeitig auslegt oder nicht oder nicht rechtzeitig aushängt,
6. entgegen § 12 Abs. 2 Satz 1 oder 3 Beschäftigte nicht, nicht in der vorgeschriebenen Weise oder nicht rechtzeitig unterweist oder den Zeitpunkt oder den Gegenstand der Unterweisung nicht, nicht in der vorgeschriebenen Weise oder nicht rechtzeitig festhält,
7. entgegen § 12 Abs. 4 Satz 1 über Betriebsstörungen oder Unfälle nicht, nicht richtig, nicht vollständig oder nicht rechtzeitig, unterrichtet,
8. entgegen § 13 Abs. 1 Satz 1 eine Anzeige nicht, nicht richtig, nicht vollständig oder nicht rechtzeitig erstattet,
9. entgegen § 13 Abs. 3 Satz 1 ein Verzeichnis nicht, nicht richtig oder nicht vollständig führt,
10. entgegen § 13 Abs. 4 ein Verzeichnis nicht oder nicht für die vorgeschriebene Dauer aufbewahrt, nicht oder nicht rechtzeitig zur Verfügung stellt oder nicht oder nicht rechtzeitig übergibt,
11. entgegen § 15 Abs. 1 arbeitsmedizinische Vorsorgeuntersuchungen nicht oder nicht rechtzeitig veranlasst oder anbietet,
12. entgegen § 15 Abs. 2 Satz 1 arbeitsmedizinische Vorsorgeuntersuchungen nicht oder nicht rechtzeitig anbietet,
13. entgegen § 15 Abs. 3 Satz 1 oder Abs. 4 Satz 1 eine arbeitsmedizinische Untersuchung oder eine Impfung nicht oder nicht rechtzeitig anbietet,
14. entgegen § 15 Abs. 5 Satz 2 eine Besichtigung des Arbeitsplatzes nicht oder nicht rechtzeitig ermöglicht,
15. entgegen § 16 Abs. 1 oder 2 Satz 1 die zuständige Behörde nicht, nicht richtig, nicht vollständig oder nicht rechtzeitig unterrichtet oder
16. entgegen § 16 Abs. 2 Satz 2 eine Mitteilung nicht, nicht richtig, nicht vollständig oder nicht rechtzeitig macht.

(2) Ordnungswidrig im Sinne des § 32 Abs. 1 Nr. 1 des Heimarbeitsgesetzes handelt, wer vorsätzlich oder fahrlässig entgegen § 10 Abs. 3 Satz 1, auch in Verbindung mit Satz 2, einen biologischen Arbeitsstoff überlässt oder verwendet.

(3) Wer durch eine in Absatz 1 bezeichnete vorsätzliche Handlung Leben oder Gesundheit eines Beschäftigten gefährdet, ist nach § 26 Nr. 2 des Arbeitsschutzgesetzes strafbar.

(4) Wer durch eine in Absatz 2 bezeichnete vorsätzliche Handlung in Heimarbeit Beschäftigte in ihrer Arbeitskraft oder Gesundheit gefährdet, ist nach § 32 Abs. 3 oder 4 des Heimarbeitsgesetzes strafbar.

§ 19 Übergangsvorschrift

Anzeigepflichtige Tätigkeiten, die bei Inkrafttreten der Verordnung bereits aufgenommen sind, müssen der ständigen Behörde innerhalb von sechs Monaten nach Inkrafttreten der Verordnung angezeigt werden. § 13 Abs. 1 Satz 2 gilt entsprechend.

Anhang I: Symbol für Biogefährdung

Ausführung der Kennzeichnung: Schwarzes Symbol auf gelbem Grund

Anhang II: Sicherheitsmaßnahmen bei Tätigkeiten mit biologischen Arbeitsstoffen in Laboratorien und laborähnlichen Einrichtungen

(1) Die Schutzstufe 1 umfasst allgemeine Hygienemaßnahmen entsprechend den vom Ausschuss für biologische Arbeitsstoffe festgelegten technischen Regeln.

(2) Die Schutzstufen 2, 3 und 4 umfassen die nachfolgenden Sicherheitsmaßnahmen:

A **Sicherheitsmaßnahmen**	**B** **Schutzstufen** 2	3	4
1. Der Arbeitsplatz ist von anderen Tätigkeiten in demselben Gebäude abzutrennen	nein	verbindlich, wenn die Infizierung über die Luft erfolgen kann	verbindlich
2. Zu- und Abluft am Arbeitsplatz müssen durch Hochleistungsschwebstoff-Filter oder eine vergleichbare Vorrichtung geführt werden	nein	verbindlich für Abluft	verbindlich für Zu- und Abluft
3. Der Zugang ist auf benannte Beschäftigte zu beschränken	verbindlich	verbindlich	verbindlich mit Luftschleuse
4. Der Arbeitsplatz muß zum Zweck der Desinfektion hermetisch abdichtbar sein	nein	empfohlen	verbindlich
5. Spezifische Desinfektionsverfahren	verbindlich	verbindlich	verbindlich
6. Am Arbeitsplatz muß ein Unterdruck aufrechterhalten werden	nein	verbindlich, wenn die Infizierung über die Luft erfolgen kann	verbindlich
7. Wirksame Vektorkontrolle, z.B. Nagetiere und Insekten	empfohlen	verbindlich	verbindlich
8. Wasserundurchlässige und leicht zu reinigende Oberflächen	verbindlich für Werkbänke	verbindlich für Werkbänke und Böden	verbindlich für Werkbänke, Wände, Böden und Decken
9. Gegen Säuren, Laugen, Lösungs- und Desinfektionsmittel widerstandsfähige Oberflächen	empfohlen	verbindlich	verbindlich
10. Sichere Aufbewahrung eines biologischen Arbeitsstoffes	verbindlich	verbindlich	verbindlich unter Verschluß
11. Der Raum muß mit einem Beobachtungsfenster oder einer vergleichbaren Vorrichtung versehen sein, damit die im Raum anwesenden Personen bzw. Tiere beobachtet werden können	empfohlen	verbindlich	verbindlich
12. Jedes Laboratorium muß über eine eigene Ausrüstung verfügen	nein	empfohlen	verbindlich
13. Der Umgang mit infiziertem Material, einschließlich aller Tiere, muß in einer Sicherheitswerkbank oder einem Isolierraum oder einem anderen geeigneten Raum erfolgen	wo angebracht	verbindlich, wenn die Infizierung über die Luft erfolgt	verbindlich
14. Verbrennungsofen für Tierkörper	empfohlen	verbindlich, zugänglich	verbindlich vor Ort

Anhang III: Sicherheitsmaßnahmen bei gezielten und nicht gezielten Tätigkeiten, die nicht unter Anhang II fallen

(1) Die Schutzstufe 1 umfaßt allgemeine Hygienemaßnahmen entsprechend den vom Ausschuß für biologische Arbeitsstoffe festgelegten technischen Regeln.

(2) Die Schutzstufen 2, 3 und 4 umfassen die nachfolgenden Sicherheitsmaßnahmen:

A **Sicherheitsmaßnahmen**	**B** **Schutzstufen** 2	 3	 4
1. Arbeiten mit lebensfähigen Organismen müssen in einem System durchgeführt werden, das den Prozeß physisch von der Umwelt trennt	verbindlich	verbindlich	verbindlich
2. Abgase aus dem abgeschlossenen System müssen so behandelt werden, dass:	das Freiwerden minimal gehalten wird	das Freiwerden verhütet wird	das Freiwerden verhütet wird
3. Sammlung von Proben, Hinzufügung von Werkstoffen zu einem abgeschlossenen System und Übertragung lebensfähiger Organismen in ein anderes abgeschlossenes System müssen so durchgeführt werden, dass:	das Freiwerden minimal gehalten wird	das Freiwerden verhindert wird	das Freiwerden verhindert wird
4. Kulturflüssigkeiten dürfen nicht aus dem abgeschlossenen System genommen werden, wenn die lebensfähigen Organismen nicht:	durch erprobte Mittel inaktiviert worden sind	durch erprobte chemische oder physikalische Mittel inaktiviert worden sind	durch erprobte chemische oder physikalische Mittel inaktiviert worden sind
5. Der Verschluß der Kulturgefäße muß so ausgelegt sein, daß:	ein Freiwerden minimal gehalten wird	ein Freiwerden verhütet wird	ein Freiwerden verhütet wird
6. Abgeschlossene Systeme müssen innerhalb kontrollierter Bereiche angesiedelt sein	empfohlen	empfohlen	verbindlich
a) Biogefahrenzeichen müssen angebracht werden	empfohlen	verbindlich	verbindlich
b) der Zugang muß ausschließlich auf das dafür vorgesehene Personal beschränkt sein	empfohlen	verbindlich	verbindlich über Luftschleuse
c) das Personal muß Schutzkleidung tragen	verbindlich	verbindlich	vollständige Umkleidung
d) Dekontaminations- und Waschanlagen müssen für das Personal bereitstehen	verbindlich	verbindlich	verbindlich
e) das Personal muß vor dem Verlassen des kontrollierten Bereiches duschen	nein	empfohlen	verbindlich
f) Abwässer aus Waschbecken und Duschen müssen gesammelt und vor der Ableitung inaktiviert werden	nein	empfohlen	verbindlich
g) der kontrollierte Bereich muß entsprechend belüftet sein, um die Luftverseuchung auf einem Mindeststand zu halten	empfohlen	verbindlich, wenn die Infizierung über die Luft erfolgen kann	verbindlich
h) der kontrollierte Bereich muß stets in atmosphärischem Unterdruck gehalten werden	nein	empfohlen	verbindlich

A **Sicherheitsmaßnahmen**	B **Schutzstufen** 2	 3	 4
i) Zu- und Abluft zum kontrollierten Bereich müssen durch Hochleistungsschwebstoff-Filter geführt werden	nein	empfohlen	verbindlich
j) der kontrollierte Bereich muß so ausgelegt sein, daß er ein Überlaufen des gesamten Inhalts des abgeschlossenen Systems abblockt	nein	empfohlen	verbindlich
k) der kontrollierte Bereich muß versiegelt werden können, um eine Begasung zuzulassen	nein	empfohlen	verbindlich
l) Abwasserbehandlung vor der endgültigen Ableitung	inaktiviert durch erprobte Mittel	inaktiviert durch erprobte chemische oder physikalische Mittel	inaktiviert durch erprobte chemische oder physikalische Mittel

Anhang IV: Verpflichtende arbeitsmedizinische Vorsorge nach § 15 Abs.1 Satz 1

(1) Gezielte Tätigkeiten mit biologischen Arbeitsstoffen der Risikogruppe 4 oder hinsichtlich der Gefährdung vergleichbare nicht gezielte Tätigkeiten.

(2) Tätigkeiten (Spalte 1) bei denen biologische Arbeitsstoffe (Spalte 2) entsprechend der nachstehenden Tabelle eingesetzt werden oder vorkommen können:

Spalte 1	Spalte 2	
Tätigkeiten	**Biologischer Arbeitsstoff**	
a) in der Human-, Zahnmedizin, Wohlfahrtspflege sowie in Notfall- und Rettungsdiensten	Hepatitis-B-Virus (HBV) Hepatitis-C-Virus (HCV)	
in Kinderabteilungen zusätzlich		Bordetella pertussis Corynebacterium diphtheriae Hepatitis-A-Virus (HAV) Masernvirus Mumpsvirus Rubivirus Varizella-Zoster-Virus (VZV)
in Infektionsstationen und Stuhllaboratorien zusätzlich		Hepatitis-A-Virus (HAV)
in Tuberkuloseabteilungen und anderen pulmologischen Einrichtungen zusätzlich		Mycobacterium tuberculosis Mycobacterium bovis
in der Pathologie (Obduktion, Sektion) zusätzlich		Hepatitis-D-Virus (HDV) Mycobacterium tuberculosis Mycobacterium bovis
b) in der Medizinprodukte- und Arzneimittelherstellung bei allen nicht gezielten Tätigkeiten mit Blutprodukten	Hepatitis-B-Virus (HBV) Hepatitis-C-Virus (HCV)	
bei gezielten Tätigkeiten mit einem der nebenstehend genannten biologischen Arbeitsstoffe	Hepatitis-B-Virus (HBV) Hepatitis-B-Virus (HBV) Hepatitis-C-Virus (HCV) Bordetella pertussis / Corynebacterium diphtheriae Frühsommermeningoenzephalitis-(FSME)-Virus Hepatitis-A-Virus (HAV) / Hepatitis-D-Virus (HDV) Masernvirus Mumpsvirus / Mycobacterium tuberculosis Mycobacterium bovis / Rubivirus / Tollwutvirus Varizella-Zoster-Virus (VZV)	
c) in der Veterinärmedizin bei Tätigkeiten mit tollwutverdächtigen Tieren	Tollwutvirus	
d) bei Tätigkeiten in Endemiegebieten in der Land-, Forst- und Holzwirtschaft, im Gartenbau, Tierhandel, der Jagd und in Bereichen mit tierischen- und pflanzlichen Rohstoffen für Nichtlebensmittelzwecke einschließlich Lehr- und Versuchsanstalten sowie sonstigen Bereichen der Wissenschaft	Frühsommermeningoenzephalitis-(FSME)-Virus	

Gesetz über die Haftung für fehlerhafte Produkte – Produkthaftungsgesetz (ProdHaftG)[1)]

Inhaltsübersicht

---

§ 1 Haftung

(1) Wird durch den Fehler eines Produkts jemand getötet, sein Körper oder seine Gesundheit verletzt oder eine Sache beschädigt, so ist der Hersteller des Produkts verpflichtet, dem Geschädigten den daraus entstehenden Schaden zu ersetzen. Im Falle der Sachbeschädigung gilt dies nur, wenn eine andere Sache als das fehlerhafte Produkt beschädigt wird und diese andere Sache ihrer Art nach gewöhnlich für den privaten Ge- oder Verbrauch bestimmt und hierzu von dem Geschädigten hauptsächlich verwendet worden ist.

(2) Die Ersatzpflicht des Herstellers ist ausgeschlossen, wenn

1. er das Produkt nicht in den Verkehr gebracht hat,
2. nach den Umständen davon auszugehen ist, daß das Produkt den Fehler, der den Schaden verursacht hat, noch nicht hatte, als der Hersteller es in den Verkehr brachte,
3. er das Produkt weder für den Verkauf oder eine andere Form des Vertriebs mit wirtschaftlichem Zweck hergestellt noch im Rahmen seiner beruflichen Tätigkeit hergestellt oder vertrieben hat,

---

[1)] In der Fassung vom 15. Dezember 1989, BGBl. I S. 2198; zuletzt geändert durch Art. 9 des Gesetzes vom 19.07.2002, BGBl. I S. 2674.

4. der Fehler darauf beruht, daß das Produkt in dem Zeitpunkt, in dem der Hersteller es in den Verkehr brachte, dazu zwingenden Rechtsvorschriften entsprochen hat, oder
5. der Fehler nach dem Stand der Wissenschaft und Technik in dem Zeitpunkt, in dem der Hersteller das Produkt in den Verkehr brachte, nicht erkannt werden konnte.

(3) Die Ersatzpflicht des Herstellers eines Teilprodukts ist ferner ausgeschlossen, wenn der Fehler durch die Konstruktion des Produkts, in welches das Teilprodukt eingearbeitet wurde, oder durch die Anleitungen des Herstellers des Produkts verursacht worden ist. Satz 1 ist auf den Hersteller eines Grundstoffs entsprechend anzuwenden.

(4) Für den Fehler, den Schaden und den ursächlichen Zusammenhang zwischen Fehler und Schaden trägt der Geschädigte die Beweislast. Ist streitig, ob die Ersatzpflicht gemäß Absatz 2 oder 3 ausgeschlossen ist, so trägt der Hersteller die Beweislast.

§ 2 Produkt

Produkt im Sinne dieses Gesetzes ist jede bewegliche Sache, auch wenn sie einen Teil einer anderen beweglichen Sache oder einer unbeweglichen Sache bildet, sowie Elektrizität.

§ 3 Fehler

(1) Ein Produkt hat einen Fehler, wenn es nicht die Sicherheit bietet, die unter Berücksichtigung aller Umstände, insbesondere

a) seiner Darbietung,
b) des Gebrauchs, mit dem billigerweise gerechnet werden kann,
c) des Zeitpunkts, in dem es in den Verkehr gebracht wurde,

berechtigterweise erwartet werden kann.

(2) Ein Produkt hat nicht allein deshalb einen Fehler, weil später ein verbessertes Produkt in den Verkehr gebracht wurde.

§ 4 Hersteller

(1) Hersteller im Sinne dieses Gesetzes ist, wer das Endprodukt, einen Grundstoff oder ein Teilprodukt hergestellt hat. Als Hersteller gilt auch jeder, der sich durch das Anbringen seines Namens, seiner Marke oder eines anderen unterscheidungskräftigen Kennzeichens als Hersteller ausgibt.

(2) Als Hersteller gilt ferner, wer ein Produkt zum Zweck des Verkaufs, der Vermietung, des Mietkaufs oder einer anderen Form des Vertriebs mit wirtschaftlichem Zweck im Rahmen seiner geschäftlichen Tätigkeit in den Geltungsbereich des Abkommens über den Europäischen Wirtschaftsraum einführt oder verbringt.

(3) Kann der Hersteller des Produkts nicht festgestellt werden, so gilt jeder Lieferant als dessen Hersteller, es sei denn, daß er dem Geschädigten innerhalb eines Monats, nachdem ihm dessen diesbezügliche Aufforderung zugegangen ist, den Hersteller oder diejenige Person benennt, die ihm das Produkt geliefert hat. Dies gilt auch für ein eingeführtes Produkt, wenn sich bei diesem die in Absatz 2 genannte Person nicht feststellen läßt, selbst wenn der Name des Herstellers bekannt ist.

§ 5 Mehrere Ersatzpflichtige

Sind für denselben Schaden mehrere Hersteller nebeneinander zum Schadensersatz verpflichtet, so haften sie als Gesamtschuldner. Im Verhältnis der Ersatzpflichtigen zueinander hängt, soweit nichts anderes bestimmt ist, die Verpflichtung zum Ersatz sowie der Umfang des zu leistenden Ersatzes von den Umständen, insbesondere davon ab, inwieweit der Schaden vorwiegend von dem einen oder dem anderen Teil verursacht worden ist; im übrigen gelten die §§ 421 bis 425 sowie § 426 Abs. 1 Satz 2 und Abs. 2 des Bürgerlichen Gesetzbuchs.

§ 6 Haftungsminderung

(1) Hat bei der Entstehung des Schadens ein Verschulden des Geschädigten mitgewirkt, so gilt § 254 des Bürgerlichen Gesetzbuchs; im Falle der Sachbeschädigung steht das Verschulden desjenigen, der die tatsächliche Gewalt über die Sache ausübt, dem Verschulden des Geschädigten gleich.

(2) Die Haftung des Herstellers wird nicht gemindert, wenn der Schaden durch einen Fehler des Produkts und zugleich durch die Handlung eines Dritten verursacht worden ist. § 5 Satz 2 gilt entsprechend.

§ 7 Umfang der Ersatzpflicht bei Tötung

(1) Im Falle der Tötung ist Ersatz der Kosten einer versuchten Heilung sowie des Vermögensnachteils zu leisten, den der Getötete dadurch erlitten hat, daß während der Krankheit seine Erwerbsfähigkeit aufgehoben oder gemindert war oder seine Bedürfnisse vermehrt waren. Der Ersatzpflichtige hat außerdem die Kosten der Beerdigung demjenigen zu ersetzen, der diese Kosten zu tragen hat.

(2) Stand der Getötete zur Zeit der Verletzung zu einem Dritten in einem Verhältnis, aus dem er diesem gegenüber kraft Gesetzes unterhaltspflichtig war oder unterhaltspflichtig werden konnte, und ist dem Dritten infolge der Tötung das Recht auf Unterhalt entzogen, so hat der Ersatzpflichtige dem Dritten insoweit Schadensersatz zu leisten, als der Getötete während der mutmaßlichen Dauer seines Lebens zur Gewährung des Unterhalts verpflichtet gewesen wäre. Die Ersatzpflicht tritt auch ein, wenn der Dritte zur Zeit der Verletzung gezeugt, aber noch nicht geboren war.

§ 8 Umfang der Ersatzpflicht bei Körperverletzung

Im Falle der Verletzung des Körpers oder der Gesundheit ist Ersatz der Kosten der Heilung sowie des Vermögensnachteils zu leisten, den der Verletzte dadurch erleidet, daß infolge der Verletzung zeitweise oder dauernd seine Erwerbsfähigkeit aufgehoben oder gemindert ist oder seine Bedürfnisse vermehrt sind. Wegen des Schadens, der nicht Vermögensschaden ist, kann auch eine billige Entschädigung in Geld gefordert werden.

§ 9 Schadensersatz durch Geldrente

(1) Der Schadensersatz wegen Aufhebung oder Minderung der Erwerbsfähigkeit und wegen vermehrter Bedürfnisse des Verletzten sowie der nach § 7 Abs. 2 einem Dritten zu gewährende Schadensersatz ist für die Zukunft durch eine Geldrente zu leisten.

(2) § 843 Abs. 2 bis 4 des Bürgerlichen Gesetzbuchs ist entsprechend anzuwenden.

§ 10 Haftungshöchstbetrag

(1) Sind Personenschäden durch ein Produkt oder gleiche Produkte mit demselben Fehler verursacht worden, so haftet der Ersatzpflichtige nur bis zu einem Höchstbetrag von 85 Millionen Euro.

(2) Übersteigen die den mehreren Geschädigten zu leistenden Entschädigungen den in Absatz 1 vorgesehenen Höchstbetrag, so verringern sich die einzelnen Entschädigungen in dem Verhältnis, in dem ihr Gesamtbetrag zu dem Höchstbetrag steht.

§ 11 Selbstbeteiligung bei Sachbeschädigung

Im Falle der Sachbeschädigung hat der Geschädigte einen Schaden bis zu einer Höhe von 500 Euro selbst zu tragen.

§ 12 Verjährung

(1) Der Anspruch nach § 1 verjährt in drei Jahren von dem Zeitpunkt an, in dem der Ersatzberechtigte von dem Schaden, dem Fehler und von der Person des Ersatzpflichtigen Kenntnis erlangt hat oder hätte erlangen müssen.

(2) Schweben zwischen dem Ersatzpflichtigen und dem Ersatzberechtigten Verhandlungen über den zu leistenden Schadensersatz, so ist die Verjährung gehemmt, bis die Fortsetzung der Verhandlungen verweigert wird.

(3) Im übrigen sind die Vorschriften des Bürgerlichen Gesetzbuchs über die Verjährung anzuwenden.

§ 13 Erlöschen von Ansprüchen

(1) Der Anspruch nach § 1 erlischt zehn Jahre nach dem Zeitpunkt, in dem der Hersteller das Produkt, das den Schaden verursacht hat, in den Verkehr gebracht hat. Dies gilt nicht, wenn über den Anspruch ein Rechtsstreit oder ein Mahnverfahren anhängig ist.

(2) Auf den rechtskräftig festgestellten Anspruch oder auf den Anspruch aus einem anderen Vollstreckungstitel ist Absatz 1 Satz 1 nicht anzuwenden. Gleiches gilt für den Anspruch, der Gegenstand eines außergerichtlichen Vergleichs ist oder der durch rechtsgeschäftliche Erklärung anerkannt wurde.

§ 14 Unabdingbarkeit

Die Ersatzpflicht des Herstellers nach diesem Gesetz darf im voraus weder ausgeschlossen noch beschränkt werden. Entgegenstehende Vereinbarungen sind nichtig.

§ 15 Arzneimittelhaftung, Haftung nach anderen Rechtsvorschriften

(1) Wird infolge der Anwendung eines zum Gebrauch bei Menschen bestimmten Arzneimittels, das im Geltungsbereich des Arzneimittelgesetzes an den Verbraucher abgegeben wurde und der Pflicht zur Zulassung unterliegt oder durch Rechtsverordnung von der Zulassung befreit worden ist, jemand getötet, sein Körper oder seine Gesundheit verletzt, so sind die Vorschriften des Produkthaftungsgesetzes nicht anzuwenden.

(2) Eine Haftung aufgrund anderer Vorschriften bleibt unberührt.

§ 16 Übergangsvorschrift

Dieses Gesetz ist nicht auf Produkte anwendbar, die vor seinem Inkrafttreten in den Verkehr gebracht worden sind.

§ 17 Erlaß von Rechtsverordnungen

Der Bundesminister der Justiz wird ermächtigt, durch Rechtsverordnung die Beträge der §§ 10 und 11 zu ändern oder das Außerkrafttreten des § 10 anzuordnen, wenn und soweit dies zur Umsetzung einer Richtlinie des Rates der Europäischen Gemeinschaften auf der Grundlage der Artikel 16 Abs. 2 und 18 Abs. 2 der Richtlinie des Rates vom 25. Juli 1985 zur Angleichung der Rechts- und Verwaltungsvorschriften der Mitgliedstaaten über die Haftung für fehlerhafte Produkte erforderlich ist.

§ 18 Berlin-Klausel

Dieses Gesetz gilt nach Maßgabe des § 13 Abs. 1 des Dritten Überleitungsgesetzes auch im Land Berlin. Rechtsverordnungen, die aufgrund dieses Gesetzes erlassen werden, gelten nach Maßgabe des § 14 des Dritten Überleitungsgesetzes auch im Land Berlin.

§ 19 Inkrafttreten

Dieses Gesetz tritt am 1. Januar 1990 in Kraft.

Gesetz über Arbeitnehmererfindungen (Arbeitnehmererfindungsgesetz)[1)]

Inhaltsübersicht

---

1) In der Fassung vom 25. Juli 1957, BGBl. I S. 756, zuletzt geändert durch Art. 1 des Gesetzes vom 18.01.2002, BGBl. I S. 414.

---

1. Abschnitt: Anwendungsbereich und Begriffsbestimmungen

§ 1 Anwendungsbereich

Diesem Gesetz unterliegen die Erfindungen und technischen Verbesserungsvorschläge von Arbeitnehmern im privaten und im öffentlichen Dienst, von Beamten und Soldaten.

§ 2 Erfindungen

Erfindungen im Sinne dieses Gesetzes sind nur Erfindungen, die patent- oder gebrauchsmusterfähig sind.

§ 3 Technische Verbesserungsvorschläge

Technische Verbesserungsvorschläge im Sinne dieses Gesetzes sind Vorschläge für sonstige technische Neuerungen, die nicht patent- oder gebrauchsmusterfähig sind.

§ 4 Diensterfindungen und freie Erfindungen

(1) Erfindungen von Arbeitnehmern im Sinne dieses Gesetzes können gebundene oder freie Erfindungen sein.

(2) Gebundene Erfindungen (Diensterfindungen) sind während der Dauer des Arbeitsverhältnisses gemachte Erfindungen, die entweder

1. aus der dem Arbeitnehmer im Betrieb oder in der öffentlichen Verwaltung obliegenden Tätigkeit entstanden sind oder
2. maßgeblich auf Erfahrungen oder Arbeiten des Betriebes oder der öffentlichen Verwaltung beruhen.

(3) Sonstige Erfindungen von Arbeitnehmern sind freie Erfindungen. Sie unterliegen jedoch den Beschränkungen der §§ 18 und 19.

(4) Die Absätze 1 bis 3 gelten entsprechend für Erfindungen von Beamten und Soldaten.

2. Abschnitt: Erfindungen und technische Verbesserungsvorschläge von Arbeitnehmern im privaten Dienst

1. Diensterfindungen

§ 5 Meldepflicht

(1) Der Arbeitnehmer, der eine Diensterfindung gemacht hat, ist verpflichtet, sie unverzüglich dem Arbeitgeber gesondert schriftlich zu melden und hierbei kenntlich zu machen, daß es sich um die Meldung einer Erfindung handelt. Sind mehrere Arbeitnehmer an dem Zustandekommen der Erfindung beteiligt, so können sie die Meldung gemeinsam abgeben. Der Arbeitgeber hat den Zeitpunkt des Eingangs der Meldung dem Arbeitnehmer unverzüglich schriftlich zu bestätigen.

(2) In der Meldung hat der Arbeitnehmer die technische Aufgabe, ihre Lösung und das Zustandekommen der Diensterfindung zu beschreiben. Vorhandene Aufzeichnungen sollen beigefügt werden, soweit sie zum Verständnis der Erfindung erforderlich sind. Die Meldung soll dem Arbeitnehmer dienstlich erteilte Weisungen oder Richtlinien, die benutzten Erfahrungen oder Arbeiten des Betriebes, die Mitarbeiter sowie Art und Umfang ihrer Mitarbeit angeben und soll hervorheben, was der meldende Arbeitnehmer als seinen eigenen Anteil ansieht.

(3) Eine Meldung, die den Anforderungen des Absatzes 2 nicht entspricht, gilt als ordnungsgemäß, wenn der Arbeitgeber nicht innerhalb von zwei Monaten erklärt, daß und in welcher Hinsicht die Meldung einer Ergänzung bedarf. Er hat den Arbeitnehmer, soweit erforderlich, bei der Ergänzung der Meldung zu unterstützen.

§ 6 Inanspruchnahme

(1) Der Arbeitgeber kann eine Diensterfindung unbeschränkt oder beschränkt in Anspruch nehmen.

(2) Die Inanspruchnahme erfolgt durch schriftliche Erklärung gegenüber dem Arbeitnehmer. Die Erklärung soll sobald wie möglich abgegeben werden; sie ist spätestens bis zum Ablauf von vier Monaten nach Eingang der ordnungsgemäßen Meldung (§ 5 Abs. 2 und 3) abzugeben.

§7 Wirkung der Inanspruchnahme

(1) Mit Zugang der Erklärung der unbeschränkten Inanspruchnahme gehen alle Rechte an der Diensterfindung auf den Arbeitgeber über.

(2) Mit Zugang der Erklärung der beschränkten Inanspruchnahme erwirbt der Arbeitgeber nur ein nichtausschließliches Recht zur Benutzung der Diensterfindung. Wird durch das Benutzungsrecht des Arbeitgebers die anderweitige Verwertung der Diensterfindung durch den Arbeitnehmer unbillig erschwert, so kann der Arbeitnehmer verlangen, daß der Arbeitgeber innerhalb von zwei Monaten die Diensterfindung entweder unbeschränkt in Anspruch nimmt oder sie dem Arbeitnehmer freigibt.

(3) Verfügungen, die der Arbeitnehmer über eine Diensterfindung vor der Inanspruchnahme getroffen hat, sind dem Arbeitgeber gegenüber unwirksam, soweit seine Rechte beeinträchtigt werden.

§ 8 Frei gewordene Diensterfindungen

(1) Eine Diensterfindung wird frei,

1. wenn der Arbeitgeber sie schriftlich freigibt;
2. wenn der Arbeitgeber sie beschränkt in Anspruch nimmt, unbeschadet des Benutzungsrechts des Arbeitgebers nach § 7 Abs. 2;
3. wenn der Arbeitgeber sie nicht innerhalb von vier Monaten nach Eingang der ordnungsgemäßen Meldung (§ 5 Abs. 2 und 3) oder im Falle des § 7 Abs. 2 innerhalb von zwei Monaten nach dem Verlangen des Arbeitnehmers in Anspruch nimmt.

(2) Über eine frei gewordene Diensterfindung kann der Arbeitnehmer ohne die Beschränkungen der §§ 18 und 19 verfügen.

§ 9 Vergütung bei unbeschränkter Inanspruchnahme

(1) Der Arbeitnehmer hat gegen den Arbeitgeber einen Anspruch auf angemessene Vergütung, sobald der Arbeitgeber die Diensterfindung unbeschränkt in Anspruch genommen hat.

(2) Für die Bemessung der Vergütung sind insbesondere die wirtschaftliche Verwertbarkeit der Diensterfindung, die Aufgaben und die Stellung des Arbeitnehmers im Betrieb sowie der Anteil des Betriebes an dem Zustandekommen der Diensterfindung maßgebend.

§ 10 Vergütung bei beschränkter Inanspruchnahme

(1) Der Arbeitnehmer hat gegen den Arbeitgeber einen Anspruch auf angemessene Vergütung, sobald der Arbeitgeber die Diensterfindung beschränkt in Anspruch genommen hat und sie benutzt. § 9 Abs. 2 ist entsprechend anzuwenden.

(2) Nach Inanspruchnahme der Diensterfindung kann sich der Arbeitgeber dem Arbeitnehmer gegenüber nicht darauf berufen, daß die Erfindung zur Zeit der Inanspruchnahme nicht schutzfähig gewesen sei, es sei denn, daß sich dies aus einer Entscheidung des Patentamts oder eines Gerichts ergibt. Der Vergütungsanspruch des Arbeitnehmers bleibt unberührt, soweit er bis zur rechtskräftigen Entscheidung fällig geworden ist.

§ 11 Vergütungsrichtlinien

Der Bundesminister für Arbeit erläßt nach Anhörung der Spitzenorganisationen der Arbeitgeber und der Arbeitnehmer (§ 10a des Tarifvertragsgesetzes) Richtlinien über die Bemessung der Vergütung.

§ 12 Feststellung oder Festsetzung der Vergütung

(1) Die Art und Höhe der Vergütung soll in angemessener Frist nach Inanspruchnahme der Diensterfindung durch Vereinbarung zwischen dem Arbeitgeber und dem Arbeitnehmer festgestellt werden.

(2) Wenn mehrere Arbeitnehmer an der Diensterfindung beteiligt sind, ist die Vergütung für jeden gesondert festzustellen. Die Gesamthöhe der Vergütung und die Anteile der einzelnen Erfinder an der Diensterfindung hat der Arbeitgeber den Beteiligten bekanntzugeben.

(3) Kommt eine Vereinbarung über die Vergütung in angemessener Frist nach Inanspruchnahme der Diensterfindung nicht zustande, so hat der Arbeitgeber die Vergütung durch eine begründete schriftliche Erklärung an den Arbeitnehmer festzusetzen und entsprechend der Festsetzung zu zahlen. Bei unbeschränkter Inanspruchnahme der Diensterfindung ist die Vergütung spätestens bis zum Ablauf von drei Monaten nach Aufnahme der Benutzung festzusetzen.

(4) Der Arbeitnehmer kann der Festsetzung innerhalb von zwei Monaten durch schriftliche Erklärung widersprechen, wenn er mit der Festsetzung nicht einverstanden ist. Widerspricht er nicht, so wird die Festsetzung für beide Teile verbindlich.

(5) Sind mehrere Arbeitnehmer an der Diensterfindung beteiligt, so wird die Festsetzung für alle Beteiligten nicht verbindlich, wenn einer von ihnen der Festsetzung mit der Begründung widerspricht, daß sein Anteil an der Diensterfindung unrichtig festgesetzt sei. Der Arbeitgeber ist in diesem Falle berechtigt, die Vergütung für alle Beteiligten neu festzusetzen.

(6) Arbeitgeber und Arbeitnehmer können voneinander die Einwilligung in eine andere Regelung der Vergütung verlangen, wenn sich Umstände wesentlich ändern, die für die Feststellung oder Festsetzung der Vergütung maßgebend waren. Rückzahlung einer bereits geleisteten Vergütung kann nicht verlangt werden. Die Absätze 1 bis 5 sind nicht anzuwenden.

§ 13 Schutzrechtsanmeldung im Inland

(1) Der Arbeitgeber ist verpflichtet und allein berechtigt, eine gemeldete Diensterfindung im Inland zur Erteilung eines Schutzrechts anzumelden. Eine patentfähige Diensterfindung hat er zur Erteilung eines Patents anzumelden, sofern nicht bei verständiger Würdigung der Verwertbarkeit der Erfindung der Gebrauchsmusterschutz zweckdienlicher erscheint. Die Anmeldung hat unverzüglich zu geschehen.

(2) Die Verpflichtung des Arbeitgebers zur Anmeldung entfällt,

1. wenn die Diensterfindung frei geworden ist (§ 8 Abs. 1);
2. wenn der Arbeitnehmer der Nichtanmeldung zustimmt;
3. wenn die Voraussetzungen des § 17 vorliegen.

(3) Genügt der Arbeitgeber nach unbeschränkter Inanspruchnahme der Diensterfindung seiner Anmeldepflicht nicht und bewirkt er die Anmeldung auch nicht innerhalb einer ihm vom Arbeitnehmer gesetzten angemessenen Nachfrist, so kann der Arbeitnehmer die Anmeldung der Diensterfindung für den Arbeitgeber auf dessen Namen und Kosten bewirken.

(4) Ist die Diensterfindung frei geworden, so ist nur der Arbeitnehmer berechtigt, sie zur Erteilung eines Schutzrechts anzumelden. Hatte der Arbeitgeber die Diensterfindung bereits zur Erteilung eines Schutzrechts angemeldet, so gehen die Rechte aus der Anmeldung auf den Arbeitnehmer über.

§ 14 Schutzrechtsanmeldung im Ausland

(1) Nach unbeschränkter Inanspruchnahme der Diensterfindung ist der Arbeitgeber berechtigt, diese auch im Ausland zur Erteilung von Schutzrechten anzumelden.

(2) Für ausländische Staaten, in denen der Arbeitgeber Schutzrechte nicht erwerben will, hat er dem Arbeitnehmer die Diensterfindung freizugeben und ihm auf Verlangen den Erwerb von Auslandsschutzrechten zu ermöglichen. Die Freigabe soll so rechtzeitig vorgenommen werden, daß der Arbeitnehmer die Prioritätsfristen der zwischenstaatlichen Verträge auf dem Gebiet des gewerblichen Rechtsschutzes ausnutzen kann.

(3) Der Arbeitgeber kann sich gleichzeitig mit der Freigabe nach Absatz 2 ein nichtausschließliches Recht zur Benutzung der Diensterfindung in den betreffenden ausländischen Staaten gegen angemessene Vergütung vorbehalten und verlangen, daß der Arbeitnehmer bei der Verwertung der freigegebenen Erfindung in den betreffenden ausländischen Staaten die Verpflichtungen des Arbeitgebers aus den im Zeitpunkt der Freigabe bestehenden Verträgen über die Diensterfindung gegen angemessene Vergütung berücksichtigt.

§ 15 Gegenseitige Rechte und Pflichten beim Erwerb von Schutzrechten

(1) Der Arbeitgeber hat dem Arbeitnehmer zugleich mit der Anmeldung der Diensterfindung zur Erteilung eines Schutzrechts Abschriften der Anmeldeunterlagen zu geben. Er hat ihn von dem Fortgang des Verfahrens zu unterrichten und ihm auf Verlangen Einsicht in den Schriftwechsel zu gewähren.

(2) Der Arbeitnehmer hat den Arbeitgeber auf Verlangen beim Erwerb von Schutzrechten zu unterstützen und die erforderlichen Erklärungen abzugeben.

§ 16 Aufgabe der Schutzrechtsanmeldung oder des Schutzrechts

(1) Wenn der Arbeitgeber vor Erfüllung des Anspruchs des Arbeitnehmers auf angemessene Vergütung die Anmeldung der Diensterfindung zur Erteilung eines Schutzrechts nicht weiterverfolgen oder das auf die Diensterfindung erteilte Schutzrecht nicht aufrechterhalten will, hat er dies dem Arbeitnehmer mitzuteilen und ihm auf dessen Verlangen und Kosten das Recht zu übertragen sowie die zur Wahrung des Rechts erforderlichen Unterlagen auszuhändigen.

(2) Der Arbeitgeber ist berechtigt, das Recht aufzugeben, sofern der Arbeitnehmer nicht innerhalb von drei Monaten nach Zugang der Mitteilung die Übertragung des Rechts verlangt.

(3) Gleichzeitig mit der Mitteilung nach Absatz 1 kann sich der Arbeitgeber ein nichtausschließliches Recht zur Benutzung der Diensterfindung gegen angemessene Vergütung vorbehalten.

§ 17 Betriebsgeheimnisse

(1) Wenn berechtigte Belange des Betriebes es erfordern, eine gemeldete Diensterfindung nicht bekannt werden zu lassen, kann der Arbeitgeber von der Erwirkung eines Schutzrechts absehen, sofern er die Schutzfähigkeit der Diensterfindung gegenüber dem Arbeitnehmer anerkennt.

(2) Erkennt der Arbeitgeber die Schutzfähigkeit der Diensterfindung nicht an, so kann er von der Erwirkung eines Schutzrechts absehen, wenn er zur Herbeiführung einer Einigung über die Schutzfähigkeit der Diensterfindung die Schiedsstelle (§ 29) anruft.

(3) Bei der Bemessung der Vergütung für eine Erfindung nach Absatz 1 sind auch die wirtschaftlichen Nachteile zu berücksichtigen, die sich für den Arbeitnehmer daraus ergeben, daß auf die Diensterfindung kein Schutzrecht erteilt worden ist.

2. Freie Erfindungen

§ 18 Mitteilungspflicht

(1) Der Arbeitnehmer, der während der Dauer des Arbeitsverhältnisses eine freie Erfindung gemacht hat, hat dies dem Arbeitgeber unverzüglich schriftlich mitzuteilen. Dabei muß über die Erfindung und, wenn dies erforderlich ist, auch über ihre Entstehung soviel mitgeteilt werden, daß der Arbeitgeber beurteilen kann, ob die Erfindung frei ist.

(2) Bestreitet der Arbeitgeber nicht innerhalb von drei Monaten nach Zugang der Mitteilung durch schriftliche Erklärung an den Arbeitnehmer, daß die ihm mitgeteilte Erfindung frei sei, so kann er die Erfindung nicht mehr als Diensterfindung in Anspruch nehmen.

(3) Eine Verpflichtung zur Mitteilung freier Erfindungen besteht nicht, wenn die Erfindung offensichtlich im Arbeitsbereich des Betriebes des Arbeitgebers nicht verwendbar ist.

§ 19 Anbietungspflicht

(1) Bevor der Arbeitnehmer eine freie Erfindung während der Dauer des Arbeitsverhältnisses anderweitig verwertet, hat er zunächst dem Arbeitgeber mindestens ein nichtausschließliches Recht zur Benutzung der Erfindung zu angemessenen Bedingungen anzubieten, wenn die Erfindung im Zeitpunkt des Angebots in den vorhandenen oder vorbereiteten Arbeitsbereich des Betriebes des Arbeitgebers fällt. Das Angebot kann gleichzeitig mit der Mitteilung nach § 18 abgegeben werden.

(2) Nimmt der Arbeitgeber das Angebot innerhalb von drei Monaten nicht an, so erlischt das Vorrecht.

(3) Erklärt sich der Arbeitgeber innerhalb der Frist des Absatzes 2 zum Erwerb des ihm angebotenen Rechts bereit, macht er jedoch geltend, daß die Bedingungen des Angebots nicht angemessen seien, so setzt das Gericht auf Antrag des Arbeitgebers oder des Arbeitnehmers die Bedingungen fest.

(4) Der Arbeitgeber oder der Arbeitnehmer kann eine andere Festsetzung der Bedingungen beantragen, wenn sich Umstände wesentlich ändern, die für die vereinbarten oder festgesetzten Bedingungen maßgebend waren.

3. Technische Verbesserungsvorschläge

§ 20

(1) Für technische Verbesserungsvorschläge, die dem Arbeitgeber eine ähnliche Vorzugsstellung gewähren wie ein gewerbliches Schutzrecht, hat der Arbeitnehmer gegen den Arbeitgeber einen Anspruch auf angemessene Vergütung, sobald dieser sie verwertet. Die Bestimmungen der §§ 9 und 12 sind sinngemäß anzuwenden.

(2) Im übrigen bleibt die Behandlung technischer Verbesserungsvorschläge der Regelung durch Tarifvertrag oder Betriebsvereinbarung überlassen.

4. Gemeinsame Bestimmungen

§ 21 Erfinderberater

(1) In Betrieben können durch Übereinkunft zwischen Arbeitgeber und Betriebsrat ein oder mehrere Erfinderberater bestellt werden.

(2) Der Erfinderberater soll insbesondere den Arbeitnehmer bei der Abfassung der Meldung (§ 5) oder der Mitteilung (§ 18) unterstützen sowie auf Verlangen des Arbeitgebers und des Arbeitnehmers bei der Ermittlung einer angemessenen Vergütung mitwirken.

§ 22 Unabdingbarkeit

Die Vorschriften dieses Gesetzes können zuungunsten des Arbeitnehmers nicht abgedungen werden. Zulässig sind jedoch Vereinbarungen über Diensterfindungen nach ihrer Meldung, über freie Erfindungen und technische Verbesserungsvorschläge (§ 20 Abs. 1) nach ihrer Mitteilung.

§ 23 Unbilligkeit

(1) Vereinbarungen über Diensterfindungen, freie Erfindungen oder technische Verbesserungsvorschläge (§ 20 Abs. 1), die nach diesem Gesetz zulässig sind, sind unwirksam, soweit sie in erheblichem Maße unbillig sind. Das gleiche gilt für die Festsetzung der Vergütung (§ 12 Abs. 4).

(2) Auf die Unbilligkeit einer Vereinbarung oder einer Festsetzung der Vergütung können sich Arbeitgeber und Arbeitnehmer nur berufen, wenn sie die Unbilligkeit spätestens bis zum Ablauf von sechs Monaten nach Beendigung des Arbeitsverhältnisses durch schriftliche Erklärung gegenüber dem anderen Teil geltend machen.

§ 24 Geheimhaltungspflicht

(1) Der Arbeitgeber hat die ihm gemeldete oder mitgeteilte Erfindung eines Arbeitnehmers so lange geheimzuhalten, als dessen berechtigte Belange dies erfordern.

(2) Der Arbeitnehmer hat eine Diensterfindung so lange geheimzuhalten, als sie nicht frei geworden ist (§ 8 Abs. 1).

(3) Sonstige Personen, die auf Grund dieses Gesetzes von einer Erfindung Kenntnis erlangt haben, dürfen ihre Kenntnis weder auswerten noch bekanntgeben.

§ 25 Verpflichtungen aus dem Arbeitsverhältnis

Sonstige Verpflichtungen, die sich für den Arbeitgeber und den Arbeitnehmer aus dem Arbeitsverhältnis ergeben, werden durch die Vorschriften dieses Gesetzes nicht berührt, soweit sich nicht daraus, daß die Erfindung frei geworden ist (§ 8 Abs. 1), etwas anderes ergibt.

§ 26 Auflösung des Arbeitsverhältnisses

Die Rechte und Pflichten aus diesem Gesetz werden durch die Auflösung des Arbeitsverhältnisses nicht berührt.

§ 27 Insolvenzverfahren

Wird nach unbeschränkter Inanspruchnahme der Diensterfindung das Insolvenzverfahren über das Vermögen des Arbeitgebers eröffnet, so gilt folgendes:

1. Veräußert der Insolvenzverwalter die Diensterfindung mit dem Geschäftsbetrieb, so tritt der Erwerber für die Zeit von der Eröffnung des Insolvenzverfahrens an in die Vergütungspflicht des Arbeitgebers (§ 9) ein.
2. Veräußert der Insolvenzverwalter die Diensterfindung ohne den Geschäftsbetrieb, so hat der Arbeitnehmer ein Vorkaufsrecht. Übt der Arbeitnehmer das Vorkaufsrechts aus, so kann er mit seinen Ansprüchen auf Vergütung für die unbeschränkte Inanspruchnahme der Diensterfindung gegen die Kaufpreisforderung aufrechnen. Für den Fall, daß der Arbeitnehmer das Vorkaufsrecht nicht ausübt, kann der Insolvenzverwalter mit dem Erwerber vereinbaren, daß sich dieser verpflichtet, dem Arbeitnehmer eine angemessene Vergütung (§ 9) für die weitere Verwertung der Diensterfindung zu zahlen. Wird eine solche Vereinbarung nicht getroffen, so erhält der Arbeitnehmer eine angemessene Abfindung aus dem Veräußerungserlös.
3. Verwertet der Insolvenzverwalter die Diensterfindung im Unternehmen des Schuldners, so hat er dem Arbeitnehmer eine angemessene Vergütung für die Verwertung aus der Insolvenzmasse zu zahlen.
4. Will der Insolvenzverwalter die Diensterfindung weder im Unternehmen des Schuldners verwerten noch veräußern, so gilt § 16 Abs. 1 und 2 entsprechend. Verlangt der Arbeitnehmer die Übertragung der Erfindung, so kann er mit seinen Ansprüchen auf Vergütung für die unbeschränkte Inanspruchnahme der Diensterfindung gegen den Anspruch auf Erstattung der Kosten der Übertragung aufrechnen.
5. Im übrigen kann der Arbeitnehmer seine Vergütungsansprüche nur als Insolvenzgläubiger geltend machen.

5. Schiedsverfahren

§ 28 Gütliche Einigung

In allen Streitfällen zwischen Arbeitgeber und Arbeitnehmer auf Grund dieses Gesetzes kann jederzeit die Schiedsstelle angerufen werden. Die Schiedsstelle hat zu versuchen, eine gütliche Einigung herbeizuführen.

§ 29 Errichtung der Schiedsstelle

(1) Die Schiedsstelle wird beim Patentamt errichtet.

(2) Die Schiedsstelle kann außerhalb ihres Sitzes zusammentreten.

§ 30 Besetzung der Schiedsstelle

(1) Die Schiedsstelle besteht aus einem Vorsitzenden oder seinem Vertreter und zwei Beisitzern.

(2) Der Vorsitzende und sein Vertreter sollen die Befähigung zum Richteramt nach dem Gerichtsverfassungsgesetz besitzen. Sie werden vom Bundesminister der Justiz am Beginn des Kalenderjahres für dessen Dauer berufen.

(3) Die Beisitzer sollen auf dem Gebiet der Technik, auf das sich die Erfindung oder der technische Verbesserungsvorschlag bezieht, besondere Erfahrungen besitzen. Sie werden vom Präsidenten des Patentamts aus den Mitgliedern oder Hilfsmitgliedern des Patentamts für den einzelnen Streitfall berufen.

(4) Auf Antrag eines Beteiligten ist die Besetzung der Schiedsstelle um je einen Beisitzer aus Kreisen der Arbeitgeber und der Arbeitnehmer zu erweitern. Diese Beisitzer werden vom Präsidenten des Patentamts aus Vorschlagslisten ausgewählt und für den einzelnen Streitfall bestellt. Zur Einreichung von Vorschlagslisten sind berechtigt die in § 11 genannten Spitzenorganisationen, ferner die Gewerkschaften und die selbständigen Vereinigungen von Arbeitnehmern mit sozial- oder berufspolitischer Zwecksetzung, die keiner dieser Spitzenorganisationen angeschlossen sind, wenn ihnen eine erhebliche Zahl von Arbeitnehmern angehört, von denen nach der ihnen im Betrieb obliegenden Tätigkeit erfinderische Leistungen erwartet werden.

(5) Der Präsident des Patentamts soll den Beisitzer nach Absatz 4 aus der Vorschlagsliste derjenigen Organisation auswählen, welcher der Beteiligte angehört, wenn der Beteiligte seine Zugehörigkeit zu einer Organisation vor der Auswahl der Schiedsstelle mitgeteilt hat.

(6) Die Dienstaufsicht über die Schiedsstelle führt der Vorsitzende, die Dienstaufsicht über den Vorsitzenden der Bundesminister der Justiz.

§ 31 Anrufung der Schiedsstelle

(1) Die Anrufung der Schiedsstelle erfolgt durch schriftlichen Antrag. Der Antrag soll in zwei Stücken eingereicht werden. Er soll eine kurze Darstellung des Sachverhalts sowie Namen und Anschrift des anderen Beteiligten enthalten.

(2) Der Antrag wird vom Vorsitzenden der Schiedsstelle dem anderen Beteiligten mit der Aufforderung zugestellt, sich innerhalb einer bestimmten Frist zu dem Antrag schriftlich zu äußern.

§ 32 Antrag auf Erweiterung der Schiedsstelle

Der Antrag auf Erweiterung der Besetzung der Schiedsstelle ist von demjenigen, der die Schiedsstelle anruft, zugleich mit der Anrufung (§ 31 Abs. 1), von dem anderen Beteiligten innerhalb von zwei Wochen nach Zustellung des die Anrufung enthaltenden Antrags (§ 31 Abs. 2) zu stellen.

§ 33 Verfahren vor der Schiedsstelle

(1) Auf das Verfahren vor der Schiedsstelle sind §§ 41 bis 48 , 1042 Abs. 1 und § 1050 der Zivilprozeßordnung sinngemäß anzuwenden. § 1042 Abs. 2 der Zivilprozeßordnung ist mit der Maßgabe sinngemäß anzuwenden, daß auch Patentanwälte und Erlaubnisscheininhaber (Artikel 3 des Zweiten Gesetzes zur Änderung und Überleitung von Vorschriften auf dem Gebiet des gewerblichen Rechtsschutzes vom 2. Juli 1949 – WiGBl. S. 179) sowie Verbandsvertreter im Sinne des § 11 des Arbeitsgerichtsgesetzes von der Schiedsstelle nicht zurückgewiesen werden dürfen.

(2) Im übrigen bestimmt die Schiedsstelle das Verfahren selbst.

§ 34 Einigungsvorschlag der Schiedsstelle

(1) Die Schiedsstelle faßt ihre Beschlüsse mit Stimmenmehrheit. § 196 Abs. 2 des Gerichtsverfassungsgesetzes ist anzuwenden.

(2) Die Schiedsstelle hat den Beteiligten einen Einigungsvorschlag zu machen. Der Einigungsvorschlag ist zu begründen und von sämtlichen Mitgliedern der Schiedsstelle zu unterschreiben. Auf die Möglichkeit des Widerspruchs und die Folgen bei Versäumung der Widerspruchsfrist ist in dem Einigungsvorschlag hinzuweisen. Der Einigungsvorschlag ist den Beteiligten zuzustellen.

(3) Der Einigungsvorschlag gilt als angenommen und eine dem Inhalt des Vorschlages entsprechende Vereinbarung als zustande gekommen, wenn nicht innerhalb eines Monats nach Zustellung des Vorschlages ein schriftlicher Widerspruch eines der Beteiligten bei der Schiedsstelle eingeht.

(4) Ist einer der Beteiligten durch unabwendbaren Zufall verhindert worden, den Widerspruch rechtzeitig einzulegen, so ist er auf Antrag wieder in den vorigen Stand einzusetzen. Der Antrag muß innerhalb eines Monats nach Wegfall des Hindernisses schriftlich bei der Schiedsstelle eingereicht werden. Innerhalb dieser Frist ist der Widerspruch nachzuholen. Der Antrag muß die Tatsachen, auf die er gestützt wird, und die Mittel angeben, mit denen diese Tatsachen glaubhaft gemacht werden. Ein Jahr nach Zustellung des Einigungsvorschlages kann die Wiedereinsetzung nicht mehr beantragt und der Widerspruch nicht mehr nachgeholt werden.

(5) Über den Wiedereinsetzungsantrag entscheidet die Schiedsstelle. Gegen die Entscheidung der Schiedsstelle findet die sofortige Beschwerde nach den Vorschriften der Zivilprozeßordnung an das für den Sitz des Antragstellers zuständige Landgericht statt.

§ 35 Erfolglose Beendigung des Schiedsverfahrens

(1) Das Verfahren vor der Schiedsstelle ist erfolglos beendet

1. wenn sich der andere Beteiligte innerhalb der ihm nach § 31 Abs. 2 gesetzten Frist nicht geäußert hat;
2. wenn er es abgelehnt hat, sich auf das Verfahren vor der Schiedsstelle einzulassen;
3. wenn innerhalb der Frist des § 34 Abs. 3 ein schriftlicher Widerspruch eines der Beteiligten bei der Schiedsstelle eingegangen ist.

(2) Der Vorsitzende der Schiedsstelle teilt die erfolglose Beendigung des Schiedsverfahrens den Beteiligten mit.

§ 36 Kosten des Schiedsverfahrens

Im Verfahren vor der Schiedsstelle werden keine Gebühren oder Auslagen erhoben.

6. Gerichtliches Verfahren

§ 37 Voraussetzungen für die Erhebung der Klage

(1) Rechte oder Rechtsverhältnisse, die in diesem Gesetz geregelt sind, können im Wege der Klage erst geltend gemacht werden, nachdem ein Verfahren vor der Schiedsstelle vorausgegangen ist.

(2) Dies gilt nicht,

1. wenn mit der Klage Rechte aus einer Vereinbarung (§§ 12, 19, 22, 34) geltend gemacht werden oder die Klage darauf gestützt wird, daß die Vereinbarung nicht rechtswirksam sei;
2. wenn seit der Anrufung der Schiedsstelle sechs Monate verstrichen sind;
3. wenn der Arbeitnehmer aus dem Betrieb des Arbeitgebers ausgeschieden ist;
4. wenn die Parteien vereinbart haben, von der Anrufung der Schiedsstelle abzusehen. Diese Vereinbarung kann erst getroffen werden, nachdem der Streitfall (§ 28) eingetreten ist. Sie bedarf der Schriftform.

(3) Einer Vereinbarung nach Absatz 2 Nr. 4 steht es gleich, wenn beide Parteien zur Hauptsache mündlich verhandelt haben, ohne geltend zu machen, daß die Schiedsstelle nicht angerufen worden ist.

(4) Der vorherigen Anrufung der Schiedsstelle bedarf es ferner nicht für Anträge auf Anordnung eines Arrestes oder einer einstweiligen Verfügung.

(5) Die Klage ist nach Erlaß eines Arrestes oder einer einstweiligen Verfügung ohne die Beschränkung des Absatzes 1 zulässig, wenn der Partei nach den §§ 926, 936 der Zivilprozeßordnung eine Frist zur Erhebung der Klage bestimmt worden ist.

§ 38 Klage auf angemessene Vergütung

Besteht Streit über die Höhe der Vergütung, so kann die Klage auch auf Zahlung eines vom Gericht zu bestimmenden angemessenen Betrages gerichtet werden.

§ 39 Zuständigkeit

(1) Für alle Rechtsstreitigkeiten über Erfindungen eines Arbeitnehmers sind die für Patentstreitsachen zuständigen Gerichte (§ 143 des Patentgesetzes) ohne Rücksicht auf den Streitwert ausschließlich zuständig. Die Vorschriften über das Verfahren in Patentstreitsachen sind anzuwenden.

(2) Ausgenommen von der Regelung des Absatzes 1 sind Rechtsstreitigkeiten, die ausschließlich Ansprüche auf Leistung einer festgestellten oder festgesetzten Vergütung für eine Erfindung zum Gegenstand haben.

3. Abschnitt: Erfindungen und technische Verbesserungsvorschläge von Arbeitnehmern im öffentlichen Dienst, von Beamten und Soldaten

§ 40 Arbeitnehmer im öffentlichen Dienst

Auf Erfindungen und technische Verbesserungsvorschläge von Arbeitnehmern, die in Betrieben und Verwaltungen des Bundes, der Länder, der Gemeinden und sonstigen Körperschaften, Anstalten und Stiftungen des öffentlichen Rechts beschäftigt sind, sind die Vorschriften für Arbeitnehmer im privaten Dienst mit folgender Maßgabe anzuwenden:

1. An Stelle der Inanspruchnahme der Diensterfindung kann der Arbeitgeber eine angemessene Beteiligung an dem Ertrage der Diensterfindung in Anspruch nehmen, wenn dies vorher vereinbart worden ist. Über die Höhe der Beteiligung können im voraus bindende Abmachungen getroffen werden. Kommt eine Vereinbarung über die Höhe der Beteiligung nicht zustande, so hat der Arbeitgeber sie festzusetzen. § 12 Abs. 3 bis 6 ist entsprechend anzuwenden.
2. Die Behandlung von technischen Verbesserungsvorschlägen nach § 20 Abs. 2 kann auch durch Dienstvereinbarung geregelt werden; Vorschriften, nach denen die Einigung über die Dienstvereinbarung durch die Entscheidung einer höheren Dienststelle oder einer dritten Stelle ersetzt werden kann, finden keine Anwendung.
3. Dem Arbeitnehmer können im öffentlichen Interesse durch allgemeine Anordnung der zuständigen obersten Dienstbehörde Beschränkungen hinsichtlich der Art der Verwertung der Diensterfindung auferlegt werden.
4. Zur Einreichung von Vorschlagslisten für Arbeitgeberbeisitzer (§ 30 Abs. 4) sind auch die Bundesregierung und die Landesregierungen berechtigt.
5. Soweit öffentliche Verwaltungen eigene Schiedsstellen zur Beilegung von Streitigkeiten auf Grund dieses Gesetzes errichtet haben, finden die Vorschriften der §§ 29 bis 32 keine Anwendung.

§ 41 Beamte, Soldaten

Auf Erfindungen und technische Verbesserungsvorschläge von Beamten und Soldaten sind die Vorschriften für Arbeitnehmer im öffentlichen Dienst entsprechend anzuwenden.

§ 42 Besondere Bestimmungen für Erfindungen an Hochschulen

Für Erfindungen der an einer Hochschule Beschäftigten gelten folgende besonderen Bestimmungen:

1. Der Erfinder ist berechtigt, die Diensterfindung im Rahmen seiner Lehr- und Forschungstätigkeit zu offenbaren, wenn er dies dem Dienstherrn rechtzeitig, in der Regel zwei Monate zuvor, angezeigt hat. § 24 Abs. 2 findet insoweit keine Anwendung.
2. Lehnt ein Erfinder aufgrund seiner Lehr- und Forschungsfreiheit die Offenbarung seiner Diensterfindung ab, so ist er nicht verpflichtet, die Erfindung dem Dienstherrn zu melden. Will der Erfinder seine Erfindung zu einem späteren Zeitpunkt offenbaren, so hat er dem Dienstherrn die Erfindung unverzüglich zu melden.
3. Dem Erfinder bleibt im Fall der Inanspruchnahme der Diensterfindung ein nichtausschließliches Recht zur Benutzung der Diensterfindung im Rahmen seiner Lehr- und Forschungstätigkeit.
4. Verwertet der Dienstherr die Erfindung, beträgt die Höhe der Vergütung 30 vom Hundert der durch die Verwertung erzielten Einnahmen.
5. § 40 Nr. 1 findet keine Anwendung.

4. Abschnitt: Übergangs- und Schlußbestimmungen

§ 43 Übergangsvorschrift

(1) § 42 in der am 7. Februar 2002 (BGBl. I S. 414) geltenden Fassung dieses Gesetzes findet nur Anwendung auf Erfindungen, die nach dem 6. Februar 2002 gemacht worden sind. Abweichend von Satz 1 ist in den Fällen, in denen sich Professoren, Dozenten oder wissenschaftliche Assistenten an einer wissenschaftlichen Hochschule zur Übertragung der Rechte an einer Erfindung gegenüber einem Dritten vor dem 18. Juli 2001 vertraglich verpflichtet haben, § 42 des Gesetzes über Arbeitnehmererfindungen in der bis zum 6. Februar 2002 geltenden Fassung bis zum 7. Februar 2003 weiter anzuwenden.

(2) Für die vor dem 7. Februar 2002 von den an einer Hochschule Beschäftigten gemachten Erfindungen sind die Vorschriften des Gesetzes über Arbeitnehmererfindungen in der bis zum 6. Februar 2002 geltenden Fassung anzuwenden. Das Recht der Professoren, Dozenten und wissenschaftlichen Assistenten an einer wissenschaftlichen Hochschule, dem Dienstherrn ihre vor dem 6. Februar 2002 gemachten Erfindungen anzubieten, bleibt unberührt.

§ 44 (weggefallen)

§ 45 Durchführungsbestimmungen

Der Bundesminister der Justiz wird ermächtigt, im Einvernehmen mit dem Bundesminister für Arbeit die für die Erweiterung der Besetzung der Schiedsstelle (§ 30 Abs. 4 und 5) erforderlichen Durchführungsbestimmungen zu erlassen. Insbesondere kann er bestimmen,

1. welche persönlichen Voraussetzungen Personen erfüllen müssen, die als Beisitzer aus Kreisen der Arbeitgeber oder der Arbeitnehmer vorgeschlagen werden;
2. wie die auf Grund der Vorschlagslisten ausgewählten Beisitzer für ihre Tätigkeit zu entschädigen sind.

§ 46 (Aufhebungsbestimmungen)

§ 47 (aufgehoben)

§ 48 (gegenstandslos)

§ 49 Inkrafttreten

Richtlinie 93/42/EWG des Rates vom 14. Juni 1993 über Medizinprodukte[*)]

DER RAT DER EUROPÄISCHEN GEMEINSCHAFTEN –

gestützt auf den Vertrag zur Gründung der Europäischen Wirtschaftsgemeinschaft, insbesondere auf Artikel 100 a,

auf Vorschlag der Kommission[1)],

in Zusammenarbeit mit dem Europäischen Parlament[2)],

nach Stellungnahme des Wirtschafts- und Sozialausschusses[3)],

in Erwägung nachstehender Gründe:

Im Sinne des Binnenmarktes müssen entsprechende Maßnahmen getroffen werden. Der Binnenmarkt umfasst einen Raum ohne Binnengrenzen, in dem der freie Waren-, Personen-, Dienstleistungs- und Kapitalverkehr gewährleistet ist.

Die in den Mitgliedstaaten geltenden Rechts- und Verwaltungsvorschriften bezüglich der Sicherheit, des Gesundheitsschutzes und der Leistungen der Medizinprodukte unterscheiden sich jeweils nach Inhalt und Geltungsbereich. Auch die Zertifizierungs- und Kontrollverfahren für diese Produkte sind von Mitgliedstaat zu Mitgliedstaat verschieden; solche Unterschiede stellen Hemmnisse im innergemeinschaftlichen Handel dar.

Die einzelstaatlichen Bestimmungen, die der Sicherheit und dem Gesundheitsschutz der Patienten, der Anwender und gegebenenfalls Dritter im Hinblick auf die Anwendung der Medizinprodukte dienen, bedürfen der Harmonisierung, um den freien Verkehr dieser Erzeugnisse auf dem Binnenmarkt zu gewährleisten.

Die harmonisierten Bestimmungen müssen von den Maßnahmen unterschieden werden, die die Mitgliedstaaten im Hinblick auf die Finanzierung des öffentlichen Gesundheitssystems und des Krankenversicherungssystems getroffen haben und die derartige Produkte direkt oder indirekt betreffen. Sie lassen daher das Recht der Mitgliedstaaten auf Durchführung der genannten Maßnahmen unter Einhaltung des Gemeinschaftsrechts unberührt.

Medizinprodukte müssen für Patienten, Anwender und Dritte einen hochgradigen Schutz bieten und die vom Hersteller angegebenen Leistungen erreichen. Die Aufrechterhaltung bzw. Verbesserung des in den Mitgliedstaaten erreichten Schutzniveaus ist eines der wesentlichen Ziele dieser Richtlinie.

Bestimmte Medizinprodukte sind dafür ausgelegt, Arzneimittel im Sinne der Richtlinie 65/65/EWG des Rates vom 26. Januar 1965 zur Angleichung der Rechts- und Verwaltungsvorschriften über Arzneimittel[4)] abzugeben. In diesen Fällen wird das Inverkehrbringen des Medizinprodukts in der Regel durch die vorliegende Richtlinie geregelt und das Inverkehrbringen des Arzneimittels durch die Richtlinie 65/65/EWG. Wird ein solches Produkt jedoch derart in Verkehr gebracht, daß Produkt und Arzneimittel eine feste Einheit bilden, die ausschließlich zur Verwendung in der vorgegebenen Kombination bestimmt und nicht wiederverwendbar ist, unterliegt dieses eine fe-

---

*) ABl. L 169 vom 12.7.1993, S. 1.
1) ABl. Nr. C 237 vom 12. 9. 1991, S. 3, und ABl. Nr. C 251 vom 28. 9. 1992, S. 40.
2) ABl. Nr. C 150 vom 31. 5. 1993 und ABl. Nr. C 176 vom 28. 6. 1993.
3) ABl. Nr. C 79 vom 30. 3. 1992, S. 1.
4) ABl. Nr. 22 vom 9. 6. 1965, S. 369/65. Zuletzt geändert durch Richtlinie 92/27/EWG (ABl. Nr. L 113 vom 30. 4. 1992, S. 8).

ste Einheit bildende Produkt der Richtlinie 65/65/EWG. Davon zu unterscheiden sind Medizinprodukte, die unter anderem als Bestandteile Stoffe enthalten, welche bei gesonderter Anwendung als Arzneimittel im Sinne der Richtlinie 65/65/EWG betrachtet werden können. In solchen Fällen, d. h., wenn die in das Medizinprodukt integrierten Stoffe in Ergänzung zu dem Produkt eine Wirkung auf den menschlichen Körper entfalten können, wird das Inverkehrbringen der Produkte durch die vorliegende Richtlinie geregelt. In diesem Zusammenhang müssen die Prüfungen auf Sicherheit, Qualität und Eignung der Stoffe analog durch Anwendung der geeigneten Verfahren gemäß der Richtlinie 75/318/EWG des Rates vom 20. Mai 1975 zur Angleichung der Rechts- und Verwaltungsvorschriften der Mitgliedstaaten über die analytischen, toxikologisch-pharmakologischen und ärztlichen oder klinischen Vorschriften und Nachweise über Versuche mit Arzneimitteln erfolgen[5)].

Die in den Anhängen festgelegten grundlegenden Anforderungen und sonstigen Anforderungen, einschließlich der Hinweise auf Minimierung oder Verringerung der Gefahren, sind so zu interpretieren und anzuwenden, daß dem Stand der Technik und der Praxis zum Zeitpunkt der Konzeption sowie den technischen und wirtschaftlichen Erwägungen Rechnung getragen wird, die mit einem hohen Maß des Schutzes von Gesundheit und Sicherheit zu vereinbaren sind.

Entsprechend den in der Entschließung des Rates vom 7. Mai 1985 über eine neue Konzeption auf dem Gebiet der technischen Harmonisierung und der Normung[6)] festgelegten Grundsätzen müssen sich die Regelungen bezüglich der Auslegung und Herstellung von Medizinprodukten auf die Bestimmungen beschränken, die erforderlich sind, um den grundlegenden Anforderungen zu genügen. Da es sich hier um Anforderungen grundlegender Art handelt, müssen diese an die Stelle der entsprechenden einzelstaatlichen Bestimmungen treten. Die grundlegenden Anforderungen müssen mit der nötigen Sorgfalt angewandt werden, um dem Stand der Technik zum Zeitpunkt der Konzeption sowie den technischen und wirtschaftlichen Erwägungen Rechnung zu tragen, die mit einem hohen Maß des Schutzes von Gesundheit und Sicherheit zu vereinbaren sind.

Mit der Richtlinie 90/385/EWG des Rates vom 20. Juni 1990 zur Angleichung der Rechtsvorschriften der Mitgliedstaaten über aktive implantierbare medizinische Geräte[7)] wird die neue Konzeption erstmalig auf dem Gebiet der Medizinprodukte angewandt. Im Interesse gleichartiger gemeinschaftlicher Regelungen für sämtliche Medizinprodukte lehnt sich die vorliegende Richtlinie weitgehend an die Bestimmungen der Richtlinie 90/385/EWG an. Aus denselben Gründen muß die letztgenannte Richtlinie um die allgemeinen Bestimmungen der vorliegenden Richtlinie ergänzt werden.

Die Gesichtspunkte der elektromagnetischen Verträglichkeit sind wesentlicher Bestandteil der Unbedenklichkeit der Medizinprodukte. Die vorliegende Richtlinie enthält gegenüber der Richtlinie 89/336/EWG des Rates vom 3. Mai 1989 zur Angleichung der Rechtsvorschriften der Mitgliedstaaten über die elektromagnetische Verträglichkeit[8)] entsprechende spezifische Bestimmungen.

Die vorliegende Richtlinie regelt die Anforderungen an die Auslegung und Herstellung von Produkten, die ionisierende Strahlungen abgeben. Diese Richtlinie berührt nicht die erforderliche Genehmigung gemäß der Richtlinie 80/836/Euratom des Rates vom 15. Juli 1980 zur Änderung der Richtlinien, mit denen die Grundnormen für den Gesundheitsschutz der Bevölkerung und der Arbeitskräfte gegen die Gefahren ionisierender Strahlungen festgelegt wurden[9)] noch die Anwendung der Richtlinie 84/466/Euratom des Rates vom 3. September 1984 zur Festlegung der grundlegenden Maßnahmen im Strahlenschutz der medizinischen Untersuchungen und Behandlungen ausgesetzten Personen[10)]. Die Richtlinie 89/391/EWG des Rates vom 12. Juni 1989 über die Durchführung von Maßnahmen zur Förderung einer besseren Sicherheit und Gesundheit am Arbeitsplatz[11)] sowie die einschlägigen Einzelrichtlinien bleiben anwendbar.

---

5) ABl. Nr. L 147 vom 9. 6. 1975, S. 1. Zuletzt geändert durch die Richtlinie 91/507/EWG (ABl. Nr. L 270 vom 26. 9. 1991, S. 32).
6) ABl. Nr. C 136 vom 4. 6. 1985, S. 1.
7) ABl. Nr. L 189 vom 20. 7. 1990, S. 17.
8) ABl. Nr. L 139 vom 23. 5. 1989, S. 19. Zuletzt geändert durch Richtlinie 92/31/EWG (ABl. Nr. L 126 vom 12. 5. 1992, S. 11).
9) ABl. Nr. L 246 vom 17. 9. 1980, S. 1. Geändert durch Richtlinie 84/467/Euratom (ABl. Nr. L 265 vom 5. 10. 1984, S. 4).
10) ABl. Nr. L 265 vom 5. 10. 1984, S. 1.
11) ABl. Nr. L 183 vom 29. 6. 1989, S. 1.

Zum Nachweis der Übereinstimmung mit den grundlegenden Anforderungen und zur Ermöglichung der Kontrolle dieser Übereinstimmung sind auf europäischer Ebene harmonisierte Normen zur Verhütung von Risiken im Zusammenhang mit der Auslegung, Herstellung und Verpackung medizintechnischer Produkte wünschenswert. Diese auf europäischer Ebene harmonisierten Normen werden von privatrechtlichen Einrichtungen entwickelt und müssen ihren unverbindlichen Charakter behalten. Das Europäische Komitee für Normung (CEN) und das Europäische Komitee für elektrotechnische Normung (CENELEC) sind als zuständige Gremien für die Ausarbeitung harmonisierter Normen im Einklang mit den am 13. November 1984 unterzeichneten allgemeinen Leitlinien für die Zusammenarbeit zwischen der Kommission und diesen beiden Einrichtungen anerkannt.

Eine harmonisierte Norm im Sinne dieser Richtlinie ist eine technische Spezifikation (europäische Norm oder Harmonisierungsdokument), die im Auftrag der Kommission von einer dieser beiden Einrichtungen bzw. von beiden im Einklang mit der Richtlinie 83/189/EWG des Rates vom 28. März 1983 zur Festlegung eines Informationsverfahrens auf dem Gebiet der Normen und technischen Vorschriften[12)] sowie gemäß den obengenannten allgemeinen Leitlinien ausgearbeitet worden ist. In bezug auf eine eventuelle Änderung der harmonisierten Normen ist es zweckmässig, daß die Kommission von dem durch die Richtlinie 83/189/EWG eingesetzten Ausschuß unterstützt wird und daß die erforderlichen Maßnahmen im Einklang mit dem Verfahren I gemäß dem Beschluß 87/373/EWG des Rates vom 13. Juli 1987 zur Festlegung der Modalitäten für die Ausübung der der Kommission übertragenen Durchführungsbefugnisse[13)] festgelegt werden. Für spezifische Bereiche empfiehlt es sich, den bereits erreichten Harmonisierungsstand in Form von Monographien des Europäischen Arzneibuchs im Rahmen dieser Richtlinie zu übernehmen. Daher können mehrere Monographien des Europäischen Arzneibuchs den obengenannten harmonisierten Normen gleichgestellt werden.

Der Rat hat durch seinen Beschluß 90/683/EWG vom 13. Dezember 1990 über die in den technischen Harmonisierungsrichtlinien zu verwendenden Module für die verschiedenen Phasen der Konformitätsbewertungsverfahren[14)] harmonisierte Konformitätsbewertungsverfahren festgelegt. Durch die Anwendung dieser Module auf die Medizinprodukte kann die Verantwortung der Hersteller und der benannten Stellen bei den Konformitätsbewertungsverfahren unter Berücksichtigung der Art der betreffenden Produkte festgelegt werden. Die Präzisierungen dieser Module sind durch die Art der für die Medizinprodukte geforderten Prüfungen gerechtfertigt.

Vor allem für die Konformitätsbewertungsverfahren erscheint es zweckmässig, die Produkte in vier Klassen zu unterteilen. Die Klassifizierungsregeln basieren auf der Verletzbarkeit des menschlichen Körpers und berücksichtigen die potentiellen Risiken im Zusammenhang mit der technischen Auslegung der Produkte und mit ihrer Herstellung. Die Konformitätsbewertungsverfahren für Produkte der Klasse I können generell unter der alleinigen Verantwortung des Herstellers erfolgen, da der Grad der Verletzbarkeit durch diese Produkte gering ist. Für die Produkte der Klasse IIa ist die Beteiligung einer benannten Stelle für das Herstellungsstadium verbindlich. Für die Produkte der Klassen IIb und III, die ein hohes Gefahrenpotential darstellen, ist eine Kontrolle durch eine benannte Stelle in bezug auf die Auslegung der Produkte sowie ihre Herstellung erforderlich. Die Klasse III ist den kritischsten Produkten vorbehalten, deren Inverkehrbringen eine ausdrückliche vorherige Zulassung im Hinblick auf die Konformität erfordert.

Sofern die Konformität der Produkte unter der Verantwortung des Herstellers bewertet werden kann, müssen sich die zuständigen Behörden, insbesondere in dringenden Situationen, an eine in der Gemeinschaft niedergelassene für das Inverkehrbringen zuständige Person wenden können; dies kann der Hersteller oder eine vom Hersteller dazu benannte in der Gemeinschaft niedergelassene Person sein.

[12)] ABl. Nr. L 109 vom 26. 4. 1983, S. 8. Zuletzt geändert durch die Entscheidung 92/400/EWG der Kommission (ABl. Nr. L 221 vom 6. 8. 1992, S. 55).
[13)] ABl. Nr. L 197 vom 18. 7. 1987, S. 33.
[14)] ABl. Nr. L 380 vom 31. 12. 1990, S. 13.

Die Medizinprodukte müssen im Regelfall mit der CE-Kennzeichnung versehen sein, aus dem ihre Übereinstimmung mit den Vorschriften dieser Richtlinie hervorgeht und das Voraussetzung für den freien Verkehr der Medizinprodukte in der Gemeinschaft und ihre bestimmungsgemässe Inbetriebnahme ist.

Im Rahmen der Bekämpfung von Aids und unter Berücksichtigung der vom Rat am 16. Mai 1989 verabschiedeten Schlußfolgerungen über die künftigen Tätigkeiten zur Verhütung und Kontrolle von Aids in der Gemeinschaft[15] müssen die zum Schutz vor einer Infizierung mit dem HIV-Virus angewandten Medizinprodukte einen hochgradigen Schutz bieten. Auslegung und Herstellung dieser Produkte müssen durch eine benannte Stelle geprüft werden.

Die Klassifizierungsregeln gestatten im allgemeinen eine angemessene Einstufung der Medizinprodukte. Angesichts der Vielfalt der Produkte und der technologischen Entwicklung auf diesem Gebiet sind zu den Durchführungsbefugnissen der Kommission die erforderlichen Entscheidungen über die angemessene Einstufung der Produkte, eine Neueinstufung oder gegebenenfalls eine Anpassung der Entscheidungsregeln zu rechnen. Da diese Fragen eng mit dem Gesundheitsschutz zusammenhängen, ist es angemessen, daß diese Entscheidungen unter das Verfahren IIIa gemäß dem Beschluß 87/373/EWG fallen.

Die Bestätigung der Einhaltung der grundlegenden Anforderungen kann beinhalten, daß die klinischen Prüfungen unter der Verantwortung des Herstellers durchzuführen sind. Im Hinblick auf die Durchführung dieser Prüfungen müssen geeignete Maßnahmen zum Schutz der öffentlichen Gesundheit und der öffentlichen Ordnung festgelegt werden.

Der Gesundheitsschutz und die diesbezüglichen Kontrollen können durch ein System der technischen Sicherheitsüberwachung wirksamer gestaltet werden, das auf Gemeinschaftsebene eingerichtet wird.

Diese Richtlinie erfasst alle Medizinprodukte gemäß der Richtlinie 76/764/EWG des Rates vom 27. Juli 1976 über die Angleichung der Rechtsvorschriften der Mitgliedstaaten über medizinische Quecksilberglasthermometer mit Maximumvorrichtung[16]. Die vorgenannte Richtlinie muß daher aufgehoben werden. Aus denselben Gründen muß die Richtlinie 84/539/EWG des Rates vom 17. September 1984 zur Angleichung der Rechtsvorschriften der Mitgliedstaaten über die in der Humanmedizin und der Veterinärmedizin eingesetzten elektrischen Geräte[17] geändert werden

– HAT FOLGENDE RICHTLINIE ERLASSEN:

Artikel 1: Begriffsbestimmungen, Anwendungsbereich

(1) Diese Richtlinie gilt für Medizinprodukte und ihr Zubehör. Im Sinne dieser Richtlinie wird Zubehör als eigenständiges Medizinprodukt behandelt. Medizinprodukte und Zubehör werden nachstehend „Produkte“ genannt.

(2) Es gelten folgende Begriffsbestimmungen:

a) Medizinprodukt: alle einzeln oder miteinander verbunden verwendeten Instrumente, Apparate, Vorrichtungen, Stoffe oder anderen Gegenstände, einschließlich der für ein einwandfreies Funktionieren des Medizinprodukts eingesetzten Software, die vom Hersteller zur Anwendung für Menschen für folgende Zwecke bestimmt sind:
   - Erkennung, Verhütung, Überwachung, Behandlung oder Linderung von Krankheiten;
   - Erkennung, Überwachung, Behandlung, Linderung oder Kompensierung von Verletzungen oder Behinderungen;
   - Untersuchung, Ersatz oder Veränderung des anatomischen Aufbaus oder eines physiologischen Vorgangs;
   - Empfängnisregelung, und deren bestimmungsgemässe Hauptwirkung im oder am menschlichen Körper weder durch pharmakologische oder immunologische Mittel noch metabolisch erreicht wird, deren Wirkungsweise aber durch solche Mittel unterstützt werden kann.

---

[15] ABl. Nr. C 185 vom 22. 7. 1989, S. 8.

[16] ABl. Nr. L 262 vom 27. 9. 1976, S. 139. Zuletzt geändert durch die Richtlinie 84/414/EWG (ABl. Nr. L 228 vom 25. 8. 1984, S. 25).

[17] ABl. Nr. L 300 vom 19. 11. 1984, S. 179. Geändert durch die Akte über den Beitritt Spaniens und Portugals.

b) Zubehör: Gegenstand, der selbst kein Produkt ist, sondern nach seiner vom Hersteller speziell festgelegten Zweckbestimmung zusammen mit einem Produkt zu verwenden ist, damit dieses entsprechend der vom Hersteller des Produkts festgelegten Zweckbestimmung des Produkts angewendet werden kann.

c) Produkt für die In-vitro-Diagnose: jedes Produkt, das als Reagenz, Reagenzprodukt, Ausrüstung, Instrument, Apparat oder System – einzeln oder kombiniert – nach der vom Hersteller festgelegten Zweckbestimmung zur In-vitro-Untersuchung von aus dem menschlichen Körper stammenden Proben verwendet wird und dazu dient, Informationen über physiologische Zustände oder Krankheits- bzw. Gesundheitszustände oder angeborene Anomalien zu liefern.

d) Sonderanfertigung: jedes Produkt, das nach schriftlicher Verordnung eines entsprechend qualifizierten Arztes unter dessen Verantwortung nach spezifischen Auslegungsmerkmalen eigens angefertigt wird und zur ausschließlichen Anwendung bei einem namentlich genannten Patienten bestimmt ist.

Die oben genannte Verordnung kann auch von jeder anderen Person ausgestellt werden, die aufgrund ihrer beruflichen Qualifikation dazu befugt ist.

Serienmässig hergestellte Produkte, die angepasst werden müssen, um den spezifischen Anforderungen des Arztes oder eines anderen berufsmässigen Anwenders zu entsprechen, gelten nicht als Sonderanfertigungen.

e) Für klinische Prüfungen bestimmtes Produkt: jedes Produkt, das dazu bestimmt ist, einem entsprechend qualifizierten Arzt zur Durchführung von Prüfungen am Menschen gemäß Anhang X Abschnitt 2.1 in einer angemessenen medizinischen Umgebung zur Verfügung gestellt zu werden.

Im Hinblick auf die Durchführung der klinischen Prüfungen ist einem entsprechend qualifizierten Arzt jede sonstige Person gleichgestellt, die aufgrund ihrer beruflichen Qualifikation befugt ist, diese Prüfungen durchzuführen.

f) Hersteller: die natürliche oder juristische Person, die für die Auslegung, Herstellung, Verpackung und Etikettierung eines Produkts im Hinblick auf das Inverkehrbringen im eigenen Namen verantwortlich ist, unabhängig davon, ob diese Tätigkeiten von dieser Person oder stellvertretend für diese von einer dritten Person ausgeführt werden. Die dem Hersteller nach dieser Richtlinie obliegenden Verpflichtungen gelten auch für die natürliche oder juristische Person, die ein oder mehrere vorgefertigte Produkte montiert, abpackt, behandelt, aufbereitet und/oder kennzeichnet und/oder für die Festlegung der Zweckbestimmung als Produkt im Hinblick auf das Inverkehrbringen im eigenen Namen verantwortlich ist. Dies gilt nicht für Personen, die – ohne Hersteller im Sinne des Unterabsatzes 1 zu sein – bereits in Verkehr gebrachte Produkte für einen namentlich genannten Patienten entsprechend ihrer Zweckbestimmung montieren oder anpassen.

g) Zweckbestimmung: Verwendung, für die das Produkt entsprechend den Angaben des Herstellers in der Etikettierung, der Gebrauchsanweisung und/oder dem Werbematerial bestimmt ist.

h) Inverkehrbringen: erste entgeltliche oder unentgeltliche Überlassung eines Produkts, das nicht für klinische Prüfungen bestimmt ist, im Hinblick auf seinen Vertrieb und/oder seine Verwendung innerhalb der Gemeinschaft, ungeachtet dessen, ob es sich um ein neues oder ein als neu aufbereitetes Produkt handelt.

i) Inbetriebnahme: Phase, in der ein Produkt erstmals bestimmungsgemäß auf dem gemeinschaftlichen Markt angewendet werden kann.

(3) Produkte, die dazu bestimmt sind, ein Arzneimittel im Sinne des Artikels 1 der Richtlinie 65/65/EWG abzugeben, unterliegen dieser Richtlinie unbeschadet der das Arzneimittel betreffenden Bestimmungen der Richtlinie 65/65/EWG.

Werden diese Produkte jedoch so in Verkehr gebracht, daß Produkt und Arzneimittel ein einheitliches, miteinander verbundenes Produkt bilden, das ausschließlich zur Verwendung in dieser Verbindung bestimmt und nicht wiederverwendbar ist, so unterliegt dieses Produkt der Richtlinie 65/65/EWG. Die grundlegenden Anforderungen gemäß Anhang I der vorliegenden Richtlinie kommen insofern zur Anwendung, als sicherheits- und leistungsbezogene Produktfunktionen betroffen sind.

(4) Enthält ein Produkt als festen Bestandteil einen Stoff, der – gesondert verwendet – als Arzneimittel im Sinne des Artikels 1 der Richtlinie 65/65/EWG betrachtet werden und in Ergänzung zu dem Produkt eine Wirkung auf den menschlichen Körper entfalten kann, so ist dieses Produkt gemäß der vorliegenden Richtlinie zu bewerten und zuzulassen.

(5) Diese Richtlinie gilt nicht für

a) Produkte für die In-vitro-Diagnose;

b) aktive implantierbare medizinische Geräte gemäß der Richtlinie 90/385/EWG;

c) Arzneimittel im Sinne der Richtlinie 65/65/EWG;

d) kosmetische Mittel im Sinne der Richtlinie 76/768/EWG[18];

e) menschliches Blut, Produkte aus menschlichem Blut, menschliches Plasma oder Blutzellen menschlichen Ursprungs bzw. Produkte, die zum Zeitpunkt des Inverkehrbringens Bluterzeugnisse, -plasma oder -zellen dieser Art enthalten;

f) Transplantate oder Gewebe oder Zellen menschlichen Ursprungs noch für Produkte, die Gewebe oder Zellen menschlichen Ursprungs enthalten oder aus solchen Geweben oder Zellen gewonnen wurden;

g) Transplantate oder Gewebe oder Zellen tierischen Ursprungs, es sei denn, ein Produkt wird unter Verwendung von abgetötetem tierischen Gewebe oder von abgetöteten Erzeugnissen hergestellt, die aus tierischem Gewebe gewonnen wurden.

(6) Diese Richtlinie gilt nicht für persönliche Schutzausrüstungen im Sinne der Richtlinie 89/686/EWG. Die Entscheidung darüber, ob ein Produkt unter die vorgenannte oder die vorliegende Richtlinie fällt, erfolgt insbesondere unter Berücksichtigung der hauptsächlichen Zweckbestimmung des Produkts.

(7) Diese Richtlinie ist eine Einzelrichtlinie im Sinne von Artikel 2 Absatz 2 der Richtlinie 89/336/EWG.

(8) Diese Richtlinie berührt weder die Anwendung der Richtlinie 80/386/Euratom noch die Anwendung der Richtlinie 84/466/Euratom.

Artikel 2: Inverkehrbringen und Inbetriebnahme

Die Mitgliedstaaten treffen alle erforderlichen Maßnahmen, damit die Produkte nur in den Verkehr gebracht und in Betrieb genommen werden dürfen, wenn sie die Sicherheit und die Gesundheit der Patienten, der Anwender und gegebenenfalls Dritter bei sachgemässer Installation, Instandhaltung und ihrer Zweckbestimmung entsprechender Verwendung nicht gefährden.

Artikel 3: Grundlegende Anforderungen

Die Produkte müssen die grundlegenden Anforderungen gemäß Anhang I erfüllen, die auf sie unter Berücksichtigung ihrer Zweckbestimmung anwendbar sind.

Artikel 4: Freier Verkehr, Produkte für besondere Zwecke

(1) Die Mitgliedstaaten behindern in ihrem Hoheitsgebiet nicht das Inverkehrbringen und die Inbetriebnahme von Produkten, die die CE-Kennzeichnung nach Artikel 17 tragen, aus der hervorgeht, daß sie einer Konformitätsbewertung nach Artikel 11 unterzogen worden sind.

(2) Die Mitgliedstaaten behindern nicht, dass

- für klinische Prüfungen bestimmte Produkte den entsprechend qualifizierten Ärzten oder den dazu befugten Personen zur Verfügung gestellt werden, wenn sie den Bedingungen gemäß Artikel 15 und Anhang VIII entsprechen;
- Sonderanfertigungen in Verkehr gebracht und in Betrieb genommen werden, wenn sie den Bedingungen gemäß Artikel 11 in Verbindung mit Anhang VIII entsprechen; den Produkten der Klassen IIa, IIb und III muß die Erklärung gemäß Anhang VIII beigefügt sein.

Diese Produkte tragen nicht die CE-Zeichnung.

---

[18] ABl. Nr. L 262 vom 27. 9. 1976, S. 169. Zuletzt geändert durch die Richtlinie 92/86/EWG der Kommission (ABl. Nr. L 325 vom 11. 11. 1992, S. 18).

(3) Die Mitgliedstaaten behindern nicht, daß insbesondere bei Messen, Ausstellungen und Vorführungen den Bestimmungen dieser Richtlinie nicht entsprechende Produkte ausgestellt werden, sofern ein sichtbares Schild deutlich darauf hinweist, daß diese Produkte erst in Verkehr gebracht oder in Betrieb genommen werden können, wenn ihre Übereinstimmung mit dieser Richtlinie hergestellt ist.

(4) Die Mitgliedstaaten können verlangen, daß die dem Anwender und dem Patienten gemäß Anhang I Abschnitt 13 bereitzustellenden Angaben bei der Übergabe an den Endanwender in der bzw. den jeweiligen Landessprachen oder in einer anderen Gemeinschaftssprache vorliegen, unabhängig davon, ob das Produkt zu beruflichen oder sonstigen Zwecken eingesetzt werden soll.

(5) Falls die Produkte auch unter andere Richtlinien fallen, die andere Aspekte behandeln und in denen die CE-Kennzeichnung vorgesehen ist, wird mit der CE-Kennzeichnung angegeben, daß die Produkte auch diesen anderen Richtlinien entsprechen.
Steht dem Hersteller aufgrund einer oder mehrerer dieser Richtlinien während einer Übergangszeit jedoch die Wahl der anzuwendenden Regelung frei, so wird mit der CE-Kennzeichnung angegeben, daß die Produkte nur den vom Hersteller angewandten Richtlinien entsprechen. In diesem Fall müssen die Nummern dieser Richtlinien, die im Amtsblatt der Europäischen Gemeinschaften veröffentlicht sind, in den von den Richtlinien vorgeschriebenen und den Produkten beiliegenden Unterlagen, Hinweisen oder Anleitungen angegeben werden.

Artikel 5: Verweis auf Normen

(1) Die Mitgliedstaaten gehen von der Einhaltung der grundlegenden Anforderungen gemäß Artikel 3 bei Produkten aus, die den einschlägigen nationalen Normen zur Durchführung der harmonisierten Normen, deren Fundstellen im Amtsblatt der Europäischen Gemeinschaften veröffentlicht wurden, entsprechen; die Mitgliedstaaten veröffentlichen die Fundstellen dieser nationalen Normen.

(2) Der Verweis auf harmonisierte Normen im Sinne dieser Richtlinie schließt auch die Monographie des Europäischen Arzneibuchs insbesondere über chirurgisches Nahtmaterial sowie die Aspekte der Wechselwirkung zwischen Arzneimitteln und Materialien von Produkten, die diese Arzneimittel aufnehmen, ein; die Fundstellen dieser Monographie müssen im Amtsblatt der Europäischen Gemeinschaften veröffentlicht sein.

(3) Ist ein Mitgliedstaat oder die Kommission der Auffassung, daß die harmonisierten Normen den grundlegenden Anforderungen gemäß Artikel 3 nicht voll entsprechen, so werden die von den Mitgliedstaaten zu treffenden Maßnahmen in bezug auf diese Normen und die Veröffentlichung gemäß Absatz 1 nach dem in Artikel 6 Absatz 2 genannten Verfahren erlassen.

Artikel 6: Ausschuß „Normen und technische Vorschriften"

(1) Die Kommission wird von dem Ausschuß gemäß Artikel 5 der Richtlinie 83/189/EWG unterstützt.

(2) Der Vertreter der Kommission unterbreitet dem Ausschuß einen Entwurf der zu treffenden Maßnahmen. Der Ausschuß gibt – gegebenenfalls durch Abstimmung – seine Stellungnahme zu diesem Entwurf innerhalb einer Frist ab, die der Vorsitzende unter Berücksichtigung der Dringlichkeit der betreffenden Frage festsetzen kann.
Die Stellungnahme wird in das Protokoll aufgenommen; darüber hinaus hat jeder Mitgliedstaat das Recht zu verlangen, daß sein Standpunkt im Protokoll festgehalten wird.
Die Kommission berücksichtigt soweit wie möglich die Stellungnahme des Ausschusses. Sie unterrichtet den Ausschuß darüber, inwieweit sie seine Stellungnahme berücksichtigt hat.

Artikel 7: Ausschuß „Medizinprodukte"

(1) Die Kommission wird von dem Ausschuß gemäß Artikel 6 Absatz 2 der Richtlinie 90/385/EWG unterstützt.

(2) Der Vertreter der Kommission unterbreitet dem Ausschuß einen Entwurf der zu treffenden Maßnahmen. Der Ausschuß gibt seine Stellungnahme zu diesem Entwurf innerhalb einer Frist ab, die der Vorsitzende unter Berücksichtigung der Dringlichkeit der betreffenden Frage festsetzen kann. Die Stellungnahme wird mit der Mehrheit abgegeben, die in Artikel 148 Absatz 2 des Vertrages für die Annahme der vom Rat auf Vorschlag der Kommission zu fassenden Beschlüsse vorgesehen ist. Bei den Abstimmungen im Ausschuß werden die Stimmen der Vertreter der Mitgliedstaaten gemäß dem vorgenannten Artikel gewogen. Der Vorsitzende nimmt an der Abstimmung nicht teil.
Die Kommission erlässt die beabsichtigten Maßnahmen, wenn sie mit der Stellungnahme des Ausschusses übereinstimmen.
Stimmen die beabsichtigten Maßnahmen mit der Stellungnahme des Ausschusses nicht überein oder liegt keine Stellungnahme vor, so unterbreitet die Kommission dem Rat unverzueglich einen Vorschlag für die zu treffenden Maßnahmen. Der Rat beschließt mit qualifizierter Mehrheit.
Hat der Rat binnen drei Monaten nach Befassung keinen Beschluß gefasst, so werden die vorgeschlagenen Maßnahmen von der Kommission erlassen.

(3) Der Ausschuß kann jede Frage im Zusammenhang mit der Durchführung dieser Richtlinie prüfen.

Artikel 8: Schutzklausel

(1) Stellt ein Mitglied fest, daß in Artikel 4 Absatz 1 bzw. Artikel 4 Absatz 2 zweiter Gedankenstrich genannte Produkte die Gesundheit und/oder die Sicherheit der Patienten, der Anwender oder gegebenenfalls Dritter gefährden können, auch wenn sie sachgemäß installiert, instand gehalten und ihrer Zweckbestimmung entsprechend verwendet werden, so trifft er alle geeigneten vorläufigen Maßnahmen, um diese Produkte vom Markt zurückzuziehen oder ihr Inverkehrbringen oder ihre Inbetriebnahme zu verbieten oder einzuschränken. Der Mitgliedstaat teilt der Kommission unverzüglich diese Maßnahmen mit, nennt die Gründe für seine Entscheidung und gibt insbesondere an, ob die Nichtübereinstimmung mit dieser Richtlinie zurückzuführen ist auf

a) die Nichteinhaltung der in Artikel 3 genannten grundlegenden Anforderungen,
b) eine unzulängliche Anwendung der Normen gemäß Artikel 5, sofern die Anwendung dieser Normen behauptet wird,
c) einen Mangel in diesen Normen selbst.

(2) Die Kommission konsultiert so bald wie möglich die Betroffenen. Stellt die Kommission nach dieser Anhörung fest,

- daß die Maßnahme gerechtfertigt ist, so unterrichtet sie hiervon unverzüglich den Mitgliedstaat, der die Maßnahme getroffen hat, sowie die anderen Mitgliedstaaten. Ist die in Absatz 1 genannte Entscheidung in einem Mangel der Normen begründet, so befasst die Kommission nach Anhörung der Betroffenen den in Artikel 6 genannten Ausschuß innerhalb von zwei Monaten, sofern der Mitgliedstaat, der die Entscheidung getroffen hat, diese aufrechterhalten will, und leitet das in Artikel 6 genannte Verfahren ein;
- daß die Maßnahme nicht gerechtfertigt ist, so unterrichtet sie davon unverzüglich den Mitgliedstaat, der die Maßnahme getroffen hat, sowie den Hersteller oder seinen in der Gemeinschaft niedergelassenen Bevollmächtigten.

(3) Ist ein mit dieser Richtlinie nicht übereinstimmendes Produkt mit der CE-Kennzeichnung versehen, so ergreift der zuständige Mitgliedstaat gegenüber demjenigen, der diese Kennzeichnung angebracht hat, die geeigneten Maßnahmen und unterrichtet davon die Kommission und die übrigen Mitgliedstaaten.

(4) Die Kommission sorgt dafür, daß die Mitgliedstaaten über den Verlauf und die Ergebnisse dieses Verfahrens unterrichtet werden.

Artikel 9: Klassifizierung

(1) Die Produkte werden in die Klassen I, IIa, IIb und III eingestuft. Die Klassifizierung erfolgt nach den Regeln gemäß Anhang IX.

(2) Ergibt sich aus der Anwendung der Klassifizierungsregeln ein Streitfall zwischen dem Hersteller und der betreffenden benannten Stelle, so werden die für diese Stelle zuständigen Behörden zwecks Entscheidung befasst.

(3) Die Klassifizierungsregeln gemäß Anhang IX können in Übereinstimmung mit dem Verfahren gemäß Artikel 7 Absatz 2 entsprechend dem technischen Fortschritt und den aufgrund des Informationssystems gemäß Artikel 10 verfügbaren Informationen angepasst werden.

Artikel 10: Informationen über Vorkommnisse nach dem Inverkehrbringen

(1) Die Mitgliedstaaten treffen die erforderlichen Maßnahmen, damit die Angaben, die ihnen gemäß dieser Richtlinie zu den nachstehend beschriebenen Vorkommnissen im Zusammenhang mit einem Produkt der Klassen I, IIa, IIb oder III zur Kenntnis gebracht werden, zentral erfasst und bewertet werden:

a) jede Funktionsstörung oder jede Änderung der Merkmale und/oder der Leistung sowie jede Unsachgemäßheit der Kennzeichnung oder der Gebrauchsanweisung eines Produkts, die zum Tode oder zu einer schwerwiegenden Verschlechterung des Gesundheitszustands eines Patienten oder eines Anwenders führen kann oder geführt hat;
b) jeder Grund technischer oder medizinischer Art, der aufgrund der unter Buchstabe a) genannten Ursachen durch die Merkmale und Leistungen des Produkts bedingt ist und zum systematischen Rückruf von Produkten desselben Typs durch den Hersteller geführt hat.

(2) Wenn ein Mitgliedstaat die Ärzteschaft oder medizinische Einrichtungen auffordert, den zuständigen Behörden die Vorkommnisse gemäß Absatz 1 mitzuteilen, trifft er die erforderlichen Maßnahmen, damit der Hersteller des betreffenden Produkts oder sein in der Gemeinschaft niedergelassener Bevollmächtigter ebenfalls von dem Vorkommnis unterrichtet wird.

(3) Nachdem die Mitgliedstaaten ein Vorkommnis – nach Möglichkeit gemeinsam mit dem Hersteller – bewertet haben, unterrichten sie unbeschadet des Artikels 8 die Kommission und die übrigen Mitgliedstaaten unverzüglich über die Vorkommnisse gemäß Absatz 1, für die Maßnahmen getroffen bzw. ins Auge gefasst wurden.

Artikel 11: Konformitätsbewertung

(1) Für Produkte der Klasse III mit Ausnahme der Sonderanfertigungen und der für klinische Prüfungen bestimmten Produkte muß der Hersteller, damit die CE-Kennzeichnung angebracht werden kann, nach seiner Wahl eines der beiden folgenden Verfahren einhalten:

a) das Verfahren der EG-Konformitätserklärung (vollständiges Qualitätssicherungssystem) gemäß Anhang II
b) oder das Verfahren der EG-Baumusterprüfung gemäß Anhang III in Verbindung mit
   i) dem Verfahren der EG-Prüfung gemäß Anhang IV oder
   ii) dem Verfahren der EG-Konformitätserkläung (Qualitätssicherung Produktion) gemäß Anhang V.

(2) Für Produkte der Klasse IIa mit Ausnahme der Sonderanfertigungen und der für klinische Prüfungen bestimmten Produkte muß der Hersteller, damit die CE-Zeichnung angebracht werden kann, das Verfahren der EG-Konformitätserklärung gemäß Anhang VII einhalten, und zwar nach seiner Wahl in Verbindung mit

a) dem Verfahren der EG-Prüfung gemäß Anhang VI oder
b) dem Verfahren der EG-Konformitätserklärung (Qualitätssicherung Produktion) gemäß Anhang V oder
c) dem Verfahren der EG-Konformitätserklärung (Qualitätssicherung Produkt) gemäß Anhang VI.

Anstelle der oben genannten Verfahren kann der Hersteller auch das Verfahren gemäß Absatz 3 Buchstabe a) anwenden.

(3) Für Produkte der Klasse IIb mit Ausnahme der Sonderanfertigungen und der für klinische Prüfungen bestimmten Produkte muß der Hersteller, damit die CE-Kennzeichnung angebracht werden kann, nach seiner Wahl eines der beiden folgenden Verfahren einhalten:

a) das Verfahren der EG-Konformitätserklärung (vollständiges Qualitätssicherungssystem) gemäß Anhang II; in diesem Fall findet Abschnitt 4 des Anhangs II keine Anwendung;
b) das Verfahren der EG-Baumusterprüfung gemäß Anhang III in Verbindung mit
   i) dem Verfahren der EG-Prüfung gemäß Anhang IV oder
   ii) dem Verfahren der EG-Konformitätserklärung (Qualitätssicherung Produktion) gemäß Anhang V oder
   iii) dem Verfahren der EG-Konformitätserklärung (Qualitätssicherung Produkt) gemäß Anhang VI.

(4) Die Kommission unterbreitet dem Rat spätestens fünf Jahre nach Inkrafttreten dieser Richtlinie einen Bericht über die Durchführung der Bestimmungen gemäß Artikel 10 Absatz 1, Artikel 15 Absatz 1, insbesondere im Hinblick auf Produkte der Klassen I und IIa, und über die Durchführung der Bestimmungen gemäß Anhang II Abschnitt 4.3 Absätze 2 und 3 und Anhang III Abschnitt 5 Absätze 2 und 3 sowie gegebenenfalls geeignete Vorschläge.

(5) Für Produkte der Klasse I mit Ausnahme der Sonderanfertigungen und der für klinische Prüfungen bestimmten Produkte muß der Hersteller, damit die CE-Kennzeichnung angebracht werden kann, das Verfahren gemäß Anhang VII einhalten und vor dem Inverkehrbringen die erforderliche EG-Konformitätserklärung ausstellen.

(6) Für Sonderanfertigungen muß der Hersteller das Verfahren gemäß Anhang VIII einhalten und vor dem Inverkehrbringen jedes Produkts die Erklärung gemäß dem genannten Anhang ausstellen.
Die Mitgliedstaaten können vorschreiben, daß der Hersteller der zuständigen Behörde eine Liste derartiger Produkte, die in ihrem Hoheitsgebiet in Betrieb genommen wurden, übermitteln muß.

(7) Bei dem Verfahren der Konformitätsbewertung für ein Produkt berücksichtigen der Hersteller und/oder die benannte Stelle die Ergebnisse von Bewertungen und Prüfungen, die gegebenenfalls in einem Zwischenstadium der Herstellung gemäß dieser Richtlinie vorgenommen wurden.

(8) Der Hersteller kann seinen in der Gemeinschaft niedergelassenen Bevollmächtigten beauftragen, die Verfahren gemäß den Anhängen III, IV, VII und VIII einzuleiten.

(9) Setzt das Verfahren der Konformitätsbewertung die Beteiligung einer benannten Stelle voraus, so kann sich der Hersteller oder sein in der Gemeinschaft niedergelassener Bevollmächtigter im Rahmen der Aufgaben, für die diese Stelle benannt worden ist, an eine Stelle seiner Wahl wenden.

(10) Die benannte Stelle kann mit ordnungsgemässer Begründung alle Informationen oder Angaben verlangen, die zur Ausstellung und Aufrechterhaltung der Konformitätsbescheinigung im Hinblick auf das gewählte Verfahren erforderlich sind.

(11) Die von den benannten Stellen gemäß den Anhängen II und III getroffenen Entscheidungen haben eine Gültigkeitsdauer von höchstens fünf Jahren, die auf Antrag jeweils um fünf Jahre verlängert werden kann; der Antrag ist zu dem im Vertrag zwischen beiden Parteien vereinbarten Zeitpunkt einzureichen.

(12) Die Unterlagen und der Schriftwechsel über die Verfahren gemäß den Absätzen 1 bis 6 werden in der Amtssprache des Mitgliedsstaats abgefasst, in dem diese Verfahren durchgeführt werden, und/oder in einer anderen Gemeinschaftssprache, die von der benannten Stelle anerkannt wird.

(13) Abweichend von den Absätzen 1 bis 6 können die zuständigen Behörden auf ordnungsgemäß begründeten Antrag im Hoheitsgebiet des betreffenden Mitgliedstaats das Inverkehrbringen und die Inbetriebnahme einzelner Produkte zulassen, bei denen die Verfahren gemäß den Absätzen 1 bis 6 nicht durchgeführt wurden, wenn deren Verwendung im Interesse des Gesundheitsschutzes liegt.

Artikel 12: Sonderverfahren für Systeme und Behandlungseinheiten

(1) Abweichend von Artikel 11 gilt dieser Artikel für Systeme und Behandlungseinheiten.

(2) Jede natürliche oder juristische Person, die Produkte, die die CE-Kennzeichnung tragen, entsprechend ihrer Zweckbestimmung und innerhalb der vom Hersteller vorgesehenen Anwendungsbeschränkungen zusammensetzt, um sie in Form eines Systems oder einer Behandlungseinheit in Verkehr zu bringen, muß eine Erklärung des Inhalts abgeben, dass

a) sie die gegenseitige Vereinbarkeit der Produkte entsprechend den Hinweisen der Hersteller geprüft und die Arbeitsschritte entsprechend den Hinweisen durchgeführt hat;

b) sie das System oder die Behandlungseinheit verpackt und sachdienliche Benutzerhinweise, einschließlich der einschlägigen Hinweise der Hersteller, gegeben hat;

c) die gesamte Tätigkeit in geeigneter Weise intern überwacht und kontrolliert wurde.

Werden die Bedingungen nach Absatz 2 nicht erfüllt, wie es der Fall ist, wenn das System oder die Behandlungseinheit Produkte enthält, die keine CE-Kennzeichnung tragen, oder wenn die gewählte Kombination von Produkten nicht mit deren ursprünglicher Zweckbestimmung vereinbar ist, so wird das System oder die Behandlungseinheit als eigenständiges Produkt behandelt und als solches dem einschlägigen Verfahren des Artikels 11 unterzogen.

(3) Jede natürliche oder juristische Person, die Systeme oder Behandlungseinheiten gemäß Absatz 2 oder andere Produkte mit CE-Kennzeichnung, für die der Hersteller eine Sterilisation vor ihrer Verwendung vorgesehen hat, für das Inverkehrbringen sterilisiert, muß eines der Verfahren gemäß den Anhängen IV, V oder VI anwenden. Die Anwendung dieser Anhänge und die Beteiligung der benannten Stelle sind auf die Aspekte des Sterilisationsverfahrens beschränkt. Die Person muß eine Erklärung abgeben, aus der hervorgeht, daß die Sterilisation gemäß den Anweisungen des Herstellers erfolgt ist.

(4) Die Produkte im Sinne der Absätze 2 und 3 selbst sind nicht mit einer zusätzlichen CE-Kennzeichnung zu versehen. Ihnen müssen Informationen gemäß Anhang I Abschnitt 13 beigefügt sein, die gegebenenfalls auch die von den Herstellern der zusammengesetzten Produkte mitgelieferten Hinweise enthalten. Die Erklärung gemäß den Absätzen 2 und 3 ist für die zuständigen Behörden fünf Jahre lang zur Verfügung zu halten.

Artikel 13: Klassifizierung und Abweichklausel

(1) Ist ein Mitgliedstaat der Auffassung, dass

a) die Anwendung der Klassifizierungsregeln gemäß Anhang IX eine Entscheidung über die Klassifizierung eines bestimmten Produkts oder einer bestimmten Produktkategorie erfordert oder

b) ein bestimmtes Produkt oder eine bestimmte Baureihe abweichend von den Bestimmungen in Anhang IX in eine andere Klasse einzustufen ist oder

c) die Konformität eines Produkts oder einer Baureihe abweichend von Artikel 11 in ausschließlicher Anwendung eines bestimmten Verfahrens festgestellt werden soll, das aus den in Artikel 11 vorgesehenen Verfahren auszuwählen ist,

so legt er der Kommission einen entsprechenden ausreichend begründeten Antrag vor und fordert diese auf, die erforderlichen Maßnahmen zu treffen. Diese Maßnahmen werden nach dem Verfahren gemäß Artikel 7 Absatz 2 erlassen.

(2) Die Kommission unterrichtet die Mitgliedstaaten über die getroffenen Maßnahmen und veröffentlicht erforderlichenfalls die einschlägigen Teile dieser Maßnahmen im Amtsblatt der Europäischen Gemeinschaften.

Artikel 14: Meldung der für das Inverkehrbringen verantwortlichen Personen

(1) Jeder Hersteller, der im eigenen Namen Produkte nach den Verfahren gemäß Artikel 11 Absätze 5 und 6 in Verkehr bringen, oder jede andere natürliche oder juristische Person, die die in Artikel 12 genannten Tätigkeiten ausführt, muß den zuständigen Behörden des Mitgliedstaats, in dem sie ihren Firmensitz haben, die Anschrift des Firmensitzes und die Beschreibung der betreffenden Produkte mitteilen.

(2) Hat ein Hersteller, der im eigenen Namen Produkte gemäß Absatz 1 in Verkehr bringt, keinen Firmensitz in einem Mitgliedstaat, so muß er die in der Gemeinschaft niedergelassene(n) für das Inverkehrbringen verantwortliche(n) Person(en) benennen. Diese Personen müssen den zuständigen Behörden des Mitgliedstaats, in dem sie ihren Sitz haben, die Anschrift des Firmensitzes und die Kategorie der betreffenden Produkte mitteilen.

(3) Die Mitgliedstaaten unterrichten auf Anfrage die übrigen Mitgliedstaaten und die Kommission über die in den Absätzen 1 und 2 genannten Daten.

Artikel 15: Klinische Prüfungen

(1) Bei Produkten, die für klinische Prüfungen bestimmt sind, wendet der Hersteller oder sein in der Gemeinschaft niedergelassener Bevollmächtigter das Verfahren gemäß Anhang VIII an und meldet dies den zuständigen Behörden der Mitgliedstaaten, in denen die Prüfungen durchgeführt werden sollen.

(2) Bei Produkten der Klasse III sowie bei implantierbaren und zur langzeitigen Anwendung bestimmten invasiven Produkten der Klasse IIa oder IIb kann der Hersteller mit den betreffenden klinischen Prüfungen nach Ablauf einer Frist von sechzig Tagen nach dieser Mitteilung beginnen, es sei denn, die zuständigen Behörden haben ihm innerhalb dieser Frist eine auf Gründe der öffentlichen Gesundheit oder der öffentlichen Ordnung gestützte gegenteilige Entscheidung mitgeteilt. Die Mitgliedstaaten können die Hersteller jedoch ermächtigen, vor Ablauf der Frist von sechzig Tagen mit den klinischen Prüfungen zu beginnen, sofern die betreffende Ethik-Kommission eine befürwortende Stellungnahme zu dem Prüfungsplan abgegeben hat.

(3) Bei anderen als den in Absatz 2 genannten Produkten können die Mitgliedstaaten die Hersteller ermächtigen, sofort nach der Mitteilung mit der klinischen Prüfung zu beginnen, sofern die zuständige Ethik-Kommission eine befürwortende Stellungnahme zu dem Prüfungsplan abgegeben hat.

(4) Die Ermächtigung nach Absatz 2 Unterabsatz 2 bzw. nach Absatz 3 kann von einer Genehmigung durch die zuständige Behörde abhängig gemacht werden.

(5) Die klinischen Prüfungen müssen im Einklang mit den Bestimmungen von Anhang X durchgeführt werden. Diese Bestimmungen können nach dem Verfahren gemäß Artikel 7 Absatz 2 angepasst werden.

(6) Die Mitgliedstaaten treffen erforderlichenfalls die geeigneten Maßnahmen zum Schutz der öffentlichen Gesundheit und der öffentlichen Ordnung.

(7) Der Hersteller oder sein in der Gemeinschaft niedergelassener Bevollmächtigter hält den Bericht gemäß Anhang X Abschnitt 2.3.7 für die zuständigen Behörden zur Verfügung.

(8) Die Bestimmungen der Absätze 1 und 2 gelten nicht, wenn die klinischen Prüfungen mit Produkten durchgeführt werden, die gemäß Artikel 11 die CE-Kennzeichnung tragen dürfen, es sei denn, daß diese Prüfungen eine andere Zweckbestimmung der Produkte zum Gegenstand haben als die in dem Verfahren zur Bewertung der Konformität vorgesehenen. Die einschlägigen Bestimmungen des Anhangs X bleiben anwendbar.

Artikel 16: Benannte Stellen

(1) Die Mitgliedstaaten teilen der Kommission und den anderen Mitgliedstaaten die Stellen mit, die sie für die Durchführung der Aufgaben im Zusammenhang mit den Verfahren gemäß Artikel 11 benannt haben; sie teilen ausserdem die spezifischen Aufgaben mit, mit denen die Stellen betraut wurden. Die Kommission weist diesen Stellen, im folgenden als „benannte Stellen" bezeichnet, Kennummern zu.

Die Kommission veröffentlicht im Amtsblatt der Europäischen Gemeinschaften ein Verzeichnis der benannten Stellen einschließlich ihrer Kennummer sowie der Aufgaben, für die sie benannt wurden. Die Kommission sorgt für die Fortschreibung dieses Verzeichnisses.

(2) Die Mitgliedstaaten wenden für die Benennung der Stellen die Kriterien gemäß Anhang XI an. Von den Stellen, die den Kriterien entsprechen, welche in den zur Umsetzung der einschlägigen harmonisierten Normen erlassenen einzelstaatlichen Normen festgelegt sind, wird angenommen, daß sie den einschlägigen Kriterien genügen.

(3) Ein Mitgliedstaat, der eine Stelle benannt hat, muß diese Benennung widerrufen, wenn er feststellt, daß die Stelle den Kriterien gemäß Absatz 2 nicht mehr genügt. Er setzt die anderen Mitgliedstaaten und die Kommission unverzüglich davon in Kenntnis.

(4) Die benannte Stelle und der Hersteller oder sein in der Gemeinschaft niedergelassener Bevollmächtigter legen im gemeinsamen Einvernehmen die Fristen für die Durchführung der Bewertungen und Prüfungen gemäß den Anhängen II bis VI fest.

Artikel 17: CE-Kennzeichnung

(1) Mit Ausnahme von Sonderanfertigungen und Produkten, die für klinische Prüfungen bestimmt sind, müssen alle Produkte, von deren Übereinstimmung mit den grundlegenden Anforderungen gemäß Artikel 3 auszugehen ist, bei ihrem Inverkehrbringen mit einer CE-Kennzeichnung versehen sein.

(2) Die CE-Kennzeichnung gemäß Anhang XII muß, sofern dies durchführbar und zweckmässig ist, in deutlich sichtbarer, leicht lesbarer und unauslöschbarer Form auf dem Produkt oder auf dem sterilen Verpackungsmaterial sowie auf der Gebrauchsanweisung angebracht sein. Wenn möglich, muß die CE-Kennzeichnung auch auf der Handelsverpackung angebracht sein. Ausser der CE-Kennzeichnung muß die Kennummer der benannten Stelle aufgeführt sein, die für die Durchführung der Verfahren gemäß den Anhängen II, IV, V und VI verantwortlich ist.

(3) Zeichen oder Aufschriften, die geeignet sind, Dritte bezüglich der Bedeutung oder der graphischen Gestaltung der CE-Kennzeichnung in die Irre zu leiten, dürfen nicht angebracht werden. Alle sonstigen Zeichen dürfen auf dem Produkt, der Verpackung oder der Gebrauchsanweisung für das Produkt angebracht werden, sofern sie die Sichtbarkeit und Lesbarkeit der CE-Kennzeichnung nicht beeinträchtigen.

Artikel 18: Unrechtmässige Anbringung der CE-Kennzeichnung

Unbeschadet des Artikels 8 gilt folgendes:

a) Stellt ein Mitgliedstaat fest, daß die CE-Kennzeichnung unberechtigterweise angebracht wurde, ist der Hersteller oder sein in der Gemeinschaft ansässiger Bevollmächtigter verpflichtet, den weiteren Verstoß unter den vom Mitgliedstaat festgelegten Bedingungen zu verhindern.
b) Falls die Nichtübereinstimmung weiterbesteht, muß der Mitgliedstaat nach dem Verfahren des Artikels 8 alle geeigneten Maßnahmen ergreifen, um das Inverkehrbringen des betreffenden Produkts einzuschränken oder zu untersagen oder um zu gewährleisten, daß es vom Markt genommen wird.

Artikel 19: Verbote und Beschränkungen

(1) Jede in Anwendung dieser Richtlinie getroffene Entscheidung, die

a) ein Verbot oder eine Beschränkung des Inverkehrbringens, der Inbetriebnahme eines Produkts oder der Durchführung der klinischen Prüfungen oder
b) die Aufforderung zur Zurückziehung der Produkte vom Markt zur Folge hat,

ist genau zu begründen. Sie wird dem Betreffenden unverzüglich unter Angabe der Rechtsmittel, die nach dem Recht des betreffenden Mitgliedstaats eingelegt werden können, und der Fristen für die Einlegung dieser Rechtsmittel mitgeteilt.

(2) Bei der in Absatz 1 genannten Entscheidung muß der Hersteller oder sein in der Gemeinschaft niedergelassener Bevollmächtigter die Möglichkeit haben, seinen Standpunkt zuvor darzulegen, es sei denn, daß eine solche Anhörung angesichts der Dringlichkeit der zu treffenden Maßnahmen nicht möglich ist.

Artikel 20: Vertraulichkeit

Die Mitgliedstaaten sorgen unbeschadet der bestehenden einzelstaatlichen Bestimmungen und Praktiken in bezug auf die ärztliche Schweigepflicht dafür, daß alle von der Anwendung dieser Richtlinie betroffenen Parteien verpflichtet sind, alle für die Durchführung ihrer Aufgaben erhaltenen Informationen vertraulich zu behandeln. Die Verpflichtungen der Mitgliedstaaten und der benannten Stellen zur gegenseitigen Unterrichtung und Verbreitung von Warnungen sowie die im Strafrecht verankerten Informationspflichten der betreffenden Personen werden davon nicht berührt.

Artikel 21: Aufhebung und Änderung von Richtlinien

(1) Die Richtlinie 76/764/EWG wird zum 1. Januar 1995 aufgehoben.

(2) Im Titel sowie in Artikel 1 der Richtlinie 84/539/EWG werden die Worte „Humanmedizin und" gestrichen. Dem Artikel 2 Absatz 1 der Richtlinie 84/539/EWG wird folgender Unterabsatz angefügt:
„Ist das Gerät gleichzeitig ein Medizinprodukt im Sinne der Richtlinie 93/42/EWG [*)], und erfüllt es die darin für dieses Produkt festgelegten grundlegenden Anforderungen, so gilt es als Gerät, das den Vorschriften dieser Richtlinie entspricht."

(3) Die Richtlinie 90/385/EWG wird wie folgt geändert:

1. An Artikel 1 Absatz 2 werden die folgenden beiden Buchstaben angefügt:

   „h) Inverkehrbringen: erste entgeltliche oder unentgeltliche Überlassung eines Geräts, das nicht für klinische Prüfungen bestimmt ist, im Hinblick auf seinen Vertrieb und/oder seine Verwendung innerhalb der Gemeinschaft, ungeachtet dessen, ob es sich um ein neues oder ein als neu aufbereitetes Gerät handelt.

   i) Hersteller: die natürliche oder juristische Person, die für die Auslegung, Herstellung, Verpackung und Etikettierung eines Geräts im Hinblick auf das Inverkehrbringen im eigenen Namen verantwortlich ist, unabhängig davon, ob diese Tätigkeiten von dieser Person oder stellvertretend für diese von einer dritten Person ausgeführt werden.

   Die dem Hersteller nach dieser Richtlinie obliegenden Verpflichtungen gelten auch für die natürliche oder juristische Person, die ein oder mehrere vorgefertigte Geräte montiert, abpackt, behandelt, aufbereitet und/oder kennzeichnet und/oder für die Festlegung der Zweckbestimmung als Gerät im Hinblick auf das Inverkehrbringen im eigenen Namen verantwortlich ist. Dies gilt nicht für Personen, die – ohne Hersteller im Sinne des Unterabsatzes 1 zu sein – bereits in Verkehr gebrachte Geräte für einen namentlich genannten Patienten entsprechend ihrer Zweckbestimmung montieren oder anpassen."

2. An Artikel 9 werden die folgenden Absätze angefügt:

„(5) Bei dem Verfahren der Konformitätsbewertung für ein Gerät berücksichtigen der Hersteller und/oder die benannte Stelle die Ergebnisse von Bewertungen und Prüfungen, die gegebenenfalls in einem Zwischenstadium der Herstellung gemäß dieser Richtlinie vorgenommen wurden.

(6) Setzt das Verfahren der Konformitätsbewertung die Beteiligung einer benannten Stelle voraus, so kann sich der Hersteller oder sein in der Gemeinschaft niedergelassener Bevollmächtigter im Rahmen der Aufgaben, für die diese Stelle benannt worden ist, an eine Stelle seiner Wahl wenden.

(7) Die benannte Stelle kann mit ordnungsgemässer Begründung alle Informationen oder Angaben verlangen, die zur Ausstellung und Aufrechterhaltung der Konformitätsbescheinigung im Hinblick auf das gewählte Verfahren erforderlich sind.

[*)] ABl. Nr. L 169 vom 12.7.1993, S.1.

(8) Die von den benannten Stellen gemäß den Anhängen II und III getroffenen Entscheidungen haben eine Gültigkeitsdauer von höchstens fünf Jahren, die auf Antrag jeweils um fünf Jahre verlängert werden kann; der Antrag ist zu dem im Vertrag zwischen beiden Parteien vereinbarten Zeitpunkt einzureichen.

(9) Abweichend von den Absätzen 1 und 2 können die zuständigen Behörden auf ordnungsgemäß begründeten Antrag im Hoheitsgebiet des betreffenden Mitgliedstaats das Inverkehrbringen und die Inbetriebnahme einzelner Geräte zulassen, bei denen die Verfahren gemäß den Absätzen 1 und 2 nicht durchgeführt wurden, wenn deren Verwendung im Interesse des Gesundheitsschutzes liegt."

3. Folgender Artikel wird eingefügt:
„Artikel 9a
(1) Ist ein Mitgliedstaat der Auffassung, daß die Konformität eines Geräts oder einer Gerätebaureihe abweichend von Artikel 9 in ausschließlicher Anwendung eines bestimmten Verfahrens festgestellt werden soll, das aus den in Artikel 9 vorgesehenen Verfahren auszuwählen ist, so legt er der Kommission einen entsprechenden ausreichend begründeten Antrag vor und fordert diese auf, die erforderlichen Maßnahmen zu treffen. Diese Maßnahmen werden nach dem Verfahren gemäß Artikel 7 Absatz 2 der Richtlinie 93/42/EWG[*] über Medizinprodukte erlassen.

(2) Die Kommission unterrichtet die Mitgliedstaaten über die getroffenen Maßnahmen und veröffentlicht gegebenenfalls die einschlägigen Teile dieser Maßnahmen im Amtsblatt der Europäischen Gemeinschaften.

4. Artikel 10 wird wie folgt geändert:
– An Absatz 2 wird folgender Unterabsatz angefügt:
„Die Mitgliedstaaten können die Hersteller jedoch ermächtigen, mit den betreffenden klinischen Prüfungen vor Ablauf der Frist von sechzig Tagen zu beginnen, sofern die zuständige Ethik-Kommission eine befürwortende Stellungnahme zu dem Prüfplan abgegeben hat."

– Folgender Absatz wird eingefügt:
„(2a) Die Ermächtigung nach Absatz 2 Unterabsatz 2 kann von einer Genehmigung durch die zuständige Behörde abhängig gemacht werden."

5. Artikel 14 wird wie folgt ergänzt:
„Bei der im vorstehenden Absatz genannten Entscheidung muß der Hersteller oder sein in der Gemeinschaft niedergelassener Bevollmächtigter die Möglichkeit haben, seinen Standpunkt zuvor darzulegen, es sei denn, daß eine solche Anhörung angesichts der Dringlichkeit der zu treffenden Maßnahme nicht möglich ist."

Artikel 22: Durchführung, Übergangsbestimmungen

(1) Die Mitgliedstaaten erlassen und veröffentlichen die erforderlichen Rechts- und Verwaltungsvorschriften, um dieser Richtlinie bis spätestens 1. Juli 1994 nachzukommen. Sie setzen die Kommission unverzüglich davon in Kenntnis.

Der Ständige Ausschuß gemäß Artikel 7 kann seine Tätigkeit unmittelbar nach Bekanntgabe der Richtlinie aufnehmen. Die Mitgliedstaaten können die in Artikel 16 genannten Maßnahmen unmittelbar nach Bekanntgabe dieser Richtlinie treffen[19].

Wenn die Mitgliedstaaten diese Vorschriften erlassen, nehmen sie in den Vorschriften selbst oder durch einen Hinweis bei der amtlichen Veröffentlichung auf diese Richtlinie Bezug. Die Mitgliedstaaten regeln die Einzelheiten dieser Bezugnahme.

Die Mitgliedstaaten wenden diese Vorschriften ab 1. Januar 1995 an.

---

[*] ABl. Nr. L 169 vom 12.7.1993, S. 1.

[19] Diese Richtlinie wurde den Mitgliedstaaten am 29. Juni 1993 bekanntgegeben.

(2) Die Mitgliedstaaten teilen der Kommission den Wortlaut der innerstaatlichen Rechtsvorschriften mit, die sie auf dem unter diese Richtlinie fallenden Gebiet erlassen.

(3) Die Mitgliedstaaten treffen die erforderlichen Maßnahmen, damit die genannten Stellen, die gemäß Artikel 11 Absätze 1 bis 5 mit der Konformitätsbewertung befasst sind, allen einschlägigen Angaben über Merkmale und Leistungen dieser Produkte, insbesondere den Ergebnissen einschlägiger Prüfungen und Kontrollen, die gemäß den geltenden innerstaatlichen Rechts- und Verwaltungsvorschriften für diese Produkte bereits durchgeführt wurden, Rechnung tragen.

(4) Die Mitgliedstaaten gestatten für einen Zeitraum von fünf Jahren nach Annahme dieser Richtlinie das Inverkehrbringen und die Inbetriebnahme von Produkten, die den in ihrem Hoheitsgebiet am 31. Dezember 1994 geltenden Rechtsvorschriften entsprechen.
Bei den Produkten, für die eine EWG-Bauartzulassung gemäß der Richtlinie 76/764/EWG erteilt wurde, gestatten die Mitgliedstaaten das Inverkehrbringen und die Inbetriebnahme bis zum 30. Juni 2004.

Artikel 23
Diese Richtlinie ist an die Mitgliedstaaten gerichtet.

Geschehen zu Luxemburg am 14. Juni 1993.

Im Namen des Rates
Der Präsident
J. Tröjborg

Anhang I: Grundlegende Anforderungen

I. Allgemeine Anforderungen

1. Die Produkte müssen so ausgelegt und hergestellt sein, daß ihre Anwendung weder den klinischen Zustand und die Sicherheit der Patienten noch die Sicherheit und die Gesundheit der Anwender oder gegebenenfalls Dritter gefährdet, wenn sie unter den vorgesehenen Bedingungen und zu den vorgesehenen Zwecken eingesetzt werden, wobei etwaige Risiken verglichen mit der nützlichen Wirkung für den Patienten vertretbar und mit einem hohen Maß des Schutzes von Gesundheit und Sicherheit vereinbar sein müssen.

2. Die vom Hersteller bei der Auslegung und der Konstruktion der Produkte gewählten Lösungen müssen sich nach den Grundsätzen der integrierten Sicherheit richten, und zwar unter Berücksichtigung des allgemein anerkannten Standes der Technik.

   Bei der Wahl der angemessensten Lösungen muß der Hersteller folgende Grundsätze anwenden, und zwar in der angegebenen Reihenfolge:
   - Beseitigung oder Minimierung der Risiken (Integration des Sicherheitskonzepts in die Entwicklung und den Bau des Produkts);
   - gegebenenfalls Ergreifen angemessener Schutzmaßnahmen, einschließlich Alarmvorrichtungen, gegen nicht zu beseitigende Risiken;
   - Unterrichtung der Benutzer über die Restrisiken für die keine angemessenen Schutzmaßnahmen getroffen werden können.

3. Die Produkte müssen die vom Hersteller vorgegebenen Leistungen erbringen, d. h., sie müssen so ausgelegt, hergestellt und verpackt sein, daß sie geeignet sind, eine oder mehrere der in Artikel 1 Absatz 2 Buchstabe a) genannten Funktionen entsprechend den Angaben des Herstellers zu erfüllen.

4. Die Merkmale und Leistungen gemäß den Abschnitten 1, 2 und 3 dürfen sich nicht derart ändern, daß der klinische Zustand und die Sicherheit der Patienten und gegebenenfalls Dritter während der Lebensdauer der Produkte nach Maßgabe der vom Hersteller gemachten Angaben gefährdet werden, wenn diese Produkte Belastungen ausgesetzt sind, die unter normalen Einsatzbedingungen auftreten können.

5. Die Produkte sind so auszulegen, herzustellen und zu verpacken, daß sich ihre Einsatzmerkmale und -leistungen während der Lagerung und des Transports unter Berücksichtigung der Anweisungen und Informationen des Herstellers nicht ändern.

6. Unerwünschte Nebenwirkungen dürfen unter Berücksichtigung der vorgegebenen Leistungen keine unvertretbaren Risiken darstellen.

II. Anforderungen an die Auslegung und die Konstruktion

7. Chemische, physikalische und biologische Eigenschaften

7.1. Die Produkte müssen so ausgelegt und hergestellt sein, daß die Merkmale und Leistungen gemäß Abschnitt I „Allgemeine Anforderungen“ gewährleistet sind. Dabei ist besonders auf folgende Punkte zu achten:

- Auswahl der eingesetzten Werkstoffe, insbesondere hinsichtlich der Toxizität und gegebenenfalls der Entflammbarkeit;
- wechselseitige Verträglichkeit zwischen den eingesetzten Werkstoffen und den Geweben, biologischen Zellen sowie Körperflüssigkeiten, und zwar unter Berücksichtigung der Zweckbestimmung des Produkts.

7.2. Die Produkte müssen so ausgelegt, hergestellt und verpackt sein, daß die Risiken für das Transport-, Lager- und Bedienpersonal sowie die Patienten durch Schadstoffe und Rückstände bei bestimmungsgemässer Anwendung soweit wie möglich verringert werden. Dabei ist den exponierten Geweben sowie der Dauer und Häufigkeit der Exposition besondere Aufmerksamkeit zu widmen.

7.3. Die Produkte müssen so ausgelegt und hergestellt sein, daß eine sichere Anwendung in Verbindung mit Materialien, Stoffen und Gasen, mit denen sie bei normaler Anwendung oder bei Routineverfahren in Kontakt kommen, gewährleistet ist; sind die Produkte zur Verabreichung von Arzneimitteln bestimmt, müssen sie so ausgelegt und hergestellt sein, daß sie entsprechend den für diese Arzneimittel geltenden Bestimmungen und Beschränkungen mit den Arzneimitteln verträglich sind und daß ihre Leistung entsprechend ihrer Zweckbestimmung aufrechterhalten bleibt.

7.4. Gehört zu den Bestandteilen eines Produkts ein Stoff, der bei gesonderter Anwendung als Arzneimittel im Sinne des Artikels 1 der Richtlinie 65/65/EWG angesehen werden und der in Ergänzung zu dem Produkt eine Wirkung auf den menschlichen Körper entfalten kann, sind die Sicherheit, die Qualität und der Nutzen dieses Stoffes unter Berücksichtigung der Zweckbestimmung des Produkts mit den geeigneten Verfahren der Richtlinie 75/318/EWG zu überprüfen.

7.5. Die Produkte müssen so ausgelegt und hergestellt sein, daß die Risiken durch Stoffe, die dem Produkt entweichen, soweit wie möglich verringert werden.

7.6. Die Produkte müssen so ausgelegt und hergestellt sein, daß die Risiken durch unbeabsichtigtes Eindringen von Stoffen in das Produkt unter Berücksichtigung des Produkts und der Art der Umgebung, in der es eingesetzt werden soll, soweit wie möglich verringert werden.

8. Infektion und mikrobielle Kontamination

8.1. Die Produkte und ihre Herstellungsverfahren müssen so ausgelegt sein, daß das Infektionsrisiko für Patienten, Anwender und Dritte ausgeschlossen oder soweit wie möglich verringert wird. Die Auslegung muß ein leichte Handhabung erlauben und die Kontamination des Produkts durch den Patienten oder umgekehrt während der Anwendung so gering wie möglich halten.

8.2. Gewebe tierischen Ursprungs müssen von Tieren stammen, die tierärztlichen Kontroll- und Überwachungsmaßnahmen unterzogen wurden, die der bestimmungsgemässen Verwendung der Gewebe angemessen sind.

Die benannten Stellen bewahren Angaben über den Herkunftsort der Tiere auf.

Die Verarbeitung, Konservierung, Prüfung und Behandlung von Geweben, Zellen und Stoffen tierischen Ursprungs muß so erfolgen, daß optimale Sicherheit gewährleistet ist. Insbesondere ist durch anerkannte Verfahren zur Ausmerzung oder Inaktivierung von Viren im Verlauf des Herstellungsprozesses für den Schutz vor Viren und anderen übertragbaren Erregern zu sorgen.

8.3. In sterilem Zustand gelieferte Produkte müssen so ausgelegt, hergestellt und in einer nicht wiederverwendbaren Verpackung und/oder unter Verwendung geeigneter Verfahren so verpackt sein, daß ihre Sterilität beim Inverkehrbringen unter den vom Hersteller vorgesehenen Lager- und Transportbedingungen erhalten bleibt, bis die Steril-Verpackung beschädigt oder geöffnet wird.

8.4. In sterilem Zustand gelieferte Produkte müssen nach einem geeigneten, validierten Verfahren hergestellt und sterilisiert worden sein.

8.5. Produkte, die sterilisiert werden sollen, müssen unter angemessenen überwachten Bedingungen (z. B. Umgebungsbedingungen) hergestellt sein.

8.6. Verpackungssysteme für nicht sterile Produkte müssen so beschaffen sein, daß die vorgesehene Reinheit des Produkts unbeschadet erhalten bleibt und, wenn das Produkt vor einer Anwendung sterilisiert werden soll, das Risiko einer mikrobiellen Kontamination soweit wie möglich verringert wird; das Verpackungssystem muß sich für das vom Hersteller angegebene Sterilisationsverfahren eignen.

8.7. Verpackung und/oder Kennzeichnung des Produkts müssen eine Unterscheidung von gleichen oder ähnlichen Produkten erlauben, die sowohl in steriler als auch in nicht steriler Form in Verkehr gebracht werden.

9. Eigenschaften im Hinblick auf die Konstruktion und die Umgebungsbedingungen

9.1. Wenn ein Produkt zur Verwendung in Kombination mit anderen Produkten oder Ausrüstungen bestimmt ist, muß die Kombination einschließlich der Anschlüsse sicher sein, und sie darf die vorgesehene Leistung der Produkte nicht beeinträchtigen. Jede Einschränkung der Anwendung muß auf der Kennzeichnung oder in der Gebrauchsanweisung angegeben werden.

9.2. Die Produkte müssen so ausgelegt und hergestellt sein, daß folgende Risiken ausgeschlossen oder soweit wie möglich verringert werden:

- Verletzungsrisiken im Zusammenhang mit ihren physikalischen Eigenschaften, einschließlich des Verhältnisses Volumen/Druck, der Abmessungen und gegebenenfalls der ergonomischen Merkmale;
- Risiken im Zusammenhang mit vernünftigerweise vorhersehbaren Umgebungsbedingungen, wie z. B. Magnetfelder, elektrische Fremdeinflüsse, elektrostatische Entladungen, Druck, Temperatur oder Schwankungen des Drucks oder der Beschleunigung;
- Risiken im Zusammenhang mit wechselseitigen Störungen durch andere Produkte, die normalerweise für bestimmte Untersuchungen oder Behandlungen eingesetzt werden;
- Risiken aufgrund der Alterung der verwendeten Werkstoffe oder der nachlassenden Genauigkeit einer Meß- oder Kontrolleinrichtung, die sich dadurch ergeben, daß keine Wartung oder Kalibrierung vorgenommen werden kann (z. B. bei Implantaten).

9.3. Die Produkte müssen so ausgelegt und hergestellt sein, daß bei normaler Anwendung und beim Erstauf treten eines Defektes das Brand- oder Explosionsrisiko soweit wie möglich verringert wird. Dies gilt ins besondere für solche Produkte, die bestimmungsgemäß entflammbaren oder brandfördernden Stoffen ausgesetzt werden.

10. Produkte mit Meßfunktion

10.1. Produkte mit Meßfunktion müssen so ausgelegt und hergestellt sein, daß unter Berücksichtigung angemessener Genauigkeitsgrenzen entsprechend der Zweckbestimmung des Produkts eine ausreichende Konstanz und Genauigkeit der Meßwerte gewährleistet sind. Die vom Hersteller gewählten Genauigkeitsgrenzen sind von ihm anzugeben.

10.2. Meßskalen, Bedienungs- und Anzeigeeinrichtungen müssen so ausgelegt sein, daß sie unter Berücksichtigung der Zweckbestimmung des Produkts ergonomischen Grundsätzen entsprechen.

10.3. Bei Produkten mit Meßfunktionen sind die gesetzlichen Einheiten im Meßwesen gemäß den Vorschriften der Richtlinie 80/181/EWG des Rates [1)] zu verwenden.

11. Schutz vor Strahlungen

11.1. Allgemeine Bestimmungen

11.1.1. Die Produkte müssen so ausgelegt und hergestellt sein, daß die Strahlenexposition von Patienten, Anwendern und sonstigen Personen so weit verringert wird, wie dies mit der Zweckbestimmung der jeweiligen für therapeutische oder diagnostische Zwecke angezeigten Dosiswerte nicht beschränkt wird.

11.2. Beabsichtigte Strahlung

11.2.1. Bei Produkten, die zum Aussenden von Strahlung in einer gefährlichen Dosierung ausgelegt sind, die zur Erreichung eines speziellen medizinischen Zwecks erforderlich ist, dessen Nutzen als vorrangig gegenüber den von der Emission ausgelösten Risiken angesehen werden kann, muß es dem Anwender möglich sein, die Emission zu kontrollieren. Diese Produkte müssen so ausgelegt und hergestellt sein, daß die Reproduzierbarkeit und Toleranz relevanter variabler Parameter gewährleistet ist.

11.2.2. Produkte, die zum Aussenden von potentiell gefährlichen sichtbaren und/oder unsichtbaren Strahlungen bestimmt sind, müssen, soweit durchführbar, mit visuellen und/oder akustischen Einrichtungen zur Anzeige dieser Strahlungen ausgestattet sein.

11.3. Unbeabsichtigte Strahlung

11.3.1. Die Produkte müssen so ausgelegt und hergestellt sein, daß die Exposition von Patienten, Anwendern und sonstigen Personen gegenüber unbeabsichtigter Strahlung bzw. Streustrahlung so weit wie möglich verringert wird.

11.4. Gebrauchsanweisung

11.4.1. Die Gebrauchsanweisung von Produkten, die Strahlungen aussenden, muß genaue Angaben zur Art der Strahlenemissionen, zu den Möglichkeiten des Strahlenschutzes für Patienten und Anwender und zur Vermeidung von Mißbrauch und installationsbedingten Risiken beinhalten.

11.5. Ionisierende Strahlungen

11.5.1. Produkte, die zum Aussenden ionisierender Strahlungen bestimmt sind, müssen so ausgelegt und hergestellt sein, daß – soweit durchführbar – die Quantität, die Geometrie und die Qualität der ausgesandten Strahlung unter Berücksichtigung des beabsichtigten Zwecks verändert und kontrolliert werden können.

11.5.2. Produkte, die ionisierende Strahlungen aussenden und für die radiologische Diagnostik bestimmt sind, müssen so ausgelegt und hergestellt sein, daß sie im Hinblick auf den vorgesehenen Anwendungszweck eine angemessene Bild- und/oder Ausgabequalität bei möglichst geringer Strahlenexposition von Patient und Anwender gewährleisten.

11.5.3. Produkte, die ionisierende Strahlungen aussenden und für die radiologische Therapie bestimmt sind, müssen so ausgelegt und hergestellt sein, daß sie eine zuverlässige Überwachung und Kontrolle der abgegebenen Strahlungsdosis, des Strahlentyps und der Strahlenenergie sowie gegebenenfalls der Qualität der Strahlung ermöglichen.

[1)] ABl. Nr. L 39 vom 15.2.1980, S.40. Zuletzt geändert durch die Richtlinie 89/617/EWG (ABl. Nr. L 357 vom 7.12.1989, S. 28).

12. Anforderungen an Produkte mit externer oder interner Energiequelle

12.1. Produkte, die programmierbare Elektroniksysteme umfassen, müssen so ausgelegt sein, daß die Wiederholbarkeit, die Zuverlässigkeit und die Leistung dieser Systeme entsprechend der Zweckbestimmung gewährleistet sind. Für den Fall des Erstauftretens eines Defekts im System sollten geeignete Vorkehrungen getroffen werden, um sich daraus ergebende Risiken auszuschließen oder soweit wie möglich zu verringern.

12.2. Produkte mit interner Energiequelle, von der die Sicherheit des Patienten abhängt, müssen mit einer Einrichtung versehen sein, die eine Überprüfung des Ladezustands der Energiequelle gestattet.

12.3. Produkte mit externer Energiequelle, von der die Sicherheit des Patienten abhängt, müssen mit einem Alarmsystem ausgestattet sein, das jeden Ausfall der Energiequelle signalisiert.

12.4. Produkte, die zur Überwachung eines oder mehrerer klinischer Parameter eines Patienten dienen, müssen mit geeigneten Alarmsystemen ausgestattet sein, durch die der Anwender vor Situationen gewarnt wird, die den Tod oder eine erhebliche Verschlechterung des Gesundheitszustands des Patienten bewirken können.

12.5. Die Produkte müssen so ausgelegt und hergestellt sein, daß die Risiken im Zusammenhang mit der Erzeugung elektromagnetischer Felder, die in ihrer üblichen Umgebung befindliche weitere Einrichtungen oder Ausrüstungen in deren Funktion beeinträchtigen können, soweit wie möglich verringert werden.

12.6. Schutz vor Risiken durch elektrischen Strom

Die Produkte müssen so ausgelegt und hergestellt sein, daß das Risiko von unbeabsichtigten Stromstössen bei sachgemässer Installation und normaler Anwendung sowie beim Erstauftreten eines Defekts soweit wie möglich ausgeschaltet wird.

12.7. Schutz vor mechanischen und thermischen Risiken

12.7.1. Die Produkte müssen so ausgelegt und hergestellt sein, daß Patient und Anwender vor mechanischen Risiken, beispielsweise im Zusammenhang mit mangelnder Festigkeit oder Stabilität oder infolge des Vorhandenseins von beweglichen Teilen, geschützt sind.

12.7.2. Die Produkte müssen so ausgelegt und hergestellt sein, daß die Risiken, die durch von den Produkten erzeugte mechanische Schwingungen bedingt sind, unter Berücksichtigung des technischen Fortschritts soweit wie möglich verringert werden, soweit diese Schwingungen nicht im Rahmen der vorgesehenen Anwendung beabsichtigt sind; dabei sind die vorhandenen Möglichkeiten zur Minderung der Schwingungen, insbesondere an deren Ursprung, zu nutzen.

12.7.3. Die Produkte müssen so ausgelegt und hergestellt sein, daß die Risiken, die durch von den Produkten erzeugten Lärm bedingt sind, unter Berücksichtigung des technischen Fortschritts soweit wie möglich verringert werden, soweit die akustischen Signale nicht im Rahmen der vorgesehenen Anwendung beabsichtigt sind; dabei sind die vorhandenen Möglichkeiten zur Minderung des Lärms, insbesondere an dessen Ursprung, zu nutzen.

12.7.4. Vom Anwender zu bedienende Endeinrichtungen und Anschlüsse an Energiequellen für den Betrieb mit elektrischer, hydraulischer oder pneumatischer Energie oder mit Gas, müssen so ausgelegt und hergestellt sein, daß alle möglichen Risiken soweit wie möglich verringert werden.

12.7.5. Zugängliche Teile von Produkten – mit Ausnahme von Teilen oder Bereichen, die Wärme abgeben oder bestimmte Temperaturen erreichen sollen – sowie deren Umgebung dürfen keine Temperaturen erreichen, die bei normaler Anwendung eine Gefährdung darstellen können.

12.8 Schutz vor Risiken infolge der Abgabe von Energie oder Stoffen an den Patienten

12.8.1. Produkte, die zur Abgabe von Energie oder Stoffen an den Patienten bestimmt sind, müssen so ausgelegt und hergestellt sein, daß die abgegebene Menge zur Gewährleistung der Sicherheit von Patient und Anwender mit ausreichender Genauigkeit eingestellt und diese Einstellung beibehalten werden kann.

12.8.2. Die Produkte müssen mit Einrichtungen ausgestattet sein, die jegliche Störung der Mengenregelung, die eine Gefahr darstellen kann, verhindern und/oder signalisieren.

Die Produkte müssen mit geeigneten Vorrichtungen ausgestattet sein, welche die unbeabsichtigte gefährlich überhöhte Abgabe von Energie durch die Energiequelle bzw. von Stoffen verhindern.

12.9. Die Funktion von Bedienungs- und Anzeigeeinrichtungen muß auf den Produkten deutlich angegeben sein. Sind die Anweisungen für die Anwendung des Produkts auf diesem selbst angebracht oder werden die Betriebs- oder Regelungsparameter visuell angezeigt, so müssen diese Angaben für den Anwender und gegebenenfalls den Patienten verständlich sein.

13. Bereitstellung von Informationen durch den Hersteller

13.1. Jedem Produkt sind Informationen beizugeben, die – unter Berücksichtigung des Ausbildungs- und Kenntnisstandes des vorgesehenen Anwenderkreises – die sichere Anwendung des Produkts und die Ermittlung des Herstellers möglich machen. Diese Informationen bestehen aus Angaben auf der Kennzeichnung und solchen in der Gebrauchsanweisung. Die für die sichere Anwendung erforderlichen Informationen müssen, soweit dies praktikabel und angemessen ist, auf dem Produkt selbst und/oder auf der Stückpackung oder gegebenenfalls auf der Handelspackung angegeben sein. Falls eine Einzelverpackung nicht möglich ist, müssen die Angaben auf einer Begleitinformation für ein oder mehrere Produkte erscheinen. Jedem Produkt muß in seiner Verpackung eine Gebrauchsanweisung beigegeben sein. Eine Gebrauchsanweisung ist für Produkte der Klasse I und der Klasse IIa dann entbehrlich, wenn die vollständig sichere Anwendung des Produkts ohne Gebrauchsanweisung gewährleistet ist.

13.2. Die Angaben sollten nach Möglichkeit in Form von Symbolen gemacht werden. Wenn Symbole und gegebenenfalls Identifizierungsfarben verwendet werden, müssen diese den harmonisierten Normen entsprechen. Falls solche Normen für den betreffenden Bereich nicht existieren, müssen die Symbole und Identifizierungsfarben in der beigegebenen Produktdokumentation erläutert werden.

13.3. Die Kennzeichnung muß folgende Angaben enthalten:

a) Name oder Firma und Anschrift des Herstellers; bei Produkten, die in die Gemeinschaft eingeführt werden, um dort vermarktet zu werden, muß die Kennzeichnung oder die äussere Verpackung oder die Gebrauchsanweisung ferner den Namen und die Anschrift entweder der verantwortlichen Person gemäß Artikel 14 Absatz 2 oder des in der Gemeinschaft niedergelassenen Bevollmächtigten des Herstellers oder des in der Gemeinschaft niedergelassenen Importeurs enthalten;

b) alle unbedingt erforderlichen Angaben, aus denen der Anwender ersehen kann, worum es sich bei dem Produkt oder Packungsinhalt handelt;

c) gegebenenfalls den Hinweis „STERIL";

d) gegebenenfalls den Loscode – nach dem Wort „LOS" – oder die Seriennummer;

e) gegebenenfalls das Datum, angegeben nach Jahr und Monat, bis zu dem eine gefahrlose Anwendung des Produkts möglich ist;

f) gegebenenfalls den Hinweis, daß das Produkt zum einmaligen Gebrauch bestimmt ist;

g) bei Sonderanfertigungen den Hinweis „Sonderanfertigung";

h) bei für klinische Prüfungen bestimmten Produkten den Hinweis „nur für klinische Prüfungen";

i) gegebenenfalls besondere Hinweise zu Lagerung und/oder Handhabung;

j) gegebenenfalls besondere Anwendungshinweise;

k) gegebenenfalls Warnungen und/oder Hinweise auf zu treffende Vorsichtsmaßnahmen;

l) bei aktiven Produkten mit Ausnahme der Produkte gemäß Buchstabe e) Angabe des Herstellungsjahres; diese Angabe kann in der Los- bzw. Seriennummer erscheinen;

m) gegebenenfalls das Sterilisationsverfahren.

13.4. Wenn die Zweckbestimmung eines Produkts für den Anwender nicht offensichtlich ist, muß der Hersteller diese deutlich auf der Kennzeichnung und in der Gebrauchsanweisung angeben.

13.5. Die Produkte und ihre abnehmbaren Bauteile müssen – gegebenenfalls auf der Ebene der Produktlose und soweit vernünftigerweise praktikabel – identifizierbar sein, damit jede geeignete Maßnahme getroffen werden kann, um mögliche Risiken im Zusammenhang mit den Produkten und ihren abnehmbaren Bauteilen festzustellen.

13.6. Die Gebrauchsanweisung muß nach Maßgabe des konkreten Falles folgende Angaben enthalten:

a) die Angaben gemäß Abschnitt 13.3 mit Ausnahme der Angaben in dessen Buchstaben d) und e);

b) die Leistungsdaten gemäß Abschnitt 3 sowie etwaige unerwünschte Nebenwirkungen;

c) bei Produkten, die zur Erfüllung ihrer Zweckbestimmung mit anderen medizinischen Einrichtungen oder Ausrüstungen kombiniert oder an diese angeschlossen werden müssen: alle Merkmale, soweit sie zur Wahl der für eine sichere Kombination erforderlichen Einrichtungen oder Ausrüstungen erforderlich sind;

d) alle Angaben, mit denen überprüft werden kann, ob ein Produkt ordnungsgemäß installiert worden ist und sich in sicherem und betriebsbereitem Zustand befindet, sowie Angaben zu Art und Häufigkeit der Instandhaltungsmaßnahmen und der Kalibrierungen, die erforderlich sind, um den sicheren und ordnungsgemässen Betrieb der Produkte fortwährend zu gewährleisten;

e) gegebenenfalls zweckdienliche Angaben, die zur Vermeidung bestimmter Risiken im Zusammenhang mit der Implantation des Produkts zu beachten sind;

f) Angaben zu den Risiken wechselseitiger Störung, die sich im Zusammenhang mit dem Produkt bei speziellen Untersuchungen oder Behandlungen ergibt;

g) Anweisungen für den Fall, daß die Steril-Verpackung beschädigt wird; dazu gegebenenfalls die Angabe geeigneter Verfahren zur erneuten Sterilisation;

h) bei wiederzuverwendenden Produkten Angaben über geeignete Aufbereitungsverfahren, z. B. Reinigung, Desinfektion, Verpackung und gegebenenfalls Sterilisationsverfahren, wenn eine erneute Sterilisation erforderlich ist, sowie Angaben zu einer eventuellen zahlenmässigen Beschränkung der Wiederverwendungen;

bei der Lieferung von Produkten, die vor der Anwendung zu sterilisieren sind, müssen die Angaben zur Reinigung und Sterilisation sicherstellen, daß das Produkt bei ihrer ordnungsgemässen Befolgung die Anforderungen des Abschnitts I nach wie vor erfüllt;

i) Hinweise auf eine möglicherweise vor der Anwendung eines Produkts erforderliche besondere Behandlung oder zusätzliche Aufbereitung (z. B. Sterilisation, Montage usw.);

j) bei Produkten, die Strahlungen zu medizinischen Zwecken aussenden, Angaben zu Beschaffenheit, Art, Intensität und Verteilung dieser Strahlungen.

Gegebenenfalls muß die Gebrauchsanweisung ausserdem Angaben enthalten, die es dem medizinischen Personal erlauben, den Patienten auf Gegenanzeigen und zu treffende Vorsichtsmaßnahmen hinzuweisen. Dabei handelt es sich insbesondere um folgende Punkte:

k) Vorsichtsmaßnahmen, die im Falle von Änderungen in der Leistung des Produkts zu treffen sind;

l) Vorsichtsmaßnahmen für den Fall, daß es unter vernünftigerweise vorhersehbaren Umgebungsbedingungen zu einer Exposition gegenüber Magnetfeldern, elektrischen Fremdeinflüssen, elektrostatischen Entladungen, Druck oder Druckschwankungen, Beschleunigung, Wärmequellen mit der Gefahr einer Selbstentzündung usw. kommt;

m) ausreichende Angaben zu Arzneimitteln, für deren Verabreichung das betreffende Produkt bestimmt ist; hierzu zählen auch Angaben zu Beschränkungen in der Wahl der zu verabreichenden Stoffe;

n) Vorsichtsmaßnahmen für den Fall, daß ein Produkt im Hinblick auf seine Entsorgung eine besondere oder ungewöhnliche Gefahr darstellt;

o) Stoffe, die gemäß Abschnitt 7.4 einen Bestandteil des Produkts bilden;

p) bei Produkten mit Meßfunktion der vom Hersteller vorgegebene Genauigkeitsgrad;

14. Ist die Konformität mit den grundlegenden Anforderungen wie in Ziffer I Abschnitt 6 durch klinische Daten zu belegen, so müssen diese Daten gemäß Anhang X ermittelt werden.

Anhang II: EG-Konformitätserklärung (Vollständiges Qualitätssicherungssystem)

1. Der Hersteller stellt sicher, daß das genehmigte Qualitätssicherungssystem für die Auslegung, die Fertigung und die Endkontrolle der betreffenden Produkte nach Maßgabe des Abschnitts 3 angewandt wird; er unterliegt der förmlichen Überprüfung (Audit) gemäß Abschnitt 3.3 und Abschnitt 4 und der EG-Überwachung gemäß Abschnitt 5.

2. Bei der EG-Konformitätserklärung handelt es sich um das Verfahren, mit dem der Hersteller, der den Verpflichtungen nach Abschnitt 1 nachkommt, sicherstellt und erklärt, daß die betreffenden Produkte den einschlägigen Bestimmungen dieser Richtlinie entsprechen. Der Hersteller bringt die CE-Kennzeichnung gemäß Artikel 17 an und stellt eine schriftliche Konformitätserklärung aus. Diese Erklärung, die sich auf eine vorgegebene Anzahl von Produkten erstreckt, wird vom Hersteller aufbewahrt.

3. Qualitätssicherungssystem

3.1. Der Hersteller reicht einen Antrag auf Bewertung seines Qualitätssicherungssystems bei einer benannten Stelle ein.

Der Antrag muß folgendes enthalten:

- Name und Anschrift des Herstellers sowie die Anschrift etwaiger weiterer Fertigungsstätten, in denen das Qualitätssicherungssystem angewandt wird;
- alle einschlägigen Angaben über die Produkte oder die Produktkategorie, die Gegenstand des Verfahrens sind/ist;
- eine schriftliche Erklärung dahingehend, daß bei keiner anderen benannten Stelle ein Parallelantrag zu demselben Qualitätssicherungssystem – bezogen auf dieses Produkt – eingereicht worden ist;
- die Dokumentation über das Qualitätssicherungssystem;
- eine Zusicherung, die Verpflichtungen, die sich aus dem genehmigten Qualitätssicherungssystem ergeben, zu erfüllen;
- eine Zusicherung, das genehmigte Qualitätssicherungssystem so zu unterhalten, daß dessen Eignung und Wirksamkeit gewährleistet bleiben;
- eine Zusicherung des Herstellers, ein systematisches Verfahren einzurichten und auf dem neuesten Stand zu halten, mit dem Erfahrungen mit Produkten in den der Herstellung nachgelagerten Phasen ausgewertet werden, und Vorkehrungen zu treffen, um erforderliche Korrekturen durchzuführen. Diese Zusicherung schließt die Verpflichtung des Herstellers ein, die zuständigen Behörden unverzüglich über folgende Vorkommnisse zu unterrichten, sobald er selbst davon Kenntnis erlangt hat:
  i) jede Funktionsstörung oder jede Änderung der Merkmale und/oder der Leistung sowie jede Unsachgemäßheit der Kennzeichnung oder der Gebrauchsanweisung eines Produkts, die zum Tode oder zu einer schwerwiegenden Verschlechterung des Gesundheitszustands eines Patienten oder eines Anwenders führen kann oder geführt hat;
  ii) jeder Grund technischer oder medizinischer Art, der aufgrund der unter Ziffer i) genannten Ursachen durch die Merkmale und Leistungen des Produkts bedingt ist und zum systematischen Rückruf von Produkten desselben Typs durch den Hersteller geführt hat.

3.2. Mit Hilfe des Qualitätssicherungssystems muß die Übereinstimmung der Produkte mit den einschlägigen Bestimmungen dieser Richtlinie auf allen Stufen von der Auslegung bis zur Endkontrolle sichergestellt werden. Alle Einzelheiten, Anforderungen und Vorkehrungen, die der Hersteller für sein Qualitätssicherungssystem zugrunde legt, müssen in eine systematisch geführte und nach Strategien und schriftlichen Verfahrensanweisungen geordnete Dokumentation, beispielsweise in Form von Programmen, Plänen, Handbüchern und Aufzeichnungen zur Qualitätssicherung, aufgenommen werden.

Sie umfasst insbesondere eine angemessene Beschreibung folgender Punkte:

a) Qualitätsziele des Herstellers;

b) Organisation des Unternehmens, insbesondere:
   - organisatorischer Aufbau, Zuständigkeiten und organisatorische Befugnisse des Managements in bezug auf die Qualität bei der Auslegung und der Herstellung der Produkte;
   - Mittel zur Überprüfung der Wirksamkeit des Qualitätssicherungssystems, insbesondere von dessen Eignung zur Sicherstellung der angestrebten Auslegungs- und Produktqualität, einschließlich der Kontrolle über nichtkonforme Produkte;

c) Verfahren zur Steuerung und Kontrolle der Produktauslegung, insbesondere
   - eine allgemeine Beschreibung des Produkts, einschließlich der geplanten Varianten;
   - Konstruktionsunterlagen, einschließlich der anzuwendenden Normen und der Ergebnisse der Risikoanalyse sowie einer Beschreibung der Lösungen zur Einhaltung der auf die Produkte anwendbaren grundlegenden Anforderungen, falls die in Artikel 5 genannten Normen nicht vollständig angewendet werden;
   - Techniken zur Kontrolle und Prüfung der Auslegung, der Verfahren und der systematischen Maßnahmen, die bei der Produktauslegung angewendet werden;
   - bei einem Produkt, das zur Erfüllung seiner Zweckbestimmung an ein anderes Produkt angeschlossen werden muß, der Nachweis, daß das erstere Produkt bei Anschluß an ein anderes Produkt, das die vom Hersteller angegebenen Merkmale aufweist, die grundlegenden Anforderungen erfüllt;
   - die Angabe, ob zu den Bestandteilen des Produkts ein Stoff im Sinne des Anhangs I Abschnitt 7.4 gehört, sowie die Daten über die in diesem Zusammenhang durchgeführten Prüfungen;
   - die klinischen Daten gemäß Anhang X;
   - der Entwurf der Kennzeichnung und gegebenenfalls der Gebrauchsanweisung.

d) Qualitätssicherungs- und -kontrolltechniken auf der Ebene der Herstellung, insbesondere
   - Verfahren und Methoden vor allem bei der Sterilisation, bei der Materialbeschaffung und bei der Ausarbeitung der relevanten Unterlagen;
   - Verfahren zur Produktidentifizierung, die anhand von Zeichnungen, Spezifikationen oder sonstigen einschlägigen Unterlagen im Verlauf aller Herstellungsstufen erstellt und auf dem neuesten Stand gehalten werden;

e) geeignete Untersuchungen und Prüfungen, die vor, während und nach der Herstellung vorgenommen werden, sowie Angabe ihrer Häufigkeit und der verwendeten Prüfgeräte; die Kalibrierung der Prüfgeräte ist so vorzunehmen, daß sie hinreichend nachvollziehbar ist.

3.3. Die benannte Stelle führt eine förmliche Überprüfung (Audit) des Qualitätssicherungssystems durch, um festzustellen, ob es den Anforderungen nach Abschnitt 3.2 entspricht. Bei Qualitätssicherungssystemen, die auf der Umsetzung der entsprechenden harmonisierten Normen beruhen, geht sie von der Übereinstimmung mit diesen Anforderungen aus.

Mindestens ein Mitglied des Prüfteams muß Erfahrungen mit der Bewertung der betreffenden Technologie haben. Das Bewertungsverfahren schließt eine Besichtigung der Betriebsstätten der Herstellers und, falls dazu hinreichend Anlaß besteht, der Betriebsstätten der Zulieferer des Herstellers und/oder seiner Subunternehmer ein, um die Herstellungsverfahren zu überprüfen.

Die Entscheidung wird dem Hersteller mitgeteilt. Die Mitteilung enthält die Ergebnisse der Überprüfung und eine Begründung der Entscheidung.

3.4. Der Hersteller informiert die benannte Stelle, die das Qualitätssicherungssystem genehmigt hat, über geplante wesentliche Änderungen des Qualitätssicherungsystems oder der hiervon erfassten Produktpalette. Die benannte Stelle prüft die vorgeschlagenen Änderungen und entscheidet, ob das geänderte Qualitätssicherungssystem den Anforderungen nach Abschnitt 3.2 noch entspricht. Sie teilt ihre Entscheidung dem Hersteller mit. Die Mitteilung enthält die Ergebnisse der Prüfung und eine Begründung der Entscheidung.

4. Prüfung der Produktauslegung

4.1. Zusätzlich zu den ihm gemäß Abschnitt 3 obliegenden Verpflichtungen stellt der Hersteller bei der benannten Stelle einen Antrag auf Prüfung der Auslegungsdokumentation zu dem Produkt, dessen Herstellung bevorsteht und das zu der in Abschnitt 3.1 genannten Kategorie gehört.

4.2. Aus dem Antrag müssen die Auslegung, die Herstellung und die Leistungsdaten des betreffenden Produkts hervorgehen. Der Antrag enthält die nach Abschnitt 3.2 Buchstabe c) beizubringenden Dokumente, anhand deren die Beurteilung, ob das Produkt den Anforderungen dieser Richtlinie entspricht, möglich sein muß.

4.3. Die benannte Stelle prüft den Antrag und stellt, falls die Auslegung den einschlägigen Bestimmungen dieser Richtlinie entspricht, dem Antragsteller eine EG-Auslegungsprüfbescheinigung aus. Die benannte Stelle kann verlangen, daß für die Antragstellung zusätzliche Tests oder Prüfungen durchgeführt werden, damit die Übereinstimmung mit den Anforderungen dieser Richtlinie beurteilt werden kann. Die Bescheinigung enthält die Ergebnisse der Prüfung, die Bedingungen für ihre Gültigkeit sowie die zur Identifizierung der genehmigten Auslegung erforderlichen Angaben und gegebenenfalls eine Beschreibung der Zweckbestimmung des Produkts.

Im Falle von Produkten gemäß Anhang I Abschnitt 7.4 konsultiert die benannte Stelle in bezug auf die dort geregelten Punkte vor einer Entscheidung eine der zuständigen Stellen, die die Mitgliedstaaten gemäß Richtlinie 65/65/EWG geschaffen haben.

Die benannte Stelle trägt bei ihrer Entscheidung den im Rahmen der Konsultation ergangenen Stellungnahmen gebührend Rechnung. Sie leitet ihre endgültige Entscheidung der betreffenden zuständigen Stelle zu.

4.4. Änderungen an der genehmigten Auslegung müssen von der benannten Stelle, die die EG-Auslegungsprüfbescheinigung ausgestellt hat, zusätzlich genehmigt werden, wenn sie die Übereinstimmung des Produkts mit den grundlegenden Anforderungen dieser Richtlinie oder mit den vorgeschriebenen Anwendungsbedingungen berühren können. Der Hersteller informiert die benannte Stelle, die die EG-Auslegungsprüfbescheinigung ausgestellt hat, über diese Änderungen. Diese Zusatzgenehmigung wird in Form eines Nachtrags zur EG-Auslegungsprüfbescheinigung erteilt.

5. Überwachung

5.1. Mit der Überwachung soll sichergestellt werden, daß der Hersteller die Verpflichtungen, die sich aus dem genehmigten Qualitätssicherungssystem ergeben, ordnungsgemäß einhält.

5.2. Der Hersteller gestattet der benannten Stelle die Durchführung aller erforderlichen Inspektionen und stellt ihr alle erforderlichen Unterlagen zur Verfügung, insbesondere:
- die Dokumentation über das Qualitätssicherungssystem;
- die Daten, die in dem die Auslegung betreffenden Teil des Qualitätssicherungssystems vorgesehen sind, wie z. B. Ergebnisse von Analysen, Berechnungen, Tests usw.;
- die Daten, die in dem die Herstellung betreffenden Teil des Qualitätssicherungssystems vorgesehen sind, wie z. B. Kontroll-, Test- und Kalibrierungsberichte, Berichte über die Qualifikation des betreffenden Personals usw.

5.3. Die benannte Stelle führt regelmässig die erforderlichen Inspektionen und Bewertungen durch, um sich davon zu überzeugen, daß der Hersteller das genehmigte Qualitätssicherungssystem anwendet, und übermittelt dem Hersteller einen Bewertungsbericht.

5.4. Darüber hinaus kann die benannte Stelle unangemeldete Besichtigungen beim Hersteller durchführen. Dabei kann die benannte Stelle erforderlichenfalls Prüfungen zur Kontrolle des ordnungsgemässen Funktionierens des Qualitätssicherungssystems durchführen oder durchführen lassen. Die benannte Stelle stellt dem Hersteller einen Bericht über die Besichtigung und gegebenenfalls über die vorgenommenen Prüfungen zur Verfügung.

6. Administrative Bestimmungen

6.1. Der Hersteller hält für die nationalen Behörden mindestens fünf Jahre lang nach der Herstellung des letzten Produkts folgende Unterlagen bereit:
- die Konformitätserklärung;
- die Dokumentation gemäß Abschnitt 3.2 vierter Gedankenstrich;
- die Änderungen gemäß Abschnitt 3.4;
- die Dokumentation gemäß Abschnitt 4.2;
- die Entscheidungen und Berichte der benannten Stelle gemäß den Abschnitten 3.3, 4.3, 4.4, 5.3 und 5.4.

6.2. Die benannte Stelle stellt den anderen benannten Stellen sowie den zuständigen Behörden auf Antrag alle einschlägigen Informationen über die ausgestellten, versagten bzw. zurückgezogenen Genehmigungen für Qualitätssicherungssysteme zur Verfügung.

6.3. Ist weder der Hersteller noch sein Bevollmächtigter in der Gemeinschaft niedergelassen, so fällt die Verpflichtung, die technische Dokumentation zu einem Produkt, das dem Verfahren der Nummer 4 unterliegt, bereitzuhalten, der für das Inverkehrbringen in der Gemeinschaft verantwortlichen Person bzw. dem in Anhang I Nummer 13.3 Buchstabe a) genannten Importeur zu.

7. Anwendung auf Produkte der Klassen IIa und IIb

Gemäß Artikel 11 Absatz 2 bzw. 3 kann der vorliegende Anhang auf Produkte der Klassen IIa und IIb angewandt werden. Auf Produkte der Klassen IIa und IIb findet Abschnitt 4 jedoch keine Anwendung.

Anhang III: EG-Baumusterprüfung

1. Als EG-Baumusterprüfung wird das Verfahren bezeichnet, mit dem eine benannte Stelle feststellt und bescheinigt, daß ein für die betreffende Produktion repräsentatives Exemplar den einschlägigen Bestimmungen dieser Richtlinie entspricht.

2. Der Antrag muß folgendes enthalten:
   - Name und Anschrift des Herstellers sowie Name und Anschrift des Bevollmächtigten, wenn der Antrag durch diesen gestellt wird;
   - die Dokumentation gemäß Abschnitt 3, die zur Beurteilung der Übereinstimmung des für die betreffende Produktion repräsentativen Exemplars, nachstehend „Baumuster" genannt, mit den Anforderungen dieser Richtlinie erforderlich ist. Der Antragsteller stellt der benannten Stelle ein Baumuster zur Verfügung. Die benannte Stelle kann erforderlichenfalls weitere Exemplare des Baumusters verlangen;
   - eine schriftliche Erklärung, daß ein Antrag zum selben Baumuster bei keiner anderen benannten Stelle eingereicht worden ist.

3. Aus der Dokumentation müssen die Auslegung, die Herstellung und die Leistungsdaten des Produkts hervorgehen. Die Dokumentation muß insbesondere folgende Angaben und Einzelunterlagen enthalten:
   - eine allgemeine Beschreibung des Baumusters, einschließlich der geplanten Varianten;
   - Konstruktionszeichnungen, geplante Fertigungsverfahren, insbesondere hinsichtlich der Sterilisation, sowie Pläne von Bauteilen, Baugruppen, Schaltungen usw.;
   - die zum Verständnis der genannten Zeichnungen und Pläne sowie der Funktionsweise des Produkts erforderlichen Beschreibungen und Erläuterungen;
   - eine Liste der ganz oder teilweise angewandten Normen gemäß Artikel 5 sowie eine Beschreibung der Lösungen zur Einhaltung der grundlegenden Anforderungen dieser Richtlinie, sofern die in Artikel 5 genannten Normen nicht vollständig angewandt worden sind;
   - Ergebnisse der Konstruktionsberechnungen, der Risikoanalyse, der Prüfungen, technischen Tests usw.;

– die Angabe, ob zu den Bestandteilen des Produkts ein Stoff im Sinne des Anhangs I Abschnitt 7.4 gehört, sowie die Daten über die in diesem Zusammenhang durchgeführten Prüfungen;
– die klinischen Daten gemäß Anhang X;
– gegebenenfalls den Entwurf der Kennzeichnung und gegebenenfalls der Gebrauchsanweisung.

4. Die benannte Stelle geht bei der Baumusterprüfung wie folgt vor:
   4.1. Sie prüft und bewertet die Dokumentation und überprüft, ob das Baumuster in Übereinstimmung mit dieser hergestellt wurde; sie stellt fest, welche Bauteile entsprechend den einschlägigen Bestimmungen der Normen gemäß Artikel 5 ausgelegt sind und bei welchen Bauteilen sich die Auslegung nicht auf diese Normen stützt.
   4.2. Sie führt die geeigneten Prüfungen und erforderlichen Tests durch oder lässt diese durchführen, um festzustellen, ob die vom Hersteller gewählten Lösungen den grundlegenden Anforderungen dieser Richtlinie entsprechen, sofern die in Artikel 5 genannten Normen nicht angewandt worden sind. Wenn ein Produkt zur Erfüllung seiner Zweckbestimmung an ein anderes Produkt angeschlossen werden muß, muß der Nachweis erbracht werden, daß das erstere Produkt bei Anschluß an ein anderes Produkt, das die vom Hersteller angegebenen Merkmale aufweist, die grundlegenden Anforderungen erfüllt.
   4.3. Sie führt die geeigneten Prüfungen und erforderlichen Tests durch oder lässt diese durchführen, um festzustellen, ob die einschlägigen Normen tatsächlich angewendet worden sind, sofern sich der Hersteller für deren Anwendung entschieden hat.
   4.4. Sie vereinbart mit dem Antragsteller den Ort, an dem die erforderlichen Prüfungen und Tests durchgeführt werden.

5. Entspricht das Baumuster den Bestimmungen dieser Richtlinie, so stellt die benannte Stelle dem Antragsteller eine EG-Baumusterprüfbescheinigung aus. Diese Bescheinigung enthält den Namen und die Anschrift des Herstellers, die Ergebnisse der Prüfung, die Bedingungen für die Gültigkeit der Bescheinigung sowie die zur Identifizierung des genehmigten Baumusters erforderlichen Angaben. Die relevanten Teile der Dokumentation werden der Bescheinigung beigefügt; eine Abschrift verbleibt bei der benannten Stelle.

   Im Falle von Produkten gemäß Anhang I Abschnitt 7.4 konsultiert die benannte Stelle in bezug auf die dort geregelten Punkte vor einer Entscheidung eine der zuständigen Stellen, die die Mitgliedstaaten gemäß Richtlinie 65/65/EWG geschaffen haben.

   Die benannte Stelle trägt bei ihrer Entscheidung den im Rahmen der Konsultationen ergangenen Stellungnahmen gebührend Rechnung. Sie leitet ihre endgültige Entscheidung der betreffenden zuständigen Stelle zu.

6. Der Antragsteller informiert die benannte Stelle, die die EG-Baumusterprüfbescheinigung ausgestellt hat, über alle am genehmigten Produkt vorgenommenen wesentlichen Änderungen.

   Diese Änderungen müssen von der benannten Stelle, die die EG-Baumusterprüfbescheinigung ausgestellt hat, zusätzlich genehmigt werden, wenn sie die Übereinstimmung des Produkts mit den grundlegenden Anforderungen oder mit den vorgesehenen Anwendungsbedingungen des Produkts berühren können. Diese Zusatzgenehmigung wird in Form eines Nachtrags zur ursprünglichen EG-Baumusterprüfbescheinigung erteilt.

7. Administrative Bestimmungen
   7.1. Jede benannte Stelle stellt den anderen benannten Stellen sowie den zuständigen Behörden auf Antrag alle einschlägigen Informationen über die erteilten, versagten und zurückgezogenen EG-Baumusterprüfbescheinigungen und über deren Nachträge zur Verfügung.
   7.2. Die anderen benannten Stellen können eine Abschrift der EG-Baumusterprüfbescheinigungen und/oder von deren Nachträgen erhalten. Die Anlagen zu den Bescheinigungen werden ihnen auf begründeten Antrag und nach vorheriger Unterrichtung des Herstellers zur Verfügung gestellt.
   7.3. Der Hersteller oder sein Bevollmächtigter bewahrt zusammen mit den technischen Unterlagen eine Kopie der EG-Baumusterprüfbescheinigung und ihrer Ergänzungen mindestens fünf Jahre lang nach Herstellung des letzten Produkts auf.

7.4. Ist weder der Hersteller noch sein Bevollmächtigter in der Gemeinschaft niedergelassen, so fällt die Verpflichtung, die technische Dokumentation bereitzuhalten, der für das Inverkehrbringen in der Gemeinschaft verantwortlichen Person bzw. dem in Anhang I Nummer 13.3 Buchstabe a) genannten Importeur zu.

Anhang IV: EG-PRÜFUNG

1. Die EG-Prüfung ist das Verfahren, mit dem der Hersteller oder sein in der Gemeinschaft niedergelassener Bevollmächtigter gewährleistet und erklärt, daß die Produkte, auf die die Bestimmungen nach Abschnitt 4 angewendet wurden, mit dem in der EG-Baumusterprüfbescheinigung beschriebenen Baumuster übereinstimmen und den einschlägigen Anforderungen dieser Richtlinie entsprechen.

2. Der Hersteller trifft alle erforderlichen Maßnahmen, damit im Herstellungsverfahren die Übereinstimmung der Produkte mit dem in der EG-Baumusterprüfbescheinigung beschriebenen Baumuster und mit den einschlägigen Anforderungen der Richtlinie sichergestellt wird. Er erstellt vor Beginn der Herstellung eine Dokumentation, in der die Herstellungsverfahren, insbesondere – soweit zutreffend – im Bereich der Sterilisation, sowie sämtliche bereits zuvor aufgestellten systematischen Vorschriften festgelegt sind, die angewandt werden, um die Homogenität der Herstellung und gegebenenfalls die Übereinstimmung der Produkte mit dem in der EG-Baumusterprüfbescheinigung beschriebenen Baumuster sowie mit den einschlägigen Anforderungen dieser Richtlinie zu gewährleisten. Er bringt die CE-Kennzeichnung gemäß Artikel 17 an und stellt eine Konformitätserklärung aus.

   Bei Produkten, die in sterilem Zustand in Verkehr gebracht werden, wendet der Hersteller ferner die Bestimmungen des Anhangs V Abschnitte 3 und 4 an; diese Vorschrift bezieht sich jedoch nur auf die Herstellungsschritte, die der Sterilisation und der Aufrechterhaltung der Sterilität dienen.

3. Der Hersteller sichert zu, ein systematisches Verfahren einzurichten und auf dem neuesten Stand zu halten, mit dem Erfahrungen mit Produkten in den der Herstellung nachgelagerten Phasen ausgewertet werden, und Vorkehrungen zu treffen, um erforderliche Korrekturen durchzuführen. Diese Zusicherung schließt die Verpflichtung des Herstellers ein, die zuständigen Behörden unverzüglich über folgende Vorkommnisse zu unterrichten, sobald er selbst davon Kenntnis erlangt hat;

   i) jede Funktionsstörung oder jede Änderung der Merkmale und/oder der Leistung sowie jede Unsachgemäßheit der Kennzeichnung oder der Gebrauchsanweisung eines Produkts, die zum Tode oder zu einer schwerwiegenden Verschlechterung des Gesundheitszustands eines Patienten oder eines Anwenders führen kann oder geführt hat;

   ii) jeder Grund technischer oder medizinischer Art, der aufgrund der unter Ziffer i) genannten Ursachen durch die Merkmale und Leistungen des Produkts bedingt ist und zum systematischen Rückruf von Produkten desselben Typs durch den Hersteller geführt hat.

4. Die benannte Stelle nimmt die entsprechenden Prüfungen und Tests zur Überprüfung der Konformität des Produkts mit den Anforderungen der Richtlinie je nach Wahl des Herstellers entweder durch Kontrolle und Erprobung jedes einzelnen Produkts gemäß Abschnitt 5 oder durch Kontrolle und Erprobung der Produkte auf statistischer Grundlage gemäß Abschnitt 6 vor.

   Die obigen Prüfungen gelten nicht für diejenigen Herstellungsschritte, die der Sterilisation dienen.

5. Kontrolle und Erprobung jedes einzelnen Produkts

   5.1. Alle Produkte werden einzeln geprüft und dabei entsprechenden Prüfungen, wie sie in der/den in Artikel 5 genannten geltenden Norm(en) vorgesehen sind, oder gleichwertigen Prüfungen unterzogen, um gegebenenfalls ihre Übereinstimmung mit dem in der EG-Baumusterprüfbescheinigung beschriebenen Baumuster und mit den einschlägigen Anforderungen der Richtlinie zu überprüfen.

5.2. Die benannte Stelle bringt an jedem genehmigten Produkt ihre Kennummer an bzw. lässt diese anbringen und stellt eine Konformitätserklärung über die vorgenommenen Prüfungen aus.

6. Statistische Überprüfung

6.1. Der Hersteller legt seine Produkte in Form homogener Partien vor.

6.2. Von jeder Partie wird nach dem Zufallsprinzip eine Probe genommen. Die Produkte, die eine Probe bilden, werden einzeln geprüft und dabei entsprechenden Prüfungen, wie sie in der/den in Artikel 5 genannten geltenden Norm(en) vorgesehen sind, oder gleichwertigen Prüfungen unterzogen, um gegebenenfalls ihre Übereinstimmung mit dem in der EG-Baumusterprüfbescheinigung beschriebenen Baumuster und mit den einschlägigen Anforderungen der Richtlinie zu überprüfen und zu entscheiden, ob die Partie anzunehmen oder zurückzuweisen ist.

6.3. Die statistische Kontrolle der Produkte erfolgt durch Attribut-Merkmale und beinhaltet einen Stichprobenplan zur Gewährleistung einer Mindestqualität, bei der die Wahrscheinlichkeit der Annahme bei 5% und der Prozentsatz der Nichtübereinstimmung zwischen 3 und 7 % liegen. Das Probenahmeverfahren wird auf der Grundlage der harmonisierten Normen gemäß Artikel 5 unter Berücksichtigung der Eigenarten der jeweiligen Produktkategorien festgelegt.

6.4. Wird eine Partie angenommen, bringt die benannte Stelle ihre Kennummer an jedem Produkt an oder lässt diese anbringen und stellt eine Konformitätserklärung über die vorgenommenen Prüfungen aus. Alle Produkte der Partie mit Ausnahme der Produkte der Probe, bei denen Nichtübereinstimmung festgestellt worden ist, können in Verkehr gebracht werden.

Wird eine Partie zurückgewiesen, ergreift die zuständige benannte Stelle geeignete Maßnahmen, um das Inverkehrbringen dieser Partie zu verhindern. Bei gehäufter Zurückweisung von Partien kann die benannte Stelle die statistische Kontrolle aussetzen.

Der Hersteller kann unter der Verantwortung der benannten Stelle während des Herstellungsprozesses die Kennummer dieser Stelle anbringen.

7. Administrative Bestimmungen

Der Hersteller oder sein Bevollmächtigter hält für die nationalen Behörden mindestens fünf Jahre lang nach der Herstellung des letzten Produkts folgende Unterlagen bereit:

- die Konformitätserklärung;
- die Dokumentation gemäß Abschnitt 2;
- die Erklärungen gemäß den Abschnitten 5.2 und 6.4;
- gegebenenfalls die Baumusterprüfbescheinigung gemäß Anhang III.

8. Anwendung auf Produkte der Klasse IIa

Gemäß Artikel 11 Absatz 2 kann der vorliegende Anhang nach Maßgabe der nachstehenden Abweichungen auf Produkte der Klasse IIa angewendet werden:

8.1. Abweichend von den Abschnitten 1 und 2 gewährleistet und erklärt der Hersteller durch die Konformitätserklärung, daß die Produkte der Klasse IIa in Einklang mit der technischen Dokumentation gemäß Anhang VII Abschnitt 3 hergestellt werden und den einschlägigen Anforderungen dieser Richtlinie entsprechen.

8.2. Abweichend von den Abschnitten 1, 2, 5 und 6 haben die von der benannten Stelle durchgeführten Prüfungen das Ziel, die Konformität der Produkte der Klasse IIa mit der technischen Dokumentation gemäß Anhang VII Abschnitt 3 zu überprüfen.

Anhang V: EG-Konformitätserklärung (Qualitätssicherung Produktion)

1. Der Hersteller stellt sicher, daß das genehmigte Qualitätssicherungssystem für die Herstellung angewandt wird und daß die betreffenden Produkte nach Maßgabe des Abschnitts 3 einer Endkontrolle unterzogen werden; er unterliegt der Überwachung gemäß Abschnitt 4.

2. Bei der Konformitätserklärung handelt es sich um den Teil des Verfahrens, mit dem der Hersteller, der den Verpflichtungen nach Abschnitt 1 nachkommt, sicherstellt und erklärt, daß die betreffenden Produkte dem in der EG-Baumusterprüfbescheinigung beschriebenen Baumuster und den einschlägigen Bestimmungen dieser Richtlinie entsprechen.

   Der Hersteller bringt die CE-Kennzeichnung gemäß Artikel 17 an und stellt eine schriftliche Konformitätserklärung aus. Diese Erklärung, die sich auf eine vorgegebene Anzahl bestimmter Produktexemplare erstreckt, wird vom Hersteller aufbewahrt.

3. Qualitätssicherungssystem

   3.1. Der Hersteller reicht einen Antrag auf Bewertung seines Qualitätssicherungssystems bei einer benannten Stelle ein.

   Der Antrag muß folgendes enthalten:
   - Name und Anschrift des Herstellers;
   - alle einschlägigen Angaben über die Produkte oder die Produktkategorie, die Gegenstand des Verfahrens sind/ist;
   - eine schriftliche Erklärung dahingehend, daß bei keiner anderen benannten Stelle ein Antrag zu denselben Produkten eingereicht worden ist;
   - die Dokumentation über das Qualitätssicherungssystem;
   - eine Zusicherung, die Verpflichtungen, die sich aus dem genehmigten Qualitätssicherungssystem ergeben, zu erfüllen;
   - eine Zusicherung, das genehmigte Qualitätssicherungssystem so zu unterhalten, daß dessen Eignung und Wirksamkeit gewährleistet bleiben;
   - gegebenenfalls die technische Dokumentation über die genehmigten Baumuster und eine Kopie der EG-Baumusterprüfbescheinigungen;
   - eine Zusicherung des Herstellers, ein systematisches Verfahren einzurichten und auf dem neuesten Stand zu halten, mit dem Erfahrungen mit Produkten in den der Herstellung nachgelagerten Phasen ausgewertet werden, und Vorkehrungen zu treffen, um erforderliche Korrekturen durchzuführen. Diese Zusicherung schließt die Verpflichtung des Herstellers ein, die zuständigen Behörden unverzüglich über folgende Vorkommnisse zu unterrichten, sobald er selbst davon Kenntnis erlangt hat:
     i) jede Funktionsstörung oder jede Änderung der Merkmale und/oder der Leistung sowie jede Unsachgemäßheit der Kennzeichnung oder der Gebrauchsanweisung eines Produkts, die zum Tode oder zu einer schwerwiegenden Verschlechterung des Gesundheitszustands eines Patienten oder eines Anwenders führen kann oder geführt hat;
     ii) jeder Grund technischer oder medizinischer Art, der aufgrund der unter Ziffer i) genannten Ursachen durch die Merkmale und Leistungen des Produkts bedingt ist und zum systematischen Rückruf von Produkten desselben Typs durch den Hersteller geführt hat.

   3.2. Mit Hilfe des Qualitätssicherungssystems muß die Übereinstimmung der Produkte mit dem in der EG-Baumusterprüfbescheinigung beschriebenen Baumuster sichergestellt werden.

   Alle Einzelheiten, Anforderungen und Vorkehren, die der Hersteller für sein Qualitätssicherungssystem zugrunde legt, müssen in eine systematisch geführte und nach Strategien und schriftlichen Verfahrensanweisungen geordnete Dokumentation aufgenommen werden. Diese Dokumentation über das Qualitätssicherungssystem muß eine einheitliche Interpretation der Qualitätssicherungsstrategie und -verfahren, beispielsweise in Form von Programmen, Plänen, Handbüchern und Aufzeichnungen zur Qualitätssicherung, ermöglichen.

Sie umfasst insbesondere eine angemessene Beschreibung folgender Punkte:

a) Qualitätsziele des Herstellers;

b) Organisation des Unternehmens, insbesondere
   - organisatorischer Aufbau, Zuständigkeiten und organisatorische Befugnisse des Managements in bezug auf die Herstellung der Produkte;
   - Mittel zur Überprüfung der Wirksamkeit des Qualitätssicherungssystems, insbesondere von dessen Eignung zur Sicherstellung der angestrebten Produktqualität, einschließlich der Kontrolle über nichtkonforme Produkte;

c) Qualitätssicherungs- und Kontrolltechniken auf der Ebene der Herstellung, insbesondere
   - Verfahren und Methoden vor allem bei der Sterilisation, bei der Materialbeschaffung und bei der Ausarbeitung der relevanten Unterlagen;
   - Verfahren zur Produktidentifizierung, die anhand von Zeichnungen, Spezifikationen oder sonstigen einschlägigen Unterlagen im Verlauf aller Herstellungsstufen erstellt und auf dem neuesten Stand gehalten werden;

d) geeignete Untersuchungen und Prüfungen, die vor, während und nach der Herstellung durchgeführt werden, sowie Angabe ihrer Häufigkeit und der verwendeten Prüfgeräte; die Kalibrierung der Prüfgeräte ist so vorzunehmen, daß sie hinreichend nachvollziehbar ist.

3.3. Die benannte Stelle führt eine förmliche Überprüfung (Audit) des Qualitätssicherungssystems durch, um festzustellen, ob es den Anforderungen nach Abschnitt 3.2 entspricht. Bei Qualitätssicherungssystemen, die auf der Umsetzung der entsprechenden harmonisierten Normen beruhen, geht sie von der Übereinstimmung mit diesen Anforderungen aus.

Mindestens ein Mitglied des Prüfteams muß Erfahrungen mit der Bewertung der betreffenden Technologie haben. Das Bewertungsverfahren schließt eine Besichtigung der Betriebsstätten des Herstellers und, falls dazu hinreichend Anlaß besteht, der Betriebsstätten der Zulieferer des Herstellers ein, um die Herstellungsverfahren zu überprüfen.

Die Entscheidung wird dem Hersteller nach der letzten Besichtigung mitgeteilt. Die Mitteilung enthält die Ergebnisse der Überprüfung und eine Begründung der Entscheidung.

3.4. Der Hersteller informiert die benannte Stelle, die das Qualitätssicherungssystem genehmigt hat, über alle geplanten wesentlichen Änderungen des Qualitätssicherungssystems.

Die benannte Stelle prüft die vorgeschlagenen Änderungen und entscheidet, ob das geänderte Qualitätssicherungssystem den Anforderungen nach Abschnitt 3.2 noch entspricht.

Sie teilt ihre Entscheidung dem Hersteller nach Erhalt der genannten Informationen mit. Die Mitteilung enthält die Ergebnisse der Prüfung und eine Begründung der Entscheidung.

4. Überwachung

4.1. Mit der Überwachung soll sichergestellt werden, daß der Hersteller die Verpflichtungen, die sich aus dem genehmigten Qualitätssicherungssystem ergeben, ordnungsgemäß einhält.

4.2. Der Hersteller gestattet der benannten Stelle die Durchführung aller erforderlichen Inspektionen und stellt ihr alle erforderlichen Unterlagen zur Verfügung, insbesondere:
- die Dokumentation über das Qualitätssicherungssystem;
- die Daten, die in dem die Herstellung betreffenden Teil des Qualitätssicherungssystems vorgesehen sind, wie z. B. Kontroll-, Test- und Kalibrierungsberichte, Berichte über die Qualifikation des betreffenden Personals usw.

4.3. Die benannte Stelle führt regelmässig die erforderlichen Inspektionen und Bewertungen durch, um sich davon zu überzeugen, daß der Hersteller das genehmigte Qualitätssicherungssystem anwendet, und übermittelt dem Hersteller einen Bewertungsbericht.

4.4. Darüber hinaus kann die benannte Stelle unangemeldete Besichtigungen beim Hersteller durchführen. Dabei kann die benannte Stelle erforderlichenfalls Prüfungen zur Kontrolle des ordnungsgemässen Funktionierens des Qualitätssicherungssystems durchführen oder durchführen lassen. Die benannte Stelle stellt dem Hersteller einen Bericht über die Besichtigung und gegebenenfalls über die vorgenommenen Prüfungen zur Verfügung.

5. Administrative Bestimmungen

5.1. Der Hersteller hält für die nationalen Behörden mindestens fünf Jahre lang nach der Herstellung des letzten Produkts folgende Unterlagen bereit:
- die Konformitätserklärung;
- die Dokumentation gemäß Abschnitt 3.1 vierter Gedankenstrich;
- die Änderungen gemäß Abschnitt 3.4;
- die Dokumentation gemäß Abschnitt 3.1 siebter Gedankenstrich;
- die Entscheidungen und Berichte der benannten Stelle gemäß den Abschnitten 4.3 und 4.4;
- gegebenenfalls die Baumusterprüfbescheinigung gemäß Anhang III.

5.2. Die benannte Stelle stellt den anderen benannten Stellen sowie den zuständigen Behörden auf Antrag alle einschlägigen Informationen über die ausgestellten, versagten bzw. zurückgezogenen Genehmigungen für Qualitätssicherungssysteme zur Verfügung.

6. Anwendung auf Produkte der Klasse IIa

Gemäß Artikel 11 Absatz 2 kann der vorliegende Anhang nach Maßgabe der nachstehenden Abweichungen auf Produkte der Klasse IIa angewandt werden:

6.1. Abweichend von den Abschnitten 2, 3.1 und 3.2 gewährleistet und erklärt der Hersteller durch die Konformitätserklärung, daß die Produkte der Klasse IIa im Einklang mit der technischen Dokumentation gemäß Anhang VII Abschnitt 3 hergestellt werden und den einschlägigen Anforderungen dieser Richtlinie entsprechen.

Anhang VI: EG-Konformitätserklärung (Qualitätssicherung Produkt)

1. Der Hersteller stellt sicher, daß das genehmigte Qualitätssicherungssystem für die Endkontrolle des Produkts und die Prüfungen nach Maßgabe des Abschnitts 3 angewandt wird; er unterliegt der Überwachung gemäß Abschnitt 4.

Bei Produkten, die in sterilem Zustand in Verkehr gebracht werden, wendet der Hersteller ferner die Bestimmungen des Anhangs V Abschnitte 3 und 4 an; diese Vorschrift bezieht sich jedoch nur auf die Herstellungsschritte, die der Sterilisation und der Aufrechterhaltung der Sterilität dienen.

2. Bei der Konformitätserklärung handelt es sich um den Teil des Verfahrens, mit dem der Hersteller, der den Verpflichtungen nach Abschnitt 1 nachkommt, sicherstellt und erklärt, daß die betreffenden Produkte dem in der EG-Baumusterprüfbescheinigung beschriebenen Baumuster und den einschlägigen Bestimmungen dieser Richtlinie entsprechen.

Der Hersteller bringt die CE-Kennzeichnung gemäß Artikel 17 an und stellt eine schriftliche Konformitätserklärung aus. Diese Erklärung, die sich auf eine vorgegebene Anzahl bestimmter Produktexemplare erstreckt, wird vom Hersteller aufbewahrt. Der CE-Kennzeichnung wird die Kennummer der benannten Stelle hinzugefügt, die für die Ausführung der in diesem Anhang vorgesehenen Aufgaben verantwortlich ist.

3. Qualitätssicherungssystem

3.1. Der Hersteller reicht einen Antrag auf Bewertung seines Qualitätssicherungssystems bei einer benannten Stelle ein.

Der Antrag muß folgendes enthalten:

- Name und Anschrift des Herstellers;
- alle einschlägigen Angaben über die Produkte oder die Produktkategorie, die Gegenstand des Verfahrens sind/ist;
- eine schriftliche Erklärung dahingehend, daß bei keiner anderen benannten Stelle ein Antrag zu denselben Produkten eingereicht worden ist;
- die Dokumentation über das Qualitätssicherungssystem;
- eine Zusicherung, die Verpflichtungen, die sich aus dem genehmigten Qualitätssicherungssystem ergeben, zu erfüllen;
- eine Zusicherung, das genehmigte Qualitätssicherungssystem so zu unterhalten, daß dessen Eignung und Wirksamkeit gewährleistet bleiben;
- gegebenenfalls die technische Dokumentation über die genehmigten Baumuster und eine Kopie der EG-Baumusterprüfbescheinigungen;
- eine Zusicherung des Herstellers, ein systematisches Verfahren einzurichten und auf dem neuesten Stand zu halten, mit dem Erfahrungen mit Produkten in den der Herstellung nachgelagerten Phasen ausgewertet werden, und Vorkehrungen zu treffen, um erforderliche Korrekturen durchzuführen. Diese Zusicherung schließt die Verpflichtung des Herstellers ein, die zuständigen Behörden unverzüglich über folgende Vorkommnisse zu unterrichten, sobald er selbst davon Kenntnis erlangt hat:

i) jede Funktionsstörung oder jede Änderung der Merkmale und/oder der Leistung sowie jede Unsachgemäßheit der Kennzeichnung oder der Gebrauchsanweisung eines Produkts, die zum Tode oder zu einer schwerwiegenden Verschlechterung des Gesundheitszustands eines Patienten oder eines Anwenders führen kann oder geführt hat;

ii) jeder Grund technischer oder medizinischer Art, der aufgrund der unter Ziffer i) genannten Ursachen durch die Merkmale und Leistungen des Produkts bedingt ist und zum systematischen Rückruf von Produkten desselben Typs durch den Hersteller geführt hat.

3.2. Im Rahmen des Qualitätssicherungssystems wird jedes Produkt oder eine repräsentative Stichprobe jedes Loses geprüft. Es werden geeignete Prüfungen gemäß den in Artikel 5 genannten Normen oder gleichwertige Prüfungen durchgeführt, um die Übereinstimmung mit dem in der EG-Baumusterprüfbescheinigung beschriebenen Baumuster und mit den einschlägigen Anforderungen der Richtlinie zu gewährleisten. Alle Einzelheiten, Anforderungen und Vorkehrungen, die der Hersteller für sein Qualitätssicherungssystem zugrunde legt, müssen in eine systematisch geführte und nach Strategien und schriftlichen Verfahrensanweisungen geordnete Dokumentation aufgenommen werden. Diese Dokumentation über das Qualitätssicherungssystem muß eine einheitliche Interpretation der Programme, Pläne, Handbücher und Aufzeichnungen zur Qualitätssicherung ermöglichen.

Sie umfasst insbesondere eine angemessene Beschreibung folgender Punkte:

- Qualitätsziele sowie organisatorischer Aufbau, Zuständigkeiten und Befugnisse des Managements in bezug auf die Produktqualität;
- nach der Herstellung durchgeführte Untersuchungen und Prüfungen; die Kalibrierung der Prüfgeräte muß hinreichend nachvollziehbar sein;
- Mittel zur Überprüfung der Wirksamkeit des Qualitätssicherungssystems;
- Unterlagen zur Qualitätskontrolle, z. B. Kontroll-, Test- und Kalibrierungsberichte, Berichte über die Qualifikation des betreffenden Personals usw.

Die obigen Prüfungen gelten nicht für diejenigen Herstellungsschritte, die der Sterilisation dienen.

3.3. Die benannte Stelle führt eine förmliche Überprüfung (Audit) des Qualitätssicherungssystems durch, um festzustellen, ob es den Anforderungen nach Abschnitt 3.2 entspricht. Bei Qualitätssicherungssystemen, die auf der Umsetzung der entsprechenden harmonisierten Normen beruhen, geht sie von der Übereinstimmung mit diesen Anforderungen aus.

Mindestens ein Mitglied des Prüfteams muß Erfahrungen mit der Bewertung der betreffenden Technologie haben. Das Bewertungsverfahren schließt eine Besichtigung der Betriebsstätten des Herstellers und, falls dazu hinreichend Anlaß besteht, der Betriebsstätten der Zulieferer des Herstellers ein, um die Herstellungsverfahren zu überprüfen.

Die Entscheidung wird dem Hersteller mitgeteilt. Die Mitteilung enthält die Ergebnisse der Überprüfung und eine Begründung der Entscheidung.

3.4. Der Hersteller informiert die benannte Stelle, die das Qualitätssicherungssystem genehmigt hat, über alle geplanten wesentlichen Änderungen des Qualitätssicherungssystems.

Die benannte Stelle prüft die vorgeschlagenen Änderungen und entscheidet, ob das geänderte Qualitätssicherungssystem den Anforderungen nach Abschnitt 3.2 noch entspricht.

Sie teilt ihre Entscheidung dem Hersteller nach Erhalt der genannten Informationen mit. Die Mitteilung enthält die Ergebnisse der Prüfung und eine Begründung der Entscheidung.

4. Überwachung

4.1. Mit der Überwachung soll sichergestellt werden, daß der Hersteller die Verpflichtungen, die sich aus dem genehmigten Qualitätssicherungssystem ergeben, ordnungsgemäß einhält.

4.2. Der Hersteller gewährt der benannten Stelle zu Inspektionszwecken Zugang zu den Inspektions-, Prüf- und Lagereinrichtungen und stellt ihr alle erforderlichen Unterlagen zur Verfügung. Hierzu gehören insbesondere:

- die Dokumentation über das Qualitätssicherungssystem;
- die technische Dokumentation;
- Unterlagen zur Qualitätskontrolle, z. B. Kontroll-, Test- und Kalibrierungsberichte, Berichte über die Qualifikation des betreffenden Personals usw.

4.3 Die benannte Stelle führt regelmässig die erforderlichen Inspektionen und Bewertungen durch, um sich davon zu überzeugen, daß der Hersteller das genehmigte Qualitätssicherungssystem anwendet, und übermittelt dem Hersteller einen Bewertungsbericht.

4.4. Darüber hinaus kann die benannte Stelle unangemeldete Besichtigungen beim Hersteller durchführen. Dabei kann die benannte Stelle Prüfungen zur Kontrolle des ordnungsgemässen Funktionierens des Qualitätssicherungssystems und der Übereinstimmung der Produktion mit den entsprechenden Anforderungen dieser Richtlinie durchführen oder durchführen lassen. Zu diesem Zweck wird eine von der benannten Stelle vor Ort aus den Fertigprodukten entnommene geeignete Stichprobe untersucht und geeigneten Prüfungen nach den in Artikel 5 genannten einschlägigen Normen oder gleichwertigen Prüfungen unterzogen. Stimmen eines oder mehrere der geprüften Produkte nicht mit den einschlägigen Anforderungen überein, so trifft die benannte Stelle geeignete Maßnahmen.

Die benannte Stelle stellt dem Hersteller einen Bericht über die Besichtigung und gegebenenfalls über die vorgenommenen Prüfungen zur Verfügung.

5. Administrative Bestimmungen

5.1. Der Hersteller hält für die nationalen Behörden mindestens fünf Jahre lang nach der Herstellung des letzten Produkts folgende Unterlagen bereit:

- die Konformitätserklärung;
- die Dokumentation gemäß Abschnitt 3.1 siebter Gedankenstrich;
- die Änderungen gemäß Abschnitt 3.4;
- die Entscheidungen und Berichte der benannten Stelle gemäß den Abschnitten 3.4 letzter Absatz, 4.3 und 4.4;
- gegebenenfalls die Konformitätsbescheinigung gemäß Anhang III.

5.2. Die benannte Stelle stellt den anderen benannten Stellen sowie den zuständigen Behörden auf Antrag alle einschlägigen Informationen über die ausgestellten, versagten bzw. zurückgezogenen Genehmigungen für Qualitätssicherungssysteme zur Verfügung.

6. Anwendung auf Produkte der Klasse IIa

Gemäß Artikel 11 Absatz 2 kann der vorliegende Anhang nach Maßgabe der nachstehenden Abweichungen auf Produkte der Klasse IIa angewandt werden:

6.1. Abweichend von den Abschnitten 2, 3.1 und 3.2 gewährleistet und erklärt der Hersteller durch die Konformitätserklärung, daß die Produkte der Klasse IIa im Einklang mit der technischen Dokumentation gemäß Anhang VII Abschnitt 3 hergestellt werden und den einschlägigen Anforderungen dieser Richtlinie entsprechen.

Anhang VII: EG-Konformitätserklärung

1. Als EG-Konformitätserklärung wird das Verfahren bezeichnet, mit dem der Hersteller oder sein in der Gemeinschaft niedergelassener Bevollmächtigter, der den Verpflichtungen nach Abschnitt 2 sowie – bei Produkten, die in sterilem Zustand in den Verkehr gebracht werden, und bei Produkten mit Meßfunktion – den Verpflichtungen nach Abschnitt 5 nachkommt, sicherstellt und erklärt, daß die betreffenden Produkte den einschlägigen Bestimmungen dieser Richtlinie entsprechen.

2. Der Hersteller stellt die in Abschnitt 3 beschriebene technische Dokumentation zusammen. Der Hersteller oder sein in der Gemeinschaft niedergelassener Bevollmächtigter hält diese Dokumentation zusammen mit der Konformitätserklärung für einen Zeitraum von mindestens fünf Jahren nach der Herstellung des letzten Produkts zur Einsichtnahme durch die nationalen Behörden bereit.

   Ist weder der Hersteller noch sein Bevollmächtigter in der Gemeinschaft niedergelassen, so fällt diese Verpflichtung zur Bereithaltung der technischen Dokumentation der Person bzw. den Personen zu, die für das Inverkehrbringen des Produkts auf dem Gemeinschaftsmarkt verantwortlich ist bzw. sind.

3. Die technische Dokumentation muß die Bewertung der Konformität des Produkts mit den Anforderungen der Richtlinie ermöglichen. Sie enthält insbesondere:
   - eine allgemeine Beschreibung des Produkts, einschließlich der geplanten Varianten;
   - Konstruktions- und Fertigungszeichnungen sowie Pläne von Bauteilen, Baugruppen, Schaltungen usw.;
   - die zum Verständnis der genannten Zeichnungen und Pläne sowie der Funktionsweise des Produkts erforderlichen Beschreibungen und Erläuterungen;
   - die Ergebnisse der Risikoanalyse sowie eine Liste der ganz oder teilweise angewandten Normen gemäß Artikel 5 sowie eine Beschreibung der Lösungen zur Einhaltung der grundlegenden Anforderungen dieser Richtlinie, sofern die in Artikel 5 genannten Normen nicht vollständig angewandt worden sind;
   - für Produkte, die in sterilem Zustand in den Verkehr gebracht werden, eine Beschreibung der verwendeten Verfahren;
   - die Ergebnisse der Konstruktionsberechnungen und der vorgenommenen Prüfungen usw. Wenn ein Produkt zur Erfüllung seiner Zweckbestimmung an ein oder mehrere andere Produkte angeschlossen werden muß, der Nachweis, daß das erstere Produkt bei Anschluß an ein anderes Produkt, das die vom Hersteller angegebenen Merkmale aufweist, die grundlegenden Anforderungen erfüllt;
   - Prüfberichte und gegebenenfalls klinische Daten gemäß Anhang X;
   - Kennzeichnung und Gebrauchsanweisung.

4. Der Hersteller muß ein systematisches Verfahren einrichten und auf dem neuesten Stand halten, das es ermöglicht, Erfahrungen mit Produkten in den der Herstellung nachgelagerten Phasen auszuwerten und in ge-

eigneter Weise erforderliche Korrekturen zu veranlassen, wobei die Art des Produkts und die von ihm ausgehenden Risiken zu berücksichtigen sind. Der Hersteller muß die zuständigen Behörden unverzüglich über folgende Vorkommnisse unterrichten, sobald er selbst davon Kenntnis erlangt hat:

i) jede Funktionsstörung oder jede Änderung der Merkmale und/oder der Leistung sowie jede Unsachgemäßheit der Kennzeichnung oder der Gebrauchsanweisung eines Produkts, die zum Tode oder zu einer schwerwiegenden Verschlechterung des Gesundheitszustands eines Patienten oder eines Anwenders führen kann oder geführt hat;

ii) jeder Grund technischer oder medizinischer Art, der aufgrund der unter Ziffer i) genannten Ursachen durch die Merkmale und Leistungen des Produkts bedingt ist und zum systematischen Rückruf von Produkten desselben Typs durch den Hersteller geführt hat.

5. Bei Produkten der Klasse I, die in sterilem Zustand in Verkehr gebracht werden, und bei Produkten mit Meßfunktion hat der Hersteller zusätzlich zu den Bestimmungen dieses Anhangs ein Verfahren nach Anhang IV, V oder VI anzuwenden. Die Anwendung der vorgenannten Anhänge und das Tätigwerden der benannten Stelle beschränken sich
   - bei Produkten, die in sterilem Zustand in Verkehr gebracht werden, ausschließlich auf die Herstellungsschritte im Zusammenhang mit der Sterilisation und der Aufrechterhaltung der Sterilität;
   - bei Produkten mit Meßfunktion ausschließlich auf die Herstellungsschritte im Zusammenhang mit der Konformität der Produkte mit den messtechnischen Anforderungen.

   Abschnitt 6.1 des vorliegenden Anhangs findet Anwendung.

6. Anwendung auf Produkte der Klasse IIa

   Gemäß Artikel 11 Absatz 2 kann der vorliegende Anhang nach Maßgabe der nachstehenden Abweichungen auf Produkte der Klasse IIa angewandt werden:

   6.1. Wird dieser Anhang in Verbindung mit einem Verfahren nach Anhang IV, V oder VI angewandt, so sind die in den vorgenannten Anhängen erwähnten Konformitätserklärungen in einem einzigen Dokument abzugeben. Soweit diese Erklärung auf diesem Anhang basiert, gewährleistet und erklärt der Hersteller, daß die Auslegung der Produkte den einschlägigen Anforderungen dieser Richtlinie entspricht.

Anhang VIII: Erklärung zu Produkten für besondere Zwecke

1. Der Hersteller oder sein in der Gemeinschaft niedergelassener Bevollmächtigter stellt bei Sonderanfertigungen oder bei für klinische Prüfungen bestimmten Produkten eine Erklärung aus, die die in Abschnitt 2 aufgeführten Angaben enthält.

2. Die Erklärung muß folgende Angaben enthalten:

   2.1. bei Sonderanfertigungen:
   - die zur Identifizierung des betreffenden Produkts notwendigen Daten;
   - die Versicherung, daß das Produkt ausschließlich für einen bestimmten Patienten bestimmt ist, und den Namen dieses Patienten;
   - den Namen des Arztes oder der hierzu befugten Person, der/die das betreffende Produkt verordnet hat, und gegebenenfalls den Namen der betreffenden medizinischen Einrichtung;
   - die spezifischen Merkmale des Produkts, die sich aus der betreffenden ärztlichen Verordnung ergeben;
   - die Versicherung, daß das betreffende Produkt den in Anhang I genannten grundlegenden Anforderungen entspricht, und gegebenenfalls die Angabe der grundlegenden Anforderungen, die nicht vollständig eingehalten worden sind, mit Angabe der Gründe.

2.2. bei Produkten, die für klinische Prüfungen im Sinne von Anhang X bestimmt sind:
- die zur Identifizierung des betreffenden Produkts notwendigen Daten;
- den Prüfplan, insbesondere mit Angaben zu Ziel, wissenschaftlichen, technischen oder medizinischen Gründen und Umfang der Prüfungen und zur Anzahl der betreffenden Produkte;
- die von der betreffenden Ethik-Kommission abgegebene Stellungnahme sowie die Angabe der Gesichtspunkte, die Gegenstand dieser Stellungnahme waren;
- den Namen des Arztes oder der hierzu befugten Person sowie der Einrichtung, die mit den Prüfungen beauftragt sind;
- den Ort, den geplanten Beginn und die geplante Dauer der Prüfungen;
- die Versicherung, daß das betreffende Produkt mit Ausnahme der Punkte, die Gegenstand der Prüfungen sind, den grundlegenden Anforderungen entspricht und das hinsichtlich dieser Punkte alle Vorsichtsmaßnahmen zum Schutz der Gesundheit und der Sicherheit des Patienten getroffen wurden.

3. Der Hersteller verpflichtet sich ferner, folgende Unterlagen für die zuständigen nationalen Behörden bereitzuhalten:

3.1. Bei Sonderanfertigungen die Dokumentation, aus der die Auslegung, die Herstellung und die Leistungsdaten des Produkts einschließlich der vorgesehenen Leistung hervorgehen, so daß sich hiermit beurteilen lässt, ob es den Anforderungen dieser Richtlinie entspricht.

Der Hersteller trifft alle erforderlichen Maßnahmen, damit im Herstellungsverfahren die Übereinstimmung der hergestellten Produkte mit der im vorstehenden Absatz genannten Dokumentation sichergestellt wird.

3.2. Bei für klinische Prüfungen bestimmten Produkten muß die Dokumentation folgende Angaben enthalten:
- eine allgemeine Beschreibung des Produkts;
- Konstruktionszeichnungen, geplante Fertigungsverfahren, insbesondere hinsichtlich der Sterilisation, sowie Pläne von Bauteilen, Baugruppen, Schaltungen usw.;
- die zum Verständnis der genannten Zeichnungen und Pläne sowie der Funktionsweise des Produkts erforderlichen Beschreibungen und Erläuterungen;
- die Ergebnisse der Gefahrenanalyse sowie eine Liste der ganz oder teilweise angewandten Normen gemäß Artikel 5 sowie eine Beschreibung der Lösungen zur Einhaltung der grundlegenden Anforderungen dieser Richtlinie, sofern die in Artikel 5 genannten Normen nicht angewandt worden sind;
- die Ergebnisse der Konstruktionsberechnungen, Prüfungen, technisches Tests usw.

Der Hersteller trifft alle erforderlichen Maßnahmen, damit im Herstellungsverfahren die Übereinstimmung der hergestellten Produkte mit der Dokumentation und mit dem ersten Absatz von Abschnitt 3.1 sichergestellt wird.

Der Hersteller gestattet eine Bewertung der Wirksamkeit dieser Maßnahmen oder gegebenenfalls eine förmliche Überprüfung (Audit).

4. Die in den Erklärungen im Sinne dieses Anhangs aufgeführten Angaben sind mindestens 5 Jahre lang aufzubewahren.

Anhang IX: Klassifizierungskriterien

I. Definitionen

1. Definitionen zu den Klassifizierungsregeln

1.1. Dauer

– Vorübergehend

Unter normalen Bedingungen für eine ununterbrochene Anwendung über einen Zeitraum von weniger als 60 Minuten bestimmt.

– Kurzzeitig
Unter normalen Bedingungen für eine ununterbrochene Anwendung über einen Zeitraum von bis zu 30 Tagen bestimmt.

– Langzeitig
Unter normalen Bedingungen für eine ununterbrochene Anwendung über einen Zeitraum von mehr als 30 Tagen bestimmt.

1.2. Invasive Produkte

– Invasives Produkt
Produkt, das durch die Körperoberfläche oder über eine Körperöffnung ganz oder teilweise in den Körper eindringt.

– Körperöffnung
Eine natürliche Öffnung in der Haut, sowie die Aussenfläche des Augapfels oder eine operativ hergstellte ständige Öffnung, wie z. B. ein Stoma.

– Chirurgisch-invasives Produkt
Invasives Produkt, das mittels eines chirurgischen Eingriffs oder im Zusammenhang damit durch die Körperoberfläche in den Körper eindringt. Produkte, die vom vorstehenden Unterabsatz nicht erfasst werden und die anders als durch eine hergestellte Körperöffnung in den Körper eindringen, werden im Sinne dieser Richtlinie als chirurgisch-invasive Produkte behandelt.

– Implantierbares Produkt
Jedes Produkt, das dazu bestimmt ist, durch einen chirurgischen Eingriff

- ganz in den menschlichen Körper eingeführt zu werden oder
- eine Epitheloberfläche oder die Oberfläche des Auges zu ersetzen und nach dem Eingriff dort zu verbleiben.

Als implantierbares Produkt gilt auch jedes Produkt, das dazu bestimmt ist, durch einen chirurgischen Eingriff teilweise in den menschlichen Körper eingeführt zu werden und nach dem Eingriff mindestens 30 Tage dort zu verbleiben.

1.3. Wiederverwendbares chirurgisches Instrument

Ein nicht in Verbindung mit einem aktiven Medizinprodukt eingesetztes, für einen chirurgischen Eingriff bestimmtes Instrument, dessen Funktion im Schneiden, Bohren, Sägen, Kratzen, Schaben, Klammern, Spreizen, Heften oder ähnlichem besteht und das nach Durchführung geeigneter Verfahren wiederverwendet werden kann.

1.4. Aktives Medizinprodukt

Medizinprodukt, dessen Betrieb von einer Stromquelle oder einer anderen Energiequelle (mit Ausnahme der direkt vom menschlichen Körper oder durch die Schwerkraft erzeugten Energie) abhängig ist. Ein Produkt, das zur Übertragung von Energie, Stoffen oder Parametern zwischen einem aktiven Medizinprodukt und dem Patienten eingesetzt wird, ohne daß dabei eine wesentliche Veränderung von Energie, Stoffen oder Parametern eintritt, wird nicht als aktives Medizinprodukt angesehen.

1.5. Aktives therapeutisches Medizinprodukt

Aktives Medizinprodukt, das entweder getrennt oder in Verbindung mit anderen Medizinprodukten eingesetzt wird und dazu bestimmt ist, biologische Funktionen oder Strukturen im Zusammenhang mit der Behandlung oder Linderung einer Krankheit, Verwundung oder Behinderung zu erhalten, zu verändern, zu ersetzen oder wiederherzustellen.

1.6. Aktives diagnostisches Medizinprodukt

Aktives Medizinprodukt, das entweder getrennt oder in Verbindung mit anderen Medizinprodukten eingesetzt wird und dazu bestimmt ist, Informationen für die Erkennung, Diagnose, Überwachung oder Behandlung von physiologischen Zuständen, Gesundheitszuständen, Krankheitszuständen oder angeborenen Mißbildungen zu liefern.

1.7. Zentrales Kreislaufsystem

Im Sinne dieser Richtlinie sind unter dem „zentralen Kreislaufsystem" folgende Gefässe zu verstehen: Arteriä pulmonales, Aorta ascendens, Arteriä coronariä, Arteria carotis communis, Arteria carotis externa, Arteria carotis interna, Arteriä cerebrales, Truncus brachiocephalicus, Venä cordis, Venä pulmonales, Vena cava superior, Vena cava inferior.

1.8. Zentrales Nervensystem

Im Sinne dieser Richtlinie ist unter dem „zentralen Nervensystem" folgendes zu verstehen: Gehirn, Hirnhaut und Rückenmark.

II. Anwendungsregeln

2. Anwendung der Regeln

2.1. Die Anwendung der Klassifizierungsregeln richtet sich nach der Zweckbestimmung der Produkte.

2.2. Wenn ein Produkt dazu bestimmt ist, in Verbindung mit einem anderen Produkt angewandt zu werden, werden die Klassifizierungsregeln auf jedes Produkt gesondert angewendet. Zubehör wird unabhängig von dem Produkt, mit dem es verwendet wird, gesondert klassifiziert.

2.3. Software, die ein Produkt steuert oder dessen Anwendung beeinflusst, wird automatisch derselben Klasse zugerechnet wie das Produkt.

2.4. Wenn ein Produkt nicht dazu bestimmt ist, ausschließlich oder hauptsächlich an einem bestimmten Teil des Körpers angewandt zu werden, muß es nach der spezifizierten Anwendung eingeordnet werden, die das höchste Gefährdungspotential beinhaltet.

2.5. Wenn unter Berücksichtigung der vom Hersteller angegebenen Leistungen auf ein und dasselbe Produkt mehrere Regeln anwendbar sind, so gilt die strengste Regel, so daß das Produkt in die jeweils höchste Klasse eingestuft wird.

III. Klassifizierung

1. Nicht invasive Produkte

1.1. Regel 1

Alle nicht invasiven Produkte gehören zur Klasse I, es sei denn, es findet eine der folgenden Regeln Anwendung.

1.2. Regel 2

Alle nicht invasiven Produkte für die Durchleitung oder Aufbewahrung von Blut, anderen Körperflüssigkeiten oder -geweben, Flüssigkeiten oder Gasen zum Zwecke einer Perfusion, Verabreichung oder Einleitung in den Körper gehören zur Klasse IIa,

- wenn sie mit einem aktiven medizintechnischen Produkt der Klasse IIa oder einer höheren Klasse verbunden werden können;
- wenn sie für die Aufbewahrung oder Durchleitung von Blut oder anderen Körperflüssigkeiten oder für die Aufbewahrung von Organen, Organteilen oder Körpergeweben eingesetzt werden; in allen anderen Fällen werden sie der Klasse I zugeordnet.

1.3. Regel 3

Alle nicht invasiven Produkte zur Veränderung der biologischen oder chemischen Zusammensetzung des Blutes, anderer Körperflüssigkeiten oder Flüssigkeiten, die in den Körper perfundiert werden sollen, gehören zur Klasse IIb, es sei denn, die Behandlung besteht aus einer Filtration, Zentrifugierung oder dem Austausch von Gasen oder Wärme. In diesen Fällen werden sie der Klasse IIa zugeordnet.

1.4. Regel 4

Alle nicht invasiven Produkte, die mit verletzter Haut in Berührung kommen,

- werden der Klasse I zugeordnet, wenn sie als mechanische Barriere oder zur Kompression oder zur Absorption von Exsudaten eingesetzt werden;

– werden der Klasse IIb zugeordnet, wenn sie vorwiegend bei Wunden eingesetzt werden, bei denen die Dermis durchtrennt wurde und die nur durch sekundäre Wundheilung geheilt werden können;

– werden in allen anderen Fällen der Klasse IIa zugeordnet; hierzu zählen auch Produkte, die vorwiegend zur Beeinflussung der Mikroumgebung einer Wunde bestimmt sind.

2. Invasive Produkte

2.1. Regel 5

Alle invasiven Produkte im Zusammenhang mit Körperöffnungen – ausser chirurgisch-invasive Produkte –, die nicht zum Anschluß an ein aktives Produkt bestimmt sind, gehören

– zur Klasse I, wenn sie zur vorübergehenden Anwendung bestimmt sind;
– zur Klasse IIa, wenn sie zur kurzzeitigen Anwendung bestimmt sind, es sei denn, sie werden in der Mundhöhle bis zum Rachen, im Gehörgang bis zum Trommelfell oder in der Nasenhöhle eingesetzt; in diesen Fällen werden sie der Klasse I zugeordnet;
– zur Klasse IIb, wenn sie zur langzeitigen Anwendung bestimmt sind, es sei denn, sie werden in der Mundhöhle bis zum Rachen, im Gehörgang bis zum Trommelfell oder in der Nasenhöhle eingesetzt und sie können nicht von der Schleimhaut resorbiert werden; in diesen Fällen werden sie der Klasse IIa zugeordnet.

Alle invasiven Produkte im Zusammenhang mit Körperöffnungen – ausser chirurgisch-invasive Produkte –, die zum Anschluß an ein aktives Produkt der Klasse IIa oder einer höheren Klasse bestimmt sind, gehören zur Klasse IIa.

2.2. Regel 6

Alle zur vorübergehenden Anwendung bestimmten chirurgisch-invasiven Produkte gehören zur Klasse IIa, es sei denn,

– sie sind speziell zur Diagnose, Kontrolle oder Korrektur eines Defekts am Herzen oder am zentralen Kreislaufsystem in direktem Kontakt mit diesen Körperpartien bestimmt; in diesem Fall werden sie der Klasse III zugeordnet,
– es handelt sich um wiederverwendbare chirurgische Instrumente; in diesem Fall werden sie der Klasse I zugeordnet;
– sie sind zur Abgabe von Energie in Form ionisierender Strahlung bestimmt; in diesem Fall werden sie der Klasse IIb zugeordnet;
– sie sind dazu bestimmt, eine biologische Wirkung zu entfalten oder vollständig oder in bedeutendem Umfang resorbiert zu werden; in diesem Fall werden sie der Klasse IIb zugeordnet;
– sie sind zur Verabreichung von Arzneimitteln über ein Dosiersystem bestimmt, wenn das hierbei verwendete Verfahren unter Berücksichtigung der Art der Anwendung eine potentielle Gefährdung darstellt; in diesem Fall werden sie der Klasse IIb zugeordnet.

2.3. Regel 7

Alle zur kurzzeitigen Anwendung bestimmten chirurgisch-invasiven Produkte gehören zur Klasse IIa, es sei denn,

– sie sind speziell zur Diagnose, Kontrolle oder Korrektur eines Defekts am Herzen oder am zentralen Kreislaufsystem in direktem Kontakt mit diesen Körperpartien bestimmt; in diesem Fall werden sie der Klasse III zugeordnet;
– oder sie sollen speziell in direktem Kontakt mit dem zentralen Nervensystem eingesetzt werden; in diesem Fall gehören sie zur Klasse III;
– sie sind zur Abgabe von Energie in Form ionisierender Strahlung bestimmt; in diesem Fall werden sie der Klasse IIb zugeordnet;
– sie sind dazu bestimmt, eine biologische Wirkung zu entfalten oder vollständig oder in bedeutendem Umfang resorbiert zu werden; in diesem Fall werden sie der Klasse III zugeordnet;

- sie sollen im Körper eine chemische Veränderung erfahren – mit Ausnahme solcher Produkte, die in die Zähne implantiert werden sollen –, oder sie sollen Arzneimittel abgeben; in diesen Fällen werden sie der Klasse IIb zugeordnet.

2.4. Regel 8

Alle implantierbaren Produkte sowie zur langzeitigen Anwendung bestimmten chirurgisch-invasiven Produkte gehören zur Klasse IIb, es sei denn,

- sie sollen in die Zähne implantiert werden; in diesem Fall werden sie der Klasse IIa zugeordnet;
- sie sollen in direktem Kontakt mit dem Herz, dem zentralen Kreislaufsystem oder dem zentralen Nervensystem eingesetzt werden; in diesen Fällen werden sie der Klasse III zugeordnet;
- sie sind dazu bestimmt, eine biologische Wirkung zu entfalten oder vollständig oder in bedeutendem Umfang resorbiert zu werden; in diesem Fall werden sie der Klasse III zugeordnet;
- sie sollen im Körper eine chemische Veränderung erfahren – mit Ausnahme solcher Produkte, die in die Zähne implantiert werden sollen –, oder sie sollen Arzneimittel abgeben; in diesen Fällen werden sie der Klasse III zugeordnet.

3. Zusätzliche Regeln für aktive Produkte

3.1. Regel 9

Alle aktiven therapeutischen Produkte, die zur Abgabe oder zum Austausch von Energie bestimmt sind, gehören zur Klasse IIa, es sei denn, die Abgabe oder der Austausch von Energie an den bzw. mit dem menschlichen Körper kann unter Berücksichtigung der Art, der Dichte und des Körperteils, an dem die Energie angewandt wird, aufgrund der Merkmale des Produkts eine potentielle Gefährdung darstellen; in diesem Fall werden sie der Klasse IIb zugeordnet.

Alle aktiven Produkte, die dazu bestimmt sind, die Leistung von aktiven therapeutischen Produkten der Klasse IIb zu steuern oder zu kontrollieren oder die Leistung dieser Produkte direkt zu beeinflussen, werden der Klasse IIb zugeordnet.

3.2. Regel 10

Alle aktiven diagnostischen Produkte gehören zur Klasse IIa,

- wenn sie dazu bestimmt sind, Energie abzugeben, die vom menschlichen Körper absorbiert wird – mit Ausnahme von Produkten, deren Funktion es ist, den Körper des Patienten im sichtbaren Spektralbereich auszuleuchten;
- wenn sie zur In-vivo-Darstellung der Verteilung von Radiopharmaka bestimmt sind;
- wenn sie dazu bestimmt sind, eine direkte Diagnose oder Kontrolle von vitalen Körperfunktionen zu ermöglichen, es sei denn, sie sind speziell für die Kontrolle von vitalen physiologischen Parametern bestimmt, bei denen die Art der Änderung zu einer unmittelbaren Gefahr für den Patienten führen könnte, z. B. Änderung der Herzfunktion, der Atmung oder der Aktivität des zentralen Nervensystems; in diesem Fall werden sie der Klasse IIb zugeordnet.

Aktive Produkte, die zum Aussenden ionisierender Strahlung sowie für die radiologische Diagnostik oder die radiologische Therapie bestimmt sind, einschließlich Produkte, die solche Produkte steuern oder kontrollieren oder die deren Leistung unmittelbar beeinflussen, werden der Klasse IIb zugeordnet.

Regel 11

Alle aktiven Produkte, die dazu bestimmt sind, Arzneimittel, Körperflüssigkeiten oder andere Stoffe an den Körper abzugeben und/oder aus dem Körper zu entfernen, werden der Klasse IIa zugeordnet, es sei denn, daß die Vorgehensweise

- unter Berücksichtigung der Art der betreffenden Stoffe, des betreffenden Körperteils und der Art der Anwendung eine potentielle Gefährdung darstellt; in diesem Fall werden sie der Klasse IIb zugeordnet.

3.3. Regel 12

Alle anderen aktiven Produkte werden der Klasse I zugeordnet.

4. Besondere Regeln

4.1. Regel 13

Alle Produkte, zu deren Bestandteilen ein Stoff gehört, der bei gesonderter Verwendung als Arzneimittel im Sinne des Artikels 1 der Richtlinie 65/65/EWG angesehen werden kann und der ergänzend zur Wirkung der Produkte auf den menschlichen Körper einwirken kann, werden der Klasse III zugeordnet.

4.2. Regel 14

Alle Produkte, die zur Empfängnisverhütung oder zum Schutz vor der Übertragung von sexuell übertragbaren Krankheiten eingesetzt werden sollen, werden der Klasse IIb zugeordnet, es sei denn, es handelt sich um implantierbare Produkte oder um invasive Produkte zur langzeitigen Anwendung; in diesem Fall werden sie der Klasse III zugeordnet.

4.3. Regel 15

Alle Produkte, die speziell zum Desinfizieren, Reinigen, Abspülen oder gegebenenfalls Hydratisieren von Kontaktlinsen bestimmt sind, werden der Klasse IIb zugeordnet.

Alle Produkte, die speziell zum Desinfizieren von Produkten bestimmt sind, werden der Klasse IIa zugeordnet.

Diese Regel gilt nicht für Produkte, die zur Reinigung von anderen Produkten als Kontaktlinsen durch physikalische Einwirkung bestimmt sind.

4.4. Regel 16

Nicht-aktive Produkte, die speziell für die Aufzeichnung von Röntgendiagnosebildern bestimmt sind, werden der Klasse IIa zugeordnet.

4.5. Regel 17

Alle Produkte, die unter Verwendung von abgetöteten tierischen Geweben oder Folgeerzeugnissen hergestellt wurden, werden der Klasse III zugeordnet, es sei denn, diese Produkte sind dazu bestimmt, nur mit unversehrter Haut in Berührung zu kommen.

5. Regel 18

Abweichend von anderen Regeln werden Blutbeutel der Klasse IIb zugeordnet.

Anhang X: Klinische Bewertung

1. Allgemeine Bestimmungen

1.1. Das Erbringen des Nachweises, daß die in Anhang I Abschnitte 1 und 3 genannten merkmal- und leistungsrelevanten Anforderungen von dem Produkt bei normalen Einsatzbedingungen erfüllt werden, sowie die Beurteilung von unerwünschten Nebenwirkungen müssen insbesondere bei implantierbaren Produkten und bei Produkten der Klasse III durch klinische Daten belegt werden. Die Angemessenheit der klinischen Daten ist gegebenenfalls unter Berücksichtigung der einschlägigen harmonisierten Normen auf folgendes zu stützen:

1.1.1. auf eine Zusammenstellung der derzeit verfügbaren einschlägigen wissenschaftlichen Literatur, die die vorgesehene Anwendung des Produkts und die dabei zum Einsatz kommenden Techniken behandelt, sowie gegebenenfalls auf einen schriftlichen Bericht mit einer kritischen Würdigung dieser Zusammenstellung oder

1.1.2. auf die Ergebnisse aller klinischen Prüfungen, einschließlich der Prüfungen gemäß Abschnitt 2.

1.2. Alle Daten müssen entsprechend den Bestimmungen von Artikel 20 vertraulich behandelt werden.

2. Klinische Prüfung

2.1. Zweck

Zweck der klinischen Prüfung ist es,

- den Nachweis zu erbringen, daß die Leistungen des Produkts bei normalen Einsatzbedingungen den Leistungsdaten von Anhang I Abschnitt 3 entsprechen, und
- etwaige bei normalen Einsatzbedingungen auftretende unerwünschte Nebenwirkungen zu ermitteln und zu beurteilen, ob diese unter Berücksichtigung der vorgegebenen Leistungen irgendwelche Risiken darstellen.

2.2. Ethische Gesichtspunkte

Die klinische Prüfung muß im Einklang mit der vom 18. Weltärztekongreß 1964 in Helsinki, Finnland, gebilligten und zuletzt vom 41. Weltärztekongreß 1989 in Hongkong abgeänderten Erklärung von Helsinki stehen. Alle Vorkehrungen zum Schutz des Menschen müssen zwingend im Geiste der Erklärung von Helsinki getroffen werden. Dies gilt für jeden einzelnen Schritt der klinischen Prüfung, angefangen von den ersten Überlegungen über die Notwendigkeit und Berechtigung der Studie bis hin zur Veröffentlichung der Ergebnisse.

2.3. Methoden

2.3.1. Die klinischen Prüfungen sind nach einem angemessenen Prüfplan durchzuführen, der dem Stand von Wissenschaft und Technik entspricht und der so angelegt ist, daß sich die Angaben des Herstellers zu dem Produkt bestätigen oder widerlegen lassen. Diese Prüfungen müssen eine angemessene Zahl von Beobachtungen umfassen, damit wissenschaftlich gültige Schlußfolgerungen gezogen werden können.

2.3.2. Die Vorgehensweise bei der Durchführung der Prüfungen muß an das zu prüfende Produkt angepasst sein.

2.3.3. Die klinischen Prüfungen müssen unter ähnlichen Bedingungen durchgeführt werden, wie sie für die normalen Einsatzbedingungen des Produkts gelten.

2.3.4. Alle einschlägigen Merkmale des Produkts, einschließlich der sicherheitstechnischen und leistungsbezogenen Eigenschaften und der Auswirkungen auf den Patienten, müssen geprüft werden.

2.3.5. Alle nachteiligen Vorkommnisse gemäß Artikel 10 müssen vollständig registriert und der zuständigen Behörde gemeldet werden.

2.3.6. Die Prüfungen müssen unter der Verantwortung eines entsprechend qualifizierten, spezialisierten Arztes oder einer sonstigen entsprechend qualifizierten und befugten Person in einem angemessenen Umfeld durchgeführt werden.

Der verantwortliche Arzt oder die befugte Person muß Zugang zu den technischen und klinischen Daten des Produkts haben.

2.3.7. Der schriftliche Bericht, der von dem verantwortlichen Arzt oder der befugten Person zu unterzeichnen ist, muß eine kritische Bewertung aller im Verlauf der klinischen Prüfung erlangten Daten enthalten.

Anhang XI: Mindestkriterien für die Beauftraguung der zu benennenden Stellen

1. Die benannte Stelle, ihr Leiter und das mit der Durchführung der Bewertungen und Prüfungen beauftragte Personal dürfen weder mit dem Autor des Entwurfs (Auslegung), dem Hersteller, dem Lieferer, dem Monteur oder dem Anwender der Produkte, die sie prüfen, identisch noch Beauftragte einer dieser Personen sein. Sie dürfen weder unmittelbar noch als Beauftragte an der Auslegung, an der Herstellung, am Vertrieb oder an der Instandhaltung dieser Produkte beteiligt sein. Die Möglichkeit eines Austauschs technischer Informationen zwischen dem Hersteller und der Stelle wird dadurch nicht ausgeschlossen.

2. Die benannte Stelle und das mit der Prüfung beauftragte Personal müssen die Bewertungen und Prüfungen mit höchster beruflicher Zuverlässigkeit und grösster erforderlicher Sachkenntnis auf dem Gebiet der Medizinprodukte durchführen und unabhängig von jeder möglichen Einflußnahme – vor allem finanzieller Art – auf ihre Beurteilung oder die Ergebnisse ihrer Prüfung sein, insbesondere von der Einflußnahme durch Personen oder Personengruppen, die an den Ergebnissen der Prüfungen interessiert sind.

   Wenn eine benannte Stelle spezielle Arbeiten im Zusammenhang mit der Feststellung und Verifizierung von Sachverhalten einem Unterauftragnehmer überträgt, muß sie zuvor sicherstellen, daß die Bestimmungen der Richtlinie, insbesondere dieses Anhangs, von dem Unterauftragnehmer eingehalten werden. Die benannte Stelle hält die einschlägigen Dokumente zur Bewertung der Sachkompetenz des Unterauftragnehmers und zu den von diesem im Rahmen dieser Richtlinie ausgeführten Arbeiten zur Einsichtnahme durch die nationalen Behörden bereit.

3. Die benannte Stelle muß in der Lage sein, alle in einem der Anhänge II bis VI genannten Aufgaben, die einer solchen Stelle zugewiesen werden und für die sie benannt ist, wahrzunehmen, sei es, daß diese Aufgaben von der Stelle selbst, sei es, daß sie unter ihrer Verantwortung ausgeführt werden. Sie muß insbesondere über das Personal verfügen und die Mittel besitzen, die zur angemessenen Erfüllung der mit der Durchführung der Bewertungen und Prüfungen verbundenen technischen und verwaltungsmässigen Aufgaben erforderlich sind; ebenso muß sie Zugang zu der für die Prüfungen erforderlichen Ausrüstung haben.

4. Das mit den Prüfungen beauftragte Personal muß folgendes besitzen:
   - eine gute berufliche Ausbildung in bezug auf alle Bewertungen und Prüfungen, für die die Stelle benannt worden ist;
   - eine ausreichende Kenntnis der Vorschriften für die von ihm durchgeführten Prüfungen und eine ausreichende praktische Erfahrung auf diesem Gebiet;
   - die erforderliche Eignung für die Abfassung der Bescheinigungen, Protokolle und Berichte, in denen die durchgeführten Prüfungen niedergelegt werden.

5. Die Unabhängigkeit des mit der Prüfung beauftragten Personals ist zu gewährleisten. Die Höhe der Bezüge jedes Prüfers darf sich weder nach der Zahl der von ihm durchgeführten Prüfungen noch nach den Ergebnissen dieser Prüfungen richten.

6. Die Stelle muß eine Haftpflichtversicherung abschließen, es sei denn, diese Haftpflicht wird vom Staat aufgrund nationalen Rechts gedeckt oder die Prüfungen werden unmittelbar von dem Mitgliedstaat durchgeführt.

7. Das Personal der Stelle ist – ausser gegenüber den zuständigen Verwaltungsbehörden des Staates, in dem es seine Tätigkeit ausübt, – durch das Berufsgeheimnis in bezug auf alles gebunden, wovon es bei der Durchführung seiner Aufgaben im Rahmen dieser Richtlinie oder jeder anderen innerstaatlichen Rechtsvorschrift, die dieser Richtlinie Wirkung verleiht, Kenntnis erhält.

Anhang XII: CE-Kennzeichnung

Die CE-Kennzeichnung besteht aus den Buchstaben „CE“ mit folgendem Schriftbild:

- Bei Verkleinerung oder Vergrösserung der Kennzeichnung müssen die sich aus dem oben abgebildeten Raster ergebenden Proportionen eingehalten werden.
- Die verschiedenen Bestandteile der CE-Kennzeichnung müssen etwa gleich hoch sein: die Mindesthöhe beträgt 5 mm.

Von der Mindesthöhe kann bei kleinen Produkten abgewichen werden.

Richtlinie 2000/70/EG des Europäischen Parlaments und des Rates vom 16. November 2000

zur Änderung der Richtlinie 93/42/EWG des Rates hinsichtlich Medizinprodukten, die stabile Derivate aus menschlichem Blut oder Blutplasma enthalten [*]

DAS EUROPÄISCHE PARLAMENT UND DER RAT DER EUROPÄISCHEN UNION –

gestützt auf den Vertrag zur Gründung der Europäischen Gemeinschaft, insbesondere auf Artikel 95,

auf Vorschlag der Kommission[1],

nach Stellungnahme des Wirtschafts- und Sozialausschusses[2],

gemäß dem Verfahren des Artikels 251 des Vertrags[3],

in Erwägung nachstehender Gründe:

(1) Der Kommissionsvorschlag betraf neben In-vitro-Diagnostika eine Änderung der Richtlinie 93/42/EWG des Rates vom 14. Juni 1993 über Medizinprodukte[4] im Hinblick auf die Erweiterung ihres Geltungsbereichs auf Medizinprodukte, die unter Verwendung von nicht lebensfähigen Geweben oder Derivaten derartiger Gewebe menschlichen Ursprungs hergestellt werden. Diese Änderung wurde bei der Verabschiedung der Richtlinie 98/79/EG[5] jedoch nicht berücksichtigt.

(2) Mit der vorliegenden Richtlinie soll daher die Richtlinie 93/42/EWG dahingehend geändert werden, dass ihr Geltungsbereich lediglich auf Medizinprodukte ausgedehnt wird, die als Bestandteil Derivate aus menschlichem Blut oder Blutplasma enthalten. Medizinprodukte, die andere Derivate von menschlichem Gewebe enthalten, bleiben dabei weiterhin vom Anwendungsbereich der genannten Richtlinie ausgeschlossen.

(3) Hauptziel jeglicher Regelung für die Erzeugung, Verteilung oder Verwendung von Medizinprodukten ist der Schutz der öffentlichen Gesundheit.

(4) Ferner müssen die einzelstaatlichen Rechtsvorschriften zur Gewährleistung der Sicherheit und des Schutzes der Gesundheit der Patienten, Anwender und gegebenenfalls Dritter bei der Verwendung von Medizinprodukten harmonisiert werden, um den freien Verkehr dieser Produkte im Binnenmarkt zu gewährleisten.

(5) Medizinprodukte, die als Bestandteil Derivate aus menschlichem Blut oder Blutplasma enthalten, haben dieselben Zweckbestimmungen wie andere Medizinprodukte. Sie sind daher hinsichtlich des freien Warenverkehrs nicht anders zu behandeln als diese.

---

[*] ABl. L 313 vom 13.12.2000, S. 22.

[1] ABl. C 172 vom 7.7.1995, S. 21, und ABl. C 87 vom 18.3.1997, S. 9.

[2] ABl. C 18 vom 22.1.1996, S. 12.

[3] Stellungnahme des Europäischen Parlaments vom 12. März 1996 (ABl. C 96 vom 1.4.1996, S. 31). Gemeinsamer Standpunkt des Rates vom 29. Juni 2000 (ABl. C 245 vom 25.8.2000, S. 19) und Beschluss des Europäischen Parlaments vom 24. Oktober 2000.

[4] ABl. L 169 vom 12.7.1993, S. 1. Richtlinie zuletzt geändert durch die Richtlinie 98/79/EG des Europäischen Parlaments und des Rates (ABl. L 331 vom 7.12.1998, S. 1).

[5] Richtlinie 98/79/EG des Europäischen Parlaments und des Rates vom 27. Oktober 1998 über In-vitro-Diagnostika (ABl. L 331 vom 7.12.1998, S. 1).

(6) Medizinprodukte, die als Bestandteil ein Derivat aus menschlichem Blut oder Blutplasma enthalten, welches in Ergänzung zu dem Produkt eine Wirkung auf den menschlichen Körper entfalten kann, müssen den Bestimmungen der Richtlinie 93/42/EWG und weiteren, jene Richtlinie ergänzenden Rechtsinstrumenten entsprechen.

(7) Ein gesondert verwendetes Derivat aus menschlichem Blut kann als Arzneimittelbestandteil im Sinne der Richtlinie 89/381/EWG des Rates[6)] betrachtet werden. Wird ein derartiger Stoff in ein Medizinprodukt integriert, so muss er in entsprechender Anwendung der Richtlinien 75/318/EWG[7)] und 89/381/EWG des Rates geeigneten Untersuchungen unterzogen werden. Diese Untersuchungen werden von den Stellen durchgeführt, denen Zuständigkeiten im Bereich der Anwendung der genannten Richtlinien übertragen wurden –

HABEN FOLGENDE RICHTLINIE ERLASSEN:

Artikel 1:

Die Richtlinie 93/42/EWG wird wie folgt geändert:

1. Artikel 1 wird wie folgt geändert:
   a) Folgender Absatz wird eingefügt:
   „(4a) Enthält ein Produkt als Bestandteil einen Stoff, der – gesondert verwendet – als Arzneimittelbestandteil oder Arzneimittel aus menschlichem Blut oder Blutplasma im Sinne des Artikels 1 der Richtlinie 89/381/EWG [*)] betrachtet werden und in Ergänzung zu dem Produkt eine Wirkung auf den menschlichen Körper entfalten kann (nachstehend ‚Derivat aus menschlichem Blut' genannt), so ist dieses Produkt gemäß der vorliegenden Richtlinie zu bewerten und zuzulassen.";
   b) Absatz 5 Buchstabe e) erhält folgende Fassung:
   „e) menschliches Blut, Blutprodukte, Plasma oder Blutzellen menschlichen Ursprungs mit Ausnahme von Derivaten aus menschlichem Blut."

2. Anhang I wird wie folgt geändert:
   a) Dem Abschnitt 7.4 werden folgende Unterabsätze angefügt:
   „Gehört zu den Bestandteilen eines Produkts ein Derivat aus menschlichem Blut, so muss die benannte Stelle ein wissenschaftliches Gutachten der Europäischen Agentur für die Beurteilung von Arzneimitteln (EMEA) über die Qualität und die Sicherheit dieses Derivats unter Berücksichtigung der einschlägigen Gemeinschaftsbestimmungen und insbesondere in entsprechender Anwendung der Vorschriften der Richtlinien 75/318/EWG und 89/381/EWG anfordern. Der Nutzen dieses Derivats als Bestandteil des Medizinprodukts ist unter Berücksichtigung der Zweckbestimmung des Produkts zu überprüfen.
   Gemäß Artikel 4 Absatz 3 der Richtlinie 89/381/EWG ist von jeder Ausgangs- und/oder fertigen Produktcharge des Derivats aus menschlichem Blut eine Probe durch ein staatliches oder ein zu diesem Zweck von einem Mitgliedstaat benanntes Laboratorium zu prüfen.";
   b) Dem Abschnitt 13.3 wird folgender Buchstabe angefügt:
   „n) im Falle eines Produkts im Sinne von Artikel 1 Absatz 4a einen Hinweis darauf, dass das Produkt als Bestandteil ein Derivat aus menschlichem Blut enthält."

---

[6] Richtlinie 89/381/EWG des Rates vom 14. Juni 1989 zur Erweiterung des Anwendungsbereichs der Richtlinien 65/65/EWG und 75/319/EWG zur Angleichung der Rechts- und Verwaltungsvorschriften über Arzneispezialitäten und zur Festlegung besonderer Vorschriften für Arzneimittel aus menschlichem Blut oder Blutplasma (ABl. L 181 vom 28.6.1989, S. 44).

[7] Richtlinie 75/318/EWG des Rates vom 20. Mai 1975 zur Angleichung der Rechts- und Verwaltungsvorschriften der Mitgliedstaaten über die analytischen, toxikologisch-pharmakologischen und ärztlichen oder klinischen Vorschriften und Nachweise über Versuche mit Arzneimitteln (ABl. L 147 vom 9.6.1975, S. 1). Richtlinie zuletzt geändert durch die Richtlinie 1999/83/EG der Kommission (ABl. L 243 vom 15.9.1999, S. 9).

[*)] Richtlinie 89/381/EWG des Rates vom 14. Juni 1989 zur Erweiterung des Anwendungsbereichs der Richtlinien 65/65/EWG und 75/319/EWG zur Angleichung der Rechts- und Verwaltungsvorschriften über Arzneispezialitäten und zur Festlegung besonderer Vorschriften für Arzneimittel aus menschlichem Blut oder Blutplasma (ABl. L 181 vom 28.6.1989, S. 44).

3. Anhang II wird wie folgt geändert:
   a) In Abschnitt 3.2 Buchstabe c) erhält der fünfte Gedankenstrich folgende Fassung:
      „– die Angabe, ob zu den Bestandteilen des Produkts ein Stoff oder Derivat aus menschlichem Blut im Sinne des Anhangs I Abschnitt 7.4 gehört, sowie die für die Bewertung der Sicherheit, der Qualität und des Nutzens dieses Stoffes oder Derivats aus menschlichem Blut unter Berücksichtigung der Zweckbestimmung des Produkts erforderlichen Daten über die in diesem Zusammenhang durchgeführten Prüfungen.“;
   b) In Abschnitt 4.3 werden die Unterabsätze 2 und 3 durch folgende Unterabsätze ersetzt:
      „Im Falle von Produkten gemäß Anhang I Abschnitt 7.4 Unterabsatz 1 konsultiert die benannte Stelle im Hinblick auf die in jenem Abschnitt genannten Gesichtspunkte eine der von den Mitgliedstaaten gemäß der Richtlinie 65/65/EWG benannten zuständigen Stellen, bevor sie eine Entscheidung trifft. Bei ihrer Entscheidung berücksichtigt die benannte Stelle gebührend die bei der Konsultation abgegebenen Stellungnahmen. Sie teilt der betreffenden zuständigen Stelle ihre endgültige Entscheidung mit.
      Im Falle von Produkten gemäß Anhang I Abschnitt 7.4 Unterabsatz 2 ist das wissenschaftliche Gutachten der EMEA der Dokumentation über das Produkt beizufügen. Bei ihrer Entscheidung berücksichtigt die benannte Stelle gebührend das Gutachten der EMEA. Die benannte Stelle darf die Bescheinigung nicht ausstellen, wenn das wissenschaftliche Gutachten der EMEA negativ ist. Sie teilt der EMEA ihre endgültige Entscheidung mit.“;
   c) Folgender Abschnitt wird angefügt:
      „8. Anwendung auf Produkte gemäß Artikel 1 Absatz 4a
      Nach Beendigung der Herstellung jeder Charge des Produkts gemäß Artikel 1 Absatz 4a unterrichtet der Hersteller die benannte Stelle über die Freigabe dieser Charge des Produkts und übermittelt ihr die von einem staatlichen oder einem zu diesem Zweck von einem Mitgliedstaat benannten Laboratorium gemäß Artikel 4 Absatz 3 der Richtlinie 89/381/EWG ausgestellte amtliche Bescheinigung über die Freigabe der Charge des in diesem Produkt verwendeten Derivats aus menschlichem Blut.“

4. Anhang III wird wie folgt geändert:
   a) Abschnitt 3 sechster Gedankenstrich erhält folgende Fassung:
      „– die Angabe, ob zu den Bestandteilen des Produkts ein Stoff oder Derivat aus menschlichem Blut im Sinne des Anhangs I Abschnitt 7.4 gehört, sowie die für die Bewertung der Sicherheit, der Qualität und des Nutzens dieses Stoffes oder Derivats aus menschlichem Blut unter Berücksichtigung der Zweckbestimmung des Produkts erforderlichen Daten über die in diesem Zusammenhang durchgeführten Prüfungen.“;
   b) In Abschnitt 5 werden die Unterabsätze 2 und 3 durch folgende Unterabsätze ersetzt:
      „Im Falle von Produkten gemäß Anhang I Abschnitt 7.4 Unterabsatz 1 konsultiert die benannte Stelle im Hinblick auf die in jenem Abschnitt genannten Gesichtspunkte eine der von den Mitgliedstaaten gemäß der Richtlinie 65/65/EWG benannten zuständigen Stellen, bevor sie eine Entscheidung trifft. Bei ihrer Entscheidung berücksichtigt die benannte Stelle gebührend die bei der Konsultation abgegebenen Stellungnahmen. Sie teilt der betreffenden zuständigen Stelle ihre endgültige Entscheidung mit.
      Im Falle von Produkten gemäß Anhang I Abschnitt 7.4 Unterabsatz 2 ist das wissenschaftliche Gutachten der EMEA der Dokumentation über das Produkt beizufügen. Bei ihrer Entscheidung berücksichtigt die benannte Stelle gebührend das Gutachten der EMEA. Die benannte Stelle darf die Bescheinigung nicht ausstellen, wenn das wissenschaftliche Gutachten der EMEA negativ ist. Sie teilt der EMEA ihre endgültige Entscheidung mit.“

5. In Anhang IV wird folgender Abschnitt angefügt:
   „9. Anwendung auf Produkte gemäß Artikel 1 Absatz 4a
   Im Falle des Abschnitts 5 unterrichtet der Hersteller nach der Beendigung der Herstellung jeder Charge des Produkts gemäß Artikel 1 Absatz 4a und im Falle der Überprüfung nach Abschnitt 6 die benannte

Stelle über die Freigabe dieser Charge des Produkts und übermittelt ihr die von einem staatlichen oder einem zu diesem Zweck von einem Mitgliedstaat benannten Laboratorium gemäß Artikel 4 Absatz 3 der Richtlinie 89/381/EWG ausgestellte amtliche Bescheinigung über die Freigabe der Charge des in diesem Produkt verwendeten Derivats aus menschlichem Blut."

6. In Anhang V wird folgender Abschnitt angefügt:
„7. Anwendung auf Produkte gemäß Artikel 1 Absatz 4a
Nach Beendigung der Herstellung jeder Charge des Produkts gemäß Artikel 1 Absatz 4a unterrichtet der Hersteller die benannte Stelle über die Freigabe dieser Charge des Produkts und übermittelt ihr die von einem staatlichen oder einem zu diesem Zweck von einem Mitgliedstaat benannten Laboratorium gemäß Artikel 4 Absatz 3 der Richtlinie 89/381/EWG ausgestellte amtliche Bescheinigung über die Freigabe der Charge des in diesem Produkt verwendeten Derivats aus menschlichem Blut."

7. In Anhang IX Teil III Abschnitt 4.1 wird folgender Unterabsatz hinzugefügt:
„Alle Produkte, die als Bestandteil ein Derivat aus menschlichem Blut enthalten, gehören zur Klasse III."

Artikel 2: Durchführung, Übergangsbestimmungen

(1) Die Mitgliedstaaten erlassen und veröffentlichen vor dem 13. Dezember 2001 die erforderlichen Rechts- und Verwaltungsvorschriften, um dieser Richtlinie nachzukommen. Sie setzen die Kommission unverzüglich davon in Kenntnis.

Die Mitgliedstaaten wenden diese Vorschriften ab dem. 13. Juni 2002 an.

Wenn die Mitgliedstaaten diese Vorschriften erlassen, nehmen sie in den Vorschriften selbst oder durch einen Hinweis bei der amtlichen Veröffentlichung auf diese Richtlinie Bezug. Die Mitgliedstaaten regeln die Einzelheiten dieser Bezugnahme.

(2) Die Mitgliedstaaten teilen der Kommission den Wortlaut der wichtigsten einzelstaatlichen Rechtsvorschriften mit, die sie auf dem unter diese Richtlinie fallenden Gebiet erlassen.

(3) Die Mitgliedstaaten treffen die erforderlichen Maßnahmen, damit die benannten Stellen, die gemäß Artikel 16 der Richtlinie 93/42/EWG des Rates mit der Konformitätsbewertung befasst sind, allen einschlägigen Angaben über Merkmale und Leistungen dieser Produkte, insbesondere den Ergebnissen aller einschlägigen Prüfungen und Kontrollen, die gemäß den geltenden einzelstaatlichen Rechts- und Verwaltungsvorschriften für diese Produkte bereits durchgeführt wurden, Rechnung tragen.

(4) Die Mitgliedstaaten gestatten für einen Zeitraum von fünf Jahren nach dem Inkrafttreten dieser Richtlinie das Inverkehrbringen von Produkten, die den zum Zeitpunkt des Inkrafttretens dieser Richtlinie in ihrem Hoheitsgebiet geltenden Rechtsvorschriften entsprechen. Ferner gestatten sie für weitere zwei Jahre die Inbetriebnahme dieser Produkte.

Artikel 3

Diese Richtlinie tritt am Tag ihrer Veröffentlichung im *Amtsblatt der Europäischen Gemeinschaften* in Kraft.

Artikel 4

Diese Richtlinie ist an die Mitgliedstaaten gerichtet.

Geschehen zu Brüssel am 16. November 2000.

Im Namen des Europäischen Parlaments	*Im Namen des Rates*
Die Präsidentin	*Der Präsident*
N. Fontaine	R. Schwartzenberg

Richtlinie 98/79/EG des Europäischen Parlaments und des Rates vom 27. Oktober 1998 über In-vitro-Diagnostika[*)]

DAS EUROPÄISCHE PARLAMENT UND DER RAT DER EUROPÄISCHEN UNION -

gestützt auf den Vertrag zur Gründung der Europäischen Gemeinschaft, insbesondere auf Artikel 100a,

auf Vorschlag der Kommission[1)],

nach Stellungnahme des Wirtschafts- und Sozialausschusses[2)],

gemäß dem Verfahren des Artikels 189b des Vertrags[3)],

in Erwägung nachstehender Gründe:

(1) Das reibungslose Funktionieren des Binnenmarktes macht den Erlaß entsprechender Maßnahmen erforderlich. Der Binnenmarkt umfaßt einen Raum ohne Binnengrenzen, in dem der freie Waren-, Personen-, Dienstleistungs- und Kapitalverkehr gewährleistet ist.

(2) Die in den Mitgliedstaaten geltenden Rechts- und Verwaltungsvorschriften betreffend die Sicherheit, den Gesundheitsschutz und die Leistungsmerkmale sowie die Zulassungsverfahren für In-vitro-Diagnostika sind nach Inhalt und Geltungsbereich verschieden. Diese Unterschiede stellen Hemmnisse im innergemeinschaftlichen Handel dar. Eine im Auftrag der Kommission durchgeführte vergleichende Untersuchung der einzelstaatlichen Rechtsvorschriften hat die Notwendigkeit einer Harmonisierung dieser Vorschriften bestätigt.

(3) Die Angleichung einzelstaatlicher Rechtsvorschriften ist der einzige Weg zur Beseitigung der bestehenden und zur Verhütung neuer Handelshemmnisse. Dieses Ziel läßt sich durch andere Mittel auf der Ebene der einzelnen Mitgliedstaaten nicht erreichen. Diese Richtlinie beschränkt sich auf die Festlegung notwendiger Mindestanforderungen, um den freien Verkehr der in ihren Geltungsbereich fallenden In-vitro-Diagnostika unter optimalen Sicherheitsbedingungen zu gewährleisten.

(4) Die harmonisierten Bestimmungen sind von den von den Mitgliedstaaten im Hinblick auf die Finanzierung des öffentlichen Gesundheitssystems und des Krankenversicherungssystems getroffenen Maßnahmen zu unterscheiden, die derartige Produkte direkt oder indirekt betreffen. Das Recht der Mitgliedstaaten auf Durchführung der obengenannten Maßnahmen unter Einhaltung des Gemeinschaftsrechts bleibt von diesen harmonisierten Bestimmungen daher unberührt.

(5) In-vitro-Diagnostika müssen Patienten, Anwendern und Dritten einen hochgradigen Gesundheitsschutz bieten und die vom Hersteller ursprünglich angegebenen Leistungen erreichen. Die Aufrechterhaltung bzw. Verbesserung des in den Mitgliedstaaten erreichten Gesundheitsschutzniveaus ist daher eines der wesentlichen Ziele dieser Richtlinie.

---

*) ABl. L 331 vom 7.12.1998, S. 1.

1) ABl. C 172 vom 7.7.1995, S. 21, und ABl. C 87 vom 18.3.1997, S. 9.

2) ABl. C 18 vom 22.1.1996, S. 12.

3) Stellungnahme des Europäischen Parlaments vom 12. März 1996 (ABl. C 96 vom 1.4.1996, S. 31), gemeinsamer Standpunkt des Rates vom 23. März 1998 (ABl. C 178 vom 10.6.1998, S. 7), Beschluß des Europäischen Parlaments vom 18. Juni 1998 (ABl. C 210 vom 6.7.1998) und Beschluß des Rates vom 5. Oktober 1998.

(6) Im Einklang mit den in der Entschließung des Rates vom 7. Mai 1985 über eine neue Konzeption auf dem Gebiet der technischen Harmonisierung und Normung[4] festgelegten Grundsätzen müssen sich die Regelungen bezüglich der Auslegung und Herstellung sowie Verpackung einschlägiger Erzeugnisse auf die Bestimmungen beschränken, die erforderlich sind, um den grundlegenden Anforderungen zu genügen. Da es sich um Anforderungen grundlegender Art handelt, müssen diese an die Stelle der entsprechenden einzelstaatlichen Bestimmungen treten. Die grundlegenden Anforderungen, einschließlich der Anforderung, daß die Risiken möglichst gering gehalten bzw. verringert werden müssen, sind mit der nötigen Sorgfalt anzuwenden und müssen der Technologie und Praxis zum Zeitpunkt der Konzeption sowie den technischen und wirtschaftlichen Erwägungen Rechnung tragen, die mit einem hochgradigen Gesundheitsschutz und hohen Maß an Sicherheit zu vereinbaren sind.

(7) Die meisten Medizinprodukte mit Ausnahme der In-vitro-Diagnostika werden durch die Richtlinie 90/385/EWG des Rates vom 20. Juni 1990 zur Angleichung der Rechtsvorschriften der Mitgliedstaaten über aktive implantierbare medizinische Geräte[5] und die Richtlinie 93/42/EWG des Rates vom 14. Juni 1993 über Medizinprodukte[6] erfaßt. Durch die vorliegende Richtlinie werden In-vitro-Diagnostika in den Harmonisierungsprozeß einbezogen. Im Interesse einheitlicher gemeinschaftlicher Regelungen stützt sie sich weitgehend auf die Bestimmungen jener beiden Richtlinien.

(8) Instrumente, Apparate, Vorrichtungen, Materialien oder andere Gegenstände, einschließlich Software, die zu Forschungszwecken eingesetzt werden sollen, ohne medizinische Zwecke zu verfolgen, sind nicht als Produkte für Leistungsbewertungszwecke anzusehen.

(9) Zertifizierte internationale Referenzmaterialien und Materialien, die für externe Qualitätsbewertungsprogramme verwendet werden, fallen nicht unter diese Richtlinie. Kalibriersubstanzen oder -vorrichtungen sowie Kontrollmaterialien, die vom Anwender benötigt werden, um die Leistung von Produkten zu ermitteln bzw. zu prüfen, sind In-vitro-Diagnostika.

(10) Reagenzien, die in Laboratorien von Gesundheitseinrichtungen zur Verwendung im selben Umfeld hergestellt und nicht in den Verkehr gebracht werden, werden unter Berücksichtigung des Subsidiaritätsprinzips nicht in diese Richtlinie aufgenommen.

(11) Dagegen fallen Produkte, die in professionellem und kommerziellem Rahmen zum Zwecke der medizinischen Analyse hergestellt werden und verwendet werden sollen, ohne in den Verkehr gebracht zu werden, unter diese Richtlinie.

(12) Laborapparate mit mechanischen Merkmalen, die eigens für In-vitro-Untersuchungen bestimmt sind, fallen in den Anwendungsbereich dieser Richtlinie. Die Richtlinie 98/37/EG des Europäischen Parlaments und des Rates vom 22. Juni 1998 zur Angleichung der Rechtsvorschriften der Mitgliedstaaten über Maschinen[7] muß deshalb zur Anpassung an diese Richtlinie geändert werden.

(13) Diese Richtlinie sollte Vorschriften in bezug auf die Auslegung und Herstellung von Geräten mit ionisierenden Strahlungen enthalten. Sie berührt nicht die Anwendung der Richtlinie 96/29/Euratom des Rates vom 13. Mai 1996 zur Festlegung der grundlegenden Sicherheitsnormen für den Schutz der Gesundheit der Arbeitskräfte und der Bevölkerung gegen die Gefahren durch ionisierende Strahlungen[8].

---

[4] ABl. C 136 vom 4.6.1985, S. 1.

[5] ABl. L 189 vom 20.7.1990, S. 17. Richtlinie zuletzt geändert durch die Richtlinie 93/68/EWG (ABl. L 220 vom 30.8.1993, S. 1).

[6] ABl. L 169 vom 12.7.1993, S. 1.

[7] ABl. L 207 vom 23.7.1998, S. 1.

[8] ABl. L 159 vom 29.6.1996, S. 1.

(14) Die Gesichtspunkte der elektromagnetischen Verträglichkeit sind wesentlicher Bestandteil der grundlegenden Anforderungen dieser Richtlinie; die Richtlinie 89/336/EWG des Rates vom 3. Mai 1989 zur Angleichung der Rechtsvorschriften der Mitgliedstaaten über die elektromagnetische Verträglichkeit[9)] findet keine Anwendung.

(15) Zur Erleichterung des Nachweises der Übereinstimmung mit den grundlegenden Anforderungen und zur Ermöglichung einer Prüfung dieser Übereinstimmung sind harmonisierte Normen zur Verhütung von Risiken im Zusammenhang mit der Auslegung, Herstellung und Verpackung von Medizinprodukten wünschenswert. Solche harmonisierten Normen werden von privatrechtlichen Institutionen ausgearbeitet und müssen ihren unverbindlichen Charakter behalten. Das Europäische Komitee für Normung (CEN) und das Europäische Komitee für elektrotechnische Normung (Cenelec) sind als zuständige Gremien für die Ausarbeitung harmonisierter Normen im Einklang mit den am 13. November 1984 unterzeichneten allgemeinen Leitlinien für die Zusammenarbeit zwischen der Kommission und diesen beiden Institutionen anerkannt.

(16) Eine harmonisierte Norm im Sinne dieser Richtlinie ist eine technische Spezifikation (europäische Norm oder Harmonisierungsdokument), die im Auftrag der Kommission vom CEN oder vom Cenelec bzw. von diesen beiden Institutionen im Einklang mit der Richtlinie 98/34/EG des Europäischen Parlaments und des Rates vom 22. Juni 1998 über ein Informationsverfahren auf dem Gebiet der Normen und technischen Vorschriften und der Vorschriften für die Dienste der Informationsgesellschaft[10)] und den obengenannten allgemeinen Leitlinien verabschiedet worden ist.

(17) Bei der Ausarbeitung Gemeinsamer Technischer Spezifikationen wird als eine Ausnahme von den allgemeinen Grundsätzen das derzeit in einigen Mitgliedstaaten übliche Vorgehen berücksichtigt, nach dem diese Spezifikationen bei bestimmten Produkten, die hauptsächlich zur Bewertung der Sicherheit der Blutversorgung und der Organspenden verwendet werden, von den Behörden erlassen werden. Diese besonderen Spezifikationen sind durch die Gemeinsamen Technischen Spezifikationen zu ersetzen. Die Gemeinsamen Technischen Spezifikationen können zur Leistungsbewertung – einschließlich der Neubewertung – dienen.

(18) Wissenschaftliche Sachverständige der einzelnen interessierten Parteien können bei der Festlegung von Gemeinsamen Technischen Spezifikationen und der Prüfung von sonstigen spezifischen oder allgemeinen Fragen hinzugezogen werden.

(19) Der von dieser Richtlinie erfaßte Herstellungsvorgang umfaßt auch die Verpackung der Medizinprodukte, sofern die Verpackung im Zusammenhang mit den Sicherheits- und Leistungsaspekten des Produkts steht.

(20) Bestimmte Produkte haben eine begrenzte Verwendungsdauer, die auf die zeitbezogene Verminderung ihrer Leistungsfähigkeit, beispielsweise aufgrund der Verschlechterung ihrer physikalischen oder chemischen Eigenschaften, insbesondere in bezug auf die Sterilität oder die Unversehrtheit der Verpackung, zurückgeht. Der Hersteller muß den Zeitraum bestimmen und angeben, innerhalb dessen die vorgesehene Leistungsfähigkeit des Produkts gewährleistet ist. Aus der Kennzeichnung muß der Termin hervorgehen, bis zu dem das Produkt oder einer seiner Bestandteile sicher angewendet werden kann.

(21) Der Rat hat durch seinen Beschluß 93/465/EWG vom 22. Juli 1993 über die in den technischen Harmonisierungsrichtlinien zu verwendenden Module für die verschiedenen Phasen der Konformitätsbewertungsverfahren und die Regeln für die Anbringung und Verwendung der CE-Konformitätskennzeichnung[11)] harmonisierte Konformitätsbewertungsverfahren festgelegt. Die Präzisierungen dieser Module sind durch die Art der für In-vitro-Diagnostika geforderten Prüfungen und durch die Notwendigkeit der Übereinstimmung mit den Richtlinien 90/385/EWG und 93/42/EWG gerechtfertigt.

---

9) ABl. L 139 vom 23.5.1989, S. 19. Richtlinie zuletzt geändert durch die Richtlinie 93/68/EWG (ABl. L 220 vom 30.8.1993, S. 1).
10) ABl. L 204 vom 21.7.1998, S. 37. Richtlinie zuletzt geändert durch die Richtlinie 98/48/EG (ABl. L 217 vom 5.8.1998, S. 18).
11) ABl. L 220 vom 30.8.1993, S. 23.

(22) Vor allem für die Konformitätsbewertungsverfahren ist es erforderlich, die In-vitro-Diagnostika in zwei Hauptklassen zu unterteilen. Da die große Mehrzahl dieser Produkte keine unmittelbaren Risiken für Patienten darstellen und von geschultem Personal angewendet werden und da sich ferner die Ergebnisse oft auf anderem Wege bestätigen lassen, können die Konformitätsbewertungsverfahren generell unter der alleinigen Verantwortung des Herstellers erfolgen. Unter Berücksichtigung der geltenden einzelstaatlichen Rechtsvorschriften und der erfolgten Notifizierungen im Rahmen des Verfahrens nach der Richtlinie 98/34/EG ist eine Beteiligung der benannten Stellen nur für bestimmte Produkte erforderlich, deren richtiges Funktionieren für die medizinische Praxis wesentlich ist und deren Versagen ein ernstes Risiko für die Gesundheit darstellen kann.

(23) Unter den In-vitro-Diagnostika, bei denen die Einschaltung einer benannten Stelle notwendig ist, erfordern die im Zusammenhang mit der Übertragung von Blut und der Vorbeugung gegen Aids und bestimmte Hepatitiserkrankungen verwendeten Produktgruppen eine Konformitätsbewertung, die hinsichtlich der Auslegung und der Herstellung dieser Produkte ein Optimum an Sicherheit und Zuverlässigkeit gewährleistet.

(24) Die Liste der In-vitro-Diagnostika, für die eine Konformitätsbewertung durch eine dritte Partei vorgeschrieben ist, bedarf der Fortschreibung unter Berücksichtigung des technischen Fortschritts und der Entwicklungen auf dem Gebiet des Gesundheitsschutzes. Eine solche Fortschreibung muß nach dem Verfahren III Variante a) des Beschlusses 87/373/EWG des Rates vom 13. Juli 1987 zur Festlegung der Modalitäten für die Ausübung der der Kommission übertragenen Durchführungsbefugnisse[12)] erfolgen.

(25) Zwischen dem Europäischen Parlament, dem Rat und der Kommission wurde am 20. Dezember 1994 ein „Modus vivendi" betreffend die Maßnahmen zur Durchführung der nach dem Verfahren des Artikels 189b des Vertrags erlassenen Rechtsakte[13)] vereinbart.

(26) Die Medizinprodukte müssen in der Regel mit der CE-Kennzeichnung versehen sein, aus der ihre Übereinstimmung mit den Bestimmungen dieser Richtlinie hervorgeht und die Voraussetzung für den freien Verkehr der Medizinprodukte in der Gemeinschaft und ihre bestimmungsgemäße Inbetriebnahme ist.

(27) Wenn die Beteiligung einer benannten Stelle erforderlich ist, kann der Hersteller zwischen den von der Kommission bekanntgemachten Stellen wählen. Die Mitgliedstaaten sind nicht verpflichtet, solche benannten Stellen zu bezeichnen, doch müssen sie sicherstellen, daß die als benannte Stellen bezeichneten Einrichtungen den Bewertungskriterien gemäß dieser Richtlinie entsprechen.

(28) Der Leiter und das Personal der benannten Stellen dürfen weder unmittelbar noch über eine zwischengeschaltete Person an den Einrichtungen, in bezug auf die Bewertungen und Prüfungen durchgeführt werden, ein wirtschaftliches Interesse haben, das ihre Unabhängigkeit in Frage stellen könnte.

(29) Die für die Marktüberwachung zuständigen Behörden müssen vor allem in Dringlichkeitsfällen in der Lage sein, sich mit dem Hersteller oder seinem in der Gemeinschaft niedergelassenen Bevollmächtigten in Verbindung zu setzen, um die vorsorglichen Schutzmaßnahmen zu treffen, die sich als notwendig erweisen. Zwischen den Mitgliedstaaten sind Zusammenarbeit und ein Informationsaustausch im Hinblick auf eine einheitliche Anwendung dieser Richtlinie, insbesondere im Sinne der Marktüberwachung, erforderlich. Zu diesem Zweck muß eine Datenbank aufgebaut und betrieben werden, die Angaben über die Hersteller und ihre Bevollmächtigten, die in Verkehr gebrachten Produkte, die ausgestellten und die vorübergehend oder auf Dauer zurückgezogenen Bescheinigungen sowie über das Beobachtungs- und Meldeverfahren enthalten soll. Ein Produktbeobachtungs- und Meldesystem (Beobachtungs- und Meldeverfahren) stellt ein nützliches Instrument für die Überwachung des Marktes, einschließlich der Leistung neuer Produkte, dar. Informationen, die sich aus dem Marktüberwachungsverfahren sowie aus externen Qualitätsbewertungsprogrammen ergeben, sind für Entscheidungen bezüglich der Einstufung von Produkten von Nutzen.

[12)] ABl. L 197 vom 18.7.1987, S. 33.
[13)] ABl. C 102 vom 4.4.1996, S. 1.

(30) Die Hersteller müssen den zuständigen Behörden das Inverkehrbringen "neuer Produkte" melden, und zwar sowohl, was die angewandte Technologie, als auch, was die zu analysierenden Substanzen oder sonstigen Parameter angeht. Dies gilt insbesondere für DNS-Sonden höherer Dichte (die als "Mikrochips" bezeichnet werden) zum genetischen Screening.

(31) Ist ein Mitgliedstaat der Auffassung, daß ein bestimmtes Produkt oder eine Gruppe von Produkten aus Gründen des Gesundheitsschutzes und der Sicherheit und/oder im Interesse der öffentlichen Gesundheit gemäß Artikel 36 des Vertrags verboten oder dessen beziehungsweise deren Bereitstellung beschränkt werden oder besonderen Bedingungen unterliegen sollte, so kann er die erforderlichen und begründeten vorläufigen Maßnahmen treffen. In diesem Fall konsultiert die Kommission die betreffenden Parteien und die Mitgliedstaaten und erläßt, sofern die einzelstaatlichen Maßnahmen begründet sind, die erforderlichen gemeinschaftlichen Maßnahmen nach dem Verfahren III Variante a) des Beschlusses 87/373/EWG.

(32) Diese Richtlinie erstreckt sich auf In-vitro-Diagnostika, die aus Geweben, Zellen oder Stoffen menschlichen Ursprungs hergestellt werden. Die Richtlinie betrifft nicht die anderen Medizinprodukte, die unter Verwendung von Stoffen menschlichen Ursprungs hergestellt werden. In dieser Hinsicht müssen die Arbeiten folglich fortgesetzt werden, damit es so bald wie möglich zur Verabschiedung entsprechender gemeinschaftlicher Rechtsvorschriften kommt.

(33) Bei der Probenahme, der Sammlung und der Verwendung von Stoffen, die aus dem menschlichen Körper gewonnen werden, ist die Unversehrtheit des Menschen zu schützen; es gelten die Grundsätze des Übereinkommens des Europarates zum Schutz der Menschenrechte und der Menschenwürde im Hinblick auf die Anwendung der Biologie und der Medizin; ferner gelten weiterhin die einzelstaatlichen Ethikvorschriften.

(34) Im Hinblick auf eine vollständige Übereinstimmung zwischen den Richtlinien über Medizinprodukte müssen einige Bestimmungen dieser Richtlinie in die Richtlinie 93/42/EWG aufgenommen werden, die entsprechend zu ändern ist.

(35) Die fehlenden Rechtsvorschriften über Medizinprodukte, die aus Substanzen menschlichen Ursprungs hergestellt werden, müssen so rasch wie möglich erlassen werden –

HABEN FOLGENDE RICHTLINIE ERLASSEN:

Artikel 1: Anwendungsbereich, Begriffsbestimmungen

(1) Diese Richtlinie gilt für In-vitro-Diagnostika und ihr Zubehör. Im Sinne dieser Richtlinie wird Zubehör als eigenständiges In-vitro-Diagnostikum behandelt. In-vitro-Diagnostika und Zubehör werden nachstehend „Produkte" genannt.

(2) Im Sinne dieser Richtlinie bezeichnet der Ausdruck

a) „Medizinprodukt" alle einzeln oder miteinander verbundenen verwendeten Instrumente, Apparate, Vorrichtungen, Stoffe oder andere Gegenstände, einschließlich der für ein einwandfreies Funktionieren des Medizinprodukts eingesetzten Software, die vom Hersteller zur Anwendung für Menschen für folgende Zwecke bestimmt sind:
   - Erkennung, Verhütung, Überwachung, Behandlung oder Linderung von Krankheiten,
   - Erkennung, Überwachung, Behandlung, Linderung oder Kompensierung von Verletzungen der Behinderungen,
   - Untersuchung, Ersatz oder Veränderung des anatomischen Aufbaus oder eines physiologischen Vorgangs,
   - Empfängnisregelung,

   und deren bestimmungsgemäße Hauptwirkung im oder am menschlichen Körper weder durch pharmakologische oder immunologische Mittel noch metabolisch erreicht wird, deren Wirkungsweise aber durch solche Mittel unterstützt werden kann;

b) „In-vitro-Diagnostikum" jedes Medizinprodukt, das als Reagenz, Reagenzprodukt, Kalibriermaterial, Kontrollmaterial, Kit, Instrument, Apparat, Gerät oder System – einzeln oder in Verbindung miteinander – nach der vom Hersteller festgelegten Zweckbestimmung zur In-vitro-Untersuchung von aus dem menschlichen Körper stammenden Proben, einschließlich Blut- und Gewebespenden, verwendet wird und ausschließlich oder hauptsächlich dazu dient, Informationen zu liefern
   - über physiologische oder pathologische Zustände oder
   - über angeborene Anomalien oder
   - zur Prüfung auf Unbedenklichkeit und Verträglichkeit bei den potentiellen Empfängern oder
   - zur Überwachung therapeutischer Maßnahmen.

   Probenbehältnisse gelten als In-vitro-Diagnostika. Probenbehältnisse sind luftleere wie auch sonstige Medizinprodukte, die von ihrem Hersteller speziell dafür gefertigt werden, aus dem menschlichen Körper stammende Proben unmittelbar nach ihrer Entnahme aufzunehmen und im Hinblick auf eine In-vitro-Diagnose aufzubewahren.

   Erzeugnisse für den allgemeinen Laborbedarf gelten nicht als In-vitro-Diagnostika, es sei denn, sie sind aufgrund ihrer Merkmale nach ihrer vom Hersteller festgelegten Zweckbestimmung speziell für In-vitro-Untersuchungen zu verwenden;

c) „Zubehör" jeder Gegenstand, der selbst kein In-vitro-Diagnostikum ist, aber nach der von seinem Hersteller speziell festgelegten Zweckbestimmung zusammen mit einem Produkt zu verwenden ist, damit dieses entsprechend seiner Zweckbestimmung angewendet werden kann.

   Im Sinne dieser Definition gelten invasive, zur Entnahme von Proben bestimmte Erzeugnisse sowie Produkte, die zum Zweck der Probenahme in unmittelbaren Kontakt mit dem menschlichen Körper kommen, im Sinne der Richtlinie 93/42/EWG nicht als Zubehör von In-vitro-Diagnostika;

d) „Produkt zur Eigenanwendung" jedes Produkt, das nach der vom Hersteller festgelegten Zweckbestimmung von Laien in der häuslichen Umgebung angewendet werden kann;

e) „Produkt für Leistungsbewertungszwecke" jedes Produkt, das vom Hersteller dazu bestimmt ist, einer oder mehreren Leistungsbewertungsprüfungen in Labors für medizinische Analysen oder in einer anderen angemessenen Umgebung außerhalb der eigenen Betriebsstätte unterzogen zu werden;

f) „Hersteller" die natürliche oder juristische Person, die für die Auslegung, Herstellung, Verpackung und Etikettierung eines Produkts im Hinblick auf das Inverkehrbringen im eigenen Namen verantwortlich ist, unabhängig davon, ob diese Tätigkeiten von dieser Person oder stellvertretend für diese von einer dritten Person ausgeführt werden.

   Die dem Hersteller nach dieser Richtlinie obliegenden Verpflichtungen gelten auch für die natürliche oder juristische Person, die ein oder mehrere vorgefertigte Produkte montiert, abpackt, behandelt, aufbereitet und/oder kennzeichnet und/oder für die Festlegung der Zweckbestimmung als Produkt im Hinblick auf das Inverkehrbringen im eigenen Namen verantwortlich ist. Dies gilt nicht für Personen, die – ohne Hersteller im Sinne des Unterabsatzes 1 zu sein – bereits in Verkehr gebrachte Produkte für einen namentlich genannten Patienten entsprechend ihrer Zweckbestimmung montieren oder anpassen;

g) „Bevollmächtigter" die in der Gemeinschaft niedergelassene natürliche oder juristische Person, die vom Hersteller ausdrücklich dazu bestimmt wurde, im Hinblick auf seine Verpflichtungen nach dieser Richtlinie in seinem Namen zu handeln und von den Behörden und Stellen in der Gemeinschaft in diesem Sinne kontaktiert zu werden;

h) „Zweckbestimmung" die Verwendung, für die das Produkt entsprechend den Angaben des Herstellers in der Kennzeichnung, der Gebrauchsanweisung und/oder dem Werbematerial bestimmt ist;

i) „Inverkehrbringen" die erste entgeltliche oder unentgeltliche Überlassung eines Produkts mit Ausnahme eines Produkts für Leistungsbewertungszwecke im Hinblick auf seinen Vertrieb und/oder seine Verwendung auf dem gemeinschaftlichen Markt, ungeachtet dessen, ob es sich um ein neues oder ein als neu aufbereitetes Produkt handelt;

j) „Inbetriebnahme" die Phase, in der ein Produkt dem Endanwender als ein Erzeugnis zur Verfügung gestellt wird, das erstmals als gebrauchsfertiges Produkt entsprechend seiner Zweckbestimmung auf dem gemeinschaftlichen Markt verwendet werden kann.

(3) Im Sinne dieser Richtlinie gilt als Kalibrier- und Kontrollmaterial jede Substanz, jedes Material und jeder Gegenstand, die von ihrem Hersteller vorgesehen sind zum Vergleich von Meßdaten oder zur Prüfung der Leistungsmerkmale eines Produkts im Hinblick auf die Anwendung, für die es bestimmt ist.

(4) Im Sinne dieser Richtlinie unterliegt die Entnahme, Sammlung und Verwendung von Gewebe, Zellen und Stoffen menschlichen Ursprungs in ethischer Hinsicht den Grundsätzen des Übereinkommens des Europarates zum Schutz der Menschenrechte und der Menschenwürde im Hinblick auf die Anwendung der Biologie und der Medizin und den einschlägigen Regelungen der Mitgliedstaaten. In bezug auf die Diagnose sind die Wahrung der Vertraulichkeit persönlicher Daten sowie der Grundsatz der Nichtdiskriminierung auf der Grundlage der genetischen Anlagen von Männern und Frauen von vorrangiger Bedeutung.

(5) Diese Richtlinie gilt nicht für die in einer Gesundheitseinrichtung sowohl hergestellten als auch verwendeten Produkte, bei denen die Verwendung in der Betriebsstätte oder in Räumen in unmittelbarer Nähe der Betriebsstätte erfolgt, in der sie hergestellt wurden, ohne daß sie auf eine andere juristische Person übertragen werden. Das Recht der Mitgliedstaaten, geeignete Schutzanforderungen an solche Tätigkeiten zu stellen, bleibt davon unberührt.

(6) Nationale Rechtsvorschriften, nach denen Produkte auf ärztliches Rezept geliefert werden, werden von dieser Richtlinie nicht berührt.

(7) Diese Richtlinie ist eine Einzelrichtlinie im Sinne von Artikel 2 Absatz 2 der Richtlinie 89/336/EWG; Produkte, deren Übereinstimmung mit der vorliegenden Richtlinie hergestellt wurde, fallen danach nicht mehr unter jene Richtlinie.

Artikel 2: Inverkehrbringen und Inbetriebnahme

Die Mitgliedstaaten treffen alle erforderlichen Maßnahmen, damit die Produkte nur in Verkehr gebracht und/ oder in Betrieb genommen werden dürfen, wenn sie bei sachgemäßer Lieferung, Installation, Instandhaltung und ihrer Zweckbestimmung entsprechender Verwendung die Anforderungen dieser Richtlinie erfüllen. Diese umfaßt auch die Verpflichtung der Mitgliedstaaten, Sicherheit und Qualität dieser Produkte zu überwachen. Dieser Artikel gilt auch für Produkte, die für Leistungsbewertungszwecke bereitgestellt werden.

Artikel 3: Grundlegende Anforderungen

Die Produkte müssen die für sie unter Berücksichtigung ihrer Zweckbestimmung geltenden grundlegenden Anforderungen gemäß Anhang I erfüllen.

Artikel 4: Freier Verkehr

(1) Die Mitgliedstaaten behindern in ihrem Hoheitsgebiet nicht das Inverkehrbringen und die Inbetriebnahme von Produkten, die die CE-Kennzeichnung nach Artikel 16 tragen, wenn diese einer Konformitätsbewertung nach Artikel 9 unterzogen worden sind.

(2) Die Mitgliedstaaten behindern nicht, daß Produkte für Leistungsbewertungszwecke Laboratorien oder sonstigen Einrichtungen im Sinne der Erklärung in Anhang VIII zu diesem Zweck zur Verfügung gestellt werden, sofern sie die in Artikel 9 Absatz 4 und in Anhang VIII festgelegten Bedingungen erfüllen.

(3) Die Mitgliedstaaten lassen es zu, daß insbesondere bei Messen, Ausstellungen, Vorführungen oder wissenschaftlichen bzw. fachlichen Tagungen den Bestimmungen dieser Richtlinie nicht entsprechende Produkte ausgestellt werden, sofern diese Produkte nicht an von Teilnehmern stammenden Proben verwendet werden und ein

sichtbares Schild deutlich darauf hinweist, daß diese Produkte erst in Verkehr gebracht oder in Betrieb genommen werden können, wenn ihre Übereinstimmung mit dieser Richtlinie hergestellt ist.

(4) Die Mitgliedstaaten können verlangen, daß die gemäß Anhang I Abschnitt B Nummer 8 bereitzustellenden Angaben bei der Übergabe an den Endanwender in der bzw. den jeweiligen Amtssprache(n) vorliegen.

Soweit die sichere und ordnungsgemäße Anwendung des Produkts gewährleistet ist, können die Mitgliedstaaten gestatten, daß die in Unterabsatz 1 genannten Angaben in einer oder mehreren anderen Amtssprachen der Gemeinschaft vorliegen.

Bei der Anwendung dieser Bestimmung berücksichtigen die Mitgliedstaaten den Grundsatz der Verhältnismäßigkeit und insbesondere

a) die Möglichkeit, die entsprechenden Angaben in Form harmonisierter Symbole, allgemein anerkannter Code-Darstellungen oder in sonstiger Weise zu machen;
b) die für das Produkt vorgesehene Art des Anwenders.

(5) Falls die Produkte auch unter andere Gemeinschaftsrichtlinien fallen, die andere Aspekte behandeln und in denen die CE-Kennzeichnung ebenfalls vorgesehen ist, wird mit der CE-Kennzeichnung angegeben, daß die Produkte auch diesen anderen Richtlinien entsprechen.

Steht dem Hersteller aufgrund einer oder mehrerer dieser Richtlinien während einer Übergangszeit jedoch die Wahl der anzuwendenden Regelung frei, so wird mit der CE-Kennzeichnung angegeben, daß die Produkte nur den vom Hersteller angewandten Richtlinien entsprechen. In diesem Fall müssen die Nummern dieser Richtlinien, unter denen sie im *Amtsblatt der Europäischen Gemeinschaften* veröffentlicht sind, in den von den Richtlinien vorgeschriebenen und den Produkten beiliegenden Unterlagen, Hinweisen oder Anleitungen angegeben werden.

Artikel 5: Verweis auf Normen

(1) Die Mitgliedstaaten gehen von der Einhaltung der grundlegenden Anforderungen gemäß Artikel 3 bei Produkten aus, die den einschlägigen nationalen Normen zur Durchführung der harmonisierten Normen, deren Fundstellen im *Amtsblatt der Europäischen Gemeinschaften* veröffentlicht worden sind, entsprechen; die Mitgliedstaaten veröffentlichen die Fundstellen dieser nationalen Normen.

(2) Ist ein Mitgliedstaat oder die Kommission der Auffassung, daß die harmonisierten Normen den grundlegenden Anforderungen gemäß Artikel 3 nicht voll entsprechen, so werden die von den Mitgliedstaaten zu treffenden Maßnahmen in bezug auf diese Normen und die Veröffentlichung gemäß Absatz 1 nach dem in Artikel 6 Absatz 2 genannten Verfahren erlassen.

(3) Die Mitgliedstaaten gehen von der Einhaltung der grundlegenden Anforderungen gemäß Artikel 3 bei Produkten aus, die in Übereinstimmung mit Gemeinsamen Technischen Spezifikationen ausgelegt und hergestellt wurden, welche für Produkte gemäß Anhang II Liste A und erforderlichenfalls für Produkte gemäß Anhang II Liste B festgelegt sind. In diesen Spezifikationen werden in geeigneter Weise die Kriterien für die Bewertung und die Neubewertung der Leistung, die Chargenfreigabekriterien, die Referenzmethoden und die Referenzmaterialien festgelegt.

Die Gemeinsamen Technischen Spezifikationen werden nach dem in Artikel 7 Absatz 2 genannten Verfahren angenommen und im *Amtsblatt der Europäischen Gemeinschaften* veröffentlicht.

Die Hersteller haben die Gemeinsamen Technischen Spezifikationen in der Regel einzuhalten; kommen die Hersteller in hinreichend begründeten Fällen diesen Spezifikationen nicht nach, so müssen sie Lösungen wählen, die dem Niveau der Spezifikationen zumindest gleichwertig sind.

Wird in dieser Richtlinie auf die harmonisierten Normen verwiesen, so wird damit gleichzeitig auf die Gemeinsamen Technischen Spezifikationen verwiesen.

Artikel 6: Ausschuß für Normen und technische Vorschriften

(1) Die Kommission wird von dem gemäß Artikel 5 der Richtlinie 98/34/EG eingesetzten Ausschuß unterstützt.

(2) Der Vertreter der Kommission unterbreitet dem Ausschuß einen Entwurf der zu treffenden Maßnahmen. Der Ausschuß gibt – gegebenenfalls nach Abstimmung – seine Stellungnahme zu diesem Entwurf innerhalb einer Frist ab, die der Vorsitzende unter Berücksichtigung der Dringlichkeit der betreffenden Frage festsetzen kann.

Die Stellungnahme wird in das Protokoll aufgenommen; darüber hinaus hat jeder Mitgliedstaat das Recht zu verlangen, daß sein Standpunkt im Protokoll festgehalten wird.

Die Kommission berücksichtigt soweit wie möglich die Stellungnahme des Ausschusses. Sie unterrichtet den Ausschuß darüber, inwieweit sie seine Stellungnahme berücksichtigt hat.

Artikel 7: Ausschuß für Medizinprodukte

(1) Die Kommission wird von dem Ausschuß gemäß Artikel 6 Absatz 2 der Richtlinie 90/385/EWG unterstützt.

(2) Der Vertreter der Kommission unterbreitet dem Ausschuß einen Entwurf der zu treffenden Maßnahmen. Der Ausschuß gibt seine Stellungnahme zu diesem Entwurf innerhalb einer Frist ab, die der Vorsitzende unter Berücksichtigung der Dringlichkeit der betreffenden Frage festsetzen kann. Die Stellungnahme wird mit der Mehrheit abgegeben, die in Artikel 148 Absatz 2 des Vertrags für die Annahme der vom Rat auf Vorschlag der Kommission zu fassenden Beschlüsse vorgesehen ist. Bei der Abstimmung im Ausschuß werden die Stimmen der Vertreter der Mitgliedstaaten gemäß dem vorgenannten Artikel gewogen. Der Vorsitzende nimmt an der Abstimmung nicht teil.

Die Kommission erläßt die beabsichtigten Maßnahmen, wenn sie mit der Stellungnahme des Ausschusses übereinstimmen.

Stimmen die beabsichtigten Maßnahmen mit der Stellungnahme des Ausschusses nicht überein oder liegt keine Stellungnahme vor, so unterbreitet die Kommission dem Rat unverzüglich einen Vorschlag für die zu treffenden Maßnahmen. Der Rat beschließt mit qualifizierter Mehrheit.

Hat der Rat binnen drei Monaten nach Befassung keinen Beschluß gefaßt, so werden die vorgeschlagenen Maßnahmen von der Kommission erlassen.

(3) Der in Absatz 1 genannte Ausschuß kann jede Frage im Zusammenhang mit der Durchführung dieser Richtlinie prüfen.

Artikel 8: Schutzklausel

(1) Stellt ein Mitgliedstaat fest, daß die in Artikel 4 Absatz 1 genannten Produkte die Gesundheit und/oder Sicherheit der Patienten, der Anwender oder gegebenenfalls Dritter oder die Sicherheit von Eigentum gefährden können, auch wenn sie sachgemäß installiert, instandgehalten und ihrer Zweckbestimmung entsprechend verwendet werden, so trifft er alle geeigneten vorläufigen Maßnahmen, um diese Produkte vom Markt zu nehmen oder ihr Inverkehrbringen oder ihre Inbetriebnahme zu verbieten oder einzuschränken. Der Mitgliedstaat teilt der Kommission unverzüglich diese Maßnahmen mit, nennt die Gründe für seine Entscheidung und gibt insbesondere an, ob die Nichtübereinstimmung mit dieser Richtlinie zurückzuführen ist auf:

a) die Nichteinhaltung der in Artikel 3 genannten grundlegenden Anforderungen,
b) eine unzulängliche Anwendung der Normen gemäß Artikel 5, sofern die Anwendung dieser Normen behauptet wird,
c) einen Mangel in diesen Normen selbst.

(2) Die Kommission konsultiert so bald wie möglich die betreffenden Parteien. Stellt die Kommission nach dieser Anhörung fest,

– daß die Maßnahmen gerechtfertigt sind, so unterrichtet sie hiervon unverzüglich den Mitgliedstaat, der die Maßnahme getroffen hat, sowie die anderen Mitgliedstaaten. Ist die in Absatz 1 genannte Entscheidung in einem Mangel der Normen begründet, so befaßt die Kommission nach Anhörung der betreffenden Parteien den in Artikel 6 Absatz 1 genannten Ausschuß innerhalb von zwei Monaten, sofern der Mitgliedstaat, der die Entscheidung getroffen hat, diese aufrechterhalten will, und leitet das in Artikel 6 genannte Verfahren ein; ist die Maßnahme nach Absatz 1 auf Probleme im Zusammenhang mit dem Inhalt oder der Anwendung von Gemeinsamen Technischen Spezifikationen zurückzuführen, so legt die Kommission die Angelegenheit nach Anhörung der betreffenden Parteien binnen zwei Monaten dem in Artikel 7 Absatz 1 genannten Ausschuß vor;

- daß die Maßnahmen nicht gerechtfertigt sind, so unterrichtet sie davon unverzüglich den Mitgliedstaat, der die Maßnahme getroffen hat, sowie den Hersteller oder seinen Bevollmächtigten.

(3) Ist ein mit dieser Richtlinie nicht übereinstimmendes Produkt mit der CE-Kennzeichnung versehen, so ergreift der zuständige Mitgliedstaat gegenüber demjenigen, der diese Kennzeichnung angebracht hat, die geeigneten Maßnahmen und unterrichtet davon die Kommission und die übrigen Mitgliedstaaten.

(4) Die Kommission sorgt dafür, daß die Mitgliedstaaten über den Verlauf und die Ergebnisse dieses Verfahrens unterrichtet werden.

Artikel 9: Konformitätsbewertung

(1) Für alle Produkte mit Ausnahme der in Anhang II genannten Produkte und der Produkte für Leistungsbewertungszwecke muß der Hersteller, damit die CE-Kennzeichnung angebracht werden kann, das Verfahren gemäß Anhang III einhalten und vor dem Inverkehrbringen des Produkts die geforderte EG-Konformitätserklärung ausstellen.

Für alle Produkte zur Eigenanwendung mit Ausnahme der in Anhang II genannten Produkte und der Produkte für Leistungsbewertungszwecke muß der Hersteller vor Ausstellung der vorstehend genannten Konformitätserklärung die in Anhang III Nummer 6 genannten zusätzlichen Anforderungen erfüllen. Anstelle dieses Verfahrens kann der Hersteller das Verfahren gemäß Absatz 2 oder Absatz 3 anwenden.

(2) Für die in der Liste A des Anhangs II genannten Produkte mit Ausnahme der Produkte für Leistungsbewertungszwecke muß der Hersteller, damit die CE-Kennzeichnung angebracht werden kann, entweder

a) das Verfahren der EG-Konformitätserklärung gemäß Anhang IV (vollständiges Qualitätssicherungssystem) oder

b) das Verfahren der EG-Baumusterprüfung gemäß Anhang V in Verbindung mit dem Verfahren der EG-Konformitätserklärung gemäß Anhang VII (Qualitätssicherung Produktion) anwenden.

(3) Für die in der Liste B des Anhangs II genannten Produkte mit Ausnahme der Produkte für Leistungsbewertungszwecke muß der Hersteller, damit die CE-Kennzeichnung angebracht werden kann, entweder

a) das Verfahren der EG-Konformitätserklärung gemäß Anhang IV (vollständiges Qualitätssicherungssystem) oder

b) das Verfahren der EG-Baumusterprüfung gemäß Anhang V in Verbindung mit

i) dem Verfahren der EG-Prüfung gemäß Anhang VI oder

ii) dem Verfahren der EG-Konformitätserklärung gemäß Anhang VII (Qualitätssicherung Produktion) anwenden.

(4) Bei Produkten für Leistungsbewertungszwecke muß der Hersteller das Verfahren gemäß Anhang VIII einhalten und vor der Bereitstellung dieser Produkte die in dem genannten Anhang geforderte Erklärung ausstellen.

Diese Bestimmung berührt nicht die nationalen Regelungen bezüglich ethischer Aspekte im Zusammenhang mit der Verwendung von Geweben oder Substanzen menschlichen Ursprungs für die Durchführung von Leistungsbewertungsstudien.

(5) Bei dem Verfahren der Konformitätsbewertung für ein Produkt berücksichtigen der Hersteller und, wenn beteiligt, die benannte Stelle die Ergebnisse von Bewertungen und Prüfungen, die gegebenenfalls in einem Zwischenstadium der Herstellung gemäß dieser Richtlinie vorgenommen wurden.

(6) Der Hersteller kann seinen Bevollmächtigten beauftragen, die Verfahren gemäß den Anhängen III, V, VI und VIII einzuleiten.

(7) Der Hersteller muß die Konformitätserklärung, die technische Dokumentation gemäß den Anhängen III bis VIII sowie die Entscheidungen, Berichte und Bescheinigungen der benannten Stellen aufbewahren und sie den einzelstaatlichen Behörden in einem Zeitraum von fünf Jahren nach Herstellung des letzten Produkts auf Anfrage zur Prüfung vorlegen. Ist der Hersteller nicht in der Gemeinschaft niedergelassen, gilt die Verpflichtung, die obengenannte Dokumentation vorzulegen, für seinen Bevollmächtigten.

(8) Setzt das Verfahren der Konformitätsbewertung die Beteiligung einer benannten Stelle voraus, so kann sich der Hersteller oder sein Bevollmächtigter im Rahmen der Aufgaben, für die diese Stelle benannt worden ist, an eine Stelle seiner Wahl wenden.

(9) Die benannte Stelle kann mit ordnungsgemäßer Begründung alle Informationen oder Angaben verlangen, die zur Ausstellung und Aufrechterhaltung der Konformitätsbescheinigung im Hinblick auf das gewählte Verfahren erforderlich sind.

(10) Die von den benannten Stellen gemäß den Anhängen III, IV und V getroffenen Entscheidungen haben eine Gültigkeitsdauer von höchstens fünf Jahren, die auf Antrag jeweils um höchstens fünf Jahre verlängert werden kann; der Antrag ist zu dem im Vertrag zwischen beiden Parteien vereinbarten Zeitpunkt einzureichen.

(11) Die Unterlagen und der Schriftwechsel über die Verfahren gemäß den Absätzen 1 bis 4 werden in einer Amtssprache des Mitgliedstaats abgefaßt, in dem diese Verfahren durchgeführt werden, und/oder in einer anderen Gemeinschaftssprache, die von der benannten Stelle anerkannt wird.

(12) Abweichend von den Absätzen 1 bis 4 können die zuständigen Behörden auf ordnungsgemäß begründeten Antrag im Hoheitsgebiet des betreffenden Mitgliedstaats das Inverkehrbringen und die Inbetriebnahme einzelner Produkte zulassen, bei denen die Verfahren gemäß den Absätzen 1 bis 4 nicht durchgeführt wurden, wenn deren Verwendung im Interesse des Gesundheitsschutzes liegt.

(13) Dieser Artikel gilt entsprechend für jede natürliche oder juristische Person, die Produkte herstellt, die unter diese Richtlinie fallen, und die diese Produkte, ohne sie in Verkehr zu bringen, in Betrieb nimmt und im Rahmen ihrer beruflichen Tätigkeit verwendet.

Artikel 10: Meldung der Hersteller und der Produkte

(1) Jeder Hersteller, der im eigenen Namen Produkte in Verkehr bringt, teilt den zuständigen Behörden des Mitgliedstaats, in dem er seinen Firmensitz hat, folgendes mit:

- die Anschrift des Firmensitzes,
- die die gemeinsamen technologischen Merkmale und/ oder Analyten betreffenden Angaben zu Reagenzien, Reagenzprodukten und Kalibrier- und Kontrollmaterialien sowie eventuelle wesentliche Änderungen dieser Angaben, einschließlich einer Einstellung des Inverkehrbringens, und bei sonstigen Produkten die geeigneten Angaben,
- im Fall der Produkte gemäß Anhang II und der Produkte zur Eigenanwendung alle Angaben, die eine Identifizierung dieser Produkte ermöglichen, die Analyse- und gegebenenfalls Diagnoseparameter gemäß Anhang I Abschnitt A Nummer 3, die Ergebnisse der Leistungbewertung gemäß Anhang VIII, die Bescheinigungen sowie eventuelle wesentliche Änderungen dieser Angaben, einschließlich einer Einstellung des Inverkehrbringens.

(2) Bei Produkten, die unter Anhang II fallen, sowie bei Produkten zur Eigenanwendung können die Mitgliedstaaten die Mitteilung der Angaben, die eine Identifizierung des Produkts ermöglichen, sowie der Kennzeichnung und der Gebrauchsanweisung verlangen, wenn diese Produkte in ihrem Hoheitsgebiet in Verkehr gebracht und/ oder in Betrieb genommen werden.
Diese Maßnahmen können keine Voraussetzung für das Inverkehrbringen und/oder die Inbetriebnahme von Produkten darstellen, die dieser Richtlinie entsprechen.

(3) Hat ein Hersteller, der im eigenen Namen Produkte in Verkehr bringt, keinen Firmensitz in einem Mitgliedstaat, so benennt er einen Bevollmächtigten. Der Bevollmächtigte teilt den zuständigen Behörden des Mitgliedstaats, in dem er seinen Firmensitz hat, alle Angaben gemäß Absatz 1 mit.

(4) Das Meldeverfahren nach Absatz 1 bezieht sich auch auf neue Produkte. Ferner gibt der Hersteller, wenn es sich bei dem im Rahmen dieses Verfahrens angemeldeten Produkt mit einer CE-Kennzeichnung um ein „neues Produkt" handelt, dies in seiner Meldung an.
Im Sinne dieses Artikels handelt es sich um ein „neues Produkt", wenn

a) ein derartiges Produkt für den entsprechenden Analyten oder einen anderen Parameter während der vorangegangenen drei Jahre auf dem gemeinschaftlichen Markt nicht fortwährend verfügbar war oder
b) das Verfahren mit einer Analysetechnik arbeitet, die auf dem gemeinschaftlichen Markt während der vorangegangenen drei Jahre nicht fortwährend in Verbindung mit einem bestimmten Analyten oder einem anderen Parameter verwendet worden ist.

(5) Die Mitgliedstaaten ergreifen alle Maßnahmen, damit die Mitteilungen nach den Absätzen 1 und 3 unverzüglich in der in Artikel 12 beschriebenen Datenbank erfaßt werden. Die Einzelheiten zur Durchführung dieses Artikels, insbesondere für die Mitteilungen und die Definition des Begriffs der wesentlichen Änderung, werden nach dem Verfahren des Artikels 7 festgelegt.

(6) Diese Mitteilung wird vorübergehend, bis zur Einrichtung einer für die zuständigen Behörden der Mitgliedstaaten zugänglichen europäischen Datenbank mit den Daten zu allen Produkten, die in der Gemeinschaft im Verkehr sind, vom Hersteller den zuständigen Behörden des jeweiligen Mitgliedstaats, der von dem Inverkehrbingen betroffen ist, zugeleitet.

Artikel 11: Beobachtungs- und Meldeverfahren

(1) Die Mitgliedstaaten treffen die erforderlichen Maßnahmen, damit die Angaben, die ihnen gemäß den Bestimmungen dieser Richtlinie zu den im folgenden aufgeführten Vorkommnissen im Zusammenhang mit Produkten mit einer CE-Kennzeichnung zur Kenntnis gebracht werden, zentral erfaßt und bewertet werden:

a) jede Funktionsstörung, jeder Ausfall oder jede Änderung der Merkmale und/oder der Leistung eines Produkts sowie jede Unsachgemäßheit der Kennzeichnung oder Gebrauchsanweisung, die direkt oder indirekt zum Tod oder zu einer schwerwiegenden Verschlechterung des Gesundheitszustands eines Patienten oder eines Anwenders oder einer anderen Person führen könnte oder geführt haben könnte;
b) jeder Grund technischer oder medizinischer Art, der aufgrund der in Buchstabe a) genannten Ursachen durch die Merkmale und Leistungen eines Produkts bedingt ist und zum systematischen Rückruf von Produkten desselben Typs durch den Hersteller geführt hat.

(2) Wenn ein Mitgliedstaat die Ärzteschaft, medizinische Einrichtungen oder die Veranstalter externer Qualitätsbewertungsprogramme auffordert, den zuständigen Behörden die Zwischenfälle gemäß Absatz 1 mitzuteilen, trifft er die erforderlichen Maßnahmen, damit der Hersteller des betreffenden Produkts oder sein Bevollmächtigter ebenfalls von dem Zwischenfall unterrichtet wird.

(3) Nachdem die Mitgliedstaaten ein Vorkommnis – nach Möglichkeit gemeinsam mit dem Hersteller – bewertet haben, unterrichten sie unbeschadet des Artikels 8 die Kommission und die übrigen Mitgliedstaaten unver-

züglich über die Zwischenfälle gemäß Absatz 1, für die geeignete Maßnahmen, die bis zur Rücknahme vom Markt gehen können, getroffen wurden bzw. ins Auge gefaßt werden.

(4) Wenn es sich bei dem im Rahmen des Meldeverfahrens nach Artikel 10 angemeldeten Produkt mit einer CE-Kennzeichnung um ein „neues Produkt" handelt, gibt der Hersteller dies in seiner Meldung an. Die auf diese Weise informierte zuständige Behörde hat das Recht, vom Hersteller zu jedem Zeitpunkt innerhalb der nachfolgenden zwei Jahre und in begründeten Fällen die Vorlage eines Berichts über die Erkenntnisse aus den Erfahrungen mit dem Produkt nach dessen Inverkehrbringen zu verlangen.

(5) Die Mitgliedstaaten unterrichten auf Anfrage die anderen Mitgliedstaaten über die Einzelheiten gemäß den Absätzen 1 bis 4. Die Modalitäten zur Umsetzung dieses Artikels werden nach dem Verfahren gemäß Artikel 7 Absatz 2 festgelegt.

Artikel 12: Europäische Datenbank

(1) Regulierungsdaten gemäß dieser Richtlinie werden in einer europäischen Datenbank erfaßt, zu der die zuständigen Behörden Zugang erhalten, damit sie ihre Aufgaben im Zusammenhang mit dieser Richtlinie in voller Sachkenntnis wahrnehmen können. Die Datenbank enthält:

a) Angaben zur Meldung der Hersteller und der Produkte gemäß Artikel 10;
b) Angaben im Zusammenhang mit Bescheinigungen, die gemäß den Verfahren der Anhänge III bis VII ausgestellt, geändert, ergänzt, ausgesetzt, zurückgezogen oder verweigert wurden;
c) Angaben, die gemäß dem in Artikel 11 festgelegten Beobachtungs- und Meldeverfahren erhalten werden.

(2) Die Angaben werden in einem vereinheitlichten Format übermittelt.

(3) Die Bestimmungen zur Durchführung dieses Artikels werden nach dem Verfahren des Artikels 7 Absatz 2 festgelegt.

Artikel 13: Besondere Gesundheitsüberwachungsmaßnahmen

Ist ein Mitgliedstaat der Auffassung, daß ein bestimmtes Produkt oder eine Gruppe von Produkten aus Gründen des Gesundheitsschutzes und der Sicherheit und/oder im Interesse der öffentlichen Gesundheit gemäß Artikel 36 des Vertrags verboten oder dessen beziehungsweise deren Bereitstellung beschränkt werden oder besonderen Bedingungen unterliegen sollte, so kann er die erforderlichen und begründeten vorläufigen Maßnahmen treffen. Er unterrichtet hiervon die Kommission und die übrigen Mitgliedstaaten unter Angabe der Gründe für seine Entscheidung. Die Kommission konsultiert, soweit dies möglich ist, die betreffenden Parteien und die Mitgliedstaaten und erläßt, wenn die einzelstaatlichen Maßnahmen gerechtfertigt sind, die erforderlichen Gemeinschaftsmaßnahmen nach dem Verfahren des Artikels 7 Absatz 2.

Artikel 14: Änderung des Anhangs II und Abweichungsklausel

(1) Ist ein Mitgliedstaat der Auffassung, daß

a) die Liste der in Anhang II genannten Produkte geändert oder erweitert werden sollte oder
b) die Konformität eines Produkts oder einer Produktgruppe abweichend von den Bestimmungen des Artikels 9 in Anwendung eines oder mehrerer alternativer Verfahren festgestellt werden sollte, die aus den in Artikel 9 vorgesehenen Verfahren ausgewählt wurden,

so legt er der Kommission einen ausreichend begründeten Antrag vor und fordert diese auf, die erforderlichen Maßnahmen zu treffen. Diese Maßnahmen werden nach dem Verfahren des Artikels 7 Absatz 2 erlassen.

(2) Ist eine Entscheidung gemäß Absatz 1 zu treffen, so ist dabei folgendes gebührend zu berücksichtigen:

a) alle zweckdienlichen Angaben aus den Produktbeobachtungs- und Meldeverfahren sowie aus externen Qualitätsbewertungsprogrammen im Sinne des Artikels 11;

b) folgende Kriterien:
   i) ob ein Ergebnis, das mit einem bestimmten Produkt erzielt wurde und das einen direkten Einfluß auf das anschließende medizinische Vorgehen hat, absolut zuverlässig sein muß und
   ii) ob eine Maßnahme auf der Grundlage eines falschen Ergebnisses, das durch Anwendung eines bestimmten Produkts erzielt wurde, sich als gefährlich für den Patienten, einen Dritten oder die Öffentlichkeit erweisen könnte, insbesondere wenn die Ursache ein falsch positives oder falsch negatives Ergebnis ist,
   iii) und ob die Beteiligung einer benannten Stelle der Feststellung der Konformität des Produkts förderlich ist.

(3) Die Kommission unterrichtet die Mitgliedstaaten über die getroffenen Maßnahmen und veröffentlicht diese Maßnahmen gegebenenfalls im *Amtsblatt der Europäischen Gemeinschaften*.

Artikel 15: Benannte Stellen

(1) Die Mitgliedstaaten teilen der Kommission und den anderen Mitgliedstaaten die Stellen mit, die sie für die Durchführung der Aufgaben im Zusammenhang mit den Verfahren des Artikels 9 benannt haben; sie teilen außerdem die spezifischen Aufgaben mit, mit denen die Stellen betraut wurden. Die Kommission weist diesen Stellen, im folgenden als "benannte Stellen" bezeichnet, Kennummern zu.
Die Kommission veröffentlicht im *Amtsblatt der Europäischen Gemeinschaften* ein Verzeichnis der benannten Stellen einschließlich ihrer Kennummern sowie der Aufgaben, für die sie benannt wurden. Die Kommission sorgt für die Fortschreibung dieses Verzeichnisses.
Die Mitgliedstaaten sind nicht verpflichtet, Stellen zu benennen.

(2) Die Mitgliedstaaten wenden für die Benennung der Stellen die Kriterien gemäß Anhang IX an. Von den Stellen, die den Kriterien entsprechen, welche in den zur Umsetzung der einschlägigen harmonisierten Normen erlassenen nationalen Normen festgelegt sind, wird angenommen, daß sie den einschlägigen Kriterien genügen.

(3) Die Mitgliedstaaten führen eine ständige Überwachung der benannten Stellen durch, um sicherzustellen, daß diese den in Anhang IX genannten Kriterien genügen. Ein Mitgliedstaat, der eine Stelle benannt hat, muß diese Benennung widerrufen oder beschränken, wenn er feststellt, daß die Stelle den Kriterien gemäß Anhang IX nicht mehr genügt. Er setzt die anderen Mitgliedstaaten und die Kommission von jedem Widerruf oder jeder Beschränkung der Benennung dieser Stelle unverzüglich in Kenntnis.

(4) Die benannte Stelle und der Hersteller oder sein in der Gemeinschaft niedergelassener Bevollmächtigter legen im gemeinsamen Einvernehmen die Fristen für die Durchführung der Bewertungen und Prüfungen gemäß den Anhängen III bis VII fest.

(5) Die benannte Stelle unterrichtet die anderen benannten Stellen und die zuständigen Behörden über alle ausgesetzten oder widerrufenen Bescheinigungen sowie auf Anfrage über ausgestellte oder verweigerte Bescheinigungen. Sie stellt ferner auf Anfrage alle einschlägigen zusätzlichen Informationen zur Verfügung.

(6) Stellt eine benannte Stelle fest, daß einschlägige Anforderungen dieser Richtlinie vom Hersteller nicht erfüllt wurden oder nicht länger erfüllt werden, oder hätte eine Bescheinigung nicht ausgestellt werden dürfen, so setzt sie – unter Berücksichtigung des Grundsatzes der Verhältnismäßigkeit – die ausgestellte Bescheinigung aus oder widerruft sie oder erlegt Beschränkungen auf, es sei denn, daß der Hersteller durch geeignete Abhilfemaßnahmen die Übereinstimmung mit diesen Anforderungen gewährleistet. Die benannte Stelle unterrichtet die zuständige Behörde, falls die Bescheinigung ausgesetzt oder widerrufen wird oder Beschränkungen auferlegt werden oder sich ein Eingreifen der zuständigen Behörde als erforderlich erweisen könnte. Der Mitgliedstaat unterrichtet die übrigen Mitgliedstaaten und die Kommission.

(7) Die benannte Stelle stellt auf Anfrage alle einschlägigen Informationen und Unterlagen einschließlich der haushaltstechnischen Unterlagen zur Verfügung, damit der Mitgliedstaat überprüfen kann, ob die Anforderungen nach Anhang IX erfüllt sind.

Artikel 16: CE-Kennzeichnung

(1) Mit Ausnahme der Produkte für Leistungsbewertungszwecke müssen alle Produkte, von deren Übereinstimmung mit den grundlegenden Anforderungen gemäß Artikel 3 auszugehen ist, bei ihrem Inverkehrbringen mit einer CE-Kennzeichnung versehen sein.

(2) Die CE-Kennzeichnung gemäß Anhang X muß in deutlich sichtbarer, leicht lesbarer und unauslöschbarer Form auf dem Produkt – sofern dies durchführbar und zweckmäßig ist – sowie auf der Gebrauchsanweisung angebracht sein. Wenn möglich, muß die CE-Kennzeichnung auch auf der Handelsverpackung angebracht sein. Außer der CE-Kennzeichnung muß die Kennummer der benannten Stelle aufgeführt sein, die für die Durchführung der Verfahren gemäß den Anhängen III, IV, VI und VII verantwortlich ist.

(3) Zeichen oder Aufschriften, die geeignet sind, Dritte bezüglich der Bedeutung oder der graphischen Gestaltung der CE-Kennzeichnung irrezuführen, dürfen nicht angebracht werden. Alle sonstigen Zeichen dürfen auf dem Produkt, der Verpackung oder der Gebrauchsanweisung für das Produkt angebracht werden, sofern sie die Sichtbarkeit und Lesbarkeit der CE-Kennzeichnung nicht beeinträchtigen.

Artikel 17: Unzulässige Anbringung der CE-Kennzeichnung

(1) Unbeschadet des Artikels 8 gilt folgendes:

a) Stellt ein Mitgliedstaat fest, daß die CE-Kennzeichnung unzulässigerweise angebracht wurde, ist der Hersteller oder sein Bevollmächtigter verpflichtet, den weiteren Verstoß unter den vom Mitgliedstaat festgelegten Bedingungen zu verhindern.

b) Falls die unzulässige Anbringung fortbesteht, muß der Mitgliedstaat nach dem Verfahren gemäß Artikel 8 alle geeigneten Maßnahmen ergreifen, um das Inverkehrbringen des betreffenden Produkts einzuschränken oder zu untersagen oder um zu gewährleisten, daß es vom Markt genommen wird.

(2) Absatz 1 gilt auch in den Fällen, in denen die CE-Kennzeichnung nach den Verfahren dieser Richtlinie unzulässigerweise an Erzeugnissen angebracht wurde, die nicht unter diese Richtlinie fallen.

Artikel 18: Verbote und Beschränkungen

(1) Jede in Anwendung dieser Richtlinie getroffene Entscheidung, die

a) ein Verbot oder eine Beschränkung des Inverkehrbringens, der Bereitstellung oder der Inbetriebnahme eines Produkts oder

b) die Rücknahme des Produkts vom Markt zur Folge hat,

ist genau zu begründen. Sie wird dem Betreffenden unverzüglich unter Angabe der Rechtsmittel, die nach dem Recht des betreffenden Mitgliedstaats eingelegt werden können, und der Fristen für die Einlegung dieser Rechtsmittel mitgeteilt.

(2) Bei der in Absatz 1 genannten Entscheidung muß der Hersteller oder sein Bevollmächtigter die Möglichkeit haben, seinen Standpunkt zuvor darzulegen, es sei denn, daß eine solche Anhörung angesichts der insbesondere im Interesse der öffentlichen Gesundheit gebotenen Dringlichkeit der zu treffenden Maßnahme nicht möglich ist.

Artikel 19: Vertraulichkeit

Die Mitgliedstaaten sorgen unbeschadet der bestehenden einzelstaatlichen Bestimmungen und Praktiken in bezug auf die ärztliche Schweigepflicht dafür, daß alle von der Anwendung dieser Richtlinie betroffenen Parteien verpflichtet werden, sämtliche bei der Durchführung ihrer Aufgaben erhaltenen Informationen vertraulich zu behandeln. Die Verpflichtungen der Mitgliedstaaten und der benannten Stellen zur gegenseitigen Unterrichtung und zur Verbreitung von Warnungen sowie die im Strafrecht verankerten Informationspflichten der betreffenden Personen bleiben davon unberührt.

Artikel 20: Zusammenarbeit zwischen den Mitgliedstaaten

Die Mitgliedstaaten treffen die geeigneten Maßnahmen, um sicherzustellen, daß die für die Durchführung dieser Richtlinie zuständigen Behörden miteinander zusammenarbeiten und einander die Auskünfte erteilen, die erforderlich sind, um eine gleichwertige Anwendung dieser Richtlinie zu ermöglichen.

Artikel 21: Änderung von Richtlinien

(1) In der Richtlinie 98/37/EG wird der Wortlaut von Artikel 1 Absatz 3 zweiter Gedankenstrich: "Maschinen für medizinische Zwecke, die in direktem Kontakt mit den Patienten verwendet werden" durch folgenden Wortlaut ersetzt: "Medizinprodukte".

(2) Die Richtlinie 93/42/EWG wird wie folgt geändert:

a) Artikel 1 Absatz 2 wird wie folgt geändert:

- Buchstabe c) erhält folgende Fassung:

  „c) In-vitro-Diagnostikum: jedes Medizinprodukt, das als Reagenz, Reagenzprodukt, Kalibriermaterial, Kontrollmaterial, Kit, Instrument, Apparat, Gerät oder System – einzeln oder in Verbindung miteinander – nach der vom Hersteller festgelegten Zweckbestimmung zur In-vitro-Untersuchung von aus dem menschlichen Körper stammenden Proben, einschließlich Blut- und Gewebespenden, verwendet wird und ausschließlich oder hauptsächlich dazu dient, Informationen zu liefern

  – über physiologische oder pathologische Zustände oder

  – über angeborene Anomalien oder

  – zur Prüfung auf Unbedenklichkeit und Verträglichkeit bei den potentiellen Empfängern oder

  – zur Überwachung therapeutischer Maßnahmen.

  Probenbehältnisse gelten als In-vitro-Diagnostika. Probenbehältnisse sind luftleere wie auch sonstige Medizinprodukte, die von ihrem Hersteller speziell dafür gefertigt werden, aus dem menschlichen Körper stammende Proben unmittelbar nach ihrer Entnahme aufzunehmen und im Hinblick auf eine In-vitro-Diagnose aufzubewahren.

  Erzeugnisse für den allgemeinen Laborbedarf gelten nicht als In-vitro-Diagnostika, es sei denn, sie sind aufgrund ihrer Merkmale nach ihrer vom Hersteller festgelegten Zweckbestimmung speziell für In-vitro-Untersuchungen zu verwenden."

- Buchstabe i) erhält folgende Fassung:

  „i) ‚Inbetriebnahme': die Phase, in der ein Produkt dem Endanwender als ein Erzeugnis zur Verfügung gestellt wird, das erstmals entsprechend seiner Zweckbestimmung auf dem gemeinschaftlichen Markt verwendet werden kann;";

- folgender Buchstabe wird hinzugefügt:

  „j) ‚Bevollmächtigter': die in der Gemeinschaft niedergelassene natürliche oder juristische Person, die vom Hersteller ausdrücklich dazu bestimmt wurde, im Hinblick auf seine Verpflichtungen nach dieser Richtlinie in seinem Namen zu handeln und von den Behörden und Stellen in der Gemeinschaft in diesem Sinne kontaktiert zu werden."

b) Artikel 2 erhält folgende Fassung:

- „Artikel 2: Inverkehrbringen und Inbetriebnahme

  Die Mitgliedstaaten treffen alle erforderlichen Maßnahmen, damit die Produkte nur in Verkehr gebracht und/oder in Betrieb genommen werden dürfen, wenn sie bei sachgemäßer Lieferung, Installation, Instandhaltung und ihrer Zweckbestimmung entsprechender Verwendung die Anforderungen dieser Richtlinie erfüllen."

c) In Artikel 14 Absatz 1 wird folgender Absatz hinzugefügt:

„Bei allen Medizinprodukten der Klassen IIb und III können die Mitgliedstaaten die Mitteilung aller Angaben, die eine Identifizierung des Produkts ermöglichen, sowie der Kennzeichnung und der Gebrauchsanweisung verlangen, wenn diese Produkte in ihrem Hoheitsgebiet in Betrieb genommen werden."

d) Folgende Artikel werden eingefügt:

„*Artikel 14a:* Europäische Datenbank

(1) Regulierungsdaten gemäß dieser Richtlinie werden in einer europäischen Datenbank erfaßt, zu der die zuständigen Behörden Zugang erhalten, damit sie ihre Aufgaben im Zusammenhang mit dieser Richtlinie in voller Sachkenntnis wahrnehmen können.

Die Datenbank enthält:

a) Angaben zur Meldung der Hersteller und der Produkte gemäß Artikel 14;
b) Angaben im Zusammenhang mit Bescheinigungen, die gemäß den Verfahren der Anhänge II bis VII ausgestellt, geändert, ergänzt, ausgesetzt, zurückgezogen oder verweigert wurden;
c) Angaben, die gemäß dem in Artikel 10 festgelegten Beobachtungs- und Meldeverfahren erhalten werden.

(2) Die Angaben werden in einem vereinheitlichten Format übermittelt.

(3) Die Modalitäten zur Durchführung dieses Artikels werden nach dem Verfahren des Artikels 7 Absatz 2 festgelegt.

Artikel 14b: Besondere Gesundheitsüberwachungsmaßnahmen

Ist ein Mitgliedstaat der Auffassung, daß ein bestimmtes Produkt oder eine Gruppe von Produkten aus Gründen des Gesundheitsschutzes und der Sicherheit und/oder im Interesse der öffentlichen Gesundheit gemäß Artikel 36 des Vertrags verboten oder dessen beziehungsweise deren Bereitstellung beschränkt werden oder besonderen Bedingungen unterliegen sollte, so kann er die erforderlichen und begründeten vorläufigen Maßnahmen treffen. Er unterrichtet hiervon die Kommission und die übrigen Mitgliedstaaten unter Angabe der Gründe für seine Entscheidung. Die Kommission konsultiert, soweit dies möglich ist, die betreffenden Parteien und die Mitgliedstaaten und erläßt, wenn die einzelstaatlichen Maßnahmen gerechtfertigt sind, die erforderlichen Gemeinschaftsmaßnahmen nach dem Verfahren des Artikels 7 Absatz 2."

e) In Artikel 16 werden folgende Absätze hinzugefügt:

„(5) Die benannte Stelle unterrichtet die anderen benannten Stellen und die zuständigen Behörden über alle ausgesetzten oder widerrufenen Bescheinigungen sowie auf Anfrage über ausgestellte oder verweigerte Bescheinigungen. Sie stellt ferner auf Anfrage alle einschlägigen zusätzlichen Informationen zur Verfügung.

(6) Stellt eine benannte Stelle fest, daß einschlägige Anforderungen dieser Richtlinie vom Hersteller nicht erfüllt wurden oder nicht länger erfüllt werden, oder hätte eine Bescheinigung nicht ausgestellt werden dürfen, so setzt sie – unter Berücksichtigung des Grundsatzes der Verhältnismäßigkeit — die ausgestellte Bescheinigung aus oder widerruft sie oder erlegt Beschränkungen auf, es sei denn, daß der Hersteller durch geeignete Abhilfemaßnahmen die Übereinstimmung mit diesen Anforderungen gewährleistet. Die benannte Stelle unterrichtet die zuständige Behörde, falls die Bescheinigung ausgesetzt oder widerrufen wird oder Beschränkungen auferlegt werden oder sich ein Eingreifen der zuständigen Behörde als erforderlich erweisen könnte. Der Mitgliedstaat unterrichtet die übrigen Mitgliedstaaten und die Kommission.

(7) Die benannte Stelle stellt auf Anfrage alle einschlägigen Informationen und Unterlagen einschließlich der haushaltstechnischen Unterlagen zur Verfügung, damit der Mitgliedstaat überprüfen kann, ob die Anforderungen nach Anhang XI erfüllt sind."

f) In Artikel 18 wird folgender Absatz hinzugefügt:
„Diese Bestimmungen gelten auch in den Fällen, in denen die CE-Kennzeichnung nach den Verfahren dieser Richtlinie unzulässigerweise an Erzeugnissen angebracht wurde, die nicht unter diese Richtlinie fallen."

g) Artikel 22 Absatz 4 Unterabsatz 1 erhält folgende Fassung:
„(4) Die Mitgliedstaaten gestatten
– das Inverkehrbringen von Produkten, die den Rechtsvorschriften entsprechen, die in ihrem Hoheitsgebiet am 31. Dezember 1994 galten, für einen Zeitraum von fünf Jahren nach Annahme dieser Richtlinie und
– die Inbetriebnahme dieser Produkte längstens bis zum 30. Juni 2001."

h) Folgende Nummern werden gestrichen: Anhang II Nummer 6.2, Anhang III Nummer 7.1, Anhang V Nummer 5.2 und Anhang VI Nummer 5.2.

i) In Anhang XI Nummer 3 ist nach Satz 2 folgender Satz einzufügen:
„Dies schließt ein, daß in der Organisation ausreichend wissenschaftliches Personal vorhanden ist, das die entsprechenden Erfahrungen und Kenntnisse besitzt, um die medizinische Funktion und Leistung der Produkte, für die die Stelle benannt worden ist, in bezug auf die Anforderungen dieser Richtlinie und insbesondere die Anforderungen des Anhangs I zu beurteilen."

Artikel 22: Durchführung, Übergangsbestimmungen

(1) Die Mitgliedstaaten erlassen und veröffentlichen die erforderlichen Rechts- und Verwaltungsvorschriften, um dieser Richtlinie bis zum 7. Dezember 1999 nachzukommen. Sie setzen die Kommission unverzüglich davon in Kenntnis.

Die Mitgliedstaaten wenden diese Vorschriften ab dem 7. Juni 2000 an.

Wenn die Mitgliedstaaten diese Vorschriften erlassen, nehmen sie in den Vorschriften selbst oder durch einen Hinweis bei der amtlichen Veröffentlichung auf diese Richtlinie Bezug. Die Mitgliedstaaten regeln die Einzelheiten dieser Bezugnahme.

(2) Die Mitgliedstaaten teilen der Kommission den Wortlaut der wichtigsten einzelstaatlichen Rechtsvorschriften mit, die sie auf dem unter dieser Richtlinie fallenden Gebiet erlassen.

(3) Der in Artikel 7 genannte Ausschuß kann seine Tätigkeit unmittelbar nach dem Inkrafttreten dieser Richtlinie aufnehmen. Die Mitgliedstaaten können die in Artikel 15 genannten Maßnahmen unmittelbar nach Inkrafttreten dieser Richtlinie treffen.

(4) Die Mitgliedstaaten treffen die erforderlichen Maßnahmen, damit die benannten Stellen, die gemäß Artikel 9 mit der Konformitätsbewertung befaßt sind, allen einschlägigen Angaben über Merkmale und Leistungen der Produkte, insbesondere den Ergebnissen einschlägiger Prüfungen und Kontrollen, die gemäß den geltenden einzelstaatlichen Rechts- und Verwaltungsvorschriften für diese Produkte bereits durchgeführt wurden, Rechnung tragen.

(5) Die Mitgliedstaaten gestatten für einen Zeitraum von fünf Jahren nach dem Inkrafttreten dieser Richtlinie das Inverkehrbringen von Produkten, die den zum Zeitpunkt des Inkrafttretens dieser Richtlinie in ihrem Hoheitsgebiet geltenden Rechtsvorschriften entsprechen. Ferner gestatten sie für einen Zeitraum von zwei Jahren die Inbetriebnahme dieser Produkte.

Artikel 23

Diese Richtlinie tritt am Tag ihrer Veröffentlichung im *Amtsblatt der Europäischen Gemeinschaften* in Kraft.

Artikel 24

Diese Richtlinie ist an die Mitgliedstaaten gerichtet.

Geschehen zu Luxemburg am 27. Oktober 1998.

Im Namen des Europäischen Parlaments	*Im Namen des Rates*
Der Präsident	*Der Präsident*
J. M. Gil-Robles	E. Hostasch

Anhang I: Grundlegende Anforderungen

A. Allgemeine Anforderungen

1. Die Produkte müssen so ausgelegt und hergestellt sein, daß ihre Anwendung weder den klinischen Zustand und die Sicherheit der Patienten noch die Sicherheit und Gesundheit der Anwender oder gegebenenfalls Dritter oder die Sicherheit von Eigentum direkt oder indirekt gefährdet, wenn sie unter den vorgesehenen Bedingungen und zu den vorgesehenen Zwecken eingesetzt werden. Etwaige Risiken im Zusammenhang mit ihrer Anwendung müssen im Vergleich zu der nützlichen Wirkung für den Patienten vertretbar und mit einem hohen Maß an Schutz von Gesundheit und Sicherheit vereinbar sein.

2. Die vom Hersteller bei der Auslegung und Konstruktion der Produkte gewählten Lösungen müssen den Grundsätzen der integrierten Sicherheit unter Berücksichtigung des allgemein anerkannten Stands der Technik entsprechen.

   Bei der Wahl der angemessensten Lösungen muß der Hersteller folgende Grundsätze in der angegebenen Reihenfolge anwenden:
   - weitestmögliche Beseitigung oder Minimierung der Risiken (Integration des Sicherheitskonzepts in die Auslegung und Konstruktion des Produkts);
   - gegebenenfalls Ergreifen angemessener Schutzmaßnahmen gegen nicht zu beseitigende Risiken;
   - Unterrichtung der Benutzer über die Restrisiken, für die keine angemessenen Schutzmaßnahmen getroffen werden können.

3. Die Produkte müssen so ausgelegt und hergestellt sein, daß sie nach dem allgemein anerkannten Stand der Technik für die nach Artikel 1 Absatz 2 Buchstabe b) vom Hersteller festgelegte Zweckbestimmung geeignet sind. Sie müssen – soweit zutreffend – die Leistungsparameter insbesondere im Hinblick auf die vom Hersteller angegebene analytische Sensitivität, diagnostische Sensitivität, analytische Spezifität, diagnostische Spezifität, Richtigkeit, Wiederholbarkeit, Reproduzierbarkeit, einschließlich der Beherrschung der bekannten Interferenzen und Nachweisgrenzen, erreichen.

   Die Rückverfolgbarkeit der dem Kalibriermaterial und/oder dem Kontrollmaterial zugeschriebenen Werte muß durch verfügbare Referenzmeßverfahren und/oder übergeordnete Referenzmaterialien gewährleistet sein.

4. Die Merkmale und Leistungen gemäß den Nummern 1 und 3 dürfen sich nicht derart ändern, daß der klinische Zustand oder die Sicherheit der Patienten oder Anwender oder gegebenenfalls Dritter während der Lebensdauer der Produkte nach Maßgabe der vom Hersteller gemachten Angaben gefährdet werden, wenn diese Produkte Belastungen ausgesetzt werden, wie sie unter normalen Einsatzbedingungen auftreten können. Ist keine Lebensdauer angegeben, gilt die Forderung gleichermaßen für die von einem Produkt dieser Art vernünftigerweise zu erwartende Lebensdauer, wobei die Einsatzbedingungen und die Zweckbestimmung des Produkts zu berücksichtigen sind.

5. Die Produkte müssen so ausgelegt, hergestellt und verpackt sein, daß sich ihre Einsatzmerkmale und -leistungen während ihrer bestimmungsgemäßen Anwendung unter den nach der Gebrauchsanweisung und sonstigen Hinweisen des Herstellers entsprechenden Lagerungs- und Transportbedingungen (Temperatur, Feuchtigkeit usw.) nicht ändern.

B. Anforderungen an Auslegung und Herstellung

1. Chemische und physikalische Eigenschaften

   1.1. Die Produkte müssen so ausgelegt und hergestellt sein, daß die Merkmale und Leistungen gemäß Abschnitt A „Allgemeine Anforderungen“ gewährleistet sind. Dabei ist bei bestimmungsgemäßer Anwendung besonders auf eine mögliche Beeinträchtigung der Analysenleistung des Produkts durch eine Unverträglichkeit zwischen den eingesetzten Materialien und den mit dem Produkt zu verwendenden Proben (z. B. biologische Gewebe, Zellen, Körperflüssigkeiten und Mikroorganismen) zu achten.

1.2. Die Produkte müssen so ausgelegt, hergestellt und verpackt sein, daß eine Gefährdung des Transport-, Lager- und Bedienungspersonals durch Stoffe, die dem Produkt entweichen, Schadstoffe und Rückstände bei bestimmungsgemäßer Anwendung so gering wie möglich gehalten wird.

2. Infektion und mikrobielle Kontamination

2.1. Die Produkte und ihre Herstellungsverfahren müssen so ausgelegt sein, daß das Infektionsrisiko für den Anwender und für Dritte ausgeschlossen oder minimiert wird. Die Auslegung muß eine leichte Handhabung erlauben und gegebenenfalls das Risiko einer Kontamination oder eines Entweichens von Stoffen aus dem Produkt während der Anwendung und bei Probenbehältnissen das Risiko einer Kontamination der Probe minimieren. Das Herstellungsverfahren muß darauf abgestimmt sein.

2.2. Gehören zu den Bestandteilen eines Produkts biologische Substanzen, so sind die Infektionsrisiken durch Auswahl geeigneter Spender, geeigneter Substanzen und durch Verwendung geeigneter, validierter Inaktivierungs-, Konservierungs-, Prüf- und Kontrollverfahren zu minimieren.

2.3. Produkte, deren Kennzeichnung entweder den Hinweis „STERIL" oder die Angabe eines speziellen mikrobiellen Status enthält, müssen unter Anwendung angemessener Verfahren so ausgelegt, hergestellt und in einer geeigneten Verpackung verpackt sein, daß gewährleistet ist, daß der auf der Kennzeichnung der Produkte angegebene mikrobielle Status nach dem Inverkehrbringen unter den vom Hersteller festgelegten Lager- und Transportbedingungen erhalten bleibt, solange die Steril-Verpackung nicht beschädigt oder geöffnet wird.

2.4. Produkte, deren Kennzeichnung entweder den Hinweis "STERIL" oder die Angabe eines speziellen mikrobiellen Status enthält, müssen nach einem geeigneten, validierten Verfahren hergestellt worden sein.

2.5. Verpackungssysteme für Produkte, die nicht unter Nummer 2.3 fallen, müssen so beschaffen sein, daß die vom Hersteller angegebene Reinheit des Produkts unbeschadet erhalten bleibt und, wenn die Produkte vor ihrer Anwendung sterilisiert werden müssen, das Risiko einer mikrobiellen Kontamination so gering wie möglich gehalten wird. Es sind Maßnahmen zu treffen, um das Risiko einer mikrobiellen Kontamination während der Auswahl und Handhabung von Rohstoffen sowie der Herstellung, der Lagerung und des Vertriebs soweit wie möglich zu verringern, wenn die Leistung des Produkts durch eine solche Kontamination beeinträchtigt werden kann.

2.6. Produkte, die sterilisiert werden sollen, müssen unter angemessenen überwachten Bedingungen (z. B. Umgebungsbedingungen) hergestellt sein.

2.7. Verpackungssysteme für nicht sterile Produkte müssen so beschaffen sein, daß die vorgesehene Reinheit des Produkts unbeschadet erhalten bleibt und, wenn das Produkt vor einer Anwendung sterilisiert werden soll, das Risiko einer mikrobiellen Kontamination soweit wie möglich verringert wird; das Verpackungssystem muß sich für das vom Hersteller angegebene Sterilisationsverfahren eignen.

3. Konstruktion und Umgebungsbedingungen

3.1. Wenn ein Produkt zur Anwendung in Kombination mit anderen Produkten oder Ausrüstungen bestimmt ist, muß die gesamte Kombination einschließlich der Anschlüsse sicher sein, und sie darf die vorgesehene Leistung der Produkte nicht beeinträchtigen. Jede Einschränkung der Anwendung muß auf der Kennzeichnung und/oder in der Gebrauchsanweisung angegeben werden.

3.2. Die Produkte müssen so ausgelegt und hergestellt sein, daß die Risiken im Zusammenhang mit ihrer Verwendung in Verbindung mit den Materialien, Stoffen und Gasen, mit denen sie bei ihrer normalen Verwendung in Kontakt kommen können, minimiert werden.

3.3. Die Produkte müssen so ausgelegt und hergestellt sein, daß folgende Risiken ausgeschlossen oder so gering wie möglich gehalten werden:

– Verletzungsrisiken im Zusammenhang mit ihren physikalischen Eigenschaften (einschließlich der Aspekte von Volumen Druck, Abmessungen und gegebenenfalls ergonomischen Merkmalen);

- Risiken im Zusammenhang mit vernünftigerweise vorhersehbaren Umgebungsbedingungen, wie z. B. Magnetfeldern, elektrischen Fremdeinflüssen, elektrostatischen Entladungen, Druck, Feuchtigkeit, Temperatur, Druckschwankungen oder Beschleunigung oder die nicht beabsichtigte Penetration von Stoffen in das Produkt.

Die Produkte müssen so ausgelegt und hergestellt sein, daß sie eine angemessene Festigkeit gegenüber elektromagnetischen Störungen aufweisen, so daß ein bestimmungsgemäßer Betrieb möglich ist.

3.4. Die Produkte müssen so ausgelegt und hergestellt sein, daß das Brand- oder Explosionsrisiko bei normaler Anwendung und beim Erstauftreten eines Defekts so gering wie möglich gehalten wird. Dies gilt insbesondere für solche Produkte, die entsprechend ihrer Zweckbestimmung entflammbaren oder brandfördernden Stoffen ausgesetzt oder damit in Verbindung gebracht werden.

3.5. Die Produkte müssen so ausgelegt und hergestellt sein, daß eine sichere Entsorgung möglich ist.

3.6. Meß-, Kontroll- und Anzeigeeinrichtungen (einschließlich Veränderungen bei der Farbanzeige und andere optische Indikatoren) müssen so ausgelegt und hergestellt sein, daß sie bei bestimmungsgemäßer Anwendung des Produkts ergonomischen Grundsätzen entsprechen.

4. Instrumente und Apparate mit Meßfunktion

4.1. Produkte, bei denen es sich um Instrumente oder Apparate mit primärer analytischer Meßfunktion handelt, müssen so ausgelegt und hergestellt sein, daß unter Berücksichtigung der Zweckbestimmung des Produkts und bestehender geeigneter Referenzmeßverfahren und -materialien innerhalb geeigneter Genauigkeitsgrenzen angemessene Konstanz und Genauigkeit der Messung gewährleistet sind. Die vom Hersteller gewählten Genauigkeitsgrenzen sind von ihm anzugeben.

4.2. Bei Angabe der Meßwerte in numerischer Form sind die gesetzlichen Einheiten gemäß den Vorschriften der Richtlinie 80/181/EWG des Rates vom 20. Dezember 1979 zur Angleichung der Rechtsvorschriften der Mitgliedstaaten über die Einheiten im Meßwesen[1] zu verwenden.

5. Schutz vor Strahlungen

5.1. Die Produkte müssen so ausgelegt, hergestellt und verpackt sein, daß die Exposition von Anwendern und sonstigen Personen gegenüber ausgesandten Strahlungen auf das Mindestmaß beschränkt wird.

5.2. Produkte, die bestimmungsgemäß potentiell gefährliche sichtbare und/oder unsichtbare Strahlungen aussenden, müssen soweit möglich
- so ausgelegt und hergestellt sein, daß die Merkmale und Quantität der abgegebenen Strahlung kontrollier- und/oder einstellbar sind;
- mit visuellen und/oder akustischen Einrichtungen zur Anzeige dieser Strahlungen ausgestattet sein.

5.3. Die Gebrauchsanweisung von Produkten, die Strahlungen aussenden, muß genaue Angaben zu den Merkmalen der Strahlenemission, zu den Möglichkeiten des Strahlenschutzes für den Anwender und zur Vermeidung falscher Handhabung sowie zur Ausschaltung installationsbedingter Risiken enthalten.

6. Anforderungen an Medizinprodukte mit externer oder interner Energiequelle

6.1. Produkte, die mit programmierbaren Elektroniksystemen, einschließlich Software, ausgestattet sind, müssen so ausgelegt sein, daß Wiederholpräzision, Zuverlässigkeit und Leistung dieser Systeme entsprechend der Zweckbestimmung gewährleistet sind.

6.2. Die Produkte müssen so ausgelegt und hergestellt sein, daß die Gefahr der Entstehung elektromagnetischer Störungen, die in ihrer üblichen Umgebung befindliche weitere Einrichtungen oder Ausrüstungen in deren Funktion beeinträchtigen können, auf ein Mindestmaß beschränkt wird.

6.3. Die Produkte müssen so ausgelegt und hergestellt sein, daß das Risiko von unbeabsichtigten Stromstößen bei sachgemäßer Installation und Wartung sowie bei normaler Anwendung und beim Erstauftreten eines Defekts so weit wie möglich ausgeschaltet wird.

[1] ABl. L 39 vom 15.2.1980, S. 40. Richtlinie zuletzt geändert durch die Richtlinie 89/617/EWG (ABl. L 357 vom 7.12.1989, S. 28).

6.4. Schutz vor mechanischen und thermischen Gefahren

6.4.1. Die Produkte müssen so ausgelegt und hergestellt sein, daß der Anwender vor mechanischen Gefahren geschützt ist. Die Produkte müssen unter den vorgesehenen Betriebsbedingungen ausreichend stabil sein. Sie müssen den ihrem vorgesehenen Arbeitsumfeld eigenen Belastungen standhalten können, und diese Stabilität muß während der erwarteten Lebensdauer der Produkte gegeben sein; dies gilt vorbehaltlich der vom Hersteller angegebenen Inspektions- und Wartungsanforderungen.

Sofern Risiken infolge des Vorhandenseins von beweglichen Teilen, Risiken aufgrund von Bersten oder Ablösung oder die Gefahr des Entweichens von Substanzen bestehen, müssen geeignete Schutzvorkehrungen in den Produkten vorgesehen sein.

Schutzeinrichtungen oder sonstige an dem Produkt selbst vorgesehene Schutzvorrichtungen, insbesondere gegen Gefahren durch bewegliche Teile, müssen sicher sein und dürfen weder den Zugang im Hinblick auf die normale Bedienung des Produkts behindern, noch die vom Hersteller vorgesehene regelmäßige Wartung des Produkts einschränken.

6.4.2. Die Produkte müssen so ausgelegt und hergestellt sein, daß die Risiken, die durch von den Produkten erzeugte mechanische Schwingungen bedingt sind, unter Berücksichtigung des technischen Fortschritts so gering wie möglich gehalten werden, soweit diese Schwingungen nicht im Rahmen der vorgesehenen Anwendung beabsichtigt sind; dabei sind die vorhandenen Möglichkeiten zur Minderung der Schwingungen, insbesondere an deren Ursprung, zu nutzen.

6.4.3. Die Produkte müssen so ausgelegt und hergestellt sein, daß die Risiken, die durch Geräuschemissionen der Produkte bedingt sind, unter Berücksichtigung des technischen Fortschritts so gering wie möglich gehalten werden, soweit die akustischen Signale nicht im Rahmen der vorgesehenen Anwendung beabsichtigt sind; dabei sind die vorhandenen Möglichkeiten zur Minderung der Geräuschemissionen, insbesondere an deren Ursprung, zu nutzen.

6.4.4. Vom Anwender zu bedienende Endeinrichtungen und Anschlüsse an Energiequellen für den Betrieb mit elektrischer, hydraulischer oder pneumatischer Energie oder mit Gas müssen so ausgelegt und hergestellt sein, daß jede mögliche Gefährdung so gering wie möglich gehalten wird.

6.4.5. Zugängliche Teile von Produkten (mit Ausnahme von Teilen oder Bereichen, die Wärme abgeben oder bestimmte Temperaturen erreichen sollen) sowie deren Umgebung dürfen keine Temperaturen erreichen, die bei normaler Anwendung eine Gefährdung darstellen können.

7. Anforderungen an Produkte zur Eigenanwendung

Produkte zur Eigenanwendung müssen so ausgelegt und hergestellt sein, daß sie ihre Funktion unter Berücksichtigung der Fertigkeiten und Möglichkeiten der Anwender sowie der Auswirkungen der normalerweise zu erwartenden Schwankungen in der Verfahrensweise und der Umgebung der Anwender bestimmungsgemäß erfüllen können. Die vom Hersteller beigefügten Angaben und Anweisungen müssen für den Anwender leicht verständlich und anwendbar sein.

7.1. Produkte zur Eigenanwendung müssen so ausgelegt und hergestellt sein, daß

- gewährleistet ist, daß das Produkt für den nicht medizinisch ausgebildeten Anwender in allen Bedienungsphasen einfach anzuwenden ist, und
- die Gefahr einer falschen Handhabung des Produkts oder einer falschen Interpretation der Ergebnisse durch den Anwender so gering wie möglich gehalten wird.

7.2. Produkte zur Eigenanwendung müssen, soweit es unter vertretbaren Bedingungen möglich ist, mit einem Verfahren zur Anwenderkontrolle versehen sein, d. h. einem Verfahren, mit dem der Anwender kontrollieren kann, ob das Produkt bei der Anwendung bestimmungsgemäß arbeitet.

8. Bereitstellung von Informationen durch den Hersteller

8.1. Jedem Produkt sind Informationen beizugeben, die unter Berücksichtigung des Ausbildungs- und Kenntnisstandes des vorgesehenen Anwenderkreises die ordnungsgemäße und sichere Anwendung des Produkts und die Ermittlung des Herstellers ermöglichen.

Diese Informationen umfassen die Angaben in der Kennzeichnung und in der Gebrauchsanweisung.

Die für die ordnungsgemäße und sichere Anwendung erforderlichen Informationen müssen, soweit dies praktikabel und angemessen ist, auf dem Produkt selbst und/oder gegebenenfalls auf der Handelspackung angegeben sein. Falls die vollständige Kennzeichnung jeder Einheit nicht möglich ist, müssen die Angaben auf der Verpackung und/oder in der für ein oder mehrere Produkte mitgelieferten Gebrauchsanweisung erscheinen.

Eine Gebrauchsanweisung muß jedem Produkt beigefügt oder in der Verpackung für ein oder mehrere Produkte enthalten sein.

In hinlänglich begründeten Fällen ist eine Gebrauchsanweisung ausnahmsweise entbehrlich, wenn die ordnungsgemäße und sichere Anwendung des Produkts ohne Gebrauchsanweisung gewährleistet ist.

Die Entscheidung über die Übersetzung der Gebrauchsanweisung und der Etikettierung in eine oder mehrere Sprachen der Europäischen Union wird den Mitgliedstaaten überlassen mit dem Vorbehalt, daß bei Produkten zur Eigenanwendung die Gebrauchsanweisung und die Etikettierung eine Übersetzung in der (den) Amtssprache(n) des Mitgliedstaats enthalten, in dem der Endverbraucher das Produkt zur Eigenanwendung erhält.

8.2. Die Angaben sollten gegebenenfalls in Form von Symbolen gemacht werden. Soweit Symbole und Identifizierungsfarben verwendet werden, müssen sie den harmonisierten Normen entsprechen. Falls solche Normen für den betreffenden Bereich nicht existieren, müssen die verwendeten Symbole und Identifizierungsfarben in der beigegebenen Produktdokumentation erläutert werden.

8.3. Bei Produkten, die eine Substanz oder Zubereitung enthalten, die aufgrund der Merkmale und der Menge ihrer Bestandteile sowie der Form, in der sie vorliegen, als gefährlich betrachtet werden kann, sind die jeweiligen Gefahrensymbole und Kennzeichnungsanforderungen gemäß den Richtlinien 67/548/EWG [2)] und 88/379/EWG [3)] anzuwenden. Wenn nicht alle Angaben auf dem Produkt oder in seiner Kennzeichnung angebracht werden können, sind die jeweiligen Gefahrensymbole in der Kennzeichnung anzubringen und die sonstigen gemäß diesen Richtlinien erforderlichen Angaben in der Gebrauchsanweisung zu machen.

Die Bestimmungen der vorstehend genannten Richtlinien zum Sicherheitsdatenblatt gelten, wenn nicht alle zweckdienlichen Angaben bereits in der Gebrauchsanweisung enthalten sind.

8.4. Die Kennzeichnung muß folgende Angaben – gegebenenfalls in Form von geeigneten Symbolen – enthalten:

a) Name oder Firma und Anschrift des Herstellers. Bei Produkten, die in die Gemeinschaft eingeführt werden, um dort vertrieben zu werden, müssen die Kennzeichnung, die äußere Verpackung oder die Gebrauchsanweisung ferner den Namen und die Anschrift des Bevollmächtigten des Herstellers aufweisen;

b) alle unbedingt erforderlichen Angaben, aus denen der Anwender eindeutig ersehen kann, worum es sich bei dem Produkt oder Packungsinhalt handelt;

c) gegebenenfalls den Hinweis „STERIL" oder eine Angabe zum speziellen mikrobiellen Status oder Reinheitsgrad;

d) den Loscode – nach dem Wort „LOS" – oder die Seriennummer;

e) erforderlichenfalls das Datum, angegeben in der Reihenfolge von Jahr, Monat und gegebenenfalls Tag, bis zu dem das Produkt oder eines seiner Teile ohne Verminderung der Leistungsfähigkeit sicher angewendet werden kann;

f) bei Produkten für Leistungsbewertungszwecke den Hinweis „nur für Leistungsbewertungszwecke";

---

2) Richtlinie 67/548/EWG des Rates vom 27. Juni 1967 zur Angleichung der Rechts- und Verwaltungsvorschriften für die Einstufung, Verpackung und Kennzeichnung gefährlicher Stoffe (ABl. L 196 vom 16.8.1967, S. 1). Richtlinie zuletzt geändert durch die Richtlinie 97/69/EG der Kommission (ABl. L 343 vom 13.12.1997, S. 19).

3) Richtlinie 88/379/EWG des Rates vom 7. Juni 1988 zur Angleichung der Rechts- und Verwaltungsvorschriften der Mitgliedstaaten für die Einstufung, Verpackung und Kennzeichnung gefährlicher Zubereitungen (ABl. L 187 vom 16.7.1988, S. 14). Richtlinie zuletzt geändert durch die Richtlinie 96/65/EG der Kommission (ABl. L 265 vom 18.10.1996, S. 15).

g) gegebenenfalls einen Hinweis darauf, daß es sich um ein Produkt zur In-vitro-Anwendung handelt;
h) besondere Hinweise zur Lagerung und/oder Handhabung;
i) gegebenenfalls besondere Anwendungshinweise;
j) geeignete Warnhinweise und/oder Hinweise auf zu treffende Vorsichtsmaßnahmen;
k) wenn Produkte zur Eigenanwendung bestimmt sind, ist dies deutlich hervorzuheben.

8.5. Wenn die Zweckbestimmung eines Produkts für den Anwender nicht offensichtlich ist, muß der Hersteller diese in der Gebrauchsanweisung und gegebenenfalls auf der Kennzeichnung deutlich angeben.

8.6. Soweit vernünftigerweise praktikabel, müssen die Produkte und ihre eigenständigen Komponenten gegebenenfalls auf der Ebene der Produktlose identifizierbar sein, damit jede geeignete Maßnahme getroffen werden kann, um eine mögliche Gefährdung im Zusammenhang mit den Produkten und ihren eigenständigen Komponenten festzustellen.

8.7. Die Gebrauchsanweisung muß nach Maßgabe des konkreten Falls folgende Angaben enthalten:

a) Die Angaben gemäß Nummer 8.4 mit Ausnahme der Angaben unter deren Buchstaben d) und e);
b) die Zusammensetzung des Reagenzprodukts nach Art und Menge oder Konzentration des bzw. der wirksamen Bestandteile des Reagenz (der Reagenzien) oder des Kits sowie gegebenenfalls einen Hinweis darauf, daß das Produkt noch weitere die Messung beeinflussende Inhaltsstoffe enthält;
c) die Lagerungsbedingungen und die Verwendungsdauer nach dem erstmaligen Öffnen der Primärverpackung, zusammen mit den Lagerungsbedingungen und der Stabilität der Arbeitsreagenzien;
d) die Leistungsdaten gemäß Abschnitt A Nummer 3;
e) Angaben zu eventuell erforderlichen besonderen Materialien, einschließlich der Informationen, die im Hinblick auf eine ordnungsgemäße Anwendung für die Identifizierung dieser Materialien erforderlich sind;
f) Angaben zur Art des zu verwendenden Spezimens, darunter gegebenenfalls besondere Bedingungen für die Gewinnung, Vorbehandlung und, soweit erforderlich, Lagerung sowie Hinweise zur Vorbereitung des Patienten;
g) eine detaillierte Beschreibung der bei der Anwendung des Produkts zu wählenden Verfahrensweise;
h) Angaben zu dem für das Produkt anzuwendenden Meßverfahren, darunter, soweit zutreffend,
   - zum Prinzip des Verfahrens;
   - zu den speziellen Leistungsmerkmalen der Analyse (z. B. Empfindlichkeit, Spezifität, Genauigkeit, Wiederholbarkeit, Reproduzierbarkeit, Nachweisgrenzen und Meßbereich, einschließlich der Angaben, die zur Kontrolle der bekannten relevanten Interferenzen erforderlich sind), den Begrenzungen des Verfahrens und zur Anwendung verfügbarer Referenzmeßverfahren und -materialien durch den Anwender;
   - nähere Angaben zu weiteren, vor Anwendung des Produkts erforderlichen Verfahren oder Schritten (z. B. Rekonstitution, Inkubation, Verdünnung, Instrumentenprüfung usw.);
   - gegebenenfalls der Hinweis, daß eine besondere Ausbildung erforderlich ist;
i) den mathematischen Ansatz, auf dem die Berechnung der Analysenergebnisse beruht;
j) die Maßnahmen, die im Fall von Änderungen in der Analysenleistung des Produkts zu treffen sind;
k) geeignete Angaben für den Anwender:
   - zur internen Qualitätskontrolle, einschließlich spezieller Validierungsverfahren,
   - zur Rückverfolgbarkeit der Kalibrierung des Produkts;
l) die Referenzbereiche für die Bestimmung der Meßgrößen, einschließlich einer Angabe der geeigneten Referenzpopulationen;
m) bei Produkten, die zur Erfüllung ihrer Zweckbestimmung mit anderen Medizinprodukten oder Ausrüstungen kombiniert oder an diese angeschlossen werden müssen: alle Merkmale, die zur Wahl der für eine sichere und ordnungsgemäße Kombination erforderlichen Geräte oder Ausrüstungen erforderlich sind;

n) alle Angaben, mit denen überprüft werden kann, ob ein Produkt ordnungsgemäß installiert worden ist und sich in sicherem und betriebsbereitem Zustand befindet, dazu Angaben zu Art und Häufigkeit der Instandhaltungsmaßnahmen und der Kalibrierungen, die erforderlich sind, um den sicheren und ordnungsgemäßen Betrieb der Produkte auf Dauer zu gewährleisten; Angaben zu einer sicheren Entsorgung;
o) Hinweise auf eine möglicherweise vor der Anwendung eines Produkts erforderliche besondere Behandlung oder zusätzliche Aufbereitung (z. B. Sterilisation, Montage usw.);
p) Anweisungen für den Fall, daß die Schutzverpackung beschädigt wird; dazu gegebenenfalls die Angabe geeigneter Verfahren zur erneuten Sterilisation oder Dekontamination;
q) bei wiederzuverwendenden Produkten Angaben über geeignete Aufbereitungsverfahren, z. B. zur Reinigung, Desinfektion, Verpackung, erneuten Sterilisation oder Dekontamination, dazu Angaben zu einer eventuellen Beschränkung der Anzahl der Wiederverwendungen;
r) Vorsichtsmaßnahmen für den Fall, daß es unter vernünftigerweise vorhersehbaren Umgebungsbedingungen zu einer Exposition gegenüber Magnetfeldern, elektrischen Fremdeinflüssen, elektrostatischen Entladungen, Druck oder Druckschwankungen, Beschleunigung, Wärmequellen mit der Gefahr einer Selbstentzündung usw. kommt;
s) Vorsichtsmaßnahmen gegen besondere oder ungewöhnliche Risiken im Zusammenhang mit der Verwendung oder Entsorgung des Produkts, einschließlich besonderer Schutzmaßnahmen; wenn das Produkt Stoffe menschlichen oder tierischen Ursprungs enthält, Hinweis auf das dadurch gegebene potentielle Infektionsrisiko;
t) Spezifikationen für Produkte zur Eigenanwendung:
   - die Ergebnisse sind so anzugeben und darzustellen, daß sie von einem Laien ohne Schwierigkeiten verstanden werden; gleichzeitig sind Hinweise und Anweisungen für den Anwender zu den zu treffenden Maßnahmen (bei positivem, negativem oder unklarem Ergebnis) und zur Möglichkeit eines falsch positiven oder falsch negativen Ergebnisses erforderlich;
   - besondere Angaben sind dann nicht erforderlich, wenn die anderen vom Hersteller gemachten Angaben ausreichen, um den Anwender in die Lage zu versetzen, das Produkt einzusetzen und das bzw. die vom Produkt erzeugten Ergebnisse zu verstehen;
   - einen deutlichen Hinweis für den Anwender, daß dieser ohne vorherige Konsultation seines Arztes keine medizinisch wichtige Entscheidung treffen darf;
   - aus den Hinweisen muß auch hervorgehen, daß der Patient, wenn er ein Produkt zur Eigenanwendung zur Kontrolle einer bereits bestehenden Erkrankung einsetzt, die betreffende Behandlung nur anpassen darf, wenn er die dazu erforderliche Schulung erhalten hat;
u) das Datum der Herausgabe oder der jüngsten Überarbeitung der Gebrauchsanweisung.

Anhang II: Liste der in Artikel 9 Absätze 2 und 3 genannten Produkte

Liste A

- Reagenzien und Reagenzprodukte, einschließlich der entsprechenden Kalibrier- und Kontrollmaterialien, zur Bestimmung folgender Blutgruppen: ABNull-System, Rhesus (C, c, D, E, e), Kell-System.
- Reagenzien und Reagenzprodukte, einschließlich der entsprechenden Kalibrier- und Kontrollmaterialien, zum Nachweis, zur Bestätigung und zur quantitativen Bestimmung von Markern von HIV-Infektionen (HIV 1 und 2), HTLV I und II sowie Hepatitis B, C und D in Proben menschlichen Ursprungs.

Liste B

- Reagenzien und Reagenzprodukte, einschließlich der entsprechenden Kalibrier- und Kontrollmaterialien, zur Bestimmung folgender Blutgruppen: Duffy-System, Kidd-System.
- Reagenzien und Reagenzprodukte, einschließlich der entsprechenden Kalibrier- und Kontrollmaterialien, zur Bestimmung irregulärer Anti-Erythrozyten-Antikörper.
- Reagenzien und Reagenzprodukte, einschließlich der entsprechenden Kalibrier- und Kontrollmaterialien, zum Nachweis und zur quantitativen Bestimmung folgender angeborener Infektionen in Proben menschlichen Ursprungs: Röteln, Toxoplasmose.
- Reagenzien und Reagenzprodukte, einschließlich der entsprechenden Kalibrier- und Kontrollmaterialien, zum Nachweis der folgenden Erbkrankheit: Phenylketonurie.
- Reagenzien und Reagenzprodukte, einschließlich der entsprechenden Kalibrier- und Kontrollmaterialien, zum Nachweis folgender Infektionen beim Menschen: Zytomegalovirus, Chlamydien.
- Reagenzien und Reagenzprodukte, einschließlich der entsprechenden Kalibrier- und Kontrollmaterialien, zur Bestimmung folgender HLA-Gewebetypen: DR, A, B.
- Reagenzien und Reagenzprodukte, einschließlich der entsprechenden Kalibrier- und Kontrollmaterialien, zum Nachweis des folgenden Tumormarkers: PSA.
- Reagenzien und Reagenzprodukte, einschließlich der entsprechenden Kalibrier- und Kontrollmaterialien, und Software, die spezifisch zur Schätzung des Risikos von Trisomie 21 bestimmt sind.
- Folgende Produkte zur Eigenanwendung, einschließlich der entsprechenden Kalibrier- und Kontrollmaterialien: Produkt zur Blutzuckerbestimmung.

Anhang III: EG-Konformitätserklärung

1. Als EG-Konformitätserklärung wird das Verfahren bezeichnet, mit dem der Hersteller oder sein Bevollmächtigter, der den Verpflichtungen nach den Nummern 2 bis 5, bei Produkten zur Eigenanwendung darüber hinaus den Verpflichtungen nach Nummer 6 nachkommt, sicherstellt und erklärt, daß die betreffenden Produkte den einschlägigen Bestimmungen dieser Richtlinie entsprechen. Der Hersteller bringt die CE-Kennzeichnung gemäß Artikel 16 an.

2. Der Hersteller stellt die in Nummer 3 beschriebene technische Dokumentation zusammen und gewährleistet, daß der Herstellungsprozeß den Grundsätzen der Qualitätssicherung gemäß Nummer 4 entspricht.

3. Die technische Dokumentation muß die Bewertung der Konformität des Produkts mit den Anforderungen der Richtlinie ermöglichen. Sie enthält insbesondere
   - eine allgemeine Beschreibung des Produkts, einschließlich der geplanten Varianten;
   - die Dokumentation des Qualitätssicherungssystems;
   - Konstruktionsunterlagen, einschließlich Bestimmung der Merkmale von Ausgangsmaterialien, Leistungsmerkmale und -grenzen der Produkte, Herstellungsverfahren sowie – im Fall von Instrumenten – Konstruktionszeichnungen sowie Pläne von Bauteilen, Baugruppen, Schaltungen usw.;
   - Im Fall von Produkten, die Gewebe menschlichen Ursprungs oder aus diesen Geweben gewonnene Stoffe enthalten, Angaben zum Ursprung und zu den Bedingungen der Gewinnung dieser Materialien;
   - die zum Verständnis der genannten Charakteristika, Zeichnungen und Pläne sowie der Funktionsweise des Produkts erforderlichen Beschreibungen und Erläuterungen;
   - die Ergebnisse der Gefahrenanalyse sowie gegebenenfalls eine Liste der ganz oder teilweise angewandten Normen gemäß Artikel 5 sowie eine Beschreibung der Lösungen zur Einhaltung der grundlegenden Anforderungen dieser Richtlinie, sofern die in Artikel 5 genannten Normen nicht vollständig angewandt worden sind;
   - für sterile Produkte oder Produkte mit einem speziellen mikrobiellen Status oder Reinheitsgrad eine Beschreibung der angewandten Verfahren;
   - die Ergebnisse der Konstruktionsberechnungen, der vorgenommenen Prüfungen usw.;
   - wenn ein Produkt zur Erfüllung seiner Zweckbestimmung an ein oder mehrere andere Produkte angeschlossen werden muß, den Nachweis, daß das erstgenannte Produkt bei Anschluß an ein oder mehrere andere Produkte, die die vom Hersteller angegebenen Merkmale aufweisen, die grundlegenden Anforderungen erfüllt;
   - die Prüfberichte;
   - angemessene Angaben aus den Leistungsbewertungsprüfungen, mit denen die vom Hersteller geltend gemachten Leistungsdaten auf der Grundlage eines Referenzmeßsystems (soweit vorhanden) bestätigt werden; diese Angaben umfassen Informationen zu den verwendeten Referenzverfahren, Referenzmaterialien, bekannten Referenzwerten, Genauigkeit und Meßeinheiten; diese Daten müssen aus in einer klinischen oder sonstigen geeigneten Umgebung vorgenommenen Untersuchungen oder aus der einschlägigen Literatur stammen;
   - Kennzeichnung und Bedienungsanleitung;
   - Ergebnisse der Stabilitätsprüfungen.

4. Der Hersteller trifft alle notwendigen Maßnahmen, um sicherzustellen, daß der Herstellungsprozeß den für die hergestellten Produkte geltenden Grundsätzen der Qualitätssicherung entspricht. Das System umfaßt:
   - die Organisationsstruktur und die Zuständigkeiten;
   - die Herstellungsverfahren und die systematische Qualitätskontrolle der Produktion;
   - die Mittel zur Kontrolle der Leistung des Qualitätssicherungssystems.

5. Der Hersteller muß ein systematisches Verfahren einrichten und auf dem neuesten Stand halten, das es ermöglicht, Erfahrungen mit Produkten in den der Herstellung nachgelagerten Phasen auszuwerten und in geeigneter Weise erforderliche Korrekturen zu veranlassen, wobei die Art des Produkts und die von diesem ausgehenden Risiken zu berücksichtigen sind. Der Hersteller muß die zuständigen Behörden unverzüglich über folgende Vorkommnisse unterrichten, sobald er selbst davon Kenntnis erlangt hat:
   i) jede Funktionsstörung, jeden Ausfall oder jede Änderung der Merkmale und/oder der Leistung sowie jede Unsachgemäßheit der Kennzeichnung oder der Gebrauchsanweisung eines Produkts, die direkt oder indirekt zum Tod oder zu einer schwerwiegenden Verschlechterung des Gesundheitszustands eines Patienten, eines Anwenders oder einer anderen Person führen könnte oder geführt haben könnte;
   ii) jeden Grund technischer oder medizinischer Art, der aufgrund der unter Ziffer i) genannten Ursachen durch die Merkmale und Leistungen des Produkts bedingt ist und zum systematischen Rückruf von Produkten desselben Typs durch den Hersteller geführt hat.

6. Bei Produkten zur Eigenanwendung muß der Hersteller einen Antrag auf Prüfung der Auslegung bei einer benannten Stelle einreichen.
   6.1. Der Antrag muß eine verständliche Darstellung der Auslegung des Produkts enthalten und eine Bewertung der Konformität mit den auslegungsbezogenen Anforderungen der Richtlinie ermöglichen. Der Antrag muß folgendes enthalten:
   - Testberichte, gegebenenfalls mit Ergebnissen von Studien, die mit Laien durchgeführt worden sind;
   - Angaben, die die geeignete Handhabung des Produkts im Hinblick auf die vorgesehene Eigenanwendung belegen;
   - die Angaben, die auf der Kennzeichnung und in der Gebrauchsanweisung des Produkts anzubringen sind.

   6.2. Die benannte Stelle prüft den Antrag und stellt, falls die Auslegung den einschlägigen Bestimmungen dieser Richtlinie entspricht, dem Antragsteller eine EG-Auslegungsprüfbescheinigung aus. Die benannte Stelle kann verlangen, daß der Antrag durch weitere Tests oder Nachweise ergänzt wird, um die Konformität mit den Anforderungen der Richtlinie zur Auslegung prüfen zu können. Die Bescheinigung enthält die Ergebnisse der Prüfung, die Bedingungen für die Gültigkeit der Bescheinigung sowie die zur Identifizierung der genehmigten Auslegung erforderlichen Angaben und gegebenenfalls eine Beschreibung der Zweckbestimmung des Produkts.

   6.3. Der Antragsteller informiert die benannte Stelle, die die EG-Auslegungsprüfbescheinigung ausgestellt hat, über alle an der genehmigten Auslegung vorgenommenen wesentlichen Änderungen. Änderungen der genehmigten Auslegung müssen von der benannten Stelle, die die EG-Auslegungsprüfbescheinigung ausgestellt hat, zusätzlich genehmigt werden, wenn sie die Konformität mit den grundlegenden Anforderungen dieser Richtlinie oder mit den vorgesehenen Anwendungsbedingungen des Produkts berühren können. Diese Zusatzgenehmigung wird in Form eines Nachtrags zur ursprünglichen EG-Auslegungsprüfbescheinigung erteilt.

Anhang IV: EG-Konformitätserklärung (Vollständiges Qualitätssicherungssystem)

1. Der Hersteller stellt sicher, daß das genehmigte Qualitätssicherungssystem für die Auslegung, die Fertigung und die Endkontrolle der betreffenden Produkte nach Maßgabe der Nummer 3 angewandt wird; er unterliegt der förmlichen Überprüfung (Audit) gemäß Nummer 3.3 und der Überwachung gemäß Nummer 5. Darüber hinaus hat der Hersteller bei den in Anhang II Liste A genannten Produkten die Verfahren nach den Nummern 4 und 6 einzuhalten.

2. Bei der EG-Konformitätserklärung handelt es sich um das Verfahren, mit dem der Hersteller, der den Verpflichtungen nach Nummer 1 nachkommt, sicherstellt und erklärt, daß die betreffenden Produkte den einschlägigen Bestimmungen dieser Richtlinie entsprechen. Der Hersteller bringt die CE-Kennzeichnung gemäß Artikel 16 an und stellt eine Konformitätserklärung aus, die sich auf die betreffenden Produkte erstreckt.

3. Qualitätssicherungssystem

3.1. Der Hersteller reicht einen Antrag auf Bewertung seines Qualitätssicherungssystems bei einer benannten Stelle ein. Der Antrag muß folgendes enthalten:

- Name und Anschrift des Hersteller sowie die Anschrift etwaiger weiterer Fertigungsstätten, in denen das Qualitätssicherungssystem angewandt wird;
- alle einschlägigen Angaben über das Produkt oder die Produktkategorie, das bzw. die Gegenstand des Verfahrens ist;
- eine schriftliche Erklärung, daß bei keiner anderen benannten Stelle ein Parallelantrag zu demselben Qualitätssicherungssystem bezogen auf dieses Produkt eingereicht worden ist;
- die Dokumentation über das Qualitätssicherungssystem;
- eine Zusicherung seitens des Herstellers, die Verpflichtungen, die sich aus dem genehmigten Qualitätssicherungssystem ergeben, zu erfüllen;
- eine Zusicherung seitens des Herstellers, das genehmigte Qualitätssicherungssystem so zu unterhalten, daß dessen Eignung und Wirksamkeit gewährleistet bleiben;
- eine Zusicherung des Herstellers, ein systematisches Verfahren einzurichten und auf dem neuesten Stand zu halten, mit dem Erfahrungen mit Produkten in den der Herstellung nachgelagerten Phasen ausgewertet werden, und alle Vorkehrungen zu treffen, um erforderliche Korrekturen und die Unterrichtung gemäß Anhang III Nummer 5 vorzunehmen.

3.2. Mit Hilfe des Qualitätssicherungssystems muß die Konformität der Produkte mit den einschlägigen Bestimmungen dieser Richtlinie auf allen Stufen von der Auslegung bis zur Endkontrolle sichergestellt werden. Alle Einzelheiten, Anforderungen und Vorkehrungen, die der Hersteller seinem Qualitätssicherungssystem zugrunde legt, müssen in eine systematisch geführte und nach Strategien und schriftlichen Verfahrensanweisungen geordnete Dokumentation, beispielsweise in Form von Programmen, Plänen, Handbüchern und Aufzeichnungen zur Qualitätssicherung, aufgenommen werden.

Diese Dokumentation umfaßt insbesondere eine angemessene Beschreibung folgender Punkte:

a) Qualitätsziele des Herstellers;

b) Organisation des Unternehmens, insbesondere:
   - organisatorischer Aufbau, Zuständigkeiten und organisatorische Befugnisse des Managements in bezug auf die Qualität bei der Auslegung und der Herstellung der betreffenden Produkte;
   - Mittel zur Überprüfung der Wirksamkeit des Qualitätssicherungssystems, insbesondere von dessen Eignung zur Sicherstellung der angestrebten Auslegungs- und Produktqualität, einschließlich der Kontrolle über nichtkonforme Produkte;

c) Verfahren zur Steuerung und Kontrolle der Produktauslegung, insbesondere:
   - eine allgemeine Beschreibung des Produkts, einschließlich der geplanten Varianten;
   - die gesamte Dokumentation gemäß Anhang III Nummer 3 dritter bis dreizehnter Gedankenstrich;
   - bei Produkten zur Eigenanwendung die Angaben gemäß Anhang III Nummer 6.1;
   - Techniken zur Kontrolle und Prüfung der Auslegung, der Verfahren und der systematischen Maßnahmen, die bei der Produktauslegung angewendet werden;

d) Qualitätssicherungs- und -kontrolltechniken auf der Ebene der Hersteller, insbesondere:
   - Verfahren und Methoden, insbesondere bei der Sterilisation;
   - Verfahren bei der Materialbeschaffung;
   - Verfahren zur Produktidentifizierung, die anhand von Zeichnungen, Spezifikationen oder sonstigen einschlägigen Unterlagen im Verlauf aller Herstellungsstufen erstellt und auf dem neuesten Stand gehalten werden;

e) geeignete Untersuchungen und Prüfungen, die vor, während und nach der Herstellung vorgenommen werden, sowie Angaben zu ihrer Häufigkeit und zu den verwendeten Prüfgeräten; die Nachvollziehbarkeit der Kalibrierung muß sichergestellt sein.

Der Hersteller führt die erforderlichen Prüfungen und Tests entsprechend dem neuesten Stand der Technik durch. Die Prüfungen und Tests beziehen sich auf den Herstellungsprozeß, einschließlich der Bestimmung der Eigenschaften der Ausgangsstoffe, sowie die jeweils hergestellten einzelnen Produkte oder Produktchargen.

Bei der Prüfung der in Anhang II Liste A genannten Produkte berücksichtigt der Hersteller die neuesten Erkenntnisse, insbesondere im Hinblick auf die biologische Komplexität und Variabilität der mit dem In-vitro-Diagnostikum zu prüfenden Proben.

3.3. Die benannte Stelle führt eine förmliche Überprüfung (Audit) des Qualitätssicherungssystems durch, um festzustellen, ob es den Anforderungen nach Nummer 3.2 entspricht. Bei Qualitätssicherungssystemen, die auf der Umsetzung der entsprechenden harmonisierten Normen beruhen, geht sie von der Übereinstimmung mit diesen Anforderungen aus.

Das Prüfteam muß Erfahrungen mit der Bewertung der betreffenden Technologie haben. Das Bewertungsverfahren schließt eine Besichtigung der Betriebsstätten des Herstellers und, falls dazu hinreichend Anlaß besteht, der Betriebsstätten der Zulieferer des Herstellers und/oder seiner Subunternehmer ein, um die Herstellungsverfahren zu überprüfen.

Die Entscheidung wird dem Hersteller mitgeteilt. Die Mitteilung enthält die Ergebnisse der Prüfung und eine Begründung der Entscheidung.

3.4. Der Hersteller informiert die benannte Stelle, die das Qualitätssicherungssystem genehmigt hat, über geplante wesentliche Änderungen des Qualitätssicherungssystems oder der hiervon erfaßten Produktreihe. Die benannte Stelle prüft die vorgeschlagenen Änderungen und entscheidet, ob das geänderte Qualitätssicherungssystem den Anforderungen nach Nummer 3.2 noch entspricht. Sie teilt ihre Entscheidung dem Hersteller mit. Die Mitteilung enthält die Ergebnisse der Prüfung und eine Begründung der Entscheidung.

4. Prüfung der Produktauslegung

4.1. Bei den in Anhang II Liste A genannten Produkten stellt der Hersteller, zusätzlich zu den ihm gemäß Nummer 3 obliegenden Verpflichtungen, bei der benannten Stelle einen Antrag auf Prüfung der Auslegungsdokumentation zu dem Produkt, dessen Herstellung bevorsteht und das zu der in Nummer 3.1 genannten Kategorie gehört.

4.2. Aus dem Antrag müssen die Auslegung, die Herstellung und die Leistungsdaten des betreffenden Produkts hervorgehen. Der Antrag enthält die nach Nummer 3.2 Buchstabe c) beizubringenden Dokumente, anhand deren die Beurteilung, ob das Produkt den Anforderungen dieser Richtlinie entspricht, möglich sein muß.

4.3. Die benannte Stelle prüft den Antrag und stellt, falls die Auslegung den einschlägigen Bestimmungen dieser Richtlinie entspricht, dem Antragsteller eine EG-Auslegungsprüfbescheinigung aus. Die benannte Stelle kann verlangen, daß für die Antragstellung zusätzliche Tests oder Prüfungen durchgeführt werden, damit die Übereinstimmung mit den Anforderungen dieser Richtlinie beurteilt werden kann. Die Bescheinigung enthält die Ergebnisse der Prüfung, die Bedingungen für ihre Gültigkeit sowie die zur Identifizierung der genehmigten Auslegung erforderlichen Angaben und gegebenenfalls eine Beschreibung der Zweckbestimmung des Produkts.

4.4. Änderungen an der genehmigten Auslegung müssen von der benannten Stelle, die die EG-Auslegungsprüfbescheinigung ausgestellt hat, zusätzlich genehmigt werden, wenn sie die Übereinstimmung des Produkts mit den grundlegenden Anforderungen dieser Richtlinie oder mit den vorgeschriebenen Anwendungsbedingungen berühren können. Der Hersteller informiert die benannte Stelle, die die EG-Auslegungsprüfbescheinigung ausgestellt hat, über diese Änderungen. Diese Zusatzgenehmigung wird in Form eines Nachtrags zur EG-Auslegungsprüfbescheinigung erteilt.

4.5. Der Hersteller informiert die benannte Stelle umgehend davon, wenn er Erkenntnisse über Änderungen der zu testenden Krankheitserreger und Infektionsmarker, insbesondere infolge biologischer Komplexität und Variabilität, erhalten hat. Der Hersteller teilt in diesem Zusammenhang der benannten Stelle mit, ob diese Änderung Auswirkungen auf die Leistung des In-vitro-Diagnostikums haben könnte.

5. Überwachung

5.1. Mit der Überwachung soll sichergestellt werden, daß der Hersteller die Verpflichtungen, die sich aus dem genehmigten Qualitätssicherungssystem ergeben, ordnungsgemäß einhält.

5.2. Der Hersteller gestattet der benannten Stelle die Durchführung aller erforderlichen Inspektionen und stellt ihr alle erforderlichen Unterlagen zur Verfügung, insbesondere:

- die Dokumentation über das Qualitätssicherungssystem;
- die Daten, die in dem die Auslegung betreffenden Teil des Qualitätssicherungssystems vorgesehen sind, wie z. B. Ergebnisse von Analysen, Berechnungen, Tests usw.;
- die Daten, die in dem die Herstellung betreffenden Teil des Qualitätssicherungssystems vorgesehen sind, wie z. B. Kontroll-, Test- und Kalibrierungsberichte, Berichte über die Qualifikation des betreffenden Personals usw.

5.3. Die benannte Stelle führt regelmäßig die erforderlichen Inspektionen und Bewertungen durch, um sich davon zu überzeugen, daß der Hersteller das genehmigte Qualitätssicherungssystem anwendet, und übermittelt dem Hersteller einen Bewertungsbericht.

5.4. Darüber hinaus kann die benannte Stelle unangemeldete Besichtigungen beim Hersteller durchführen. Dabei kann die benannte Stelle erforderlichenfalls Prüfungen zur Kontrolle des ordnungsgemäßen Funktionierens des Qualitätssicherungssystems durchführen oder durchführen lassen. Die benannte Stelle stellt dem Hersteller einen Bericht über die Besichtigung und gegebenenfalls über die vorgenommenen Prüfungen zur Verfügung.

6. Überprüfung der hergestellten Produkte nach Anhang II Liste A

6.1. Im Fall von Produkten nach Anhang II Liste A übermittelt der Hersteller der benannten Stelle umgehend nach Beendigung der Prüfungen und Tests die einschlägigen Prüfprotokolle über die Prüfung der hergestellten Produkte oder der einzelnen Produktchargen. Darüber hinaus stellt der Hersteller der benannten Stelle die Proben der hergestellten Produkte oder Produktchargen gemäß vorher vereinbarten Bedingungen und Modalitäten zur Verfügung.

6.2. Der Hersteller kann die Produkte in Verkehr bringen, es sei denn, daß die benannte Stelle ihm innerhalb der vereinbarten Frist, spätestens jedoch 30 Tage nach Eingang der Proben, eine andere Entscheidung – insbesondere in bezug auf die Bedingungen für die Gültigkeit der ausgestellten Bescheinigung – mitteilt.

Anhang V: EG-Baumusterprüfung

1. Als EG-Baumusterprüfung wird der Teil des Verfahrens bezeichnet, mit dem eine benannte Stelle feststellt und bescheinigt, daß ein für die geplante Produktion repräsentatives Exemplar den einschlägigen Bestimmungen dieser Richtlinie entspricht.

2. Der Antrag auf eine EG-Baumusterprüfung ist vom Hersteller oder seinem Bevollmächtigten bei einer benannten Stelle einzureichen.

   Der Antrag muß folgendes enthalten:
   - Name und Anschrift des Herstellers sowie Name und Anschrift des Bevollmächtigten, wenn der Antrag durch diesen gestellt wird;
   - die Dokumentation gemäß Nummer 3, die zur Bewertung der Konformität des für die betreffende Produktion repräsentativen Exemplars, nachstehend „Baumuster" genannt, mit den Anforderungen dieser Richtlinie erforderlich ist. Der Antragsteller stellt der benannten Stelle ein Baumuster zur Verfügung. Die benannte Stelle kann erforderlichenfalls weitere Exemplare des Baumusters verlangen;
   - eine schriftliche Erklärung, daß bei keiner anderen benannten Stelle ein Antrag zum selben Baumuster eingereicht worden ist.

3. Aus der Dokumentation müssen die Auslegung, die Herstellung und die Leistungsdaten des Produkts hervorgehen. Die Dokumentation muß insbesondere folgende Angaben und Einzelunterlagen enthalten:
   - eine allgemeine Beschreibung des Baumusters, einschließlich der geplanten Varianten;
   - die gesamte Dokumentation gemäß Anhang III Nummer 3 dritter bis dreizehnter Gedankenstrich;
   - bei Produkten zur Eigenanwendung die in Anhang III Nummer 6.1 genannten Informationen.

4. Die benannte Stelle geht wie folgt vor:

   4.1. Sie prüft und bewertet die Dokumentation und überprüft, ob das Baumuster in Übereinstimmung mit dieser hergestellt wurde; sie stellt fest, welche Bauteile entsprechend den einschlägigen Bestimmungen der Normen gemäß Artikel 5 ausgelegt sind und bei welchen Bauteilen sich die Auslegung nicht auf die einschlägigen Bestimmungen dieser Normen stützt.

   4.2. Sie führt die geeigneten Prüfungen und erforderlichen Tests durch oder läßt diese durchführen, um festzustellen, ob die vom Hersteller gewählten Lösungen den grundlegenden Anforderungen dieser Richtlinie entsprechen, sofern die in Artikel 5 genannten Normen nicht angewandt worden sind. Wenn ein Produkt zur Erfüllung seiner Zweckbestimmung an ein oder mehrere andere Produkte angeschlossen werden muß, ist der Nachweis zu erbringen, daß das erstgenannte Produkt bei Anschluß an ein oder mehrere andere Produkte, die die vom Hersteller angegebenen Merkmale aufweisen, die grundlegenden Anforderungen erfüllt.

   4.3. Sie führt die geeigneten Prüfungen und erforderlichen Tests durch oder läßt diese durchführen, um festzustellen, ob die einschlägigen Normen tatsächlich angewendet worden sind, sofern sich der Hersteller für deren Anwendung entschieden hat.

   4.4. Sie vereinbart mit dem Antragsteller den Ort, an dem die erforderlichen Prüfungen und Tests durchgeführt werden.

5. Entspricht das Baumuster den Bestimmungen dieser Richtlinie, so stellt die benannte Stelle dem Antragsteller eine EG-Baumusterprüfbescheinigung aus. Diese Bescheinigung enthält den Namen und die Anschrift des Herstellers, die Ergebnisse der Prüfung, die Bedingungen für die Gültigkeit der Bescheinigung sowie die zur Identifizierung des genehmigten Baumusters erforderlichen Angaben. Die relevanten Teile der Dokumentation werden der Bescheinigung beigefügt; eine Abschrift verbleibt bei der benannten Stelle.

6. Der Hersteller informiert die benannte Stelle umgehend davon, wenn er Erkenntnisse über Änderungen der zu testenden Krankheitserreger und Infektionsmarker, insbesondere infolge biologischer Komplexität und Variabilität, erhalten hat. Der Hersteller teilt in diesem Zusammenhang der benannten Stelle mit, ob diese Änderung Auswirkungen auf die Leistung des In-vitro-Diagnostikums haben könnte.

   6.1. Änderungen an dem genehmigten Produkt müssen von der benannten Stelle, die die EG-Baumusterprüfbescheinigung ausgestellt hat, zusätzlich genehmigt werden, wenn sie die Übereinstimmung des Produkts mit den grundlegenden Anforderungen dieser Richtlinie oder mit den vorgeschriebenen Anwendungsbedingungen berühren können. Der Hersteller informiert die benannte Stelle, die die EG-Baumusterprüfbescheinigung ausgestellt hat, über alle derartigen Änderungen des genehmigten Produkts. Diese Zusatzgenehmigung wird in Form eines Nachtrags zur EG-Baumusterprüfbescheinigung erteilt.

7. Administrative Bestimmungen

   Die anderen benannten Stellen können eine Abschrift der EG-Baumusterprüfbescheinigungen und/oder von deren Nachträgen erhalten. Die Anlagen zu den Bescheinigungen werden ihnen auf begründeten Antrag und nach vorheriger Unterrichtung des Herstellers zur Verfügung gestellt.

Anhang VI: EG-Prüfung

1. Die EG-Prüfung ist das Verfahren, mit dem der Hersteller oder sein Bevollmächtigter sicherstellt und erklärt, daß die Produkte, auf die das Verfahren nach Nummer 4 angewendet wurde, mit dem in der EG-Baumusterprüfbescheinigung beschriebenen Baumuster übereinstimmen und den einschlägigen Anforderungen dieser Richtlinie entsprechen.

2.1. Der Hersteller trifft alle erforderlichen Maßnahmen, damit im Herstellungsverfahren die Konformität der Produkte mit dem in der EG-Baumusterprüfbescheinigung beschriebenen Baumuster und mit den einschlägigen Anforderungen der Richtlinie sichergestellt wird. Er erstellt vor Beginn der Herstellung eine Dokumentation, in der das Herstellungsverfahren, insbesondere im Bereich der Sterilisation, sowie gegebenenfalls die Eignung der Ausgangsstoffe festgelegt sind, und definiert die notwendigen Prüfverfahren entsprechend dem Stand der Technik. Sämtliche zuvor aufgestellten Routinevorschriften sind anzuwenden, um die Homogenität der Herstellung und die Konformität der Produkte mit dem in der EG-Baumusterprüfbescheinigung beschriebenen Baumuster sowie mit den einschlägigen Anforderungen dieser Richtlinie zu gewährleisten.

2.2. Sofern in bezug auf bestimmte Aspekte eine Endkontrolle gemäß Nummer 6.3 nicht zweckmäßig ist, sind vom Hersteller mit Genehmigung der benannten Stelle prozeßinterne Prüf-, Überwachungs- und Kontrollverfahren zu entwickeln. Die Bestimmungen gemäß Anhang IV Nummer 5 gelten entsprechend für die oben genannten genehmigten Verfahren.

3. Der Hersteller verpflichtet sich, ein systematisches Verfahren einzurichten und auf dem neuesten Stand zu halten, mit dem Erfahrungen mit Produkten in den der Herstellung nachgelagerten Phasen ausgewertet werden, und geeignete Vorkehrungen zu treffen, um die erforderlichen Korrekturen und die Unterrichtung gemäß Anhang III Nummer 5 vorzunehmen.

4. Die benannte Stelle nimmt unter Berücksichtigung von Nummer 2.2 die entsprechenden Prüfungen und Tests zur Überprüfung der Konformität des Produkts mit den Anforderungen der Richtlinie je nach Wahl des Herstellers entweder durch Kontrolle und Erprobung jedes einzelnen Produkts gemäß Nummer 5 oder durch Kontrolle und Erprobung der Produkte auf statistischer Grundlage gemäß Nummer 6 vor. Bei der statistischen Überprüfung gemäß Nummer 6 hat die benannte Stelle zu entscheiden, ob die statistischen Verfahren für die Prüfung sämtlicher Chargen oder für die Prüfung einzelner Chargen anzuwenden sind. Bei dieser Entscheidung ist der Hersteller zu hören.

   Ist eine Kontrolle und Erprobung auf statistischer Grundlage unzweckmäßig, können Prüfungen und Tests nach dem Zufallsprinzip durchgeführt werden, wenn ein solches Vorgehen in Verbindung mit den Maßnahmen, die gemäß Nummer 2.2 getroffen werden, einen gleichwertigen Grad an Konformität gewährleistet.

5. Kontrolle und Erprobung jedes einzelnen Produkts
   5.1. Alle Produkte werden einzeln geprüft und dabei entsprechenden Prüfungen, wie sie in der (den) in Artikel 5 genannten geltenden Norm(en) vorgesehen sind, oder gleichwertigen Prüfungen unterzogen, um ihre Konformität mit dem in der EG-Baumusterprüfbescheinigung beschriebenen Baumuster und mit den einschlägigen Anforderungen der Richtlinie zu überprüfen.
   5.2. Die benannte Stelle bringt an jedem genehmigten Produkt ihre Kennummer an bzw. läßt diese anbringen und stellt eine Konformitätserklärung über die vorgenommenen Prüfungen aus.

6. Statistische Überprüfung
   6.1. Der Hersteller legt seine Produkte in Form homogener Chargen vor.
   6.2. Von jeder Charge werden je nach Bedarf eine oder mehrere Zufallsproben genommen. Die Produkte die die Probe(n) bilden, werden geprüft und dabei entsprechenden Prüfungen, wie sie in der (den) in Ar-

tikel 5 genannten geltenden Norm(en) vorgesehen sind, oder gleichwertigen Prüfungen unterzogen, um gegebenenfalls ihre Konformität mit dem in der EG-Baumusterprüfbescheinigung beschriebenen Baumuster und mit den einschlägigen Anforderungen der Richtlinie zu überprüfen und zu entscheiden, ob die Charge anzunehmen oder zurückzuweisen ist.

6.3. Die statistische Kontrolle der Produkte beruht auf Attributen und/oder Variablen und beinhaltet Stichprobenpläne mit funktionsspezifischen Besonderheiten, die ein hohes Sicherheits- und Leistungsniveau gemäß dem neuesten Stand der Technik gewährleisten. Die Stichprobenpläne werden auf der Grundlage der harmonisierten Normen gemäß Artikel 5 unter Berücksichtigung der Eigenarten der jeweiligen Produktkategorien festgelegt.

6.4. Wird eine Charge angenommen, so bringt die benannte Stelle ihre Kennummer an jedem Produkt an oder läßt diese anbringen und stellt eine Konformitätserklärung über die vorgenommenen Prüfungen aus. Alle Produkte der Charge mit Ausnahme der Produkte der Probe, bei denen Nichtübereinstimmung festgestellt worden ist, können in Verkehr gebracht werden.

Wird eine Charge zurückgewiesen, so ergreift die zuständige benannte Stelle geeignete Maßnahmen, um das Inverkehrbringen dieser Charge zu verhindern. Bei gehäufter Zurückweisung von Chargen kann die benannte Stelle die statistische Kontrolle aussetzen.

Der Hersteller kann unter der Verantwortung der benannten Stelle während des Herstellungsverfahrens die Kennummer dieser Stelle anbringen.

Anhang VII: EG-Konformitätserklärung (Qualitätssicherung Produktion)

1. Der Hersteller stellt sicher, daß das genehmigte Qualitätssicherungssystem für die Herstellung der betreffenden Produkte angewandt wird und daß diese Produkte nach Maßgabe der Nummer 3 einer Endkontrolle unterzogen werden; er unterliegt der Überwachung gemäß Nummer 4.

2. Bei der Konformitätserklärung handelt es sich um den Teil des Verfahrens, mit dem der Hersteller, der den Verpflichtungen nach Nummer 1 nachkommt, sicherstellt und erklärt, daß die betreffenden Produkte dem in der EG-Baumusterprüfbescheinigung beschriebenen Baumuster und den einschlägigen Bestimmungen dieser Richtlinie entsprechen.

   Der Hersteller bringt die CE-Kennzeichnung gemäß Artikel 16 an und stellt für die betreffenden Produkte eine Konformitätserklärung aus.

3. Qualitätssicherungssystem

   3.1. Der Hersteller reicht einen Antrag auf Bewertung seines Qualitätssicherungssystems bei einer benannten Stelle ein.

   Der Antrag muß folgendes enthalten:

   – die gesamte Dokumentation sowie alle Verpflichtungen gemäß Anhang IV Nummer 3.1 und
   – die technische Dokumentation über die genehmigten Baumuster und eine Kopie der EG-Baumusterprüfbescheinigungen.

   3.2. Mit Hilfe des Qualitätssicherungssystems muß die Konformität der Produkte mit dem in der EG-Baumusterprüfbescheinigung beschriebenen Baumuster sichergestellt werden.

   Alle Einzelheiten, Anforderungen und Vorkehrungen, die der Hersteller seinem Qualitätssicherungssystem zugrunde legt, müssen in eine systematisch geführte und nach Strategien und schriftlichen Verfahrensanweisungen geordnete Dokumentation aufgenommen werden. Diese Dokumentation über das Qualitätssicherungssystem muß eine einheitliche Interpretation der Qualitätssicherungsstrategie und -verfahren, beispielsweise in Form von Programmen, Plänen, Handbüchern und Aufzeichnungen zur Qualitätssicherung, ermöglichen.

   Sie umfaßt insbesondere eine angemessene Beschreibung folgender Punkte:

   a) Qualitätsziele des Herstellers;
   b) Organisation des Unternehmens, insbesondere
      – organisatorischer Aufbau, Zuständigkeiten und organisatorische Befugnisse des Managements in bezug auf die Qualität der Herstellung der Produkte;
      – Mittel zur Überprüfung der Wirksamkeit des Qualitätssicherungssystems, insbesondere von dessen Eignung zur Sicherstellung der angestrebten Produktqualität, einschließlich der Kontrolle über nichtkonforme Produkte;
   c) Qualitätssicherungs- und Kontrolltechniken auf der Ebene der Herstellung, insbesondere
      – Verfahren und Methoden, insbesondere bei der Sterilisation;
      – Verfahren bei der Materialbeschaffung;
      – Verfahren zur Produktidentifizierung, die anhand von Zeichnungen, Spezifikationen oder sonstigen einschlägigen Unterlagen im Verlauf aller Herstellungsstufen erstellt und auf dem neuesten Stand gehalten werden;
   d) geeignete Untersuchungen und Prüfungen, die vor, während und nach der Herstellung durchgeführt werden, sowie Angabe ihrer Häufigkeit und der verwendeten Prüfgeräte; die Nachvollziehbarkeit der Kalibrierung muß sichergestellt sein.

3.3. Die benannte Stelle führt eine förmliche Überprüfung (Audit) des Qualitätssicherungssystems durch, um festzustellen, ob es den Anforderungen nach Nummer 3.2 entspricht. Bei Qualitätssicherungssystemen, die auf der Umsetzung der entsprechenden harmonisierten Normen beruhen, geht sie von der Übereinstimmung mit diesen Anforderungen aus.

Das Prüfteam muß Erfahrungen mit der Bewertung der betreffenden Technologie haben. Das Bewertungsverfahren schließt eine Besichtigung der Betriebsstätten des Herstellers und, falls dazu hinreichend Anlaß besteht, der Betriebsstätten der Zulieferer des Herstellers und/oder seiner Subunternehmer ein, um die Herstellungsverfahren zu überprüfen.

Die Entscheidung wird dem Hersteller mitgeteilt. Die Mitteilung enthält die Ergebnisse der Prüfung und eine Begründung der Entscheidung.

3.4. Der Hersteller informiert die benannte Stelle, die das Qualitätssicherungssystem genehmigt hat, über alle geplanten wesentlichen Änderungen des Qualitätssicherungssystems.

Die benannte Stelle prüft die vorgeschlagenen Änderungen und entscheidet, ob das geänderte Qualitätssicherungssystem den Anforderungen nach Nummer 3.2 noch entspricht. Sie teilt ihre Entscheidung dem Hersteller mit. Die Mitteilung enthält die Ergebnisse der Prüfung und eine Begründung der Entscheidung.

4. Überwachung

Es gelten die Bestimmungen gemäß Anhang IV Nummer 5.

5. Überprüfung der hergestellten Produkte nach Anhang II Liste A

5.1. Im Falle von Produkten nach Anhang II Liste A übermittelt der Hersteller der benannten Stelle umgehend nach Beendigung der Prüfungen und Tests die einschlägigen Prüfprotokolle über die Prüfung der hergestellten Produkte oder der einzelnen Produktchargen. Darüber hinaus stellt der Hersteller der benannten Stelle die Proben der hergestellten Produkte oder Produktchargen gemäß vorher vereinbarten Bedingungen und Modalitäten zur Verfügung.

5.2. Der Hersteller kann die Produkte in Verkehr bringen, es sei denn, daß die benannte Stelle ihm innerhalb der vereinbarten Frist, spätestens jedoch 30 Tage nach Eingang der Proben, eine andere Entscheidung – insbesondere in bezug auf die Bedingungen für die Gültigkeit der ausgestellten Bescheinigung – mitteilt.

Anhang VIII: Erklärung und Verfahren bei Produkten für Leistungsbewertungszwecke

1. Für Produkte für Leistungsbewertungszwecke stellt der Hersteller oder sein Bevollmächtigter eine Erklärung aus, die die in Nummer 2 aufgeführten Angaben enthält, und stellt sicher, daß den einschlägigen Bestimmungen dieser Richtlinie entsprochen wird.

2. Die Erklärung muß folgende Angaben enthalten:
   - die Daten zur Identifizierung des Produkts;
   - einen Evaluierungsplan mit Angabe insbesondere des Ziels, der wissenschaftlichen, technischen oder medizinischen Begründung und des Umfangs der Evaluierung sowie der Anzahl der betroffenen Produkte;
   - die Liste der Laboratorien oder sonstigen Einrichtungen, die an den Leistungsbewertungsprüfungen beteiligt sind;
   - Beginn und geplante Dauer der Evaluierungsarbeiten und – bei Produkten zur Eigenanwendung – den Ort sowie die Anzahl der beteiligten Laien;
   - eine Erklärung, daß das betreffende Produkt – mit Ausnahme der Gesichtspunkte, die Gegenstand der Evaluierung sind, und den in der Erklärung ausdrücklich genannten Punkten – den Anforderungen der Richtlinie entspricht und daß alle Vorsichtsmaßnahmen zum Schutz der Gesundheit und der Sicherheit des Patienten, des Anwenders und anderer Personen getroffen wurden.

3. Der Hersteller verpflichtet sich ferner, für die zuständigen nationalen Behörden die Dokumentation bereitzuhalten, aus der die Auslegung, die Herstellung und die Leistungsdaten des Produkts einschließlich der vorgesehenen Leistung hervorgehen, so daß sich beurteilen läßt, ob es den Anforderungen dieser Richtlinie entspricht. Diese Dokumentation ist für einen Zeitraum von mindestens fünf Jahren nach Abschluß der Leistungsbewertungsprüfung aufzubewahren.

   Der Hersteller trifft alle erforderlichen Maßnahmen, damit im Herstellungsverfahren die Konformität der hergestellten Produkte mit der im ersten Absatz genannten Dokumentation sichergestellt wird.

4. Für Produkte für Leistungsbewertungszwecke gilt Artikel 10 Absätze 1, 3 und 5.

Anhang IX: Kriterien für die Beauftragung der benannten Stellen

1. Die benannte Stelle, ihr Leiter und das mit der Durchführung der Bewertungen und Prüfungen beauftragte Personal dürfen weder mit dem Autor des Entwurfs (der Auslegung), dem Hersteller, dem Lieferer, dem Monteur oder dem Anwender der Produkte, die sie prüfen, identisch noch Bevollmächtigte einer dieser Personen sein. Sie dürfen weder unmittelbar noch als Bevollmächtigte an der Auslegung, an der Herstellung, am Vertrieb oder an der Instandhaltung dieser Produkte beteiligt sein. Die Möglichkeit eines Austauschs technischer Informationen zwischen dem Hersteller und der Stelle wird dadurch in keiner Weise ausgeschlossen.

2. Die benannte Stelle und deren Mitarbeiter müssen die Bewertungen und Prüfungen mit höchster beruflicher Zuverlässigkeit und größter erforderlicher Sachkenntnis auf dem Gebiet der Medizinprodukte durchführen und unabhängig sein von jeder möglichen Einflußnahme – vor allem finanzieller Art – auf ihre Beurteilung oder die Ergebnisse ihrer Prüfung, insbesondere von der Einflußnahme durch Personen oder Personengruppen, die an den Ergebnissen der Prüfung interessiert sind.

   Wenn eine benannte Stelle spezielle Arbeiten im Zusammenhang mit der Feststellung und Verifizierung von Sachverhalten einem Unterauftragnehmer überträgt, muß sie zuvor sicherstellen, daß die Bestimmungen der Richtlinie von dem Unterauftragnehmer eingehalten werden. Die benannte Stelle hält die einschlägigen Dokumente zur Bewertung der Sachkompetenz des Unterauftragnehmers und zu den von diesem im Rahmen dieser Richtlinie ausgeführten Arbeiten zur Einsichtnahme durch die nationalen Behörden bereit.

3. Die benannte Stelle muß in der Lage sein, alle in einem der Anhänge III bis VII genannten Aufgaben, die einer solchen Stelle zugewiesen werden und für die sie benannt ist, wahrzunehmen, sei es, daß diese Aufgabe von der Stelle selbst, sei es, daß sie unter ihrer Verantwortung ausgeführt werden. Sie muß insbesondere über das Personal verfügen und die Mittel besitzen, die zur angemessenen Erfüllung der mit der Durchführung der Bewertungen und Prüfungen verbundenen technischen und verwaltungsmäßigen Aufgaben erforderlich sind. Dies schließt ein, daß in der Organisation ausreichend wissenschaftliches Personal vorhanden ist, das die entsprechenden Erfahrungen und Kenntnisse besitzt, um die biologische und medizinische Funktion und Leistung der Produkte, für die die Stelle benannt worden ist, in bezug auf die Anforderungen dieser Richtlinie und insbesondere die Anforderungen des Anhangs I zu bewerten. Ebenso muß die benannte Stelle Zugang zu den für die Prüfungen erforderlichen Ausrüstungen haben.

4. Das mit den Prüfungen beauftragte Personal muß folgendes besitzen:
   - eine gute berufliche Ausbildung in bezug auf alle Bewertungen und Prüfungen, für die die Stelle benannt worden ist;
   - eine ausreichende Kenntnis der Vorschriften für die von ihm durchgeführten Prüfungen und eine ausreichende praktische Erfahrung auf diesem Gebiet;
   - die erforderliche Eignung für die Abfassung der Bescheinigungen, Protokolle und Berichte, in denen die durchgeführten Prüfungen niedergelegt werden.

5. Die Unabhängigkeit des mit der Prüfung beauftragten Personals ist zu gewährleisten. Die Höhe der Bezüge jedes Prüfers darf sich weder nach der Zahl der von ihm durchgeführten Prüfungen noch nach den Ergebnissen dieser Prüfungen richten.

6. Die Stelle muß eine Haftpflichtversicherung abschließen, es sei denn, diese Haftpflicht wird vom Staat aufgrund einzelstaatlichen Rechts gedeckt oder die Prüfungen werden unmittelbar von dem Mitgliedstaat durchgeführt.

7. Das Personal der Prüfstelle ist (außer gegenüber den zuständigen Verwaltungsbehörden des Staates, in dem es seine Tätigkeit ausübt) durch das Berufsgeheimnis in bezug auf alle Informationen gebunden, von denen es bei der Durchführung seiner Aufgaben im Rahmen dieser Richtlinie oder einer einzelstaatlichen Rechtsvorschrift, die dieser Richtlinie Wirkung verleiht, Kenntnis erhält.

Anhang X: CE-Konformitätskennzeichnung

Die CE-Konformitätskennzeichnung besteht aus den Buchstaben „CE“ mit folgendem Schriftbild:

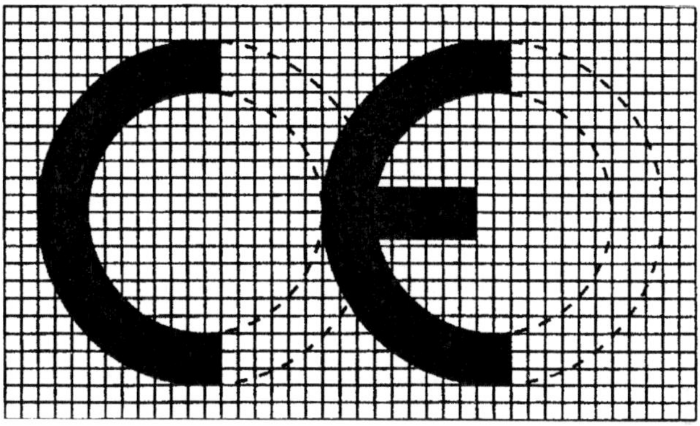

- Bei Verkleinerung oder Vergrößerung der Kennzeichnung müssen die sich aus dem oben abgebildeten Raster ergebenden Proportionen eingehalten werden.
- Die verschiedenen Bestandteile der CE-Kennzeichnung müssen etwa gleich hoch sein: die Mindesthöhe beträgt 5 mm. Von der Mindesthöhe kann bei kleinen Produkten abgewichen werden.

Entscheidung der Kommission vom 07. Mai 2002 über Gemeinsame Technische Spezifikationen für In-vitro-Diagnostika

(Bekannt gegeben unter Aktenzeichen K(2002) 1344)
(Text von Bedeutung für den EWR)
(2002/364/EG) [*]

DIE KOMMISSION DER EUROPÄISCHEN GEMEINSCHAFTEN –

gestützt auf den Vertrag zur Gründung der Europäischen Gemeinschaft,

gestützt auf die Richtlinie 98/79/EG des Europäischen Parlaments und des Rates vom 27. Oktober 1998 über In-Vitro-Diagnostika[1], insbesondere auf Artikel 5 Absatz 3 Unterabsatz 2,

in Erwägung nachstehender Gründe:

(1) Die Richtlinie 98/79/EG enthält die grundlegenden Anforderungen, denen In-Vitro-Diagnostika genügen müssen, wenn sie in Verkehr gebracht werden; bei Einhaltung der harmonisierten Nonnen ist von Konformität mit den einschlägigen grundlegenden Anforderungen auszugehen.

(2) Abweichend von diesen allgemeinen Grundsätzen wird bei der Ausarbeitung von Gemeinsamen Technischen Spezifikationen die in einigen Mitgliedstaaten herrschende gängige Praxis berücksichtigt, der zufolge bei besonderen Produkten, die hauptsächlich für die Bewertung der Sicherheit von Blut- und Organspenden verwendet werden, solche Spezifikationen von den Behörden verabschiedet werden; diese Gemeinsamen Technischen Spezifikationen können für die Bewertung und Neubewertung der Leistung verwendet werden.

(3) Wissenschaftliche Sachverständige unterschiedlicher Interessengruppen waren am Entwurf der Gemeinsamen Technischen Spezifikationen beteiligt.

(4) Richtlinie 98/79/EG sieht vor, dass die Mitgliedstaaten von der Einhaltung der grundlegenden Anforderungen bei Produkten ausgehen, die in Übereinstimmung mit Gemeinsamen Technischen Spezifikationen ausgelegt und hergestellt wurden, welche für bestimmte Produkte der höchsten Risikoklasse festgelegt sind. In diesen Spezifikationen müssen in geeigneter Weise die Kriterien für die Bewertung und die Neubewertung der Leistung, die Chargenfreigabekriterien, die Referenzmethoden und die Referenzmaterialien festgelegt werden.

(5) Die Hersteller müssen in der Regel die Gemeinsamen Technischen Spezifikationen einhalten. Kommen die Hersteller in hinreichend begründeten Fällen diesen Spezifikationen nicht nach, so müssen sie Lösungen wählen, die dem Niveau der Spezifikationen zumindest gleichwertig sind.

(6) Die in dieser Entscheidung vorgesehenen Maßnahmen entsprechen der Stellungnahme des durch Artikel 6 Absatz 2 der Richtlinie 90/385/EWG des Rates[2] eingerichteten Ausschusses –

---

[*] ABl. L 131 vom 16.5.2002, S. 17.
[1] ABl. L 331 vom 7.12.1998, S. 1.
[2] ABl. L 189 vom 20.7.1990, S. 17.

HAT FOLGENDE ENTSCHEIDUNG ERLASSEN:

Artikel 1

Die im Anhang der vorliegenden Entscheidung aufgeführten technischen Spezifikationen werden als Gemeinsame Technische Spezifikationen für die in Anhang II Liste A der Richtlinie 98/79/EG genannten In-Vitro-Diagnostika verabschiedet.

Artikel 2

Diese Entscheidung ist an alle Mitgliedstaaten gerichtet.

Brüssel, den 7. Mai 2002

Für die Kommission
Erkki Liikanen
Mitglied der Kommission

Anhang

GTS – Gemeinsame Technische Spezifikationen für In-Vitro-Diagnostika

1. Geltungsbereich

   Diese Gemeinsamen Technischen Spezifikationen gelten für die in Anhang II Liste A aufgeführten Diagnostika:
   - Reagenzien und Reagenzprodukte, einschließlich der entsprechenden Kalibrier- und Kontrollmaterialien, zur Bestimmung folgender Blutgruppen: ABNull-System, Rhesus (C, c, D, E, e), Kell-System;
   - Reagenzien und Reagenzprodukte, einschließlich der entsprechenden Kalibrier- und Kontrollmaterialien, zum Nachweis, zur Bestätigung und zur quantitativen Bestimmung von Markern von HIV-Infektionen (HIV 1 und 2), HTLV 1 und II sowie Hepatitis B, C und D in Proben menschlichen Ursprungs.

2. Begriffsbestimmungen

   (diagnostische) Sensitivität
   Die Wahrscheinlichkeit, dass das Produkt bei Vorhandensein des Zielmarkers einen positiven Befund anzeigt.

   echt positiv
   Der positive Befund einer Probe hinsichtlich des Zielmarkers ist bekannt und wird von dem Produkt korrekt angezeigt.

   falsch negativ
   Der positive Befund einer Probe hinsichtlich des Zielmarkers ist bekannt, wird von dem Produkt jedoch nicht korrekt angezeigt.

   (diagnostische) Spezifität
   Die Wahrscheinlichkeit, dass das Produkt bei Nichtvorhandensein des Zielmarkers einen negativen Befund anzeigt.

   falsch positiv
   Der negative Befund einer Probe hinsichtlich des Zielmarkers ist bekannt, wird von dem Produkt jedoch nicht korrekt angezeigt.

   echt negativ
   Der negative Befund einer Probe hinsichtlich des Zielmarkers ist, bekannt und wird von dem Produkt korrekt angezeigt.

analytische Sensitivität
Im Zusammenhang mit den GTS kann sie als Nachweisgrenze definiert werden, d. h. die kleinste Menge des Zielmarkers, die sich genau nachweisen lässt.

analytische Spezifität
Sie gibt an, in welchem Maße sich mit dem Verfahren ausschließlich der Zielmarker nachweisen lässt.

Nukleinsäuren-Amplifikationstechniken (NAT)
Im vorliegenden Zusammenhang bezeichnet der Begriff „NAT" Tests für den Nachweis bzw. die Quantifizierung von Nukleinsäuren entweder durch Amplifikation einer Zielsequenz oder durch Amplifikation eines Signals oder auch durch Hybridisierung.

Schnelltest
Im vorliegenden Zusammenhang bezeichnet der Begriff „Schnelltest" Tests, die nur einmalig oder in kleinen Reihen verwendet werden können und die dafür ausgelegt sind, schnelle Befunde durch patientennahe Tests zu liefern.

Robustheit
Die Robustheit eines Analyseverfahrens zeigt, in welchem Maße es von kleinen, absichtlichen Veränderungen der Verfahrensparameter unbeeinflusst bleibt, und gibt an, wie verlässlich es unter normalen Einsatzbedingungen ist.

Ausfallrate des Gesamtsystems
Die Ausfallrate des Gesamtsystems gibt an, wie häufig Fehler auftreten, wenn das gesamte Verfahren nach den Angaben des Herstellers durchgeführt wurde.

3. Gemeinsame Technische Spezifikationen (GTS) für Produkte, die in Anhang II Liste A der Richtline 98/79/EG festgelegt sind

3.1. GTS für die Leistungsbewertung von Reagenzien und Reagenzprodukten zum Nachweis, zur Bestätigung und zur quantitativen Bestimmung von Markern von HIV-Infektionen (HIV 1 und 2), HTLV I und II sowie Hepatitis B, C und D in Proben menschlichen Ursprungs

Allgemeine Grundsätze

3.1.1. Produkte zum Nachweis von Virusinfektionen, unabhängig davon, ob diese zur Verwendung als Screening- und/oder Diagnosetests in Verkehr gebracht werden, müssen den gleichen Anforderungen hinsichtlich Sensitivität und Spezifität genügen (s. Tabelle 1).

3.1.2. Produkte, die vom Hersteller für den Test von anderen Körperflüssigkeiten als Serum oder Plasma bestimmt sind, z. B. Urin, Speichel usw., müssen den gleichen GTS-Anforderungen hinsichtlich Sensitivität und Spezifität genügen wie Serum- oder Plasmatests. Bei der Leistungsbewertung sind Proben derselben Individuen sowohl mittels der zuzulassenden Tests als auch mittels eines Serum- bzw. Plasmatests zu untersuchen.

3.1.3 Produkte, die vom Hersteller für die Eigenanwendung, d. h. die Anwendung in einer häuslichen Umgebung, bestimmt sind, müssen den gleichen GTS-Anforderungen hinsichtlich Sensitivität und Spezifität genügen wie entsprechende Produkte für die Anwendung in einem professionellen Umfeld. Die betreffenden Teile der Leistungsbewertung sind von geeigneten Laienanwendern durchzuführen (oder zu wiederholen), um die Funktionsweise des Produkts und seine Bedienungsanleitung zu validieren.

3.1.4. Sämtliche Leistungsbewertungen sind in direktem Vergleich mit einem etablierten Produkt akzeptabler Leistung durchzuführen. Sobald das System der CE-Kennzeichnung für In-Vitro-Diagnostika etabliert ist, muss für den Vergleich ein CE-gekennzeichnetes Produkt herangezogen werden, sofern ein solches zum Zeitpunkt der Leistungsbewertung am Markt verfügbar ist.

3.1.5. Treten innerhalb einer Bewertung voneinander abweichende Testergebnisse auf, so sind sie möglichst weitgehend aufzuklären, beispielsweise

- durch eine Bewertung der abweichenden Probe in weiteren Tests,
- durch die Verwendung eines alternativen Verfahrens oder Markers,
- durch die Überprüfung des Patienten im Hinblick auf seinen klinischen Status und seine Diagnose und
- durch das Testen von Folgeproben.

3.1.6. Leistungsbewertungen sind anhand einer Population durchzuführen, die der europäischen Bevölkerung entspricht.

3.1.7. In einer Leistungsbewertung verwendete positive Proben sind so auszuwählen, dass sie verschiedene Stadien der betreffenden Krankheit(en), unterschiedliche Antikörpermuster, unterschiedliche Genotypen, Subtypen usw. widerspiegeln.

3.1.8. Bei Blut-Screening-Produkten (mit Ausnahme der HBsAg-Tests) muss das Produkt, das die CE-Kennzeichnung erhalten soll, für alle echt positiven Proben einen positiven Befund anzeigen (Tabelle 1). Bei HbsAg-Tests muss das neue Produkt eine Gesamtleistung erbringen, die derjenigen des etablierten Produkts (vgl. Grundsatz 3.1.4) zumindest gleichwertig ist. Die diagnostische Sensitivität von Produkten während der frühen Infektionsphase (Serokonversion) muss dem Stand der Technik entsprechen. Unabhängig davon, ob von der benannten Stelle oder dem Hersteller weitere Tests an den gleichen oder an zusätzlichen Serokonversionspanels vorgenommen werden, müssen die Ergebnisse die ursprünglichen Daten der Leistungsbewertung bestätigen (s. Tabelle 1).

3.1.9. In einer Leistungsbewertung verwendete negative Proben sind so festzulegen, dass sie die Zielpopulation widerspiegeln, für die der Test bestimmt ist, beispielsweise Blutspender, Krankenhauspatienten, Schwangere usw.

3.1.10. Bei Leistungsbewertungen für Screening-Assays (Tabelle 1) sind Blutspenderpopulationen von mindestens zwei Blutspendezentren zu untersuchen, wobei es sich um aufeinander folgende Blutspenden handeln muss, die nicht zwecks Ausschluss von Erstspendern selektiert wurden.

3.1.11. Sofern in den beigefügten Tabellen nicht anders angegeben, müssen die Produkte bei Blutspenden eine Spezifität von mindestens 99,5 % aufweisen. Die Spezifität wird berechnet, indem man berücksichtigt, wie häufig bei Blutspendern, die hinsichtlich des Zielmarkers negativ sind, bei wiederholter Testung ein reaktives Ergebnis (d. h. ein falsch positiver Befund) auftritt.

3.1.12. Im Rahmen der Leistungsbewertung sind die Produkte auch im Hinblick auf die Wirkung potenziell störender Substanzen zu bewerten. Welche potenziell störenden Substanzen untersucht werden, hängt bis zu einem gewissen Grad von der Zusammensetzung des Reagens und dem Aufbau des Tests ab. Die Ermittlung potenziell störender Stoffe ist Bestandteil der Risikoanalyse, die nach den grundlegenden Anforderungen für jedes neue Produkt vorgeschrieben ist; dies kann beispielsweise auch Folgendes umfassen:

- Proben, die „verwandte" Infektionen darstellen,
- Multipara-Proben, d. h. Proben von Frauen, die mehrmals schwanger waren; weiterhin Proben von Patienten, die einen positiven Rheumafaktor-Befund aufweisen,
- bei rekombinanten Antigenen Proben, die menschliche Antikörper gegen Komponenten des Expressionssystems, wie beispielsweise Anti-E. coli oder Anti-Hefen aufweisen.

3.1.13. Bei Produkten, die vom Hersteller zur Untersuchung von Serum und Plasma bestimmt sind, ist bei der Leistungsbewertung die Serum-Plasma-Entsprechung nachzuweisen. Der Nachweis ist an mindestens 50 Spenden zu führen.

3.1.14. Bei Produkten, die zur Verwendung mit Plasma bestimmt sind, ist bei der Leistungsbewertung die Leistung des Produkts unter Verwendung aller Antikoagulanzien nachzuweisen, die der Hersteller für die Verwendung mit diesem Produkt angibt. Der Nachweis ist an mindestens 50 Spenden zu führen.

3.1.15. Als Bestandteil der erforderlichen Risikoanalyse ist die zu falsch negativen Befunden führende Ausfallrate des Gesamtsystems in wiederholten Tests an schwach positiven Proben zu ermitteln.

3.2. Zusätzliche Anforderungen für Nukleinsäuren-Amplifikationstechniken (NAT)

Die Kriterien für die Leistungsbewertung von NAT-Assays sind der Tabelle 2 zu entnehmen.

3.2.1. Bei Assays zur Amplifikation von Zielsequenzen entspricht eine Funktionskontrolle für jede Probe (interne Kontrolle) dem Stand der Technik. Diese Kontrolle soll möglichst das ganze Verfahren, d. h. die Extraktion, Amplifikation/Hybridisierung und den Nachweis überprüfen.

3.2.2. Die analytische Sensitivität oder die Nachweisgrenze bei NAT-Assays muss durch den 95 % positiven Cut-Off-Wert angegeben werden. Dieser Wert entspricht der Analytenkonzentration, bei der in 95 % der Testläufe positive Befunde angezeigt werden, und zwar bei Verdünnungsreihen eines internationalen Referenzmaterials, z. B. eines WHO-Standards, oder eines daran kalibrierten Referenzmaterials.

3.2.3. Die Genotyperkennung ist durch geeignete Primer- oder Sondenauslegung nachzuweisen und durch Testen genotypisierter Bezugsproben zu validieren.

3.2.4. Die Ergebnisse quantitativer NAT-Assays müssen sich auf internationale Standards oder an ihnen kalibrierte Referenzmaterialien, sofern vorhanden, zurückführen lassen und in internationalen Einheiten ausgedrückt werden, die in dem speziellen Anwendungsbereich verwendet werden.

3.2.5. NAT-Assays können zum Virusnachweis in antikörper-negativen Proben, d. h. Proben aus der Präserokonversionsphase, verwendet werden. Viren innerhalb von Immunkomplexen können sich, beispielsweise während eines Zentrifugiervorgangs, anders als freie Viren verhalten. Daher ist es wichtig, dass in Robustheitsstudien antikörper-negative Proben (aus der Präserokonversionsphase) enthalten sind.

3.2.6. Zur Untersuchung möglicher Verschleppungen sind mindestens fünf Testreihen mit abwechselnd hoch positiven und negativen Proben während der Robustheitsprüfung durchzuführen. Die hoch positiven Proben sollen auch Proben mit natürlich auftretenden, hohen Virustitern umfassen.

3.2.7. Die Ausfallrate des Gesamtsystems, die zu falsch negativen Befunden führt, ist durch das Testen schwach positiver Proben zu ermitteln. Diese schwach positiven Proben müssen eine Viruskonzentration enthalten, die dem Dreifachen der Viruskonzentration des 95 % positiven Cut-Off-Wertes entspricht.

3.3. GTS für Freigabetests des Herstellers bei Reagenzien und Reagenzprodukten zum Nachweis, zur Bestätigung und zur quantitativen Bestimmung von Markern von HIV-Infektionen (HIV 1 und 2), HTLV I und II sowie Hepatitis B, C und D in Proben menschlichen Ursprungs (nur Immuno-Assays)

3.3.1. Durch die Freigabekriterien des Herstellers ist sicherzustellen, dass jede Charge die relevanten Antigene, Epitope und Antikörper einheitlich und durchgängig erkennt.

3.3.2. Die Chargenfreigabetests des Herstellers müssen mindestens 100 Proben mit negativem Befund für den relevanten Analyten umfassen.

3.4. GTS für die Leistungsbewertung von Reagenzien und Reagenzprodukten zur Bestimmung folgender Blutgruppen-Antigene: ABNull-System (A, B), Rhesus (C, c, D, E, e), Kell-System (K)

Die Kriterien für die Leistungsbewertung von Reagenzien und Reagenzprodukten zur Bestimmung der Blutgruppen ABNull-System (A, B), Rhesus (C, c, D, E, e) und Kell-System (K) sind der Tabelle 9 zu entnehmen.

3.4.1. Sämtliche Leistungsbewertungen sind in direktem Vergleich mit einem etablierten Produkt akzeptabler Leistung durchzuführen. Sobald das System der CE-Kennzeichnung für In-Vitro-Diagnostika etabliert ist, muss für den Vergleich ein CE-gekennzeichnetes Produkt herangezogen werden, sofern ein solches zum Zeitpunkt der Leistungsbewertung am Markt verfügbar ist.

3.4.2. Treten innerhalb einer Bewertung abweichende Testergebnisse auf, so sind sie möglichst weitgehend aufzuklären, beispielsweise
- durch eine Bewertung der abweichenden Probe in weiteren Tests,
- durch die Verwendung eines alternativen Verfahrens.

3.4.3. Leistungsbewertungen sind an einer Population durchzuführen, die der europäischen Bevölkerung entspricht.

3.4.4. Die für die Leistungsbewertung verwendeten positiven Proben sind so auszuwählen, dass sie auch eine abweichende und schwache Antigen-Expression widerspiegeln.

3.4.5. Als Teil der Leistungsbewertung sind die Produkte auch im Hinblick auf die Wirkung potenziell störender Substanzen zu bewerten. Welche potenziell störenden Substanzen bewertet werden, hängt bis zu einem gewissen Grad von der Zusammensetzung des Reagens und dem Versuchsaufbau ab. Die Ermittlung potenziell störender Substanzen ist Bestandteil der Risikoanalyse, die nach den grundlegenden Anforderungen für jedes neue Produkt vorgeschrieben ist.

3.4.6. Bei Produkten, die zur Verwendung mit Plasma bestimmt sind, ist bei der Leistungsbewertung die Leistung des Produkts unter Verwendung aller Antikoagulanzien nachzuweisen, die der Hersteller für die Verwendung mit diesem Produkt angibt. Der Nachweis ist an mindestens 50 Spenden zu führen.

3.5. GTS für Freigabetests des Herstellers bei Reagenzien und Reagenzprodukten zur Bestimmung folgender Blutgruppen-Antigene: ABNull-System (A, B), Rhesus (C, c, D, E, e), Kell-System (K)

3.5.1. Durch die Kriterien für die Freigabetests des Herstellers ist sicherzustellen, dass für jede Charge die relevanten Antigene, Epitope und Antikörper einheitlich und durchgängig erkennbar sind.

3.5.2. Die Anforderungen an die Chargenfreigabetests der Hersteller sind der Tabelle 10 zu entnehmen.

Tabelle 1: „Screening"-Tests: Anti-HIV 1 und 2, Anti-HTLV I und II, Anti-HCV, HBsAg, Anti-HBc

		Anti-HIV 1/2	**Anti-HTL I/II**	**Anti-HCV**	**HBsAg**	**Anti-HBc**
Diagnostische Sensitivität	Positive Proben	400 HIV-1 100 HIV-2 Darunter: 40 Non-B-Subtypen, alle verfügbaren HIV/1-Subtypen sollten mit mindestens 3 Proben je Subtyp vertreten sein	300 HTLV- I 100 HTLV- I	400 Einschließlich Genotypen Ia-4a: mindestens 20 Proben je Genotyp, Genotyp 4 Non-a sowie 5: mindestens 10 Proben je Genotyp	400 Darunter auch Berücksichtigung der Subtypen	400 Einschließlich Bewertung anderer HBV-Marker
	Serokonversionspanels	20 Panels 10 weitere Panels (bei benannter Stelle oder Hersteller)	Festzulegen, wenn verfügbar	20 Panels 10 weitere Panels (bei benannter Stelle oder Hersteller)	20 Panels 10 weitere Panels (bei benannter Stelle oder Hersteller)	Festzulegen, wenn verfügbar
Analytische Sensitivität	Standards				0,5 ng/ml (nationaler frz./brit. Standard, bis WHO-Standard vorliegt)	
Spezifität	Nicht selektierte Spender (einschließlich Erstspender)	5 000	5 000	5 000	5 000	5 000
	Krankenhauspatienten	200	200	200	200	200
	Blutproben mit möglicher Kreuzreaktion (RF-positiv, verwandte Viren, Schwangere usw.)	100	100	100	100	100

Tabelle 2: NAT-Tests bei HIV 1, HCV, HBV und HTLV I/II (qualitative und quantitative Tests; nicht molekulare Typisierung)

	HIV 1		**HCV**		**HBV**		**HTLV I/II**		
NAT	Qualitative Tests	Quantitative Tests	Qualitative Tests	Quantitative Tests Wie bei quantitativen HIV-Tests	Qualitative Tests	Quantitative Tests Wie bei quantitativen HIV-Tests	Qualitative Tests	Quantitative Tests Wie bei quantitativen HIV-Tests	Akzeptanzkriterium
Sensitivität Nachweisgrenze Nachweis der analytischen Sensitivität (IE/ml; festgelegt nach WHO-Standards oder daran kalibrierten Referenzmaterialien)	Gemäß EU-Validierungsleitlinie [1]: mehrere Verdünnungsreihen innerhalb Grenzkonzentration; statistische Analyse (z. B. Probitanalyse), ausgehend von mindestens 24 Replikaten; Berechnung des Cut-Off-Werts (95 %)	Nachweisgrenze: wie bei qualitativen Tests; Quantifizierungsgrenze: Verdünnungen (halb-log10 oder weniger) kalibrierter Referenzpräparate, Festlegung der unteren/oberen Quantifizierungsgrenze, Präzision, Genauigkeit, „linearer" Bereich, „dynamischer Bereich". Reproduzierbarkeit bei verschiedenen Konzentrationsstufen ist nachzuweisen	Gemäß EU-Validierungsleitlinie [1]: mehrere Verdünnungsreihen bis in Grenzkonzentration; statistische Analyse (z.B. Probitanalyse), ausgehend von mindestens 24 Replikaten; Berechnung des Cut-Off-Werts (95 %)		Gemäß EU-Validierungsleitlinie [1]: mehrere Verdünnungsreihen innerhalb Grenzkonzentration; statistische Analyse (z.B. Probitanalyse), ausgehend von mindestens 24 Replikaten; Berechnung des Cut-Off-Werts (95 %)		Gemäß EU-Validierungsleitlinie [1]: mehrere Verdünnungsreihen innerhalb Grenzkonzentration; statistische Analyse (z.B. Probitanalyse), ausgehend von mindestens 24 Replikaten; Berechnung des Cut-Off-Werts (95 %)		
Genotyp/Subtyp-Bestimmung Effizienz der quantitativen Bestimmung	Mindestens 10 Proben je Subtyp (sofern vorhanden) Zellkulturüberstände (könnten seltene HIV-1-Subtypen ersetzen) Gemäß EU-Validierungsleitlinie [1]: soweit kalibrierte Subtyp-Referenzmaterialien vorhanden, *In-vitro*-Transkripte mögliche Alternativen	Verdünnungsreihen aller relevanten Genotypen/Subtypen, vorzugsweise von Referenzmaterialien, sofern vorhanden. Mittels geeigneter Verfahren quantifizierte transkripte oder Plasmide dürfen verwendet werden.	Mindestens 10 Proben je Genotyp (sofern vorhanden) Gemäß EU-Validierungsleitlinie [1] soweit kalibrierte Subtyp-Referenzmaterialien vorhanden, *In-Vitro*-Transkripte mögliche Alternativen		Soweit kalibrierte Genotyp-Referenzmaterialien vorhanden sind Gemäß EU-Validietungsleitlinie [1] soweit kalibrierte Subtyp-Referenzmaterialien vorhanden, *In-Vitro*-Transkripte mögliche Alternativen		Soweit kalibrierte Genotyp-Referenzmaterialien vorhanden sind Gemäß EU-Validierungsleitlinie [1] soweit kalibrierte Subtyp-Referenzmaterialien vorhanden, *In-Vitro*-Transkripte mögliche Alternative		

	HIV 1		HCV		HBV		HTLV I/II		
NAT	Qualitative Tests	Quantitative Tests	Qualitative Tests	Quantitative Tests Wie bei quantitativen HIV-Tests	Qualitative Tests	Quantitative Tests Wie bei quantitativen HIV-Tests	Qualitative Tests	Quantitative Tests Wie bei quantitativen HIV-Tests	Akzeptanz-kriterium
Diagnostische Spezifität negative Proben	500 Blutspender	100 Blutspender	500 Blutspender		500 Blutspender		500 Blutspender		
Marker mit möglicher Kreuzreaktion	Durch Nachweis geeigneter Versuchskonzeption (z. B. Sequenzvergleich) und/oder Tests an mindestens 10 Proben, die für Humanretroviren (z. B. HTLV) positiv sind	Wie bei qualitativen Tests	Durch Nachweis geeigneter Versuchskonzeption und/oder Tests an mindestens 10 Proben, die für Humanflaviviren (z. B. HGV, YFV) positiv sind		Durch Nachweis geeigneter Versuchskonzeption und/oder Tests an mindestens 10 Proben, die für DNA-Viren positiv sind		Durch Nachweis geeig neter Versuchskonzeption und/oder Tests an mindestens 10 Proben, die für Humanretroviren (z. B. HIV) positiv sind		
Robustheit		Wie bei qualitativen Tests							
Verschleppung	Mindestens 5 Reihen mit abwechselnd hoch positiven (bekanntlich natürlich vorkommenden) und negativen Proben		Mindestens 5 Reihen mit abwechselnd hoch positiven (bekanntlich natürlich vorkommenden) und negativen Proben		Mindestens 5 Reihen mit abwechselnd hoch positiven (bekanntlich natürlich vorkommenden) und negativen Proben		Mindestens 5 Reihen mit abwechselnd hoch positiven (bekanntlich natürlich vorkommenden) und negativen Proben		
Inhibition	Interne Kontrolle, vorzugsweise während des gesamten NAT-Verfahrens		Interne Kontrolle, vorzugsweise während des gesamten NAT-Verfahrens		Interne Kontrolle, vorzugsweise während des gesamten NAT-Verfahrens		Interne Kontrolle, vorzugsweise während des gesamten NAT-Verfahrens		
Zu falsch negativen Befunden führende Ausfallrate des Gesamtsystems	Mindestens 100 mit der dreifachen Virenkonzentration des positiven Cut-Off-Werts (95 %) angereicherte Proben		Mindestens 100 mit der dreifachen Virenkonzentration des positiven Cut-Off-Werts (95 %) angereicherte Proben		Mindestens 100 mit der dreifachen Virenkonzentration des positiven Cut-Off-Werts (95 %) angereicherte Proben		Mindestens 100 mit der dreifachen Virenkonzentration des positiven Cut-Off-Werts (95 %) angereicherte Proben		99 % Assays positiv

[1] Leitlinie des Europäischen Arzneibuchs

Anmerkung: Als Akzeptanzkriterium für die „zu falsch negativen Befunden führende Ausfallrate des Gesamtsystems" gilt 99 positive Befunde bei 100 Tests.

Tabelle 3: Schnelltests für Anti-HIV 1 und 2, Anti-HCV, HBsAg, Anti-HBc, Anti-HTLV I und II

		Anti-HIV 1/2	**Anti-HCV**	**HBsAg**	**Anti-HBc**	**Anti-HTLV I/II**	**Akzeptanzkriterien**
Diagnostische Sensitivität	Positive Proben	Kriterien wie bei Screening-Tests	Kriterien wie bei bei Screening-Tests	Kriterien wie bei Screening-Tests	Kriterien wie bei bei Screening-Tests	Kriterien wie bei bei Screening-Tests	Kriterien wie bei bei Screening-Tests
Diagnostische Spezifität	Negative Proben	1 000 Blutspenden 200 klinische Proben 200 Proben von Schwangeren 100 Proben mit potenziell störenden Substanzen	1 000 Blutspenden 200 klinische Proben 200 Proben von Schwangeren 100 Proben mit potenziell störenden Substanzen	1 000 Blutspenden 200 klinische Proben 100 Proben mit potenziell störenden Substanzen	1 000 Blutspenden 200 klinische Proben 200 Proben von Schwangeren 100 Proben mit potenziell störenden Substanzen	1 000 Blutspenden 200 klinische Proben 200 Proben von Schwangeren 100 Proben mit potenziell störenden Substanzen	≥ 99 % (Anti-HBc: ≥ 96 %)

Tabelle 4: Bestätigungs-/Ergänzungstests für Anti-HIV I und II, Anti-HTLV I und II, Anti-HCV, HBsAg

		Anti-HIV-Bestätigungstest	**Anti-HTLV-Bestätigungstest**	**HCV-Ergänzungstest**	**HBsAg-Bestätigungstest**	**Akzeptanzkriterien**
Diagnostische Sensitivität	Positive Proben	200 HIV 1 und 100 HIV 2 Darunter Proben aus verschiedenen Infektionsstadien und Proben, die verschiedene Antikörpermuster widerspiegeln	200 HTLV 1 und 100 HTLV II	300 HCV Darunter Proben aus verschiedenen Infektionsstadien und Proben, die verschiedene Antikörpermuster widerspiegeln Genotypen I-4a: 15 Proben; Genotypen 4 (Non- a) und 5: 5 Proben, 6: sofern vorhanden	300 HBsAg Darunter Proben aus verschiedenen Infektionsstadien 20 hoch positive Proben (>50 ng HbsAg/ml); 20 Proben im Cut-Off-Bereich	Korrekte Bestimmung als positiv (oder unbestimmt), nicht negativ
	Serokonversionspanels	15 Serokonversionspanels/ Niedrigtiterpanels		15 Serokonversionspanels/ Niedrigtiterpanels	15 Serokonversionspanels/ Niedrigtiterpanels	
Analytische Sensitivität	Standards			HBsAg-Standards (AdM, NIBSC, WHO)		
Diagnostische Spezifität	Negative Proben	200 Blutspenden 200 klinische Proben, darunter auch von Schwangeren 50 potenziell störende Proben, darunter auch Proben mit unbestimmten Befunden aus anderen Bestätigungstests	200 Blutspenden 200 klinische Proben, darunter auch von Schwangeren 50 potenziell störende Proben, darunter auch Proben mit unbestimmten Befunden aus anderen Bestätigungstests	200 Blutspenden 200 klinische Proben, darunter auch von Schwangeren 50 potenziell störende Proben, darunter auch Proben mit unbestimmten Befunden aus anderen Ergänzungstests	20 falsch positive Befunde im entsprechenden Screening-Test [1)] 50 potenziell störende Proben	Keine falsch positiven Befunde [1)] keine Neutralisierung

[1)] Akzeptanzkriterium: keine Neutralisierung bei HBsAg-Bestätigungstest.

Tabelle 5: HIV-1-Antigen

		HIV-1-Antigen-Assay	Akzeptanzkriterium
Diagnostische Sensitivität	Positive Proben	50 HIV-1 Ag-positive Proben 50 Zellkulturüberstände, darunter auch verschiedene HIV-1-Subtypen und HIV-2	Korrekte Bestimmung (nach Neutralisierung)
	Serokonversionspanels	20 Serokonversionspanels / Niedrigtiterpanels	
Analytische Sensitivität	Standards	ADM oder 1. Internationales Referenzpräparat	< 50 pg/ml
Diagnostische Spezifität		200 Blutspenden 200 klinische Proben 50 potenziell störende Proben	≥ 99,5 % nach Neutralisierung

Tabelle 6: Serotypisierungstest: HCV

		HCV-1 Serotypisierungstest	Akzeptanzkriterium
Diagnostische Sensitivität	Positive Proben	200 darunter auch Genotypen 1-4a: > 20 Proben 4 (Non-a); 5: > 10 Proben; 6: sofern vorhanden	≥ 95 % Übereinstimmung zwischen Serotypisierung und Genotypisierung
Diagnostische Spezifität	Negative Proben	100	

Tabelle 7: HBV-Marker: Anti-HBs, Anti-HBc IgM, Anti-HBe, HBeAg

		Anti-HBs	**Anti-HBc IgM**	**Anti-HBe**	**HBeAg**	**Akzeptanzkriterium**
Diagnostische Sensitivität	Positive Proben	100 Impflinge 100 natürlich infizierte Personen	200 Darunter auch Proben aus verschiedenen Infektionsstadien (akut/ chronisch usw.)	200 Darunter auch Proben aus verschiedenen Infektionsstadien (akut/ chronisch usw.)	200 Darunter auch Proben aus verschiedenen Infektionsstadien (akut/ chronisch usw.)	≥ 98 %
	Serokon-versionspanels	10 Verkäufe oder Anti-HBs-Serokonversionen	Sofern verfügbar			
Analytische Sensitivität	Standards	WHO-Standard			PEI-Standard	Anti-HBs: < 10 mUI/ml
Diagnostische Spezifität	Negative Proben	500 Darunter auch klinische Proben 50 potenziell störende Proben	200 Blutspenden 200 klinische Proben 50 potenziell störende Proben	200 Blutspenden 200 klinische Proben 50 potenziell störende Proben	200 Blutspenden 200 klinische Proben 50 potenziell störende Proben	≥ 98 %

Tabelle 8: HDV-Marker: Anti-HDV, Anti-HDV IgM, Delta-Antigen

		Anti-HDV	**Anti-HDV IgM**	**Delta-Antigen**	**Akzeptanzkriterium**
Diagnostische Sensitivität	Positive Proben	100 Spezifizierung HBV-Marker	50 Spezifizierung HBV-Marker	50 Spezifizierung HBV-Marker	≥ 98 %
Diagnostische Spezifität	Negative Proben	200 Darunter auch klinische Proben 50 potenziell störende Faktoren	200 Darunter auch klinische Proben 50 potenziell störende Proben	200 Darunter auch klinische Proben 50 potenziell störende Proben	≥ 98 %

Tabelle 9: Blutgruppen ABNull, Rhesus (C, c, D, E, e) und Kell-System (K)

	1	2	3
Spezifität	Anzahl der Tests je empfohlenem Verfahren	Für ein neues Produkt zu testende Gesamtprobenzahl	Für eine neue Formulierung zu testende Gesamtprobenzahl oder Verwendung klar charakterisierter Reagenzien
Anti A, B und AB	500	3 000	1 000
Anti-D	500	3 000	1 000
Anti-C, c, E	100	1 000	200
Anti-e	100	500	200
Anti-K	100	500	200

Akzeptanzkriterien:

Alle vorstehenden Reagenzien müssen hinsichtlich der behaupteten Reaktivität des Produkts Testergebnisse aufweisen, die mit etablierten Reagenzien mit akzeptabler Leistung vergleichbar sind. Bei etablierten Reagenzien, deren Anwendungsbereich oder Verwendungsart geändert oder erweitert wurde, sind weitere Tests gemäß den in Spalte 1 (s. o.) aufgeführten Anforderungen durchzuführen.

Die Leistungsbewertung von Anti-D-Reagenzien muss auch Tests an einer Reihe von schwachen RhD-Proben und partiellen Rh-Proben umfassen, je nach Verwendungszweck des Produkts.

Eigenschaften:

Klinische Proben:	10 % der Testpopulation
Proben von Neugeborenen	> 2 % der Testpopulation
ABNull-Proben:	> 40 % von A, B positiv
„D schwach“	> 2 % von Rhesus positiv

Tabelle 10: Chargenfreigabekriterien für die Blutgruppen ABNull, Rhesus (C, c, D, E, e), und Kell-System (K)
Testanforderungen an die Spezifität jedes Reagens

1. Testreagenzien

Blutgruppenreagenzien		**Mindestanzahl der zu testenden Kontrollzellen**						
	Positive Reaktionen					Negative Reaktionen		
	A1	A2B	Ax			B	O	
Anti-A	2	2	2 *)			2	2	
	B	A1B				A1	O	
Anti-B	2	2				2	2	
	A1	A2	Ax	B			O	
Anti-AB	2	2	2	2		4		
	R1r	R2r	D schwach			r'r	r''r	rr
Anti-D	2	2	2 *)			1	1	1
	R1R2	R1r	r'r			R2R2	r''r	rr
Anti-C	2	1	1			1	1	1
	R1R2	R1r	r'r			R1R1		
Anti-c	1	2	1			3		
	R1R2	R2r	r''r			R1R1	r'r	rr
Anti-E	2	1	1			1	1	1
	R1R2	R2r	r''r			R2R2		
Anti-e	2	1	1			3		
	Kk					kk		
Anti-K	4					3		

*) Nur mittels empfohlener technischer Verfahren, wenn Reaktivität auf diese Antigene angegeben ist.

Anmerkung: Polyklonale Reagenzien sind an einem breiteren Zellpanel zu testen, um die Spezifität zu bestätigen und das Vorliegen einer ungewollten Antikörperkontamination auszuschließen.

Akzeptanzkriterium:
Jede Charge eines Reagens muss im Einklang mit den Ergebnissen aus den Leistungsbewertungsdaten eindeutig positive oder negative Ergebnisse in allen empfohlenen technischen Verfahren aufweisen.

2. Kontrollmaterialien (Erythrozyten)

Der Phänotyp der Erythrozyten, die für die Kontrolle der vorstehenden Blutgruppenreagenzien verwendet werden, sollte unter Verwendung eines etablierten Produkts bestätigt werden

Richtlinie 98/44/EG des Europäischen Parlaments und des Rates vom 06. Juli 1998 über den rechtlichen Schutz biotechnologischer Erfindungen *)

Das Europäische Parlament und der Rat der Europäischen Union –

gestützt auf den Vertrag zur Gründung der Europäischen Gemeinschaft, insbesondere auf Artikel 100a,

auf Vorschlag der Kommission[1],

nach Stellungnahme des Wirtschafts- und Sozialausschusses[2]

gemäß dem Verfahren des Artikels 189b des Vertrags[3],

in Erwägung nachstehender Gründe:

(1) Biotechnologie und Gentechnik spielen in den verschiedenen Industriezweigen eine immer wichtigere Rolle, und dem Schutz biotechnologischer Erfindungen kommt grundlegende Bedeutung für die industrielle Entwicklung der Gemeinschaft zu.

(2) Die erforderlichen Investitionen zur Forschung und Entwicklung sind insbesondere im Bereich der Gentechnik hoch und risikoreich und können nur bei angemessenem Rechtsschutz rentabel sein.

(3) Ein wirksamer und harmonisierter Schutz in allen Mitgliedstaaten ist wesentliche Voraussetzung dafür, dass Investitionen auf dem Gebiet der Biotechnologie fortgeführt und gefördert werden.

(4) Nach der Ablehnung des vom Vermittlungsausschuss gebilligten gemeinsamen Entwurfs einer Richtlinie des Europäischen Parlaments und des Rates über den rechtlichen Schutz biotechnologischer Erfindungen[4] durch das Europäische Parlament haben das Europäische Parlament und der Rat festgestellt, dass die Lage auf dem Gebiet des Rechtsschutzes biotechnologischer Erfindungen der Klärung bedarf.

(5) In den Rechtsvorschriften und Praktiken der verschiedenen Mitgliedstaaten auf dem Gebiet des Schutzes biotechnologischer Erfindungen bestehen Unterschiede, die zu Handelsschranken führen und so das Funktionieren des Binnenmarkts behindern können.

(6) Diese Unterschiede könnten sich dadurch noch vergrößern, dass die Mitgliedstaaten neue und unterschiedliche Rechtsvorschriften und Verwaltungspraktiken einführen oder dass die Rechtsprechung der einzelnen Mitgliedstaaten sich unterschiedlich entwickelt.

---

*) ABl. L 213 vom 30.7.1998, S. 13.

1) ABl. C 296 vom 8.10.1996, S. 4, und ABl. C 311 vom 11.10.1997, S. 12.

2) ABl. C 295 vom 7.10.1996, S. 11.

3) Stellungnahme des Europäischen Parlaments vom 16. Juli 1997 (ABl. C 286 vom 22.9.1997, S. 87), gemeinsamer Standpunkt des Rates vom 26. Februar 1998 (ABl. C 110 vom 8.4.1998, S. 17) und Beschluss des Europäischen Parlaments vom 12. Mai 1998 (ABl. C 167 vom 1.6.1998). Beschluss des Rates vom 16. Juni 1998

4) ABl. C 68 vom 20.3.1995, S. 26.

(7) Eine uneinheitliche Entwicklung der Rechtsvorschriften zum Schutz biotechnologischer Erfindungen in der Gemeinschaft könnte zusätzliche ungünstige Auswirkungen auf den Handel haben und damit zu Nachteilen bei der industriellen Entwicklung der betreffenden Erfindungen sowie zur Beeinträchtigung des reibungslosen Funktionierens des Binnenmarkts führen.

(8) Der rechtliche Schutz biotechnologischer Erfindungen erfordert nicht die Einführung eines besonderen Rechts, das an die Stelle des nationalen Patentrechts tritt. Das nationale Patentrecht ist auch weiterhin die wesentliche Grundlage für den Rechtsschutz biotechnologischer Erfindungen; es muss jedoch in bestimmten Punkten angepasst oder ergänzt werden, um der Entwicklung der Technologie, die biologisches Material benutzt, aber gleichwohl die Voraussetzungen für die Patentierbarkeit erfüllt, angemessen Rechnung zu tragen.

(9) In bestimmten Fällen, wie beim Ausschluss von Pflanzensorten, Tierrassen und von im wesentlichen biologischen Verfahren für die Züchtung von Pflanzen und Tieren von der Patentierbarkeit, haben bestimmte Formulierungen in den einzelstaatlichen Rechtsvorschriften, die sich auf internationale Übereinkommen zum Patent- und Sortenschutz stützen, in bezug auf den Schutz biotechnologischer und bestimmter mikrobiologischer Erfindungen für Unsicherheit gesorgt. Hier ist eine Harmonisierung notwendig, um diese Unsicherheit zu beseitigen.

(10) Das Entwicklungspotential der Biotechnologie für die Umwelt und insbesondere ihr Nutzen für die Entwicklung weniger verunreinigender und den Boden weniger beanspruchender Ackerbaumethoden sind zu berücksichtigen. Die Erforschung solcher Verfahren und deren Anwendung sollte mittels des Patentsystems gefördert werden.

(11) Die Entwicklung der Biotechnologie ist für die Entwicklungsländer sowohl im Gesundheitswesen und bei der Bekämpfung großer Epidemien und Endemien als auch bei der Bekämpfung des Hungers in der Welt von Bedeutung. Die Forschung in diesen Bereichen sollte ebenfalls mittels des Patentsystems gefördert werden. Außerdem sollten internationale Mechanismen zur Verbreitung der entsprechenden Technologien in der Dritten Welt zum Nutzen der betroffenen Bevölkerung in Gang gesetzt werden.

(12) Das Übereinkommen über handelsbezogene Aspekte der Rechte des geistigen Eigentums (TRIPS-Übereinkommen)[5], das die Europäische Gemeinschaft und ihre Mitgliedstaaten unterzeichnet haben, ist inzwischen in Kraft getreten; es sieht vor, dass der Patentschutz für Produkte und Verfahren in allen Bereichen der Technologie zu gewährleisten ist.

(13) Der Rechtsrahmen der Gemeinschaft zum Schutz biotechnologischer Erfindungen kann sich auf die Festlegung bestimmter Grundsätze für die Patentierbarkeit biologischen Materials an sich beschränken; diese Grundsätze bezwecken im wesentlichen, den Unterschied zwischen Erfindungen und Entdeckungen hinsichtlich der Patentierbarkeit bestimmter Bestandteile menschlichen Ursprungs herauszuarbeiten. Der Rechtsrahmen kann sich ferner beschränken auf den Umfang des Patentschutzes biotechnologischer Erfindungen, auf die Möglichkeit, zusätzlich zur schriftlichen Beschreibung einen Hinterlegungsmechanismus vorzusehen, sowie auf die Möglichkeit der Erteilung einer nicht ausschließlichen Zwangslizenz bei Abhängigkeit zwischen Pflanzensorten und Erfindungen (und umgekehrt).

(14) Ein Patent berechtigt seinen Inhaber nicht, die Erfindung anzuwenden, sondern verleiht ihm lediglich das Recht, Dritten deren Verwertung zu industriellen und gewerblichen Zwecken zu untersagen. Infolgedessen kann das Patentrecht die nationalen, europäischen oder internationalen Rechtsvorschriften zur Festlegung von Beschränkungen oder Verboten oder zur Kontrolle der Forschung und der Anwendung oder Vermarktung ihrer Ergebnisse weder ersetzen noch überflüssig machen, insbesondere was die Erfordernisse der Volksgesundheit, der Sicherheit, des Umweltschutzes, des Tierschutzes, der Erhaltung der genetischen Vielfalt und die Beachtung bestimmter ethischer Normen betrifft.

[5] ABl. L 336 vom 23.12.1994, S. 213.

(15) Es gibt im einzelstaatlichen oder europäischen Patentrecht (Münchener Übereinkommen) keine Verbote oder Ausnahmen, die eine Patentierbarkeit von lebendem Material grundsätzlich ausschließen.

(16) Das Patentrecht muss unter Wahrung der Grundprinzipien ausgeübt werden, die die Würde und die Unversehrtheit des Menschen gewährleisten. Es ist wichtig, den Grundsatz zu bekräftigen, wonach der menschliche Körper in allen Phasen seiner Entstehung und Entwicklung, einschließlich der Keimzellen, sowie die bloße Entdeckung eines seiner Bestandteile oder seiner Produkte, einschließlich der Sequenz oder Teilsequenz eines menschlichen Gens, nicht patentierbar sind. Diese Prinzipien stehen im Einklang mit den im Patentrecht vorgesehenen Patentierbarkeitskriterien, wonach eine bloße Entdeckung nicht Gegenstand eines Patents sein kann.

(17) Mit Arzneimitteln, die aus isolierten Bestandteilen des menschlichen Körpers gewonnen und/oder auf andere Weise hergestellt werden, konnten bereits entscheidende Fortschritte bei der Behandlung von Krankheiten erzielt werden. Diese Arzneimittel sind das Ergebnis technischer Verfahren zur Herstellung von Bestandteilen mit einem ähnlichen Aufbau wie die im menschlichen Körper vorhandenen natürlichen Bestandteile; es empfiehlt sich deshalb, mit Hilfe des Patentsystems die Forschung mit dem Ziel der Gewinnung und Isolierung solcher für die Arzneimittelherstellung wertvoller Bestandteile zu fördern.

(18) Soweit sich das Patentsystem als unzureichend erweist, um die Forschung und die Herstellung von biotechnologischen Arzneimitteln, die zur Bekämpfung seltener Krankheiten („Orphan"-Krankheiten) benötigt werden, zu fördern, sind die Gemeinschaft und die Mitgliedstaaten verpflichtet, einen angemessenen Beitrag zur Lösung dieses Problems zu leisten.

(19) Die Stellungnahme Nr. 8 der Sachverständigengruppe der Europäischen Kommission für Ethik in der Biotechnologie ist berücksichtigt worden.

(20) Infolgedessen ist darauf hinzuweisen, daß eine Erfindung, die einen isolierten Bestandteil des menschlichen Körpers oder einen auf eine andere Weise durch ein technisches Verfahren erzeugten Bestandteil betrifft und gewerblich anwendbar ist, nicht von der Patentierbarkeit ausgeschlossen ist, selbst wenn der Aufbau dieses Bestandteils mit dem eines natürlichen Bestandteils identisch ist, wobei sich die Rechte aus dem Patent nicht auf den menschlichen Körper und dessen Bestandteile in seiner natürlichen Umgebung erstrecken können.

(21) Ein solcher isolierter oder auf andere Weise erzeugter Bestandteil des menschlichen Körpers ist von der Patentierbarkeit nicht ausgeschlossen, da er - zum Beispiel - das Ergebnis technischer Verfahren zu seiner Identifizierung, Reinigung, Bestimmung und Vermehrung außerhalb des menschlichen Körpers ist, zu deren Anwendung nur der Mensch fähig ist und die die Natur selbst nicht vollbringen kann.

(22) Die Diskussion über die Patentierbarkeit von Sequenzen oder Teilsequenzen von Genen wird kontrovers geführt. Die Erteilung eines Patents für Erfindungen, die solche Sequenzen oder Teilsequenzen zum Gegenstand haben, unterliegt nach dieser Richtlinie denselben Patentierbarkeitskriterien der Neuheit, erfinderischen Tätigkeit und gewerblichen Anwendbarkeit wie alle anderen Bereiche der Technologie. Die gewerbliche Anwendbarkeit einer Sequenz oder Teilsequenz muß in der eingereichten Patentanmeldung konkret beschrieben sein.

(23) Ein einfacher DNA-Abschnitt ohne Angabe einer Funktion enthält keine Lehre zum technischen Handeln und stellt deshalb keine patentierbare Erfindung dar.

(24) Das Kriterium der gewerblichen Anwendbarkeit setzt voraus, daß im Fall der Verwendung einer Sequenz oder Teilsequenz eines Gens zur Herstellung eines Proteins oder Teilproteins angegeben wird, welches Protein oder Teilprotein hergestellt wird und welche Funktion es hat.

(25) Zur Auslegung der durch ein Patent erteilten Rechte wird in dem Fall, daß sich Sequenzen lediglich in für die Erfindung nicht wesentlichen Abschnitten überlagern, patentrechtlich jede Sequenz als selbständige Sequenz angesehen.

(26) Hat eine Erfindung biologisches Material menschlichen Ursprungs zum Gegenstand oder wird dabei derartiges Material verwendet, so muß bei einer Patentanmeldung die Person, bei der Entnahmen vorgenommen werden, die Gelegenheit erhalten haben, gemäß den innerstaatlichen Rechtsvorschriften nach Inkenntnissetzung und freiwillig der Entnahme zuzustimmen.

(27) Hat eine Erfindung biologisches Material pflanzlichen oder tierischen Ursprungs zum Gegenstand oder wird dabei derartiges Material verwendet, so sollte die Patentanmeldung gegebenenfalls Angaben zum geographischen Herkunftsort dieses Materials umfassen, falls dieser bekannt ist. Die Prüfung der Patentanmeldungen und die Gültigkeit der Rechte aufgrund der erteilten Patente bleiben hiervon unberührt.

(28) Diese Richtlinie berührt in keiner Weise die Grundlagen des geltenden Patentrechts, wonach ein Patent für jede neue Anwendung eines bereits patentierten Erzeugnisses erteilt werden kann.

(29) Diese Richtlinie berührt nicht den Ausschluß von Pflanzensorten und Tierrassen von der Patentierbarkeit. Erfindungen, deren Gegenstand Pflanzen oder Tiere sind, sind jedoch patentierbar, wenn die Anwendung der Erfindung technisch nicht auf eine Pflanzensorte oder Tierrasse beschränkt ist.

(30) Der Begriff der Pflanzensorte wird durch das Sortenschutzrecht definiert. Danach wird eine Sorte durch ihr gesamtes Genom geprägt und besitzt deshalb Individualität. Sie ist von anderen Sorten deutlich unterscheidbar.

(31) Eine Pflanzengesamtheit, die durch ein bestimmtes Gen (und nicht durch ihr gesamtes Genom) gekennzeichnet ist, unterliegt nicht dem Sortenschutz. Sie ist deshalb von der Patentierbarkeit nicht ausgeschlossen, auch wenn sie Pflanzensorten umfaßt.

(32) Besteht eine Erfindung lediglich darin, daß eine bestimmte Pflanzensorte genetisch verändert wird, und wird dabei eine neue Pflanzensorte gewonnen, so bleibt diese Erfindung selbst dann von der Patentierbarkeit ausgeschlossen, wenn die genetische Veränderung nicht das Ergebnis eines im wesentlichen biologischen, sondern eines biotechnologischen Verfahrens ist.

(33) Für die Zwecke dieser Richtlinie ist festzulegen, wann ein Verfahren zur Züchtung von Pflanzen und Tieren im wesentlichen biologisch ist.

(34) Die Begriffe „Erfindung" und „Entdeckung", wie sie durch das einzelstaatliche, europäische oder internationale Patentrecht definiert sind, bleiben von dieser Richtlinie unberührt.

(35) Diese Richtlinie berührt nicht die Vorschriften des nationalen Patentrechts, wonach Verfahren zur chirurgischen oder therapeutischen Behandlung des menschlichen oder tierischen Körpers und Diagnostizierverfahren, die am menschlichen oder tierischen Körper vorgenommen werden, von der Patentierbarkeit ausgeschlossen sind.

(36) Das TRIPS-Übereinkommen räumt den Mitgliedern der Welthandelsorganisation die Möglichkeit ein, Erfindungen von der Patentierbarkeit auszuschließen, wenn die Verhinderung ihrer gewerblichen Verwertung in ihrem Hoheitsgebiet zum Schutz der öffentlichen Ordnung oder der guten Sitten einschließlich des Schutzes des Lebens und der Gesundheit von Menschen, Tieren oder Pflanzen oder zur Vermeidung einer ernsten Schädigung der Umwelt notwendig ist, vorausgesetzt, daß ein solcher Ausschluß nicht nur deshalb vorgenommen wird, weil die Verwertung durch innerstaatliches Recht verboten ist.

(37) Der Grundsatz, wonach Erfindungen, deren gewerbliche Verwertung gegen die öffentliche Ordnung oder die guten Sitten verstoßen würde, von der Patentierbarkeit auszuschließen sind, ist auch in dieser Richtlinie hervorzuheben.

(38) Ferner ist es wichtig, in die Vorschriften der vorliegenden Richtlinie eine informatorische Aufzählung der von der Patentierbarkeit ausgenommenen Erfindungen aufzunehmen, um so den nationalen Gerichten und Patentämtern allgemeine Leitlinien für die Auslegung der Bezugnahme auf die öffentliche Ordnung oder die guten Sitten zu geben. Diese Aufzählung ist selbstverständlich nicht erschöpfend. Verfahren, deren Anwendung gegen die Menschenwürde verstößt, wie etwa Verfahren zur Herstellung von hybriden Lebewesen, die aus Keimzellen oder totipotenten Zellen von Mensch und Tier entstehen, sind natürlich ebenfalls von der Patentierbarkeit auszunehmen.

(39) Die öffentliche Ordnung und die guten Sitten entsprechen insbesondere den in den Mitgliedstaaten anerkannten ethischen oder moralischen Grundsätzen, deren Beachtung ganz besonders auf dem Gebiet der Biotechnologie wegen der potentiellen Tragweite der Erfindungen in diesem Bereich und deren inhärenter Beziehung zur lebenden Materie geboten ist. Diese ethischen oder moralischen Grundsätze ergänzen die übliche patentrechtliche Prüfung, unabhängig vom technischen Gebiet der Erfindung.

(40) Innerhalb der Gemeinschaft besteht Übereinstimmung darüber, daß die Keimbahnintervention am menschlichen Lebewesen und das Klonen von menschlichen Lebewesen gegen die öffentliche Ordnung und die guten Sitten verstoßen. Daher ist es wichtig, Verfahren zur Veränderung der genetischen Identität der Keimbahn des menschlichen Lebewesens und Verfahren zum Klonen von menschlichen Lebewesen unmißverständlich von der Patentierbarkeit auszuschließen.

(41) Als Verfahren zum Klonen von menschlichen Lebewesen ist jedes Verfahren, einschließlich der Verfahren zur Embryonenspaltung, anzusehen, das darauf abzielt, ein menschliches Lebewesen zu schaffen, das im Zellkern die gleiche Erbinformation wie ein anderes lebendes oder verstorbenes menschliches Lebewesen besitzt.

(42) Ferner ist auch die Verwendung von menschlichen Embryonen zu industriellen oder kommerziellen Zwecken von der Patentierbarkeit auszuschließen. Dies gilt jedoch auf keinen Fall für Erfindungen, die therapeutische oder diagnostische Zwecke verfolgen und auf den menschlichen Embryo zu dessen Nutzen angewandt werden.

(43) Nach Artikel F Absatz 2 des Vertrags über die Europäische Union achtet die Union die Grundrechte, wie sie in der am 4. November 1950 in Rom unterzeichneten Europäischen Konvention zum Schutze der Menschenrechte und Grundfreiheiten gewährleistet sind und wie sie sich aus den gemeinsamen Verfassungsüberlieferungen der Mitgliedstaaten als allgemeine Grundsätze des Gemeinschaftsrechts ergeben.

(44) Die Europäische Gruppe für Ethik der Naturwissenschaften und der Neuen Technologien der Kommission bewertet alle ethischen Aspekte im Zusammenhang mit der Biotechnologie. In diesem Zusammenhang ist darauf hinzuweisen, daß die Befassung dieser Gruppe auch im Bereich des Patentrechts nur die Bewertung der Biotechnologie anhand grundlegender ethischer Prinzipien zum Gegenstand haben kann.

(45) Verfahren zur Veränderung der genetischen Identität von Tieren, die geeignet sind, für die Tiere Leiden ohne wesentlichen medizinischen Nutzen im Bereich der Forschung, der Vorbeugung, der Diagnose oder der Therapie für den Menschen oder das Tier zu verursachen, sowie mit Hilfe dieser Verfahren erzeugte Tiere sind von der Patentierbarkeit auszunehmen.

(46) Die Funktion eines Patents besteht darin, den Erfinder mit einem ausschließlichen, aber zeitlich begrenzten Nutzungsrecht für seine innovative Leistung zu belohnen und damit einen Anreiz für erfinderische Tätigkeit zu schaffen; der Patentinhaber muß demnach berechtigt sein, die Verwendung patentierten selbstreplizierenden Materials unter solchen Umständen zu verbieten, die den Umständen gleichstehen, unter denen die Verwendung nicht selbstreplizierenden Materials verboten werden könnte, d. h. die Herstellung des patentierten Erzeugnisses selbst.

(47) Es ist notwendig, eine erste Ausnahme von den Rechten des Patentinhabers vorzusehen, wenn Vermehrungsmaterial, in das die geschützte Erfindung Eingang gefunden hat, vom Patentinhaber oder mit seiner Zustimmung zum landwirtschaftlichen Anbau an einen Landwirt verkauft wird. Mit dieser Ausnahmeregelung soll dem

Landwirt gestattet werden, sein Erntegut für spätere generative oder vegetative Vermehrung in seinem eigenen Betrieb zu verwenden. Das Ausmaß und die Modalitäten dieser Ausnahmeregelung sind auf das Ausmaß und die Bedingungen zu beschränken, die in der Verordnung (EG) Nr. 2100/94 des Rates vom 27. Juli 1994 über den gemeinschaftlichen Sortenschutz[6] vorgesehen sind.

(48) Von dem Landwirt kann nur die Vergütung verlangt werden, die im gemeinschaftlichen Sortenschutzrecht im Rahmen einer Durchführungsbestimmung zu der Ausnahme vom gemeinschaftlichen Sortenschutzrecht festgelegt ist.

(49) Der Patentinhaber kann jedoch seine Rechte gegenüber dem Landwirt geltend machen, der die Ausnahme mißbräuchlich nutzt, oder gegenüber dem Züchter, der die Pflanzensorte, in welche die geschützte Erfindung Eingang gefunden hat, entwickelt hat, falls dieser seinen Verpflichtungen nicht nachkommt.

(50) Eine zweite Ausnahme von den Rechten des Patentinhabers ist vorzusehen, um es Landwirten zu ermöglichen, geschütztes Vieh zu landwirtschaftlichen Zwecken zu benutzen.

(51) Mangels gemeinschaftsrechtlicher Bestimmungen für die Züchtung von Tierrassen müssen der Umfang und die Modalitäten dieser zweiten Ausnahmeregelung durch die nationalen Gesetze, Rechts- und Verwaltungsvorschriften und Verfahrensweisen geregelt werden.

(52) Für den Bereich der Nutzung der auf gentechnischem Wege erzielten neuen Merkmale von Pflanzensorten muß in Form einer Zwangslizenz gegen eine Vergütung ein garantierter Zugang vorgesehen werden, wenn die Pflanzensorte in bezug auf die betreffende Gattung oder Art einen bedeutenden technischen Fortschritt von erheblichem wirtschaftlichem Interesse gegenüber der patentgeschützten Erfindung darstellt.

(53) Für den Bereich der gentechnischen Nutzung neuer, aus neuen Pflanzensorten hervorgegangener pflanzlicher Merkmale muß in Form einer Zwangslizenz gegen eine Vergütung ein garantierter Zugang vorgesehen werden, wenn die Erfindung einen bedeutenden technischen Fortschritt von erheblichem wirtschaftlichem Interesse darstellt.

(54) Artikel 34 des TRIPS-Übereinkommens enthält eine detaillierte Regelung der Beweislast, die für alle Mitgliedstaaten verbindlich ist. Deshalb ist eine diesbezügliche Bestimmung in dieser Richtlinie nicht erforderlich.

(55) Die Gemeinschaft ist gemäß dem Beschluß 93/ 626/EWG[7] Vertragspartei des Übereinkommens über die biologische Vielfalt vom 5. Juni 1992. Im Hinblick darauf tragen die Mitgliedstaaten bei Erlaß der Rechts- und Verwaltungsvorschriften zur Umsetzung dieser Richtlinie insbesondere Artikel 3, Artikel 8 Buchstabe j), Artikel 16 Absatz 2 Satz 2 und Absatz 5 des genannten Übereinkommens Rechnung.

(56) Die dritte Konferenz der Vertragsstaaten des Übereinkommens über die biologische Vielfalt, die im November 1996 stattfand, stellte im Beschluß III/17 fest, daß weitere Arbeiten notwendig sind, um zu einer gemeinsamen Bewertung des Zusammenhangs zwischen den geistigen Eigentumsrechten und den einschlägigen Bestimmungen des Übereinkommens über handelsbezogene Aspekte des geistigen Eigentums und des Übereinkommens über die biologische Vielfalt zu gelangen, insbesondere in Fragen des Technologietransfers, der Erhaltung und nachhaltigen Nutzung der biologischen Vielfalt sowie der gerechten und fairen Teilhabe an den Vorteilen, die sich aus der Nutzung der genetischen Ressourcen ergeben, einschließlich des Schutzes von Wissen, Innovationen und Praktiken indigener und lokaler Gemeinschaften, die traditionelle Lebensformen verkörpern, die für die Erhaltung und nachhaltige Nutzung der biologischen Vielfalt von Bedeutung sind –

---

[6] ABl. L 227 vom 1.9.1994, S. 1. Verordnung geändert durch die Verordnung (EG) Nr. 2506/95 (ABl. L 258 vom 28.10.1995, S. 3).

[7] ABl. L 309 vom 13.12.1993, S. 1.

haben folgende Richtlinie erlassen:

Kapitel I: Patentierbarkeit

Artikel 1

(1) Die Mitgliedstaaten schützen biotechnologische Erfindungen durch das nationale Patentrecht. Sie passen ihr nationales Patentrecht erforderlichenfalls an, um den Bestimmungen dieser Richtlinie Rechnung zu tragen.

(2) Die Verpflichtungen der Mitgliedstaaten aus internationalen Übereinkommen, insbesondere aus dem TRIPS-Übereinkommen und dem Übereinkommen über die biologische Vielfalt, werden von dieser Richtlinie nicht berührt.

Artikel 2

(1) Im Sinne dieser Richtlinie ist

a) „biologisches Material" ein Material, das genetische Informationen enthält und sich selbst reproduzieren oder in einem biologischen System reproduziert werden kann;

b) „mikrobiologisches Verfahren" jedes Verfahren, bei dem mikrobiologisches Material verwendet, ein Eingriff in mikrobiologisches Material durchgeführt oder mikrobiologisches Material hervorgebracht wird.

(2) Ein Verfahren zur Züchtung von Pflanzen oder Tieren ist im wesentlichen biologisch, wenn es vollständig auf natürlichen Phänomenen wie Kreuzung oder Selektion beruht.

(3) Der Begriff der Pflanzensorte wird durch Artikel 5 der Verordnung (EG) Nr. 2100/94 definiert.

Artikel 3

(1) Im Sinne dieser Richtlinie können Erfindungen, die neu sind, auf einer erfinderischen Tätigkeit beruhen und gewerblich anwendbar sind, auch dann patentiert werden, wenn sie ein Erzeugnis, das aus biologischem Material besteht oder dieses enthält, oder ein Verfahren, mit dem biologisches Material hergestellt, bearbeitet oder verwendet wird, zum Gegenstand haben.

(2) Biologisches Material, das mit Hilfe eines technischen Verfahrens aus seiner natürlichen Umgebung isoliert oder hergestellt wird, kann auch dann Gegenstand einer Erfindung sein, wenn es in der Natur schon vorhanden war.

Artikel 4

(1) Nicht patentierbar sind

a) Pflanzensorten und Tierrassen,

b) im wesentlichen biologische Verfahren zur Züchtung von Pflanzen oder Tieren.

(2) Erfindungen, deren Gegenstand Pflanzen oder Tiere sind, können patentiert werden, wenn die Ausführungen der Erfindung technisch nicht auf eine bestimmte Pflanzensorte oder Tierrasse beschränkt ist.

(3) Absatz 1 Buchstabe b) berührt nicht die Patentierbarkeit von Erfindungen, die ein mikrobiologisches oder sonstiges technisches Verfahren oder ein durch diese Verfahren gewonnenes Erzeugnis zum Gegenstand haben.

Artikel 5

(1) Der menschliche Körper in den einzelnen Phasen seiner Entstehung und Entwicklung sowie die bloße Entdeckung eines seiner Bestandteile, einschließlich der Sequenz oder Teilsequenz eines Gens, können keine patentierbaren Erfindungen darstellen.

(2) Ein isolierter Bestandteil des menschlichen Körpers oder ein auf andere Weise durch ein technisches Verfahren gewonnener Bestandteil, einschließlich der Sequenz oder Teilsequenz eines Gens, kann eine patentierbare Erfindung sein, selbst wenn der Aufbau dieses Bestandteils mit dem Aufbau eines natürlichen Bestandteils identisch ist.

(3) Die gewerbliche Anwendbarkeit einer Sequenz oder Teilsequenz eines Gens muß in der Patentanmeldung konkret beschrieben werden.

Artikel 6

(1) Erfindungen, deren gewerbliche Verwertung gegen die öffentliche Ordnung oder die guten Sitten verstoßen würde, sind von der Patentierbarkeit ausgenommen, dieser Verstoß kann nicht allein daraus hergeleitet werden, daß die Verwertung durch Rechts- oder Verwaltungsvorschriften verboten ist.

(2) Im Sinne von Absatz 1 gelten unter anderem als nicht patentierbar:

a) Verfahren zum Klonen von menschlichen Lebewesen;
b) Verfahren zur Veränderung der genetischen Identität der Keimbahn des menschlichen Lebewesens;
c) die Verwendung von menschlichen Embryonen zu industriellen oder kommerziellen Zwecken;
d) Verfahren zur Veränderung der genetischen Identität von Tieren, die geeignet sind, Leiden dieser Tiere ohne wesentlichen medizinischen Nutzen für den Menschen oder das Tier zu verursachen, sowie die mit Hilfe solcher Verfahren erzeugten Tiere.

Artikel 7

Die Europäische Gruppe für Ethik der Naturwissenschaften und der Neuen Technologien der Kommission bewertet alle ethischen Aspekte im Zusammenhang mit der Biotechnologie.

Kapitel II: Umfang des Schutzes

Artikel 8

(1) Der Schutz eines Patents für biologisches Material, das aufgrund der Erfindung mit bestimmten Eigenschaften ausgestattet ist, umfaßt jedes biologische Material, das aus diesem biologischen Material durch generative oder vegetative Vermehrung in gleicher oder abweichender Form gewonnen wird und mit denselben Eigenschaften ausgestattet ist.

(2) Der Schutz eines Patents für ein Verfahren, das die Gewinnung eines aufgrund der Erfindung mit bestimmten Eigenschaften ausgestatteten biologischen Materials ermöglicht, umfaßt das mit diesem Verfahren unmittelbar gewonnene biologische Material und jedes andere mit denselben Eigenschaften ausgestattete biologische Material, das durch generative oder vegetative Vermehrung in gleicher oder abweichender Form aus dem unmittelbar gewonnenen biologischen Material gewonnen wird.

Artikel 9

Der Schutz, der durch ein Patent für ein Erzeugnis erteilt wird, das aus einer genetischen Information besteht oder sie enthält, erstreckt sich vorbehaltlich des Artikels 5 Absatz 1 auf jedes Material, in das dieses Erzeugnis Eingang findet und in dem die genetische Information enthalten ist und ihre Funktion erfüllt.

Artikel 10

Der in den Artikeln 8 und 9 vorgesehene Schutz erstreckt sich nicht auf das biologische Material, das durch generative oder vegetative Vermehrung von biologischem Material gewonnen wird, das im Hoheitsgebiet eines Mitgliedstaats vom Patentinhaber oder mit dessen Zustimmung in Verkehr gebracht wurde, wenn die generative oder vegetative Vermehrung notwendigerweise das Ergebnis der Verwendung ist, für die das biologische Material in Verkehr gebracht wurde, vorausgesetzt, daß das so gewonnene Material anschließend nicht für andere generative oder vegetative Vermehrung verwendet wird.

Artikel 11

(1) Abweichend von den Artikeln 8 und 9 beinhaltet der Verkauf oder das sonstige Inverkehrbringen von pflanzlichem Vermehrungsmaterial durch den Patentinhaber oder dessen Zustimmung an einen Landwirt zum landwirtschaftlichen Anbau dessen Befugnis, sein Erntegut für die generative oder vegetative Vermehrung durch ihn selbst eigenen Betrieb zu verwenden, wobei Ausmaß und Modalitäten dieser Ausnahmeregelung denjenigen des Artikels 14 der Verordnung (EG) Nr. 2100/94 entsprechend.

(2) Abweichend von den Artikeln 8 und 9 beinhaltet der Kauf oder das sonstige Inverkehrbringen von Zuchtvieh oder von tierischem Vermehrungsmaterial durch den Patentinhaber oder mit dessen Zustimmung an einen Landwirt dessen Befugnis, das geschützte Vieh zu landschaftlichen Zwecken zu verwenden. Diese Befugnis reckt sich auch auf die Überlassung des Viehs oder anderen tierischen Vermehrungsmaterials zur Fortführung er landwirtschaftlichen Tätigkeit, jedoch nicht auf den Verkauf mit dem Ziel oder im Rahmen einer gewerblichen Viehzucht.

(3) Das Ausmaß und die Modalitäten der in Absatz 2 vorgesehenen Ausnahmeregelung werden durch die nationalen Gesetze, Rechts- und Verwaltungsvorschriften und Verfahrensweisen geregelt.

Kapitel III: Zwangslizenzen wegen Abhängigkeit

Artikel 12

(1) Kann ein Pflanzenzüchter ein Sortenschutzrecht nicht erhalten oder verwerten, ohne ein früher erteiltes Patent verletzen, so kann er beantragen, daß ihm gegen Zahlung einer angemessenen Vergütung eine nicht ausschließliche Zwangslizenz für die patentgeschützte Erfindung erteilt wird, soweit diese Lizenz zur Verwertung der schützenden Pflanzensorte erforderlich ist. Die Mitgliedstaaten sehen vor, daß der Patentinhaber, wenn eine solche Lizenz erteilt wird, zur Verwertung der geschützten Sorte Anspruch auf eine gegenseitige Lizenz zu angemessenen Bedingungen hat.

(2) Kann der Inhaber des Patents für eine biotechnologische Erfindung diese nicht verwerten, ohne ein früher erteiltes Sortenschutzrecht zu verletzen, so kann er beantragen, daß ihm gegen Zahlung einer angemessenen Vergütung eine nicht ausschließliche Zwangslizenz für die durch dieses Sortenschutzrecht geschützte Pflanzensorte erteilt wird. Die Mitgliedstaaten sehen vor, daß der Inhaber des Sortenschutzrechts, wenn eine solche Lizenz erteilt wird, zur Verwertung der geschützten Erfindung Anspruch auf eine gegenseitige Lizenz zu angemessenen Bedingungen hat.

(3) Die Antragsteller nach den Absätzen 1 und 2 müssen nachweisen, daß

a) sie sich vergebens an den Inhaber des Patents oder des Sortenschutzrechts gewandt haben, um eine vertragliche Lizenz zu erhalten;
b) die Pflanzensorte oder Erfindung einen bedeutenden technischen Fortschritt von erheblichem wirtschaftlichen Interesse gegenüber der patentgeschützten Erfindung oder der geschützten Pflanzensorte darstellt.

(4) Jeder Mitgliedstaat benennt die für die Erteilung der Lizenz zuständige(n) Stelle(n). Kann eine Lizenz für eine Pflanzensorte nur vom Gemeinschaftlichen Sortenamt erteilt werden, findet Artikel 29 der Verordnung (EG) Nr. 2100/94 Anwendung.

Kapitel IV: Hinterlegung von, Zugang zu und erneute Hinterlegung von biologischem Material

Artikel 13

(1) Betrifft eine Erfindung biologisches Material, das der Öffentlichkeit nicht zugänglich ist und in der Patentanmeldung nicht so beschrieben werden kann, daß ein Fachmann diese Erfindung danach ausführen kann, oder beinhaltet die Erfindung die Verwendung eines solchen Materials, so gilt die Beschreibung für die Anwendung des Patentrechts nur dann als ausreichend, wenn

a) das biologische Material spätestens am Tag der Patentanmeldung bei einer anerkannten Hinterlegungsstelle hinterlegt wurde. Anerkannt sind zumindest die internationalen Hinterlegungsstellen, die diesen Status nach Artikel 7 des Budapester Vertrags vom 28. April 1977 über die internationale Anerkennung der Hinterlegung von Mikroorganismen für Zwecke von Patentverfahren (im folgenden „Budapester Vertrag“ genannt) erworben haben;

b) die Anmeldung die einschlägigen Informationen enthält, die dem Anmelder bezüglich der Merkmale des hinterlegten biologischen Materials bekannt sind.

c) in der Patentanmeldung die Hinterlegungsstelle und das Aktenzeichen der Hinterlegung angegeben sind.

(2) Das hinterlegte biologische Material wird durch Herausgabe einer Probe zugänglich gemacht:

a) bis zur ersten Veröffentlichung der Patentanmeldung nur für Personen, die nach dem innerstaatlichen Patentrecht hierzu ermächtigt sind;

b) von der ersten Veröffentlichung der Anmeldung bis zur Erteilung des Patents für jede Person, die dies beantragt, oder, wenn der Anmelder dies verlangt, nur für einen unabhängigen Sachverständigen;

c) nach der Erteilung des Patents ungeachtet eines späteren Widerrufs oder einer Nichtigerklärung des Patents für jede Person, die einen entsprechenden Antrag stellt.

(3) Die Herausgabe erfolgt nur dann, wenn der Antragsteller sich verpflichtet, für die Dauer der Wirkung des Patents

a) Dritten keine Probe des hinterlegten biologischen Materials oder eines daraus abgeleiteten Materials zugänglich zu machen und

b) keine Probe des hinterlegten Materials oder eines daraus abgeleiteten Materials zu anderen als zu Versuchszwecken zu verwenden, es sei denn, der Anmelder oder der Inhaber des Patents verzichtet ausdrücklich auf eine derartige Verpflichtung.

(4) Bei Zurückweisung oder Zurücknahme der Anmeldung wird der Zugang zu dem hinterlegten Material auf Antrag des Hinterlegers für die Dauer von 20 Jahren ab dem Tag der Patentanmeldung nur einem unabhängigen Sachverständigen erteilt. In diesem Fall findet Absatz 3 Anwendung.

(5) Die Anträge des Hinterlegers gemäß Absatz 2 Buchstabe b) und Absatz 4 können nur bis zu dem Zeitpunkt eingereicht werden, zu dem die technischen Vorarbeiten für die Veröffentlichung der Patentanmeldung als abgeschlossen gelten.

Artikel 14

(1) Ist das nach Artikel 13 hinterlegte biologische Material bei der anerkannten Hinterlegungsstelle nicht mehr zugänglich, so wird unter denselben Bedingungen wie denen des Budapester Vertrags eine erneute Hinterlegung des Materials zugelassen.

(2) Jeder erneuten Hinterlegung ist eine vom Hinterleger unterzeichnete Erklärung beizufügen, in der bestätigt wird, daß das erneut hinterlegte biologische Material das gleiche wie das ursprünglich hinterlegte Material ist.

Kapitel V: Schlussbestimmungen

Artikel 15

(1) Die Mitgliedstaaten erlassen die erforderlichen Rechts- und Verwaltungsvorschriften, um dieser Richtlinie bis zum 30. Juli 2000 nachzukommen. Sie setzen die Kommission unmittelbar davon in Kenntnis. Wenn die Mitgliedstaaten diese Vorschriften erlassen, nehmen sie in den Vorschriften selbst oder durch einen Hinweis bei der amtlichen Veröffentlichung auf diese Richtlinie Bezug. Die Mitgliedstaaten regeln die Einzelheiten der Bezugnahme.

(2) Die Mitgliedstaaten teilen der Kommission die innerstaatlichen Rechtsvorschriften mit, die sie auf dem unter diese Richtlinie fallenden Gebiet erlassen.

Artikel 16

Die Kommission übermittelt dem Europäischen Parlament und dem Rat folgendes:

a) alle fünf Jahre nach dem in Artikel 15 Absatz 1 vorgesehenen Zeitpunkt einen Bericht zu der Frage, ob durch diese Richtlinie im Hinblick auf internationale Übereinkommen zum Schutz der Menschenrechte, denen die Mitgliedstaaten beigetreten sind, Probleme entstanden sind;

b) innerhalb von zwei Jahren nach dem Inkrafttreten dieser Richtlinie einen Bericht, in dem die Auswirkungen des Unterbleibens oder der Verzögerung von Veröffentlichungen, deren Gegenstand patentierfähig sein könnte, auf die gentechnologische Grundlagenforschung evaluiert werden;

c) jährlich ab dem in Artikel 15 Absatz 1 vorgesehenen Zeitpunkt einen Bericht über die Entwicklung und die Auswirkungen des Patentrechts im Bereich der Bio- und Gentechnologie.

Artikel 17

Diese Richtlinie tritt am Tag ihrer Veröffentlichung im *Amtsblatt der Europäischen Gemeinschaften* in Kraft.

Artikel 18

Diese Richtlinie ist an die Mitgliedstaaten gerichtet.

Geschehen zu Brüssel am 6. Juli 1998.

Im Namen des Europäischen Parlaments
Die Präsidentin
J. M. Gil-Robles

Im Namen des Rates
Der Präsident
R. Edlinger

Richtlinie 2001/18/EG des Europäischen Parlaments und des Rates vom 12. März 2001

über die absichtliche Freisetzung genetisch veränderter Organismen in die Umwelt und zur Aufhebung der Richtlinie 90/220/EWG des Rates [*)]

DAS EUROPÄISCHE PARLAMENT UND DER RAT DER EUROPÄISCHEN UNION –

gestützt auf den Vertrag zur Gründung der Europäischen Gemeinschaft, insbesondere auf Artikel 95,

auf Vorschlag der Kommission[1)],

nach Stellungnahme des Wirtschafts- und Sozialausschusses[2)],

gemäß dem Verfahren des Artikels 251 des Vertrags, aufgrund des vom Vermittlungsausschuss am 20. Dezember 2000 gebilligten gemeinsamen Entwurfs[3)],

in Erwägung nachstehender Gründe:

(1) In dem am 10. Dezember 1996 angenommenen Bericht der Kommission zur Überprüfung der Richtlinie 90/220/EWG des Rates vom 23. April 1990 über die absichtliche Freisetzung genetisch veränderter Organismen in die Umwelt[4)] wurden mehrere Bereiche genannt, in denen Verbesserungen notwendig sind.

(2) Der Anwendungsbereich der Richtlinie 90/220/EWG und die darin enthaltenen Begriffsbestimmungen müssen präzisiert werden.

(3) Die Richtlinie 90/220/EWG wurde geändert. Anlässlich neuerlicher Änderungen empfiehlt sich aus Gründen der Klarheit und Wirtschaftlichkeit eine Neufassung.

(4) Lebende Organismen, die in großen oder kleinen Mengen zu experimentellen Zwecken oder in Form von kommerziellen Produkten in die Umwelt freigesetzt werden, können sich in dieser fortpflanzen und sich über die Landesgrenzen hinaus ausbreiten, wodurch andere Mitgliedstaaten in Mitleidenschaft gezogen werden können. Die Auswirkungen solcher Freisetzungen können unumkehrbar sein.

(5) Der Schutz der menschlichen Gesundheit und der Umwelt erfordert eine gebührende Kontrolle der Risiken infolge der absichtlichen Freisetzung genetisch veränderter Organismen (GVO) in die Umwelt.

(6) Nach dem Vertrag sollten Umweltmaßnahmen der Gemeinschaft auf dem Grundsatz der Vorbeugung beruhen.

---

*) ABl. L 106 vom 17.4.2001, S. 1; zuletzt geändert durch Art. 43 der Verordnung (EG) Nr. 1829/2003 vom 22. September 2003, siehe Ordnungsnr. B.10 dieser Textsammlung und durch Art. 7 der Verordnung (EG) Nr. 1830/2003 vom 22. September 2003, siehe Ordnungsnr. B.11 dieser Textsammlung.

1) ABl. C 139 vom 4.5.1998, S. 1.

2) ABl. C 407 vom 28.12.1998, S. 1.

3) Stellungnahme des Europäischen Parlaments vom 11. Februar 1999 (ABl. C 150 vom 28.5.1999, S. 363, Gemeinsamer Standpunkt des Rates vom 9. Dezember 1999 (ABl. C 64 vom 6.3.2000, S. 1) und Beschluss des Europäischen Parlaments vom 12. April 2000 (ABl. C 40 vom 7.2.2001, S. 123). Beschluss des Europäischen Parlaments vom 14. Februar 2001 und Beschluss des Rates vom 15. Februar 2001.

4) ABl. L 117 vom 8.5.1990, S. 15. Richtlinie zuletzt geändert durch die Richtlinie 97/35/EG der Kommission (ABl. L 169 vom 27.6.1997, S. 72).

(7) Es ist notwendig, die Rechtsvorschriften der Mitgliedstaaten über die absichtliche Freisetzungen von GVO in die Umwelt anzugleichen, um die gefahrlose Entwicklung von gewerblichen Produkten zu gewährleisten, in denen GVO angewendet werden.

(8) Der Grundsatz der Vorsorge wurde bei der Ausarbeitung dieser Richtlinie berücksichtigt und muss bei ihrer Umsetzung berücksichtigt werden.

(9) Es ist besonders wichtig, dass die in einem Mitgliedstaat anerkannten ethischen Grundsätze beachtet werden. Die Mitgliedstaaten können ethische Aspekte berücksichtigen, wenn GVO absichtlich freigesetzt oder als Produkte oder in Produkten in den Verkehr gebracht werden.

(10) Im Sinne eines umfassenden und transparenten Rechtsrahmens muss sichergestellt werden, dass die Öffentlichkeit während der Ausarbeitung von Maßnahmen entweder von der Kommission oder von den Mitgliedstaaten konsultiert sowie über die zur Umsetzung dieser Richtlinie ergriffenen Maßnahmen informiert wird.

(11) Das Inverkehrbringen umfasst auch die Einfuhren, Produkte, die unter diese Richtlinie fallende GVO enthalten und/oder aus ihnen bestehen, können nicht in die Gemeinschaft eingeführt werden, wenn sie nicht den Bestimmungen dieser Richtlinie genügen.

(12) Die Bereitstellung von GVO für die Einfuhr oder die Verwendung als Massengut wie z.B. bei landwirtschaftlichen Grundstoffen ist als Inverkehrbringen im Sinne dieser Richtlinie zu betrachten.

(13) Diese Richtlinie trägt den internationalen Erfahrungen auf diesem Gebiet sowie den internationalen Handelsverpflichtungen in angemessener Weise Rechnung. Sie sollte die Anforderungen des Protokolls von Cartagena über die biologische Sicherheit zum Übereinkommen über die biologische Vielfalt beachten. Die Kommission sollte so bald wie möglich, und jedenfalls vor Juli 2001, im Zusammenhang mit der Ratifizierung des Protokolls geeignete Vorschläge zu seiner Durchführung vorlegen.

(14) Der Regelungsausschuss sollte Leitlinien für die Umsetzung der Vorschriften im Zusammenhang mit der Definition des Inverkehrbringens in dieser Richtlinie festlegen.

(15) Bei der Definition des Begriffs „genetisch veränderte Organismen" im Sinne dieser Richtlinie sind Menschen nicht als Organismen anzusehen.

(16) Durch diese Richtlinie sollten die einzelstaatlichen Rechtsvorschriften im Bereich der Umwelthaftung nicht berührt werden, wohingegen die Rechtsvorschriften der Gemeinschaft in diesem Bereich durch Vorschriften ergänzt werden müssen, die sich auf die Haftung für verschiedene Arten von Umweltschäden in allen Gebieten der Europäischen Union erstrecken. Zu diesem Zweck hat sich die Kommission verpflichtet, vor Ende 2001 einen Legislativvorschlag über die Umwelthaftung vorzulegen, der auch durch GVO verursachte Schäden einbezieht.

(17) Diese Richtlinie sollte nicht für Organismen gelten, die mit Techniken zur genetischen Veränderung gewonnen werden, die herkömmlich bei einer Reihe von Anwendungen angewandt wurden und seit langem als sicher gelten.

(18) Zur fallweisen Beurteilung der potentiellen Risiken infolge der absichtlichen Freisetzung von GVO in die Umwelt müssen harmonisierte Verfahren und Kriterien ausgearbeitet werden.

(19) Vor einer Freisetzung sollte in jedem Einzelfall stets eine Umweltverträglichkeitsprüfung vorgenommen werden. Ferner sollten etwaige akkumulierte langfristige Auswirkungen, die mit der Wechselwirkung mit anderen GVO und der Umwelt zusammenhängen, gebührend berücksichtigt werden.

(20) Es ist erforderlich, eine gemeinsame Methodik für die Umweltverträglichkeitsprüfung auf der Grundlage einer unabhängigen wissenschaftlichen Beratung einzuführen. Es ist ferner erforderlich, gemeinsame Ziele für die Überwachung von GVO nach ihrer absichtlichen Freisetzung oder ihrem Inverkehrbringen als Produkte oder in Produkten festzulegen. Die Überwachung etwaiger akkumulierter langfristiger Auswirkungen sollte als verbindlicher Teil des Überwachungsplans gelten.

(21) Die Mitgliedstaaten und die Kommission sollten sicherstellen, dass eine systematische und unabhängige Forschung in Bezug auf die potentiellen Risiken durchgeführt wird, die mit der absichtlichen Freisetzung oder dem Inverkehrbringen von GVO verbunden sind. Für diese Forschungsarbeiten sollten von den Mitgliedstaaten und der Gemeinschaft nach ihren jeweiligen Haushaltsverfahren die erforderlichen Ressourcen bereitgestellt werden, und die unabhängigen Forscher sollten Zugang zu allem relevanten Material erhalten, wobei jedoch die Rechte des geistigen Eigentums zu beachten sind.

(22) Das Problem der Antibiotikaresistenzgene sollte bei der Durchführung der Umweltverträglichkeitsprüfung von GVO, die solche Gene enthalten, besonders berücksichtigt werden.

(23) Die absichtliche Freisetzung von GVO im Forschungsbereich ist in den meisten Fällen ein notwendiger Schritt auf dem Weg zur Entwicklung neuer Produkte, die von GVO abgeleitet sind oder diese enthalten.

(24) Die Einbringung von GVO in die Umwelt sollte nach dem „Stufenprinzip" erfolgen, d. h., die Einschließung der GVO wird nach und nach stufenweise gelockert und ihre Freisetzung in der gleichen Weise ausgeweitet, jedoch nur dann, wenn die Bewertung der vorherigen Stufen in bezug auf den Schutz der menschlichen Gesundheit und der Umwelt ergibt, dass die nächste Stufe eingeleitet werden kann.

(25) GVO als Produkte oder in Produkten, die für die absichtliche Freisetzung bestimmt sind, dürfen für eine Marktfreigabe nur dann in Betracht kommen, wenn sie zuvor im Forschungs- und Entwicklungsstadium in Feldversuchen in Ökosystemen, die von seiner Anwendung betroffen sein könnten, ausreichend praktisch erprobt wurden.

(26) Die Durchführung dieser Richtlinie sollte in enger Verbindung mit der Durchführung anderer einschlägiger Rechtsakte wie z.B. der Richtlinie 91/414/EWG des Rates vom 15. Juli 1991 über das Inverkehrbringen von Pflanzenschutzmitteln[5)] erfolgen. In diesem Zusammenhang sollten die zuständigen Stellen, die bei der Kommission und auf nationaler Ebene mit der Durchführung dieser Richtlinie und jener Rechtsakte befasst sind, ihre Vorgehensweise soweit wie möglich koordinieren.

(27) In Bezug auf die Umweltverträglichkeitsprüfung gemäß Teil C sowie das Risikomanagement, die Kennzeichnung, die Überwachung, die Unterrichtung der Öffentlichkeit und die Schutzklausel sollte diese Richtlinie einen Bezug für GVO als Produkte oder in Produkten darstellen, die nach anderen Vorschriften der Gemeinschaft zugelassen sind. Diese anderen Vorschriften sollten daher unbeschadet der in ihnen enthaltenen zusätzlichen Anforderungen eine gemäß den Grundsätzen des Anhangs II und auf der Grundlage der Informationen nach Anhang III durchzuführende spezielle Umweltverträglichkeitsprüfung sowie Anforderungen an das Risikomanagement, die Kennzeichnung, die etwaige Überwachung, die Unterrichtung der Öffentlichkeit und die Schutzklausel vorsehen, die den Anforderungen der Richtlinie mindestens gleichwertig sind. Zu diesem Zweck ist eine Zusammenarbeit mit den Gremien der Gemeinschaft und der Mitgliedstaaten vorzusehen, die in dieser Richtlinie im Zusammenhang mit deren Durchführung erwähnt werden.

(28) Ein Genehmigungsverfahren der Gemeinschaft für das Inverkehrbringen von GVO als Produkte oder in Produkten muss aufgestellt werden, wenn die beabsichtigte Verwendung des Produkts die absichtliche Freisetzung des Organismus/der Organismen in die Umwelt voraussetzt.

[5)] ABl. L 230 vom 19.8.1991, S. 1. Richtlinie zuletzt geändert durch die Richtlinie 1999/80/EG der Kommission (ABl. L 210 vom 10.8.1999, S. 13).

(29) Die Kommission wird aufgefordert, eine Studie durchzuführen, die eine Bewertung der Optionen zur weiteren Verbesserung der Kohärenz und Wirksamkeit dieses Regelungsrahmens enthält und in deren Mittelpunkt ein zentralisiertes Genehmigungsverfahren für das Inverkehrbringen von GVO in der Gemeinschaft steht.

(30) Für sektorale Rechtsvorschriften kann es erforderlich sein, die Überwachungsanforderungen an das betreffende Produkt anzupassen.

(31) Teil C dieser Richtlinie gilt nicht für Produkte, die unter die Verordnung (EWG) Nr. 2309/93 des Rates vom 22. Juli 1993 zur Festlegung von Gemeinschaftsverfahren für die Genehmigung und Überwachung von Human- und Tierarzneimitteln und zur Schaffung einer Europäischen Agentur für die Beurteilung von Arzneimitteln[6] fallen, sofern danach eine im Vergleich zu den Vorschriften jener Richtlinie gleichwertige Umweltverträglichkeitsprüfung vorgesehen ist.

(32) Jedermann hat, bevor er einen GVO absichtlich in die Umwelt freisetzt oder GVO als Produkte oder in Produkten, deren Verwendungszweck die absichtliche Freisetzung in die Umwelt beinhaltet, in den Verkehr bringt, der zuständigen Behörde seines Landes eine diesbezügliche Anmeldung zu machen.

(33) Diese Anmeldung sollte eine technische Informationsakte enthalten, die eine vollständige Umweltverträglichkeitsprüfung, geeignete Sicherheits- und Notmaßnahmen und im Falle von Produkten präzise Gebrauchsanweisungen und -bedingungen sowie Etikettierungs- und Verpackungsvorschläge umfasst.

(34) Nach der Anmeldung sollte eine absichtliche Freisetzung von GVO nur erfolgen dürfen, wenn die zuständige Behörde hierzu die Zustimmung erteilt hat.

(35) Ein Anmelder sollte seine Anmeldung in jedem Stadium der in dieser Richtlinie festgelegten Verwaltungsverfahren zurückziehen können. Das Verwaltungsverfahren sollte beendet werden, wenn eine Anmeldung zurückgezogen wird.

(36) Die Ablehnung einer Anmeldung für das Inverkehrbringen eines GVO als Produkt oder in einem Produkt durch eine zuständige Behörde sollte die Einreichung einer Anmeldung desselben GVO bei einer anderen zuständigen Behörde nicht präjudizieren.

(37) Am Ende des Vermittlungszeitraums ist eine Einigung herbeigeführt, wenn keine Einwände mehr bestehen.

(38) Die Ablehnung einer Anmeldung aufgrund eines bestätigten negativen Bewertungsberichts sollte künftige Entscheidungen über die Anmeldung desselben GVO bei einer anderen zuständigen Behörde nicht präjudizieren.

(39) Im Interesse eines reibungslosen Funktionierens dieser Richtlinie sollten die Mitgliedstaaten die verschiedenen Bestimmungen über den Austausch von Informationen und Erfahrungen in Anspruch nehmen können, bevor sie auf die Schutzklausel dieser Richtlinie zurückgreifen.

(40) Um eine angemessene Kennzeichnung für das Vorhandensein von GVO in Produkten, die GVO enthalten oder aus ihnen bestehen, sicherzustellen, sollten die Worte „Dieses Produkt enthält genetisch veränderte Organismen" gut sichtbar entweder auf einem Etikett oder in einem Begleitdokument erscheinen.

(41) Im Wege des entsprechenden Ausschussverfahrens sollte ein System zur Zuteilung eines spezifischen Erkennungsmarkers für GVO unter Berücksichtigung der entsprechenden Entwicklungen in internationalen Foren errichtet werden.

---

[6] ABl. L 214 vom 24.8.1993, S. 1. Verordnung geändert durch die Verordnung (EG) Nr. 649/98 der Kommission (ABl. L 88 vom 24.3.1998, S. 7).

(42) Die Rückverfolgbarkeit von GVO als Produkte oder in Produkten, die nach Teil C dieser Richtlinie genehmigt sind, muss in jeder Phase ihrer Vermarktung gewährleistet sein.

(43) In dieser Richtlinie muss die Verpflichtung aufgenommen werden, einen Überwachungsplan durchzuführen, um etwaige direkte, indirekte, sofortige, spätere oder unvorhergesehene Folgen für die menschliche Gesundheit und die Umwelt von GVO als Produkte oder in Produkten nach dem Inverkehrbringen feststellen und zuordnen zu können.

(44) Die Mitgliedstaaten sollten in Übereinstimmung mit dem Vertrag weitere Maßnahmen zur Überwachung und Kontrolle der GVO, die als Produkte oder in Produkten in den Verkehr gebracht worden sind - beispielsweise durch amtliche Stellen - erlassen können.

(45) Es sollte nach Möglichkeiten gesucht werden, um die Überwachung von GVO und ihre Rückholung im Fall einer ernsten Gefahr zu erleichtern.

(46) Bei der Ausarbeitung der dem Regelungsausschuss vorzulegenden Maßnahmen sollten von der Öffentlichkeit vorgebrachte Bemerkungen berücksichtigt werden.

(47) Die zuständige Behörde sollte ihre Zustimmung nur erteilen, wenn ihr ausreichend nachgewiesen wurde, dass die Freisetzung für die menschliche Gesundheit und die Umwelt ungefährlich ist.

(48) Das Verwaltungsverfahren für die Erteilung von Zustimmungen für das Inverkehrbringen von GVO als Produkt oder in Produkten sollte effizienter und transparenter werden, und die erstmalige Zustimmung sollte befristet werden.

(49) Auf Produkte, für die eine befristete Zustimmung erteilt wurde, sollte bei der Erneuerung der Zustimmung ein vereinfachtes Verfahren Anwendung finden.

(50) Die bestehenden, gemäß der Richtlinie 90/220/EWG erteilten Zustimmungen sind zu erneuern, um zu vermeiden, dass es zu Diskrepanzen zwischen gemäß jener Richtlinie erteilten Zustimmungen und gemäß der vorliegenden Richtlinie erteilten Zustimmungen kommt, und um die in der vorliegenden Richtlinie vorgesehenen Bedingungen für die Zustimmung in vollem Umfang zu berücksichtigen.

(51) Für solche Erneuerungen ist ein Übergangszeitraum erforderlich, in dem die bestehenden, gemäß der Richtlinie 90/220/EWG erteilten Zustimmungen unverändert gelten.

(52) Bei der Erneuerung einer Zustimmung sollten alle Bedingungen der ursprünglichen Zustimmung einschließlich der Überwachungsbestimmungen und der zeitlichen Begrenzung der Zustimmung überprüft werden können.

(53) Gelten Auswirkungen auf die menschliche Gesundheit und/oder die Umwelt als wahrscheinlich, so sollte der zuständige wissenschaftliche Ausschuss bzw. sollten die zuständigen wissenschaftlichen Ausschüsse, die durch den Beschluss 97/579/EG der Kommission[7] eingesetzt wurden, gehört werden können.

(54) Das in der Richtlinie 90/220/EWG festgelegte System für den Austausch der in den Anmeldungen enthaltenen Informationen hat sich als nützlich erwiesen und sollte weitergeführt werden.

(55) Die Entwicklung und Anwendung von GVO müssen eingehend überwacht werden.

---

[7]) ABl. L 237 vom 28.8.1997, S. 18.

(56) Wird ein Produkt, das GVO als Produkte oder in Produkten enthält, in den Verkehr gebracht, und ist dieses Produkt nach dieser Richtlinie ordnungsgemäß zugelassen worden, so darf ein Mitgliedstaat die absichtliche Freisetzung von GVO als Produkte oder in Produkten, die den Anforderungen dieser Richtlinie entsprechen, nicht verbieten, einschränken oder behindern. Für den Fall einer Bedrohung der menschlichen Gesundheit oder der Umwelt sollte ein Sicherheitsverfahren vorgesehen werden.

(57) Die Europäische Gruppe für Ethik der Naturwissenschaften und der Neuen Technologien der Kommission sollte gehört werden, um Ratschläge zu ethischen Fragen allgemeiner Art betreffend die absichtliche Freisetzung oder das Inverkehrbringen von GVO einzuholen. Diese Konsultationen sollten die Zuständigkeit der Mitgliedstaaten für ethische Fragen unberührt lassen.

(58) Die Mitgliedstaaten sollten jeden Ausschuss hören können, den sie zu ihrer Beratung über die ethischen Implikationen der Biotechnologie eingesetzt haben.

(59) Die erforderlichen Maßnahmen zur Durchführung dieser Richtlinie sind gemäß dem Beschluss 1999/468/EG des Rates vom 28. Juni 1999 zur Festlegung der Modalitäten für die Ausübung der der Kommission übertragenen Durchführungsbefugnisse[8] zu erlassen.

(60) Der im Rahmen dieser Richtlinie eingerichtete Informationsaustausch sollte auch die bei der Prüfung der ethischen Aspekte gesammelten Erfahrungen abdecken.

(61) Um die Durchsetzung der gemäß dieser Richtlinie festgelegten Bestimmungen wirksamer zu gestalten, ist es angebracht, Sanktionen festzulegen, die von den Mitgliedstaaten anzuwenden sind. Hierzu gehören auch Sanktionen in den Fällen, in denen eine Freisetzung oder ein Inverkehrbringen, insbesondere aufgrund eines fahrlässigen Verhaltens, den Bestimmungen dieser Richtlinie nicht entspricht.

(62) Ein alle drei Jahre zu veröffentlichender Bericht der Kommission, der die von den Mitgliedstaaten übermittelten Informationen berücksichtigt, sollte ein gesondertes Kapitel über die sozioökonomischen Vor- und Nachteile jeder Kategorie von GVO, deren Inverkehrbringen zugelassen worden ist, enthalten, das den Interessen der Landwirte und Verbraucher gebührend Rechnung trägt.

(63) Der ordnungspolitische Rahmen für die Biotechnologie sollte überprüft werden, um festzustellen, ob die Kohärenz und Effizienz dieses Rahmens weiter verbessert werden können. Im Hinblick auf eine optimale Effizienz müssten die Verfahren gegebenenfalls angepasst werden, und alle Optionen, mit denen dies erreicht werden kann, sollten in Betracht gezogen werden–

HABEN FOLGENDE RICHTLINIE ERLASSEN:

Teil A: Allgemeine Vorschriften

Artikel 1: Ziel

Entsprechend dem Vorsorgeprinzip ist das Ziel dieser Richtlinie die Angleichung der Rechts- und Verwaltungsvorschriften der Mitgliedstaaten und der Schutz der menschlichen Gesundheit und der Umwelt

– bei der absichtlichen Freisetzung genetisch veränderter Organismen in die Umwelt zu anderen Zwecken als dem Inverkehrbringen in der Gemeinschaft
– beim Inverkehrbringen genetisch veränderter Organismen als Produkt oder in Produkten in der Gemeinschaft.

---

[8] ABl. L 184 vom 17.7.1999, S. 23.

Artikel 2: Begriffsbestimmungen

Im Sinne dieser Richtlinie bedeutet:

1. „Organismus": jede biologische Einheit, die fähig ist, sich zu vermehren oder genetisches Material zu übertragen;
2. „genetisch veränderter Organismus (GVO)": ein Organismus mit Ausnahme des Menschen, dessen genetisches Material so verändert worden ist, wie es auf natürliche Weise durch Kreuzen und/oder natürliche Rekombination nicht möglich ist.

   Im Sinne dieser Definition gilt Folgendes:

   a) Zu der genetischen Veränderung kommt es mindestens durch den Einsatz der in Anhang I A Teil 1 aufgeführten Verfahren;

   b) bei den in Anhang I A Teil 2 aufgeführten Verfahren ist nicht davon auszugehen, dass sie zu einer genetischen Veränderung führen;
3. „absichtliche Freisetzung": jede Art von absichtlichem Ausbringen eines GVO oder einer Kombination von GVO in die Umwelt, bei dem keine spezifischen Einschließungsmaßnahmen angewandt werden, um ihren Kontakt mit der Bevölkerung und der Umwelt zu begrenzen und ein hohes Sicherheitsniveau für die Bevölkerung und die Umwelt zu erreichen;
4. „Inverkehrbringen": die entgeltliche oder unentgeltliche Bereitstellung für Dritte.

   Die folgenden Vorgänge gelten nicht als Inverkehrbringen:

   – die Bereitstellung von genetisch veränderten Mikroorganismen für Tätigkeiten, die unter die Richtlinie 90/219/EWG des Rates vom 23. April 1990 über die Anwendung genetisch veränderter Mikroorganismen in geschlossenen Systemen[9] fallen, einschließlich Stammsammlungen;

   – die Bereitstellung von GVO mit Ausnahme der im ersten Gedankenstrich genannten Mikroorganismen ausschließlich für Tätigkeiten, bei denen geeignete strenge Einschließungsmaßnahmen angewandt werden, um den Kontakt der GVO mit der Bevölkerung und der Umwelt zu begrenzen und ein hohes Sicherheitsniveau für die Bevölkerung und die Umwelt zu erreichen; die Maßnahmen sollten auf den Einschließungsgrundsätzen der Richtlinie 90/219/EWG beruhen;

   – die Bereitstellung von GVO ausschließlich für die absichtliche Freisetzung im Einklang mit den Anforderungen gemäß Teil B dieser Richtlinie;
5. „Anmeldung": die Vorlage der nach dieser Richtlinie erforderlichen Angaben bei der zuständigen Behörde eines Mitgliedstaats;
6. „Anmelder": die Person, die die Anmeldung vorlegt;
7. „Produkt": eine Zubereitung, die aus GVO oder einer Kombination von GVO besteht oder GVO oder eine Kombination von GVO enthält und in den Verkehr gebracht wird;
8. „Umweltverträglichkeitsprüfung": Bewertung der direkten oder indirekten, sofortigen oder späteren Risiken für die menschliche Gesundheit und die Umwelt, die mit der absichtlichen Freisetzung oder dem Inverkehrbringen von GVO verbunden sein können, und die gemäß Anhang II durchgeführt wird.

Artikel 3: Ausnahmeregelung

(1) Diese Richtlinie gilt nicht für Organismen, bei denen eine genetische Veränderung durch den Einsatz der in Anhang I B aufgeführten Verfahren herbeigeführt wurde.

(2) Diese Richtlinie gilt nicht für die Beförderung von genetisch veränderten Organismen auf Schiene, Straße, Binnenwasserwegen, zur See oder in der Luft.

---

[9] ABl. L 117 vom 8.5.1990, S. 1. Richtlinie geändert durch die Richtlinie 98/81/EG (ABl. L 330 vom 5.12.1998, S. 13).

Artikel 4: Allgemeine Verpflichtungen

(1) Die Mitgliedstaaten tragen im Einklang mit dem Vorsorgeprinzip dafür Sorge, dass alle geeigneten Maßnahmen getroffen werden, damit die absichtliche Freisetzung oder das Inverkehrbringen von GVO keine schädlichen Auswirkungen auf die menschliche Gesundheit und die Umwelt hat. GVO dürfen nur im Einklang mit Teil B bzw. Teil C absichtlich freigesetzt oder in den Verkehr gebracht werden.

(2) Vor der Anmeldung gemäß Teil B oder Teil C hat der Verantwortliche eine Umweltverträglichkeitsprüfung durchzuführen. Die zur Durchführung der Umweltverträglichkeitsprüfung gegebenenfalls erforderlichen Informationen sind in Anhang III aufgeführt. Die Mitgliedstaaten und die Kommission sorgen dafür, dass GVO, die Gene enthalten, welche Resistenz gegen in der ärztlichen oder tierärztlichen Behandlung verwendete Antibiotika vermitteln, bei einer Umweltverträglichkeitsprüfung besonders berücksichtigt werden, und zwar im Hinblick auf die Identifizierung und schrittweise Einstellung der Verwendung von Antibiotikaresistenzmarkern in GVO, die schädliche Auswirkungen auf die menschliche Gesundheit oder die Umwelt haben können. Diese schrittweise Einstellung der Verwendung erfolgt im Falle von gemäß Teil C in den Verkehr gebrachten GVO bis zum 31. Dezember 2004 und im Falle von gemäß Teil B zugelassenen GVO bis zum 31. Dezember 2008.

(3) Die Mitgliedstaaten und gegebenenfalls die Kommission stellen sicher, dass mögliche schädliche Auswirkungen auf die menschliche Gesundheit und die Umwelt, die unmittelbar oder mittelbar durch den Gentransfer von GVO auf andere Organismen auftreten können, Fall für Fall sorgfältig geprüft werden. Diese Prüfung ist gemäß Anhang II unter Berücksichtigung der Auswirkungen auf die Umwelt je nach Art des eingeführten Organismus und der den Organismus aufnehmenden Umwelt durchzuführen.

(4) Die Mitgliedstaaten bezeichnen die für die Durchführung der Anforderungen dieser Richtlinie verantwortliche(n) zuständige(n) Behörde(n). Die zuständige Behörde prüft, ob die Anmeldungen gemäß Teil B und Teil C die Anforderungen dieser Richtlinie erfüllen und ob die in Absatz 2 vorgesehene Umweltverträglichkeitsprüfung angemessen ist.

(5) Die Mitgliedstaaten tragen dafür Sorge, dass die zuständige Behörde Inspektionen und gegebenenfalls sonstige Kontrollmaßnahmen durchführt, um die Einhaltung dieser Richtlinie zu gewährleisten. Im Falle einer nicht genehmigten Freisetzung von dem/den GVO oder des nicht genehmigten Inverkehrbringens von dem/den GVO als Produkt oder in Produkten stellt der betroffene Mitgliedstaat sicher, dass die notwendigen Maßnahmen ergriffen werden, um die Freisetzung oder das Inverkehrbringen zu beenden, nötigenfalls Gegenmaßnahmen einzuleiten und die Öffentlichkeit des betroffenen Mitgliedstaats, die Kommission und die übrigen Mitgliedstaaten zu unterrichten.

(6) Die Mitgliedstaaten treffen Maßnahmen, um – im Einklang mit den Anforderungen des Anhangs IV - die Rückverfolgbarkeit von GVO, die nach Teil C genehmigt sind, in jeder Phase ihres Inverkehrbringens zu gewährleisten.

Teil B: Absichtliche Freisetzung von GVO zu anderen Zwecken als dem Inverkehrbringen

Artikel 5

(1) Die Artikel 6 bis 11 gelten nicht für zum menschlichen Gebrauch bestimmte Arzneimittelwirkstoffe und Kombinationspräparate, die aus einem GVO oder einer Kombination von GVO bestehen oder solche enthalten, soweit ihre absichtliche Freisetzung zu anderen Zwecken als dem Inverkehrbringen durch Rechtsvorschriften der Gemeinschaft zugelassen ist, die folgendes vorsehen:

a) eine spezielle Umweltverträglichkeitsprüfung gemäß Anhang II und auf der Grundlage der Art der in Anhang III genannten Informationen, unbeschadet zusätzlicher Anforderungen gemäß diesen Rechtsvorschriften;

b) eine ausdrückliche Zustimmung vor der Freisetzung;

c) einen Überwachungsplan gemäß den einschlägigen Teilen von Anhang III, mit dem Ziel, die Auswirkungen des bzw. der GVO auf die menschliche Gesundheit oder die Umwelt zu ermitteln;

d) in geeigneter Weise Anforderungen hinsichtlich der Behandlung neuer Informationen, der Unterrichtung der Öffentlichkeit, der Information über die Ergebnisse der Freisetzungen und hinsichtlich des Informationsaustauschs, die den Anforderungen dieser Richtlinie und der gemäß dieser Richtlinie erlassenen Vorschriften zumindest gleichwertig sind.

(2) Die Umweltverträglichkeitsprüfung für diese Wirkstoffe und Kombinationspräparate wird in Abstimmung mit den in dieser Richtlinie erwähnten nationalen und gemeinschaftlichen Behörden durchgeführt.

(3) Verfahren, mit denen die Konformität der speziellen Umweltverträglichkeitsprüfung und die Gleichwertigkeit mit den Bestimmungen dieser Richtlinie gewährleistet werden, müssen in den genannten Rechtsvorschriften vorgesehen werden, und diese Rechtsvorschriften müssen auf die vorliegende Richtlinie verweisen.

Artikel 6: Standardzulassungsverfahren

(1) Unbeschadet des Artikels 5 hat jede Person vor einer absichtlichen Freisetzung eines GVO oder einer Kombination von GVO der zuständigen Behörde des Mitgliedstaats, in dessen Hoheitsgebiet die Freisetzung erfolgen soll, eine diesbezügliche Anmeldung vorzulegen.

(2) Die Anmeldung gemäß Absatz 1 muss folgendes enthalten:

a) eine technische Akte mit den Informationen nach Anhang III, die für die Durchführung der Umweltverträglichkeitsprüfung der absichtlichen Freisetzung eines GVO oder einer Kombination von GVO erforderlich sind, insbesondere:
   i) allgemeine Informationen, einschließlich Informationen über das Personal und dessen Ausbildung,
   ii) Informationen über den/die GVO,
   iii) Informationen über die Bedingungen der Freisetzung und über die den GVO möglicherweise aufnehmende Umwelt,
   iv) Informationen über die Wechselwirkungen zwischen dem/den GVO und der Umwelt,
   v) einen Überwachungsplan entsprechend den einschlägigen Teilen von Anhang III zur Ermittlung der Auswirkungen des/der GVO auf die menschliche Gesundheit oder die Umwelt,
   vi) Informationen über Kontrollmaßnahmen, Gegenmaßnahmen, Abfallbehandlung und Noteinsatzpläne,
   vii) eine Zusammenfassung der Akte;

b) die Umweltverträglichkeitsprüfung und die Schlussfolgerungen nach Anhang II Abschnitt D mit den entsprechenden bibliographischen Hinweisen und Angabe der angewandten Methoden.

(3) Der Anmelder kann auf Daten oder Ergebnisse früherer Anmeldungen durch andere Anmelder Bezug nehmen, sofern die Informationen, Daten und Ergebnisse nicht vertraulich sind oder diese Anmelder schriftlich ihre Zustimmung erteilt haben; er kann auch von ihm als sachdienlich angesehene zusätzliche Informationen vorlegen.

(4) Die zuständige Behörde kann zulassen, dass Freisetzungen eines GVO oder einer Kombination von GVO am selben Ort oder an verschiedenen Orten zum selben Zweck und innerhalb eines bestimmten Zeitraums in einer einzigen Anmeldung angemeldet werden.

(5) Die zuständige Behörde bestätigt das Datum des Eingangs der Anmeldung und antwortet, gegebenenfalls nach Prüfung der gemäß Artikel 11 vorgebrachten Bemerkungen anderer Mitgliedstaaten, dem Anmelder binnen 90 Tagen nach Erhalt der Anmeldung schriftlich wie folgt:

a) entweder teilt sie mit, dass sie sich vergewissert hat, dass die Anmeldung mit dieser Richtlinie übereinstimmt und dass die Freisetzung erfolgen kann,
b) oder sie teilt mit, dass die Freisetzung den Auflagen dieser Richtlinie nicht entspricht und dass die Anmeldung daher abgelehnt wird.

(6) Bei der Berechnung der in Absatz 5 genannten Frist von 90 Tagen werden die Zeitspannen nicht berücksichtigt, in denen die zuständige Behörde
a) gegebenenfalls auf beim Anmelder angeforderte weitere Informationen wartet oder
b) eine öffentliche Untersuchung oder eine Anhörung gemäß Artikel 9 durchführt; durch diese öffentliche Untersuchung oder Anhörung darf die in Absatz 5 genannte Frist von 90 Tagen nicht um mehr als 30 Tage verlängert werden.

(7) Fordert die zuständige Behörde neue Informationen an, so muss sie dies gleichzeitig begründen.

(8) Der Anmelder darf die Freisetzung nur vornehmen, wenn ihm die schriftliche Zustimmung der zuständigen Behörde vorliegt; dabei muss er alle gegebenenfalls in der Zustimmung vorgesehenen Bedingungen einhalten.

(9) Die Mitgliedstaaten stellen sicher, dass kein Material, das aus gemäß Teil B absichtlich freigesetzten GVO stammt, in den Verkehr gebracht wird, außer in Übereinstimmung mit Teil C.

Artikel 7: Differenzierte Verfahren

(1) Wenn mit der Freisetzung bestimmter GVO in bestimmten Ökosystemen genügend Erfahrungen gesammelt worden sind und die betreffenden GVO den Kriterien des Anhangs V entsprechen, kann eine zuständige Behörde der Kommission einen begründeten Vorschlag zur Anwendung differenzierter Verfahren auf diese Arten von GVO vorlegen.

(2) Die Kommission unternimmt von sich aus oder spätestens 30 Tage nach Erhalt eines Vorschlags einer zuständigen Behörde folgende Schritte:
a) sie übermittelt den Vorschlag den zuständigen Behörden, die sich binnen 60 Tagen äußern können; gleichzeitig
b) macht sie den Vorschlag der Öffentlichkeit zugänglich, die binnen 60 Tagen Bemerkungen abgeben kann, und
c) hört sie den/die entsprechenden wissenschaftlichen Ausschuss/Ausschüsse, der/die binnen 60 Tagen eine Stellungnahme abgeben kann/können.

(3) Über jeden Vorschlag wird nach dem Verfahren des Artikels 30 Absatz 2 ein Beschluss getroffen. In diesem Beschluss ist der Mindestumfang der technischen Informationen aus Anhang III festzulegen, die zur Bewertung der vorhersehbaren Risiken der Freisetzung erforderlich sind; dies sind insbesondere
a) Informationen über den/die GVO,
b) Informationen über die Bedingungen der Freisetzung und über die den/die GVO möglicherweise aufnehmende Umwelt,
c) Informationen über die Wechselwirkungen zwischen dem/den GVO und der Umwelt,
d) die Umweltverträglichkeitsprüfung.

(4) Dieser Beschluss wird binnen 90 Tagen nach dem Tag des Vorschlags der Kommission oder des Eingangs des Vorschlags der zuständigen Behörde gefasst. Bei dieser Frist von 90 Tagen wird die Zeitspanne, in der die Kommission gemäß Absatz 2 auf die Äußerungen der zuständigen Behörden, die Bemerkungen aus der Öffentlichkeit oder die Stellungnahme der Wissenschaftlichen Ausschüsse wartet, nicht berücksichtigt.

(5) Der gemäß den Absätzen 3 und 4 getroffene Beschluss sieht vor, dass der Anmelder die Freisetzung nur vornehmen darf, wenn ihm die schriftliche Zustimmung der zuständigen Behörde vorliegt. Der Anmelder nimmt die Freisetzung unter Einhaltung etwaiger in der Zustimmung vorgesehenen Bedingungen vor.
Der gemäß den Absätzen 3 und 4 getroffene Beschluss kann vorsehen, dass Freisetzungen eines GVO oder einer Kombination von GVO am selben Ort oder an verschiedenen Orten zum selben Zweck und innerhalb eines bestimmten Zeitraums in einer einzigen Anmeldung angemeldet werden dürfen.

(6) Unbeschadet der Absätze 1 bis 5 wird die Entscheidung 94/730/EG der Kommission vom 4. November 1994 zur Festlegung von vereinfachten Verfahren für die absichtliche Freisetzung genetisch veränderter Pflanzen nach Artikel 6 Absatz 5 der Richtlinie 90/220/EWG des Rates[10)] weiterhin angewendet.

(7) Beschließt ein Mitgliedstaat, für die Freisetzung von GVO in seinem Hoheitsgebiet ein Verfahren anzuwenden bzw. nicht anzuwenden, das in einem nach den Absätzen 3 und 4 getroffenen Beschluss festgelegt ist, so unterrichtet er die Kommission davon.

Artikel 8: Verfahren bei Änderungen und neuen Informationen

(1) Wird die absichtliche Freisetzung eines GVO oder einer Kombination von GVO nach der schriftlichen Zustimmung durch die zuständige Behörde beabsichtigt oder unbeabsichtigt in einer Weise geändert, die Auswirkungen in Bezug auf die Gefahren für die menschliche Gesundheit und die Umwelt haben könnte, oder werden entweder während der Prüfung der Anmeldung durch die zuständige Behörde eines Mitgliedstaats oder nach der schriftlichen Zustimmung dieser Behörde neue Informationen über solche Gefahren verfügbar, so hat der Anmelder unverzüglich

a) die zum Schutz der menschlichen Gesundheit und der Umwelt erforderlichen Maßnahmen zu ergreifen;
b) die zuständige Behörde über jede beabsichtigte Änderung im Voraus zu benachrichtigen oder sie zu benachrichtigen, sobald die unbeabsichtigte Änderung festgestellt wird oder die neuen Informationen vorliegen;
c) die in der Anmeldung aufgeführten Maßnahmen zu überprüfen.

(2) Wenn die in Absatz 1 genannte zuständige Behörde über neue Informationen verfügt, die erhebliche Auswirkungen in Bezug auf die Gefahren für die menschliche Gesundheit und die Umwelt haben könnten, oder wenn die in Absatz 1 dargelegten Umstände vorliegen, muss die Behörde diese Informationen auswerten und der Öffentlichkeit zugänglich machen. Sie kann den Anmelder auffordern, die Bedingungen für die absichtliche Freisetzung zu ändern oder die Freisetzung vorübergehend oder endgültig einzustellen, und hat die Öffentlichkeit darüber zu unterrichten.

Artikel 9: Anhörung und Unterrichtung der Öffentlichkeit

(1) Die Mitgliedstaaten hören unbeschadet der Artikel 7 und 25 die Öffentlichkeit und gegebenenfalls Gruppen zu der vorgeschlagenen absichtlichen Freisetzung an. Dabei legen die Mitgliedstaaten Regelungen für diese Anhörung fest, einschließlich einer angemessenen Frist, um der Öffentlichkeit oder Gruppen Gelegenheit zur Stellungnahme zu geben.

(2) Unbeschadet des Artikels 25

- machen die Mitgliedstaaten der Öffentlichkeit Informationen über sämtliche Freisetzungen von GVO gemäß Teil B in ihrem Hoheitsgebiet zugänglich;
- macht die Kommission der Öffentlichkeit die Informationen des Informationsaustauschsystems gemäß Artikel 11 zugänglich.

[10)] ABl. L 292 vom 12.11.1994, S. 31.

Artikel 10: Berichterstattung der Anmelder über Freisetzungen

Der Antragsteller hat nach Abschluss einer Freisetzung und danach in den in der Zustimmung aufgrund der Ergebnisse der Umweltverträglichkeitsprüfung festgelegten Abständen der zuständigen Behörde die Ergebnisse der Freisetzung in Bezug auf die Gefahren für die menschliche Gesundheit oder die Umwelt mitzuteilen; dabei sind gegebenenfalls alle Arten von Produkten, die der Anmelder zu einem späteren Zeitpunkt anmelden will, besonders zu berücksichtigen. Die Form, in der diese Ergebnisse vorgelegt werden, wird nach dem Verfahren des Artikels 30 Absatz 2 festgelegt.

Artikel 11: Informationsaustausch zwischen den zuständigen Behörden und der Kommission

(1) Die Kommission erstellt ein System für den Austausch der in den Anmeldungen enthaltenen Informationen. Die zuständigen Behörden übermitteln der Kommission eine Zusammenfassung jeder gemäß Artikel 6 erhaltenen Anmeldung binnen 30 Tagen nach ihrem Eingang. Der formale Aufbau dieser Zusammenfassung wird nach dem Verfahren des Artikels 30 Absatz 2 festgelegt und gegebenenfalls geändert.

(2) Die Kommission übermittelt diese Zusammenfassungen spätestens 30 Tage nach ihrem Eingang den übrigen Mitgliedstaaten; diese können binnen 30 Tagen über die Kommission oder unmittelbar Bemerkungen vorbringen. Auf Antrag erhält ein Mitgliedstaat von der zuständigen Behörde des betreffenden Mitgliedstaates eine Kopie der vollständigen Anmeldung.

(3) Die zuständigen Behörden teilen der Kommission die gemäß Artikel 6 Absatz 5 getroffenen endgültigen Entscheidungen, gegebenenfalls mit den Gründen für die Ablehnung einer Anmeldung, sowie die gemäß Artikel 10 übermittelten Ergebnisse der Freisetzungen mit.

(4) In Bezug auf die Freisetzungen von GVO gemäß Artikel 7 übermitteln die Mitgliedstaaten der Kommission einmal jährlich eine Liste der GVO, die in ihrem Hoheitsgebiet freigesetzt wurden, sowie eine Liste der Anmeldungen, die abgelehnt wurden; die Kommission leitet diese Listen an die zuständigen Behörden der anderen Mitgliedstaaten weiter.

Teil C: Inverkehrbringen von GVO als Produkte oder in Produkten

Artikel 12: Sektorale Rechtsvorschriften

(1) Die Artikel 13 bis 24 gelten nicht für GVO als Produkte oder in Produkten, die nach Rechtsvorschriften der Gemeinschaft zugelassen sind, die eine gemäß den Grundsätzen des Anhangs II und auf der Grundlage der Informationen nach Anhang III durchzuführende spezielle Umweltverträglichkeitsprüfung vorsehen, unbeschadet zusätzlicher Anforderungen gemäß den genannten Rechtsvorschriften der Gemeinschaft, sowie Anforderungen an das Risikomanagement, die Kennzeichnung, die etwaige Überwachung, die Unterrichtung der Öffentlichkeit und die Schutzklausel, die den Anforderungen dieser Richtlinie zumindest gleichwertig sind.

(2) Hinsichtlich der Verordnung (EWG) Nr. 2309/93 gelten die Artikel 13 bis 24 dieser Richtlinie nicht für GVO als Produkte oder in Produkten, die nach jener Verordnung zugelassen sind, vorausgesetzt, dass eine spezielle Umweltverträglichkeitsprüfung nach den Grundsätzen des Anhangs II und auf der Grundlage der Art der in Anhang III genannten Informationen durchgeführt wird, unbeschadet weiterer einschlägiger Anforderungen hinsichtlich der Risikobewertung, des Risikomanagements, der Kennzeichnung, der etwaigen Überwachung, der Unterrichtung der Öffentlichkeit und der Schutzklausel, die in den Gemeinschaftsvorschriften über Human- und Tierarzneimittel vorgesehen sind.

(3) Die Verfahren, durch die gewährleistet wird, dass die Risikobewertung, die Anforderungen an das Risikomanagement, die Kennzeichnung, die etwaige Überwachung, die Unterrichtung der Öffentlichkeit und die Schutzklausel den in dieser Richtlinie festgelegten Anforderungen gleichwertig sind, werden in einer Verordnung des

Europäischen Parlaments und des Rates festgelegt. In künftigen sektoralen Rechtsvorschriften, die auf den Bestimmungen jener Verordnung beruhen, wird auf die vorliegende Richtlinie verwiesen. Bis zum Inkrafttreten jener Verordnung dürfen GVO als Produkte oder in Produkten, soweit sie gemäß anderen Rechtsvorschriften der Gemeinschaft zugelassen sind, nur dann in den Verkehr gebracht werden, wenn ihr Inverkehrbringen gemäß dieser Richtlinie zugelassen wurde.

(4) Während der Prüfung der Anträge auf Inverkehrbringen für die GVO gemäß Absatz 1 werden die von der Gemeinschaft gemäß dieser Richtlinie und von den Mitgliedstaaten zur Durchführung dieser Richtlinie eingesetzten Gremien konsultiert.

Artikel 13: Anmeldungsverfahren

(1) Bevor ein GVO oder eine Kombination von GVO als Produkte oder in Produkten in den Verkehr gebracht wird, muss eine Anmeldung bei der zuständigen Behörde des Mitgliedstaats, in dem ein solcher GVO erstmals in den Verkehr gebracht wird, eingereicht werden. Die zuständige Behörde bestätigt das Datum des Eingangs der Anmeldung und übermittelt den zuständigen Behörden der anderen Mitgliedstaaten und der Kommission umgehend die Zusammenfassung der Akte gemäß Absatz 2 Buchstabe h).

Die zuständige Behörde prüft unverzüglich, ob die Anmeldung den Bestimmungen von Absatz 2 entspricht, und ersucht den Anmelder erforderlichenfalls um zusätzliche Informationen.

Wenn die Anmeldung den Bestimmungen von Absatz 2 entspricht und spätestens im Rahmen der Übermittlung ihres Bewertungsberichts gemäß Artikel 14 Absatz 2 übermittelt die zuständige Behörde der Kommission eine Kopie der Anmeldung; die Kommission leitet diese binnen 30 Tagen nach ihrem Eingang an die zuständigen Behörden der anderen Mitgliedstaaten weiter.

(2) Die Anmeldung muss folgendes enthalten:

a) die nach den Anhängen III und IV erforderlichen Informationen; diese Informationen müssen der Verschiedenartigkeit der Orte der Anwendung der GVO als Produkte oder in Produkten Rechnung tragen und Angaben über im Rahmen von Freisetzungen zu Forschungs- und Entwicklungszwecken gewonnene Daten und Ergebnisse bezüglich der Auswirkungen der Freisetzung auf die menschliche Gesundheit und die Umwelt enthalten;

b) die Umweltverträglichkeitsprüfung und die Schlussfolgerungen gemäß Anhang II Abschnitt D;

c) die Bedingungen für das Inverkehrbringen des Produkts, einschließlich besonderer Bedingungen für die Verwendung und die Handhabung;

d) unter Bezugnahme auf Artikel 15 Absatz 4 einen Vorschlag für die Geltungsdauer der Zustimmung, die nicht über 10 Jahre hinausgehen sollte;

e) einen Überwachungsplan gemäß Anhang VII einschließlich eines Vorschlags für den Zeitraum, für den der Überwachungsplan gelten soll; dieser Zeitraum kann ein anderer sein als die vorgeschlagene Geltungsdauer der Zustimmung;

f) einen Vorschlag für die Kennzeichnung, die den Anforderungen von Anhang IV entspricht; auf der Kennzeichnung ist deutlich anzugeben, dass das betreffende Produkt einen GVO enthält. Die Worte „Dieses Produkt enthält genetisch veränderte Organismen" müssen entweder auf einem Etikett oder in einem Begleitdokument erscheinen;

g) einen Vorschlag für die Verpackung, der den Anforderungen von Anhang N entspricht;

h) eine Zusammenfassung der Akte; der formale Aufbau dieser Zusammenfassung wird nach dem Verfahren des Artikels 30 Absatz 2 festgelegt.

Falls der Anmelder aufgrund der Ergebnisse einer gemäß Teil B angemeldeten Freisetzung oder aus anderen substantiellen, wissenschaftlich fundierten Gründen der Ansicht ist, dass mit dem Inverkehrbringen und der Verwendung eines GVO als Produkt oder in einem Produkt keine Gefahr für die menschliche Gesundheit und die Umwelt verbunden ist, kann er der zuständigen Behörde vorschlagen, dass er die in Anhang IV Abschnitt B geforderten Informationen oder einen Teil davon nicht vorlegt.

(3) Der Anmelder hat in dieser Anmeldung Angaben über Daten oder Ergebnisse aus Freisetzungen der gleichen GVO oder der gleichen Kombination von GVO beizufügen, die er innerhalb oder außerhalb der Gemeinschaft bereits früher angemeldet und/oder vorgenommen hat oder gegenwärtig anmeldet und/oder vornimmt.

(4) Der Anmelder kann ferner auf Daten oder Ergebnisse früherer Anmeldungen durch andere Anmelder Bezug nehmen oder von ihm als sachdienlich angesehene zusätzliche Informationen vorlegen, sofern die Informationen, Daten und Ergebnisse nicht vertraulich sind oder diese Anmelder schriftlich ihre Zustimmung erteilt haben.

(5) Soll ein GVO oder eine Kombination von GVO zu einem anderen als zu dem in einer Anmeldung angegebenen Zweck verwendet werden, so ist eine getrennte Anmeldung erforderlich.

(6) Liegen vor der Erteilung der schriftlichen Zustimmung neue Informationen hinsichtlich der Risiken des GVO für die menschliche Gesundheit oder die Umwelt vor, so hat der Anmelder unverzüglich die notwendigen Maßnahmen zum Nutzen der menschlichen Gesundheit und der Umwelt zu treffen und die zuständige Behörde hiervon zu unterrichten. Zusätzlich muss der Anmelder die in der Anmeldung genannten Informationen und Bedingungen überprüfen.

Artikel 14: Bewertungsbericht

(1) Nach Eingang und Bestätigung der Anmeldung gemäß Artikel 13 Absatz 2 prüft die zuständige Behörde deren Übereinstimmung mit dieser Richtlinie.

(2) Innerhalb von 90 Tagen nach Eingang der Anmeldung

- erstellt die zuständige Behörde einen Bewertungsbericht und übermittelt ihn dem Anmelder. Eine darauf folgende Rücknahme der Anmeldung durch den Anmelder präjudiziert eine spätere Einreichung der Anmeldung bei einer anderen zuständigen Behörde nicht;
- übermittelt die zuständige Behörde in dem in Absatz 3 Buchstabe a) genannten Fall ihren Bericht mit den in Absatz 4 erwähnten Informationen und allen anderen Informationen, auf die sich ihr Bericht stützt, an die Kommission; die Kommission leitet ihn binnen 30 Tagen nach seinem Eingang an die zuständigen Behörden der anderen Mitgliedstaaten weiter;

Die zuständige Behörde übermittelt in dem in Absatz 3 Buchstabe b) genannten Fall ihren Bewertungsbericht mit den in Absatz 4 erwähnten Informationen und allen anderen Informationen, auf die sich ihr Bericht stützt, frühestens 15 Tage nach der Übermittlung des Bewertungsberichts an den Anmelder und spätestens 105 Tage nach Eingang der Anmeldung an die Kommission. Die Kommission leitet den Bericht binnen 30 Tagen nach seinem Eingang an die zuständigen Behörden der anderen Mitgliedstaaten weiter.

(3) Aus dem Bewertungsbericht muss hervorgehen, ob

a) und unter welchen Bedingungen der/die betreffende(n) GVO in den Verkehr gebracht werden sollte/sollten, oder

b) der/die betreffende(n) GVO nicht in den Verkehr gebracht werden sollte/sollten.

Die Bewertungsberichte werden gemäß den in Anhang VI genannten Leitlinien erstellt.

(4) Bei der Berechnung der in Absatz 2 genannten Frist von 90 Tagen werden Zeitspannen, in denen die zuständige Behörde gegebenenfalls auf beim Anmelder angeforderte weitere Informationen wartet, nicht berücksichtigt. In jeder Anforderung weiterer Informationen sind Gründe anzugeben.

Artikel 15: Standardverfahren

(1) In den in Artikel 14 Absatz 3 genannten Fällen kann eine zuständige Behörde oder die Kommission innerhalb von 60 Tagen nach Weiterleitung des Bewertungsberichts weitere Informationen anfordern, Bemerkungen vorbringen oder begründete Einwände gegen das Inverkehrbringen des/der betreffenden GVO erheben.

Bemerkungen oder begründete Einwände sowie die Antworten müssen der Kommission mitgeteilt werden; diese leitet sie unverzüglich an sämtliche zuständigen Behörden weiter.

Die zuständigen Behörden und die Kommission können offene Fragen mit dem Ziel erörtern, innerhalb von 105 Tagen nach Weiterleitung des Bewertungsberichts eine Einigung herbeizuführen.

Die Zeitspannen, in denen weitere Informationen des Anmelders abgewartet werden, werden bei der Berechnung der Schlussfrist von 45 Tagen für die Herbeiführung einer Einigung nicht berücksichtigt. In jeder Anforderung weiterer Informationen sind Gründe anzugeben.

(2) In dem in Artikel 14 Absatz 3 Buchstabe b) genannten Fall wird die Anmeldung abgelehnt, wenn die zuständige Behörde, die den Bericht erstellt hat, entscheidet, dass der/die GVO nicht in den Verkehr gebracht werden soll/sollen. Diese Entscheidung ist zu begründen.

(3) Entscheidet die zuständige Behörde, die den Bericht erstellt hat, dass das Produkt in den Verkehr gebracht werden darf, so erteilt diese Behörde, sofern 60 Tage nach Weiterleitung des Bewertungsberichts gemäß Artikel 14 Absatz 3 Buchstabe a) kein begründeter Einwand eines anderen Mitgliedstaates oder der Kommission vorliegt oder offene Fragen innerhalb der in Absatz 1 genannten Frist von 105 Tagen gelöst werden, innerhalb von 30 Tagen schriftlich ihre Zustimmung für das Inverkehrbringen, teilt diese dem Anmelder mit und unterrichtet hiervon die anderen Mitgliedstaaten und die Kommission.

(4) Die Zustimmung wird für einen Zeitraum von höchstens 10 Jahren ab der Erteilung der Zustimmung erteilt.

Im Falle der Genehmigung eines GVO oder der Nachkommen dieses GVO ausschließlich zur Vermarktung des entsprechenden Saatguts gemäß den einschlägigen Gemeinschaftsvorschriften endet die Geltungsdauer der ersten Zustimmung spätestens 10 Jahre nach dem Zeitpunkt, zu dem die erste das GVO enthaltende Pflanzensorte erstmals in einen amtlichen nationalen Pflanzensortenkatalog gemäß den Richtlinien 70/457/EWG[11] und 70/458/EWG[12] des Rates aufgenommen wurde.

Im Fall von forstlichem Vermehrungsgut endet die Geltungsdauer der ersten Zustimmung spätestens 10 Jahre nach dem Zeitpunkt, zu dem das GVO enthaltende Ausgangsmaterial erstmals in ein amtliches nationales Ausgangsmaterialregister gemäß der Richtlinie 1999/105/EG des Rates[13] aufgenommen wurde.

Artikel 16: Kriterien und Informationen für bestimmte GVO

(1) Eine zuständige Behörde oder die Kommission von sich aus können Kriterien und Informationsanforderungen vorschlagen, die in Abweichung von Artikel 13 für das Inverkehrbringen bestimmter Arten von GVO als Produkte oder in Produkten bei der Anmeldung erfüllt werden müssen.

(2) Diese Kriterien und Informationsanforderungen sowie entsprechende Anforderungen für eine Zusammenfassung werden nach Anhörung des/der zuständigen wissenschaftlichen Ausschusses/Ausschüsse nach dem Verfahren des Artikel 30 Absatz 2 festgelegt. Die Kriterien und die Informationsanforderungen müssen ein hohes Sicherheitsniveau für die menschliche Gesundheit und die Umwelt sicherstellen und sich auf die hierüber verfügbaren wissenschaftlichen Erkenntnisse sowie auf die Erfahrungen mit Freisetzungen vergleichbarer GVO stützen.

---

[11] Richtlinie 70/457/EWG des Rates vom 29. September 1970 über einen gemeinsamen Sortenkatalog für landwirtschaftliche Pflanzenarten (ABl. L 225 vom 12.10.1970, S. 1). Richtlinie zuletzt geändert durch die Richtlinie 98/96/EG (ABl. L 25 vom 1.2.1999, S. 27).

[12] Richtlinie 70/458/EWG des Rates vom 29. September 1970 über den Verkehr mit Gemüsesaatgut (ABl. L 225 vom 12.10.1970, S. 7). Richtlinie zuletzt geändert durch die Richtlinie 98/96/EG.

[13] Richtlinie 1999/105/EG des Rates vom 22. Dezember 1999 über den Verkehr mit forstlichem Vermehrungsgut (ABl. L 11 vom 15.1.2000, S. 17).

Die in Artikel 13 Absatz 2 genannten Anforderungen werden durch die vorstehend festgelegten Anforderungen ersetzt und das in Artikel 13 Absätze 3, 4, 5 und 6 und in den Artikeln 14 und 15 beschriebene Verfahren gelangt zur Anwendung.

(3) Vor Einleitung des Verfahrens des Artikels 30 Absatz 2 für die gemäß Absatz 1 vorgeschlagenen Kriterien und Informationsanforderungen veröffentlicht die Kommission den Vorschlag. Die Öffentlichkeit kann der Kommission hierzu innerhalb von 60 Tagen Bemerkungen übermitteln. Die Kommission übermittelt diese Bemerkungen zusammen mit einer Analyse dem gemäß Artikel 30 eingesetzten Ausschuss.

Artikel 17: Erneuerung der Zustimmung

(1) In Abweichung von den Artikeln 13, 14 und 15 ist das in den Absätzen 2 bis 9 vorgesehene Verfahren anzuwenden für die Erneuerung

a) von gemäß Teil C erteilten Zustimmungen und

b) vor dem 17. Oktober 2006 von vor dem 17. Oktober 2002 gemäss der Richtlinie 90/220/EWG erteilten Zustimmungen für das Inverkehrbringen von GVO als Produkte oder in Produkten.

(2) Spätestens neun Monate vor dem Ablauf der in Absatz 1 Buchstabe a) genannten Zustimmungen bzw. vor dem 17. Oktober 2006 für die in Absatz 1 Buchstabe b) genannten Zustimmungen reicht der Anmelder nach diesem Artikel bei der zuständigen Behörde, die die ursprüngliche Anmeldung erhalten hat, eine Anmeldung ein, die folgende Unterlagen enthalten muss:

a) eine Kopie der Zustimmung für das Inverkehrbringen der GVO;

b) einen Bericht über die Ergebnisse der Überwachung, die gemäß Artikel 20 durchgeführt wurde. Im Falle der in Absatz 1 Buchstabe b) genannten Zustimmung ist dieser Bericht vorzulegen, wenn eine Überwachung durchgeführt wurde;

c) sonstige neue Informationen, die im Hinblick auf die vom Produkt ausgehenden Gefahren für die menschliche Gesundheit und/oder die Umwelt bekannt geworden sind, und

d) gegebenenfalls einen Vorschlag zur Änderung oder Ergänzung der Bedingungen der ursprünglichen Zustimmung, u. a. derjenigen für die künftige Überwachung und die Befristung der Zustimmung.

Die zuständige Behörde bestätigt das Datum des Eingangs der Anmeldung; wenn die Anmeldung diesem Absatz entspricht, übermittelt die zuständige Behörde der Kommission unverzüglich eine Kopie der Anmeldung und ihren Bewertungsbericht; diese werden von der Kommission binnen 30 Tagen nach ihrem Eingang an die zuständigen Behörden der anderen Mitgliedstaaten weitergeleitet. Die zuständige Behörde übermittelt ihren Bewertungsbericht auch dem Anmelder.

(3) Aus dem Bewertungsbericht muss hervorgehen, ob

a) und unter welchen Bedingungen der/die GVO im Verkehr bleiben sollte/sollten, oder

b) der/die GVO nicht im Verkehr bleiben sollte/sollten.

(4) Die anderen zuständigen Behörden oder die Kommission können innerhalb von 60 Tagen nach der Weiterleitung des Bewertungsberichts weitere Informationen anfordern, Bemerkungen vorbringen oder begründete Einwände erheben.

(5) Alle Bemerkungen, begründeten Einwände und Antworten müssen der Kommission zugeleitet werden; diese leitet sie umgehend an alle zuständigen Behörden weiter.

(6) Liegt im Falle von Absatz 3 Buchstabe a) innerhalb von 60 Tagen nach der Weiterleitung des Bewertungsberichts kein begründeter Einwand eines Mitgliedstaats oder der Kommission vor, so verfügt die zuständige Behörde, die den Bericht erstellt hat, über eine Frist von 30 Tagen, um dem Anmelder schriftlich ihre endgültige Entscheidung zu übermitteln und hiervon die anderen Mitgliedstaaten und die Kommission zu unterrichten. Die

Geltungsdauer der Zustimmung sollte generell 10 Jahre nicht überschreiten und kann gegebenenfalls aus spezifischen Gründen beschränkt oder verlängert werden.

(7) Die zuständigen Behörden und die Kommission können offene Fragen mit dem Ziel erörtern, innerhalb von 75 Tagen nach Weiterleitung des Bewertungsberichts eine Einigung herbeizuführen.

(8) Werden offene Fragen in dem in Absatz 7 genannten Zeitraum von 75 Tagen gelöst, so verfügt die zuständige Behörde, die den Bericht erstellt hat, über eine Frist von 30 Tagen, um dem Anmelder schriftlich ihre endgültige Entscheidung zu übermitteln und hiervon die anderen Mitgliedstaaten und die Kommission zu unterrichten. Die Geltungsdauer der Zustimmung kann gegebenenfalls befristet werden.

(9) Nach Einreichung der Anmeldung zur Erneuerung der Zustimmung gemäß Absatz 2 kann der Anmelder die GVO zu den in dieser Zustimmung genannten Bedingungen weiter in den Verkehr bringen, bis eine endgültige Entscheidung über die Anmeldung getroffen wurde.

Artikel 18: Gemeinschaftsverfahren im Falle von Einwänden

(1) In Fällen, in denen ein Einwand geltend gemacht und von einer zuständigen Behörde oder der Kommission gemäß den Artikeln 15, 17 und 20 aufrechterhalten wird, wird nach dem Verfahren des Artikels 30 Absatz 2 innerhalb von 120 Tagen eine Entscheidung getroffen und veröffentlicht. Diese Entscheidung enthält die in Artikel 19 Absatz 3 aufgeführten Informationen.

Bei der Berechnung der Frist von 120 Tagen werden die Zeitspannen nicht berücksichtigt, in denen die Kommission auf weitere Informationen wartet, die sie gegebenenfalls vom Anmelder angefordert hat, oder in denen sie die Stellungnahme eines wissenschaftlichen Ausschusses gemäß Artikel 28 einholt. Fordert die Kommission zusätzliche Informationen an, so muss sie dies begründen und die zuständigen Behörden über ihre Informationsersuchen an den Anmelder unterrichten. Die Zeitspanne, in der die Kommission die Stellungnahme des wissenschaftlichen Ausschusses abwartet, darf nicht mehr als 90 Tage betragen.

Die Zeit, die der Rat benötigt, um nach dem Verfahren des Artikels 30 Absatz 2 tätig zu werden, wird nicht berücksichtigt.

(2) Im Falle einer positiven Entscheidung verfügt die zuständige Behörde, die den Bericht erstellt hat, über eine Frist von 30 Tagen nach der Veröffentlichung oder Bekanntgabe der Entscheidung, um dem Anmelder schriftlich ihre Zustimmung zum Inverkehrbringen oder zur Verlängerung der Zustimmung zu erteilen und diese dem Anmelder zu übermitteln und hiervon die anderen Mitgliedstaaten und die Kommission zu unterrichten.

Artikel 19: Zustimmung

(1) Unbeschadet der Bestimmungen anderer Rechtsvorschriften der Gemeinschaft darf ein Produkt nur dann ohne weitere Anmeldung in der gesamten Gemeinschaft verwendet werden, wenn für das Inverkehrbringen des betreffenden GVO als Produkt oder in Produkten eine schriftliche Zustimmung erteilt wurde und wenn die spezifischen Einsatzbedingungen und die in diesen Bedingungen angegebenen Umweltgegebenheiten und/oder geographischen Gebiete genauestens eingehalten werden.

(2) Der Anmelder darf den GVO nur dann in den Verkehr bringen, wenn ihm die schriftliche Zustimmung der zuständigen Behörde gemäß den Artikeln 15, 17 und 18 vorliegt; dabei sind alle in der Zustimmung vorgesehenen Bedingungen einzuhalten.

(3) Die gemäß den Artikeln 15, 17 und 18 erteilte schriftliche Zustimmung muss auf jeden Fall ausdrücklich folgende Angaben enthalten:

a) den Anwendungsbereich der Zustimmung, einschließlich der Identität des/der als Produkt oder in Produkten in den Verkehr zu bringenden GVO und ihrer spezifischen Erkennungsmarker;
b) den Zeitraum, für den die Zustimmung gilt;

c) die Bedingungen für das Inverkehrbringen des Produkts, einschließlich der besonderen Bedingungen für die Verwendung, die Handhabung und die Verpackung des/der GVO als Produkt oder in Produkten, und die Bedingungen für den Schutz besonderer Ökosysteme/Umweltgegebenheiten und/oder geographischer Gebiete;
d) den Hinweis, dass der Anmelder unbeschadet des Artikels 25 der zuständigen Behörde auf Verlangen Kontrollproben zur Verfügung stellen muss;
e) die Kennzeichnungsvorschriften, die den Anforderungen des Anhangs IV entsprechen. Die Kennzeichnung muss deutlich angeben, dass in dem Produkt ein GVO vorhanden ist. Die Worte „Dieses Produkt enthält genetisch veränderte Organismen" müssen entweder auf einem Etikett oder in einem Dokument erscheinen, das das Produkt oder andere Produkte, die den/die GVO enthalten, begleitet;
f) Anforderungen in Bezug auf die Überwachung gemäß Anhang VII, einschließlich der Verpflichtung, der Kommission und den zuständigen Behörden Bericht zu erstatten, die Fristen für den Überwachungsplan und erforderlichenfalls die Verpflichtungen von Personen, die das Produkt verkaufen oder verwenden, unter anderem, im Falle von angebauten GVO, in Bezug auf ein als angemessen angesehenes Informationsniveau hinsichtlich ihres Standorts.

(4) Die Mitgliedstaaten ergreifen die erforderlichen Maßnahmen, um sicherzustellen, dass die schriftliche Zustimmung und der gegebenenfalls erforderliche Beschluss nach Artikel 18 der Öffentlichkeit zugänglich gemacht werden und die in der schriftlichen Zustimmung und gegebenenfalls in dem Beschluss genannten Bedingungen erfüllt werden.

Artikel 20: Überwachung und Behandlung neuer Informationen

(1) Sobald ein GVO als Produkt oder in einem Produkt in den Verkehr gebracht wurde, sorgt der Anmelder dafür, dass die Überwachung und Berichterstattung gemäß den in der Zustimmung festgelegten Bedingungen erfolgen. Die Berichte über diese Überwachung werden der Kommission und den zuständigen Behörden der Mitgliedstaaten übermittelt. Anhand dieser Berichte kann die zuständige Behörde, bei der die ursprüngliche Anmeldung eingegangen ist, in Übereinstimmung mit der Zustimmung und im Rahmen des in der Zustimmung festgelegten Überwachungsplans diesen Überwachungsplan nach dem ersten Überwachungszeitraum anpassen.

(2) Sind nach der schriftlichen Zustimmung neue, von den Verwendern oder aus anderen Quellen stammende Informationen hinsichtlich der von dem/den GVO ausgehenden Gefahren für die menschliche Gesundheit oder die Umwelt verfügbar geworden, so hat der Anmelder unverzüglich die erforderlichen Maßnahmen zum Schutz der menschlichen Gesundheit und der Umwelt zu ergreifen und die zuständige Behörde hiervon zu unterrichten.
Darüber hinaus hat der Anmelder die in der Anmeldung genannten Informationen und Bedingungen zu überprüfen.

(3) Erhält die zuständige Behörde Informationen, die hinsichtlich der von dem/den GVO ausgehenden Gefahren für die menschliche Gesundheit oder die Umwelt Auswirkungen haben könnten, oder liegen die in Absatz 2 genannten Umstände vor, so leitet sie die Informationen umgehend an die Kommission und die zuständigen Behörden der anderen Mitgliedstaaten weiter und kann gegebenenfalls von den Bestimmungen des Artikels 15 Absatz 1 und des Artikels 17 Absatz 7 Gebrauch machen, wenn sie die Informationen vor der schriftlichen Zustimmung erhält.
Hat die zuständige Behörde die Informationen nach Erteilung der Zustimmung erhalten, so legt sie der Kommission binnen 60 Tagen nach Erhalt der neuen Informationen ihren Bewertungsbericht mit einem Hinweis darauf vor, ob und gegebenenfalls wie die Bedingungen der Zustimmung geändert werden sollten oder ob die Zustimmung aufgehoben werden sollte; die Kommission leitet ihn binnen 30 Tagen nach seinem Eingang an die zuständigen Behörden der anderen Mitgliedstaaten weiter.
Bemerkungen oder begründete Einwände gegen das weitere Inverkehrbringen des GVO oder zu dem Vorschlag, die Bedingungen für die Zustimmung zu ändern, sind der Kommission binnen 60 Tagen nach Weiterleitung des Bewertungsberichts vorzulegen; die Kommission leitet sie umgehend an alle zuständigen Behörden weiter.
Die zuständigen Behörden und die Kommission können offene Fragen mit dem Ziel erörtern, innerhalb von 75 Tagen nach Weiterleitung des Bewertungsberichts eine Einigung herbeizuführen.

Liegt binnen 60 Tagen nach der Übermittlung der neuen Informationen kein begründeter Einwand eines Mitgliedstaats oder der Kommission vor oder wurden offene Fragen in dem Zeitraum von 75 Tagen gelöst, so verfügt die zuständige Behörde, die den Bericht erstellt hat, über eine Frist von 30 Tagen, um die Zustimmung wie vorgeschlagen zu ändern, die geänderte Zustimmung dem Anmelder zu übermitteln und hiervon die anderen Mitgliedstaaten und die Kommission zu unterrichten.

(4) Um die Transparenz der Überwachung sicherzustellen, werden die Ergebnisse der Überwachung gemäß Teil C der Öffentlichkeit bekannt gegeben.

Artikel 21: Kennzeichnung

(1) Die Mitgliedstaaten ergreifen alle erforderlichen Maßnahmen, um sicherzustellen, dass die Kennzeichnung und die Verpackung der als Produkt oder in Produkten in den Verkehr gebrachten GVO auf allen Stufen des Inverkehrbringens den einschlägigen Anforderungen der gemäß Artikel 15 Absatz 3, Artikel 17 Absätze 5 und 8, Artikel 18 Absatz 2 und Artikel 19 Absatz 3 erteilten schriftlichen Zustimmung entsprechen.

(2) Für Produkte, bei denen zufällige oder technisch nicht zu vermeidende Spuren zugelassener GVO nicht ausgeschlossen werden können, kann ein Schwellenwert festgelegt werden, unterhalb dessen diese Produkte nicht entsprechend den Bestimmungen des Absatzes 1 gekennzeichnet werden müssen.
Die Höhe dieses Schwellenwertes wird entsprechend dem betreffenden Produkt nach dem Verfahren des Artikels 30 Absatz 2 festgelegt.

Artikel 22: Freier Verkehr

Unbeschadet des Artikels 23 dürfen die Mitgliedstaaten das Inverkehrbringen von GVO als Produkte oder in Produkten, die den Anforderungen dieser Richtlinie entsprechen, nicht verbieten, einschränken oder behindern.

Artikel 23: Schutzklausel

(1) Hat ein Mitgliedstaat aufgrund neuer oder zusätzlicher Informationen, die er seit dem Tag der Zustimmung erhalten hat und die Auswirkungen auf die Umweltverträglichkeitsprüfung haben, oder aufgrund einer Neubewertung der vorliegenden Informationen auf der Grundlage neuer oder zusätzlicher wissenschaftlicher Erkenntnisse berechtigten Grund zu der Annahme, dass ein GVO als Produkt oder in einem Produkt, der nach dieser Richtlinie vorschriftsmäßig angemeldet wurde und für den eine schriftliche Zustimmung erteilt worden ist, eine Gefahr für die menschliche Gesundheit oder die Umwelt darstellt, so kann er den Einsatz und/oder Verkauf dieses GVO als Produkt oder in einem Produkt in seinem Hoheitsgebiet vorübergehend einschränken oder verbieten.
Die Mitgliedstaaten stellen sicher, dass im Falle einer ernsten Gefahr Notfallmaßnahmen, beispielsweise die Aussetzung oder Beendigung des Inverkehrbringens, getroffen werden, einschließlich der Unterrichtung der Öffentlichkeit.
Der Mitgliedstaat unterrichtet unter Angabe von Gründen und Vorlage der neubewerteten Umweltverträglichkeitsprüfung sowie gegebenenfalls der neuen oder zusätzlichen Information, auf die sich sein Beschluss stützt, unverzüglich die Kommission und die übrigen Mitgliedstaaten über die gemäß diesem Artikel ergriffenen Maßnahmen, wobei er ferner angibt, ob und auf welche Weise die Bedingungen für die Zustimmung geändert werden sollten oder ob die Zustimmung aufgehoben werden sollte.

(2) Eine Entscheidung hierüber ergeht innerhalb von 60 Tagen nach dem Verfahren des Artikels 30 Absatz 2. Bei der Berechnung des Zeitraums von 60 Tagen werden die Zeitspannen nicht berücksichtigt, in denen die Kommission weitere Informationen abwartet, die sie gegebenenfalls vom Anmelder angefordert hat, oder in denen sie die Stellungnahme eines wissenschaftlichen Ausschusses/wissenschaftlicher Ausschüsse einholt. Die Zeitspanne, in der die Kommission die Stellungnahmen des wissenschaftlichen Ausschusses/der wissenschaftlichen Ausschüsse abwartet, darf nicht mehr als 60 Tage betragen.
Auch die Zeit, die der Rat benötigt, um nach dem Verfahren des Artikels 30 Absatz 2 tätig zu werden, wird nicht berücksichtigt.

Artikel 24: Unterrichtung der Öffentlichkeit

(1) Unbeschadet des Artikels 25 gibt die Kommission nach Eingang einer Anmeldung gemäß Artikel 13 Absatz 1 der Öffentlichkeit umgehend die in Artikel 13 Absatz 2 Buchstabe h) genannte Zusammenfassung bekannt. Die Kommission gibt der Öffentlichkeit ferner in dem in Artikel 14 Absatz 3 Buchstabe a) genannten Fall die Bewertungsberichte bekannt. Die Öffentlichkeit kann hierzu bei der Kommission innerhalb von 30 Tagen Bemerkungen vorbringen. Die Kommission leitet diese Bemerkungen umgehend an die zuständigen Behörden weiter.

(2) Unbeschadet des Artikels 25 werden die Bewertungsberichte über alle GVO, für deren Inverkehrbringen als Produkt oder in Produkten gemäß dieser Richtlinie die schriftliche Zustimmung erteilt bzw. abgelehnt wurde, ebenso wie die Stellungnahme(n) der wissenschaftlichen Ausschüsse zu diesen GVO öffentlich zugänglich gemacht. Für jedes Produkt sind der oder die darin enthaltenen GVO sowie der/die Verwendungszweck(e) deutlich anzugeben.

Teil D: Schlußbestimmungen

Artikel 25: Vertraulichkeit

(1) Die Kommission und die zuständigen Behörden dürfen an Dritte keine vertraulichen Informationen weitergeben, die ihnen aufgrund dieser Richtlinie zur Kenntnis gebracht oder im Rahmen eines Informationsaustausches mitgeteilt werden, und müssen das geistige Eigentum in Bezug auf die erhaltenen Daten schützen.

(2) Der Anmelder kann in den nach dieser Richtlinie eingereichten Anmeldungen die Informationen angeben, deren Verbreitung seiner Wettbewerbsstellung schaden könnte und die somit vertraulich behandelt werden sollten. In solchen Fällen ist eine nachprüfbare Begründung anzugeben.

(3) Die zuständige Behörde entscheidet nach vorheriger Anhörung des Anmelders darüber, welche Informationen vertraulich zu behandeln sind, und unterrichtet den Anmelder über ihre Entscheidung.

(4) Auf keinen Fall können folgende Informationen vertraulich behandelt werden, wenn sie gemäß den Artikeln 6, 7, 8, 13, 17, 20 oder 23 vorgelegt werden:

- eine allgemeine Beschreibung des/der GVO, der Name und die Anschrift des Anmelders, Zweck der Freisetzung, Ort der Freisetzung sowie beabsichtigte Verwendungszwecke;
- Methoden und Pläne zur Überwachung des/der GVO und für Notfallmaßnahmen;
- die Umweltverträglichkeitsprüfung.

(5) Zieht der Anmelder die Anmeldung aus irgendwelchen Gründen zurück, so haben die zuständigen Behörden und die Kommission die Vertraulichkeit der gelieferten Informationen zu wahren.

Artikel 26: Kennzeichnung von GVO gemäß Artikel 2 Nummer 4 zweiter Unterabsatz

(1) Für GVO, die für Vorgänge gemäß Artikel 2 Nummer 4 zweiter Unterabsatz zur Verfügung zu stellen sind, gelten angemessene Kennzeichnungsvorschriften in Übereinstimmung mit den entsprechenden Abschnitten des Anhangs IV, um sicherzustellen, dass auf einem Etikett oder in einem Begleitdokument das Vorhandensein von GVO deutlich angegeben wird. Hierzu müssen die Worte „Dieses Produkt enthält genetisch veränderte Organismen" entweder auf einem Etikett oder in einem Begleitdokument erscheinen.

(2) Die Durchführungsbestimmungen zu Absatz 1 werden nach dem Verfahren des Artikels 30 Absatz 2 festgelegt, wobei zu vermeiden ist, dass es zu Überschneidungen mit oder Widersprüchen zu den bestehenden Kennzeichnungsvorschriften im Gemeinschaftsrecht kommt. Dabei ist gegebenenfalls den von den Mitgliedstaaten in Übereinstimmung mit dem Gemeinschaftsrecht festgelegten Kennzeichnungsvorschriften Rechnung zu tragen.

Artikel 27: Anpassung der Anhänge an den technischen Fortschritt

Anhang II Abschnitte C und D, die Anhänge III bis VI und Anhang VII Abschnitt C werden nach dem Verfahren des Artikels 30 Absatz 2 an den technischen Fortschritt angepasst.

Artikel 28: Anhörung des/der wissenschaftlichen Ausschusses/Ausschüsse

(1) In Fällen, in denen gemäß Artikel 15 Absatz 1, Artikel 17 Absatz 4, Artikel 20 Absatz 3 oder Artikel 23 wegen der von GVO ausgehenden Gefahren für die menschliche Gesundheit oder die Umwelt von einer zuständigen Behörde oder von der Kommission Einwände erhoben und diese aufrechterhalten wurden, oder in denen der Bewertungsbericht gemäß Artikel 14 den Hinweis enthält, dass der betreffende GVO nicht in den Verkehr gebracht werden sollte, konsultiert die Kommission von sich aus oder auf Antrag eines Mitgliedstaats den/die zuständige(n) wissenschaftliche(n) Ausschuss/Ausschüsse zu dem Sachverhalt, auf den sich der Einwand bezieht.

(2) Die Kommission kann den/die zuständigen Ausschuss Ausschüsse von sich aus oder auf Antrag eines Mitgliedstaats auch zu jedem anderen unter diese Richtlinie fallenden Sachverhalt konsultieren, der schädliche Auswirkungen auf die menschliche Gesundheit und die Umwelt haben kann.

(3) Die in dieser Richtlinie vorgesehenen Verwaltungsverfahren werden durch Absatz 2 nicht berührt.

Artikel 29: Anhörung eines Ethikausschusses von Ethikausschüssen

(1) Die Kommission kann von sich aus oder auf Ersuchen des Europäischen Parlaments oder des Rates unbeschadet der Zuständigkeit der Mitgliedstaaten für ethische Fragen jeden Ausschuss, den sie zu ihrer Beratung über die ethischen Implikationen der Biotechnologie eingesetzt hat, wie z.B. die Europäische Gruppe für Ethik der Naturwissenschaften und der Neuen Technologien, zu allgemeinen ethischen Fragen hören.
Die Anhörung kann auch auf Antrag eines Mitgliedstaates erfolgen.

(2) Diese Anhörung wird unter Beachtung eindeutiger Regeln für Offenheit, Transparenz und den Zugang der Öffentlichkeit durchgeführt. Ihre Ergebnisse sind der Öffentlichkeit zugänglich zu machen.

(3) Die in dieser Richtlinie vorgesehenen Verwaltungsverfahren werden durch Absatz 1 nicht berührt.

Artikel 30: Ausschussverfahren

(1) Die Kommission wird von einem Ausschuss unterstützt.

(2) Wird auf diesen Absatz Bezug genommen, so gelten die Artikel 5 und 7 des Beschlusses 1999/468/EG unter Beachtung von dessen Artikel 8.
Der Zeitraum nach Artikel 5 Absatz 6 des Beschlusses 1999/468/EG wird auf drei Monate festgesetzt.

(3) Der Ausschuss gibt sich eine Geschäftsordnung.

Artikel 31: Informationsaustausch und Berichterstattung

(1) Die Mitgliedstaaten und die Kommission kommen regelmäßig zusammen und tauschen die Erfahrungen aus, die bei der Verhütung von Gefahren im Zusammenhang mit der Freisetzung und dem Inverkehrbringen von GVO gesammelt wurden. Dieser Informationsaustausch erstreckt sich auch auf Erfahrungen mit der Durchführung des Artikels 2 Nummer 4 zweiter Unterabsatz, der Umweltverträglichkeitsprüfung, der Überwachung und der Frage der Anhörung und Unterrichtung der Öffentlichkeit.
Erforderlichenfalls kann der nach Artikel 30 Absatz 1 eingesetzte Ausschuss Leitlinien für die Umsetzung von Artikel 2 Nummer 4 zweiter Unterabsatz festlegen.

(2) Die Kommission richtet ein oder mehrere Register ein, um Informationen über genetische Veränderungen bei den in Anhang IV Abschnitt A 7 genannten GVO festzuhalten. Das/die Register umfasst/umfassen unbeschadet des Artikels 25 einen der Öffentlichkeit zugänglichen Teil. Die Modalitäten für die Funktionsweise des/der Register werden nach dem Verfahren des Artikels 30 Absatz 2 festgelegt.

(3) Unbeschadet des Absatzes 2 und des Abschnitts A 7 des Anhangs IV

a) richten die Mitgliedstaaten öffentliche Register ein, in denen der Ort der gemäß Teil B vorgenommenen Freisetzung der GVO festgehalten wird;
b) richten die Mitgliedstaaten auch Register ein, in denen der Standort der gemäß Teil C angebauten GVO festgehalten werden soll, insbesondere um die Überwachung der etwaigen Auswirkungen dieser GVO auf die Umwelt gemäß den Bestimmungen des Artikels 19 Absatz 3 Buchstabe f) und des Artikels 20 Absatz 1 zu ermöglichen. Unbeschadet dieser Bestimmungen der Artikel 19 und 20 sind diese Standorte in der von den zuständigen Behörden als angemessen angesehenen Weise und gemäß den nationalen Vorschriften
   - den zuständigen Behörden zu melden und
   - der Öffentlichkeit bekannt zu geben.

(4) Alle drei Jahre übermitteln die Mitgliedstaaten der Kommission einen Bericht über die Maßnahmen zur Durchführung der Vorschriften dieser Richtlinie. Dieser Bericht enthält einen kurzen Tatsachenbericht über ihre Erfahrungen mit GVO, die gemäß dieser Richtlinie als Produkte oder in Produkten in den Verkehr gebracht wurden.

(5) Alle drei Jahre veröffentlicht die Kommission eine Zusammenfassung auf der Grundlage der in Absatz 4 genannten Berichte.

(6) Die Kommission übermittelt dem Europäischen Parlament und dem Rat im Jahr 2003 und danach alle drei Jahre einen Bericht über die Erfahrungen der Mitgliedstaaten mit den GVO, die nach dieser Richtlinie in den Verkehr gebracht wurden.

(7) Bei der Vorlage dieses Berichts im Jahre 2003 unterbreitet die Kommission gleichzeitig einen gesonderten Bericht über die Durchführung von Teil B und Teil C, einschließlich einer Bewertung

a) aller ihrer Auswirkungen - unter besonderer Berücksichtigung der Vielfalt der Ökosysteme in Europa - und der Notwendigkeit, den Regelungsrahmen in diesem Bereich zu ergänzen;
b) der Durchführbarkeit der verschiedenen Optionen zur weiteren Verbesserung der Kohärenz und Effizienz dieses Rahmens, einschließlich eines zentralen gemeinschaftlichen Zulassungsverfahrens und der Modalitäten der endgültigen Beschlussfassung der Kommission;
c) der Frage, ob ausreichende Erfahrungen mit der Anwendung differenzierter Verfahren im Rahmen von Teil B gesammelt worden sind, die eine Bestimmung über die implizite Zustimmung in diesen Verfahren rechtfertigen, sowie genügend Erfahrungen mit Teil C gesammelt worden sind, die die Anwendung differenzierter Verfahren rechtfertigen, und
d) der sozioökonomischen Auswirkungen der absichtlichen Freisetzungen und des Inverkehrbringens von GVO.

(8) Die Kommission übermittelt dem Europäischen Parlament und dem Rat jährlich einen Bericht über die ethischen Fragen gemäß Artikel 29 Absatz 1; dieser Bericht kann gegebenenfalls zusammen mit einem Vorschlag zur Änderung dieser Richtlinie übermittelt werden.

Artikel 32: Durchführung des Protokolls von Cartagena über die biologische Sicherheit

(1) Die Kommission wird aufgefordert, so bald wie möglich und jedenfalls vor Juli 2001 einen Legislativvorschlag zur detaillierten Durchführung des Protokolls von Cartagena über die biologische Sicherheit vorzulegen. Der Vorschlag muss die Bestimmungen dieser Richtlinie ergänzen und, falls erforderlich, ändern.

(2) Dieser Vorschlag muss insbesondere geeignete Maßnahmen zur Durchführung der im Protokoll von Cartagena festgelegten Verfahren enthalten und, in Übereinstimmung mit dem Protokoll, die Exporteure der Gemeinschaft dazu verpflichten, die Einhaltung aller Anforderungen des Advance Informed Agreement Procedure (Verfahren der vorherigen Zustimmung in Kenntnis der Sachlage) gemäß den Artikeln 7 bis 10, 12 und 14 des Protokolls von Cartagena sicherzustellen.

Artikel 33: Sanktionen

Die Mitgliedstaaten legen die Sanktionen fest, die bei einem Verstoß gegen die einzelstaatlichen Vorschriften zur Umsetzung dieser Richtlinie zu verhängen sind. Die Sanktionen müssen wirksam, verhältnismäßig und abschreckend sein.

Artikel 34: Umsetzung

(1) Die Mitgliedstaaten setzen die erforderlichen Rechts- und Verwaltungsvorschriften in Kraft, um dieser Richtlinie bis zum 17. Oktober 2002 nachzukommen. Sie setzen die Kommission unverzüglich davon in Kenntnis. Wenn die Mitgliedstaaten diese Vorschriften erlassen, nehmen sie in den Vorschriften selbst oder durch einen Hinweis bei der amtlichen Veröffentlichung auf diese Richtlinie Bezug. Die Mitgliedstaaten regeln die Einzelheiten der Bezugnahme.

(2) Die Mitgliedstaaten teilen der Kommission den Wortlaut der wichtigsten innerstaatlichen Rechtsvorschriften mit, die sie auf dem unter diese Richtlinie fallenden Gebiet erlassen.

Artikel 35: Anhängige Anmeldungen

(1) Die gemäß der Richtlinie 90/220/EWG eingegangenen Anmeldungen betreffend das Inverkehrbringen eines GVO als Produkt oder in einem Produkt, bei denen die Verfahren jener Richtlinie bis zum 17. Oktober 2002 noch nicht abgeschlossen waren, unterliegen den Bestimmungen dieser Richtlinie.

(2) Bis zum 17. Januar 2003 ergänzen die Anmelder ihre Anmeldung gemäß dieser Richtlinie.

Artikel 36

(1) Die Richtlinie 90/220/EWG wird zum 17. Oktober 2002 aufgehoben.

(2) Verweisungen auf die aufgehobene Richtlinie gelten als Verweisungen auf die vorliegende Richtlinie und sind nach der Übereinstimmungstabelle in Anhang VIII zu lesen.

Artikel 37

Diese Richtlinie tritt am Tag ihrer Veröffentlichung im Amtsblatt der Europäischen Gemeinschaften in Kraft.

Artikel 38

Diese Richtlinie ist an die Mitgliedstaaten gerichtet.

Geschehen zu Brüssel am 12. März 2001,

Im Namen des Europäischen Parlaments	*Im Namen des Rates*
Die Präsidentin	*Der Präsident*
N. Fontaine	L. Pagrotsky

Anhang I A: Verfahren im Sinne von Artikel 2, Nummer 2

Teil 1

Verfahren der genetischen Veränderung im Sinne von Artikel 2 Nummer 2 Buchstabe a) sind unter anderem:

1. DNS-Rekombinationstechniken, bei denen durch die Insertion von Nukleinsäuremolekülen, die auf unterschiedliche Weise außerhalb eines Organismus erzeugt wurden, in Viren, bakterielle Plasmide oder andere Vektorsysteme neue Kombinationen von genetischem Material gebildet werden und diese in einen Wirtsorganismus eingebracht wurden, in dem sie unter natürlichen Bedingungen nicht vorkommen, aber vermehrungsfähig sind;
2. Verfahren, bei denen in einen Organismus direkt Erbgut eingeführt wird, das außerhalb des Organismus zubereitet wurde, einschließlich der Mikroinjektion, Makroinjektion und Mikroverkapselung
3. Zellfusion (einschließlich Protoplastenfusion) oder Hybridisierungsverfahren, bei denen lebende Zellen mit neuen Kombinationen von genetischem Erbmaterial durch die Verschmelzung zweier oder mehrerer Zellen anhand von Methoden gebildet werden, die unter natürlichen Bedingungen nicht auftreten.

Teil 2

Verfahren im Sinne von Artikel 2 Nummer 2 Buchstabe b), bei denen nicht davon auszugehen ist, dass sie zu einer genetischen Veränderung führen, unter der Voraussetzung, dass sie nicht mit dem Einsatz von rekombinanten Nukleinsäuremolekülen oder genetisch veränderten Organismen verbunden sind, die aus anderen als den gemäß Anhang I B ausgeschlossenen Verfahren/Methoden hervorgegangen sind:

1. In-vitro-Befruchtung,
2. natürliche Prozesse wie Konjugation, Transduktion, Transformation,
3. Polyploidie-Induktion.

Anhang I B: Verfahren im Sinne von Artikel 3

Verfahren/Methoden der genetischen Veränderung, aus denen Organismen hervorgehen, die von der Richtlinie auszuschließen sind, vorausgesetzt, es werden nur solche rekombinanten Nukleinsäuremoleküle oder genetisch veränderten Organismen verwendet, die in einem oder mehreren der folgenden Verfahren bzw. nach einer oder mehreren der folgenden Methoden hervorgegangen sind:

1. Mutagenese,
2. Zellfusion (einschließlich Protoplastenfusion) von Pflanzenzellen von Organismen, die mittels herkömmlicher Züchtungstechniken genetisches Material austauschen können.

Anhang II: Grundprinzipien für die Umweltverträglichkeitsprüfung

In diesem Anhang werden allgemein das zu erreichende Ziel, die zu bedenkenden Faktoren sowie die zu befolgenden Grundprinzipien und die Methodik zur Durchführung einer Umweltverträglichkeitsprüfung, wie in den Artikeln 4 und 13 erwähnt, beschrieben. Er wird durch Leitlinien, die nach dem Verfahren des Artikels 30 Absatz 2 zu erarbeiten sind, ergänzt. Diese Leitlinien sind bis zum 17. Oktober 2002 fertigzustellen.

Damit die Ausdrücke „direkte, indirekte, sofortige und spätere Folgen" bei der Durchführung dieses Anhangs - unbeschadet weiterer diesbezüglicher Leitlinien und insbesondere hinsichtlich des Umfangs, in dem indirekte Folgen berücksichtigt werden können und sollten – generell gleich verstanden werden, werden diese Ausdrücke wie folgt beschrieben:

- „Direkte Auswirkungen" sind die primären Auswirkungen auf die menschliche Gesundheit oder die Umwelt, die sich durch die GVO selbst und nicht durch eine Kausalkette von Ereignissen ergeben.
- „Indirekte Auswirkungen" sind die Auswirkungen auf die menschliche Gesundheit oder die Umwelt, die durch eine Kausalkette von Ereignissen, z.B. durch Wechselwirkungen mit anderen Organismen, Übertragung von genetischem Material oder Änderungen der Verwendung oder der Handhabung, ausgelöst werden. Indirekte Auswirkungen können möglicherweise erst später festgestellt werden.
- „Sofortige Auswirkungen" sind die Auswirkungen auf die menschliche Gesundheit oder die Umwelt, die während des Zeitraums der Freisetzung der GVO beobachtet werden. Sofortige Auswirkungen können direkt oder indirekt sein.
- „Spätere Auswirkungen" sind die Auswirkungen auf die menschliche Gesundheit oder die Umwelt, die nicht während des Zeitraums der Freisetzung beobachtet werden, sondern als direkte oder indirekte Auswirkungen entweder in einer späteren Phase oder nach Abschluss der Freisetzung auftreten.

Ein allgemeiner Grundsatz für die Umweltverträglichkeitsprüfung besteht außerdem darin, dass eine Analyse der mit der Freisetzung und dem Inverkehrbringen zusammenhängenden „kumulativen langfristigen Auswirkungen" durchzuführen ist. „Kumulative langfristige Auswirkungen" bezieht sich auf die akkumulierten Auswirkungen von Zustimmungen auf die Gesundheit des Menschen und die Umwelt, und zwar unter anderem auf die Flora und Fauna, die Bodenfruchtbarkeit, den Abbau von organischen Stoffen im Boden, die Nahrungsmittel-/Nahrungskette, die biologische Vielfalt, die Gesundheit von Tieren und auf Resistenzprobleme in Verbindung mit Antibiotika.

A. Ziel

Das Ziel einer Umweltverträglichkeitsprüfung besteht darin, von Fall zu Fall etwaige direkte, indirekte, sofortige oder spätere schädliche Auswirkungen von GVO auf die menschliche Gesundheit und die Umwelt, die bei der absichtlichen Freisetzung oder dem Inverkehrbringen von GVO auftreten können, zu ermitteln und zu evaluieren. Die Umweltverträglichkeitsprüfung ist durchzuführen, damit festgestellt werden kann, ob ein Risikomanagement notwendig ist und, wenn ja, welches die geeignetsten Methoden sind.

B. Allgemeine Prinzipien

Entsprechend dem Vorsorgeprinzip sind bei der Umweltverträglichkeitsprüfung die folgenden allgemeinen Prinzipien zu befolgen:

- die etwaigen schädlichen Auswirkungen erkannter Merkmale von GVO und deren Verwendung sind mit den etwaigen schädlichen Auswirkungen der ihnen zugrunde liegenden, unveränderten Organismen und deren Verwendung in einer entsprechenden Situation zu vergleichen;
- die Umweltverträglichkeitsprüfung ist in wissenschaftlich fundierter und transparenter Weise auf der Grundlage wissenschaftlicher und technischer Daten durchzuführen;
- die Umweltverträglichkeitsprüfung ist Fall für Fall durchzuführen, d. h. dass die benötigten Informationen je nach Art der GVO, deren vorgesehene Verwendung und dem etwaigen Aufnahmemilieu variieren können, wobei unter anderem den sich bereits in diesem Milieu befindlichen GVO Rechnung zu tragen ist;
- wenn neue Informationen über den GVO und dessen Auswirkungen auf die menschliche Gesundheit oder die

Umwelt vorliegen, muss die Umweltverträglichkeitsprüfung gegebenenfalls wiederholt werden, damit

- festgestellt werden kann, ob sich das Risiko geändert hat;
- festgestellt werden kann, ob das Risikomanagement entsprechend geändert werden muss.

C. Methodik

C.1. Merkmale von GVO und Freisetzungen

Je nach Fall sind bei der Umweltverträglichkeitsprüfung die folgenden relevanten technischen und wissenschaftlichen Einzelheiten hinsichtlich nachstehender Merkmale zu berücksichtigen:

- der (die) Empfänger- oder Elternorganismus (-organismen),
- die genetische(n) Veränderung(en), sei es Einfügung oder Deletion genetischen Materials sowie die relevanten Informationen über den Vektor und den Spenderorganismus,
- der GVO,
- die vorgesehene Freisetzung oder die vorgesehene Verwendung einschließlich deren Umfang,
- das etwaige Aufnahmemilieu, und
- die Wechselwirkungen zwischen diesen Faktoren.

Informationen über Freisetzungen von ähnlichen Organismen und Organismen mit ähnlichen Merkmalen und deren Wechselwirkung mit ähnlichen Milieus können bei der Umweltverträglichkeitsprüfung hilfreich sein.

C.2. Schritte bei der Umweltverträglichkeitsprüfung

Bei den Schlussfolgerungen aus der Umweltverträglichkeitsprüfung, auf die in den Artikeln 4, 6, 7 und 13 Bezug genommen wird, sollte Folgendem Rechnung getragen werden:

1. Ermittlung von Merkmalen, die schädliche Auswirkungen haben könnten

   Alle Merkmale der GVO, die mit der genetischen Veränderung in Verbindung stehen und schädliche Auswirkungen auf die menschliche Gesundheit oder die Umwelt haben könnten, sind zu ermitteln. Der Vergleich der Merkmale der GVO mit denen des unveränderten Organismus unter gleichen Bedingungen für die Freisetzung oder Nutzung erleichtern die Ermittlung spezifischer schädlicher Auswirkungen, die aufgrund der genetischen Veränderung auftreten können. Wichtig dabei ist, dass keine etwaigen schädlichen Auswirkungen deshalb außer Acht gelassen werden, weil deren Auftreten als unwahrscheinlich angesehen wird.

   Etwaige schädliche Auswirkungen von GVO werden sich von Fall zu Fall unterscheiden; zu ihnen können gehören:

   - Krankheiten beim Menschen, einschließlich allergener und toxischer Wirkung (siehe z. B. Abschnitt II Buchstabe A Nummer 11 und Abschnitt II Buchstabe C Nummer 2 Buchstabe i) in Anhang III A und Buchstabe B Nummer 7 in Anhang III B);
   - Krankheiten bei Tieren und Pflanzen einschließlich toxischer und in den hierfür in Frage kommenden Fällen allergener Wirkung (siehe z. B. Abschnitt II Buchstabe A Nummer 11 und Abschnitt II Buchstabe C Nummer 2 Buchstabe i) in Anhang III A und Buchstabe B Nummer 7 und Buchstabe D Nummer 8 in Anhang III B);
   - Auswirkungen auf die Populationsdynamik von Arten im Aufnahmemilieu und die genetische Vielfalt einer jeden dieser Populationen (siehe z.B. Abschnitt IV Buchstabe B Nummern 8, 9 und 12 in Anhang III A);
   - veränderte Empfänglichkeit für Pathogene, wodurch die Verbreitung von ansteckenden Krankheiten und/oder die Entstehung neuer Reservoirs oder Vektoren begünstigt wird;
   - Gefährdung der Prophylaxe und Therapie in den Bereichen Medizin, Tiermedizin und Pflanzenschutz, z.B. durch die Übertragung von Genen, die eine Resistenz gegen Antibiotika verleihen, die in der Human bzw. Tiermedizin verwendet werden (siehe z. B. Abschnitt 11 Buchstabe A Nummer 11 Buchstabe e) und Abschnitt II Buchstabe C Nummer 2 Buchstabe i) Ziffer iv) in Anhang III A);

– Auswirkungen auf die Biogeochemie (biogeochemische Zyklen), insbesondere den Abbau von Kohlenstoff und Stickstoff infolge von Änderungen bei der Zersetzung organischer Stoffe im Boden (siehe z. B. Abschnitt II Buchstabe A Nummer 11 Buchstabe f) und Abschnitt IV Buchstabe B Nummer 15 in Anhang III A und Buchstabe D Nummer 11 in Anhang III B).

Schädliche Auswirkungen können direkt oder indirekt auftreten infolge
– der Ausbreitung des/der GVO in die Umwelt,
– der Übertragung des eingefügten genetischen Materials auf andere Organismen oder denselben Organismus, sei er genetisch verändert oder nicht,
– der phänotypischen und genetischen Instabilität,
– Wechselwirkung mit anderen Organismen,
– Änderungen der Bewirtschaftung, gegebenenfalls auch bei landwirtschaftlichen Praktiken.

2. Bewertung der möglichen Folgen der einzelnen schädlichen Auswirkungen, falls diese eintreten

   Es ist das Ausmaß jeder möglichen schädlichen Auswirkung zu bewerten. Bei der Bewertung wird angenommen, dass die betreffende schädliche Auswirkung eintritt. Das Ausmaß der schädlichen Auswirkung wird wahrscheinlich durch die Umwelt, in der/die GVO freigesetzt werden soll(en), und die Art der Freisetzung beeinflusst.

3. Bewertung der Wahrscheinlichkeit des Auftretens der einzelnen möglichen schädlichen Auswirkungen

   Ein Hauptfaktor bei der Bewertung der Wahrscheinlichkeit, dass eine schädliche Auswirkung eintritt, sind die Merkmale des Milieus, in der der/die GVO freigesetzt werden soll(en), sowie die Art der Freisetzung.

4. Einschätzung des Risikos, das von jedem ermittelten Merkmal des/der GVO ausgeht

   Das Risiko für die menschliche Gesundheit und die Umwelt durch jedes ermittelte Merkmal des GVO, das schädliche Auswirkungen haben kann, sollte, soweit es der Stand der Wissenschaft erlaubt, eingeschätzt werden, wobei die Wahrscheinlichkeit, dass die schädliche Auswirkung eintritt, und das Ausmaß der Folgen im Fall ihres Eintretens zusammen zu berücksichtigen sind.

5. Strategien für das Management der Risiken der absichtlichen Freisetzung oder des Inverkehrbringens von GVO

   Bei der Verträglichkeitsprüfung können Risiken, die ein Risikomanagement erfordern, sowie die besten Methoden dafür festgestellt werden; eine Strategie für das Risikomanagement sollte erstellt werden.

6. Bestimmung des Gesamtrisikos des/der GVO

   Unter Berücksichtigung der vorgeschlagenen Strategien für das Risikomanagement sollte eine Bewertung des Gesamtrisikos des/der GVO vorgenommen werden.

D. Schlussfolgerungen über die möglichen Auswirkungen der Freisetzung bzw. des Inverkehrbringens von GVO auf die Umwelt

Auf der Grundlage einer Umweltverträglichkeitsprüfung gemäß der in den Abschnitten B und C genannten Grundprinzipien und Methoden sollten die Anmeldungen in den hierfür in Frage kommenden Fällen Informationen über die in den Abschnitten D1 und D2 genannten Punkte enthalten, damit leichter Schlussfolgerungen über die möglichen Auswirkungen der Freisetzung bzw. des Inverkehrbringens von GVO auf die Umwelt gezogen werden können.

D.1. Bei GVO, die keine höheren Pflanzen sind

1. Wahrscheinlichkeit, dass der GVO in natürlichen Lebensräumen unter den Bedingungen der beabsichtigten Freisetzungen) Persistenz und Invasivität entwickelt.
2. Auf den GVO übertragene Selektionsvor- oder -nachteile und die Wahrscheinlichkeit dafür, dass sie unter den Bedingungen der beabsichtigten Freisetzung(en) ihre Wirkung entfalten. Möglichkeit eines Transfers von Genen auf andere Arten unter den Bedingungen der beabsichtigten Freisetzung von GVO und Selektionsvor- oder -nachteile, die auf diese Arten übergehen.

4. Mögliche sofortige und/oder spätere Auswirkungen der direkten und indirekten Wechselwirkungen zwischen den GVO und den Zielorganismen auf die Umwelt (falls zutreffend).
5. Mögliche sofortige und/oder spätere Auswirkungen der direkten und indirekten Wechselwirkungen zwischen den GVO und den Nichtzielorganismen auf die Umwelt einschließlich der Auswirkungen auf die Populationsniveaus der Konkurrenten, Beuteorganismen, Wirtsorganismen, Symbionten, Räuber, Parasiten und Pathogene.
6. Mögliche sofortige und/oder ,spätere Auswirkungen auf die menschliche Gesundheit infolge potentieller direkter und indirekter Wechselwirkungen zwischen den GVO und Personen, die an der Freisetzung von GVO beteiligt sind, mit ihr in Kontakt oder in ihre Nähe kommen.
7. Mögliche sofortige und/oder spätere Auswirkungen auf die Gesundheit von Tieren und Auswirkungen auf die Futter- und Nahrungsmittelkette infolge des Verzehrs von GVO und aus ihnen gewonnenen Erzeugnissen, wenn die Nutzung der GVO als Futter beabsichtigt wird.
8. Mögliche sofortige und/oder spätere Auswirkungen auf biogeochemische Prozesse infolge potentieller direkter und indirekter Interaktionen zwischen GVO und Ziel- sowie Nichtzielorganismen in der Nähe von GVO Freisetzungen.
9. Mögliche sofortige und/oder spätere sowie direkte und indirekte Auswirkungen der spezifischen Techniken, die bei der Bewirtschaftung der GVO zum Einsatz kommen, auf die Umwelt, soweit sie sich von den Techniken unterscheiden, die bei genetisch nicht veränderten Organismen zum Einsatz kommen.

D.2. Bei genetisch veränderten höheren Pflanzen

1. Wahrscheinlichkeit einer gegenüber den Empfänger- oder Elternpflanzen gesteigerten Persistenz der genetisch veränderten höheren Pflanzen in landwirtschaftlich genutzten Lebensräumen oder einer gesteigerten Invasivität in natürlichen Lebensräumen.
2. Selektionsvor- oder -nachteile, die auf die genetisch veränderten höheren Pflanzen übertragen wurden.
3. Möglichkeit eines Transfers von Genen auf die gleiche Pflanzenart oder auf andere geschlechtlich kompatible Pflanzenarten unter den Bedingungen der Anpflanzung der genetisch veränderten höheren Pflanzen und die dabei übertragenen Selektionsvor- oder -nachteile.
4. Mögliche sofortige und/oder spätere Auswirkungen der direkten und indirekten Interaktionen zwischen den genetisch veränderten höheren Pflanzen und den Zielorganismen wie Räuber, Parasiten und Pathogenen (falls zutreffend) auf die Umwelt.
5. Mögliche sofortige und/oder spätere Auswirkungen der direkten und indirekten Wechselwirkungen zwischen den genetisch veränderten höheren Pflanzen und den Nichtzielorganismen auf die Umwelt einschließlich der Auswirkungen auf die Populationsniveaus der Konkurrenten, Pflanzenfresser, Symbionten (falls zutreffend), Parasiten und Pathogenen.
6. Mögliche sofortige und/oder spätere Auswirkungen auf die menschliche Gesundheit infolge potentieller direkter und indirekter Wechselwirkungen zwischen den genetisch veränderten höheren Pflanzen und Personen, die an ihrer Freisetzung beteiligt sind, mit ihr in Kontakt oder in ihre Nähe kommen.
7. Mögliche sofortige und/oder spätere Auswirkungen auf die Gesundheit von Tieren und Auswirkungen auf die Futter- und die Nahrungsmittelkette infolge des Verzehrs von genetisch veränderten höheren Pflanzen und aus ihnen gewonnenen Erzeugnissen, wenn die Nutzung der GVO als Futter beabsichtigt wird.
8. Mögliche sofortige und/oder spätere Auswirkungen auf biogeochemische Prozesse infolge potentieller direkter und indirekter Wechselwirkungen zwischen GVO und Ziel- sowie Nichtzielorganismen in der Nähe von GVO-Freisetzungen.
9. Mögliche sofortige und/oder spätere sowie direkte und indirekte Auswirkungen der spezifischen Techniken, die beim Anbau, der Bewirtschaftung und der Ernte der genetisch veränderten höheren Pflanzen zum Einsatz kommen, auf die Umwelt, soweit sie sich von den Techniken unterscheiden, die bei genetisch nicht veränderten höheren Pflanzen zum Einsatz kommen

Anhang III: Informationen, die in der Anmeldung enthalten sein müssen

Eine Anmeldung nach Teil B oder Teil C der Richtlinie muss, soweit angebracht, die in den nachstehenden Unteranhängen festgelegten Informationen enthalten.

Nicht alle angeführten Punkte werden für jeden Fall zutreffen. Es wird erwartet, dass in den einzelnen Anmeldungen nur diejenigen Untergruppen von Überlegungen behandelt werden, die auf den jeweiligen Fall zutreffen.

Der für die Antworten auf die einzelnen Untergruppen von Erwägungen notwendige Ausführlichkeitsgrad dürfte ebenfalls je nach Art und Umfang der geplanten Freisetzung variieren.

Künftige Entwicklungen bei der genetischen Veränderung machen gegebenenfalls eine Anpassung dieses Anhangs an den technischen Fortschritt oder die Entwicklung von Leitlinien zu diesem Anhang erforderlich. Eine weitere Differenzierung der vorzulegenden Informationen für die verschiedenen Arten von GVO, zum Beispiel einzellige Organismen, Fische oder Insekten, oder für verschiedene Verwendungen von GVO, wie zum Beispiel die Entwicklung von Impfstoffen, kann vorgenommen werden, sobald ausreichende Erfahrungen mit den Anmeldungen für die Freisetzung bestimmter GVO in der Gemeinschaft gesammelt worden sind.

Das Dossier muss neben der Bezeichnung der für die Durchführung der Untersuchungen verantwortlichen Stelle(n) auch eine Beschreibung der verwendeten Methoden oder eine Bezugnahme auf normierte oder international anerkannte Methoden enthalten.

Anhang III A gilt für die Freisetzung aller Arten von genetisch veränderten Organismen mit Ausnahme von höheren Pflanzen. Anhang III B gilt für die Freisetzung von genetisch veränderten höheren Pflanzen.

Der Begriff „höhere Pflanzen" umfasst Pflanzen, die zur taxonomischen Gruppe der Spermatophytae (Gymnospermae und Angiospermae) gehören.

Anhang IIIa: Informationen, die in Anmeldungen für die Freisetzung gentechnisch veränderter Organismen mit Ausnahme höherer Pflanzen enthalten sein müssen

I. Allgemeine Informationen

A. Name und Anschrift des Anmelders (Unternehmen oder Institut).

B. Name, Befähigung und Erfahrung des/der verantwortlichen Wissenschaftler(s).

C. Bezeichnung des Vorhabens.

II. Informationen über die GVO

A. Eigenschaften des (der) a) Spender-, b) Empfänger- oder c) (gegebenenfalls) Elternorganismus(men)

1. wissenschaftliche Bezeichnung,
2. taxonomische Daten,
3. sonstige Namen (Trivialname, Stamm usw.),
4. phänotypische und genetische Marker,
5. Grad der Verwandtschaft zwischen Spender- und Empfängerorganismus oder zwischen Elternorganismen,
6. Beschreibung der Identifizierungs- und Nachweisverfahren,
7. Empfindlichkeit, Zuverlässigkeit (quantitative Angaben) und Spezifität der Nachweis- und Identifizierungsverfahren,
8. Beschreibung der geographischen Verbreitung und des natürlichen Lebensraumes des Organismus einschließlich Informationen über natürliche Räuber, Beuten, Parasiten, Konkurrenten, Symbionten und Wirtsorganismen,
9. Organismen, mit denen bekanntermaßen unter natürlichen Bedingungen ein Transfer genetischen Materials stattfindet,
10. Prüfung der genetischen Stabilität der Organismen und Faktoren, die diese beeinflussen,
11. pathologische, ökologische und physiologische Eigenschaften:
    a) Risikoeinstufung nach den derzeitigen Regeln der Gemeinschaft hinsichtlich des Schutzes der menschlichen Gesundheit und/oder der Umwelt,
    b) Generationsdauer in natürlichen Ökosystemen, geschlechtlicher und ungeschlechtlicher Fortpflanzungszyklus,
    c) Informationen über das Überleben einschließlich der jahreszeitlichen Aspekte und Fähigkeit zur Bildung von Überlebensorganen,
    d) Pathogenität: Infektiösität, Toxizität, Virulenz, Allergenität, Überträger (Vektor) von Pathogenen, mögliche Vektoren, Wirtsspektrum einschließlich der Nichtzielorganismen. Mögliche Aktivierung latenter Viren (Proviren). Fähigkeit zur Kolonisierung sonstiger Organismen,
    e) Antibiotikaresistenzen und potenzielle Nutzung dieser Antibiotika an Menschen und Haustieren zur Prophylaxe und Therapie,
    f) Beteiligung an Umweltprozessen: Primärproduktion, Nährstoffumsatz, Abbau organischer Stoffe, Atmung usw.,
12. Art der bereits natürlich vorkommenden Vektoren:
    a) Sequenz,
    b) Häufigkeit der Mobilisierung (Mobilisierungsfrequenz),
    c) Spezifität,
    d) Vorhandensein von Genen, die Resistenz bewirken,

13. Zusammenfassung der früheren genetischen Veränderungen.

B. Eigenschaften des Vektors
   1. Art und Herkunft des Vektors,
   2. Sequenz von Transposonen, Vektoren und anderen nichtkodierenden genetischen Sequenzen, die zur Konstruktion des GVO verwendet wurden und die Funktion des eingeführten Vektors und Genabschnitts im GVO sicherstellen,
   3. Häufigkeit der Mobilisierung des eingeführten Vektors und/oder Fähigkeit zum Gentransfer und Methoden zu deren Bestimmung,
   4. Informationen darüber, inwieweit der Vektor auf die DNS beschränkt ist, die zur Erfüllung der geplanten Funktion erforderlich ist.

C. Eigenschaften des veränderten Organismus
   1. Informationen über die genetische Veränderung:
      a) zur Veränderung angewandte Methoden,
      b) zur Konstruktion und Einführung der neuartigen Genabschnitte in den Empfängerorganismus oder zur Deletion einer Sequenz angewandte Methoden,
      c) Beschreibung des eingeführten Genabschnitts (Inserts) und/oder der Konstruktion des Vektors,
      d) Reinheit des Inserts in Bezug auf unbekannte Sequenzen und Informationen darüber, inwieweit die eingeführte Sequenz auf die DNS beschränkt ist, die zur Erfüllung der geplanten Funktion erforderlich ist,
      e) Methoden und Kriterien der Selektion,
      f) Sequenz, funktionelle Identität und Lokalisation, an der die veränderte(n)/eingeführte(n)/deletierte(n) Nukleinsäuresequenz(en) eingeführt ist (sind), insbesondere Angaben über als schädlich bekannte Sequenzen.
   2. Informationen über den endgültigen GVO:
      a) Beschreibung der genetischen Merkmale oder phänotypischen Eigenschaften und insbesondere jeglicher neuen Merkmale oder Eigenschaften, die exprimiert werden können oder nicht mehr exprimiert werden können
      b) Struktur und Menge jeder Art von Vektor und/oder Donor-Nukleinsäure, die noch in der endgültigen Konstruktion des veränderten Organismus verblieben ist
      c) Stabilität des Organismus in Bezug auf die genetischen Merkmale
      d) Anteil und Höhe der Expression des neuen genetischen Materials, Messverfahren und deren Empfindlichkeitsgrad
      e) Aktivität der zur Expression gebrachten Proteine
      f) Beschreibung der Identifizierungs- und Nachweisverfahren einschließlich der Verfahren zur Identifizierung und zum Nachweis der eingeführten Sequenz und des Vektors
      g) Empfindlichkeit, Zuverlässigkeit (quantitative Angaben) und Spezifität der Nachweis- und Identifizierungsverfähren
      h) Zusammenfassung der früheren Freisetzungen oder Anwendungen des GVO
      i) Erwägungen in Bezug auf menschliche und tierische Gesundheit sowie Pflanzenschutz:
         i) toxische oder allergene Auswirkungen der GVO und/oder ihrer Stoffwechselprodukte,
         ii) Vergleich des veränderten Organismus mit dem Spender-, Empfänger- oder (gegebenenfalls) Elternorganismus in Bezug auf die Pathogenität,
         iii) Kolonisierungskapazität,
         iv) wenn der Organismus für immunokompetente Menschen pathogen ist:
            – verursachte Krankheiten und Mechanismus der Pathogenität einschließlich Invasivität und Virulenz,

- Übertragbarkeit,
- Infektionsdosis,
- Wirtsbereich, Möglichkeit der Änderung,
- Möglichkeit des Überlebens außerhalb des menschlichen Wirtes,
- Anwesenheit von Vektoren oder Mitteln der Verbreitung,
- biologische Stabilität,
- Muster der Antibiotikaresistenz,
- Allergenität,
- Verfügbarkeit geeigneter Therapien

v) sonstige Produktrisiken.

III. Informationen über die Freisetzungsbedingungen und die Umwelt, in die GVO freigesetzt werden

A. Informationen über die Freisetzung

1. Beschreibung der vorgeschlagenen absichtlichen Freisetzung einschließlich der Zielsetzung(en) und der geplanten Produkte,
2. voraussichtliche Zeitpunkte der Freisetzung und Zeitplan des Versuchs einschließlich der Häufigkeit und der Dauer der Freisetzungen,
3. Vorbereitung des Geländes vor der Freisetzung,
4. Größe des Geländes,
5. für die Freisetzung angewandte Methode(n),
6. Menge des/der freizusetzenden GVO,
7. Störungen am Freisetzungsgelände (Art und Methode des Anbaus, Bergbau, Bewässerung oder andere Tätigkeiten),
8. Maßnahmen zum Schutz der Beschäftigten während der Freisetzung,
9. Behandlung des Geländes nach der Freisetzung,
10. für die Beseitigung oder Inaktivierung der GVO am Ende des Versuchs vorgesehene Verfahren,
11. Informationen und Ergebnisse früherer Freisetzungen des/der GVO, und zwar insbesondere Freisetzungen in unterschiedlichem Maßstab und in verschiedenen Ökosystemen.

B. Informationen über die Umwelt (sowohl am Ort der Freisetzung als auch in der weiteren Umgebung)

1. geographische Lage des Ortes der Freisetzung und genaue Standortangaben (Raster) (bei Anmeldungen unter Teil C handelt es sich bei dem Ort bzw. den Orten der Freisetzung zugleich um die geplanten Einsatzgebiete des Produkts),
2. physikalische oder biologische Nähe zu Menschen und zu sonstigen wichtigen Lebewesen,
3. Nähe zu wichtigen Biotopen, geschützten Gebieten oder Trinkwasser-Einzugsgebieten,
4. klimatische Merkmale des Gebiets/der Gebiete, die wahrscheinlich von der Freisetzung betroffen werden,
5. geographische, geologische und pedologische Eigenschaften,
6. Flora und Fauna einschließlich Nutzpflanzen, Nutztiere und wandernde Arten,
7. Beschreibung der Ziel- und Nichtziel-Ökosysteme, die wahrscheinlich von der Freisetzung betroffen werden,
8. Vergleich zwischen dem natürlichen Lebensraum des Empfängerorganismus und dem für die Freisetzung vorgesehenen Gebiet,
9. bereits bekannte, in dem Gebiet geplante Erschließungen oder Geländeumwidmungen, die sich auf den Umwelteinfluss der Freisetzung auswirken können.

IV. Informationen über die Wechselwirkungen zwischen dem GVO und der Umwelt

A. Eigenschaften, die das Überleben, die Vermehrung und Verbreitung beeinflussen

1. biologische Eigenschaften, die das Überleben, die Vermehrung und die Verbreitung beeinflussen,
2. bekannte oder vorhersehbare Umweltbedingungen, die das Überleben, die Vermehrung und Verbreitung beeinflussen könnten (Wind, Wasser, Boden, Temperatur, pH usw.),
3. Empfindlichkeit gegenüber spezifischen Agenzien.

B. Wechselwirkungen mit der Umwelt

1. vermutlicher Lebensraum des GVO
2. Untersuchungen über das Verhalten und die Eigenschaften des GVO und seiner ökologischen Auswirkungen, die unter simulierten natürlichen Umweltbedingungen wie in Mikrokosmen, Klimakammern und Gewächshäusern durchgeführt werden,
3. Fähigkeit zu Gentransfer:
   a) Transfer genetischen Materials von dem/den GVO in Organismen in den betroffenen Ökosystemen nach der Freisetzung,
   b) Transfer genetischen Materials von einheimischen Organismen in den/die GVO nach der Freisetzung
4. Wahrscheinlichkeit einer Selektion nach der Freisetzung, die zur Ausprägung unerwarteter und/oder unerwünschter Merkmale bei dem veränderten Organismus führt,
5. zur Sicherung und Überprüfung der genetischen Stabilität angewandte Maßnahmen. Beschreibung der genetischen Merkmale, die die Verbreitung genetischen Materials verhüten oder auf ein Minimum beschränken können, Methoden zur Überprüfung der genetischen Stabilität,
6. Wege der biologischen Verbreitung, bekannte oder potentielle Arten der Wechselwirkungen mit dem Verbreitungsagens einschließlich der Einatmung, Einnahme, Oberflächenberührung, des Eingrabens in die Haut usw.,
7. Beschreibung von Ökosystemen, in die der GVO sich ausbreiten könnte,
8. Potenzial für eine übermäßige Populationszunahme in der Umwelt,
9. Wettbewerbsvorteil des GVO gegenüber dem/den nicht veränderten Empfänger- oder Elternorganismus(men),
10. Identifizierung und Beschreibung der Zielorganismen (falls zutreffend),
11. voraussichtliche Mechanismen und Folgen der Wechselwirkungen zwischen dem/den freigesetzten GVO und den Zielorganismen (falls zutreffend),
12. Identifizierung und Beschreibung von Nichtzielorganismen, die durch die Freisetzung des GVO unabsichtlich negativ beeinflusst werden könnten, und die absehbaren Mechanismen ermittelter schädlicher Interaktionen,
13. Wahrscheinlichkeit von Änderungen in den biologischen Wechselwirkungen oder im Bereich der Wirtsorganismen bei der Freisetzung,
14. bekannte oder vorhersehbare Wirkungen auf Nichtzielorganismen in der Umwelt, Wirkung auf die Populationsniveaus der Konkurrenten, Beuteorganismen, Wirtsorganismen, Symbionten, Räuber, Parasiten und Pathogenen,
15. bekannte oder vorhersehbare Beteiligung an biogeochemischen Prozessen,
16. sonstige potenziell signifikante Wechselwirkungen mit der Umwelt.

V. Unterrichtung über Überwachung, Kontrolle, Abfallentsorgung und Noteinsatzpläne

A. Überwachungsverfahren

1. Methoden zum Aufspüren des/der GVO und zur Überwachung seiner/ihrer Wirkungen,
2. Spezifität (zur Identifizierung des/der GVO und zu ihrer Unterscheidung von den Spender-, Empfänger- oder (gegebenenfalls) Elternorganismen), Empfindlichkeit und Verlässlichkeit der Überwachungsverfahren,
3. Verfahren zur Ermittlung einer Übertragung der übertragenen genetischen Eigenschaften auf andere Organismen,
4. Dauer und Häufigkeit der Überwachung.

B. Überwachung der Freisetzung

1. Methoden und Verfahren zur Vermeidung und/oder Minimierung der Verbreitung des/der GVO außerhalb des Freisetzungsgeländes oder des zugewiesenen Nutzungsgebiets,
2. Methoden und Verfahren zum Schutz des Geländes vor dem Betreten durch Unbefugte,
3. Methoden und Verfahren zum Schutz gegen das Eindringen anderer Organismen in das Gelände,

C. Abfallentsorgung

1. Art der erzeugten Abfallstoffe,
2. voraussichtliche Abfallmenge,
3. Beschreibung des geplanten Entsorgungsverfahrens.

D. Noteinsatzpläne

1. Methoden und Verfahren zur Kontrolle der GVO für den Fall einer unerwarteten Ausbreitung,
2. Methoden zur Dekontaminierung der betroffenen Geländeabschnitte, z. B. Vernichtung des/der GVO,
3. Methoden zur Beseitigung oder Behandlung von Pflanzen und Tieren, Böden usw., die durch die Ausbreitung oder danach dem GVO ausgesetzt waren,
4. Methoden zur Abschirmung des durch die Ausbreitung betroffenen Gebiets,
5. Pläne zum Schutz der menschlichen Gesundheit und der Umwelt im Falle des Auftretens unerwünschter Wirkungen.

Anhang IIIb: Informationen, die in Anmeldungen für die Freisetzung gentechnisch veränderter höherer Pflanzen (Gymnospermen oder Angiospermen) enthalten sein müssen

A. ALLGEMEINE INFORMATIONEN

1. Name und Anschrift des Anmelders (Unternehmen oder Institut),
2. Name, Befähigung und Erfahrung des/der verantwortlichen Wissenschaftler(s),
3. Bezeichnung des Vorhabens.

B. INFORMATIONEN ÜBER DIE A) EMPFÄNGER- ODER B) (GEGEBENENFALLS) ELTERNPFLANZEN

1. Vollständige Bezeichnung:
   a) Familienname,
   b) Gattung,
   c) Spezies,
   d) Unterspezies,
   e) Cultivar/Zuchtlinie,
   f) Trivialbezeichnung,
2. a) Informationen über die Fortpflanzung:
      i) Form(en) der Fortpflanzung,
      ii) gegebenenfalls spezielle die Fortpflanzung beeinflussende Faktoren,
      iii) Generationsdauer,
   b) geschlechtliche Kompatibilität mit anderen Kultur- oder Wildpflanzenarten einschließlich der Verbreitung kompatibler Arten in Europa,
3. Überlebensfähigkeit:
   a) Fähigkeit zur Bildung von Überlebens- oder Dormanzstrukturen,
   b) ggf. spezielle die Überlebensfähigkeit beeinflussende Faktoren,
4. Verbreitung:
   a) Art und Umfang der Verbreitung (z. B. eine Schätzung der mit der Entfernung einhergehenden Abnahme von befruchtungsfähigen Pollen und keimfähigen Samen),
   b) ggf. spezielle die Verbreitung beeinflussende Faktoren,
5. geographische Verbreitung der Pflanze,
6. bei Pflanzenarten, die in den Mitgliedstaaten normalerweise nicht angebaut werden, Beschreibung des natürlichen Lebensraums der Pflanze, einschließlich Informationen über natürliche Episiten, Parasiten, Konkurrenten und Symbionten,
7. weitere mögliche, für die GVO relevante Wechselwirkungen der Pflanze mit anderen Organismen im Ökosystem, in dem sie normalerweise angebaut wird, oder anderenorts, einschließlich Informationen über toxische Effekte auf Menschen und Tiere oder andere Organismen.

C. INFORMATIONEN ÜBER DIE GENETISCHE VERÄNDERUNG

1. Beschreibung der zur genetischen Veränderung angewandten Verfahren,
2. Art und Herkunft des verwendeten Vektors,
3. Größe, Ursprung (Bezeichnung) des Spenderorganismus/der Spenderorganismen und geplante Funktion jedes konstituierenden Fragments der für den Transfer vorgesehenen Region.

D. INFORMATIONEN ÜBER DIE GENETISCH VERÄNDERTE PFLANZE (GVP)

1. Beschreibung der eingeführten oder veränderten Merkmale und Eigenschaften,
2. Informationen über die tatsächlich eingeführten/deletierten Sequenzen:
   a) Größe und Struktur des eingeführten Genabschnitts (Insert) und Verfahren zu seiner Charakterisierung, einschließlich Informationen über Teile des in die GVP eingeführten Vektors oder jeden in der GVP verbleibenden Träger oder Fremd-DNA,
   b) bei einer Deletion Größe und Funktion der deletierten Region(en),
   c) Kopienzahl des Inserts,
   d) Lage des/der Inserts in den Pflanzenzellen (integriert in das Chromosom, die Chloroplasten oder die Mitochondrien bzw. in einer nichtintegrierten Form) und Verfahren zu seiner/ihrer Bestimmung,
3. Informationen über die Expression des Inserts:
   a) Informationen über die Expression des Inserts im Verlauf des Lebenszyklus der Pflanze und Verfahren für seine Charakterisierung,
   b) Pflanzenteile, in denen das eingeführte Insert exprimiert wird (z. B. Wurzeln, Stiel, Pollen usw.),
4. Informationen über Unterschiede zwischen der genetisch veränderten Pflanze und der Empfängerpflanze im Hinblick auf:
   a) Form(en) und/oder Rate der Fortpflanzung,
   b) Verbreitung,
   c) Überlebensfähigkeit,
5. genetische Stabilität des Inserts und phänotypische Stabilität der genetisch veränderten Pflanze,
6. jede Veränderung der Fähigkeit von genetisch veränderten Pflanzen, genetisches Material auf andere Organismen zu transferieren,
7. Informationen über toxische, allergieauslösende und andere schädliche Auswirkungen auf die menschliche Gesundheit, die durch die genetische Veränderung hervorgerufen werden,
8. Informationen über die Sicherheit der genetisch veränderten Pflanze in bezug auf die Tiergesundheit, insbesondere in bezug auf toxische, allergieauslösende und andere schädliche Auswirkungen, die durch die genetische Veränderung hervorgerufen werden (falls eine Verwendung der genetisch veränderten Pflanze in Futtermitteln beabsichtigt ist),
9. Mechanismus der Wechselwirkung zwischen der genetisch veränderten Pflanze und den Zielorganismen (falls zutreffend),
10. mögliche Änderungen bei den Wechselwirkungen der genetisch veränderten Pflanzen mit Nichtzielorganismen, die durch die genetische Veränderung hervorgerufen werden,
11. mögliche Wechselwirkungen mit der abiotischen Umwelt,
12. Beschreibung der Nachweis- und Identifizierungsverfahren für die genetisch veränderte Pflanze,
13. Informationen über frühere Freisetzungen der genetisch veränderten Pflanze, falls vorhanden.

E. INFORMATIONEN ÜBER DEN ORT DER FREISETZUNG (NUR FÜR ANMELDUNGEN GEMÄSS DEN ARTIKELN 6 UND 7)

1. Lage und Größe des Freisetzungsgeländes,
2. Beschreibung des Ökosystems am Ort der Freisetzung, einschließlich Klima, Flora und Fauna,
3. Vorhandensein geschlechtlich kompatibler verwandter Wild- und Kulturpflanzenarten,
4. Nähe zu offiziell anerkannten geschützten Biotopen oder Schutzgebieten, die betroffen werden könnten.

F. INFORMATIONEN ÜBER DIE FREISETZUNG (NUR FÜR ANMELDUNGEN GEMÄSS DEN ARTIKELN 6 UND 7)

1. Zweck der Freisetzung,
2. Voraussichtliche(r) Zeitpunkt(e) und Dauer der Freisetzung,
3. Verfahren für die Freisetzung der genetisch veränderten Pflanzen,
4. Verfahren zur Vorbereitung und Überwachung des Freisetzungsgeländes vor, während und nach der Freisetzung, einschließlich Anbaupraktiken und Ernteverfahren,
5. ungefähre Anzahl der Pflanzen (oder Pflanzen pro m^2).

G. INFORMATIONEN ÜBER PLÄNE ZUR KONTROLLE, ÜBERWACHUNG, NACHBEHANDLUNG UND ABFALLENTSORGUNG (NUR FÜR ANMELDUNGEN GEMÄSS DEN ARTIKELN 6 UND 7)

1. Vorsichtsmaßnahmen im Hinblick auf
   a) Entfernung(en) zu geschlechtlich kompatiblen Arten von Wild- und Kulturpflanzen,
   b) Maßnahmen zur Minimierung/Vermeidung der Verbreitung von Vermehrungsträgern der genetisch veränderten Pflanze (z. B. Pollen, Samen, Knollen),
2. Beschreibung der Verfahren zur Behandlung des Geländes nach der Freisetzung,
3. Beschreibung der Verfahren zur Behandlung von GVP-Ernten und -Abfällen nach der Freisetzung,
4. Beschreibung von Überwachungstechniken und -Plänen,
5. Beschreibung von Noteinsatzplänen,
6. Methoden und Verfahren, die zum Schutz des Geländes angewandt werden.

Anhang IV: Zusätzliche Informationen

In diesem Anhang werden die zusätzlichen Informationen allgemein beschrieben, die in bezug auf GVO als Produkt oder in Produkten, die in Verkehr gebracht werden sollen, bei der Anmeldung für das Inverkehrbringen und für die Angaben zur Kennzeichnung sowie bei GVO, für die gemäß Artikel 2 Nummer 4 zweiter Unterabsatz eine Ausnahme gilt, vorzulegen sind. Er wird durch Leitlinien ergänzt, die sich unter anderem auf die Beschreibung der vorgesehenen Verwendung des Produkts beziehen und nach dem Verfahren des Artikels 30 Absatz 2 auszuarbeiten sind. Zum Zwecke der Kennzeichnung von unter die Ausnahmeregelung fallenden Organismen nach Artikel 26 sind entsprechende Empfehlungen für die Verwendung und für Anwendungsbeschränkungen vorzulegen.

A. Die Anmeldung des Inverkehrbringens von GVO als Produkte oder in Produkten muss zusätzlich zu den in Anhang III angegebenen Informationen folgende Angaben enthalten:

1. Vorgesehene Handelsbezeichnung der Produkte und Bezeichnung des/der darin enthaltenen GVO sowie der besondere Erkennungsmarker, Bezeichnung oder der spezielle Code, die/den der Anmelder zur Identifizierung des GVO benutzt. Nach Erteilung der Zustimmung sollte jede neue Handelsbezeichnung den zuständigen Behörden mitgeteilt werden.
2. Name und vollständige Anschrift der in der Gemeinschaft niedergelassenen Person, die für das Inverkehrbringen verantwortlich ist, unabhängig davon, ob es sich um den Hersteller, den Einführer oder den Vertreiber handelt.
3. Name und vollständige Anschrift des/der Lieferanten von Kontrollproben.
4. Beschreibung der vorgesehenen Verwendung des Produkts und der GVO als Produkt oder in einem Produkt. Unterschiede bei der Verwendung oder Bewirtschaftung der GVO gegenüber ähnlichen Produkten mit genetisch nicht veränderten Organismen sind hervorzuheben.
5. Beschreibung des/der geographischen Gebiets/Gebiete und der Umweltbereiche, in denen das Produkt innerhalb der Gemeinschaft verwendet werden soll, einschließlich des voraussichtlichen Umfangs der Verwendung in jedem Gebiet, sofern dies möglich ist.
6. Vorgesehene Arten von Verwendern, z. B. des Produkts: Industrie, Landwirtschaft und Fachberufe, Gebrauch durch die breite Öffentlichkeit.
7. Informationen über die genetische Veränderung zur Aufnahme in ein oder mehrere Register von an Organismen vorgenommenen Veränderungen, die zum Nachweis und zur Identifizierung bestimmter GVO-Produkte verwendet werden können, um die Überwachung nach dem Inverkehrbringen zu erleichtern. Dazu gehören gegebenenfalls die Hinterlegung von Proben des GVO oder seines genetischen Materials bei der zuständigen Behörde und Einzelheiten zu Nukleotidsequenzen oder sonstige für die Identifizierung des GVO-Produkts und nachfolgender Produkte relevante Informationen, z. B. die Methoden zur Erkennung und Identifizierung des GVOProdukts, einschließlich Daten aus Versuchen zum Nachweis der Spezifizität der Methoden. Informationen, die aus Gründen der Vertraulichkeit nicht in den öffentlich zugänglichen Teil des Registers aufgenommen werden können, sind als solche zu kennzeichnen.
8. Vorgesehene Kennzeichnung auf einem Etikett oder in einem Begleitdokument, die zumindest in kurzgefasster Form eine Handelsbezeichnung des Produkts, einen Hinweis „Dieses Produkt enthält genetisch veränderte Organismen", die Bezeichnung des GVO und die Informationen gemäss Nummer 2 enthalten muss; in der Kennzeichnung sollte angegeben werden, wie die Informationen aus dem öffentlich zugänglichen Teil des Registers erlangt werden können.

B. In Übereinstimmung mit Artikel 13 der Richtlinie müssen folgende Informationen in der Anmeldung gegebenenfalls zu den in Abschnitt A enthaltenen hinzugefügt werden:

1. Im Fall einer unbeabsichtigten Freisetzung oder eines Missbrauchs zu ergreifende Maßnahmen.
2. Spezifische Anleitungen oder Empfehlungen betreffend Lagerung und Einsatz.
3. Spezifische Anleitungen für die Überwachung und Berichterstattung an den Anmelder und erforderlichenfalls an die zuständige Behörde, so dass die zuständigen Behörden effizient über schädliche Auswirkungen informiert werden können. Diese Anleitungen sollten mit Anhang VII Abschnitt C kohärent sein.
4. Vorgesehene Beschränkungen in Bezug auf die zugelassenen Verwendungen der GVO, z. B. wo und zu welchem Zweck das Produkt verwendet werden darf.
5. Vorgesehene Verpackung.
6. Geschätzte Produktion und/oder Einfuhren in die Gemeinschaft.
7. Vorgesehene zusätzliche Etikettierung, die zumindest in kurz gefasster Form die in den Nummern A 4, A 5, B 1, B 2, B 3 und B 4 erwähnten Informationen enthalten kann.

Anhang V: Kriterien für die Anwendung differenzierter Verfahren (Artikel 7)

Die Kriterien gemäß Artikel 7 Absatz 1 sind nachstehend aufgeführt.

1. Die taxonomische Eingruppierung und die Biologie (z. B. Art der Fortpflanzung und der Bestäubung, Fähigkeit zur Kreuzung mit verwandten Arten, Pathogenität) des nicht veränderten (aufnehmenden) Organismus müssen gut bekannt sein.
2. Über die Sicherheit für die menschliche Gesundheit und die Umwelt des Ausgangsorganismus (falls zutreffend) und des Empfängerorganismus in der Umgebung, in die die Freisetzung erfolgt, müssen ausreichende Kenntnisse vorliegen.
3. Es müssen Informationen über alle Wechselwirkungen vorliegen, die von besonderer Bedeutung für die Risikobewertung sind und den Ausgangsorganismus (falls zutreffend) und den Empfängerorganismus sowie andere Organismen im Ökosystem betreffen, in dem die experimentelle Freisetzung erfolgt.
4. Es müssen Informationen zum Nachweis dafür vorliegen, daß das eingefügte genetische Material ausreichend beschrieben ist. Informationen über den Aufbau von Vektorsystemen oder die mit der Träger-DNA verwendeten Sequenzen von genetischem Material haben vorzuliegen. Ist eine genetische Änderung mit der Deletion genetischen Materials verbunden, so ist der Umfang der Deletion anzugeben. Ferner müssen ausreichende Informationen über die genetische Änderung vorliegen, damit die Identifizierung des GVO und seiner Nachkommen während der Freisetzung möglich ist.
5. Der GVO darf unter den Bedingungen der experimentellen Freisetzung kein zusätzliches oder höheres Risiko für die menschliche Gesundheit oder die Umwelt darstellen, als dies bei Freisetzungen der entsprechenden Ausgangsorganismen (falls zutreffend) und Empfängerorganismen der Fall wäre. Die Fähigkeit, sich in der Umwelt auch auf andere fremde Ökosysteme auszubreiten, sowie die Fähigkeit, genetisches Material auf andere Organismen in der Umwelt zu übertragen, darf keine schädlichen Auswirkungen nach sich ziehen.

Anhang VI: Leitlinien für den Bewertungsbericht

Der gemäß den Artikeln 13, 17, 19 und 20 vorgesehene Bewertungsbericht sollte insbesondere die folgenden Angaben enthalten:

1. Angaben zu den Eigenschaften des Empfängerorganismus, die für die Bewertung der jeweiligen GVO wesentlich sind. Angaben zu bekannten Risiken für die menschliche Gesundheit und die Umwelt, die sich aus der Freisetzung des unveränderten Empfängerorganismus ergeben.
2. Beschreibung des Ergebnisses der genetischen Veränderung in dem veränderten Organismus.
3. Bewertung, ob die genetische Veränderung im Hinblick auf die Beurteilung der Risiken für die menschliche Gesundheit und die Umwelt hinreichend dargestellt wurde.
4. Auflistung jeglicher neuer Risiken für die menschliche Gesundheit und die Umwelt, anhand der gemäß Anhang II durchgeführten Umweltverträglichkeitsprüfung, die sich aus der Freisetzung des/der jeweiligen GVO im Vergleich zur Freisetzung des/der entsprechenden unveränderten Organismus(en) ergeben können.
5. Eine Schlussfolgerung, ob und unter welchen Bedingungen der/die fragliche(n) GVO als Produkt oder in Produkten in Verkehr gebracht werden kann/können, ob der/die fragliche(n) GVO nicht in Verkehr gebracht werden darf/dürfen oder ob die Stellungnahmen anderer zuständiger Behörden und der Kommission zu bestimmten Aspekten der Umweltverträglichkeitsprüfung eingeholt werden sollen. Diese Aspekte sind zu spezifizieren. In der Schlussfolgerung sollten zu der vorgesehenen Verwendung, dem Risikomanagement und dem vorgeschlagenen überwachungsplan klare Angaben gemacht werden. Falls die Schlussfolgerung ergeben hat, daß die GVO nicht in Verkehr gebracht werden sollen, hat die zuständige Behörde die für ihre Schlussfolgerung maßgeblichen Gründe anzugeben.

Anhang VII: Überwachungsplan

In diesem Anhang werden generell das gesetzte Ziel und die allgemeinen Grundsätze beschrieben, die bei der Erstellung des Überwachungsplans, auf den in Artikel 13 Absatz 2, Artikel 19 Absatz 3 und Artikel 20 Bezug genommen wird, zu befolgen sind. Der Anhang wird durch Leitlinien ergänzt, die nach dem Verfahren des Artikels 30 Absatz 2 festzulegen sind.

Diese Leitlinien sind bis zum 17. Oktober 2002 fertig zu stellen.

A. Ziel

Ziel des Überwachungsplans ist es:

- zu bestätigen, dass eine Annahme über das Auftreten und die Wirkung einer etwaigen schädlichen Auswirkung eines GVO oder dessen Verwendung in der Umweltverträglichkeitsprüfung zutrifft, und
- das Auftreten schädlicher Auswirkungen des GVO oder dessen Verwendung auf die menschliche Gesundheit oder die Umwelt zu ermitteln, die in der Umweltverträglichkeitsprüfung nicht vorhergesehen wurden.

B. Allgemeine Prinzipien

Die Überwachung gemäß den Artikeln 13, 19 und 20 findet statt, nachdem die Zustimmung zum Inverkehrbringen des GVO erteilt wurde.

Bei der Auswertung der bei der Überwachung gesammelten Daten sollten andere bestehende Umweltbedingungen und -maßnahmen in Betracht gezogen werden. Werden Veränderungen in der Umwelt beobachtet, sollte eine weitere Bewertung in Betracht gezogen werden, damit festgestellt werden kann, ob diese Veränderungen eine Folge der GVO oder deren Verwendung sind, da Veränderungen auch durch andere Umweltfaktoren als das Inverkehrbringen der GVO hervorgerufen werden können.

Die bei der Überwachung experimenteller Freisetzungen von GVO gewonnenen Erkenntnisse und Daten können bei der Erstellung des Überwachungsplans für die Zeit nach dem Inverkehrbringen hilfreich sein, der für das Inverkehrbringen von GVO als Produkt oder in Produkten verlangt wird.

C. Erstellung des Überwachungsplans

Der Überwachungsplan sollte:

1. auf jeden einzelnen Fall zugeschnitten sein und die Umweltverträglichkeitsprüfung berücksichtigen;
2. den Merkmalen der GVO, den Merkmalen und dem Ausmaß ihrer vorgesehenen Verwendung und dem Bereich der relevanten Bedingungen des Milieus, in das der GVO freigesetzt werden soll, Rechnung tragen;
3. eine allgemeine überwachende Beobachtung auf unerwartete schädliche Auswirkungen und erforderlichenfalls eine (fall-)spezifische Überwachung vorsehen, in deren Mittelpunkt die in der Umweltverträglichkeitsprüfung ermittelten schädlichen Auswirkungen stehen.
   - 3.1. Die fallspezifische Überwachung sollte über einen ausreichend langen Zeitraum hinweg erfolgen, damit sofortige und direkte sowie gegebenenfalls auch spätere oder indirekte Auswirkungen, die bei der Umweltverträglichkeitsprüfung ermittelt wurden, erfasst werden können.
   - 3.2. Bei der überwachenden Beobachtung könnte gegebenenfalls von bereits bestehenden routinemäßigen Überwachungspraktiken wie z. B. der Überwachung landwirtschaftlicher Kulturformen, des Pflanzenschutzes, oder der Tier- und Humanarzneimittel Gebrauch gemacht werden. Es sollte erläutert werden, wie die relevanten Informationen, die durch bestehende routinemäßige Überwachungspraktiken gewonnen wurden, dem Inhaber der Zustimmung zugänglich gemacht werden;
4. die systematische Beobachtung der Freisetzung eines GVO in das Aufnahmemilieu und die Auswertung dieser Beobachtungen im Hinblick auf den Schutz der menschlichen Gesundheit und der Umwelt erleichtern;

5. festlegen, wer (Anmelder, Verwender) die verschiedenen im Überwachungsplan vorgeschriebenen Aufgaben übernimmt und wer verantwortlich dafür ist, dass der Überwachungsplan eingerichtet und ordnungsgemäß durchgeführt wird, sowie den Informationsweg sicherstellen, wie der Inhaber der Zustimmung und die zuständige Behörde über alle ermittelten schädlichen Auswirkungen auf die menschliche Gesundheit und die Umwelt unterrichtet werden (Termine und Frequenz der Berichte über das Ergebnis der Überwachung sind anzugeben);
6. die Mechanismen zur Ermittlung und Bestätigung aller beobachteten schädlichen Auswirkungen auf die menschliche Gesundheit und die Umwelt berücksichtigen und den Inhaber der Zustimmung oder gegebenenfalls die zuständige Behörde in die Lage versetzen, die zum Schutz der menschlichen Gesundheit und der Umwelt notwendigen Maßnahmen zu ergreifen.

Entscheidung des Rates vom 3. Oktober 2002

über Leitlinien zur Ergänzung des Anhangs VII der Richtlinie 2001/18/EG des Europäischen Parlaments und des Rates über die absichtliche Freisetzung genetisch veränderter Organismen in die Umwelt und zur Aufhebung der Richtlinie 90/220/EWG des Rates[*)]

(2002/811/EG)

DER RAT DER EUROPÄISCHEN UNION –

gestützt auf den Vertrag zur Gründung der Europäischen Gemeinschaft,

gestützt auf die Richtlinie 2001/18/EG des Europäischen Parlaments und des Rates[1)], insbesondere auf den ersten Absatz des Anhangs VII,

auf Vorschlag der Kommission,

in Erwägung nachstehender Gründe:

(1) Bevor ein genetisch veränderter Organismus (nachstehend „GVO" genannt) als Produkt oder in Produkten in Verkehr gebracht werden darf, ist gemäß der Richtlinie 2001/18/EG der zuständigen Behörde des Mitgliedstaates, in dem der GVO erstmals in Verkehr gebracht werden soll, eine Anmeldung vorzulegen.

(2) Nach der Richtlinie 2001/18/EG hat der Anmelder sicherzustellen, dass die Überwachung der absichtlichen Freisetzung von GVO in die Umwelt und die Berichterstattung darüber unter den Bedingungen erfolgen, die im Einklang mit Artikel 13 Absatz 2, Artikel 19 Absatz 3 und Artikel 20 der Richtlinie in der Zulassung festgelegt sind. Daher muss eine solche Anmeldung auch einen Überwachungsplan mit diesem Vorschlag für einen Zeitplan gemäß Anhang VII der Richtlinie 2001/18/EG enthalten.

(3) Anhang VII der Richtlinie 2001/18/EG ist durch Leitlinien zu ergänzen, die die Ziele, Grundprinzipien und den Aufbau des in diesem Anhang behandelten Überwachungsplans genauer festlegen.

(4) Der gemäß Artikel 30 Absatz 2 der Richtlinie 2001/18/ EG eingesetzte Ausschuss wurde am 12. Juni 2002 um Stellungnahme zu dem Vorschlag für eine Entscheidung der Kommission gebeten und hat sich nicht dazu geäußert –

---

*) ABl. L 280 vom 18.10.2002, S. 27.
1) ABl. L 106 vom 17.4.2001, S. 1.

HAT FOLGENDE ENTSCHEIDUNG ERLASSEN:

Artikel 1

Die Leitlinien im Anhang zu dieser Entscheidung sind ergänzend zu Anhang VII der Richtlinie 2001/18/EG zu verwenden.

Artikel 2

Diese Entscheidung ist an alle Mitgliedstaaten gerichtet.

Geschehen zu Luxemburg am 3. Oktober 2002.

Im Namen des Rates
Der Präsident
F. Hansen

ANHANG

Einleitung

Die Richtlinie 2001/18/EG verpflichtet Anmelder dazu, Überwachungspläne zu erstellen, um etwaige direkte, indirekte, sofortige oder spätere schädliche Auswirkungen von GVO auf die menschliche Gesundheit oder die Umwelt aufzuspüren und feststellen zu können, nachdem diese als Produkte oder in Produkten in Verkehr gebracht wurden.

Nach Artikel 13 Absatz 2 Buchstabe e) der Richtlinie haben die Anmelder ihrer Anmeldung des Inverkehrbringens eines GVO einen Überwachungsplan gemäß Anhang VII der Richtlinie beizufügen. Dieser Plan muss einen Vorschlag für den Zeitraum, für den der Überwachungsplan gelten soll, umfassen, wobei dieser nicht mit der Geltungsdauer der Zustimmung übereinstimmen muss. Anhang VII beschreibt in allgemeinen Ausdrücken das Ziel und die allgemeinen Grundsätze, die bei der Erstellung des Überwachungsplans, auf den in Artikel 13 Absatz 2, Artikel 19 Absatz 3 und Artikel 20 Bezug genommen wird, zu befolgen sind.

Diese Leitlinien ergänzen Anhang VII; im Zusammenhang mit der Richtlinie

- beschreiben sie die Ziele für die Überwachung ausführlicher;
- beschreiben sie die allgemeinen Grundsätze für die Überwachung genauer;
- geben sie den allgemeinen Rahmen für die Erstellung geeigneter Überwachungspläne für den Zeitraum nach dem Inverkehrbringen vor.

Nach dem Inverkehrbringen eines GVO ist der Anmelder gemäß Artikel 20 Absatz 1 der Richtlinie rechtlich dazu verpflichtet sicherzustellen, dass eine Überwachung und Berichterstattung unter den in der Zustimmung enthaltenen Bedingungen stattfinden. In Artikel 19 Absatz 3 Buchstabe f) ist festgelegt, dass die schriftliche Zustimmung auf jeden Fall ausdrücklich Anforderungen an die Überwachung gemäß Anhang VII, einschließlich der Verpflichtung, der Kommission und den zuständigen Behörden Bericht zu erstatten, enthalten muss. Darüber hinaus sind zur Gewährleistung der Transparenz gemäß Artikel 20 Absatz 4 die Ergebnisse der Überwachung zu veröffentlichen.

Überwachungspläne für in Verkehr zu bringende GVO sind für jeden Einzelfall unter Berücksichtigung der Umweltverträglichkeitsprüfung (UVP), der veränderten Eigenschaften des jeweiligen GVO, der beabsichtigten Verwendung und des Aufnahmemilieus zu erstellen. Diese Leitlinien geben einen allgemeinen Rahmen vor; sie sollen jedoch keine Einzelheiten für die Entwicklung von Überwachungsplänen für sämtliche GVO festlegen.

Es könnte erforderlich sein, diesen Rahmen durch spezifischere Zusatzleitlinien für Überwachungspläne oder Checklisten in Bezug auf bestimmte Merkmale, Kulturpflanzen oder Gruppen von GVO zu ergänzen.

Überwachung kann generell definiert werden als die systematische Messung von Variablen und Vorgängen über einen längeren Zeitraum hinweg und setzt voraus, dass spezifische Gründe für das Einholen dieser Daten vorliegen; so kann es beispielsweise darum gehen sicherzustellen, dass bestimmte Standards oder Bedingungen erfüllt sind, oder mögliche Veränderungen im Vergleich zu einer bestimmten Ausgangsbasis untersucht werden. Vor diesem Hintergrund ist es von wesentlicher Bedeutung, die Art der Auswirkungen oder Variablen zu bestimmen, die es zu überwachen gilt, sowie – und dies ist wichtig – die zu ihrer Messung erforderlichen Instrumente und Systeme und einen angemessenen Zeitrahmen für die Messungen festzulegen. Die Ergebnisse der Überwachung können wichtig für die Entwicklung künftiger Forschungstätigkeiten sein.

Eine wirksame Überwachung und allgemeine überwachende Beobachtung erfordern die Entwicklung angemessener Verfahren, die vor Beginn der Durchführung der Überwachungsprogramme zur Verfügung stehen sollten. Die Überwachung sollte nicht per se als Forschungstätigkeit gelten, sondern als ein Mittel, um die Ergebnisse und Annahmen zu bewerten und zu überprüfen, die sich aus früheren Forschungen und Bewertungen des möglichen Risikos ergeben.

A. Ziele

Bevor ein GVO oder eine Kombination von GVO als Produkte oder in Produkten in Verkehr gebracht werden darf, ist der zuständigen Behörde des Mitgliedstaats, in dem der GVO erstmals in Verkehr gebracht werden soll, eine Anmeldung vorzulegen. Diese Anmeldung umfasst gemäß Artikel 13 Absatz 2 eine technische Akte einschließlich einer vollständigen Umweltverträglichkeitsprüfung.

Das Ziel einer Umweltverträglichkeitsprüfung besteht darin, von Fall zu Fall etwaige direkte, indirekte, sofortige oder spätere schädliche Auswirkungen von GVO auf die menschliche Gesundheit und die Umwelt, die beim Inverkehrbringen auftreten können, zu ermitteln und zu bewerten. Bei dieser Prüfung sind gegebenenfalls auch die möglichen langfristigen Auswirkungen von Wechselwirkungen mit anderen Organismen und der Umwelt zu berücksichtigen. Die Beurteilung solcher möglichen schädlichen Auswirkungen ist nach einer einheitlichen Methodik durchzuführen und sollte sich auf wissenschaftliche Belege stützen, die von unabhängiger Stelle überprüft werden können.

GVO unterscheiden sich wahrscheinlich erheblich hinsichtlich inhärenter Eigenschaften der veränderten Art sowie hinsichtlich der spezifischen Veränderung und der resultierenden Eigenschaften. Diese Eigenschaften werden der ausschlaggebende Faktor dafür sein, welche Art Auswirkung infolge des Inverkehrbringens eines GVO zu erwarten ist.

Auch muss nach dem Inverkehrbringen bestätigt werden, ob die Ergebnisse und Annahmen der vor dem Inverkehrbringen durchgeführten Umweltverträglichkeitsprüfung für einen GVO zutreffen. Darüber hinaus darf die Möglichkeit des Auftretens schädlicher Auswirkungen, die in der UVP nicht vorhergesehen waren, nicht vernachlässigt werden. Dazu wurde die Überwachung nach dem Inverkehrbringen gemäß Artikel 20 der Richtlinie vorgesehen.

Vor diesem Hintergrund besteht das Ziel der Überwachung nach dem Inverkehrbringen – wie es in Anhang VII heißt – darin,

- zu bestätigen, dass eine Annahme über das Auftreten und die Wirkung einer etwaigen schädlichen Auswirkung eines GVO oder dessen Verwendung in der Umweltverträglichkeitsprüfung zutrifft, und
- das Auftreten schädlicher Auswirkungen des GVO oder dessen Verwendung auf die menschliche Gesundheit oder die Umwelt zu ermitteln, die in der Umweltverträglichkeitsprüfung nicht vorhergesehen wurden.

B. Allgemeine Grundsätze

Mit der Überwachung gemäß den Artikeln 13, 19 und 20 der Richtlinie 2001/18/EG und im Rahmen dieser Leitlinien ist die Überwachung nach dem Inverkehrbringen gemeint; sie erfolgt, nachdem eine Zustimmung für das Inverkehrbringen eines GVO erteilt wurde.

Nach Artikel 13 Absatz 2 Buchstabe e) der Richtlinie haben die Anmelder ihrer Anmeldung einen Überwachungsplan gemäß Anhang VII der Richtlinie beizufügen.

Gemäß Artikel 19 Absatz 3 Buchstabe f) sollte die Zustimmung die Fristen für den Überwachungsplan und gegebenenfalls die Verpflichtungen von Personen, die das Produkt verkaufen oder verwenden, unter anderem im Falle des Anbaus, in Bezug auf ein als angemessen angesehenes Informationsniveau hinsichtlich ihres Standorts enthalten.

Aufgrund der Berichte der Anmelder sollte die zuständige Behörde, bei der die ursprüngliche Anmeldung eingegangen ist, in Übereinstimmung mit der Zustimmung und im Rahmen des in der Zustimmung festgelegten Überwachungsplans die Kommission und die zuständigen Behörden über die Ergebnisse unterrichten; ferner kann sie gemäß Artikel 20 Absatz 1 — gegebenenfalls in Absprache mit den übrigen Mitgliedstaaten — diesen Überwachungsplan nach dem ersten Überwachungszeitraum anpassen.

Die Planung ist von wesentlicher Bedeutung für sämtliche Formen der Überwachung, und bei der Erstellung von Überwachungsplänen ist sowohl die fallspezifische Überwachung als auch die allgemeine überwachende Beobachtung zu berücksichtigen. Darüber hinaus ist die Überwachung kumulativer und langfristiger schädlicher Auswirkungen als ein zwingendes Element des Überwachungsplans zu sehen.

Falls eine fallspezifische Überwachung im Überwachungsplan vorgesehen ist, sollte sie auf die möglichen Auswirkungen des Inverkehrbringens eines GVO, welche in den Schlussfolgerungen und den Annahmen der Umweltverträglichkeitsprüfung hervorgehoben wurden, ausgerichtet sein. Bestimmte Auswirkungen können aufgrund der UVP und vorliegenden wissenschaftlichen Informationen vorhergesehen werden; hingegen ist es erheblich schwieriger, mögliche Auswirkungen oder Variablen einzukalkulieren, die nicht vorhersehbar sind. Eine angemessene Planung der fallspezifischen Überwachung und der überwachenden Beobachtung könnte eine frühzeitige Feststellung solcher Auswirkungen jedoch weitgehend ermöglichen. Der Überwachungsplan sollte daher eine überwachende Beobachtung zur Feststellung unerwarteter oder unvorhergesehener schädlicher Auswirkungen vorsehen.

In diesem Zusammenhang sollte das Kosten/Nutzen-Verhältnis der fallspezifischen Überwachung und der überwachenden Beobachtung geprüft werden. Zudem sollte der Überwachungsplan im Einklang mit den neuesten wissenschaftlichen Erkenntnissen und Praktiken stehen.

Auch die Mitgliedstaaten können gegebenenfalls zur Überwachung beitragen, da die zuständige Behörde nach Artikel 4 Absatz 5 verpflichtet ist, Inspektionen und gegebenenfalls sonstige Kontrollmaßnahmen durchzuführen, um die Einhaltung dieser Richtlinie zu gewährleisten. Die Mitgliedstaaten sind aufgrund des EG-Vertrags auch berechtigt, weitere Überwachungs- und Inspektionsmaßnahmen für als Produkte oder in Produkten in Verkehr gebrachte GVO zu ergreifen, beispielsweise über ihre nationalen Behörden. Es sollte jedoch klar sein, dass solche Maßnahmen kein Ersatz für den Überwachungsplan sind, für den die Anmelder die Verantwortung tragen (auch wenn sie mit Zustimmung der Betroffenen in den Überwachungsplan integriert sein können).

Bei der Auswertung der bei der Überwachung gesammelten Informationen sollten die vorhandenen Umweltbedingungen und -vorgänge berücksichtigt werden, damit eine geeignete Ausgangsbasis festgelegt werden kann. Programme für die überwachende Beobachtung und die Umweltüberwachung können allgemein in diesem Zusammenhang hilfreich sein.

Wenn unerwartete Veränderungen in der Umwelt beobachtet werden, könnte es erforderlich sein, eine weitere Verträglichkeitsprüfung zu erwägen, um feststellen zu können, ob diese auf das Inverkehrbringen des GVO oder aber auf andere Faktoren zurückzuführen sind. Vor diesem Hintergrund kann es auch erforderlich sein, Maßnahmen zum Schutz der menschlichen Gesundheit und der Umwelt in Betracht zu ziehen.

C. Aufbau eines Überwachungsplanes

Der Überwachungsplan sollte in folgende 3 Hauptteile unterteilt sein:

1. Überwachungsstrategie,
2. Überwachungsmethode,
3. Analyse, Berichterstattung, Überprüfung.

1. Überwachungsstrategie

Die Überwachungsstrategie setzt insbesondere voraus, dass die möglichen Auswirkungen des Inverkehrbringens eines GVO, die erforderliche Überwachungsintensität sowie ein geeignetes Überwachungskonzept/geeignete Überwachungskonzepte und die Überwachungsdauer ermittelt werden.

Zunächst ist die Wahrscheinlichkeit möglicher unmittelbarer, mittelbarer, sofortiger oder späterer schädlicher Auswirkungen des GVO unter Berücksichtigung der beabsichtigten Verwendung und des Aufnahmemilieus zu untersuchen.

Unmittelbare Auswirkungen sind die primären Auswirkungen auf die menschliche Gesundheit oder die Umwelt, die sich durch die GVO selbst und nicht durch eine Kausalkette von Ereignissen ergeben. Bei einer Nutzpflanze beispielsweise, die gegen ein bestimmtes Insekt resistent gemacht wurde, können unmittelbare Auswirkungen etwa im Tod oder in einer Veränderung der Ziel- oder Nichtziel-Insektenpopulationen infolge des von dem GVO produzierten Toxins bestehen.

Mittelbare Auswirkungen sind die Auswirkungen auf die menschliche Gesundheit oder die Umwelt, die durch eine Kausalkette von Ereignissen ausgelöst werden. Im obigen Fall können mittelbare Auswirkungen beispielsweise auftreten, wenn die Reduzierung der Population der Zielinsekten die Populationen anderer Organismen beeinträchtigt, die sich normalerweise von diesen Insekten ernähren.

Bei mittelbaren Auswirkungen können Wechselwirkungen zwischen verschiedenen Organismen und der Umwelt zum Tragen kommen, was die Vorhersage möglicher Auswirkungen erschwert. Die Feststellung der mittelbaren Auswirkungen dürfte ferner erst nach einiger Zeit möglich sein. Diese Faktoren müssen jedoch in die Strategie einbezogen werden.

Sofortige Auswirkungen sind die Auswirkungen auf die menschliche Gesundheit oder die Umwelt, die während des Zeitraums der Freisetzung der GVO beobachtet werden. Sofortige Auswirkungen können unmittelbar oder mittelbar sein.

Spätere Auswirkungen sind die Auswirkungen auf die menschliche Gesundheit oder die Umwelt, die nicht während des Zeitraums der Freisetzung beobachtet werden, sondern als unmittelbare oder mittelbare Auswirkungen entweder in einer späteren Phase oder nach Abschluss der Freisetzung auftreten. Ein Beispiel hierfür ist die Entwicklung einer Bt-Toxin-Resistenz bei Insekten infolge einer Langzeitexposition.

Sofortige und spätere Auswirkungen können jeweils unmittelbar oder mittelbar sein; der Unterschied liegt im Zeitpunkt ihres Eintretens. Die Wahrscheinlichkeit, dass unmittelbare Auswirkungen sofort oder auf kurze Sicht in feststellbarem Ausmaß auftreten, ist größer. Mittelbare Auswirkungen zeigen sich möglicherweise erst nach längerer Zeit, sie müssen aber gegebenenfalls dennoch berücksichtigt werden.

Es ist sehr schwierig, wenn nicht sogar unmöglich, das Eintreten möglicher unvorhergesehener oder unerwarteter Auswirkungen, die in der Risikobewertung nicht hervorgehoben wurden, vorherzusagen. Daher sollte die allgemeine überwachende Beobachtung zur Feststellung möglicher unvorhergesehener oder unerwarteter Auswirkungen Bestandteil der Überwachungsstrategie sein.

1.1. Verträglichkeitsprüfung

In der Überwachungsstrategie sollte festgelegt werden, wie die Ergebnisse der UVP unter Berücksichtigung der Verwendung des GVO und des Aufnahmemilieus bestätigt werden sollen. Dabei sind die Schlussfolgerungen und Annahmen der Verträglichkeitsprüfung auf der Grundlage einer wissenschaftlichen Beurteilung und der Empfehlungen von Sachverständigengremien zu berücksichtigen. Darüber hinaus sind gegebenenfalls auch Aspekte, die sich aus der Risikobewertung ergeben und die mit einem bestimmten Maß an Unsicherheit verbunden sind, wie z. B. Auswirkungen, die nur bei groß angelegten Freisetzungen auftreten, in die Überwachungsstrategie einzubeziehen. Die Leitlinien zur Ergänzung des Anhangs II der Richtlinie 2001/18/EG, der Grundprinzipien für die Umweltverträglichkeitsprüfung behandelt, könnten hierbei nützlich sein.

1.2. Hintergrundinformationen

Bei der Planung und Gestaltung des Überwachungsplans sollten Hintergrundinformationen zu dem jeweiligen GVO, darunter Daten und Informationen aus Freisetzungsversuchen, aus wissenschaftlichen Veröffentlichungen sowie vergleichbare einschlägige Ergebnisse anderer Freisetzungen verwendet werden. Daten aus Untersuchungen der Risikoforschung und aus der Überwachung von experimentellen Freisetzungen werden in diesem Zusammenhang besonders hilfreich sein.

1.3. Konzept

Das Konzept der Überwachungsstrategie ist zu beschreiben. Der Schwerpunkt dürfte in vielen Fällen auf den wichtigsten Faktoren (erforderlich zu wissen) und einem zyklischen Überwachungsprozess liegen, damit die Qualität des Programms kontinuierlich verbessert werden kann.

Das Konzept muss eine frühzeitige Feststellung der möglichen schädlichen Auswirkungen erlauben. Die frühzeitige Feststellung von schädlichen Auswirkungen, die auf einen GVO zurückzuführen sind, wird eine schnellere Überprüfung und Durchführung von Maßnahmen zur Eindämmung von Auswirkungen auf die Umwelt ermöglichen.

Bei der Gestaltung der Überwachungspläne für GVO sollte schrittweise vorgegangen werden. Dabei sollten vorhandene Daten sowie Überwachungsmethoden berücksichtigt werden. Bei einem schrittweisen Konzept muss in vielen Fällen auch der Maßstab der Freisetzung berücksichtigt werden. Der erste Schritt könnte auf Ergebnissen von Versuchen in kleinem Maßstab beruhen, die weiteren Schritte auf groß angelegten Feldversuchen bis hin zu Untersuchungen auf landwirtschaftlich genutzten Parzellen. Daher dürften Erfahrungen und Informationen aus der Überwachung von experimentellen Freisetzungen von GVO bei der Gestaltung eines erforderlichen Überwachungssystems für die Phase nach dem Inverkehrbringen nützlich sein.

Auch könnten vorhandene Beobachtungsprogramme auf die Erfordernisse der Überwachung von GVO ausgelegt werden, um die Vergleichbarkeit zu gewährleisten und die Kosten der Konzeptentwicklung zu reduzieren. Dazu könnten vorhandene Umweltbeobachtungsprogramme im Bereich der Landwirtschaft, der Lebensmitteluntersuchung und des Naturschutzes langfristige ökologische Überwachungsprogramme, Bodenbeobachtung und tierärztliche Untersuchungen dienen. Die Einbeziehung solcher Programme in den Überwachungsplan würde an erster Stelle voraussetzen, dass die Anmelder eine Vereinbarung mit den Personen oder Organisationen, darunter gegebenenfalls auch den nationalen Behörden, treffen, die solche Tätigkeiten durchführen.

Dieser Abschnitt betrifft die fallspezifische Überwachung und die allgemeine überwachende Beobachtung, die unter den beiden allgemeinen Zielen des Anhangs VII beschrieben sind, wobei durchaus auch andere Überwachungssysteme in Frage kommen.

1.3.1. Fallspezifische Überwachung

Die fallspezifische Überwachung dient dazu, festzustellen, ob in der Umweltverträglichkeitsprüfung gemachte wissenschaftlich fundierte Annahmen hinsichtlich der möglichen schädlichen Auswirkungen eines GVO und seiner Verwendung zutreffen.

Das Konzept sollte

- auf sämtliche in der Umweltverträglichkeitsprüfung ermittelten möglichen Auswirkungen auf die menschliche Gesundheit und die Umwelt abstellen, wobei unter anderem die verschiedenen Orte, Bodentypen, klimatischen Bedingungen zu berücksichtigen sind, und
- eine Frist vorsehen, innerhalb deren Ergebnisse erbracht werden sollen.

Der erste Schritt bei der Entwicklung eines Überwachungsplans für die fallspezifische Überwachung ist die Festlegung fallspezifischer Ziele für die Überwachungsstrategie. Dabei ist auch zu bestimmen, welche Annahmen über mögliche schädliche Auswirkungen des GVO oder seiner Verwendung hinsichtlich ihres tatsächlichen Eintretens und ihrer Folgen in der Umweltverträglichkeitsprüfung gemacht wurden und durch die fallspezifische Überwachung bestätigt werden sollten. Wenn aus der Umweltverträglichkeitsprüfung hervorgeht, dass kein oder nur ein zu vernachlässigendes Risiko vorhanden ist, ist jedoch eine fallspezifische Überwachung möglicherweise nicht erforderlich.

Mögliche schädliche Auswirkungen, die in der Umweltverträglichkeitsprüfung ermittelt wurden, sollten nur dann in den Überwachungsplan einbezogen werden, wenn sich die Annahmen bezüglich dieser Auswirkungen mit der Überwachung als richtig oder falsch nachweisen lassen.

Soll ein GVO u. a. auch angebaut werden, dann sind gegebenenfalls auch die möglichen Risiken einer Übertragung von Pollen, der Verbreitung und der Langlebigkeit dieser GVO zu untersuchen. In welchem Umfang es dazu kommen dürfte, hängt u. a. von der Verwendungsintensität und dem Aufnahmemilieu ab, darunter auch von der Nähe zu sexuell kompatiblen herkömmlichen Nutzpflanzenarten und wilden verwandten Pflanzen und vom Umfang der Erzeugung.

Hingegen dürften die möglichen Umweltrisiken von GVO, die nur für die Einfuhr und die Verarbeitung zugelassen sind, häufig als extrem gering eingestuft werden, da diese nicht absichtlich in die Umwelt freigesetzt werden und eine Verbreitung unwahrscheinlich ist.

Mögliche Auswirkungen auf die menschliche Gesundheit oder die Umwelt aufgrund der Freisetzung oder des Inverkehrbringens eines GVO werden in erster Linie von dem GVO selbst und der spezifischen genetischen Veränderung abhängen. So werden beispielsweise potenzielle, durch die Übertragung von Pollen genetisch veränderter Pflanzen verursachte Auswirkungen auf herkömmliche Kulturpflanzen oder verwandte wild wachsende Pflanzenarten zunächst weitgehend davon abhängen, ob es sich bei der gentechnisch veränderten Kulturpflanze um eine fremdbefruchtende oder um eine selbstbefruchtende Pflanze handelt. In diesem Zusammenhang ist gegebenenfalls auch das Vorkommen wild wachsender verwandter Arten zu untersuchen.

Dagegen werden spätere Auswirkungen, wie die mögliche Entwicklung einer Bt-Toxin-Resistenz bei Insekten, nur von GVO herrühren, die so verändert wurden, dass sie dieses spezifische Toxin produzieren. Bei GVO, die speziell zur Erzielung von Herbizidtoleranz verändert wurden, wäre dies nicht der Fall, da diese kein Bt-Toxin-Gen enthalten.

Auch wäre es nur sinnvoll, die mögliche Übertragung von Antibiotikaresistenzgenen und die eventuellen Auswirkungen zu prüfen, wenn bei der Veränderung der fraglichen GVO Antibiotikamarkergene eingeführt wurden.

Nachdem die Ziele auf der Grundlage der möglichen schädlichen Auswirkungen festgelegt worden sind, sollten als nächster Schritt die Parameter festgelegt werden, die zu messen sind, wenn diese Ziele erreicht werden sollen. Parameter wie auch die Methoden zu deren Messung und Beurteilung müssen geeignet und zweckmäßig sein.

1.3.2. Überwachende Beobachtung

Die überwachende Beobachtung beruht weitgehend auf einer Routinebeobachtung und sollte der Ermittlung unvorhergesehener schädlicher Auswirkungen des GVO oder seiner Verwendung auf die menschliche Gesundheit und die Umwelt dienen, wenn diese in der Umweltverträglichkeitsprüfung nicht vorhergesagt wurden. Dabei dürften die phänotypischen Eigenschaften untersucht werden, was eine eingehendere Analyse jedoch nicht ausschließt.

Im Unterschied zur fallspezifischen Überwachung sollte die überwachende Beobachtung

- daraufgerichtet sein, mögliche mittelbare, spätere und/oder kumulative schädliche Auswirkungen zu ermitteln und zu erfassen, die in der Umweltverträglichkeitsprüfung nicht prognostiziert wurden;
- über einen längeren Zeitraum und gegebenenfalls auf einem größeren Gebiet vorgenommen werden.

Die Art der überwachenden Beobachtung, beispielsweise die Beobachtungsorte, -gebiete und die zu messenden Parameter, wird weitgehend von der Art der unerwarteten schädlichen Auswirkung abhängen. So kann bei unerwarteten schädlichen Auswirkungen auf ein landwirtschaftliches Ökosystem, wie zum Beispiel bei einer Veränderung der biologischen Vielfalt, bei akkumulierten Umweltauswirkungen von wiederholten Freisetzungen und Wechselwirkungen ein jeweils anderer Ansatz der überwachenden Beobachtung der anderen Auswirkungen des Gentransfers erforderlich sein.

Bei der überwachenden Beobachtung könnten bewährte Routineüberwachungsmethoden wie die Überwachung von landwirtschaftlichen Kulturen, die Pflanzenschutzüberwachung, die Überwachung von Erzeugnissen für die Tier- und Humanmedizin sowie ökologische Bestandsaufnahme-, Umweltbeobachtungs- und Naturschutzprogramme eingesetzt werden, soweit sie kompatibel sind. Aus dem Überwachungsplan sollte auch genau hervorgehen, wie Inhaber der Zulassung an die einschlägigen Informationen gelangen, die bei der Routineüberwachung durch Dritte gewonnen wurden, oder wie sie ihnen zur Verfügung gestellt werden sollen.

Wenn die bewährte Routineüberwachungspraxis zur überwachenden Beobachtung eingesetzt wird, sind diese Verfahren sowie Änderungen an der Praxis zu beschreiben, die gegebenenfalls erforderlich sind, um eine überwachende Beobachtung ordnungsgemäß vornehmen zu können.

1.4. Ausgangsbasis

Die Beschreibung des Ausgangszustands des Aufnahmemilieus ist eine wichtige Voraussetzung für die Ermittlung und Beurteilung der bei der Überwachung festgestellten Veränderungen. Kurz gesagt dient die Ausgangsbasis als Vergleichsbasis für künftige Veränderungen infolge des Inverkehrbringens eines GVO. Diese Ausgangsbasis ist daher zu beschreiben, bevor mit der Ermittlung und Überwachung solcher Veränderungen begonnen wird. Alternativ kann eine gleichzeitige Überwachung von „GVO-Gebieten" und vergleichbaren „GVO-freien Bezugsgebieten" erfolgen. Sie kann bei einer hoch dynamischen Umwelt wichtig sein.

Zuverlässige Informationen über den Zustand des Aufnahmemilieus auf der Grundlage geeigneter Umweltbeobachtungssysteme könnten daher eine Voraussetzung für die Durchführung von Überwachungsprogrammen und Umweltmaßnahmen sein. Umweltbeobachtungssysteme sind so ausgelegt, dass nachgewiesene oder vermutete und plausible Ökosystembeziehungen berücksichtigt werden; sie können bei der Bestimmung folgender Aspekte helfen:

- Zustand der Umwelt und Umweltveränderungen,
- Ursachen für solche Veränderungen sowie
- voraussichtliche Entwicklung der Umwelt.

Beispiele für Indikatoren für den Zustand des Aufnahmemilieus sind Tiere, Pflanzen und Mikroorganismen aus verschiedenen Organismen- und Ökosystemgruppen. Relevante Indikatoren sind gegebenenfalls auf der Grundlage der Eigenschaften des jeweiligen GVO und der zu überwachenden Parameter in Betracht zu ziehen. In diesem Zusammenhang ist gegebenenfalls auch die sexuelle Kompatibilität anderer Organismen mit dem GVO wichtig. Für eine bestimmte als Indikator dienende Art gibt es verschiedene mögliche Messparameter oder Fitnessvariablen, darunter beispielsweise Anzahl, Wachstumsrate, Biomasse, Fortpflanzungsaufwand, Zuwachs-/Abnahmerate der Population und genetische Diversität.

Auch könnte es sinnvoll sein, die Ausgangsbasis in Bezug auf Veränderungen der Bewirtschaftungspraktiken infolge der Verwendung von GMO festzulegen. Das könnte beispielsweise Veränderungen bei der Verwendung von Pestiziden beim Anbau von Kulturpflanzen einschließen, die durch die genetische Veränderung herbizidtolerant und insektenresistent gemacht werden sollen. Auch könnte es bei der Erstellung von Überwachungsplänen für herbizidtolerante gentechnisch veränderte Nutzpflanzen zweckmäßig sein, die Herbizidverwendung bei herkömmlichen Pflanzen in der Ausgangsbasis zu berücksichtigen.

1.5. Zeitraum

Die Überwachung sollte über einen ausreichend langen Zeitraum durchgeführt werden, damit sich nicht nur sofortige Auswirkungen feststellen lassen, sondern gegebenenfalls auch spätere Auswirkungen, die in der Umweltverträglichkeitsprüfung ermittelt wurden. Auch sollte das Zusammenwirken von dem angenommenen Risikoniveau mit der Dauer der Freisetzung berücksichtigt werden. Die Freisetzung über einen längeren Zeitraum kann das Risiko kumulativer Auswirkungen erhöhen. Wenn hingegen über einen längeren Zeitraum keine sofortigen Auswirkungen eintreten, kann sich die Überwachung auf spätere und mittelbare Auswirkungen konzentrieren. Auch ist zu überlegen, ob eine Verlängerung des Überwachungsplans über die Geltungsdauer der Zustimmung hinaus erforderlich wäre. Das könnte beispielsweise der Fall sein, wenn ein GVO möglicherweise lange in der Umwelt verbleibt.

Die vorgeschlagene Geltungsdauer des Überwachungsplans ist anzugeben; dabei sind auch in knapper Form die voraussichtliche Häufigkeit von Besichtigungen/Inspektionen sowie die Häufigkeit der Überprüfung des Überwachungsplans aufzuführen. Dazu ist auch das voraussichtliche Auftreten von möglichen Auswirkungen auf der Grundlage der Verträglichkeitsprüfung zu berücksichtigen. Beispielsweise sind schädliche Auswirkungen infolge der Verbreitung, Fortpflanzung und Langlebigkeit/Überlebensfähigkeit eines GVO in der Umwelt nach seinem Inverkehrbringen einzubeziehen. Bei gentechnisch veränderten Mikroben, die im Rahmen von Programmen zur biologischen Regenerierung freigesetzt wurden, kann das innerhalb von Tagen oder Monaten erfolgen. Bei bestimmten Nutzpflanzen könnte es erst nach Jahren eintreten. Die Wahrscheinlichkeit der Verbreitung und der Langlebigkeit der veränderten Sequenzen selbst sollte auch im Hinblick auf die Kreuzung sexuell kompatibler Arten untersucht werden.

Die zeitliche Planung von Inspektionen wird vor allem durch die Art der zu überwachenden Auswirkung bestimmt. So werden Auswirkungen der Pollenübertragung nur nach der Blüte sichtbar sein; gleichwohl wäre es angebracht, den Standort vor der Blütezeit zu besuchen, um festzustellen, ob sexuell kompatible Arten in der Nähe wachsen. Entsprechend wird die Überwachung des Vorkommens von Durchwuchs in aufeinander folgenden Wachstumsperioden auf den Zeitpunkt des Abfallens des Samens und die Überlebensdauer und das Keimen der nachfolgenden Saatbank abgestimmt.

Gegebenenfalls können auch Besichtigungen vor Beginn der Überwachung notwendig sein, um eine relevante Ausgangsbasis festzulegen.

Überwachungspläne und die dafür festgelegten Zeiträume sollten nicht als unveränderlich betrachtet werden, sondern im Licht der Ergebnisse des Überwachungsprogramms überprüft und geändert werden.

1.6. Zuständigkeiten

Letztendlich ist der Anmelder/Inhaber der Zustimmung nach der Richtlinie dafür verantwortlich, dass in der Anmeldung ein Überwachungsplan vorgesehen ist und dieser auch ordnungsgemäß durchgeführt wird.

Nach Artikel 13 Absatz 2 Buchstabe e) der Richtlinie sind die Anmelder zunächst dafür zuständig, mit der Anmeldung auch einen Überwachungsplan gemäß Anhang VII der Richtlinie einzureichen. Eines der Kriterien, anhand deren über den Antrag auf Inverkehrbringen eines GVO entschieden werden sollte, ist die Angemessenheit des vorgeschlagenen Überwachungsplans. Der Plan sollte allein danach beurteilt werden, ob er geeignet ist; dazu müssen die Anforderungen der Richtlinie selbst erfüllt sein und nicht die Anforderungen dieser Leitlinien.

Artikel 20 Absatz 1 schreibt weiter vor, dass, sobald ein GVO als Produkt oder in einem Produkt in den Verkehr gebracht wurde, der Anmelder dafür sorgt, dass die Überwachung und Berichterstattung gemäß den in der Zustimmung festgelegten Bedingungen erfolgen. Das sollte durch die ordnungsgemäße Durchführung des Überwachungsplans gewährleistet werden.

Die Verantwortung für jeden Schritt des Überwachungsplans sollten daher in der Anmeldung klar zugewiesen werden. Das gilt sowohl für die fallspezifische Überwachung als auch für die überwachende Beobachtung im Rahmen des Überwachungsplans. Zwar bleibt der Anmelder dafür verantwortlich, die Überwachung in der Praxis sicherzustellen, doch schließt das nicht aus, dass Dritte, beispielsweise Berater und Verwender, in die Überwachung einbezogen werden, indem sie mit verschiedenen Aufgaben des Überwachungsplans betraut werden. An der überwachenden Beobachtung könnten die Kommission, die Mitgliedstaaten und/oder die zuständigen Behörden beteiligt werden. Werden Dritte angestellt oder mit Überwachungsstudien betraut, ist die Art ihrer Beteiligung genau zu beschreiben. Der Anmelder/Inhaber der Zustimmung ist für die Aufbereitung der Überwachungsdaten und -ergebnisse verantwortlich und hat sicherzustellen, dass diese Informationen insbesondere in Bezug auf die Ermittlung schädlicher Auswirkungen gemäß dem Überwachungsplan an die Kommission und an die zuständigen Behörden übermittelt werden.

Außerdem ist damit nicht ausgeschlossen, dass Mitgliedstaaten zusätzliche Überwachungsmaßnahmen in Form von fallspezifischer Überwachung oder überwachender Beobachtung durchführen. Mit dieser Beobachtung soll der Risikomanager in die Lage versetzt werden, unverzüglich geeignete Maßnahmen zu ergreifen, sollten im Rahmen der vorherigen Risikobewertung unerwünschte und nicht identifizierbare Auswirkungen auftreten. Das sollte jedoch nicht als Ersatz für den Überwachungsplan gesehen werden, für dessen Durchführung die Anmelder nach wie vor die Verantwortung tragen (auch wenn sie mit Zustimmung der Betroffenen in den Überwachungsplan integriert sein können).

1.7. Vorhandene Systeme

Gegebenenfalls können vorhandene Überwachungs- oder Beobachtungssysteme genutzt werden, um mögliche schädliche Auswirkungen des Inverkehrbringens von GVO zu kontrollieren. Bei diesen Systemen könnte es sich beispielsweise um Beobachtungsprogramme im Bereich der Landwirtschaft, der Lebensmittelüberwachung und des Naturschutzes sowie um langfristige ökologische Überwachungssysteme, Umweltbeobachtungsprogramme und tierärztliche Untersuchungen handeln.

So könnten Systeme für die Samenerzeugung, die den Zertifizierungsbestimmungen der OECD genügen und daher routinemäßige Inspektionen auf den Feldern und umliegenden Gebieten umfassen, für die Überwachung spezifischer Parameter auf dem Feld angepasst werden.

Die fallspezifische Überwachung und Beobachtung herkömmlicher landwirtschaftlicher Kulturen erfolgt bereits routinemäßig in den Mitgliedstaaten zum Zweck der Berechnung der Düngemittelausbringung sowie zur Seuchen-, Krankheits- und Unkrautbekämpfung. Diese Art der Überwachung und Beobachtung nehmen Verkäufer von Produkten für die Landwirtschaft und die Erzeuger selbst regelmäßig in der gesamten Wachstumsperiode vor.

Daher könnten ähnliche Dienstleistungen beim Verkauf gentechnisch veränderten Saatguts vorgesehen werden; so könnten Vertreter der Firma oder Auftragnehmer zumindest bestimmte Aufgaben der überwachenden Beobachtung übernehmen. Erzeuger, die gentechnisch verändertes Saatgut einkaufen, könnten beim Einkauf Anweisungen zur Beobachtung, Überwachung und Berichterstattung erhalten, und vertragliche Vereinbarungen könnten zur Verkaufs- oder Verwendungsauflage gemacht werden.

Es ist zweifellos durchführbar, dass die Erzeuger oder Berater in der Landwirtschaft die Überwachung der wichtigsten unvorhergesehenen Veränderungen oder Auswirkungen vornehmen, beispielsweise den Durchwuchs in umliegenden Gebieten untersuchen, wenn klare Anweisungen gegeben werden. Vor diesem Hintergrund ist gegebenenfalls eine Einbeziehung der Überwachung und Beobachtung zur Feststellung schädlicher Auswirkungen in die Routinepraxis zur Ermittlung u. a. des agronomischen Bedarfs für die Seuchen- und Unkrautbekämpfung vorgesehen.

2. Überwachungsmethode

Dieser Abschnitt enthält Anleitungen zu den Arten von Parametern und den Elementen, die gegebenenfalls im Rahmen eines Überwachungsprogramms zu ermitteln und zu überwachen sind, sowie zu den Instrumenten für die Durchführung einer solchen Überwachung, darunter auch zu den zu überwachenden Gebieten und zur Überwachungsfrequenz.

2.1. Überwachungsparameter/ -elemente

Zunächst müssen die zu überwachenden Parameter/Elemente ermittelt werden, und die Auswahl ist angemessen zu begründen. Das beruht weitgehend auf den Ergebnissen der UVP. Die zu überwachenden Parameter oder Elemente müssen für den jeweiligen Fall je nach den veränderten Eigenschaften des GVO ausgewählt werden. Überwacht werden beispielsweise die beabsichtigten Auswirkungen der Veränderung auf die Zielorganismen, z. B. Maiszünslerpopulationen beim Anbau von Bt-Maissorten.

Im Rahmen des Überwachungsplans müssen jedoch gegebenenfalls auch nicht spezifische Elemente berücksichtigt werden, darunter die folgenden, die allerdings durchaus ergänzt werden können:

- die Auswirkungen der Veränderung auf Nichtziel-Organismen, darunter die Entwicklung einer Resistenz bei wilden verwandten Pflanzen oder Seuchenerregern, eine Veränderung des Wirtsspektrums oder der Verbreitung der Seuchenerreger und Viren, die Entstehung neuer Viren;
- die Verbreitung, die kurz- und langfristige Ansiedlung in Nichtziel-Umwelten oder -Ökosystemen;
- die Fremdbefruchtung (z. B. Vorkommen, Methoden und Rate) mit sexuell kompatiblen wilden verwandten Pflanzen in natürlichen Populationen;
- wesentliche unbeabsichtigte Veränderungen beim Verhalten der Organismen, beispielsweise Veränderungen in der Fortpflanzung, Zahl der Nachkommen, Wachstumsverhalten und Überlebensfähigkeit der Keime;
- Veränderungen der biologischen Vielfalt (z. B. Anzahl der Arten und Zusammensetzung).

2.2. Gebiete /Proben

Der Überwachungsplan kann gegebenenfalls Einzelheiten darüber enthalten, wo und über welche Gebietsgröße die Überwachung durchgeführt werden soll. Betroffen sein können einzelne Mitgliedstaaten, geografische Regionen, einzelne Standorte, Parzellen oder sonstige geeignete Gebiete.

Die Gebiete und/oder Proben, die auf mögliche Auswirkungen des Inverkehrbringens des GVO überwacht werden sollen, darunter auch Bezugs- oder Kontrollgebiete bzw. -gruppen, sind zu ermitteln. Bezugs- oder Kontrollgebiete und/oder -proben müssen hinsichtlich der Umwelt und der Verwendungsbedingungen hinreichend repräsentativ sein, wenn aussagekräftige Schlussfolgerungen gezogen werden sollen. Darüber hinaus sollten die Probenahmeverfahren wissenschaftlich und statistisch fundiert sein. Auf dieser Grundlage können wichtige Informationen über die Veränderung von Indikatoren erbracht werden, was die Möglichkeit der Feststellung der Auswirkung erhöht.

Hinsichtlich von Gebieten, auf denen beispielsweise eine gentechnisch veränderte Nutzpflanzenart überwacht wird, könnten die zu überwachenden Habitate unter Berücksichtigung ihrer (inhärenten und veränderten) Eigenschaften sowie der Fortpflanzung und Verbreitung und der Ökosystemarten, die möglicherweise betroffen sind, ausgewählt werden. Gebiete, die sinnvollerweise überwacht werden sollten, sind beispielsweise ausgewählte Felder, auf denen Nutzpflanzen zu landwirtschaftlichen Zwecken angebaut werden, sowie umliegende Habitate.

Gegebenenfalls ist es auch notwendig, die Überwachung/Beobachtung auf angrenzende oder benachbarte kultivierte und nicht kultivierte Gebiete, Gebiete, die nach der Aberntung auf Durchwuchs hin überwacht werden, sowie Schutzgebiete auszudehnen. Bestimmte Habitatarten, wie z. B. gestörte Gebiete und artenreiche Pflanzengemeinschaften, sind anfälliger für Invasion als andere. Gestörte Gebiete mit niedriger Vegetation und mit starkem Kräuter- und Gräserbewuchs eignen sich besonders für die Überwachung. Erstens sind sie sehr verbreitet und häufig in der Nähe von intensiver genutzten landwirtschaftlichen Flächen zu finden. Zweitens kommen diese Gebiete häufig an Straßenrändern, in Gräben und am Rande von Feldern vor, wo Saat leicht zufällig hingeraten und sich dort ausbreiten kann.

Auch kann eine Überwachung zur Feststellung des Transfers von Genmaterial auf sexuell kompatible organische und herkömmliche Nutzpflanzen in Erwägung gezogen werden. Dazu muss beurteilt werden, inwieweit solche Nutzpflanzen in angrenzenden und benachbarten Gebieten angepflanzt werden.

2.3. Inspektionen

Im Überwachungsplan sollte die voraussichtliche Häufigkeit der Inspektionen festgelegt sein. Dazu könnte ein Zeitplan vorgesehen sein, aus dem der Zeitpunkt und die Anzahl der Ortsbesichtigungen hervorgehen. Wie in den Abschnitten 1.5 und 2.2 erwähnt, sollte insbesondere überlegt werden, wann mögliche schädliche Auswirkungen besonders auftreten dürften und welche Gebiete überwacht werden sollen.

2.4. Probenahme und Analyse

Die Methodik zu der darauffolgenden Überwachung dieser Parameter/Elemente sowie die Probenahme- und Analyseverfahren sollten ebenfalls festgelegt und klar definiert werden. Wo angebracht, sollten Standardmethoden verwendet werden, wie z. B. die Methoden nach den europäischen CEN-Normen und die OECD-Methoden für die Überwachung von Organismen in der Umwelt. Die Quelle der gewählten Methode ist anzugeben. Die Überwachungsmethoden sollten wissenschaftlich fundiert und für die jeweiligen Versuchsbedingungen geeignet sein; daher sind die Methoden im Einzelnen auf bestimmte Merkmale zu prüfen, darunter auf Selektivität, Spezifität, Reproduzierbarkeit, Beschränkungen, Feststellbarkeitsgrenzen und Verfügbarkeit geeigneter Kontrollen.

Im Überwachungsplan sollte auch festgelegt sein, wie die Methodik im Rahmen des gewählten Überwachungskonzepts/ der Überwachungsstrategie auf den neuesten Stand gebracht werden soll.

Bei der Festlegung der geeigneten Probenahme- und Testmethode könnte auch auf die statistische Analyse zurückgegriffen werden, um die optimale Größe der Testgruppe und den Mindestzeitraum für die Überwachung für die Feststellung der statistisch erheblichen Auswirkungen festlegen zu können.

2.5. Sammlung und Zusammenstellung von Daten

Im Überwachungsplan sollte sowohl für die fallspezifische Überwachung als auch für die überwachende Beobachtung festgelegt sein, wie, von wem und wie oft Daten zu sammeln und zusammenzustellen sind. Dies kann besonders wichtig sein, wenn Dritte mit der Sammlung von Daten beauftragt werden. Die Anmelder müssen gegebenenfalls im Hinblick auf Einheitlichkeit Standardmechanismen, -formate und -protokolle für die Datensammlung und -aufzeichnung vorgeben.

Beispielsweise könnten einheitliche Erfassungsblätter oder die direkte Protokollierung oder Erfassung von Daten in Standard-Tabellenkalkulationsprogrammen über tragbare Computer vorgesehen werden. Der Anmelder muss gegebenenfalls auch genau angeben, wie die Daten zusammengestellt werden und wie die Weitergabe von Informationen von Dritten, z. B. Beratern oder Verwendern, erfolgen soll.

Auch sind die Fristen und die Häufigkeit der Berichte mit den Ergebnissen der Überwachung anzugeben.

3. Analyse, Berichterstattung, Überprüfung

Im Überwachungsplan sollte angegeben sein, wie oft Daten zu überprüfen und in einer Gesamtanalyse zu erörtern sind.

3.1. Auswertung

Bei der Auswertung der Daten sollte gegebenenfalls eine statistische Analyse mit geeigneten Werten für den Standardfehler vorgenommen werden, um sicherzustellen, dass weitere Beurteilungen auf solider Grundlage erfolgen. Dazu gehört die Beurteilung, ob die Bewertungen in der Verträglichkeitsprüfung zutreffen. In diesem Zusammenhang sind korrekte Vergleichsgrundlagen und/oder Kontrollen, was den Zustand des Aufnahmemilieus anbelangt, für eine richtige Beurteilung ebenfalls von größter Bedeutung. Die statistische Analyse sollte auch Informationen darüber erbringen, ob die Methodik, einschließlich der Probenahme und Testmethode, geeignet ist.

Die Auswertung der Ergebnisse der Überwachung und von Erhebungen könnte zeigen, ob andere Parameter in das Überwachungsprogramm einbezogen werden sollten. Auch sind gegebenenfalls geeignete Maßnahmen im Lichte erster Ergebnisse zu prüfen, insbesondere wenn es Hinweise auf negative Auswirkungen auf gefährdete Habitate und Organismusgruppen gibt.

Bei der Auswertung der bei der Überwachung erfassten Informationen könnten die vorhandenen Umweltbedingungen und -vorgänge zu berücksichtigen sein. Wenn Veränderungen in der Umwelt beobachtet werden, könnte eine weitere Bewertung erforderlich sein, um festzustellen, ob diese auf den GVO oder seine Verwendung oder aber auf andere Umweltfaktoren zurückzuführen sind, die nichts mit dem Inverkehrbringen des GVO zu tun haben. Eine Neudefinierung der Ausgangsbasis könnte in diesem Zusammenhang erforderlich sein.

Der Überwachungsplan sollte so aufgebaut sein, dass die Ergebnisse der fallspezifischen Überwachung und der überwachenden Beobachtung sowie zusätzlicher Untersuchungen ohne Weiteres bei der Entscheidung über die Verlängerung der Zulassung von Produkten verwendet werden können.

3.2. Berichterstattung

Nach dem Inverkehrbringen eines GVO ist der Anmelder gemäß Artikel 20 Absatz 1 der Richtlinie rechtlich dazu verpflichtet sicherzustellen, dass eine Überwachung und Berichterstattung unter den in der Zustimmung enthaltenen Bedingungen stattfinden. Die Überwachungsberichte sind der Kommission und den zuständigen Behörden der Mitgliedstaaten vorzulegen, wobei allerdings keine Fristen dafür vorgesehen sind. Diese Berichte sind nach den Bestimmungen des Artikels 20 Absatz 4 der Richtlinie ebenfalls der Öffentlichkeit bekannt zu geben. Vor diesem Hintergrund sollten die Anmelder beschreiben, wie die Berichterstattung im Überwachungsplan zu erfolgen hat.

Außerdem ist im Überwachungsplan anzugeben, wie die einschlägigen Informationen, die gegebenenfalls mit bestehenden Praktiken oder durch die Routineüberwachung gewonnen wurden, dem Inhaber der Zulassung und den zuständigen Behörden übermittelt werden sollen.

Der Anmelder/Inhaber der Zulassung hat die Transparenz der Ergebnisse und der Maßnahmen der Überwachungsprogramme zu gewährleisten, und im Überwachungsplan sollte festgelegt werden, wie die Information dargestellt/veröffentlicht werden soll. Das könnte beispielsweise auf folgendem Weg erfolgen:

- Informationsblätter für Verwender und andere Betroffene,
- Seminare für Betroffene zur Präsentation und zum Austausch von Informationen,
- Archivierung in Unternehmen,
- unternehmenseigene Websites,
- Veröffentlichung der Informationen in wirtschaftlichen und wissenschaftlichen Veröffentlichungen.

Artikel 20 der Richtlinie betrifft auch die Berichterstattung. In Artikel 20 Absatz 2 heißt es: „Sind neue, von den Verwendern oder aus anderen Quellen stammende Informationen verfügbar geworden, so hat der Anmelder unverzüglich die erforderlichen Maßnahmen zum Schutz der menschlichen Gesundheit und der Umwelt zu ergreifen und die zuständige Behörde hiervon zu unterrichten."

Darüber hinaus hat der Anmelder die in der Anmeldung enthaltenen Informationen und Bedingungen auch zu revidieren.

3.3. Überprüfung und Anpassung

Die Überwachungspläne stehen nicht endgültig fest. Es ist von grundlegender Bedeutung, dass der Überwachungsplan und die angewandten Methoden in angemessenen Zeitabständen überprüft und überarbeitet oder bei Bedarf angepasst werden.

Gemäß Artikel 20 Absatz 1 der Richtlinie kann die zuständige Behörde, bei der die ursprüngliche Anmeldung eingegangen ist, aufgrund der Berichte der Anmelder in Übereinstimmung mit der Zustimmung und im Rahmen des in der Zustimmung festgelegten Überwachungsplans diesen Überwachungsplan nach dem ersten Überwachungszeitraum anpassen. Für die Umsetzung des geänderten Überwachungsplans bleibt jedoch der Anmelder verantwortlich.

Bei der Überprüfung sollten die Wirksamkeit und Effizienz der Messung und der Sammlung von Daten, einschließlich der Probenahme und Analyse, untersucht werden. Dabei sollte auch beurteilt werden, ob die Überwachungsmaßnahmen im Hinblick auf die Ergebnisse und Annahmen der Umweltverträglichkeitsprüfung und auf sich daraus ergebende Fragengeeignet sind.

Wenn beispielsweise bestimmte Modelle für Vorhersagen verwendet werden, könnte eine Beurteilung auf der Grundlage der gesammelten Daten und der Auswertung vorgenommen werden. Entsprechend sollten gegebenenfalls neue Entwicklungen und Fortschritte bei Probenahme- und Analyseverfahren berücksichtigt werden.

Nach solchen Überprüfungen kann gegebenenfalls eine Anpassung der Methoden, Überwachungsziele und Überwachungsprogramme erforderlich sein. Sie sollten nach Bedarf angepasst oder verbessert werden.

Richtlinie 98/81/EG des Rates vom 26. Oktober 1998

zur Änderung der Richtlinie 90/219/EWG über die Anwendung genetisch veränderter Mikroorganismen in geschlossenen Systemen[*)]

DER RAT DER EUROPÄISCHEN UNION –

gestützt auf den Vertrag zur Gründung der Europäischen Gemeinschaft, insbesondere auf Artikel 130s Absatz 1,

auf Vorschlag der Kommission[1)],

nach Stellungnahme des Wirtschafts- und Sozialausschusses[2)],

gemäß dem Verfahren des Artikels 189c des Vertrags[3)],

in Erwägung nachstehender Gründe:

(1) Nach dem Vertrag unterliegen Umweltmaßnahmen der Gemeinschaft dem Grundsatz, Umweltbeeinträchtigungen vorzubeugen, und haben zum Ziel, die Umwelt zu erhalten, zu schützen und zu verbessern sowie die menschliche Gesundheit zu schützen.

(2) Die Anwendungen genetisch veränderter Mikroorganismen (GVM) in geschlossenen Systemen sollten entsprechend der damit verbundenen Risiken für die menschliche Gesundheit und die Umwelt in Klassen eingestuft werden. Diese Klassifizierung sollte mit der internationalen Praxis übereinstimmen und auf einer Risikobewertung beruhen.

(3) Damit ein hohes Sicherheitsniveau gewährleistet wird, müssen bei einer Anwendung in geschlossenen Systemen die Einschließungs- und anderen Schutzmaßnahmen der Klassifizierung der Anwendung in geschlossenen Systemen entsprechen. Im Zweifelsfall sollten die entsprechenden Einschließungs- und anderen Schutzmaßnahmen der höheren Klasse angewandt werden, bis eine Anwendung weniger strenger Maßnahmen durch geeignete Daten gerechtfertigt ist.

(4) Für die Überwachung der Beseitigung von Stoffen aus der Anwendung von GVM in geschlossenen Systemen sind geeignete Maßnahmen festzulegen und anzuwenden.

(5) GVM, für deren Beseitigung keine spezifischen Einschließungsmaßnahmen zur Begrenzung ihres Kontakts mit der Bevölkerung und der Umwelt vorgesehen sind, fallen nicht in den Anwendungsbereich dieser Richtlinie. Andere Rechtsvorschriften der Gemeinschaft wie beispielsweise die Richtlinie 90/220/EWG des Rates vom 23. April 1990 über die absichtliche Freisetzung genetisch veränderter Organismen in die Umwelt[4)] können anzuwenden sein.

---

*) ABl. L 330 vom 5.12.1998, S. 13, geändert durch Berichtigung, abgedruckt im ABl. L 330 vom 5.12.1998.

1) ABl. C 356 vom 22.11.1997, S. 14 und ABl. C 369 vom 6.12.1997, S. 12.

2) ABl. C 295 vom 7.10.1996, S. 52.

3) Stellungnahme des Europäischen Parlaments vom 12. März 1997 (ABl. C 115 vom 14.4.1997, S. 59), gemeinsamer Standpunkt des Rates vom 16. Dezember 1997 (ABl. C 62 vom 26.2.1998) und Beschluß des Europäischen Parlaments vom 16. Juni 1998 (ABl. C 210 vom 6.7.1998).

4) ABl. L 117 vom 8.5.1990, S. 15. Richtlinie zuletzt geändert durch die Richtlinie 97/35/EG der Kommission (ABl. L 169 vom 27.6.1997, S. 72).

(6) Im Rahmen dieser Richtlinie eingeräumte Ausnahmeregelungen bewirken keine Ausnahmeregelung im Rahmen anderer Rechtsvorschriften der Gemeinschaft wie beispielsweise der Richtlinie 90/220/EWG.

(7) Für alle Tätigkeiten, bei denen GVM verwendet werden, sollten die Grundsätze der guten mikrobiologischen Praxis und der Sicherheit und Hygiene am Arbeitsplatz im Einklang mit den einschlägigen Rechtsvorschriften der Gemeinschaft gelten.

(8) Bei Anwendungen in geschlossenen Systemen sollten die Einschließungs- und anderen Schutzmaßnahmen regelmäßig überprüft werden.

(9) Die bei Anwendungen in geschlossenen Systemen beschäftigten Arbeitnehmer sollten gemäß den Anforderungen der einschlägigen Rechtsvorschriften der Gemeinschaft, insbesondere der Richtlinie 90/679/EWG des Rates vom 26. November 1990 über den Schutz der Arbeitnehmer gegen Gefährdung durch biologische Arbeitsstoffe bei der Arbeit (Siebte Einzelrichtlinie im Sinne von Artikel 16 Absatz 1 der Richtlinie 89/391/EWG)[5] angehört werden.

(10) Die Richtlinie 90/219/EWG[6] weist Schwachstellen auf. Die Verwaltungsverfahren und die Anforderungen an die Anmeldungen sollten mit dem Risiko der Anwendungen in geschlossenen Systemen verknüpft werden.

(11) Die Richtlinie 90/219/EWG ermöglichte keine ausreichende Anpassung an den technischen Fortschritt. Die technischen Teile jener Richtlinie müssen an den technischen Fortschritt angepaßt werden.

(12) Im Hinblick auf die Umsetzung der Richtlinie 90/219/EWG könnte eine Liste der GVM aufgenommen werden, die sich als sicher für die menschliche Gesundheit und die Umwelt herausgestellt haben. Diese GVM müßten bestimmte Kriterien erfüllen, damit ihre Sicherheit festgestellt werden kann.

(13) Um den raschen Fortschritten der Biotechnologie sowie der Art der festzulegenden Kriterien und dem begrenzten Umfang dieser Liste Rechnung zu tragen, sollte der Rat diese Kriterien bestimmen und überprüfen.

(14) Es liegen inzwischen zahlreiche Erfahrungen und Erkenntnisse über die mit der Anwendung von GVM in geschlossenen Systemen verbundenen Risiken vor.

(15) Die Richtlinie 90/219/EWG sollte daher entsprechend geändert werden –

HAT FOLGENDE RICHTLINIE ERLASSEN:

Artikel 1

Die Richtlinie 90/219/EWG wird wie folgt geändert:

1. Die Artikel 2 bis 16 erhalten folgende Fassung:

„Artikel 2

Im Sinne dieser Richtlinie bezeichnet der Ausdruck

a) ‚Mikroorganismus' jede zelluläre oder nichtzelluläre mikrobiologische Einheit, die zur Vermehrung oder zur Weitergabe von genetischem Material fähig ist; hierzu zählen Viren, Viroide sowie tierische und pflanzliche Zellkulturen;

b) ‚genetisch veränderter Mikroorganismus' (GVM) einen Mikroorganismus, dessen genetisches Material in einer Weise verändert worden ist, wie es unter natürlichen Bedingungen durch Kreuzen und/oder natürliche Rekombination nicht vorkommt.

---

[5] ABl. L 374 vom 31.12.1990, S. 1. Richtlinie zuletzt geändert durch die Richtlinie 97/59/EG der Kommission (ABl. L 282 vom 15.10.1997, S. 33).

[6] ABl. L 117 vom 8.5.1990, S. 1. Richtlinie geändert durch die Richtlinie 94/51/EG der Kommission (ABl. L 297 vom 18.11.1994, S. 29).

Im Sinne dieser Definition gilt folgendes:

i) Zu der genetischen Veränderung kommt es mindestens durch den Einsatz der in Anhang I Teil A aufgeführten Verfahren.

ii) Bei den in Anhang I Teil B aufgeführten Verfahren ist nicht davon auszugehen, daß sie zu einer genetischen Veränderung führen;

c) ‚Anwendung in geschlossenen Systemen' eine Tätigkeit, bei der Mikroorganismen genetisch verändert werden oder GVM vermehrt, gelagert, transportiert, zerstört, beseitigt, oder in anderer Weise verwendet werden und bei der spezifische Einschließungsmaßnahmen angewendet werden, um ihren Kontakt mit der Bevölkerung und der Umwelt zu begrenzen und ein hohes Sicherheitsniveau für die Bevölkerung zu erreichen;

d) ‚Unfall' jedes Vorkommnis, das eine bedeutende und unbeabsichtigte Freisetzung von GVM während ihrer Anwendung in geschlossenen Systemen mit sich bringt, die zu einer unmittelbaren oder späteren Gefahr für die menschliche Gesundheit oder für die Umwelt führen kann;

e) ‚Anwender' jede natürliche oder juristische Person, die für die Anwendung von GVM in geschlossenen Systemen verantwortlich ist;

f) ‚Anmeldung' die Vorlage der erforderlichen Informationen bei den zuständigen Behörden eines Mitgliedstaats.

Artikel 3

Unbeschadet des Artikels 5 Absatz 1 gilt diese Richtlinie nicht für

– die Fälle, in denen eine genetische Veränderung durch den Einsatz der in Anhang II Teil A aufgeführten Verfahren/Techniken herbeigeführt wird, oder
– für Anwendungen in geschlossenen Systemen, bei denen ausnahmslos Typen von GVM einbezogen werden, die die Kriterien in Anhang II Teil B hinsichtlich ihrer Sicherheit für die menschliche Gesundheit und die Umwelt erfüllen. Diese Typen von GVM werden in Anhang II Teil C aufgeführt.

Artikel 4

Artikel 5 Absätze 3 und 6 und die Artikel 6 bis 12 gelten nicht für den Transport von genetisch veränderten Mikroorganismen auf öffentlichen Straßen, Schienen, Binnengewässern, der See oder in der Luft.

Diese Richtlinie gilt nicht für die Lagerung, die Vermehrung, den Transport, die Zerstörung, die Beseitigung oder die Verwendung von GVM, die gemäß der Richtlinie 90/220/EWG des Rates vom 23. April 1990 über die absichtliche Freisetzung genetisch veränderter Organismen in die Umwelt[*)] oder im Rahmen anderer gemeinschaftlicher Rechtsvorschriften, die eine spezifische Bewertung der Risiken für die Umwelt, ähnlich der in jener Richtlinie festgelegten, vorsehen, in Verkehr gebracht wurden, vorausgesetzt, daß bei der Anwendung in geschlossenen Systemen die Bedingungen, falls vorhanden, der Zustimmung zum Inverkehrbringen eingehalten werden.

Artikel 5

(1) Die Mitgliedstaaten stellen sicher, daß alle angemessenen Maßnahmen getroffen werden, damit die Anwendung von GVM in geschlossenen Systemen keine nachteiligen Folgen für die menschliche Gesundheit und die Umwelt hat.

(2) Zu diesem Zweck führt der Anwender unter Einhaltung mindestens der Bewertungselemente und des Verfahrens gemäß Anhang III Teil A und Teil B eine Bewertung der Anwendungen in geschlossenen Systemen mit Bezug auf die mit diesen Anwendungen in geschlossenen Systemen verbundenen Risiken für die menschliche Gesundheit und die Umwelt durch.

(3) Die Bewertung gemäß Absatz 2 muß nach dem Verfahren gemäß Anhang III zur endgültigen Einstufung der Anwendungen in geschlossenen Systemen in vier Klassen führen, was die Festlegung von Einschließungsstufen im Einklang mit Artikel 6 zur Folge hat.

[*)] ABl. L 117 vom 8.5.1990, S. 15. Richtlinie zuletzt geändert durch die Richtlinie 97/35/EG der Kommission (ABl. L 169 vom 27.6.1997, S. 72).

Klasse 1: Tätigkeiten, bei denen kein oder nur ein vernachlässigbares Risiko besteht, d.h. Tätigkeiten, für die Einschließungsmaßnahmen der Stufe 1 geeignet sind, um die menschliche Gesundheit und die Umwelt zu schützen.

Klasse 2: Tätigkeiten, bei denen ein geringes Risiko besteht, d.h. Tätigkeiten, für die Einschließungsmaßnahmen der Stufe 2 geeignet sind, um die menschliche Gesundheit und die Umwelt zu schützen.

Klasse 3: Tätigkeiten, bei denen ein mäßiges Risiko besteht, d.h. Tätigkeiten, für die Einschließungsmaßnahmen der Stufe 3 geeignet sind, um die menschliche Gesundheit und die Umwelt zu schützen.

Klasse 4: Tätigkeiten, bei denen ein hohes Risiko besteht, d.h. Tätigkeiten, für die Einschließungsmaßnahmen der Stufe 4 geeignet sind, um die menschliche Gesundheit und die Umwelt zu schützen.

(4) Bestehen Zweifel darüber, welche Klasse für die vorgeschlagene Anwendung in geschlossenen Systemen angemessen ist, so werden die strengeren Schutzmaßnahmen angewendet, sofern nicht im Einverständnis mit der zuständigen Behörde ausreichend nachgewiesen wird, daß die Anwendung weniger strenger Maßnahmen gerechtfertigt ist.

(5) Bei der Bewertung gemäß Absatz 2 ist die Frage der Beseitigung der Abfälle und Abwässer besonders zu beachten. Zum Schutz von Mensch und Umwelt werden gegebenenfalls die erforderlichen Sicherheitsmaßnahmen angewendet.

(6) Der Anwender behält eine Aufzeichnung der Bewertung gemäß Absatz 2 und legt sie der zuständigen Behörde in geeigneter Form als Teil der Anmeldung gemäß den Artikeln 7, 9 und 10 oder auf Anforderung vor.

Artikel 6

(1) Soweit nicht nach Anhang IV Artikel 5 Nummer 2 anderer Maßnahmen angewendet werden können, wendet der Anwender die allgemeinen Grundsätze und die der Klasse der Anwendung in geschlossenen Systemen entsprechenden Einschließungs- und anderen Schutzmaßnahmen des Anhangs IV an, um die Exposition des Arbeitsplatzes und der Umwelt gegenüber GVM auf dem niedrigsten vernünftig handhabbaren Niveau zu halten und ein möglichst hohes Sicherheitsniveau zu gewährleisten.

(2) Die Bewertung gemäß Artikel 5 Absatz 2 sowie die Einschließungs- und anderen Schutzmaßnahmen werden in regelmäßigen Abständen überarbeitet, und zwar sofort, wenn

a) die angewandten Einschließungsmaßnahmen nicht mehr angemessen sind oder die der Anwendung in geschlossenen Systemen zugewiesene Klasse nicht mehr zutreffend ist oder
b) die begründete Annahme besteht, daß die Bewertung nicht mehr dem neuesten wissenschaftlichen und technischen Kenntnisstand entspricht.

Artikel 7

Wenn in einer Anlage zum ersten Mal Anwendungen in geschlossenen Systemen stattfinden, legt der Anwender vor Beginn der Anwendungen den zuständigen Behörden eine Anmeldung vor, die mindestens die in Anhang V Teil A aufgeführten Informationen enthält.

Artikel 8

Nach der in Artikel 7 genannten Anmeldung können nachfolgende Anwendungen in geschlossenen Systemen der Klasse 1 ohne weitere Anmeldung aufgenommen werden. Anwender von GVM in Anwendungen in geschlossenen Systemen der Klasse 1 müssen Aufzeichnungen der in Artikel 5 Absatz 6 genannten Bewertungen aufbewahren, die den zuständigen Behörden auf Anforderung zur Verfügung gestellt werden.

Artikel 9

(1) Für erstmalige und nachfolgende Anwendungen in geschlossenen Systemen der Klasse 2 in Anlagen, die gemäß Artikel 7 angemeldet wurden, wird eine Anmeldung mit den in Anhang V Teil B aufgeführten Informationen vorgelegt.

(2) Wurde für die Anlage bereits eine Anmeldung für Anwendungen in geschlossenen Systemen der Klasse 2 oder einer höheren Klasse vorgelegt und wurden damit zusammenhängende Anforderungen für eine Zustimmung erfüllt, so kann die Anwendung in geschlossenen Systemen der Klasse 2 unmittelbar nach der neuen Anmeldung aufgenommen werden.
Der Antragsteller kann aber auch von sich aus eine Entscheidung über eine förmliche Genehmigung durch die zuständige Behörde verlangen. Diese Entscheidung muß innerhalb von höchstens 45 Tagen nach Vorlage der Anmeldung erfolgen.

(3) Wurde für die Anlage bisher noch keine Anmeldung für Anwendungen in geschlossenen Systemen der Klasse 2 oder einer höheren Klasse vorgelegt, so kann die Anwendung in geschlossenen Systemen der Klasse 2, falls keine gegenteilige Anweisung der zuständigen Behörde vorliegt, 45 Tage nach Vorlage der in Absatz 1 genannten Anmeldung oder im Einverständnis mit der zuständigen Behörde auch früher aufgenommen werden.

Artikel 10

(1) Für erstmalige und nachfolgende Anwendungen in geschlossenen Systemen der Klassen 3 und 4 in Anlagen, die gemäß Artikel 7 angemeldet wurden, wird eine Anmeldung mit den in Anhang V Teil C aufgeführten Informationen vorgelegt.

(2) Anwendungen in geschlossenen Systemen der Klasse 3 oder einer höheren Klasse dürfen nicht ohne schriftliche Zustimmung der zuständigen Behörde aufgenommen werden, die ihre Entscheidung schriftlich innerhalb folgender Fristen mitteilt:

a) spätestens 45 Tage nach Vorlage der neuen Anmeldung, wenn es sich um Anlagen handelt, für die bereits eine Anmeldung für Anwendungen in geschlossenen Systemen der Klasse 3 oder einer höheren Klasse vorliegt und bei denen damit zusammenhängende Anforderungen für eine Zustimmung für die gleiche Klasse oder eine höhere Klasse als jene der vorgesehenen Anwendung in geschlossenen Systemen erfüllt wurden;
b) spätestens 90 Tage nach Vorlage der Anmeldung in den sonstigen Fällen.

Artikel 11

(1) Die Mitgliedstaaten bestimmen die Behörde oder Behörden, die für die Durchführung der Maßnahmen, die sie gemäß dieser Richtlinie treffen, und für die Entgegennahme und die Bestätigung des Eingangs der Anmeldungen gemäß den Artikeln 7, 9 und 10 zuständig sind.

(2) Die zuständigen Behörden prüfen die Konformität der Anmeldungen mit den Anforderungen dieser Richtlinie, die Genauigkeit und Vollständigkeit der angegebenen Informationen, die Richtigkeit der Bewertung gemäß Artikel 5 Absatz 2 und der Einstufung in die Klassen der Anwendungen in geschlossenen Systemen sowie gegebenenfalls die Angemessenheit der Einschließungs- und anderen Schutzmaßnahmen, und der Abfallentsorgungs- und Notfallmaßnahmen.

(3) Erforderlichenfalls kann die zuständige Behörde

a) dem Anwender auferlegen, weitere Informationen zur Verfügung zu stellen oder die Bedingungen der vorgeschlagenen Anwendung in geschlossenen Systemen oder die zugewiesene Klasse der Anwendung(en) in geschlossenen Systemen zu ändern. In diesem Falle kann die zuständige Behörde verlangen, daß die betreffende Anwendung in geschlossenen Systemen erst aufgenommen wird oder - falls sie sich schon in der Durchführung befindet - vorübergehend oder endgültig eingestellt wird, bis die zuständige Behörde ihr Einverständnis aufgrund der erhaltenen zusätzlichen Informationen oder der geänderten Bedingungen für die Anwendung in geschlossenen Systemen erteilt hat;

b) den Zeitraum, innerhalb dessen die Anwendung in geschlossenen Systemen gestattet werden soll, begrenzen oder ihn von bestimmten spezifischen Auflagen abhängig machen.

(4) Bei der Berechnung der in den Artikeln 9 und 10 genannten Fristen werden die Zeitspannen nicht berücksichtigt, während denen die zuständige Behörde

– gegebenenfalls vom Anmelder angeforderte weitere Informationen gemäß Absatz 3 Buchstabe a) erwartet oder
– eine öffentliche Untersuchung oder Anhörungen gemäß Artikel 13 durchführt.

Artikel 12

Verfügt der Anwender über neue sachdienliche Informationen oder ändert er die Anwendung in geschlossenen Systemen in einer Weise, die sich erheblich auf die damit verbundenen Risiken auswirken könnte, so wird die zuständige Behörde so rasch wie möglich unterrichtet und werden die Anmeldungen gemäß den Artikeln 7, 9 und 10 geändert.

Erhält die zuständige Behörde später Informationen, die sich erheblich auf die mit der Anwendung in geschlossenen Systemen verbundenen Risiken auswirken könnten, so kann die zuständige Behörde den Anwender auffordern, die Bedingungen für die Anwendung im geschlossenen System zu ändern oder die Anwendung in geschlossenen Systemen vorübergehend oder endgültig einzustellen.

Artikel 13

Wenn es ein Mitgliedstaat für angebracht hält, kann er unbeschadet des Artikels 19 die Anhörung der Öffentlichkeit zu bestimmten Aspekten der vorgeschlagenen Anwendung in geschlossenen Systemen vorschreiben.

Artikel 14

Die zuständigen Behörden stellen sicher, daß vor Beginn einer Anwendung in geschlossenen Systemen

a) für Anwendungen in geschlossenen Systemen, bei denen das Versagen der Einschließungsmaßnahmen zu einer unmittelbaren oder späteren ernsthaften Gefahr für Menschen außerhalb der Anlage und/oder für die Umwelt führen könnte, ein Notfallplan erstellt wird, es sei denn, daß ein solcher Notfallplan bereits aufgrund anderer Rechtsvorschriften der Gemeinschaft erstellt worden ist;
b) den von dem Unfall gegebenenfalls betroffenen Einrichtungen und Behörden unaufgefordert Informationen über Notfallpläne einschließlich der einschlägigen, anzuwendenden Sicherheitsmaßnahmen in geeigneter Weise übermittelt werden. Die Informationen sind in angemessenen Zeitabständen zu aktualisieren. Sie sind auch der Öffentlichkeit zugänglich zu machen.

Die betreffenden Mitgliedstaaten stellen gleichzeitig den anderen betroffenen Mitgliedstaaten als Grundlage für notwendige Konsultationen im Rahmen ihrer bilateralen Beziehungen die gleichen Informationen zur Verfügung, die sie an ihre eigenen Staatsangehörigen verteilen.

Artikel 15

(1) Die Mitgliedstaaten ergreifen die erforderlichen Maßnahmen, um sicherzustellen, daß der Anwender bei einem Unfall die in Artikel 11 genannte zuständige Behörde sofort unterrichtet und ihr folgende Informationen liefert:

– die Umstände des Unfalls,
– die Identität und die Mengen der betreffenden GVM,
– alle für die Bewertung der Auswirkungen des Unfalls auf die Gesundheit der Bevölkerung und auf die Umwelt notwendigen Informationen,
– die getroffenen Maßnahmen.

(2) Wenn eine Unterrichtung gemäß Absatz 1 erfolgt ist, haben die Mitgliedstaaten
- sicherzustellen, daß alle erforderlichen Maßnahmen getroffen werden und daß alle von dem Unfall möglicherweise betroffenen Mitgliedstaaten sofort gewarnt werden;
- nach Möglichkeit die für eine vollständige Analyse des Unfalls notwendigen Informationen zu sammeln und gegebenenfalls Empfehlungen zur Vermeidung ähnlicher Unfälle in der Zukunft und zur Begrenzung ihrer Auswirkungen zu geben.

Artikel 16

(1) Die Mitgliedstaaten haben

a) mit anderen möglicherweise von einem Unfall betroffenen Mitgliedstaaten die vorgeschlagene Durchführung von Notfallplänen abzusprechen;

b) die Kommission so rasch wie möglich von allen Unfällen im Sinne dieser Richtlinie zu unterrichten, unter Angabe von Einzelheiten über die Umstände des Unfalls, die Identität und die Mengen der betreffenden GVM, die daraufhin getroffenen Maßnahmen und ihre Wirksamkeit sowie eine Analyse des Unfalls einschließlich Empfehlungen zur Begrenzung seiner Auswirkungen und Vermeidung ähnlicher Unfälle in der Zukunft.

(2) Die Kommission richtet in Rücksprache mit den Mitgliedstaaten ein Verfahren zum Informationsaustausch gemäß Absatz 1 ein. Sie erstellt ferner ein Verzeichnis der Unfälle im Sinne dieser Richtlinie - einschließlich einer Analyse der Ursachen der Unfälle, der dabei gewonnenen Erfahrungen und der Maßnahmen zur Verhütung ähnlicher Unfälle in der Zukunft - und stellt dieses den Mitgliedstaaten zur Verfügung."

2. Die Artikel 18, 19 und 20 erhalten folgende Fassung:

Artikel 18

(1) Die Mitgliedstaaten übermitteln der Kommission zum Ende jeden Jahres einen zusammenfassenden Bericht über die in dem betreffenden Jahr gemäß Artikel 10 gemeldeten Anwendungen in geschlossenen Systemen der Klassen 3 und 4, in dem auch die Beschreibung der Anwendung(en) in geschlossenen Systemen enthalten ist und deren Zweck sowie deren Risiken angegeben sind.

(2) Die Mitgliedstaaten übermitteln der Kommission alle drei Jahre, zum ersten Mal am 5. Juni 2003 einen zusammenfassenden Bericht über ihre Erfahrungen mit dieser Richtlinie.

(3) Die Kommission veröffentlicht alle drei Jahre, zum ersten Mal am 5. Juni 2004 eine Zusammenfassung aufgrund der in Absatz 2 genannten Berichte.

(4) Die Kommission kann allgemeine statistische Informationen über die Durchführung dieser Richtlinie und damit zusammenhängende Angelegenheiten veröffentlichen, solange diese Informationen die Wettbewerbsposition eines Anwenders nicht beeinträchtigen.

Artikel 19

(1) Berührt ihr Bekanntwerden einen oder mehrere der in Artikel 3 Absatz 2 der Richtlinie 90/313/EWG des Rates vom 7. Juni 1990 über den freien Zugang zu Informationen über die Umwelt[*)] genannten Punkte, so kann der Anmelder die Informationen in den nach der vorliegenden Richtlinie eingereichten Anmeldungen angeben, die vertraulich behandelt werden sollten. In solchen Fällen ist eine nachprüfbare Begründung zu geben.

(2) Die zuständige Behörde entscheidet nach Anhörung des Anmelders darüber, welche Informationen vertraulich zu behandeln sind, und unterrichtet den Anmelder über ihre Entscheidung.

[*)] ABl. L 158 vom 23.6.1990, S. 56.

(3) Folgende nach den Artikeln 7, 9 oder 10 mitgeteilte Informationen können auf keinen Fall vertraulich behandelt werden:

– allgemeine Merkmale der GVM, Name und Anschrift des Anmelders, Ort der Anwendung;
– Klasse der Anwendung in geschlossenen Systemen und Einschließungsmaßnahmen;
– Beurteilung der vorhersehbaren Wirkungen, insbesondere schädliche Auswirkungen auf die menschliche Gesundheit und die Umwelt.

(4) Die Kommission und die zuständigen Behörden dürfen nach Absatz 2 für vertraulich erklärte Informationen, die ihnen aufgrund dieser Richtlinie mitgeteilt oder auf andere Weise zur Kenntnis gebracht werden, nicht Dritten zugänglich machen und müssen das geistige Eigentum in bezug auf die erhaltenen Daten schützen.

(5) Zieht der Anmelder die Anmeldung aus irgendwelchen Gründen zurück, so hat die zuständige Behörde die Vertraulichkeit der gelieferten Information zu wahren.

Artikel 20

Die notwendigen Änderungen zur Anpassung des Anhangs II Teil A und der Anhänge III bis V an den technischen Fortschritt sowie des Anhangs II Teil C werden nach dem Verfahren des Artikels 21 beschlossen.“

3. Folgender Artikel wird eingefügt:

Artikel 20a

Der Rat legt vor dem 5. Dezember 2000 auf der Grundlage eines Vorschlags der Kommission mit qualifizierter Mehrheit Anhang II Teil B mit den Kriterien für die Aufnahme bestimmter Typen von GVM in Anhang II Teil C fest. Änderungen in Anhang II Teil B werden vom Rat auf Vorschlag der Kommission mit qualifizierter Mehrheit angenommen.

4. Die Anhänge erhalten die Fassung der Anhänge im Anhang zu dieser Richtlinie.

Artikel 2

(1)Die Mitgliedstaaten erlassen die erforderlichen Rechts- und Verwaltungsvorschriften, um dieser Richtlinie binnen 18 Monaten nach ihrem Inkrafttreten nachzukommen. Sie setzen die Kommission unverzüglich davon in Kenntnis.

Wenn die Mitgliedstaaten derartige Vorschriften erlassen, nehmen sie in diesen Vorschriften selbst oder durch einen Hinweis bei der amtlichen Veröffentlichung auf diese Richtlinie Bezug. Die Mitgliedstaaten regeln die Einzelheiten dieser Bezugnahme.

(2) Die Mitgliedstaaten teilen der Kommission den Wortlaut der wichtigsten innerstaatlichen Rechtsvorschriften mit, die sie auf dem unter diese Richtlinie fallenden Gebiet erlassen.

Artikel 3

Diese Richtlinie tritt am Tag ihrer Veröffentlichung im Amtsblatt der Europäischen Gemeinschaften in Kraft.

Artikel4 4

Diese Richtlinie ist an die Mitgliedstaaten gerichtet.

Geschehen zu Luxemburg am 26. Oktober 1998.

Im Namen des Rates
Der Präsident
W. Schüssel

ANHANG

ANHANG I

TEIL A

Verfahren der genetischen Veränderung im Sinne von Artikel 2 Buchstabe b) Ziffer i) sind unter anderem:

1. DNS-Rekombinationstechniken, bei denen durch die Insertion von Nukleinsäuremolekülen, die auf unterschiedliche Weise außerhalb eines Organismus erzeugt wurden, in Viren, bakterielle Plasmide oder andere Vektorsysteme neue Kombinationen von genetischem Material gebildet werden und diese in einen Wirtsorganismus eingebracht werden, in dem sie unter natürlichen Bedingungen nicht vorkommen, aber vermehrungsfähig sind.
2. Verfahren, bei denen in einen Mikroorganismus direkt Erbgut eingebracht wird, das außerhalb des Mikroorganismus hergestellt wurde, einschließlich der Mikroinjektion, Makroinjektion und Mikroverkapselung.
3. Zellfusion oder Hybridisierungsverfahren, bei denen lebende Zellen mit neuen Kombinationen von genetischem Erbmaterial durch die Verschmelzung zweier oder mehrerer Zellen mit Hilfe von Methoden gebildet werden, die unter natürlichen Bedingungen nicht vorkommen.

TEIL B

Verfahren im Sinne von Artikel 2 Buchstabe b) Ziffer ii), bei denen nicht davon auszugehen ist, daß sie zu einer genetischen Veränderung führen, unter der Voraussetzung, daß sie nicht mit dem Einsatz von rekombinanten Nukleinsäuremolekülen oder GVM, die durch Techniken/Methoden außer den durch Anhang II TEIL A ausgeschlossenen Techniken/Methoden erzeugt wurden, verbunden sind:

1. In-vitro-Befruchtung.
2. Natürliche Prozesse wie Konjugation, Transduktion, Transformation.
3. Polyploidie-Induktion.

ANHANG II

TEIL A

Techniken oder Methoden der genetischen Veränderung zur Herstellung von Mikroorganismen, die von der Richtlinie auszuschließen sind, vorausgesetzt, daß sie nicht den Einsatz rekombinanter Nukleinsäuremoleküle oder anderer GVM als der durch eine oder mehrere der im folgenden genannten Techniken/Methoden erzeugten Mikroorganismen implizieren:

1. Mutagenese;
2. Zellfusion (einschließlich Protoplastenfusion) prokaryontischer Arten, die genetisches Material über bekannte physiologische Prozesse austauschen;
3. Zellfusion (einschließlich Protoplastenfusion) von Zellen eukaryontischer Arten, einschließlich der Erzeugung von Hybridomen und der Fusion von Pflanzenzellen;
4. Selbst-Klonierung, bestehend aus der Entfernung von Nukleinsäuresequenzen aus einer Zelle eines Organismus; diese Nukleinsäuren (bzw. ein synthetisches Äquivalent) können danach - eventuell nach einer vorausgehenden enzymatischen oder mechanischen Behandlung - ganz oder teilweise wieder in Zellen der selben Art oder in Zellen von Arten inseriert werden, die aus phylogenetischer Sicht eng verwandt sind und genetisches Material durch natürliche physiologische Prozesse austauschen können; bei dem daraus entstehenden Mikroorganismus ist nicht zu erwarten, daß er bei Menschen, Tieren oder Pflanzen Krankheiten verursacht.

   Zur Selbst-Klonierung kann auch die Anwendung rekombinanter Vektoren zählen, die über lange Zeit sicher in diesem bestimmten Mikroorganismus angewendet wurden.

TEIL B

Kriterien hinsichtlich der Sicherheit von GVM für die menschliche Gesundheit und die Umwelt:

...(nach dem Verfahren des Artikels 20a zu vervollständigen)

TEIL C

Typen von GVM, die die Kriterien nach Teil B erfüllen:

...(nach dem Verfahren des Artikels 21 zu vervollständigen)

ANHANG III: Grundsätze für die Bewertung gemäß Artikel 5 Absatz 2

In diesem Anhang werden die in Betracht zu ziehenden Elemente und das Verfahren für die Durchführung der Bewertung gemäß Artikel 5 Absatz 2 allgemein beschrieben. Er wird insbesondere in bezug auf Abschnitt B durch Leitlinien ergänzt, die von der Kommission nach dem Verfahren des Artikels 21 auszuarbeiten sind.

Diese Leitlinien werden spätestens am 5. Juni 2000 vervollständigt.

A. ELEMENTE DER BEWERTUNG

1. Als potentiell schädliche Auswirkung ist folgendes zu betrachten:
   - Krankheit bei Menschen, einschließlich allergieauslösende oder toxische Wirkung;
   - Krankheit bei Tieren und Pflanzen;
   - gefährliche Auswirkungen aufgrund der Unmöglichkeit, eine Krankheit zu behandeln oder eine wirksame Prophylaxe zu bieten;
   - gefährliche Auswirkungen infolge der Etablierung oder Verbreitung in der Umwelt;
   - gefährliche Auswirkungen infolge der natürlichen Übertragung von inseriertem genetischen Material auf andere Organismen.

2. Die Bewertung gemäß Artikel 5 Absatz 2 muß auf den folgenden Punkten aufbauen:
   a) Feststellung aller potentiell schädlichen Auswirkungen, insbesondere jener in Verbindung mit
      i) dem Empfänger-Mikroorganismus,
      ii) dem inserierten genetischen Material (vom Spenderorganismus herrührend),
      iii) dem Vektor,
      iv) dem Spender-Mikroorganismus (solange der Spender-Mikroorganismus während des Vorgangs verwendet wird),
      v) dem aus der Tätigkeit hervorgehenden GVM;
   b) die Merkmale der Tätigkeit;
   c) die Schwere der potentiell schädlichen Auswirkungen;
   d) die Wahrscheinlichkeit, daß potentiell schädliche Auswirkungen eintreten.

B. VERFAHREN

3. Auf der ersten Stufe der Bewertung sollten die schädlichen Eigenschaften des Empfänger- und gegebenenfalls des Spender-Mikroorganismus sowie jede schädliche Eigenschaft in Verbindung mit dem Vektor oder dem inserierten Material einschließlich jeder Veränderung der bestehenden Eigenschaften des Empfänger-Mikroorganismus ermittelt werden.

4. Allgemein wäre davon auszugehen, daß nur GVM, die folgende Merkmale aufweisen, für die Aufnahme in die in Artikel 5 definierte Klasse 1 geeignet sind:
   i) Von dem Empfänger- oder Ausgangs-Mikroorganismus ist nicht zu erwarten, daß er bei Menschen, Tieren oder Pflanzen Krankheiten verursacht[1].
   ii) Die Eigenschaften des Vektors und des Inserts sind derart, daß sie den GVM nicht mit einem Phänotyp ausstatten, von dem zu erwarten ist, daß er bei Menschen, Tieren oder Pflanzen[1] Krankheiten verursacht, oder von dem zu erwarten ist, daß er schädliche Auswirkungen auf die Umwelt hat.
   iii) Von dem GVM ist nicht zu erwarten, daß er bei Menschen, Tieren oder Pflanzen[1] Krankheiten verursacht, und es nicht zu erwarten, daß er schädliche Auswirkungen auf die Umwelt hat.

---

[1] Dies würde nur für Tiere und Pflanzen in der möglicherweise dem GVM ausgesetzten Umwelt gelten.

5. Zur Kenntnisnahme der für die Durchführung dieses Prozesses notwendigen Informationen kann der Anwender zunächst die einschlägigen Gemeinschaftsvorschriften, insbesondere die Richtlinie 90/679/EWG des Rates[2)] heranziehen. Darüber hinaus können internationale oder nationale Klassifizierungssysteme (WHO, NIH usw.) sowie ihre aufgrund neuer wissenschaftlicher Erkenntnisse und technischer Fortschritte aktualisierten Fassungen berücksichtigt werden.

   Diese Systeme betreffen natürliche Mikroorganismen und stützen sich in der Regel auf die Fähigkeit von Mikroorganismen, bei Menschen, Tieren oder Pflanzen Krankheiten auszulösen, und auf die Schwere und die Übertragbarkeit der möglicherweise verursachten Krankheit. Die Richtlinie 90/679/EWG stuft die Mikroorganismen als biologische Arbeitsstoffe entsprechend den potentiellen Auswirkungen auf einen gesunden erwachsenen Menschen in vier Gefahrenklassen ein. Diese Gefahrenklassen können als Hinweis für die Einstufung der Anwendungen in geschlossenen Systemen in die vier Gefahrenklassen gemäß Artikel 5 Absatz 3 herangezogen werden. Der Anwender kann ferner Klassifizierungssysteme für tierische und pflanzliche Krankheitserreger (in der Regel auf nationaler Ebene erstellte Systeme) heranziehen. Die obengenannten Klassifizierungssysteme geben nur einen vorläufigen Hinweis auf die Gefahrenklasse der Tätigkeiten und die damit zusammenhängenden Einschließungs- und Überwachungsmaßnahmen.

6. Die Identifizierung der Gefahren nach Maßgabe der Nummern 3 bis 5 sollte zur Bestimmung der mit der GVM verbundenen Risikostufe führen.

7. Die Einschließungs- und anderen Schutzmaßnahmen werden danach auf der Grundlage der mit den GVM verbundenen Risikostufen unter Berücksichtigung folgender Aspekte festgelegt:
   i) Merkmale der Umwelt, die möglicherweise dem GVM ausgesetzt ist (z. B. die Frage, ob es in der möglicherweise dem GVM ausgesetzten Umwelt bekannte Biota gibt, auf die sich die Mikroorganismen, die bei der Anwendung in geschlossenen Systemen eingesetzt werden, negativ auswirken können);
   ii) Merkmale der Tätigkeit (z. B. Umfang, Art);
   iii) jeder nichtstandardisierte Vorgang (z. B. Impfung von Tieren mit GVM; Geräte, die möglicherweise Aerosole erzeugen).

   Die Prüfung der Ziffern i) bis iii) in bezug auf die jeweilige Tätigkeit kann die nach Maßgabe von Nummer 6 identifizierte Risikogruppe in Verbindung mit dem GVM erhöhen, erniedrigen oder unverändert lassen.

8. Die gemäß der obigen Beschreibung durchgeführte Analyse wird schließlich zur Zuweisung der Tätigkeit in eine der in Artikel 5 Absatz 3 beschriebenen Klassen führen.

9. Die endgültige Einstufung der Anwendung in geschlossenen Systemen sollte durch eine Überprüfung der abgeschlossenen Bewertung gemäß Artikel 5 Absatz 2 bestätigt werden.

[2)] ABl. L 374 vom 31.12.1990, S. 1. Richtlinie zuletzt geändert durch die Richtlinie 97/59/EG der Kommission (ABl. L 282 vom 15.10.1997, S. 33).

ANHANG IV: Einschließungs- und andere Schutzmaßnahmen

Allgemeine Grundsätze

1. Die Tabellen geben die üblichen Mindestanforderungen und -maßnahmen für jede Einschließungsstufe wieder. Einschließung wird auch durch die Einhaltung der Grundsätze der guten Arbeitspraktiken, durch Ausbildung, durch Ausstattung und spezielle Konstruktionsmerkmale der Anlage gewährleistet. Auf alle Tätigkeiten im Zusammenhang mit GVM sind die Grundsätze guter mikrobiologischer Praxis sowie die folgenden Grundsätze der Sicherheit und Hygiene am Arbeitsplatz anzuwenden:
   - i) Die Exposition des Arbeitsplatzes und der Umwelt gegenüber GVM ist auf dem niedrigsten praktikablen Niveau zu halten.
   - ii) Es sind technische Überwachungsmaßnahmen an der Gefahrenquelle durchzuführen, die erforderlichenfalls durch die Bereitstellung geeigneter persönlicher Schutzkleidung und -ausrüstung zu ergänzen sind.
   - iii) Die Überwachungsmaßnahmen und die Ausrüstung sind in angemessener Weise zu kontrollieren und aufrechtzuerhalten bzw. zu warten.
   - iv) Erforderlichenfalls ist außerhalb der primären physikalischen Einschließung auf das Vorhandensein lebensfähiger, in der Anwendung eingesetzter Organismen zu prüfen.
   - v) Es ist für eine geeignete Ausbildung des Personals Sorge zu tragen.
   - vi) Je nach Bedarf sind Ausschüsse und Unterausschüsse für die biologische Sicherheit einzusetzen.
   - vii) Für die Sicherheit des Personals sind je nach Bedarf praktische Verhaltensregelungen für die jeweiligen Standorte aufzustellen und anzuwenden.
   - viii) Gegebenenfalls sind biologische Gefahrenbereiche durch Kennzeichnung auszuweisen.
   - ix) Reinigungs- und Dekontaminierungsvorrichtungen sind für das Personal bereitzustellen.
   - x) Es sind angemessene Aufzeichnungen zu führen.
   - xi) Essen, Trinken, Rauchen und Schminken sowie die Aufbewahrung von Lebensmitteln für den menschlichen Verzehr im Arbeitsbereich sind zu verbieten.
   - xii) Das Pipettieren mit dem Mund ist zu verbieten.
   - xiii) Zur Gewährleistung der Sicherheit sind gegebenenfalls schriftliche Arbeitsanweisungen bereitzustellen.
   - xiv) Für den Fall des Austretens von GVM müssen wirksame Desinfektionsmittel und spezifische Desinfektionsverfahren zur Verfügung stehen.
   - xv) Gegebenenfalls ist für eine sichere Aufbewahrung von kontaminierten Laborausrüstungen und -materialien zu sorgen.

2. Die Überschriften der Tabellen haben indikativen Charakter.

   Tabelle Ia enthält die Mindestanforderungen für Labortätigkeiten.

   Tabelle Ib enthält zusätzliche Bestimmungen und Änderungen zu Tabelle Ia für Tätigkeiten im Zusammenhang mit GVM in Gewächshäusern und Anzuchträumen.

   Tabelle Ic enthält zusätzliche Bestimmungen und Änderungen zu Tabelle Ia für Tätigkeiten im Zusammenhang mit GVM, die an Tieren durchgeführt werden.

   Tabelle II enthält die Mindestanforderungen für andere Tätigkeiten als Labortätigkeiten. In Sonderfällen kann es notwendig sein, Maßnahmen derselben Stufe aus Tabelle Ia und Tabelle II zu kombinieren.

   In manchen Fällen können Anwender - mit Genehmigung der zuständigen Behörde - eine Spezifikation einer bestimmten Einschließungsstufe nicht anwenden oder Spezifikationen aus zwei unterschiedlichen Einschließungsstufen kombinieren.

   In diesem Tabellen bedeutet „fakultativ", daß der Anwender diese Maßnahmen von Fall zu Fall aufgrund der Bewertung gemäß Artikel 5 Absatz 2 anwenden kann.

3. Bei der Durchführung dieses Anhangs können die Mitgliedstaaten zusätzlich die allgemeinen Grundsätze der Nummern 1 und 2 in die folgenden Tabellen aufnehmen, um die Vorschriften klarer zu machen.

Tabelle Ia: Einschließungs- und andere Schutzmaßnahmen für Labortätigkeiten

	Spezifikationen	**Einschließungsstufen**			
		1	**2**	**3**	**4**
1	Laborbereich: Abschirmung (1)	nicht erforderlich	nicht erforderlich	erforderlich	erforderlich
2	Laboratorium: Abdichtung zwecks Begasung möglich	nicht erforderlich	nicht erforderlich	erforderlich	erforderlich
	Ausrüstung				
3	Gegenüber Wasser, Säuren, Laugen, Lösungs-, Desinfektions- und Dekontaminationsmitteln resistente und leicht zu reinigende Oberflächen	erforderlich (Arbeitsbank)	erforderlich (Arbeitsbank)	erforderlich (Arbeitsbank, Fußboden)	erforderlich (Arbeitsbank, Fußboden, Decken, Wände)
4	Zugang zum Labor über eine Luftschleuse (2)	nicht erforderlich	nicht erforderlich	fakultativ	erforderlich
5	Unterdruck im Vergleich zur unmittelbaren Umgebung	nicht erforderlich	nicht erforderlich	erforderlich, mit Ausnahme von (3)	erforderlich
6	Zuluft und Abluft zum Labor sollte HEPA-gefiltert werden	nicht erforderlich	nicht erforderlich	erforderlich (HEPA) (4) - Abluft mit Ausnahme von (3)	erforderlich (HEPA) (5) - Zuluft und Abluft
7	Mikrobiologische Sicherheitswerkbank	nicht erforderlich	fakultativ	erforderlich	erforderlich
8	Autoklav	innerhalb der Anlage	innerhalb des Gebäudes	innerhalb des Laborbereichs (6)	innerhalb des Labors = beidseitiger Zugriff
	Arbeitsbereich				
9	Beschränkter Zugang	nicht erforderlich	erforderlich	erforderlich	erforderlich
10	Kennzeichnung als biologischer Gefahrenbereich an der Tür	nicht erforderlich	erforderlich	erforderlich	erforderlich
11	Spezifische Maßnahmen zur Überwachung der Verbreitung von Aerosolen	nicht erforderlich	erforderlich, auf ein Mindestmaß zu reduzieren	erforderlich zu verhindern	erforderlich zu verhindern
13	Duschen	nicht erforderlich	nicht erforderlich	fakultativ	erforderlich
14	Schutzkleidung	geeignete Schutzkleidung	geeignete Schutzkleidung	geeignete Schutzkleidung	vollständiger Kleidungs- und Schuhwechsel vor dem Betreten bzw. Verlassen
15	Handschuhe	nicht erforderlich	fakultativ	erforderlich	erforderlich
18	Wirksame Überwachung von Überträgern (z. B. von Nagetieren und Insekten)	fakultativ	erforderlich	erforderlich	erforderlich >>>

	Spezifikationen	**Einschließungsstufen**			
		1	2	3	4
	Abfall				
19	Inaktivierung von GVM im Abwasser von Handwaschbecken, Leitungen und Duschen und in ähnlichen Abwässern	nicht erforderlich	nicht erforderlich	fakultativ	erforderlich
20	Inaktivierung von GVM in kontaminiertem Material und Abfall	fakultativ	erforderlich	erforderlich	erforderlich
	Sonstige Maßnahmen				
21	Jedes Laboratorium sollte über eine eigene Ausrüstung verfügen	nicht erforderlich	nicht erforderlich	fakultativ	erforderlich
23	Sichtfenster oder andere Vorrichtung, so dass die Personen im Raum beobachtet werden können	fakultativ	fakultativ	fakultativ	erforderlich

(1) Abschirmung = das Labor ist von anderen Bereichen des Gebäudes abgetrennt oder in einem getrennten Gebäude untergebracht.
(2) Luftschleuse = Das Labor wird über eine Luftschleuse, d.h. über einen vom Labor abgetrennten Raum, betreten. Die ‚saubere' Seite der Luftschleuse muss von der gesperrten Seite durch Umkleide- oder Duscheinrichtungen und vorzugsweise durch verriegelbare Türen abgetrennt sein.
(3) Tätigkeiten, bei denen keine Übertragung über die Luft stattfindet.
(4) HEPA = High Efficiency Particulate Air.
(5) Wenn Viren eingesetzt werden, die nicht durch HEPA-Filter zurückgehalten werden, sind zusätzliche Anforderungen für die Abluft erforderlich.
(6) Mit validierten Verfahren, die einen sicheren Transfer von Material in einen Autoklav außerhalb des Labors ermöglichen und ein entsprechendes Schutzniveau gewährleisten.

Tabelle Ib: Einschließungs- und andere Schutzmaßnahmen für Gewächshäuser und Anzuchträume

Unter Gewächshäusern und Anzuchträumen sind Bauten mit Wänden, Decke und Boden zu verstehen, die für die Aufzucht von Pflanzen in einer kontrollierten und geschützten Umgebung entworfen und hauptsächlich genutzt werden.

Es gelten alle Bestimmungen von Tabelle Ia mit folgenden Ergänzungen/Änderungen:

	Spezifikationen	**Einschließungsstufen**			
		1	**2**	**3**	**4**
	Gebäude				
1	Gewächshaus: festes Bauwerk (1)	nicht erforderlich	erforderlich	erforderlich	erforderlich
	Ausrüstung				
3	Eingang über einen getrennten Raum mit zwei verriegelbaren Türen	nicht erforderlich	fakultativ	fakultativ	erforderlich
4	Überwachung von kontaminiertem Ablaufwasser	fakultativ	Ablaufwasser auf ein Mindestmaß reduzieren (2)	Ablaufwasser vermeiden	Ablaufwasser vermeiden
	Arbeitsbereich				
6	Maßnahmen zur Überwachung unerwünschter Arten wie Insekten, Nagetiere, Arthropoden	erforderlich	erforderlich	erforderlich	erforderlich
7	Durch entsprechende Verfahren für den Transfer lebenden Materials zwischen Gewächshaus/ Anzuchtraum, Schutzbau und Labor soll die Verbrefftung von GVM eingeschränkt werden	Verbreitung auf ein Mindestmaß reduzieren	Verbreitung auf ein Mindestmaß reduzieren	Verbreitung verhindern	Verbreitung verhindern

(1) Das Gewächshaus soll ein festes Bauwerk mit durchgehend wasserdichter Bedeckung sein; es sollte eben gelegen sein, so dass kein Oberflächenwasser eindringen kann, und über selbstschließende verriegelbare Türen verfügen.

(2) Soweit eine Übertragung über den Boden stattfinden kann.

Tabelle Ic: Einschließungs- und andere Schutzmaßnahmen für Tätigkeiten in Tieranlagen

Es gelten alle Bestimmungen von Tabelle Ia mit folgenden Ergänzungen/Änderungen:

	Spezifikationen	Einschließungsstufen			
		1	2	3	4
	Anlagen				
1	Abschirmung der Tieranlagen (1)	fakultativ	erforderlich	erforderlich	erforderlich
2	Tierhaltungsräume (2), die durch verriegelbare Türen abgetrennt sind	fakultativ	erforderlich	erforderlich	erforderlich
3	Tierhaltungsräume so konstruiert, daß Dekontamination erleichtert (wasserundurchlässiges, leicht abwaschbares Material (Käfige usw.))	fakultativ	fakultativ	erforderlich	erforderlich
4	Leicht abwaschbare Böden und/ oder Wände	fakultativ	erforderlich (Boden)	erforderlich (Boden und Wände)	erforderlich (Boden und Wände)
5	Für die Tierhaltung geeignete Käfige, Ställe oder Behälter	fakultativ	fakultativ	fakultativ	fakultativ
6	Filter an den Isolatoren oder isolierter Raum (3)	nicht erforderlich	fakultativ	erforderlich	erforderlich

(1) Tieranlagen: Gebäude oder abgetrennter Bereich innerhalb eines Gebäudes mit Tierhaltungsräumen und anderen Bereichen wie Umkleideräumen, Duschen, Autoklaven, Futterlagerräumen usw.

(2) Tierhaltungsräume: Anlage, in der normalerweise Vieh, Zucht- oder Versuchstiere gehalten werden bzw. kleinere operative Eingriffe vorgenommen werden.

(3) Isolator: Durchsichtiger Behälter, in denen kleine Tiere innerhalb oder außerhalb eines Käfigs gehalten werden; für große Tiere können isolierte Räume angebracht sein.

Tabelle II: Einschließungs- und andere Schutzmaßnahmen für andere Tätigkeiten

	Spezifikationen	**Einschließungsstufen**			
		1	**2**	**3**	**4**
	Allgemeines				
1	Lebensfähige Mikroorganismen müssen in einem System eingeschlossen sein, das den Prozess von der Umwelt trennt (geschlossenes System)	fakultativ	erforderlich	erforderlich	erforderlich
2	Überwachung der Abgase aus dem geschlossenen System	nicht erforderlich	erforderlich, Freisetzungen auf ein Mindestmaß reduzieren	erforderlich, Freisetzungen verhindern	erforderlich, Freisetzungen verhindern
3	Überwachung der Aerosole während der Probenahme, der Zugabe von Material in ein geschlossenes System oder der Übertragung von Material in ein anderes geschlossenes System	fakultativ	erforderlich, Freisetzungen auf ein Mindestmaß reduzieren	erforderlich, Freisetzungen verhindern	erforderlich, Freisetzungen verhindern
4	Inaktivierung großer Mengen an Kulturflüssigkeit, bevor sie aus dem geschlossenen System genommen werden	fakultativ	erforderlich, durch validierte Verfahren	erforderlich, durch validierte Verfahren	erforderlich, durch validierte Verfahren
5	Dichtungen müssen so beschaffen sein, dass eine Freisetzung auf ein Mindestmaß reduziert oder verhindert wird	kein spezifischen Anforderungen	Freisetzungen auf ein Mindestmaß reduzieren	Freisetzungen verhindern	Freisetzungen verhindern
6	Der kontrollierte Bereich muss so ausgelegt sein, dass bei Austreten des gesamten Inhalts des geschlossenen Systems dieser aufgefangen werden kann	fakultativ	fakultativ	erforderlich	erforderlich
7	Der kontrollierte Bereich muss abdichtbar sein, um nicht eine Begasung zu ermöglichen	erforderlich	fakultativ	fakultativ	erforderlich
	Ausrüstung				
8	Zutritt über Luftschleuse	nicht erforderlich	nicht erforderlich	fakultativ	erforderlich
9	Gegenüber Wasser, Säuren, Laugen, Lösungs-, Desinfektions- und Dekontaminationsmitteln resistente und leicht zu reinigende Oberflächen	fakultativ (Arbeitsbank soweit vorhanden)	fakultativ (Arbeitsbank soweit vorhanden)	erforderlich (Arbeitsbank soweit vorhanden, Boden)	erforderlich (Arbeitsbank, Boden, Decken, Wände)

	Spezifikationen	**Einschließungsstufen**			
		1	2	3	4
10	Spezifische Maßnahmen zur angemessenen Belüftung des kontrollierten Bereichs, um die Kontamination der Luft auf ein Mindestmaß zu reduzieren	fakultativ	fakultativ	fakultativ	erforderlich
11	Im kontrollierten Bereich muß gegenüber der unmittelbaren Umgebung ein Unterdruck herrschen	nicht erforderlich	nicht erforderlich	fakultativ	erforderlich
12	Zuluft und Abluft zum kontrollierten Bereich muß HEPA-gefiltert sein	nicht erforderlich	nicht erforderlich	erforderlich (Abluft, fakultativ für Zuluft)	erforderlich (Zuluft und Abluft)
	Arbeitsbereich				
13	Geschlossene Systeme müssen innerhalb eines kontrollierten Bereichs liegen	nicht erforderlich	fakultativ	erforderlich	erforderlich
14	Der Zutritt ist nur autorisierten Personen erlaubt	nicht erforderlich	erforderlich	erforderlich	erforderlich
15	Kennzeichnung als biologischer Gefahrenbereich	nicht erforderlich	erforderlich	erforderlich	erforderlich
17	Das Personal muß duschen, bevor es den kontrollierten Bereich verläßt	nicht erforderlich	nicht erforderlich	fakultativ	erforderlich
18	Das Personal muß Schutzkleidung tragen	erforderlich (Arbeitskleidung)	erforderlich (Arbeitskleidung)	erforderlich	vollständiger Kleidungswechsel vor Betreten und Verlassen
	Abfall				
22	Inaktivierung von GVM in Abwässern aus Waschbecken und Duschen oder in ähnlichen Abwässern	nicht erforderlich	nicht erforderlich	fakultativ	erforderlich
23	Inaktivierung von GVM in kontaminiertem Material und Abfall einschließlich jener in Abwässern aus dem Verarbeitungsprozess vor der endgültigen Ableitung	fakultativ	erforderlich, durch validierte Verfahren	erforderlich, durch validierte Verfahren	erforderlich, durch validierte Verfahren

ANHANG V

TEIL A

Erforderliche Informationen für die Anmeldung gemäß Artikel 7:

- Name des (der) Anwender(s) einschließlich der Personen, die für die Aufsicht und die Sicherheit verantwortlich sind;
- Informationen über die Ausbildung und Qualifikation der Personen, die für die Aufsicht und die Sicherheit verantwortlich sind;
- nähere Informationen über Ausschüsse und Unterausschüsse im Bereich der Biologie;
- Anschrift und allgemeine Beschreibung der Anlage;
- Beschreibung der Art der durchzuführenden Arbeiten;
- Klasse der Anwendungen in geschlossenen Systemen;
- nur für Anwendungen der Klasse 1: Zusammenfassung der Bewertung gemäß Artikel 5 Absatz 2 und der Informationen über die Abfallentsorgung.

TEIL B

Erforderliche Informationen für die Anmeldung gemäß Artikel 9:

- Datum der Vorlage der in Artikel 7 genannten Anmeldung;
- Name der für die Aufsicht und die Sicherheit verantwortlichen Personen und Informationen über die Ausbildung und Qualifikation;
- verwendete(r) Empfänger-/Spender- und/oder Ausgangsmikroorganismus(en) oder gegebenenfalls verwendete(s) Wirts-Vektor-System(e);
- Herkunft und beabsichtigte Funktion(en) des genetischen Materials, das für die Veränderung(en) in Frage kommt;
- Identität und Merkmale des (der) GVM;
- Zweck der Anwendung in geschlossenen Systemen, einschließlich der erwarteten Ergebnisse;
- zu verwendende Kulturvolumina (ungefährer Wert);
- Beschreibung der anzuwendenden Einschließungs- und anderen Schutzmaßnahmen, sowie Informationen über die Abfallentsorgung einschließlich der anfallenden Abfälle, deren Behandlung, endgültige Form und Bestimmung;
- Zusammenfassung der Bewertung gemäß Artikel 5 Absatz 2;
- Informationen, die die zuständige Behörde für die Bewertung der Notfallpläne benötigt, falls nach Artikel 14 erforderlich.

TEIL C

Erforderliche Informationen für die Anmeldung gemäß Artikel 10:

a)
- Datum der Vorlage der in Artikel 7 genannten Anmeldung;
- Name der für die Aufsicht und die Sicherheit verantwortlichen Personen und Informationen über die Ausbildung und Qualifikation;

b)
- zu verwendende(r) Empfänger- oder Ausgangsmikroorganismus(en);
- gegebenenfalls zu verwendende(s) Wirts-Vektor-System(e);
- Herkunft und beabsichtigte Funktion(en) des genetischen Materials, das für die Veränderung(en) in Frage kommt;
- Identität und Merkmale des GVM;
- zu verwendende Kulturvolumina;

c) - Beschreibung der anzuwendenden Einschließungs- und anderen Schutzmaßnahmen sowie Informationen über die Abfallentsorgung einschließlich der anfallenden Abfälle, deren Behandlung, endgültige Form und Bestimmung;
- Zweck der Anwendung in geschlossenen Systemen, einschließlich der erwarteten Ergebnisse;
- Beschreibung der Teile der Anlage;

d) - Informationen über Unfallverhütung und Notfallpläne, soweit vorhanden;
- mit dem Standort der Anlage zusammenhängende spezifische Gefahren;
- angewendete Verhütungsmaßnahmen, wie Sicherheitsausrüstung, Warnsysteme und Einschließungsmethoden;
- Verfahren und Pläne zur Überprüfung der ununterbrochenen Wirksamkeit der Einschließungsmaßnahmen;
- Beschreibung der den Arbeitnehmern gegebenen Informationen;
- Informationen, die die zuständige Behörde für die Bewertung der Notfallpläne benötigt, falls nach Artikel 14 erforderlich;

e) - eine Kopie der Bewertung gemäß Artikel 5 Absatz 2.“

Verordnung (EG) Nr. 258/97 des Europäischen Parlaments und des Rates vom 27. Januar 1997

über neuartige Lebensmittel und neuartige Lebensmittelzutaten[*)]

DAS EUROPÄISCHE PARLAMENT UND DER RAT DER EUROPÄISCHEN UNION –

gestützt auf den Vertrag zur Gründung der Europäischen Gemeinschaft, insbesondere auf Artikel 100a,

auf Vorschlag der Kommission[1)],

nach Stellungnahme des Wirtschafts- und Sozialausschusses[2)],

gemäß dem Verfahren des Artikels 189b des Vertrags[3)], aufgrund des am 9. Dezember 1996 vom Vermittlungsausschuß gebilligten gemeinsamen Entwurfs,

in Erwägung nachstehender Gründe:

(1) Die Unterschiede zwischen den einzelstaatlichen Rechtsvorschriften über neuartige Lebensmittel oder neuartige Lebensmittelzutaten können den freien Verkehr mit Lebensmitteln behindern. Sie können zu ungleichen Wettbewerbsbedingungen führen und dadurch das Funktionieren des Gemeinsamen Marktes unmittelbar beeinträchtigen.

(2) Zum Schutz der öffentlichen Gesundheit ist dafür Sorge zu tragen, daß neuartige Lebensmittel und neuartige Lebensmittelzutaten einer einheitlichen Sicherheitsprüfung in einem Gemeinschaftsverfahren unterliegen, bevor sie in der Gemeinschaft in den Verkehr gebracht werden. Für neuartige Lebensmittel und neuartige Lebensmittelzutaten, die den bestehenden Lebensmitteln und Lebensmittelzutaten im wesentlichen gleichwertig sind, sollte ein vereinfachtes Verfahren vorgesehen werden.

(3) Lebensmittelzusatzstoffe, Aromen zur Verwendung in Lebensmitteln und Extraktionslösungsmittel, die anderen Gemeinschaftsvorschriften unterliegen, fallen nicht in den Anwendungsbereich dieser Verordnung.

(4) Es sollten geeignete Maßnahmen vorgesehen werden für das Inverkehrbringen neuartiger Lebensmittel oder neuartiger Lebensmittelzutaten, die aus Pflanzensorten gewonnen worden sind, für die die Richtlinie 70/457/EWG des Rates vom 29. September 1970 über einen gemeinsamen Sortenkatalog für landwirtschaftliche Pflanzenarten[4)] und die Richtlinie 70/458/EWG des Rates vom 29. September 1970 über den Verkehr mit Gemüsesaatgut[5)] gelten.

---

*) ABl. L 43 vom 14.2.1997, S. 1; zuletzt geändert durch Art. 38 der Verordnung (EG) Nr. 1829/2003 vom 22. September 2003, siehe Ordnungsnr. B.10 dieser Textsammlung.

1) ABl. Nr. C 190 vom 29. 7. 1992, S. 3, und ABl. Nr. C 16 vom 19. 1. 1994, S. 10.

2) ABl. Nr. L 108 vom 19. 4. 1993, S. 8.

3) Stellungnahme des Europäischen Parlaments vom 27. Oktober 1993 (ABl. Nr. C 315 vom 22. 11. 1993, S. 139). Gemeinsamer Standpunkt des Rates vom 23. Oktober 1995 (ABl. Nr. C 320 vom 30. 11. 1995, S. 1) und Beschluß des Europäischen Parlaments vom 12. März 1996 (ABl. Nr. C 96 vom 1. 4. 1996, S. 26). Beschluß des Rates vom 19. Dezember 1996 und Beschluß des Europäischen Parlaments vom 16. Januar 1997.

4) ABl. Nr. L 225 vom 12. 10. 1970, S. 1. Richtlinie zuletzt geändert durch die Richtlinie 90/654/EWG (ABl. Nr. L 353 vom 17. 12. 1990, S. 48).

5) ABl. Nr. L 225 vom 12. 10. 1970, S. 7. Richtlinie zuletzt geändert durch die Richtlinie 90/654/EWG (ABl. Nr. L 353 vom 17. 12. 1990, S. 48).

(5) Von neuartigen Lebensmitteln oder neuartigen Lebensmittelzutaten, die genetisch veränderte Organismen enthalten oder aus solchen bestehen, können Gefahren für die Umwelt ausgehen. Die Richtlinie 90/220/EWG des Rates vom 23. April 1990 über die absichtliche Freisetzung genetisch veränderter Organismen in die Umwelt[6] schreibt vor, daß für derartige Erzeugnisse stets eine Prüfung der Umweltverträglichkeit durchzuführen ist, um die Umweltsicherheit zu gewährleisten. Um für die Prüfung eines Erzeugnisses ein vereinheitlichtes Gemeinschaftsverfahren einzuführen, müssen in die vorliegende Verordnung Regeln für eine besondere Prüfung der Umweltverträglichkeit aufgenommen werden, die im Einklang mit dem Verfahren nach Artikel 10 der Richtlinie 90/220/EWG den in der letzteren Richtlinie genannten Kriterien entsprechen müssen und die zusammen mit der Beurteilung eines Erzeugnisses im Hinblick auf seine Eignung als Lebensmittel oder Lebensmittelzutat anzuwenden sind.

(6) Der durch den Beschluß 74/234/EWG[7] eingesetzte Wissenschaftliche Lebensmittelausschuß muß zu jeder Entscheidung über Lebensmittel oder Lebensmittelzutaten gehört werden, die für die öffentliche Gesundheit von Bedeutung sein könnten.

(7) Die Bestimmungen der Richtlinie 89/397/EWG des Rates vom 14. Juni 1989 über die amtliche Lebensmittelüberwachung[8] und der Richtlinie 93/99/EWG des Rates vom 29. Oktober 1993 über zusätzliche Maßnahmen im Bereich der amtlichen Lebensmittelüberwachung[9] finden auf neuartige Lebensmittel oder neuartige Lebensmittelzutaten Anwendung.

(8) Unbeschadet der übrigen Anforderungen in gemeinschaftlichen Rechtsvorschriften an die Etikettierung von Lebensmitteln sind zusätzliche spezifische Etikettierungsanforderungen festzulegen. Diese Anforderungen müssen in präzis formulierten Vorschriften geregelt werden, damit sichergestellt ist, daß dem Verbraucher die notwendigen Informationen zur Verfügung stehen. Es ist zu gewährleisten, daß bestimmte Bevölkerungsgruppen mit festen Ernährungsgewohnheiten über Stoffe, die in bestehenden gleichwertigen Lebensmitteln nicht vorhanden sind und gegen die ethische Vorbehalte in dieser Bevölkerungsgruppe bestehen, informiert werden. Lebensmittel und Lebensmittelzutaten, die genetisch veränderte Organismen enthalten und die in Verkehr gebracht werden, dürfen keine Gefahr für die menschliche Gesundheit darstellen. Dies wird gewährleistet durch die Einhaltung des in der Richtlinie 90/220/EWG enthaltenen Genehmigungsverfahrens und durch das in dieser Verordnung festgelegte einheitliche Prüfungsverfahren. Soweit „Organismus" im Gemeinschaftsrecht definiert wird, stellt die Unterrichtung des Verbrauchers von der Anwesenheit eines genetisch veränderten Organismus, was die Etikettierung angeht, eine zusätzliche Anforderung dar, die für die unter diese Verordnung fallenden Lebensmittel und Lebensmittelzutaten gilt.

(9) Bei Lebensmitteln und Lebensmittelzutaten, die für die Abgabe an den Endverbraucher in Verkehr gebracht werden sollen, und die sowohl genetisch veränderte als auch konventionelle Erzeugnisse enthalten können, entspricht es unbeschadet der übrigen Etikettierungsvorschriften dieser Verordnung – als Ausnahme insbesondere für Großlieferungen – den Anforderungen des Artikels 8, wenn der Verbraucher über die mögliche Anwesenheit von genetisch veränderten Organismen in den betreffenden Lebensmitteln und Lebensmittelzutaten informiert wird.

(10) Nichts kann den Lieferanten daran hindern, den Verbraucher auf der Etikettierung eines Lebensmittels oder einer Lebensmittelzutat davon zu unterrichten, daß das betroffene Erzeugnis kein neuartiges Lebensmittel im Sinne dieser Verordnung darstellt, oder daß die in Artikel 1 Absatz 2 angegebenen Verfahren zur Herstellung eines neuartigen Lebensmittels in der Herstellung dieses Lebensmittels oder dieser Lebensmittelzutat nicht angewandt wurden.

---

[6] ABl. Nr. L 117 vom 8. 5. 1990, S. 15. Richtlinie zuletzt geändert durch die Richtlinie 94/15/EG (ABl. Nr. L 103 vom 22. 4. 1994, S. 20).
[7] ABl. Nr. L 136 vom 20. 5. 1974, S. 1.
[8] ABl. Nr. L 186 vom 30. 6. 1989, S. 23. Richtlinie zuletzt geändert durch die Richtlinie 93/99/EWG (ABl. Nr. L 290 vom 24. 11. 1993, S. 14).
[9] ABl. Nr. L 290 vom 24. 11. 1993, S. 14.

(11) Im Rahmen dieser Verordnung sollte ein Verfahren geschaffen werden, mit dem eine enge Zusammenarbeit zwischen den Mitgliedstaaten und der Kommission innerhalb des durch den Beschluß 69/414/EWG[10)] eingesetzten Ständigen Lebensmittelausschusses eingeführt wird.

(12) Zwischen dem Europäischen Parlament, dem Rat und der Kommission wurde am 20. Dezember 1994 ein „Modus vivendi" betreffend die Maßnahmen zur Durchführung der nach dem Verfahren des Artikels 189b des Vertrags angenommenen Rechtsakte vereinbart[11)] –

HABEN FOLGENDE VERORDNUNG ERLASSEN:

Artikel 1

(1) In dieser Verordnung ist das Inverkehrbringen neuartiger Lebensmittel und neuartiger Lebensmittelzutaten in der Gemeinschaft geregelt.

(2) Diese Verordnung findet Anwendung auf das Inverkehrbringen von Lebensmitteln und Lebensmittelzutaten in der Gemeinschaft, die in dieser bisher noch nicht in nennenswertem Umfang für den menschlichen Verzehr verwendet wurden und die unter nachstehende Gruppen von Erzeugnissen fallen:

a) Lebensmittel und Lebensmittelzutaten, die genetisch veränderte Organismen im Sinne der Richtlinie 90/220/EWG enthalten oder aus solchen bestehen;
b) Lebensmittel und Lebensmittelzutaten, die aus genetisch veränderten Organismen hergestellt wurden, solche jedoch nicht enthalten;
c) Lebensmittel und Lebensmittelzutaten mit neuer oder gezielt modifizierter primärer Molekularstruktur;
d) Lebensmittel und Lebensmittelzutaten, die aus Mikroorganismen, Pilzen oder Algen bestehen oder aus diesen isoliert worden sind;
e) Lebensmittel und Lebensmittelzutaten, die aus Pflanzen bestehen oder aus Pflanzen isoliert worden sind, und aus Tieren isolierte Lebensmittelzutaten, außer Lebensmittel oder Lebensmittelzutaten, die mit herkömmlichen Vermehrungs- oder Zuchtmethoden gewonnen wurden und die erfahrungsgemäß als unbedenkliche Lebensmittel gelten können;
f) Lebensmittel und Lebensmittelzutaten, bei deren Herstellung ein nicht übliches Verfahren angewandt worden ist und bei denen dieses Verfahren eine bedeutende Veränderung ihrer Zusammensetzung oder der Struktur der Lebensmittel oder der Lebensmittelzutaten bewirkt hat, was sich auf ihren Nährwert, ihren Stoffwechsel oder auf die Menge unerwünschter Stoffe im Lebensmittel auswirkt.

(3) Gegebenenfalls kann nach dem Verfahren des Artikels 13 festgelegt werden, ob ein Lebensmittel oder eine Lebensmittelzutat unter Absatz 2 dieses Artikels fällt.

Artikel 2 [*)]

(1) Diese Verordnung gilt nicht für

a) Lebensmittelzusatzstoffe, die unter die Richtlinie 89/107/EWG des Rates vom 21. Dezember 1988 zur Angleichung der Rechtsvorschriften der Mitgliedstaaten über Zusatzstoffe, die in Lebensmitteln verwendet werden dürfen[12)], fallen;

[10)] ABl. Nr. L 291 vom 19. 11. 1969, S. 9.
[11)] ABl. Nr. C 102 vom 4.4.1996, S. 1.
[*)] Erklärung der Kommission zu Artikel 2: Die Kommission bekräftigt, daß sie, sollte die Erfahrung zeigen, daß in dem durch den bestehenden Rechtsrahmen geregelten System des Schutzes der Volksgesundheit, insbesondere hinsichtlich Verarbeitungshilfsstoffen, Lücken bestehen, angemessene Vorschläge zur Behebung dieser Lücken vorlegen wird.
[12)] ABl. Nr. L 40 vom 11. 2. 1989, S. 27. Richtlinie zuletzt geändert durch die Richtlinie 94/34/EG (ABl. Nr. L 237 vom 10. 9. 1994, S. 1).

b) Aromen zur Verwendung in Lebensmitteln, die unter die Richtlinie 88/388/EWG des Rates vom 22. Juni 1988 zur Angleichung der Rechtsvorschriften der Mitgliedstaaten über Aromen zur Verwendung in Lebensmitteln und über Ausgangsstoffe für ihre Herstellung[13] fallen;

c) Extraktionslösungsmittel zur Herstellung von Lebensmitteln, die unter die Richtlinie 88/344/EWG des Rates vom 13. Juni 1988 zur Angleichung der Rechtsvorschriften der Mitgliedstaaten über Extraktionslösungsmittel, die bei der Herstellung von Lebensmitteln und Lebensmittelzutaten verwendet werden[14], fallen.

(2) Die Ausnahmen vom Geltungsbereich dieser Verordnung gemäß Absatz 1 Buchstaben a), b) und c) gelten nur, solange das in dieser Verordnung festgelegte Sicherheitsniveau den in den Richtlinien 89/107/EWG, 88/388/EWG und 88/344/EWG festgelegten Sicherheitsniveaus entspricht.

(3) Unter Beachtung von Artikel 11 stellt die Kommission sicher, daß die sowohl in den obengenannten Richtlinien als auch in den Durchführungsbestimmungen zu den genannten Richtlinien und zu dieser Verordnung festgelegten Sicherheitsniveaus dem Sicherheitsniveau dieser Verordnung entsprechen.

Artikel 3

(1) Lebensmittel oder Lebensmittelzutaten, die unter diese Verordnung fallen, dürfen

- keine Gefahr für den Verbraucher darstellen;
- keine Irreführung des Verbrauchers bewirken;
- sich von Lebensmitteln oder Lebensmittelzutaten, die sie ersetzen sollen, nicht so unterscheiden, daß ihr normaler Verzehr Ernährungsmängel für den Verbraucher mit sich brächte.

(2) Im Hinblick auf das Inverkehrbringen der unter diese Verordnung fallenden Lebensmittel und Lebensmittelzutaten in der Gemeinschaft finden die Verfahren der Artikel 4, 6, 7 und 8 anhand der in Absatz 1 dieses Artikels festgelegten Kriterien und der in diesen Artikeln erwähnten sonstigen relevanten Faktoren Anwendung. Was jedoch die Lebensmittel oder Lebensmittelzutaten im Sinne dieser Verordnung anbelangt, die aus Pflanzensorten gewonnen worden sind, für die die Richtlinien 70/457/EWG und 70/458/EWG gelten, so wird die Genehmigungsentscheidung im Sinne des Artikels 7 dieser Verordnung im Rahmen der in diesen Richtlinien vorgesehenen Verfahren getroffen, sofern dabei die in dieser Verordnung festgelegten Prüfungsgrundsätze sowie die in Absatz 1 dieses Artikels genannten Kriterien berücksichtigt werden; eine Ausnahme hiervon bilden die Bestimmungen für die Etikettierung dieser Lebensmittel oder Lebensmittelzutaten, die gemäß Artikel 8 nach dem Verfahren des Artikels 13 festgelegt werden.

(3) Absatz 2 gilt nicht für Lebensmittel und Lebensmittelzutaten im Sinne des Artikels 1 Absatz 2 Buchstabe b), wenn der für die Herstellung des Lebensmittels und der Lebensmittelzutat verwendete genetisch veränderte Organismus gemäß dieser Verordnung in Verkehr gebracht wird.

(4) Abweichend von Absatz 2 gilt das Verfahren des Artikels 5 für Lebensmittel oder Lebensmittelzutaten im Sinne des Artikels 1 Absatz 2 Buchstaben b), d) und e), die nach den verfügbaren und allgemein anerkannten wissenschaftlichen Befunden oder aufgrund einer Stellungnahme einer der in Artikel 4 Absatz 3 genannten zuständigen Stellen hinsichtlich ihrer Zusammensetzung, ihres Nährwerts, ihres Stoffwechsels, ihres Verwendungszwecks und ihres Gehalts an unerwünschten Stoffen den bestehenden Lebensmitteln und Lebensmittelzutaten im wesentlichen gleichwertig sind. Gegebenenfalls kann nach dem Verfahren des Artikels 13 festgelegt werden, ob ein Lebensmittel oder eine Lebensmittelzutat unter diesen Absatz fällt.

---

[13] ABl. Nr. L 184 vom 15. 7. 1988, S. 61. Richtlinie zuletzt geändert durch die Richtlinie 91/71/EWG (ABl. Nr. L 42 vom 15. 2. 1991, S. 25).

[14] ABl. Nr. L 157 vom 24. 6. 1988, S. 28. Richtlinie zuletzt geändert durch die Richtlinie 92/115/EWG (ABl. Nr. L 409 vom 31. 12. 1992, S. 31).

Artikel 4

(1) Die Person, die für das Inverkehrbringen des Erzeugnisses in der Gemeinschaft verantwortlich ist (im folgenden „der Antragsteller" genannt), unterbreitet dem Mitgliedstaat, in dem das Erzeugnis erstmals in den Verkehr gebracht werden soll, einen Antrag. Gleichzeitig übermittelt sie der Kommission eine Antragskopie.

(2) Die Erstprüfung gemäß Artikel 6 wird durchgeführt. Nach Abschluß des Verfahrens des Artikels 6 Absatz 4 unterrichtet der in Absatz 1 bezeichnete Mitgliedstaat unverzüglich den Antragsteller darüber, dass

- er das Lebensmittel oder die Lebensmittelzutat in den Verkehr bringen darf, wenn die ergänzende Prüfung nach Artikel 6 Absatz 3 nicht erforderlich und kein begründeter Einwand gemäß Artikel 6 Absatz 4 erhoben worden ist, oder
- eine Entscheidung über die Genehmigung gemäß Artikel 7 erforderlich ist.

(3) Jeder Mitgliedstaat teilt der Kommission den Namen und die Anschrift der zuständigen Lebensmittelprüfstellen in seinem Hoheitsgebiet mit, die für die Ausarbeitung der Berichte über die Erstprüfung gemäß Artikel 6 Absatz 2 verantwortlich sind.

(4) Vor Inkrafttreten dieser Verordnung veröffentlicht die Kommission Empfehlungen zu den wissenschaftlichen Aspekten der

- zur Antragstellung erforderlichen Informationen sowie ihrer Aufmachung,
- Erstellung der Berichte über die Erstprüfung gemäß Artikel 6.

(5) Etwaige Durchführungsbestimmungen zu diesem Artikel werden nach dem Verfahren des Artikels 13 erlassen.

Artikel 5

Bei den Lebensmitteln oder Lebensmittelzutaten im Sinne des Artikels 3 Absatz 4 unterrichtet der Antragsteller die Kommission über das Inverkehrbringen. Dieser Mitteilung sind die zweckdienlichen Angaben nach Artikel 3 Absatz 4 beigefügt. Die Kommission übermittelt den Mitgliedstaaten innerhalb von 60 Tagen eine Kopie dieser Mitteilung sowie auf Anfrage eines Mitgliedstaats eine Kopie der genannten zweckdienlichen Angaben. Die Kommission veröffentlicht jährlich eine Zusammenfassung dieser Mitteilungen im Amtsblatt der Europäischen Gemeinschaften, Teil C. Für die Kennzeichnung gelten die Bestimmungen des Artikels 8.

Artikel 6

(1)Der Antrag gemäß Artikel 4 Absatz 1 enthält die erforderlichen Angaben, einschließlich einer Kopie der durchgeführten Studien, und alle sonstigen Elemente, anhand deren nachgewiesen werden kann, daß das Lebensmittel oder die Lebensmittelzutat den Kriterien gemäß Artikel 3 Absatz 1 entspricht, sowie einen angemessenen Vorschlag für die Aufmachung und Etikettierung des Lebensmittels oder der Lebensmittelzutat entsprechend den Anforderungen des Artikels 8. Ferner ist dem Antrag eine Zusammenfassung des Antragsdossiers beizufügen.

(2) Nach Eingang des Antrags sorgt der in Artikel 4 Absatz 1 bezeichnete Mitgliedstaat dafür, daß eine Erstprüfung durchgeführt wird. Dazu teilt er entweder der Kommission den Namen der mit der Ausarbeitung des Berichts über die Erstprüfung beauftragten zuständigen Lebensmittelprüfstelle mit oder ersucht die Kommission, in Absprache mit einem anderen Mitgliedstaat eine der in Artikel 4 Absatz 3 genannten Prüfstellen mit der Ausarbeitung eines solchen Berichts zu beauftragen. Die Kommission leitet an die Mitgliedstaaten unverzüglich eine Kopie der vom Antragsteller vorgelegten Zusammenfassung weiter und gibt ihnen den Namen der mit der Erstprüfung beauftragten zuständigen Lebensmittelprüfstelle bekannt.

(3) Innerhalb von drei Monaten nach Eingang des in Übereinstimmung mit den Bedingungen des Absatzes 1 erstellten Antrags wird im Einklang mit den Empfehlungen gemäß Artikel 4 Absatz 4 ein Bericht über die Erstprüfung erstellt, aus dem hervorgeht, ob das Lebensmittel oder die Lebensmittelzutat einer ergänzenden Prüfung nach Artikel 7 zu unterziehen ist.

(4) Der betreffende Mitgliedstaat übermittelt den Bericht der zuständigen Lebensmittelprüfstelle unverzüglich der Kommission, die ihn an die übrigen Mitgliedstaaten weiterleitet. Ein Mitgliedstaat oder die Kommission kann innerhalb von 60 Tagen nach Vorlage des Berichts durch die Kommission Bemerkungen übermitteln oder einen begründeten Einwand gegen das Inverkehrbringen des Lebensmittels oder der Lebensmittelzutat erheben. Die Bemerkungen oder Einwände können auch die Aufmachung oder Etikettierung des Lebensmittels oder der Lebensmittelzutat betreffen. Die Bemerkungen oder Einwände sind an die Kommission zu richten, die sie innerhalb der vorgenannten Frist von 60 Tagen an die Mitgliedstaaten weiterleitet. Auf Verlangen eines Mitgliedstaats übermittelt der Antragsteller eine Kopie der mit dem Antrag vorgelegten zweckdienlichen Informationen.

Artikel 7

(1) Ist gemäß Artikel 6 Absatz 3 eine ergänzende Prüfung erforderlich oder wird gemäß Artikel 6 Absatz 4 ein Einwand erhoben, so wird eine Entscheidung über die Genehmigung nach dem Verfahren des Artikels 13 getroffen.

(2) Bei dieser Entscheidung wird der Geltungsbereich der Genehmigung und gegebenenfalls folgendes vorgeschrieben:
- die Bedingungen für die Verwendung des Lebensmittels oder der Lebensmittelzutat;
- die Bezeichnung des Lebensmittels oder der Lebensmittelzutat sowie seine/ihre genauen Merkmale;
- die spezifischen Etikettierungsanforderungen gemäß Artikel 8.

(3) Die Kommission unterrichtet den Antragsteller unverzüglich über die getroffene Entscheidung. Die Entscheidungen werden im Amtsblatt der Europäischen Gemeinschaften veröffentlicht.

Artikel 8

(1) Unbeschadet der übrigen Anforderungen der gemeinschaftlichen Rechtsvorschriften für die Etikettierung von Lebensmitteln gelten folgende zusätzliche spezifische Etikettierungsanforderungen für Lebensmittel zur Unterrichtung der Endverbraucher über:

a) alle Merkmale oder Ernährungseigenschaften, wie
   - Zusammensetzung,
   - Nährwert oder nutritive Wirkungen,
   - Verwendungszweck des Lebensmittels,

   die dazu führen, daß ein neuartiges Lebensmittel oder eine neuartige Lebensmittelzutat nicht mehr einem bestehenden Lebensmittel oder einer bestehenden Lebensmittelzutat gleichwertig ist.

   Ein neuartiges Lebensmittel oder eine neuartige Lebensmittelzutat gilt als nicht mehr gleichwertig im Sinne dieses Artikels, wenn durch eine wissenschaftliche Beurteilung auf der Grundlage einer angemessenen Analyse der vorhandenen Daten nachgewiesen werden kann, daß die geprüften Merkmale Unterschiede gegenüber konventionellen Lebensmitteln oder Lebensmittelzutaten aufweisen, unter Beachtung der anerkannten Grenzwerte für natürliche Schwankungen dieser Merkmale.

   In diesem Fall sind auf der Etikettierung diese veränderten Merkmale oder Eigenschaften sowie das Verfahren, mit dem sie erzielt wurden, anzugeben;

b) vorhandene Stoffe, die in bestehenden gleichwertigen Lebensmitteln nicht vorhanden sind und die Gesundheit bestimmter Bevölkerungsgruppen beeinflussen können;

c) vorhandene Stoffe, die in bestehenden gleichwertigen Lebensmitteln nicht vorhanden sind und gegen die ethische Vorbehalte bestehen;

d) vorhandene genetisch veränderte Organismen, die durch die in der nicht erschöpfenden Liste in Anhang I A Teil 1 der Richtlinie 90/220/EWG genannten Verfahren der Gentechnik genetisch verändert wurden.

(2) Gibt es keine gleichwertigen Lebensmittel oder Lebensmittelzutaten, so werden gegebenenfalls geeignete Bestimmungen erlassen, um sicherzustellen, daß der Verbraucher in angemessener Weise über die Art des Lebensmittels oder der Lebensmittelzutat informiert wird.

(3) Etwaige Durchführungsbestimmungen zu diesem Artikel werden nach dem Verfahren des Artikels 13 erlassen.

Artikel 9

(1) Wenn Lebensmittel oder Lebensmittelzutaten, die in den Anwendungsbereich dieser Verordnung fallen, genetisch veränderte Organismen im Sinne von Artikel 2 Absätze 1 und 2 der Richtlinie 90/220/EWG enthalten oder aus solchen bestehen, so sind die im Antrag auf Inverkehrbringen nach Artikel 6 Absatz 1 erforderlichen Angaben zu ergänzen durch

- eine Kopie der schriftlichen Zustimmung der zuständigen Behörde zur absichtlichen Freisetzung genetisch veränderter Organismen für Forschungs- und Entwicklungszwecke gemäß Artikel 6 Absatz 4 der Richtlinie 90/220/EWG, soweit eine solche Zustimmung erforderlich ist, sowie die Ergebnisse der Freisetzungen in bezug auf Risiken für die menschliche Gesundheit und die Umwelt;
- das vollständige technische Dossier mit den in Artikel 11 der Richtlinie 90/220/EWG verlangten maßgeblichen Informationen und der aufgrund dieser Informationen vorgenommenen Umweltverträglichkeitsprüfung sowie die Ergebnisse von Untersuchungen zu Forschungs- und Entwicklungszwecken bzw. gegebenenfalls die Entscheidung über die Genehmigung für das Inverkehrbringen gemäß Teil C der Richtlinie 90/220/EWG.
  Die Artikel 11 bis 18 der Richtlinie 90/220/EWG finden keine Anwendung auf Lebensmittel oder Lebensmittelzutaten, die genetisch veränderte Organismen enthalten oder aus solchen bestehen.

(2) Im Fall von Lebensmitteln oder Lebensmittelzutaten, die in den Anwendungsbereich dieser Verordnung fallen und genetisch veränderte Organismen enthalten oder aus solchen bestehen, sind bei der in Artikel 7 genannten Entscheidung die Umweltsicherheitsanforderungen gemäß der Richtlinie 90/220/EWG zu berücksichtigen, um sicherzustellen, daß alle geeigneten Maßnahmen getroffen werden, um etwaige schädliche Auswirkungen der absichtlichen Freisetzung von genetisch veränderten Organismen auf die menschliche Gesundheit und die Umwelt zu vermeiden. Während der Prüfung der Anträge auf Inverkehrbringen für Erzeugnisse, die genetisch veränderte Organismen enthalten oder aus solchen bestehen, werden die von der Gemeinschaft oder den Mitgliedstaaten gemäß der Richtlinie 90/220/EWG eingesetzten Gremien erforderlichenfalls von der Kommission oder den Mitgliedstaaten konsultiert.

Artikel 10

Durchführungsbestimmungen betreffend den Schutz von Daten, die vom Antragsteller übermittelt werden, werden nach dem Verfahren des Artikels 13 erlassen.

Artikel 11

Der Wissenschaftliche Lebensmittelausschuß wird zu allen unter diese Verordnung fallenden Fragen, die Auswirkungen auf die öffentliche Gesundheit haben könnten, gehört.

Artikel 12

(1) Hat ein Mitgliedstaat aufgrund neuer Informationen oder infolge einer Neubewertung bestehender Informationen stichhaltige Gründe zu der Annahme, daß die Verwendung von Lebensmitteln oder Lebensmittelzutaten, die dieser Verordnung genügen, die menschliche Gesundheit oder die Umwelt gefährdet, so kann er den Handel und die Verwendung des betreffenden Lebensmittels oder der Lebensmittelzutat in seinem Hoheitsgebiet vorübergehend einschränken oder aussetzen. Er unterrichtet hiervon unverzüglich die anderen Mitgliedstaaten und die Kommission unter Angabe der Gründe für seine Entscheidung.

(2) Die Kommission prüft im Rahmen des Ständigen Lebensmittelausschusses so bald wie möglich die Gründe im Sinne des Absatzes 1 und trifft nach dem Verfahren des Artikels 13 geeignete Maßnahmen. Der Mitgliedstaat, der die Entscheidung nach Absatz 1 getroffen hat, kann sie bis zum Inkrafttreten dieser Maßnahmen aufrechterhalten.

Artikel 13

(1) Bei der Anwendung des in diesem Artikel festgelegten Verfahrens wird die Kommission von dem Ständigen Lebensmittelausschuß, nachstehend „Ausschuß" genannt, unterstützt.

(2) Der Vorsitzende des Ausschusses befaßt diesen von sich aus oder auf Antrag des Vertreters eines Mitgliedstaats.

(3) Der Vertreter der Kommission unterbreitet dem Ausschuß einen Entwurf der zu treffenden Maßnahmen. Der Ausschuß gibt seine Stellungnahme zu diesem Entwurf innerhalb einer Frist ab, die der Vorsitzende unter Berücksichtigung der Dringlichkeit der betreffenden Frage festsetzen kann. Die Stellungnahme wird mit der Mehrheit abgegeben, die in Artikel 148 Absatz 2 des Vertrags für die Annahme der vom Rat auf Vorschlag der Kommission zu fassenden Beschlüsse vorgesehen ist. Bei der Abstimmung im Ausschuß werden die Stimmen der Vertreter der Mitgliedstaaten gemäß dem vorgenannten Artikel gewogen. Der Vorsitzende nimmt an der Abstimmung nicht teil.

(4) a) Die Kommission erläßt die beabsichtigten Maßnahmen, wenn sie mit der Stellungnahme des Ausschusses übereinstimmen.

b) Stimmen die beabsichtigten Maßnahmen mit der Stellungnahme des Ausschusses nicht überein oder liegt keine Stellungnahme vor, so unterbreitet die Kommission dem Rat unverzüglich einen Vorschlag für die zu treffenden Maßnahmen. Der Rat beschließt mit qualifizierter Mehrheit.

Hat der Rat nach Ablauf einer Frist von drei Monaten nach seiner Befassung keinen Beschluß gefaßt, so werden die vorgeschlagenen Maßnahmen von der Kommission erlassen.

Artikel 14

(1) Spätestens fünf Jahre nach Inkrafttreten dieser Verordnung übermittelt die Kommission dem Rat und dem Europäischen Parlament im Lichte der gesammelten Erfahrungen einen Bericht über die Durchführung der Verordnung, gegebenenfalls zusammen mit geeigneten Vorschlägen.

(2) Unbeschadet der Überprüfung gemäß Absatz 1 überwacht die Kommission die Anwendung dieser Verordnung und ihre Auswirkungen auf die Gesundheit, den Verbraucherschutz, die Verbraucherinformation und das Funktionieren des Binnenmarkts und unterbreitet nötigenfalls zum frühestmöglichen Zeitpunkt Vorschläge.

Artikel 15

Diese Verordnung tritt 90 Tage nach ihrer Veröffentlichung im Amtsblatt der Europäischen Gemeinschaften in Kraft.

Diese Verordnung ist in allen ihren Teilen verbindlich und gilt unmittelbar in jedem Mitgliedstaat.

Geschehen zu Brüssel am 27. Januar 1997.

Im Namen des Europäischen Parlaments	*Im Namen des Rates*
Der Präsident	*Der Präsident*
J. M. Gil-Robles	G. Zalm

Verordnung (EG) Nr. 1829/2003 des Europäischen Parlaments und des Rates vom 22. September 2003

über genetisch veränderte Lebensmittel und Futtermittel[*]

DAS EUROPÄISCHE PARLAMENT UND DER RAT DER EUROPÄISCHEN UNION –

gestützt auf den Vertrag zur Gründung der Europäischen Gemeinschaft, insbesondere auf die Artikel 37 und 95 und Artikel 152 Absatz 4 Buchstabe b),

auf Vorschlag der Kommission[1],

nach Stellungnahme des Europäischen Wirtschafts- und Sozialausschusses[2],

nach Stellungnahme des Ausschusses der Regionen[3],

gemäß dem Verfahren des Artikels 251 des Vertrags[4],

in Erwägung nachstehender Gründe:

(1) Der freie Verkehr mit sicheren und gesunden Lebensmitteln und Futtermitteln ist ein wichtiger Aspekt des Binnenmarkts und trägt wesentlich zur Gesundheit und zum Wohlergehen der Bürger und zu ihren sozialen und wirtschaftlichen Interessen bei.

(2) Bei der Durchführung der Politiken der Gemeinschaft sollte ein hohes Maß an Schutz für Leben und Gesundheit des Menschen gewährleistet werden.

(3) Zum Schutz der Gesundheit von Mensch und Tier sollten Lebensmittel und Futtermittel, die aus genetisch veränderten Organismen bestehen, diese enthalten oder daraus hergestellt werden (im Folgenden als „genetisch veränderte Lebensmittel und Futtermittel" bezeichnet) einer Sicherheitsprüfung nach einem Gemeinschaftsverfahren unterzogen werden, bevor sie in der Gemeinschaft in Verkehr gebracht werden.

(4) Unterschiede in den einzelstaatlichen Rechts- und Verwaltungsvorschriften für die Prüfung und Zulassung von genetisch veränderten Lebensmitteln und Futtermitteln können ihren freien Verkehr beeinträchtigen und ungleiche und unfaire Wettbewerbsbedingungen schaffen.

(5) Ein Zulassungsverfahren unter Beteiligung der Mitgliedstaaten und der Kommission ist für genetisch veränderte Lebensmittel in der Verordnung (EG) Nr. 258/97 des Europäischen Parlaments und des Rates vom 27.

---

[*] ABl. L 268 vom 18.10.2003, S. 1

[1] ABl. C 304 E vom 30.10.2001, S. 221.

[2] ABl. C 221 vom 17.9.2002, S. 114.

[3] ABl. C 278 vom 14.11.2002, S. 31.

[4] Stellungnahme des Europäischen Parlaments vom 3. Juli 2002 (noch nicht im Amtsblatt veröffentlicht), Gemeinsamer Standpunkt des Rates vom 17. März 2003 (ABl. C 113 E vom 13.5.2003, S. 31), Beschluss des Europäischen Parlaments vom 2. Juli 2003 (noch nicht im Amtsblatt veröffentlicht) und Beschluss des Rates vom 22. Juli 2003.

Januar 1997 über neuartige Lebensmittel und neuartige Lebensmittelzutaten[5] eingeführt worden. Dieses Verfahren sollte einfacher und transparenter gestaltet werden.

(6) Die Verordnung (EG) Nr. 258/97 sieht auch ein Anmeldeverfahren für neuartige Lebensmittel vor, die im Wesentlichen den bestehenden Lebensmitteln gleichwertig sind. Zwar ist die wesentliche Gleichwertigkeit ein entscheidender Schritt bei der Sicherheitsprüfung genetisch veränderter Lebensmittel, stellt aber keine eigentliche Sicherheitsprüfung dar. Im Interesse der Klarheit, Transparenz und eines harmonisierten Rahmens für die Zulassung genetisch veränderter Lebensmittel sollte das Anmeldeverfahren für genetisch veränderte Lebensmittel aufgegeben werden.

(7) Futtermittel, die aus genetisch veränderten Organismen (GVO) bestehen oder diese enthalten, unterliegen bislang dem Zulassungsverfahren gemäß der Richtlinie 90/220/ EWG des Rates vom 23. April 1990[6] und der Richtlinie 2001/18/EG des Europäischen Parlaments und des Rates vom 12. März 2001 über die absichtliche Freisetzung genetisch veränderter Organismen in die Umwelt[7]; für aus GVO hergestellte Futtermittel besteht kein Zulassungsverfahren. Für Futtermittel, die aus GVO bestehen, diese enthalten oder daraus hergestellt werden, sollte daher ein einheitliches, effizientes und transparentes gemeinschaftliches Zulassungsverfahren festgelegt werden.

(8) Die Bestimmungen dieser Verordnung sollten auch für Futtermittel für solche Tiere gelten, die nicht für die Lebensmittelerzeugung bestimmt sind.

(9) Für die neuen Zulassungsverfahren für genetisch veränderte Lebensmittel und Futtermittel sollten die neuen Grundsätze gelten, die mit der Richtlinie 2001/18/EG eingeführt worden sind. Sie sollten darüber hinaus dem neuen Rahmen für die Risikobewertung in Fragen der Lebensmittelsicherheit Rechnung tragen, der durch die Verordnung (EG) Nr. 178/2002 des Europäischen Parlaments und des Rates vom 28. Januar 2002 zur Festlegung der allgemeinen Grundsätze und Anforderungen des Lebensmittelrechts, zur Errichtung der Europäischen Behörde für Lebensmittelsicherheit und zur Festlegung von Verfahren zur Lebensmittelsicherheit[8] geschaffen worden ist. Daher sollten genetisch veränderte Lebensmittel und Futtermittel nur dann für das Inverkehrbringen in der Gemeinschaft zugelassen werden, wenn eine den höchstmöglichen Anforderungen standhaltende wissenschaftliche Bewertung aller damit verbundenen Risiken für die Gesundheit von Mensch und Tier bzw. für die Umwelt unter der Verantwortung der Europäischen Behörde für Lebensmittelsicherheit („Behörde") durchgeführt worden ist. Dieser wissenschaftlichen Bewertung sollte sich eine Risikomanagemententscheidung durch die Gemeinschaft im Rahmen eines in enger Zusammenarbeit zwischen der Kommission und den Mitgliedstaaten durchzuführenden Regelungsverfahrens anschließen.

(10) Wie die Erfahrung gezeigt hat, sollte die Zulassung bei einem Produkt, das sowohl als Lebensmittel wie auch als Futtermittel verwendet werden kann, nicht für einen einzigen Verwendungszweck erteilt werden; solche Produkte sollten somit nur dann zugelassen werden, wenn sie die Zulassungskriterien sowohl für Lebensmittel als auch für Futtermittel erfüllen.

(11) Nach dieser Verordnung kann die Zulassung entweder für GVO, die als Ausgangsmaterial für die Herstellung von Lebensmitteln oder Futtermitteln verwendet werden sollen, oder für als Lebensmittel oder Futtermittel verwendete Produkte, die GVO enthalten, daraus bestehen oder daraus hergestellt werden, oder für aus GVO hergestellte Lebensmittel oder Futtermittel erteilt werden. Wenn somit bei der Herstellung von Lebensmitteln und/oder Futtermitteln verwendete GVO nach dieser Verordnung zugelassen worden sind, benötigen Lebensmittel und/oder Futtermittel, die diese GVO enthalten, daraus bestehen oder daraus hergestellt werden, keine Zulassung nach dieser Verordnung, sondern unterliegen den Erfordernissen der für diese GVO erteilten Zulassung. Darüber hinaus

---

[5] Abgedruckt in diesem Buch unter B.9
[6] ABl. L 117 vom 8.5.1990, S. 15. Richtlinie aufgehoben durch die Richtlinie 2001/18/EG.
[7] Abgedruckt in diesem Buch unter B.6
[8] ABl. L 31 vom 1.2.2002, S. 1.

sind die nach dieser Verordnung zugelassenen Lebensmittel von den Anforderungen nach der Verordnung (EG) Nr. 258/97 über neuartige Lebensmittel und neuartige Lebensmittelzutaten befreit, sofern sie nicht unter eine oder mehrere der Gruppen nach Artikel 1 Absatz 2 Buchstabe a) der Verordnung (EG) Nr. 258/97 hinsichtlich eines Merkmals fallen, das für die Zulassung nach der vorliegenden Verordnung nicht herangezogen worden ist.

(12) Die Richtlinie 89/107/EWG des Rates vom 21. Dezember 1988 zur Angleichung der Rechtsvorschriften der Mitgliedstaaten über Zusatzstoffe, die in Lebensmitteln verwendet werden dürfen[9], regelt die Zulassung von Zusatzstoffen in Lebensmitteln. Zusätzlich zu diesem Zulassungsverfahren sollten Lebensmittelzusatzstoffe, die GVO enthalten, daraus bestehen oder daraus hergestellt werden, auch hinsichtlich der Sicherheitsprüfung der genetischen Veränderung in den Geltungsbereich dieser Verordnung fallen, während die endgültige Zulassung nach der Richtlinie 89/107/EWG erteilt werden sollte.

(13) Aromastoffe, die in den Geltungsbereich der Richtlinie 88/388/EWG des Rates vom 22. Juni 1988 zur Angleichung der Rechtsvorschriften der Mitgliedstaaten über Aromen zur Verwendung in Lebensmitteln und über Ausgangsstoffe für ihre Herstellung[10] fallen, und die GVO enthalten, daraus bestehen oder daraus hergestellt werden, sollten hinsichtlich der Sicherheitsprüfung der genetischen Veränderung ebenfalls in den Geltungsbereich dieser Verordnung fallen.

(14) Die Richtlinie 82/471/EWG des Rates vom 30. Juni 1982 über bestimmte Erzeugnisse für die Tierernährung[11] sieht ein Zulassungsverfahren für Futtermittel vor, die nach bestimmten technischen Verfahren hergestellt worden sind, welche die Gesundheit von Mensch und Tier und die Umwelt gefährden können. Diese Futtermittel sollten, soweit sie GVO enthalten, daraus bestehen oder daraus hergestellt werden, stattdessen in den Geltungsbereich dieser Verordnung fallen.

(15) Die Richtlinie 70/524/EWG des Rates vom 23. November 1970 über Zusatzstoffe in der Tierernährung[12] regelt die Zulassung des Inverkehrbringens von Zusatzstoffen für Futtermittel. Zusätzlich zu diesem Zulassungsverfahren sollten Futtermittelzusatzstoffe, die GVO enthalten, daraus bestehen oder daraus hergestellt werden, ebenfalls in den Geltungsbereich dieser Verordnung fallen.

(16) Diese Verordnung sollte Lebensmittel und Futtermittel abdecken, die „aus" einem GVO, jedoch nicht solche, die „mit" einem GVO hergestellt sind. Entscheidend dabei ist, ob das Lebensmittel oder Futtermittel einen aus dem genetisch veränderten Ausgangsmaterial hergestellten Stoff enthält. Technische Hilfsstoffe, die nur während der Herstellung des Lebensmittels oder Futtermittels verwendet werden, entsprechen nicht der Definition der Lebensmittel oder Futtermittel und fallen daher auch nicht in den Geltungsbereich dieser Verordnung. Ebenso fallen Lebensmittel und Futtermittel, die mithilfe eines genetisch veränderten technischen Hilfsstoffes hergestellt wurden, nicht in den Geltungsbereich dieser Verordnung. Dies bedeutet, dass Produkte, die aus Tieren gewonnen worden sind, welche mit genetisch veränderten Futtermitteln gefüttert oder mit genetisch veränderten Arzneimitteln behandelt wurden, weder den Zulassungsbestimmungen noch den Kennzeichnungsbestimmungen dieser Verordnung unterliegen.

(17) Nach Artikel 153 des Vertrags trägt die Gemeinschaft zur Förderung des Rechts der Verbraucher auf Information bei. Zusätzlich zu den anderen in dieser Verordnung festgelegten Arten der Information der Öffentlichkeit ermöglicht die Kennzeichnung der Produkte dem Verbraucher informierte Entscheidungen und erleichtert einen fairen Handel zwischen Käufer und Verkäufer.

---

[9] ABl. L 40 vom 11.2.1989, S. 27. Richtlinie geändert durch die Richtlinie 94/34/EG des Europäischen Parlaments und des Rates (ABl. L 237 vom 10.9.1994, S. 1).
[10] ABl. L 184 vom 15.7.1988, S. 61. Richtlinie geändert durch die Richtlinie 91/71/EWG der Kommission (ABl. L 42 vom 15.2.1991, S. 25).
[11] ABl. L 213 vom 21.7.1982, S. 8. Richtlinie zuletzt geändert durch die Richtlinie 1999/20/EG (ABl. L 80 vom 25.3.1999, S. 20).
[12] ABl. L 270 vom 14.12.1970, S. 1. Richtlinie zuletzt geändert durch die Verordnung (EG) Nr. 1756/2002 (ABl. L 265 vom 3.10.2002, S. 1).

(18) Nach Artikel 2 der Richtlinie 2000/13/EG des Europäischen Parlaments und des Rates vom 20. März 2000 zur Angleichung der Rechtsvorschriften der Mitgliedstaaten über die Etikettierung und Aufmachung von Lebensmitteln sowie die Werbung hierfür[13] darf die Etikettierung den Käufer nicht über die Eigenschaften des Lebensmittels irreführen, und zwar insbesondere nicht über Art, Identität, Beschaffenheit, Zusammensetzung und Herstellungs- oder Gewinnungsverfahren.

(19) Weitere Anforderungen an die Kennzeichnung genetisch veränderter Lebensmittel sind festgelegt in der Verordnung (EG) Nr. 258/97, der Verordnung (EG) Nr. 1139/ 98 des Rates vom 26. Mai 1998 über Angaben, die zusätzlich zu den in der Richtlinie 79/112/EWG aufgeführten Angaben bei der Etikettierung bestimmter, aus genetisch veränderten Organismen hergestellter Lebensmittel vorgeschrieben sind[14], sowie der Verordnung (EG) Nr. 50/2000 der Kommission vom 10. Januar 2000 über die Etikettierung von Lebensmitteln und Lebensmittelzutaten, die genetisch veränderte oder aus genetisch veränderten Organismen hergestellte Zusatzstoffe und Aromen enthalten[15].

(20) Es sollten harmonisierte Kennzeichnungsvorschriften für genetisch veränderte Futtermittel festgelegt werden, um für den Endverbraucher, insbesondere in Viehzuchtbetrieben, präzise Informationen über die Zusammensetzung und Eigenschaften der Futtermittel bereitzustellen, anhand deren er fundierte Entscheidungen treffen kann.

(21) Die Kennzeichnung sollte objektive Informationen darüber enthalten, dass ein Lebensmittel oder Futtermittel aus GVO besteht, diese enthält oder daraus hergestellt wird. Eine eindeutige Kennzeichnung, unabhängig von der Nachweisbarkeit von DNA oder Proteinen aufgrund der genetischen Veränderung im Endprodukt, erfüllt die in zahlreichen Untersuchungen von einer großen Mehrheit der Verbraucher zum Ausdruck gebrachten Forderungen, erleichtert fundierte Entscheidungen und vermeidet eine potenzielle Irreführung der Verbraucher hinsichtlich des Herstellungs- oder Gewinnungsverfahrens.

(22) Darüber hinaus sollte die Kennzeichnung über alle Merkmale oder Eigenschaften Auskunft geben, die dazu führen, dass ein Lebensmittel oder Futtermittel sich von einem entsprechenden herkömmlichen Erzeugnis in Bezug auf die Zusammensetzung, den Nährwert oder auf nutritive Wirkungen, den Verwendungszweck, die gesundheitlichen Auswirkungen auf bestimmte Bevölkerungsgruppen sowie Merkmale oder Eigenschaften, die Anlass zu ethischen oder religiösen Bedenken geben, unterscheidet.

(23) Die Verordnung (EG) Nr. 1830/2003 des Europäischen Parlaments und des Rates vom 22. September 2003 über die Rückverfolgbarkeit und Kennzeichnung von genetisch veränderten Organismen und über die Rückverfolgbarkeit von aus genetisch veränderten Organismen hergestellten Lebensmitteln und Futtermitteln und zur Änderung der Richtlinie 2001/18/EG[16] gewährleistet, dass die einschlägigen Informationen über die genetische Veränderung in jeder Phase des Inverkehrbringens von GVO und daraus hergestellten Lebensmitteln und Futtermitteln verfügbar sind, und dürfte dadurch die präzise Kennzeichnung erleichtern.

(24) Obwohl manche Unternehmer die Verwendung von genetisch veränderten Lebensmitteln und Futtermitteln vermeiden, kann dieses Material in konventionellen Lebensmitteln und Futtermitteln in sehr kleinen Spuren vorhanden sein, und zwar wegen des zufälligen oder technisch nicht zu vermeidenden Vorhandenseins bei der Saatgutproduktion, dem Anbau, der Ernte, dem Transport oder der Verarbeitung. In diesen Fällen sollte das Lebensmittel oder Futtermittel nicht den Kennzeichnungsanforderungen dieser Verordnung unterliegen. Zur Erreichung dieses Ziels sollte für das zufällige oder technisch nicht zu vermeidende Vorhandensein genetisch veränderten Materials in Lebensmitteln oder Futtermitteln ein Schwellenwert festgelegt werden, und zwar sowohl,

---

[13] ABl. L 109 vom 6.5.2000, S. 29. Richtlinie geändert durch die Richtlinie 2001/101/EG der Kommission (ABl. L 310 vom 28.11.2001, S. 19).
[14] ABl. L 159 vom 3.6.1998, S. 4. Richtlinie geändert durch die Verordnung (EG) Nr. 49/2000 der Kommission (ABl. L 6 vom 11.1.2000, S. 13).
[15] ABl. L 6 vom 11.1.2000, S. 15.
[16] Siehe Ordnungsnummer B.11 dieser Textsammlung

wenn das Inverkehrbringen solchen Materials in der Gemeinschaft zugelassen ist, als auch, wenn dieses Vorhandensein aufgrund der vorliegenden Verordnung toleriert wird.

(25) Für den Fall, dass die Gesamtmenge der zufälligen und technisch nicht zu vermeidenden Anteile des genetisch veränderten Materials in einem Lebensmittel oder Futtermittel oder in einem seiner Bestandteile den festgelegten Schwellenwert übersteigt, sollte vorgesehen werden, dass dies gemäß der vorliegenden Verordnung angegeben wird und dass ausführliche Bestimmungen für die Durchführung dieser Verordnung erlassen werden. Vorgesehen werden sollte die Möglichkeit, niedrigere Schwellenwerte festzulegen, insbesondere für Lebensmittel und Futtermittel, die GVO enthalten oder daraus bestehen, oder um dem wissenschaftlichen und technologischen Fortschritt Rechnung zu tragen.

(26) Es ist unbedingt notwendig, dass die Unternehmer sich bemühen, das zufällige Vorhandensein genetisch veränderten Materials, das nach den gemeinschaftlichen Rechtsvorschriften nicht zugelassen ist, in Lebensmitteln und Futtermitteln zu vermeiden. Im Interesse der Praktikabilität und Durchführbarkeit dieser Verordnung sollte jedoch ein bestimmter Schwellenwert – mit der Möglichkeit, niedrigere Schwellenwerte festzulegen, insbesondere für direkt an den Endverbraucher verkaufte GVO – im Rahmen einer Übergangsmaßnahme für sehr kleine Spuren dieses genetisch veränderten Materials in Lebensmitteln oder Futtermitteln festgelegt werden, sofern das Vorhandensein solchen Materials zufällig oder technisch nicht zu vermeiden ist und alle in dieser Verordnung festgelegten speziellen Voraussetzungen erfüllt sind. Die Richtlinie 2001/18/EG sollte entsprechend angepasst werden. Die Anwendung dieser Maßnahme sollte im Rahmen der allgemeinen Überprüfung der Durchführung dieser Verordnung überprüft werden.

(27) Zur Feststellung, dass das Vorhandensein dieser Stoffe zufällig oder technisch nicht zu vermeiden ist, müssen die Unternehmer den zuständigen Behörden nachweisen können, dass sie geeignete Maßnahmen ergriffen haben, um das Vorhandensein genetisch veränderter Lebensmittel oder Futtermittel zu vermeiden.

(28) Die Unternehmer sollten das unbeabsichtigte Vorhandensein von GVO in anderen Produkten vermeiden. Die Kommission sollte Informationen sammeln und auf dieser Grundlage Leitlinien für die Koexistenz von genetisch veränderten, konventionellen und ökologischen Kulturen entwickeln. Außerdem wird die Kommission aufgefordert, möglichst bald alle weiteren erforderlichen Vorschläge zu unterbreiten.

(29) Die Rückverfolgbarkeit und Kennzeichnung von GVO auf allen Stufen des Inverkehrbringens einschließlich der Möglichkeit, Schwellenwerte festzulegen, wird durch die Richtlinie 2001/18/EG und die Verordnung (EG) Nr. 1830/2003 gewährleistet.

(30) Es müssen harmonisierte Verfahren für die Risikobewertung und Zulassung festgelegt werden, die effizient, befristet und transparent sind, sowie Kriterien für die Bewertung der potenziellen Risiken aus genetisch veränderten Lebensmitteln und Futtermitteln.

(31) Damit eine harmonisierte wissenschaftliche Bewertung genetisch veränderter Lebensmittel und Futtermittel gewährleistet ist, sollten diese Bewertungen von der Behörde durchgeführt werden. Da jedoch einzelne Handlungen oder Unterlassungen der Behörde gemäß dieser Verordnung unmittelbare rechtliche Wirkungen auf die Antragsteller zeitigen könnten, sollte die Möglichkeit einer Überprüfung dieser Handlungen oder Unterlassungen durch die Verwaltung vorgesehen werden.

(32) Es hat sich gezeigt, dass sich mit der wissenschaftlichen Risikobewertung allein in manchen Fällen nicht alle Informationen beschaffen lassen, auf die eine Risikomanagemententscheidung gegründet werden sollte, und dass noch andere legitime Faktoren berücksichtigt werden können, die für den jeweils zu prüfenden Sachverhalt relevant sind.

(33) Betrifft der Antrag Erzeugnisse, die einen genetisch veränderten Organismus enthalten oder aus einem solchen bestehen, so sollte der Antragsteller die Wahl haben, entweder eine bereits nach Teil C der Richtlinie 2001/18/EG erlangte Zulassung für die absichtliche Freisetzung in die Umwelt – unbeschadet der an diese Zulassung geknüpften Bedingungen – vorzulegen oder zu beantragen, dass die Umweltverträglichkeitsprüfung gleichzeitig mit der in der vorliegenden Verordnung vorgesehenen Sicherheitsprüfung durchgeführt wird. Im letzteren Falle müssen bei der Umweltverträglichkeitsprüfung die Anforderungen der Richtlinie 2001/18/EG eingehalten und die zu diesem Zweck von den Mitgliedstaaten benannten zuständigen innerstaatlichen Stellen von der Behörde konsultiert werden. Ferner sollte der Behörde die Möglichkeit gegeben werden, eine dieser zuständigen Stellen um die Durchführung der Umweltverträglichkeitsprüfung zu ersuchen. Außerdem sollten die zuständigen innerstaatlichen Stellen, die gemäß der Richtlinie 2001/18/EG benannt worden sind, in allen Fällen, die GVO sowie Lebensmittel und/oder Futtermittel betreffen, die einen GVO enthalten oder aus einem solchen bestehen, von der Behörde gemäß Artikel 12 Absatz 4 der genannten Richtlinie konsultiert werden, bevor sie die Umweltverträglichkeitsprüfung abschließt.

(34) Im Falle genetisch veränderter Organismen, die als Saatgut oder anderes pflanzliches Vermehrungsgut im Sinne dieser Verordnung verwendet werden sollen, sollte die Behörde verpflichtet sein, einer zuständigen innerstaatlichen Stelle die Umweltverträglichkeitsprüfung zu übertragen. Indessen sollten die im Rahmen dieser Verordnung erteilten Zulassungen weder die Bestimmungen der Richtlinien 68/193/EWG[17)], 2002/53/EG[18)] und 2002/55/EG[19)], die insbesondere Regeln und Kriterien für die Zulassung von Sorten und für ihre amtliche Zulassung im Hinblick auf die Aufnahme in gemeinsame Kataloge vorsehen, noch die Bestimmungen der Richtlinien 66/401/EWG[20)], 66/402/EWG[21)], 68/193/EWG, 92/33/EWG[22)], 92/34/EWG[23)], 2002/54/EG[24)], 2002/55/EG, 2002/56/EG[25)] und 2002/57/EG[26)], die insbesondere die Zertifizierung und das Inverkehrbringen von Saatgut und anderem pflanzlichem Vermehrungsgut regeln, berühren.

(35) Gegebenenfalls sind aufgrund des Ergebnisses der Risikobewertung Bestimmungen für die marktbegleitende Beobachtung hinsichtlich der Verwendung gentechnisch veränderter Lebensmittel für den menschlichen Verzehr und gentechnisch veränderter Futtermittel für den Verzehr durch Tiere festzulegen. Im Falle von GVO ist ein Überwachungsplan in Bezug auf die Umweltauswirkungen gemäß der Richtlinie 2001/18/EG zwingend vorgeschrieben.

(36) Zur Erleichterung der Kontrolle genetisch veränderter Lebensmittel und Futtermittel sollten die Antragsteller, die die Zulassung beantragen, geeignete Probenahme-, Identifizierungs- und Nachweisverfahren vorschlagen und Proben der genetisch veränderten Lebensmittel und Futtermittel bei der Behörde hinterlegen. Die Probenahme- und Nachweisverfahren sind gegebenenfalls durch das gemeinschaftliche Referenzlabor zu validieren.

(37) Der technologische Fortschritt und wissenschaftliche Entwicklungen sollten bei der Durchführung dieser Verordnung berücksichtigt werden.

(38) Lebensmittel und Futtermittel im Sinne dieser Verordnung, die vor dem Geltungsbeginn dieser Verordnung rechtmäßig in der Gemeinschaft in Verkehr gebracht worden sind, sollten weiterhin im Verkehr bleiben dürfen, sofern die Unternehmer der Kommission Informationen über die Risikobewertung, die Probenahme-, Identifizierungs- bzw. Nachweismethoden einschließlich Lebensmittel- und Futtermittelproben und ihrer Kontrollproben innerhalb von sechs Monaten nach dem Geltungsbeginn dieser Verordnung übermitteln.

---

17) ABl. L 93 vom 17.4.1968, S. 15. Richtlinie zuletzt geändert durch die Richtlinie 2002/11/EG (ABl. L 53 vom 23.2.2002, S. 20).
18) ABl. L 193 vom 20.7.2002, S. 1.
19) ABl. L 193 vom 20.7.2002, S. 33.
20) ABl. 125 vom 11.7.1966, S. 2298/66. Richtlinie zuletzt geändert durch die Richtlinie 2001/64/EG (ABl. L 234 vom 1.9.2001, S. 60).
21) ABl. 125 vom 11.7.1966, S. 2309/66. Richtlinie zuletzt geändert durch die Richtlinie 2001/64/EG.
22) ABl. L 157 vom 10.6.1992, S. 1. Richtlinie zuletzt geändert durch die Verordnung (EG) Nr. 806/2003 (ABl. L 122 vom 16.5.2003, S. 1).
23) ABl. L 157 vom 10.6.1992, S. 10. Richtlinie zuletzt geändert durch die Verordnung (EG) Nr. 806/2003.
24) ABl. L 193 vom 20.7.2002, S. 12.
25) ABl. L 193 vom 20.7.2002, S. 60. Richtlinie geändert durch die Entscheidung 2003/66/EG der Kommission (ABl. L 25 vom 30.1.2003, S. 42).
26) ABl. L 193 vom 20.7.2002, S. 74. Richtlinie zuletzt geändert durch die Richtlinie 2003/45/EG der Kommission (ABl. L 138 vom 5.6.2003, S. 40).

(39) Es sollte ein Register der nach dieser Verordnung zugelassenen genetisch veränderten Lebensmittel und Futtermittel eingerichtet werden, einschließlich spezifischer Produktinformationen, Studien zum Nachweis der Sicherheit des Produkts – einschließlich, soweit verfügbar, Verweise auf unabhängige und überprüfte Studien sowie Probenahme-, Identifizierungs- und Nachweismethoden. Nicht vertrauliche Daten sollten der Öffentlichkeit zugänglich gemacht werden.

(40) Zur Förderung der Forschung und Entwicklung in Bezug auf GVO, die zur Verwendung als Lebensmittel und/oder Futtermittel bestimmt sind, sollten die von Innovatoren getätigten Investitionen bei der Beschaffung von Informationen und Daten zur Unterstützung eines Antrags nach dieser Verordnung geschützt werden. Dieser Schutz sollte jedoch befristet werden, um die unnötige Wiederholung von Studien und Versuchen zu vermeiden, die nicht im Interesse der Öffentlichkeit läge.

(41) Die für die Durchführung dieser Verordnung erforderlichen Maßnahmen sollten gemäß dem Beschluss 1999/468/EG des Rates vom 28. Juni 1999 zur Festlegung der Modalitäten für die Ausübung der der Kommission übertragenen Durchführungsbefugnisse[27] erlassen werden.

(42) Die durch den Beschluss der Kommission vom 16. Dezember 1997 eingesetzte Europäische Gruppe für Ethik der Naturwissenschaften und der Neuen Technologien oder eine andere von der Kommission eingesetzte geeignete Stelle sollte gehört werden können, um Ratschläge zu ethischen Fragen im Zusammenhang mit dem Inverkehrbringen genetisch veränderter Lebensmittel oder Futtermittel einzuholen. Diese Konsultationen sollten die Zuständigkeit der Mitgliedstaaten für ethische Fragen unberührt lassen.

(43) Damit ein hohes Maß an Schutz für Leben und Gesundheit des Menschen, Gesundheit und Wohlergehen der Tiere, die Belange der Umwelt und die Verbraucherinteressen im Zusammenhang mit genetisch veränderten Lebensmitteln und Futtermitteln sichergestellt werden kann, sollten die Anforderungen dieser Verordnung entsprechend den allgemeinen Grundsätzen der Verordnung (EG) Nr. 178/2002 in nicht diskriminierender Weise für Erzeugnisse mit Ursprung in der Gemeinschaft und für Erzeugnisse, die aus Drittländern eingeführt werden, gelten. Diese Verordnung trägt den internationalen Handelsverpflichtungen der Europäischen Gemeinschaften und den Anforderungen des Protokolls von Cartagena über die biologische Sicherheit zum Übereinkommen über die biologische Vielfalt in Bezug auf die Verpflichtungen der Einführer und die Anmeldung Rechnung.

(44) Infolge dieser Verordnung sollten bestimmte Rechtsakte des Gemeinschaftsrechts aufgehoben bzw. geändert werden.

(45) Die Durchführung dieser Verordnung sollte anhand der nach kurzer Zeit gesammelten Erfahrungen überprüft und die Auswirkungen der Anwendung dieser Verordnung auf die Gesundheit von Mensch und Tier, den Verbraucherschutz, die Unterrichtung der Verbraucher und das Funktionieren des Binnenmarktes sollten von der Kommission überwacht werden –

HABEN FOLGENDE VERORDNUNG ERLASSEN:

Kapitel I: Ziel und Begriffsbestimmungen

Artikel 1: Ziel

Entsprechend den allgemeinen Grundsätzen der Verordnung (EG) Nr. 178/2002 ist es Ziel dieser Verordnung,

a) die Grundlage für ein hohes Schutzniveau für Leben und Gesundheit des Menschen, Gesundheit und Wohlergehen der Tiere, die Belange der Umwelt und die Verbraucherinteressen im Zusammenhang mit genetisch

[27] ABl. L 184 vom 17.7.1999, S. 23.

veränderten Lebensmitteln und Futtermitteln sicherzustellen und ein reibungsloses Funktionieren des Binnenmarkts zu gewährleisten;

b) gemeinschaftliche Verfahren für die Zulassung und Überwachung genetisch veränderter Lebensmittel und Futtermittel festzulegen;

c) Bestimmungen für die Kennzeichnung genetisch veränderter Lebensmittel und Futtermittel festzulegen.

Artikel 2: Begriffsbestimmungen

Für die Zwecke dieser Verordnung

1. gelten die Definitionen für „Lebensmittel", „Futtermittel", „Endverbraucher", „Lebensmittelunternehmen" und „Futtermittelunternehmen", die in der Verordnung (EG) Nr. 178/ 2002 festgelegt sind;
2. gilt die Definition für „Rückverfolgbarkeit", die in der Verordnung (EG) Nr. 1830/2003 festgelegt ist;
3. bezeichnet „Unternehmer" die natürliche oder juristische Person, die dafür verantwortlich ist, dass die Anforderungen dieser Verordnung in dem ihrer Kontrolle unterstehenden Lebensmittel- oder Futtermittelunternehmen erfüllt werden;
4. gelten die Definitionen für „Organismus", „absichtliche Freisetzung" und „Umweltverträglichkeitsprüfung", die in der Richtlinie 2001/18/EG festgelegt sind;
5. bezeichnet „genetisch veränderter Organismus" oder „GVO" einen genetisch veränderten Organismus im Sinne von Artikel 2 Nummer 2 der Richtlinie 2001/18/EG, mit Ausnahme von Organismen, bei denen eine genetische Veränderung durch den Einsatz der in Anhang I B der Richtlinie 2001/18/EG aufgeführten Verfahren herbeigeführt wurde;
6. bezeichnet „genetisch veränderte Lebensmittel" Lebensmittel, die GVO enthalten, daraus bestehen oder hergestellt werden;
7. bezeichnet „genetisch veränderte Futtermittel" Futtermittel, die GVO enthalten, daraus bestehen oder hergestellt werden;
8. bezeichnet „zur Verwendung als Lebensmittel/in Lebensmitteln bestimmter genetisch veränderter Organismus" einen GVO, der als Lebensmittel oder als Ausgangsmaterial für die Herstellung von Lebensmitteln verwendet werden kann;
9. bezeichnet „zur Verwendung als Futtermittel/in Futtermitteln bestimmter genetisch veränderter Organismus" einen GVO, der als Futtermittel oder als Ausgangsmaterial für die Herstellung von Futtermitteln verwendet werden kann;
10. bezeichnet „hergestellt aus GVO" vollständig oder teilweise aus GVO abgeleitet, aber keine GVO enthaltend oder daraus bestehend;
11. bezeichnet „Kontrollprobe" den GVO oder sein genetisches Material (positive Probe) oder den Elternorganismus oder sein genetisches Material, der/das für die Zwecke der genetischen Veränderung genutzt worden ist (negative Probe);
12. bezeichnet „entsprechendes herkömmliches Erzeugnis" ein gleichartiges Lebens- oder Futtermittel, das ohne genetische Veränderung hergestellt wird und dessen sichere Verwendung über ausreichend lange Zeit nachgewiesen ist;
13. bezeichnet „Zutaten" die Zutaten im Sinne des Artikels 6 Absatz 4 der Richtlinie 2000/13/EG;
14. bezeichnet „Inverkehrbringen" das Bereithalten von Lebensmitteln oder Futtermitteln für Zwecke des Verkaufs, einschließlich des Anbietens zum Verkauf, oder jeder anderen Form der Weitergabe, gleichgültig, ob unentgeltlich oder nicht, sowie den Verkauf, den Vertrieb oder andere Formen der Weitergabe selbst.
15. bezeichnet „vorverpacktes Lebensmittel" die Verkaufseinheit, die ohne weitere Verarbeitung abgegeben werden soll und die aus einem Lebensmittel und der Verpackung besteht, in die es vor dem Feilbieten abgepackt worden ist, unabhängig davon, ob die Verpackung das Lebensmittel ganz oder teilweise umschließt, vorausgesetzt, dass der Inhalt nicht verändert werden kann, ohne dass die Verpackung geöffnet werden muss oder eine Veränderung erfährt.
16. bezeichnet „Anbieter von Gemeinschaftsverpflegung" eine gemeinschaftliche Einrichtung im Sinne von Artikel 1 der Richtlinie 2000/13/EG.

Kapitel II: Genetisch veränderte Lebensmittel

Abschnitt 1: Zulassung und Überwachung

Artikel 3: Geltungsbereich

(1) Dieser Abschnitt findet Anwendung auf

a) zur Verwendung als Lebensmittel/in Lebensmitteln bestimmte GVO,
b) Lebensmittel, die GVO enthalten oder aus solchen bestehen,
c) Lebensmittel, die aus GVO hergestellt werden oder Zutaten enthalten, die aus GVO hergestellt werden.

(2) Gegebenenfalls kann nach dem in Artikel 35 Absatz 2 genannten Verfahren bestimmt werden, ob eine Lebensmittelart in den Geltungsbereich dieses Abschnitts fällt.

Artikel 4: Anforderungen

(1) Lebensmittel gemäß Artikel 3 Absatz 1 dürfen

a) keine nachteiligen Auswirkungen auf die Gesundheit von Mensch und Tier oder die Umwelt haben,
b) die Verbraucher nicht irreführen,
c) sich von den Lebensmitteln, die sie ersetzen sollen, nicht so stark unterscheiden, dass ihr normaler Verzehr Ernährungsmängel für den Verbraucher mit sich brächte.

(2) Niemand darf einen zur Verwendung als Lebensmittel/in Lebensmitteln bestimmten GVO oder ein in Artikel 3 Absatz 1 genanntes Lebensmittel in Verkehr bringen, wenn der Organismus oder das Lebensmittel nicht über eine gemäß diesem Abschnitt erteilte Zulassung verfügt und die entsprechenden Zulassungsvoraussetzungen erfüllt.

(3) Kein zur Verwendung als Lebensmittel/in Lebensmitteln bestimmter GVO und kein in Artikel 3 Absatz 1 genanntes Lebensmittel darf zugelassen werden, wenn der Antragsteller nicht in geeigneter und ausreichender Weise nachgewiesen hat, dass der Organismus oder das Lebensmittel die in Absatz 1 des vorliegenden Artikels genannten Anforderungen erfüllt.

(4) Die in Absatz 2 genannte Zulassung kann Folgendes umfassen:

a) einen GVO und Lebensmittel, die diesen GVO enthalten oder aus ihm bestehen, sowie Lebensmittel, die aus diesem GVO hergestellte Zutaten enthalten oder aus solchen hergestellt sind, oder
b) Lebensmittel, die aus einem GVO hergestellt sind, sowie Lebensmittel, die aus diesem Lebensmittel hergestellt sind oder dieses enthalten,
c) eine aus einem GVO hergestellte Zutat sowie Lebensmittel, die diese Zutat enthalten.

(5) Eine Zulassung im Sinne von Absatz 2 kann nur auf der Grundlage dieser Verordnung und nach den darin festgelegten Verfahren erteilt, versagt, erneuert, geändert, ausgesetzt oder widerrufen werden.

(6) Der Antragsteller für eine Zulassung im Sinne von Absatz 2 und – nach der Erteilung der Zulassung – der Zulassungsinhaber oder sein Vertreter muss in der Gemeinschaft ansässig sein.

(7) Eine Zulassung gemäß dieser Verordnung lässt die Richtlinie 2002/53/EG, die Richtlinie 2002/55/EG und die Richtlinie 68/193/EWG unberührt.

Artikel 5: Beantragung der Zulassung

(1) Um die in Artikel 4 Absatz 2 genannte Zulassung zu erhalten, ist ein Antrag gemäß den folgenden Bestimmungen zu stellen.

(2) Der Antrag ist an die zuständige nationale Behörde eines Mitgliedstaates zu richten.

a) Die zuständige nationale Behörde
   i) bestätigt dem Antragsteller den Erhalt des Antrags schriftlich innerhalb von 14 Tagen nach dessen Eingang. In der Bestätigung ist das Datum des Antragseingangs zu nennen,
   ii) unterrichtet unverzüglich die Europäische Behörde für Lebensmittelsicherheit, im Folgenden „Behörde" genannt, und
   iii) stellt der Behörde den Antrag und alle vom Antragsteller gelieferten sonstigen Informationen zur Verfügung.

b) Die Behörde
   i) unterrichtet die anderen Mitgliedstaaten und die Kommission unverzüglich über den Antrag und stellt ihnen den Antrag und alle vom Antragsteller gelieferten sonstigen Informationen zur Verfügung;
   ii) macht der Öffentlichkeit die in Absatz 3 Buchstabe l) genannte Zusammenfassung des Dossiers zugänglich.

(3) Dem Antrag ist Folgendes beizufügen:

a) Name und Anschrift des Antragstellers;
b) die Bezeichnung des Lebensmittels und seine Spezifikation einschließlich der/des zugrunde liegenden Transformationsereignisse(s);
c) gegebenenfalls die nach Anlage II zum Protokoll von Cartagena über die biologische Sicherheit zum Übereinkommen über die biologische Vielfalt (im Folgenden als „Protokoll von Cartagena" bezeichnet) erforderlichen Angaben;
d) gegebenenfalls eine ausführliche Beschreibung des Herstellungs- und Gewinnungsverfahrens;
e) eine Kopie der durchgeführten Studien, einschließlich – wenn verfügbar – der von unabhängigen Gutachtern überprüften Studien, sowie alle anderen Unterlagen, anhand deren nachgewiesen werden kann, dass das Lebensmittel die Kriterien gemäß Artikel 4 Absatz 1 erfüllt;
f) entweder eine Analyse, die anhand entsprechender Informationen und Daten zeigt, dass die Eigenschaften des Lebensmittels sich von denen des entsprechenden herkömmlichen Erzeugnisses innerhalb der akzeptierten natürlichen Variationsgrenzen solcher Eigenschaften und unter Berücksichtigung der in Artikel 13 Absatz 2 Buchstabe a) genannten Kriterien nicht unterscheiden, oder ein Vorschlag für die Kennzeichnung des Lebensmittels gemäß Artikel 13 Absatz 2 Buchstabe a) und Absatz 3;
g) entweder eine begründete Erklärung, dass das Lebensmittel keinen Anlass zu ethischen oder religiösen Bedenken gibt, oder ein Vorschlag für seine Kennzeichnung gemäß Artikel 13 Absatz 2 Buchstabe b);
h) gegebenenfalls die Bedingungen des Inverkehrbringens des Lebensmittels oder der daraus hergestellten Lebensmittel, einschließlich spezifischer Bedingungen für Verwendung und Handhabung;
i) Verfahren zum Nachweis, zur Probenahme (einschließlich der Angabe bestehender offizieller oder normierter Methoden zur Probenahme) und zur Identifizierung des Transformationsereignisses sowie gegebenenfalls zum Nachweis und zur Identifizierung des Transformationsereignisses in dem Lebensmittel und/oder den daraus hergestellten Lebensmitteln;
j) Proben des Lebensmittels und ihre Kontrollproben sowie Angabe des Ortes, an dem das Referenzmaterial zugänglich ist;
k) gegebenenfalls ein Vorschlag für eine marktbegleitende Beobachtung der Verwendung des für den menschlichen Verzehr bestimmten Lebensmittels;
l) eine Zusammenfassung des Dossiers in standardisierter Form.

(4) Im Falle eines Antrags auf Zulassung eines zur Verwendung als Lebensmittel/in Lebensmitteln bestimmten GVO ist mit der Bezeichnung „Lebensmittel" in Absatz 3 ein Lebensmittel gemeint, das den GVO, für den ein Antrag gestellt wird, enthält, daraus besteht oder daraus hergestellt wurde.

(5) Im Falle von GVO oder Lebensmitteln, die GVO enthalten oder aus solchen bestehen, ist dem Antrag außerdem Folgendes beizufügen:

a) die vollständigen technischen Unterlagen, aus denen die nach den Anhängen III und IV der Richtlinie 2001/18/EG erforderlichen Informationen hervorgehen, sowie Angaben und Schlussfolgerungen zu der gemäß den in Anhang II der Richtlinie 2001/18/EG genannten Grundsätzen durchgeführten Risikobewertung oder – sofern das Inverkehrbringen des GVO gemäß Teil C der Richtlinie 2001/18/EG zugelassen wurde – eine Kopie der Entscheidung über die Zulassung;
b) ein Plan zur Beobachtung der Umweltauswirkungen gemäß Anhang VII der Richtlinie 2001/18/EG, einschließlich eines Vorschlags für den für den Beobachtungsplan vorgesehenen Zeitraum; dieser Zeitraum kann sich von dem für die Zustimmung vorgeschlagenen Zeitraum unterscheiden.

In diesem Fall sind die Artikel 13 bis 24 der Richtlinie 2001/18/EG nicht anwendbar.

(6) Betrifft der Antrag einen Stoff, der gemäß anderen Bestimmungen des Gemeinschaftsrechts nur verwendet und in Verkehr gebracht werden darf, wenn er in einer Liste von Stoffen aufgeführt ist, die unter Ausschluss anderer Stoffe registriert oder zugelassen sind, so ist dies im Antrag anzugeben, und es ist der Status des Stoffs nach den entsprechenden Vorschriften zu nennen.

(7) Die Kommission legt nach Konsultation der Behörde gemäß dem in Artikel 35 Absatz 2 genannten Verfahren Durchführungsbestimmungen zur Anwendung des vorliegenden Artikels fest, einschließlich Bestimmungen betreffend die Erstellung und die Vorlage des Antrags.

(8) Vor dem Geltungsbeginn dieser Verordnung veröffentlicht die Behörde eine ausführliche Anleitung als Hilfe für den Antragsteller bei der Erstellung und Vorlage des Antrags.

Artikel 6: Stellungnahme der Behörde

(1) Bei der Abgabe ihrer Stellungnahme ist die Behörde bestrebt, eine Frist von sechs Monaten ab Erhalt eines gültigen Antrags einzuhalten. Diese Frist wird verlängert, wenn die Behörde gemäß Absatz 2 den Antragsteller um ergänzende Informationen ersucht.

(2) Die Behörde oder eine zuständige nationale Behörde kann – über die Behörde – gegebenenfalls den Antragsteller auffordern, die Unterlagen zum Antrag innerhalb einer bestimmten Frist zu ergänzen.

(3) Zur Vorbereitung ihrer Stellungnahme

a) prüft die Behörde, ob die vom Antragsteller vorgelegten Angaben und Unterlagen Artikel 5 entsprechen und ob das Lebensmittel die in Artikel 4 Absatz 1 festgelegten Kriterien erfüllt;
b) kann die Behörde die entsprechende Lebensmittelbewertungsstelle eines Mitgliedstaats ersuchen, nach Artikel 36 der Verordnung (EG) Nr. 178/2002 eine Sicherheitsbewertung des Lebensmittels durchzuführen;
c) kann die Behörde eine nach Artikel 4 der Richtlinie 2001/ 18/EG bezeichnete zuständige Behörde ersuchen, eine Umweltverträglichkeitsprüfung durchzuführen; betrifft jedoch der Antrag GVO, die als Saatgut oder anderes pflanzliches Vermehrungsgut verwendet werden sollen, so ersucht die Behörde eine zuständige innerstaatliche Stelle, die Umweltverträglichkeitsprüfung durchzuführen;
d) übermittelt die Behörde dem in Artikel 32 genannten gemeinschaftlichen Referenzlabor die in Artikel 5 Absatz 3 Buchstaben i) und j) genannten Unterlagen. Das gemeinschaftliche Referenzlabor testet und validiert die vom Antragsteller vorgeschlagene Methode zum Nachweis und zur Identifizierung;

e) prüft die Behörde bei der Überprüfung der Anwendung von Artikel 13 Absatz 2 Buchstabe a) die vom Antragsteller vorgelegten Informationen und Daten, die zeigen sollen, dass sich die Eigenschaften des Lebensmittels innerhalb der akzeptierten natürlichen Variationsgrenzen solcher Eigenschaften nicht von denen des entsprechenden herkömmlichen Erzeugnisses unterscheiden.

(4) Im Falle von GVO oder Lebensmitteln, die GVO enthalten oder daraus bestehen, sind bei der Bewertung die in der Richtlinie 2001/18/EG vorgesehenen umweltbezogenen Sicherheitsanforderungen einzuhalten, damit sichergestellt ist, dass alle geeigneten Maßnahmen getroffen werden, um schädliche Auswirkungen auf die Gesundheit von Mensch und Tier sowie die Umwelt, die sich aus der absichtlichen Freisetzung von GVO ergeben könnten, zu verhindern. Bei der Bewertung von Anträgen auf Inverkehrbringen von Erzeugnissen, die aus GVO bestehen oder solche enthalten, konsultiert die Behörde die von den einzelnen Mitgliedstaaten zu diesem Zweck bezeichneten zuständigen nationalen Behörden im Sinne der Richtlinie 2001/18/EG. Die zuständigen Behörden geben innerhalb von drei Monaten nach Erhalt des entsprechenden Ersuchens eine Stellungnahme ab.

(5) Wird die Zulassung des Lebensmittels in der Stellungnahme befürwortet, enthält die Stellungnahme außerdem folgende Angaben:

a) Name und Anschrift des Antragstellers;
b) die Bezeichnung des Lebensmittels und seine Spezifikation;
c) gegebenenfalls die nach Anlage II zum Protokoll von Cartagena erforderlichen Angaben;
d) den Vorschlag für die Kennzeichnung des Lebensmittels und/oder der daraus hergestellten Lebensmittel;
e) gegebenenfalls alle Bedingungen oder Einschränkungen, die für das Inverkehrbringen gelten sollten, und/oder besondere Bedingungen oder Einschränkungen für Verwendung und Handhabung, einschließlich Bestimmungen für die marktbegleitende Beobachtung, auf der Grundlage der Ergebnisse der Risikobewertung, sowie – im Falle von GVO oder Lebensmitteln, die GVO enthalten oder daraus bestehen – Bedingungen zum Schutz bestimmter Ökosysteme/der Umwelt und/oder bestimmter geografischer Gebiete;
f) das vom gemeinschaftlichen Referenzlabor validierte Verfahren zum Nachweis, einschließlich Probenahme, zur Identifizierung des Transformationsereignisses sowie gegebenenfalls zum Nachweis und zur Identifizierung des Transformationsereignisses in dem Lebensmittel und/oder den daraus hergestellten Lebensmitteln; Angabe des Ortes, an dem geeignetes Referenzmaterial zugänglich ist;
g) gegebenenfalls den in Artikel 5 Absatz 5 Buchstabe b) genannten Beobachtungsplan.

(6) Die Behörde übermittelt der Kommission, den Mitgliedstaaten und dem Antragsteller ihre Stellungnahme einschließlich eines Berichts, in dem sie eine Bewertung des Lebensmittels vornimmt, ihre Stellungnahme begründet und die dieser Stellungnahme zugrunde liegenden Informationen, einschließlich der Stellungnahmen der gemäß Absatz 4 konsultierten zuständigen Behörden, anführt.

(7) Die Behörde veröffentlicht gemäß Artikel 38 Absatz 1 der Verordnung (EG) Nr. 178/2002 ihre Stellungnahme, nachdem sie alle gemäß Artikel 30 der vorliegenden Verordnung als vertraulich geltenden Informationen gestrichen hat. Die Öffentlichkeit kann innerhalb von 30 Tagen nach dieser Veröffentlichung gegenüber der Kommission dazu Stellung nehmen.

Artikel 7: Zulassung

(1) Die Kommission legt dem in Artikel 35 genannten Ausschuss innerhalb von drei Monaten nach Erhalt der Stellungnahme der Behörde einen Entwurf für eine Entscheidung über den Antrag vor, wobei die Stellungnahme der Behörde, die einschlägigen Bestimmungen des Gemeinschaftsrechts und andere legitime Faktoren berücksichtigt werden, die für den jeweils zu prüfenden Sachverhalt relevant sind. Stimmt der Entscheidungsentwurf nicht mit der Stellungnahme der Behörde überein, erläutert die Kommission die betreffenden Unterschiede.

(2) Sieht der Entscheidungsentwurf die Erteilung der Zulassung vor, umfasst er auch die in Artikel 6 Absatz 5 genannten Angaben, den Namen des Zulassungsinhabers und gegebenenfalls den dem GVO zugeteilten spezifischen Erkennungsmarker, wie er in der Verordnung (EG) Nr. 1830/2003 festgelegt ist.

(3) Die endgültige Entscheidung über den Antrag wird nach dem in Artikel 35 Absatz 2 genannten Verfahren getroffen.

(4) Die Kommission informiert den Antragsteller unverzüglich über die Entscheidung und veröffentlicht eine Information über die Entscheidung im *Amtsblatt der Europäischen Union*.

(5) Die Zulassung, die gemäß dem in dieser Verordnung festgelegten Verfahren erteilt wird, gilt in der gesamten Gemeinschaft zehn Jahre und ist gemäß Artikel 11 erneuerbar. Das zugelassene Lebensmittel wird in das in Artikel 28 genannte Register eingetragen. Jeder Eintrag in das Register umfasst das Datum der Zulassung und die in Absatz 2 genannten Angaben.

(6) Andere Bestimmungen des Gemeinschaftsrechts über die Verwendung und das Inverkehrbringen von Stoffen, die nur verwendet werden dürfen, wenn sie in einer Liste von Stoffen aufgeführt sind, die unter Ausschluss anderer Stoffe registriert oder zugelassen sind, bleiben von der Zulassung gemäß diesem Abschnitt unberührt.

(7) Die Erteilung der Zulassung schränkt die allgemeine zivil- und strafrechtliche Haftung der Lebensmittelunternehmer hinsichtlich des betreffenden Lebensmittels nicht ein.

(8) Bezugnahmen in den Teilen A und D der Richtlinie 2001/18/EG auf nach Teil C der Richtlinie zugelassene GVO gelten auch als Bezugnahmen auf nach dieser Verordnung zugelassene GVO.

Artikel 8: Status bereits existierender Erzeugnisse

(1) Abweichend von Artikel 4 Absatz 2 können Erzeugnisse, die unter diesen Abschnitt fallen und die vor dem Geltungsbeginn dieser Verordnung rechtmäßig in der Gemeinschaft in Verkehr gebracht wurden, unter folgenden Voraussetzungen weiterhin in Verkehr gebracht, verwendet und verarbeitet werden:

a) Bei Erzeugnissen, die gemäß der Richtlinie 90/220/EWG vor Inkrafttreten der Verordnung (EG) Nr. 258/97 oder gemäß den in der Verordnung (EG) Nr. 258/97 genannten Bestimmungen in Verkehr gebracht wurden, melden die für das Inverkehrbringen der betreffenden Erzeugnisse verantwortlichen Unternehmer der Kommission innerhalb von sechs Monaten nach dem Geltungsbeginn dieser Verordnung das Datum, an dem die Erzeugnisse erstmals in der Gemeinschaft in Verkehr gebracht wurden;

b) bei Erzeugnissen, die rechtmäßig in der Gemeinschaft in Verkehr gebracht wurden, jedoch nicht unter Buchstabe a) genannt sind, melden die für das Inverkehrbringen der betreffenden Erzeugnisse verantwortlichen Unternehmer der Kommission innerhalb von sechs Monaten nach dem Geltungsbeginn dieser Verordnung, dass die Erzeugnisse vor dem Geltungsbeginn dieser Verordnung in der Gemeinschaft in Verkehr gebracht wurden.

(2) Der Meldung gemäß Absatz 1 sind die in Artikel 5 Absatz 3 und gegebenenfalls Absatz 5 genannten Unterlagen beizufügen; die Kommission leitet diese Unterlagen an die Behörde und die Mitgliedstaaten weiter. Die Behörde übermittelt dem gemeinschaftlichen Referenzlabor die in Artikel 5 Absatz 3 Buchstaben i) und j) genannten Unterlagen. Das gemeinschaftliche Referenzlabor testet und validiert die vom Antragsteller vorgeschlagene Methode zum Nachweis und zur Identifizierung.

(3) Innerhalb eines Jahres nach dem Geltungsbeginn dieser Verordnung werden die betreffenden Erzeugnisse in das Register eingetragen, nachdem überprüft worden ist, dass alle erforderlichen Informationen vorgelegt und geprüft worden sind. Jeder Eintrag in das Register umfasst gegebenenfalls die in Artikel 7 Absatz 2 genann-

ten Angaben und bei Erzeugnissen gemäß Absatz 1 Buchstabe a) das Datum, an dem die betreffenden Erzeugnisse erstmals in Verkehr gebracht wurden.

(4) Innerhalb von neun Jahren nach dem Datum, an dem die Erzeugnisse gemäß Absatz 1 Buchstabe a) erstmals in Verkehr gebracht wurden, jedoch auf keinen Fall eher als drei Jahre nach dem Geltungsbeginn dieser Verordnung, stellen die für das Inverkehrbringen verantwortlichen Unternehmer einen Antrag gemäß Artikel 11, der entsprechend gilt. Innerhalb von drei Jahren nach Geltungsbeginn dieser Verordnung stellen die für das Inverkehrbringen von Erzeugnissen gemäß Absatz 1 Buchstabe b) verantwortlichen Unternehmer einen Antrag gemäß Artikel 11, der entsprechend gilt.

(5) Die in Absatz 1 genannten Erzeugnisse sowie die Lebensmittel, die diese enthalten oder aus diesen hergestellt sind, unterliegen den Bestimmungen dieser Verordnung, insbesondere den Artikeln 9, 10 und 34, die entsprechend gelten.

(6) Werden die Meldung und die in den Absätzen 1 und 2 genannten entsprechenden Unterlagen nicht innerhalb der genannten Frist vorgelegt oder für fehlerhaft befunden oder wird ein Antrag nicht gemäß Absatz 4 innerhalb der genannten Frist gestellt, trifft die Kommission nach dem in Artikel 35 Absatz 2 genannten Verfahren Maßnahmen, um das betreffende Erzeugnis und jegliche daraus hergestellten Erzeugnisse vom Markt zu nehmen. Dabei kann ein begrenzter Zeitraum vorgesehen werden, während dessen Bestände des Erzeugnisses noch aufgebraucht werden können.

(7) Ist eine Zulassung nicht auf einen bestimmten Inhaber ausgestellt, legt der Unternehmer, der die in diesem Artikel genannten Erzeugnisse einführt, herstellt oder gewinnt, der Kommission die Informationen oder den Antrag vor.

(8) Durchführungsbestimmungen zu diesem Artikel werden nach dem in Artikel 35 Absatz 2 genannten Verfahren erlassen.

Artikel 9: Überwachung

(1) Nach Erteilung einer Zulassung gemäß dieser Verordnung haben der Zulassungsinhaber und die sonstigen Beteiligten alle Bedingungen oder Einschränkungen zu erfüllen, die in der Zulassung auferlegt werden, und insbesondere dafür zu sorgen, dass Erzeugnisse, für die die Zulassung nicht gilt, nicht als Lebensmittel oder Futtermittel in Verkehr gebracht werden. Wurde dem Zulassungsinhaber eine marktbegleitende Beobachtung gemäß Artikel 5 Absatz 3 Buchstabe k) und/oder eine Beobachtung nach Artikel 5 Absatz 5 Buchstabe b) vorgeschrieben, so stellt er sicher, dass diese durchgeführt wird, und legt der Kommission entsprechend der Zulassung Berichte vor. Die genannten Beobachtungsberichte sind der Öffentlichkeit zugänglich zu machen, nachdem alle gemäß Artikel 30 als vertraulich geltenden Informationen gestrichen worden sind.

(2) Begehrt der Zulassungsinhaber eine Änderung der Zulassungsbedingungen, so stellt er dazu gemäß Artikel 5 Absatz 2 einen Antrag. Die Artikel 5, 6 und 7 gelten entsprechend.

(3) Der Zulassungsinhaber übermittelt der Kommission unverzüglich alle neuen wissenschaftlichen oder technischen Informationen, die die Bewertung der Sicherheit bei der Verwendung des Lebensmittels beeinflussen könnten. Insbesondere informiert er die Kommission unverzüglich über alle Verbote oder Einschränkungen, die von der zuständigen Behörde eines Drittlandes ausgesprochen wurden, in dem das Lebensmittel in Verkehr gebracht wird.

(4) Die Kommission stellt die vom Antragsteller gelieferten Informationen unverzüglich der Behörde und den Mitgliedstaaten zur Verfügung.

Artikel 10: Änderung, Aussetzung und Widerruf von Zulassungen

(1) Aus eigener Initiative oder auf Ersuchen eines Mitgliedstaats oder der Kommission gibt die Behörde eine Stellungnahme zu der Frage ab, ob eine Zulassung für ein in Artikel 3 Absatz 1 genanntes Erzeugnis die in dieser Verordnung festgelegten Bedingungen noch erfüllt. Sie übermittelt diese Stellungnahme unverzüglich der Kommission, dem Zulassungsinhaber und den Mitgliedstaaten. Die Behörde veröffentlicht ihre Stellungnahme gemäß Artikel 38 Absatz 1 der Verordnung (EG) Nr. 178/2002, nachdem sie alle gemäß Artikel 30 der vorliegenden Verordnung als vertraulich geltenden Informationen gestrichen hat. Die Öffentlichkeit kann innerhalb von 30 Tagen nach dieser Veröffentlichung gegenüber der Kommission dazu Stellung nehmen.

(2) Die Kommission prüft die Stellungnahme der Behörde so bald wie möglich. Alle geeigneten Maßnahmen werden gemäß Artikel 34 getroffen. Gegebenenfalls wird die Zulassung nach dem Verfahren des Artikels 7 geändert, ausgesetzt oder widerrufen.

(3) Artikel 5 Absatz 2 und die Artikel 6 und 7 gelten entsprechend.

Artikel 11: Erneuerung der Zulassung

(1) Gemäß dieser Verordnung erteilte Zulassungen sind für weitere zehn Jahre erneuerbar, wenn der Zulassungsinhaber bei der Kommission spätestens ein Jahr vor Ablauf der Zulassung einen entsprechenden Antrag stellt.

(2) Dem Antrag ist Folgendes beizufügen:

a) eine Kopie der Zulassung für das Inverkehrbringen des Lebensmittels;
b) ein Bericht über die Beobachtungsergebnisse, sofern dies in der Zulassung so festgelegt ist;
c) alle sonstigen neuen Informationen hinsichtlich der Evaluierung der Sicherheit bei der Verwendung des Lebensmittels und der Risiken, die das Lebensmittel für Verbraucher oder Umwelt birgt;
d) gegebenenfalls ein Vorschlag zur Änderung oder Ergänzung der Bedingungen der ursprünglichen Zulassung, unter anderem der Bedingungen hinsichtlich der späteren Beobachtung.

(3) Artikel 5 Absatz 2 und die Artikel 6 und 7 gelten entsprechend.

(4) Wird aus Gründen, die dem Zulassungsinhaber nicht angelastet werden können, vor Ablauf der Zulassung keine Entscheidung über deren Erneuerung getroffen, verlängert sich der Zulassungszeitraum des Erzeugnisses automatisch, bis eine Entscheidung getroffen wird.

(5) Die Kommission kann nach Konsultation der Behörde gemäß dem in Artikel 35 Absatz 2 genannten Verfahren Durchführungsbestimmungen zur Anwendung des vorliegenden Artikels, einschließlich Bestimmungen zur Erstellung und Vorlage des Antrags, festlegen.

(6) Die Behörde veröffentlicht eine ausführliche Anleitung als Hilfe für den Antragsteller bei der Erstellung und Vorlage seines Antrags.

Abschnitt 2: Kennzeichnung

Artikel 12: Geltungsbereich

(1) Dieser Abschnitt gilt für Lebensmittel, die als solche an den Endverbraucher oder an Anbieter von Gemeinschaftsverpflegung innerhalb der Gemeinschaft geliefert werden sollen und die

a) GVO enthalten oder daraus bestehen oder
b) aus GVO hergestellt werden oder Zutaten enthalten, die aus GVO hergestellt werden.

(2) Dieser Abschnitt gilt nicht für Lebensmittel, die Material enthalten, das GVO enthält, aus solchen besteht oder aus solchen hergestellt ist, mit einem Anteil, der nicht höher ist als 0,9 Prozent der einzelnen Lebensmittelzutaten oder des Lebensmittels, wenn es aus einer einzigen Zutat besteht, vorausgesetzt, dieser Anteil ist zufällig oder technisch nicht zu vermeiden.

(3) Damit festgestellt werden kann, dass das Vorhandensein dieses Materials zufällig oder technisch nicht zu vermeiden ist, müssen die Unternehmer den zuständigen Behörden nachweisen können, dass sie geeignete Schritte unternommen haben, um das Vorhandensein derartiger Materialien zu vermeiden.

(4) Nach dem in Artikel 35 Absatz 2 genannten Verfahren können, insbesondere in Bezug auf Lebensmittel, die GVO enthalten oder aus solchen bestehen, oder um Fortschritten in Wissenschaft und Technologie Rechnung zu tragen, angemessene niedrigere Schwellenwerte festgelegt werden.

Artikel 13: Anforderungen

(1) Unbeschadet der anderen Anforderungen des Gemeinschaftsrechts hinsichtlich der Kennzeichnung von Lebensmitteln gelten für Lebensmittel, die unter diesen Abschnitt fallen, folgende spezifische Kennzeichnungsanforderungen:

a) Besteht das Lebensmittel aus mehr als einer Zutat, ist der Zusatz „genetisch verändert“ oder „aus genetisch verändertem [Bezeichnung der Zutat] hergestellt“ in dem in Artikel 6 der Richtlinie 2000/13/EG vorgesehenen Verzeichnis der Zutaten in Klammern unmittelbar nach der betreffenden Zutat aufzuführen.

b) Wird die Zutat mit dem Namen einer Kategorie bezeichnet, sind die Wörter „enthält genetisch veränderten [Bezeichnung des Organismus]“ oder „enthält aus genetisch verändertem [Bezeichnung des Organismus] hergestellte(n) [Bezeichnung der Zutat]“ in dem Verzeichnis der Zutaten aufzuführen.

c) Wird kein Verzeichnis der Zutaten angegeben, sind die Wörter „genetisch verändert“ oder „aus genetisch verändertem [Bezeichnung des Organismus] hergestellt“ deutlich auf dem Etikett anzubringen.

d) Die unter den Buchstaben a) und b) genannten Angaben können in einer Fußnote zum Verzeichnis der Zutaten aufgeführt werden. In diesem Fall sind sie in einer Schriftgröße zu drucken, die mindestens so groß ist wie die Schriftgröße in dem Verzeichnis der Zutaten. Wird kein Verzeichnis der Zutaten angegeben, sind die Angaben deutlich auf dem Etikett anzubringen.

e) Wird das Lebensmittel dem Endverbraucher unverpackt oder in kleinen Verpackungen angeboten, deren größte Oberfläche 10 cm^2 unterschreitet, sind die in diesem Absatz geforderten Angaben entweder auf oder in unmittelbarem Zusammenhang mit der Auslage des Lebensmittels oder aber auf der Verpackung in dauerhafter und sichtbarer Form anzubringen, und zwar in einer Schriftgröße, die gute Lesbarkeit und Identifizierbarkeit gewährleistet.

(2) Neben den in Absatz 1 genannten Kennzeichnungsanforderungen sind in folgenden Fällen auf der Etikettierung auch alle Merkmale oder Eigenschaften gemäß der Zulassung anzugeben,

a) sofern ein Lebensmittel sich von dem entsprechenden herkömmlichen Erzeugnis in Bezug auf die folgenden Merkmale und Eigenschaften unterscheidet:
   i) Zusammensetzung,
   ii) Nährwert oder nutritive Wirkungen,
   iii) Verwendungszweck,
   iv) Auswirkungen auf die Gesundheit bestimmter Bevölkerungsgruppen;

b) sofern ein Lebensmittel Anlass zu ethischen oder religiösen Bedenken geben könnte.

(3) Neben den in Absatz 1 festgelegten Kennzeichnungsanforderungen und gemäß der Zulassung sind auf der Etikettierung von Lebensmitteln, die unter diesen Abschnitt fallen und zu denen es kein entsprechendes herkömmliches Erzeugnis gibt, die entsprechenden Informationen über Art und Merkmale der betreffenden Lebensmittel anzubringen.

Artikel 14: Durchführungsbestimmungen

(1) Durchführungsbestimmungen zu diesem Abschnitt, unter anderem bezüglich der Maßnahmen, die die Unternehmer treffen müssen, um den Kennzeichnungsanforderungen nachzukommen, können nach dem in Artikel 35 Absatz 2 genannten Verfahren erlassen werden.

(2) Nach dem in Artikel 35 Absatz 2 genannten Verfahren können besondere Bestimmungen für die von Anbietern von Gemeinschaftsverpflegung, die Lebensmittel an den Endverbraucher abgeben, zu erteilenden Informationen erlassen werden. Zur Berücksichtigung der besonderen Situation von Anbietern von Gemeinschaftsverpflegung kann in diesen Bestimmungen die Anpassung der Anforderungen des Artikels 13 Absatz 1 Buchstabe e) vorgesehen werden.

Kapitel III: Genetisch veränderte Futtermittel

Abschnitt 1: Zulassung und Überwachung

Artikel 15: Geltungsbereich

(1) Dieser Abschnitt findet Anwendung auf

a) zur Verwendung als Futtermittel/in Futtermitteln bestimmte GVO,
b) Futtermittel, die GVO enthalten oder aus solchen bestehen,
c) aus GVO hergestellte Futtermittel.

(2) Gegebenenfalls kann nach dem in Artikel 35 Absatz 2 genannten Verfahren bestimmt werden, ob eine Futtermittelart in den Geltungsbereich dieses Abschnitts fällt.

Artikel 16: Anforderungen

(1) Futtermittel gemäß Artikel 15 Absatz 1 dürfen

a) keine nachteiligen Auswirkungen auf die Gesundheit von Mensch und Tier oder die Umwelt haben,
b) die Anwender nicht irreführen,
c) den Verbraucher nicht dadurch schädigen oder irreführen, dass die spezifischen Merkmale der tierischen Erzeugnisse beeinträchtigt werden,
d) sich von den Futtermitteln, die sie ersetzen sollen, nicht so stark unterscheiden, dass ihr normaler Verzehr Ernährungsmängel für Mensch oder Tier mit sich brächte.

(2) Niemand darf ein in Artikel 15 Absatz 1 genanntes Erzeugnis in Verkehr bringen, verwenden oder verarbeiten, das nicht über eine gemäß diesem Abschnitt erteilte Zulassung verfügt und die entsprechenden Zulassungsvoraussetzungen erfüllt.

(3) Kein in Artikel 15 Absatz 1 genanntes Erzeugnis darf zugelassen werden, wenn der Antragsteller nicht in geeigneter und ausreichender Weise nachgewiesen hat, dass es die in Absatz 1 des vorliegenden Artikels genannten Anforderungen erfüllt.

(4) Die in Absatz 2 genannte Zulassung kann Folgendes umfassen:

a) einen GVO und Futtermittel, die diesen GVO enthalten oder aus ihm bestehen, sowie Futtermittel, die aus diesem GVO hergestellt wurden, oder
b) Futtermittel, die aus einem GVO hergestellt sind, sowie Futtermittel, die aus diesem Futtermittel hergestellt sind oder dieses enthalten.

(5) Eine Zulassung im Sinne von Absatz 2 kann nur auf der Grundlage dieser Verordnung und nach den darin festgelegten Verfahren erteilt, versagt, erneuert, geändert, ausgesetzt oder widerrufen werden.

(6) Der Antragsteller für eine Zulassung im Sinne von Absatz 2 und – nach der Erteilung der Zulassung – der Zulassungsinhaber oder sein Vertreter muss in der Gemeinschaft ansässig sein.

(7) Eine Zulassung gemäß dieser Verordnung lässt die Richtlinie 2002/53/EG, die Richtlinie 2002/55/EG und die Richtlinie 68/193/EWG unberührt.

Artikel 17: Beantragung der Zulassung

(1) Um die in Artikel 16 Absatz 2 genannte Zulassung zu erhalten, ist ein Antrag gemäß den folgenden Bestimmungen zu stellen.

(2) Der Antrag ist an die zuständige nationale Behörde eines Mitgliedstaates zu richten.

a) Die zuständige nationale Behörde
   i) bestätigt dem Antragsteller den Erhalt des Antrags schriftlich innerhalb von 14 Tagen nach dessen Eingang. In der Bestätigung ist das Datum des Antragseingangs zu nennen,
   ii) unterrichtet unverzüglich die Behörde und
   iii) stellt der Behörde den Antrag und alle vom Antragsteller gelieferten sonstigen Informationen zur Verfügung.

b) Die Behörde
   i) unterrichtet die anderen Mitgliedstaaten und die Kommission unverzüglich über den Antrag und stellt ihnen den Antrag und alle vom Antragsteller gelieferten sonstigen Informationen zur Verfügung;
   ii) macht der Öffentlichkeit die in Absatz 3 Buchstabe l) genannte Zusammenfassung des Dossiers zugänglich.

(3) Dem Antrag ist Folgendes beizufügen:

a) Name und Anschrift des Antragstellers;
b) die Bezeichnung des Futtermittels und seine Spezifikation einschließlich der/des zugrunde liegenden Transformationsereignisse(s);
c) gegebenenfalls die nach Anlage II zum Protokoll von Cartagena erforderlichen Angaben;
d) gegebenenfalls eine ausführliche Beschreibung des Herstellungs- und Gewinnungsverfahrens und des beabsichtigten Verwendungszwecks des Futtermittels;
e) eine Kopie der durchgeführten Studien einschließlich – wenn verfügbar – der von unabhängigen Gutachtern überprüften Studien, sowie alle anderen Unterlagen, anhand deren nachgewiesen werden kann, dass das Futtermittel die Kriterien gemäß Artikel 16 Absatz 1 erfüllt, und – insbesondere für Futtermittel, die in den Geltungsbereich der Richtlinie 82/471/EWG fallen – die gemäß der Richtlinie 83/228/EWG des Rates vom 18. April 1983 über Leitlinien zur Beurteilung bestimmter Erzeugnisse für die Tierernährung[28] erforderlichen Informationen;
f) entweder eine Analyse, die anhand entsprechender Informationen und Daten zeigt, dass die Eigenschaften des Futtermittels sich von denen des entsprechenden herkömmlichen Erzeugnisses innerhalb der akzeptierten natürlichen Variationsgrenzen solcher Eigenschaften und unter Berücksichtigung der in Artikel 25 Absatz 2 Buchstabe c) genannten Kriterien nicht unterscheiden, oder ein Vorschlag für die Kennzeichnung des Futtermittels gemäß Artikel 25 Absatz 2 Buchstabe c) und Absatz 3;
g) entweder eine begründete Erklärung, dass das Futtermittel keinen Anlass zu ethischen oder religiösen Bedenken gibt, oder ein Vorschlag für seine Kennzeichnung gemäß Artikel 25 Absatz 2 Buchstabe d);

[28] ABl. L 126 vom 13.5.1983, S. 23.

h) gegebenenfalls die Bedingungen des Inverkehrbringens des Futtermittels, einschließlich spezifischer Bedingungen für Verwendung und Handhabung;
i) ein Verfahren zum Nachweis, zur Probenahme (einschließlich der Angabe bestehender offizieller oder normierter Methoden zur Probenahme) und zur Identifizierung des Transformationsereignisses sowie gegebenenfalls zum Nachweis und zur Identifizierung des Transformationsereignisses in dem Futtermittel und/oder dem daraus hergestellten Futtermittel;
j) Proben des Futtermittels und ihre Kontrollproben sowie Angabe des Ortes, an dem das Referenzmaterial zugänglich ist;
k) gegebenenfalls ein Vorschlag für eine marktbegleitende Beobachtung der Verwendung des für die Verfütterung bestimmten Futtermittels;
l) eine Zusammenfassung des Dossiers in standardisierter Form.

(4) Im Falle eines Antrags auf Zulassung eines zur Verwendung als Futtermittel/in Futtermitteln bestimmten GVO ist mit der Bezeichnung „Futtermittel" in Absatz 3 ein Futtermittel gemeint, das den GVO, für den ein Antrag gestellt wird, enthält, daraus besteht oder daraus hergestellt wurde.

(5) Im Falle von GVO oder Futtermitteln, die GVO enthalten oder aus solchen bestehen, ist dem Antrag außerdem Folgendes beizufügen:
a) die vollständigen technischen Unterlagen, aus denen die nach den Anhängen III und IV der Richtlinie 2001/18/EG erforderlichen Informationen hervorgehen, sowie Angaben und Schlussfolgerungen zu der gemäß den in Anhang II der Richtlinie 2001/18/EG genannten Grundsätzen durchgeführten Risikobewertung oder – sofern das Inverkehrbringen des GVO gemäß Teil C der Richtlinie 2001/18/EG zugelassen wurde – eine Kopie der Entscheidung über die Zulassung;
b) ein Plan zur Beobachtung der Umweltauswirkungen gemäß Anhang VII der Richtlinie 2001/18/EG, einschließlich eines Vorschlags für den für den Beobachtungsplan vorgesehenen Zeitraum; dieser Zeitraum kann sich von dem für die Zustimmung vorgeschlagenen Zeitraum unterscheiden. In diesem Fall sind die Artikel 13 bis 24 der Richtlinie 2001/18/EG nicht anwendbar.

(6) Betrifft der Antrag einen Stoff, der gemäß anderen Bestimmungen des Gemeinschaftsrechts nur verwendet und in Verkehr gebracht werden darf, wenn er in einer Liste von Stoffen aufgeführt ist, die unter Ausschluss anderer Stoffe registriert oder zugelassen sind, so ist dies im Antrag anzugeben, und es ist der Status des Stoffs nach den entsprechenden Vorschriften zu nennen.

(7) Die Kommission legt nach Konsultation der Behörde nach dem in Artikel 35 Absatz 2 genannten Verfahren Durchführungsbestimmungen zur Anwendung des vorliegenden Artikels fest, einschließlich Bestimmungen betreffend die Erstellung und die Vorlage des Antrags.

(8) Vor dem Geltungsbeginn dieser Verordnung veröffentlicht die Behörde eine ausführliche Anleitung als Hilfe für den Antragsteller bei der Erstellung und Vorlage des Antrags.

Artikel 18: Stellungnahme der Behörde

(1) Bei der Abgabe ihrer Stellungnahme ist die Behörde bestrebt, eine Frist von sechs Monaten ab Erhalt eines gültigen Antrags einzuhalten. Diese Frist wird verlängert, wenn die Behörde gemäß Absatz 2 den Antragsteller um ergänzende Informationen ersucht.

(2) Die Behörde oder eine zuständige nationale Behörde kann – über die Behörde – gegebenenfalls den Antragsteller auffordern, die Unterlagen zum Antrag innerhalb einer bestimmten Frist zu ergänzen.

(3) Zur Vorbereitung ihrer Stellungnahme

a) prüft die Behörde, ob die vom Antragsteller vorgelegten Angaben und Unterlagen Artikel 17 entsprechen und ob das Futtermittel die in Artikel 16 Absatz 1 festgelegten Kriterien erfüllt;

b) kann die Behörde die entsprechende Futtermittelbewertungsstelle eines Mitgliedstaats ersuchen, nach Artikel 36 der Verordnung (EG) Nr. 178/2002 eine Sicherheitsbewertung des Futtermittels durchzuführen;

c) kann die Behörde eine nach Artikel 4 der Richtlinie 2001/18/EG bezeichnete zuständige Behörde ersuchen, eine Umweltverträglichkeitsprüfung durchzuführen; betrifft jedoch der Antrag GVO, die als Saatgut oder anderes pflanzliches Vermehrungsgut verwendet werden sollen, so ersucht die Behörde eine zuständige innerstaatliche Stelle, die Umweltverträglichkeitsprüfung durchzuführen;

d) übermittelt die Behörde dem gemeinschaftlichen Referenzlabor die in Artikel 17 Absatz 3 Buchstaben i) und j) genannten Unterlagen. Das gemeinschaftliche Referenzlabor testet und validiert die vom Antragsteller vorgeschlagene Methode zum Nachweis und zur Identifizierung;

e) prüft die Behörde bei der Überprüfung der Anwendung von Artikel 25 Absatz 2 Buchstabe c) die vom Antragsteller vorgelegten Informationen und Daten, die zeigen sollen, dass sich die Eigenschaften des Futtermittels innerhalb der akzeptierten natürlichen Variationsgrenzen solcher Eigenschaften nicht von denen des entsprechenden herkömmlichen Erzeugnisses unterscheiden.

(4) Im Falle von GVO oder Futtermitteln, die GVO enthalten oder daraus bestehen, sind bei der Bewertung die in der Richtlinie 2001/18/EG vorgesehenen umweltbezogenen Sicherheitsanforderungen einzuhalten, damit sichergestellt ist, dass alle geeigneten Maßnahmen getroffen werden, um schädliche Auswirkungen auf die Gesundheit von Mensch und Tier sowie die Umwelt, die sich aus der absichtlichen Freisetzung von GVO ergeben könnten, zu verhindern. Bei der Bewertung von Anträgen auf Inverkehrbringen von Erzeugnissen, die aus GVO bestehen oder solche enthalten, konsultiert die Behörde die von den einzelnen Mitgliedstaaten zu diesem Zweck bezeichneten zuständigen nationalen Behörden im Sinne der Richtlinie 2001/ 18/EG. Die zuständigen Behörden geben innerhalb von drei Monaten nach Erhalt des entsprechenden Ersuchens eine Stellungnahme ab.

(5) Wird die Zulassung des Futtermittels in der Stellungnahme befürwortet, enthält die Stellungnahme außerdem folgende Angaben:

a) Name und Anschrift des Antragstellers;

b) die Bezeichnung des Futtermittels und seine Spezifikation;

c) gegebenenfalls die nach Anlage II zum Protokoll von Cartagena erforderlichen Angaben;

d) den Vorschlag für die Kennzeichnung des Futtermittels;

e) gegebenenfalls alle Bedingungen oder Einschränkungen, die für das Inverkehrbringen gelten sollten, und/oder besondere Bedingungen oder Einschränkungen für Verwendung und Handhabung, einschließlich Bestimmungen für die marktbegleitende Beobachtung, auf der Grundlage der Ergebnisse der Risikobewertung, sowie – im Falle von GVO oder Futtermitteln, die GVO enthalten oder daraus bestehen – Bedingungen zum Schutz bestimmter Ökosysteme/der Umwelt und/oder bestimmter geografischer Gebiete;

f) das vom gemeinschaftlichen Referenzlabor validierte Verfahren zum Nachweis, einschließlich Probenahme, zur Identifizierung des Transformationsereignisses sowie gegebenenfalls zum Nachweis und zur Identifizierung des Transformationsereignisses in dem Futtermittel und/oder dem daraus hergestellten Futtermittel; Angabe des Ortes, an dem geeignetes Referenzmaterial zugänglich ist;

g) gegebenenfalls den in Artikel 17 Absatz 5 Buchstabe b) genannten Beobachtungsplan.

(6) Die Behörde übermittelt der Kommission, den Mitgliedstaaten und dem Antragsteller ihre Stellungnahme einschließlich eines Berichts, in dem sie eine Bewertung des Futtermittels vornimmt, ihre Stellungnahme begründet und die dieser Stellungnahme zugrunde liegenden Informationen, einschließlich der Stellungnahmen der gemäß Absatz 4 konsultierten zuständigen Behörden anführt.

(7) Die Behörde veröffentlicht gemäß Artikel 38 Absatz 1 der Verordnung (EG) Nr. 178/2002 ihre Stellungnahme, nachdem sie alle gemäß Artikel 30 der vorliegenden Verordnung als vertraulich geltenden Informationen gestrichen hat. Die Öffentlichkeit kann innerhalb von 30 Tagen nach dieser Veröffentlichung gegenüber der Kommission dazu Stellung nehmen.

Artikel 19: Zulassung

(1) Die Kommission legt dem in Artikel 35 genannten Ausschuss innerhalb von drei Monaten nach Erhalt der Stellungnahme der Behörde einen Entwurf für eine Entscheidung über den Antrag vor, wobei die Stellungnahme der Behörde, die einschlägigen Bestimmungen des Gemeinschaftsrechts und andere legitime Faktoren berücksichtigt werden, die für den jeweils zu prüfenden Sachverhalt relevant sind. Stimmt der Entscheidungsentwurf nicht mit der Stellungnahme der Behörde überein, erläutert die Kommission die betreffenden Unterschiede.

(2) Sieht der Entscheidungsentwurf die Erteilung der Zulassung vor, umfasst er auch die in Artikel 18 Absatz 5 genannten Angaben, den Namen des Zulassungsinhabers und gegebenenfalls den dem GVO zugeteilten spezifischen Erkennungsmarker, wie er in der Verordnung (EG) Nr. 1830/2003 festgelegt ist.

(3) Die endgültige Entscheidung über den Antrag wird nach dem in Artikel 35 Absatz 2 genannten Verfahren getroffen.

(4) Die Kommission informiert den Antragsteller unverzüglich über die Entscheidung und veröffentlicht eine Information über die Entscheidung im *Amtsblatt der Europäischen Union*.

(5) Die Zulassung, die gemäß dem in dieser Verordnung festgelegten Verfahren erteilt wird, gilt in der gesamten Gemeinschaft zehn Jahre und ist gemäß Artikel 23 erneuerbar. Das zugelassene Futtermittel wird in das in Artikel 28 genannte Register eingetragen. Jeder Eintrag in das Register umfasst das Datum der Zulassung und die in Absatz 2 genannten Angaben.

(6) Andere Bestimmungen des Gemeinschaftsrechts über die Verwendung und das Inverkehrbringen von Stoffen, die nur verwendet werden dürfen, wenn sie in einer Liste von Stoffen aufgeführt sind, die unter Ausschluss anderer Stoffe registriert oder zugelassen sind, bleiben von der Zulassung gemäß diesem Abschnitt unberührt.

(7) Die Erteilung der Zulassung schränkt die allgemeine zivil- und strafrechtliche Haftung der Futtermittelunternehmer hinsichtlich des betreffenden Futtermittels nicht ein.

(8) Bezugnahmen in den Teilen A und D der Richtlinie 2001/18/EG auf nach Teil C der Richtlinie zugelassene GVO gelten auch als Bezugnahmen auf nach dieser Verordnung zugelassene GVO.

Artikel 20: Status bereits existierender Erzeugnisse

(1) Abweichend von Artikel 16 Absatz 2 können Erzeugnisse, die unter diesen Abschnitt fallen und die vor dem Geltungsbeginn dieser Verordnung rechtmäßig in der Gemeinschaft in Verkehr gebracht wurden, unter folgenden Voraussetzungen weiterhin in Verkehr gebracht, verwendet und verarbeitet werden:

a) Bei Erzeugnissen, die gemäß der Richtlinie 90/220/EWG oder der Richtlinie 2001/18/EG zugelassen wurden, einschließlich für die Verwendung als Futtermittel, die gemäß der Richtlinie 82/471/EWG zugelassen wurden und aus GVO hergestellt werden, oder die gemäß der Richtlinie 70/524/EWG zugelassen wurden und GVO enthalten, daraus bestehen oder hergestellt werden, melden die für das Inverkehrbringen der betreffenden Erzeugnisse verantwortlichen Unternehmer der Kommission innerhalb von sechs Monaten nach dem Geltungsbeginn dieser Verordnung das Datum, an dem die Erzeugnisse erstmals in der Gemeinschaft in Verkehr gebracht wurden;

b) bei Erzeugnissen, die rechtmäßig in der Gemeinschaft in Verkehr gebracht wurden, jedoch nicht unter Buchstabe a) genannt sind, melden die für das Inverkehrbringen der betreffenden Erzeugnisse verantwortlichen Unternehmer der Kommission innerhalb von sechs Monaten nach dem Geltungsbeginn dieser Verordnung, dass die Erzeugnisse vor dem Geltungsbeginn dieser Verordnung in der Gemeinschaft in Verkehr gebracht wurden.

(2) Der Meldung gemäß Absatz 1 sind die in Artikel 17 Absatz 3 und gegebenenfalls Absatz 5 genannten Unterlagen beizufügen; die Kommission leitet diese Unterlagen an die Behörde und die Mitgliedstaaten weiter. Die Behörde übermittelt dem gemeinschaftlichen Referenzlabor die in Artikel 17 Absatz 3 Buchstaben i) und j) genannten Unterlagen. Das gemeinschaftliche Referenzlabor testet und validiert die vom Antragsteller vorgeschlagene Methode zum Nachweis und zur Identifizierung.

(3) Innerhalb eines Jahres nach dem Geltungsbeginn dieser Verordnung werden die betreffenden Erzeugnisse in das Register eingetragen, nachdem überprüft worden ist, dass alle erforderlichen Informationen vorgelegt und geprüft worden sind. Jeder Eintrag in das Register umfasst gegebenenfalls die in Artikel 19 Absatz 2 genannten Angaben und bei Erzeugnissen gemäß Absatz 1 Buchstabe a) das Datum, an dem die betreffenden Erzeugnisse erstmals in Verkehr gebracht wurden.

(4) Innerhalb von neun Jahren nach dem Datum, an dem die Erzeugnisse gemäß Absatz 1 Buchstabe a) erstmals in Verkehr gebracht wurden, jedoch auf keinen Fall eher als drei Jahre nach dem Geltungsbeginn dieser Verordnung, stellen die für das Inverkehrbringen verantwortlichen Unternehmer einen Antrag gemäß Artikel 23, der entsprechend gilt. Innerhalb von drei Jahren nach dem Geltungsbeginn dieser Verordnung stellen die für das Inverkehrbringen von Erzeugnissen gemäß Absatz 1 Buchstabe b) verantwortlichen Unternehmer einen Antrag gemäß Artikel 23, der entsprechend gilt.

(5) Die in Absatz 1 genannten Erzeugnisse und die Futtermittel, die diese enthalten oder aus diesen hergestellt sind, unterliegen den Bestimmungen dieser Verordnung, insbesondere den Artikeln 21, 22 und 34, die entsprechend gelten.

(6) Werden die Meldung und die in den Absätzen 1 und 2 genannten entsprechenden Unterlagen nicht innerhalb der genannten Frist vorgelegt oder für fehlerhaft befunden oder wird ein Antrag nicht gemäß Absatz 4 innerhalb der genannten Frist gestellt, trifft die Kommission nach dem in Artikel 35 Absatz 2 genannten Verfahren Maßnahmen, um das betreffende Erzeugnis und jegliche daraus hergestellten Erzeugnisse vom Markt zu nehmen. Dabei kann ein begrenzter Zeitraum vorgesehen werden, während dessen Bestände des Erzeugnisses noch aufgebraucht werden können.

(7) Ist eine Zulassung nicht auf einen bestimmten Inhaber ausgestellt, legt der Unternehmer, der die in diesem Artikel genannten Erzeugnisse einführt, herstellt oder gewinnt, der Kommission die Informationen oder den Antrag vor.

(8) Durchführungsbestimmungen zu diesem Artikel werden nach dem in Artikel 35 Absatz 2 genannten Verfahren erlassen.

Artikel 21: Überwachung

(1) Nach Erteilung einer Zulassung gemäß dieser Verordnung haben der Zulassungsinhaber und die sonstigen Beteiligten alle Bedingungen oder Einschränkungen zu erfüllen, die in der Zulassung auferlegt werden, und insbesondere dafür zu sorgen, dass Erzeugnisse, für die die Zulassung nicht gilt, nicht als Lebensmittel oder Futtermittel in Verkehr gebracht werden. Wurde dem Zulassungsinhaber eine marktbegleitende Beobachtung gemäß Artikel 17 Absatz 3 Buchstabe k) und/oder eine Beobachtung nach Artikel 17 Absatz 5 Buchstabe b) vorgeschrieben, so stellt er sicher, dass diese durchgeführt wird, und legt der Kommission entsprechend der Zulassung Berichte vor. Die genannten Beobachtungsberichte sind der Öffentlichkeit zugänglich zu machen, nachdem alle gemäß Artikel 30 als vertraulich geltenden Informationen gestrichen worden sind.

(2) Begehrt der Zulassungsinhaber eine Änderung der Zulassungsbedingungen, so stellt er dazu gemäß Artikel 17 Absatz 2 einen Antrag. Die Artikel 17, 18 und 19 gelten entsprechend.

(3) Der Zulassungsinhaber übermittelt der Kommission unverzüglich alle neuen wissenschaftlichen oder technischen Informationen, die die Bewertung der Sicherheit bei der Verwendung des Futtermittels beeinflussen könnten. Insbesondere informiert er die Kommission unverzüglich über alle Verbote oder Einschränkungen, die von der zuständigen Behörde eines Drittlandes ausgesprochen wurden, in dem das Futtermittel in Verkehr gebracht wird.

(4) Die Kommission stellt die vom Antragsteller gelieferten Informationen unverzüglich der Behörde und den Mitgliedstaaten zur Verfügung.

Artikel 22: Änderung, Aussetzung und Widerruf von Zulassungen

(1) Aus eigener Initiative oder auf Ersuchen eines Mitgliedstaates oder der Kommission gibt die Behörde eine Stellungnahme zu der Frage ab, ob eine Zulassung für ein in Artikel 15 Absatz 1 genanntes Erzeugnis die in dieser Verordnung festgelegten Bedingungen noch erfüllt. Sie übermittelt diese Stellungnahme unverzüglich der Kommission, dem Zulassungsinhaber und den Mitgliedstaaten. Die Behörde veröffentlicht ihre Stellungnahme gemäß Artikel 38 Absatz 1 der Verordnung (EG) Nr. 178/2002, nachdem sie alle gemäß Artikel 30 der vorliegenden Verordnung als vertraulich geltenden Informationen gestrichen hat. Die Öffentlichkeit kann innerhalb von 30 Tagen nach dieser Veröffentlichung gegenüber der Kommission dazu Stellung nehmen.

(2) Die Kommission prüft die Stellungnahme der Behörde so bald wie möglich. Alle geeigneten Maßnahmen werden gemäß Artikel 34 getroffen. Gegebenenfalls wird die Zulassung nach dem Verfahren des Artikels 19 geändert, ausgesetzt oder widerrufen.

(3) Artikel 17 Absatz 2 und die Artikel 18 und 19 gelten entsprechend.

Artikel 23: Erneuerung der Zulassung

(1) Gemäß dieser Verordnung erteilte Zulassungen sind für weitere zehn Jahre erneuerbar, wenn der Zulassungsinhaber bei der Kommission spätestens ein Jahr vor Ablauf der Zulassung einen entsprechenden Antrag stellt.

(2) Dem Antrag ist Folgendes beizufügen:

a) eine Kopie der Zulassung für das Inverkehrbringen des Futtermittels;
b) ein Bericht über die Beobachtungsergebnisse, sofern dies in der Zulassung so festgelegt ist;
c) alle sonstigen neuen Informationen hinsichtlich der Evaluierung der Sicherheit bei der Verwendung des Futtermittels und der Risiken, die das Futtermittel für Mensch, Tier oder Umwelt birgt;
d) gegebenenfalls ein Vorschlag zur Änderung oder Ergänzung der Bedingungen der ursprünglichen Zulassung, unter anderem der Bedingungen hinsichtlich der späteren Beobachtung.

(3) Artikel 17 Absatz 2 und die Artikel 18 und 19 gelten entsprechend.

(4) Wird aus Gründen, die dem Zulassungsinhaber nicht angelastet werden können, vor Ablauf der Zulassung keine Entscheidung über deren Erneuerung getroffen, verlängert sich der Zulassungszeitraum des Erzeugnisses automatisch, bis eine Entscheidung getroffen wird.

(5) Die Kommission kann nach Konsultation der Behörde gemäß dem in Artikel 35 Absatz 2 genannten Verfahren Durchführungsbestimmungen zur Anwendung des vorliegenden Artikels, einschließlich Bestimmungen zur Erstellung und Vorlage des Antrags, festlegen.

(6) Die Behörde veröffentlicht eine ausführliche Anleitung als Hilfe für den Antragsteller bei der Erstellung und Vorlage seines Antrags.

Abschnitt 2: Kennzeichnung

Artikel 24: Geltungsbereich

(1) Dieser Abschnitt gilt für die in Artikel 15 Absatz 1 genannten Futtermittel.

(2) Dieser Abschnitt gilt nicht für Futtermittel, die Material enthalten, das GVO enthält, aus solchen besteht oder aus solchen hergestellt ist, mit einem Anteil, der nicht höher ist als 0,9 Prozent des Futtermittels und der Futtermittelbestandteile, aus denen es zusammengesetzt ist, vorausgesetzt, dieser Anteil ist zufällig oder technisch nicht zu vermeiden.

(3) Damit festgestellt werden kann, dass das Vorhandensein dieses Materials zufällig oder technisch nicht zu vermeiden ist, müssen die Unternehmer den zuständigen Behörden nachweisen können, dass sie geeignete Schritte unternommen haben, um das Vorhandensein derartiger Materialien zu vermeiden.

(4) Nach dem in Artikel 35 Absatz 2 genannten Verfahren können, insbesondere in Bezug auf Futtermittel, die GVO enthalten oder aus solchen bestehen, oder um Fortschritten in Wissenschaft und Technologie Rechnung zu tragen, angemessene niedrigere Schwellenwerte festgelegt werden.

Artikel 25: Anforderungen

(1) Unbeschadet der anderen Anforderungen des Gemeinschaftsrechts hinsichtlich der Kennzeichnung von Futtermitteln gelten für in Artikel 15 Absatz 1 genannte Futtermittel die nachstehend festgelegten spezifischen Kennzeichnungsanforderungen.

(2) Niemand darf ein in Artikel 15 Absatz 1 genanntes Futtermittel in Verkehr bringen, wenn die nachstehend genannten Angaben nicht deutlich sichtbar, lesbar und unauslöschlich auf einem Begleitpapier oder gegebenenfalls auf der Verpackung, dem Behältnis oder einem daran befestigten Etikett angebracht sind. Sämtliche Futtermittel, aus denen sich ein bestimmtes Futtermittel zusammensetzt, sind folgendermaßen zu kennzeichnen:

a) Bei den in Artikel 15 Absatz 1 Buchstaben a) und b) genannten Futtermitteln ist der Zusatz „genetisch veränderter [Bezeichnung des Organismus]" in Klammern unmittelbar nach dem spezifischen Namen des Futtermittels aufzuführen. Alternativ kann dieser Passus in eine Fußnote zu dem Verzeichnis der Futtermittel aufgenommen werden. Er ist in einer Schriftgröße zu drucken, die mindestens so groß ist wie die Schriftgröße im Verzeichnis der Futtermittel.

b) Bei den in Artikel 15 Absatz 1 Buchstabe c) genannten Futtermitteln ist der Zusatz „aus genetisch veränderter [Bezeichnung des Organismus] hergestellt" in Klammern unmittelbar nach dem spezifischen Namen des Futtermittels aufzuführen. Alternativ kann dieser Passus in eine Fußnote zu dem Verzeichnis der Futtermittel aufgenommen werden. Er ist in einer Schriftgröße zu drucken, die mindestens so groß ist wie die Schriftgröße im Verzeichnis der Futtermittel.

c) Wie in der Zulassung festgelegt, ist jedes Merkmal der in Artikel 15 Absatz 1 genannten Futtermittel, das sich von den Merkmalen der entsprechenden herkömmlichen Erzeugnisse unterscheidet, anzugeben, so z. B.:

   i) Zusammensetzung,

   ii) nutritive Eigenschaften,

   iii) vorgesehener Verwendungszweck,

   iv) Auswirkungen auf die Gesundheit bestimmter Tierarten oder -kategorien.

d) Wie in der Zulassung festgelegt, ist jedes Merkmal oder jede Eigenschaft, wodurch das Futtermittel zu ethischen oder religiösen Bedenken Anlass geben könnte, anzugeben.

(3) Neben den in Absatz 2 Buchstaben a) und b) festgelegten Anforderungen und gemäß der Zulassung sind auf der Etikettierung oder in den Begleitpapieren von Futtermitteln, die unter diesen Abschnitt fallen und zu denen es kein entsprechendes herkömmliches Erzeugnis gibt, die entsprechenden Informationen über Art und Merkmale des betreffenden Futtermittels anzubringen.

Artikel 26: Durchführungsbestimmungen

Durchführungsbestimmungen zu diesem Abschnitt, unter anderem bezüglich der Maßnahmen, die die Unternehmer treffen müssen, um den Kennzeichnungsanforderungen nachzukommen, können nach dem in Artikel 35 Absatz 2 genannten Verfahren erlassen werden.

Kapitel IV: Gemeinsame Vorschriften

Artikel 27: Erzeugnisse, die als Lebensmittel und als Futtermittel verwendet werden können

(1) Kann ein Erzeugnis als Lebensmittel und als Futtermittel verwendet werden, ist nur ein Antrag gemäß den Artikeln 5 und Artikel 17 zu stellen, und es wird nur eine Stellungnahme der Behörde abgegeben und eine Entscheidung der Gemeinschaft erlassen.

(2) Die Behörde prüft, ob der Zulassungsantrag sowohl für Lebensmittel als auch für Futtermittel gestellt werden sollte.

Artikel 28: Gemeinschaftsregister

(1) Die Kommission erstellt und unterhält ein Gemeinschaftsregister genetisch veränderter Lebensmittel und Futtermittel, in dieser Verordnung „das Register" genannt.

(2) Das Register wird der Öffentlichkeit zugänglich gemacht.

Artikel 29: Zugang der Öffentlichkeit

(1) Der Zulassungsantrag, die zusätzlichen Informationen des Antragstellers, die Stellungnahmen der gemäß Artikel 4 der Richtlinie 2001/18/EG bezeichneten zuständigen Behörden, die Beobachtungsberichte und die Informationen des Zulassungsinhabers werden mit Ausnahme der vertraulichen Informationen der Öffentlichkeit zugänglich gemacht.

(2) Die Behörde wendet bei der Behandlung von Anträgen auf Zugang zu Dokumenten, die sich im Besitz der Behörde befinden, die Grundsätze der Verordnung (EG) Nr. 1049/2001 des Europäischen Parlaments und des Rates vom 30. Mai 2001 über den Zugang der Öffentlichkeit zu Dokumenten des Europäischen Parlaments, des Rates und der Kommission[29] an.

(3) Die Mitgliedstaaten behandeln Anträge auf Zugang zu Dokumenten, die sie im Rahmen dieser Verordnung erhalten haben, gemäß Artikel 5 der Verordnung (EG) Nr. 1049/2001.

Artikel 30: Vertraulichkeit

(1) Der Antragsteller kann angeben, welche der gemäß dieser Verordnung vorgelegten Informationen aufgrund der Tatsache vertraulich behandelt werden sollen, dass ihre Bekanntgabe seine Wettbewerbsposition erheblich beeinträchtigen kann. In solchen Fällen ist eine nachprüfbare Begründung zu liefern.

(2) Unbeschadet von Absatz 3 legt die Kommission nach Rücksprache mit dem Antragsteller fest, welche Informationen vertraulich behandelt werden, und informiert den Antragsteller über ihre Entscheidung.

[29] ABl. L 145 vom 31.5.2001, S. 43.

(3) Folgende Informationen werden nicht vertraulich behandelt:

a) Name und Zusammensetzung des in Artikel 3 Absatz 1 und Artikel 15 Absatz 1 genannten GVO, Lebensmittels oder Futtermittels und gegebenenfalls die Angabe des Substrats und des Mikroorganismus;

b) die allgemeine Beschreibung des GVO sowie Name und Anschrift des Zulassungsinhabers;

c) physikalisch-chemische und biologische Merkmale des in Artikel 3 Absatz 1 und Artikel 15 Absatz 1 genannten GVO, Lebensmittels oder Futtermittels;

d) die Auswirkungen des in Artikel 3 Absatz 1 und Artikel 15 Absatz 1 genannten GVO, Lebensmittels oder Futtermittels auf die Gesundheit von Mensch und Tier sowie auf die Umwelt;

e) die Auswirkungen des in Artikel 3 Absatz 1 und Artikel 15 Absatz 1 genannten GVO, Lebensmittels oder Futtermittels auf die Merkmale von tierischen Erzeugnissen und seine nutritiven Eigenschaften;

f) die Verfahren zum Nachweis, einschließlich Probenahme und Identifizierung des Transformationsereignisses sowie gegebenenfalls zum Nachweis und zur Identifizierung des Transformationsereignisses in dem in Artikel 3 Absatz 1 und Artikel 15 Absatz 1 genannten Lebensmittel oder Futtermittel;

g) Informationen über Abfallbehandlung und Notfallhilfe.

(4) Ungeachtet von Absatz 2 übermittelt die Behörde der Kommission und den Mitgliedstaaten auf Anfrage alle in ihrem Besitz befindlichen Informationen.

(5) Die Nutzung der Nachweisverfahren und die Vermehrung von Referenzmaterialien im Sinne von Artikel 5 Absatz 3 und Artikel 17 Absatz 3 zum Zwecke der Anwendung dieser Verordnung auf GVO, Lebensmittel oder Futtermittel, auf die sich ein Antrag bezieht, dürfen nicht durch die Geltendmachung von Rechten geistigen Eigentums oder in sonstiger Weise eingeschränkt werden.

(6) Die Kommission, die Behörde und die Mitgliedstaaten treffen die erforderlichen Maßnahmen, um zu gewährleisten, dass die Vertraulichkeit der Informationen, die sie im Rahmen dieser Verordnung erhalten haben, angemessen gewahrt ist, mit Ausnahme von Informationen, die bekannt gegeben werden müssen, wenn es die Umstände erfordern, um die Gesundheit von Mensch und Tier oder die Umwelt zu schützen.

(7) Nimmt ein Antragsteller seinen Antrag zurück oder hat er ihn zurückgenommen, so wahren die Behörde, die Kommission und die Mitgliedstaaten die Vertraulichkeit von Geschäfts- und Betriebsinformationen einschließlich von Informationen über Forschung und Entwicklung sowie von Informationen, über deren Vertraulichkeit die Kommission und der Antragsteller nicht einer Meinung sind.

Artikel 31: Datenschutz

Die wissenschaftlichen Daten und andere Informationen, die in dem gemäß Artikel 5 Absätze 3 und 5 sowie Artikel 17 Absätze 3 und 5 erforderlichen Antragsdossier enthalten sind, dürfen während eines Zeitraums von zehn Jahren ab dem Datum der Zulassung nicht zugunsten eines anderen Antragstellers verwendet werden, es sei denn, dieser andere Antragsteller hat mit dem Zulassungsinhaber vereinbart, dass solche Daten und Informationen verwendet werden können. Nach Ablauf dieses Zehnjahreszeitraums können die Ergebnisse der auf der Grundlage der wissenschaftlichen Daten und Informationen des Antragsdossiers durchgeführten Evaluierungen ganz oder teilweise von der Behörde zugunsten eines anderen Antragstellers verwendet werden, wenn der Antragsteller nachweisen kann, dass das Lebensmittel oder Futtermittel, für das er eine Zulassung beantragt, einem gemäß dieser Verordnung bereits zugelassenen Lebensmittel oder Futtermittel im Wesentlichen ähnlich ist.

Artikel 32: Gemeinschaftliches Referenzlabor

Das gemeinschaftliche Referenzlabor und seine Pflichten und Aufgaben sind im Anhang bestimmt. Nationale Referenzlaboratorien können nach dem in Artikel 35 Absatz 2 genannten Verfahren eingerichtet werden. Personen, die eine Zulassung genetisch veränderter Lebensmittel und Futtermittel beantragen, beteiligen sich an den Kosten der Aufgaben des gemeinschaftlichen Referenzlabors und des im Anhang genannten Europäischen Netzes der GVO-Laboratorien.Die von den Antragstellern gezahlten Beiträge dürfen nicht höher sein als die bei der Validierung der Nachweisverfahren entstandenen Kosten. Ausführliche Bestimmungen zur Durchführung dieses Artikels, des Anhangs sowie Änderungen daran können nach dem in Artikel 35 Absatz 2 genannten Verfahren beschlossen werden.

Artikel 33: Beratung mit der Europäischen Gruppe für Ethik der Naturwissenschaften und der Neuen Technologien

(1) Die Kommission kann aus eigener Initiative oder auf Ersuchen eines Mitgliedstaats die Europäische Gruppe für Ethik der Naturwissenschaften und der Neuen Technologien oder eine andere geeignete Stelle, die sie möglicherweise einrichtet, konsultieren und deren Stellungnahme zu ethischen Fragen einholen.

(2) Die Kommission veröffentlicht diese Stellungnahmen.

Artikel 34: Sofortmaßnahmen

Ist davon auszugehen, dass ein nach dieser Verordnung zugelassenes oder mit ihr in Einklang stehendes Erzeugnis wahrscheinlich ein ernstes Risiko für die Gesundheit von Mensch oder Tier oder die Umwelt darstellt, oder sollte es sich im Lichte einer von der Behörde gemäß Artikel 10 oder Artikel 22 abgegebenen Stellungnahme als notwendig erweisen, eine Zulassung dringend zu ändern oder auszusetzen, so werden Maßnahmen nach den Verfahren der Artikel 53 und 54 der Verordnung (EG) Nr. 178/2002 getroffen.

Artikel 35: Ausschussverfahren

(1) Die Kommission wird von dem mit Artikel 58 der Verordnung (EG) Nr. 178/2002 eingesetzten Ständigen Ausschuss für die Lebensmittelkette und Tiergesundheit (nachstehend „Ausschuss" genannt) unterstützt.

(2) Wird auf diesen Absatz Bezug genommen, so gelten die Artikel 5 und 7 des Beschlusses 1999/468/EG unter Beachtung von dessen Artikel 8. Der Zeitraum nach Artikel 5 Absatz 6 des Beschlusses 1999/468/EG wird auf drei Monate festgesetzt.

(3) Der Ausschuss gibt sich eine Geschäftsordnung.

Artikel 36: Überprüfung auf dem Verwaltungsweg

Entscheidungen oder Unterlassungen der Behörde im Rahmen der ihr mit dieser Verordnung übertragenen Befugnisse können von der Kommission aus eigener Initiative oder auf Ersuchen eines Mitgliedstaats oder einer unmittelbar und individuell betroffenen Person überprüft werden. Zu diesem Zweck muss bei der Kommission binnen einer Frist von zwei Monaten ab dem Tag, an dem die betroffene Person von der betreffenden Handlung oder Unterlassung Kenntnis erlangt hat, ein Antrag gestellt werden. Die Kommission entscheidet innerhalb von zwei Monaten und verpflichtet die Behörde gegebenenfalls, ihre Entscheidung aufzuheben oder der Unterlassung abzuhelfen.

Artikel 37: Aufhebungen

Folgende Verordnungen werden mit Wirkung ab dem Geltungsbeginn der vorliegenden Verordnung aufgehoben:

- Verordnung (EG) Nr. 1139/98;
- Verordnung (EG) Nr. 49/2000;
- Verordnung (EG) Nr. 50/2000.

Artikel 38: Änderung der Verordnung (EG) Nr. 258/97

Die Verordnung (EG) Nr. 258/97 wird mit Wirkung ab dem Geltungsbeginn der vorliegenden Verordnung wie folgt geändert:

1. Folgende Bestimmungen werden gestrichen:

– Artikel 1 Absatz 2 Buchstaben a) und b);
– Artikel 3 Absatz 2 Unterabsatz 2 und Absatz 3;
– Artikel 8 Absatz 1 Buchstabe d);
– Artikel 9.

2. Artikel 3 Absatz 4 Satz 1 erhält folgende Fassung:

„(4) Abweichend von Absatz 2 gilt das Verfahren des Artikels 5 für Lebensmittel oder Lebensmittelzutaten im Sinne des Artikels 1 Absatz 2 Buchstaben d) und e), die nach den verfügbaren und allgemein anerkannten wissenschaftlichen Befunden oder aufgrund einer Stellungnahme einer der in Artikel 4 Absatz 3 genannten zuständigen Stellen hinsichtlich ihrer Zusammensetzung, ihres Nährwerts, ihres Stoffwechsels, ihres Verwendungszwecks und ihres Gehalts an unerwünschten Stoffen den bestehenden Lebensmitteln und Lebensmittelzutaten im Wesentlichen gleichwertig sind."

Artikel 39: Änderung der Richtlinie 82/471/EWG

In Artikel 1 der Richtlinie 82/471/EWG wird mit Wirkung ab dem Geltungsbeginn der vorliegenden Verordnung folgender Absatz angefügt:

„(3) Diese Richtlinie gilt nicht für Produkte, die unmittelbare oder mittelbare Proteinquellen darstellen, welche in den Geltungsbereich der Verordnung (EG) Nr. 1829/2003 des Europäischen Parlaments und des Rates vom 22. September 2003 über genetisch veränderte Lebensmittel und Futtermittel[*] fallen.

Artikel 40: Änderung der Richtlinie 2000/53/EG

Die Richtlinie 2002/53/EG wird mit Wirkung ab dem Geltungsbeginn der vorliegenden Verordnung wie folgt geändert:

1. Artikel 4 Absatz 5 erhält folgende Fassung:

„(5) Wenn aus einer Pflanzensorte gewonnenes Material zur Verwendung in Lebensmitteln oder Futtermitteln bestimmt ist, die unter Artikel 3 bzw. Artikel 15 der Verordnung (EG) Nr. 1829/2003 des Europäischen Parlaments und des Rates vom 22. September 2003 über genetisch veränderte Lebensmittel und Futtermittel[*] fallen, so darf diese Sorte nur zugelassen werden, wenn sie gemäß der genannten Verordnung zugelassen wurde.

2. Artikel 7 Absatz 5 erhält folgende Fassung:

„(5) Die Mitgliedstaaten stellen sicher, dass eine Sorte, die zur Verwendung in Lebensmitteln oder Futtermitteln gemäß den Artikeln 2 und 3 der Verordnung (EG) Nr. 178/2002 des Europäischen Parlaments und des Rates vom 28. Januar 2002 zur Festlegung der allgemeinen Grundsätze und Anforderungen des Lebensmittelrechts, zur Errichtung der Europäischen Behörde für Lebensmittelsicherheit und zur Festlegung von Verfahren zur Lebensmittelsicherheit[**] bestimmt ist, nur zugelassen wird, wenn sie gemäß den einschlägigen Rechtsvorschriften zugelassen wurde."

Artikel 41: Änderung der Richtlinie 2002/55/EG

Die Richtlinie 2002/55/EG wird mit Wirkung ab dem Geltungsbeginn der vorliegenden Verordnung wie folgt geändert:

1. Artikel 4 Absatz 3 erhält folgende Fassung:

„(3) Wenn aus einer Pflanzensorte gewonnenes Material zur Verwendung in Lebensmitteln oder Futtermitteln bestimmt ist, die unter Artikel 3 bzw. Artikel 15 der Verordnung (EG) Nr. 1829/2003 des Europäischen Parlaments und des Rates vom 22. September 2003 über genetisch veränderte Lebensmittel und Futtermittel[*] fallen, so darf diese Sorte nur zugelassen werden, wenn sie gemäß der genannten Verordnung zugelassen wurde."

[*] ABl. L 268 vom 18.10.2003, S. 1.
[**] ABl. L 31 vom 1.2.2002, S. 1.

2. Artikel 7 Absatz 5 erhält folgende Fassung:

„(5) Die Mitgliedstaaten stellen sicher, dass eine Sorte, die zur Verwendung in Lebensmitteln oder Futtermitteln gemäß den Artikeln 2 und 3 der Verordnung (EG) Nr. 178/2002 des Europäischen Parlaments und des Rates vom 28. Januar 2002 zur Festlegung der allgemeinen Grundsätze und Anforderungen des Lebensmittelrechts, zur Errichtung der Europäischen Behörde für Lebensmittelsicherheit und zur Festlegung von Verfahren zur Lebensmittelsicherheit*) bestimmt ist, nur zugelassen wird, wenn sie gemäß den einschlägigen Rechtsvorschriften zugelassen wurde.

Artikel 42: Änderung der Richtlinie 68/193/EWG

Artikel 5ba Absatz 3 der Richtlinie 68/193/EWG erhält mit Wirkung ab dem Geltungsbeginn der vorliegenden Verordnung folgende Fassung:

„(3) a) Sollen aus Vermehrungsgut von Reben hervorgegangene Erzeugnisse als oder in Lebensmittel(n) im Sinne von Artikel 3 oder als oder in Futtermittel(n) im Sinne von Artikel 15 der Verordnung (EG) Nr. 1829/2003 des Europäischen Parlaments und des Rates vom 22. September 2003 über genetisch veränderte Lebensmittel und Futtermittel**) verwendet werden, so wird die betreffende Rebsorte nur dann zugelassen, wenn sie bereits aufgrund der genannten Verordnung zugelassen worden ist.

b) Die Mitgliedstaaten stellen sicher, dass eine Rebsorte, aus deren Vermehrungsgut Erzeugnisse hervorgegangen sind, die gemäß den Artikeln 2 und 3 der Verordnung (EG) Nr. 178/2002 des Europäischen Parlaments und des Rates vom 28. Januar 2002 zur Festlegung der allgemeinen Grundsätze und Anforderungen des Lebensmittelrechts, zur Errichtung der Europäischen Behörde für Lebensmittelsicherheit und zur Festlegung von Verfahren zur Lebensmittelsicherheit*) in Lebensmitteln und Futtermitteln verwendet werden sollen, nur dann zugelassen wird, wenn sie bereits aufgrund der einschlägigen Rechtsvorschriften zugelassen worden ist.“

Artikel 43: Änderung der Richtlinie 2001/18/EG

Die Richtlinie 2001/18/EG wird mit Wirkung ab dem Inkrafttreten der vorliegenden Verordnung wie folgt geändert:

1. Der folgende Artikel wird eingefügt: Artikel 12a

Übergangsmaßnahmen bei zufälligem oder technisch nicht zu vermeidenden Vorhandensein von genetisch veränderten Organismen, zu denen die Risikobewertung befürwortend ausgefallen ist

(1) Auf das Inverkehrbringen von Erzeugnissen, die für die unmittelbare Verwendung als Lebensmittel oder Futtermittel oder für die Verarbeitung vorgesehen sind und die Spuren eines GVO oder einer Verbindung von GVO enthalten, finden die Artikel 13 bis 21 keine Anwendung, sofern sie den in Artikel 47 der Verordnung (EG) Nr. 1829/2003 des Europäischen Parlaments und des Rates vom 22. September 2003 über genetisch veränderte Lebensmittel und Futtermittel**) festgelegten Bedingungen genügen.

(2) Dieser Artikel gilt während eines Zeitraums von drei Jahren nach dem Geltungsbeginn der Verordnung (EG) Nr. 1829/2003.

2. Der folgende Artikel wird eingefügt: Artikel 26a

Maßnahmen zur Verhinderung des unbeabsichtigten Vorhandenseins von GVO

(1) Die Mitgliedstaaten können die geeigneten Maßnahmen ergreifen, um das unbeabsichtigte Vorhandensein von GVO in anderen Produkten zu verhindern.

(2) Die Kommission sammelt und koordiniert Informationen auf der Grundlage von Untersuchungen auf gemeinschaftlicher und nationaler Ebene, beobachtet die Entwicklungen bei der Koexistenz in den Mitgliedstaaten und entwickelt auf der Grundlage dieser Informationen und Beobachtungen Leitlinien für die Koexistenz von genetisch veränderten, konventionellen und ökologischen Kulturen.“

---

*) ABl. L 31 vom 1.2.2002, S. 1.

**) ABl. L 268 vom 18.10.2003, S. 1.

Artikel 44: Informationen, die gemäß dem Protokoll von Cartagena bereitgestellt werden müssen

(1) Jede Zulassung, Erneuerung, Änderung, Aufhebung oder jeder Widerruf einer Zulassung eines in Artikel 3 Absatz 1 Buchstaben a) oder b) oder Artikel 15 Absatz 1 Buchstaben a) oder b) genannten GVO, Lebensmittels oder Futtermittels wird von der Kommission den Vertragsparteien des Protokolls von Cartagena durch die Informationsstelle für Biosicherheit (Biosafety Clearing-House) gemäß Artikel 11 Absatz 1 bzw. Artikel 12 Absatz 1 des Protokolls von Cartagena gemeldet. Die Kommission übermittelt der innerstaatlichen Anlaufstelle jeder Vertragspartei, die das Sekretariat im Voraus darüber informiert, dass sie keinen Zugang zur Informationsstelle für Biosicherheit hat, eine schriftliche Kopie der Mitteilung.

(2) Die Kommission behandelt ebenfalls alle Anfragen nach zusätzlichen Informationen, die von einer Vertragspartei gemäß Artikel 11 Absatz 3 des Protokolls von Cartagena eingereicht werden, und stellt Kopien der Gesetze, Verordnungen und Leitlinien gemäß Artikel 11 Absatz 5 jenes Protokolls zur Verfügung.

Artikel 45: Sanktionen

Die Mitgliedstaaten legen die Bestimmungen über Sanktionen für Verstöße gegen die Bestimmungen dieser Verordnung fest und treffen alle erforderlichen Maßnahmen, um sicherzustellen, dass sie durchgeführt werden. Die Sanktionen müssen wirksam, verhältnismäßig und abschreckend sein. Die Mitgliedstaaten melden diese Bestimmungen der Kommission spätestens sechs Monate nach dem Datum des Inkrafttretens dieser Verordnung; sie melden ihr auch unverzüglich jede spätere Änderung.

Artikel 46: Übergangsmaßnahmen in Bezug auf Anträge, Kennzeichnung und Meldungen

(1) Anträge, die gemäß Artikel 4 der Verordnung (EG) Nr. 258/97 vor dem Geltungsbeginn der vorliegenden Verordnung gestellt wurden, werden in Anträge gemäß Kapitel II Abschnitt 1 der vorliegenden Verordnung umgewandelt, sofern der erste Bewertungsbericht gemäß Artikel 6 Absatz 3 der Verordnung (EG) Nr. 258/97 noch nicht an die Kommission weitergeleitet wurde sowie in all den Fällen, in denen ein zusätzlicher Bewertungsbericht gemäß Artikel 6 Absätze 3 oder 4 der Verordnung (EG) Nr. 258/97 gefordert wird. Andere Anträge, die gemäß Artikel 4 der Verordnung (EG) Nr. 258/97 vor dem Geltungsbeginn der vorliegenden Verordnung gestellt wurden, werden ungeachtet von Artikel 38 der vorliegenden Verordnung nach der Verordnung (EG) Nr. 258/97 bearbeitet.

(2) Die in der vorliegenden Verordnung festgelegten Kennzeichnungsvorschriften gelten nicht für Erzeugnisse, deren Herstellungsprozess vor dem Geltungsbeginn dieser Verordnung eingeleitet wurde, sofern diese Erzeugnisse gemäß den vor dem Geltungsbeginn dieser Verordnung anwendbaren Rechtsvorschriften gekennzeichnet wurden.

(3) Meldungen über Erzeugnisse, die ihre Verwendung als Futtermittel einschließen und die gemäß Artikel 13 der Richtlinie 2001/18/EG vor dem Geltungsbeginn der vorliegenden Verordnung gemacht wurden, werden in Anträge gemäß Kapitel III Abschnitt 1 der vorliegenden Verordnung umgewandelt, sofern der gemäß Artikel 14 der Richtlinie 2001/18/EG vorgesehene Bewertungsbericht der Kommission noch nicht zugesandt wurde.

(4) Anträge, die für in Artikel 15 Absatz 1 Buchstabe c) dieser Verordnung genannte Erzeugnisse gemäß Artikel 7 der Richtlinie 82/471/EWG vor dem Geltungsbeginn der vorliegenden Verordnung gestellt wurden, werden in Anträge gemäß Kapitel III Abschnitt 1 der vorliegenden Verordnung umgewandelt.

(5) Anträge, die für in Artikel 15 Absatz 1 dieser Verordnung genannte Erzeugnisse gemäß Artikel 4 der Richtlinie 70/ 524/EWG vor dem Geltungsbeginn der vorliegenden Verordnung gestellt wurden, werden durch Anträge gemäß Kapitel III Abschnitt 1 der vorliegenden Verordnung ergänzt.

Artikel 47: Übergangsmaßnahmen bei zufälligem oder technisch nicht zu vermeidendem Vorhandensein von genetisch verändertem Material, zu dem die Risikobewertung befürwortend ausgefallen ist

(1) Das Vorhandensein von Material in Lebensmitteln oder Futtermitteln, das GVO enthält, aus solchen besteht oder aus solchen hergestellt ist, mit einem Anteil, der nicht höher ist als 0,5 Prozent, gilt nicht als Verstoß gegen Artikel 4 Absatz 2 oder Artikel 16 Absatz 2, sofern

a) es zufällig oder technisch nicht zu vermeiden ist;
b) zu dem genetisch veränderten Material durch den (die) wissenschaftliche(n) Ausschuss (Ausschüsse) der Gemeinschaft oder die Europäische Behörde für Lebensmittelsicherheit vor dem Geltungsbeginn dieser Verordnung eine befürwortende Stellungnahme abgegeben wurde;
c) der entsprechende Zulassungsantrag nicht nach den einschlägigen Gemeinschaftsvorschriften abgelehnt worden ist;
d) die Nachweisverfahren öffentlich verfügbar sind.

(2) Damit festgestellt werden kann, dass das Vorhandensein dieses Stoffes zufällig oder technisch nicht zu vermeiden ist, müssen die Unternehmer den zuständigen Behörden nachweisen können, dass sie geeignete Schritte unternommen haben, um das Vorhandensein derartiger Materialien zu vermeiden.

(3) Der in Absatz 1 genannte Schwellenwert kann insbesondere für GVO, die direkt an den Endverbraucher verkauft werden, nach dem in Artikel 35 Absatz 2 genannten Verfahren gesenkt werden.

(4) Ausführliche Durchführungsbestimmungen zu diesem Artikel werden nach dem in Artikel 35 Absatz 2 genannten Verfahren beschlossen.

(5) Dieser Artikel bleibt während eines Zeitraums von drei Jahren nach dem Geltungsbeginn dieser Verordnung anwendbar.

Artikel 48: Überprüfung

(1) Spätestens am 7. November 2005 übermittelt die Kommission anhand der bis dahin gesammelten Erfahrungen dem Europäischen Parlament und dem Rat einen Bericht über die Durchführung dieser Verordnung und insbesondere des Artikels 47, gegebenenfalls in Verbindung mit einem entsprechenden Vorschlag. Der Bericht und ein etwaiger Vorschlag werden der Öffentlichkeit zugänglich gemacht.

(2) Unbeschadet der Befugnisse der nationalen Behörden überwacht die Kommission die Anwendung dieser Verordnung und ihre Auswirkungen auf die Gesundheit von Mensch und Tier, Verbraucherschutz, Verbraucherinformation und das Funktionieren des Binnenmarktes, und legt erforderlichenfalls schnellstmöglich entsprechende Vorschläge vor.

Artikel 49: Inkrafttreten

Diese Verordnung tritt am zwanzigsten Tag nach ihrer Veröffentlichung im *Amtsblatt der Europäischen Union* in Kraft. Sie wird nach Ablauf von sechs Monaten nach dem Datum ihrer Veröffentlichung angewandt.
Diese Verordnung ist in allen ihren Teilen verbindlich und gilt unmittelbar in jedem Mitgliedstaat.

Geschehen zu Brüssel am 22. September 2003.

Im Namen des Europäischen Parlaments
Der Präsident
P. COX

Im Namen des Rates
Der Präsident
R. BUTTIGLIONE

ANHANG

PFLICHTEN UND AUFGABEN DES GEMEINSCHAFTLICHEN REFERENZLABORS

1. Bei dem in Artikel 32 genannten gemeinschaftlichen Referenzlabor handelt es sich um die Gemeinsame Forschungsstelle der Kommission.
2. Bei den in diesem Anhang dargelegten Aufgaben wird die Gemeinsame Forschungsstelle der Kommission von einem Konsortium nationaler Referenzlaboratorien unterstützt, das als „Europäisches Netz der GVO-Laboratorien" bezeichnet wird.
3. Das gemeinschaftliche Referenzlabor ist vor allem zuständig für:
   - Empfang, Aufbereitung, Lagerung und Pflege der entsprechenden positiven und negativen Kontrollproben und ihre Verteilung an die nationalen Referenzlaboratorien;
   - Untersuchung und Validierung der Verfahren zum Nachweis, einschließlich der Probenahme und der Identifizierung des Transformationsereignisses sowie gegebenenfalls des Nachweises und der Identifizierung des Transformationsereignisses in dem Lebensmittel oder Futtermittel;
   - Evaluierung der Daten, die der Antragsteller für die Zulassung zum Inverkehrbringen des Lebensmittels oder des Futtermittels zum Zweck der Untersuchung und Validierung der Verfahren zur Probenahme und zum Nachweis vorgelegt hat;
   - Vorlage vollständiger Evaluierungsberichte bei der Behörde.
4. Das gemeinschaftliche Referenzlabor beteiligt sich an der Beilegung von Streitigkeiten zwischen Mitgliedstaaten hinsichtlich der Ergebnisse der in diesem Anhang aufgeführten Aufgaben.

Verordnung (EG) Nr. 1830/2003 des Europäischen Parlaments und des Rates vom 22. September 2003[*]

über die Rückverfolgbarkeit und Kennzeichnung von genetisch veränderten Organismen und über die Rückverfolgbarkeit von aus genetisch veränderten Organismen hergestellten Lebensmitteln und Futtermitteln sowie zur Änderung der Richtlinie 2001/18/EG[**]

DAS EUROPÄISCHE PARLAMENT UND DER RAT DER EUROPÄISCHEN UNION –

gestützt auf den Vertrag zur Gründung der Europäischen Gemeinschaft, insbesondere auf Artikel 95 Absatz 1, auf Vorschlag der Kommission[1],

nach Stellungnahme des Wirtschafts- und Sozialausschusses[2],

nach Stellungnahme des Ausschusses der Regionen[3],

gemäß dem Verfahren des Artikels 251 des Vertrags[4],

in Erwägung nachstehender Gründe:

(1) Die Richtlinie 2001/18/EG des Europäischen Parlaments und des Rates vom 12. März 2001 über die absichtliche Freisetzung genetisch veränderter Organismen in die Umwelt[5] sieht vor, dass die Mitgliedstaaten Maßnahmen treffen, um die Rückverfolgbarkeit und Kennzeichnung zugelassener genetisch veränderter Organismen (GVO) in jeder Phase des Inverkehrbringens sicherzustellen.

(2) Unterschiede zwischen den einzelstaatlichen Rechts- und Verwaltungsvorschriften über die Rückverfolgbarkeit und Kennzeichnung von GVO als Produkte oder in Produkten und über die Rückverfolgbarkeit von aus GVO hergestellten Lebensmitteln und Futtermitteln können den freien Verkehr mit diesen Waren behindern und damit ungleiche und unfaire Wettbewerbsbedingungen schaffen. Ein harmonisierter Gemeinschaftsrahmen für die Rückverfolgbarkeit und Kennzeichnung von GVO sollte zum reibungslosen Funktionieren des Binnenmarkts beitragen. Die Richtlinie 2001/18/EG sollte daher entsprechend geändert werden.

(3) Bestimmungen über die Rückverfolgbarkeit von GVO sollten zum einen das Zurückziehen von Produkten für den Fall, dass unvorhergesehene schädliche Auswirkungen auf die Gesundheit von Mensch oder Tier oder auf die Umwelt, einschließlich der Ökosysteme, festgestellt werden, und zum anderen die gezielte Beobachtung zur Untersuchung möglicher Auswirkungen, insbesondere auf die Umwelt, erleichtern. Durch die Rückverfolgbarkeit sollte es zudem leichter werden, im Einklang mit dem Vorsorgeprinzip Risikomanagementmaßnahmen durchzuführen.

[*] ABl. L 268 vom 18.10.2003, S. 24.
[**] Siehe Ordnungsnummer B.6 dieser Textsammlung
[1] ABl. C 304 E vom 30.10.2001, S. 327, und ABl. C 331 E vom 31.12.2002, S. 308.
[2] ABl. C 125 vom 27.5.2002, S. 69.
[3] ABl. C 278 vom 14.11.2002, S. 31.
[4] Stellungnahme des Europäischen Parlaments vom 03.07.2002 (noch nicht im Amtsblatt veröffentlicht), Gemeinsamer Standpunkt des Rates vom 17.03.2003 (ABl. C 113 E vom 13.5.2003, S. 21) und Beschluss des Europäischen Parlaments vom 2.07.2003 (noch nicht im Amtsblatt veröffentlicht). Beschluss des Rates vom 22.07.2003.
[5] ABl. L 106 vom 17.4.2001, S. 1. Richtlinie zuletzt geändert durch die Entscheidung 2002/811/EG (ABl. L 280 vom 18.10.2002, S. 27).

(4) Es sollten Bestimmungen über die Rückverfolgbarkeit von aus GVO hergestellten Lebensmitteln und Futtermitteln erlassen werden, um die genaue Kennzeichnung dieser Produkte nach Maßgabe der Verordnung (EG) Nr. 1829/2003 des Europäischen Parlaments und des Rates vom 22. September 2003 über genetisch veränderte Lebensmittel und Futtermittel[6] zu erleichtern und damit sicherzustellen, dass den Beteiligten und den Verbrauchern genaue Informationen zur Verfügung stehen und diese damit in die Lage versetzt werden, ihr Recht auf freie Wahl effizient auszuüben, und um die Angaben in der Etikettierung leichter kontrollieren und überprüfen zu können. Die Bestimmungen für aus GVO hergestellte Lebensmittel und Futtermittel sollten ähnlich sein, damit bei einer Änderung der Endverwendung keine Informationslücken entstehen.

(5) Grundlage für die Rückverfolgbarkeit und Kennzeichnung von GVO ist die Übermittlung und Speicherung der Information, dass ein Produkt GVO enthält oder aus GVO besteht, und der eindeutigen Codes dieser GVO in jeder Phase des Inverkehrbringens. Die Codes ermöglichen den Zugriff auf die in einem Register gespeicherten spezifischen Informationen über die GVO und erleichtern deren Identifizierung, Nachweis und Überwachung nach der Richtlinie 2001/18/EG.

(6) Grundlage für die Rückverfolgbarkeit von aus GVO hergestellten Produkten ist die Übermittlung und Speicherung der Information, dass ein Lebensmittel oder ein Futtermittel aus GVO hergestellt wurde.

(7) Die gemeinschaftlichen Rechtsvorschriften betreffend GVO als Futtermittel oder in Futtermitteln sollten auch für Futtermittel für Tiere gelten, die nicht für die Lebensmittelerzeugung bestimmt sind.

(8) Um die Durchführung von Kontrollen und Inspektionen nach einem koordinierten Konzept zu erleichtern und Rechtssicherheit für die Beteiligten zu schaffen, sollte eine Anleitung für Probenahme und Nachweis festgelegt werden. Dabei sind die Register für Informationen über genetische Veränderungen in GVO zu berücksichtigen, welche die Kommission gemäß Artikel 31 Absatz 2 der Richtlinie 2001/18/EG und Artikel 29 der Verordnung (EG) Nr. 1829/2003 erstellt.

(9) Die Mitgliedstaaten sollten Vorschriften für Sanktionen erlassen, die bei Verstößen gegen die Bestimmungen dieser Verordnung anzuwenden sind.

(10) Gewisse Spuren von GVO in Produkten können zufällig oder technisch nicht zu vermeiden sein. In einem solchen Fall sollten die Bestimmungen über Kennzeichnung und Rückverfolgbarkeit nicht angewandt werden. Es ist daher erforderlich, einen Schwellenwert für das zufällige oder technisch nicht zu vermeidende Vorhandensein von Material festzulegen, das aus GVO besteht, solche enthält oder daraus hergestellt ist, sowohl wenn die Vermarktung dieser GVO in der Gemeinschaft zulässig ist, als auch wenn deren zufälliges oder technisch nicht zu vermeidendes Vorhandensein gemäß Artikel 47 der Verordnung (EG) Nr. 1829/2003 toleriert wird. Es ist auch angebracht vorzusehen, dass, wenn die Gesamtmenge der zufälligen oder technisch nicht zu vermeidenden Anteile des genannten Materials in einem Lebensmittel oder Futtermittel oder in einem seiner Bestandteile den vorgenannten Kennzeichnungsschwellenwert übersteigt, dies gemäß den Bestimmungen der vorliegenden Verordnung angegeben wird und dass ausführliche Bestimmungen für die Durchführung dieser Verordnung erlassen werden.

(11) Die vollständige und zuverlässige Information der Verbraucher im Zusammenhang mit GVO und aus diesen hergestellten Produkten sowie Lebens- und Futtermitteln muss gewährleistet sein, damit die Verbraucher eine sachkundige Produktauswahl treffen können.

(12) Die zur Durchführung dieser Verordnung erforderlichen Maßnahmen sollten gemäß dem Beschluss 1999/468/EG des Rates vom 28. Juni 1999 zur Festlegung der Modalitäten für die Ausübung der der Kommission übertragenen Durchführungsbefugnisse[7] erlassen werden.

---

[6] Siehe Ordnungsnummer B.10 dieser Textsammlung

[7] ABl. L 184 vom 17.7.1999, S. 23.

(13) Bevor die Maßnahmen im Zusammenhang mit der Rückverfolgbarkeit und Kennzeichnung angewandt werden können, sollten Verfahren für die Entwicklung und Zuteilung spezifischer Erkennungsmarker für GVO festgelegt werden.

(14) Die Kommission sollte dem Europäischen Parlament und dem Rat einen Bericht über die Anwendung dieser Verordnung und insbesondere über die Wirksamkeit der Regeln für die Rückverfolgbarkeit und Kennzeichnung unterbreiten.

(15) Diese Verordnung steht im Einklang mit den Grundrechten und Grundsätzen, die insbesondere mit der Charta der Grundrechte der Europäischen Union anerkannt wurden –

HABEN FOLGENDE VERORDNUNG ERLASSEN:

Artikel 1: Ziele

Mit dieser Verordnung wird ein Rahmen für die Rückverfolgbarkeit von aus genetisch veränderten Organismen (GVO) bestehenden oder solche enthaltenden Produkten und von aus GVO hergestellten Lebensmitteln und Futtermitteln geschaffen, um die genaue Kennzeichnung, die Überwachung der Auswirkungen auf die Umwelt und gegebenenfalls auf die Gesundheit sowie die Umsetzung der geeigneten Risikomanagementmaßnahmen, erforderlichenfalls einschließlich des Zurückziehens von Produkten, zu erleichtern.

Artikel 2: Geltungsbereich

(1) Diese Verordnung gilt in jeder Phase des Inverkehrbringens für

a) aus GVO bestehende oder GVO enthaltende Produkte, die gemäß dem Gemeinschaftsrecht in Verkehr gebracht werden;
b) aus GVO hergestellte Lebensmittel, die gemäß dem Gemeinschaftsrecht in Verkehr gebracht werden;
c) aus GVO hergestellte Futtermittel, die gemäß dem Gemeinschaftsrecht in Verkehr gebracht werden.

(2) Diese Verordnung gilt nicht für nach der Verordnung (EWG) Nr. 2309/93[8)] genehmigte Human- und Tierarzneimittel.

Artikel 3: Begriffsbestimmungen

Im Sinne dieser Verordnung bezeichnet der Ausdruck

1. „genetisch veränderter Organismus" oder „GVO" einen genetisch veränderten Organismus im Sinne von Artikel 2 Nummer 2 der Richtlinie 2001/18/EG, mit Ausnahme von Organismen, bei denen eine genetische Veränderung durch den Einsatz der in Anhang IB der Richtlinie 2001/18/EG aufgeführten Verfahren herbeigeführt wurde;
2. „aus GVO hergestellt" vollständig oder teilweise aus GVO abgeleitet, aber keine GVO enthaltend oder daraus bestehend;
3. „Rückverfolgbarkeit" die Möglichkeit, GVO und aus GVO hergestellte Produkte in jeder Phase des Inverkehrbringens über die gesamte Produktions- und Vertriebskette zurückzuverfolgen;
4. „spezifischer Erkennungsmarker" einen einfachen numerischen oder alphanumerischen Code, der zur Identifizierung eines GVO auf der Grundlage des zugelassenen Transformationsereignisses, mit dem er entwickelt wurde, dient und den Zugriff auf spezifische Informationen über diesen GVO ermöglicht;
5. „Beteiligter" eine natürliche oder juristische Person, die ein Produkt in Verkehr bringt oder die in irgendeiner Phase der Produktions- oder Vertriebskette ein in der Gemeinschaft – entweder aus einem Mitgliedstaat oder aus einem Drittland – in Verkehr gebrachtes Produkt bezieht, nicht jedoch den Endverbraucher;

[8)] Verordnung (EWG) Nr. 2309/93 des Rates vom 22. Juli 1993 zur Festlegung von Gemeinschaftsverfahren für die Genehmigung und Überwachung von Human- und Tierarzneimitteln und zur Schaffung einer Europäischen Agentur für die Beurteilung von Arzneimitteln (ABl. L 214 vom 24.8.1993, S. 1). Verordnung zuletzt geändert durch die Verordnung (EG) Nr. 807/2003 (ABl. L 122 vom 16.5.2003, S. 36).

6. „Endverbraucher“ den letzten Verbraucher, der das Produkt nicht im Rahmen einer Unternehmenstätigkeit oder eines Gewerbes verwendet;
7. „Lebensmittel“ Lebensmittel im Sinne von Artikel 2 der Verordnung (EG) Nr. 178/2002[9];
8. „Zutaten“ Zutaten im Sinne von Artikel 6 Absatz 4 der Richtlinie 2000/13/EG[10];
9. „Futtermittel“ Futtermittel im Sinne von Artikel 3 Nummer 4 der Verordnung (EG) Nr. 178/2002;
10. „Inverkehrbringen“ das Inverkehrbringen im Sinne der spezifischen Rechtsvorschriften der Gemeinschaft, nach denen das entsprechende Produkt zugelassen wurde; ansonsten im Sinne von Artikel 2 Nummer 4 der Richtlinie 2001/18/EG;
11. „erste Phase des Inverkehrbringens eines Produkts“ die erste Transaktion in der Produktions- und Vertriebskette, bei der ein Produkt für Dritte bereitgestellt wird;
12. „vorverpacktes Produkt“ eine zum Verkauf angebotene Verkaufseinheit, die aus einem Produkt und der Verpackung besteht, in die es vor dem Feilbieten abgepackt worden ist, unabhängig davon, ob die Verpackung das Produkt ganz oder teilweise umschließt, vorausgesetzt, dass der Inhalt nicht verändert werden kann, ohne dass die Verpackung geöffnet werden muss oder eine Veränderung erfährt.

Artikel 4: Bestimmungen über die Rückverfolgbarkeit und Kennzeichnung von Produkten, die aus GVO bestehen oder GVO enthalten

A. Rückverfolgbarkeit

(1) In der ersten Phase des Inverkehrbringens eines Produkts, das aus GVO besteht oder GVO enthält, einschließlich Massengut, gewährleisten die Beteiligten, dass dem Beteiligten, der das Produkt bezieht, schriftlich Folgendes übermittelt wird:

a) die Angabe, dass es GVO enthält oder aus GVO besteht;
b) der/die den betreffenden GVO nach Artikel 8 zugeteilte(n) spezifische(n) Erkennungsmarker.

(2) In allen nachfolgenden Phasen des Inverkehrbringens des in Absatz 1 genannten Produkts gewährleisten die Beteiligten, dass dem Beteiligten, der das Produkt bezieht, die nach Absatz 1 erhaltenen Angaben schriftlich übermittelt werden.

(3) Bei aus GVO-Gemischen bestehenden oder GVO-Gemische enthaltenden Produkten, die ausschließlich und unmittelbar als Lebensmittel oder Futtermittel oder zur Verarbeitung verwendet werden sollen, kann die Angabe gemäß Absatz 1 Buchstabe b) durch eine Erklärung des Beteiligten über diese Verwendung zusammen mit einem Verzeichnis der spezifischen Erkennungsmarker für sämtliche GVO ersetzt werden, aus denen das Gemisch zusammengestellt wurde.

(4) Unbeschadet des Artikels 6 müssen die Beteiligten über Systeme und standardisierte Verfahren verfügen, mit denen die Angaben nach den Absätzen 1, 2 und 3 gespeichert werden können und während eines Zeitraums von fünf Jahren nach jeder Transaktion ermittelt werden kann, von welchem Beteiligten und für welchen Beteiligten das in Absatz 1 genannte Produkt bereitgestellt worden ist.

(5) Die Absätze 1 bis 4 lassen andere spezifische Bestimmungen des Gemeinschaftsrechts unberührt.

---

[9] Verordnung (EG) Nr. 178/2002 des Europäischen Parlaments und des Rates vom 28. Januar 2002 zur Festlegung der allgemeinen Grundsätze und Anforderungen des Lebensmittelrechts, zur Errichtung der Europäischen Behörde für Lebensmittelsicherheit und zur Festlegung von Verfahren zur Lebensmittelsicherheit (ABl. L 31 vom 1.2.2002, S. 1).

[10] Richtlinie 2000/13/EG des Europäischen Parlaments und des Rates vom 20. März 2000 zur Angleichung der Rechtsvorschriften der Mitgliedstaaten über die Etikettierung und Aufmachung von Lebensmitteln sowie die Werbung hierfür (ABl. L 109 vom 6.5.2000, S. 29). Richtlinie geändert durch die Richtlinie 2001/101/EG der Kommission (ABl. L 310 vom 28.11.2001, S. 19).

B. Kennzeichnung

(6) Bei Produkten, die aus GVO bestehen oder GVO enthalten, stellen die Beteiligten sicher, dass

a) bei vorverpackten Produkten, die aus GVO bestehen oder GVO enthalten, der Vermerk „Dieses Produkt enthält genetisch veränderte Organismen" oder „Dieses Produkt enthält [Bezeichnung des Organismus/der Organismen], genetisch verändert" auf dem Etikett erscheint;

b) bei nicht vorverpackten Produkten, die dem Endverbraucher angeboten werden, der Vermerk „Dieses Produkt enthält genetisch veränderte Organismen" oder „Dieses Produkt enthält [Bezeichnung des Organismus/der Organismen], genetisch verändert" auf dem Behältnis, in dem das Produkt dargeboten wird, oder im Zusammenhang mit der Darbietung des Produkts erscheint. Dieser Absatz lässt andere spezifische Bestimmungen des Gemeinschaftsrechts unberührt.

C. Ausnahmen

(7) Die Absätze 1 bis 6 gelten nicht für Spuren von GVO in Produkten mit einem Anteil, der nicht höher ist als die gemäß Artikel 21 Absatz 2 oder Absatz 3 der Richtlinie 2001/18/EG und gemäß anderen spezifischen Gemeinschaftsvorschriften festgelegten Schwellenwerte, sofern diese Spuren von GVO zufällig oder technisch nicht zu vermeiden sind.

(8) Die Absätze 1 bis 6 gelten nicht für Spuren von GVO in Produkten, die für die unmittelbare Verwendung als Lebens- oder Futtermittel oder zur Verarbeitung vorgesehen sind, mit einem Anteil, der nicht höher ist als die gemäß den Artikeln 12, 24 oder 47 der Verordnung (EG) Nr. 1829/2003 für solche GVO festgelegten Schwellenwerte, sofern diese Spuren von GVO zufällig oder technisch nicht zu vermeiden sind.

Artikel 5: Bestimmungen über die Rückverfolgbarkeit von aus GVO hergestellten Lebensmitteln und Futtermitteln

(1) Beim Inverkehrbringen eines aus GVO hergestellten Produkts gewährleisten die Beteiligten, dass dem Beteiligten, der das Produkt bezieht, schriftlich Folgendes übermittelt wird:

a) die Angabe jeder einzelnen aus GVO hergestellten Lebensmittelzutat;

b) die Angabe jedes einzelnen aus GVO hergestellten Futtermittel- Ausgangserzeugnisses oder Zusatzstoffs;

c) bei Produkten ohne Verzeichnis der Zutaten die Angabe, dass das Produkt aus GVO hergestellt wurde.

(2) Unbeschadet des Artikels 6 müssen die Beteiligten über Systeme und standardisierte Verfahren verfügen, mit denen die Angaben nach Absatz 1 gespeichert werden können und während eines Zeitraums von fünf Jahren nach jeder Transaktion ermittelt werden kann, von welchem Beteiligten und für welchen Beteiligten das in Absatz 1 genannte Produkt bereitgestellt worden ist.

(3) Die Absätze 1 und 2 lassen andere spezifische Bestimmungen des Gemeinschaftsrechts unberührt.

(4) Die Absätze 1, 2 und 3 gelten nicht für Spuren von GVO in aus GVO hergestellten Lebens- oder Futtermitteln mit einem Anteil, der nicht höher ist als die gemäß den Artikeln 12, 24 oder 47 der Verordnung (EG) Nr. 1829/2003 für solche GVO festgelegten Schwellenwerte, sofern diese Spuren von GVO zufällig oder technisch nicht zu vermeiden sind.

Artikel 6: Ausnahmen

(1) In Fällen, in denen das Gemeinschaftsrecht spezifische Identifizierungsverfahren wie die Nummerierung von Posten vorverpackter Produkte vorschreibt, sind die Beteiligten nicht verpflichtet, die in Artikel 4 Absätze 1, 2 und 3 sowie in Artikel 5 Absatz 1 genannten Angaben zu speichern, sofern diese Angaben und die Postennummer deutlich auf der Verpackung vermerkt sind und die Informationen zu den Postennummern während der in Artikel 4 Absatz 4 und Artikel 5 Absatz 2 genannten Zeiträume gespeichert werden.

(2) Absatz 1 gilt nicht für die erste Phase des Inverkehrbringens eines Produkts oder für die eigentliche Herstellung oder das Umverpacken eines Produkts.

Artikel 7: Änderung der Richtlinie 2001/18/EG

Die Richtlinie 2001/18/EG wird wie folgt geändert:

1. Artikel 4 Absatz 6 wird gestrichen.
2. In Artikel 21 wird folgender Absatz hinzugefügt:

„(3) Bei Produkten, die für eine unmittelbare Verarbeitung vorgesehen sind, gilt Absatz 1 nicht für Spuren von zugelassenen GVO mit einem Anteil, der nicht höher ist als 0,9 % oder gemäß Artikel 30 Absatz 2 festgelegte niedrigere Schwellenwerte, sofern diese Spuren zufällig oder technisch nicht zu vermeiden sind.“

Artikel 8: Spezifische Erkennungsmarker

Nach dem in Artikel 10 Absatz 2 genannten Verfahren

a) legt die Kommission vor der Anwendung der Artikel 1 bis 7 ein System für die Entwicklung und Zuteilung von spezifischen Erkennungsmarkern für GVO fest;

b) passt die Kommission das in Buchstabe a) vorgesehene System gegebenenfalls an.

Dabei ist der Entwicklung in internationalen Gremien Rechnung zu tragen.

Artikel 9: Inspektionen und Kontrollmaßnahmen

(1) Die Mitgliedstaaten stellen sicher, dass gegebenenfalls Inspektionen und andere Kontrollmaßnahmen einschließlich stichprobenartiger Kontrollen und Tests (qualitativ und quantitativ) zur Gewährleistung der Einhaltung dieser Verordnung durchgeführt werden. Zu den Inspektionen und Kontrollmaßnahmen können auch die Inspektionen und Kontrollen hinsichtlich des Bereithaltens eines Produkts gehören.

(2) Vor der Anwendung der Artikel 1 bis 7 legt die Kommission nach dem in Artikel 10 Absatz 3 genannten Verfahren eine technische Anleitung für Probenahme und Nachweis fest, um ein koordiniertes Konzept für die Anwendung des Absatzes 1 des vorliegenden Artikels zu erleichtern, und veröffentlicht diese. Bei der Erstellung dieser technischen Anleitung berücksichtigt die Kommission die Arbeiten der zuständigen einzelstaatlichen Behörden, des in Artikel 58 Absatz 1 der Verordnung (EG) Nr. 178/2002 genannten Ausschusses sowie des gemäß der Verordnung (EG) Nr. 1829/2003 eingerichteten gemeinschaftlichen Referenzlabors.

(3) Zur Unterstützung der Mitgliedstaaten bei der Erfüllung ihrer Verpflichtungen nach den Absätzen 1 und 2 stellt die Kommission sicher, dass auf Gemeinschaftsebene ein zentrales Register eingerichtet wird, in dem alle verfügbaren Sequenzinformationen und Referenzmaterialien zu GVO erfasst werden, die in der Gemeinschaft in Verkehr gebracht werden dürfen. Die zuständigen Behörden der Mitgliedstaaten haben Zugang zu dem Register. Das Register enthält auch, soweit verfügbar, entsprechende Informationen über nicht in der Europäischen Union zugelassene GVO.

Artikel 10: Ausschuss

(1) Die Kommission wird von dem mit Artikel 30 der Richtlinie 2001/18/EG eingesetzten Ausschuss unterstützt.

(2) Wird auf diesen Absatz Bezug genommen, so gelten die Artikel 5 und 7 des Beschlusses 1999/468/EG unter Beachtung von dessen Artikel 8. Der Zeitraum nach Artikel 5 Absatz 6 des Beschlusses 1999/ 468/EG wird auf drei Monate festgesetzt.

(3) Wird auf diesen Absatz Bezug genommen, so gelten die Artikel 3 und 7 des Beschlusses 1999/468/EG unter Beachtung von dessen Artikel 8.

(4) Der Ausschuss gibt sich eine Geschäftsordnung.

Artikel 11: Sanktionen

Die Mitgliedstaaten erlassen Vorschriften über die Sanktionen, die bei einem Verstoß gegen diese Verordnung zu verhängen sind, und treffen alle erforderlichen Maßnahmen, um ihre Anwendung zu gewährleisten. Die Sanktionen müssen wirksam, verhältnismäßig und abschreckend sein. Die Mitgliedstaaten teilen der Kommission diese Vorschriften bis spätestens 18. April 2004 und spätere Änderungen daran unverzüglich mit.

Artikel 12: Überprüfungsklausel

Die Kommission legt dem Europäischen Parlament und dem Rat spätestens am 18. Oktober 2005 einen Bericht über die Durchführung dieser Verordnung, insbesondere in Bezug auf Artikel 4 Absatz 3, und gegebenenfalls einen Vorschlag vor.

Artikel 13: Inkrafttreten

(1) Diese Verordnung tritt am zwanzigsten Tag nach ihrer Veröffentlichung im *Amtsblatt der Europäischen Union* in Kraft.

(2) Die Artikel 1 bis 7 und Artikel 9 Absatz 1 gelten ab dem neunzigsten Tag nach der Veröffentlichung der in Artikel 8 Buchstabe a) genannten Maßnahme im *Amtsblatt der Europäischen Union*.

Diese Verordnung ist in allen ihren Teilen verbindlich und gilt unmittelbar in jedem Mitgliedstaat.

Geschehen zu Brüssel am 22. September 2003.

Im Namen des Europäischen Parlaments
Der Präsident
P. Cox

Im Namen des Rates
Der Präsident
R. Buttiglione

Sachwortregister

A

B

C

D

E

F

G

H

I

K

L

M

N

O

P

Q

R

S

V

W

Z

|transkript
BioTechnologie Nachrichten-Magazin
10/03
UNTERNEHMEN
Miltenyi übernimmt insolvente Memorec Stoffel
MESSE
13. BIOTECHNICA in Hannover
WILEX AG
Fördermittel vom US-Verteidigungsministerium
VERBÄNDE
Wissenschaftler wollen mehr politischen Einfluß
BOEHRINGER INGELHEIM
Boehringer investiert 255 Mio. € in neue biopharmazeutische Wirkstoffherstellung
DEUTSCHLAND
Zweiter Referentenentwurf für ein neues Gentechnikgesetz in kritischer Diskussion
EUROPA
Spanien ändert seine Biopolitik und will humane embryonale Stammzellen zulassen
GPC | Munich Biotech | Plasmid Factory | MWG | Evotec | U3 Pharma | Pieris | Creon | NascaCell | MediGene | Mikromet | Iongate | Genovac | Mikromet | Genomatix | Cenix | Xerion | Definiens | Axovan | Ingenium | Mologen | G.A.G. | Mediatum